제9판

저작권법개설

송영식 · 이상정 공저

세창出版社

국립중앙도서관 출판사도서목록(CIP)

저작권법개설 / 송영식, 이상정 공저. -- 제9판. -- 서울 : 세창출판사, 2015
p. ; cm

ISBN 978-89-8411-510-1 93360 : ₩43000

저작권법(법률)[著作權法]

365.91-KDC6
346.0482-DDC23 CIP2015004008

| 제9판 머리말 |

제8판을 출간한 지 2년여의 시간이 흘렀고, 그사이 2차례의 법 개정이 있었다. 이번 판에서는 이러한 법 개정의 내용을 추가하고, 그사이 미처 설명하지 못하였던 부분에 대한 보완을 하였다. 아울러 법 개정 후 시행 시기의 차이로 제8판에서는 부득이 신·구법을 병존시키는 형태로 출간하였는데 이제는 그럴 필요가 없어 이 부분도 손을 보았다. 아울러 저작권 관련 분쟁의 격증으로 판례가 쌓여 이 부분도 추가하였다. 이런저런 수정 보완을 하다 보니 이전 판보다 100여 면이 증면되었다. 개설서로는 좀 과하다 싶으나 증면 이유가 주로 판례의 추가에 기인한 것이므로 양해해 주시기를 부탁드린다.

이번 판에서의 판례의 보충은 많은 부분을 한국저작권위원회의 '법령정보'에 게재된 내용을 참조하였다. 그동안은 주로 법원의 '종합법률정보'에 의존했는데 이에 덧붙여 추가할 수 있는 자료를 얻을 수 있게 되어 매우 다행스럽게 생각한다. 귀중한 자료를 수집하고 공개해 주신 한국저작권위원회, 특히 산업연구팀에게 깊이 감사드린다.

그러고 보면 처음 이 책을 출간한 때로부터 벌써 17-8년이 흘렀다. 밖으로는 불법복제대국이라는 오명에서 벗어나 서서히 문화수출국으로 변모하고 있고, 안으로는 지적재산법의 질서가 정착되고 있다. 우리나라는 USTR이 발표하는 지적재산권 감시대상국에서 6년 연속 제외되었을 뿐만 아니라, 최근에는 지적재산권 보호 및 집행에 있어 최고 수준의 기준을 갖춘 국가로 평가받은 바 있다. 지적재산법에 대한 연구도 그사이 양적으로나 질적으로나 과거와는 비교도 할 수 없을 만큼 성장하였고, 그중에서도 저작권법에 대한 연구는 눈부실 만큼 발전하였다. 뛰어난 연구자들이 자신의 연구를 지속적으로 발표하고 있어 하루가 다르게 진보하고 있다. 이러한 성과를 모두 반영하여 독자들에게 전달하는 것이 모름지기 책을 집필하는 자들의 임무이지만 저자들의 게으름과 능력부족으로 극히 일부밖에 반영하지 못한 점을 사과드리며, 앞으로 더욱 노력할 것을 다짐해 본다. 아무쪼록 이 책이 보다 나은 내용이 될 수 있도록 끊임없는 관심과 지도편달을 부탁드린다.

끝으로 어려운 출판사정에도 지속적으로 이 책을 출간해 주시는 이방원 사장님과 이 책의 숨은 저자들인 임길남 상무님과 편집부 여러분에게도 깊이 감사드린다. 을미년 새해에는 모든 분들에게 더 큰 발전이 있으시기를 빈다.

2015년 1월
저 자 씀

| 전정판 머리말 |

이번 전정판은 초판을 기초로 1999년의 법개정을 반영한 것이다. 최근 디지털 기술의 발전과 인터넷 사용의 일상화로 저작권 환경은 하루가 다르게 바뀌고 있으며, 끊임없이 새로운 문제를 제기한다. 우리나라에서도 1990년대 후반부터 이러한 저작권 환경의 변화에 적절히 대응하기 위한 연구가 활발하게 진행되었고, 그 성과의 일부가 1999년에 개정되고 금년 7월 1일부터 시행되고 있는 현행 저작권법이다. 그러나 이러한 저작권법의 일부 개정으로는 최근 제기되는 문제를 해결하기에는 역부족임은 물론이며 앞으로도 끊임없는 연구와 법의 개정이 필요할 것이다. 본서에서도 초판 이래 디지털시대의 저작권 문제에 대한 각별한 관심을 기울이고 있으나 필자들의 역부족으로 만족할 만한 해답을 주지 못함을 유감스럽게 생각한다. 향후 필자들의 연구와 여러 연구자의 연구 성과를 보태어 보다 만족스러운 해답을 줄 수 있는 날이 오기를 기대한다.

본서는 초판에서 밝힌 바와 같이 일면 기초적 이론서이면서 일면 기초적 실무서를 목표로 한 것이다. 이를 위해 현행 저작권법에 관한 간단한 설명과 함께 가급적 많은 관련 판례를 수록하여 이해를 돕도록 하였다. 간단한 법조문이 실제 사례를 접하여 어떻게 적용되는지를 이해하기 위해서는 판례만큼 좋은 것이 없다고 보며, 향후 우리 판례뿐만 아니라 외국 판례도 우리 법의 이해에 도움을 줄 수 있는 범위 내에서 보다 많이 수록할 계획으로 있다. 이번 개정판에서는 적지 않은 판례가 증보되었다. 이번에 증보된 판례도 전적으로 저작권심의조정위원회에서 발간된 판례집에 힘입은 것이다. 이 기회를 빌려 저작권심의조정위원회에 깊이 감사드리며, 이번 법개정을 계기로 등록업무까지 관장하게 된 저작권심의조정위원회의 무궁한 발전을 빈다.

끝으로 한 마디 덧붙일 것은 본서를 발간하는 출판사의 변경에 관한 것이다. 초판과 달리 이번 전정판부터는 세창출판사에서 발간하게 되었다. 초판을 발간해 준 화산문화와 이번 개정판을 맡아 준 세창출판사에 감사드리며, 무궁한 발전을 빈다. 아울러 무더위에도 불구하고 편집의 노고를 아끼지 아니한 편집부 여러분과 교정을 보아 준 신재호 씨에게도 깊이 감사드린다.

2000년 8월

필 자 씀

| 차　　례 |

1 chapter 총　설

제1절 이 책의 내용에 대하여 ······ 1
제2절 지적소유권 ······ 3
Ⅰ. 서　언 ······ 3
Ⅱ. 지적소유권의 의의 ······ 3
Ⅲ. 지적재산법 ······ 6
1. 서　언 ······ 6
2. 지적재산법의 성격 ······ 7
3. 현행법의 구조 ······ 7
제3절 저작권법의 연혁 ······ 9
Ⅰ. 서　언 ······ 9
Ⅱ. 저작권제도의 연혁 ······ 9
1. 인쇄술이 가져온 혁명 ······ 9
2. 인쇄특권제도와 검열 ······ 10
3. 최초의 저작권법 ······ 11
4. 지적소유권으로서의 저작권 ······ 13
Ⅲ. 우리나라의 저작권제도 ······ 15
1. 서　언 ······ 15
2. 전　사(前史) ······ 15
3. 1957년 저작권법의 제정 ······ 16
4. 1986년 저작권법의 개정 ······ 17
5. 1987년 이후의 개정 ······ 18
6. 앞으로의 과제 ······ 25

2 chapter 저작권법

제1절 저작권제도의 목적과 저작물일반 ············ 29
Ⅰ. 저작권제도의 목적 ············ 29
Ⅱ. 저작권제도의 존재이유 ············ 32
1. 자연적 정의의 원칙 ············ 32
2. 경제적 이유 ············ 32
3. 문화적 이유 ············ 32
4. 사회적 이유 ············ 33
Ⅲ. 저 작 물 ············ 33
1. 의　　의 ············ 33
2. 저작권의 보호범위 ············ 50
3. 저작물의 분류 ············ 56
제2절 여러 가지 저작물 ············ 60
Ⅰ. 서　　언 ············ 60
Ⅱ. 저작물의 예시 ············ 61
1. 어문저작물 ············ 61
2. 음악저작물 ············ 73
3. 연극저작물 ············ 74
4. 미술저작물 ············ 77
5. 건축저작물 ············ 101
6. 사진저작물 ············ 106
7. 영상저작물 ············ 112
8. 도형저작물 ············ 112
9. 컴퓨터프로그램저작물 ············ 121
Ⅲ. 특수한 저작물 ············ 121
1. 2차적 저작물 ············ 121
2. 편집저작물 ············ 137
Ⅳ. 보호받지 못하는 저작물 ············ 148
1. 국민에게 널리 알려져야 할 저작물 ············ 148

2. 시사보도 ··· 149
제3절 저 작 자 ··· 151
Ⅰ. 의　　의 ··· 151
Ⅱ. 저작자 추정 ··· 156
Ⅲ. 저작자와 저작권자 ··· 157
1. 저작권자 ··· 157
2. 저작권자 추정 ··· 158
3. 추정의 효과 ··· 158
Ⅳ. 특수한 경우 ··· 158
1. 업무상 저작물 ··· 158
2. 공동저작물 ··· 164
3. 대　작(代作) ··· 169
4. 감수, 교열 ··· 169
5. 월북(재북)작가의 저작물 ··· 170
6. 외국인의 저작물 ··· 171
제4절 저작권일반 및 등록제도 ··· 175
Ⅰ. 저 작 권 ··· 175
1. 의　　의 ··· 175
2. 저작권의 발생: 무방식주의 ··· 176
3. 저작권의 법적 성격 ··· 177
Ⅱ. 저작권과 다른 권리와의 관계 ··· 181
1. 저작권과 디자인권 ··· 181
2. 저작권과 상표권 ··· 182
3. 저작권과 소유권 ··· 184
Ⅲ. 저작권제도와 등록 ··· 185
1. 서　　언 ··· 185
2. 우리 법이 인정하는 등록 및 등록기관 ··· 186
3. 저작권법상의 등록 ··· 187
4. 저작재산권의 변동 등에 관한 등록 ··· 189
5. 등록의 절차 ··· 192
6. 권리자 등의 인증 ··· 194
제5절 저작인격권(moral right, droit moral) ··· 196

Ⅰ. 의　　의 ········· 196
Ⅱ. 공 표 권 ········· 196
Ⅲ. 성명표시권 ········· 199
Ⅳ. 동일성 유지권 ········· 206
Ⅴ. 공동저작물의 저작인격권 ········· 234
Ⅵ. 저작자 사후의 인격적 이익의 보호 ········· 235
제6절 저작재산권 ········· 237
Ⅰ. 서　　언 ········· 237
Ⅱ. 저작재산권의 종류 ········· 238
1. 복 제 권 ········· 238
2. 공 연 권 ········· 244
3. 공중송신권 ········· 247
4. 전 시 권 ········· 248
5. 배 포 권 ········· 250
6. 대 여 권 ········· 252
7. 2차적 저작물 작성권 ········· 252
8. 그 밖의 권리들 ········· 256
Ⅲ. 저작재산권의 양도 등 ········· 283
1. 저작재산권의 양도 ········· 283
2. 저작물의 이용허락 ········· 288
3. 저작권의 질권설정 ········· 295
4. 공동저작물의 저작재산권의 행사 ········· 295
5. 저작재산권의 소멸 ········· 296
제7절 저작권의 제한 ········· 299
Ⅰ. 서　　설 ········· 300
Ⅱ. 자유사용 ········· 300
1. 서　　언 ········· 300
2. 우리법상 저작재산권의 제한 ········· 301
3. 저작권 제한과 출처명시 ········· 366
4. 프로그램저작권에 적용제외 ········· 367
5. 저작재산권의 제한과 저작인격권 ········· 368
Ⅲ. 저작물 이용의 법정허락 ········· 377

1. 개　　설 ········· 377
2. 우리법상 법정허락제도 ········· 378
Ⅳ. 저작권의 시적 한계 ········· 382
1. 서　　설 ········· 382
2. 보호기간의 원칙 ········· 384
3. 보호기간의 특례 ········· 384
제8절 저작인접권 ········· 387
Ⅰ. 서　　언 ········· 388
Ⅱ. 저작인접권의 주체와 객체 ········· 390
1. 주　　체 ········· 390
2. 객　　체 ········· 391
Ⅲ. 저작인접권의 내용 ········· 394
1. 실연자의 권리 ········· 394
2. 음반제작자의 권리 ········· 404
3. 방송사업자의 권리 ········· 407
Ⅳ. 보호기간 ········· 408
1. 권리 발생 ········· 408
2. 보호기간 ········· 408
3. 상호주의의 적용 ········· 410
Ⅴ. 권리의 제한・양도・행사・소멸 ········· 410
Ⅵ. 저작권과의 관계 ········· 411
제9절 제 작 자 ········· 412
Ⅰ. 서　　설 ········· 412
Ⅱ. 데이터베이스제작자 ········· 413
1. 서　　설 ········· 413
2. 보호받는 데이터베이스 ········· 414
3. 데이터베이스제작자의 권리 ········· 415
4. 데이터베이스제작자의 권리제한 ········· 416
5. 보호기간 ········· 416
6. 데이터베이스제작자의 권리의 양도・행사 등 ········· 416
7. 데이터베이스 이용의 법정허락 ········· 417
8. 데이터베이스제작자의 권리의 등록 ········· 417

9. 데이터베이스제작자 보호와 콘텐츠제작자의 보호 ………………… 417
Ⅲ. 영상제작자 ……………………………………………………………… 417
Ⅳ. 콘텐츠제작자 …………………………………………………………… 425
1. 콘텐츠산업 진흥법 ……………………………………………… 425
2. 저작권법 등과의 관계 …………………………………………… 428
제10절 배타적 발행권 및 출판권 ………………………………………… 429
Ⅰ. 배타적 발행권 ………………………………………………………… 429
1. 서　　설 ……………………………………………………………… 429
2. 배타적 발행권의 설정 …………………………………………… 430
3. 배타적 발행권의 내용 …………………………………………… 430
4. 배타적 발행권자의 의무 ………………………………………… 431
5. 저작자 등의 권리 ………………………………………………… 432
6. 배타적 발행권 소멸 후의 복제물의 배포 ……………………… 432
Ⅱ. 출판과 출판권: 출판에 관한 특례 ………………………………… 433
1. 출판의 의의 ………………………………………………………… 433
2. 출판권의 설정 ……………………………………………………… 437
3. 출판권의 내용 ……………………………………………………… 438
제11절 저작권 신탁관리 · 대리중개업 및 분쟁조정 ……………………… 447
Ⅰ. 저작권 신탁관리 · 대리중개업 ……………………………………… 448
1. 개　　설 ……………………………………………………………… 448
2. 위탁관리업의 허가 등 …………………………………………… 456
3. 신탁관리업자의 서류열람 청구 ………………………………… 456
4. 위탁관리업자에 대한 감독 등 ………………………………… 457
Ⅱ. 저작권에 관한 분쟁의 조정 및 심의 ……………………………… 460
1. 서　　언 ……………………………………………………………… 460
2. 조　　정 ……………………………………………………………… 460
3. 알　　선 ……………………………………………………………… 466
4. 심　　의 ……………………………………………………………… 467
제12절 저작권 침해에 대한 구제 ………………………………………… 468
Ⅰ. 권리침해 ………………………………………………………………… 469
1. 권리침해의 의의 …………………………………………………… 469
2. 저작권 침해의 형태 ……………………………………………… 470

Ⅱ. 민사적 구제제도 ········· 578
1. 서　　언 ········· 578
2. 저작권 침해행위 금지청구권 ········· 578
3. 손해배상청구권 ········· 589
4. 공동저작물의 권리침해 ········· 620
5. 자력구제 ········· 621
Ⅲ. 형사적 제재 ········· 623
1. 서　　언 ········· 623
2. 권리의 침해죄 등 ········· 624
3. 부정발행 등의 죄 ········· 627
4. 출처명시 위반의 죄 등 ········· 629
5. 몰　　수 ········· 629
6. 친 고 죄 ········· 629
7. 양벌규정 ········· 634
Ⅳ. 행정적 규제 ········· 635
1. 서　　설 ········· 635
2. 이른바 오프라인상에서의 불법복제물의 단속 등 ········· 636
3. 이른바 온라인상에서의 불법복제물의 단속 등 ········· 637
Ⅴ. 침해에 관여된 자의 책임 ········· 640
1. 공동불법행위의 성립여부 ········· 640
2. 온라인서비스제공자의 책임제한 ········· 662
Ⅵ. 저작물성이 부정된 경우와 불법행위책임 ········· 676
제13절 컴퓨터프로그램 보호 ········· 679
Ⅰ. 서　　설 ········· 679
1. 보호의 필요성 ········· 679
2. 컴퓨터프로그램보호법의 성립과 저작권법으로의 통합 ········· 680
Ⅱ. 보호의 대상 ········· 681
1. 컴퓨터 프로그램 ········· 681
2. 프로그램과 소프트웨어(software) ········· 684
3. 적용제외 ········· 686
Ⅲ. 프로그램 저작권 ········· 696
1. 발생 및 귀속 ········· 696

2. 존속기간 …… 698
3. 프로그램 저작재산권 및 그 제한 …… 698
4. 프로그램 저작인격권 및 그 제한 …… 701
5. 프로그램 등록 …… 701
6. 프로그램배타적발행권 …… 701
7. 침해와 침해에 대한 구제 …… 702
8. 프로그램 임치제도 …… 707
Ⅳ. 저작권법 이외의 보호방법 …… 708
1. 특 허 법 …… 708
2. 영업비밀 및 계약 …… 711
Ⅴ. 게임용 프로그램의 특수성 …… 711

3 chapter 국제저작권법

제1절 종래의 조약들 …… 712
Ⅰ. 저작권의 국제적 보호의 필요성과 조약의 성립 …… 712
Ⅱ. 문학적 및 예술적 저작물의 보호를 위한 베른협약 …… 714
1. 베른협약의 특색 …… 714
2. 베른협약의 변천 …… 714
3. 베르협약의 내용 …… 717
4. 문 제 점 …… 723
Ⅲ. 세계저작권협약(Universal Copyright Convention: UCC) …… 724
1. UCC의 특색 …… 724
2. UCC의 기본원칙 …… 724
3. 개발도상국에 대한 특혜 …… 725
Ⅳ. 로마협약(International Convention for the Protection of Performers, Producers of Phonogram and Broadcasting Organization) … 726
1. 연 혁 …… 726
2. 인접권협약의 특징 …… 726

Ⅴ. 음반협약(The Phonogram Convention, 1971) ········· 728
1. 성립경위 ········· 728
2. 본 협약의 특징 ········· 729
Ⅵ. 기타 협약 ········· 730
1. 브뤼셀 위성협약(위성에 의하여 송신되는 프로그램 전달 신호의 배포에 관한 협약: Convention relating to the Distribution of Programme-carrying Signals Transmitted by Satellite, 1974) ········· 730
2. 저작권 사용료의 이중과세 방지를 위한 다국간협약 (Multilateral Convention for the Avoidance of Double Taxation of Copyright Royalties, 1979) ········· 731
제2절 WTO/TRIPs ········· 731
Ⅰ. 서언: GATT에서 논의하게 된 배경 ········· 731
Ⅱ. 가트(GATT)와 지적소유권 ········· 732
Ⅲ. WTO/TRIPs ········· 734
1. GATT 협상의 타결과 WTO 체제의 출범 ········· 734
2. WTO/TRIPs의 내용 ········· 735
제3절 세계지적소유권기구 저작권조약 및 실연·음반조약 ········· 741
Ⅰ. 성립의 경위 ········· 741
Ⅱ. 저작권조약의 내용 ········· 741
1. 베른협약과의 관계 ········· 741
2. 저작권의 보호범위 ········· 742
3. 저작물 종류의 확대 ········· 742
4. 권리의 확장 ········· 743
5. 저작권 제한규정의 엄격화 ········· 744
6. 기술조치에 관한 보호의무 ········· 744
7. 권리관리정보에 관한 의무 ········· 745
Ⅲ. 실연·음반조약의 내용 ········· 745
1. 다른 조약과의 관계 ········· 745
2. 새로운 개념정의 ········· 746
3. 권리의 확장·신설 ········· 747
4. 기술조치에 관한 보호의무 및 권리관리정보에 관한 의무 ········· 748

부 록

저작권법 ··· 753
「교과용도서의 저작물 이용 보상금」 기준 ··· 794
수업목적 저작물 이용 보상금 기준 ··· 796
「도서관의 저작물 복제 · 전송이용 보상금」 기준 ··· 799
문학적 및 예술적 저작물의 보호를 위한 베른협약 ··· 801
세계지적소유권기구 저작권조약 ··· 823
세계지적소유권기구 실연 · 음반조약 ··· 828

■ 사항색인 ··· 835
■ 판례색인 ··· 839

제9판

저작권법개설

1 chapter 총 설

제 1 절 이 책의 내용에 대하여

사람이 자신의 사상이나 감정을 표현한 것을 저작물이라고 하며, 이러한 사상이나 감정을 외부에 표현한 자를 저작자라고 한다. 이러한 저작자를 보호하는 법이 저작권법이며, 저작권법에 의해 저작자에게 주어지는 권리가 저작권이다. 저작권에는 두 가지가 있다. 하나는 자기가 창작한 저작물을 이용하여 경제적 이득을 얻을 수 있는 권리이다. 보통은 제3자에게 이용을 허락하고 허락의 대가를 취득한다. 또 하나의 권리는 저작인격권이다. 저작인격권이란 자기의 정신적 출생자(brain child)인 저작물을 공표할 것인지 말 것인지, 자기 저작물에 자신의 이름을 표시할 것인지 말 것인지, 혹은 자신의 저작물에 변경을 가할 것인지 말 것인지를 결정할 수 있는 권리이다.

이러한 저작권에도 일정한 제한이 있다. 왜냐하면 저작권제도란 일차적으로 저작자를 보호하는 제도이지만 저작권제도의 궁극의 목적이 문화발전에 있는 이상 저작자의 이익을 침해하지 않는 범위 내에서 일반인도 특정인의 저작물에 자유롭게 접근할 수 있어야 하기 때문이다. 따라서 법은 일정한 경우에 자유사용이나 강제허락을 규정하며, 일정한 기간이 지나면 저작권이 소멸한다고 규정한다. 이렇게 저작권이 제한되는 경우가 아님에도 저작권자의 허락이 없이 저작물을 이용하면 저작권의 침해로 된다. 저작권이 침해되면 저작권자는 침해자에게 침해의 금지나 손해배상을 청구할 수 있고, 침해자를 형사고소 할 수도 있다. 형사적 구제는 물론 민사적 구제도 궁극적으로는 법원을 통해서 얻어진다. 이를 소송이라고 한다. 그러나 소송제도는 강력한 것이기는 하나 비용·시간이 들며, 승패가 분명한 것이어서 처음부터 소송에 의존하는 것은 현명하지 못한 경우가 많다. 그래서 양 당사자의 상호 양보를 통해 화해로 이끄는 조정제도가 저작권법에 마련되어 있다. 저작권법상 이러한 역할을 하는 기관이 저작권위원회이다.

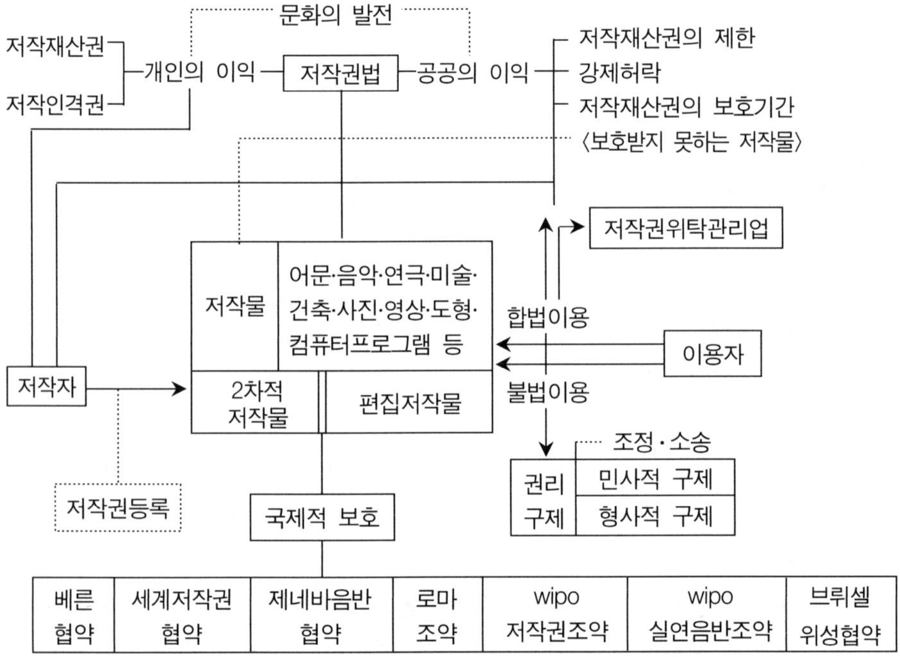

한편 저작권법은 이러한 저작권 이외에도 저작권과 밀접한 관련이 있는 제도를 마련하고 있다. 즉 저작인접권제도, 영상제작자의 보호제도, 배타적 발행권 및 출판권제도, 저작물의 위탁관리업에 관한 것이 그것이다. 저작인접권제도는 저작물을 일반에게 전달하는 자에게 주어진 권리이며, 가수나 배우 등의 실연자·음반제작자·방송사업자가 가지는 권리이다. 그 밖에 저작물을 이용하여 사업을 하는 자도 그들이 투자한 비용을 안정적으로 회수할 수 있는 방안이 마련되어야 한다. 영상제작자의 권리와 배타적 발행권 및 출판권제도가 그것이다.

또 저작물의 이용은 저작권자와 이용자가 직접 교섭하여 이용할 수도 있으나 제3자가 여러 저작자의 저작물에 관한 저작재산권을 위탁받아 저작재산권을 집중관리하고 이용자는 이 집중관리자(단체)에게서 이용허락을 받아 사용하면 매우 편리할 것이다. 이러한 제도는 저작물이용의 대량적 처리에 필수적이다. 그것이 저작권 위탁관리업이다.

본서에는 이상 언급한 저작자, 저작물, 저작권, 저작권의 제한, 저작권 침해에 대한 구제, 조정제도, 저작인접권, 영상제작자의 보호, 배타적 발행권 및 출판권제도, 저작권 위탁관리업에 대한 국내법 해설과 저작권의 국제적 보호에 대한 해설이 포함된다. 오늘날과 같이 문화교류가 국제적으로 빈번해지면 국제적 보호 없는 저작권 보호는 무의미하다.

제 2 절 지적소유권

Ⅰ. 서 언

저작권은 지적소유권의 하나이다. 그러므로 저작권에 관한 본격적인 설명에 들어가기 전에 지적소유권 일반에 대해서 먼저 알아본다.

Ⅱ. 지적소유권의 의의

지적소유권이란 인간의 지직창작물에 관한 권리와 표지(標識)에 관한 권리를 총칭하는 말이다. 세계지적소유권기구(WIPO)설립조약 제2조 제8항은 “지적소유권이라 함은 문학 · 예술 및 과학적 저작물, 실연자의 실연, 음반 및 방송, 인간 노력에 의한 모든 분야에서의 발명, 과학적 발견, 디자인, 상표, 서비스표, 상호 및 기타의 명칭, 부정경쟁으로부터의 보호 등에 관련된 권리와 그 밖에 산업, 과학, 문학 또는 예술분야의 지적활동에서 발생하는 모든 권리를 포함한다”고 규정한다.

즉 저작권, 저작인접권, 특허권, 과학적 소유권, 디자인권, 상표권, 상호권이나 서비스표권, 부정경쟁방지법에 의하여 보호되는 원산지 표시나 영업비밀 등 일체의 것, 소위 종래 산업재산권(공업소유권)과 저작권이 모두 지적소유권에 포함된다.

◇ 참고: 세계지적소유권기구에 대하여

세계지적소유권기구(World Intellectual Property Organization: WIPO)는 지적소유권의 보호에 관한 중심적 역할을 담당하고 있는 정부간 국제기구이다. WIPO의 목적은 i) 국가간의 협조를 통하여, 그리고 적당한 경우에는 기타 모든 국제기구와 공동으로 전세계를 통한 지적소유권의 보호를 촉진하고, ii) 제 동맹 간의 행정적 협조를 확보함에 있다. 이 조약은 1967년 스웨덴의 스톡홀름에서 체결되었고, WIPO는 1971년 국제연합의 전문기구가 되었으며, 그 국제사무국은 제네바에 있다. 우리나라는 1979년 3월 1일 WIPO설립조약에 가입한 바 있다. 현재(2014.12. 1.) 가입국은 188개국이다.[1)]

이렇듯 지적소유권은 현재도 대단히 광범위한 권리를 포섭하고 있을 뿐만 아니라, 시간이 경과함에 따라 과거에는 지적소유권으로 보호받지 못하던 것도 지적소유권으로 보호되거나 과학의 발달로 새로이 보호의 필요가 있는 것이 발생할 것이다. 영업비밀(trade secrets)이 전자의 예라면, 반도체칩의 회로배치설계권은 후자의 예이다.

또 지적소유권 속에 포함된 하나하나의 권리의 내용도 시간이 지남에 따라 보다 넓어지리라고 본다. 예컨대 저작권(copyright)은 말 그대로 카피할 권리(right to copy), 즉 복제권을 의미했으나 과학기술의 발전과 더불어 영화화권, 방송권, 전송권 등이 이에 포함되었으며, 새로운 이용방법의 발달과 더불어 대여권이 저작권의 내용으로 포함되기에 이르렀다. 이렇듯 지적소유권은 시간의 경과와 더불어 확장일로에 있는 권리이다.

이상의 것을 간단한 예를 들어 살펴보면 다음과 같다.

1) 예컨대 1876년 알렉산더 그레이엄 벨에 의하여 전화기가 발명되었다. 이것은 장거리 의사소통이 모스부호라는 상당히 불편한 방법을 통해서만 할 수 있었던 시대에 인간의 자연언어를 통한 통신을 가능하도록 만든 획기적인 새로운 기계장치이며, '자연법칙을 이용한 기술적 사상의 창작으로서 고도한 것'이

---

1) 보다 자세한 것은 URL: http://www.wipo.org 참조.

다. 이러한 발명에 대해서는 특허청의 특허등록을 통해서 특허권이 주어진다.

2) 한편 벨이 발명한 전화기는 송화기와 수화기가 분리되어 있어 불편하였다. 만약 어떤 자가 이를 개량하여 송화기와 수화기가 일체로 되어 있는 전화기를 개발하였다면 이것은 '물품의 형상·구조 또는 조합'에 관한 실용적인 고안으로서 특허청의 등록을 거쳐 실용신안권을 취득할 수 있다.

3) 또 이렇게 개발된 전화기를 아름답게 디자인하였다면 이러한 디자인은 '시각을 통하여 미감을 일으키는 것'으로서 특허청의 등록을 거쳐 디자인권을 취득할 수 있다.

4) 그리고 이러한 전화기를 생산·판매하는 자가 자기가 판매하는 전화기에 일정한 마크(예컨대 사이언, 애니콜 등등)를 붙이고, 그 마크를 특허청에 등록하였다면 이에 대하여서는 상표권이 주어진다.

5) 뿐만 아니라 누군가가 「전화기를 만드는 방법」이라는 책을 썼다면 이 글은 어문저작물로서 이에 대해서는 저작권이 발생한다. 저작권은 산업재산권과 달라 창작과 더불어 권리가 발생하며, 행정관청에 등록할 필요가 없다.[2]

이상을 이해의 편의를 위하여 도시하면 다음과 같다.

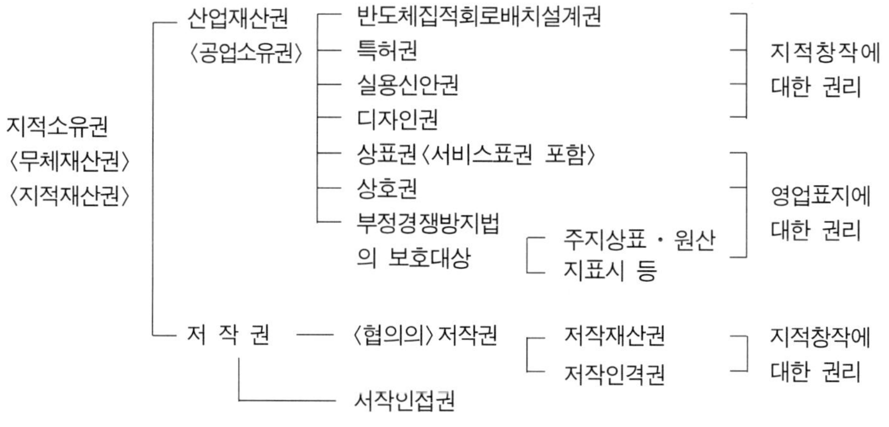

◈ 지적소유권 대 지적재산권

현재 지적소유권이라는 말과 지적재산권이라는 말이 혼용되고 있다. 1980년대 중

2) 후술하는 바와 같이 저작권에도 등록제도가 있으며, 등록하면 일정한 혜택이 주어진다.

반에는 지적소유권이라는 말이 유행하다가 1980년대 말 1990년대로 오면 지적재산권이라는 말을 오히려 많이 쓰는 경향이 있다. 지적재산권이니 지적소유권이니 하는 말은 영미의 Intellectual Property Right를 번역한 것이다. 모두 같은 의미이며, 본서에서는 두 용어를 혼용하기로 한다.

◈ 공업소유권 대 산업재산권

산업재산권은 프랑스어 propriété industrielle, 영어 industrial property right를 번역한 말이다. 그 사이 공업소유권이라고 번역되어 우리나라에서는 법령상 용어로까지 사용되는 등 오랫동안 관용되어 왔으나 오역에 가까운 번역이라는 지적도 받아 왔다. 1990년 말부터 특허청과 대한변리사회 등 관계기관에서 이 용어를 폐기하고 산업재산권이라는 용어를 쓰고 있다. 본서에서도 이에 따르기로 하였다.

◈ 지식재산 · 지식재산권에 대하여

1998년 4월부터 특허청은 산업재산권과 저작권 등, 기존의 지적소유권, 지적재산권을 대체하는 용어로서 지식재산권이라는 용어를 사용하여 왔다. 이 용어는 중국의 '知識產權'에서 시사를 받은 것이라고 한다. 최근 성립된 지식재산기본법3)은 종래부터 사용되던 지적재산권이나 지적소유권이라는 용어 대신 이 용어로 통일할 것 같은 입법태도를 보이고 있다(동법 부칙 제2조 참조). 동법에서 "지식재산"이란 인간의 창조적 활동 또는 경험 등에 의하여 창출되거나 발견된 지식 · 정보 · 기술, 사상이나 감정의 표현, 영업이나 물건의 표시, 생물의 품종이나 유전자원(遺傳資源), 그 밖에 무형적인 것으로서 재산적 가치가 실현될 수 있는 것을 말한다고 정의한 후, "지식재산권"이란 법령 또는 조약 등에 따라 인정되거나 보호되는 지식재산에 관한 권리를 말한다고 정의하고 있다(동법 제3조 제1호, 3호 참조). 또 동법은 "신지식재산"이란 경제 · 사회 또는 문화의 변화나 과학기술의 발전에 따라 새로운 분야에서 출현하는 지식재산을 말한다고 정의한다(동법 제3조 제2호 참조).

Ⅲ. 지적재산법

1. 서 언

지적재산의 중요성이 강조되면 강조될수록 이에 대한 도용도 증가한다. 말

3) 법률 제10629호, 2011.5.19 제정(시행 2011.7.20).

하자면 지적재산권의 침해이다. 따라서 이를 보호하는 법이 탄생되고, 또 그 중요성의 증가와 더불어 이에 대한 법률적인 보호도 강화되어 간다. 또 새로운 지적재산의 증가와 더불어 이를 보호하는 법 역시 계속 증가하여 갈 것이다. 이렇듯 지적재산을 보호하는 법을 총칭하여 지적재산법이라 한다. 지적재산을 보호하는 법을 우리나라에서는 지적재산법, 지적재산권법, 무체재산법, 무체재산권법, 지적소유권법, 지식재산권법 등 다양한 용어로 부르고 있다.

2. 지적재산법의 성격

지적재산법에는 권리의 발생·소멸 등에 관한 공법적 절차규정도 섞여 있지만 그 보호대상인 지적소유권은 유체물에 대한 소유권과 마찬가지로 사권이며 목적물에 대한 권리이므로 본질적으로는 사법의 영역에 속한다.

3. 현행법의 구조

현재 우리나라에서는 발명에 관한 특허권을 특허법에서, 고안에 관한 실용신안권을 실용신안법에서, 미적 디자인에 관한 디자인권을 디자인보호법에서, 등록상표에 관한 상표권을 상표법에서, 저작물에 관한 저작권과 실연·방송·음반에 관한 저작인접권을 저작권법에서, 널리 알려진 주지상표나 상호 등과 영업비밀은 부정경쟁방지 및 영업비밀보호에 관한 법률(이하 '부정경쟁방지법'이라 한다)에서 보호하고 있다.[4] 이들을 총칭하여 지적재산법이라고 할 수 있을 것이나 민법이나 상법도 보충적으로 지적재산을 보호한다. 이를 도시하면 다음과 같다.

---

4) 부정경쟁방지법은 공정한 경쟁을 보호하는 법이다. 부정경쟁방지법은 최초에는 불법행위법의 특수한 유형으로 발전한 법으로 민법적인 개인보호(Individualschutz)에 근거하고 영업자의 자주적인 경제활동 및 그에 결합된 경쟁자의 경세적 명성과 성공을 보호대상으로 하는 것이었으나 점차로 소비자 및 공중의 이익보호에까지, 그리고 보호대상은 영업비밀의 보호와 신의칙에 반하는 경쟁행위 일반에까지 확대되는 방향에 있다. 그러므로 부정경쟁방지법에 의한 상표, 상호의 보호와 상표법, 상법에 의한 보호는 중복되지만 부정경쟁방지법은 상표 또는 상호 등을 하나의 소유로서, 즉 권리와 법적 지위로 보호하는 것이 아니라 부정한 경쟁행위, 즉 널리 알려진 상표나 상호, 서비스표, 영업표 등의 모용에 의한 혼동초래행위를 금지시키는 체계(행위규범)를 취하고 있어 상표법과는 그 보호내용이나 방법을 달리하고 있다.

- 기 술
  - 물
    - 고도의 창작〈발명〉 → 특허출원 — 〈유〉 — 특허법
    - 고안 → 실용신안출원 — 〈유〉 — 실용신안법
  - 제조방법
    - 공개 → 특허출원 — 〈유〉 — 특허법
    - 비공개 → 비밀유지 — 〈유〉 — 〈영업비밀〉 — 부정경쟁방지법

- 디자인
  - 상품의 디자인 / 포장지 · 상자 등의 디자인 / 포스터 · 팜플렛 등의 디자인
    - → 디자인등록
      - 〈유〉 — 디자인보호법
      - 〈무〉 — 주지성 — 〈유〉 — 부정경쟁방지법
    - → 창작성 — 〈유〉 — 저작권법
  - 점포 기타의 디자인 → 주지성 — 〈유〉 — 부정경쟁방지법

- 명 칭
  - 상표 — 상표 → 상표등록
    - 〈유〉 — 상표법
    - 〈무〉 — 주지성 — 〈유〉 — 부정경쟁방지법
  - 서비스 — 서비스표 → 서비스표등록
    - 〈유〉 — 상표법
    - 〈무〉 — 주지성 — 〈유〉 — 부정경쟁방지법
  - 회사 — 상호 → 사용 — 주지성
    - 〈유〉 — 상법 · 부정경쟁방지법
    - 〈무〉 — 〈부정목적사용〉 — 상법

* 등기한 경우: 부정목적추정

- 저작물〈시 · 소설 등〉 → 창작성 — 저작권법

- 저작인접물〈실연, 음반, 방송〉 — 저작권법

- 기 타
  - 컴퓨터 프로그램 → 창작성 — 저작권법
  - 캐릭터 → 창작성 — 저작권법
  - 유명인의 초상 — 민법 · 저작권법
  - 영업매뉴얼〈문서〉 → 창작성 — 저작권법
  - 영업매뉴얼〈문서〉, 고객명부 → 비밀성〈영업비밀〉 — 부정경쟁방지법
  - 반도체회로배치설계 → 독창성 — 반도체칩보호법

제 3 절 저작권법의 연혁

Ⅰ. 서 언

저작권법의 이해를 위해서는 저작권제도가 어떻게 탄생되고 변형, 발전되었는지 그 연혁을 명확히 알 필요가 있다.[5]

Ⅱ. 저작권제도의 연혁

1. 인쇄술이 가져온 혁명

인쇄술이 발명되기 이전에는 유체재산법(민법)에 의해 지적인 창작품들이 간접적으로 보호되었다. 저작물(예컨대 원고, 조각, 그림 등)의 저작자는 유체물의 소유자가 되어 그 저작물을 다른 사람에게 팔 수 있었다. 중세에는 하나의 저작물을 다량으로 제작하기란 극히 어려운 일이었다. 원고를 복제하려면 손으로 써야만 했기 때문에, 그 양은 극히 제한되었으며, 그 저작물을 이용한다 해도 저작자의 경제적 이익에 손해를 주지는 않는 것이었다. 그러므로 조각이라든가 회화작품들을 모작하는 행위나 표절하는 행위 등은 거의 드물었고, 그러한 행위가 실제적으로 일어났을 경우에는 여론에 의해 호된 비난을 받았다.[6]

---

5) 지적소유권제도는 당초 ⅰ) 특허제도, ⅱ) 상표제도, ⅲ) 저작권제도가 3갈래로 서로 상이한 역사적 발전과정을 거쳐 오늘에 이르렀다. 그 중 특허와 상표는 산업재산권법으로 통합되어 저작권법과 함께 지적소유권법 체계를 이루게 되었다.
또 디자인제도는 물품의 미적 외관을 보호하는 제도로서 19세기 초에 탄생한 제도이며, 실용신안제도는 소발명보호를 위하여 19세기 말경에 독일에서 탄생한 제도이다.
한편 20세기의 기술발전으로 새로운 지적재산이 나타났고, 이 중 유전공학 관련 발명 등은 특허법으로, 또 컴퓨터 프로그램, 데이터베이스 등 산업상 재화는 저작권법영역에 들어갔으나 반도체칩의 배치설계와 같은 중간영역에 속하는 것은 특허법으로도, 저작권법으로도 보호하기 힘들어 「반도체 집적회로의 배치설계에 관한 법률」(소위 반도체칩법)이라는 새로운 지적소유권법의 탄생으로 이어졌다.

활판 인쇄술이 발명되고 현재 우리들이 알고 있는 바와 같은 인쇄술이 유럽에 소개되었을 당시에는 책이 매우 드물었다. 인쇄기의 발달과 더불어 책을 제작하는 비용이 줄어들었고, 또 책은 보다 널리 이용되게 되었다.

이와 함께 책은 많은 부수를 인쇄하거나 추가로 제작할 수 있었으며 또한 대중에게 반포할 수 있었다.

◈ coffee break: 구텐베르크와 인쇄술

구텐베르크(Johannes Gutenberg: 1394?~1468)가 태어난 곳은 독일 마인츠이고, 이곳은 인쇄산업의 발상지이기도 하다. 서양의 활판인쇄술의 시조가 누구인지는 여러 가지 설이 있으나 모형으로부터 주조한 활자, 유성잉크의 제조, 인쇄기계 등의 일관된 인쇄시스템의 발명자로서 구텐베르크를 드는 것에는 이론(異論)이 없는 것 같다. 종이에의 양면인쇄를 생각해 낸 것도 구텐베르크라고 한다. 구텐베르크의 생애에 대해서는 명백하지 않은 점이 많으며, 그가 태어난 해도 명백하지 않으며, 현재 알려진 초상도 상상의 산물이다. 그는 인쇄술 발명을 위하여 재산을 다 쓴 나머지 선제후(選帝候)인 'Adolf von Nassau'의 도움으로 생계를 유지하였고, 가난한 가운데 1468년 사망하였다. 그가 인쇄시스템을 발명한 것은 대략 1440년경이며, 그의 발명으로 1500년경에는 인쇄소가 260여 개소, 4만 종의 서적이 인쇄되었다. 구텐베르크의 인쇄 중에서도 가장 중요한 것은 42행 성서라고 말해지는 구텐베르크 성서이다. 구텐베르크 성서는 약 200부 인쇄되었다고 하나 현존하는 것은 불완전한 것을 포함하여 48부라고 알려져 있다(자료: 阿部浩二, 「저작권과 그 주변」, 1면 이하).

2. 인쇄특권제도와 검열

인쇄술이 발명된 후 두 가지 양상이 나타났다. 하나는 도서출판업자(stationer; 그 당시에는 도서출판업자들이 저작물의 보급에 관련된 모든 활동 – 오늘날에는 서로 분리되어 있는 인쇄·출판·판매 등을 도맡아 했었다)들이 받는 위험부담이 더욱 커졌다는 점이다. 당시 유럽은 르네상스기이며 사람들의 관심은 고대(古代)

---

6) 그리스와 로마에서는 표절행위를 비열한 것이라고 비난했고, 그리스인들은 문학작품의 해적행위를 강력히 금지하였다. 당시에는 약간의 금전적 이익도 얻은 것은 사실이나 주로 인격적 이익에 관심이 있었다. 로마시대의 저작권 보호에 대해서는 최병조, "Geistiges Eigentum im roemischen Recht? - unter besonderer Beruecksichtigung des Urheberrechts," 「법학」(제51권 제2호), 서울대학교 법학연구소, 2010. 7. 참조.

로 향하여져 있었다. 그러므로 출판에 있어서도 고전의 간행에 중점이 있었다. 고전의 간행에 있어서는 인쇄·출판업자는 그 원본의 정리·정정에 많은 노력과 비용이 들지만 그 간행 후 얼마나 팔릴지는 전혀 불투명하였고, 인쇄술이 제자리를 잡게 된 15세기 말경에는 저작물에 대한 해적행위가 발생하였다.7)

한편 영국이나 유럽대륙의 세속적인 통치자들이나 성직자들은 인쇄술이 새롭고 강력한 정치적·사회적 영향력을 가지고 그들의 권력을 위협할지도 모른다고 생각하게 되었으며, 따라서 그들은 인쇄물의 반포에 관심을 갖기 시작했다. 이러한 두 가지 문제점은 인쇄특권제도를 생각해냄으로써 그 해결을 보았다. 군주들은 특정인쇄업자에게만 일정한 출판물을 찍어낼 수 있도록 특권을 부여하였다. 이러한 인쇄특권제도를 이용하여 인쇄업자들의 간행물을 통제·검열하고 출판을 억압하였다.8)

3. 최초의 저작권법

17세기는 자유주의 사상의 영향으로 인해 구질서가 허물어져 가는 시대였다. 개인주의 사상이 출현하고 의회제도가 절대군주제를 대신하게 되었다. 따라서 인쇄물에 대한 규제는 점차 완화되었고, 그 결과 인쇄독점제도는 문제가 되었다.

이처럼 군주가 출판을 독점하던 제도가 붕괴되어 가는 혼란한 상황 속에서 영국의 철학자 존 로크(John Locke)는 「市民政府에 관한 二論」[Two Treatises on

7) 당시는 저작권의 개념이 없었으므로 서적업은 인쇄업자 사이에서 어느 특정한 저작의 가장 정확한 번역경쟁이 특징이며, 그것은 출처표시로서의 마크의 사용을 통해 가능했다. 베니스의 알다스 서점에서 발행된 Livy(고대 로마 역사가)의 저작 1518년판 서문은 동 서점의 돌고래와 닻 도형의 가짜 서적이 나돌고 있다는 것을 독자에게 경고하고 있다(출판업자들이 생존해 있는 저작자의 저작물을 인쇄하기 시작한 것은 좀더 후의 일이다).

8) 예컨대 영국에서는 1534년 왕의 명령으로 허가 없는 출판을 금지시켰다. 1556년 런던의 주요 출판업자로 구성된 도서출판업자 조합(stationer's company)은 왕의 윤허를 얻어 설립된 단체이며, 그 설립 목적은 프로테스탄트 개혁주의의 만연을 정보유통의 측면에서 규제하기 위하여 멤버의 인쇄사업을 이 조합에 독점시키기 위한 것이었다. 인쇄는 星室法院(Star Chamber)의 명령에 의하였고, 이를 통해 정부 및 교회는 선동적이거나 이단적인 언동을 효과적으로 검열하였다.

Civil Government(1690)]에서 저작자의 시간과 노력이 투입된 저작물에 대해서 저작자에게 'Copyright'가 인정되어야 한다고 주장하였다. 1695년 출판독점시대는 공식적으로 막을 내렸고, 규제의 보호막 속에 안주하던 기존의 출판업자들은 새로운 출판업자들과 경쟁하지 않을 수 없게 되었다. 기존의 출판업자들은 그들의 경제적 어려움과 무정부상태가 가져올 혼란에 대해서 의회에 호소하였으며, 의회는 이들의 호소에 귀를 기울였다. 그 결과 1709년 1월 11일 학문을 장려하며 법정기간동안 인쇄된 복제물에 대한 권리를 그 정당한 권리자에게 보장하는 법안이 하원에 제출되었다. 이 법안은 1710년 4월 10일 확정되었고 「앤 여왕 법」으로 알려진 「1709년 저작권법」(8 Anne c. 19)이다. 그러나 이 법을 통해 1731년까지는 독점을 유지하려던 출판업자의 당초의 기대는 현실화되지 못하였다. 왜냐하면 동법이 "유용한 작품을 창작하고 작성한 지식인을 격려"한다고 명시적으로 규정함으로써 동법의 중점은 명백히 출판업자에서 저작권자에게로 옮겨졌다. 결국 이 법은 현대적 의미에 있어서 최초의 저작권법이며, 출판물의 보호를 위해 개인적 권리의 존재를 최초로 인정하는 것이었으며, 저작물과 그 저작물이 화체된 유체물을 명백히 구별하였다.

◈ 앤 여왕 법

■ 전 문(preambles)

종래, 인쇄업자, 출판자, 기타의 자는 저작자 내지 권리자의 동의를 얻지 않고,— 아주 자주 그들 혹은 그들 가족의 몰락이라는 희생 위에, 책이나 기타의 서물(Books or other Writings)을,— 인쇄하고 또 인쇄하고, 출판하는 자유를 만끽하여 왔다. 장래에는 그러한 관행을 철폐함으로써 교양 있는 사람들로 하여금 유용한 책을 편집하고 집필시키기 위하여 짐은 본법을 제정하노라.

■ 주요 내용

1. 새로운 저작물을 저작자가 14년간 출판할 수 있는 배타적 권리
2. 저작자 생존의 경우, 14년간의 갱신권
3. 등록의무
   a. 서적출판업 조합사무소(Stationer's Hall)에 권리 등록
   b. 공적 도서관에 9부의 납본

4. … 다른 출판사, 인쇄업자, 기타 누구든지 권리자의 동의 없이 이 같은 책(들)을 … 인쇄하거나 증쇄(增刷)하거나 혹은 수입(輸入)하는 경우에는 이 같은 위반자

는 이 같은 책의 권리자에 대한 관계에서 이들 책들이 몰수되는 것으로 하며, 권리자는 즉시 폐기처분할 수 있다. 아울러 위반자는 그 관리하에 있음이 밝혀진 위반 서적의 각 페이지당 1페니가 벌금으로 부과된다.

그러나 앤 여왕 법은 그 대상이 책으로만 국한되었다. 앤 여왕 법은 책 이외의 다른 저작물, 즉 조각이나 그 밖의 예술작품형태에 대해서는 언급이 없었다. 뿐만 아니라 1709년 법은 책 저작자에게도 충분한 특권을 부여하고 있지 않다는 사실이 곧 밝혀졌다. 저작자에게 자신의 저작물을 인쇄·반포할 수 있는 권리를 부여하는 것만으로는 충분하지 않았다. 거기에는 공공흥행·극화한 각본·번역물 등의 문제가 있었다. 1734년에 판화저작권법(Engraving Copyright Act), 1814년에 조각저작권법(Sculpture Copyright Act)이 각각 제정되었다. 1911년, Common Law 저작권법 등을 폐지하고 새로운 저작권법이 제정되었다.

4. 지적소유권으로서의 저작권

18세기 후반 개인주의 사상의 출현과 보급은 점차적으로 문학적 소유권 개념이 기존의 특권제도를 대신하게 되었다. 1777년 프랑스 루이 16세는 새로운 토대에 입각하여 인쇄와 출판을 규정한 여섯 개의 법령을 공포하였다. 이들 법령은 저작자가 자신의 저작물을 발행하여 판매할 수 있는 권리를 인정하는 것이었다.

프랑스 혁명중에 프랑스에서는 저작권법의 발전에 관한 몇 가지 중요한 조치가 행해졌다. 1789년 8월, 국민의회에서는 개인이나 시 또는 주가 가지고 있던 일체의 특권을 박탈하기로 결정하였다. 저작자와 출판인의 특권은 혼란에 빠지고 말았다. 혁명의 혼란이 가라앉게 되자 저작자의 권리는 공권력을 가진 자의 자의적인 특허에 의존하는 것이 아니라, 오로지 지적창작이라는 사실에 근거를 둔 자연의 섭리에 의해서 저작자의 권리를 인정하고 승인해야 한다는 인식이 일기 시작하였다.

다시 말하면 육체적 노동에 의해 유체물을 획득한 자가 그 물건에 대해서 소유권을 갖고, 국가의 보호를 받는 것과 같이 정신적 노동에 의해 저작물을 창작한 저작자는 그 저작물에 대해서 소유권을 가지며 국가는 이를 보호해야 할 것이라는 이론이 그것이다. 1791년에 공연에 관한 명령으로 공연권을 보장하였고, 1793년 문학 및 예술의 소유권에 관한 법률(저작권법)을 제정하여 모든 저술가, 작곡가, 화가의 저작물 판매에 관한 독점권을 그의 생존중에 보장하였다.[9] 1902년 작곡가 및 조형미술가를 저작자로 하는 법률, 1910년 복제권 양도에 관한 법률, 1920년 추급권에 관한 법률 등이 제정되어 저작권법 체계를 이루었으나 1957년, 현재의 통일적인 저작권법이 제정되었다.

미국에서도 독립선언 후 각 주는 지적소유권 개념에 기초하여 저작권법을 제정하였다. 예컨대 저작권 보호를 규정한 1789년 3월 17일의 매사추세츠주법에서는 "정신적인 노동에 의해서 생산된 재산보다 더 인간에게 특별한 재산은 없다"라고 규정하고 있다. 다만, 이들 주법의 효력이 당해 주에 한정되어 있는 데서 오는 불편을 제거하기 위하여 1790년 최초의 연방저작권법이 제정되었다.[10] 1790년법 이후 몇 차례의 소(小) 개정을 거쳐 1909년법이 성립되었다. 1909년법은 저작자의 모든 저작물을 56년간 보호하였다. 미국의 현행법은 1976년법이다.

독일은 1871년 제2제국의 탄생과 더불어 제국 저작권법이 제정되었으나 그 후 이를 기초로 1901년 문학적 및 음악적 저작물의 저작권에 관한 법률(LUG)과 출판권법이 제정되고 1907년 조형미술 및 사진저작물의 저작권에 관한 법률(KUG)이 제정되어 저작권법 체계를 이루었으며, 현재의 독일 저작권법은 1965년 제정된 것이다.

---

9) 제1조는 다음과 같다: 모든 종류의 문서의 저작자, 음악의 작곡자, 회화나 도안을 판각시킨 화가 및 도안가는 그의 생존기간 중 공화국의 영토 내에서 저작물을 판매하거나 판매시켜 배포하거나 그 소유권의 일부 또는 전부를 양도할 배타적 권리를 가진다.

10) 미국의 1790년 저작권법은 책, 지도, 해도만을 저작물로 보호하였다. 1802년 프린트가, 1831년 음악이, 1856년에 연극이, 1865년에 사진이, 1870년에 그림이, 1897년에 공연이, 1909년에 모든 저작물(writings)이 각 추가되었고, 1980년에는 컴퓨터 소프트웨어에 관한 저작권을 인정하여 오늘에 이르고 있다. 영국, 프랑스, 미국에 있어서의 저작권법 발전과정이 보여주듯이 저작권법의 역사는 그 보호범위 확대의 역사임을 알 수 있다.

Ⅲ. 우리나라의 저작권제도

1. 서 언

중세에 이미 지적창작물 보호제도가 있었던 서구와는 달리 우리나라에서는 지적창작물은 만인 공유이며, 특정개인의 소유물이라는 사상은 전혀 존재하지 아니하였다. 1908년 대한제국 특허령이 시행된 이후에도 이러한 상황이 크게 변하였다는 징후는 보이지 아니한다. 우리는 예전부터 책도둑은 도둑이 아니라고 하여 왔다. 이것은 소유권을 넘어선 지적욕구의 승인이며, 문화발전을 위한 개인소유의 제한이라고 할 것이다. 이러한 분위기는 1980년대 중반 미국의 대한 통상압력의 일환으로 미국의 지적소유권의 보호를 강요하고, 특히 가트(GATT)의 우루과이라운드에서 서비스 등과 더불어 신분야로서 교섭이 시작된 이래 크게 바뀌었으며, 이제는 우리의 주된 관심사항이 되고 있다.

2. 전 사(前史)

우리나라는 1234년(고려 고종 24년) 세계 최초로 대량 인쇄가 가능한 금속활자를 발명하였으나 이를 국가에서 관장하여 왔고(고려말기에는 서적원, 조선시대에는 교서관, 규장각), 그림에 관해서도 도화서라는 국가기관이 화원을 두어 관장하였으므로 개인의 사적 소유물로서의 저작권이라는 개념은 형성되지 아니하였다.[11]

---

11) 특히 조선시대에는 시장경제가 발달치 못하였을 뿐만 아니라 학문과 예술을 담당하는 지식층이 유교사상에 의한 선비정신을 고귀한 것으로 생각하였기 때문에 학문적·예술적 관점에서만 관심을 두어 왔지 이를 경세적·금전적 대상으로 관념하지 아니하여 왔고, 이러한 선비정신은 오늘날까지도 면면히 이어져와 저작자들이 자신의 저작물을 둘러싼 금전적 시비나 소송 등을 천박한 것으로 여겨 적극적·법률적으로 분쟁해결을 꾀하지 아니하고 소극적 항의나 체면치레의 합의에 의하여 분쟁을 비법률적으로 해결하여 온 실정에 있었다.
1953년 6월 22일 서울대학신문 제52호에 당시 서울대학교 법과대학 정광현 교수는 저작권의 보호에도 투쟁의 기록이 필요하니 저작권 침해사례가 있을 때에는 화해하지 말고 형사고소와 손해배상청구 등 법률적 투쟁에 의할 것을 호소하고 있다.

이러한 우리나라에서 저작물에 대한 법적 보호가 시작된 것은 1908년 8월 12일 「조선에서의 발명, 의장, 상표 및 저작권에 관한 미일조약」이다. 동 조약 제1조는 일본국 정부는 특허권, 의장권, 상표권 및 저작권에 관하여 일본에서 시행되고 있는 법령을 이 조약의 시행과 동시에 한국에도 시행하며, 미국인에 대하여는 한・일 양국 국민과 동일한 보호를 준다고 규정하고 있다. 이 조약에 따라 저작권령(칙령 제200호)이 공포되어 1908년 8월 16일 당시 일본 저작권법이 한국에 '의용'되게 되었고, 한일합방에 의하여 1910년 8월 29일부터 「저작권법을 조선에서 시행하는 데 관한 건」(칙령 제338호)에 따라 종래의 '의용'에서 '시행'으로 전환되었다.

이렇듯 우리나라에 있어서 저작권법의 역사는 우리나라 국민의 학문・예술에 관한 창작물을 보호함으로써 문화의 발달을 촉진시켜야 한다는 국민적 합의나 국가적 필요성에 의하여 만들어진 것이 아니라 열강에 의한 시장지배의 일환으로 외국인의 저작물을 보호할 필요성 때문에 만들게 되었고, 또한 개정되게 되었다는 점에서 특이한 역사를 가지고 있다.[12] 어쨌든 일본 저작권법은 대한민국정부의 수립 후에도 1957년 1월 28일까지는 우리나라에서 그대로 시행되게 되었다.

3. 1957년 저작권법의 제정

(1) 서 언

대한민국정부의 수립 후 상당한 시일이 경과하여 법제 정비작업의 일환으로 제정된 최초의 저작권법인 1957년 저작권법(1957.1.28. 법률 제432호)은 전 5장(제1장 총칙, 제2장 저작권, 제3장 출판권과 공연권, 제4장 저작권 침해, 제5장 벌칙) 본문 75개조, 부칙 4개조를 합쳐서 전문 79개조로 구성되어 있다. 그 주요한 내용은 다음과 같다.

---

12) 그렇기는 하나 침략당하고 있는 암울한 시기에도 저작권의 싹은 돋아나고 있었다. 최초의 저작권 소송이 역사가 황의돈씨에 의해 1924년 제기되었고, 리상준씨가 그 8년 후인 1932,년 음악저작권 침해소송을 제기하였다. 또 1933년에는 '도안'에 대한 보수 청구 소송이 화가 고희동씨에 의해 제기되었다(자세한 것은, 조선일보, 2012.9.20 A37면 「조선일보에 비친 '신문화의 탄생'(75)」참조).

(2) 주요한 내용

ⅰ) 무방식주의를 채택하며, ⅱ) 저작권의 존속기간은 원칙으로 저작자 생존중 및 사후 30년까지이고(구법 30조), 번역권의 5년 소멸제도를 채택하며(구법 34조), ⅲ) 외국인의 저작물은 조약에 별단의 규정이 없는 한 국내에서 처음으로 발행된 것 이외에는 보호하지 아니한다고 규정(구법 46조)하는 한편 저작권 보호에 관한 국가간의 조약을 체결하거나 국제적인 조약에 일체 가입하지 아니함으로써 실질적으로 그 보호를 부정하여 왔다. ⅳ) 또한 음반·녹음·필름 등을 공연 또는 방송에 이용하는 것을 비침해행위로 규정하는 등 자유이용의 범위가 상당히 넓었고(구법 46조), 이것은 논란의 대상으로 되어 왔다. 특히 구법상 텔레비전·라디오 등 방송매체에서의 음반 등의 자유이용이 가능하였으므로 많은 논란이 있었다.

4. 1986년 저작권법의 개정

(1) 서 언

1957년법이 일본의 구저작권법을 모방한 것으로 1960년대 이후 우리나라 산업·문화 및 기술수준의 전반적인 향상에 대응하지 못하게 된 것이 자각되게 되었고, 외국저작물의 무분별한 복제·번역이 많아 국제적으로 출판물의 해적왕국(海賊王國)이라는 비난이 점증하였기 때문에 1970년대부터 개정논의가 여러 차례 있던 중 1986년 개정에 이르게 되었다. 전면 개정된 1986년 저작권법(1986. 12.31. 법률 제3916호)은 전 9장 전문 111개조로 구성되어 있는데 체제면이라든가 제도적인 면에서는 구법과 비교할 수 없을 만큼 새로우므로 구법의 개정이라고 하기보다는 새 저작권법의 제정이라 볼 수 있다.

또 우리 정부는 개정 저작권법의 시행(1987.7.1.)과 동시에 세계저작권조약(조약 제936호)과 음빈의 무단복제에 대한 음반저작사의 보호에 관한 조약(조약 제937호)에 가입하였다.

(2) 1987년법의 주요내용

1987년 7월 1일부터 시행되게 된 신법은 구법에 비하여 ⅰ) 저작물 개념의 확대(컴퓨터 프로그램의 포함), ⅱ) 저작자의 권리강화(보호기간의 연장, 비침해행위의 감축, 벌칙의 강화 등), iii) 저작권과 저작인접권의 구분, iv) 외국인 저작물 보호규정의 보충 및 세계저작권조약(UCC)에의 가입, v) 저작자와 저작물 이용자의 이해조정을 위한 많은 규정의 신설, vi) 저작권 위탁관리업제도와 저작권 심의조정제도의 설치, vii) 저작물인 컴퓨터 프로그램 보호의 특칙을 정하기 위한 별도의 법제정 등 많은 면에서 획기적이다.[13)]

5. 1987년 이후의 개정

(1) 1994년 개정(1994.1.7. 법률 제4717호, 1994.7.1. 시행)

1986년 저작권법 개정 후 한미지적소유권협상, UR협상 진전 등 국내외 여건의 변화에 따라 1994년 1월 저작권법이 일부개정 되었다.

1994년 개정은 i) 데이터베이스를 편집저작물로 보호함을 명백히 하였으며, ii) 교육부장관이 저작권을 가지거나 교육부장관의 검·인정을 받은 교과용 도서에 저작물을 게재할 경우에도 보상을 하도록 하되 경과조치로서 5년의 유예기간을 두었고, iii) 음반의 배포권자·제작자·실연자에게 대여권을 부여하였고, iv) 저작인접권의 보호기간을 50년으로 연장하였으며, v) 저작권 위탁관리업 중 대리·중개만을 하는 경우에는 허가제에서 신고제로 변경하였고, vi) 저작권을 침해한 물건을 그 정을 알면서 배포할 목적으로 소지하는 행위도 당해 권리의 침해행위로 본다고 개정하였다.

(2) 1995년 개정(1995.12.6.법률 제5015호, 1996.7.1. 시행)

1995년의 개정은 WTO의 회원국으로서의 의무를 이행하고, 저작권 분야의 국제규범이라고 할 수 있는 베른협약에의 가입을 대비하기 위해서 행해진 것이다.[14)] 그 주된 개정내용은 다음과 같다.

i) 외국인의 저작물 및 음반의 소급보호를 규정하였으며, ii) 공표된 저작물의 번역·발행에 관한 강제허락제도를 폐지하였고(종전의 49조 삭제), iii) 실연자의 권리를 강화하였으며, iv) 단체명의 저작물 및 영상저작물의 공표유예기

---

13) 이렇게 제정된 컴퓨터프로그램보호법은 2009년 개정으로 저작권법으로 통합되었다. 이에 따라 2009.4.22. 컴퓨터프로그램보호법은 폐지되었다.

14) 우리는 1996년 8월 21일 베른협약에 가입하였다.

간을 10년에서 50년으로 연장하였으며, v) 무명 또는 이명저작물의 보호기간을 정비하였고, vi) 대리 또는 중개만을 행하는 저작권 위탁관리업의 수수료율 승인제를 폐지하였다.

(3) 2000년 개정(2000.1.12. 법률 제6134호, 2000.7.1. 시행)

1994년과 1995년에 저작권법의 개정 후 저작권 환경은 크게 변하였다. 디지털 환경과 인터넷 환경의 도래가 그것이다. 이에 따라 1996년에는 WIPO 저작권조약과 실연음반조약이 성립되었고 각국은 이들 조약에 조화되도록 저작권법을 개정하기 시작하였다. 1997년과 1999년의 일본 저작권법의 개정, 1998년의 미국의 DMCA (Digital Millenium Copyright Act)가 그것이다. 우리나라도 이러한 추세에 따라 2000년 1월 저작권법을 개정하였다.

그 주요내용은 다음과 같다.

① 저작물을 전송하는 경우에도 저작자의 이용허락을 받도록 하기 위하여 저작자의 저작재산권에 전송권을 추가함으로써 컴퓨터통신 등에 의한 전송으로부터 저작자의 권리를 보호하도록 하였다(법 2조 9호의2, 18조의2).

② 공중용 복사기에 의한 저작물의 복제를 사적복제 영역에서 제외함으로써 공중용 복사기에 의한 복제에 대하여는 저작자의 이용허락을 받은 후 복제할 수 있도록 하였다(법 27조 1항 단서 신설).

③ 전자도서관 구축사업을 지원하기 위하여 도서관이 도서 등의 저작물을 컴퓨터 등으로 복제하여 당해 도서관 및 다른 도서관의 이용자가 열람할 수 있도록 전송하는 경우에는 저작자의 이용허락을 받지 아니할 수 있도록 하였다(법 28조 2항).

④ 저작물에 대한 권리관계를 명확히 하기 위하여 저작자 등이 등록할 수 있는 사항을 확대하고, 등록된 저작권 등을 고의 없이 침해한 자에 대한 손해배상청구에 있어서는 그 침해행위에 과실이 있는 것으로 추정하도록 하였다(법 51조 1항, 93조 4항).

(4) 2003년 개정(2003.5.27. 법률 제6881호, 2003.7.1. 시행)

2003년 개정은 지식정보사회와 디지털 네트워크 환경에 맞도록 법제도를 정비함과 아울러 그 사이의 운영과정에서 나타난 미비점을 개선·보완하려는 것이다. 그 주요 내용은 다음과 같다.

① 종전에는 창작성 있는 데이터베이스에 한하여 권리로서 보호를 하였으나, 앞으로는 창작성의 유무를 구분하지 아니하고 데이터베이스를 제작하거나 그 갱신·검증 또는 보충을 위하여 상당한 투자를 한 자에 대하여는 일정기간 당해 데이터베이스의 복제·배포·방송 및 전송권을 부여하도록 하였다(법 2조 12호의5, 73조의2 내지 73조의9). 또 데이터베이스제작자의 권리보호기간은 데이터베이스를 제작하거나 갱신 등을 한 때부터 5년으로 하였다(법 73조의6).

② 도서관 등이 도서 등을 도서관간에 열람목적으로 전송하거나 디지털도서 등을 복제하는 경우에 문화관광부장관이 정하여 고시하는 보상금을 지급하거나 이를 공탁하도록 하고, 당해 도서관 관내에서의 열람을 위한 복제·전송의 경우에는 보관하고 있는 도서 등의 부수 범위 내에서 저작권자 등의 허락을 받지 아니하여도 가능하도록 하였다(법 28조).

③ 시각장애인 등의 복리증진을 목적으로 하는 시설 중 대통령령이 정하는 시설(당해 시설의 장을 포함한다)은 영리를 목적으로 하지 아니하고 시각장애인 등의 이용에 제공하기 위하여 공표된 어문저작물을 시각장애인 등 전용 기록방식으로 복제·배포 또는 전송할 수 있도록 하였다(법 30조).

④ 온라인서비스제공자가 저작물이나 실연·음반·방송 또는 데이터베이스의 복제·전송과 관련된 서비스를 제공하는 것과 관련하여 다른 사람에 의한 이들 권리의 침해사실을 알고서 당해 복제·전송을 중단시킨 경우에는 그 다른 사람에 의한 권리침해행위와 관련되는 책임을 감경 또는 면제하도록 하는 등 온라인서비스제공자의 면책요건 등을 정하였다(법 77조).

⑤ 저작권 등의 침해를 방지하기 위한 기술적 보호조치의 무력화를 주된 목적으로 하는 기술·서비스·장치 등이나 그 주요부품을 제공·제조·수입·양도·대여·전송하는 행위는 이를 저작권 그 밖에 이 법에 의하여 보호되는 권리의 침해행위로 보고, 동 위반행위자에 대하여는 3년 이하의 징역 또는 3천만원 이하의 벌금에 처하도록 하였다(법 92조 2항 및 98조 5호).

⑥ 저작권 등 권리의 침해를 유발 또는 은닉한다는 사실을 알거나 과실로 알지 못하면서 전자적 형태의 권리관리정보를 제거·변경하는 행위 등은 이를 저작권 등의 권리침해행위로 보고, 동 위반행위자에 대하여는 3년 이하의 징역 또는 3천만원 이하의 벌금에 처하도록 하였다(법 92조 3항 및 98조 6호).

⑦ 종전에는 손해액에 관하여 부정복제물의 부수 등을 산정하기 어려운 경우에 이를 출판물의 경우 5천부, 음반의 경우 1만 매로 추정하도록 되어 있었으나, 앞으로는 변론의 취지 및 증거조사의 결과를 참작하여 상당한 손해액을 인정할 수 있도록 하였다(법 94조).

(5) 2004년 개정

2004년 개정법의 주된 내용은 저작인접권자인 실연자와 음반제작자에게 전송권을 부여한 것이다. 이렇게 개정한 이유는 다음과 같다.[15]

첫째, 인터넷 등 통신망을 통한 음악저작물의 전송이 빠른 속도로 확산됨에 따라 음악저작물의 유통구조가 음반 판매에서 온라인 음악서비스로 변화하고 있는 추세를 반영하여 저작인접권자의 경제적 권리를 보호하고,

둘째, 저작인접권자, 서비스제공업자(OSP), 이용자 등 전송과 관련된 이해당사자간의 권리의무 관계를 명확히 함으로써 법적 안정성을 확보할 수 있으며,

셋째, 2005년 저작인접권 관련 국제조약인 WIPO(세계지적재산권기구)실연·음반조약의 가입을 앞두고 있는 시점에서 동 조약의 내용(10조, 14조)을 우리 법률에 수용하려는 것이다.

개정 내용은 다음과 같다.

① 신 설

제64조의2(전송권) 실연자는 그의 실연을 전송할 권리를 가진다.

제67조의3(전송권) 음반제작자는 그의 음반을 전송할 권리를 가진다.

② 변 경 제75조 제3항 중 "제63조의 규정에 의한 복제권 및 제64조의 규정에 의한 실연방송권"을 "제63조의 규정에 의한 복제권, 제64조의 규정에 의한 실연방송권 및 제64조의2의 규정에 의한 전송권"으로 한다. 제76조 제2항 중 "복제 또는 방송할 권리"를 "복제·방송 또는 전송할 권리"로 한다.

(6) 2006년 개정

2006년 12월 저작권법이 전문 개정되었다. 이것은 1986년 12월 31일자 개정법 이래 전문에 걸친 대폭적인 개정이라 할 것이다. 2006년 개정법은 그 동

15) 개정제안이유서에 의함.

안 여러 차례의 부분개정으로[16] 인해 복잡해진 조문을 정리함과 아울러 디지털 시대에 맞도록 내용을 대폭 수정하고 이를 통해 우리가 당시 가입하려고 했던 「WIPO실연·음반조약」(WPPT) 등 각종 조약과 조화시키기 위한 것이었다.

2006년 개정은 저작자 보호뿐만 아니라 저작물의 공정한 이용을 도모하기 위한 각종 조항을 추가하였다. 이하 주요 개정내용을 살펴보면 다음과 같다.[17]

① 공중을 개념 신설하여 특정 다수도 공중의 개념에 포함시켰다.

② 공중송신권 및 디지털음성송신 개념을 신설하였다.

③ 교사나 학생이 수업 목적을 위하여 공표된 저작물을 전송하는 것을 허용하였다.

④ 실연자 및 음반제작자의 권리를 강화하였다.

⑤ 영리를 위한 상습적인 침해 행위를 비친고죄의 대상으로 규정하였다.

⑥ 법정허락의 요건을 완화하였다.

⑦ 저작권 인증 제도를 신설하였다.

⑧ 저작권 기증 제도를 신설하였다.

⑨ 저작물의 불법 복제 수거·폐기·삭제 규정 신설 및 관련 기구를 신설하였다.

⑩ 저작권심의조정위원회 명칭을 '저작권위원회'로 변경하고, 업무를 확장하였다. 아울러 그 범위를 명백히 하였다.

⑪ 저작권 정보 센터를 신설하였다.

⑫ 저작권 감정 제도를 신설하였다.

⑬ 그 밖에 P2P서비스업자 및 웹하드서비스업자 등 특수한 형태의 OSP에게 권리자가 요청하는 경우 필터링 등 기술적 조치를 하도록 의무화하였다.

(7) 2009년 개정

2009년에는 3월[18]과 4월[19]에 2번의 개정이 있었다. 3월의 개정은 첫째는

---

16) 앞서 본 바와 같이 1986년법 이래 5차의 개정이 있었다.

17) 개정법 전반에 관한 보다 자세한 해설은, 심동섭, "개정 저작권법 해설," 「계간 저작권」(제76호), 2006. 12, 47면 이하.

18) 법률 제9529호, 2009.3.25., 일부개정(시행 2009.9.26.).

19) 법률 제9625호, 2009.4.22., 일부개정(시행 2009.7.23.).

정보기술의 비약적 발달에 따라 지식정보의 생산 및 이용 환경이 온라인으로 급속히 확산되고 있으나 온라인 자료에 대한 관리가 미흡한 실정이므로, 국립중앙도서관으로 하여금 온라인 자료를 체계적으로 수집・관리하도록 복제근거를 마련하려는 것이고, 둘째는 판매용 음반을 이용하여 공연하는 경우에는 이로 인해 경제적 손실을 입게 되는 실연자와 음반제작자에게도 상당한 보상금을 지급하도록 하여 저작인접권자의 권리를 보호하려는 것이었다.

4월의 개정은 첫째, 「저작권법」과 「컴퓨터프로그램 보호법」의 통합에 따른 내용 조정과 컴퓨터프로그램저작물에 대한 특례 규정 신설, 둘째 기존의 저작권위원회를 한국저작권위원회로 확대개편, 셋째 온라인상 불법복제 방지대책 강화로 특징지을 수 있을 것이다.

(8) 2011년 개정

2011년에는 2번의 개정이 있었다. 하나는 한-EU FTA 체결과 관련된 개정이고, 또 하나는 한・미 FTA 체결과 관련된 개정이다.

가. 한-EU FTA 체결과 관련된 개정[2011년 제1차 개정법]

2011년 「대한민국과 유럽연합 간의 자유무역협정」이 국회의 동의를 얻어 비준됨에 따라 동 협정의 국내 이행을 위해 다음과 같은 「저작권법」의 일부 개정이 있었다.[20)]

① 저작권 보호기간을 저작자 사후 50년에서 70년으로 연장하고, 저작인접권자인 실연자・음반제작자 및 방송사업자의 권리추정 규정을 신설하였다.

② 공중의 접근이 가능한 장소에서 방송의 시청과 관련하여 입장료를 받는 경우에 한해 방송사업자의 공연권을 인정하고, 이용통제 기술적 보호조치에 더하여 접근통제 기술적 보호조치를 도입하였다.

③ 2011년 개정이전 법에서 권리침해 행위로 간주되고 있는 기술적 보호조치 무력화 행위를 금지행위로 규정하되, 암호 연구, 미성년자 보호, 국가의 법집행을 위해 필요한 경우 등 기술적 보호조치 무력화 행위 금지의 예외가 허용될 수 있도록 하였다.

④ 온라인서비스제공자를 단순도관, 캐싱, 호스팅, 정보검색의 네 가지 유

---

20) 법률 제10807호, 2011.6.30., 일부개정(시행 2011.7.1.).

형으로 나누고, 각 유형별 면책요건을 규정하였다.

⑤ 개정법은 「대한민국과 유럽연합 간의 자유무역협정」의 국내 이행법률로 동 협정이 효력을 발생하는 날부터 시행하되, 저작권 보호기간의 연장은 사회에 미치는 영향을 최소화하기 위해 발효 후 2년이 되는 날부터 시행하기로 유예기간을 설정하였다.

나. 한・미 FTA 체결과 관련된 개정[20011년 제2차 개정법][21]

한・미 FTA 체결과 관련된 일부 개정법률이라고 하지만 그 개정 범위는 상당히 광범위하다. 그 주요한 것을 보면 다음과 같다.

① 일시적 저장을 복제의 범위에 명시하고 이에 대한 예외를 규정(법 제2조 제22호, 제35조의2, 제101조의3제2항 신설).

② 공정이용제도의 도입(법 제35조의3 신설).

③ 배타적 발행권 제도의 도입[법 제7절(제57조부터 제62조까지), 제7절의2(제63조, 제63조의2)].

④ 위조라벨의 유통, 영화상영관 등에서 저작재산권자의 허락 없이 영상저작물을 녹화・공중송신하는 행위 및 방송전 신호를 제3자에게 송신하는 행위 등 금지행위를 규정(법 제104조의5, 제104조의6 및 제104조의7 신설).

⑤ 법정손해배상제도의 도입(법 제125조의2 신설).

⑥ 1987년 7월 1일부터 1994년 6월 30일 사이에 발생한 저작인접권의 보호기간을 발생한 때의 다음 해부터 기산하여 50년간 존속하도록 규정함(법 부칙 제4조 신설).

(9) 2013년 개정

2013년에도 2번의 개정이 있었다. 하나는 7월에 개정되고 10월에 시행된 법률이다.[22] 이 개정법은 청각장애인도 일반인과 동등하게 공표된 저작물을 적극적으로 향유할 수 있도록 공표된 저작물 등을 수화 또는 자막으로 변환할 수 있고, 이러한 수화 또는 자막을 복제・배포・공연 또는 공중송신할 수 있도록 하려는 것이다(제33조의2 추가).

---

21) 법률 제11110호, 2011.12.2., 일부개정(시행 2012.3.15.).

22) 법률 제11903호, 2013.7.16., 일부개정(시행 2013.10.17.).

또 하나는 12월에 개정되고 2014년 7월 시행된 법률이다.[23] 2014년 7월 시행 법률은 ① 국가나 지방자치단체에서 업무상 작성한 저작물은 공익 목적으로 예산을 투입하여 제작된 저작물이므로 저작재산권의 보호를 배제하고 납세자인 일반 국민들의 자유로운 이용을 보장하는 한편, ② 종전 법에는 학교 등에서의 수업목적이나 수업지원목적으로 저작물의 일부분을 "복제 · 배포 · 공연 · 방송 또는 전송"할 수 있도록 규정하고 있었으나, 이에 '전시'를 추가하고 '방송 또는 전송'을 상위개념인 '공중송신'으로 변경하였다.

6. 앞으로의 과제

저작권법은 저작물의 무단이용으로부터 저작자를 보호하는 법이므로 저작권법은 저작물의 이용형태의 변화에 따라 발전해간다. 이용형태의 변화는 대부분 기술발전의 결과이므로 저작권법의 발전은 기술발전과 밀접한 관련을 가지고 있다. 무엇보다도 저작권제도 자체가 인쇄기술의 발명이 없었다면 성립하기 힘들었다는 사실에 비추어 보면 이는 쉽게 알 수 있는 일이다. 과학기술의 발전이 저작권제도에 미친 영향을 간단히 열거하면 다음과 같다.

1) 1440년경의 활판인쇄술의 발명은 인쇄특권제도를 탄생시켰고(1490년), 이것은 1709년의 저작권제도의 탄생으로 이어졌다.

2) 1839년의 사진기의 발명, 1884년의 필름의 발명은 사진저작물이라는 새로운 유형의 저작물을 탄생시켰다. 사진은 사진기기에 의존하여 작성되어지는 것이므로 처음에는 사진이 저작권법으로 보호되는 저작물인지가 논의되었다.[24]

3) 1877년의 축음기의 발명은 음반의 저작권법상의 취급에 대한 문제를 제기시켰고, 우리법은 현재 음반제작자를 저작인접권으로 보호한다. 그러나 우리의 1957년법은 저작권으로 보호하였다.

4) 1889년 촬영기의 발명은 영화저작물을 탄생시켰으며, 오늘날은 녹화기의 가격하락으로 영상저작물의 제작이 과거와는 비교할 수 없을 만큼 손쉽게 되었다.

---

23) 법률 제12137호, 2013.12.30., 일부개정(시행 2014.7.1.).

24) 오늘날의 컴퓨터 창작물에 대한 저작권 논의와 유사하며, 이에 대한 이론적 해결은 컴퓨터 창작물에 대한 저작권 논의에 많은 참고가 될 것이다.

5) 1920년 라디오 방송과 1925년의 TV발명은 저작권자에게 방송권이라는 새로운 권리를 부여하면서도 방송의 공공적 측면을 강조하여 방송권에 상당한 제한을 가하였다.

이상은 저작자의 입장에서 보면 권리의 확대과정이라고 볼 수도 있을 것이다. 그러나 다음과 같은 복제기기의 발전은 저작권 보호에 중대한 위협을 주었으며, 새로운 전달매체의 발전은 저작권제도의 재검토를 요구하고 있다.

1) 아날로그 시대　　녹음기, 녹화기와 같은 음성 및 화상의 복제기기 혹은 제록스와 같은 문헌복사기의 발명은 복제를 매우 손쉽게 하여 저작권자의 권익에 중대한 위협이 되었다. 그러나 이들 복제기술은 이용에 상당한 비용이 들며, 많은 경우에 복제의 질이 원본보다 열악(劣惡)하여 복제에도 어느 정도 한계가 있었고, 또 복제보상금제도의 탄생으로 저작권자와 이용자의 이해관계가 어느 정도 조정되었다.[25]

2) 디지털 시대　　디지털 기술의 개발은 모든 저작물을 디지털화할 수 있게 하여 저작물 사이의 경계와 저작물과 전달매체와의 상관관계, 즉 소설은 서적, 음악은 음반, 영화는 필름이라고 하는 것과 같은 대응관계를 파괴하였다. 소위 멀티미디어 저작물이 그것이다. 현재는 CD나 DVD 한 장 속에 글도, 음악도, 동화상도 모두 포함되어 있다.

또 1980년대에는 컴퓨터에 의한 원격통신 시대가 개막되었고, 디지털화된 저작물은 통신망을 타고 국경에 구애를 받음이 없이 전달되며, 컴퓨터만 있으면 그 내용을 그대로 복제할 수 있게 되었다. 더구나 이러한 디지털 복제는 복제시간, 복제비용, 복제의 양과 질에 있어서 종래의 아날로그 복제와는 비교할 수 없을 만큼 되었다.

이러한 디지털 혁명이 가져온 변화를 저작권법이 어떻게 적절히 수용하여 저작권자와 이용자의 권익을 조화시킬지는 앞으로의 과제라고 할 것이나 최근의 법개정 과정에서 나타난 권리자와 이용자의 갈등은 이 문제의 조화가 얼마나 어려운지를 잘 말해 준다 할 것이다.

---

25) 우리나라에는 복제보상금제도가 없다.

■ 저작권법 제·개정 연혁

구 분	주 요 내 용	공 포 일
제 정	- 신규제정	1957. 1. 28.
제1차	- 전면 개정, 세계저작권협약 등 국제조약 가입	1986. 12. 31.
제2차 - 제5차	타법 개정에 따른 관련 조문 정비	1989. 12. 30. - 1993. 3. 6.
제6차	- 저작인접권 보호기간 연장, 벌칙 상향 조정 등	1994. 1. 7.
제7차	- 도서관및독서진흥법 개정에 따른 관련 법명 정비	1994. 3. 24.
제8차	- WTO TRIPs 내용 반영 및 베른협약 가입	1995. 12. 6.
제9차	- 저작권위탁관리업 허가 취소 등의 경우 청문제도 도입	1997. 12. 13.
제10차	- 전송권 도입, 도서관 면책 범위 확대, 벌칙 상향 조정	2000. 1. 12.
제11차	- DB제작자 보호, 온라인서비스제공자의 책임 범위 명확화	2003. 7. 10.
제12차	- 실연자 및 음반제작자에게 전송권 부여	2004. 10. 16.
제13차	- 도서관법 개정에 따른 관련 법명 정비	2006. 10. 4.
제14차	- 공중송신 및 디지털음성송신 개념 도입	2006. 12. 28.
제15차	- 정부조직법 개정에 따른 관련 조문 정비	2008. 2. 29.
제16차	- 실연자 및 음반제작자에게 공연보상청구권 도입	2009. 3. 25.
제17차	- 저작권법과 컴퓨터프로그램 보호법 통합	2009. 4. 22.
제18차	- 신문 등의 진흥에 관한 법률 개정에 따른 관련 조문 정비	2009. 7. 31
제19차	- 한·EU FTA 합의 사항 반영	2011. 6. 30
제20차	- 한·미 FTA 합의 사항 반영	2011. 12. 2
제21차	- 청각장애인을 위한 저작재산권 제한 규정 추가	2013. 7. 16
제22차	- 공공저작물의 자유이용 허용 등	2013. 12. 30

◈ 참고: 북한의 저작권제도[26]

종래 북한은 헌법 제60조에서 "저작권과 발명권은 법적으로 보호한다"라고 규정하고, 형법 제113조에서 "저작 … 을 묵살 또는 도용한 자는 3년 이하의 징역 또는 2년 이하의 교화노동에 처함"으로 규정하고 있을 뿐이었다. 그러나 최근 북한은 저작권법을 제정하였다(2001년 4월 5일 최고인민회의 제10기 4차 회의에서 채택). 주된 특징은 다음과 같다.

① 보호대상: 저작권의 대상으로 되는 저작물은 다음과 같다(9조).

1. 과학론문, 소설, 시 같은 저작물

---

26) 허희성, "북한의 저작권관계 고찰," 『한국저작권논문선집(1)』, 저작권심의조정위원회(1992), 167면 이하 참조.

2. 음악저작물
3. 가극, 연극, 교예, 무용 같은 무대예술저작물
4. 영화, 텔레비죤 편집물 같은 영상저작물
5. 회화, 조각, 공예, 서예, 도안 같은 미술저작물
6. 사진저작물
7. 지도, 도표, 도면, 략도, 모형 같은 도형저작물
8. 콤퓨터프로그람 저작물

그 밖의 2차적 저작물도 보호되나(10조, 11조 등), 출판, 발행, 공연, 방송, 상영, 전시 같은 것이 금지된 저작물에 대한 저작권은 보호하지 않는다(6조). 또 법령, 결정, 지시 같은 국가관리문건과 시사보도물, 통보자료 같은 것은 저작권의 대상으로 되지 않는다(12조).

② 외국인의 저작물 보호: 북한이 체결한 조약에 가입한 다른 나라의 법인 또는 개인의 저작권은 그 조약에 따라 보호한다. 그러나 체약국이 아닌 다른 나라의 법인 또는 개인이 우리나라에서 처음으로 저작물을 발표하였을 경우에는 이 법에 따라 보호한다(5조).

③ 저작인격권 및 저작재산권을 인정하고 전송권이 아직 법제화되지 못했다는 것만을 제외하고는 대체로 우리 법과 비슷하다. 저작물에 대한 재산적 권리는 저작물이 발표된 때부터 그것을 창작한 자가 사망한 후 50년까지 보호한다(23조). 대체로 우리 법과 비슷하나 발표되지 않은 저작물은 보호되지 않는 점에 차이가 있다.

④ 북한 저작권법은 6장 48개조로 구성되어 있어 우리 저작권법보다 간결하고 출판권, 위탁관리업 등 사업화 관련 조항이 결여되어 있다.[27]

한편 북한작가의 저작물도 우리법에 의하여 보호된다는 것이 확립된 판례이다.[28] 향후 남북 교류가 일상화되면 저작권 관련 분쟁도 증가하리라고 본다.[29]

---

27) 북한저작권제도에 대해 자세한 것은, 저작권심의조정위원회 웹사이트에 게재되어 있는 북한저작권법 전문 및 김상호, "북한저작권법 제정의 의의와 해설,"「계간 저작권」 2001년 가을호 참조.

28) 후술, 월북(재북)작가의 저작물(제2장 제3절 Ⅳ. 5) 참조.

29) 자세한 것은「저작권소식(제71호)」, 2000년 7월, 2면 참조.

2 chapter 저 작 권 법

제 1 절 저작권제도의 목적과 저작물일반

〈관련조문: 저작권법 제1조, 제2조, 제2조의2〉

총 칙	제1조: 목 적
	제2조: 정 의
	제2조의2: 저작권 보호에 관한 시책 수립 등

Ⅰ. 저작권제도의 목적

저작권제도는 학문적 또는 예술적 저작물의 저작자를 보호하여 문화발전에 이바지하기 위한 제도이다. 우리 저작권법은 "이 법은 저작자의 권리와 이에 인접하는 권리를 보호하고 저작물의 공정한 이용을 도모함으로써 문화 및 관련 산업의 향상발전에 이바지함을 목적으로 한다"고 규정한다(법 1조).

그러므로 저작권법은 일차적으로 저작자를 보호하는 법이다.[1] 저작자란 저

1) 특허권이나 저작권 등 지적창작에 관한 권리는 헌법에 기초한다. 헌법 제22조 제2항은 "저작자・발명가・과학기술자와 예술가의 권리는 법률로써 보호한다"고 규정한다. 또 제127조 제1항은 "국가는 과학기술의 혁신과 정보 및 인력의 개발을 통하여 국민경제발전에 노력하여야 한다"고 규정한다. 이들에 관한 규정은 지적창작권에 대한 헌법적 기초가

작물을 창작한 자를 말한다(법 2조 2호). 시인 · 소설가 · 화가 등이 쉽게 머리에 떠오른다. 그러나 실은 명절 때 가족이 모여 찍은 가족사진도 저작물이고, 틈틈이 써보는 일기도 저작물이다. 그러므로 우리 모두가 저작자인 셈이다. 저작권법만큼 우리 가까이 있는 법도 드물다.

한편 저작권법은 이러한 저작자 이외에도 가수나 무용수 · 배우와 같은 실연자나 음반 제작자, 방송사업자도 아울러 보호한다. 가수를 예로 들어보면 아무리 훌륭한 작곡이나 작사가 있더라도 가수가 이를 잘 소화하여 노래를 부르지 않으면 우리의 심금을 울릴 수 없다. 그것은 마치 영어로 된 아무리 훌륭한 문학작품이 있더라도 영어를 잘 모르는 사람에게는 번역이 되어 있지 않으면 아무 쓸모가 없는 것과 비슷하다. 따라서 이들 실연자에게 아무런 권리도 인정하지 않는다는 것은 상식에도 맞지 않는다. 그래서 우리 1957년법에도 연주 · 가창 · 음반은 저작물로 예시되어 있었으나 원래 이들은 저작물이라고 보기는 힘들다. 여기에서 1986년법은 실연자 등이 갖는 권리를 저작인접권이라 하여 저작권 이외의 별도의 권리를 인정하고 있다. 이것은 가창 등은 저작물은 아니나 저작물의 이웃에 있는 것으로 보고 실연자들이 그 자신의 실연에 대해서 갖는 권리를 저작권의 옆에 있는 권리라 하여 저작인접권이라 이름을 붙인 것이다. 이렇게 보면 음반제작자나 방송사업자의 권리는 저작권 이웃의 이웃에 있으므로 저작인접인접권이라고 불러야 될 것 같으나 이들도 모두 저작인접권이다.

그 밖에 저작권법은 저작권자 이외의 제3자의 이익도 도모하여야 한다. 타인 저작물을 인용한다든가, 비평한다든가, 이를 이용하여 교육하지 못한다면 문화발전이란 생각하기 힘들다.

결국 저작권법리의 기본원리는 지식의 성과를 이용하려는 일반공공의 필요와 저작자에게 보답함으로써 창작활동을 자극시키려는 당면한 필요성에 입각해 있다고 할 것이다. 세계인권선언 제27조는 이를 잘 나타낸다.

1) 인간은 누구나 공동체의 문화에 자유롭게 참여하고 예술을 향유하고, 또 과학적 발전과 그 혜택에 함께 참여할 수 있는 권리를 갖는다.

된다. 또 이들 권리의 행사는 공공복리에 적합하게 행사하여야 하며(헌법 23조 2항), "국가안전보장 · 질서유지 또는 공공복리를 위하여 제한"할 수 있다(헌법 37조 2항).

2) 인간은 누구나 자신이 제작한 모든 형태의 과학적 · 문학적 · 예술적 저작물로부터 발생하는 경제적 · 인격적 이익을 보호받을 수 있는 권리를 갖는다.

이러한 공공의 필요와 저작자 이익의 조화를 위하여 저작권법은 저작권에 대해 몇 가지 특유한 제한을 하고 있다. 저작물의 자유이용, 저작물의 강제이용, 일정기간 경과 후 저작권의 소멸이 그것이다.

개인의 이익보호	공공의 이익보호	궁극의 목적
저 작 권 저작인접권	저작재산권의 제한 강제허락 보호기간의 제한	문화 및 관련 산업의 발전

◈ 문화관련 산업의 발전

2009년 개정에서는 제1조의 저작권법의 목적에 "문화 및 관련 산업의 향상발전에 이바지함을 목적으로 한다"고 규정함과 아울러 제2조의2에서 "저작권 보호에 관한 시책 수립 등"에 관하여 규정한다.[2] 이것은 종래 저작권법이 저작자나 저작인접권

---

2) 시행령 제1조의2 (저작권 보호를 위한 시책 수립) ① 「저작권법」(이하 "법"이라 한다) 제2조의2 제1항 제2호에 따라 문화체육관광부장관이 수립 · 시행하는 저작권 인식 확산을 위한 교육 및 홍보에 관한 시책에는 다음 각 호의 사항이 포함되어야 한다.

1. 저작권 전문 인력 양성에 관한 사항
2. 청소년 저작권 교육에 관한 사항
3. 올바른 저작물 이용 홍보에 관한 사항
4. 그 밖에 저작권 인식확산을 위하여 문화체육관광부장관이 필요하다고 인정하는 사항

② 법 제2조의2 제1항 제3호에 따라 문화체육관광부장관이 수립 · 시행하는 저작물, 실연 · 음반 · 방송 또는 데이터베이스(이하 "저작물 등"이라 한다)의 권리관리정보 및 기술적 보호조치에 관한 시책에는 다음 각 호의 사항이 포함되어야 한다.

1. 권리관리정보의 통합적 관리를 위한 표준체계 개발에 관한 사항
2. 권리관리정보의 제거 · 변경 등의 금지에 대한 예외사유에 관한 사항
3. 기술적 보호조치의 표준화에 관한 사항
4. 기술적 보호조치의 무력화 금지에 대한 예외사유에 관한 사항
5. 그 밖에 저작물 등의 권리관리정보 및 기술적 보호를 위하여 문화체육관광부장관이 필요하다고 인정하는 사항

③ 문화체육관광부장관은 법 제2조의2 제1항에 따른 시책을 수립하려면 관련 업계 및 이해관계자 등의 의견을 수렴하고, 관계 중앙행정기관의 장과 협의하여야 한다.

④ 문화체육관광부장관이 법 제2조의2 제1항에 따른 시책을 수립한 경우에는 그 내용을 문화체육관광부 인터넷 홈페이지에 게시하여야 한다.

자 보호를 통해 결과적으로 문화발전을 시키겠다는 소극적인 것에서 문화산업의 발전을 위해 국가가 적극적으로 개입하겠다는 적극주의의 표현이다.

Ⅱ. 저작권제도의 존재이유

오늘날 형태의 저작권은 비교적 새로운 법적 개념이다. 인류는 오랜 기간 동안 저작권제도 없이도 문화의 꽃을 피워 왔다. 그러므로 저작권제도에 대한 최초의 질문은 '저작권제도는 필요한가'라는 것이다. 아래의 4가지 이유가 저작권제도의 필요성을 긍정한다.

1. 자연적 정의의 원칙

저작자는 그 인격의 표현인 저작물의 창작자로서 그 저작물을 발표할 것인지 여부, 어떤 형태로 발표할 것인지를 결정할 수 있어야만 하고, 또 그 지적 산물에 대해 가해지는 어떤 형태의 침해로부터도 보호되어야 한다. 저작자는 다른 근로자와 마찬가지로 자신의 노력의 열매를 거두어들일 권리가 있다. 그에게 지급되는 사용료(Royalty)는 그의 지적 활동에 대한 임금이다.

2. 경제적 이유

현대사회에 있어서는 저작물을 창작하거나 또는 창작된 저작물을 발행 혹은 배포시키는 데 적지 않은 투자를 필요로 하며 비용의 보상과 합리적인 이득이 예상되지 않는 경우에는 이러한 투자는 일어나지 않을 것이다. 더 나아가서 창작자로부터 이용자에게 저작물이 전달되는 과정에서 창조적으로 기여한 자에게 정당한 보상을 하지 않으면, 부당이득을 방조하는 결과가 될 것이다.

3. 문화적 이유

저작자에 의하여 창작된 저작물은 중요한 민족적 재산을 형성한다. 따라서 창작에 대한 격려와 보상은 민족문화 발전에 기여한다는 공공의 이익과 합치한다.

4. 사회적 이유

다수인에 대한 저작물의 배포는 계급·민족·연령간의 유대를 형성하고 사회적 결속을 가능케 하므로 저작자는 사회에 봉사하는 셈이다. 저작자의 사상이나 경험이 단시일 내에 많은 사람에게 나누어질 수 있다면 사회의 진보에 도움이 된다.

이상의 네 가지 주장은 상이한 사회·정치철학과 상이한 저작권제도에 따라 그 중요성 내지 비중을 달리한다. 독일이나 프랑스와 같은 대륙법계통(author's right system)은 자연적 정의의 원칙에 터잡아 저작권은 저작자의 권리이며, 재산적 성질뿐만 아니라 인격적 성질도 저작권 속에 포함시킨다. 그러나 영국이나 미국 등 영미법계(copyright system)는 기본적으로 경제적 이유에 터잡아 저작권제도의 존재이유를 설명한다. 그러나 이러한 차이가 지나치게 강조될 필요는 없다. 대륙법계라 하더라도 저작권 제도의 중점은 경제적 측면에 있음을 부인할 수 없고, 영미법계도 최근에는 저작권법을 통해 인격적 이익을 보호하기 때문이다.

이하 저작권법을 이해하는 데 가장 긴요한 저작물, 저작자부터 설명해 가기로 한다.

Ⅲ. 저 작 물

1. 의　　의

저작물이란 "인간의 사상 또는 감정을 표현한 창작물을 말한다"(법 2조 1호). 2006년 개정 전의 법에서는 "저작물이란 문학·학술 또는 예술의 범위에 속하는 창작물을 말한다"고 규정하였던 것을 개정한 것이나 그 실질적 내용이 달라진 것은 아니다.[3)]

(1) 인간의 사상 또는 감정을 표현하여야 한다

우리 구저작권법은 이러한 요건을 규정하고 있지 않았으나 판례는 이것을 저작물의 요건으로 인정하고 있었으며(대법원 1977.12.13.선고 77누76 판결; 1979.12.28.선고 79도1482 판결), 대부분의 입법례도 이것을 요건으로 규정하고 있다.

1) 인간의 표현이어야 한다. 따라서 동물이 만든 것이거나 자연의 현상으로 만들어진 것은 저작물이 아니며 기계에 의해 자동적으로 만들어진 것도 저작물이라 할 수 없다.

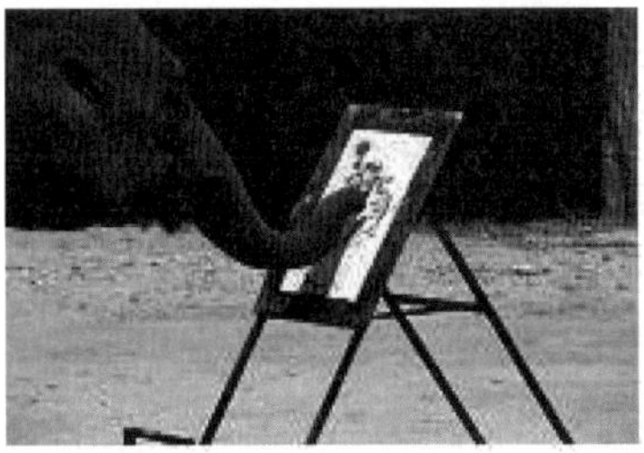

태국 MAESA 코끼리 훈련소의 코끼리 그림이다. (출처: http://news.chosun.com/site/data/html_dir/2008/04/30/2008043001593.html)

◈ 영국 저작권(디자인·특허)법(CDPA) 제9조 제3항

(3) in the case of a literary, dramatic, musical or artistic work which is computer- generated, the author shall be taken to be the person by whom the arrangements necessary for the creation of the work are undertaken. (컴퓨터에서 생성한 어문, 연극, 음악 또는 미술 저작물의 경우에는, 그 저작물의 창작을 위하여 필요한 수단을 강구한 사람을 저작자로 본다.)

2) 사상 · 감정의 표현이어야 한다. 다만, 여기에서의 사상 · 감정은 철학적이거나 숭고한 것을 요하지 않고 지적창작물로서의 저작물에 정신적인 내용이 표현되면 족하다. 인간의 사상 · 감정이 아닌 사실 그 자체는 저작권법의 보호대상이 아니다.

(2) 저작물은 사상 또는 감정을 표현한 창작물이다

1) 저작물이 되기 위해서는 사상이나 감정 등이 색채 · 언어 등에 의해 외

---

3) 2006년 개정 전의 법에 있었던 '문학 · 학술 또는 예술의 범위에 속하는' 것이란 요건이 삭제되었으나 저작물은 문학 · 학술 또는 예술의 범위에 속하는 것이란 인간의 지적 · 문화적 활동의 모든 영역에 속하는 것을 포함하는 개념이고 따라서 이 점이 현행법이라고 달라질 이유는 없다.

부로 표현됨으로써 객관적 존재로 되어야 한다. 인간의 두뇌로부터 분리되어 제3자가 이해할 수 있도록, 예컨대 소설이면 원고에 정리되어 있다든지, 음악이면 악보에 표시되어 있다든지 혹은 테이프에 녹음되어 있다든지 어쨌든 구체적 객관화가 필요하다. 다만, 유체물에 반드시 고정될 필요는 없다.[4)]

2) 저작권법의 보호를 받는 저작물로 되기 위해서는 창작성이 있어야 한다. 이러한 창작성이란 극히 상대적 개념이다.[5)] 타인의 저작물에 직접 의거한 것이 아니고 저작자 스스로의 능력과 노력에 의해 만든 것이면 창작성이 있다고 본다.[6)] 무릇 인간의 사상이나 감정은 선인(先人)의 문화를 기초로 하여 또는 그 영향을 받아서 성립하는 것이므로 완전한 독창성이라고 하는 것은 있을 수 없다.[7)] 그러므로 저작권법에서 요구되는 창작성이란 특허법에서 요구되는 신규

---

4) 영미법처럼 유체물에의 고정(fixation in tangible medium of expression)을 요건으로 하는 입법례도 있으나 베른협약에서는 동맹국의 입법에 맡기고 있다(베른협약 2조 2항). 우리 법은 이를 요건으로 하고 있지 않다(법 2조 1호). 다만, 영상저작물(법 2조 13호)의 경우에는 '기계 또는 전자장치에 의한 재생'을 요건으로 하고 있으므로 유체물에의 고정을 요건으로 한다고 해석된다.

5) 창작성에 관해서는, 정희찬, "저작권법상 창작성요건에 관한 연구," 서울대학교 대학원, 1997 참조.

6) Greyhound Services Ltd. v. Wilf Gilbert(Staffs) Ltd. ([1994] FRS 723) 판결에서 Aldons판사는 "창작적이라는 말은 창작적인 사상이나 혁신적인 사상을 요구하는 것은 아니며, 그 저작물이 복제된 것이 아니고, 그 저작물이 당해 저작자로부터 유래해야 하는(should originate) 것을 요구하는 데 불과하다는 것은 법률상 확정되어 있다"고 한 후 다음의 Ladbroke 판결을 인용하고 있다. 결국 창작성(originality)이란, 당해 저작물의 기원이 저작자에게 있으며(have originated with him) 타인의 것을 베낀 것은 아니다(have not copied it from another)라는 의미이다[Miller and Davis, Intellectual Property, West Publishing Co. (1990), 289면 참조].

7) Emerson v. Davies 사건 판결에서 Story 판사는 다음과 같이 말했다.
"진실로 문학, 과학, 예술에 있어서 이론적 의미에서 엄격하고 철저하게 새롭고 독창적인 것이란 거의 존재하지 아니하고, 설사 있다고 하더라도 몇 개 있을 것이다. 문학, 과학, 예술에 있어서 모든 시작은 잘 알려져 있고 이전에 사용하였던 것에서 많은 것을 빌려왔고, 빌려와야 했고, 사용하였다. 저작을 함에 있어서 아무리 그가 현명한 사람이라고 하더라도 스스로 새로운 언어를 창조할 수는 없다. 그는 이미 다른 사람에게 알려졌고, 사용되었고, 이해한 언어의 사용으로 만족한다. 어느 누구도 다른 사람의 가르침이나 도움 없이 오로지 자신만의 생각으로 글을 쓸 수는 없다. 모든 사람의 생각은, 비록 그가 그 자신의 천재성이나 숙고를 통해 수정하고, 강조하고, 발전시켰다고 하더라도, 많건 적건, 다른 사람이 생각하고 표현했던 것들의 조합이다. 만약 책을 구성하는 요소가 새롭고 독창적이 아닌 것은 저작권의 보호대상이 아니라면 오늘날 저작권이 설 자리가 없을

성(novelty)과는 다른 개념이다. 유사한 작품이 그 전에 수없이 존재한다 하더라도 창작성을 인정하는 데는 조금도 지장이 없으며, 심지어는 똑같은 작품이 이미 존재한다 하더라도 마찬가지이다.

또 저작권법의 보호를 받는 저작물이 되기 위해서는 특허법이 요구하는 것과 같은 진보성이 필요한 것도 아니다. 그러므로 표현물의 학문적 가치 혹은 예술적 가치의 고저는 문제가 아니다.

[판례] 「세탁학기술개론」 사건(대법원 1995.11.14.선고 94도2238 판결)

사실관계: 원고는 「세탁학기술개론」이라는 책을 썼고, 피고는 「국민 의생활에 따른 의복관리와 세탁기술」이라는 책을 썼다. 여기에서 원고가 피고의 책에 대하여 표절을 주장하자 피고는 원고도 타인의 책을 베낀 것이라고 주장하면서 그 저작물성을 부정하였다.

판결요지: 저작권법에 의하여 보호되는 저작물이기 위하여는 … 그 요건으로서 창작성이 요구되나 여기에서 말하는 창작성이란 완전한 의미의 독창성을 말하는 것은 아니며, 단지 어떠한 작품이 남의 것을 단순히 모방한 것이 아니고, 작자 자신의 독자적인 사상 또는 감정의 표현을 담고 있음을 의미할 뿐이어서, 이러한 요건을 충족하기 위하여는 단지 저작물에 그 저작자 나름대로의 정신적 노력의 소산으로서의 특성이 부여되어 있고 다른 저작자의 기존의 작품과 구별할 수 있을 정도이면 충분하다. … 이 사건 원고의 「세탁학기술개론」은 소외 피복관리학과 같은 내용이 상당히 많이 있으나 그것은 책의 성격상 있을 수 있는 정도이고, 전체적인 구성이나 표현형식에 있어서는 앞서 나온 기존의 다른 책자들과 뚜렷이 구별될 수 있으므로 저작물로 보호받을 수 있다.

[영국판례] Ladbroke(Football) Ltd. v. William Hill (Football) Ltd. 사건[(1964) 1 All E. R. 465]

돈을 건 자(punter)가 승·패·무승부여부를 표시할 수 있는 공간을 가진 축구게임 대진표의 단순한 집적(쿠퐁)에 불과한 것도 저작권으로 보호된다고 하는 것이 영국판례이다.

피고는 그것은 누구라도 만들 수 있다고 항변하였다. 이에 대해 귀족원(House of Lords)[8]은 "당신 스스로 할 수 있다면 당신 스스로 하라. 그러나 타인의 저

것이며, 그렇게 탁월한 저작물을 찾기 위해서는 매우 높게, 심지어 고대로 거슬러 올라가야 할 것이다. —심지어는 가장 뛰어난 창작자로서 당연하고 당당하게 우리의 자랑인 셰익스피어나 밀턴조차도 당대의 지식과 고전에 관한 연구로부터 엄청나게 많은 것을 빌려왔다는 것을 알게 된다—".

작물을 모방했다면 그에게 대가를 지급하여야 한다"(If you can do it yourself then do it yourself, but if you copy someone else's work you must pay for it)고 답하였다. 똑같은 이유에서 시험지(examination papers), 거리안내도, 시간표 등도 저작물이라고 보았다. 영국법원은 저작물로서 보호의 가치가 있느냐 여부를 극히 실질적으로 판단하고 있다. 즉 복제할 가치가 있는 것은 모두 보호할 가치가 있다고 본다(In this regard the courts tend to take the practical view that what is worth copying is worth protecting).

그러나 단순한 사실의 집적에 불과한 알파벳순의 일반 전화번호부에 대해서 미국 대법원은 저작물성을 인정하지 아니한다.

[미국판례] Feist Publications, Inc. v. Rural Telephone Service Co., Inc. 사건 [499 U.S. 340, 111 Sup. Ct 1282(1991)]

본 사건에서는 전화번호부의 저작물성이 문제되었는데, 지방법원과 항소법원은 상당한 노력과 자본이 투입되어서 만들어진 전화번호부의 저작물성을 전제로 해서 저작권 침해를 인정했는데, 미국연방대법원은 전화번호의 수집에 노력과 자본을 투입한 것만으로 창작성이라는 요건이 충족된 것이라고 볼 수 없고, 수집한 전화번호의 선택에 창작적인 기준이 있었던 것도 아닐 뿐만 아니라 알파벳순이라고 하는 극히 평범한 방법으로 전화번호를 배열한 전화번호부는 창작적인 저작물이라고 볼 수 없기 때문에 그러한 전화번호부에 저작권이 성립될 수 없다고 판시하였다. Feist 사건에서 연방대법원은 사실저작물의 창작성의 기준으로서 '노력과 자본의 투입여부'라고 하는 기존의 기준을 버리고,[9] '구성사실 및 정보(facts)의 선택, 정리 또는 배열'이 창작적인가의 여부를 그 기준으로 채택함으로써, 사실저작물의 창작성의 기준에 관한 항소법원들의 상호 모순되는 판결들에 대해서 중대한 결론을 제시해 주었다. 이로써 특정 부분의 저작물에 있어서는 종래의 '독자적으로 작성되었는가'라는 기준 대신에 '어느 정도의 창조성(creativity)이 있는가'를 가지고 저작물성 여부를 판단하게 되었다.

이러한 Feist적 접근법은 미국 이외의 국가에서도 통용되고 있다. 처음에 Feist적 접근법을 명백히 거부했던 호주 연방법원도[10] 최근에는 판례를 변경하였

8) 貴族院은 영국에 있어서 최상급법원이다.

9) Feist 판결은, 편집물 작성을 위한 투자(시간, 비용, 노력)가 법적 보호이익이라고 하는 이른바 '이마의 땀'(sweat of brow) 이론을 부정하였다.

10) Desktop Marketing Systems Pty Ltd. v. Telstra Corporation Limited [2002] FCAFC 112 (15 May 2002).

다.[11] 다만 캐나다 대법원은 Feist적 접근법과는 다른 판단을 하고 있다.[12] 또 Feist 판결에서 요구한 최소한도의 창조성(creativity)은 사실저작물에 한하는가, 아니면 다른 모든 저작물에도 필요한가에 대해 논의가 있으나 모든 저작물에 최소한도의 창조성이 필요하다고 보는 것이 일반적 견해인 것 같다. 하여 많은 미국 문헌은 창작성에 관하여 ① 독자적으로 제작한 것이며, 남의 것을 베낀 것이 아닐 것(not copied)과, ② 적어도 최소한도의 창조성을 가지고 있을 것(at least minimally creative)을 의미한다고 본다.[13] 한편 독일 역시 최소한도의 창조성을 요구하며, 프랑스의 경우에는 저작자의 개성이 각인(the imprint of the author's personality)되어 있어야 한다고 본다.[14] 우리 문헌 중에도 '창작성=독자적 작성+창조적 개성'이라고 보는 견해가 지배적이다.[15] 반면 일본 作花文雄교수는 독자성은 필요하더라도 독창성까지는 요구되지 않는다고 본다.[16] 또 中山信弘교수는 "창작성이란 인격적 의미에 있어서 개성의 표현은 아니고, 다른 표현의 선택가능성이 어느 정도 존재하고 있는지의 문제로 생각해야 한다"고 한다. 즉 표현의 선택의 폭이라는 객관적 기준을 가지고 창작성 유무를 결정하고자 한다.[17]

편집물과 편집저작물을 구분하는 우리법하에서 단순히 독자적 작성만으로 창작성을 충족한다고 보기는 힘들다. 결국 유력한 견해들과 같이 우리법하에서도 창작성을 인정받기 위해서는 창조적 개성이 필요하나 기능적 저작물이나 사실적 저작물을 제외한 일반저작물의 경우는 독자적으로 작성하면 기본적으로 창조적 개성이 나타난다고 본다.

---

11) Telstra Corporation Limited v. Phone Directories Company Pty Ltd. [2010] FCAFC 149 (15 December 2010).

12) CCH Canadian Limited v. Law Society of Upper Canada, [2004] 1 SCR 339, 2004 SCC 13[Bently/Sherman, Intellectual property Law(3d), 2009, 106면]. 캐나다 대법원은 본 판결에서 캐나다 기준을 정의하였다. 즉 an exercise of skill and judgement which is neither mechanical nor trivial(가역: 기계적이지도 않고 사소하지도 아니한 능력과 판단의 행사)가 창작성이라고 보았다.

13) Mary LaFRANCE, *Copyright Law* in a nutshell(2nd ed.), 2011, 4면 이하 참조.

14) Bently 등, 앞의 책, 106면.

15) 이해완, 「저작권법」(제2판), 박영사, 2012, 23면 이하; 오승종, 「저작권법」(제2판), 박영사, 2012, 46면 이하. 또 뒤에서 보는 바와 같이 많은 판례가 이러한 입장을 택하고 있다.

16) 作花文雄, 「詳解 著作權法」(第4版). ぎょうせい, 2010, 80면.

17) 中山信弘, 「著作權法」, 有斐閣, 2007, 52면 이하.

(3) 저작물성과 관련된 우리 판례를 살펴보면 다음과 같다.

1) 1957년법하에서의 판결 　구저작권법 하에서는 한자옥편의 저작물성(서울고법 1962.5.18.선고 61나1243 판결)과 타자기 글자배열표의 저작물성 여부(대법원 1977.12.13.선고, 77누76 판결)가 문제되었으나 모두 저작물성이 인정되었다.

■ 한 문헌은 창작성에 관한 세계적 경향을 다음과 같이 넷으로 분류하였다.[18]

1. 유럽 대륙법계 국가: 개인적 지적인 창조성(personal intellectual creation)이 필요하다.
2. 미국: 최소한도의 창조성(a minimal degree of creativity)이 필요하다.
3. 캐나다: 기계적이지도 않고 사소하지도 않은 능력과 판단의 행사(non-mechanical and non-trivial exercise of skill and judgement)가 필요하다.
4. 영국: 남의 것을 베끼지 않고 자신의 능력과 노력을 통해 작성하면 창작성이 있다.

다만 타자기의 글자배열표와 관련해서는 사실상의 표준과 관련하여 검토해 볼 필요가 있다.

◈ 사실상의 표준과 저작권

타자기의 글자 배열표와 마찬가지로 처음에는 여러 가지 방법으로 배열할 수 있었겠지만 특정한 자판배열이 시장에 나와 일정한 시간이 지나면 소비자가 그 자판에 익숙해진다. 그렇게 되면 처음 나온 자판의 배열이 사실상 표준이 되어 후발업자는 그에 따르지 않으면 시장에서 경쟁을 할 수 없는 경우가 자주 있게 된다. 이러한 경우에 그러한 자판에 저작권을 인정하면 그것은 마치 그 자판에 대해 생존 중 및 사후 50년간 독점으로 보호하는 꼴이 된다. 일정한 요건을 갖춘 발명에 대해서도 길어야 20년간 보호하는 것과 균형이 맞지 않는다. 법은 저작자의 권리보호에 힘을 기울여야 하나 또 하나의 이상인 공공의 이익도 도외시할 수 없다. 하나의 사상이나 감정을 다양한 방법으로 표현할 수 있다면 특정인이 한 특정한 표현을 타인이 모방한 경우에는 법으로 금지시켜야 하나 특정 사상이나 아이디어를 표현하기 위해서는 그 표현밖에 사실상 없는 경우에는 그 표현에 대해서는 저작권 보호를 하여서는 안 될 것이다. 그렇지 않으면 표현의 보호를 통해 아이디어의 독점을 허용하는 꼴이 된다. 사실상의 표준도 그러한 경우의 하나이다. 따라서 이러한 사실상의 표준에 대해서는 법정책적인 측면에서 만인의 공유 영역에 남겨 놓고 창작자는 시장 先行의 이익(lead-time)으로 만족하여야 할 것이다(즉 최초의 개발자

18) Gervais & Judge, *Intellectual Property: The Law in Canada*, CARSWELL, 2011, 55면.

로서의 명성을 통해 최초 개발자의 상품을 소비자가 선호하도록 함으로써, 사실상 시장에서 우위를 차지하는 것으로 만족해야 할 것이다).

재미있는 사례에 이충무공 동상 사건(광주고법 1977. 10. 20.선고 77나15 판결)이 있다. 1970년대 문화공보부에서는 전국 각지에 세워져 있는 충무공 이순신 장군의 조상이 각양각색이어서 적어도 각급학교, 군부대 등 국한된 공개지역에 세워질 위 장군 조상만이라도 학계의 정확한 고증을 거친 통일된 표준형에 의한 조상을 세우고자 그 산하기관으로 영정심의회를 두고서 그 심의절차를 거쳐 문공부에 등록된 선현원형에 따른 조상만을 위 공개지역에 세우도록 방침을 세운 다음 이를 1975.2. 문공부 고시 제242호 선현조상 복제 및 보급방안으로 공고하였고 이에 신청인이 1975.9. 문공부에 그 고시에 따른 전신입상 270센치(갑주본)의 충무공 이순신 장군을 등록함에 이르렀다. 이로써 등록된 충무공상만을 공개지역에 세울 수 있게 되었다. 이렇게 되자 일정 장소에서 현대미술원이라는 옥호로서 1960년대부터 충무공, 유관순, 세종대왕 등 선현조상의 제조 및 시비 등 각종 기념 물적 조상을 제조·판매하여 오고 있던 乙은 1976.5.2. 주소지관내 각급학교에 그 제작·판매하는 충무공 이순신조상이 문공부 규제에 따른 표준형이라는 뜻을 알리면서 그 제작한 조상구입을 권고하는 내용의 안내장을 발송하는 한편 甲이 앞서 문공부에 등록한 충무공 이순신 장군의 원형과 거의 비슷한 조상을 복제·판매하였다. 이에 甲이 乙이 자신의 저작권 등을 침해하였다는 전제하에 가처분을 신청한 것이 이 사건이다. 광주고등법원은 "문공부가 그 고시 제242호로써 충무공 이순신 장군 조상원형을 규정한 취지는 각급학교, 군부대, 공장내부 등 국한된 공개지역에 보급할 위 장군조상을 통일하고자 한 행정방침에 불과한 것으로서 신청인이 문공부에 그 조상 원형을 등록하였다고 하더라도 이는 행정청이 위와 같이 공개지역에 세워질 조상은 위 등록된 원형에 따른 조상으로 한다는 행정방침을 의미할 뿐이고 그로 인하여 신청인에게 그 등록된 조상원형을 독점적·배타적으로 제작, 판매하는' 저작권법상의 저작권 내지 특허법상의 특허권이 인정되는 것이라고는 보아지지 아니하므로 비록 피신청인이 그 제작한 충무공 이순신장군 조상이 문공부에 등록된 위 조상 원형인 것 같이 꾸며 그를 판매하였고 그 제작·판매한 조상이 문공부에 등록된 위 조상원형에 유사하였다고 하여도 이를 가지고 신청인의 그 주장과 같은 권리를 침해하는 것이라고는 할 수 없"다고 판시하였다. 물론 위 등록된 이충무공상이 이미 공유로 된 것 중의 하나여서 갑에게 저작권이 발생하지 않았을 수도 있다(창작성 결여). 그렇지 않다면 등록 여하를 불문하고 저작권은 발생한다. 문제는 그러면 이제는 등록된 갑만이 이충무공 동상을 제작·판매할 수 있을 뿐인가. 이렇게 표준화되면 이 충무공을 표현하는 방법은 사실상 하나뿐이고, 결국 표현과 아이디어가 융합(혼동)되어 그 형상에 저작권적 보호를 줄 수 없게 된다고 보아야 할 것이다. 최근 우리 판례들도 "사상이나 감정 또는 사실을 표현하는 방법이 하나밖에 없거나 또는 극히 한정되어 있는 경우에는 누가 저작하여 표현하더라도 거의 마찬가지의 표현이 되지 않을 수 없으므로 표현에 있어 저작자의 개성이 발휘될 여지가 없다. 또한, 표현방법에 있어 선택의 여지가 없지는 않고, 저작자가 스스로 생각하여 표현한 경우에도 그 표현이 평범하고 흔한 것인 경우에는 개성이 발휘되어 있지 않다. 따라서 이와 같은 경우에는 창작성을 갖추지 못하여 저작물로 인정할 수 없다"고 판시하고 있다(서울중앙지법 2007.6.21.선고 2007가합16095 판결).

2) 1987년법하에서의 판결

[판례 1] 대입 본고사 문제지 사건(대법원 1997.11.25.선고 97도2227 판결)

1) 저작권법에 의하여 보호되는 저작물은 문학·학술 또는 예술의 범위에 속하는 창작물이어야 하는바, 여기에서 창작물이라 함은 저자 자신의 작품으로서 남의 것을 베낀 것이 아니라는 것과 최소한도의 창작성이 있다는 것을 의미하고[19], 따라서 작품의 수준이 높아야 할 필요는 없지만 저작권법에 의한 보호를 받을 가치가 있는 정도의 최소한의 창작성은 요구되므로, 단편적인 어구나 계약서의 양식 등과 같이 누가 하더라도 같거나 비슷할 수밖에 없는 성질의 것은 최소한도의 창작성을 인정받기가 쉽지 않다 할 것이다. 또한 작품 안에 들어 있는 추상적인 아이디어의 내용이나 과학적인 원리, 역사적인 사실들은 이를 저자가 창작한 것이라 할 수 없으므로, 저작권은 추상적인 아이디어의 내용 그 자체에는 미치지 아니하고 그 내용을 나타내는 상세하고 구체적인 표현에만 미친다.

2) 대입 본고사 입시문제가 역사적인 사실이나 자연과학적인 원리에 대한 인식의 정도나 외국어의 해독능력 등을 묻는 것이고, 또 교과서, 참고서 기타 교재의 일정한 부분을 발췌하거나 변형하여 구성된 측면이 있다고 하더라도, 출제위원들이 우수한 인재를 선발하기 위하여 정신적인 노력과 고심 끝에 남의 것을 베끼지 아니하고 문제를 출제하였고 그 출제한 문제의 질문의 표현이나 제시된 여러 개의 답안의 표현에 최소한도의 창작성이 인정된다면, 이를 저작권법에 의하여 보호되는 저작물로 보는 데 아무런 지장이 없다(관련하급심 판결: 서울민사지법 1994.8.23, 94카합6795 결정; 서울지법 1997.8.12.선고 97노50 판결).

* 고등학교 시험문제의 저작물성이 다투어진 사건들이 있었고 당연히 그 저작물성이 인정되었다(서울중앙지법 2005.9.6.자 2005카합2476 결정[20]; 서울중앙지법 2006.10.18.선고 2005가합73377 판결).

* 수험용 시적이 이진에 출간된 시적의 표현형식과 유사하여 창작성이 부인된 예: '재무관리' 사건(서울중앙지법 2005.12.13.선고 2005노3375 판결).[21] 그러나 후술 [판례 13](서울중앙지법

---

19) 대부분의 판결들이 이에 해당한다. 예컨대 '경마예상지' 사건(서울지법 1998. 11. 6.선고 97가합94348 판결), '고려수지요법강좌' 사건(대법원 1999. 11. 26.선고 98다46259 판결) '천하유럽' 사건(대법원 2011. 2. 10. 선고 2009도291 판결) 등.

20) 자세한 것은, 저작권심의조정위원회, 「한국 저작권 판례집[10]」, 2006, 279면 이하 참조.

2010.7.23.선고 2008나40136 판결) 참조.

* 서울중앙지법 2008.11.14.선고 2007가단70153 판결

원고측이 인터넷에 공개한 문제해설 내용이 비록 저작물성이 인정되지 않아 저작권법상의 보호를 받지 못한다고 하더라도 이는 당연히 법적 보호의 가치가 있는 이익에 해당하고, 피고가 영리의 목적으로 피고 학원과 영업상 경쟁관계에 있는 원고측이 노동력과 비용을 들이고, 전문지식을 사용하여 만든 문제해설 내용을 무단으로 도용해서 사용한 것은 공정하고 자유로운 경쟁원리에 의해 성립하는 거래사회에 있어서 현저하게 불공정한 수단을 사용함으로써 사회적으로 허용되는 한도를 넘어 원고측의 법적으로 보호할 가치 있는 영업활동상의 신용 등의 무형의 이익을 위법하게 침해하는 것으로서 평가할 수 있으므로, 피고의 위와 같은 행위는 민법 제750조의 불법행위를 구성한다.

[판례 2] 시력표 사건 = 도표의 저작물성(대법원 1992.6.23.선고 91도2101 판결)

피고인이 시력표를 제작함에 있어서 저작물에 해당하는 타인의 시력표를 실질적으로 모방하였다면 동인의 저작재산권을 침해한 것이고 피고인의 시력표에 타인의 시력표와 다소 다른 점이 있다고 하더라도 달리 볼 수 없다.

[판례 3] 팜플렛의 저작물성(대법원 1991.9.10.선고 91도1597 판결)

사단법인 소비자보호단체협의회장이 제작·발간한 책자 「소비자 권리를 아십니까」라는 홍보용 팜플렛이라고 하여도 거기에 지적·문화적인 창작이 들어 있다면 저작권법 소정의 저작물에 해당한다.

[판례 4] 한복문양 사건 = 디자인 기법의 저작물성(서울민사지법 1990.4.19.선고 89가합32239 판결)[22]

원고가 창안했다고 하는 디자인 기법은 저작권법상의 보호를 받는가의 여부이나 … 표현기법 그 자체나 그에 관한 아이디어에 관하여는 이를 만인 공동의 재산으로 개방함이 타당하고, 특정인의 독점적·배타적 사용을 허용할 수 없다할 것인바, … 이러한 입장에서 보면 디자인 기법 자체에 대해 저작권이 있음을 전제로 한 원고의 … 청구는 이유 없다.

---

21) 위의 책, 283면 이하.

22) 본 판결에 대한 평석은, 허희성, 「계간 저작권」 제10호(1990 여름호), 68면 이하 참조. 이에 대한 대법원 판결(1991. 8. 13.선고 91다1642 판결)은 본서 제12절 「저작권침해에 대한 구제」 부분 참조.

[판례 5] 이휘소 사건 (1)[23] = 편지의 저작물성(서울민사지법 1995.6.23.선고 94카합 9230 판결)

단순한 문안인사나 사실의 통지에 불과한 편지는 저작권의 보호대상이 아니지만, 학자 · 예술가가 학문상의 의견이나 예술적 견해를 쓴 편지뿐만 아니라 자신의 생활을 서술하면서 자신의 감정이나 사상을 표현한 편지도 저작권의 보호대상이 되는 것이며, 편지 자체의 소유권은 수신인에게 있지만 편지의 저작권은 통상 편지를 쓴 발신인에게 남는다.

[판례 6] 서적 "119소아과" 사건(서울지법 서부지원 2002.3.27.선고 2001가합3917 판결)

유아의 질병에 관한 서적인 "119소아과"의 각 해당부분의 구체적인 내용이 그 자체로 독창적인 정도는 아니고 기존의 의학서적과 공통되거나 공지의 사실을 기초로 하고 있다고 할지라도, 저자가 수년간 PC통신 등을 통하여 아기엄마들과 상담한 결과를 정리하여 나름대로의 표현방식에 따라 저술한 이상, 이는 저자의 정신적 노력에 의하여 만들어진 작품으로서의 성격을 가지고 있다 할 것이고, 거기에 일부 기존의 이론 등이 포함되었다 하여 이를 달리 볼 것이 아니므로, "119소아과"는 저작권법에 의하여 보호되는 저작물로서의 창작성을 가지고 있어 이를 아이디어에 불과하다고는 볼 수 없다.

[판례 7] 엽기토끼의 저작물성(서울지법 2003.3.27.선고 2002가합84 판결)

마시마로는 … 플래시 애니메이션에서 전개되는 독창적이고 엽기적인 내용과 마시마로라는 등장인물의 반항적인 성격이 몸통보다 큰 머리, 가늘고 작은 귀, 일직선으로 닫힌 눈 등의 특징적인 표현으로 나타난 것으로서, 원고의 주장과 같이 기존의 토끼 인형을 모방한 것에 그치거나 피고 병의 독자적인 사상과 감정이 구체적으로 표현되지 아니한 것이라고 보기는 어렵다.

[판례 8] 달마시안 사건(대법원 2003.10.23.선고 2002도446 판결)

저작권법에 의하여 보호되는 저작물이기 위해서는 문학 · 학술 또는 예술의 범위에 속하는 창작물이어야 하므로 그 요건으로서 창작성이 요구되나, 여기서 말

---

23) 본서에서 이휘소 박사와 관련된 판결은 두 개가 있어, 유족이 평전 및 「소설 이휘소」의 작가인 공석하 등과 모델소설 「무궁화 꽃이 피었습니다」의 작가인 김진명 등에 대해 발행, 출판, 인쇄, 복제, 판매, 배포, 광고를 금지하고자 한 사건은 이휘소 사건 (1)로 표시하고, 평전의 작가가 소설의 작가 등에게 제작 · 판매를 금지하고자 한 사건은 이휘소 사건(2)로 표시한다.

하는 창작성이란 완전한 의미의 독창성을 말하는 것은 아니며 단지 어떠한 작품이 남의 것을 단순히 모방한 것이 아니고 작자 자신의 독자적인 사상 또는 감정의 표현을 담고 있음을 의미할 뿐이어서 이러한 요건을 충족하기 위해서는 단지 저작물에 그 저작자 나름대로 정신적 노력의 소산으로서의 특성이 부여되어 있고 다른 저작자의 기존의 작품과 구별할 수 있을 정도이면 충분하다.

[판례 9] 묵주반지사건(서울중앙지법 2006.2.9.선고 2005노3421 판결)

변호인이 제출한 증거자료들을 종합하면, ⅰ) 묵주반지는 통상적으로 둥근 반지의 형태에 1개의 십자가와 10개의 묵주알이 돌출되어 있는데, 돌출된 묵주알에는 일정한 문양이 새겨져 있거나 보석이 박혀 있는 점, ⅱ) 묵주반지는 하나의 몸체로 구성되어 있는 일체형인 '일단 묵주반지'와 두 겹으로 이루어져 있어서 반지의 전체 틀은 고정되어 있으면서 십자가와 10개의 묵주알이 돌출되어 있는 가운데 부분을 돌릴 수 있는 분리형인 '돌림 묵주반지'로 분류할 수 있는 점, ⅲ) 십자가는 가장 대표적인 그리스도교의 상징들 가운데 하나인데, 그 문양이 전통적인 것이나 근대적인 것을 막론하고 모두 교회 내에서 보편적으로 사용되고 있으며, 묵주반지에 돌출되어 있는 십자가 문양은 대개 성혈을 의미하는 붉은 색으로 채색되어 있는 점, ⅳ) 우리나라에서는 묵주알을 세면서 바치는 기도라는 뜻에서 '묵주기도'라 부르지만, 서양에서는 '장미꽃다발 또는 장미꽃밭(라틴어 Rosarium, 이탈리아어 Rosario, 영어 Rosary) 기도'라고 부르므로, 묵주알 하나는 장미 한 송이를 의미하기 때문에, 묵주반지에는 장미꽃 문양이 보편적으로 사용되고 있는 점, ⅴ) 이 사건 장미계단묵주반지의 묵주알에 새겨진 장미꽃 문양은 국내외에서 널리 판매되고 있는 묵주반지에 새겨진 통상적인 장미꽃 문양과 별다른 차이가 없는 것으로 보이는 점 등을 알 수 있다.

그렇다면 저작권등록부에 기재된 저작물의 내용을 통해 추려낼 수 있는 이 사건 각 묵주반지 디자인, 즉 ⅰ) 위 각 묵주반지의 기본적인 형상이나 모양 및 그 구성요소와 배치(일단 묵주반지인지 돌림 묵주반지인지와 반지 가운데에 일정한 간격으로 1개의 십자가와 10개의 묵주알이 돌출되어 있는 것), ⅱ) 위 각 묵주반지에 돌출되어 있는 십자가의 문양 및 색채, ⅲ) 위 각 묵주반지에 돌출되어 있는 10개의 묵주알의 형태 및 문양 그 어느 것 하나 甲의 '창작물'로서 위 각 묵주반지와 구분되어 '독자성'을 인정할 수 있는 것이라고 보기는 어렵다고 할 것이다.

* 관련 헌법재판소 결정 : 2005.2.3결정, 2004헌마478 불기소처분취소.

[판례 10] "태왕사신기" 사건(서울중앙지법 2007.7.13.선고 2006나16757 판결)

드라마 "태왕사신기" 시놉시스가 단순한 아이디어 차원을 넘어 각 등장인물들의 성격과 그들 상호간의 상관관계, 대략적인 줄거리, 에피소드 등을 포함하고 있어 그 자체로 독자적인 완성된 저작물로 존재한다고 보고, 위 시놉시스가 만화 "바람의 나라"와 실질적인 유사성이 인정된다면 바로 저작권 침해가 인정되는 것으로서, 그것이 시나리오, 드라마의 형태로 다음 단계의 저작물들을 예상하고 있다는 이유만으로 실질적 유사성 판단의 대상이 되지 않는다거나 판단 기준을 완화하여야 한다는 근거는 없다.

[판례 11] "이것이 미국영어다" 사건(창원지법 통영지원 2009.2.12.선고 2007고단613 판결)

영어의 관용어구 및 숙어 그 자체는 저작권의 보호대상이라고 할 수 없지만 이를 포함하여 창작된 문장 및 그 문장들이 조합・배열된 대화문은 최소한도의 창작성을 갖추고 있다고 할 것이다.

[판례 12] 되고송사건(서울중앙지방법원 2010.6.24.선고 2009가합124549 판결)

저작권법에 의하여 보호되는 저작물이라 함은 문학, 학술 또는 예술에 속하는 것으로서 사상 또는 감정을 창작적으로 표현한 것을 말하고, 짧은 음의 배열이라고 하여 반드시 음악저작물로서 저작권법에 의하여 보호받을 수 없다고 단정할 수는 없는 것이나, 작곡자의 일관된 하나의 사상 또는 감정이 표현되어 창작된 하나의 곡에 있어서, 그 곡의 일부를 구성하는 짧은 음의 배열이 별도의 저작물로서 저작권법에 의하여 보호받기 위하여는 전체 곡과는 별도로 이를 구성하는 짧은 음의 배열 자체에 전체 곡과는 구별되는 저작자의 사상 또는 감정이 창작적으로 표현되어 있어야 할 것이다.

[판례 13] 서적 '재무관리' 사건(서울중앙지법 2010.7.23.선고 2008나40136 판결)

사실관계: 피고는 자신의 저술을 함에 있어 원고의 허락없이 원고 저술의 내용을 그대로 인용하거나, 전후 서술내용의 순서와 기호, 숫자를 바꾸고 접속사를 삽입하는 등 약간의 변형을 가하는 방법으로 원고의 표현, 설명방식, 그림, 도표, 전개방식 등을 거의 그대로 인용하였다.

법원의 판단: 제1심(서울중앙지법 2008.10.31.선고 2007가단53427 판결)에서는 원고 저서의 창작성을 인정하기 어렵다고 판단하였다. 이에 대해 항소심은 달리 판단하였다.

원고가 공인회계사 학원의 강사로서의 오랜 경험을 토대로 하여 수험생의 이해도를 높이기 위해 재무관리분야의 여러 학설과 이론에 관하여 예를 들어 설명하거나, 도표나 그림 등 시각적인 전개방식을 이용하여 원고 나름대로의 표현방식에 따라 위 '제5판 재무관리'와 '제5판 재무관리 해답집'에 표현하여 저술한 이상, 위 서적은 전체적으로 원고의 창조적인 정신적 노력에 의하여 기존 저작물과 구별할 수 있을 정도로 만들어진 작품으로서의 성격을 가지고 있다고 할 것이고 거기에 일부 기존의 이론이나 계산식이 포함되고 일부분 유사한 표현이 있다는 이유로 이를 달리 볼 것이 아니므로, 원고의 '제5판 재무관리'와 '제5판 재무관리 해답집'은 저작권법에 의하여 보호되는 저작물로서의 창작성을 가지고 있다고 할 것이다.[24)]

[판례 14] 고주파수술사진 사건(대법원 2010.12.23.선고 2008다44542 판결)

고주파 수술기를 이용한 수술 장면 및 환자의 환부 모습과 치료 경과 등을 충실하게 표현하여 정확하고 명확한 정보를 전달한다는 실용적 목적을 위하여 촬영된 사진들을 구 저작권법상의 사진저작물로서 보호될 정도로 촬영자의 개성과 창조성이 인정되는 '저작물'에 해당한다고 보기는 어렵다.

[판례 15] 삼베문양 사건(서울고등법원 2011.4.13.선고 2009나111823 판결)

사실관계: 원고는 색동 화가로 2005. 9.경 서울 청계천에 있는 '청계천 색동벽화'를 완성하여 그 무렵 공표하였다. 그것은 삼베 느낌이 나는 것이었다. 피고는 삼베 느낌의 바탕이 있는 김치 냉장고, 냉장고, 에어컨 등의 전자 제품을 생산하여 판매하였다. 이에 원고는 피고를 상대로 저작권침해에 따른 손해배상청구의 소를 제기하였다.

판결요지: 선을 상하 및 좌우로 교차시켜 삼베의 질감을 묘사하는 기법은, ①

---

24) 이런 이유로 원심에서는 복제권 침해를 인정하였다(이에 반해 공연권 침해는 인정하지 아니하였다. 이에 대해서는 공연권 부분 참조). 그러나 원심이 인정한 복제권 침해부분에 대해 대법원은 다음과 같은 이유로 부정적으로 보았다.

"다만 복제 여부가 다투어지는 부분이 기존의 다른 저작물의 표현과 동일·유사한 경우는 물론 기존 이론이나 개념을 그 분야에서 일반적으로 사용하는 용어에 의하여 설명하거나 정리한 경우 또는 논리구성상 달리 표현하기 어렵거나 다르게 표현하는 것이 적합하지 아니한 경우 등 누가 하더라도 같거나 비슷할 수밖에 없는 표현, 즉 저작물 작성자의 창조적 개성이 발현될 여지가 없는 경우에는 저작물의 창작성이 인정되기 어렵다 할 것이므로 복제권 등의 침해도 인정될 수 없다.

한편 원저작물이 전체적으로 볼 때는 저작권법 소정의 창작물에 해당한다 하더라도 그 내용 중 창작성이 없는 표현 부분에 대해서는 원저작물에 관한 복제권 등의 효력이 미치지 않는다. 따라서 어문저작물에 관한 저작권침해소송에서 원저작물 전체가 아니라 그 중 일부가 상대방 저작물에 복제되었다고 다투어지는 경우에는, 먼저 원저작물 중 복제 여부가 다투어지는 부분이 창작성 있는 표현에 해당하는지 여부, 상대방 저작물의 해당 부분이 원저작물의 해당 부분에 의거하여 작성된 것인지 여부 및 그와 실질적으로 유사한지 여부를 개별적으로 살펴야 하고, 나아가 복제된 창작성 있는 표현 부분이 원저작물 전체에서 차지하는 양적·질적 비중 등도 고려하여 복제권 등의 침해 여부를 판단하여야 한다(대법원 2012.8.30. 선고 2010다70520 판결).

자연계에 이미 존재하는 삼베의 질감을 사실적으로 묘사하는 것인 점, ② 삼베의 질감을 묘사하기 위해서는 선을 상하 및 좌우로 교차시키는 것이 필수적인 점 등에 비추어 보면, 이른바 아이디어의 영역에 해당하는 것이지 표현에 해당하는 것은 아니어서 저작권의 보호대상이 아니라고 봄이 타당하다.

★ 제1심(서울중앙지방법원 2009.10.22.선고 2009가합17689 판결) 판결도 대체로 유사한 취지의 판결을 하였다. 대법원(2011.8.25.선고 2011다43075 판결: 심리불속행 기각).

[판례 16] '종이접기 도형놀이' 사건(대법원 2011.5.13.선고 2009도6073 판결)

'이 사건 쟁점 종이접기 부분'은 정사각형의 종이를 이용하여 정삼각형, 정오각형, 정육각형 등의 도형을 만드는 방법, 변을 2, 3, 4, 5, 6등분 등으로 분할하는 방법 및 정십이면체를 만드는 방법 등의 과정을 순서도에 따라 그에 관한 도면과 일정한 규약에 의한 점, 선이나 화살표의 기호 등으로 표현하고 일부 과정에 수학적인 설명 등이 부가되어 있다. 그런데 이 사건 쟁점 종이접기 부분의 순서도에서 앞, 뒷면을 나타내는 방식이나 접은 선, 각종 화살표 기호 등은 국내 및 일본의 종이접기 분야에서 표준화된 기호 또는 도식이고, 위 순서도에 부가된 수학적인 설명 등은 수학분야 등에서 널리 알려져 있는 기본적인 원리를 표현한 것에 불과한 점, 한편 이 사건 쟁점 종이접기 부분은 국내 및 일본에서의 관련 종이접기 순서도에 비하여 그 배치나 순서 등에서 일부 차이가 있기는 하지만, 그 종이접기 방법이 새로운 것도 아니고 새로운 표현형식으로 도면을 그리거나 설명한 것도 아니며 누가 작성하더라도 달리 표현될 여지가 거의 없을 뿐 아니라, 설령 작성자에 따라서 다소 다르게 표현될 수 있는 여지가 있다고 하더라도 이 사건 쟁점 종이접기 부분에 작성자의 창조적 개성이 드러나 있다고 할 수 없는 점 등에 비추어 볼 때, 이 사건 쟁점 종이접기 부분은 구저작권법상의 저작물로서의 창작성이 있다고 보기 어렵다.

[판례 17] '특허출원서' 사건(서울중앙지법 2013.9.27.선고 2011가합89861판결)

특허출원서에 담긴 기술적 사상에 대하여 발명으로서의 신규성, 진보성이 인정되지 아니하는 경우라도 출원서를 구성하는 어문 또는 도형이 인간의 사상 또는 감정을 표현한 것으로서 창작성이 있다면 저작물로서 보호받을 수 있다고 볼 것이지만, 그와 같은 경우라도 저작권법이 보호하는 것은 인간의 사상 또는 감정을 말, 문자, 음, 색 등에 의하여 구체적으로 외부에 표현하는 창작적인 표현형식이고 그 표현되어 있는 내용, 즉 아이디어나 이론 등의 사상 및 감정 그 자체는 설사 그것이 창작성이 있다 하더라도 원칙적으로는 저작권법에서 정하는 저작권의 보호 대상이 되지 아니한다.

살피건대 이 사건 특허출원서 중 원고가 창작성이 있는 핵심적 구성 요소라고 주장하는 부분은 컴퓨터를 이용한 시험에 있어 종이 시험 조건을 재현할 수 있는 시험 형식에 관한 아이디어를 도면 또는 글을 통해 일반적인 방식으로 표현하고 배열한 것일 뿐이어서 그 표현형식에 있어서나 소재의 선택, 배열 또는 구성에 있어 창작성을 인정하기 어렵고, 원고가 피고들에 의해 도용되었다고 주장하는 대상 또한 특허출원서에 기재된 구체적인 표현 등이 아닌 시험 형식에 관한 아이디어 자체인바, 원고가 고안하였다는 시험형식에 관한 아이디어에 창작성이 있는지의 여부는 별론으로 하고, 피고가 원고의 저작권을 침해하였다고 보기는 어렵다.

◈ 공서양속 위반과 저작권 보호

저작물의 내용이 공서양속에 위반되어 저작자가 설사 형사상 처벌을 받은 경우라 하더라도 그 저작물의 저작권 보호에 어떤 영향을 미치는 것은 아니다. SM사진의 2차 사용에 관한 일본 판결은 "사진저작물이 설사 공서양속에 반하는 경우라 하더라도 저작권으로 보호받는 데 지장이 없다"고 판시하였다.[25] 한편 중국 구 저작권법 제4조는 "법에 의해 출판, 배포가 금지된 저작물은 이 법의 보호를 받지 못한다"고 규정하고 있었으나 현행법(2010년 개정법)은 이 문구를 삭제하였다.[26]

[판례 1] 누드사진 전재 사건(대법원 1990.10.23.선고 90다카8845 판결)

저작권법의 보호대상인 저작물이라 함은 사상 또는 감정을 창작적으로 표현한 것으로서 문학·학술 또는 예술의 범위에 속하는 것이면 되고 윤리성 여하는 문제되지 아니하므로 그 내용 중에 부도덕하거나 위법한 부분이 포함되어 있더라도 저작물로 보호된다.[27]

[판례 2] '뉴!하!트' 사건(서울중앙지법 2012.11.30.선고 2011노4697 판결)

저작권법은 단지 표현된 형태를 보호할 뿐이지 이로써 표현된 아이디어나 사상의 내용을 보호하는 것이 아닌 점, 특허법, 상표법, 디자인보호법에는 선량한 풍속에 반하는 지적재산권은 보호 대상이 아님을 명백히 하고 있으나 보호받지 못하는 저작물을 열거하고 있는 저작권법 제7조에는 이러한 규정이 없는 점, 음란성에 대한 평가는 사회적·역사적 맥락에 따라 변화하는데 이러한 유동적·상대적 개념을 저작권 보호 범위의 기준으로 삼는 것은 적절하지 않은 점, 저작권법을 통해 창작물과 이에 대한 권리를 보호하더라도 형법 등을 통해 음란물의 제

---

25) 일본 동경지재 1986.6.20, 1983(ワ)929.

26) 임원선, 「실무자를 위한 저작권법」, 한국저작권위원회, 2014, 64면. 또 www.wto.int/english/tratop_e/dispu_e/362r_e.pdf 참조.

27) 또 서울중앙지법 2011.11.23.선고 2011노2664 판결; 참조.

작이나 유통을 처벌하여 사회적 해악을 제거하는 것이 가능한 점에 비추어 보면 음란물 역시 저작권법상의 보호 대상이 된다.[28)]

[미국판례] MITCHELL BROTHERS FILM GROUP v. CINEMA ADULT THEATER 사건[29)]

법원은 'Behind the Green Door'라고 하는 포르노영화를 입수하여 상영한 피고에 의한 오염된 손(unclean hand)의 항변[30)]을 각하하였다. 법원은 외설적 작품에 대해 묵시의 예외는 발견될 수 없다고 하면서, 헌법의 저작권조항은 정부당국자에 의해 내용이 제한됨이 없이 해석되는 것이야말로 最適으로 집행되는 것이라고 판시하였다. 법원은 사회적 기준에 기해서 행하는 외설에 대한 판단이 저작권법을 불완전한 것으로 할지 모른다고 보았다. 외설에 대한 다른 기준을 사용한 결과 저작권 보호는 지역이나 세대에 따라 달라질 수 있다. 전국적 범위에 미치는 통일적 저작권법이기 때문에 저작권 보호가 구구하게 되어서는 안 된다. 어느 지역에서는 저작권침해가 인정되었는데 다른 지역에서는 저작권침해가 인정되지 않을 수도 있다. 통일적인 저작권법의 목적은 외설이라는 기준을 도입함으로써 방해될 수 있다.[31)]

* 다른 지적재산법과 공서양속(모두 不登錄事由임)

특허법 (제32조)	공공의 질서 또는 선량한 풍속을 문란하게 하거나 공중의 위생을 해할 염려가 있는 발명
디자인보호법 (제6조 2호)	디자인이 주는 의미나 내용 등이 일반인의 통상적인 도덕관념인 선량한 풍속에 어긋나거나 공공질서를 해칠 우려가 있는 디자인
상표법 (제7조 4호)	상표 그 자체 또는 상표가 상품에 사용되는 경우 수요자에게 주는 의미와 내용 등이 일반인의 통상적인 도덕관념인 선량한 풍속에 어긋나거나 공공의 질서를 해칠 우려가 있는 상표

28) 동지, 서울남부지법 2013.1.17.선고 2012노1577 판결.

29) 604 F.2d 852(5th Cir. 1979). 또 김근우, "포르노그래피와 저작권," 「경희법학」(제45권 3호), 경희법학연구소, 2010, 101면 이하; 남형두, "저작물성, 그 확대와 균형의 역사," 「계간 저작권」(제100호, 2012 겨울호), 한국저작권위원회, 2012.12, 53면 이하; 남형두, 「음란물의 저작물성 - 음란물도 저작권법상 보호가능한가?」, 한국형사정책연구원, 2010. 참조.

30) 무릇 법원의 도움을 받으려는 자는 그 손이 깨끗해야 한다(clean hand)는 원칙. 자신이 이전에 행한 부끄러운 행위를 원용하면서 법의 도움을 받을 수는 없다.

31) マーシャル・A・リーファ-(Marshall Leaffer)/ 牧野和夫(監譯), 「アメリカ著作權法」(LexisNexisアメリカ法 概說 ⑤), LexisNexis, 2008, 120면.

2. 저작권의 보호범위

저작물이란 사상이나 감정이 외부로 표현된 것이다. 따라서 저작권으로 보호되는 것은 저작자의 사상 그 자체가 아니라 사상의 표현이다. 예를 들어 한 저작자가 조선방법(造船方法)에 관한 논문을 썼다면 그의 저작권은 그 논문에 대해서 존재하며 다른 사람이 저작자의 승낙 없이 그 논문을 복제하여 판매하였을 때에는 저작자를 보호하긴 하지만, 그러나 다른 사람이 그 논문 속에 들어있는 아이디어 또는 기술이론을 이용하여 배를 건조하는 것을 막는 것이 저작권 보호는 아니다. 또 부기방식을 설명한 책을 읽고 책에서 설명된 부기방식을 회계장부로 만들어 판매한 경우는 저작권 침해가 아니다[Baker v. Selden 사건(101 U.S. 99, 25 L. Ed 841 (1879))]. 왜냐하면 부기방식은 저작권으로 보호받을 수 없는 아이디어에 해당하기 때문이다. 이를 아이디어/표현 2분법(idea-expression dichotomy)이라고 한다.[32] 그러나 단순한 매체의 변환에 불과한 경우는 저작권 침해가 된다.[33]

미국 저작권법 제102조 (b)

미국 저작권법 제102조 (b)는 "어떠한 경우에 있어서도, 창작성 있는 저작물에 대

32) 그러므로 아이디어/표현 2분법에서 아이디어와 표현이라는 말을 문자 그대로, 곧이곧대로 받아들여서는 안 된다. 아이디어는 보호받지 못하는 부분을 나타내는 상징적, 비유적 용어라면 표현은 저작권법으로 보호받는 부분을 나타내는 상징적, 비유적 용어이다(Thus "idea" and "expression" should not be taken literally, but rather as metaphors for a work's unprotected and protected elements respectively: Goldstein, Copyright §2.3.1). 또 최경수, 「저작권법 개론」, 한울, 106면 참조.
또 하나 우리가 흔히 하는 말 중에 정확하지 않은 것으로는 "특허는 아이디어를 보호하지만 저작권은 아이디어를 보호하지 않는다"는 말이다. 후자는 맞는 말이라도 전자는 부정확한 말이다. 즉 특허도 아이디어는 보호하지 않는다. 아이디어 자체가 아닌 그것보다는 일보 진전된 것, 응용된 것만이 특허를 받을 수 있다. 흔히 미국서적에서 말하는 아이디어는 예컨대 아인슈타인의 상대성원리(E=MC2)와 같은 것이고, 그것 자체가 특허적격이 있는 것은 아니다(이에 대해서는, Arther R. Miller/Michael H. Davis, *Intellectual Property*, West, 2007, 20-21면 참조). 그래서 혹자는 저작권은 표현을 보호하지만 특허는 기능을 보호한다고 한다.

33) 일본 동경지재 1987년 1월 30일 마이크로 소프트사 대 수화시스템 · 트레이딩사 판결: 타인의 퍼스컴용 인터프리터 프로그램의 오브젝트코드를 해석해서 소스코드로서 출판한 사례에 관하여 법원은 저작권 침해를 인정하였다.

한 저작권 보호는 그 형태 여하를 불문하고, 당해 저작물에 기술, 설명, 예시, 또는 그것에 포함되는 아이디어, 절차, 공정, 체제, 조작 방법, 개념, 원칙, 또는 발견에 대하여는 적용하지 아니한다"고 규정한다. 이에 대한 下院報告書[34]는 "저작권은 저작자의 작품을 통해 나타난 아이디어나 정보를 타인이 사용하는 것을 방해하지 않는다. 이것은 저작자가 지적인 개념을 표현하는 바의, 문학적, 음악적, 회화적 내지 미술적 양식과 관련된다. 제102조 (b)는 저작권의 보호는 그것이 여하한 형식으로 기술되거나, 설명되거나, 도해되거나 혹은 실체화되어 있더라도 아이디어, 절차, 工程, 체제, 조작 방법, 개념, 원칙, 또는 발견에는 미치지 않는다는 것을 명백히 하고 있다. … 제102조(b)는 현행법에 있어서 저작권법의 보호를 확장한 것도 아니고, 축소한 것도 아니다. … 이것은 … 표현과 아이디어 2분법이 그대로 변함이 없다는 것을 확인하고 있는 것"이라고 설명하고 있다.

♣ Baker v. Selden 사건[35]

사건개요: Selden은 약식원장("Selden's Condensed Ledger) 혹은 약식부기(Book-keeping Simplified)라고 제목이 붙은 책의 저작권자이다. 그 책은 특이한 부기방식에 대한 해설을 그 내용으로 하는데 표제란과 부기란으로 구성되는 공란의 부기용지가 있었고, 그 방식을 실무에서 어떻게 사용될 수 있는가를 해설하고 있었다. 이 부기방식은 복식부기에 의한 부기와 같은 결과를 나타내었고, 항목 및 표제를 독특하게 배열시킴으로써 회계장부의 한 면에서 혹은 서로 잇대고 있는 두 면에서 하루, 한 주, 또는 한 달에 일어나는 전체적인 활동을 나타낼 수 있었다. Baker는 결과적으로 내용은 Selden과 같지만 부기란 및 표제란을 약간 다르게 배열 사용하는 회계장부를 제작・판매하였는데, 이에 Selden은 자신의 책에 따르는 저작권이 Baker의 부기장부의 제작・판매에 의하여 침해되었다고 주장하면서 소를 제기하였고, 하급심은 Selden의 주장을 받아들였다. 그러자 Baker가 상고하였다. Selden이 그의 책자에서 저작권을 가짐으로써 그 책에서 해설되는 부기 방식을 사용하는 배타적인 권리가 확보된다고 Selden은 주장하였는데, 그 부기방식을 설명하기 위하여 책에 실린 표제란 및 부기란을 사용하지 않고서는 그 부기방식을 사용할 수 없다는 것이었고, 그 부기방식을 설명하는 표제란 및 부기란은 그 책의 일부로서 그 자체가 저작권에 의하여 보호된다는 주장이었다. 따라서 Selden의 책에서의 표제란 및 부기란을 사용하여 Selden의 부기방식을 사용하게 되면 그 책에서 보호되는 저작권이 침해된다는 것이었다.

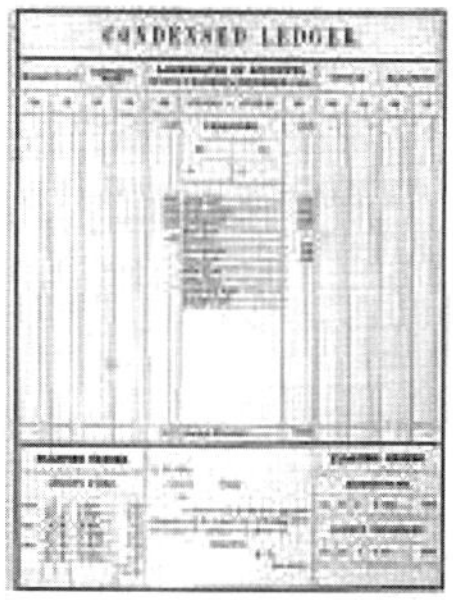

34) H.R. Rep. No. 94-1476, 94th Cong., 2d Sess. 56-57 (1976).
35) 저작권심의조정위원회, 「저작권에 관한 외국판례선[1]」, 1988, 302-304면.

판결요지: 이 사건의 쟁점은 Selden이 책에 대한 저작권을 취득함으로써 책에서 예시하고 설명하려고 한 부기방법이나 체계의 사용에도 독점적인 권리를 취득하느냐이다. 미국 연방최고법원은 책에 관한 저작권의 배타적 효력은 책에서 설명하고 있는 부기 방식이나 체계에는 미치지 않는다고 보았다. 기술이나 방식(system)을 설명하고 있는 책에 관한 저작권은 그것에 관한 저자의 독특한 설명(explanation)만을 보호하며, 제3자가 그러한 방식의 사용이나 그러한 방식을 사용하기 위해서 필요한 양식(forms)을 사용하는 것을 막지 못한다. 방식 그 자체의 사용이나 그러한 방식의 사용에 필요한 양식의 사용을 저작권으로 금지하려고 하는 것은 특허요건—신규성이나 진보성—에 관한 심사없이 특허 유사의 권리를 허여하는 것과 같다. 저작권은 신규성이 아닌, 창작성에 기초하고 있으며, 설명은 보호하되, 설명되어져 있는 방식의 사용을 보호하는 것은 아니다. 그러므로 Selden이 취득한 저작권은 부기방식이나 그 방식을 사용하는 데 필요한 양식의 사용에는 배타적 효력이 미치지 아니한다(항소심 판결을 파기한다).

아이디어/표현 2분법은 엄밀히 보면 2가지 측면에서 사용된다.
하나는 저작권의 외적 한계와 관련되며, 이것은 특허권 같은 다른 권리와 관계에서 문제된다. 예컨대 조선방법에 관한 논문을 보고 배를 만들어도 저작권 침해로 되지 않는 것은 저작물 속에 포함된 아이디어의 이용이기 때문이다. 따라서 특허권 등에 의한 보호는 별론 저작권침해로 되는 것은 아니다. 마찬가지로 부기방식을 설명한 책을 읽고 책에서 설명된 부기방식을 회계장부로 만들어도 저작권 침해가 아니다[Baker v. Selden 사건(101 U.S. 99, 25 L. Ed 841 (1879)]. 왜냐하면 회계장부와 같은 실용품은 저작권으로 규율할 수 있는 대상이 아니며, 이에 이용된 실용적 아이디어는 저작권의 보호대상이 아니기 때문이다.
또 하나는 저작권의 내적 한계와 관련된다. 즉 저작물 중에서 저작권으로 보호받는 부분과 보호받지 못하는 부분을 구분하기 위해서 사용된다. 예컨대 "저작권의 보호대상은 아이디어가 아닌 표현에 해당하고, 저작자의 독창성이 나타난 개인적인 부분에 한하므로 저작권의 침해여부를 가리기 위하여 두 저작물 사이에 실질적인 유사성이 있는가의 여부를 판단함에 있어서도 표현에 해당하고 독창적인 부분만을 가지고 대비하여야 한다(대법원 1991.8.13. 선고 91다1642 판결)"는 것도 이를 나타내는 것이다.

법률서식, 상업용 서식 등에 관련된 미국의 판례를 살펴본다.36)

♣ Bibbero Systems, Inc. v. Colwell Systems, Inc. 893 F.2d 1104 (9th Cir. 1990)

사실관계: 원고(Bibbero Systems, Inc.)는 Superbills로 알려진 의료보험금 청구

36) 또 후술하는 Kregos v. Associated Press, 937 F.2d 700 (2d Cir.1991) 참조. 이 판결에서는 과거의 투구(投球)를 9종류로 분류한 야구의 투구성적표는 그 배열에 있어서 창작성이 있다고 보았다.

서를 만들었다. 피고(Colwell Systems, Inc.)가 이와 동일한 양식을 만들어 사용하자 원고가 피고를 상대로 저작권침해소송을 제기하였다.

판시내용: 제9항소법원은 Baker 사건의 판시를 인용하면서 원고가 작성한 Superbills의 양식이 채워지기 전까지는 아무런 정보도 제공하고 있지 않으므로 그 자체로는 저작권의 보호를 받을 수 없다고 판시하였다.

◈ Merger Doctrine(융합의 법리, 혼동이론)

앞서 살펴본 Baker v. Selden 판결에서는 '설명'과 '사용'을 구별하면서 이론을 전개하고 있다. 즉 어느 기술(아이디어, 시스템)에 관한 책에 대하여 기술의 '설명'에 대해서는 저작권보호가 미치나, 기술의 '사용'에 대해서는 저작권은 미치지 않는다. 필요하다면 특허를 받으면 별론 저작권으로 기술의 사용을 막을 수는 없다. 그런데 기술을 '사용'하기 위해서는 통상 그 기술을 '설명'(저작물)해야 한다. 그런데 그 설명방법이 극히 제한된 경우는 어떻게 할 것인가. 이 경우 설명이니까 당연히 저작권이 미치는 것으로 판단하면 (극히) 한정된 설명을 통해 아이디어를 독점하는 꼴이 된다. 그러므로 어떤 방법을 찾아야 한다.

방법 하나는 그러한 설명(표현)에 대해서도 저작권을 긍정하면서 저작권침해의 경우에는 아주 엄격한 기준을 사용해서, 저작권 침해의 인정에는 소극적인 입장이다. 또 하나는 저작권을 부정하는 방법이다. 전자의 입장에 서 있는 미국 판결이 Continental Casualty Co. v. Beardsley 판결이다. 이 판결에서는 타인이 당해 서식 중의 설명을 이용한 행위에 대해서는 그 근저에 있는 아이디어를 이용할 때에 부수적으로 이용한 것에 불과한 것으로서 저작권 침해를 부정했다.

♣ <u>Continental Casuality Co. v. Beardsley, 253 F.2d 702 (2nd Cir. 1958)</u>

사실관계: 원고(Beardsley)는 보험약관과 관련 양식 및 이를 설명하는 소책자를 발간하였다. 경쟁자인 피고(Continental Casuality Co.)는 원고의 양식을 그대로 복제하였으나 그에 대한 설명문은 원고의 것을 베끼지 아니하고 스스로 작성하였다.

판시내용: 제2항소법원은 본건에 있어서도 Baker 사건의 판시를 따라야 한다는 피고의 주장을 배척했으나[37] 다음과 같은 이유로 원고의 청구를 기각하였다.

"보험이나 상거래 분야에 있어서는 바라는 결과를 달성하기 위하여 양식이나

---

37) 서식은 보증증서, 분실・면책합의의 선서진술서 등을 포함하는 것이며, 포괄보증증서(blanket bond)의 플랜을 설명하는 팸플릿에 함께 담겨져 있었다. Baker 사건에서는 비어있는 양식(blank form)이 문제로 되었으나 본건에서의 양식(form)은 보험계약을 설명하는 산문이 포함되어 있었던 것이다. 그러므로 시스템의 설명과 시스템의 사용을 구별할 수 있는 것을 전제로 한 Baker 판결은 이 사건에 그대로 적용될 수 없다.

문서 중에 특정한 용어를 사용하지 않을 수 없고, 이러한 용어의 사용은 법적 내지는 상거래상의 개념에 너무나도 밀접하게 결부되어 있기 때문에 이에 대한 저작권침해의 기준은 다음과 같다. 즉 저작권 있는 문구는 가급적 보호하지만 그 용어의 저변에 깔려 있는 생각은 누구라도 자유로이 사용할 수 있어야 한다." 그런데 피고의 양식에 포함되어 있는 용어는 저변에 있는 아이디어를 이용하기 위하여 부수적으로 사용된 데 불과하므로 저작권침해라고는 말할 수 없다.

또 하나인 후자의 입장은 Baker 판결을 전제로 하여 그것을 한층 진전시킨 것으로 예컨대 Morrissey v. Procter & Gamble Co. 판결 등이 있다.

♣ Morrissey v. Procter & Gamble Co. 판결(379 F.2d 675 (1st Cir. 1967)

Morrissey 판결에서의 원고(Morrissey)는 판촉을 위하여 복권식 내기 시합(sweepstakes)을 고안하였고, 그 때 사용되는 규칙에 대해서 저작권을 가지고 있었다. 유사한 형태의 콘테스트를 운영하면서 Procter & Gamble은 극히 유사한 규칙을 사용하였다. 특히 [규칙 1]로 알려진 내용은 거의 같았다.

그것은 [참가자는 이름, 주소, 사회보험번호를 백지나 상자 표면에 기재하여야 한다; 공식 규칙은 지방 판매점에서도 얻을 수 있다; 자신의 사회보험번호가 없으면 같이 살고 있는 가까운 친척의 사회보험번호로도 응모가 가능하다.] 등을 설명하고 있었다. 원고가 피고가 사용하는 규칙이 자신의 것과 극히 유사하다고 하면서 저작권침해로 제소하자 지방법원은 콘테스트 자체는 저작물성이 없으며, 그로부터 유래하는 게임규칙도 독창적이고 창조적인 근원을 가지고 있지 않으므로 저작권으로 보호받을 수 없다고 판시하였다. 원고가 항소하였다. 문제는 저작권으로 보호될 수 없는 게임을 운영하는 데 부수하는 규칙이 간단한 정보만을 전달하는 것이어서 오직 한정된 방법으로밖에 표현될 수 없다면 그러한 규칙은 저작권으로 보호되는가이다. 법원은 보호될 수 없다고 보았다. 저작물성이 없는 게임의 운영에 부수하는 규칙에 담긴 정보가 너무 간단하여 그것을 표현하는 방법이 소수밖에 없다면 그 규칙은 저작권으로 보호받을 수 없다는 것이었다. 만약 그러한 규칙을 저작권으로 보호한다면 그것은 특정인에게 판촉방법 자체에 저작권을 부여하는 것과 같다. 따라서 이러한 경우에는 제3자가 동일한 표현을 그대로 사용한다고 하더라도 저작권침해가 아니다.

이러한 Morrissey 판결의 고찰방법을 이른바 융합의 법리, 혼동이론(Merger Doctrine)이라고 한다. 그러므로 Merger Doctrine이란 아이디어를 표현하는 경우에 유일 또는 한정된 범위에서밖에 표현할 수 없는 경우에 아이디어와 표현이 혼동(융합: merge)되고 있어 당해 표현은 저작권의 보호를 받을 수 없다는 이론이다.[38]

---

38) 논자나 판례에 따라서는 '그대로 복제하는' 이른바 데드 카피(dead copy)에 대해서는

♣ Herbert Rosenthal Jewelry Corp. v. Kalpakian, 446 F.2d 738 (9th Cir. 1971)

문제가 된 두 개의 벌모양의 핀

원고는 피고가 보석으로 치장된 벌 모양의 핀의 저작권을 침해했다고 제소하였다. 법원은 원고의 저작권의 유효성을 인정했지만, 실질적 유사성이 없다고 보았다:

기본적으로 문제로 되어 있는 것은, 저작권자의 독점권의 범위, 즉 의회가 얼마나 넓은 범위에서 저작권자에게 다른 사람을 배제시킬 수 있도록 허용했는가 하는 것이다. 우리는 보석 박힌 벌 핀의 생산은, 의회가 특허 없이 공공 시장에 유보해 놓은 영역보다도 큰 사적 영역이라고 본다. 그러므로 보석 박힌 꿀벌 핀은 피고인이 자유로이 베낄 수 있는 아이디어이다. 원고는 피고가 모든 벌 핀들의 제조 및 판매를 할 수 없다는 주장은 하고 있지 않으므로, 보석 박힌 벌 핀이라는 아이디어의 특정한 디자인이나 표현만이 저작권법에 의해 보호된다는 것을 인정하는 데 원고가 동의하는 것으로 보인다. 앞서 언급한 바와 같이, 본 기록상 어려움은 '아이디어'와 '표현'이 구분될 수 없는 것 같이 보인다는 데 있다. 원고 핀이나 피고 핀 사이에 모두 보석 박힌 벌 형태로부터 불가피하게 발생하는 형태 이상의 유사성은 없다. 이렇듯 '아이디어'와 '표현'이 분리 불가능할 때, '표현'을 복사하는 것은 금지되지 아니한다. 왜냐하면 이러한 상황에서 '표현'을 보호하는 것은 특허법에서 부여한 조건과 제한 없이 저작권자에게 '아이디어'의 독점을 부여하는 것이다.

♣ BUC Int'l Corp v. Int'l Yacht Council Ltd., 489 F.3d 1129, 1143(11th Cir. 2007)

혼동이론을 설명하기 위하여, 공중에게 무엇인가를 표시하기 위하여 자주 사용되는 심벌을 상상해 보라. 그 심벌은 그 안에 대각선 줄이 있는 원이다. 예컨대 담배 이미지가 가운데 있으면 이 시각적 표시는 금연표시이다. 동일한 심벌은 무엇인가를 금지시키려고 할 때, 예컨대 수영금지, 음식물 반입금지, 휴대폰 사용금지 등을 표시하기 위하여 다양한 상황하에서 사용된다. 어떤 행동을 금지시킨다는 아이디어를 시각적으로 효과적으로 나타내는 방법은 오직 몇 개밖에 없으므로 이러한 사례에서의 표현, 즉 대각선을 가진 원을 저작권법으로 보호할 수는 없다.

권리가 미친다고도 설명한다.

◈ scènes à faire의 법리(흔한 장면, 필수장면, 표준삽화의 법리)

scènes à faire의 법리란 사건, 등장인물, 장면의 묘사 등, 처음에는 설사 창작적인 표현으로서 저작권의 보호를 받을 수 있었던 것이라도, 그 특정한 주제를 표현하기 위해서는 그 장면이나 표현을 사용하는 것이 일반적인 것으로 되었거나 혹은 불가결한 것으로 된 경우에는 저작권보호를 받을 수 없다는 생각이다. 앞의 혼동이론과 유사하나 혼동이론이 주로 사실적·기능적 저작물에서 기능한다면 필수장면의 이론은 주로 문예적 저작물에서 기능한다.

Hoehling v. Universal City Studios 사건[39]에서 미국 제2항소법원은 히틀러시대에 만들어진 거대한 비행선 힌덴부르크의 참상을 다룬 책의 저작권이 미치는 범위를 논하면서 필수장면이론을 원용한 바 있다. 즉 이러한 영화에서는 독일식 맥주홀과 '하일, 히틀러'라는 구령, 제2차대전 때 불리어진 독일 노래 예컨대 독일국가 등은 필수장면이며 이러한 요소에는 저작권이 미치지 않는다고 판시하였다.

Zambito v. Paramount Pictures Co. 사건[40]에서 원고 Zambito는 인디아나존스 제1편(레이더스-잃어버린 성궤)이 자신이 작성한 시나리오 "Black Rainbow"의 저작권을 침해했다고 주장하면서 소를 제기하였다.

법원은 두 작품의 유사성은 그러한 장르의 두 영화에서 언제나 발견되는 유사성이라고 판시하였다. 즉 뱀이 우글거리는 동굴에 보물이 감추어져 있는 것, 뱀을 쫓기 위하여 불이 사용되는 것, 새들이 갑자기 날아 올라 정글에 들어온 사람들을 놀라게 하는 것, 지친 여행자들이 선술집에서 기분전환을 하는 것들은 모두 '레이더스' 같은 주제를 다루는 시나리오에서는 필수적인 요소들이며, 너무나 일반적이어서 법으로 보호받을 수 없다고 판시하였다.

3. 저작물의 분류

저작물에는 수많은 종류가 있고 분류방법에 따라 여러 가지 설명이 가능하다. 저작권법 제4조 제1항에 구체적 예시로서 규정된 어문저작물, 음악저작물 등 저작물의 내용에 의한 분류 외에 구별의 실익이라는 관점에서 아래와 같이 분류할 수 있다.

---

39) 618 F.2d 972(2d Cir.), cert. denied, 449 U.S. 841(1980).

40) Zambito v. Paramount Pictures Co. 788 F.2d 2 (2d Cir. 1985).

(1) 저작자 명의표시의 유무에 의한 분류

1) 실명저작물　　저작자의 실명을 저작물에 표시한 것.

2) 이명(異名)저작물　　저작자의 아호, 필명 등 실명 이외의 명칭이 저작물에 표시되어 있는 것.

3) 무명(無名)저작물　　저작자의 표시가 없는 것.

◈ 구별의 실익

저작자 추정(법 8조 1항 1호), 보호기간(법 39조, 40조) 등이다. 개정 전의 법에서는 「실명등록」 제도(구법 51조)가 있어 이명이나 무명으로 공표된 저작물의 저작자가 실명등록을 하면 그 때부터 실명저작물과 같은 취급을 하였다. 현행법은 제53조에서 저작자등록제도를 두고 있으므로 이것이 구법 하에서의 실명등록제도와 동일한 역할을 하리라고 본다.

(2) 성립순서에 의한 분류

1) 1차적 저작물(원저작물)　　2차적 저작물의 기초로 된 저작물.

2) 2차적 저작물　　원저작물을 번역, 편곡, 변형, 각색, 영화화 기타의 방법으로 창작한 저작물.

◈ 구별의 실익

2차적 저작물은 원저작물을 기초로 하여 작성되었으나 새로운 창작성이 가미되었기 때문에 원저작물과는 별도로 독자적 저작물로서 보호된다(법 5조 1항). 그러나 2차적 저작물이 보호된다는 이유로 원저작물의 저작자의 권리에 영향을 미쳐서는 안 될 것이므로(법 5조 2항) 원저작물 저작자의 2차적 저작물 작성권(법 22조)이 2차적 저작물에 미친다. 따라서 2차적 저작물의 이용에 대해서는 원저작자의 허락이 필요하다.

(3) 공표의 유무에 의한 분류

공표의 유무에 따라 공표저작물과 미공표저작물로 구분된다. 공표란 저작물을 공연·공중송신 또는 전시 그 밖의 방법으로 공중에게 공개하는 경우와 저작물을 발행하는 경우를 말한다(법 2조 25호).

◈ 구별의 실익

공표권은 미공표저작물에 대해서만 문제가 된다(법 11조). 공표저작물은 일정한 조건 아래서 학교교육목적에의 이용, 인용, 영리를 목적으로 하지 아니하는 공연·방송, 사적사용, 도서관 등에서의 복제, 시험문제로서의 복제, 점자에 의한 복제(법 25조, 28조~33조)가 허용된다. 또 법정허락(법 50조~51조)도 공표된 저작물에 대해서만 적용된다. 또 공표의 시점이 보호기간의 기산점(법 39조~43조)으로 된다.

[판례] 「토플시험문제」 사건(서울민사지법 1993.10.25.선고 92가합35610 판결)

공표란 저작물을 공연·방송 또는 전시 그 밖의 방법으로 일반공중에게 공개하는 경우와 저작물을 발행하는 경우를 말하는바, 시험문제를 일반공중에게 공개하거나 발행하지 않고, 다만 문제유출을 허용함이 없이 제한된 범위에서 응시생들이 시험을 치르게 하는 행위만으로는 이를 저작물의 공표라 볼 수 없다.

(4) 저작자의 수에 의한 분류

1) 단독저작물 저작자가 1인인 저작물.

2) 공동저작물 저작자가 복수인 단일저작물.

◈ 구별의 실익

공동저작물의 보호기간의 기산점은 공동저작자 중 맨 마지막 사망한 자의 사망시부터 계산되며(법 39조 2항), 그 권리행사에는 원칙적으로 전원의 합의가 필요하다(법 15조, 48조).

(5) 저작물의 결합방법에 의한 분류

저작물의 결합방법에 따라 결합저작물과 공동저작물로 구분된다. 공동저작물이란 2인 이상이 공동으로 창작한 저작물로서 각자의 이바지한 부분을 분리하여 이용할 수 없는 것을 말하며, 각자의 이바지한 부분을 분리하여 이용할 수 있는 것은 결합저작물이다.

◈ 구별의 실익

ⅰ) 공동저작물의 저작권 행사는 공동저작자 전원의 합의에 의하여야 하며(법 15조, 48조 참조), ⅱ) 다른 저작재산권자의 동의가 없으면 그 지분을 양도하거나 질권의 목적으로 할 수 없다(법 48조 참조). ⅲ) 공동저작물에 관한 보호기간은 공동저작자 중 최후사망자 사망 후 50년간 존속한다(법 39조 2항 참조).

이러한 것은 전술한 공동저작물의 특성에 기한 취급이며 각 저작물이 분리하여 이용할 수 있는 결합저작물에는 해당되지 아니한다. 결합저작물에 대해서는, ⅰ)

각 저작자가 자기의 저작부분에 관해서 단독으로 저작권 행사를 할 수 있으며, ii) 결합저작물 내의 자기 저작부분에 관한 저작권의 양도, 질권설정은 각자 단독으로 할 수 있다. iii) 결합저작물의 각 저작부분은 각각의 저작자 사후 50년이 경과하면 보호기간이 종료한다.

[판례 1] 뮤지컬이 공동저작물인지 여부(대법원 2005.10.4.고지 2004마639 결정)

뮤지컬은 음악과 춤이 극의 구성·전개에 긴밀하게 짜 맞추어진 연극으로서, 각본, 악곡, 가사, 안무, 무대미술 등이 결합된 종합예술의 분야에 속하고 복수의 저작자에 의하여 외관상 하나의 저작물이 작성된 경우이기는 하나, 그 창작에 관여한 복수의 저작자들 각자의 이바지한 부분이 분리되어 이용될 수도 있다는 점에서, 공동저작물이 아닌 단독 저작물의 결합에 불과한 이른바 '결합저작물'이라고 봄이 상당하다.

* 同旨: 뮤지컬 '사랑은 비를 타고' 사건(제1심: 서울중앙지법 2006.4.26선고, 2005가합485 판결; 항소심: 서울고법 2007.5.22.선고 2006나47785 판결)[41]

[판례 2] 만화가 공동저작물인지 여부(서울북부지법 2008.12.30.선고 2007가합5940 판결)

사실관계: 甲은 乙의 의뢰를 받아 만화 스토리를 작성하였다.

甲은 스토리를 작성함에 있어 乙의 어떠한 지시나 지원도 받음이 없이 만화의 제목, 주제, 줄거리, 시간적·장소적 배경 등을 기획, 구상하고, 등장인물의 캐릭터를 설정한 후, 말풍선의 위치 등을 배치하는 등의 방법으로 만화스토리를 작성하여 乙에게 제공하였다.

乙은 甲으로부터 제공받은 위와 같은 만화스토리에 대하여 일정한 대가를 지급하였고, 甲의 만화스토리에 기초하여 다양한 세부적 그림을 그리고, 말풍선의 지문, 대화 등을 통하여 전개과정이나 주제, 내용 등이 표현될 수 있도록 함으로써 만화를 완성하였다.

법원의 판단: 만화스토리작가가 창작하여 제공한 스토리 등과 이에 기초한 만화가의 그림 등이 결합하여 완성된 만화는 만화스토리작가와 만화가의 공동저작물이다.

(6) 계속성 유무에 의한 분류

1) 1회적 저작물　단행본 또는 그림, 조각, 건축 등 미술적 저작물과 같이 1회의 발행 또는 공표로서 종료하는 것.

2) 계속적 저작물　계속적으로 발행 또는 공표되는 저작물. 계속적 저

41) 저작권위원회, 「한국저작권 판례집[11]」, 2007, 324면 이하.

작물은 축차간행물(책 · 호 또는 회 등으로 공표하는 저작물)과 순차저작물(일부분씩 순차적으로 공표하여 완성하는 저작물)로 구분된다.

◈ 구별의 실익

계속적 저작물의 경우에는 보호기간의 기산점으로 되는 공표시를 명백히 정할 필요가 있는 데서 인정되는 구별이며, 축차간행물(책 · 호 또는 회 등으로 공표하는 저작물)의 경우는 매책 · 매호 또는 매회의 공표시를 공표시기로 보며, 순차저작물(일부분씩 순차적으로 공표하여 완성하는 저작물)의 경우에는 최종부분의 공표시를 공표시기로 본다(법 43조 참조).

◈ 미국 기술평가국(OTA)에 의한 분류

미국 기술평가국은 저작물을 예술저작물(works of art), 사실저작물(works of fact), 기능저작물(works of function)로 분류한다. 예컨대 시나 소설 · 음악 · 무용은 예술저작물, 달력이나 전화번호부는 사실저작물, 컴퓨터 프로그램이나 반도체 칩은 기능저작물이다. 같은 사진이라도 기록사진은 사실저작물, 예술사진은 예술저작물과 사실저작물의 복합저작물이며, 건축저작물은 예술저작물과 기능저작물의 복합저작물이다.

제 2 절 여러 가지 저작물

〈관련조문: 저작권법 제4조, 제5조, 제6조, 제7조〉

- 저 작 물
  - 제4조: 저작물의 예시 등
  - 제5조: 2차적 저작물
  - 제6조: 편집저작물
  - 제7조: 보호받지 못하는 저작물

Ⅰ. 서 언

저작물이란 전술한 바와 같이 '인간의 사상 또는 감정을 표현한 창작물'을 말하나 실제문제로 되면 이러한 정의규정만으로는 어떠한 것이 저작권법상 보호를 받는 저작물인가 그 판정기준이 아주 어렵다. 여기에서 정의규정과 별도로 저작권법은 제4조 제1항을 설정하여 보호를 받는 주된 저작물을 표현형식별로 분류하여 열거하고 있다(예시적 열거주의). 따라서 여기에 열거되지 아니한 것도 얼마든지 저작물이 될 수 있다.[42)]

저작권법이 예시하는 저작물의 제 유형은 아래와 같다.[43)]

Ⅱ. 저작물의 예시

1. 어문저작물

소설・시・논문・강연・연설・각본 등 언어나 문자에 의해 표현된 저작물이다. 그러나 단순한 표어, 슬로건(slogan), 캐치프레이즈(catch-phrase), 제호 등에 대해서는 일반적으로 저작물성이 인정되기 힘들다.

◇ 표어와 저작권[44)]

사실관계: 甲은 「ボク安心 ママの膝(ひざ)より チャイルドシート」[45)]라고 하는 슬로건을 창작해 전국교통안전표어 모집에 응모하여 우수작으로 당선되어 전국적으로 구독되는 신문에 게재되었다. 손해보험에 관한 조사 등을 하는 社團法人 乙 등은 선전을 위하여 표어 「ママの胸より チャイルドシート」[46)]를 작성해 방송을 하였다.

---

42) "그러므로 이 예시가 모두를 커버하고 있는 것은 아니고, 예시에서는 읽을 수 없는 것이라도 저작물일 수 있는 것이 있다. 하나의 예로서는 예컨대 바둑이나 장기의 기보라고 하는 것이 있다. 기보도 나의 理解에서는 대국자의 공동저작물이라고 해석되지만 본조 각호의 어느 장르에도 속하지 않는다. 혹은 …"(加戶守行, 「著作權法逐條講義」, 3판, 114면).

43) 지난 24년간(1988-2011.5)의 조정신청 통계를 보면 총 1,352건 중 건수가 가장 많은 것은 어문저작물(371건), 다음은 컴퓨터프로그램저작물(258건), 미술저작물(222건), 사진저작물(184건), 음악저작물(142건) 순이다. 의외로 미술저작물 등의 분쟁조정신청건수가 많음을 알 수 있다.

44) 일본 동경지판 2001년 5월 30일[평13(ワ)2176], 동경고판 2001년 10월 30일[평13(ネ)3427].

45) 「나 안심 엄마의 무릎보다 유아용 시트」 정도의 의미.

그러자 갑이 을을 상대로 저작권침해를 이유로 손해배상을 청구하였다.

판결요지: 1심인 동경지방법원은 갑이 제작한 표어의 저작물성을 긍정했으나 을의 표어와 실질적으로 동일한 것은 아니라고 하여 갑의 청구를 기각하였다.

항소심인 동경고등법원은 갑 슬로건의 저작물성을 인정하면서도 그 보호범위를 극히 좁게 보았다. 즉 i) 표현일반에 대해서, 극히 짧다든지, 흔하고 평범한 것이든지 해서 저작권법상 보호할 가치가 있는 창작적 표현이라고 볼 수 없는 것은 원래 저작물로서 보호될 수 없는 것인 것, ii) 교통표어는 그 작성에 있어서 그 길이나 내용에 있어서 내재적으로 큰 제약이 있으며, iii) 교통표어는 원래 널리 알릴 필요가 있는 것을 고려하여 갑 슬로건이나 을 슬로건 같은 교통표어의 저작물성의 유무 혹은 그 동일성 내지 유사성의 범위를 판단하여야 한다.

그럴진대 갑 표어의 창작성은 [ボク安心]이라는 표현 부분과 [ママの膝(ひざ)よりチャイルドシート]라는 표현 부분을 조합시켜 전체적으로 정리된 5・7・5調 의 표현을 만든 점에 있으며, 그 이외에는 창작성을 인정할 수 없다. 이에 대해 을 표어는 [ボク安心]에 대응하는 표현은 없고, 단순히 「ママの胸より チャイルドシート」라고 되어 있어 갑 표어의 창작성의 범위 내라고 할 수는 없다.

◇ 서적의 제호·제명에 관한 취급[47]

(1) 저작권법

저작물의 제호는 저작물의 일부가 아니고 그 저작물의 내용을 나타내는 것이다. 제호를 저작권법으로 보호할 것인지 여부에 대해서는 입법례가 나누어진다.

1) 일본, 독일, 미국, 영국 제호의 저작물성을 인정하지 않는다.

2) 프랑스, 이탈리아, 오스트리아, 스위스 제호를 저작권으로 보호한다. 프랑스에서는 독창성이 있는 제호를 저작물로서 보호하고 보호기간이 종료한 후에도 혼동의 우려가 있는 동종류의 다른 저작물에 사용하는 것을 금지한다.[48]

우리나라 판례는 종래부터 제호를 저작물로 인정하지 아니한다.[49]

---

46) 「엄마의 가슴보다 유아용 시트」 정도의 의미.

47) 이에 대해 보다 자세한 것은 이상정, "제호의 보호에 관한 판례・실무의 경향과 그 비판," 「계간 저작권」 제38호(1997 여름호), 58면 이하 참조.

48) 프랑스 저작권법 제112조의4 제1항 및 제2항.

49) 예컨대 아래 판결 외에도 「품바」 사건(서울고법 1989.4.11.자 89라28 결정), 「애마부인」 사건(서울고법 1991.9.5.고지 91라79 결정); 「자유인」 사건(서울지법 서부지원 1990. 9. 21.고지 90카6150 결정); 「운전면허학과시험문제집」 사건(대법원 1996.8.23.선고 96다273 판결) 등이 있다. 최근 가요의 제호에 대해서도 저작물성을 부인한 판결이 있었다. 서울중앙지법 2012.7.23.자 2012카합996 결정이다. "신청인은 대중가요 '내가 제일 잘 나가'의 작사자 겸 작곡자인데, 피신청인 삼양라면이 '나가사끼 짬뽕'이라는 명칭의 라면을 인터넷 포털사이트 등에서 '내가 제일 잘나가사끼 짬뽕'이라는 문구를 사용하여 광고를 하자, 신청인은 가요의 제호에 저작물성이 있음을 전제로 이 광고가 저작권침해에 해당한

[판례 1] 「또복이」 사건(대법원 1977.7.12.선고 77다90 판결)

만화제명 「또복이」는 사상 또는 감정의 표현이라고 볼 수 없어 저작물로서 보호받을 수 없다. 따라서 빵에 「또복이」라는 만화제명을 사용한 것은 저작권 침해가 아니다.

[판례 2] '세이테마' 사건(서울중앙지법 2006.7.21.선고 2004가합76058 판결)

피고가 자신의 웹사이트에 원고들이 작성한 뉴스기사의 제목과 3줄 가량의 일부 내용을 게재하였다고 하더라도 원고들이 작성한 뉴스기사 중 일부분에 해당하는 위 게재 부분이 이를 작성한 자의 사상 또는 감정을 창작적으로 표현한 어문저작물이라고 인정하기에 부족하다.

♣ coffee break

제호가 저작권법에 의해 보호받지 못한다는 것은 우리 저작권법상 대체로 확립된 법리이나 아마도 다음과 같은 제호라면 저작권법의 보호를 받을 수 있을 것이다. 이것은 갈릴레오의 「별세계의 보고」의 정식제목이다.[50]

* 파도바(Padova) 공립 수학원의 철학자 겸 천문학자, 피렌체의 귀족 갈릴레오 갈릴레이에 의해 중요한, 참으로 놀라운 광경을 펼쳐, 만인의 이목을 모은, 진실을 말하는 별세계의 보고, 그 가운데는 최근 저자에 의해서 고안된 망원경에 의해, 달의 표면·무수한 항성·하늘의 강·성운 및 특히 여러 가지의 간격과 주기를 가지고, 놀라운 회전속도에 의해서, 목성의 둘레를 도는 4개의 혹성—이제까지 아무도 알지 못했고, 최근 저자에 의해서 최초로 발견되어, 메디치(Medici)의 별이라는 이름이 붙여졌다—이 관측되었다.

(2) 상 표 법

제호가 저작권법으로 보호받지 못하므로 이를 상표로 등록하여 보호받으려는 사례가 많다. 과연 제호는 상표등록의 적격이 있는 것인가? 이것은 결국 제호에 출처표시기능이 있는가 하는 문제로 직결된다.

1) 우리나라 특허청은 단행본 서적의 제호가 직접 서적의 내용을 나타내는 경우에는 품질을 나타내는 것에 해당되나(예, 산업재산권법, 민법총칙 등), 그렇지 않은 경우에는 품질표시가 아닌 것으로 보아[예컨대 「土地」, 「氷點」과 같은 소설류의 제목, 삼화영한사전, 홍길동, 생활단어 등: 심사기준 6(11)], 상표등록을 인정하고 있다. 그러나 일본의 학설은 단행본의 경우 서적의 내용을 표시하는 것이며, 출처표

다는 이유로 광고금지가처분 신청을 제기한 사안이다."[남형두, "저작물성, 그 확대와 균형의 역사," 「계간 저작권」(제100호, 2012 겨울호), 한국저작권위원회, 2012.12, 53면 주 30)에서 재인용].

50) 名和小太郞 著/禹仁夏 譯, 학술정보와 지적소유권, 한국과학기술정보원, 15면.

시기능이 없다고 본다.[51] 일본의 하급심판결에 의하면 단행본의 제호는 통상 책의 내용을 표시하는 것에 지나지 아니하며, 지정상품인 서적에 관한 자타상품 식별표지로서의 사용이 아니므로 동일·유사제호를 붙였다 해도 상표권의 침해를 구성하지 아니한다고 한다.

우리나라에서도 동일한 서적에 대해 상표권으로 출판금지를 구하려는 사건에서 "상표법 제51조의 규정에 의하면, 상표권은 등록이 되어 있다 하더라도 품질을 나타내는 보통명칭으로 사용하거나 관용상표인 경우에는 상표권의 효력이 미치지 아니하는바, 서적의 제호를 상표로 등록하고 이 문자를 동일한 서적의 제호로 사용하는 경우에 그것(제호)은 그 해당 저작물의 창작물로서의 명칭 내지는 그 내용을 나타내는 것으로 저작권법에 저촉되지 않는 한 누구나 사용할 수 있어야 할 것이므로 상표법 제51조의 품질을 나타내는 보통명칭 또는 관용상표와 같은 성격을 가진다 할 것이어서 결국 상표권의 효력이 미치지 아니하는 경우에 해당한다"고 판시한 바 있다.[52]

제51조 (상표권의 효력이 미치지 아니하는 범위) ① 상표권(지리적 표시 단체표장권을 제외한다)은 다음 각호의 1에 해당하는 경우에는 그 효력이 미치지 아니한다. 1. …… 2. 등록상표의 지정상품과 동일 또는 유사한 상품의 보통명칭·산지·품질·원재료·효능·용도·수량·형상(포장의 형상을 포함한다)·가격 또는 생산방법·가공방법·사용방법 및 시기를 보통으로 사용하는 방법으로 표시하는 상표 3. ……

[판례 1] 「영절하」 사건(1) (대법원 2004.7.9.선고 2002다56024 판결)

사실관계: 신청인은 1999. 5. 26. 피신청인과 사이에 신청인이 저술한 영어학습법에 관하여 기간을 3년으로 하여 위 저작물의 독점적인 출판권을 설정하기로 하는 계약을 체결하였고, 이 출판계약에 따라 같은 해 7. 19. '영어공부 절대로 하지 마라'(이하 '영절하'라 한다)라는 제호의 원심판결 별지 목록 제1 기재 서적이 출판된 사실, 신청인이 저술한 '영절하'는 제호가 반어적인 것으로 특이할 뿐만 아니라 그 내용면에서도 영어학습방법을 기존의 문자학습에서 이와는 전혀 다른 소리학습으로 전환한다는 독창적인 발상을 제시하고 있어, 출판되자마자 독자들의 큰 인기를 끌어 현재까지 100만 부 이상이 판매되었으며, 그에 따라

---

51) 서적의 제호는 그 서적의 출처를 표시하는 것이 아니고, 또 그 서적의 장정이나 지질 등과도 관계없이 오로지 서적의 내용과 관련이 있을 뿐이다(中山信弘).

52) 서울민사지법 1994.4.8. 93카합12206 결정. 또 이 판결에 대한 상고심 판결인 대법원 1995.9.26.선고 95다3381 판결 참조.

'영절하'의 내용과 그 저자인 신청인이 신문과 방송 등을 통하여 널리 알려지게 된 사실, 그 후 피신청인은 '영절하'를 신청인과의 협의나 신청인의 양해 없이 위 목록 제5 내지 12 기재 각 서적(이하 '이 사건 서적'이라 한다)의 제호의 일부로 사용하여 이를 제작·판매하고 있는 사실, 신청인은 2001.10.6. '영어공부 절대로 하지 마라!'에 관하여 상표를 사용할 상품 및 구분을 '제16류 정기간행물 등 10건'으로 하여 상표등록을 출원하였고, 2003.11 7. 상표등록(등록번호 564818호)이 된 사실을 인정한 다음, 신청인의 주장, 즉 피신청인이 신청인과의 협의나 신청인의 양해 없이 이 사건 서적의 제호로 '영절하'를 사용하여 제작·판매하는 행위는 상표법 제66조 제1호에 규정된 '타인의 등록상표와 동일한 상표를 그 지정상품과 유사한 상품에 사용한 행위'에 해당하므로 상표법 제65조에 의하여 피신청인의 행위를 금지하여야 한다고 주장하였다.

법원의 판단: 원심(서울고법 2002.9.4.선고 2002나3596 판결)은 이 사건 제호는 신청인이 저술한 대표적인 서적의 명칭으로 신청인의 영업의 표지로서 국내에 널리 인식되었다고 할 것이고, 따라서 신청인의 양해 없이 「영어공부 절대로 하지 마라」를 원심 판결문 별지 목록 제5 내지 12 기재 각 서적의 제호의 일부로 사용하여 이를 제작·판매하고 있는 행위는 소비자들로 하여금 위 목록 제5 내지 12 기재 서적이 신청인이 저술한 것이라거나 신청인과 영업상, 계약상, 조직상, 기타 어떠한 관련이 있는 것으로 오인·혼동을 하게 하는 것이므로, 피신청인의 이와 같은 행위는 부정경쟁방지법에 정한 영업주체혼동행위에 해당한다는 취지로 판단하였다. 그러나 대법원은 '영절하'라는 제호가 원심 판시와 같은 서적의 판매부수 및 신문, 방송의 보도 등에 의하여 신청인이 창작한 저작물 또는 피신청인이 출판한 서적을 나타내는 것으로 널리 알려지고, 그에 따라 신청인도 '영절하'라는 서적의 저자 또는 그 서적에 담긴 영어학습방법의 창안자로 널리 알려졌다고 볼 수 있기는 하지만, 신청인의 영업인 영어학습방법에 관한 저술업에 관하여는, 저술활동에 의하여 창작된 저작물을 수록한 서적의 겉표지 등에 저자로 표기된 명칭(실명 또는 필명이나 약칭 등을 기재하는 경우가 대부분이다)이 일반적으로 그 저술업의 활동주체를 나타내는 것이고, '제호'는 원래 서적에 담긴 저작물의 창작물로서의 명칭 내지 그 내용을 직접 또는 함축적으로 나타내는 것인 점에 비추어 볼 때, 신청인이 '영절하'의 저자 정찬용으로 널리 인식되었다고 하더라도 '영절하'는 여전히 신청인이 창작한 저작물 또는 그 저작물을 담고 있는 서적이라는 상품 그 자체를 가리키는 것일 뿐, 신청인의 저술업이라는 영업의 표지로 되었다고 볼 수는 없고 달리 신청인이 '영절하'를 저술업이라는 영업의 표지로 독립하여 사용하여 왔음을 인정할 만한 증거도 없다고 판단하였다.(파기환송)

[판례 2] 「영절하」 사건(2)(대법원 2005.8.25.선고 2005다22770 판결)

앞의 [판례 1]의 환송취지에 따라 2005년 3월 22일 원고 패소판결을 내리자 원고는 다시 상고하였다. 상고심은 다음과 같이 판시하였다.

"서적류의 제호는 특별한 사정이 없는 한 해당 저작물의 창작물로서의 명칭 내지는 그 내용을 함축적으로 나타내는 것이며 그러한 창작물을 출판하고 제조·판매하고자 하는 자는 저작권법에 저촉되지 않는 한은 누구든지 사용할 수 있는 것으로서 품질을 나타내는 보통명칭 또는 관용상표와 같은 성격을 가지는 것이므로 제호로서의 사용에 대하여는 상표법 제51조의 규정에 의하여 상표권의 효력이 미치지 않는 것이 원칙이기는 하나, 타인의 등록상표를 정기간행물이나 시리즈물의 제호로 사용하는 등 특별한 경우에는 사용 태양, 사용자의 의도, 사용 경위 등 구체적인 사정에 따라 실제 거래계에서 제호의 사용이 서적의 출처를 표시하는 식별표지로서 인식될 수도 있으므로, 그러한 경우에까지 상표권의 효력이 미치지 않는 것으로 볼 수는 없다."(파기환송)

[판례 3] 「영절하」 사건(3)(대법원 2006.11.23.선고 2006다29983 판결)

환송받은 서울고등법원은 2006년 5월 3일 항소를 기각하였다. 이에 피신청인측이 다시 상고하였고(2006.5.22.), 상고심은 다시 파기환송하였다. 그 이유는 다음과 같다.

"표장을 '영어공부 절대로 하지 마라!'로 하고 그 지정상품을 '정기간행물, 학습지, 서적, 연감' 등으로 하는 이 사건 등록상표(등록번호 제564818호)는, 이 사건 등록상표의 출원일 이전에 피신청인이 시리즈물로 출판한 '서적'에 사용되어 일반 수요자에게 널리 알려짐으로써 그 상표성과 주지성이 인정되는 선사용상표와 그 표장이 같고, '서적'이라는 상품에 사용된 상표가 가지는 출처표시기능은 저자가 아니라 출판업자를 위한 것이라고 보아야 하므로, 이 사건 등록상표의 지정상품 중 이 사건 가처분신청과 관련된 '정기간행물, 학습지, 서적, 연감'은 피신청인의 선사용상표의 사용상품인 '서적'과 같거나 유사하여 상표법 제7조 제1항 제9호에 의하여 등록무효로 될 개연성이 높다고 보인다. 따라서 이 사건 가처분신청은 보전의 필요성이 없다"고 할 것이다.

* 서울고등법원으로 환송되자 신청인은 2007년 1월 23일 소를 취하하였다. 이 사건의 전체 경과는 다음과 같다.[53]

---

53) 서적의 제호와 상표법 등과 관련해서는, 김병일, "독일법상 저작물 제호의 보호," 「창작과 권리」(제9호), 세창출판사, 1997.12, 85면 이하; 조영호, "서적의 제호가 저자의 저술업이라는 영업표지가 될 수 있는지 여부," 「정보법 판례백선(1)」, 박영사, 2006, 323면 이하; 박정희, "서적이라는 상품에 사용된 상표가 가지는 출처표시기능," 「대법원판례해설」(제65호) (2006 하반기), 법원도서관, 2007.7, 490면 이하; 최성준, "서적류의 제호와 저작권 및 상표권," 「Law & technology」(제2권 제5호), 서울대학교 기술과법센터,

영절하 사건(1)			영절하 사건(2)		영절하 사건(3)		
지 법	고 법	대 법	고 법	대 법	고 법	대 법	고 법
신청인 승소 (피신청인 항소)	신청인 승소	신청인 패소 (파기환송)	신청인 패소	신청인 승소 (파기환송)	신청인 승소	신청인 패소 (파기환송)	소 취하

한편 위 사건의 피신청인은 신청인을 상대로 상표등록무효심판을 청구했고, 특허심판원은 "선사용상표는 서적의 제호로 사용되었을 뿐 원고의 상표로 사용된 것이 아니고, 설사 상표로 사용되었다고 하더라도 원고의 상표로 수요자에게 인식되어 있다고 볼 수 없으므로 상표법 제7조 제1항 제9, 10, 11호에 해당하지 아니하여 상표등록무효사유가 존재하지 아니한다"는 이유로 원고청구를 기각하는 심결을 하였으나 2006년 5월 특허법원은 「정기간행물, 학습지, 서적, 연감」에 대한 상표등록을 무효화하는 취지의 판결을 한 바 있다.[54]

◈ 시리즈물 제호의 취급

단행본의 제호와 달리 시리즈물의 경우에는 일정한 경우 상표등록이 가능하고 따라서 상표법상의 보호를 받을 수 있다. 등록이 없다고 하더라도 부정경쟁방지법의 보호를 받을 수 있다.

[판례 1] 「재능교육」 사건(대법원 1996.5.13.고지 96마217 결정)

사실관계: 신청인 회사는 1977.8.11. 교육출판문화사업, 도서, 학습지의 제작 및 도소매업 등을 목적으로 설립된 법인으로서, 「재능국어」, 「재능수학」, 「재능영어」, 「재능한자」라는 제호(題號)의 취학 전 아동과 초·중·고등학생용 학습지를 발행, 판매하고 있고, 「재능가족」, 「재능나라」라는 제호의 홍보용 사보를 발행하고 있으며, 위 영업을 하면서 주로 사용하는 상표 또는 그 제호는 원심결정 별지 신청인 등록상표목록 표시의 각 상표(이하 신청인의 상표라고 한다)나 위 상표에 포함된 '재능교육' 등 '재능'이라는 말을 포함하는 고딕문자 그 자체로서, 1988.12.19. 같은 목록 표시 제1상표를 등록하였고, 1993.8.30. 같은 목록 표시 나머지 상표들을 각 등록한 사실, 한편 피신청인은 1989.12.27. 아동교육자료 및 부모교양, 교육 분야의 간행물 제조판매업 등을 목적으로 설립된 법인으로서, 1994.12.경부터 현재까지 원심결정 별지 피신청인 사용제호목록 표시의 「꿈을 키우는 재능교육」이라는 제호(이하 피신청인의 제호라고 한다)를 고딕문자로 표시한 월간지를 발행, 판매하고 있고, 위 월간지 부록으로 「쑥쑥 I.Q(아이큐)학습」이

2006.9. 191면 이하 각 참조.

54) 특허법원 2006. 5. 24.선고 2005허8197 판결.

라는 제호의 학습지를 발행하고 있는데 위 부록의 표지에도 위 '꿈을 키우는 재능교육'이라는 고딕문자를 사용하고 있다.

신청인의 주장: 신청인이 그 동안 '재능교육'이라는 상호와 신청인의 위 상표 및 고딕문자로 된 제호를 사용하고 … 신청인의 영업과 상품을 홍보함으로써 신청인의 상호, 신청인의 위 상표 및 고딕체로 된 '재능교육' 또는 '재능'이라는 문자 자체는 주지, 저명성을 획득하였고, 피신청인이 그가 발행, 판매하는 잡지의 제호의 일부로서 '재능교육'이라는 고딕문자를 사용하는 것은 신청인의 상표와 동일, 유사하여 그 자체로 신청인의 상표에 관한 상표권을 침해하는 행위이다.

원심 판단: 신청인의 상표의 요부 중 하나인 '재능교육'은 '재능을 기르고 높이기 위하여 합리적인 훈련과 올바른 지도를 주지로 하는 교육'을 의미하는 말로서 신청인이 신청인의 상표를 등록하기 이전부터 일반적으로 사용되던 교육 용어인 사실이 인정되므로 이것을 그 지정상품에 표시할 경우 이는 그 상품의 효능, 용도 등을 표시하는 표장에 불과하다 할 것이어서, 상표법 제51조 제2호의 규정에 따라 신청인의 상표에 관한 상표권에 기하여 피신청인에 대하여 그 주장과 같은 내용의 방해의 금지 또는 예방을 구할 수는 없다.

대법원 판단: ① 신청인의 상표가 기술적(記述的) 상표라고 하더라도 사용을 통한 식별력을 취득한 것이면 등록상표로서의 효력이 있고(기술적 상표가 등록이 된 이후에 사용에 의하여 상표법 제6조 제2항에서 규정한 특별현저성을 취득한 경우도 같다), 그렇다면 피신청인의 제호 사용이 '상표적 사용'이 아닌 '보통으로 사용하는 방법으로 표시하는' 것이어야 상표법 제51조 제2호에 의하여 상표권의 효력이 미치지 아니함에도 원심이 피신청인의 위 제호 사용이 '보통으로 사용하는 방법으로 표시하는' 것인지 여부를 살피지 아니한 채 신청인의 등록상표가 기술적 상표라는 사유만으로 상표권의 효력이 피신청인의 제호에 미치지 않는다는 취지로 판단한 것은 위법을 저지른 것이라고 할 것이다.

② 부정경쟁방지법 제2조 제1호 가목 내지는 나목의 '국내에 널리 인식된 상표·상호'라 함은 국내 전역에 걸쳐 모든 사람들에게 주지되어 있음을 요하는 것이 아니고 국내의 일정한 지역적 범위 안에서 거래자 또는 수요자들 사이에 알려진 정도로써 족하다고 할 것이어서(대법원 1995.7.14.선고 94도399 판결 참조), 이러한 점에 비추어 보면 신청인의 상호나 상표는 부정경쟁방지법에서 말하는 '국내에 널리 인식된 상호나 상표'라는 의미의 주지성을 획득하였다고 못 볼 바 아니다.

[판례 2] '진한 커피' 사건(대법원 2007.1.25.선고 2005다67223 판결)

[1] 음반의 제명(題名)은 특별한 사정이 없는 한 그 음반에 수록된 해당 저작물의 창작물로서의 명칭 내지는 그 내용을 함축적으로 나타내는 것이어서 상품의 출처를 표시하는 기능을 하기 어려운 경우가 대부분이나, 음반은 일반 유체물과 마찬가지로 독립된 거래의 대상이 되는 '상품'이므로, 음반의 종류 및 성격, 음반

의 제명이 저작물의 내용 등을 직접적으로 표시하는지 여부 및 실제 사용 태양, 동일 제명이 사용된 후속 시리즈 음반의 출시 여부, 광고 · 판매 실적 및 기간 등 구체적 · 개별적 사정 여하에 따라 음반의 제명이 일반 수요자에게 상품의 출처를 표시하고 자기의 업무에 관계된 상품과 타인의 업무에 관계된 상품을 구별하는 표지로서 인식되는 때에는, 그 음반의 제명은 단순히 창작물의 내용을 표시하는 명칭에 머무르지 않고 자타상품의 식별표지로서 기능한다.

[2] 자타상품의 식별표지로서 기능하는 음반의 제명에 화체된 업무상의 신용이나 고객흡인력 등은 음반의 제작 · 판매자가 투여한 자본과 노력 등에 의하여 획득되는 것이므로, 이러한 무형의 가치는 특별한 사정이 없는 한 음반에 수록된 저작물의 저작자가 아니라 음반의 제작 · 판매자에게 귀속된다.

[3] 상표권자가 당해 상표를 출원 · 등록하게 된 목적과 경위, 상표권을 행사하기에 이른 구체적 · 개별적 사정 등에 비추어, 상대방에 대한 상표권의 행사가 상표사용자의 업무상의 신용유지와 수요자의 이익보호를 목적으로 하는 상표제도의 목적이나 기능을 일탈하여 공정한 경쟁질서와 상거래 질서를 어지럽히고 수요자 사이에 혼동을 초래하거나 상대방에 대한 관계에서 신의성실의 원칙에 위배되는 등 법적으로 보호받을 만한 가치가 없다고 인정되는 경우에는, 그 상표권의 행사는 비록 권리행사의 외형을 갖추었다 하더라도 등록상표에 관한 권리를 남용하는 것으로서 허용될 수 없고, 상표권의 행사를 제한하는 위와 같은 근거에 비추어 볼 때 상표권 행사의 목적이 오직 상대방에게 고통을 주고 손해를 입히려는 데 있을 뿐 이를 행사하는 사람에게는 아무런 이익이 없어야 한다는 주관적 요건을 반드시 필요로 하는 것은 아니다.

[4] 기존의 국내 가요들 중에서 일부를 선곡하여 수록한 진한커피 시리즈 편집음반은 특정 저작자의 창작물이라기보다는 그 음반 제작 · 판매자의 기획 상품이라는 성격이 짙고, 각 편집음반의 전면 상단에 일정한 도형과 색채를 가미하고 영문자를 부기하여 동일한 형태로 계속 사용된 'BLACK COFFEE 진한커피'라는 제명 역시 각 편집음반의 내용 등을 직접적으로 표시하는 것이 아니며, 위 진한커피 시리즈 편집음반의 판매기간 및 판매실적 등에 비추어, 위 "진한커피"라는 제명은 이미 '편집음반' 상품과 관련하여서는 단순히 창작물의 내용을 표시하는 명칭에 머무르지 않고 거래자나 일반 수요자 사이에 특정인의 상품을 표시하는 식별표지로서 인식되기에 이르렀고, 그 "진한커피" 제명에는 음반제작 · 판매자의 신용과 고객흡인력이 화체되어 있다.

[5] 시리즈 편집음반의 'BLACK COFFEE 진한커피'라는 제명이 자타상품의 식별표지로서 기능하고 있음에도 불구하고 위 제명의 선사용자인 음반제작 · 판매자의 동의나 허락 없이 "BLACK COFFEE 진한커피"와 같이 구성된 등록상표를 출원 · 등록한 다음 그 상표권에 기하여 위 음반제작 · 판매자가 '진한커피' 제명을 사용하여 출시한 음반의 제작 · 판매 금지 등을 구하는 것은 신청인이 위 음반제작 · 판매자의 자본과 노력 등에 의하여 획득되어 '진한커피' 제명에 화체된 신용 등에 편승하여 이익을 얻을 목

적으로 위 등록상표를 출원·등록한 것을 기화로 오히려 그 신용 등의 정당한 귀속 주체인 위 음반제작·판매자로부터 그 신용 등을 빼앗아 자신의 독점하에 두려는 행위이므로, 이러한 상표권 행사는 상표제도의 목적이나 기능을 일탈하고 법적으로 보호받을 만한 가치가 없고, 비록 상표권의 행사라는 외형을 갖추었다 하더라도 등록상표에 관한 권리를 남용하는 것으로서 허용될 수 없다.

2) 신문, 잡지, 연보, 연감 등 동일한 제호로 연 1회 이상 계속적으로 발행되는 정기간행물의 제호는 출판사나 편집자의 상품임을 표시하는 기능을 가질 뿐만 아니라 거기에는 편집의 노력 등에 의해 축적된 신용이 화체되고 품질보증기능을 갖는 경우가 많으므로 특별현저성이 있으면 상표로 등록될 수 있다. 다만, 순수한 학습자료 또는 카탈로그 및 팜플렛 등은 정기간행물에 속하지 아니하는 것으로 본다.

[판례 1] 「주간만화」 사건(대법원 1992.11.27.선고 92후384 판결)

가. 기술적 상표가 등록을 받을 수 없다고 한 취지는 자타상품 식별의 기능을 상실하는 경우가 많을 뿐만 아니라 상품의 식별기능이 있다고 하더라도 어느 특정인에게 독점하게 하는 것이 공익상 타당하지 않다고 하는 데 있다.

나. 등록상표 "주간만화"는 지정상품인 잡지가 만화작품을 게재하거나 기타 만화에 관련한 내용을 담는 것임을 인식시키고, 또 잡지가 주간을 단위로 하여 생산, 판매된다는 것을 인식시키는 점에서 지정상품인 잡지의 내용, 품질, 용도나 생산판매시기 등 상품의 성질을 보통으로 사용하는 기술적 상표이므로, 자타상품을 식별하는 기능을 결여하고 또 이러한 상표를 특정인에게 독점하도록 하는 것이 공익상 타당하지 않다고 판단된다.

[판례 2] 「주간만화」 사건(대법원 1992.11.27.선고 92후681 판결)

(가)호 표장은 상품구분 제52류 잡지를 지정상품으로 하여 등록한 이 사건 등록상표인 「주간만화」와 동일 또는 유사하기는 하지만 이 사건 등록상표의 효력은 (가)호 표장에 미치지 아니한다고 할 것이다.

♣ comment

위 판례1은 상표등록무효사건이고 판례2는 권리범위확인심판의 내용이다. 주간만화와 같이 記述的 商標는 사용을 통한 식별력을 취득하기 전에는 상표로 등록될 수 없는 것이고, 따라서 상표등록된 경우에는 심판을 통해 무효로 된다(판례1). 또 그러한 상표는 설사 상표등록무효심판이 확정되기 전이라도 현행 상표법 제51조 제2호에 의해 그 상표권의 효력은 동일 유사한 상표에 미치지 아니한다(판례2).

문제는 기술적 표장이 사용을 통해 식별력을 취득한 경우이다. 이때에는 상표로 등록될 수 있고, 등록된 이상 동일 유사한 표지가 '보통으로 사용하는 방법'에 의한 사용이 아닌 한 (즉 상표적으로 사용되는 한) 그 효력이 그 사용 상표에 미친다(앞의 「재능교육」 판결 참조). 그리고 '재능교육'이나 '진한 커피' 사례에서 보듯 이들은 보통 업무상저작물 내지는 단체명의저작물, 편집저작물로서 저작자=편집자=출판자인 경우가 대부분이다.

(3) 부정경쟁방지법

우리법의 해석으로도 저작물의 제호는 부정경쟁방지법에 의해 보호될 수 있다.[55)][56)] 우리 대법원도 「독신녀」 사건에서 제호의 부정경쟁방지법에 의한 보호를 인정하였다.

사실관계: 신청인은 1979년 2월 1일부터 동양 라디오에서 방송되어 오던 갑 원작의 「혼자 사는 여자」라는 방송극의 영화화권을 매수하고 그 영화기획이 일간지 및 주간지의 연예란을 통하여 보도되었다. 한편 피신청인은 을 원작의 「독신녀」를 「혼자 사는 여자」라는 제호로 바꾸어 영화제작을 하고 이를 상영하였다. 이에 신청인이 영화각본의 제호사용을 금지하는 가처분을 신청하였다.

판결요지: 피신청인의 행위는 이미 같은 제호로 널리 국내에 알려진 갑 원작을 각색한 방송극과 동일한 내용의 것으로 일반인으로 하여금 오인·혼동케 함으로써 위 방송극을 영화로 제작중인 신청인의 영업상의 이익을 침해할 우려가 있음이 분명하다. 그러므로 피신청인이 「독신녀」를 영화화함에 있어 「혼자 사는 여자」라는 제호를 사용하는 행위는 부정경쟁방지법 제2조 제1호에 해당하는 행위라 할 것이다.[57)]

위의 '독신녀' 사건 외에도 '궁S' 사건도 있다. 이것은 인기리에 방영된 드라마 '궁'과 이어 제작된 '궁S' 사이의 분쟁으로 '궁'이라는 드라마 제목을 주지 저명한 영업표지로 보아 부정경쟁방지법을 적용한 사안이다.[58)]

결국 저작물의 제호의 보호는 형식적 보호법인 저작권법이나 상표법의 영

---

55) 정호열, 「부정경쟁방지법론」, 삼지원, 150면; 三山裕三, 「著作權法詳說」, 東京布井出版, 2007, 135면.

56) 독일 (구)부정경쟁방지법 제16조는 저작물의 제호에 관한 규정을 두고 있었다. 이와 관련하여 자세한 것은, 정호열, 「부정경쟁방지법론」, 삼지원, 149면 이하 참조. 개정 독일 표지법은 제5조에서 저작물의 제호에 관해 규정한다.

57) 대법원 1979.11.30.고지 79마364 결정.

58) 서울서부지방법원 2007.1.4. 선고 2006카합2151 결정. 그러나 그 후 MBC의 중재에 따라 공동 제작하는 것을 조건으로 제호사용을 문제 삼지 않기로 합의하였다고 한다(표종록/이영욱, 「모든 이를 위한 엔터테인먼트」, 라이프맵, 2012, 63면).

역이 아니라 구체적인 경우에 소비자의 오인·혼동여부를 가지고 판단하는 부정경쟁방지법 혹은 민법상 불법행위법의 영역이라고 할 것이다. 그 경우 명칭의 주지성과 아울러 저작물의 성질도 아울러 고려되어야 할 것이다.

[판례 1] '비보이를 사랑한 발레리나' 사건(대법원 2011.5.13.선고 2010도7234 판결)
이 사건 무언극은 '비보이를 사랑한 발레리나'라는 제목으로 2005.12.9.경 초연된 이래 계속적인 언론보도와 각종 매체의 광고 등으로 인하여 관객 및 국내외 언론으로부터 그 작품성과 흥행성을 널리 인정받게 되었고, 그 과정에서 공소외 2 주식회사 또한 '비보이를 사랑한 발레리나'의 제작사 내지 공연주체로서 함께 알려지게 되었음을 알 수 있다. 그러나 공연은 상품의 생산 또는 판매 등과 관련이 없을 뿐만 아니라, 달리 공소외 2 주식회사가 상품의 생산 또는 판매업 등을 영위해 왔다고 볼 자료도 없으므로, 이 사건 무언극의 제목이 피고인이 공연을 진행하기 시작한 2007.2.2.경 이미 창작물인 이 사건 무언극의 내용을 표시하는 명칭에 머무르지 않고 거래자 또는 수요자에게 공소외 2 주식회사의 무언극 제작·공연업을 연상시킬 정도로 현저하게 개별화된 정도에 이르러 공소외 2 주식회사의 무언극 제작·공연업이라는 영업의 표지로 되었다고 볼 수 있는지 여부는 별론으로 하고, 이를 공소외 2 주식회사가 취급하는 상품의 표지에 해당한다고 할 수는 없다.

[판례 2] '○○○원으로 ○○○하기' 사건(대법원 2013.4.25. 선고 2012다41410 판결)
서적류의 제호가 서적의 출처를 표시하는 식별표지라고 하려면 정기간행물이나 시리즈물의 제호로 사용하는 등의 특별한 경우에 그 사용 태양, 사용자의 의도, 사용경위 등에 비추어 실제 거래계에서 제호의 사용이 서적의 출처를 표시하는 식별표지로 인식되었다고 볼 수 있는 구체적 사정이 인정되어야 한다(대법원 1995.9.26. 선고 95다3381 판결, 대법원 2005.8.25. 선고 2005다22770 판결 등 참조).
원심이 'OOO원으로 OOO하기'라는 형태의 제호가 원고들에 의하여 장기간 계속적·독점적·배타적으로 사용되었거나, 위 표지·제호 디자인의 차별적 특징이 거래자 또는 수요자에게 특정한 출처의 상품임을 연상시킬 정도로 현저하게 개별화되어 그것들이 주지성을 갖는 원고들의 상품표지에 이르렀다거나, 원고들의 상품표지로서의 주지성을 갖게 되었다고 인정하기 부족하다고 판단한 점은 타당하다.

2. 음악저작물[59)]

음악저작물이란 소리를 통해 인간의 사상과 감정이 표현된 저작물이다. 음악저작물도 창작성이 있어야 저작권법의 보호를 받는다. 음악저작물에 있어서 창작성이란 기본적으로 음악의 3요소인 리듬, 가락(멜로디, 선율), 화성(하모니)에 의해 판단된다.[60)] 음의 표현방식은 악기에 의한 것이든, 육성에 의한 것이든 그 여하를 불문하기 때문에 음악저작물에는 교향곡, 오페라(opera), 오페레타(operetta), 재즈(jazz), 샹송(chanson), 민요(folk song) 등등 여러 가지가 포함된다. 이들 중 오페라나 가요곡 등과 같이 악곡만이 아니고 가사도 수반하는 경우는 음악저작물과 어문저작물의 양쪽에 해당된다. 또 이 음악저작물에 있어서도 음의 표현이 악보 등에 고정되어 있을 필요가 없음은 어문저작물에 있어서와 같다. 따라서 악보를 수반하지 아니한 즉흥연주 등도 음악저작물이다. 그러나 전승되어 내려온 민요 등을 적절한 독창적 채보방식에 의하여 연주할 수 있도록 작성한 것은 음악저작물이 아니다.[61)] 악보는 음악저작물의 고정수단에 불과하고, 곡을 떠나서 그 자체 독립한 저작물로 볼 수 없기 때문이다.

가사와 악곡과의 관계에 대해서는 공동저작물이라는 견해도 있으나 결합저작물이며, 법적 취급을 별개로 하여야 한다. 흥미로운 것은 일본 실무에서 악곡의 가사에 대한 취급이다. 즉 가라오케 소프트에 악곡만이 들어 있는 경우라도 그 악곡의 가사의 작사자에게도 분배금이 지급되고 있다는 것이다. 그 이유는 가사의 존재가 악곡의 이용가치를 높이기 때문이라는 것이다.[62)]

[판례] '사랑해요 LG송' 사건(서울고법 2012.10.18. 선고 2011나103375 판결)

당심 증인 甲의 증언에 변론 전체의 취지를 종합하여 알 수 있는 다음과 같은 사정들 즉, 을 작곡의 '향수'와 돈 모엔(Don Moen) 작곡의 'I offer my life'는 이 사건 음악저작물이 발표된 이후에 발표된 곡인 점, 화성의 구성음만으로도 선율의 변화와 리듬의 배치에 따라 매우 다른 감정의 표현이 가능하므로, 화성

---

59) 박성호, "음악저작권의 생성과 발전," 「企業法·知識財産法의 새로운 地平」(진산 김문환 선생 정년기념논문집 제2권), 법문사, 2011, 691면.

60) 음악저작물의 창작성의 유무는 음악의 제 요소인 선율, 박자, 화음, 형식 등을 두루 고려하여 종합적으로 판단되어야 한다(서울고법 1995.12.5.선고 94나9186 판결).

61) 다만 후술 영국 Hyperion Records Ltd v. Sawkins 판결 참조.

62) 阿部浩二 편, 「음악·영상저작권의 연구」, 學際圖書出版, 1998, 25면.

의 구성음만으로 작성된 음악저작물이라는 사정만으로 보편적, 관용적 표현으로서 독창성을 부여할 수 없다고 단정하기도 어려운 점, '사랑해요 LG송'과 이 사건 대비곡들은 별지 3 대비표 기재와 같이 선율의 흐름, 구성음 박자의 장단, 박자의 분할, 코드의 진행 등이 전체적으로 다른 점, 이 사건 대비곡들만으로는 이 사건 노래 부분이 오랫동안 수많은 음악저작물에 사용되고 일반 대중들에게 노출되어 공유의 영역이 되었다고 인정하기 부족한 점 등의 제반 사정을 종합하여 보면, 이 사건 노래 부분은 비록 그 중 일부가 그 이전에 창작된 음악저작물의 일부와 일치한다 하더라도(별지 3 대비표 제3항 기재 이 사건 노래 부분의 제3, 4마디와 '월남에서 돌아온 김상사'의 제3, 4마디는 첫 두 음이 한 옥타브 차이가 있는 외에는 일치한다), 남의 것을 모방하지 않고 원고 자신의 독자적인 감정의 표현을 담고 있다는 의미에서의 저작권법상 창작성은 인정된다고 보아야 한다.

3. 연극저작물

연극 및 무용·무언극 등이 포함된 연극저작물이란 사상이나 감정을 동작에 의하여 표현한 것이다. 일본 저작권법은 제10조 1항 3호에서 "무용 또는 무언극 저작물"에 대해서만 규정하며, 미국저작권법은 제102조 (a)(3)에서 연극저작물(이에는 연극에 수반되는 음악이 포함된다)을 (a)(4)에서 '무언극 또는 무용저작물'을 규정한다.[63] 이에 반해 영국저작권법 제3조는 "연극저작물"은 무용 또는 무언극의 저작물을 포함한다고 규정한다. 그러고 보면 우리 저작권법은 제3호는 영국저작권법과 유사하다.

연극 중 각본 등은 어문저작물(법 4조 1항 1호)에 속하며, 음악은 음악저작물에, 연기 자체는 실연으로서 저작인접물로서 보호를 받기 때문에 무용·무언극 등을 포함하는 연극저작물에서 문제가 되는 것은 연기의 형으로서 이미 구성되어 있는 안무(choreographic works) 그것이다. 여기에서 안무(choreography)란 무도작품의 연출이 아니라 무도저작물의 창작을 가리키는 것이다. 안무도 무보 등에 고정되어 있을 필요가 없다.[64] 한편 저작권법으로 보호되는 것은 발레 등

63) 미국 판례는 연극저작물에 대해서 스토리와 연출의 결합으로 이루어진 것이며, 관중에 대해서 단지 이야기하는 것이 아니고, 관중이 스토리의 대부분이 실제로 일어난 것으로서 보이거나 들리도록 하는 데 그 특징이 있는 저작물이라고 설명하고 있다(Schwartz, International Copyright Law & Practice; United States, 雄松堂出版, 24-25면).

64) 이에 반해 프랑스, 영국, 미국 등은 고정을 필요로 한다.

의 안무인 것이며, 사교댄스의 스텝이나 피겨스케이팅, 체조의 마루운동 등의 안무와 같이 스스로의 오락을 위하여 혹은 스포츠 경기를 위한 것은 저작물성이 인정될 수 없다고 본다.[65] 논자에 따라서는 경기 목적이라는 것만으로 저작물성을 부정하는 것은 납득할 수 없다는 견해도 있다.[66][67]

> [판례] 이른바 '샤이보이' 사건(서울고등법원 2012.10.24.선고 2011나104668 판결)
> 이 사건 안무에 사용된 각종 동작의 요소를 개별적으로 분석하면 각종 댄스 장르의 전형적인 춤동작 그리고 이미 공개된 여러 춤에서 발견되는 특징들과 유사한 측면이 있지만 이 사건 안무는 '샤이보이'라는 노래의 전체적인 흐름, 분위기, 가사 진행에 맞게 종합적으로 재구성된 것이고, 4인조 여성 그룹 '시크릿' 구성원의 각자 역할(랩, 노래, 춤 등)에 맞게 춤의 방식과 동선을 유기적으로 구성하였으며, 기존에 알려진 다양한 춤동작도 상당한 창조적 변형이 이루어졌고, 각 춤동작들이 곡의 흐름에 맞게 완결되어 있는 점 등을 종합하면 이 사건 안무는 전문 안무가인 원고가 '샤이보이' 노래에 맞게 소녀들에게 적합한 일련의 신체적 동작과 몸짓을 창조적으로 조합·배열한 것으로서 원고의 사상 또는 감정을 표현한 창작물에 해당한다.[68]

---

65) 尾中普子 외, 「著作權法(전정2판)」, 學陽書房, 1996, 41면. 또 서달주, 「저작권법(제2판)」, 196면 이하는 다음과 같이 설명한다: 스포츠나 서커스는 일반적으로 저작물로서의 보호요건이 결여된 수가 많다. 이런 것들은 특정한 정신적 내용 즉 사상, 느낌, 감정 등을 개성적으로 표현하는 것보다는 특정한 육체적 성과, 즉 힘, 묘기, 완벽성을 중시한다. … 다만 빙상무용과 같은 것은 예술적 무용적 표현의 성질이 전면에 나타나고 스포츠적 관점이 뒤로 후퇴하기 때문에 무용저작물로 성립할 가능성이 있다.

66) 齊藤博, 「著作權法(제3판)」, 82면. 또 中山信弘 저/윤선희 편역, 「저작권법」, 66면은 "저작물성을 인정하면 폐해도 크지만, 불합리가 발생하면 권리남용 등의 일반법리에 의해 해결될 것이다"라고 한다.

67) 무용저작물과 관련해서는, 정영미, "무용저작물의 저작권법상 쟁점과 창작 현장의 관습," 「정보법학」(제18권 제1호), 한국정보법학회, 2014.5., 1면 이하; 김근우, "안무(按舞)의 저작물성에 관한 연구," 「지식재산연구」(제9권 제2호), 한국지식재산연구원·한국지식재산학회, 2014.6., 257면 이하) 각 참조.

68) 임광섭, "2012년 10월 저작권 관련 국내 판례," 「저작권 동향」(제2호), 한국저작권위원회, 2013.2.1. 2면에서 재인용. 또 본 판결과 관련해서는, 임광섭 정리, "새로 나온 판례," 「저작권 문화」(224호), 2013.4., 36면 참조.

[참고 판례] 이른바 'Shall we dance' 사건[동경지재 2012(평성24년).2.28. 평성20년(ワ)제9300호][69]: 사교댄스 안무의 저작물성에 대하여

1. 사교댄스는 원칙적으로 기본스텝이나 PV 스텝 등 기존 스텝을 자유로이 조합시켜 춤을 추는 것인 것은 전술한 대로이며, 기본스텝이나 PV 스텝 등, 기존 스텝은 극히 짧은 것이며, 또 사교댄스로서 일반적으로 사용되는 아주 흔한 것이기 때문에 이들에게 저작물성은 인정될 수 없다. 또 기본스텝의 여러 요소에 배열을 가하는 것도 일반적으로 행하여지는 것이며, 전술한 대로 기본스텝이 극히 짧고 흔한 것이라고 할 수 있는 점에 비추어 보면 기본스텝에 배합을 가한다고 해도 배합의 대상으로 된 기본스텝을 인식할 수 있을 정도의 것은, 기본스텝의 범주에 속하는 흔한 것으로서 저작물성은 인정될 수 없다.

사교댄스의 안무에 있어서 기존 스텝에는 없는 새로운 스텝이나 신체의 동작을 집어넣을 수 있다는 것은 전술한 대로이나 이러한 새로운 스텝이나 신체의 동작은 기존 스텝과 조합되어 사교댄스의 안무 전체를 구성하는 일부분으로 되는 짧은 것에 그친다고 말할 수 있을 것이다. 이러한 짧은 신체의 동작 자체에 저작물성을 인정하여 특정인에게 그 독점을 인정하는 것은 본래 자유이어야 할 사람의 신체의 움직임을 과도하게 제약하는 것으로 될지 모르며, 타당하지 않다.

이상에 의하면, 사교댄스의 안무를 구성하는 요소인 개개의 스텝이나 신체의 동작 자체에는 저작물성은 인정될 수 없다고 해야 할 것이다.

2. 전술한 대로, 사교댄스의 안무란 기본스텝이나 PV 스텝 등, 기존의 스텝을 조합시켜, 여기에 적당한 배열을 가하는 등 해서 하나의 흐름이 있는 댄스를 만들어 내는 것이다. 이러한 기존 스텝의 조합을 기본으로 하는 사교댄스의 안무가 저작물에 해당한다고 하기 위해서는 그것이 단순히 기존 스텝의 조합에 그치지 않고 현저한 특징을 가진다고 하는 독창성을 구비하는 것이 필요하다고 보는 것이 상당하다. 왜냐하면 사교댄스는 각각 기존 스텝을 적절히 자유로이 조합시켜 춤추는 것이 전제로 되어 있는 것이며, 경기자만 아니라 일반 애호가에게도 널리 추어지고 있는 것에 비추어 보면, 안무에 대해서 독창성을 완화하여, 조합에 약간이라도 특징이 있으면 저작물성이 인정된다고 하면 근소한 차이를 가진데 불과한 무수한 안무에 대해서 저작권이 성립하여 특정한 자의 독점이 허용되는 것으로 되는 결과, 안무의 자유도가 과도하게 제약되게 될지도 모르기 때문이다. 이것은 기존 스텝의 조합에 덧붙여, 배합을 추가한 스텝이나 기존 스텝에는 없는 새로운 스텝이나 신체의 동작을 조합시킨 경우에 있어서도 마찬가지라고 해야 할 것이다.

69) 본 판결은 pdf 화면으로 55면에 이르는 긴 판결이므로 사교댄스의 저작물성 판단 부분만을 살펴본다. 전문은 'http://www.courts.go.jp/app/files/hanreijp/121/082121_hanrei.pdf' 참조.

4. 미술저작물

미술저작물이란 형상 또는 색채에 의해 미적으로 표현되어 있는 저작물이다. 회화・서예・조각・공예・응용미술저작물 등이 명시되어 있으나 그 외에도 무대장치・만화・삽화 등도 미술저작물에 포함된다.

◈ 미술저작물로 인정된 경우

[판례 1] '군마상' 사건(서울중앙지법 2008.8.28.선고 2007가합97919 판결)

원고가 피고의 요청에 따라 스케치 등을 연속해서 그리거나 제작함에 있어 가장 초보적인 단계의 작품구상을 표현한 것이 원고의 스케치인데, 피고는 원고의 스케치를 미술저작물로 등록하기도 하였다. 이러한 사정에 비추어 보면, 원고가 그 사상 등을 구체적으로 표현한 원고의 스케치 등은 원고의 창작적 개성이 충분히 표현되어 있으므로 미술저작물에 해당한다고 봄이 상당하다.[70)]

[판례 2] '구름 이미지' 사건(서울남부지법 2013.2.21.선고 2012고정1314 판결)

이 사건 구름 이미지는 피해자가 1998.3.1.경 직접 타블렛 도구 등을 이용하여 그린 그림으로서, 2001.3.1. 공표되고 2012.1.26. 한국저작권위원회에 저작권등록을 마친 미술저작물인바, 타인의 구름 사진을 단순히 편집한 것에 불과한 것이 아니라 피해자가 직접 타블렛에 구름 형상을 그리고 색채 및 명암을 가미하여 자신만의 창조적 개성을 표현한 것이라 할 것이므로 저작물이라 보는 것이 옳다.

◈ 미술저작물로 인정되지 아니한 경우

[일본의 예] 카드식 공중전화기의 기록용 자기 테이프에 있어서 자성체에 의하고 형성된 모양(아래 그림 참조)의 미술저작물성을 부인한 일본 하급심 판결[71)]은 "미술에 관하여 엄밀하게 정의하는 것은 곤란하나 '공간이나 물건의 형상・모양 또는 색채의 전부 또는 일부를 창출하거나 또는 이용하는 것에 의해 사람의 시각을 통해서 미적 가치를 표현한 기술 또는 활동'"이라고 정의한다.

---

70) 다만 이 사건에서 원고의 창작성은 인정되었으나 "피고들의 군마상은 기존 저작물인 원고의 스케치 등에 나타난 표현에 의거하여 제작되었다고 단정하기 어렵고, 설령 피고들의 군마상이 기존 저작물에 의거하였다고 하더라도 기존 저작물인 원고의 스케치 등의 수정, 증감, 변경에 창작성이 인정되고, 또한 기존 저작물의 표현형식의 본질적 특징이 상실되어 표현상 본질적 특징을 직접 느껴서 알 수 없으므로 기존 저작물의 복제나 2차적 저작물에 해당하지 아니한다"고 하여 침해는 인정하지 않았다.

71) 일본 東京지방재판소 平成 12년 3월 31일[1999년(ワ) 13048호].

[영국의 예] Merchandising Corporation of America v. Harpbond 사건72)에서 얼굴화장이 미술저작물에 해당하는지가 문제되었다. 항소법원의 Lawton 판사는 미술저작물은 관념의 세계에만 머물러 있어서는 안되며, 구체적 객체의 표면 위에 표현되어야 한다고 본 후 얼굴은 미술저작물을 구현할 수 있는 표면(surface)이 되지 못한다고 보았다.73)

[미국의 예] John Muller & Inc. v. New York Arrows Soccer Team, Inc. 사건74)에서 애로우팀을 위해 디자인한 화살 모양 로고의 저작물성을 부인하였다. 저작권청은 등록을 거부하였으며, 제8항소법원은 이를 지지하였다. 법원은 만약 창작자가 당해 로고를 미술저작물로서 등록받고자 한다면 로고의 도형이나 형태 속에 최소한도의 창작성(creativity)이 있어야 하는바, 본 로고에서는 그러한 창작성을 찾을 수 없다고 보았다.

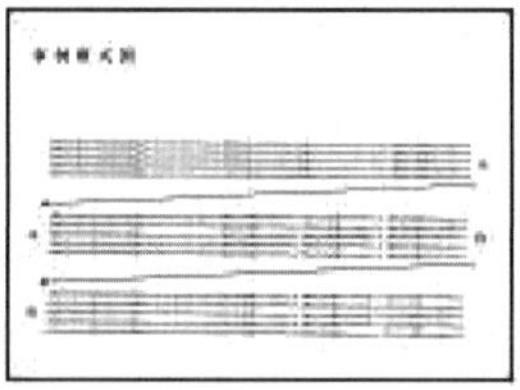
일본의 예

영국의 예

미국의 예

미술저작물의 보호와 관련하여 특히 문제되는 것은 다음의 둘이다.

1) 그 하나는 소위 순수미술의 경우에 추구권의 인정여부이다.75) 아직 우리나라에서는 추구권이 인정되고 있지 않다.

2) 그 둘은 응용미술과 관계된 것이다. 응용미술(applied arts)이란 용어는 산업혁명 이후 수공예제품(크래프트 제품)이나 공업제품과 미술과의 관계를 설명하는 것으로서 순수미술에 대립하는 개념으로서 등장한 것이다. 현재는 널리 실용품에 응용된 미술을 가리키는 말로서 쓰인다.76) 이에는 미술공예품, 장신구 등 실용품 자체인 미적 창작물, 가구의 조각 등 실용품과 결합된 미적 창작물,

---

72) [1983] FSR 32.

73) 학자들은 미술(저작물)이 아니라기보다는 미술저작물로서 저작권법의 보호를 받기에는 그 창작성의 정도가 너무 사소하거나 미미하기 때문이라고 본다[Bently/Sherman, Intellectual property Law(3d), 2009, 98면 참조].

74) 802 F.2d 989 (8th Cir. 1986).

75) 추구권에 대해서는 본장 제6절 Ⅱ. 8.(1) 참조.

76) 베른협약 로마규정에서는 '산업에 응용된 미술적 저작물'이라고 정의하고 있다.

양산되는 실용품의 모형으로 사용되는 것을 목적으로 하는 미적 창작물, 염색 도안 등 실용품의 모양으로 이용되는 것을 목적으로 하는 미적 창작물 등이 이에 속한다. 건축저작물도 용어의 의의에 비추어 본다면 응용미술 저작물에 속하나 일찍부터 별도의 유형으로서 저작권법의 보호를 받고 있다.

WIPO 용어사전에 의하면 응용미술이란 '수공예품이건 공업적 생산품이건' 묻지 않고 '실용품'에 응용된 '미술저작물'이라고 정의한다.[77] 그러므로 응용미술이 되기 위해서는 두 가지 요소가 있어야 한다. 하나는 그러한 저작물이 미적이어야 하며, 다른 하나는 실용품에 응용되어야 한다는 것이다. 그러한 실용품이 공업적 규모로 생산되는 한 응용미술 저작물을 산업디자인으로 볼 수도 있다.[78] 종래 우리나라에는 산업디자인을 보호하는 법으로서 '의장법'('디자인보호법')이 있었다. 그러나 1986년 저작권법부터는 미술공예품 이외에도 응용미술작품을 저작물로 명시함으로써 두 법의 충돌문제를 어떻게 조정할 것인지가 커다란 관심사가 되고 있다.[79]

(1) 1986년법의 문제점 및 판례

1986년법[80]에 의하여 응용미술이 제4조 제1항 제4호에 명시되고 응용미술작품이 전면적으로 보호되기 시작했으나 그 의미나 이를 통한 디자인보호법과의 저촉 등에 대해서는 전혀 의식되지 아니하였다. 적어도 입법과정에서 이에

---

77) WIPO Glossary 1981, p.9.

78) "Generally speaking, an industrial design is the ornamental and aesthetic aspect of a useful article. … The article must be reproducible by industrial means; this is why the design is called industrial."(WIPO, *BACKGROUND READING MATERIAL ON INTELLECTUAL PROPERTY*, p.189).
다만, 산업디자인이란 용어가 장식미술에서 출발은 하고 있으나 오늘날의 산업디자인은 종래의 장식미술적 측면과는 질적인 차이가 있는 것 같다(명승수, 「현대디자인학의 지평」, 69면 참조).

79) [판례] 묵주반지사건(서울중앙지법 2006.2.9.선고 2005노3421 판결): 전문 개정된 저작권법 부칙 제1조는 "이 법은 1987년 7월 1일부터 시행한다"라고 규정하고, 제2조 제1항은 "이 법 시행 전에 종전의 규정에 의하여 저작권의 전부 또는 일부가 소멸하였거나 보호를 받지 못한 저작물에 대하여는 그 부분에 대하여 이 법을 적용하지 아니한다"라고 규정하고 있으므로, 응용미술작품이 1987. 7. 1. 이전에 창작되어 위 구 저작권법에 의하여 보호를 받지 못하였다면, 비록 그것이 '물품에 동일한 형상으로 복제될 수 있는 미술저작물로서 그 이용된 물품과 구분되어 독자성을 인정할 수 있는 것'이라 하더라도, 위와 같이 전문 개정된 저작권법에 의하여도 보호를 받을 수가 없다.

80) 1986년 12월 31일, 법률 제3916호. 시행일은 1987년 7월 1일(부칙 제1조).

대한 논의가 있었다는 기록은 어디에도 없다. 그러나 그 후 저작권법에 대한 해설서 중에는 "새로운 저작권법에 의장법[81]과의 조정을 위한 경과규정이 없어 의장법을 기초로 한 산업계의 상품질서에 커다란 영향을 미치게 된다. … 이러한 점에서 응용미술품의 저작권법상 보호에 대해서는 신중한 검토가 요망된다"는 지적[82]이나, 혹은 " … 중첩적 보호론도 일리는 있다. 다만, 종래 의장법으로 보호하여 오던 것을 저작권법으로 보호하게 되면 신규성이 없는 도안이나 모형이라서 의장등록이 되지 않던 것 또는 의장법상의 보호기간(15년)이 지나서 자유이용이 가능한 것에 대해서도 저작권을 주장할 수 있으므로, 지금까지 의장법을 바탕으로 해서 형성된 산업질서에 큰 혼란을 가져올 염려가 있다"는 지적[83]이 나오고 있다.

한편 1986년법 시행 후 저작권법에 의하여 응용미술의 보호가 문제된 사건이 발생하였다. 직물디자인과 글자꼴의 저작물성이 다투어진 사건이 그것이다. 이들 사건에서 대법원은 모두 저작물성을 부정하는 듯한 판결을 하였다.

1) 직물디자인의 경우 직물디자인이 저작권법의 보호를 받을 수 있는지 여부에 대해서 우리 판례는 이를 부정하였다.[84]

[판례 1] 「대한방직」 사건(형사판결)(대법원 1996.2.23.선고 94도3266 판결)

사실관계: 이 사건은 미국 직물생산공급자협회(TPSA: Textile Producers and Suppliers Association)와 코빙톤(Covington Fabrics Corp.)이 대한방직을 상대로 코빙톤 회사가 저작권을 가지고 있는 Le Desire(사진 참조)와 Le Basket을 무단 사용했다는 이유로 1992년 고발하였고, 검사의 약식기소와 300만원의 벌금형이 선고되었다.[85] 그러나 피고인이 이에 불복 항소하였고, 항소심에서는 무죄가 선고되었다.[86] 본 판결은 대법원 판결이다.

판결요지: 가. 저작권법 제4조 제1항 제4호에 의하면, 저작물의 예시로서 '응용미술작품'을 들고 있으나 저작권법에 의하여 보호되는 저작물이기 위하여는 어디까지나 문학·학술 또는 예술의 범위에 속하는 창작물이어야 하고(같은 법 2

81) 현재의 「디자인보호법」.
82) 황적인·정순희·최현호, 「저작권법」, 법문사, 1988, 195면.
83) 한승헌, 「저작권의 법제와 실무」, 삼민사, 1988, 308면.
84) 아래 판결들에 대한 평석은, 이상정, "직물디자인의 보호," 「계간 저작권」 제34호, 13면 이하 참조.
85) 서울형사지법 1994.5.26.선고 93고단11575 판결.
86) 서울형사지법 1994.11.10.선고 94노2571 판결.

조 1호), 본래 산업상의 대량생산에의 이용을 목적으로 하여 창작되는 응용미술품 등에 대하여 의장법 외에 저작권법에 의한 중첩적 보호가 일반적으로 인정되게 되면 신규성 요건이나 등록요건, 단기의 존속기간 등 의장법의 여러 가지 제한규정의 취지가 몰각되고 기본적으로 의장법에 의한 보호에 익숙한 산업계에 많은 혼란이 우려되는 점 등을 고려하면, 이러한 응용미술작품에 대하여는 원칙적으로 의장법에 의한 보호로써 충분하고 예외적으로 저작권법에 의한 보호가 중첩적으로 주어진다고 보는 것이 의장법 및 저작권법의 입법취지라 할 것이므로 산업상의 대량생산에의 이용을 목적으로 하여 창작되는 모든 응용미술작품이 곧바로 저작권법상의 저작물로 보호된다고 할 수는 없고, 그 중에서도 그 자체가 하나의 독립적인 예술적 특성이나 가치를 가지고 있어 위에서 말하는 예술의 범위에 속하는 창작물에 해당하여야만 저작물로서 보호된다.

나. 피해자 코빙톤 파브릭스 코포레이션이 미국에서 저작권 등록을 마친 염직도안인 '르 데지레(LE DESIRE)'와 '르 바스켓(LE BASKET)'은 직물의 염직에 사용하기 위한 것으로서 응용미술품의 일종이긴 하나 저작권법의 보호대상이 되는 저작물에는 해당하지 않는다는 원심의 판단은 옳고 거기에 소론과 같은 저작물의 개념에 관한 법리오해의 위법 등이 있다고 할 수 없다.

[판례 2] 「대한방직」 사건(민사판결)(서울고법 1996.5.16.선고 95나10473 판결)

사실관계: 사실관계는 위 형사판결과 같으며, 본건은 위 형사판결과 동시에 진행된 민사사건 판결이다. 민사 제1심에서는 원고가 승소하였으나[87] 고등법원판결에서는 위 형사판결의 영향도 있었던지 원고가 패소하였으며, 원고의 상고포기로 확정되었다.

판결요지: 이 사건 직물도안들은 꽃무늬 등을 여러 가지 색채로 표현하고 이를 적당하게 배열하여 만들어진 평면적인 도안이 직물에 인쇄된 것들로서 응용미술

87) 서울민사지법 1995.1.27.선고 93가합48477 판결.

품의 일종에 해당된다고 할 것이나 그 색채나 문양 등에 비추어 볼 때 실용물인 직물과 분리된 도안 그 자체가 하나의 독립적인 예술적 특성이나 가치를 가지고 있다고는 볼 수 없으므로 저작권법의 보호대상이 되는 저작물에는 해당되지 아니한다.

[따름 판례] 전기보온밥통사건(수원지법 2000.5.4.선고 99노4546 판결)

전기보온밥통의 외부측면에 그려져 있는 튜울립, 장미 등의 꽃무늬를 적절히 배열한 문양은 전기보온밥통의 외부 디자인으로서 사용하기 위한 것으로서 실용품에 결합된 응용미술저작물의 일종에 해당한다고 할 것이나 응용미술저작물이 당초부터 상업적인 대량생산에의 이용 또는 실용적인 기능을 주된 목적으로 하여 창작된 경우에는 그 모두가 바로 저작권법의 저작물로 보호될 수는 없고, 그 중에서도 그 자체가 그 실용품의 기능과 물리적으로 혹은 개념적으로 분리되어 식별될 수 있는 독립적인 예술적 특성이나 가치를 가지고 있는 것만이 저작물로 보호된다 할 것인데, 전기보온밥통의 외부측면에 그려진 '꽃무늬문양'은 그 제작경위와 목적, 외관 및 기능상의 특성 등 제반사정에 비추어 볼 때 전기보온밥통의 기능과 물리적으로 혹은 개념적으로 분리되어 식별될 수 있는 예술적 특성을 가지고 있다고 볼 수 없으므로 저작권법의 보호대상이 되는 저작물에 해당하지 아니한다.

☞ 대한방직(형사) 사건이나 전기보온밥통 사건이나 모두 잘못된 판결이라 할 것이다. 양 사건에서 꽃무늬 등은 섬유나 밥통의 실용적 기능과 명백히 분리 가능하며, 도대체 이들 무늬는 실용적 기능과 무관하다. 또 후술 히딩크 넥타이 사건 판결 참조.

☞ 미국법이 "그 물품의 실용적인 면과 별도로 구별될 수 있고"라고 규정한 것과 달리 우리 법이 "그 이용된 물품과 구분되어"로 규정하여 해석에 차이가 있는 것같이 보는 견해도 있으나 미국법이 그렇게 규정한 것은 실용적 측면은 저작권법의 보호대상이 아니고 이러한 실용적 측면과 미적 측면이 혼동(merger)되면 보호하지 않는다는 것을 명시한 것이므로 우리라고 달리 보아야 할 것은 아니다. 그러므로 우리도 법문상은 「물품과 구분」으로 되어 있으나 해석은 동일하게 하여야 할 것이다.

♣ 다만 「물품과 구분」으로 되어 있다 보니 실제로 '물리적 분리가능성'에 기초한 판결만이 나올 가능성이 높으나 이는 오늘날의 디자인의 경향을 포섭하는 데는 미흡하다 할 것이다.

[판례 3] 생활한복 사건(대법원 2000.3.28.선고 2000도79 판결)

응용미술작품이 상업적인 대량생산에의 이용 또는 실용적인 기능을 주된 목적으로 하여 창작된 경우 그 모두가 바로 저작권법상의 저작물로 보호될 수는 없고, 그 중에서도 그 자체가 하나의 독립적인 예술적 특성이나 가치를 가지고 있어 예술의 범위에 속하는 창작물에 해당하는 것만이 저작물로 보호된다 할 것인바, 이 사건 생활한복은 그 제작경위와 목적, 외관 및 기능상의 특성 등 제반 사정에 비추어 볼 때 저작권법의 보호대상이 되는 저작물에 해당하지 않는다.

2) 타이프 페이스의 경우

① 의 의 　타이프 페이스란 다음 각호에서 정한 한 벌(一組)의 디자인을 말한다.[88)]

1. 액센트 기호나 구두점과 같은 부속물을 포함하는 문자 및 그들을 포함하는 문자로서의 알파벳

2. 숫자 및 관용적인 기호나 심벌이나 과학기호 등의 도형적 기호

3. 테두리 장식, 꽃무늬 장식 및 책의 장식모양 등의 장식(ornament)

한 벌의 디자인은 인쇄기술에 의해 문장을 구성하는 수단으로서 의도된 것일 것. 다만, 순수히 기술적인 요구에 의해 형태가 결정되는 것을 제외한다.

위 정의에서 보는 바와 같이 보호대상으로 되는 것은 어디까지나 한 벌의 디자인에 대해서이며 개개의 디자인은 아니다. 현재 많은 한글의 글자꼴이 상용화되고 있고, 디지털화와 더불어 보호의 필요성이 증대되고 있다.[89)]

② 보호법제

ⓐ 저작권법상의 디자인으로 보호 　종래 인쇄용 활자 등의 문자의 서체는 여러 가지 이유로 그 보호의 필요성에도 불구하고 보호받지 못하는 경향이 있었다.[90)] 그리하여 이러한 문제를 해결하고자 1973년 「타이프 페이스(type-face)의 보호 및 그 국제기탁에 관한 빈(Wien) 협정」이 WIPO의 type-face 보호 외교회의에서 채택되었으나 아직 발효되지 못하고 있다.[91)] 조약이 발효되

---

88) 1973년 「타이프 페이스(type-face)의 보호 및 그 국제기탁에 관한 빈(Wien)협정」 제2조.

89) 이상정, "우리나라에서의 글자체의 보호에 관한 소고," 「계간 저작권」(제101호), 한국저작권위원회, 2013.3., 1면 이하 참조.

90) 종래의 법률 중 보호법제로서 생각할 수 있는 것은 의장법과 저작권법이다. 그러나 이들은 나름대로의 문제점을 가지고 있었다. 우선 (구)의장법은 의장, 즉 "물품의 형상, 모양, 색채 또는 이들을 결합한 것으로서 시각을 통하여 미감을 일으키는 것"을 보호하는 법인데, 이러한 의장의 정의에 포함되어 있는 물품은 유체물을 지칭하는 것이어서 유체물이라고 볼 수 없는 인쇄용 문자 자체는 물품성이 없어 의장법으로 보호하는 것은 불가능하였고(금속활자라면 불가능하지도 않으나 글자꼴을 당해 물품의 형상이나 모양이라고 하는 것은 이상하고, 역시 특별조치가 필요하다), 또 저작권법도 전통적으로 글자꼴은 저작물로 인정하지 않고 있었다.

지 아니한 현재 각국의 보호 현황은 각양각색이다.[92]

그러면 우리법하에서 글자꼴은 저작권법으로 보호될 수 없는가. 찬반이 팽팽히 맞서는 가운데[93] 우리 판결은 보호를 거부하였다. 그러나 이 사건이 문제된 당시에는 우리법이 응용미술작품을 일본이나 미국[94]과는 달리 조건 없이 보호하였으므로 글자꼴에 관한 디자인은 이 범위 속에 포함된다고 보아야 할 것이었다. 육필(肉筆)의 서예가 일반적으로 미술의 범위에 들어가는 것에 대해서

---

91) 다만, 이 조약은 프랑스와 독일만이 가입하고 있어 아직 발효되지 못하고 있다. 발효되기 위해서는 5개국 이상이 가입하여야 한다.

한편 조약은 보호의 원칙과 종류로서 특별법에 의하는 방법, 기존의 의장법이나 저작권법을 이용하는 방법을 들면서 이들의 중복보호도 가능하다고 한다(동 조약 3조). 또 보호기간은 적어도 15년 이상이어야 한다(동 조약 9조).

92) 영국: 타이프 페이스 디자인은 미술저작물로서 25년간 보호되나[타이프 페이스에는 인쇄에 사용되는 장식적 모양(ornamental motif)을 포함한다(CDPA 178조)] CDPA 제54조, 제55조의 특별규정(예외)이 있다. 성명표시권(paternity)은 적용되지 아니하나 동일성유지권(integrity)은 적용된다.

일본: 그 동안 일본판례는 인쇄용 사진식자기의 서체의 저작물성을 부정하고 있다. 그러나 최근 타이프 페이스를 부정경쟁방지법의 소정의 상품(구법 1조 1항 1호)으로 보고, 그 복제는 동법 위반이라는 획기적인 판결이 나왔다[제1심에서는 가처분 기각, 제2심(동경고재)에서는 가처분 인정(1993.12.24), 피신청인의 이의신청으로 본건 동경고재 판결이 나왔다].

미국: 미국에서는 전통적으로 타이프 페이스를 (의장)특허법으로 보호하여 왔다. 한편 저작권청의 실무 및 판례는 보호되는 저작물 속에 포함되지 않는다고 본다[Eltra corp. v. Ringer, 579 F.2d 294 (4th. Cir. 1978)].

스위스: 디자인보호법도 저작권법도 타이프 페이스에 관해 직접 언급한 규정은 없으나 이것을 의장으로 기탁함으로써 의장법의 보호를 받을 가능성도 있으며, 보호의 요건을 충족하면 저작권법에 의한 보호도 가능하다. 다만, 저작권법에서 요구하는 독창성의 기준이 독일의 경우와 마찬가지로 상당히 높아 그 가능성은 높지 않다. 한편 1988년 3월 1일부터 시행되고 있는 신연방부정경쟁방지법은 "기술적 복제방법에 의한 타인성과 모용행위"를 부정경쟁행위로 규정하고 있으므로, 타이프 페이스에 관한 컴퓨터 프로그램의 복제 및 이용은 이러한 부정경쟁행위로 될 가능성이 높다.

93) 저작물성에 반대하는 견해에는 이호흥[저작권심의조정위원회 간, 「타이프 페이스의 법적 보호에 관한 연구보고서」(1991), 45면], 박문석["저작권과 글자꼴의 법적 보호(3)," 인쇄신문(1991.11.22), 4면] 등이 있고, 찬성하는 견해에는 장인숙["타이프 페이스의 보호," 「저작권학회보」 제30호(1990.5), 1면 이하], 한승헌("Typefaces의 보호와 저작권," 「한글 글자꼴 기초연구」, 394면), 박성호[「출판저널」 제148호(1994.5), 14면 이하] 등이 있다.

94) 미국 저작권법하에서도 보호가 가능하므로 보호되어야 한다는 견해로는, Nimmer, *NIMMER ON COPYRIGHT*, §2.15 이하 참조.

는 異論이 없으나 타이프 페이스에 대해서는 반대가 강하다. 그러나 서예가 서예가의 미적 감정과 기술에 의한 표현형식이라고 한다면 타이프 페이스도 마찬가지이다.[95] 서예와 타이프 페이스의 상위점은 전자가 주로 감상을 목적으로 하는 데 반하여, 후자는 주로 인쇄에 사용된다고 하는 실용목적을 가지고 있다는 점에 있다. 우리 저작권법이 응용미술 일반을 보호하는 것은 실용목적 유무에 불구하고 미술저작물을 보호하겠다는 취지일 것이다. 그렇다면 당연히 타이프 페이스 디자인은 저작권법으로 보호되어야 했다.[96] 그러나 후술하는 바와 같이 2000년 개정은 분리가능성 기준을 택함으로써 저작권법을 통한 타이프 페이스의 보호는 더욱 무망한 것으로 만들었다.

[판례] 타이프 페이스(글자꼴)의 저작물성(대법원 1996.8.23.선고 94누5632 판결)

사실관계: 안상수 교수 등 4명은 1993년 7월 문화체육부에 각자 개발한 글자꼴의 저작권 등록을 신청했으나 문체부가 "저작권법상 글자꼴은 저작권의 대상에 포함되지 않는다"며 이를 반려하자[97] 1993년 10월 9일, 서울고등법원에 저작권 등록반려처분 취소청구소송을 제기하였고, 패소하자[98] 대법원에 상고하였다.

원고의 주장내용은 "글자꼴은 엄청난 노력이 필요한 미적인 창작품인데도 정부가 이에 대한 저작권을 인정하지 않는 바람에 한글 글자꼴 개발에 차질이 빚어지고 있다"는 것이었다.

판결요지: 이 사건 서체도안들은 우리 민족의 문화유산으로서 누구나 자유롭게 사용하여야 할 문자인 한글 자모의 모양을 기본으로 삼아 인쇄기술에 의해 사상이나 정보 등을 전달한다는 실용적인 기능을 주된 목적으로 하여 만들어진 것임이 분명한바, 위와 같은 인쇄용 서체도안에 대하여는 일부 외국의 입법례에서 특별입법을 통하거나 저작권법에 명문의 규정을 둠으로써 법률상의 보호대상임을 명시하는 한편 보호의 내용에 관하여도 일반 저작물보다는 제한된 권리를 부여하고 있는 경우가 있다.

---

95) 叶 芳和 외, 「先端産業の知的所有權」, 213면.

96) 일본에 있어서 타이프 페이스의 저작물성을 부정하는 견해는, 타이프 페이스가 응용미술, 디자인이기 때문이라는 이유를 든다(中川善之助・阿部浩二, 「著作權」, 1977, 86면). 그렇다면 반대로 응용미술을 저작권법으로 보호하는 우리 법제 하에서는 당연히 타이프 페이스는 저작권법으로 보호되어야 할 것이다.

97) 본건과는 달리 1988년 3월 12일 문화공보부장관은 '구고딕 도안서체 1012자'에 대해 글자꼴 저작등록증(등록번호 제880010호)을 교부한 바 있다(「월간 지적재산」 1994.9, 39면).

98) 서울고법 1994.4.6.선고 93구25075 판결.

그러나 우리 저작권법은 서체도안의 저작물성이나 보호의 내용에 관하여 명시적인 규정을 두고 있지 아니하며, 이 사건 서체도안과 같이 실용적인 기능을 주된 목적으로 하여 창작된 응용미술작품은 거기에 미적인 요소가 가미되어 있다고 하더라도 그 자체가 실용적인 기능과 별도로 하나의 독립적인 예술적 특성이나 가치를 가지고 있어서 예술의 범위에 속하는 창작물에 해당하는 경우에만 저작물로서 보호된다고 해석되는 점(대법원 1996.2.23.선고 94도3266 판결) 등에 비추어 볼 때, 이 사건 서체도안은 신청서 및 제출된 물품 자체에 의한 심사만으로도 저작권법에 의한 보호대상인 저작물에는 해당하지 아니함이 명백하다(일부 다른 설시부분이 있기는 하나 원심의 결론은 정당하다).

ⓑ 저작권법상 컴퓨터프로그램으로 보호 디지털폰트는 컴퓨터프로그램보호를 통해서 간접적으로 보호된다고 말할 수 있다. 지금까지의 판례는 인쇄서체구현 프로그램의 저작물성을 인정하여 복제행위를 (컴퓨터프로그램)저작권침해로 판단하였다.[99] 이것은 프로그램을 보호한다는 명목으로 지금까지 인쇄서체 자체의 저작물성을 부인하는 대법원 판결을 우회하여 간접적으로 서체를 보호하는 결과로 되었다(지금까지 하급심 판결에서 일치된 견해는 윤곽선 글꼴파일은 컴퓨터프로그램이라는 것이다. 이에 반해 비트맵 형식의 글꼴파일은 프로그램에 해당하지 않는다). 그러나 일부 하급심 판결(예컨대 서울고법 1999.4.7.선고 98나23616 판결)에서는 그러한 프로그램은 창작성이 없다는 등의 이유로 프로그램법의 보호를 거부하였다.[100] 설사 글꼴파일에 창작성을 인정한다고 하더라도 글자꼴

---

99) 서울지법 동부지원 1997.11.28.선고 95가합1339 판결(이 판결에 대한 보다 자세한 것은, 졸고, "한글글자꼴의 법적보호방안," 「저작권연구」 창간호, 175면 이하 참조. 이하의 판결들은 모두 컴퓨터프로그램보호법이 존재하던 2009년 이전 판결들이다); 서울고법 1999.7.27.선고 98나1654 판결; 대법원 2001.5.15.선고 98도732 판결; 대법원 2001.6.26.선고 99다50552 판결 등[이 판결에 대한 평석은, 박익환, 「정보법판례백선(1)」, 397면 참조].

100) 컴퓨터프로그램보호회, 「컴퓨터프로그램보호법 축조해설 및 분쟁사례 연구」, 41면도 비슷한 입장을 취하고 있다. 즉, "Font프로그램이라 함은 서체에 관한 좌표값과 글자의 윤곽선을 그려주기 위한 명령으로서 이는 서체도안에 관한 수치화된 정보 그 자체에 불과한 것으로 아이디어/표현 이분법에 따르면 보호될 수 없는 성질의 정보를 주된 내용으로 가지고 있고, Font 프로그램의 제작도 프로그래머의 창작적인 노력에 의해서 제작하는 것이라기보다는 서체도안 원도를 스캐너로 읽어 디지털화한 후 그 서체디지털이미지를 Fonto-Grapher 등의 서체파일 제작프로그램으로 다소의 수정·보완을 한 후에 그래픽 기능을 가진 프로그래밍 언어의 일종인 PostScript 언어 등의 파일형태로 저장·완성하는 기계적인 작업에 의해서 이루어진 것이기 때문에 그 창작성이 인정될 수 있을지 여부는

그 자체의 저작물성은 인정되지 않으므로 특정 글자꼴을 출력하여 그 출력물을 스캐너 등으로 복사하여 글꼴파일을 독자적으로 만드는 것은 아무리 결과가 동일・유사하더라도 (프로그램) 저작권 침해로 되지 않는다(서울지법 1999.8.13.선고 98가합3521 판결 참조).[101] 궁극적으로 글자꼴의 저작물성을 부정하는 대법원 판결은 변경되어야 할 것이나 1999년 저작권법의 개정은 오히려 글자꼴의 저작권 보호를 어렵게 만든 측면도 있다.

[판례 1] 서체파일이 컴퓨터프로그램에 해당한다고 판시한 사례(대법원 2001.6.29.선고 99다23246 판결)

가. 서체파일의 소스코드는 그것이 비록 다른 응용프로그램의 도움 없이는 바로 실행되지 아니한다고 하여도 컴퓨터 내에서 특정한 모양의 서체의 윤곽선을 크기, 장평, 굵기, 기울기 등을 조절하여 반복적이고 편리하게 출력하도록 특정한 결과를 얻기 위하여 프로그래밍 언어의 일종인 포스트스크립트(PostScript) 언어로 제작된 표현물이고, 서체파일 제작 프로그램에서 마우스의 조작으로 서체의 모양을 가감하거나 수정하여 좌표값을 지정하고 이를 이동하거나 연결하여 저장함으로써, 제작자가 특정한 결과를 얻기 위하여 스스로의 알고리즘(algorithm)에 따라 프로그래밍 언어로 직접 코드를 작성하는 보통의 프로그램 제작과정과는 다르다 하여도, 포스트스크립트 언어로 작성되어 사람에게 이해될 수 있고 그 내용도 좌표값과 좌표값을 연결하는 일련의 지시, 명령으로 이루어져 있으므로 컴퓨터프로그램에 해당한다.[102]

극히 의문시된다"고 한다. 최근 서체파일은 단순한 데이터파일일 뿐이지 컴퓨터프로그램으로 볼 수 없다는 강력한 주장도 있다[정진근, "컴퓨터프로그램저작권 관련 규정의 정합성에 대한 인식과 시사점,"「정보법학」(제17권 제2호), 한국정보법학회, 2013.8., 123-125면]. 그 이유는 컴퓨터프로그램은 특정한 결과를 얻기 위한 지시명령인 데 반해, 데이터파일은 특정한 결과를 얻는 데 필요한 자료이기 때문이다. 즉, 지시명령이 특정한 결과를 능동적으로 야기하는 경우에는 컴퓨터프로그램인 반면, 특정한 결과를 얻기 위해 수동적인 데이터로 이용되는 경우에는 데이터 파일로 보아야 할 것이다. 따라서 '특정한 결과를 얻기 위하여'라는 요건을 지시명령의 주체성 또는 객체성이라는 시각에서 판단하면, 예컨대 훈글 프로그램은 컴퓨터프로그램인 데 반해 서체파일은 데이터 파일로서 컴퓨터프로그램이라고 볼 수 없다고 한다. 또 임원선, "글자체의 법적 보호,"『계간 저작권』, 제55호, 저작권심의조정위원회(2001.9) 40-41면; 박준석, "콘텐츠 산업에서의 저작권 —최근 1년간의 관련 판례들을 중심으로—,"『창작과 권리』, 제67호, 세창출판사(2012.6) 123-125면 참조.

101) 동지, 서울동부지법 2013.1.18.선고 2012고정494, 2012고단1923 판결.

102) 이 판결로 서울고법 1999.4.7.선고 98나23616 판결이 파기되었다.

나. 서체파일 제작용 프로그램인 폰토그라퍼(fontographer)에서 윤곽선 추출기능을 통해 자동으로 추출된 윤곽선은 본래의 서체 원도와는 일치하지 않는 불완전한 모습으로 나타나기 때문에 다시 마우스를 사용하여 윤곽선을 수정하여야 하고, 또한 폰토그라퍼에서 하나의 글자를 제작하기 위한 서체 제작용 창의 좌표는 가로축 1,000, 세로축 1,000의 좌표로 세분되어 있어, 동일한 모양의 글자라 하더라도 윤곽선의 각 제어점들의 구체적 좌표값이 위와 같은 수정부분에 있어서도 일치할 가능성은 거의 없다고 보여지므로, 서체파일을 제작하는 과정에서 글자의 윤곽선을 수정하거나 제작하기 위한 제어점들의 좌표값과 그 지시·명령어를 선택하는 것에는 서체파일 제작자의 정신적 노력의 산물인 창의적 개성이 표현되어 있다고 봄이 상당하고, 따라서 윤곽선의 수정 내지 제작작업을 한 부분의 서체파일은 프로그램저작물로서의 창작성이 인정된다.

[판례 2] '100% 우리고기' 사건(서울동부지법 2013.1.18. 선고 2012고정494, 2012고단1923 판결)

사실관계: 피고인은 피해자가 저작권을 보유하고 있는 글씨체를 인터넷에서 발견하고 그 글자 이미지를 캡처하여 일종의 문서 작성 프로그램에 붙여 넣은 후 그 문서 작성 프로그램에서 글자 크기를 확대하여 출력한 다음 이를 스캔하여 그림 파일로 저장하고 그 후 포토샵 프로그램으로 그림 파일을 불러들인 다음 필요한 글자의 외곽선에 점을 찍은 작업(서체 아우트라인 패스 작업)을 거친 다음 그 점들을 이어 선이 생기게 하여 글자를 완성하였고 이 글자를 위 회사에서 생산한 제품의 포장지에 무단으로 사용하였다.

법원의 판단: 피고인이 이 사건 글씨체 프로그램 자체를 다운로드하여 그 프로그램을 이용하여 포장지에 쓰일 문자를 디자인한 것이 아니라 위와 같은 방식으로 디자인한 것으로서 이러한 방식의 디자인은 프로그램을 복제한다거나 개작하는 행위에 해당하지 아니한다.

ⓒ 디자인보호법상의 디자인으로 보호 저작권법에 의한 보호가 사실상 무망하게 되자 2004년 의장법(디자인보호법)을 개정하여 2005년 7월 1일부터는 디자인보호법을 통해 보호하기로 하였다.[103] 특허청통계(물품별 디자인 출원건수)에 의하면 글자꼴은 2005년에는 내국인 10건, 외국인 2건, 2006년에는

103) 보호요건 등 자세한 것은 디자인보호법 참조. 디자인보호법상 효력제한은 다음과 같다. [디자인보호법 제44조 ②] 글자체가 디자인권으로 설정등록된 경우 그 디자인권의 효력은 다음 각호의 1에 해당하는 경우에는 미치지 아니한다.

1. 타자·조판 또는 인쇄 등의 통상적인 과정에서 글자체를 사용하는 경우
2. 제1호의 규정에 따른 글자체의 사용으로 생산된 결과물인 경우

내국인 94건, 외국인 4건이 디자인등록출원 되었다.[104)]

ⓓ 민법의 불법행위 규정에 의한 보호 　새로운 글자꼴을 그대로 모방하여 이용하는 것은 설사 저작권침해는 아니라고 할지라도 적어도 민법상의 불법행위는 성립한다고 본다. 일본에 있어서도 처음에는 타인이 창작한 타이프 페이스의 혹사(酷似)한 모방행위에 대해서 본래 서체의 사유화는 인정될 수 없다는 이유로 불법행위법에 의한 보호를 인정하지 않았으나[105)] 사식기용문자반사건(寫植機用文字盤事件)[106)]에서 불법행위 성립 가능성을 인정하였다. 본건은 사식기용문자서체를 기계적으로 복사한 후 그 일부에 약간의 변경을 가해 자사의 전산사식시스템에 탑재하여 판매한 사건이다. 이 사건에서도 본 서체는 실용성이 강하고 평균적 일반인의 심미감을 만족시킬 정도의 미적 창작성을 가지고 있지 않다는 이유로 저작물성은 부정되었다. 그러나 방론에서 "실용적인 문자서체에 대해서도 … 창의・연구를 하여 새로운 서체를 제작하거나, 개량하는 … 작업은 많은 노력과 시간 그리고 비용을 요하는 것 … 사식업계 등에서는 타인이 제작한 서체의 문자를 사용하는 경우에는 그 제작자 내지 보유자에 대해서 사용에 대한 허락을 구하고 더 나아가서 대가를 지급하는 것도 상당히 널리 행해지고 있는 것 … 을 참작하면 … 저작물성이 인정될 수 없는 서체라고 하더라도 그대로(そつくりそのまま) 무단사용하고 있는 것과 같은 경우에는 이에 대해서 불법행위의 법리를 적용해서 보호할 여지는 있다"고 판시하였다.

(2) 2000년의 법 개정

그 사이의 많은 논란을 거쳐 2000년 개정 저작권법은 응용미술저작물에 대한 정의 규정을 두고 있다(법 2조 11의2호). 1986년법과는 달리 명문의 정의 규정을 두었을 뿐만 아니라, 1986년법의 입법과정과는 달리 많은 논란 끝에 명문화한 것이므로 디자인을 포함한 응용미술 일반을 저작권법으로 보호한다는 것은 이제 명백하다 할 것이다. 그것은 입법적 결단이며, 이에 따라 응용미술저작물이 저작권법으로 보호되어야 할 것이다. 다만 우리 법은 응용미술저작물을 "물품에 동일한 형상으로 복제될 수 있는 미술저작물로서 그 이용된 물품과 구

---

104) 2014년 7월 현재 글자체 디자인 등록건수는 271건이며, 전체의 0.6%를 차지한다.
105) 東京高裁 1982.4.28, 판례시보 1057호, 43면.
106) 大阪地裁 1989.3.8.

분되어 독자성을 인정될 수 있는 것을 말하며, 디자인 등을 포함한다"고 정의함으로써 미국 저작권법의 내용과 유사하다. 따라서 미국에서의 논의와 마찬가지로 분리가능성이란 물리적인 분리 가능성인가, 관념적인 분리 가능성인가를 놓고 의견이 갈릴 소지는 충분히 있다. 그러나 적어도 직물디자인이 저작권법으로 보호되는 것만은 분명하다.

[판례 1] '히딩크 넥타이'사건(대법원 2004.7.22.선고 2003도7572 판결)

일명 '히딩크 넥타이'의 도안이 우리 민족 전래의 태극문양 및 팔괘문양을 상하좌우 연속 반복한 넥타이 도안으로서 응용미술작품의 일종이라면 위 도안은 '물품에 동일한 형상으로 복제될 수 있는 미술저작물'에 해당한다고 할 것이며, 또한 그 이용된 물품과 구분되어 독자성을 인정할 수 있는 것이라면 저작권법 제2조 제11의2호에서 정하는 응용미술저작물에 해당한다.

* 제1심(서울지법 2003.8.14.선고 2003고단3524 판결) 및 항소심(서울지법 2003.11.19.선고 2003노7459 판결)은 저작물성을 부인했으나 대법원은 저작물성을 인정하였다.[107] 한편 본 대법원 판결 이후에 서울중앙지방법원 제8형사부는 벌금형 등을 선고(2005.2.5선고 2004노2581 판결)하였다.[108]

☞ 이 판결과 관련하여 "특히 이 판결의 사안은 판결문에 나타나 있는 것처럼 '우리 민족 전래의 태극문양 및 팔괘문양을 상하 좌우 연속 반복한 넥타이 도안'이라는 것이므로 우리 민족 전래의 태극문양 및 팔괘문양이 창작물이 아님은 분명하고 그것을 '상하 좌우 연속 반복'한다고 하는 것만으로는 아이디어와 표현의 합체이론 등에 비추어 볼 때 '창조적 개성'의 유무에 대한 판단이 간단치는 않아 보이는데, 대법원은 이 점을 간과한 것이 아닌가 생각된다"는 견해가 있다(이해완, 「저작권법」(제2판), 82면). 일리 있는 지적이라고 본다. 다만 이 사건과 같이 데드카피의 경우에는 저작물성을 인정한 후 저작권침해를 부정할 수는 없을 것이다.

[판례 2] '빤짝이 곰' 사건(대법원 2005.1.14.선고 2002다1462 판결)

1. **사실관계**: "빤짝이 곰"은 미술저작물로서 등록된 것으로, 안면, 몸통은 일반적인 곰인형의 형태로 목에는 리본을 묶었고, 곰의 형상을 단순화했으며, 곰인형의 겉에 빤짝이는 원단을 입혀 표면이 빤짝거리도록 한 특징이 있다.

2. **법원의 판단**: (1) 이 사건 빤짝이 곰은 산업상 대량 생산의 목적으로 창작된 응용미술작품이고, 미술품으로서의 상품성을 지니고 있다고 볼 수 없으며, 그 판시와 같은 인정사실에 나타난 제작목적, 기법 및 외관 등 제반 사정에 비추어

---

107) 평석: 이상정, 「정보법판례백선(1)」, 479면.

108) 자세한 것은, 저작권심의조정위원회, 「한국 저작권 판례집[10]」, 2006, 208면 이하 참조.

볼 때, 그 디자인적인 요소가 인형으로서의 미적인 고려와 기능적인 고려를 함께 반영한 것이어서 관념적 분리가능성이 있다고 보기 어려우므로, 저작권법의 보호대상이 되는 저작물에 해당하지 아니한다. (2) 이 사건 빤짝이 곰은 텔레비전 상업광고의 소품으로 사용되었다가 우연한 기회에 의해 대중적 인기를 끈 곰인형에 불과하고, 그 외모, 행동, 성격이나 그 광고 내용 등에 비추어 독창적인 개성이나 이미지를 가지고 있다고 인정하기 어려울 뿐만 아니라, 이 사건 빤짝이 곰은 위 광고 이외에 다른 대중매체나 사업영역에 이용되었음을 인정할 만한 증거가 없으므로, 저작권법상 보호를 받아야 하는 캐릭터로 볼 수 없다.

[판례 3] '교과서 편집디자인' 사건(서울중앙지법 2010.1.13, 2009카합3104 결정)][109]

'분리가능성'에 관하여 살펴보면, 이는 예를 들어 넥타이의 문양과 같이 당해 물품의 기능적 요소와는 구분되는 미적인 요소로서 그 독자성이 인정됨에 따라 그 자체로 얼마든지 다른 물품(의류, 가방 등)에도 적용될 수 있는 성질을 의미한다고 할 것인데(대법원 2004.7.22.선고 2003도7572 판결 참조), 신청인이 담당하였다는 이 사건 교과서의 편집이나 구성 등 형식적인 부분은 모두 그 내용(교과서 원고)의 존재를 전제로 이를 효과적으로 전달하기 위한 수단에 불과하므로 문자, 그림의 형태나 배열 등의 형식적 요소 자체만으로는 하나의 미술저작물이라고 할 수 있을 정도의 독자적인 실체가 인정되지 않는다. 교과서를 비롯한 학습도서는 원칙적으로 문자를 그 구성요소로 하고 있고 신청인의 작업 부분도 상당 부분 문자의 형태(서체, 크기 등)나 배치(줄 간격 등)와 관련되어 있는데, 이는 도서의 고유한 특성으로서 문자를 구성요소로 하지 않는 대부분의 물품에는 이를 그대로 적용할 수가 없으므로(문양이나 장식이 여러 물품에 실질적으로 동일한 형태로 구현될 수 있는 것과 대조된다), 이 점에서도 신청인의 작업물이 물품과의 '분리가능성'을 요건으로 하는 응용미술저작물에 해당한다고 보기 어렵다.[밑줄 : 필자]

[판례 4] '○○○원으로 ○○○하기' 사건(대법원 2013.4.25.선고 2012다41410 판결)[110]

원심은, 원고들의 다음과 같은 주장, 즉 이 사건 초판 4종 서적의 표지·제호

109) 본 사건은 상급심에서 당사자들이 회해함으로써 종결되었다[보다 자세한 것은, 오승종, 「저작권법」(제2판), 809면 이하 참조]. 또 이 결정과 다음 판결('○○○원으로 ○○○하기' 사건)에 대한 문제점 지적은 박준석, "콘텐츠 산업에서의 저작권," 「창작과 권리」(제67호), 세창출판사, 2012.6, 120면 참조. 박교수는 [판례 3]의 제1심 판결과 관련하여 "그러나 분리가능성에 당해 '미적요소'가 다른 물품에 적용될 수 있는 성질을 연결짓는 것은 오류이다"고 지적한다. 타당한 견해라고 본다.

110) 제1심(서울남부지법 2011.5.19.선고 2010가합20113 판결), 원심(서울고법 2012.4.18.선고 2011나45837 판결).

디자인은 저작권법 제4조 제1항 제4호에서 정한 '응용미술저작물'에 해당하는데 피고들이 이와 유사한 디자인을 이 사건 개정판 4종 서적의 표지와 내지에 사용하여 출판, 판매하는 방법으로 원고들의 위 표지·제호 디자인에 관한 저작권을 침해하고 있다는 주장에 대하여, 위 표지·제호 디자인은 모두 이 사건 초판 4종 서적의 내용이 존재함을 전제로 하여 이를 효과적으로 전달하기 위한 수단에 불과하고, 서적 표지라는 실용적인 기능과 분리 인식되어 독립적으로 존재할 수 없으며, 그 문자, 그림의 형태나 배열 등의 형식적 요소 자체만으로는 하나의 미술저작물이라고 할 수 있을 정도의 독자적인 실체가 인정되지 않으므로, 위 표지·제호 디자인이 저작권법의 보호 대상이 되는 응용미술저작물에 해당하지 아니한다고 판단한 것은 타당하다.

[판례 5] '자전거 보관대' 사건(서울중앙지법 2013.9.27.선고 2013가합27850 판결)

원고는 3개의 디자인을 창작하였고, 피고는 이를 〈거의〉 그대로 이용하였다. 문제는 원고 디자인이 저작권법에서 보호하는 저작물에 해당하는가이다.

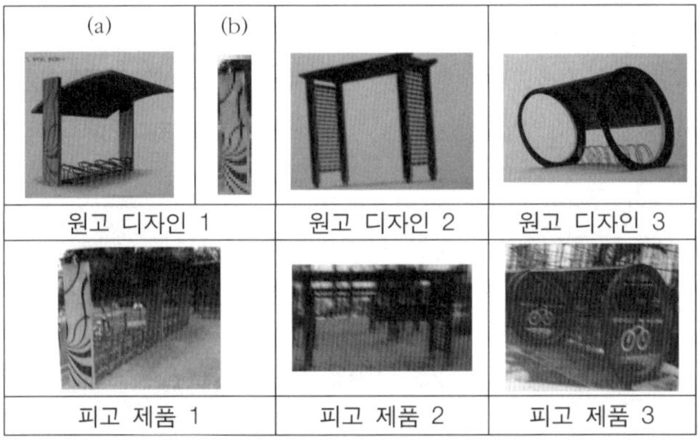

법원은 원고 디자인1의 저작물성에 관하여 원고 디자인 1 중 자전거를 세워 두기 위한 거치대 부분, 지붕을 떠받치기 위하여 좌우에 위치한 넓은 판 형태의 지붕은 자전거 보관대를 구성하기 위한 필수적 요소로서 자전거 보관대와 구분되어 독자성을 인정할 수 없어서 응용미술저작물에 해당하지 않는다고 보았다. 다만 원고 디자인 1 중 기둥에 존재하는 흰색 모양(b)은 흰색 곡선의 배열을 통해서 원고가 자신의 독자적인 사상을 원고 나름의 방법으로 표현한 것임이 인정되고, 원고의 정신적 노력의 소산으로서의 특성이 부여되어 있으므로 저작물로서의 창작성이 인정되며, 원고 디자인 1 모양은 얼마든지 다른 실용품의 디자인으로도 이용될 수 있어 그 이용된 물품과 구분되어 독자성을 인정할 수 있으며 다른 물품에 동일한 형상으로 복제될 수 있다고 할 것이므로 응용미술저작물에 해당한다고 보았다. 그러나 원고 디자인 3은 좌우의 원형의 기둥 및 이에 연결된 지붕, 자전거를 세워 두기 위한 거치대로만 구성되어 있어 그 자체로 그 이용된 물품인 자전거 보관대와 구분되어 독자성을 인정할 수 없으므로 응용미술저작물이라 할 수 없다고 보았다. 한편 원고는 디자인 2에 대해서는 건축저작물로 주장하고 그렇지 않다고 하더라도 응용미술저작물에 해당한다고 주장하였다. 법원은 건축물이란 '땅 위에 지은 구조물 중에서 지붕, 기둥, 벽이 있는 건물을 통틀어 이르는 말'이고, 건물이란 '사람이 들어 살거나, 일을 하거나, 물건을 넣어 두기 위하여 지은 집을 통틀어 이르는 말'로서 저작권법의 보호 대상인 건축저작물에 해당하기 위해서 반드시 주거를 목적으로 할 필요는 없지만 어느 정도 사람의 통상적인 출입이 예정되어 있고, 건축물의 지붕, 기둥, 벽을 통해서 실내·외를 구분할 수 있을 정도에는 이르러야 함에도, 원고 디자인 2는 실외의 사람이 통행하는 길에 설치되어 장미 등의 식물이 옆 기둥 및 천정 부분을 타고 올라가는 용도로 사용되는 것으로서 사람이 그 내부에서 일정한 활동을 하기 위한 건축물에 해당한다고 할 수 없고, 결국 원고 디자인 2는 건축저작물이라 할 수 없다고 보았으며, 아울러 응용미술저작물성도 부인하였다. [따라서 디자인 1의 기둥에 존재하는 흰색 모양(b)만이 저작권법에 의한 보호를 받는다고 보았다. 한편 원고는 부정경쟁방지법에 의한 보호도 주장하였다. 디자인 1은 2006년경 제작되어 이미 3년이 경과했으나 디자인 3은 2010년경에 제작되었고, 부정경쟁방지법 제2조 1호 자목 (2)의 '통상적으로 가지는 형태'도 아니며, 피고의 제품은 원고의 디자인과 실질적으로 동일한 형태이므로 부정경쟁방지법 위반으로 보았다.]

♧ 부정경쟁방지법 제2조 1호 자목

타인이 제작한 상품의 형태(형상·모양·색채·광택 또는 이들을 결합한 것을 말하며, 시제품 또는 상품소개서상의 형태를 포함한다. 이하 같다)를 모방한 상품을 양도·대여 또는 이를 위한 전시를 하거나 수입·수출하는 행위. 다만, 다음의 어느 하나에 해당하는 행위는 제외한다.

(1) 상품의 시제품 제작 등 상품의 형태가 갖추어진 날부터 3년이 지난 상품의 형태를 모방한 상품을 양도·대여 또는 이를 위한 전시를 하거나 수입·수출하는 행위

(2) 타인이 제작한 상품과 동종의 상품(동종의 상품이 없는 경우에는 그 상품과 기능 및 효용이 동일하거나 유사한 상품을 말한다)이 통상적으로 가지는 형태를 모방한 상품을 양도·대여 또는 이를 위한 전시를 하거나 수입·수출하는 행위

[판례 6] '애완동물용 개집' 사건(서울중앙지법 2013.11.25.자 2012카합2882 결정)

이 사건 저작물은 미키마우스 캐릭터의 얼굴 형상을 띠고 있는 '애완동물용 개집'으로서, 전체적으로 구(球) 모양을 하고 있는데, 그 바닥면은 원 모양으로 평평하고, 그 일 측면에는 원 모양의 입구가 비스듬하게 뚫려 있으며, 그 윗부분에는 귀를 형상화한 둥근 부분이 양쪽에 장식품으로 달려 있다. 이 사건 저작물

의 위와 같은 기본적인 형상이나 모양, 구성요소 및 그 배치 등을 종합하여 보건대, 이 사건 저작물에 다소간의 심미적인 요소가 부가되어 있다고는 볼 수 있으나, 이 사건 저작물이 '애완동물용 개집'이라는 실용품에서 물리적으로 벗어나 다른 실용품에 그대로 적용될 수 있을 정도라고 보기는 어렵다. 나아가, 이 사건 저작물에서 '애완동물용 개집'이라는 실용품의 기능 또는 효용에서 관념적으로 구분될 수 있다고 보이는 미적 요소만으로는 이 사건 저작물의 전체적인 심미감을 그대로 나타낼 수 있다고 보기도 어렵다.

물리적 혹은 관념적으로 구분될 수 있을 정도라고 보기는 어려우므로, 저작권법의 보호대상이 되는 응용미술저작물에 해당하지 않는다고 봄이 상당하다[한편, 이 사건 저작물은 한국저작권위원회에 저작물로 등록되어 있기는 하나, 한국저작권위원회는 저작물에 해당하지 아니함이 명백하다고 인정되는 경우에 한하여 등록을 거부하는 형식적 심사권한만을 행사하는 것이고(대법원 1996.8.23.선고 94누5632 판결 참조), 저작권 등록 여부가 저작권의 발생과 직접적인 관계가 있는 것은 아니므로, 위와 같은 사정은 이 사건 저작물이 저작권법의 보호대상이 아니라고 보는 데 지장이 없다].

1) 캐릭터(character)의 보호 원래 캐릭터라 함은 소설이나 연극, 영화, 만화 등의 인물·역할을 뜻하며, 통상은 일종의 아이디어이지만[111] 어느 경우에나 다 그런 것은 아니다. 등장인물에 대해서 보면 그들이 보호받을 수 있는지 여부는 작품 속에서의 개발의 정도(stage of development)와 작품에 대한 중요성에 달려 있다.[112] 다만 실제로 문제로 되는 것은 이러한 캐릭터가 구현

---

111) 부산지법 2005.4.12.자 2005카합77 결정: 저작권의 보호대상이 되는 저작물이란 문학·학술 또는 예술의 범위에 속하는 창작물을 말하고, 이 창작물이란 표현(expression) 자체를 지칭하는 것이므로, 소설이나 연극, 영화, 만화 등에 등장하는 인물(실존 인물이나 의인화된 동물을 포함)의 특징, 성격, 역할을 뜻하는 이른바 캐릭터는 일정한 이름, 용모, 역할 등에서 특징을 가진 위 인물이 반복하여 묘사됨으로써 각각의 표현을 떠나 독자의 머리 속에 형성된 일종의 이미지에 해당하여 그 자체가 사상 또는 감정을 창작적으로 표현한 것이라고 할 수 없고, 따라서 캐릭터 그 자체가 저작권의 보호대상이 되는 저작물에 해당된다고 할 수는 없으며, 그 캐릭터가 표현된 구체적인 작품이 저작물(원저작물)이 된다고 보아야 한다.

112) "태왕사신기" 사건(서울중앙지법 2007.7.13.선고 2006나16757 판결): 소설 등 문학작품에 있어서의 등장인물은 그 자체로는 저작권에 의하여 보호되는 표현에 해당한다고 볼

된 형태나 명칭이 상품화되는 경우에 관한 것이다. 그러므로 통상 캐릭터 보호라고 하면 캐릭터 그 자체의 보호의 문제라기보다는, 그 캐릭터가 구체화된 도안이나 캐릭터 명칭의 보호 문제인 것이다.

오늘날 만화, 영화, 소설, 스포츠 등에 등장하는 가공적 또는 실재하는 인물의 형상·명칭 등(예컨대 미키마우스, ET, 배트맨, 영심이)은 매스컴의 비상한 발달로 대중에게 극히 친숙한 존재이므로 이를 상품, 특히 의류품, 문방품, 장난감 등 일반 대중을 구매자층으로 삼는 상품에 사용하는 경우에는 현저한 고객흡인력을 발휘하게 된다.

따라서 캐릭터는 상표와 마찬가지로 상품에 사용되기는 하나 상품의 식별표지로서가 아니고 상품의 선전력·고객흡인력을 강화하기 위하여 사용된다.

① 캐릭터가 형상화되어 도안이 되고, 그것이 미술저작물인 경우에는 저작권법의 보호대상이 되고 저작권자가 캐릭터를 영업자에게 이용케 하는 계약을 통하여 그 권리를 행사할 수 있다. 이러한 이용권을 이른바 '상품화권'이라고 한다.[113]

[판례 1] 달마시안 사건(대법원 2003.10.23.선고 2002도446 판결)

원심은, 이 사건 공소사실 중, 피고인들이 미국 디즈니 엔터프라이즈 인크(Disney Enterprises Inc.)가 창작한 저작물인 "101마리 달마시안(Dalmatian)"에 등장하는 달마시안과 동일 내지 극히 유사한 개 모양을 부착한 원단을 저작권자인 위 회사로부터 저작물의 복제에 관한 허락을 받음이 없이 생산, 판매하거나 소지하는 등으로 위 회사의 위 저작물에 대한 저작재산권을 침해하였다는 요지의 공소사실에 대하여, 달마시안 종의 개 101마리라는 설정과 이에 따른 101이라는 숫자 및 달마시안 무늬로 만든 디자인으로 표현된 위 회사의 저작물은 자연계에 존재하는 달마시안 종 일반을 연상시키는 것이 아니라 오로지 위 회사가 창작한 만화영화 속 주인공인 101마리의 달마시안 종의 개만을 연상하게 하며, 달마시안 종의 개가 원래 자연계에 존재한다고는 하지만 위 회사는 달마시안 종의 개에게 만화주인공으로서만이 가질 수 있는 독특한 사랑스러움과 친숙함 등을 느낄 수 있도록 도안함으로써 저작권법에서 요구하는 창작성의 요건을 갖추

수 없으나, 구체성·독창성·복잡성을 가진 등장인물이거나, 다른 등장인물과의 상호과정을 통해 사건의 전개과정과 밀접한 관련을 가지면서 보호되는 표현에 해당할 수 있고, 그 등장인물이 작품에서 차지하는 비중이 클수록 이를 차용하는 경우 실질적 유사성이 인정될 가능성이 높아진다. 同旨 판결: 서울중앙지법 2008.6.11.선고 2007가합62777 판결.

113) 후술 '상품화권' 부분 참조.

었으므로, 이는 창작성이 있는 저작물로서 저작권법의 보호대상이 되고, 제1심이 채용한 증거들에 의하면 피고인들이 만화영화 속의 달마시안과 실질적으로 유사한 개의 모양을 각 섬유직물의 원단 등에 복제하여 판매 등을 한 사실을 인정할 수 있으므로, 피고인들의 이러한 행위는 저작재산권 침해행위에 해당된다 하여, 피고인들에 대한 위 공소사실 부분에 대하여 유죄를 선고하였는바, 위 법리와 기록에 의하여 살펴보면, 원심의 위와 같은 판단은 정당하다.[114)]

[판례 2] '실황야구' 사건(대법원 2010.2.11.선고 2007다63409 판결)

(1) 저작권법에 의하여 보호되는 저작물이기 위하여는 인간의 사상 또는 감정을 표현한 창작물이어야 할 것인바, 만화, 텔레비전, 영화, 신문, 잡지 등 대중이 접하는 매체를 통하여 등장하는 인물, 동물 등의 형상과 명칭을 뜻하는 캐릭터의 경우 그 인물, 동물 등의 생김새, 동작 등의 시각적 표현에 작성자의 창조적 개성이 드러나 있으면 원저작물과 별개로 저작권법에 의하여 보호되는 저작물이 될 수 있다(대법원 2003.10.23.선고 2002도446 판결, 대법원 2005.4.29.선고 2005도70 판결 등 참조).

(2) 야구를 소재로 한 게임물인 원심 판시 '실황야구'에 등장하는 '실황야구' 캐릭터는 야구선수 또는 심판에게 만화 속 등장인물과 같은 귀여운 이미지를 느낄 수 있도록 인물의 모습을 개성적으로 도안함으로써 저작권법이 요구하는 창작성의 요건을 갖추었으므로, 이는 창작성이 있는 저작물로서 원저작물인 게임물과 별개로 저작권법의 보호대상이 될 수 있고, 한편 위 '실황야구' 캐릭터에 관하여 상품화가 이루어졌는지 여부는 저작권법에 의한 보호 여부를 판단함에 있어서 고려할 사항이 아니다.[115)]

② 캐릭터의 제명, 명칭, 실제인물의 성명 등은 저작권의 대상이 되지 아니하므로[116)] 이를 상표로서 등록하여 보호받을 수 있는지의 여부가 문제로

---

114) 평석: 오창섭, 「정보법판례백선(1)」, 454면.

115) 사족같이 보이는데 이것은 하급심이 "'실황야구' 캐릭터의 상품화 과정을 거쳐 독자적인 저작물성을 인정할 정도에 이르지 않는 한 독자적인 저작물성이 인정되는 캐릭터로 볼 수 없다"고 판시했으므로 이에 대한 대답이다.

116) 전술한 「또복이」 사건(대법원 1977.7.12.선고 77다90 판결) 참조. 또 '겨울연가 등' 사건(대법원 2012.3.29.선고 2010다20044 판결) 참조. '겨울연가 등' 사건 판결은 드라마 인기에 편승한 상품화 사업의 허용 한계와 관련하여 어려운 과제를 던져주고 있다[본서, 제12절 Ⅵ. 「저작물성이 부정된 경우와 불법행위책임」부분 참조].

된다. 캐릭터의 소유자가 예상되는 상품을 지정상품으로 하여 상표등록을 받아 이를 필요한 자에게 사용허락함에 의하여 권리를 누릴 수 있을 것이다.

◈ 캐릭터의 상품표지 요건(부정경쟁방지법)

[판례 1] 「월트 디즈니」 사건(대법원 1996.9.6.선고 96도139 판결)

가. 만화・텔레비전・영화・신문・잡지 등 대중이 접하는 매체를 통하여 등장하는 가공적인 또는 실재하는 인물・동물 등의 형상과 명칭을 뜻하는 이른바 캐릭터가 상품화(이른바 캐릭터 머천다이징; character merchandising)되어 부정경쟁방지법 제2조 제1호 가목에 규정된 국내에 널리 인식된 타인의 상품임을 표시한 표지가 되기 위하여는 캐릭터 자체가 국내에 널리 알려져 있는 것만으로는 부족하고 그 캐릭터에 대한 상품화 사업이 이루어지고, 이에 대한 지속적인 선전・광고 및 품질관리 등으로 그 캐릭터가 이를 상품화할 수 있는 권리를 가진 자의 상품표지이거나 위 상품화권자와 그로부터 상품화 계약에 따라 캐릭터 사용허락을 받은 사용권자 및 재사용권자 등 그 캐릭터에 관한 상품화사업을 영위하는 집단(group)의 상품표지로서 수요자들에게 널리 인식되어 있을 것을 요한다.

나. 다른 사건에서 저명상표로 인정한 당원의 판결들은(당원 1989.2.28.선고 87후6 판결; 1995.10.12.선고 95후576 판결 참조), 미키마우스가 만화영화의 제명이나 그 주인공으로 세계에 널리 알려져 있고 만화에 부착되어 오랫동안 텔레비전 방송 등의 방법으로 사용되고 선전되어 옴으로써 우리나라 수요자 사이에 널리 인식되어 있어 저명상표로 보아야 한다는 것으로서, 미키마우스 캐릭터에 대한 구체적인 상품화 사업이 이루어졌다는 것을 판시한 것으로 볼 수는 없으므로, 위 판결들만에 의하여 곧바로 일반적인 미키마우스 캐릭터 자체가 상품화 사업 등에 의하여 타인의 상품임을 표시한 표지로서 국내에 널리 인식되어 있다는 사실을 인정하기는 어렵고, 또한 기록에 의하면 피고인은 미키마우스 캐릭터를 수요자들의 주목을 끌기 위하여 의장적으로 사용하였다고 보여질 뿐 상품의 출처표시를 위하여 상품의 표지로서 사용하였다고는 보이지 아니하므로, 피고인이 위 미키마우스 캐릭터를 사용한 것이 위 상표권자의 상품과 혼동을 일으키게 하는 행위가 된다고 단정할 수도 없다.

* 위 판결과 극히 유사한 판결에 「톰앤제리」 사건(대법원 1997.4.22.선고 96도1727 판결)이 있다. 당시는 아직 우리가 세계저작권조약에만 가입한 상태여서 외국인 저작물을 소급보호해 주지 않았다. 이에 상품표지로서 부정경쟁방지법으로 보호받으려고 하였다. '톰앤제리' 캐릭터 역시 "그 권리자인 미국 '터너 홈 엔터테인먼트사' 또는 그로부터 그 캐릭터의 사용을 허락받은 사람이 제조·판매하는 상품의 표지로서 국내에 널리 인식되었다고 인정할 만한 증거가 없다"고 판시하였다.

[판례 2] 탑 블레이드 사건(대법원 2005.4.29.선고 2005도70 판결)

1. 주식회사 손오공이 저작권을 갖고 있는 위 만화영화의 캐릭터 중 피고인이 수입한 팽이에 부착된 캐릭터가 위 만화영화의 주인공으로 특정분야 또는 일반 대중에게 널리 알려진 것이라거나 고객흡인력을 가졌는지 여부는 저작권법에 의한 보호 여부를 판단함에 있어서 고려할 사항이 아니다(대법원 1999.5.14.선고 99도115 판결 참조).

2. 특정 회사가 저작권을 갖고 있는 저작물인 만화영화에 등장하는 캐릭터가 부착된 팽이를 수입한 행위는 저작권 침해행위에 해당한다.[117)]

2) 상표도안의 저작물성 상표는 "기호 · 문자 · 도형, 입체적 형상 또는 이들을 결합하거나 이들에 색채를 결합한 것" 등으로 구성된다.[118)] 이 중 도형이나 입체적 형상이 저작권법으로 보호될 수 없는 것인가. 판결을 본다.

[판례 1] 사라센 소스 사건(서울지법 1997.9.5.선고 96가합36949, 97가합13608 판결)

저작권법에 의하여 보호되는 저작물이라 함은 문학 · 학술 또는 예술의 범위에 속한 것으로서 사상 또는 감정을 창작적으로 표현한 것을 말하는바, 이 사건의 각 상표 중 문자로만 구성된 상표는 단순한 상품의 표지 내지 명칭으로서 저작자의 사상 또는 감정이 창작적으로 표현된 것이라고 볼 수 없고, 아라비아 상인 모습의 그림 부분과 문자 부분이 결합된 상표는 비록 도안 부분에 일부 창작성이 포함되어 있고, 상표의 상품표지로서의 실용적인 면에 부수하여 미감을 불러일으킬 수 있는 측면이 있기는 하나, 그 미적 요소 내지 창작성이 상품의 표지라는 상표 본래의 기능으로부터 분리, 독립되어 별도의 감상의 대상이 될 정도로 독자적인 존재를 인정받기 어렵다 할 것이어서 그 자체가 예술에 관한 사상 또는 감정의 창작적 표현물이라고 볼 수 없어 저작물에 해당되지 아니한다.

---

117) 판례평석, 윤경, 「계간 저작권」 2005.9.: "오늘날 캐릭터의 경제적 가치가 크게 증가하고 있고, 이에 따라 캐릭터를 보호할 필요성이 있음에도 불구하고 상표법이나 부정경쟁방지법에 의한 보호만으로는 불충분하다는 점에서 캐릭터의 독자적 저작물성을 인정한 대상판결의 판시내용은 매우 의미가 크다고 할 것이다."
본 판결의 제1심: 부산지법 2004.5.21.선고 2003고단5921 판결, 제2심: 부산지법 2004.12.22.선고 2004노1963 판결(저작권심의조정위원회, 「한국 저작권 판례집[10]」, 2006, 252면 이하).

118) 자세한 내용은 상표법 제2조 제1항 제1호 참조.

[판례 2] '팻독' 사건(서울중앙지방법원 2007.4.11.선고 2005가합102770 판결)

그림 (1)

사실관계: 원고는 2002년, 그림(1)과 같은 이 사건 저작물을 창작하여 2005.4.8. 저작물의 제호를 'Fatdog(팻독)'으로 하여 저작권등록을 마쳤다(등록번호 제C-2005-001239호). 피고는 동일한 형상과 명칭의 상표를 특허청에 등록한 후 그 표장이 부착된 신발을 대형마트 등에 공급하고 있다. 원고가 피고를 상대로 저작권 침해금지 등의 소송을 제기하였다(피고의 등록상표는 그 후 원고 청구에 의하여 등록무효로 되었다).

쟁점: 이 사건 캐릭터는 저작물인가, 창작성은 인정될 수 있는가.

법원의 판단: "이 사건 저작물은 강아지의 형상을 개성있게 표현한 것으로서, 물품에 동일한 형상으로 복제될 수 있는 미술저작물이면서 그 이용된 물품과 구분되어 독자성을 인정할 수 있는 것이므로 저작권법 제2조 제11호의2, 제4조 제1항 제4호가 정한 응용미술저작물이라 할 것이고(따라서 이 사건 저작물이 상표의 구성부분으로서의 도형으로 만들어진 것에 불과하여 독립적인 예술적 특성이나 가치를 결여하고 있어 저작권법이 보호하는 저작물이 아니라는 취지의 피고 주장은 받아들이지 아니한다), 저작권법 제51조 제4항에 의하여 그 등록된 창작 연월일인 2002. 3. 4.에 창작된 것으로 추정된다."

비교 그림(2)

비교 그림(3)

비교 그림(4)

이에 대해 피고는 이 사건 저작물은 그 창작일 이전인 1998. 5. 공표된 그림 2, 1999. 7. 공표된 그림 3, 2001. 12. 11. 공표된 그림 4와 비교할 때, 통상적인 강아지 그림과 달리 수직으로 평행한 한 쌍의 눈을 표현한 점, 위쪽으로 솟은 날카로운 모양의 귀를 표현한 점, 얼굴 부분을 사람처럼 수직 형태로 표현한 점, 주둥이 부분이 길게 돌출되도록 표현한 점에서 비교대상저작물 2, 3와 동일하고, 수직으로 평행한 한 쌍의 눈을 표현한 점, 강아지 목 부분의 칼라를 우측 하단부에 여러 개의 삼각형 형태로 표현한 점에서 비교대상저작물 4과 동일·유사하므로, 창작성이 인정되지 아니하여 저작물로서 보호될 수 없다고 주장하므로 살피건대, 저작권법에 의하여 보호되기 위해 요구되는 창작물은 완전한 의미의 독창성을 말하는 것이 아니라 단지 어떠한 작품이 남의 것을 단순히 모방한 것이 아니고 작가 자신의 독자적인 사상 또는 감정의 표현을 담고 있음을 의미할 뿐이어서 이러한 요건을 충족하기 위하여는 단지 저작물에 그 저작자 나름대로의 정신적 노력의 소산으로서의 특성이 부여되어 있고, 다른 저작자의 기존의 작품과 구별할 수 있을 정도이면 충분하다고 할 것인바, 그림(들)에서 보는 바와 같이 이 사건 저작물은 비교대상저작물들과 비교하여 볼 때 그 얼굴형, 눈, 코, 입, 귀 등의 구체적인 형태 및 배치가 확연히 구별되고, 전체적인 미감이나 형상화된 강아지의 이미지, 색감도 크게 구별되어 저작자 나름대로의 정신적 노력의 소산으로서의 특성이 나타나 있고, 비교대상저작물들과 쉽게 구별할 수 있어 저작권법이 요구하는 창작성을 갖추고 있다고 할 것이므로 피고의 위 주장은 이유 없다. (밑줄 : 필자)

[판례 3] '청바지 에비수 갈매기 문양' 사건(서울고등법원 2010.8.26.선고 2009나122304 판결)

도안 1

도안 2

도안 3

제1심(서울중앙지방법원 2009. 10. 29.선고 2008가합117810 판결)은 도안 1을 제외한 나머지에 대해 창작성을 인정했으나 항소심은 모두 창작성을 부정하였다.

(1) 도안 1에 대하여 : 도형 자체만으로는 의미하는 바가 분명하지 아니하여 굴곡부를 가진 하나의 선으로 이루어진 다른 도형들과 구별되는 고유한 의미가 담겨져 있는 것으로 보기도 어려우므로 창작성이 인정된다고 볼 수 없다

(2) 도안 2에 대하여 : 일본의 전통신인 에비수의 형상 밑에 에비수의 영어철자인 'EVIS'를 결합한 것인데, 에비수 신의 형상 부분은 원고가 창작하기 이전부터 일본 오사카에 위치한 이마미야 에비수 신사의 축제나 그 홍보물 등에서 널리 사용되는 에비수 신의 형상과 실질적으로 동일한 사실을 인정할 수 있고, "EVIS"는 에비수 신의 영어철자에 불과하므로, 위 에비수 신의 형상과 "EVIS"를 결합한 [도안]은 저작권법에 의한 보호를 받을 가치가 있는 정도의 창작성이 있는 저작물이라고 할 수는 없다.

(3) 도안 3에 대하여 : 청바지 뒷면 모양에 엉덩이 부분에서 무릎 부분까지 "M"과 유사한 형태의 도형을 삽입한 형태로서 응용미술작품의 일종이라고 할 수 있는데, "M"과 유사한 형태를 제외한 나머지 부분은 청바지 자체로서 [도안]은 그 이용된 물품인 청바지와 구분되어 독자성을 인정할 수 없고, [도안]에서 물품인 청바지와 구분되어 독자성을 인정할 수 있는 "M"과 유사한 형태 부분은 저작권법에 의한 보호를 받을 가치가 있는 정도의 창작성을 인정할 수 없으므로, [도안]은 어느모로 보나 그 창작성이 인정되기 어렵다.

[판례 4] '폭스 헤드' 사건(서울고법 2012.7.25.선고 2011나70802 판결)[119]

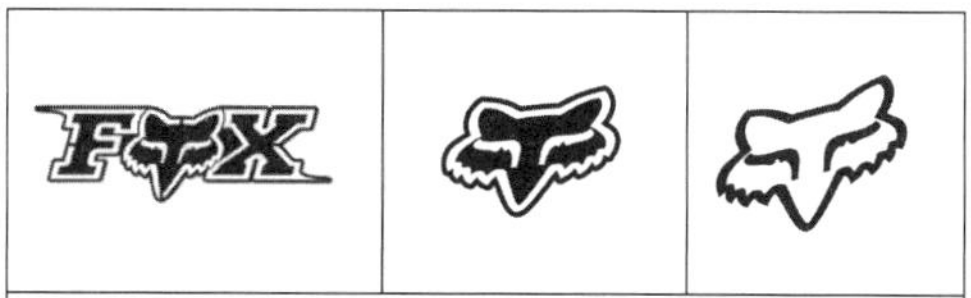

원고 여우머리 도안의 일부

여우 머리 또는 영문 'FOX'를 형상화한 도안을 창작·공표하여 자전거용 의류 등 제품에 표시하여 생산·판매하여 온 갑 외국회사가 위 도안과 동일·유사한 표장들에 관하여 국내 상표권자로서 등록을 마친 상표 등을 스포츠 의류 등 제품에 표시하여 생산·판매하는 을 주식회사 등을 상대로 저작권침해금지를 구한 사안에서, 위 도안이 저작권법의 보호대상이 되는 응용미술저작물에 해당한다고 한 사례이다. 법원은 다음과 같이 판시하였다.

"위 도안에는 갑 회사 나름의 정신적 노력의 소산으로서의 특성이 부여되어 있고 이는 다른 저작자의 기존 작품과 구별될 수 있는 정도이며, 응용미술저작물이 반드시 독립적인 예술적 특성이나 가치를 가져야 하는 것은 아니므로, 위 도안은 '인간의 사상 또는 감정을 표현한 창작물'에 해당하고, 또한 위 도안은 스포츠 의류 등 물품에 동일한 형상으로 복제될 수 있는 응용미술저작물로서 스포츠 의류 등 제품 이외의 다른 물품의 디자인으로도 얼마든지 이용될 수 있으며, 갑 회사가 제작·판매하는 스포츠 의류 등 물품이 가지는 실용적 기능과 위 도안에서 느껴지는 미적인 요소는 관찰자로서 물리적으로나 관념적으로나 모두 분리하여 인식될 수 있으므로 위 도안은 저작권법의 보호대상이 되는 응용미술저작물에 해당하고, 한편 갑 회사가 위 도안을 대한민국을 제외한 다른 나라에서 자신의 상표로서 관리하고 있고 을 회사 등이 위 도안을 국내에서 등록된 상표의 표장으로 사용하고 있어서 상품 표지로서의 상표 기능과 중복되는 측면이 있더라도, 저작권법이 '그 이용된 물품과 구분되어 독자성을 인정할 수 있는 것'이라고 규정하여 물품과의 물리적 또는 관념적 분리가능성을 요건으로 할 뿐 별도의 상품 표지 기능과의 분리가능성을 요건으로 하지 않으므로 위와 같은 사정이 위 도안을 응용미술저작물로 인정함에 방해가 되지 않는다."

5. 건축저작물

건축저작물에는 건축물·건축을 위한 모형 및 설계도서가 포함된다. 원래는 응용미술작품에 속하는 것이지만 현재는 독립한 저작물로 보호된다. 건축물

119) 이 사건의 제1심(서울중앙지법 2011.8.10.선고 2011가합12120 판결)에 대한 평석은, 강주리, "회복저작물에 관한 저작권과 상표권의 충돌 문제," *Law & Technology*(제7권 제5호), 서울대학교 기술과법센터, 2011.9, 134면 이하 참조.

에 있어서 기능적 측면은 저작권법에 의한 보호를 받지 못함은 물론이다. 건축저작물은 동일성 유지권에 있어서 특별취급을 받고 있다.[120)]

[판례] 해운대 등대 사건(서울고등법원 2008.10.29.선고 2008나4461 판결)[121)]

원고의 등대도안은 등대의 제작을 위한 일종의 스케치로서 건축구상을 표현하고 있지만, 그 구상의 밀도에 있어서 개략적인 구상 단계에 불과하고, 그 표현에 있어도 건축설계도면이 가지는 기술성, 기능성보다는 형상, 색채, 구도 등의 미적 표현에 중점을 두고 있으며, 원고의 등대도안만으로는 실제로 등대를 건축할 수 없는 사실을 인정할 수 있는바, 위 인정 사실과 건축법의 규정 내용[122)] 등에 비추어 보면, 원고의 등대도안은 저작권법 제4조 제1항 제5호에 정한 '설계도서'에 해당한다고 보기는 어렵고, 도형저작물이나 미술저작물에 해당할 뿐이라고 봄이 상당하다.

◈ 미국 1990년 저작권법

미국법상 건축저작물이란 "건물, 건축계획도 또는 설계도 등의 유형적 표현매체에 구현된 건물의 디자인을 말한다. 건축저작물은 종합적인 형태뿐만 아니라 디자인 내의 공간과 요소의 배열 및 복합을 포함하지만, 개개의 표준적인 속성은 포함하지 아니한다"로 정의되어 있다. 즉 건축물 그 자체도 저작물로서 보호된다. 그러나 이러한 규정이 마련된 것은 1990년 개정법 이후이며, 1990년 12월 1일 이후에 건축된 건축물에 대해서만 적용된다. 1990년 이전에도 건축계획도나 설계도는 회화 및 그래픽 저작물로서 보호되었으나 건축물 자체는 실용품으로서 미적 측면과 분리가능성이 없었으므로 저작권법으로 보호되지 않았다. 따라서 건축물이나 건축설계도를 보고 건축을 하면 저작권침해로 되지 아니하였다. 이에 미국은 베른조약에

120) 제13조(동일성유지권) ① (생략)

② 저작자는 다음 각호의 어느 하나에 해당하는 변경에 대하여는 이의할 수 없다. 다만, 본질적인 내용의 변경은 그러하지 아니하다.

1. (생략)
2. 건축물의 증축・개축 그 밖의 변형
3. (생략)

121) 제1심판결: 서울중앙지방법원 2007.11.29.선고 2007가합 77724 판결. 출처: 한국저작권위원회, 「한국 저작권 판례집[13]」, 2011, 15면 이하.

122) 건축법은 '설계도서'를 건축물의 건축 등에 관한 공사용의 도면과 구조계산서 및 시방서, 건축설비계산 관계서류, 토질 및 지질 관계서류, 기타 공사에 필요한 서류라고 정의하여(건축법 제2조 제1항 제14호, 건축법 시행규칙 제1조의2) 설계도서를 공사에 직접적으로 필요한 도면이나 서류로 규정하고 있다.

가입하면서 건축물 그 자체도 저작권법으로 보호되는 것으로 하였다.

한편 1990년 저작권법 제정과정에서 미의회보고서는 건축저작물의 저작권침해 판단과 관련하여 2단계 테스트를 제안하였다.

첫 번째 단계에서는 건축물의 전체적인 형상과 인테리어 디자인에서 창작적 요소들이 있는지를 검토한다. 만약 창작적인 요소가 있다면 두 번째 단계로 나아가 그 요소들이 기능적으로 요구되는 것인지를 검토한다. 오로지 기능적으로 요구되지 않는 창작적 요소들만 물리적 혹은 관념적 분리가능성 여부와 관계없이 저작권에 의한 보호를 받는다.[123)]

[미국판례] Sturdza v. United Arab Emirates, 281 F.3d. 1287(D.C.Cir. 2002)

이 사건은 주미 UAE 대사관의 건축디자인에 응찰한 두 설계도서에 나타난 아랍풍 건축물 디자인의 실질적 유사성 여부가 문제된 사건이다. 제1심은 개별적인 요소들을 비교하면서 그 구체적인 표현이 다르다고 하면서 실질적 유사성을 부정하였다. 그러나 항소심은 제1심이 세세한 차이점에 집착한 나머지 두 디자인의 전체적인 관념과 느낌이 비슷하다는 점을 간과하였다고 판시하였다. 항소심은 피고가 UAE가 요구하는 이슬람풍을 창출하기 위하여 두 건물의 규모, 모양, 전면에서 바라본 탑과 흉벽 및 돔의 위치, 전면의 입구 근처에 피라미드같이 모여 있는 뾰족한 아치 등 여러 가지 요소들을 원고와 유사한 방법으로 배열, 조합함으로써 비슷한 외관을 창출하였으므로 원고의 디자인과 실질적으로 유사하다는 결론을 내렸다.[124)]

원고 건축 디자인

피고 건축 디자인

[일본판례] 大阪高裁 2004.9.29판결(平成15년(ネ)第3575号)

Y 건물이 X 건물의 저작권을 침해했는지가 문제된 사건이다. 법원은 다음과

123) 정상조 편, 저작권법 주해, 1135면(권영준 집필부분)에서 재인용.

124) 보다 자세한 것은, 권영준, 「저작권침해판단론」, 박영사, 2007, 237-238면 참조. 그러나 미국의 모든 법원이 건축저작물의 유사성 판단에 있어 이러한 「전체적 관념과 느낌 기준」을 채택하는 것은 아니다(Craig Joyce 외, *COPYRIGHT LAW*, LexisNexis, 2006, 630-631면).

X 건물

Y 건물

같은 이유로 X 건물의 저작물성을 부인하였다.

본건과 같이 고급주문주택이라고는 하더라도 건축회사가 시리즈로서 기획하여 모델하우스를 통해 고객을 끌어 모으며, 일반인용으로 다수의 동종 설계에 의한 일반주택을 건축하는 경우에는 — 실용품과 유사성이 한층 높게 되어 당해 모델하우스의 건축물의 건축에 있어서 통상 갖추어야 할 정도의 미적 창작이 베풀어져 있더라도 건축저작물이라고 말하기는 힘들다.

이에 반해 드물기는 하나 객관적·외형적으로 보아 — 거주용 건물로서의 실용성이나 기능성과는 별도로 독립해서 미적 감상의 대상으로 되고, 건축가·설계자의 사상 또는 감정이라고 하는 문화적 정신성을 감득시킬 수 있을 만한 조형예술로서의 미술성을 구비하고 있다고 인정되는 경우에는 건축저작물성이 긍정될 수 있다.

[판례 1] 「그랜드호텔 설계도」 사건(서울민사지법 1995.8.18.선고 95가합52463 판결)

사실관계: 건축가인 원고는 피고회사로부터 일본 미에縣에 신축하려 하는 약 30,000평 규모의 그랜드호텔의 기본설계(계획설계) 및 자문을 맡아 달라는 제의를 받고, 그에 응하기로 하였다. 원고는 그 후 30일간의 철야 노력으로 신축할 위 호텔의 모형도 10여개 안과 그에 따른 투시도 14개 안을 슬라이드(환등영사용) 필름으로 제작하였다. 원고는 피고회사의 요청에 따라 그 여러 모형도 및 투시도들 중 2개안의 모형도 및 투시도를 피고회사에 맡겼다. 그 후 원고는 피고회사의 요청에 따라 일본 동경의 新宿에 체재하면서 피고회사의 기본설계도 제작 도급계약서를 작성하려고 대기하였으나 끝내 피고회사가 그 계약서를 작성하려고 하지 않아서 결국 원고와 피고회사간에 계약은 체결되지 않았고, 원고는 기본 설계도 중 평면도 및 입면도를 완성하지 않았다. 그런데 피고회사는 원고가 제작한 제1안 모형도 및 투시도를 모방해서 그와 동일할 정도로 유사하게 모조한 건축물들의 모형도, 투시도, 평면도 및 입면도를 일본인 건축사에게 교부하면서, 그 기본 설계도대로 위 호텔 설계도를 제작해서 일본의 건축허가 당국에 허가를 신청해 달라고 도급시켰다.

판결요지: 호텔의 모형도 및 투시도 등을 슬라이드 필름으로 저작한 자는 그

모형도 및 투시도 등 건축저작물에 대한 저작재산권을 가지고, 그 건축저작물들을 모방·변형해서 모형도 및 투시도를 포함하는 기본설계도 등 2차적 저작물을 작성해서 이용할 2차적 저작재산권도 가지게 되는바, 피고회사가 고의 또는 과실로 피도급자에게 위 저작물을 모방·변형토록 시키고, 그대로 건축허가를 받아낸 행위는 2차적 저작재산권에 대한 침해행위가 된다.

[판례 2] '아파트 평면설계' 사건(서울고법 2004.9.22.자 2004라312 결정)

건축저작물은 기본적으로 기능적 저작물로서 이에 기초한 건축물의 편의성, 실용성 및 효율성 등의 기능적 가치에 중점을 둘 수밖에 없으며 이 사건 아파트 설계도와 같은 경우에는 그 기능을 구현하는 표현방법에 있어 다양성이 제한되어 있는 관계로 이른바 "합체의 원칙(merger doctrine)"에 의하여 현실적으로 저작권적 보호가 인정되는 부분은 극히 제한될 수밖에 없다.

(욕실을 현관 측부에 배치하지 않고 안쪽에 배치한 점 등도 설계상 특징이 있다고 주장하나 이러한 것은 모두 기능적 요소라고 할 것이므로 그 자체로는 아이디어에 해당하여 저작권적인 보호의 대상이 될 수 없다.)

나아가 이 사건 설계도 자체가 저작물로서 보호된다고 할지라도 앞서 본 바와 같이 그 표현 형태가 극히 제한된 기능적 저작물에 있어서 그 침해가 인정되기 위하여는 위 설계도에 나타난 표현의 세세한 부분까지 거의 동일하게 모방한 경우라야 할 것인바, 소 갑7호증의 2, 3의 각 기재만으로 이를 소명하기에 부족하고 달리 이러한 점을 소명할 자료가 없으므로 이 사건 채무자의 행위가 저작권 침해에 해당한다고 볼 수 없다.

[판례 3] 아파트 평면도 사건(대법원 2009.1.30.선고 2008도29 판결)

아파트의 경우 해당 건축관계 법령에 따라 건축조건이 이미 결정되어 있는 부분이 많고 각 세대전용면적은 법령상 인정되는 세제상 혜택이나 그 당시 유행하는 선호 평형이 있어 건축이 가능한 각 세대별 전용면적의 선택에서는 제약이 따를 수밖에 없고, 그 결과 아파트의 경우 공간적 제약, 필요한 방 숫자의 제약, 건축관계 법령의 제약 등으로 평면도, 배치도 등의 작성에 있어서 서로 유사점이 많은 점, 이 사건 평면도 및 배치도는 기본적으로 건설회사에서 작성한 설계도면을 단순화하여 일반인들이 보기 쉽게 만든 것으로서, 발코니 바닥무늬, 식탁과 주방가구 및 숫자 등 일부 표현방식이 독특하게 되어 있기는 하지만 이는 이미 존재하는 아파트 평면도 및 배치도 형식을 다소 변용한 것에 불과한 것으로 보이는 점 등에 비추어 보면, 이 사건 각 평면도 및 배치도에 저작물로서의 창작성이 있다고 보기 어렵다.[125]

---

125) 원심판결: 서울중앙지법 2007.12.12.선고 2007노3160 판결.

[판례 4] '세모난 펜션 건축물' 사건(서울중앙지법 2013.9.6. 선고 2013가합23179 판결)

(주)사람과집에서 설계・시공한 용인의 세모난 나무 펜션의 디자인을 강화도의 한 펜션이 그대로 모방하여 사용한 것을 저작권법 위반으로 제소한 사건이다.

법원의 판단: 건축저작물은 기능적 저작물이므로, 주거성, 실용성 등을 높이기 위한 기능적 요소에 대하여는 설사 그 요소에 창작성이 있다고 하더라도 저작권의 보호를 제한하고, 기능적 요소 이외의 요소를 갖춤으로써 건축물을 이루는 개개의 요소가 아닌 전체적인 외관에 창작성이 있는 경우에만 저작물로서 인정할 수 있다.

이 사건 원고 건축물은 삼각텐트를 모티브로 하여 삼각형의 상단 일부를 절단한 후, 정면 중앙에 출입문을 두고 그 좌측에는 삼각뿔 형태의 통유리 구조물이, 그 우측에는 사각뿔 형태의 통유리 구조물이 위치하고 있고, 건축물의 양측면에는 창문이 설치되어 있는 사실을 인정할 수 있다. 이에 의하면 이 사건 원고 건축물은 삼각형 또는 삼각텐트를 기본으로 창작자인 원고 고유의 개성적인 표현이 나타나 있고, 피고가 유사한 건축물이라고 주장하는 한옥, 사원, 궁궐 등의 전통건축물이나 야외용 텐트, 'ㄷ'자 형식의 건축물 등(을 제3호증의 1, 2, 을 제4호증의 1, 2)과는 그 외형이 확연히 다르므로, 창작성이 있는 건축저작물이라고 봄이 상당하다. 한편 이 사건 원고 건축물은 건축저작물로 기능적 저작물이기는 하나, 앞서 본 이 사건 원고 건축물의 특징적 모습들은 주거성, 실용성 등을 높이기 위한 기능적 요소와는 오히려 배치되는 것이고, 일반적으로 펜션은 단순히 주거성, 실용성 등에 초점을 둔 건축물이 아니라 고객들의 관심을 끌 수 있는 미적인 외형을 갖추는 데 더 초점을 둔 건축물이라는 점을 고려하면, 기능적 저작물이라는 이유만으로 이 사건 원고 건축물의 창작성이 부정된다고 보기는 어렵다.

6. 사진저작물

사진저작물이란 일정한 영상에 의해 표현된 저작물이다. 사진은 빛의 물리적・화학적 작용을 이용해서 피사체를 필름 등에 재현하는 방법으로 제작하는 것이나, 이러한 사진의 제작방법과 유사한 방법에 의해 제작된 저작물도 사진저작물에 포함된다. 사진유사의 저작물에는, 예컨대 청사진, 전송사진 기타 인쇄술에 이용하는 Collotype, 사진요철(gravure) 등등 수없이 많다.

사진저작물이 탄생된 당초에는 그 저작물성이 문제되었으나 “어떠한 사진이 아무리 단순한 것일지라도 사진작가의 개인적인 영향력에 관계되는 것이어서 사진작가에 의하여 주관적으로 행하여지는 피사체의 선택, 사진 찍는 위치, 조도 및 촬영속도를 선택함으로써 저작권이 인정되기 위한 독창성이라는 요건을 충족”하므로 저작물로 인정하는 것은 당연하다 할 것이다.[126] 이러한 견해는 미국에서는 사진의 저작물성을 최초로 다룬 Burrow-Giles Lithographic Co. v. Sarony 판결 이래 일관된 것이다. 우리 판례 역시 “저작권법에 의하여 보호되는 저작물에 해당하기 위해서는 문학・학술 또는 예술의 범위에 속하는 창작물이어야 할 것인바, 사진의 경우 피사체의 선정, 구도의 설정, 빛의 방향과 양의 조절, 카메라 각도의 설정, 셔터의 속도, 셔터찬스의 포착, 기타 촬영방법, 현상 및 인화 등의 과정에서 촬영자의 개성과 창조성이 있으면 저작권법에 의하여 보호되는 저작물에 해당한다”고 본다.[127] 그러나 실제 적용은 저작물성 인정에 상당히 엄격한 것으로 보인다.[128] 한 견해는[129] 우리 법상 다음의 경우에는 저작물성을 인정할 수 없다고 한다.

ⅰ) 사진이나 기타 인쇄물의 단순한 복제에 지나지 않는 것, 예컨대 서화집이나 사진첩 등을 그대로 평면적으로 복제한 경우, ⅱ) 실용만을 목적으로 제작된 사진, 예컨대 주민등록증, 운전면허증, 여권 등 각종증명사진, 속도단속용 자동사진, ⅲ) 기계의 부품 등의 카탈로그 사진 등.

♣ 일본의 澁谷達紀 교수는 셔터를 누르는 것에 지나지 않는 일반인의 사진에도 적어도 ⅰ) 피사체의 선정, ⅱ) 촬영방법의 선택(앵글, 셔터 찬스)에 대해서는 표현상의 사상감정이 담겨져 있으므로 안이하게 저작물성을 부정해도 되는 것은 아니라고 한다.[130]

---

126) Time Inc. v. Bernard Geis Associates, 293 F. Supp. 130 (S.D.N.Y. 1968).

127) 대법원 2001.5.8.선고 98다43366 판결; 대법원 2006.12.8.선고 2005도3130 판결 참조.

128) 이러한 문제점의 지적 및 사진저작물의 창작성과 관련해서는, 이상정, “사진의 저작물성에 관한 일고,” 『계간저작권』(제105호: 2014년 봄호), 한국저작권위원회(2014.3.), 77면 이하 참조.

129) 권택수, “사진저작물이 저작권법에 의하여 보호되는 저작물에 해당하기 위한 요건,” 대법원판례해설 37호, 2001(권영준, 「저작권침해판단론」, 박영사, 2007, 207면에서 재인용).

130) 澁谷達紀, 「지적재산법강의 Ⅱ(제2판)」, 46면.

[미국판례] Burrow-Giles Lithographic Co. v. Sarony, 111 U.S. 53 (1884)

원고인 Sarony는 저명한 극작가인 오스카 와일드의 사진을 촬영하였는바, 피고 Burrow-Giles사가 원고의 사진 중 하나(Oscar Wilde No.18)를 대량으로 무단 복제하여 판매하였다. 피고는 원고의 사진은 피사체를 단순히 기계적인 방법으로 촬영한 것이므로 저작권법이 요구하는 창작성이 없다고 주장하였다. 이에 대해 연방대법원은 원고가 피사체를 단순히 기계적인 방법으로 촬영한 것이 아니라 피사체의 선택, 의상, 포즈, 배경, 조명 등에 있어서 창작성이 있음이 인정된다고 판시하였다.

[판례 1] 햄 제품사진 사건(대법원 2001.5.8.선고 98다43366 판결)[131)]

촬영하기로 한 사진은 피고 회사가 제작, 판매하는 햄제품 자체를 촬영하는 사진(이하 '제품사진'이라 한다)과, 이러한 햄제품을 다른 장식물이나 과일, 술병 등과 조화롭게 배치하여 촬영함으로써 제품의 이미지를 부각시켜 광고의 효과를 극대화하기 위한 사진(이하 '이미지사진'이라 한다)으로 대별된다. 그 중 제품사진은 비록 광고사진작가인 원고의 기술에 의하여 촬영되었다고 하더라도, 그 목적은 그 피사체인 햄제품 자체만을 충실하게 표현하여 광고라는 실용적인 목적을 달성하기 위한 것이고, 다만 이때 그와 같은 목적에 부응하기 위하여 그 분야의 고도의 기술을 가지고 있는 원고의 사진기술을 이용한 것에 불과하며(바로 그와 같은 광고사진의 기술을 이용하기 위하여 광고대행업을 하는 피고보조참가인이 촬영료를 지급하고 광고사진작가인 원고를 이용하여 그와 같은 촬영을 한 것으로 보아야 할 것이다), 거기에 저작권법에 의하여 보호할 만한 원고의 어떤 창작적 노력 내지 개성을 인정하기 어렵다 할 것이다.[132)]

[참고판례] 야마하 사건(서울서부지법 2006.3.22.자 2005카합1848 결정)

하급심 판결이기는 하나 위 판례 이후 저작물성을 인정한 다음과 같은 판결이 있다 : 채권자의 사진은 채권자가 판매하는 제품들의 특성을 살리고, 고급 브랜드의 이미지를 효과적으로 표현하기 위해 전문사진촬영업체에 촬영을 의뢰하여 제작한 사진으로서, 채권자는 상당한 비용과 시간을 들여 이 사건 사진을 제작하였고, 비록 사진의 용도가 제품의 모습 자체를 충실하게 표현하여 광고라는

131) 또 썸네일 이미지 사진과 관련해서는 후술 대법원 2006.2.9.선고 2005도7793 판결 참조.

132) 평석: 최정환, 「정보법판례백선(1)」, 391면. 또 박익환, "寫眞의 著作權保護," 『계간저작권』(제58권: 2002년 여름호), 저작권심의조정위원회(2002.6.30.), 61면 이하; 이해완, 『저작권법』(제2판), 박영사(2012), 98-99면 참조.

실용적인 목적을 달성하기 위한 것이라 하더라도 이 사건 사진 촬영을 위하여 투자한 시간과 비용, 선정과정 등 기록상 소명되는 사정에 비추어 볼 때 이 사건 사진은 제작자의 지적·정신적 노력이 투입됨으로써 창작성을 지니고 있고 이 사건 설명문 또한 제품의 특징을 설명하기 위한 용어의 조합 등 최소한의 창작성을 지니고 있다고 할 것인데, 채무자는 이 사건 사진 및 설명문을 그대로 복제하여 채무자의 홈페이지에서 사용하고 있으므로, 채무자는 채권자의 이 사건 사진 및 설명문에 대한 저작권을 침해하고 있다고 할 것이다.

[참고판례] Ets-Hokin v. Skyy Spirits, Inc., 225 F.3d 1068 (9th Cir. 2000)

제품

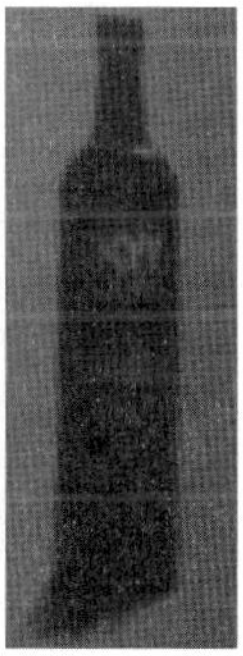
원고제품사진

Skyy 보드카 회사는 Ets-Hokin에게 의뢰하여 보드카 병의 사진을 촬영하였다. 원고 사진은 제품을 흰색 또는 황색의 배경막 앞에 두고 측면에서 조명을 비춰 찍은 것이었다. 사진을 받아 본 Skyy는 사진이 마음에 들지 않자 다른 작가에 의뢰하여 다시 사진 촬영을 하였다. 원고가 소를 제기하자 제1심은 원고의 사진은 피고 제품에 기초한 2차적 저작물에 해당하며, 보호받기에 충분한 창작성이 없다고 하면서 원고청구를 기각하였다. 이에 대해 항소심은 제1심을 파기하고 환송하였다.

항소심은 사진저작권의 역사를 검토한 후에 원고 사진의 창작성을 인정하였다. 항소심 견해에 의하면 제품사진이 2차적 저작물이 되기 위해서는 그 피사체인 제품이 저작권으로 보호되는 저작물이어야 한다. 법원은 보드카병은 실용적 요소와 미적 요소가 분리될 수 없는 실용품이며, 라벨 자체는 저작권 취득능력이 없으며, 상표법에 의한 보호가능성은 저작권법에 있어서의 지위와는 전혀 관계가 없다고 보았다. 이로써 본건 사진은 저작권의 대상물인 기존 작품에 의거한 것은 아니므로 2차적 저작물이 아니며, 저작권으로 보호받을 수 있다고 보았다.

[판례 2] 인터넷풍경사진 사건(서울중앙지법 2005.7.22.선고 2005나3518 판결)

프리랜서 사진작가인 원고가 국내의 아름다운 자연풍경을 촬영한 후 이를 자신의 사진집으로 출간하는 한편, 홍보목적으로 인터넷 사이트상에 게시해 놓은 사진들은, 피사체의 선정, 구도의 설정, 빛의 방향과 양의 조절, 카메라 각도의 설정, 셔터의 속도, 셔터찬스의 포착 등과 같은 촬영방법과 현상 및 인화 등의 과정에서 촬영자인 원고의 개성과 창조성이 뚜렷이 반영되어 있다.

* 그 밖에 광고용 책자 사건(대법원 2006.12.8.선고 2005도3130 판결)에서도 사진의 저작물성이 인정되었다.

[판례 3] 성형외과 사건(서울중앙지법 2007.6.21.선고 2007가합16095 판결)

성형외과 병원 홈페이지에 게시한 모발이식 전후의 환자 사진과 온라인 상담내용은 모두 작성자의 개성이나 창조성이 있다고 보기 어려워 저작물성이 인정되지 않으나, 다른 성형외과 원장이 이를 무단으로 도용해 자신의 홈페이지에 게시한 것은 법적으로 보호할 가치 있는 영업활동상의 신용 등의 무형의 이익을 위법하게 침해하는 것이 되어 불법행위를 구성한다.

[판례 4] 고주파수술사진 사건(대법원 2010.12.23.선고 2008다44542 판결)

저작권법에 의하여 보호되는 저작물에 해당하기 위해서는 문학·학술 또는 예술의 범위에 속하는 창작물이어야 하고 그 요건으로서 창작성이 요구되므로, 사진저작물의 경우 피사체의 선정, 구도의 설정, 빛의 방향과 양의 조절, 카메라 각도의 설정, 셔터의 속도, 셔터찬스의 포착, 기타 촬영방법, 현상 및 인화 등의 과정에서 촬영자의 개성과 창조성이 인정되어야 그러한 저작물에 해당한다고 볼 수가 있을 것이다(대법원 2001.5.8.선고 98다43366 판결, 대법원 2006.12.8.선고 2005도3130 판결 참조).

원심판결[133] 이유와 기록에 의하면, 이 사건 사진은 원고 회사가 생산한 고주파 수술기를 이용하여 치핵절제시술을 하는 과정을 촬영한 것, 고주파 응고법에 의한 자궁질부미란 치료의 경과를 촬영한 것, 고주파 원추절제기를 이용한 시술방법을 촬영한 것, 고주파 원추절제기를 사용한 절제 직후의 환부 모습과 경과를 촬영한 것 및 고주파 원추절제기로 절제한 표본들을 촬영한 것 등으로 모두 촬영 대상을 중앙 부분에 위치시킨 채 근접한 상태에서 촬영한 것이고, 이는 모두 고주파 수술기를 이용한 수술 장면 및 환자의 환부 모습과 치료 경과 등을 충실하게 표현하여 정확하고 명확한 정보를 전달한다는 실용적 목적을 위하여 촬영된 것임을 알 수 있으므로, 이러한 사진들이 구 저작권법상의 사진저작물로서 보호될 정도로 촬영자의 개성과 창조성이 인정되는 저작물에 해당한다고 보기는 어렵다.

[판례 5] '연예인 사진' 사건(서울중앙지법 2013.12.6.선고 2013나36605 판결)

이 사건 각 사진은 드라마의 제작 발표 기자회견이나 화장품, 커피 등 제품의 공개 홍보 현장에서 그 출연 배우 또는 광고 모델로 행사에 참가한 연예인들을 촬영한 것으로서, 촬영 목적 자체가 연예인의 활동 모습을 있는 그대로 독자들

133) 이 판결의 제1심인 '서울중앙지법 2006.1.27.선고 2003가합57616 판결'에 대해서는, 이기리, "사진의 저작물성에 관한 사례 연구," 『정보법학』(제10권 제2호), 한국정보법학회(2006.12.), 80면 이하 참조. 또 항소심 판결과 관련해서는, 조의연, "의료기 홍보물에 실린 환부치료 사진 등의 저작물성 및 의료기 제조 기술정보의 영업비밀성," *Law & technology*(제4권 제4호), 서울대학교 기술과법센터(2008.7.), 85면 이하 참조.

에게 전달하려는 것이고 촬영자의 고려 역시 피사체의 충실한 재현을 위한 기술적인 측면에서만 이루어졌다 할 것인바, 이는 특별한 사정이 없는 한 누가 촬영하더라도 같거나 비슷한 결과가 나올 수밖에 없는 사실의 전달에 불과한 보도사진이라 할 것이어서 저작권법에 의하여 보호될 정도로 촬영자의 개성과 창조성이 인정되는 저작물에 해당하지 않는다.

◈ 사진저작물 보호의 문제점

(1) 초상사진의 저작권 귀속

구저작권법 제13조는 "타인의 촉탁에 의하여 저작된 사진 · 초상의 저작권은 그 촉탁자에게 속한다"고 규정하여 초상 본인의 인격권 문제를 저작권 귀속의 특례를 통해서 해결하고자 하였다. 그러나 초상 본인의 인격권 보호라고 하는 저작권과는 전혀 별도의 요청을 저작권 귀속특례규정으로 해결한다는 것은 입법기술로서는 문제가 있었다. 여기에서 현행법은 이 특례규정을 삭제하고 저작권법 원칙으로 돌아가 저작권은 저작자인 사진작가에게 귀속하는 것으로 변경한 후 초상 본인의 인격권은 제35조 제4항을 신설하여 보호하고 있다.[134] 그러나 이로써 문제가 모두 해결된 것은 아니다. 즉 촉탁사진이란 원래 촉탁자가 그 사진을 이용하기 위해서 작가에게 부탁한 것인데 저작권이 사진작가에게 있다면 이를 자유로이 이용할 수 없기 때문이다. 결국 구법과 같이 "타인의 촉탁에 의하여 저작된 사진 · 초상의 저작권은 그 촉탁자에게 속한다"라는 규정으로 되돌아가거나 혹은 촉탁사진의 경우에는 촉탁자가 마음대로 사진저작물을 이용할 수 있다고 규정하여야 되는 것 아닐까. 참고로 독일 저작권법 제60조 제1항을 본다.

"제60조(초상) ① 초상의 주문자 또는 그 승계인은 초상을 사진에 의하여 복제하거나 복제시킬 수 있다. 초상에 관하여 사진저작물이 관계되는 때에는 사진 이외의 방법에 의한 복제도 허용된다. 복제본은 무상으로 배포될 수 있다."

(2) 경과조치

사진저작권 분야는 구법(1987.6.30.까지의 법)과 신법(1987.7.1. 이후의 법) 사이에 내용변경이 많았던 부분이다. 이에 따라 저작권법은 경과조치규정을 두고 있다.

1) 구법 제13조의 규정에 의한 촉탁저작물의 저작권 귀속은 구법에 의한다(부칙 2조 2항 3호). 즉 구법시 제작한 촉탁사진저작물의 저작권사는 촉탁자이다.

2) 구법 제36조의 규정에 의한 사진저작권의 귀속은 구법에 의한다(부칙 2조 2항 4호). 즉 학문적 · 예술적 저작물 중에 삽입된 사진의 저작권은 학문적 · 예술적 저작물의 저작자에게 귀속한다.

---

134) 저작권법 제35조 제4항: 촉탁에 의한 초상화 또는 이와 유사한 사진저작물의 경우에는 촉탁자의 동의가 없는 때에는 이를 이용할 수 없다.

3) 구법시 제작한 사진저작물이라 하더라도 신법 시행시(1987.7.1.)까지 저작권이 소멸하지 아니한 경우, 즉 제작시로부터 신법 시행시까지 10년이 채 되지 아니한 경우는 신법의 규정에 따라 저작자 사후 50년까지 보호된다(부칙 3조 2호).

♣ coffee break: 케네디 암살 촬영필름 192억원 보상

워싱턴 포스트는 1963년 미국 텍사스주 댈러스에서 존 F. 케네디 전 미국대통령이 암살되는 순간을 촬영한 에이브러햄 재프루더의 유족들이 필름의 국가 소유를 인정하는 대가로 1600만 달러(약 192억원)의 보상을 받게 되었다고 보도하였다.

미국 법무부 중재위원회는 케네디 관련 기록은 국가가 보존한다는 법률에도 불구하고 26초 분량의 필름이 사유재산이라는 유족들의 주장을 인정, 국가가 보상금을 지급해야 한다는 결정을 내렸다고 한다(1999.8.5. 동아일보 워싱턴 홍은택 특파원 기사에서).

7. 영상저작물

영상저작물은 연속적인 영상(음의 수반여부는 가리지 아니한다)이 수록된 창작물로서 그 영상을 기계 또는 전자장치에 의하여 재생할 수 있거나 보고 들을 수 있는 것을 말한다(법 2조 13호).

영상저작물에 대해서는 제작자의 투하자본을 안정적으로 회수할 수 있도록 특례규정이 마련되어 있다.[135]

8. 도형저작물

지도 · 도표 · 설계도 · 약도 · 모형 그 밖의 도형에 의해 표현된 저작물이다.

(1) 지 도

지도란 지구 표면의 전부나 일부를 일정한 축척에 따라 평면 위에 나타낸 도형이다. 지도에는 그 사용목적에 따라 지형도, 지세도, 지질도, 도로지도, 주택지도, 관광지도 등 다양한 표현형식이 존재한다.

---

135) 후술, 제2장 제9절 Ⅲ. 참조.

■ 측량 · 수로조사 및 지적에 관한 법률

측량 · 수로조사 및 지적에 관한 법률 제2조 10호는 '지도'란 측량 결과에 따라 공간상의 위치와 지형 및 지명 등 여러 공간정보를 일정한 축척에 따라 기호나 문자 등으로 표시한 것을 말하며, 정보처리시스템을 이용하여 분석, 편집 및 입력 · 출력할 수 있도록 제작된 수치지형도[항공기나 인공위성 등을 통하여 얻은 영상정보를 이용하여 제작하는 정사영상지도(正射映像地圖)를 포함한다]와 이를 이용하여 특정한 주제에 관하여 제작된 지하시설물도 · 토지이용현황도 등 대통령령으로 정하는 수치주제도(數値主題圖)를 포함한다.

지도는 그 작성을 위한 재료가 자연 혹은 객관적으로 존재하는 사실로서 그 재료를 축소한 척도로 평면상에 나타낸 것이므로 저작권법상 보호대상인지 의심하는 견해도 있다. 그러나 현실적으로는 일정한 스페이스 중에 특정한 지표상의 현상을 집어넣기 위해서는 정도의 차이는 있다고 하더라도 무엇인가의 생략 · 과장 등이 행하여진다. 이러한 지도상에 재료를 표현하려는 행위에 지도 작성자의 개성, 사상, 감정의 표현이 인정되어진다고 하면 여기에 저작물성을 인정하는 것이 된다. 따라서 산악의 상태, 고도, 하천의 상태 등의 지형의 형태, 도시의 존재 등 지도상에 표시되어 있는 모든 것이 자연과학 혹은 준자연과학의 대상이 되는 것으로, 작성자가 선인의 연구 성과를 이용하고 있더라도 그 어느 것을 버리고 어느 것을 여하히 표시하는지는 지도 작성자의 독자의 고려에 의한 것이기 때문에 여기에 작성자의 사상 감정이 표현되면 그 지도는 저작물로 되는 것이다. 즉 지형도에는 지형도 나름의, 도로지도에는 도로지도 나름의 표현방법이 여러 가지 있으며, 각각이 저작자의 사상 · 감정의 표현이기 때문에 지도도 저작물이 되는 것이다.

[판례 1] 대법원 2003.10.9.선고 2001다50586 판결

[1] 일반적으로 지도는 지표상의 산맥 · 하천 등의 자연적 현상과 도로 · 도시 · 건물 등의 인문적 현상을 일정한 축적으로 미리 약속한 특정한 기호를 사용하여 객관적으로 표현한 것으로서 지도상에 표현되는 자연적 현상과 인문적 현상은 사실 그 자체로서 저작권의 보호대상이 아니라고 할 것이어서 지도의 창작성 유무의 판단에 있어서는 지도의 내용이 되는 자연적 현상과 인문적 현상을 종래와 다른 새로운 방식으로 표현하였는지 여부와 그 표현된 내용의 취사선택에 창작성이 있는지 여부가 기준이 된다고 할 것이고, 한편 지도의 표현방식에 있어서

도 미리 약속된 특정의 기호를 사용하여야 하는 등 상당한 제한이 있어 동일한 지역을 대상으로 하는 것인 한 그 내용 자체는 어느 정도 유사성을 가질 수밖에 없는 것이다.

[2] 저작자의 지도책들에 있는 표현방식과 그 표현된 내용의 취사선택이 이전에 국내 및 일본에서 발행되었던 지도책들이 채택하였던 표현방식과 그 표현된 내용의 취사선택에 있어 동일·유사하거나 국내외에서 보편적으로 통용되는 기호의 형태를 약간 변형시킨 것에 불과하여 창작성을 인정할 수 없다.136)

[판례 2] 오니온맵 사건(서울중앙지방법원 2009.5.15.선고 2008가합36201 판결)137)

각 도시의 여러 구조물 중 주요 관광지나 구조물만을 선택하여 지도에 표시하거나, 전체 도시 중 주요 관광구역 내지 상업구역을 선택·구획하여 지도에 표시하는 방법 및 전체적으로는 평면으로 나타내고 주요 구조물만 3D 등의 입체적인 형태로 표시하고, 위 구조물 등을 실사에 이를 정도로 세밀하게 묘사하는 등의 표현방식은 위 A서비스가 제공되기 이전에 이미 국내외의 디지털 지도에서 널리 사용되고 있던 표현방법인 사실, 위 12개 도시 중 홍콩을 제외한 나머지 도시에 관하여 위 각 도시의 관광청에서 작성한 지도와 원·피고들이 작성한 지도의 표시구역이 거의 일치하는 사실, 피고 甲은 위 A서비스가 제공되기 이전부터 입체 형상의 건물, 물건, 구조물 등의 아이콘을 제작하여 판매하여 오고 있었던 사실이 인정되고, 또한 원고가 작성한 위 A에서 구체적으로 표현한 각 구조물도 실제 건물의 모습을 기초로 이를 그대로 묘사한 것에 불과하여, 위 A에 대하여 독자적인 도형저작물 내지 미술저작물로서의 창작성을 인정할 수는 없다.

[판례 3] '천하유럽' 사건(대법원 2011.2.10.선고 2009도291 판결)

[1] 일반적으로 지도는 지표상의 산맥·하천 등의 자연적 현상과 도로·도시·건물 등의 인문적 현상을 일정한 축척으로 약속된 특정한 기호를 사용하여 객관적으로 표현한 것으로서, 지도상에 표현되는 자연적 현상과 인문적 현상은 사실 그 자체일 뿐 저작권의 보호대상은 아니라고 할 것이므로, 지도의 창작성 유무를 판단할 때에는 지도의 내용이 되는 자연적 현상과 인문적 현상을 종래와 다른 새로운 방식으로 표현하였는지, 그 표현된 내용의 취사선택에 창작성이 있는지 등이 판단의 기준이 되고, 편집물의 경우에는 일정한 방침 혹은 목적을 가지고 소재를 수집·분류·선택하고 배열하는 등의 작성행위에 편집저작물로서 보호를 받을 가치가 있을 정도의 창작성이 인정되어야 한다.

---

136) 평석: 이상정, 「정보법판례백선(1)」, 447면. 원심판결: 서울고법 2001.5.29.선고 2000나16673 판결.

137) 또 상고심(대법원 2010.4.15.선고 2009도14298 판결)에서도 문제된 지도의 창작성이 부정되었다.

[2] 검사는 피고인이 갑에게 저작권이 있는 여행책자의 내용을 배열이나 단어 일부를 바꾸는 방법으로 다른 여행책자를 발간·배포함으로써 저작권을 침해하였다고 주장하나, 갑의 여행책자 중 여행지의 역사, 관련 교통 및 위치정보, 운영시간, 전화번호 및 주소, 입장료, 쇼핑, 식당 및 숙박정보 등에 관한 부분은 객관적 사실이나 정보를 별다른 특색 없이 일반적인 표현형식에 따라 있는 그대로 기술한 것에 지나지 않아 창작성을 인정할 수 없고, 지도부분도 자연적 현상과 인문적 현상이 종래의 통상적인 방식과 특별히 다를 것이 없어 창작성을 인정할 수가 없으며, 관광지, 볼거리, 음식 등을 주관적으로 묘사하거나 설명하고 있는 부분의 경우, 유사해 보이는 어휘나 구문이 피고인의 책자에서 일부 발견되기는 하지만, 전체 책자에서 차지하는 질적·양적 비중이 미미하여 그 창작적 특성이 피고인의 책자에서 감지된다고 보기는 어렵고, 또한 편집구성 부분의 경우, 갑의 책자는 소재의 수집·분류·선택 및 배열에 편집저작물로서의 독자적인 창작성을 인정할 수 있으나, 피고인의 책자와는 구체적으로 선택된 정보, 정보의 분류 및 배열 방식 등에서 큰 차이를 보이고 있으므로, 이들 여행책자 사이에 실질적 유사성이 없다고 본다(무죄).[138]

[일본판례] 동경지재 2001.1.23.선고 平成11년(ワ)제13552호

일반적으로 지도는 지형이나 토지의 이용상황 등을 소정의 기호 등을 이용해서 객관적으로 표현하는 것이며, 개성적 표현의 여지가 적고, 문학·음악·조형미술상의 저작에 비해서 창작성을 인정할 수 있는 여지가 적은 것이 통례이다. 그렇더라도 기재해야 할 정보의 취사선택 및 그 표시의 방법에 관해서는 지도 작성자의 개성·학식·경험·현지 조사의 정도 등이 중요한 역할을 과할 수 있는 것이므로, 여기에 창작성이 나타날 수 있는 것이다. 그래서 지도의 저작물성은 위에 기재해야 할 정보의 취사선택 및 그 표시의 방법을 종합해서 판단해야 할 것이다.

■ 미국저작권법상 지도저작물의 창작성[139]

지도는 1790년 최초의 미국저작권법이 제정된 이래 저작물로서 보호해 왔고, 그 저작물성에 의문을 품은 적은 한번도 없지만 1909년법하에서 일부 판례가 다른 종류의 저작물보다 창작성 요건을 엄격하게 요구했기 때문에 논란을 불러 일으켰다.

지도의 창작성을 인정받기 위해서는 제작자가 지형을 직접 관찰할 필요가 있는

138) 본 판결과 관련해서는, 유영선, "사실적·기능적 저작물의 실질적 유사성 판단방법," 「企業法·知識財産法의 새로운 地平」(진산 김문환선생 정년기념논문집 제2권), 법문사, 2011, 646면 이하 참조.

139) マーシャル·A·リーファ-/牧野和夫(監譯), 「アメリカ著作權法」, LexisNexis, 2008, 184면, 203면.

가와 관련해 Amsterdam v. Triangle Publications, Inc. 사건[140]에서 법원은 창작성 기준을 충족시키기 위해서는 지도의 발행자는 어느 정도 직접 관찰, 즉 당해 지역의 實地관측, 계산, 조사 등, 독자적인 작업을 행할 필요가 있다고 판시하였다. 이 견해에 따르면 공유의 정보를 단순히 재배치한 것에 불과한 지도는 이 기준을 충족하지 못한 것으로 된다. Amsterdam 사건은 저작자에게 특수한 '이마의 땀' 요건을 부과하며, 이를 통해 다른 저작물보다 엄격한 창작성 요건을 지도저작물에 요구하였다. Feist 판결에 의한 '이마의 땀'이론의 종언과 더불어 직접관찰을 요구하는 판례의 유효성은 더욱 의심스러운 것으로 되었다.

Feist 판결 이전에도 판례에 따라서는 직접관찰요건을 부정하고 지도의 창작성 기준을 다른 편집물 혹은 사실에 기한 작품과 동일하게 취급했다. 예컨대 United States v. Hamilton 사건[141]에서 법원은 카피된 지도(copied map)는 이미 공유로 된 정보의 단순한 합성이기 때문에 저작권을 취득할 수 없다는 피고의 주장을 거절했다. 법원은 지도에 대해서도 저작권으로 보호되는 다른 저작물과 동일하게 보고, 저작물에 무언가 창작적인 것이 나타나기만 하면 된다고 보았다. 따라서 사실의 재배치 및 결합은 공유정보를 사소하게 변경한 것이 아닌 한 저작권으로 보호된다고 판시하였다. 선택, 구성(design), 그리고 합성이라고 하는 원작성(authorship)의 요소는 그 기준을 충분히 만족시키고 있다. Hamilton 판결에 의해 지도제작자의 법적 지위는 회화, 도형 또는 조각 저작물의 저작자와 동등하게 되었다. 보다 높은 창작성을 요구하는 것은 지도제작자의 지도제작술에 대한 창조적 각색의욕을 감소시키므로 그다지 정당성이 없는 것 같다.

또 하나의 문제는 지도에 있어서 아이디어와 표현의 혼동(융합)이라는 문제이다. Mason v. Montgomery Data, Inc. 사건[142]에서는 공유정보원(public domain sources)의 정보를 사용한 원고의 부동산소유 분포 지도는 다양한 표현형태가 생각되며, 사실의 선택 및 배열만이 아니고 그들의 도형 및 회화요소에 있어서도 충분한 창작성이 있고, Feist 사건 판결에서 요구한 창작성의 기준을 충족한다고 인정하였다. 이에 비해 Kern River Gas Transmission Co. v. Coastal Corp. 사건[143]에서는 원고에 의한 정부조사지도에 있어서 전국 가스 파이프라인 부설예정도(敷設豫定圖)의 묘사는 아무리 창작적이더라도 파이프라인 위치구상을 표현할 수 있는 유일한 효율적 방법이므로 저작권이 성립할 수 없다고 판시하였다.

---

140) 93 F. Supp. 79 (E.D. Pa. 1950), aff'd 189 F.2d 104(3d. Cir. 1951).

141) 583 F.2d 448 (9th Cir. 1978).

142) 967 F.2d 135 (5th Cir. 1992).

143) 899 F.2d 1458 (5th Cir. 1990).

(2) 설계도

우리 법은 설계도를 저작물의 하나로 예시하고 있다. 이 중 건축설계도는 건축저작물로 분류됨은 이미 본 바와 같다. 문제는 설계도 중 기계 등 공업제품설계도의 경우이다. 이들의 대부분은 일정한 기술사상을 정해진 작도법에 따라 표현하므로 누가 해도 동일하게 되는 경우가 많다. 즉 설계의 기초가 된 기술사상에는 독창성이 있어도 그 표현과정에 창작성이 인정되지 않는 경우가 대부분이다. 만약 표현과정만의 창작성(이를 '작도상의 창작성'이라 부른다)을 요구한다면 기계설계도의 대부분은 저작물성이 부정될 것이다.144) 결국 공업제품 등 單位 物品 설계도의 보호는 산업재산권법이나 부정경쟁방지법, 불법행위법에 맡길 수밖에 없다. 결과적으로 설계도로서 저작권법의 보호를 받을 수 있는 것은 시스템 설계도나 시가지 설계도 등 개인의 창작의 여지가 있는 도면에 한정되나 이 경우도 기능적·기술적 고려 ―이 부분은 저작권법의 보호대상이 아니다―가 필요하기 때문에 그대로 복제되거나, 거의 그대로 복제된 경우에만 보호되는 약한 저작권(thin copyright)이 될 수밖에 없다.

[판례 1] 수색지구 설계도면 사건(서울지방법원 2000.6.2.선고 99가합12579 판결)

피고들은, 원고의 수색지구 주거지역의 설계도면은 서울시가 현상공모한 '수색지구 기본계획 기술공모'에 응모하여 작성, 제출된 것으로 이는 위 현상공모 과정에서 서울시가 사전에 제시한 수색지구 개발의 기본적인 개발 관념을 보다 상세하게 표현한 것에 불과하며 원고의 독자적인 아이디어의 표현이라고는 보기 어렵다는 취지로 주장한다.

그러나 앞서 인정한 바와 같은 중앙의 수평과 수직의 +자의 교차로, 수평축 하부쪽의 반원형 굴곡 도로, +자 중앙으로부터 방사상으로 뻗어 나간 도로와 건물의 배치 등을 종합하여 볼 때 원고의 이 사건 설계도는 원고의 경험, 사상을 표현함에 있어 그 전체적인 표현이 창작성을 가지는 저작물이라 할 것이고 따라서 저작권법상 보호의 대상이 된다 할 것이다.

* 본건에서 법원은 피고의 행위를 복제권 및 전시권 침해로 보았다. 전시권 침해를 인정한 점

144) 하여 "설계도에 저작물성이 인정된다고 하면 그것은 기계 등의 구조를 2차원의 도면에 표기하기 위한 작도상의 제 연구(諸研究; 諸工夫)에 창작성이 인정되기 때문이다(外ならない)" [田村善之, 「著作權法」(제2판), 93면]고 하거나, 저작권법의 보호를 받기 위해서는 "설계도 그 자체에 표현상의 사상 감정이 들어가 있는 경우, 예컨대 그것이 음영을 입힌 입체도나 원근법을 사용한 조감도로서 묘사되고 있는 경우이다"(澁谷達紀, 앞의 책, 40면)고 한다.

에 비추어 미술저작물 등의 하나로 본 것 같다.

[판례 2] 기능적 저작물의 창작성 유무의 판단방법(대법원 2005.1.27.선고 2002도965 판결)

저작권법은 제4조 제1항 제8호에서 "지도·도표·설계도·약도·모형 그 밖의 도형저작물"을 저작물로 예시하고 있는데, 이와 같은 도형저작물은 예술성의 표현보다는 기능이나 실용적인 사상의 표현을 주된 목적으로 하는 이른바 기능적 저작물로서, 기능적 저작물은 그 표현하고자 하는 기능 또는 실용적인 사상이 속하는 분야에서의 일반적인 표현방법, 규격 또는 그 용도나 기능 자체, 저작물 이용자의 이해의 편의성 등에 의하여 그 표현이 제한되는 경우가 많으므로 작성자의 창조적 개성이 드러나지 않을 가능성이 크며, 동일한 기능을 하는 기계장치나 시스템의 연결관계를 표현하는 기능적 저작물에 있어서 그 장치 등을 구성하는 장비 등이 달라지는 경우 그 표현이 달라지는 것은 당연한 것이고, 저작권법은 기능적 저작물이 담고 있는 사상을 보호하는 것이 아니라, 그 저작물의 창작성 있는 표현을 보호하는 것이므로, 기술 구성의 차이에 따라 달라진 표현에 대하여 동일한 기능을 달리 표현하였다는 사정만으로 그 창작성을 인정할 수는 없고 창조적 개성이 드러나 있는지 여부를 별도로 판단하여야 한다(이 건에서는 지하철 통신설비 중 화상전송설비에 대한 제안서도면에 관하여 기능적 저작물로서의 창작성을 인정하기 어렵다는 이유로 그 저작물성을 부인하였다).[145)]

[판례 3] '점포 디자인' 사건(서울중앙지법 2006.7.12.선고 2006가합14405 판결)

사실관계: 甲은 乙 회사와 프랜차이즈 가맹점 계약을 체결하여(2004.12.) 회전초밥식당을 운영함에 있어, 점포설계와 실내외 디자인을 丙에게 의뢰한 후, 丙으로부터 점포설계와 실내외 디자인에 관한 일체의 권리를 양도받았다. 그런데 乙 회사는 丙으로부터 설계도를 넘겨받는 방법으로, 또 乙과 가맹점 계약을 체결하는 점주들은 甲의 점포를 방문하는 방법으로, 甲의 점포의 실내외 디자인과 동일하거나 실질적으로 유사하게 디자인하였다. 그 후 甲은 乙 회사와의 가맹점 계약을 해지하고(2006.1.), 다른 상호로 회전초밥식당을 운영하면서 乙 회사 및 그 가맹점들이 자신의 디자인을 침해하고 있다고 주장하면서 침해물의 철거 및 손해배상을 청구하였다.

법원의 판단: 법원은 上記 대법원 2002도965 판결을 인용하면서 다음과 같이

---

145) 평석: 강기중, 「정보법판례백선(1)」, 486면. 본 판결은 원심판결(서울지법 2002. 1. 30.선고 2001노1890 판결)을 파기한 것이다. 원판결에 찬성하면서 대법원 판결을 비판한 평석에는 이상정, "기능적 저작물의 창작성 유무의 판단 방법," 「계간 저작권」(제72호), 저작권심의조정위원회, 2005.12, 58면 이하. 원심판결은 저작권심의조정위원회, 「한국 저작권 판례집[10]」, 2006, 180면 이하 참조.

판시하였다.

(1) 이 사건 각 설계도는 점포의 실내외 장식을 위해 필요한 형상, 치수 등의 사항을 일정한 규약에 따라 도면에 표시한 것이다. 이 사건 설계도와 원고 점포의 실내외 디자인은 예술성의 표현보다는 기능이나 실용적인 사상의 표현을 주된 목적으로 하는 기능적 저작물이라고 할 것이므로, 기능적 요소 이외의 요소를 갖추고 전체적인 외관에 창작성이 인정되는 경우에 저작권의 보호를 받는 저작물에 해당한다.

(2) 이 사건 각 설계도와 원고 점포의 실내외 디자인 중 기능적 요소 이외의 부분이 [적지 않으나 이들은] "이 사건 각 설계도를 작성하고 원고 점포의 실내외 디자인을 구성하면서 참조한 피고 회사 본점의 실내외 디자인에서 사용된 표현방식 및 그 조합, 배열에 있어 동일 혹은 유사하거나, 일부 변형된 것에 불과하고 나머지 점들 또한 국내 상가의 실내외 디자인에서 일반적으로 사용되는 표현방식 및 그 조합 및 배열에 있어 동일, 유사하거나, 일부 변형된 것에 불과하여 이 사건 각 설계도 및 원고 점포의 실내외 디자인의 그 구성부분 또는 그 전체적인 외관에 창작성이 있다고 인정할 수 없다. 또, 달리 이를 인정할 증거가 없으므로, 이 사건 각 설계도 및 원고 점포의 실내외 디자인은 저작권법이 보호하는 저작물에 해당한다고 할 수 없다."

[판례 4] '현대방폭' 사건(대법원 2007.8.24.선고 2007도4848 판결)[146)]

(1) 저작권법에서 예시한 도형저작물은 예술성의 표현보다는 기능이나 실용적인 사상의 표현을 주된 목적으로 하는 이른바 기능적 저작물로서, 그 표현하고자 하는 기능 또는 실용적인 사상이 속하는 분야에서의 일반적인 표현방법, 규격 또는 그 용도나 기능 자체, 저작물 이용자의 이해의 편의성 등에 의하여 그 표현이 제한되는 경우가 많으므로 작성자의 창조적 개성이 드러나지 않을 가능성이 크지만, 기능적 저작물도 저작권법의 보호대상이 되기 위해서는 작성자의 창조적 개성이 나타나 있어야 할 것임은 물론이다(대법원 2005.1.27.선고 2002도965 판결 참조). 그리고 어떤 기계장치를 표현하는 설계도와 같은 기능적 저작물에 있어서 구 저작권법은 그 기능적 저작물이 담고 있는 기술사상을 보호하는 것이 아니라, 그 기능적 저작물의 창작성 있는 표현을 보호하는 것이므로, 설령 동일한 기계장치를 표현하는 설계도가 작성자에 따라 정확하게 동일하지 아니하고 다소간의 차이가 있을 수 있다고 하더라도 그러한 사정만으로 그러한 기능적 저작물의 창작성을 인정할 수는 없고 작성자의 창조적 개성이 드러나 있는지 여부를 별도로 판단하여야 할 것이다.

(2) 피해자 현대방폭전기 주식회사의 허락 없이 도면의 주요 부분은 그대로 둔 채 회사 상호 일부에만 수정을 가하여 일신산업전기 주식회사의 인터넷 홈페이

146) 원심판결: 수원지법 2007.5.31.선고 2006노612 판결.

지에 게재하였다는 이 사건 도면은 현대방폭이 제작한 실링 휘팅, 케이블 그랜더, 500와트 더블 항공장해 등의 제품도면으로서 위 제품들의 구조, 규격, 기능 등을 당해 기술분야의 통상적인 기술자들이 정확하게 이해할 수 있도록 일반적인 표현방법, 도면작성방법에 따라 표현된 것으로서 누가 작성하더라도 달리 표현될 여지가 거의 없을 뿐 아니라, 설령 작성자에 따라서 다소 다르게 표현될 수 있는 여지가 있다고 하더라도 이 사건 도면에 작성자의 창조적 개성이 드러나 있다고 할 수 없는 것이어서 구 저작권법의 보호대상이라고는 할 수 없고, 이러한 사정은 설령 이 사건 도면을 작성함에 있어서 상당한 정도의 시간과 노력이 들어갔다고 하여 달리 볼 것은 아니다.

* 또 대법원 2009.1.30.선고 2008도29 판결 참조.

[판례 5] '타라 강남지점 인테리어' 사건(서울중앙지법 2012.2.12.선고 2009가합33025 판결)

원고가 피고에게 제시한 제안서에 사무실의 공간을 고객공간, 작업공간, 사무공간으로 구분한 사실은 인정되나, 피고의 기존 매장 중에 이미 안내데스크를 기준으로 고객공간과 내부공간으로 구분한 지점(강남점)이 있었던 사실, 작업 동선에 따른 가구배치에 관하여는 원고와 피고가 협의를 거쳐 위 설계도를 작성한 사실, 피고가 인테리어 시공 입찰에 참여한 업체들에게 가이드라인을 제시하였는데, 위 가이드라인에 내부 작업 공간, 사무실, 셀프 존(고객 대기 공간)을 구분할 것을 요구한 사실을 엿볼 수 있고, 나아가 인쇄나 제본 등을 주로 하는 영업장에서는 작업의 효율성을 위하여 인쇄 장비 등을 한 쪽으로 모으고, 사무업무를 보는 책상 등을 그와 구분하여 배치하는 것은 흔히 생각할 수 있는 공간 구성이라 할 수 있는 점 등에 비추어 볼 때, 위와 같은 공간 구분 사실만으로는 위 설계도가 원고가 독창적으로 작성한 것이라고 보기 어렵다.

◈ 기계설계도에 따라 기계를 제작하는 것은 저작권 침해로 되는가?

저작권법 제2조 제22호의 취지나 특허법, 실용신안법의 취지에 비추어 볼 때 이러한 경우에는 저작권 침해가 아니라고 본다.

◈ 설계도 등과 관련된 일본 판례의 경향

건설설계도에 대해서는 대략 저작물성을 긍정하는 경향에 있다. 그러나 기계 등, 공업제품의 설계도에 대해서는 저작물성을 인정하는 판례(丸棒矯正機사건)도[147] 있

147) 이 판결에서는 설계도의 저작물성은 긍정했으나, 丸棒矯正機와 같이 실용의 기계는 건축저작물과 달리 그 자체는 저작물로서 보호받는 것이 아니기 때문에 설계도에 따라 기계를 제작하는 행위는 복제가 되지 아니한다고 판시하였다[일본 오사카 지재 평성 4년

으나, 스모킹스탠드 사건[동경지재 1997.4.25. 平5(ワ)22205]에서는 설계도면에 묘사된 제품 디자인이 저작권법상 보호되지 않는 것이라는 것을 이유로 디자인의 창작성을 고려할 것 없이, 작도상 · 표기상의 창의연구가 인정될 수 없다고 해서 설계도의 저작물성을 부정했다.[148] 이렇게 되면 설계도에 기해 기계를 제작하는 것은 물론 설계도 그 자체를 모사하는 것을 금지하는 것도 힘들게 되며, 기계 설계도의 보호는 저작권법의 영역을 떠나 산업재산권법, 부정경쟁방지법, 불법행위법의 영역으로 된다.

9. 컴퓨터프로그램저작물

'컴퓨터프로그램저작물'이라 함은 특정한 결과를 얻기 위하여 컴퓨터 등 정보처리능력을 가진 장치(이하 '컴퓨터'라 한다) 내에서 직접 또는 간접으로 사용되는 일련의 지시 · 명령으로 표현된 창작물을 말한다(법 2조 16호).[149]

Ⅲ. 특수한 저작물

1. 2차적 저작물

외국소설을 우리말로 번역한다든지, 클래식 음악을 경음악화한다든지, 소설을 각본화하거나 또는 이를 영화화한다든지 하는 것은 아주 흔한 일이다. 이렇듯 기존의 저작물을 토대로 이것에 새로운 창작성이 가하여져 새로운 저작물이 작성된 경우 이 새로운 저작물을 2차적 저작물이라 한다. 이러한 2차적 저작물은 기존의 저작물(원저작물)과는 별도로 저작권법에 의해 보호된다. 법은 원저작

(1992).4.30]. 이 판결에 대한 평석은, 玉井克哉, "工作機械の設計圖," 「著作權判例百選」(2판), 54-55면(26번 사건); 宮下佳之, "設計圖の著作物性(1)," 「著作權判例百選」(4판), 18-19면(8번 사건).

148) 보다 자세한 것은, 大渕哲也 외, 「知的財産權判例集」, 有斐閣, 2005, 269-270면 참조. 이에 대한 평석은, 井關涼子, "設計圖の著作物性(2)," 「著作權判例百選」(4판), 20-21면(9번 사건).

149) 컴퓨터프로그램저작물에 대한 설명은 별도로 하기로 한다(본서 제2장 제13절 이하 참조).

물을 번역·편곡·변형·각색·영상제작 그 밖의 방법으로 작성한 창작물(이하 '2차적 저작물'이라 한다)은 독자적 저작물로서 보호된다고 규정하고 있다.

따라서 2차적 저작물로 보호받기 위해서는 원저작물과는 별도로 새로운 창작성이 가하여져 있어야 하며, 기존 저작물에 다소의 수정·증감을 가한 데 불과한 것(예컨대 구두점, 용어의 변경 등)은 기존 저작물의 복제물에 불과하며, 2차적 저작물이 아니다.

원 저작물	→ (의거성·창작성) →	2차적 저작물

아울러 "어떤 저작물이 원작에 대한 2차적 저작물이 되기 위해서는 단순히 사상(idea), 주제(theme)나 소재가 같거나 비슷한 것만으로는 부족하고 두 저작물간에 실질적 유사성(substantial similarity), 즉 사건의 구성(plot) 및 전개과정과 등장인물의 교차 등에 공통점이 있어야 한다."[150]

한편 2차적 저작물의 작성은 원작자의 2차적 저작물작성권(법 22조)의 범위에 속하기 때문에 원저작자의 허락을 필요로 한다. 또 2차적 저작자의 보호는 그 원저작물의 저작자의 권리에 영향을 미치지 아니하므로(법 5조 2항 참조) 제3자가 2차적 저작물을 이용하려는 경우에는 2차적 저작물의 저작자는 물론 원저작자의 허락도 얻어야 한다. 즉 쌍방의 허락을 필요로 한다.

그 경우, 즉 2차적 저작물을 토대로 다시 번역·편곡 등으로 작성된 새로운 저작물 역시 2차적 저작물이다(3차적 저작물이 아니다). 1986년법은 1957년법 제5조와는 달리 원저작자의 허락 등 적법요건을 규정하고 있지 아니하므로 적법하게 작성되지 아니하였다 하더라도 2차적 저작물로서 보호받는 데는 지장이 없으나,[151] 허락(법정허락 포함) 없이 2차적 저작물을 작성한다든지, 이렇게 작성된 2차적 저작물을 원저작자의 허락 없이 이용하는 것은 모두 원저작자의 권리를 침해하는 것으로 된다.[152]

---

150) 서울민사지법 1990.9.20.선고 89가합62247 판결.

151) 1957년법 제5조는 "타인의 저작물을 그 창작자의 동의를 얻어" 번역한 자는 원저작자의 권리를 해하지 않는 범위 내에서 이를 본법에 의한 저작자로 본다고 규정하고 있었다. 이 조항은 적법성요건을 규정한 것이며, 미국 저작권법 제103조 역시 마찬가지이다. 구법시대 '죽음의 수용소' 사건 판결에서 법원은 허락받지 않은 번역물은 법의 보호를 받을 수 없다고 판시하였다(서울고법 1975.6.13.선고 74나1938 판결).

[판례 1] 「한국인의 웃음」 사건 = 2차적 저작물의 성립요건(서울고법 1987.8.21.선고 86나1846 판결)

사실관계: 원고가 우리나라의 옛 문헌들 속에 수록되어 있는 이야기나 구전되어 오는 이야기들 중에서 웃음거리만을 수집하여, 그 중 한문체의 옛 문헌은 현대어로 역해하고 구전된 소재는 정리한 후 그 내용을 첨삭하여 집필한 「한국인의 웃음」이라는 저작물의 일부를 피고들이 발췌·출판한 사건이다.

판결요지: 가. 우리나라의 옛 문헌들 속에 수록되어 있는 이야기나 구전되어 오는 이야기들 중에서 웃음거리만을 수집하여, 그 중 한문체의 옛 문헌은 현대어로 역해하고 구전된 소재는 정리한 후 그 내용을 첨삭하여 집필한 「한국인의 웃음」은 그 소재의 선택과 표현기법 등에 있어서 정신적인 노력을 바탕으로 한 새로운 저작물이다.

나. 피고는 「한국인의 웃음」은 결국 10대 기서와 「고금소총」에서 내용을 발췌한 것으로 이주홍이 창작한 저작물이 아닐 뿐 아니라 타인의 저작물을 번역·개작 또는 편집한 자는 그 창작자의 동의를 얻은 경우에 한하여 원저작자의 권리를 해하지 않는 범위 내에서 저작자로 보는 것인바, 원저작자의 동의를 얻지 못한 이주홍은 어떤 권리도 취득할 수 없다고 주장하므로, 살피건대 「한국인의 웃음」에 수록된 365개의 이야기 중 65개의 이야기가 소외 조영암이 발췌·번역한 「고금소총」에 실려 있는 이야기들과 그 소재와 내용이 유사한 사실을 인정할 수 있으나 그것만으로는 「한국인의 웃음」에 수록된 이야기들이 위 「고금소총」이나 10대 기서를 표절한 것이라고 인정할 자료로 삼기에는 부족하므로(표현기법에 있어서 차이가 있을 뿐만 아니라 「한국인의 웃음」이 「한국풍류소담」이라는 제명으로 발간된 시기가 「고금소총」보다 오히려 앞선다) 피고의 주장은 이유 없다.

다. 피고들이 소외 망 이주홍의 저작인 「한국인의 웃음」 중 일부 이야기를 그대로 표절하여 발행하거나 표절된 부분을 일부 수정하여 발행한 것은 이주홍의 저작권을 침해한 것이므로 피고 조능식은 「전설얘기책」, 단행본인 「한국 유모어」 및 「한국 유모어」 제1·2권의 편저자로서, 피고 이주녕은 그 발행인으로서 공동으로 이주홍의 재산상속인들인 원고들에 대하여 저작권 침해에 대한 책임을 져야 한다.

[판례 2] 「테레사의 연인」 사건 = 2차적 저작물의 성립요건(서울지법 남부지원 1989.12.8.선고 88가합2442 판결)

사실관계: 피고는 KBS 제2텔레비전의 가요 드라마라는 연속 프로그램에서 원고의 승낙이나 동의 없이 단막극 「고독」을 방영하면서 원고의 가요 「고독」을 그 작사·작곡자의 성명도 밝히지 아니한 채 원곡 그대로 또는 편곡하여 아코디언

152) 후술 「꼬마철학자」 사건 참조.

이나 전자오르간 등의 악기나 남자의 휘파람, 콧노래 등으로 부르거나 연주하게 하여 이를 위 가요 드라마의 주제음악 및 배경음악으로 이용하였다. 그런데 원래 가요 「고독」은 원고가 쓴 자전적 소설인 「테레사의 연인」이라는 소설의 주제곡으로 스스로 작사·작곡한 것이었다.

원고는 피고의 단막극 「고독」은 위 「테레사의 연인」의 2차적 저작물로서 원고의 2차적 저작물 작성 침해이며, 아울러 위 가곡 「고독」을 원곡 그대로 또는 편곡하여 아코디언이나 전자오르간 등의 악기나 남자의 휘파람, 콧노래 등으로 부르거나 연주하게 하여 이를 위 가요드라마의 주제음악 및 배경음악으로 이용한 것은 원고의 저작물인 가요 「고독」에 관한 방송권 및 2차적 저작물 등의 작성·이용권 등을 침해하였다고 주장하였다.

판결요지: 가. KBS 제2텔레비전의 가요 드라마라는 연속 프로그램에서 원고의 승낙이나 동의 없이 단막극 「고독」을 방영하면서 원고의 가요 「고독」을 그 작사·작곡자의 성명도 밝히지 아니한 채 원곡 그대로 또는 편곡하여 아코디언이나 전자오르간 등의 악기나 남자의 휘파람, 콧노래 등으로 부르거나 연주하게 하여 이를 위 가요 드라마의 주제음악 및 배경음악으로 이용한 것은 원고의 저작물인 가요 「고독」에 관한 방송권 및 2차적 저작물 등의 작성·이용권 등의 저작재산권과 그 내용 및 형식의 동일성을 유지할 권리인 동일성 유지권 등 저작인격권을 침해한 것이다.

나. 2차적 저작물이라 함은 원저작물을 번역, 편곡, 변형, 각색, 영상제작 그 밖의 방법으로 작성한 파생적 창작품을 말하는 것으로서, 원저작물을 이용하여 이에 의거하였다 하더라도 일반 사회통념상 전혀 별개의 독립적인 새로운 저작물이라고 인정될 정도의 것을 창출하였다면 이는 2차적 저작물이 아니라 독립의 새로운 저작물이라 할 것인바, 원고가 1984년 6월경 원고의 자전적 소설인 「테레사의 연인」을 저작·발표한 후 같은 해 12월경 위 소설의 주제음악이라는 이름으로 가요 「고독」 등 6곡을 작사·작곡하여 이를 출반하게 된 사정 등만으로는 가요 「고독」이 서로 그 장르가 다른 소설 「테레사의 연인」의 2차적 저작물이라거나 그 외 동일성이 인정된다고 보기 어려우므로 가요 「고독」이 소설 「테레사의 연인」의 2차적 저작물임을 전제로 한 원고의 주장도 이유 없다(밑줄: 필자).

[판례 3] 「행복은 성적순이 아니잖아요」 사건(서울민사지법 1990.9.20.선고 89가합62247 판결)

사실관계: 원고는 무용극의 창작안무가로서 「행복은 성적순이 아니잖아요」라는 무용극을 창작하여 공연하였다. 피고는 원고의 승낙을 얻어 동일한 제명의 「행복은 성적순이 아니잖아요」라는 영화를 제작, 흥행에 성공하였다. 이후 피고는 제3자 갑에게 자신이 창작한 시나리오를 바탕으로 동일한 제명의 소설을 쓸 것

을 권유, 이 책을 발간하였다. 이에 원고는 원작자 이름의 불기재로 인한 저작인격권 침해 및 소설의 무단 발간 등으로 인한 저작재산권 침해를 이유로 손해배상을 청구하였다. 무용극과 영화는 제목도 동일하며, 우리나라 청소년 교육의 문제점과 경쟁위주의 사회현실을 고발하고 그 해결책을 모색한다는 내용의 주제에 있어 공통점이 있고 소재에 있어서도 수업시간, 가정생활, 친구관계 등 유사한 점이 있으나 그 등장인물이라든지 사건전개 등 실질적 구성면에 있어서는 현저한 차이가 있었다.

판결요지: 가. 이 건 영화 및 소설에 관한 저작인격권(성명표시권) 침해와 이 건 소설에 관한 저작재산권 침해여부를 살피건대, 이는 피고가 제작·상영 및 판매한 이 건 영화 및 소설이 원고의 무용극을 원작으로 한 소위 2차적 저작물에 해당한다는 점을 전제로 하는 것이고(피고의 이 건 영화 및 소설이 원고의 무용극과 다른 독창적 내용이라면 피고는 이 건 영화 및 소설에 원고의 성명을 표시하거나 이 건 소설의 집필에 원고의 동의를 받을 필요가 없다. 또한 사상이나 감정의 표현이라고 볼 수 없어서 저작권의 보호대상이 될 수 없는 이 건 무용극의 「행복은 성적순이 아니잖아요」라는 제명이 이 건 영화 및 소설의 제명과 동일하다 해서 막바로 저작권 침해가 될 수 없다), 어떤 저작물이 원작에 대한 2차적 저작물이 되기 위해서는 단순히 사상(idea)·주제(theme)나 소재가 같거나 비슷한 것만으로는 부족하고 두 저작물 간에 실질적 유사성(substantial similarity), 즉 사건의 구성(plot) 및 전개과정과 등장인물의 교차 등에 공통점이 있어야 한다. [밑줄: 필자]

나. 그런데 원고의 이 건 무용극과 피고의 이 건 영화가 우리나라 청소년 교육의 문제점과 경쟁위주의 사회현실을 고발하고 그 해결책을 모색한다는 내용의 주제에 있어 공통점이 있고 소재에 있어서도 수업시간, 가정생활, 친구관계 등 유사한 점이 있으나 그 등장인물이라든지 사건전개 등 실질적 구성면에 있어서는 현저한 차이가 있어, 원고가 주장하는 무용극과 영화 사이에 내재하는 예술의 존재양식 및 표현기법의 차이를 감안하더라도 양자 사이에 원작과 2차적 저작물의 관계를 인정할 만한 실질적 유사성이 있다고 볼 수 없고, 이 건 소설은 피고가 이 건 영화의 시나리오를 기초로 재구성한 저작물로서 이것 역시 이 건 무용극과 실질적 유사성이 없다.

★ 일본 江差追分사건 판결[153]에서 일본최고재판소는 다음과 같이 어문저작물의 번안의 의의에 대하여 판시하였다.

1. 어문저작물의 번안이라 함은, 기존의 저작물에 의거하여, 그 표현상의 본질적인 특징의 동일성을 유지하면서 구체적인 표현에 수정·증감·변경 등을 가하여 새로운 사상 또는 감정을 창작적으로 표현함으로써 그것에 접하는 사람이 기

153) 일본최고재판소 2001.6.28. 平成11(受)922.

존의 저작물의 표현상의 본질적인 특징을 직접 감득할 수 있는 별개의 저작물을 창작하는 행위를 말한다. [밑줄 : 필자]

2. 저작권법은 사상 또는 감정의 창작적인 표현을 보호하는 것이므로, 기존의 저작물에 의거하여 창작된 저작물이 사상, 감정 또는 아이디어, 사실, 사건 등 표현자체가 아닌 부분 또는 표현상의 창작성이 없는 부분에 있어서 기존의 저작물과 동일성을 가지는 것에 지나지 않는 경우에는 번안에 해당하지 않는다.

[판례 4] 월트 디즈니 사건 = 2차적 저작물의 범위(대법원 1992.9.22.선고 91다39092 판결)

가. 구저작권법 제5조 제1항에 의하면 타인의 저작물을 그 창작자의 동의를 얻어 번역·개작 또는 편집한 자는 원저작자의 권리를 해하지 않는 범위 내에서 그 저작물에 대하여 저작권을 가지는 것으로 규정하고 있고, 이와 같은 저작권은 성질상 특정한 형식이나 절차에 관계없이 2차적 저작물의 완성과 동시에 당연히 성립하는 것으로서, 2차적 저작물의 저작자는 2차적 저작물을 완성함과 동시에 원저작자의 권리를 해하지 아니하는 범위 안에서 저작물 전부에 대한 저작권을 취득한다고 볼 것이다.

나. 2차적 저작물이란 기존의 어떤 저작물(원저작물)을 번역·개작·편집하거나 그 밖의 방법으로 작성한 창작물을 말하는 것으로서 창작자의 동의를 얻어 2차적 저작물을 저작한 사람은 원저작자의 권리를 해하지 아니하는 범위 내에서 그 2차적 저작물 자체에 대한 저작권을 가진다고 할 것인바, 서적·카세트테이프·카드 등이 원저작자의 캐릭터를 책표지 등에 나타내고, 원저작물의 영어 예문에 우리말 번역문, 해설 문장 등을 배열하거나 첨가하여 엮은 것이라면 원저작물과 그 번역문 또는 한국말로 된 해설은 불가분적으로 결합되어 하나의 저작물을 이루었다고 볼 것이므로 이는 일체로서 2차적 저작물로 파악하는 것이 옳다.

[판례 5] 「애마부인」 사건 = 2차적 저작물과 원저작물의 상관관계(서울고법 1991.9.5.고지 91라79 결정)

원저작물(소설)에 대한 2차적 저작물(영화)이 되기 위해서는 원저작물을 토대로 작성된 저작물이 단순히 사상, 주제, 소재 등이 같거나 유사한 것만으로는 부족하고 두 저작물 사이에 사건의 구성, 전개과정, 등장인물의 교차 등에 공통점이 있어서 새로운 저작물로부터 원저작물의 본질적인 특징 자체를 직접 감득할 수 있어야 한다.

♣ 판례 5는 '판례 3' 밑줄 친 부분과 일본의 '직접감득가능성'을 결합한 듯한 표현으로 되어 있다.

[판례 6] 「성경 개역판」 사건(2) = 2차적 저작물성(대법원 1994.8.12.선고 93다9460 판결)

가. 대한성서공회가 1952년경 「성경전서 개역 한글판」을 발행한 후 31곳의 오역을 바로잡고 200여 곳의 번역을 달리하며 370곳의 문장과 문체를 바꾸고 37곳의 음역을 달리하며 100여 곳을 국어문법과 한글식 표현에 맞게 달리 번역하여 1961년경 개정판을 발행하였다면, 1961년판 성경은 1952년판 성경의 오역을 원문에 맞도록 수정하여 그 의미 내용을 바꾸고 표현을 변경한 것으로서 그 범위 내에서 2차적 저작물의 창작성을 논함에 있어 저작자의 정신적 노작의 소산인 사상이나 생각의 독창성이 표현되어 있다고 볼 것이므로, 1961년판 성경은 1952년판 성경과 동일한 것이라고 보기 어렵고 별개로 저작권 보호대상이 된다.

나. 성경과 같이 히브리어나 헬라어로 된 원저작물에 대한 저작권이 이미 소멸한 경우에는 원저작자의 동의가 문제될 여지가 없어 그 2차적 저작물인 번역본에 대한 저작권은 원저작자의 동의 여부에 관계없이 그 번역본의 작성자에게 귀속되는 것으로 보아야 한다.

[판례 7] 「칵테일 사랑」 사건 = 편곡의 저작물성(서울민사지법 1995.1.18.고지 94카합9052 결정)

2차적 저작물로 보호받기 위하여는 원래의 저작물을 기초로 하되, 사회통념상 새로운 저작물이 될 수 있을 정도로 창작성이 있어야 하는 것이고, 원래의 저작물에 다소의 수정·증감을 가한 데 불과하여 독창적인 저작물이라고 볼 수 없는 경우에는 저작권법에 의한 보호를 받을 수 없다고 할 것이며, 주멜로디를 그대로 둔 채 코러스를 부가한 이른바 '코러스 편곡'의 경우에도 창작성이 있는지 여부에 따라 2차적 저작권의 일종인 편곡저작권이 부여될 수 있을 것이다.

「칵테일 사랑」에서 코러스가 상당한 비중을 차지하고 있고, 「칵테일 사랑」의 코러스 부분은 주 멜로디를 토대로 단순히 화음을 넣은 수준을 뛰어넘어 신청인의 노력과 음악적 재능이 투입되어 만들어진 것으로 독창성이 있다고 할 것이므로, 저작권법상 2차적 저작권으로서 보호받을 만한 창작성이 있다.

[판례8] 「그랜드호텔 설계도」 사건: 건축저작물(설계)에 관한 2차적 저작권 침해(서울민사지법 1995.8.18.선고 95가합52463 판결)

건축물의 모형도 및 투시도 등을 슬라이드(환등 영사용)필름으로 저작한 자는 그 모형도 및 투시도 등 건축저작물에 대한 저작재산권을 가지고, 그 건축저작물들을 모방·변형해서 모형도 및 투시도를 포함하는 기본설계도 등 2차적 저작물을 작성해서 이용할 2차적 저작재산권도 가지게 되는바, 피고 회사가 고의 또는 과실로 피도급자에게 위 저작물을 모방·변형하도록 시키고 그대로 건축허가를 받아낸 행위는 2차적 저작재산권에 대한 침해행위가 된다.

[판례 9]「강아지 왈츠」사건(대법원 1997.5.28.선고 96다2460 판결)

사실관계: 원고는 쇼팽의 강아지 왈츠를 피아노를 배우는 어린이들이 쉽게 연주할 수 있도록 내림 D장조인 원곡을 내림 E장조로 한 음을 높여 변조함으로써 느린 속도로 연주하여도 속도감이 있는 듯한 효과를 내도록 하는 등 원곡을 일부 수정하여 개작곡을 만들었다.

피고는 원고의 개작곡을 무단 인쇄하여 판매하였다.

쟁점: 원곡의 특성을 거의 유지하고 있는 개작곡이 저작권법으로 보호되는 저작물인가.

판결요지: 원곡은 상당히 까다로운 연주를 요하여 피아노의 초보자가 연주하기에 어려운 부분이 많았는바 원고가 원곡을 초보자라도 흥미를 갖고 쉽게 연주할 수 있도록 새로운 변화를 가하였다면 비록 그 창작성의 정도가 높다고 할 수 없을지라도 정신적인 노작으로서의 가치를 보호받을 만한 정도를 구비하였다. 따라서 새로운 저작물로 인정될 정도의 창작성이 있는 수정이나 변경이 가해진 구저작권법상의 개작(현행법상 2차적 저작물: 필자주)에 해당한다.

♣ 원심: 서울고법 1995.12.5.선고 94나9186 판결

'음악적 저작물의 개작'이라 함은 원저작물인 악곡에 의존하되 이를 변조하여 다른 형태로 연주될 수 있도록 원저작물에 새로운 부가가치를 덧붙이는 것으로서 원저작물에 약간의 또는 간단한 수정이나 변경이 가해진 정도만으로는 부족하고 새로운 저작물로 인정될 정도의 창작성 있는 수정이나 변경이 가해질 것을 필요로 한다고 할 것이다. 다만 그 창작성의 정도는 반드시 고도의 것임을 요하지는 않고 또한 그 창작성의 유무는 음악의 제 요소인 선율, 박자, 화음, 형식 등을 두루 고려하여 종합적으로 판단되어야 한다(구 저작권법 제5조 제2항 제3호의 법문상으로는 개작의 요건으로서 선율의 변화를 요하는 것으로 되어 있으나, 거기에서 뜻하는 선율이란 단지 '음의 높낮이와 박자의 결합된 흐름'이라는 사전적 의미로서가 아니라 '악곡 전체'라는 법적 의미로 해석되어야 한다). 구 저작권법상의 '개작'을 위와 같은 뜻으로 본다면 이는 현행 저작권법 제5조 제1항에 정해진 편곡의 개념과도 일치한다고 볼 수 있다. …

위의 개념 정립을 전제로 하여 이 사건 곡들이 과연 '개작'(아래에서는 용어의 통일을 위하여 현행 저작권법상의 용어인 편곡으로 쓰기로 한다)에 해당하는가를 살펴본다.

(1) 우선 이 사건 곡들 중「패랭이꽃」에 관하여, 원고는 위「패랭이꽃」의 원곡은 리히너에 의하여 작곡된 것인데 원고에게는 악보가 없어 그가 어릴 때 들었던 기억을 더듬어 원곡의 악보를 그린 뒤 이를 기초로 어린이들이 쉽게 연주할 수 있도록 편곡하였다고 주장한다.

그러나 위 주장 자체에 의하더라도 위「패랭이꽃」의 근거가 되는 원곡의 악보

가 없었다는 것이고 또한 당심에 이르기까지 그 원곡의 악보가 제출되지도 않았으니(따라서 원고가 편곡하였다는 위 「패랭이꽃」의 악보가 그 원곡의 악보에 비추어 볼 때 과연 편곡에 해당하는지의 여부에 관한 감정도 신청되지 않았다), 위 곡은 원곡 자체가 없어 위 곡이 과연 원곡에의 의존성과 창작성을 구비하였는지를 전혀 알아볼 수 없다.

나아가 위 「패랭이꽃」이 이미 세상에 널리 알려진 원곡을 원고의 기억에 의하여 악보에 옮긴 후 약간의 수정, 증감을 가한 소위 채보(채보)의 수준을 넘어 새로운 창작성을 갖춘 별개의 편곡저작물이라는 사실에 관하여는 … 각 증언만으로는 이를 인정하기에 모자라고 달리 이를 인정할 증거가 없으므로, 위 「패랭이꽃」이 편곡에 해당한다는 위 주장은 이유 없다.

(2) 다음 이 사건 곡들 중 「강아지 왈츠」와 「내 마음의 노래」에 관하여 본다. …

① 위 「강아지 왈츠」의 원곡은 쇼팽(F. CHOPIN)에 의하여 작곡된 것(원제 : OP.64 NO.1 VALSE IN D FLAT)인데 원곡은 매우 빨리 연주하도록 되어 있어 어린이들이 연주하기에 부적절한 부분이 많다.

원고는 위 원곡을 어린이들이 쉽고 재미있게 연주할 수 있도록 고치려는 의도에서, 위 원곡은 내림 디(Db)장조인 것을 내림 이(Eb)장조로 한 음을 높여 변조함으로써 느린 속도로 연주하여도 속도감이 있을 듯한 효과를 내었고 위 원곡의 지나치게 빠른 연속음 연주와 화려하지만 어려운 꾸밈음 연주를 간략하게 고치거나 줄여, 쉬우면서도 웅장하게 연주할 수 있도록 수정하는 외에 부선율을 붙이는 등으로 새로운 변화를 가하면서도 원곡의 예술성을 대체로 살림으로써 원곡에다가 원고의 창의에 의한 부가가치를 덧붙였다.

1933년에 일본춘추사가 발행한 세계음악전집 49권 초등피아노곡집의 43쪽 내지 45쪽에 실린 위 원곡에 대한 편곡과 비교하여 볼때 위 「강아지 왈츠」에는 선율상의 큰 변화는 없으나 위와 같은 반주부분에서의 꾸밈음 수정, 선율에서의 조성변화 등으로 인하여 차별성이 있다.

② 위 「내 마음의 노래」의 원곡은 헨리 반 게엘(HENRI VAN GAEL)에 의하여 작곡된 것(원제 THE VOICE OF HEART OP.51)인데 원곡은 상당히 까다로운 연주를 요하는 피아노의 초보자가 연주하기에 어려운 부분이 많다.

원고는 위 원곡을 초보자라도 홍미를 갖고 쉽게 연주할 수 있도록 고치려는 의도에서, 원곡에는 오른손의 운지법이 까다롭고 1옥타브 이상을 움직이도록 되어 있으며 왼손의 운지법도 이음줄에 의한 연주 부분이 많은 것을 모두 단순화하고 이음줄을 삭제하는 대신 'legato'(이어서 치라는 뜻의 악상기호)라고 덧붙여 기재해 두는 등으로 새로운 변화를 가하면서도 원곡의 특성을 거의 유지함으로써 원곡에다가 원고의 창의에 의한 부가가치를 덧붙였다.

국민음악연구회가 1963.3.경 출판한 「어린이 피아니스트의 독주곡집」 55쪽 내지 57쪽에 실려 있는 위 원곡에 대한 편곡과 비교하여 볼 때 위 「내 마음의 노래」에는 선율상의 근본적인 변화는 없으나 위와 같은 단순화 등으로 인하여 차별성이 있다.(피고는, 원고와 피고는 모두 국민음악연구회가 1958.경 편집하여 1963.3.경 출판한 「어린이 피아니스트의 독주곡집」 55쪽 내지 57쪽에 실려 있는 '내 마음의 노래'라는 곡을 복제출판한 것이니 원고는 위 「내 마음의 노래」에 대한 저작권이 없다는 취지로 주장하나, 국민음악연구회가 1958.경 위 「어린이 피아니스트의 독주곡집」을 편집하였고 원고와 피고가 거기에 실린 「내 마음의 노래」를 복제출판하였다는 점을 인정할 증거가 없다.)

(3) 위 인정사실로부터 보면, 위 「강아지 왈츠」와 「내 마음의 노래」는 그 원곡들과 위에서 본 다른 편곡들에 비추어 볼 때 비록 그 창작성의 정도가 높다고는 할 수 없을지라도 정신적인 노작으로서의 가치를 보호받을 만한 정도의 창작성을 구비하였다고 인정되고 따라서 새로운 저작물로 인정될 정도의 창작성 있는 수정이나 변경이 가해진 편곡들이라고 인정된다. …

결국 이 사건 곡들 중 「강아지왈츠」와 「내 마음의 노래」는 편곡저작물이지만 「패랭이꽃」은 편곡저작물이 아니라고 할 것이어서 원고의 편곡저작물에 관한 주장은 위 범위 내에서만 이유 있다.

[판례 10] 컴퓨터용 음악 편곡 사건(대법원 2002.1.25.선고 99도863 판결)

피해자는 대중가요 184곡을 컴퓨터를 이용하여 연주할 수 있도록 컴퓨터용 음악으로 편곡(여기서 편곡이라 함은 컴퓨터를 이용하여 음악을 연주할 수 있도록 해 주는 컴퓨터 프로그램이 작동될 때 그 프로그램에 입력 인자로 사용될 자료(data)를 미리 약속된 규칙 내에서 작성자의 취향에 따라 다양하게 배열하여 만드는 일련의 과정을 말하는 의미로 사용하였다)하였는데, 그러한 편곡을 위하여는 컴퓨터음악과 관련 컴퓨터 프로그램에 대한 높은 수준의 이해는 물론 시간적으로도 상당한 노력이 요구되고, 편곡자의 독특한 방법과 취향이 그 편곡된 컴퓨터음악에 반영되어 편곡의 차별성과 독창성이 인정되므로 피해자가 편곡한 위 184곡은 원곡을 단순히 컴퓨터음악용 곡으로 기술적으로 변환한 정도를 넘어 고도의 창작적 노력이 개입되어 작성된 것으로 저작권법에 의하여 보호될 가치가 있는 2차적 저작물에 해당한다.[154]

[판례 11] 디지털화와 2차적 저작물성(대법원 2006.2.10.선고 2003다41555 판결)

아날로그 방식으로 녹음된 음반을 디지털 샘플링의 기법을 이용하여 디지털화한 것이 2차적 저작물로 인정되기 위해서는 단지 아날로그 방식의 음반을 부호화하면서 잡음을 제거하는 등으로 실제 연주에 가깝게 하였다는 정도로는 부족하고 이를 재구성하거나 새로운 내용을 첨삭하는 등의 방법으로 독자적인 표현을 부가하여야만 한다.

154) 평석: 손준성, 「정보법판례백선(1)」, 420면.

[영국판례] Hyperion Records Ltd. v. Sawkins (19 May 2005)[155]

사실관계: 이 사건의 원고인 Dr. Sawkins는 루이 14, 15세 치세하에서 활약한 궁정 작곡가 Michel-Richard de Lalande(1657-1726)의 작품을 현대적 연주판(Performing editions of Lalande)으로 완성한 음악 전문가이다. Sawkins가 완성한 연주판을 하이페리온사가 CD판으로 제작·발매하자 Sawkins가 저작권침해로 제소하였다. Lalande의 종교음악은 최근까지 거의 주목받지 못했고, 원본 원고는 거의 남아 있지 않았다. Sawkins는 Lalande의 4작품에 각각 대략 300시간정도를 소비하여, 연주가 가능하도록 재생, 보충, 교정, 현대화시켰다. Lalande 원작의 저작권이 소멸되었음은 물론이다.

쟁점: 중요한 쟁점의 하나는 Sawkins가 제작한 연주판(performing editions)이 영국 1988년 저작권·디자인·특허법(the CDPA 1988)에 규정된 창작적 음악 작품에 해당할 만한 창작적(original)이고, 음악적(musical)인 것인지 여부이다. Hyperion은 재건되고 편집된 악보는 창작적 음악저작물이 아니라고 주장하였다. 왜냐하면 Sawkins는 Lalande의 원래의 작품 위에 그리고 그것을 뛰어넘는 어떠한 새로운 음악도 부가(附加)한 바 없기 때문이라는 것이었다. 그가 원래의 작품을 복원하였고, 그것들을 오늘날의 연주자가 연주하기 쉽도록 만들었다고 하더라도 거기에 음악적 노력, 재능 또는 판단(labour, skill or judgment)이 포함된 것은 아니라는 것이었다.

법원의 판단: 대법관 Mummery卿은 원래의 작품을 발굴하고 복원하는 데 들인, 그리고 악보 페이지에 들인 Sawkins의 노력은 음악적인 것과 무관하다고 보았다. 그러나 작곡자 Lalande가 작곡한 음 전체에 영향을 줄 수 있는 정보를 부가한 데 들인 노력, 재능, 그리고 판단은 음악적인 것과 관계가 있다고 보았다. 실제로 그 작품은 저작권 보호를 받기에 충분한 청각적, 음악적 중요성을 가지고 있었다.[156]

[판례 12] 해운대 등대 사건(서울고등법원 2008.10.29.선고 2008나4461 판결)[157]

원고의 등대도안을 기초로 甲이 설계한 이 사건 등대의 전체적인 형상은 원고의 등대도안과 마찬가지로 등대의 하부기초를 꽃잎으로, 등탑을 꽃술로 하여 꽃술의 상부에 등대의 불빛을 밝히도록 하는 모양으로서 등대의 하부기초인 꽃잎은 총 16장으로 4장씩의 꽃잎이 3단으로 이루어져 있고, 등탑의 하단부인 꽃술의 기둥은 사선으로 구성된 아래 기둥과 높낮이가 일정한 곡면으로 된 윗면을

155) [2005] EWCA Civ 565; [2005] 1 WLR 3281; [2005] EMLR 688.

156) Lionel Bently/Brad Sherman, Intellectual Property Law(3d.), 2009, 104면. 원문은 http://www.bailii.org/ew/cases/EWCA/Civ/2005/565.html 참조.

157) 제1심판결: 서울중앙지방법원 2007.11.29.선고 2007가합77724 판결. 출처: 한국저작권위원회, 「한국 저작권 판례집[13]」, 2011, 15면 이하.

가지는 윗기둥의 두 겹으로 구성되어 있으며, 등대의 상단부인 꽃술 윗부분은 끝에 구를 단 8개의 기둥이 아래로 내려갈수록 좁아지는 원기둥을 형성하고 그 내부에 등이 설치되도록 하는 형상인 사실, 甲이 작성한 설계도면에 따라 피고가 건축한 등대도 이와 동일한 형상이고, 다만 윗기둥의 색상만 원고의 등대도안과 다르게 빨간색으로 도색되어 있는 사실을 인정할 수 있어, 피고가 사용한 설계도서는 원고의 등대도안과 세부적인 표현방식이 다를 뿐 예정하고 있는 건축물의 전체적인 형상은 동일하므로 표현상의 본질적 동일성을 유지하고 있고, 이를 접하는 사람은 그 본질적인 특성을 느껴서 알 수 있으며, 이 사건 등대는 이러한 설계도서에 따라 건축되었으므로 피고가 건축한 등대 또는 피고가 등대를 건축함에 있어 사용한 건축설계도서는 원고의 등대도안의 2차적저작물에 해당한다고 할 것이다.[158]

[판례 13] 라파에트 사건(대법원 2011.4.28.선고 2010도9498 판결)

저작권법 제5조 제1항 소정의 2차적 저작물로 보호받기 위하여는 원저작물을 기초로 하되 원저작물과 실질적 유사성을 유지하고 이것에 사회통념상 새로운 저작물이 될 수 있을 정도의 수정·증감을 가하여 새로운 창작성을 부가하여야 한다(대법원 2002. 1. 25.선고 99도863 판결, 대법원 2004. 7. 8.선고 2004다18736 판결 등 참조).

[판례 14] '비보이를 사랑한 발레리나' 사건(대법원 2011.5.13.선고 2010도7234 판결)

피해자가 작성한 이 사건 무언극의 시놉시스와 '프리즈'(Freeze) 시놉시스는 우연히 비보이를 만나게 된 발레리나가 비보이로 동화되어 간다는 기본 설정이 실질적으로 유사하나, 이 사건 무언극의 시놉시스는 단순히 '프리즈' 시놉시스에 나타난 기본 설정을 그대로 차용하여 구체적인 상황설정 등에만 다소의 수정·증감이나 변경을 가한 데에 그치지 않고, 구체적인 사건의 전개과정, 등장인물들의 성격과 상호관계 등에 발레리나가 비보이와 동화되어 가는 과정에서의 사랑, 내·외적 갈등 및 그 극복 구조 등을 새로이 추가한 것이어서, 원저작물인 '프리즈' 시놉시스와는 구분되는 새로운 저작물로서 「저작권법」 제5조 제1항 소정의 2차적 저작물에 해당한다 할 것인데, 피고인은 제1심 판시 [범죄일람표 1, 2] 기재와 같이 발레리나가 비보이를 우연히 만나게 되는 장소와 같은 구체적인 상

158) 이 사건에서는 허락받고 등대를 제작하였다고 보았다(원고는 여러 차례 피고로부터 조형물 제작을 도급받아 이를 수행하였고, 피고로부터 개인전시회 개최 기회를 제공받기도 하였으며, 피고의 부탁에 응하여 아무런 대가도 요구하지 않고 여러 차례 이 사건 등대의 설계도안을 변경하여 원고에게 제공하였음을 알 수 있는바, 이러한 제반 사정에 비추어 보면 원고는 피고와의 긴밀한 협조와 신뢰관계에 터 잡아 피고에게 원고의 등대도안의 이용을 허락하였다고 봄이 상당하다).

황설정 등에서만 다소 차이가 있을 뿐 이 사건 무언극의 시놉시스 중 위와 같이 '프리즈' 시놉시스에 새롭게 부가된 창작적인 표현형식에 해당하는 부분과 실질적으로 유사한 내용의 공연을 진행함으로써 피해자의 이 사건 무언극의 시놉시스에 관한 저작재산권을 침해하였다. (밑줄: 필자)

◈ 미국 판례상 2차적 저작물성이 긍정된 경우

[미국판례] Alfred Bell & Co. v. Catalda Fine Arts, Inc. [191 F.2d 99 (2d Cir. 1951)]

사실관계: 원고 Alfred Bell은 박물관에 독점적으로 접근을 허락받은 자로서 18-19세기 거장들의 작품을 동판화로 복제하였다. 이미 공유로 된 작품에 접근할 수 없게 된 피고는 원고가 제작한 게인스보로(Thomas Gainsborough)의 블루보이(Blue Boy)의 동판화를 그대로 복제하였다.159)

Blue Boy

Alfred Bell의 동판화

이에 원고가 피고를 상대로 저작권침해소송을 제기하였다. 문제는 이미 퍼블릭 도메인(public domain)된 거장의 작품을 동판화로 복제한 작품에 창작성을 인정할 수 있느냐이다.

판결요지: "저작권을 획득하기 위한 창작성의 요건은 신규성을 요구하는 특허와 달리 매우 낮은 정도라는 것은 잘 확립되어 있는 점이다. —지적권의 목적을 위한 창작성은 사실상 복제를 금지하는 정도(little more than a prohibition of actual copying)보다 약간 높은 정도에 불과하다.— 작가가 아무리 보잘것없는

159) 이 사건에서 문제된 미술품에 대해서는 〈http://www.coolcopyright.com/cases/chp2/bellcatalda.htm〉 참조. 위 사이트에서 원래 Thomas Gainsborough가 창작한 「Blue Boy」와 Alfred Bell의 동판화(mezzotint)를 볼 수 있다.

부가를 하였다고 하더라도 그 스스로 한 것이라면 그것으로 충분하다."

☆ 그러나 최근 미국에서도 2차적 저작물로 인정되기 위한 창작성의 정도와 통상 저작물인 경우에 요구되는 창작성의 정도를 구분하여 2차적 저작물은 상당한 변화(substantial variations), 혹은 눈에 띌 만한 변화(distinguishable variations)를 요구한다고 한다.[160)]

[사례] 2차적 저작물성이 인정되는 경우

옆 그림은 Emanuel Leutze작 ≪Washington Crossing the Delaware≫이다. 아래의 3작품은 모두 Leutze의 작품에 기초한 것이며, 이에 대해서는 Leutze의 저작권이 미친다. 이들은 모두 Leutze작의 2차적 저작물들이다.

◈ 미국 판례상 2차적 저작물성이 부정된 경우

1. L. Baltin & Son, Inc. v. Snyder[161)]

Snyder는 이미 공유로 된 금속제 Uncle Sam 자동 저금통(태엽장치의 장난감 저금통)을 본떠 플라스틱제 저금통으로 만들어 저작권청에 등록하였다. 플라스틱 저금통은 금속제에 비해 길이가 2인치 줄고 받침대가 축소되었으며, 손가방과 Uncle Sam의 얼굴이 조금 변경되었고, 우산이 Uncle Sam의 몸에 붙어 있었다. 이러한 변화는 주로 금속제 저금통을 플라스틱제로 보다 쉽게 만들기 위한 것이었다.

뉴욕 남부지방법원과 제2항소법원은 Snyder의 플라스틱제 저금통은 2차적 저작물이 될 수 있는 실질적인 변화가 없어 저작권보호를 받을 수 없다고 판시하였다.

---

160) 보다 자세한 것은, MARY LaFRANCE, Copyright Law in a nutshell, THOMSON-West, 2008, pp.51-56 참조. 또 Bridgeman Art Library v. Corel Corp.[36 F. Supp. 2d. 191 (S.D.N.Y. 1999)] 참조. 그러나 후술 Schrock, Daniel v. Learning Curve International, Inc. 판결 참조.

161) U.S. Court of Appeals, Second Circuit, 536 F.2d 486(1976).

금속제

플라스틱제

2. Gracen v. Bradford Exchange[162)]

앞의 Baltin 판결과 연장선상에 있는 것이 Gracen v. Bradford Exchange 판결이다. 1939년에 MGM이 만든 오즈의 마법사("The Wizard of OZ")는 1966년 저작권이 갱신되었다.

1976년 MGM은 Bradford에게 영화 오즈의 마법사의 등장인물과 영화장면을 이용해도 좋다는 허락을 하였다. Bradford는 몇몇 화가를 초대하여 주디 갈란드가 역을 맡은 도로시 사진을 주면서 그 사진을 그려 줄 것을 부탁하였다. 그 중 가장 잘 그리는 화가와 계약을 체결하고 앞으로 관련 그림을 계속하여 그리게 할 예정이었다. 그 중 최고작으로 뽑힌 것은 Jorie Gracen이었다. 그러나 그녀는 계약조건이 맞지 않아 계약을 포기하였다. Bradford는 그 후 James Auckland와 계약을 체결하여 관련 그림을 그리게 하면서 도로시 그림을 그리는 데 도움이 되도록 Gracen이 그린 그림을 Auckland에게 넘겨주었다. Auckland 그림이 완성되어 팔리게 되자 Gracen은 저작권침해소송을 제기하였다. 쟁점은 사진에서 도로시를 그린 Gracen 그림이 2차적 저작물로서 보호받을 수 있는 창작성이 있는지 여부이었다. 지방법원은 Gracen그림이 저작권으로 보호받을 만큼 충분하게 독창적이지 않다고 보았다.

즉 사진의 복제품에 불과하다고 보았다. 제7항소법원 역시 같이 보았다.

162) U.S. Court of Appeals, Seventh Circuit, 698 F.2d 300(1983).

Gracen 그림

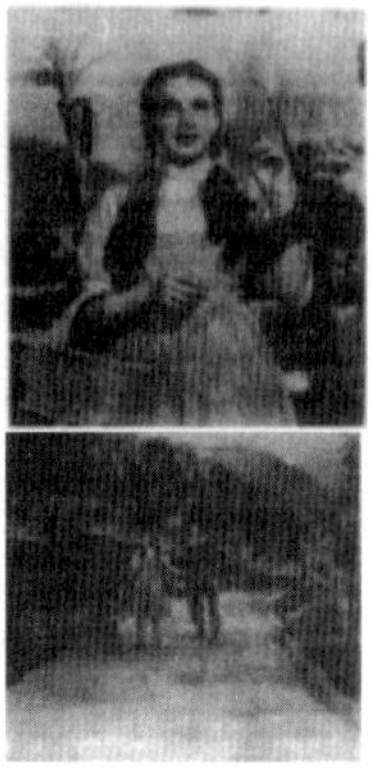

영화 장면

♣ 그러나 Schrock, Daniel v. Learning Curve International, Inc., No. 08-1296 (7th Cir. 2009) 판결에서 제7항소법원은 광고 선전을 위한 제품사진도 충분히 저작권으로 보호받을 수 있다고 판시하였다. 설사 이러한 제품사진을 2차적 저작물로 본다고 하더라도 2차적 저작물에 요구되는 상당한 변화요건을 다른 저작물에 요구되는 창작성보다 고도의 창작성을 요구하는 것으로 이해되어서는 아니 되며, 다른 저작물과 동일한 창작성(originality)으로 충분하다고 판시하였다. 학자들은 이 판결을 통해 Gracen 판결의 실질적 내용을 변경하였다고 본다.[163]

◈ 원저작물의 저작권과 번역물에 대한 저작권

원저작물의 저작권이 소멸하였다 하더라도 번역물에 대한 저작권은 번역자 사후 50년까지[164] 존속하며, 원저작자의 허락 없이 번역한 저작물이라 하더라도 원저작자의 저작권 침해는 별론으로 하고, 독자적인 저작권을 가진다. 따라서 원저작자의 허락을 받지 않은 번역물이라 하더라도 제3자가 무단 복제·출판하면 번역저작권의 침해로 된다.

---

163) Marcus Hall, "Copyright Law – Seventh Circuit Holds Product Photography Sufficiently Creative for Copyright as Derivative Works – Schrock v. Learning Curve Int., Inc., 586 F.3d 513 (7th Cir. 2009)," 44 *Suffolk* U. L. Rev. 605 2011.

164) 2013년 7월 1일부터는 70년.

[판례 1] 「이조실록」 사건 = 번역물의 독자성(서울지법 남부지원 1994.2.14.선고 93카합2009 판결)

번역저작물은 원저작자의 허락유무와 관계없이 독자적인 저작물로서 보호받을 수 있으며, 다만 원저작자의 허락이 없는 경우 번역저작자는 원저작자에 대하여 저작권 침해에 책임을 지게 될 뿐이다.

[판례 2] 「꼬마철학자」 사건(서울민사지법 1988.3.18.선고 87카53920 판결)

가. 원저작물이 저작권법상 보호받지 못하는 저작물이라 하더라도 이를 번역한 번역물은 독자적인 저작물로서 저작권법의 보호대상이 된다.

나. 구저작권법 제5조 제1항 후단에서 "원저작자의 권리를 해하지 않는 범위 내에서 이를 본법에 의한 저작자로 본다"라고 규정한 점에 비추어 볼 때 동 조항은 원저작자의 저작권이 저작권법상 인정되는 경우에 이를 번역하려면 원저작자의 동의를 얻어야 한다는 것을 규정한 것에 불과하고 원저작자의 저작권이 저작권법상 인정되지 아니하는 경우에는 원저작자의 동의를 얻은 여부와 관계없이 번역저작자는 번역저작물에 관하여 독자적인 번역저작권을 가진다.

2. 편집저작물

(1) 서 설

2003년 개정법은 편집저작물의 상위개념으로서 편집물이라는 개념을 도입하였다. 편집물이란 저작물이나 부호・문자・음성・음향・영상 그 밖의 형태의 자료(이하 '소재'라 한다)의 집합물을 말하되, 데이터베이스를 포함한다. 데이터베이스란 소재를 체계적으로 배열 또는 구성한 편집물로서 개별적으로 그 소재에 접근하거나 그 소재를 검색할 수 있도록 한 것을 말한다. 편집물 중 그 소재의 선택・배열 또는 구성에 창작성이 있는 것을 편집저작물이라고 한다.

<table>
<tr><td rowspan="4">편 집 물</td><td rowspan="2">창작성 유(有)</td><td>데이터베이스</td><td rowspan="2">편집저작물로서 저작권으로 보호</td></tr>
<tr><td>그 밖의 편집물</td></tr>
<tr><td rowspan="2">창작성 무(無)</td><td>데이터베이스</td><td>데이터베이스 제작자 보호</td></tr>
<tr><td>그 밖의 편집물</td><td>보호받지 못함</td></tr>
</table>

(2) 편집저작물

백과사전, 문학전집, 판례집, 신문, 잡지 혹은 영어단어장, 직업별 전화번호부 등과 같이 소재의 저작물성을 묻지 않고, 소재의 창작적인 선택·배열에 의해 이루어지는 편집물은 그 중에 수록되어 있는 개개의 저작물 등과는 별도로 그 전체가 독립한 저작물로서 보호된다. 법은 "편집물로서 그 소재의 선택 또는 배열이 창작성이 있는 것"을 '편집저작물'이라고 규정한다(법 2조 18호). 이러한 편집저작물은 독자적인 저작물로서 보호된다(법 6조 1항). 그러나 "편집저작물의 보호는 편집저작물의 구성부분이 되는 소재의 저작권 그 밖의 이 법에 의하여 보호되는 권리에 영향을 미치지 아니한다"(법 6조 2항). 그러므로 잡지에 게재되어 있는 하나의 논문을 이용하는 경우에는 개개 논문 집필자의 허락을 얻으면 족하고 편집자의 허락은 얻을 필요가 없다. 다만, 편집물 전체를 복제하는 등 이용하는 경우에는 편집자와 저작자 양자의 허락을 얻어야 한다.

[판례 1] 「한국전통문양」 사건(대법원 1979.12.28.선고 79도1482 판결)

저작권법에 이른바 저작물이라 함은 표현의 방법 또는 형식의 여하를 막론하고 학문과 예술에 관한 일체의 물건으로서 사람의 정신적 노력에 의하여 얻어진 사상 또는 감정에 관한 창작적 표현물이라 할 것인바, 이 사건에서 문제된 고소인 김만희의 편저 또는 수집작인 민속도감이나 도록은 거기에 수록된 도형들이 비록 우리나라 고유의 민속화나 전통문양이라 하더라도 그 소재의 선택 및 배열과 표현기법에 있어 고소인의 정신적 노력을 바탕으로 한 창작물이다. 따라서 피고인이 이를 저작자의 허가 없이 함부로 투명지에 복사하여 피고인의 저서인 「한국전통문양」 속에 옮겨 놓았다면 그 행위는 소위 고소인의 저작권을 침해한 행위가 된다.

[판례 2] '표준전과' 삽화 사건(서울민사지법 1992.6.5.선고 91가합39509 판결)

편집저작물이라 함은 소재의 독창적인 선택·배열에 의하여 이루어지는 저작물로서 그 중에 수록되어 있는 개개의 저작물과는 별도로 그 전체가 독립된 저작물로서 보호되며 구성부분 저작물의 저작권은 당해 부분의 저작자에게 속하므로 편집물 전체를 복제하는 등 이용하는 경우에는 편집자와 당해 부분 저작자 양자의 허락을 얻어야 하며, 한편 공동저작물은 2인 이상이 공동으로 창작한 저작물로서 각자가 이바지한 부분을 분리하여 이용할 수 없다고 할 것인바, 국민학교 교과서는 그 내용인 글과 삽화를 배열하여 이루어진 저작물로서 삽화가 글과 분리되어 이용될 수 있어 공동저작물이 아니고 편집저작물이므로, 교과서의 저작권은 교육부에 있더라도 이에 수록된 삽화에 대한 저작권은 원저작자에게 있다.

[판례 3] 「미술연표」 사건(대법원 1993.1.21.자 92마1081 결정)

신청인이 출판한 20세기 미술의 모험 1, 2권에는 1900년부터 1989년까지의 미술분야에서의 중요사건 및 사실을 연대순으로 선택배열하여 10년 단위로 위 책에 각 분산하여 수록하면서 미술분야가 아닌 문학음악 및 공연예술영화과학기술정치 및 기타의 항목도 함께 대비하여 각 분야의 중요한 역사적 사실을 간략하게 수록한 연표가 들어 있는 사실 등을 인정할 수 있다. 그렇다면 신청인이 번역출판한 20세기 미술의 모험 1, 2권에 실려 있는 연표는 그 원저작물의 저작자가 자신의 축적된 학식과 경험을 바탕으로 하여 그 목적에 적합하도록 자신의 판단에 따라 취사선택한 사항을 수록한 것으로서 그 소재의 선택이나 배열이 독자적인 창작성이 있는 것이라고 볼 여지가 있다.

[판례 4] 「성경 개역판」 사건(1) = 편집저작물성 여부(대법원 1993.6.8.선고 92도2963 판결)

가. 편집저작물에 있어서도 소재의 선택 또는 배열에 창작성이 있어야 독자적인 저작물로 본다.

나. 편집저작물인 「성서 주해보감」이 「한글개역 성경」에 있는 주제성구 중의 일부를 단순히 기계적으로 인용한 데에 불과하고 그 부분이 차지하는 비중이 극히 적어 독자적 저작물로 보호될 정도의 창작성이 있다고 인정되지 아니한다.

[판례 5] 「운전면허 학과시험」 사건 = 편집저작물의 보호(서울민사지법 1995.4.7.선고 94가합63879 판결)

가. 이 사건 저작물 「운전면허 학과시험」은 국가의 법령이나 타인의 저작물을 평면적으로 요약하고 기출문제 등을 수집한 것에 그치지 않고, 운전면허 시험안내, 교통법령 요점정리, 자동차 구조 요점정리, 예상문제 및 기출문제 등의 작성·종합·배열 그리고 전체적인 체제에 있어서의 독창성이 있으므로 저작권법상의 편집저작물로서 보호대상이 된다.

나. 출판물의 판형이 동일하고 표지색·도안이 유사하며, 출판사명 또한 서로 유사할뿐더러, 전체적인 구성과 구체적 내용까지도 대동소이한 사실, 먼저 발행된 저작물에서의 해설 오류와 동일한 오류가 침해물에도 존재하는 사실, 저작물이 각종 일간신문 및 여러 극장에서 광고되었고 전국 서점에서 차지하는 시장점유율이 높은 사실 등을 종합하면 피고들이 이 사건 침해물 또는 그 원고, 지형을 각각 제작·발행할 당시에 이 사건 저작물의 존재를 알았고, 그에 의거하여 제작·발행함으로써 저작권을 침해한 것이라고 봄이 상당하다.

다. 피고들은 이 사건 편집저작물의 대부분을 그대로 무단복제하여 저작재산권을 침해한 데에 대한 배상액으로서, 침해물의 총 판매금액 가운데 인세에 해당하는 상당액[12,000,000원(=30,000부×4,000원×0.1)]과 침해물에 「운전면허교재연구회」라는 가공의 저자명을 기재, 저작인격권 중 성명표시권을 침해한 데에 대한 위자료로 3,000,000원을 배상해야 할 책임이 있다.

[판례 6] 「세법총서」의 저작물성(서울민사지법 1995.6.23.선고 94가합67215 판결)

가. 법인세법편, 조세감면규제법편, 부가가치세법편, 소득세법편의 각 해당 법률조문 순서에 따라 각 조문에 대한 요지, 연혁, 주석, 관련 예규, 판례 항목을 나누어 서술하고, 각 항목의 필요한 부분에 각 해당 법률 등을 열거하고 해설하는 방식으로 여러 저작물 또는 여러 자료나 정보를 특정한 의도 하에 정리·배열하여 만들어 낸 이 건 세법총서는 소재의 선택 및 배열에 창작성을 지닌 편집저작물에 해당한다.

나. 편집저작권의 침해에 있어서, 후행의 것이 선행된 편집저작물의 내용과 유사하게 서술되어 있으며, 상당부분에 걸친 그대로의 복제와 문장도치·재배열·변형삭제 등이 존재하고, 심지어 오자가 그대로 표기되어 있다면 저작재산권이 침해된 것이다.

[판례 7] 「파트너 성경」의 저작물성(서울고법 1996.8.21.자 96라95 결정)

1. 신청인이 1994. 8. 25. 출판한 "파트너 성경"(이하 '이 사건 성경책'이라고 한다)은 12권의 휴대용 소책자로 구성된 성경책으로서 그 본문은 대한성서공회가 발행한 "한글판 개역 관주 성경전서"의 본문을 12부분으로 나누어 각 권별로 그대로 전재하고, 12권의 책표지는 3권씩 나누어 4개의 다른 색상으로 되어 있는 사실을 인정할 수 있다.

2. 신청인은, 이 사건 성경책은 최초로 위 성경전서의 본문을 12권으로 분책하였고 12권으로 분책한 분류내용에 독창성이 있으며 또한 각 권을 휴대하기 편리한 크기로 하였고 4계절을 나타낸다는 의미에서 12권의 책표지를 3권씩 각 다른 색상으로 하여 제작하였으므로, 이러한 사항들을 일체불가분적으로 종합하여 보면 이 사건 성경책은 저작권법상의 편집저작물이라 할 것인데, 피신청인이 이 사건 성경책이 출판된 이후인 1995. 12. 10. 성경전서의 본문을 12권으로 분책하였을 뿐 아니라 그 분류내용도 이 사건 성경책과 동일하게 하고 또한 각 권의 크기 및 표지의 색상도 이 사건 성경책과 유사하게 한 별지 목록 책자를 제작하여 배포함으로써 신청인의 이 사건 성경책에 대한 편집저작권을 침해하고 있다고 주장하면서 신청취지와 같은 가처분을 구한다. 그러므로 우선 이 사건 성경책이 저작권법상의 보호대상인 편집저작물인가에 관하여 보건대, 저작권법상의 보호대상으로서의 편집저작물이라 함은 편집물로서 그 소재의 선택 또는 배열이 창작성이 있는 것을 말하는바, 기록에 의하면 신구약성경의 내용을 12권으

로 분책한 것은 이 사건 성경책이 출판되기 이전부터 흔히 실시되어 온 분책방식임을 알 수 있고, 가사 이 사건 성경책과 같은 분류로 12권으로 분책한 것이 이 사건 성경책에서 처음으로 시도된 것이라 하더라도 이는 신구약성경의 차례나 기존의 분책방식으로부터 용이하게 착안될 수 있는 것임에 비추어, 신청인이 성경전서의 내용을 이 사건 성경책과 같이 12부분으로 분류한 다음 그 분류에 따라 12권으로 분책한 이 사건 성경책을 제작하였다 하여 소재의 선택이나 배열에 창작성이 있다고 할 수 없으며, 이 사건 성경책을 휴대하기 용이한 크기로 12권으로 분책한 것은 기술적 사상의 표현에 해당할 여지는 있다 할 것이나 그것이 곧바로 소재의 선택이나 배열의 문제라고 단정할 수는 없고, 이 사건 성경책 12권의 표지가 3권씩 색상을 달리하고 있는 것도 미술저작물로서의 보호는 별론으로 하고 그것 역시 소재의 선택이나 배열에 관한 창작이라고는 단정할 수 없으므로, 결국 이 사건 성경책은 저작권법상의 보호대상인 편집저작물이라고 할 수 없다.

[판례 8] 「한국입찰경매정보지」의 편집저작물성(대법원 1996.12.6.선고 96도2440 판결)

피해자 발행의 '한국입찰경매정보'지는 법원게시판에 공고되거나 일간신문에 게재된 내용을 토대로 경매사건번호, 소재지, 종별, 면적, 최저경매가로 구분하여 수록하고 이에 덧붙여 피해자 직원들이 직접 열람한 경매기록이나 등기부등본을 통하여 알게 된 목적물의 주요현황, 준공일자, 입주자, 임차금, 입주일 등의 임대차관계, 감정평가액 및 경매결과, 등기부상의 권리관계 등을 구독자가 알아보기 쉽게 필요한 부분만을 발췌・요약하여 수록한 것인 사실을 알아볼 수 있으므로, 위 한국입찰경매정보지는 그 소재의 선택이나 배열에 창작성이 있는 것이어서 독자적인 저작물로서 보호되는 편집저작물에 해당한다.

[판례 9] 「북역 고려사」의 편집저작물성(서울고법 1997.12.9.선고 96나52092 판결)

쟁점: 북한 사회과학원 고전연구소 발간의 고려사 역본을 그대로 축소 복제하여 배치한 다음 동일한 면의 좌우 여백에 해당하는 부분에 고려사 역본의 내용에 대응하는 고려사 한문 원본을 대비시킨 것이 편집행위로서 저작권법의 보호를 받을 수 있는가?

법원의 판단: 「북역 고려사」는 독자들의 입장에서 한문 실력의 배양, 고서에 대한 거부감 불식, 독서 시간의 절약 등 편의성이 있는 것이기는 하나, 그 편집자의 편집행위의 내용이 북한 사회과학원 고전연구소 발간의 고려사 역본을 그대로 축소 복제하여 배치한 다음 동일한 면의 좌우 여백에 해당하는 부분에 고려사 역본의 내용에 대응하는 고려사 한문 원본을 대비시킨 것으로서 한글로 옮겨진 역본에 이미 널리 알려진 한문 원본을 단순히 기계적으로 결합, 배치한 것에 불과하여, 그 소재의 선택 또는 배열에 창작성이 있다고 할 수 없어 이를 편집

저작물로 볼 수 없다(저작권은 노력이 아닌 창작에 대한 보상의 성격을 띠고 있으므로 상당한 노력을 기울여 위와 같이 편집행위를 하였다는 이유만으로 당연히 저작물이 되는 것은 아니다).

* 주의: 이 판결에서는 부정경쟁방지법 위반여부도 다투어졌고, 이 점에 대한 원고 주장은 받아들여졌다.

"피고 甲과 같은 피고 乙이 공모하여 북역 고려사를 '신서원' 표시가 있는 표지를 포함하여 150질을 복제한 사실은 위에서 인정한 바와 같고, 위에서 인용한 증거들에 의하면, 북역 고려사는 국사를 연구하는 학자, 대학교수 또는 대학생을 주고객으로 하고 있고, 위 복제본은 복제본인 사실이 밝혀지지 아니한 채 판매된 사실을 인정할 수 있고 반증이 없으며, 북역 고려사와 같이 고객층이 한정된 상품의 경우 복제품이 판매되면 정품의 판매가 감소하는 것은 경험칙상 명백하다고 할 것이므로, 피고 김창옥, 같은 이장석의 행위는 부정경쟁방지법 제2조 제1호 (마)목의 타인의 상품을 사칭하여 판매를 한 것에 해당하고, 따라서 같은 법 제5조에 의하여 위 피고들은 각자 원고가 입은 손해를 배상할 책임이 있다."

[판례 10] 「경마예상지」 사건(서울지법 1998.11.6.선고 97가합94348 판결)

1) 어떠한 편집물이 그 소재인 저작물과 독립하는 별개의 저작물인 편집저작물로서 보호받으려면 편집자가 가지는 지적인 독창성, 즉 일정한 방침 또는 목적을 가지고 소재를 수집, 분류, 선택하고 배열하여 편집물을 작성하는 행위에 창작성이 있어야 할 것이고, 저작권은 노력이 아닌 창작에 대한 보상의 성격을 띠고 있으므로 상당한 노력과 비용을 들여 편집행위를 하였다는 이유만으로 당연히 저작물이 되는 것은 아니다.

2) 경마예상지에 나타난 경기 진행상황과 예상 결과를 담은 '컴퓨터추리전개도'의 표현방식, 유력마를 선정하고 그 마필들의 습성과 능력, 입상 유력사유를 설명하는 방식, '약식 경주 기록란'의 작성방식 등은 오랫동안 사용되어 오던 방식이나 전형적인 표현방식으로 이루어져 있거나 누가 하더라도 그렇게밖에 할 수 없는 것 등이어서 창작성을 인정할 수 없다.

[판례 11] 「법조수첩」의 편집저작물성(대법원 2003.11.28.선고 2001다9359 판결)

사실관계: 신청인은 1975년경부터 전국 법관과 검찰, 헌법재판소, 법제처, 등기소 등 유관기관의 주소와 전화번호, 전국 변호사, 법무사의 주소와 전화번호, 법원 및 등기소의 관할 구역, 민사소송 등 인지액 산정표, 소송진행상황을 메모할 수 있는 여백 등으로 구성된 휴대용 수첩형식의 책자를 발간하여 왔고, 피신청인들은 이와 구성 및 내용이 거의 동일한 책자를 배포하여 왔다.

법원의 판단: 제1심(서울지법 2000.1.12.고지 99카합3686 결정)은 신청인이 발행

하여 온 책자(법조수첩)는 비록 그 수록 내용 자체는 공지되어 있는 것이나 소송관계 업무의 편의를 도모하기 위하여 제작된 것으로 그 소재의 선택 및 배열에 창작성이 있는 것으로 보여져 편집저작물로서 보호되어야 할 것으로 판단되므로, 피신청인들이 신청인의 동의 없이 그와 구성과 내용이 거의 동일한 책자를 배포하는 것은 신청인의 저작권을 침해하는 것이라고 보았으나 대법원은 "일지형태의 법조수첩은 그 수첩을 이용하는 자가 법조 유관기관 및 단체에 관한 사항과 소송 등 업무처리에 필요한 사항 등을 손쉽게 찾아볼 수 있다고 보이기는 하지만, 유용한 기능 그 자체는 창작적인 표현형식이 아니므로, 위 수첩에 이러한 기능이 있다고 하여 곧바로 편집저작물에 요구되는 최소한의 창작성이 있다고 할 수는 없는 것이고, 위 수첩에 수록된 자료들은 법조 유관기관이나 단체가 배포하는 자료 또는 종래 법전 등이나 일지 형식의 수첩형 책자에 수록되어 있는 것이어서 누구나 손쉽게 그 자료를 구할 수 있을 뿐 아니라, 법률사무에 종사하는 자를 대상으로 한 일지 형태의 수첩을 제작하는 자라면 누구나 위 수첩에 실린 자료와 동일 또는 유사한 자료를 선택하여 수첩을 편집할 것으로 보이고, 위 수첩에 나타난 조직과 기능별 자료배치 및 법률사무에 필요한 참고자료의 나열 정도는 그와 같은 종류의 자료의 편집에서 통상적으로 행하여지는 편집방법이며, 그러한 자료의 배열에 편집자의 개성이 나타나 있지도 아니하므로 위 일지형태의 법조수첩은 그 소재의 선택 또는 배열에 창작성이 있는 편집물이라고 할 수 없다"고 판시하였다.[165]

[판례 12] 위즈위드 사건(서울지법 2003.8.19.고지 2003카합1713 결정)

인터넷홈페이지도 그 구성형식, 소재의 선택이나 배열에 있어 창작성이 있는 경우에는 이른바 편집저작물에 해당하여 독자적인 저작물로 보호받을 수 있다고 할 것이므로 피침해사이트로부터 복제하여 침해사이트에 게시하거나 침해사이트의 회원들에게 전자메일을 이용하여 전송한 피침해사이트의 상품정보 등은 온라인디지털콘텐츠산업발전법 소정의 '온라인디지털콘텐츠'에 해당한다고 할 것이고, 그 상품정보 등의 구성형식이나 배열, 서비스 메뉴의 구성 등은 편집저작물로 볼 수도 있다.[166]

[판례 13] 편집음악씨디(CD) 사건(대법원 2009.6.25.선고 2008도11985 판결)

편집물이 저작물로서 보호를 받으려면 일정한 방침 혹은 목적을 가지고 소재를 수집・분류・선택하고 배열하여 편집물을 작성하는 행위에 창작성이 있어야 하는바, 그 창작성은 작품이 저자 자신의 작품으로서 남의 것을 복제한 것이 아니

165) 평석: 이상정, 「정보법판례백선(1)」, 463면.

166) 평석: 김소영, 「정보법판례백선(1)」, 572면. 온라인디지털콘텐츠산업발전법은 2010년 12월 11일부터 콘텐츠산업진흥법으로 대체되었다.

라는 것과 최소한도의 창작성이 있는 것을 의미하므로, 누가 하더라도 같거나 비슷할 수밖에 없는 성질의 것이라면 거기에 창작성이 있다고 할 수 없으나, 반드시 작품의 수준이 높아야 하는 것은 아니고 저작권법에 의한 보호를 받을 가치가 있는 정도의 최소한의 창작성이 있다면 족한 것이다.

◈ 편집방침의 결정자[167)]

편집저작물은 편집물에 수록된 소재인 저작물의 … 선택・배열에 창작성이 인정되기 때문에 저작물로서 보호되는 것에 비추어 보면, 소재에 대해서 창작성이 있는 선택・배열을 행한 자가 편집자라고 해석해야 할 것이나 그에 그치지 않고, … 편집방침을 결정하는 것은 소재의 선택・배열을 행한 것과 밀접불가분의 관계에 있어 소재의 선택・배열의 창작성에 기여하는 것이라고 하여야 하며, 따라서 편집방침을 결정한 자도 당해 편집저작물의 편집자로 될 수 있는 자로 해석하는 것이 상당하다.

◈ 데이터베이스(Data Base)

데이터베이스란 다수의 정보를 체계적으로 정리 통합하여 컴퓨터에 의하여 검색할 수 있는 기계가독형태로 한 정보의 집합체라고 정의할 수 있을 것이다. 우리 저작권법은 "소재를 체계적으로 배열 또는 구성한 편집물로서 개별적으로 소재에 접근하거나 그 소재를 검색할 수 있도록 한 것을 말한다"고 규정한다. 일본 저작권법(2조 1항 10호의3)은 "논문, 수치, 도형 기타의 정보의 집합물로서, 이들 정보를 전자계산기를 이용해서 검색할 수 있도록 체계적으로 구성한 것"을 말한다고 정의하고 있다. 혹자는 이를 컴퓨터 속에 들어 있는 자료실이라고 비유적으로 표현하기도 한다. 데이터베이스는 통상 ⅰ) 정보의 수집・선정, ⅱ) 체계의 설정, ⅲ) 정보의 분석・가공, ⅳ) 정보의 축적이라는 수순을 거쳐 작성된다.

이러한 데이터베이스 자체를 어떻게 법적으로 보호하느냐 하는 점에 관하여는 크게 두 가지 견해가 있다. 하나는 데이터베이스를 저작권법상의 편집물이나 수집물로 보아 보호하려는 것이다. 미국, 영국이 이에 속한다.

또 하나는 일본과 같이 데이터베이스의 저작물을 일반 편집저작물과는 구별하여 보호하는 것이다. 일본이 데이터베이스 저작물을 일반 편집저작물과 구별하여 보호하는 이유는 편집저작물은 소재의 선택 또는 배열에 창작성을 가지는 저작물을 가리키는 데 대해 데이터베이스의 경우는 소재로 되는 정보의 선택・배열에 창작성을 가질 뿐만 아니라 문헌 데이터베이스의 경우에는 초록이 작성되는 경우가 많고, 수치정보나 화상처리 데이터베이스의 경우에는 통계적으로 처리한다든지 그래프나 일람표를 만드는 등 가공이 되며, 그 밖에도 원자료의 내용을 분석하여 그

---

167) 일본 동경지재 1980.9.17.판결, 日本 有斐閣 著作權判例百選(제1판) 184면 이하.

결과 추출된 주제나 중요개념을 표현하는 키워드(key word)가 부여되는 등 단순한 편집저작물과는 다른 창작성이 보여지기 때문이라는 것이다. 우리 현행법은 창작성 있는 데이터베이스를 편집저작물로서 보호한다.

[일본 판례] 일본 "자동차정비용 시스템 데이터베이스" 사건(동경지재 2001.5.25)

(1) 사실관계

원고 X는 컴퓨터의 소프트웨어 개발, 판매 등을 업으로 하는 주식회사이며, 자동차정비용시스템을 개발, 판매하고 있다. '원고 시스템'은 일본 국내에 실재하는 4륜 자동차에 관한 일정한 정보를 수록한 데이터베이스를 구성요소로 하고 있다.

또 원고 데이터베이스에 수록되어 있는 차량 데이터 항목은 자동차검사증에 기재해야 할 기술형식에 준거하고 있는 형식지정번호, 유별구분번호, 제조사, 형식, 종별, 용도, 차체형상, 촌법(寸法), 차축에 걸리는 무게, 정원, 최대적재량, 차량중량, 차량총중량, 엔진형식, 총배기량, 연료, 및 자동차검사증에 기재할 필요가 없는 「차종」이다.

피고 Y는 컴퓨터소프트의 제작, 판매 등을 업으로 하는 주식회사이며, 원고와 똑같은 시스템을 제조판매하고 있고, 이것도 원고와 똑같은 차량 데이터베이스를 그 요소로 한다.

원고는 「원고 데이터베이스는 대상으로 된 자동차의 선택, 데이터 항목의 선택 및 체계적 구성의 관점에서 볼 때 창작성이 있기 때문에 데이터베이스 저작물에 해당하고, 피고가 원고 데이터베이스를 복제하여 판매하는 것은 저작권 침해 또는 불법행위를 구성한다」고 주장하면서 피고 시스템의 제조 금지 및 손해배상을 청구했다.

(2) 판결요지

1) 원고 데이터베이스의 저작물성 　　대상으로 된 자동차의 선택에 대해서 원고가 실재하는 자동차를 선택한 점은, 국내 자동차정비업자에게 판매되는 자동차 데이터베이스에 있어서 통상 되어져야 할 선택이며, 정보의 선택에 있어서 창작성이 있다고는 할 수 없다.

데이터 항목의 선택에 있어서 원고가 선택한 자동차검사증에 기재할 필요가 있는 항목과 자동차 차종이라고 하는 정보항목은, 자동차정비업자에게 판매되는 시스템에서 사용되는 자동차검사증의 작성을 지원하는 데이터베이스에 있어서 통상 선택하는 항목이며, 창작성이 있다고 할 수 없다.

또 본건 데이터베이스는 형식지정-유별구분번호가 오래된 것부터 순차로, 자동차의 데이터 항목을 나열한 것이며, 그 이상으로 어떠한 분류도 되어 있지 않기 때문에 체계적인 구성에 창작성이 있다고 인정할 수 없다.

2) 피고행위의 불법행위 해당성 　　사람이 비용이나 노력을 들여 정보를 수집, 정리하여 데이터베이스를 작성하고, 그 데이터베이스를 제조・판매하는 영업

을 행하는 경우, 그와 경쟁관계에 있는 자가 그 자의 판매지역과 경합하는 지역에서 그 데이터베이스를 판매하는 행위는, 공정하고 자유로운 경쟁원리에 의해 성립된 거래사회에 있어서 현저하게 불공정한 수단을 써서 타인의 법적으로 보호할 가치가 있는 영업활동상의 이익을 침해하는 것으로서 불법행위를 구성하는 경우가 있다고 해야 할 것이다.

[비교] CCC Information Services, Inc. v. Maclean Hunter Market Reports, Inc. [미연방 제2항소법원 44 F.3d 61 (2d Cir. 1994)][168]

[미국판례] Kregos v. Associated Press, 937 F.2d 700 (2d Cir.1991)[169]

(1) 사실관계

Kregos는 야구경기의 선발로 등판하기로 예정되어 있는 투수들의 과거 투구결과에 관한 정보를 담고 있는 투구표(a pitching form)를 신문사에 배포하였다. 1983년 투구표에는 9가지 항목을 담고 있는데 전체 시즌(entire season) 동안의 투구내용(performance)에 관한 첫째 범주(category)에는 승패기록(won/lost record)과 방어율(earned run average) 등 2가지 항목, 전체 시즌동안 경기지역에서 상대팀에 대한 투구내용에 관한 두번째 범주에는 승패기록, 투구회수(innings pitched), 방어율 등 3가지 항목, 최근 3번 선발 등판한 경기의 투구내용에 관한 세번째 범주에는 승패기록, 투구회수, 방어율, 평균주자(men on base average) 등 4가지 항목으로 이루어져 있다.

Kregos는 이 양식에 대하여 저작권등록을 하였고 저작권을 취득하였다. 이 양식이 통계내용을 포함하고 있다 하더라도 이 사건에서 쟁점은 통계자료(data)를 뺀 양식에 대한 Kregos의 권리, 즉 통계의 범주에 관한 특별한 선택에 대한 권리에만 관련되어 있다. Associated Press(이하 "AP")는 Sports Features가 제공한 투구표를 발표해왔다. AP의 1984년 양식은 Kregos의 1983년 양식과 거의 같다. AP와 Sports Features는 1986년 몇 가지 점에서 양식을 변경하였다.

---

168) 이 판결에 대해서는, 장주영, 「미국 저작권 판례」, 육법사, 2003, 49면 이하.

169) 이것은 "Kregos 2" 판결이다. 동일 당사자 사이에 4개의 판결이 있다. Kregos 1은 제1심 판결이다. 1심은 Kregos 투구양식은 저작물성이 없다는 이유로 Kregos의 주장을 받아주지 않았다. 이에 대한 항소심인 Kregos 2에서는 저작물성을 인정하면서 사건을 다시 1심으로 되돌려 보냈다. 그 후 제1심 판결Kregos 3)과 항소심 판결(Kregos 4)이 있지만 여기서는 저작물성과 관련된 Kregos 2에 대해서 살펴본다. 또 Kregos 2판결은 항소법원 판사인 NEWMAN, PRATT과 지방법원 판사인 SWEET-지명에 의해 항소심 심리-이 심리하였는데 SWEET판사는 기본적인 측면에서 다수의견과 다른 의견을 표명하였다. 이 판결에 대해서는, 저작권심의조정위원회, 「저작권에 관한 외국판례선」 [4], 2000, 152면 이하.

(가) 전체 시즌 동안의 투구내용	(1) 승패기록(won/lost record)
	(2) 방어율(earned run average)
(나) 전체 시즌 동안의 경기지역에서 상대팀에 대한 투구내용	(3) 승패기록(won/lost record)
	(4) 투구횟수(innings pitched)
	(5) 방어율(earned run average)
(다) 최근 3번 선발 등판한 경기의 투구내용	(6) 승패기록(won/lost record)
	(7) 투구횟수(innings pitched)
	(8) 방어율(earned run average)
	(9) 평균주자(men on base average)

Kregos의 1983년 양식 이전에는 똑같은 9개의 항목을 담고 있는 양식은 없었고 9가지 항목 중 몇 개는 다른 양식에도 나와 있다는 사실은 다툼이 없다. 뉴욕 남부 연방지방법원(The United States District Court for the Southern District of New York)은 Kregos의 투구표가 첫째, 독창성이 없으며 둘째, 투구표의 아이디어가 표현에 합체되었으며 셋째, 이른바 양식이론("blank form" doctrine)에 의해 저작권으로 보호받을 수 없다고 판시하였다.

(2) 판결요지

A. 사실의 편집에 대한 저작권(Copyright for a Compilation of Facts)

Kregos는 많고도 다양한 투수의 투구와 관련된 정보 중 9가지 항목을 선택하였다. 기초자료로부터 산출해낼 수 있는 투구내용에 관한 수십개의 통계자료가 있고 이를 토대로 투구표에 포함시키기 위해 선택할 수 있는 자료의 조합은 수천 개에 이름에도 9가지 항목을 뽑은 것이 독창성의 요구조건을 충족시키기에 충분한 정도의 선택이 아니었다고 말할 수 없다. Kregos의 저작권이 필요한 독창성과 창작성이 부족하다는 이유로 거부될 수 없다.

B. 아이디어와 표현의 합체(Idea/Expression Merger)

야구투수의 실력은 다양한 통계자료로 측정될 수 있다. 이러한 다양한 자료는 투수의 실력을 평가하는 아이디어를 표현하는 데 있어서 아이디어가 표현에 합체되었다는 이론을 배제시키기에 충분한 수많은 방법이 있다는 것을 가리키고 있다.

그러한 일반적인 아이디어를 표현하는 방법은 다양하므로 아이디어는 공유의 영역에 속한다는 것을 확인하기 위하여 합체이론이 적용될 필요는 없다.

C. 양식이론("Blank Form" Doctrine)

빈 양식(blank form)은 저작권으로 보호될 수 없다는 것을 시사한 판결이 있지만 적지 않은 빈 공간(considerable blank space)을 가지고 있는 양식에도 보호할 만한 요소가 있다는 것을 인정한 판결도 많다. 저작권청의 규정(The regulations of Copyright Office)도 그것 자체가 정보를 전달하지 않고 정보를 기록하기 위해 만들어진 양식에 대한 저작권의 등록을 금지하는 데 신중하다. 물론 정보를 담고 있지 않고 오직 정보를 기록하기 위한 빈 공간만을 제공하는 양식은 저작권의 보호를 받을 수 있는 정보의 선택이나 표현을 가지고 있지 않다. 그러나 동시에 기록할 만한 정보의 범주를 선택하고 사실의 편집물로서 저작권의 보호를 받기에 충분할 만큼 독창적이고 창작적인 저작물이 단지 정보를 기록하기 위한 빈 공간을 가지고 있다는 이유만으로 저작권의 보호를 잃지 않는다. 이 사건에서 통계자료의 범주에 대한 Kregos의 선택이 저작권으로 보호받을 수 있는 충분한 창작성을 보여주고 있다는 결론이 내려진 이상 그 결론은 양식이론을 배척하게 된다.

D. 보호의 범위(Extent of Protection)

Kregos가 독창성과 창작성에 관한 사실상의 쟁점에 대해 승소한다면 그는 그의 양식에 있는 보호받을 수 있는 특징에 대해서만 저작권으로 보호된다. 통계자료의 선택(the selection of statistics)만이 보호를 받게 될 것이다. 통계자료의 선택에 있어서도 그의 선택을 베낀 양식에 대해서만 저작권침해를 주장할 수 있다.

Ⅳ. 보호받지 못하는 저작물

1. 국민에게 널리 알려져야 할 저작물

저작물로서의 요건을 충족시키고 있다 하더라도, 사회공공의 이익이라는 견지에서 정책적으로 특정한 저작물을 저작권법의 보호범위 밖에 두고 있다. 국민에게 널리 알려져야 할 성질을 갖는 국가기관 등의 공문서 등은 누구라도 자유로이 이용할 수 없으면 목적을 달성할 수 없으므로 다음의 저작물에는 저작권법에 의한 보호가 미치지 아니한다(법 7조 1호~4호).

1) 헌법 · 법률 · 조약 · 명령 · 조례 및 규칙

[판례] 「이조실록」 사건 = 저작권법의 적용범위(서울지법 남부지원 1994.2.14.선고 93카합2009 판결)

「이조실록」은 국가 등의 고시 · 훈령 · 공고 그 밖의 이와 유사한 것이라고는 볼 수 없고, 또 단순한 사건 · 사상 등의 기술에 그치는 것으로 볼 수도 없으므로, 그 번역본은 학술 내지 문학 등의 영역에 속하는 정신작업이 표현된 창작물이다.

2) 국가 또는 지방자치단체의 고시・공고・훈령 그 밖에 이와 유사한 것

3) 법원의 판결・결정・명령 및 심판이나 행정심판절차 그 밖에 이와 유사한 절차에 의한 의결・결정 등

4) 국가 또는 지방자치단체가 작성한 것으로서 제1호 내지 제3호에 규정된 것의 편집물 또는 번역물

2. 시사보도

인사왕래・사망기사・화재・교통사고 등 단순한 사실의 전달에 불과한 잡보라든가, 시사의 보도는 사상・감정의 창작적 표현은 아니므로 이들은 어문저작물로서 보호를 받지 못한다(법 7조 5호). 그러나 보도사진은 이에 포함되지 아니하며[170], 또 기자의 사상・감정이 표출된 보도기사는 저작물로서 저작권법의 보호를 받는다.

[판례 1] 연합뉴스사 사건(대법원 2006.9.14.선고 2004도5350 판결)

저작권법 제7조 제5호가 '사실의 전달에 불과한 시사보도'를 저작권법에 의한 보호대상에서 제외한 것은, 원래 저작권법의 보호대상이 되는 것은 외부로 표현된 창작적인 표현 형식일 뿐 그 표현의 내용이 된 사상이나 사실 자체가 아니고 시사보도는 여러 가지 정보를 정확하고 신속하게 전달하기 위하여 간결하고 정형적인 표현을 사용하는 것이 보통이어서 창작적인 요소가 개입될 여지가 적다는 점 등을 고려하여, 독창적이고 개성 있는 표현 수준에 이르지 않고 단순히 '사실의 전달에 불과한 시사보도'의 정도에 그친 것은 저작권법에 의한 보호대상에서 제외한 것이라 할 것이다.[171]

그런데 기록에 편철된 연합뉴스사의 기사 및 사진 사본에 의하면, ― 단순한 사실의 전달에 불과한 시사보도의 수준을 넘어선 것도 일부 포함되어 있기는 하나, 상당수의 기사 및 사진은 ― 언론매체의 정형적이고 간결한 문체와 표현 형식을 통하여 있는 그대로 전달하는 정도에 그치는 것인을 알 수 있어, 설시 피고인이 이러한 기사 및 사진을 그대로 복제하여 (신문명 생략)에 게재하였다고 하더라도 이를 저작재산권자의 복제권을 침해하는 행위로서 저작권법 위반죄를 구성한다고 볼 수는 없다 할 것이다.

---

170) 그러나, 서울중앙지법 2013.12.6.선고 2013나36605 판결 참조.

171) 따름 판례: 대법원 2009.5.28.선고 2007다354 판결(원심판결: 서울고법 2006.11.29.선고 2006나2355 판결).

그렇다면 원심으로서는 공소사실 기재 각 연합뉴스사의 기사 및 사진의 내용을 개별적으로 살펴서 그 중 단순한 '사실의 전달에 불과한 시사보도'의 정도를 넘어선 것만을 가려내어 그에 대한 복제 행위에 대하여만 복제권 침해행위의 죄책을 인정하였어야 할 것이다.

☞ 본건은 연합뉴스의 기사 및 사진을 복제하여 일간신문을 제작한 사안에서, 기사 및 사진의 내용을 개별적으로 살펴서 그 중 위와 같이 저작권법에 의한 보호대상에서 제외되는 것인지를 가려내었어야 한다는 이유로 이에 이르지 않은 원심판결을 파기한 판결이다.

[판례 2] '빨간색 카펫세상' 사건(서울남부지법 2013.12.12.선고 2013가단212558 판결)

[피고는 원고가 저작권을 가지고 있는 뉴스기사를 무단 전재하였다. 문제가 되자 그 저작물성을 다투었다.]

㈎ 저작권법 제7조 제5호는 '사실의 전달에 불과한 시사보도'는 저작권법에 의한 보호를 받지 못한다고 규정하고 있는바, 여기에서의 사실의 전달에 불과한 시사보도라 함은 위 창작성의 의미에 비추어 볼 때 저작권법에 의한 보호를 받을 가치가 없을 정도로 최소한도의 창작성조차 인정되지 않는 경우, 누가 하더라도 같거나 비슷할 수밖에 없는 표현, 즉 저작물 작성자의 창조적 개성이 드러나지 않는 표현을 담고 있는 것을 의미하는 것으로서 인사발령기사, 부고기사, 주식시세, '누가・언제・어디서・무엇을・어떻게・왜 하였는가'라는 육하원칙에 해당하는 기본적인 사실로만 구성된 간단한 사건・사고기사(화재・교통사고 등)와 같이 단일한 사항에 대하여 객관적인 사실만을 전하고 있어 그 자체로서 저작물성을 인정할 수 없는 것에 한한다고 할 것이고, 사실을 전달하기 위한 보도기사라고 하더라도 소재의 선택과 배열, 구체적인 용어 선택, 어투, 문장 표현 등에 창작성이 있거나 작성자의 평가, 비판 등이 반영되어 있는 경우에는 저작권법이 보호하는 저작물에 해당한다고 보아야 할 것이다.

㈏ 갑 1호증의 기재에 의하면, 이 사건 각 기사는 객관적인 사실의 나열에 그치지 아니하고, 작성자가 직접 선택한 소재이거나 또는 제공된 소재이더라도 일정한 기준에 의하여 간추린 소재를 기사의 내용으로 하고 있으며, 그 소재를 표현할 수 있는 다양한 방법 중에서 작성자가 독자의 이해를 돕기 위하여 선택한 구성 및 배열 방식, 어투, 어휘 등을 사용하여 표현되어 있거나 작성자의 평가, 예상, 전망 등이 반영됨으로써 창조적 개성이 드러나 있으므로, 저작권법의 보호대상이 되는 저작물에 해당한다고 할 것이다.

공개한 법정·국회 또는 지방의회에서의 연술
2006년 개정법은 이전까지 보호받지 못하는 저작물로 규정하고 있던 "공개한 법정・국회 또는 지방의회에서의 연술"을 보호받는 저작물임을 전제로 하면서 그 저작재산권을 제한하고 있다.

제24조(정치적 연설 등의 이용) 공개적으로 행한 정치적 연설 및 법정·국회 또는 지방의회에서 공개적으로 행한 진술은 어떠한 방법으로도 이용할 수 있다. 다만, 동일한 저작자의 연설이나 진술을 편집하여 이용하는 경우에는 그러하지 아니하다.

제3절 저 작 자

〈관련조문: 저작권법 제3조, 제8조, 제9조〉

저 작 자 ─┬─ 제8조: 저작자 등의 추정
　　　　　└─ 제9조: 업무상 저작물의 저작자

총 칙 ──── 제3조: 외국인의 저작물

Ⅰ. 의 의

저작자란 저작물을 창작한 자이다(법 2조 2호). 그 결과,

1) 창작에 동인(動因)을 준 데 불과한 자는 저작자는 아니다. 따라서 소설가나 화가에게 힌트나 테마를 준 자를 저작자라고 말할 수 없다.

[판례] "해양정책론" 사건(대법원 2009.12.10.선고 2007도7181 판결)

저작권은 구체적으로 외부에 표현한 창작적인 표현 형식만을 보호대상으로 하는 점에 비추어 보면, 2인 이상이 저작물의 작성에 관여한 경우 그 중에서 창작적인 표현 형식 자체에 기여한 자만이 그 저작물의 저작자가 되는 것이고, 창작적인 표현 형식에 기여하지 아니한 자는 비록 저작물의 작성 과정에서 아이디어나 소재 또는 필요한 자료를 제공하는 등의 관여를 하였다고 하더라도 그 저작물의 저작자가 되는 것은 아니며, 설사 저작자로 인정되는 자와 공동저작자로 표시할 것을 합의하였다고 하더라도 달리 볼 것이 아니다(원심: 부산지법 2007.8.10.선고 2006노1 판결).

2) 저작자의 조수는 저작자가 아니다. 저작물을 작성할 때 저작자의 지휘감독 하에 그의 손발이 되어 작업에 종사한 자는 저작자의 창작활동을 돕는 데 불과하고 스스로의 창의에 기해서 저작에 힘쓰는 자는 아니므로 저작자로는 될 수 없다. 예컨대 편집저작물을 작성함에 있어 편집주간이 정한 편집방향에 의하여 단순히 소재를 배열하고 정리하여 기계적 작업을 담당한 '자료정리요원'은 저작자가 아니다.

3) 의뢰자는 저작자가 아니다. 그림의 주문자, 건축주 등 저작기회의 제공자는 저작자라고 말할 수 없다. 문제가 되는 것은 종업원 등이 그의 의무이행으로 저작한 경우이다. 이때에도 저작자는 당해 종업원이며, 그가 원시적으로 저작권을 갖는다고 할 것이다. 번역사무실을 차려놓고, 어학에 능통한 자들을 고용하여 번역한 경우에도 저작자는 당해 번역을 한 번역자이며, 번역사무실의 운영자가 아니다.[172]

4) 다만 법인 등의 명의로 공표되는[173] 업무상저작물의 저작자는 계약 또는 근무규칙 등에 다른 정함이 없는 때에는 그 법인 등이 된다(법 9조). 여기서 업무상저작물이라 함은 법인・단체 그 밖의 사용자(이하 "법인 등"이라 한다)의 기획하에 법인 등의 업무에 종사하는 자가 업무상 작성하는 저작물을 말한다(법 2조 31호).

[판례 1] 「제4공화국」 사건(서울지법 남부지원 1995.10.24.고지 95카합3860 결정)

극본 집필에 있어서 보조작가들이 단순히 그 자료수집이나 조언 등의 보조적인 단계에 머물렀던 것이 아니라 작자와 거의 대등한 입장에서 적극적으로 창의를 발휘하고 정신적 노력을 하는 등으로 공동저작한 것은 공동저작물에 해당한다.

[판례 2] '두만강 700리' 사건(서울남부지법 2004.5.21.선고 2003가합8504 판결)

원고는 피고측 취재인원들이 중국에서 이 사건 영상물의 제작을 위한 촬영을 함에 있어 피고측 취재인원들에게 숙박시설, 방한복, 식사 등을 제공하고 현지 안내를 해준 사실, 중국도문의 변경지역은 북한과의 경계지역인 관계로 경계가 삼엄하여 피고측 취재인원이 접근할 수 없자 피고측 취재인원이 동행하던 원고측 안내인에게 부탁하여 그로 하여금 피고측의 카메라를 가지고 도문의 변경지역을 10분정도 촬영하도록 한 사실만으로는 원고를 이 사건 영상물의 공동저작

172) 서울민사지법 1994.6.1.선고 94가합3724 판결.

173) 다만, 컴퓨터프로그램저작물(이하 "프로그램"이라 한다)의 경우 공표될 것을 요하지 아니한다.

자라고 할 수 없다.

[판례3] '사랑은 아무나 하나' 사건(서울고법 2004.7.7.선고 2003나7219 판결)

원고는 이 사건 가요 악곡 중 일부인 ①소절 악곡부분의 저작권자임을 주장하고 있는바 ①소절 악곡부분이 이 사건 가요에서 차지하는 위치와 비중 등에 비추어보면 ①소절 악곡 부분이 나머지 악곡부분과 분리하여 이용될 수 있다고 보이지 아니하므로 먼저 원고의 이 사건 주장을 자신이 이 사건 가요 악곡 전체에 관한 공동저작자라는 취지로 보고 판단한다.

살피건대 甲이 구전가요를 기초로 혼자서 이 사건 가요를 만들었는데 사후에 그 가요중 ①소절 악곡 부분이 원고가 작곡한 "연안부두" 중 ②소절 악곡 부분과 유사함이 밝혀지고 이에 甲의 동의하에 원고가 이 사건 가요의 작곡 부분 저작권자(보작자)로 등록된 사실은 당사자 사이에 다툼이 없는바 그렇다면 가사 이 사건 가요 악곡이 구전가요에 기초한 것으로 2차적 저작물로서 요구되는 창작성(originality)을 가지고 있다고 하더라도 이러한 2차적 저작물인 이 사건 가요 악곡 전체에 관한 저작자로서의 권리는 <u>실제로 저작활동을 통하여 창작성을 부가한 甲에게 귀속한다 할 것이고 창작과정에 전혀 관여하지 아니한 원고가 이에 관한 공동저작권자가 될 수 있는 것은 아니며</u> 원고와 甲 사이에서 사후에 원고를 이 사건 가요의 작곡부분의 보작자(저작권자)로 인정한다는 합의를 하였다고 하여 원고가 공동저작권자가 될 수 있는 것도 아니다. 또한 설령 甲이 이 사건 가요를 창작하는 과정에서 원고가 작곡한 "연안부두" 중 ②소절 악곡부분을 무단 이용하였다 하더라도 이를 가지고 甲에게 원고의 저작권 침해를 주장하는 것은 별론으로 하고 피고협회에 대하여 위와 같이 무단 이용행위를 통하여 창작된 2차적 저작물인 이 사건 가요에 관하여 저작권자로서의 권리를 주장할 수는 없다. (밑줄: 필자. 본 판결의 제1심인 서울지법 남부지원 2003.1.30.선고 2002가합4277 판결도 同旨)

◈ 도서 등을 출판함에 있어 출판사가 상세한 집필의 방향을 제시한 경우의 저작자

최근 컴퓨터 서적 등을 제작함에 있어 포함될 내용, 설명의 전개방향을 출판자가 상세히 지시하고 이에 따라 컴퓨터 전문가가 컴퓨터 서적을 작성한 경우 누가 저작권자인지 논란이 있다. 집필방향이나 항목을 지시한 정도에 따라 지시자와 집필자가 공동저작자로 되는 경우도 있으나 일반적으로 이 경우의 저작자는 집필방향이나 항목을 지시한 출판자가 아니라 실제로 내용을 집필한 자라 할 것이다. 이와 관련한 일본 판례를 알아본다.

[판례 1] 「현대세계총도」 사건(동경지재 1969.3.30.)

주문자 측에서 지도의 제도자에게 상세한 지시가 있었을 경우에 해당 지도의 제작자는 제도자가 아니라 주문자이다[주문 회사 乙은 본건 지도작성에 있어 이

것을 기획하고, 그 종업원들이 乙 회사의 업무로서 여러 종류의 조사를 거듭하고, 자료를 수집하며, 기재항목도 세부에 걸쳐 취사선택을 한 후에, 그 기재방법에 대해서도, 수많은 자료를 제공해서 지엽말단에 이르기까지 상세하게 구체적으로 지시하고 있으며, 또 본건 지도가 乙회사의 저작명의에 의해 공표되어야 할 것이었다고 하는 것은 본건 구두변론의 전취지에 의해 명백하기 때문에, 말하자면 통상의 편집지도에 불과한 본건 지도를 저작한 자는 乙회사라고 하여야 하고, 甲은 저작자인 乙회사의 지시에 기해 단순히 제도가(製圖家)로서 제도 작업에 종사한 데에 불과한 자라고 할 수밖에 없다].

[판례 2] 「고속도로 파노라마」 사건(동경지재 1964.12.26.)

제작의뢰자가 지도에 넣어야 할 주요 도로, 기타를 지시하고 숲이나 강을 채색하도록 지시 주문하였다고 하더라도 그 저작자는 도형, 무늬에 의하여 구체적으로 표현·제작한 화가이며, 제작주문자는 아니다.

[판례 3] 「곤충삽화」 사건(동경지재 1961.10.25.)

곤충삽화를 제작함에 있어 출판사에서 상세한 편집방침 등의 지시가 있었다고 하더라도 미술저작물의 경우는 화가로서 감각과 기술을 구사하여 사실적으로 그린 것이 인정되기 때문에 저작자는 당해 삽화를 그린 화가이다.

♣ 일본의 「英譯平家物語」 사건 판결

번역에 어느 정도 관여했을 때 저작자(혹은 공동저작자)로 인정될 수 있는지와 관련하여 일본의 「英譯平家物語」사건이 있다. 「英譯平家物語」사건이란 다음과 같다.

Y는 1963년 가을쯤부터 「平家物語」의 영역을 생각하고, 1965년 8월, 원전을 覺一本 「平家物語」로 결정하고, 본격적인 번역을 시작했으나 아무래도 일본인적 영어 표현이 나오는 것을 막을 수 없었으므로 친구인 전 라이프지 기자이었던 A의 도움을 얻어 번역 작업을 계속, 두 사람은 제1권 7장 정도까지 면밀한 검토를 할 수 있었다. 그런데 그 후 A가 귀국하게 되었으므로 Y는 아는 사람의 소개를 받아 고교 영어교사를 하고 있었던 일본인 3세 X의 도움을 받아 작업을 계속하는 것으로 되었다. 작업은 우선 Y가 원저에 따라 영역을 하고, 이것을 타이핑해서 X에게 넘기면 X가 그 번역 중에서 문법이 틀린 곳이나 용어를 정정하고, 어색한 영문, 딱딱한 영문, 지루하고 단조로운 영문을 X가 생각한 적당한 영문으로 변경하고, 그 정정변경부분에 대해서 Y가 원전을 X에게 설명하면서 함께 재검토를 하고, 최종적으로는 Y가 원전과 서로 대조해서 譯文을 결정하는 방법이었다. 그런데 X에게는 「平家物語」의 원전을 읽고, 이해할 능력은 전혀 없었다. X의 이러한 협력은 X가 귀국한 1967년 7월까지 약 1년 반 계속했으나 귀

국 시점에서 6권 10장 정도까지는 일단 번역을 마쳤다(X가 관여한 1권 8장부터 6권 10장까지는 분량적으로 전체의 약 50%이다). Y는 X가 귀국하면서부터 그 협력을 얻을 수 없었으므로 그 후 X와 같은 방법으로 외국인 몇 사람의 도움을 받아 번역을 계속하여 1972년 2월경에 번역을 일단 마치게 되었다. 그래서 Y는 B출판사와 출판계약을 체결하고 1975년 3월경에 출판을 진행하는 것으로 되었다. 이러한 사실관계 하에서 X는 Y에 대해서 다음과 같은 청구를 한다. 즉

ⅰ) 본건 「英譯平家物語」는 X와 Y의 공동저작물이며, X는 공유저작권자인데도 불구하고, Y는 X의 이름을 숨기고, B출판사와 본건 저작물의 출판계약을 체결하여, Y단독 저작물로서 출판하고자 했다. 이에 X가 본건 저작물을 X와 Y의 공동저작물로서 출판하고자 하는 교섭을 위해 처를 일본에 보내면서 사용한 항공료 및 국제통화료를 손해배상하고, ⅱ) Y는 1975년 8월 18일자 경도신문 조간을 통해서 마치 대부분 Y 혼자 힘으로 「平家物語」의 번역을 한 것 같이 발표하여 X의 공동저작자로서의 명예를 현저히 훼손하였으므로 명예회복을 위한 사죄광고의 게재 및 위자료 등을 청구하였다.

제1심은 대체로 다음과 같은 이유로 X 청구를 기각하였다.

번역이란 특정 국어로 표현된 문서의 내용을 다른 국어로 고치는 것을 말하기 때문에 번역에 관여한 자의 역할을 평가함에 있어서는 관여자의 원전의 이해력, 옮겨 바꾸는 국어에 대한 정통성이 중요한 요소로 되는바, X의 기여는 Y에게는 어려운 어색함의 제거, 리듬의 조정이라고 하는 질적으로 높은 부분을 포함하고 있으나 이것을 가지고 번역이라고 보는 것은 상당하지 않다. X의 기여는 교정이라고 보는 것이 합당할 것이다.

그러나 제2심[大阪高裁 1980.6.26.선고 昭和52년(ネ)제1837호 판결]은 다음과 같이 X의 공동저작자로서의 지위는 인정했으나 X의 청구를 인정하지는 않았다.[174]

"본건 「英譯平家物語」는 저작권법상 번역저작물에 해당한다고 하여야 할 것인바, 번역의 정의는 그만 두고, 위 「英譯平家物語」의 작성과정에서 X가 행한 역할 및 그 성과에 착안한다면 위 「英譯平家物語」의 창작에는 X 독자의, Y와 대등한 입장에서 행한, 창의 연구나 정신적 조작이 존재한다고 해야 하고, 그렇다면 이 점에 있어서 동법상 X는 위 「英譯平家物語」에 대해 공동저작자로서의 지위를 가진다고 인정하는 것이 상당하다."

"X의 본건 영역 관여량이 형식적으로는 전체의 약 50% 상당이라고 하더라도 同人의 본건 영역에 있어서 창의와 그 정신적 노력은 위 관여 부분을 넘는, 나

174) 인정하지 않은 이유는 본건에서 Y가 단독저작권자인가 공동저작권자인가를 판단한다는 것은 어려운 일이므로 Y에게는 과실이 없고, Y가 기자에게 혼자서 번역했다고 말한 것은 불법행위에 해당하지 않는다는 것이다. 따라서 단독으로 출판하고자 한 행위는 불법행위에 해당하지 않는다는 것이다.

머지 약 50%부분에도 미치고 있다고 평가되며, X의 본건 영역 관여량은 저작권법상 X에게 본건 「英譯平家物語」의 공동저작자로서의 지위를 인정하는 데 조금도 방해되지 않는다라고 해야 할 것이다."

* 이 판결에는 많은 평석이 있고, 일본 有斐閣, 저작권판례백선(제1판/제2판)의 高林克巳, 제3판의 飯村敏明은 이 부분에 대한 법원의 판단에 부정적이다. 飯村敏明 판사는 "본건에서 X가 창작적인 기여를 했는가 아닌가에 대해서는 "Y가 번역한 원역(原譯)의 영문 표현과 완성작품인 「英譯平家物語」의 영문 표현을 대비해서 완성작품의 표현형성에 있어서 X가 어느 정도의 정정 의견을 말하고, 가제수정(加除修正)을 하였는가를 개별적·구체적으로 검토하여 X의 구체적 관여의 태양 및 정도의 상세(詳細)를 사실인정한 후에, 인정사실을 기초로 법적 평가를 하여 결론을 이끌어 낼 필요가 있었다"는 것이다.[175]

Ⅱ. 저작자 추정

누가 진정한 저작자인가에 대해서 분쟁이 생긴 경우에 제3자로서는 이를 용이하게 판단하기 힘들고, 또 저작자 본인에게는 자명한 것이지만 제3자에게 이를 입증한다는 것도 그리 쉬운 일은 아니다. 여기에서 법은 입증을 용이하게 하기 위하여 저작자 추정규정을 두고 있다. 즉, 다음 각호의 어느 하나에 해당하는 자는 저작자로서 그 저작물에 대한 저작권을 가지는 것으로 추정한다.

1) 저작물의 원작품이나 그 복제물에 저작자로서의 '실명' 또는 이명(예명·아호·약칭 등. 이하 같다)으로서 널리 알려진 것이 일반적인 방법으로 표시된 자(법 8조 1항 1호)

2) 저작물을 공연 또는 공중송신하는 경우에 저작자로서의 실명 또는 저작자의 널리 알려진 이명으로서 표시된 자(법 8조 1항 2호)

일반적인 방법이란 사회관행에 비추어 보통 저작자의 성명을 표시하는 방법이란 의미이다.

[판례] "사계절 색상이론" 사건(서울고등법원 2005.5.25.선고 2004라293 판결)

자신의 예명 또는 자신이 운영하는 케엠케 색채연구소의 명의를 표시하여 이 사건 저작물을 출판·발표하거나 케엠케 색채연구소의 인터넷 홈페이지에 게재한 사실을 인정할 수 있으므로, 특별한 사정이 없는 한 신청인은 이 사건 저작

175) 보다 자세한 것은, 위의 「저작권판례백선」(제3판), 90-91면 참조.

물의 저작자로 추정된다고 할 것이다.

♣ coffee break: 저작자와 관련된 분쟁

(1) 「꿈꾸는 백마강」의 작사자: 서울민사지법 제12부(재판장 서태영 부장판사)는 1997년 5월 9일 월북작사가 조명암(본명 조영출, 작고) 씨의 외동딸 혜령(51) 씨가 부친이 작사한 노래 네 곡의 저작권을 되돌려 달라며 이 아무개 씨 등을 상대로 낸 저작권 확인소송에서 원고 승소판결을 내렸다.[176]

재판부는 판결문에서 "당시 발표된 음반과 가요계 인사들의 증언 등에 비추어 볼 때 이 노래들의 가사가 30년·40년대 당시 조씨가 '김다인' '이가실' 등의 예명으로 직접 작사한 사실이 인정된다"며 "따라서 이 가사들의 저작권은 조씨의 단독상속권자인 원고에게 있다"고 밝혔다.

30년대 초에 시인으로 등단한 조명암 씨는 해방되기 전까지 20여 년 동안 「무정천리」 「번지 없는 주막」 등 5백여 곡의 대중가요를 작사해 당대 최고의 작사가로 불렸다(한겨레신문 1997.5.10, 27면에서).

(2) 「님은 먼곳에」의 작사자: 서울고법 민사합의5부(부장판사 이성호)는 2006년 10월 10일, 「님은 먼 곳에」 작사자는 신중현 씨가 아니라 작사가 겸 방송작가인 유호 씨(85. 본명 유해준)라고 판시하였다(법률신문 2006.10.11).

(3) 일본의 경우에도 저작자와 관련된 다툼이 적지 않다. 예컨대 새장 속의 새 사건,[177] 튤립사건[178] 등이 그것이다.

Ⅲ. 저작자와 저작권자

1. 저작권자

저작권자는 저작권의 귀속주체를 말한다. 원칙적으로는 저작자가 저작권자로 된다.

---

176) 자세한 것은 서울지법 1997.5.9.선고 96가합48324 판결[저작권심의조정위원회, 「한국 저작권판례집(4)」, 204면 이하] 참조.

177) 이에 대해서는 저작권심의조정위원회, 「저작권에 관한 외국 판례선(3)」, 189면 이하 참조.

178) 이에 대해서는 저작권심의조정위원회, 「저작권에 관한 외국 판례선(2)」, 302면 이하 참조. 이 사건은 1992년 최고재판소 판결(最高裁 平成4年1月16日, 平成3年(オ)第526號 著作權確認請求事件)로 종결되었다.

[판례] 「이휘소」 사건(1)(서울민사지법 1995.6.23.선고 94카합9230 판결)
편지 자체의 소유권은 수신인에게 있지만 편지의 저작권은 통상 편지를 쓴 발신인에게 남는다.

다만, 저작재산권은 양도·상속에 의한 이전이 가능하나 저작인격권은 일신전속적이므로 경우에 따라서 저작재산권자와 저작인격권자의 분리현상이 일어난다.

2. 저작권자 추정

저작자의 표시가 없는 저작물에 있어서는 발행자·공연자 또는 공표자로 표시된 자가 저작권을 가지는 것으로 추정한다(법 8조 2항). 다만, 이들이 저작자로까지 추정되는 것은 아니다.

3. 추정의 효과

추정의 효과는 저작자·저작권자로 추정되고 있는 자가 반증이 없는 한, 그 저작물의 저작자·저작권자로서 취급되는 것이다.

한편 이 추정은 저작자·저작권자의 이익을 위해서만이 아니고 그 불이익의 경우에도 인정되며, 또한 저작물의 보호기간의 산정에까지도 미친다.[179)]

추정의 효과는 소급하므로 저작명의인은 저작물의 창작시부터 그 저작물의 저작자·저작권자인 것으로 추정되며, 반증에 의하여 이 추정이 깨어지는 경우에는 창작시부터 그 저작물의 저작자·저작권자가 아닌 것으로 취급된다.

Ⅳ. 특수한 경우

1. 업무상 저작물

저작자는 원래 자연인만이 될 수 있다. 왜냐하면 창작은 사상 또는 감정

---

179) 하용득, 「저작권법」, 116면.

을 독창적으로 표현하여 외부에 구체화하는 사실행위를 말하기 때문이다. 그러나 저작권법은 법인 등에 대하여도 일정한 요건 하에 저작자로서의 지위를 인정하고 있다. 즉 법인 등의 명의로 공표되는 업무상의 저작물의 저작자는 계약 또는 근무규칙 등에 다른 정함이 없는 때에는 그 법인 등이 저작자로 된다(법 9조). 한편 업무상저작물에 대해서는 "법인・단체 그 밖의 사용자(이하 "법인 등"이라 한다)의 기획하에 법인 등의 업무에 종사하는 자가 업무상 작성하는 저작물을 말한다"고 정의하고 있다(법 2조 31호).[180] 이하 나누어 설명하면 다음과 같다.

1) 법인・단체 그 밖의 사용자(이하 "법인 등"이라 한다)가 저작물의 작성을 기획하였을 것. "법인 등"에는 법인, 권리능력 없는 사단・재단, 자연인인 사용자 등이 모두 포함된다. 이 점에 대한 논란은 없는 것 같다. 문제는 또 하나의 요건인 법인 등의 기획이다. 기획이란 국어사전에 보면 '일을 꾀하여 계획한다'라는 의미로 되어 있다. 그러므로 법인 등의 사용자가 일정한 의도에 기초하여 저작물의 작성을 구상하고, 그 구체적인 제작을 피용자에게 명하는 것을 말한다. 기획단계에서 종업원이 기안하고 이를 사용자가 승낙하였거나 혹은 종업원의 의견발표를 듣고 이를 채택한 경우라고 하더라도 어디까지나 결정은 사용자가 하여야 한다. 그러므로 기획은 저작물 작성 전단계에 이미 존재하고 있어야 한다.[181] 논자에[182] 따라서는 사용자의 기획에 의하지 않고, 피용자가 임의로 작성한 것이라고 하더라도 사용자에 의하여 사후승낙을 얻은 경우라든지 나아가서는 널리 사용자의 의사에 반하지 않는 경우에는 이 요건을 충족하는 것으로 해석하여야 한다는 견해가 있으나 지나친 확대해석이라고 본다. 이렇게 되면 기획이라는 요건이 특별한 적극적 의미를 가지지 않게 되고, 아래의 업무상 작성이라는 요건에 거의 포섭되는 것으로 볼 수 있어 기획을 독립된 요건으로

---

180) 일본 저작권법 제15조(직무상 작성하는 저작물의 저작자)는 다음과 같이 되어 있다.
① 법인, 기타 사용자(이하 본조에서 '법인 등'이라 한다)의 발의에 의하여 그 법인 등의 업무에 종사하는 자가 직무상 작성하는 저작물(프로그램저작물은 제외한다)로서 그 법인 등이 자기의 저작 명의로 공표하는 것의 저작자는 그 작성시의 계약, 근무규칙, 기타 별도로 정하지 아니하는 한 그 법인 등으로 한다.

181) 齊藤博, 「著作權法(제3판)」, 有斐閣, 125면.

182) 半田正夫, 「著作權法槪說」(제11판), 2003, 71면; 박성호, "업무상 작성한 저작물의 저작권 귀속," 「한국저작권논문선(1)」, 저작권심의조정위원회, 1992, 125면.

규정한 취지를 몰각하는 것이 될 것이다. 또 법인 등의 업무종사자를 일정한 직무에 배정하여 그 직무상 당연히 당해 업무종사자에 의한 해당저작물의 작성이 예기되거나 예정되어 있는 경우에는 법인 등의 기획이 있었다고 할 수 있다는 견해[183)]도 있으나 이 역시 마찬가지이다.

[판례] '법인 등의 기획'의 의미 (대법원 2010.1.14.선고 2007다61168 판결)[184)]

구 컴퓨터프로그램 보호법(2009. 4. 22. 법률 제9625호 저작권법 부칙 제2조로 폐지) 제5조에서 말하는 '법인 등의 기획'이라 함은 법인 등이 일정한 의도에 기초하여 컴퓨터프로그램저작물의 작성을 구상하고, 그 구체적인 제작을 업무에 종사하는 자에게 명하는 것을 말하는 것으로, 명시적은 물론 묵시적으로도 이루어질 수 있는 것이기는 하지만, 묵시적인 기획이 있었다고 하기 위하여는 위 법규정이 실제로 프로그램을 창작한 자를 프로그램저작자로 하는 같은 법 제2조 제2호의 예외규정인 만큼 법인 등의 의사가 명시적으로 현출된 경우와 동일시할 수 있을 정도로 그 의사를 추단할 만한 사정이 있는 경우에 한정된다고 봄이 상당하다.

2) 저작물이 법인 등의 업무에 종사하는 자에 의하여 작성되었을 것. 「법인 등의 업무에 종사하는 자」의 범위에 대해서는 논란이 있으나 법인 등과 고용관계에 있는 자에 한한다고 본다.[185)] 단순히 지휘감독 관계에 있으면 그 계약내용이 위임이든 도급이든 불문한다는 견해도 있으나 이 요건을 그렇게 확대할 것은 아니다. 따라서 외부자에 대한 위탁저작물인 경우는 설사 당해 저작물을 작성함에 있어 지휘감독이 있었다고 하더라도 저작자는 그 저작물을 작성한 수탁자이며 그가 원시적으로 저작권을 취득한다.[186)] 다만 고용관계는 일시적이라도 좋다.

3) 업무상 작성되었을 것. 당해 저작물의 작성이 당해 종업원의 직무이어야 한다. 우리법 작성에 참고가 된 일본 저작권법 제15조는 '직무상' 작성한다

---

183) 田村善之, 저작권법개설(제2판), 380면; 金井重彦/小倉秀夫 편저, 著作權法コンメンタール(상권), 259-260면(小畑明彦 집필부분).

184) 원심판결: 서울고등법원 2007.7.18.선고 2006나58921 판결(한국저작권위원회, 「한국 저작권 판례집[13]」, 2011, 109면 이하).

185) 齊藤博, 앞의 책, 126면.

186) 서울민사지법 1992.6.5.선고 91가합39509 판결; 대법원 1992.12.24.선고 92다31309 판결 참조.

로 되어 있다.

4) 법인 등의 명의로 공표되는 것일 것. 따라서 공표된 저작물의 저작자의 명의가 단체가 아니고 개인인 경우에는 당해 개인이 저작자임은 물론이다. 2006년 개정 전의 법에서는 법인 등의 명의로 공표'된' 경우라고 규정하고 있었으나 개정법은 공표되기로 예정된 경우도 포함하는 것으로 하였다. 다만, 컴퓨터프로그램저작물의 경우에는 공표될 것을 요하지 아니한다.

[판례 1] 북한판 동의보감 번역 사건(서울고법 2006.3.29.선고 2004나14033 판결)[187]

북한판 동의보감의 5권 표지에는, "동의보감 5, 탕액편 · 침구편, 과학백과사전출판사 1982, 번역 보건부동의원, 낸 곳 과학백과사전출판사, 인쇄소 평양종합인쇄공장, 교열자 조헌영 등 12명, 한문쓰기 한용만" 등으로 표시되어 있다(북한판 동의보감 1~4권의 표지도 해당 편만 다를 뿐 나머지는 모두 동일하게 표시되어 있는 것으로 보인다). 그렇다면 허준의 동의보감 원전 25권을 번역하여 북한판 동의보감을 완성한 자는 북한의 '보건부동의원(현재 고려의학과학원)'이라는 단체이고, 과학백과사전종합출판사는 단지 북한판 동의보감을 출판한 출판사에 불과하므로, 북한판 동의보감의 저작권자는 우리나라 저작권법 제9조에 따라 보건부동의원이라고 봄이 타당하다.

[판례 2] 고등학교 시험문제의 저작권 침해 사건(서울중앙지법 2006.10.18.선고 2005가합73377 판결)

[1] 저작권법 제9조에 의하면 법인 등의 실질적 지휘 · 감독을 받으며 그 업무에 종사하는 자가 법인 등으로부터 직접 명령받은 것뿐만 아니라 고용의 과정에서 통상적으로 업무로서 기대되는 범위 내에서 법인 등의 기획 하에 저작물을 작성하고 그 저작물이 법인 등의 명의로 일반공중에게 공개된 경우, 저작자의 기명저작물이 아닌 이상 저작물의 저작권은 저작자가 아닌 법인 등에게 귀속하는바, 여기서의 '일반공중'은 불특정 다수인인 경우뿐만 아니라 특정 다수인인 경우도 포함한다.

[2] 공립고등학교 교사들이 출제한 교내 중간 · 기말 고사 시험문제가 당해 고등학교의 기획하에 소속 교사들이 업무상 작성한 것이고, 문제지에 학교 명칭만이 기재되고 출제자 표시는 되어 있지 않으며, 특정 다수인인 위 학교의 해당 학년 학생들에게 배포되고 회수되지 않았으므로, 이는 당해 고등학교의 명의로 공표된 단체명의저작물로서 저작권법 제9조에 의하여 그 저작권이 위 학교의 설립주체인 지방자치단체에 귀속한다.

---

187) 제1심 판결: 서울중앙지법 2004.1.16.선고 2001가합173 판결.

[3] 사립고등학교 교사들이 출제한 교내 중간·기말 고사 시험문제가 시험지 중 일부에 해당 시험을 특정하는 시험지 표제문구로 당해 학교의 명칭이 기재되어 있기는 하나, 이는 출제자가 임의로 해당 시험을 특정하기 위하여 표시한 것으로 저작권의 귀속주체를 표시하였다고 보기 어려운 점 등에 비추어 위 시험문제를 저작권법 제9조의 단체명의저작물로 볼 수 없고, 그 저작권은 출제자로 시험지에 기명된 교사들에게 귀속한다.188)

5) 계약 또는 근무규칙 등에 다른 정함이 없을 것. 계약 또는 근무규칙에 설사 단체명의로 공표된 경우에도 저작자는 실제로 당해 저작물을 작성한 개인이 된다고 규정하고 있으면 저작자는 단체가 아니라 당해 저작물을 작성한 개인이라는 취지이다. 그러나 단체 자체와 그 구성원의 계약 교섭력의 대소나 힘의 우열관계[力關係]에 비추어 볼 때에는 이 문언은 거의 의미 없는 내용이라고 할 것이다. 그럴 예정이었다면 차라리 명의를 실제 저작물을 작성한 종업원명의로 공표할 것이다.

◈ 영상저작물에 대한 적용

일본 저작권법 제16조(영화저작물의 저작자)는 "영화저작물의 저작자는 그 영화저작물에서 번안되거나 복제된 소설, 각본, 음악, 기타 저작물의 저작자를 제외하고 제작, 감독, 연출, 촬영, 미술 등을 담당하여 그 영화저작물의 전체적 형성에 창작적으로 기여한 자로 한다. 다만, 전조의 규정의 적용이 있는 경우에는 그러하지 아니하다"고 규정하여 제15조(직무상 작성하는 저작물의 저작자)의 규정을 우선시킨다. 이를 받아 이러한 조항이 없는 우리나라 저작권법 해석에서도 영상저작물 특례규정보다 제9조의 적용을 우선시키는 견해도 있다. 타당하다고 본다.

☞ 2006년법 비판: 업무상저작물의 저작자

2006년 개정법 제9조는 표제를 "업무상저작물의 저작자"로 함과 동시에 그 내용을 "법인 등의 명의로 공표되는 업무상저작물의 저작자는 계약 또는 근무규칙 등에 다른 정함이 없는 때에는 그 법인 등이 된다"고 규정한다. 이것은 개정 전의 법 제9조(단체명의저작물의 저작자)에 대응한 것이다. 개정법이 업무상저작물이라 함은 "법인·단체 그 밖의 사용자(이하 "법인 등"이라 한다)의 기획하에 법인 등의 업무에 종사하는 자가 업무상 작성하는 저작물을 말한다"(2조 31호)고 정의하므로 개정 전의 법과 개정법의 차이점은 개정 전의 법이 법인명의로 공표된 저작물만을

188) 또 서울중앙지법 2005.9.6.자 2005카합2476 결정(저작권심의조정위원회, 「한국 저작권 판례집[10]」, 2006, 279면 이하) 참조.

단체명의저작물의 저작자 특례를 적용함에 반하여 개정법은 공표되는, 즉 공표되기로 예정된 것도 단체명의저작물의 저작자 특례를 적용하기로 한 것이다. 이러한 개정 이유에 대해서는 "…공표되지 않은 저작물에 대해서는 누구의 저작물인지 의견이 분분하였다. 개정법은 미공표 상태에 있다 해도 법인 등이 공표를 예정하고 있다면 역시 이의 저작자는 법인 등으로 보는 것이 법적 안정성을" 지킬 수 있다는 것이다.[189]

이번 개정은 1986년법 제9조의 모델이 된 일본법 제15조[190]의 문언에 보다 충실하게 접근한 것이다. 그러나 아직 미공표 상태에 있다면 이를 단체명의로 공표되는 것인지 또는 "업무에 종사하는 자" 명의로 공표되는 것인지가 객관적으로 명백하지가 않다. 그러므로 경우에 따라서는 더욱 법적 안정성을 해치게 된다. 우리 저작권법 제9조는 저작자권리체계(author's right system)를 취하는 우리법제에 있어 하나의 예외조항이며, 가급적 엄격하게 적용되어야 한다. 일본법 제15조가 단체명의저작물의 특례를 인정한 것은 오늘날 저작물의 상당 부분이 법인 등 단체의 내부에서 복수인의 협동작업에 의해 창작되는 경우가 많고, 이들의 경우에 복수인의 관여의 정도나 형태 등이 다양하며, 이런 경우에 창작자를 자연인 중에서 찾는 것은 실상에 반하는 경우도 있으므로 이런 경우에는 예외적으로 법인 등을 저작자로 간주한 것이라는 것이다.[191] 그러므로 모든 직무상 작성되는 저작물에 적용되는 것은 아니다. 그 표현이 "단체명의로 공표"된다는 것이다. 그런 의미에서 저작자는 원칙적으로 실제 창작에 관여한 자연인이나 일정한 요건 아래에서 예외적으

189) 심동섭, "개정 저작권법 해설," 「계간 저작권」(제76호), 2006년 겨울호, 51면.

190) 일본 저작권법 제15조(직무상 작성하는 저작물의 저작자) ① 법인, 기타 사용자(이하 본조에서 '법인 등'이라 한다)의 발의에 의하여 그 법인 등의 업무에 종사하는 자가 직무상 작성하는 저작물(프로그램저작물은 제외한다)로서 그 법인 등이 자기의 저작 명의로 공표하는 것의 저작자는 그 작성시의 계약, 근무규칙, 기타 별도로 정하지 아니하는 한 그 법인 등으로 한다.

191) 일본 저작권심의회 답신 설명서, 일본 문화청, 자료편 52면(中山信弘 著/윤선희 편역, 「저작권법」, 법문사, 152면); 半田正夫, 「著作權法概說」(제11판), 63면. 이에 반해 "어쨌든 15조는 저작물의 이용·유통에 역점을 둔 규정이라고 할 수 있을 것이다. 그 배경에는 저작물의 재화로서의 성격이 강하게 된 결과 저작물에 관한 권리의 집중화 시스템이 필요로 되기에 이르렀다는 사정도 있고, 그 귀결로서 15조의 직무저작규정과 후술하는 영화규정이 되었다고 생각된다. 그러나 이것뿐이라면 당사자의 계약에 맡기는 것도 가능할 것이고, 혹은 재산권인 저작권을 법인 등에게 원시적으로 귀속시키면 족할 것이다. 그러나 특허법에서의 인격권에 비해 훨씬 강력한 저작인격권을 종업자에게 남겨두면 인격권을 행사한 경우에 사실상 재산권이 무의미하게 될 경우도 있을 수 있기 때문에 양도불가능한 권리인 저작인격권도 사용자에게 원시적으로 귀속시키기 위해서는 사용자 등을 창작자로 할 필요가 있었다. 즉 15조는 계약으로 처리하는 것이 곤란한 저작인격권을 사용자에게 귀속시키는, 적어도 종업자에게는 행사하게 하지 않는다는 점에 의미가 있다"(中山信弘 著/윤선희 편역, 위의 책, 153면).

로 단체를 저작자로 보는 것이라면 2006년 개정법이 종전 법보다 나아졌다고 보기도 힘들다. 또 우리 개정법이 그 표제를 "업무상저작물의 저작자"로 하여 일본 저작권법 제15조의 표제인 "직무상 작성하는 저작물의 저작자"에 접근하고 있으나 모든 직무저작물의 저작자가 단체가 아니라는 측면에서 보면 현행법의 표제인 "단체명의저작물의 저작자"라는 것이 더 나았다고 본다. 어쨌든 단체명의저작에 관한 문제는 정보사회의 노동법과도 연계되는 것이며, 법해석적 측면뿐만 아니라 법정책적 측면에서 신중하게 판단하고, 규정하여야 할 것이다.

♣ coffee break: 저작권법 악마론(惡魔論)

1974년 10월24일, Babara Ringer(미국 저작권청장, 1973-1980) 女史는 「저작권에 관한 악마론」이라는 기묘한 제목의 바우커(Bowker) 기념 강연에서 「저작권자로서가 아니고, 독립한 창조적 개인」으로서 인정된 저작자의 권리의 증대를 위해서는 다음 사항을 승인하는 것이 필요하다고 보았다.

"위원회가 저작물을 창작한 것은 아니다. 회사가 저작물을 창작한 것은 아니다. 기계가 저작물을 창작한 것은 아니다. 만약 회사나 협회나 정부의 편의를 위하여 저작권법이 개개의 저작자를 단체적 속박 속에 밀어넣거나 그들을 글쓰는 인간 기계로 만든다면 저작권법이야말로 악마의 도구가 될 것이다."

2. 공동저작물

저작물의 저작자는 1인에 한정되지 아니하므로 2인 이상이 공동으로 창작한 저작물로서 각자의 이바지한 부분을 분리하여 이용할 수 없는 공동저작물의 저작자는 공동하여 창작한 자 전원이 된다. 이에 반해 결합저작물의 경우에는 창작에 관여한 각자가 각 분담부분에 대한 저작자가 된다. 공동저작물이 되기 위해서는 각 저작자간에 하나의 저작물을 창작한다는 공동 인식 내지는 의사가 필요하다는 것이 통설이다.[192)]

---

192) 이해완, 「저작권법」, 박영사, 2007, 210면. 이를 의사설이라고 한다. 이에 반해 공동의사는 불필요하며, 객관적으로 보아 당사자 상호간에 다른 당사자의 의사에 반하지 않을 정도의 관계가 있으면 족하다는 객관설도 있다. 이들에 대해 자세한 것은 김원오, "공동저작물의 성립요건을 둘러싼 쟁점과 과제," 「계간 저작권」(제94호), 2011.6, 4면 이하 참조.

[판례] '친정엄마' 사건(대법원 2014.12.11.선고 2012도16066 판결)
저작권법 제2조 제1호의 '저작물'에 관한 규정과 제2호의 '저작자'에 관한 규정, 제21호의 '공동저작물'에 관한 규정의 내용을 종합하여 보면, 2인 이상이 공동창작의 의사를 가지고 창작적인 표현형식 자체에 공동의 기여를 함으로써 각자의 이바지한 부분을 분리하여 이용할 수 없는 단일한 저작물을 창작한 경우 이들은 그 저작물의 공동저작자가 된다고 할 것이다. 여기서 공동창작의 의사는 법적으로 공동저작자가 되려는 의사를 뜻하는 것이 아니라, 공동의 창작행위에 의하여 각자의 이바지한 부분을 분리하여 이용할 수 없는 단일한 저작물을 만들어 내려는 의사를 뜻하는 것이라고 보아야 한다.

이러한 공동의사가 없으면 2차적 저작물이라고 한다. 예컨대 甲의 저작물을 乙이 정정·보충한 경우에 甲과 乙 사이에 공동창작의 의사가 있으면 그 저작물은 공동저작물이지만, 이러한 공동의사가 없으면 2차적 저작물이다.[193] 결국 2인 이상이 창작에 관여하더라도 각자 이바지한 부분을 분리하여 이용할 수 없으면 공동저작물, 이용할 수 있으면 결합저작물이 되고, 또 분리하여 이용할 수 없다고 하더라도 공동창작의 의사나 인식이 있으면 공동저작물, 공동창작의 의사가 없으면 2차적 저작물이 된다.

[판례 1] 서울북부지법 2008.12.30.선고 2007가합5940 판결
[1] '공동저작물'은 '2인 이상이 공동으로 창작한 저작물로서 각자의 이바지한 부분을 분리하여 이용할 수 없는 것'을 말하고(법 2조 21호), 여기에서 '공동의 창작행위'는 공동창작의 의사를 가지고 공동저작자 모두 창작에 참여하는 것을 의미하지만, 시간과 장소를 같이 해야만 하는 것은 아니고 상이한 시간과 상이한 장소에서도 공동저작자들이 공동창작의 의사를 가지고 각각 맡은 부분의 창작을 하여 각 기여부분을 분리하여 이용할 수 없는 저작물이 되면 족하며, 각 기여부분을 분리하여 이용할 수 없는 것은 그 분리가 불가능한 경우뿐만 아니라 분리할 수는 있지만 현실적으로 그 분리이용이 불가능한 경우도 포함한다. 또한, 저작물의 원본, 복제물 등에 저작자로서의 실명 또는 이명으로서 널리 알려진 것이 일반적인 방법으로 표시된 자는 그 저작물의 저작자로 추정(저작권법 제8조 제1항 제1호)되지만, 공동으로 저작물의 창작에 기여한 이상 그 저작물에 관하여 공동저작자 중 1인 또는 그 일부만이 저작자라고 표시된 경우에도 다른

193) 그러나 원저작자 사후 보충·정정하는 '유저보정'(遺著補訂)의 경우는 객관적인 공동창작행위(행위의 공동)는 없었으므로 공동저작물은 될 수 없고, 2차적 저작물이다(박성호, 「저작권법」, 박영사, 2014, 240면).

공동저작자들은 저작권법상 공동저작자로서의 권리를 주장할 수 있다.

[2] 만화스토리작가가 스토리를 창작하여 시나리오 또는 콘티 형식으로 만화가에게 제공하고 만화가는 이에 기초하여 다양한 모양과 형식으로 장면을 구분하여 배치하는 등 그림 작업을 하여 만화를 완성한 사안에서, 그 만화는 만화스토리작가와 만화가가 이를 만들기 위해 공동창작의 의사를 가지고 각각 맡은 부분의 창작을 함으로써 주제, 스토리와 그 연출방법, 그림 등의 유기적인 결합으로 완성되어 각 기여부분을 분리하여 이용할 수 없는 공동저작물이다.

♣ 상기 서울북부지법 2008.12.30.선고 2007가합5940 판결은 그 판결문 중에서 다음과 같이 적고 있다.

"여러 사람이 관여하여 하나의 저작물을 작성하는 경우 관여자들이 그 작성에 기여하는 정도, 작성되는 저작물의 성질에 따라 그 저작물이 공동저작물이 될 수도 있고, 2차적 저작물이 될 수도 있다고 할 것인데, 만화저작물의 경우 만화스토리 작성자가 만화작가와 사이에 기획의도 · 전개방향 등에 대한 구체적인 협의 없이 단순히 만화의 줄거리로 사용하기 위해 독자적인 시나리오 내지 소설 형식으로 만화스토리를 작성하고, 이를 제공받은 만화작가가 만화스토리의 구체적인 표현방식을 글(언어)에서 그림으로 변경하면서 만화적 표현방식에 맞게 수정 · 보완하고, 그 만화스토리의 기본적인 전개에 근본적인 변경이 없는 경우에는 만화스토리를 원저작물, 만화를 2차적 저작물로 볼 여지가 있으나, 위에서 살펴본 바와 같이 위 원고들과 피고는 최종적으로 만화작품의 완성이라는 공동창작의 의사를 가지고 있었던 점, 위 원고들의 만화스토리는 피고에게만 제공된 점, 이 사건 만화들은 위 원고들의 만화스토리와 피고의 그림, 장면 설정, 배치 등이 결합하여 만들어지는 저작물인 점, 위 원고들과 피고의 작업과정 등에 비추어 보면 이 사건 만화들은 피고가 위 원고들의 스토리를 변형, 각색 등의 방법으로 작성한 창작물이라기보다 위 원고들이 창작하여 제공한 만화스토리와 피고의 독자적인 그림 등이 유기적으로 어우러져 창작된 위 원고들과 피고의 공동저작물이라고 봄이 상당하다.

[일본판례] '캔디·캔디' 사건[일본최고재판소 2001.10.25. 판결, 平成12(受)798]

사실관계: X(원고, 피상고인)는 스토리성이 있는 만화 '캔디 · 캔디"의 원작자이며, Y(피고, 상고인)는 동 만화의 그림 작가이다. 동 만화는 4년에 거쳐 월간소녀만화잡지에 연재되었다. Y가 X와 협의하지 않고 무단히 캔디를 묘사한 리소그래프(석판화)와 그림엽서를 작성 · 판매했기 때문에 X로부터 Y에 대해 본건 場面 그림(연재 만화의 한 장면), 본건 표지그림(본건 만화가 연재된 잡지의 표지그림) 및 본건 원화(리소그래프 및 그림엽서의 원화로서 Y가 작성한 것)에 대해, 본건 만화 및 그림을 공동저작물로 하는 저작자의 권리 또는 2차적 저작물

로 하는 원저작자의 권리 확인과 상기 각 그림의 작성・복제・배포의 금지를 구하는 소를 제기하였다. 제1심, 원심 모두 원고청구를 인용했으므로 Y가 상고하였다.

최고재판소 판단: [상고기각]. 본건 연재만화는 X가 스토리를 창작하고, Y가 그에 맞춰 그림을 그리는 형태로 작성된 것이므로 본건 연재만화는 X작성의 원고를 원저작물로 하는 2차적 저작물이라고 말할 수 있기 때문에 X는 본건 연재만화에 대해서 원저작자로서의 권리를 갖는다. Y의 권리는 X와 Y의 합의에 의하지 않으면 행사할 수 없다고 판단된다. 따라서 X는 Y가 캔디를 묘사한 본건 원화를 합의없이 작성・복제・배포하는 것을 금지할 수 있다.[194]

♣ 졸견으로는 글과 그림의 선후야 어떻든 만화 저작물은 공동저작물이라고 본다. 문제는 만화 속에 포함된 전체의 그림과 글이 공동저작물이라고 하더라도 이 사건과 같이 하나 또는 두 개의 그림을 이용하는 경우, 공동저작물로서 (혹은 본 판결과 같이 2차적 저작물로서) 다른 저작자 또는 원저작자의 허락이 있어야 하는지 여부이다. 이에 대해서는 반대도 많으나[195] 적어도 본 사례와 같은 경우는 허락이 필요하다고 본다. 그림 하나라도 캔디를 표상하는 것이고, 그 캔디의 특성(캐릭터, 성격)은 스토리를 떠나서는 성립할 수 없기 때문이다.[196] 둘은 불가분의 관계에 있으며, 그림은 글과 달리 한두 개로도 충분히 경제적 효과를 달성할 수 있다. 그러함에도 그림이 그림 작가의 창작품이라고 하여 그 이용에 있어 스토리 작가의 관여를 인정하지 않는 것은 부당하다고 본다. 결과적으로 '캔디・캔디' 사건에서의 일본 판결은 타당하다고 본다.

[판례 2] '바보처럼 공부하고 천재처럼 꿈꿔라' 사건(서울서부지법 2012.7.13.선고 2012카합710 결정)

신청인이 '바보처럼 공부하고 천재처럼 꿈꿔라' 제호의 서적을 저술하고, 피신청인 출판사를 통해 위 책을 출판하였다가 출판계약기간이 종료된 후 다른 출판사와 출판계약을 체결하고 위 제호의 '2012 개정증보판' 책을 발행하자, 피신청인 출판사가 다른 사람을 저자로 하여 위 제호의 '시즌2' 책을 발행한 사안에서, 이 사건 서적은 신청인뿐만 아니라 피신청인도 공동저작하였다고 주장하였으나 신청인과 피신청인 출판사의 출판계약 내용, 서적에 저자의 표기, 인세 지급 상

---

194) 자세한 것은, 中山信弘 외, 「저작권판례백선」(제4판), 有斐閣, 2009, 114면 이하 참조. 평석을 한 中山 교수는 "본건의 최대의 교훈은 다수의 자가 관여한 창작에 관해서는 미리 계약해 두는 것이 중요하다고 하는 점이다."고 적고 있다(위의 책, 115면).

195) 이에 대해서는 作花文雄, 「著作權法」(제4판), ぎょうせい, 2010, 155면 이하; 中山信弘 저/윤선희 편역, 「저작권법」, 법문사, 2008, 119면 주 26) 각 참조.

196) 제1심은 "본건 연재만화 중의 그림이라고 하는 요소만을 뽑아내어 그것이 오로지 피고 五十嵐의 전권에 속한다고 할 수는 없다"고 보았다(作花文雄, 위의 책, 155면에서 재인용).

황 등에 비추어 신청인이 위 제호를 포함한 저작물의 단독저작권자로 보는 것이 타당하다고 판시하였다.

[판례 3] '친정엄마' 사건(대법원 2014.12.11.선고 2012도16066 판결)

① 피고인은 자신이 작성한 연극 '친정엄마'의 초벌대본이 고소인에 의하여 수정・보완되어 새로운 창작성이 부여되는 것을 용인하였고, 고소인도 피고인과 별개의 연극대본을 작성할 의도가 아니라 피고인이 작성한 초벌대본을 기초로 이를 수정・보완하여 보다 완성도 높은 연극대본을 만들기 위하여 최종대본(이하 '이 사건 저작물'이라고 한다)의 작성 작업에 참여한 점, ② 피고인은 초벌대본이 고소인에 의하여 수정・보완되어 연극으로 공연되기까지 극작가의 지위를 유지하면서 대본작업에 관여하였고, 고소인도 이 사건 저작물의 작성 과정에서 피고인으로부터 수정・보완작업의 전체적인 방향에 관하여 일정부분 통제를 받기는 하였으나 상당한 창작의 자유 또는 재량권을 가지고 수정・보완작업을 하여 연극의 중요한 특징적 요소가 된 새로운 캐릭터・장면 및 대사 등을 상당부분 창작한 점, ③ 최종대본은 그 창작적인 표현형식에 있어서 피고인과 고소인이 창작한 부분을 분리하여 이용할 수 없는 단일한 저작물이 된 점 등을 살펴보면, 피고인과 고소인은 이 사건 저작물의 공동저작자로 봄이 타당하다.

[미국판례] Johannsen v. Brown, 797 F.Supp. 835 (D.Or. 1992)

그림 1

그림 2

사실관계: 이 사건은 다음 [그림 1]인 "American Relix"가 Steve Johannsen의 단독 작품인지, 아니면 피고인 Relix magazine의 전소유주인 Kippel 등과의 공동 작품인지가 문제된 사례이다. Relix magazine은 록 밴드 'Grateful Dead'의 기념호 표지에 사용하기 위하여 표지 그림을 Johannsen에게 의뢰하였다. 그림을 의뢰함에 있어 Kippel은 그림의 제목[197]과 그림의 구체적 내용을 주문하였다. 즉 당시 유명한 그림인 Grant Wood의 "American Gothic"[그림 2]을 패러디하되, 해골의 사용, 색깔, 헤어스타일, 보석, 갈퀴 대신에 기타를 사용할 것 등등을 주문하였다. 이러한 주문에 따라 Johannsen은 자신의 화실에서 "American Relix"를 완성하였다. (그런데 이 그림을 잡지 표지에만 사용했으면 문제가 없었는데, Relix는 Johannsen의 허락도, Johannsen이 작가라는 표시도 없이 포스터 등에 사용하여 문제가 되었다.)

197) 그림의 제목인 "American Relix"는 "American Relics"(미국의 유산)를 연상시킨다.

법원의 판단: 법원은 당해 그림에 관한 Kippel 등의 기여만으로는 공동저작자가 되기에 부족하다고 판시하였다. 그것은 아이디어에 불과하다는 것이다. 법원은 "저작자란 저작물을 창작한 자이다. 저작자란 저작권보호를 받을 수 있을 만큼, 아이디어를 고정적이고, 유형적인 표현으로 옮겨 놓은 자"라고 판시하였다. 단순한 주문이나 제안만으로는 불충분하다.

3. 대 작(代作)

대작의 경우에는 제8조가 적용되어 일응 저작자 및 저작권자는 대작자가 아니라 저작명의인이다. 그러나 대작자는 자기가 저작자임을 입증함으로써 저작물의 저작시에 소급하여 저작자의 지위를 갖는다.

[판례] 논문대작의 판별기준(대법원 1996.7.30.선고 94도2708 판결)

일반적으로 석사학위논문 정도의 학술적 저작물을 작성함에 있어서는 논문작성 과정에서 타인으로부터 외국서적의 번역이나 자료의 통계처리 등 단순하고 기술적인 조력을 받는 것은 허용된다고 보아야 할 것이나, 그 작성자로서는 학위논문의 작성을 통하여 논문의 체제나 분류방법 등 논문 작성방법을 배우고, 지도교수가 중점적으로 지도하여 정립한 논문의 틀에 따라 필요한 문헌이나 자료를 수집하여 분석, 정리한 다음 이를 논문의 내용으로 완성하는 것이 가장 중요한 일이라 할 것이므로, 비록 논문작성자가 지도교수의 지도에 따라 논문의 제목, 주제, 목차 등을 직접 작성하였다고 하더라도 자료를 분석, 정리하여 논문의 내용을 완성하는 일의 대부분을 타인에게 의존하였다면 그 논문은 논문작성자가 주체적으로 작성한 논문이 아니라 타인에 의하여 대작된 것이라고 보아야 한다.

4. 감수, 교열

이때에는 창작에의 기여 정도에 따라 그 취급이 달라진다. 서적의 내용이 권위가 있도록 하기 위하여 저명인의 성명을 차용한 경우에는 저작자가 되지 못한다. 그러나 저작물을 보정, 가필하는 등 창작적으로 참가한 경우에는 저작자와 공동저작자가 된다.

5. 월북(재북)작가의 저작물

월북작가나 재북작가의 저작물도 대한민국에서 당연히 보호된다. 판례를 본다.

[판례 1] 「두만강」 사건(1) = 북한저작물의 무단출판에 따른 가처분(서울민사지법 1989.7.26.선고 89카13962 결정)

사실관계: 본건은 무단출판에 대한 출판금지 가처분을 구한 사건이다. 가처분 신청인은 본건에서 문제가 된 두만강의 작가인 이기영의 손자이다. 이기영은 월북작가로서 「두만강」을 집필한 후 1984년 사망하였다. 피신청인은 출판업자로서 1988년경에 일본의 도서관에서 원본을 임의 복사한 후 이를 전 7권으로 나누어 이 중 일부를 출판하였다. 이에 작가의 상속인인 신청인이 그 상속지분에 기하여 이 건 가처분을 신청하였다.

피신청인은 오늘날 남북관계는 상호교차승인 및 유엔동시가입과 다각적인 경제교류 등이 추진되고 있는 점 등에 비추어 북한은 사실상 하나의 국가이며, 작가는 북한사람으로서 북한에서는 저작권을 인정하지 아니하므로 저작권의 상속을 전제로 한 이 사건 가처분은 부당하다고 다투었다.

판결요지: 가. 헌법 제3조에 의하면 대한민국의 영토는 한반도와 부속도서로 한다고 규정하고 있는데 북한지역은 한반도의 일부이므로 대한민국의 영토에 해당되고, 따라서 이 지역은 주권 범위 내에 있으며, 대한민국의 주권과 부딪히는 어떠한 주권의 정치도 법리상 인정될 수 없는 것이므로(대법원 1961.9.28.선고 4292행상48 판결 참조), 우리 헌법에 의거하여 제정·시행된 저작권법이나 민법 등 모든 법령의 효력은 당연히 북한지역에 미친다고 보아야 하며, 우리 헌법 제3조의 규정이 개정되거나 남북한이 서로 주권을 인정하고 국가로 승인하거나 또는 1개의 국가 내에서 서로 다른 법률체계를 상호 인정하기로 하는 헌법적 효력을 가지는 조약이 체결된 바가 없는 이상, 북한지역이 우리 주권의 범위 밖에 있다거나 우리 법령의 적용 밖에 있다고 볼 수 없으며, 더구나 북한주민의 상속인이 남한에 있어 그에 대한 우리 법령상의 보호를 부여하고자 하는 경우에는 더욱 그러하다. 따라서 북한지역에 거주한 자의 저작물은 우리 저작권법에 의해 보호되는 저작권을 취득하였으며, 그가 사망함에 따라 남한에 있는 상속인에게 그 상속지분에 따라 저작권을 상속하였다고 할 것이다.

나. 상속분에 의거한 준공유자의 지분권은 그 목적인 권리 전부에 미치는 것이어서 지분권자는 그 목적인 권리 전부에 대한 방해배제청구권을 가지며, 이 방해배제는 방해 없는 상태로의 복귀를 의미하는 것이어서 보존행위에 해당하는 것이므로 준공유자 각자가 그 목적인 권리 전부에 대한 방해의 배제를 청구할

수 있고(대법원 1968.9.17.선고 68다1142, 1143 판결 참조), 마찬가지로 공동저작물의 각 저작자 또는 저작재산권자는 다른 저작자 또는 저작재산권자의 동의 없이 저작권을 침해하는 자에 대하여 침해의 정지를 청구할 수 있으며, 이를 침해할 우려가 있는 자에 대하여 침해의 예방 또는 손해배상의 담보를 청구할 수 있다.

[판례 2] 「갑오농민전쟁」 사건(서울형사지법 1989.12.12.선고 89고단4609 판결)
월북작가인 공소 외 망 박태원의 창작 저작물인 역사소설 「갑오농민전쟁」에 대하여 그 상속인과 어떠한 출판계약을 체결한 사실도 없고, 동인으로부터 아무런 허락을 받은 사실이 없음에도 불구하고 위 소설을 복제·배포하였다면 저작재산권을 침해한 것이다.

[판례 3] 「이조실록」 사건(1)(서울지법 남부지원 1994.2.14.선고 93카합2009 판결)
대한민국의 주권은 헌법상 북한지역에까지 미치는 것으로, 북한이 세계저작권협약(UCC)에 가입하지 아니하였다 하더라도 북한 저작물은 상호주의와 관계없이 우리 저작권법상의 보호를 받는다.

[판례 4] 「이조실록」 사건(2)(서울형사지법 1996.9.12.선고 96노3819 판결)
가. 대한민국의 주권은 헌법상 북한지역에까지 미치는 것이므로 북한이 세계저작권협약(UCC)에 가입하지 아니하였다 하더라도 북한 저작물은 상호주의에 관계없이 우리 저작권법상의 보호를 받는다 할 것이고, 구저작권법(1994.1.7. 법률 제4717호로 개정되기 이전의 것) 제98조 제1호 소정의 저작재산권의 침해죄에 있어서의 고의의 내용은 저작권자의 허락 없이 저작물을 무단 복제·배포한다는 객관적 사실에 대한 인식이 있으면 족하고, 저작물의 출판권이 누구에게 설정되어 있는지까지 인식하고 있을 필요는 없다.
나. 공소 외 이순동은 1992.1.23. 중국에서 북한 사회과학원 민족고전연구소와의 사이에 동 연구소 번역 「이조실록」에 대하여 남한에서 10년간 독점적으로 복제·배포할 출판권을 설정받는 내용의 출판권 설정계약을 체결하였으며, 피고인은 위 번역본이 동 연구소에서 번역한 저작물이라는 사실을 알고서 위 번역본을 입수한 후 동 연구소 및 이순동의 허락 없이 이를 무단 복제·배포한 것이므로 저작권법 위반에 해당한다.

6. 외국인의 저작물

외국인 저작물은 우리나라가 가입 또는 체결한 조약에 따라 보호함을 원칙으로 하되 우리나라에 상시 거주하는 외국인(무국적자 및 우리나라에 주된 사무소가 있는 외국법인 포함)의 저작물과 우리나라에서 맨 처음 공표된 외국인 저작물(외국에서 공표된 날로부터 30일 이내에 우리나라에서 공표된 저작물 포함)은 내국인 저작물과 동일하게 보호한다.

다만, 체약국 국민의 저작물이나 우리나라에서 맨 처음 공표된 외국인 저작물이라 하더라도 그 외국에서 대한민국 국민의 저작물을 보호하지 아니하는 경우[198]에는 그에 상응하게 조약 및 이 법에 의한 보호를 제한할 수 있도록 하여 상호주의를 취하고 있다(법 3조 3항 참조). 또 보호되는 외국인의 저작물이라도 그 외국에서 보호기간이 만료된 경우에는 우리 법에 따른 보호기간을 인정하지 아니한다(법 3조 4항).

◈ 외국인 저작물 및 음반에 관한 소급보호

WTO/TRIPs협정은 제9조에서 "회원국은 베른협약(1971)의 제1조~제21조와 부속서의 규범을 준수"하도록 규정하며, 제14조 제6항 단서에서 "그러나 베른협약 제18조의 규정은 또한 음반의 경우 실연자와 음반제작자의 권리에 준용한다"고 규정한다. 베른협약 제18조란 소급보호에 관한 조항이다. 종래 우리나라는 세계저작권협약과 제네바음반협약에만 가입하여 1987년 10월 1일 이후에 공표된 저작물 및 음반만을 보호하여 왔다. 그러나 WTO의 회원국으로서 우리나라는 1995년 12월 6일 개정에서 불소급을 규정한 저작권법 제3조 제1항 단서를 삭제하고 제61조를 개정함으로써 1996년 7월 1일부터는 '소급보호'를 하고 있고, 1996년 8월 21일 베른협약에 가입하였다. 이로써 1996년 6월 30일까지는 아무런 대가 없이 이용하여 왔던 이러한 저작물이나 음반(이를 '회복저작물 등'이라 한다)을 그 이후로는 허락을 얻어야만 사용할 수 있게 되어 그 부담이 대폭 증가되었다. 다만, 법은 이러한 변경에 따른 경과조치로서 부칙 제3조의 '보호기간의 특례'와 제4조의 '회복저작물 등의 이용에 관한 경과조치'를 두고 있다.

(1) 보호기간의 특례

회복저작물 등의 저작권과 실연자 및 음반제작자의 권리는 당해 회복저작물 등이 대한민국에서 보호되었더라면 인정되었을 보호기간의 잔여기간 동안 존속한다. 우리 저작권법상 보호기간은 구법에서는 사후 30년까지이었고, 신법에서는 사후 50년까지이다. 따라서 1956년에 사망한 저작자의 저작권은 1986년에 소멸한다. 따라서 1957년 이전에 사망한 저작자의 저작물은 설사 그 저작자가 대한민국 국민이라

198) 보호하지 아니하는 경우뿐만 아니라 보호는 하되 보호의 수준이나 정도가 우리나라 저작권법보다 낮은 경우도 포함한다[허희성, 「2000저작권법축조개설(상)」, 98면].

하더라도 신법에 의한 보호를 향유할 수 없다(부칙 2조 참조). 따라서 외국 저작물을 소급보호한다고 하더라도 우리나라 국민 이상으로 보호할 수는 없을 것이다. 결국 소급보호되는 외국 저작물은 당해 저작물의 저작자가 1957년 이후에 사망했거나 생존한 저작자의 것에 한정된다.

(2) 회복저작물 등의 이용에 관한 경과조치

1) 개정법 시행일(1996.7.1.) 전에 회복저작물 등을 이용한 행위는 이 법에서 정한 권리의 침해행위로 보지 아니한다. WTO는 1995년 1월 1일부터 발효되었지만 1996년 6월 30일까지 이용행위(복제, 각색, 번역 등)가 완료되면 침해로 보지 아니한다고 규정한다. 따라서 회복저작물을 번역·발간한 경우 1996년 6월 30일까지만 처분하면 아무런 책임도 지지 아니한다.[199]

2) 회복저작물 등의 복제물(소위 리프린트물)로서 1995년 1월 1일 전에 제작된 것은 1996년 12월 31일까지 이를 계속하여 배포할 수 있다.

3) 회복저작물 등을 원저작물로 하는 2차적 저작물로서 1995년 1월 1일 전에 작성된 것은 이 법 시행 후에도 이를 계속하여 이용할 수 있다. 다만, 그 원저작물의 권리자는 1999년 12월 31일 후의 이용에 대하여 상당한 보상을 청구할 수 있다. 계속 이용하기 위해서는 1995년 1월 1일 이전에 작성되었어야 한다. 즉 2차적 저작물로 인정받을 만큼의 완성도를 가져야 한다.[200]

4) 이 법 시행일 전에 회복저작물 등이 고정된 판매용 음반을 취득한 때에는 제43조 제2항, 제65조의2 및 제67조의2를 적용하지 아니한다. 즉 대여권은 적용되지 아니한다. 이상을 이용형태별, 날짜별로 나누어 도시하면 다음과 같다.

이용 형태	이용 일자	권리 처리
복 제	1995년 1월 1일 이전에 작성	1996년 12월 31일까지 판매가능. 이후에는 저작권자의 허락을 얻어야 한다.
번 역 등	1995년 1월 1일 이전에 작성	1999년 12월 31일까지 자유판매 가능. 이후에는 저작권자에게 상당한 보상을 하여야 한다.

* 1995년 1월 1일 이후에 작성된 것은 그것이 복제물이든 번역물이든 불문하고 1996년 7월 1일부터는 저작자의 허락이 없으면 이용할 수 없다.

[판례 1] 「월트 디즈니」 사건 = 2차적 저작물의 범위(대법원 1992.9.22.선고 91다39092 판결)

구저작권법 제46조 소정의 외국인 저작권은 외국인이 저작한 저작물에 대한

199) 임원선, "개정 저작권법 해설," 「계간 저작권」(제32호), 86면 주5.
200) 앞의 글, 86면.

권리를 말하는 것이므로 같은 법 시행 당시 외국인이 한국인으로부터 양도받은 저작권은 같은 법조 소정의 외국인의 저작권이라고 할 수 없다.

[판례 2] 「캐츠」 사건(서울지법 2000.5.15.고지 2000카합774 결정)

서울지법 민사합의50부는 16일 영국 공연기획사 '리얼리 유스풀그룹'이 낸 공연금지 가처분신청을 받아들여 "캐츠의 공연을 중단하라"고 결정했다.

재판부는 결정문에서 "뮤지컬 캐츠는 가사만 우리말로 번역됐을 뿐 음악, 의상, 안무 등 핵심 요소들이 원작을 그대로 본떠서 만들어진 것으로 보여" 개정 저작권법상 저작권자의 사전 허가 없이 공연할 수 있는 요건, 즉 2차적 저작물로서의 요건을 갖추지 못했다고 밝혔다. 즉 "피신청인들이 1991년에 제작하였다는 '캐츠' 뮤지컬 작품이 2차적 저작물이 되기 위해서는 원작인 '캐츠' 뮤지컬상의 저작물에다가 피신청인들이 실질적인 의미의 개변(改變) 작업을 더함으로써 그것이 원저작물로부터 독립한 별도의 창작물이 될 수 있을 정도에 이르러야 할 것"인데 본건에서는 그렇지 못하다는 것이다.

[판례 3] "살아 있는 동안 꼭 해야 할 49가지" 사건(서울중앙지법 2008.6.20.선고 2007가합43936 판결)

베른협약에 따라 중국 저작물도 한국 저작권법에 의한 보호대상이 되고, 중국 내에서 저자와 출판위탁계약을 맺은 회사와 계약을 맺고 국내에서 출판하였다고 하더라도 저자로부터 해외 번역·출판에 대한 권한을 부여받지 않은 이상 저작재산권의 침해가 된다.[201)]

[판례 4] '폭스 헤드' 판결(서울고법 2012.7.25. 선고 2011나70802 판결)

베른협약(Berne Convention for the Protection of Literary and Artistic Works)의 규정에 따라 개정된 구 저작권법(1997. 12. 13. 법률 제5453호로 개정되기 전의 것) 부칙(1995.12.6.) 제3조는 "제3조 제1항 및 제61조의 규정에 의하여 새로이 보호되는 외국인의 저작물 및 음반으로서 이 법 시행 전에 공표된 것(이하 '회복저작물 등'이라 한다)의 저작권과 실연자 및 음반제작자의 권리는 당해 회복저작물 등이 대한민국에서 보호되었더라면 인정되었을 보호기간의 잔여기간 동안 존속한다", 제4조 제1항은 "이 법 시행 전에 회복저작물 등을 이용한 행위는 이 법에서 정한 권리의 침해행위로 보지 아니한다"고 규정하고 있다.

201) 이상정, "출판권자로부터 번역출판허락을 받은 경우와 2차적저작물작성권 침해," 「저작권문화」(Vol. 172), 2008.12, 28면 이하 참조. 또 이 사건은 항소되어 2010.7.1 서울고등법원 판결이 있었다(2008나68090 판결). 이 부분에 대해서는 항소심에서 그대로 인정되었다. 이후에도 이 사건 판결은 다음과 같은 과정을 거쳤다: 대법원 2012.2.23.선고 2010다66637 판결(환송판결) → 서울고법 2013.1.23.선고 2012나24622 판결.

회복저작물에 관한 저작권법 규정은 외국인의 저작물을 사실상 이용하여 오던 자라도 과거 외국인의 저작권이 보호되지 않음으로써 누렸던 지위를 1996.7.1. 이후부터는 상실한다는 의미이므로, 1996.7.1. 이전에 출원된 상표는 외국인의 저작권이 아직 국내법적으로 효력을 발생하기 전의 것이어서 상표법 제53조에서 정한 '상표등록출원일 전에 발생한 저작권'에 해당한다고 볼 수 없다. 따라서 1996.7.1. 이전에 상표권이라는 유효한 독립의 권리를 취득함으로써 얻은 법률상의 지위는 회복저작물을 보호하는 저작권법 시행 이후에도 그대로 보호하는 것이 타당하다.

제 4 절 저작권일반 및 등록제도

〈관련조문: 저작권법 제10조, 제53조 - 제56조〉

저 작 자	제10조: 저 작 권
등 록	제53조: 저작권의 등록
	제54조: 권리변동 등의 등록・효력
	제55조: 등록의 절차 등
	제55조의 2: 비밀유지의무
	제56조: 권리자 등의 인증

Ⅰ. 저 작 권

1. 의 의

저작권이란 저작자가 그 자신이 창작한 저작물에 대해서 갖는 권리이다. 저작권은 크게 저작재산권과 저작인격권으로 구분된다.[202)]

202) 우리 현행법은 대륙법계인 저작자 권리체계를 택한 결과 저작권에는 저작재산권과 저작

1) 저작재산권은 저작자의 재산적 이익을 보호하고자 하는 권리로서 주로 저작물을 제3자가 이용하는 것을 허락하고 대가를 받을 수 있는 권리이다. 이에는 복제권·공연권·공중송신권·전시권·배포권 등이 포함된다.

2) 저작인격권은 정신적 창조물로서 지적재산은 저작자의 인격을 반영하며 인격 밖에 존재하는 물적 재산보다 한층 더 존귀하게 평가되어야 한다. 이와 같은 비금전적인 제2의 권리를 '저작인격권'이라 한다. 이에는 공표권·성명표시권·동일성유지권 등이 포함된다.

- 저작권
  - 〈협의의〉 저작권
    - 저작재산권 — 복제권, 공연권, 공중송신권, 전시권, 배포권, 대여권, 2차적 저작물 작성권
    - 저작인격권 — 공표권, 성명표시권, 동일성유지권
  - 저작인접권
    - 〈실 연〉 — 복제권, 보상청구권, 대여권, 실연방송권 등
    - 〈음 반〉 — 복제권, 배포권, 대여권, 보상청구권
    - 〈방 송〉 — 복제 및 동시중계방송권

♣ coffee break: 福澤兪吉과 판권

판권은 일본의 福澤兪吉이 copyright를 번역한 말이다. 그러므로 판권이란 저작권을 의미한다.

일본 1875년의 출판조례에서 관의 면허에 의해 성립한 도서전매권의 의미로 사용된 이래 1887년 출판조례·각본악보조례·사진판권조례, 1893년의 판권법으로 이어져 저작자가 갖는 독점출판권의 의미로 변화되었다. 1899년 일본 저작권법이 제정됨으로써 이 말은 법률상은 사어(死語)로 되었으나 아직도 실사회에서는 '판권 ○○ 소유' 등 아직도 사용되는 경우가 있다.

(참고자료: 일본 저작권사전, 阿部浩二, 저작권과 그 주변, 7면 이하).

2. 저작권의 발생: 무방식주의

저작권은 저작물을 창작한 때부터 발생하며 어떠한 절차나 형식의 이행을 필요로 하지 아니한다(법 10조 2항). 즉 저작의 사실로부터 저작권이 발생하며,

---

인격권이 모두 포함된다(법 10조).

특별한 절차를 밟거나 형식을 요하지 아니한다는 것이다. 이러한 입법주의를 무방식주의라 하며 우리나라, 일본, 독일, 프랑스 등과 베른협약이 취하는 바이다.

[판례] 대입 본고사 문제 사건(서울지법 1997.8.12.선고 97노50 판결)
저작물을 창작한 저작자가 가지는 저작권법상의 권리는 그 성질상 특정한 형식이나 절차에 관계없이 저작자가 저작물을 저작한 때로부터 당연히 발생하고 성립하는 것으로 관계 행정기관에 저작권이 등록되어 있는지 또는 누구의 명의로 등록되어 있는지의 여부는 저작권의 성립 자체와는 무관하다. 따라서 대학입시 문제의 저작권은 각 대학교의 해당 학교법인에 당연히 귀속된다고 할 것이고, 문화체육부에 등록된 저작자가 각 대학교의 총장 개인 명의나 또는 각 대학교 그 자체의 명의로 되어 있다는 사실 자체는 아무런 영향을 주지 않는다.

이에 반해 미국(1976년법 시행 이전)과 라틴아메리카의 여러 나라는 저작권의 발생에 저작물의 납본이나 등록 등을 필요로 하며, 이러한 국가들을 방식주의 국가라 한다. UCC는 가입국 국민이 방식주의 국가에서 저작권 향유를 보다 손쉽게 하도록 ⓒ 표시 제도를 마련하고 있다.

3. 저작권의 법적 성격

(1) 저작권은 지적소유권의 일종이다

저작권은 그 객체가 관념적 무체물이라는 점에서 동산, 부동산 등 유체물을 객체로 하는 소유권 등과 구별되나, 그의 brain child인 저작물을 완전히 매각하거나(저작권의 양도) 사용허락에 의해 처분할 수 있다는 점에서 일반소유권 등과 크게 다를 바 없다.

다만, 인간의 정신에서 기원되었다는 점에서 지적소유권이다. 또 동일한 지적소유권의 범주에 속하는 산업재산권과는 권리의 발생, 성격, 유지, 존속기간, 속지성 등에서 차이가 난다.

◈ 저작권과 산업재산권의 차이

1) 권리의 발생　　저작권은 창작과 더불어 권리가 발생하나(무방식주의), 산업재산권은 이를 등록하여야 한다. 등록되기 위해서는 일정한 자가 국가기관인 특허

청에 신청하여야 하며(이를 '출원'이라고 한다), 특허청은 출원된 산업재산이 일정한 요건을 갖추고 있는지 여부를 심사하며, 이러한 요건에 합치되는 산업재산의 출원에 대해서만 등록을 허용한다. 그러므로 산업재산권의 경우에는 국가의 행정처분인 특허행위에 의해 권리가 발생한다는 방식을 취한다.

2) 권리의 성격　　저작권은 모방금지권이나 산업재산권은 차단효가 있는 독점권이다. 따라서 저작권은 자기 저작물의 도용에 대해서만 권리를 주장할 수 있으며, 아무리 동일·유사하다고 하더라도 독자적으로 창작된 것에 대해서는 권리를 주장할 수 없다. 이에 반해 특허권 등 산업재산권은 그 효력이 당해 발명 등의 모인(冒認)만이 아니고, 독자적으로 되어진 발명 등에 대해서도 권리가 미친다.

3) 권리의 유지　　저작권의 유지에는 별다른 의무가 없으나 산업재산권을 유지하기 위해서는 존속기간 중에 일정한 요금을 납부하여야 한다. 또 산업재산권은 일정한 실시의무, 사용의무 등이 있으며, 이러한 의무에 위배되면 강제실시의 대상이 되거나(특허 등의 경우[203]), 불사용으로 인하여 취소된다(상표의 경우).

4) 권리의 존속기간　　저작권은 원칙적으로 저작자 사후 50년(2013.7.1부터는 70년)까지 존속하나 산업재산권의 경우에는 권리가 가장 긴 특허권의 경우도 출원으로부터 20년간 존속한다. 다만, 상표권의 경우는 좀 특이해서 권리의 존속기간은 10년이나 갱신을 통해 영구히 사용할 수 있다. 이것은 상표가 자타상품 식별표지로서 그 자체 산업질서유지에 기여하기 때문이다.

5) 권리의 속지성　　경업적 색채가 강한 산업재산권은 그 보호여부가 당해 국가의 산업정책과 밀접한 관련을 가지므로 설사 산업재산권 보호를 위한 파리협약 가입국 사이라고 하더라도 그 보호를 받으려면 보호받고자 하는 당해 국가에 출원·등록하여야 한다. 이에 대해 저작권의 경우에는 협약 가입국 사이에서는 무방식으로, 혹은(당해 국가가 방식주의 국가라면) ⓒ 표시만 하면 얼마든지 보호받을 수 있다. 그런 면에서 저작권의 경우는 속지성이 크게 완화되어 있다.

(2) 저작권은 유한한 권리이다

유체물의 소유권은 목적물이 존재하는 한 존속(소유권의 항구성)하나 저작재산권의 존속기간은 유한하다.

예컨대 우리 저작권법은 저작자의 생존기간 및 상속인이 있는 경우 저작자 사망 후 50년(2013.7.1부터는 70년)간 존속한다고 규정하고 있으며, 그 이후에는 공유(public domain)로 되어 누구라도 자유로이 이용할 수 있다.

---

203) 디자인권의 경우에는 이러한 의무는 없다.

(3) 저작권은 배타적 권리이다

저작자는 자기의 저작물을 타인이 허락 없이 이용하는 것을 금지시킬 수 있는 배타적 권리를 가지고 있다. 그러나 저작권은 산업재산권과 같은 차단효가 있는 독점적 권리가 아니므로 우연히 동일내용의 저작물이 다수 작성된 경우에도 작성 선후에 관계없이 모두 저작권을 향유한다.

◈ 우연의 일치

어느 작품이 기존의 특정작품과 극히 유사하더라도(심지어는 똑같다고 하더라도) 우연의 일치인 경우에는 저작권 침해로는 되지 않는다. 예컨대 어느 정물을 여러 사람이 그린 경우 혹은 카메라로 촬영을 한 경우 다른 작품을 복제하거나 모방하지 않더라도 비슷하거나 똑같은 작품이 다수 존재할 수 있다. 이러한 경우는 보통 있을 수 있는 예이나 음악저작물에 관하여 우연의 일치라고 본 특이한 사례도 있다. 「원 레이니 나이트 인 도쿄」 사건이 그것이다(일본 최고재 1978.9.30). 내용은 다음과 같다.

「원 레이니 나이트 인 도쿄」에 대해서 미국 음악출판사의 일본 대리점이 그것은 「꿈 깨진 가로수길」(The boulevard of broken dreams)이라고 하는 곡의 침해라고 제소한바 제1심 판결에서는 아주 비슷하지만 침해는 아니라고 하였다(동경지재 1968.5.13). 감정작곡가도 둘로 나뉘어져 한쪽은 침해라고, 다른 쪽은 침해가 아니라고 감정하였다. 제2심인 동경고등재판소 판결(1974.12.24.)과 제3심인 최고재판소에서는 피고가 원고작품을 본 적도 들은 적도 없다는 사실을 감안하여 결국 우연의 일치라고 판시하였다.

◈ 무의식적 침해(subconscious infringement)

앞서 본 우연의 일치와 구분해야 할 것에 무의식적 침해가 있다. 무의식적 침해란 침해자 자신은 타인의 저작물을 이용한다는 의식이 없었으나 실은 저작권침해가 되는 경우이다. 예컨대 자신이 작품을 제작하면서 이전에 접했던 타인의 저작물을 자신도 모르게 이용하는 경우이다(젊은 시절 외국에서 휴가 중에 어느 노래를 듣고, 그리고 그로부터 20여년 후에 자신도 모르게 이전에 들은 노래와 실질적으로 동일한 노래를 작곡한 경우). 무의식적 침해와 관련하여 유명한 사례에 Bright Tunes Music Corp v. Harrisongs Music, Ltd., 420 F.Supp 177 (SDNY 1976)이 있고, 그 2000년판이 Three Boys Music Corp. v. Bolton, 212 F.3d 477(9th Cir. 2000)이다.

[미국판례] Bright Tunes Music v. Harrisongs Music[204)]

이 사건은 George Harrison의 "My Sweet Lord"가 Ronald Mack의 "He's so Fine"을 표절한 것인가가 문제로 된 사건이다. 원고 Bright Tunes Music이 "He's so Fine"에 관한 저작권을 가지고 있다. "He's so Fine"은 1962년 작곡되었고, 재미있어 외우기 쉬운, 기본적으로 매우 짧은 [솔-미-레](이하 '모티프 1'이라 한다)가 4번 반복되는 것으로 되어 있다. '모티프 1'은 가사에 맞추기 위하여 적절히 변경되나 그 후는 또 4번 반복되는 [솔-라-도-라-도]로 이루어진 또 다른 짧은 구절이 뒤따른다(이하 '모티프 2'라 한다). 모티프 그 자체는 어느 것도 새로울 것이 없지만 '모티프 1'의 네 번 반복과 그 후에 잇따르는 '모티프 2'의 4번 반복은 매우 독특한 형식이다. 더욱이 '모티프 2'의 두 번째 사용시에는 장식음이 삽입되어 [솔-라-도-라-레-도]가 된다.

'모티프 1'	'모티프 2'	장식음 삽입 모티프

"My Sweet Lord"는 1970년에 처음 녹음되었고, 가사에 맞도록 약간 변형되었지만 '모티프 1'을 4번 사용하였고, 이어서 따라오는 '모티프 2'는 4번이 아니라 3번 반복 사용되었다. '모티프 2'가 사용되었던 네 번째 자리에는 2번째 반복해서 나오는 대략 같은 길이의 장식음이 있다. 두 노래의 화음은 모두 같다.[205)] 비틀스 멤버인 해리슨은 "He's so Fine"을 알고 있었다. 그것은 미국에서 5주 동안 빌보드 차트 1위였다. 해리슨의 고향인 영국에서도 … 1963년 7주 동안 최고 히트 곡 중의 하나였다.

[해리슨이 의식적으로 "He's so Fine"을 모방한 것은 아니라는 것이 심리과정에서 밝혀졌다.] 그럼에도 불구하고 "My Sweet Lord"가 가사는 다르지만 "He's so Fine"과 같은 곡이라는 것은 분명하다. 그리고 해리슨은 "He's so Fine"을 접했다는 것도 명백하다. 법에 비추어 이것은 저작권침해이다. 그것이 아무리 무의식적으로 되었다고 하더라도 결론에는 변함이 없다.

204) 420 F. Supp. 177(S.D.N.Y. 1976).

205) 피고측 감정인은 2개의 곡 사이에 중요한 차이가 있다고 주장한다. 그러나 여기서 주장되고 있는 상위(相違)라고 하는 것은 다른 가사와 많은 음절이 관여하고 있다는 사실로부터 생기는 것이다. 이것에 의해 반복하는 부분이나 구절이 시작하는 부분에 약간의 변화가 생기나 음악의 본질적인 핵의 부분과는 하등 상관이 없다.

(4) 저작권은 권리의 다발(bundle of rights)이다

저작권은, 소유권과 같이 하나의 권리가 있는 것은 아니며, 복제권・방송권・공연권・전시권 등과 같은 다수 권리의 집합이며 권리의 다발이다.[206] 저작권으로 보호받는 저작물의 카테고리 및 저작권의 범위로 알려진 권리의 다발을 이루고 있는 개개의 권리는 기술의 진보에 따라 점차 확장되고 있는 추세이다. 컴퓨터 소프트웨어나 데이터베이스가 저작권에 의해 보호되기 시작했으며, 유선방송권, 전송권, 음악저작물 등의 대여권이 많은 나라에서 입법화된 것은 그 좋은 예이다.

[판례] "살아 있는 동안 꼭 해야 할 49가지" 사건(대법원 2013.7.12. 선고 2013다22775 판결)

저작인격권이나 저작재산권을 이루는 개별적인 권리들은 저작인격권이나 저작재산권이라는 동일한 권리의 한 내용에 불과한 것이 아니라 각 독립적인 권리로 파악하여야 하므로 위 각 권리에 기한 청구는 별개의 소송물이 된다.

Ⅱ. 저작권과 다른 권리와의 관계

1. 저작권과 디자인권

저작권법과 디자인보호법이 문제되는 분야는 주로 미술저작물, 특히 응용미술과의 관계에서 문제가 된다는 것은 이미 설명하였다. 현재 진정한 의미에서의 저작권법과의 조정은 디자인보호법의 어디에도, 또 저작권법에도 규정된 바 없다. 다만, 디자인보호법 제45조는 "디자인권자・전용실시권자・통상실시권자는 등록디자인 또는 이와 유사한 디자인이 그 디자인등록출원일 전에 발생한 타인의 저작권을 이용하거나 저촉되는 경우에는 저작권자의 허락을 얻지 아니하고는 자기의 등록디자인 또는 이와 유사한 디자인을 업으로서 실시할 수 없다"는 당연한 사리만을 규정하고 있다.

---

206) 학자에 따라서 전자를 모권, 후자들을 지분권이라 부르기도 하나 자칫 오해의 소지가 있다.

2. 저작권과 상표권

저작권법과 상표법의 관계가 문제되는 분야는 주로 저작물의 제호나 캐치프레이즈, 캐릭터의 보호와 관련된 것이다. 「녹정기」(鹿鼎記) 사건[207]에서 판례는 "상표법 제51조의 규정에 의하면, 상표권은 등록이 되어 있다 하더라도 품질을 나타내는 보통명칭으로 사용하거나 관용상표인 경우에는 상표권의 효력이 미치지 아니하는바, 서적의 제호를 상표로 등록하고 이 문자를 동일한 서적의 제호로 사용하는 경우에 그것(제호)은 그 해당 저작물의 창작물로서의 명칭 내지는 그 내용을 나타내는 것으로 저작권법에 저촉되지 않는 한 누구나 사용할 수 있어야 할 것이므로 상표법 제51조의 품질을 나타내는 보통명칭 또는 관용상표와 같은 성격을 가진다 할 것이어서 결국 상표권의 효력이 미치지 아니하는 경우에 해당한다"고 판시하였다. 한편 저작권법이 응용미술을 보호함으로써 도안화된 상표에 있어서 저작권과 상표권의 충돌이 일어나고 있음은 '폭스 헤드' 사건 등에서 이미 본 바와 같다. 여기서는 저작물을 상표로 사용한 '개를 산책시키는 여성' 사건과 일본 「뽀빠이」 사건 판결을 살펴본다.

[판례] '개를 산책시키는 여성' 사건(서울중앙지법 2013.4.18.선고 2012가합521324 판결)

원고 도안

피고 상표

피고는 원고 도안과 유사한 도안을 상표의 일부로 하여 사용하고 있다. 이에 원고는 피고를 상대로 저작권 침해를 이유로 소를 제기하였다. 법원은 접근가능성에 비추어 피고의 독자적 창작이라는 주장을 배척한 후 원고도안과 피고상표의 앞 부분이 실질적으로 유사함을 이유로 저작권침해를 인정하였다.

⚖ 참고: 상표법 제53조(타인의 디자인권 등과의 관계) ① 상표권자 … 는 그 등록상표를 사용할 경우에 그 사용상태에 따라 … 그 상표등록출원일 전에 발생한 타인의 저작권과 저촉되는 경우에는 지정상품 중 저촉되는 지정상품에 대한 상표의 사용은 … 저작권자의 동의를 얻지 아니하고는 그 등록상표를 사용할 수 없다.

---

207) 서울민사지법 1994.6.1.선고 94가합3724 판결.

[일본 판례] 「뽀빠이」 사건[208]

사실관계: 소외 갑은 '피복, 수건, 단추 및 장식용 핀류'를 지정상품으로 하여 「뽀빠이」도형과 문자를 상표등록 하였다(1959.6.12). 원고(탈퇴 피항소인) 을은 1969년 12월경, 갑으로부터 본건 상표를 양수하여 스스로는 본건 상표를 사용하지 않으나 T 및 Z에게 통상사용권을 설정하여 대가를 얻고 있다. 한편 소외 A 회사(미국 법인)는 신문지상에 연재된 만화 「THE THIMBLE THEATER」의 저작권자이며, 1929년부터 그 주인공이 된 「뽀빠이」의 캐릭터는 1932년의 영화화가 기폭제가 되어 오늘날까지 전세계에서 사랑을 받고 있다. 소외 B회사는 1981년 4월, 스포츠용품에 대해서 소외 A로부터 「뽀빠이」만화의 캐릭터에 관한 복제허락을 받아 그것에 의하여 머플러 등을 제조하고 있고 C는 B가 제조한 머플러를 사들여 판매하고 있다. 이 머플러의 한쪽 귀퉁이에는 「POPEYE」의 문자가 특수한 로고타입의 횡서로 되어 있고, 또 이른바 매달려 있는 표찰에는 「뽀빠이」의 도형이 그려져 있고 그 아래에는 「POPEYE」라는 문자가 비스듬히 로고타입으로 횡서되어 있다. 1982년 원고 을은 C가 본건 상표권을 침해하고 있다고 주장하면서 B, C에게 각 표장의 사용금지를 요구하며 제소하였다. 이에 대해 B는 ⅰ) 위 문자와 도형은 상표로 사용된 것이 아니며, ⅱ) 「뽀빠이」만화의 캐릭터에 대해서는 소외 A의 저작권이 존재하고 있고, 따라서 「뽀빠이」도형과 문자에 대해서는 상표법 제29조에 의해 상표권의 효력이 「뽀빠이」도형과 문자에 미치지 않으며, ⅲ) 본건 상표권은 소외 A의 저작권을 침해한 것으로서 무효이며, 그에 기한 본건 청구는 권리남용이라고 주장하였다.

판결요지: 저작권과 관련된 부분만 살펴본다.

제1심(大阪地裁 1984.2.28.)과 제2심(大阪高裁 1985.9.26.)은 기본적으로 「뽀빠이」도안은 저작권법에 의해 보호되는 저작물이나 「POPEYE」라는 문자 그 자체는 저작물의 제명으로서 '그와 같은 저작물의 제명이나 등장인물의 이름은 저작물에서 독립된 저작물성을 가질 수 없는 것이므로' 「POPEYE」라는 문자에는 저작권이 없어 저작권자라 하더라도 이에 대해 상표법 제29조(우리 상표법 제53조에 해당: 필자 주)를 원용할 수 없다고 보았다. 즉 원고의 청구 중 상표법 제29조에 의해 상표권의 효력이 미치지 아니하는 부분인 도안에 대해서는 저작권자로부터 승낙을 얻어 사용하는 B가 계속 사용할 수 있으나 「뽀빠이」라는 문자부분에 대해서는 저작권이 발생하지 아니하므로 B는 계속해서 사용할 수 없다고 하여 원고 일부 승소판결을 내렸다. 이에 대해 상고심은 다음과 같은 취지의 판결을 하였다.

「뽀빠이」 명칭은 '만화에 묘사된 주인공으로서 상기된 인물상과 불가분의 일체의 것으로서 세인에게 친숙'하게 되었고, 특히 이 사건 명칭으로 된 표장은 전기 만화의 저작권자의 허락에 기해서 상품에 부착되었다. 이러한 사정 하에 있어서

208) 일본 최고재판소 1989.7.20.[昭和 60年(オ)第1576号].

는 당해 등록상표의 상표권 침해를 주장해서 당해 상표권의 행사로서 손해배상의 청구를 하는 것은 권리남용으로 허용될 수 없다.

3. 저작권과 소유권

통상 저작물을 이용하려는 일반인은 저작물이 담긴 원작품이나 복제물을 구입하거나 대차하여야 한다. 예컨대 어문저작물 속에 담긴 내용을 알기 위해서는 그 어문저작물이 담긴 복제물, 예컨대 책을 구입하거나 도서관 등에서 빌려보아야 한다. 음악저작물의 경우도 마찬가지이다. 책을 구입하는 자는 단순히 종이의 묶음을 구입하려는 것이 아니며, 음반을 구입하는 자는 단순히 플라스틱 조각이 필요해서가 아니다. 책이나 음반 등은 저작물의 내용이 담긴 매체이며, 매체의 소유가 저작권의 소유가 아님은 물론이다. 이 점은 미국 저작권법 제202조[209]와 같은 명문의 규정이 없더라도 명백하다.

이렇듯 저작권과 소유권이 독립적이고 병렬적인 권리라고 하더라도 현실의 세계에서는 저작물이 담긴 매체의 소유자와 저작권자 사이에서는 적지 않은 긴장관계, 혹은 이해의 대립이 발생한다. 매체의 소유자는 당해 매체를 전면적으로 지배하여 이용을 극대화하려고 하는 반면, 저작권자는 그 이용을 통제하려고 한다. "독일에서는 저작권과 소유권이 충돌하는 경우 이익형량론을 가지고 해결하려고 한다. 즉 자신의 인격과 개성이 나타나 있는 저작물에 관한 저작자의 이익과 소유물을 임의로 관리, 처분할 수 있다는 소유자의 이익을 형량하여 이 긴장관계를 해결하고자 한다."[210] 우리 저작권법에 나타난 소유권과 저작권의 조절에 관한 예를 들어보면 다음과 같다.[211]

① 저작권법 제13조 제2항 2호, 즉 '건축물의 증축·개축 그 밖의 변형'

209) 제202조[저작권(의 소유권)과 대상물의 소유권] 저작권 또는 저작권을 구성하는 배타적 권리의 소유는 당해 저작물이 수록된 대상물의 소유권과 구별된다. 저작물이 최초로 고정된 복제물이나 음반 등 대상물의 소유권의 이전은 그 자체로서 대상물에 수록된 저작권으로 보호되는 저작물에 대한 권리를 이전하는 것이 아니며, 합의가 없는 한 저작권 또는 저작권을 구성하는 배타적 권리의 소유권의 이전은 대상물에 대한 소유권을 이전하는 것이 아니다.

210) 계승균, "저작권과 소유권," 「계간저작권」(제65호), 8면.

211) 저작권과 소유권에 관한 보다 자세한 것은, 이상정, "소유권과 저작권의 충돌과 조화에 관한 일고," 「산업재산권」(제33호), 한국산업재산권법학회, 2010. 12, 231면 이하 참조.

을 동일성유지권의 예외로 인정한 점.[212]

② 저작권법 제29조 제2항, 즉 청중이나 관중으로부터 당해 공연에 대한 반대급부를 받지 아니하는 경우에는 판매용음반 또는 판매용영상저작물을 재생하여 일반공중에게 공연할 수 있도록 한 점.[213]

③ 저작권법 제35조 제1항.

④ 저작권법 제20조 단서. 즉 최초판매원칙의 승인이 그것이다.[214]

◇ 저작권과 소유권에 관한 일본 판례의 경향[215]

顔眞卿自書建中告身帖사건(일본 최고재판소 1984.1.20.) 이전의 하급심판례에는 소유물을 촬영하는 것도 금지시킬 수 있는 권리가 있는 것같이 판시한 것도 있다. 그러나 顔眞卿自書建中告身帖사건을 계기로 물건의 소유권은 유체물에 대한 배타적 지배권능이기 때문에 그 효력은 물건의 점유를 수반하는 유체물의 이용행위에만 미치며, 물건의 촬영을 복제 이용하는 등, 점유침해를 수반하지 않는 물건의 무형적 측면을 이용하는 행위에는 미치지 않는 것이 명백히 되었다. 또 일본 판결은 물건의 이른바 퍼블리시티권도 인정하지 않는다.[216]

Ⅲ. 저작권제도와 등록

1. 서 언

저작권의 등록이란 저작재산권 이전 등 저작권법상의 소정의 사항을 저작권 등록부에 기재하는 것 또는 그 기재를 말한다. 저작권법에는 이러한 저작권 등록 외에도 출판권이나 저작인접권에 대해서도 등록제도가 마련되어 있다(법 63조, 90조 참조). 우리 저작권법은 무방식주의를 채택하고 있으므로 저작권의 등록은 권리발생의 요건이 아님은 물론 저작재산권의 이전 등에 있어서도 효력

212) 그러나 저작자가 가지는 동일성유지권이 모두 유체물의 소유자에게 양보되는 것이 아님은 물론이다. 그 전형적인 예가 변경이다. 원작품의 소유자가 원작품에 변경을 가하는 것은 동일성유지권 침해이다.

213) 다만 그 범위는 대통령령에 의하여 점차 축소되고 있다(저작권법 시행령 제2조 참조).

214) 그러나 대여권에 의해 최초판매의 원칙은 제한을 받는다.

215) 大渕哲也 외, 知的財産權判例集, 有斐閣, 2005, 254-255면.

216) 후술 有名競走馬의 명칭이용사건 참조.

발생요건이 아니라 대항요건으로 되어 있다. 그렇다고 하더라도 오늘날과 같은 정보사회, 특히 저작물의 대량이용이 필요한 사회에서는 어떠한 저작물이 존재하며, 또 그 권리관계가 어떻게 되어 있는지를 한눈에 알 수 있다면 대단히 편리할 것이다. 이에 1999년 개정법은 "저작권 등록범위의 확대 및 등록절차의 개선을 통하여 저작물 관련 정보의 효율적 관리 및 활용증대"를 기하고 있다. 그래서인지 과거에 비해 등록 저작물의 수가 크게 증가하고 있다.[217] 향후 법정손해배상청구를 위해서는 등록이 전제로 되어 있는 점 등에 비추어 볼 때 등록건수는 더욱 증가하리라고 본다.

◈ 전산정보처리시스템에 의한 저작권등록 등

* 저작권법 시행령 제24조 내지 제34조의 규정에 의한 등록 및 이와 관련된 업무는 전산정보처리시스템으로 처리할 수 있다(시행령 제35조).

* 문화체육관광부장관은 법 제55조 제1항의 규정에 따라 저작권등록부에 기재한 등록에 대하여 등록공보를 발행하거나 정보통신망에 게시하여야 하며, 신청한 자가 있는 경우에는 저작권등록부를 열람하게 하거나 그 사본을 교부하여야 한다(법 제55조 제3항).

2. 우리 법이 인정하는 등록 및 등록기관

우리법이 인정하는 등록에는 i) 저작자 관련 등록, ii) 저작물 관련 등록, iii) 공표관련 등록, iv) 저작재산권의 변동 등에 관한 등록, v) 기타 대통령령으로 정한 사항에 대한 등록이 있다.

한편 이러한 등록은 문화체육관광부장관이 행하는 것이나 문화체육관광부장관은 대통령령이 정하는 바에 의하여 이 법에 의한 권한의 일부를 저작권위원회에 위탁할 수 있어(법 130조), 현재는 한국저작권위원회가 그 위탁을 받아 업무를 수행하고 있다.

---

217) 한국저작권위원회 자료에 의하면 2012년부터 3만 건을 넘고 있다(구체적인 자료는, 저작권 통계〉저작권 등록(http://www.copyright.or.kr/info/admin/account/accountStatisticsList.do?hm_seq=469) 참조.

3. 저작권법상의 등록

(1) 저작자 관련 등록

저작자는[218] 자신의 姓名·異名(공표 당시에 異名을 사용한 경우에 한한다)·국적·주소 또는 거소를 등록할 수 있다(법 53조 1항 1호). 저작자가 사망한 경우 저작자의 특별한 의사표시가 없는 때에는 그의 유언으로 지정한 자 또는 상속인이 등록할 수 있다. 저작자등록의 효과는 다음과 같다.

1) 추정력　저작자로 성명이 등록된 자는 그 등록저작물의 저작자로 추정된다. 실명등록이 되어 있는 자는 저작자로 추정되므로 저작자가 아니라고 하는 입증책임은 그것을 다투는 상대방이 부담하게 된다.[219]

2) 저작권 보호기간의 연장　이미 본 바와 같이 무명, 이명저작물의 보호기간에는 공표시 기산주의가 채택되어 그 기간은 공표 후 70년으로 되어 있으나(법 40조 1항), 실명등록이 되면 사망시 기산주의로 되어 저작자 사후 70년까지 보호된다(법 40조 2항 2호). 이로써 보호기간 연장의 효과를 가져온다. 정확히는 무명, 이명으로 인한 보호기간상의 불이익이 실명등록으로 시정되었다고 보아야 할 것이다. 또 널리 알려진 이명은 저작권법상 저작자로 추정받게 되며(법 8조 1항), 저작재산권의 존속기간에 있어서도 실명과 동등하게 취급받고 있으므로(법 40조), 실명등록의 실익이 없을 것이나 널리 알려져 있는지 여부에 관한 판단이 반드시 명확한 것은 아니므로 확신이 없는 한 실명등록을 받는 것이 무난하다.

(2) 저작물·저작권 등 관련 등록

저작자는 저작물의 제호·종류·창작연월일을 등록할 수 있다(법 53조 1항

---

218) 종전 법에서는 저작재산권자도 등록할 수 있는 자에 포함되었으나 2006년 개정에서 저작재산권자는 삭제되었다.

219) 그러므로 우리법상 저작자로 추정되는 경우는 본조, 즉 저작권법 제53조 제1항의 경우와 제8조 제1항(저작자 추정)의 경우이다. 본조에 의하여 추정을 받는 자와 제8조에 의해 추정을 받는 자가 같으면 별 문제 없으나 다르면 어느 쪽에 우위를 둘 것인지 문제이다. 이 경우는 어느 쪽도 우위에 둘 수 없고 증거판단의 일반원칙으로 돌아가 법관의 자유심증에 따라 누가 진정한 저작자인지를 판단하여야 한다는 견해가 있다(오승종, 「저작권법」, 903면).

2호). 저작자가 사망한 경우 저작자의 특별한 의사표시가 없는 때에는 그의 유언으로 지정한 자 또는 상속인이 등록할 수 있다(법 53조 2항).

창작연월일이 등록되면 등록된 저작물은 등록된 연월일에 창작된 것으로 추정한다(법 53조 3항). 다만 저작물을 창작한 때부터 1년이 경과한 후에 창작연월일을 등록한 경우에는 등록된 연월일에 창작된 것으로 추정하지 아니한다(법 53조 3항 단서). 또 저작물이 등록되면 당해 저작물이 침해된 경우 법정손해배상을 청구할 수 있다. 즉 등록은 법정손해배상청구를 위한 전제요건이다(법 125조의2 3항). 한편 법 제125조 제4항은 "등록되어 있는 저작권, 배타적 발행권(제88조 및 제96조에 따라 준용되는 경우를 포함한다), 출판권, 저작인접권 또는 데이터베이스제작자의 권리를 침해한 자는 그 침해행위에 과실이 있는 것으로 추정한다"고 규정한다.

(3) 공표일 등의 등록

저작자는 저작물의 공표의 여부 및 저작물의 맨 처음 공표된 국가·공표연월일을 등록할 수 있다(법 53조 1항 3호). 저작자가 사망한 경우 저작자의 특별한 의사표시가 없는 때에는 그의 유언으로 지정한 자 또는 상속인이 등록할 수 있다(법 53조 2항). 최초의 공표연월일이 등록되면 등록된 연월일에 맨 처음 공표가 있었던 것으로 추정한다(법 53조 3항).

무명·이명저작물, 단체명의 저작물, 영상저작물 등과 같이 보호기간의 기산점을 공표시로 하는 저작물에 있어서는 공표시점의 추정은 극히 중요하다. 뿐만 아니라 대외적으로는 세계저작권협약의 체약국에 대하여 우리나라를 본국으로 하는 저작물이자 한국 내에서 위 조약이 발효된 뒤에 나온 저작물이라는 사실을 공증하는 효과도 있을 것이며, 대내적으로는 국내에서 최초 발행된 외국저작물이 내국저작물과 동등하게 보호받게 될 경우에 있어서도 이 등록의 추정력이 유력한 작용을 하게 될 것이다.

(4) 기타 대통령령이 정하는 사항의 등록

이상의 세 경우 외에도 대통령령으로 정하는 사항은 등록할 수 있다.
시행령은 다음 세 경우를 규정한다(시행령 24조).

① 2차적 저작물의 경우 원저작물의 제호 및 저작자

② 저작물이 공표된 경우에는 그 저작물이 공표된 매체에 관한 정보
③ 등록권리자가 2명 이상인 경우 각자의 지분에 관한 사항

4. 저작재산권의 변동 등에 관한 등록

1) 저작재산권의 양도 또는 처분제한, 저작권법 제57조에 따른 배타적 발행권 또는 제63조에 따른 출판권의 설정 · 이전 · 변경 · 소멸 또는 처분제한, 혹은 저작재산권, 제57조에 따른 배타적 발행권 또는 제63조에 따른 출판권을 목적으로 하는 질권의 설정 · 이전 · 변경 · 소멸 또는 처분제한은 이를 등록할 수 있으며, 등록하지 아니하면 제3자에게 대항할 수 없다(법 54조).

2) 저작권도 물권과 같이 배타성을 가지고 있으므로 저작권에 관한 권리관계를 공시하여 거래안전을 도모할 필요가 있다. 다만, 우리 법은 일정한 경우에 등록하지 아니하면 제3자에게 대항할 수 없도록 하는 대항요건주의를 취한다. 이 점은 물권변동에 있어서 성립요건주의를 취하는 민법과 대조적이다. 상속이나 회사의 합병 등 일반승계의 경우에는 등록이 없더라도 제3자에게 대항할 수 있음은 물론이다.

3) 여기에서 제3자라 함은 당사자 및 그의 포괄승계인 이외의 자로서 등록의 흠결을 주장하는 데 대하여 정당한 이익을 가지는 자이다. 따라서 저작권 침해자는 이에 포함되지 아니한다.

[판례 1] 「꼬마철학자」 사건(서울민사지법 1988.3.18.선고 87카53920 판결)
등록을 하지 아니하면 제3자에게 대항할 수 없다는 제52조의 규정에서의 제3자는 등록의 흠결을 주장함에 있어서 정당한 이익을 가지는 자에 한하고, 저작권의 침해 등 불법행위를 한 자는 정당한 이익을 가진 자에 해당하지 아니하므로 양도등록을 하지 아니하였다 하더라도 침해자에 대하여는 양도사실을 주장할 수 있다.

[판례 2] 저작권 양도등록(서울민사지법 1989.5.23.선고 88가51561 판결)
사실관계: 저작자 을은 자기 채무의 변제를 위하여 1973년 원고 갑의 부(정)에게 자신이 저작한 영문법 해설서 「영어실력기초」외 7종의 저작권을 양도하였다. 피고 병은 위 책들의 저작권 등록이 아직 을로 되어 있음을 알고 1987년 저작

자 을이 피고 병에게 저작권을 양수하는 계약을 체결하고 자기(병) 앞으로 이전등록을 마쳤다. 그 후 병이 이 사건 저작물을 발간하자 갑이 저작권 침해를 주장하였다. 병은 자신이 등록된 저작권자로서 갑의 부(정)의 저작권 양도계약은 10년이 경과하였으므로 등록청구권이 시효로 소멸하였다고 주장하였다.

판결요지: 가. 저작권 중 저작인격권을 제외한 저작재산권의 이전·변동은 당사자간의 양도의사표시만으로 당연히 그 효력이 발생하고 이를 제3자에게 대항하기 위하여는 그 이전등록을 하여야 하는 것이지만(법 52조), 이 경우 제3자라 함은 그 등록의 흠결을 주장함에 법률상 정당한 이익을 가지는 자에 한하고, 정당한 원인 없이 등록을 받은 제3자 또는 불법행위관계에 있는 제3자는 이에 포함되지 아니한다. 소외 을은 이미 이 사건 저작물에 관한 저작권을 양도하고서도 아직 위 원고가 그 이전등록을 하고 있지 아니함을 기화로 위와 같은 사실을 명백히 알고 있던 피고에게 양도한 것이니 위 소외인의 위 이중양도행위는 형사상 처벌되는 배임행위임이 명백하고 피고의 양수행위는 위 소외인의 위 배임행위에 적극 가담한 행위라고 볼 것이므로 피고와 위 소외인간의 위 1987년 8월 20일자 저작권의 양도행위는 사회정의 관념에 위배된 반사회적 법률행위로서 무효이고, 이처럼 무효인 양도계약에 터잡아 경과된 피고 명의의 위 각 저작권 양도등록 역시 무효이다.

나. 저작재산권의 양도에 있어서 등록을 제3자에 대한 대항요건으로 규정한 우리 저작권법의 체제 하에서 저작권은 당사자간의 양도계약만으로 적법하게 이전한다고 할 것인바, 소외 정으로부터 원고에로의 이 사건 저작물에 관한 저작권 양도행위가 적법한 이상 원고가 양도받은 적법한 저작권에 기하여 피고에 대하여 그 침해행위의 배제를 구하고 있는 이 사건에서 원고의 소외 을에 대한 양도등록청구권의 시효소멸여부는 원고의 청구에 대한 적절한 방어수단이 될 수 없어 이를 받아들일 수 없을 뿐만 아니라, 저작권은 물권과 같은 배타적 효력을 가지는 대세적 권리임에 비추어 그 자체의 효력으로서 스스로 대항요건인 등록을 구비할 권한을 포함한다고 할 것인바, 이러한 사정은 원저작자로부터 저작재산권을 적법히 양도받은 자의 저작권의 경우에도 다를 바 없으므로 그 경우에도 양수인의 저작권에 관하여는 저작권법이 규정하는 존속기간을 경과하여 소멸되지 않는 한 민법상의 소멸시효 규정이 적용될 여지는 없으므로, 적법·유효하게 저작권을 양도받은 저작재산권자는 그 저작권의 파생적 권리의 하나로서 대항요건의 구비를 청구할 권리를 가진다.

[판례 3] 「이조실록」 사건(서울지법 남부지원 1994.2.14.선고 93카합2009 판결)

저작권법 제52조 소정의 대항할 수 없는 제3자란 등록의 흠결을 주장함에 정당한 이익이 있는 자를 뜻한다 할 것이므로 아무런 권원 없이 저작물을 무단으로 출판하려고 한 피신청인은 동조 소정의 제3자에 해당되지 아니한다.

[판례 4] 「녹정기」 사건(대법원 1995.9.26.선고 95다3381 판결)

외국 작가의 저작물의 번역을 완성함으로써 그 2차적 저작물에 대한 저작권을 원시적으로 취득한 자가 그 2차적 저작물에 대한 저작재산권을 갑에게 양도하였으나 갑이 이에 대한 등록을 하지 아니한 사이에, 그 저작재산권 양도 사실을 모르는 을이 그 2차적 저작물의 저작권자와 저작물을 일부 수정, 가필하여 다시 출판하기로 하는 출판권 설정계약을 체결하고 그 등록까지 마쳤다면, 갑은 그 저작권의 양수로써 을에게 대항할 수 없다.

[판례 5] 「온달전」 사건(서울지법 1999.11.5.선고 99가합13695 판결)

사실관계: 원고는 1998.5.28. 중국의 갑연구원을 통하여 북한의 조선영화수출입사로부터 위 조선영화수출입사가 저작권을 가지고 있는 영화 '온달전'에 대한 한국 내에서의 복제·배포권 및 방송권 등의 저작권을 유효기간을 15년으로 정하여 양수하였다.

한편 피고는 1998.9. 초순경 위 조선영화수출입사로부터 위 영화에 대한 동북아시아지역에서의 복제·배포권 및 방송권을 7년간 양수받은 일본 서해무역으로부터 이 사건 영화의 비디오테이프를 입수한 후 1998.10.1. 문화방송에 9000만원을 받고 방송을 허락하였다.

원고는 한국 내에서의 위 영화에 대한 판권이 원고에게 있음을 주장하면서 방송하지 말 것을 피고들에게 요구하였으나 문화방송은 1999.1.3. 방영하였다.

판결내용: 저작권법 제52조에 따르면 저작재산권의 양도는 등록하지 아니하면 제3자에게 대항할 수 없는바 여기서 제3자라고 하면 등록의 흠결을 주장하는 데 대하여 정당한 이익을 가지는 제3자, 즉 저작재산권의 양도에 관계한 당사자의 법률상의 지위와 양립할 수 없는 법률상의 지위를 가진 제3자라 할 것이고 여기에는 저작재산권의 이중양수인 또는 그로부터 저작물의 이용허락을 받은 자도 포함된다. … 그렇다면 원고는 이 사건 영화에 대한 복제·배포권 및 방송권을 양수하였음을 저작권법이 정하는 바에 따라 등록하지 않는 한 이로써 제3자인 피고들에게 대항할 수 없다.

[판례 6] 무등록 양수인의 고소권여부(대법원 2002.11.26.선고 2002도4849 판결)

저작재산권을 양도받은 사람은 그 양도에 관한 등록여부에 관계없이 그 저작재산권을 침해한 사람을 고소할 수 있다.220)

* 동일한 판결에 「대법원 2006.7.13.선고 2004다10756 판결」이 있다.

220) 평석: 정상조, 「정보법판례백선(1)」, 440면.

5. 등록의 절차

1) 저작권법 제53조 및 제54조의 규정에 의한 등록은 문화체육관광부장관이[221] 저작권 등록부(프로그램의 경우에는 프로그램등록부를 말한다. 이하 이 조에서 같다)에 기재하여 행한다(법 55조 1항). 저작권법 제53조부터 제55조까지의 규정에 따른 등록 업무를 수행하는 자 및 그 직에 있었던 자는 직무상 알게 된 비밀을 다른 사람에게 누설하여서는 아니 된다(법 제55조의2).

2) 저작권 등에 관한 등록을 위하여 한국저작권위원회에 저작권 등록부, 프로그램 등록부, 저작인접권 등록부, 데이터베이스제작자권리 등록부가 각각 비치되어 있다.

3) 등록절차의 세부사항은 저작권법(법 55조 2항~4항)과 저작권법시행령(25조~35조)에 규정되어 있는바, 이를 요약 설명하면 다음과 같다.

① 등록은 당사자 신청주의를 원칙으로 하되 일정한 경우에 촉탁에 의한 등록도 인정한다.

② 등록신청은 저작권 또는 저작인접권 등록신청서를 문화체육관광부장관에게 제출하여야 한다(신청서 제출주의).

③ 실명등록이나 최초 발행·공표일 등록은 저작자가 단독으로 등록을 신청하나 저작권 변동 등에 관한 등록의 경우(법 54조)에는 등록의 진정을 위하여 등록으로 인하여 이익을 받는 등록권리자와 등록으로 인하여 불이익을 받는 등록의무자가 공동으로 신청하여야 한다(공동신청주의). 다만, ㉮ 등록의무자의 승낙서가 첨부된 경우, ㉯ 판결·상속이나 그 밖의 일반승계 또는 촉탁에 의한 등록은 등록권리자 단독으로 신청할 수 있다. 또 ㉰ 법 제105조 제1항에 따른 저작권신탁관리업자가 법 제54조 제1호에 따라 신탁저작물을 등록할 때에는 저작권신탁관리업자만으로 신청할 수 있으며, ㉱ 등록명의인 표시를 변경하거나 정정하기 위한 등록신청은 등록명의인만으로 할 수 있다(시행령 26조).

④ 문화체육관광부장관은 다음 각 호의 어느 하나에 해당하는 경우에는 신청을 반려할 수 있다. 다만, 신청의 흠결이 보정될 수 있는 경우에 신청인이 당일 이를 보정하였을 때에는 그러하지 아니하다(법 55조 2항).

---

221) 실제로는 저작권법 제97조의3에 의해 권한을 위임받은 한국저작권위원회.

ⓐ 등록 신청한 사항이 등록할 것이 아닌 때

ⓑ 등록 신청이 문화체육관광부령으로 정한 서식에 적합하지 아니하거나 그 밖의 필요한 자료 또는 서류를 첨부하지 아니한 때

4) 등록부에의 기재가 끝난 후에는 신청인에게 등록증을 발급한다(규칙 8조 참조).

5) 등록공보의 발행 등 　문화체육관광부장관은 저작권등록부에 기재한 등록에 대하여 등록공보를 발행하거나 정보통신망에 게시하여야 하며, 신청한 자가 있는 경우에는 저작권등록부를 열람하게 하거나 그 사본을 교부하여야 한다(법 55조 3항).

◈ 등록관청의 심사권한

저작권에 관한 등록의 신청을 받은 등록관청은 저작권에 관한 실체적 권리관계까지 심사할 권한은 없고, 적법한 형식을 갖춘 등록신청서에 의한 신청인지, 그 등록신청서에 법령이 요구하는 각 서류가 첨부되어 있는지 등에 관하여 형식적으로 심사할 권한밖에 없다고 할 것이다.

[판례 1] 타이프 페이스(글자꼴)의 저작물성(대법원 1996.8.23.선고, 94누5632 판결)

현행 저작권법이나 같은 법 시행령이 등록관청의 심사권한이나 심사절차에 관하여 특별한 규정을 두고 있지 않다고 하더라도, 등록관청으로서는 당연히 신청된 물품이 우선 저작권법상 등록대상인 저작물에 해당될 수 있는지 여부 등의 형식적 요건에 관하여 심사할 권한이 있다고 보아야 하고, 다만 등록관청이 그와 같은 심사를 함에 있어서는 등록신청서나 제출된 물품 자체에 의하며 당해 물품이 우리 저작권법의 해석상 저작물에 해당하지 아니함이 명백한지 여부를 판단하여 그것이 저작물에 해당하지 아니함이 명백하다고 인정되는 경우에는(반드시 저작물성을 부인한 판례가 확립되어 있다거나 학설상 이론의 여지가 전혀 없는 경우만을 의미한다고 볼 것은 아니다) 그 등록을 거부할 수 있지만, 더 나아가 개개 저작물의 독창성의 정도와 보호의 범위 및 저작권의 귀속관계 등 실체적 권리관계까지 심사할 권한은 없다고 보아야 한다.

[판례 2] 저작권 등록관청의 심사범위(대법원 1990.2.27.선고 89누6822 판결)

* 주) 이 사건은 원심판단이 그대로 인정된 경우로서 원심판결을 보기로 한다.

[서울고법 1989.8.28.선고 88구6698(13177) 판결]

가. 행정처분의 직접 상대방이 아닌 제3자라도 그 행정처분의 취소변경을 구할

구체적인 법률상 이익이 있는 경우에는 취소소송을 제기할 수 있다 할 것이고, 저작권 중 일신전속적 성질을 지닌 저작인격권을 제외한 저작재산권의 이전·변동은 당사자간의 양도의사표시만으로 당연히 그 효력이 생기고, 다만 이를 제3자에게 대항하기 위하여는 그 양도등록을 하여야 하는바, 원고들은 적법한 양도계약에 의하여 저작권을 양수받은 진정한 저작권자와 출판권자로서 이 사건 저작권 등록처분에 대하여 그 적법여부를 다툴 법률상 이익이 있다.

나. 저작권의 등록은 권리의 발생요건이 아니며, 저작권의 양도는 당사자간의 의사표시에 의하여 자유로이 양도할 수 있으나 이러한 양도에 관한 등록이 없으면 제3자에게 대항할 수 없는 데 지나지 않는 것이다. 관련 각 규정을 종합하면, 하나의 공시제도에 불과한 저작권에 관한 등록을 함에 있어서 그 신청을 받은 등록관청인 피고로서는 저작권에 관한 실체적 권리관계까지 심사할 권한은 없고 적식의 등록신청서에 의한 신청인지, 그 등록신청서에 법령이 요구하는 각 서류가 첨부되어 있는지 등에 관하여 형식적으로 심사할 권한밖에 없다고 보아야 하는바, 법령의 규정에 따라 형식적 검사를 거쳐 이 사건 저작권 등록처분을 하였음은 적법한 조치이고, 저작권 등록관청인 피고가 이 사건 저작권 등록과정에서 이 사건 저작권이 이미 원고에게 양도되었다는 사정을 알았다 하더라도 이 사건 저작권에 관하여 원고와 위 안현필 사이의 양도양수계약이 유효한지, 따라서 위 안현필과 피고 보조참가인 사이의 양도양수계약은 무권리자로부터의 양수계약이어서 무효인지, 또는 피고보조참가인의 적극적인 배임가담행위로 효력이 없는 것인지 등의 실체관계까지 심사할 수는 없다.

6. 권리자 등의 인증

예컨대 을이 갑을 권리자로 알고 저작물 이용계약을 체결하고 당해 저작물을 복제·배포·전송 등을 하였는데 실은 갑이 권리자가 아닌 경우에는 을은 아무리 갑을 권리자로 믿은 경우에도 저작권침해로 된다. 또 디지털콘텐츠의 경우 정품인지 여부는 저작권자로부터 이용허락을 받았는지 여부에 따라 좌우되나 서비스업체가 저작권처리를 하지 않고 서비스하더라도 네티즌 등은 이를 확인하기 어렵다. 따라서 오늘날과 같이 저작물 등의 거래가 빈번해지면 저작물 등의 거래의 안전과 신뢰보호가 절실히 요청된다. 이에 2006년 개정법은 저작물 이용 활성화와 건전한 이용환경 조성을 위하여 권리자 등의 인증제도를 도입하였다.[222] 인증이란 당해 권리자 등이 틀림없다고 확인하고 이를 증명해 주

222) 문화관광부/저작권심의조정위원회, 「개정저작권법 해설」, 2007, 48면.

는 것이며, 법 제2조 33호는 인증은 저작물 등의 이용허락 등을 위하여 정당한 권리자임을 증명하는 것을 말한다고 규정한다.[223] 이러한 인증을 해줄 수 있는 인증기관은 문화체육관광부장관이 지정할 수 있으며 인증기관의 지정 및 인증절차 등에 관하여 필요한 사항은 대통령령으로 정한다(법 56조 1항, 2항). 현재 인증기관으로 지정받을 수 있는 기관은 다음 각 호와 같다(시행령 36조).

1. 한국저작권위원회
2. 저작권신탁관리업자
3. 그 밖에 문화체육관광부장관이 인증업무를 수행할 능력이 있다고 인정하는 법인이나 단체

인증기관은 인증과 관련한 수수료를 받을 수 있으며 그 금액은 문화체육관광부장관이 정한다.

한편 인증은 확인적 효력만 있을 뿐 권리 창설적 효력이 있는 것은 아니다. 따라서 인증기관의 인증을 믿고 거래하였더라도 그것이 실체관계와 부합하지 않는 잘못된 인증인 경우에는 저작권침해로 된다. 예컨대 인증기관이 갑을 권리자라고 하여 을이 갑과 이용계약을 체결하였는데 실은 권리자가 병인 경우에는 권리침해로 되고 이에 따른 손해가 발생한다. 이에 시행령은 "인증업무 수행과 관련하여 이용자에게 입힌 손해를 배상할 수 있는 능력이 있을 것"을 지정기관의 자격 요건으로 하고 있다(시행령 36조 2항 1호). 그 밖에도 다음 요건을 구비하여야 한다.

① 이용자의 등록정보 관리 및 인증서를 생성·발급하기 위한 설비를 갖출 것(시행령 36조 2항 2호).

② 인증업무에 관한 시설 및 장비를 안전하게 운영하기 위한 보호설비를 갖출 것(시행령 36조 2항 3호).

---

223) 전자서명법 제2조 제6호는 "인증"이라 함은 전자서명생성정보가 가입자에게 유일하게 속한다는 사실을 확인하고 이를 증명하는 행위를 말한다고 규정한다. 각 법의 목적에 따라 내용이 조금씩 다를 수밖에 없다.

제 5 절 저작인격권(moral right, droit moral)

〈관련조문: 저작권법 제11조 - 제15조〉

저작인격권	제11조: 공 표 권
	제12조: 성명표시권
	제13조: 동일성 유지권
저작인격권의 성질·행사 등	제14조: 저작인격권의 일신전속성
	제15조: 공동저작물의 저작인격권

Ⅰ. 의 의

저작인격권이란 저작자가 자기의 저작물에 대해서 갖는 인격적 이익의 보호를 목적으로 하는 권리이며, 저작재산권과는 달리 그 성질상 일신전속권이다(법 14조 1항 참조).

오늘날 대다수의 국가는 어떠한 방법으로든 저작인격권을 보호하고 있으며, 베른협약도 성립 당초에는 저작인격권에 관한 규정이 없었으나 1928년의 로마 개정회의에서 명문으로 승인하기에 이르렀다(moral right 라는 용어를 사용함).

우리법상 저작인격권에는 공표권, 성명표시권, 동일성 유지권의 3종이 있으며, 각각의 권리에 대해서 추정규정 또는 특례가 마련되어 있다. 또 저작권법상의 규정 중에는 명시된 위의 저작인격권 이외에도 수정증감권 등 실제로 저작자의 인격적 이익을 보호하는 기능을 하는 규정도 있다.

Ⅱ. 공 표 권

미공표저작물에 대해서 공표여부를 결정할 권리, 즉 저작물을 공표할 것인가 말 것인가, 공표한다면 언제 어떠한 방법으로 할 것인가를 결정할 수 있는 저작자의 권리를 공표권(법 11조)이라 한다. 여기서 "공표"라 함은 저작물을 공연, 공중송신 또는 전시 그 밖의 방법으로 공중에게 공개하는 경우와 저작물을 발행하는 경우를 말한다(법 2조 25호).

공표권의 내용으로 공표의 방법이 포함되는지 여부에 대해서는 독일[224]이나 프랑스[225]와 같은 명문의 규정은 없지만 포함된다는 것이 우리나라나 일본의 통설이다.[226] 다만 죄형법정주의와의 관계도 있으므로 명문으로 분명히 하는 것이 바람직하다는 견해도 있고[227], 타당하다고 본다. 이렇듯 공표권은 형식상으로는 무단공표를 금지하고 공표하고자 하는 자에게 공표허락을 하거나 공표조건을 부가하는 소극적인 권리이지만 그 실질은 저작물의 완성여부를 결정하는 저작자의 고유의 권리이다. 저작물이란 일단 공표되어 세상에 나오게 되면 그에 대한 평가가 따르게 되고 따라서 그것은 저작자에게 영향을 미친다. 또 공표된 저작물에 대해서는 인용이 가능하게 되는 등 여러 가지 저작재산권 제한규정의 적용을 받게 된다. 따라서 저작자의 의사에 의하지 아니하고 공표된 저작물은 공표되지 아니한 것으로 본다는 내용을 명시할 필요가 있다.[228]

[판례] Carco v. Camoin 사건[229]

본건에서 미술가 샤를 카무엥(Charles Camoin)은 그대로 공표하면 자신의 명성에 피해를 줄지도 모르는 그림들을 여러 점 버렸다. 작가인 Francis Carco는

224) 제12조(공표권) ① 저작자는 자신의 저작물의 공표 여부 및 그 방법을 결정할 권리를 가진다.

225) 제121의 2 ① … 제132조의 24에서 규정한 경우를 제외하고, 그는 임의로 자신의 저작물에 대한 공표방법과 공표의 조건을 정할 수 있다.

226) 오승종, 「저작권법」(제2판), 348-349면; 하용득, 「저작권법」, 사단법인 법령편찬보급회, 1988, 138면.

227) 김형렬, 「저작인격권에 관한 연구」, 성균관대학교 박사학위논문, 2009, 89면. 위 논문은 "따라서 입법적인 해결에 의하지 않는다면 공표여부를 제외한 공표시기·방법 등에 관한 것은 저작권법상 가급적 민사적 구제만을 인정하거나 계약관계나 다른 일반법에 의해 처리하는 방안이 강구될 수 있을 것으로 생각한다"고 한다.

228) 특허법 제30조는 특허를 받을 수 있는 권리를 가진 자의 의사에 반하여 그 발명이 알려지게 된 경우는 공지되지 아니한 것으로 본다.

229) Judgement of 6 mars 1931(Carco c. Camoin), Cour d'appel Paris, 1931 Recueil Pe'riodique et Critique[D.P.]Ⅱ.88. (Cheryl Swack, "Safeguarding Artistic Creation and The Cultural Heritage: A Comparison of Droit Moral between France and the United States". *Columbia Journal of Law & the Arts.* (No.22) 1998, 375면에서 재인용.

그 캔버스들을 주웠고 이를 복원시켜서 자신의 다른 소장품과 함께 1925년에 경매장에서 판매하였다. 카무엥은 그 작품들이 회수되어 파기할 것을 요구했다. 파리항소법원은 카무엥은 카르코가 마음대로 복원한 작품들을 시장에서 회수하여 파괴할 권리가 있다고 판시하였다. 법원은 버려진 작품을 주워 모아 점유를 통해 명백히 소유자가 된, 이른바 무주물 선점자라고 하더라도 저작자의 인격권을 박탈하지는 못한다고 판시하였다.

공표권은 저작자와 저작권자가 동일인인 경우에는 크게 문제가 없으나 저작자와 저작재산권자 내지는 저작물 소유자가 분리되어 있는 경우에는 저작자가 갖는 공표권과 저작재산권이나 소유권 행사와의 사이에 조정이 필요하므로 법은 다음과 같은 추정 및 간주규정을 두고 있다.

1) 저작자가 공표되지 아니한 저작물의 저작재산권을 제45조에 따른 양도, 제46조에 따른 이용허락, 제57조에 따른 배타적 발행권의 설정 또는 제63조에 따른 출판권의 설정 또는 제101조의6에 따른 프로그램배타적발행권을 설정한 경우에는 그 상대방에게 저작물의 공표를 동의한 것으로 추정한다.

2) 저작자가 공표되지 아니한 미술저작물·건축저작물 또는 사진저작물(이하 '미술저작물 등'이라 한다)의 원본을 양도한 경우에는 그 상대방에게 저작물의 원본의 전시방법에 의한 공표를 동의한 것으로 추정한다.

3) 원저작자의 동의를 얻어 작성된 2차적 저작물 또는 편집저작물이 공표된 경우에는 그 원저작물도 공표된 것으로 본다.

4) 공표하지 아니한 저작물을 저작자가 제31조의 도서관 등에 기증한 경우 별도의 의사를 표시하지 않는 한 기증한 때에 공표에 동의한 것으로 추정한다.

[판례] 이휘소 사건(1)(서울민사지법 1995.6.23.선고 94카합9230 판결)

피신청인이 이휘소의 母에게 이휘소에 대한 존경심에서 이휘소에 관한 글을 쓰겠다고 하자, 母가 편지를 피신청인에게 건네주어 이를 소설에 게재하게 된 사실, 신청인들은 미국에 거주하면서 … 이휘소의 편지 및 행적이 공표되어 이휘소가 우리나라에서 유명해지기 전까지는 신청인들이 편지의 저작권을 주장한 바가 없는 사실이 인정된다. 따라서 편지의 수신인이 모두 이휘소의 어머니인데, 편지에서 이휘소의 유학생활 및 학문연구 활동 등이 잘 드러나고 있고 이휘소와 신청인들의 명예를 훼손할 만한 내용이 전혀 없기 때문에 어머니가 이휘소의 사후에 편지를 공개하고자 했을 경우 이휘소가 이를 반대하지 않았을 것으로 보이며, 미국에 거주하는 신청인들이 편지에 별다른 이해관계가 없어 이를 입수하려고 노력한 흔적이 전혀 없었으므로, 이휘소가 어머니에게 편지를 이용하거나 다른 사람들로 하여금 공표하는 것을 묵시적으로 승낙하였다고 볼 수 있고, 母가 피신청인에게 편지를 공표하는 것도 묵시적으로 허락하였다고 할 것이며, 소설에서 편지를 일부 변경하였다고 하더라도 이는 이휘소의 사망 후에 행해진 것으로 그 행위의 성질 및 정도에 비추어 사회통념상 그 저작자인 이휘소의 명예를 훼손하는 것이라고 인정되지 아니하여, 결국 신청인들이 이휘소의 상속인으로서 위 편지의 저작권을 상속받았음을 전제로 하는 신청인들의 주장 부분은 이유 없다.(이렇게 보지 아니하는 경우에는 아들로부터 받은 편지를 공표한 母는 편지를 무단 공표함으로써 며느리 또는 손자, 손녀가 상속한 저작권을 침해한 것이 되어, 우리의 사회통념상 이를 용인할 수 없다.[230])

문제는 공표의 동의를 철회할 수 있는지 여부이다.

[판례] 건축설계도 사건(대법원 2000.6.13.고지 99마7466 결정)

저작자가 일단 저작물의 공표에 동의하였거나 저작자가 미공표 저작물의 저작재산권을 양도하거나 저작물의 이용 허락을 하여 저작권법 제11조 제2항에 의하여 그 상대방에게 저작물의 공표를 동의한 것으로 추정되는 이상 비록 그 저작물이 완전히 공표되지 않았다 하더라도 그 동의를 철회할 수는 없다.

Ⅲ. 성명표시권

저작물의 창작자인 것을 주장할 수 있는 권리, 즉 저작물의 원본이나 그 복제물에 또는 저작물의 공표 매체에 그의 실명 또는 이명(펜네임, 예명)을 표시할 수 있는 저작자의 권리를 성명표시권이라 한다. 저작자는 자기 자신의 저작물에 대하여 저작자임을 주장할 수 있고, 그 저작물에 이름을 붙일 수도 안 붙일 수도 있으며, 실명을 표시하거나 가명이나 이명을 표시하거나 자유롭게 결정할 권리가 있다(법 12조 1항).

---

230) 母의 공표 자체는 저작인격권인 공표권과 관계되나 공표권은 저작자의 사망과 더불어 소멸하며, 상속되는 권리가 아니다. 결국 사후 공표로서 명예훼손적인 것이 아니므로 비침해라고 하여야 할 것이다(저작권법 제14조 제2항 참조).

[판례] 화가의 서명(대법원 2000.4.21.선고 97후860, 877, 884 판결)

화가가 그의 미술저작물에 표시한 서명은 그 저작물이 자신의 작품임을 표시하는 수단에 불과하여 특별한 사정이 없는 한 그 자체가 예술적 감정이나 사상의 표현을 위한 것이라고는 할 수 없어 저작권법상의 독립된 저작물이라고 보기 어려우나, 이러한 서명은 저작자인 화가가 저작권법 제12조 제1항에 의한 성명표시권에 의하여 자기 저작물의 내용에 대한 책임의 귀속을 명백히 함과 동시에 저작물에 대하여 주어지는 사회적 평가를 저작자 자신에게 귀속시키려는 의도로 표시하는 것이다.

♣ 피에타 – 이것은 피렌체의 미켈란젤로 부오나로티 작품이다.

미켈란젤로가 피에타를 완성하고, 어느 날 아침 전시된 자신의 작품을 보기 위해 나갔다. 피에타 주위에는 롬바르디로부터 온 많은 사람들이 그 작품을 큰 소리로 칭찬하면서 서 있었다. 그 중 한 사람이 다른 사람에게 물었다. 누가 저 조각품을 만들었지? 옆 사람이 대답했다. 그야 우리 밀라노 사람 고보(Gobo)[231]지. 미켈란젤로는 가만히 있었지만 자신의 작품이 타인의 것으로 이야기되는 것에 화가 났다. 그 날 저녁 미켈란젤로는 어둠을 밝힐 불과 끌을 가지고 성당으로 가, 조각품 위에 자신의 이름을 새겨 넣었다. —MICHAELA[N] GELUS BONAROTUS FLORENTIN[US] FACIEBA[T].[232]

♣ Guille v. Colmant 판결[233]

화가인 Guille는 판매상인 Colmant에게 10년 동안 그가 장래 제작하는 모든 작품을 적어도 월 12점씩 넘겨주기로 계약을 맺었다. 그 계약에는 판매상에게 공급하는 작품에는 필명(pseudonym)으로 서명하기로 하며, 그의 점유하에 있는 이전 작품에 대해서는 서명하지 아니한다는 조항이 포함되어 있었다. 그가 강박상태에서 계약을 체결하였다거나 혹은 계약을 할 능력이 없었다는 어떠한 증거도 없다. 분쟁이 발생하자 계약위반을 이유로 판매상은 화가를 상대로 소송을 제기하였다. 파리 항소법원은 판매상은 계약조항에도 불구하고 화가가 자신의 창작품에 자신의 실명을 표시하는 것을 금지할 수 없다고 판시하였다.[234]

---

231) 미켈란젤로의 라이벌 조각가였던 크리스토포로 솔라리(Christoforo Solari)의 별명이라고 한다.

232) Cheryl Swack, 앞의 글, 368-369면 및 http://en.wikipedia.org/wiki/Piet% C3% A0_(Michelangelo). 서명(sign) 후 미켈란젤로는 자신의 지나친 자부심에 후회를 했고, 이후에는 어느 작품에도 서명을 하지 않았다고 한다.

233) [1967] Recueil Dalloz-Sirey [D.S. Jur.] 284, [1967] Gazette du Palais[Gaz. Pal.] 1.17 [Cour d'appel, Paris].

234) John Henry Merryman, "The Refrigerator of Bernard Buffet," Hastings L. J.(27권),

특허에 있어서 발명자 게재권(특허법 42조 1항 5호)과 마찬가지로 공중에게 저작물을 창작자와 연결시켜 주는 명예권 내지 인격권에서 유출되는 권리로 보아 부권(paternity) 또는 성명존중권(right to respect for one's name)이라고 부르기도 한다.

타인의 저작물을 이용하는 자는 저작자가 실명으로 하였으면 실명으로, 익명으로 하였으면 익명으로 그대로 표시를 하여야 한다(법 12조 2항 참조). 다만, 저작물의 성질이나 그 이용목적 및 형태 등에 비추어 부득이하다고 인정되는 경우에는 그러하지 아니하다(법 12조 2항 단서). 예컨대 호텔의 로비나 백화점 등의 매장에서는 분위기 조성을 위해서 배경음악을 방송으로 내보내는 경우가 흔히 있는데, 이러한 경우 하나의 악곡을 방송할 때마다 일일이 작곡가의 이름을 어나운스하여야 한다면 매우 불편하고 분위기를 해치게 될 것이다. 또 성명표시를 생략하여도 의도적으로 저작자명을 은닉하고자 한 것이라고는 보여지지 않는다. 따라서 이러한 경우라면 "저작물의 성질이나 그 이용목적 및 형태 등에 비추어 부득이하다고 인정되는 경우"에 해당할 것이다.

[판례 1] 윤정아 사건 = 성명표시권 침해(대법원 1989.10.24.선고 88다카29269 판결)

사실관계: 저작자 윤정아가 초등학교 6학년에 재학 중 창작·공표한 산문을 그의 동의 없이 지은이를 3학년 4반 황정아로 바꾸어서 초등학교 교과서에 게재하자 저작자가 성명표시권 위반으로 제소한 사건이다.

판결요지: 가. 구저작권법 제14조(1986.12.31 법률 제3916호로 개정되기 전의 것)에 의하면, 저작자는 저작물에 관한 재산적 권리에 관계없이, 또한 그 권리의 이전 후에 있어서도 그 저작물의 창작자임을 주장할 권리가 있다고 되어 있고 이는 저작자가 저작자로서의 인격권에 터잡아 저작물의 원작품이나 그 복제물에, 또는 저작물의 공표에 있어서 그의 실명 또는 이명을 표시할 권리가 있다는 것이므로(현행 저작권법 12조, 당원 1989.1.17.선고 87도2604; 1962.10.29.선고 62마12 판결 참조) 저작자의 동의나 승낙 없이 그 성명을 표시하지 않았거나 가공의 이름을 표시하여 그 저작물을 무단복제한 자에 대하여는 특단의 사정이 없는 한 위 귀속권 침해로 인한 정신적 손해의 배상을 청구할 수 있다. 가공의 이름으로 표시한 이유가 교육정책상의 목적에 있었다 하더라도 이러한 사정만으로는 저작자에게 전속되는 창작자임을 주장할 수 있는 귀속권을 침해하는 정당한 사유가 되지 않으므로 피고는 위 교과서의 편집을 지휘·감독하고

1976, 1023쪽 이하.

그 내용을 최종적으로 결정할 권한을 가진 그 산하 문교부 소속 공무원들의 식무집행상의 과실로 인한 위법행위로 원고가 입은 정신적 손해를 배상할 책임이 있다.

나. 구저작권법 제64조 제1항 제3호는 교과용 도서의 목적을 위하여 정당한 범위 내에서 발췌·수집하는 방법에 의하여 복제하는 것은 저작권 침해로 보지 아니한다고 규정하고 있는바, 여기에서의 발췌·수집이라 함은 다수의 저작물로부터 필요한 한도로 그 일부씩을 뽑아 모아 이를 일정한 체계로 편찬한다는 뜻이므로 어느 저작물 전부를 거의 그대로 인용하는 것은 위 법조 소정의 이른바 비침해행위가 되지 않는다. 그런데 피고 산하 문교부는 원고의 산문 중 일부 문구에 수정을 가하는 데 그쳤을 뿐 원고의 글을 거의 그대로 옮겨 실었으므로 이는 위 발췌·수집에 해당한다고 보기 어렵고, 따라서 피고의 이 사건 산문의 게재행위는 위 법조 소정의 비침해행위가 아니라 저작권자로서 원고가 이 사건 저작물에 관하여 가지는 재산적 권리의 기본인 복제권을 침해한 것이고, 나아가 위 산문을 실은 국어교과서들을 학생들에게 공급함으로써 원고의 발행권(법 18조) 및 출판권(법 19조)을 침해한 것이다.

다. 구저작권법 제17조에 의하면 저작자는 그 저작물의 내용, 형식과 제호를 변경할 권리가 있다고 되어 있고, 이는 저작자가 그 저작물에 관한 인격적 권리에 터잡아 저작물의 동일성을 유지할 권리가 있다는 뜻이므로(현행법 13조 1항 참조) 저작자는 특단의 사정이 없는 한 그 저작물을 임의로 변경한 자에 대하여 위 법조 소정의 변경권 내지 동일성 유지권의 침해로 인한 정신적 손해의 배상을 구할 수 있다. 한편 이른바 원상유지권을 규정한 같은 법 제16조가 뜻하는 것은, 저작자는 그 저작물에 변경을 가하여 그 명예와 성망을 해한 자에 대하여 같은 법 제62조, 제68조, 민법 제764조 등의 규정에 따라 손해배상에 갈음하거나 손해배상과 함께 명예훼손에 적당한 처분을 구할 수 있다는 것일 뿐 위 법조 소정의 명예와 성망을 침해당하지 아니한 저작자는 그 저작물의 동일성 유지권 내지 변경권이 침해되더라도 일체 이로 인한 정신적 손해의 배상을 청구할 수 없게 된다는 것으로 풀이할 수는 없다.

[판례 2] 성명표시권 침해(대법원 1989.1.17.선고 87도2604 판결)

구저작권법 제14조에 의하면 저작자는 저작물에 관한 재산적 권리에 관계없이 또한 권리의 이전 후에 있어서도 그 저작물의 창작자임을 주장하는 권리가 있다고 되어 있고, 같은 법 제69조에는 법 제14조의 규정에 위반하여 저작자의 명예를 훼손시킨 자를 처벌하도록 되어 있는바, 이는 그 저작권의 귀속을 저작물에 표시할 권리가 있다는 것으로서 저작물이 아닌 선전광고문에 책자의 저자표시를 하지 않았다거나 공동저자 중 다른 저자의 약력만을 소개하는 행위가 저작자가 자기의 창작물임을 주장할 수 있는 권리를 침해하는 저작권법 제14조에 위반되는 행위라고는 할 수 없다.

[판례 3] 개사곡 사건(대법원 1991.8.27.선고 89도702 판결)

사실관계: 피고인은 기독교 장로회 소속 목사로서 민중의 현실과 의식을 그들이 부르는 노래를 통하여 조사 연구할 목적으로 노동자들에 의해 새로운 가사가 붙여진 가요(전오승 작사 작곡인 「전우가 남긴 한마디」라는 가요는 그 곡명을 「정의를 부르짖는 동지, 단결로 맺어진 동지」로, "생사를 같이 했던 전우야 정말 그립구나 그리워를"으로 된 가사를 "단결로 맺어진 동지야 윙윙 돌아가는 기계 속에서" 등으로 변경된 32곡의 가요) 등을 수집하여 원작곡자나 작사자의 승낙 없이 원곡의 악보를 전사하고, 그 곡조에 따라 근로자들에 의해 불리어지는 곡명 및 가사와 원곡의 곡명을 적어 넣고 서문과 분류 목차를 첨가 편집하여 원작곡자나 작사자의 성명은 밝히지 아니한 채 인쇄업자에게 의뢰하여 「노동과 노래」라는 제목으로 100부를 출판하여 70부는 피고인과 관심을 같이 하는 연구소 회원 및 목사들에게 배포하고 30부는 당국에 의해 압수되었다.

판결내용: 피고인이 노동자들에 의해 새로운 가사가 붙여진 가요 등을 수집하여 원작곡자나 작사자의 승낙 없이 원곡의 악보를 전사하고 그 곡조에 따라 근로자들에 의해 불리어지는 곡명 및 가사와 원곡의 곡명을 적어 넣고 서문과 분류 목차를 첨가 편집하여 원작곡자나 작사자의 성명은 밝히지 아니한 채 인쇄업자에게 의뢰하여 100부를 출판하여 배포한 것이라면, 발행할 의사로 기계적 방법에 의하여 복제한 것으로서 악보의 전부와 가사를 그대로 편집한 것은 자기 저작물의 종된 자료로서 이를 인용하거나 또는 학문적·예술적 저작물을 설명하는 자료로서 이를 삽입한 것으로 볼 수 없어, 비침해행위를 규정한 구저작권법 제64조 제1항 각호의 어느 것에도 해당하지 아니한다. 따라서 피고인은 구저작권법상 합저작물인 음악저작물의 작곡자, 작사자의 저작인격권과 저작재산권을 침해하였다.

※ 참고: 원심판결(서울형사지법 1988.10.14.선고 85노3363 판결)

피고인의 책자편찬의 동기, 위 가사들의 자연발생적인 노동민요적 성격 및 그 수집방법, 위 책자의 발간부수 및 그 배포의 상대방이 극히 제한되어 있었던 점 등의 제반사정을 종합하고 위 책자의 발간에 의하여 피고인이 위 책자를 편찬, 배포함에 있어 일반인으로서 정당하게 이용할 수 있는 범위를 일탈하여 공소사실 적시 가요의 작곡자 및 작사자의 인격적·재산적 이익을 침해하였다고 볼 수 없다.

[판례 4] 지하철 벽화 사건(서울중앙지법 2006.5.10.선고 2004가합67627 판결)

저작자의 동의나 승낙을 받지 아니하고 미술작품들을 원화로 사용하여 지하철역 장식벽의 벽화를 만들면서, 그 각 벽화의 작가란에 '작가미상'이라고 표시하거나 아예 작가표시란을 두지 않았고, 또한 저작자의 연작 작품 중 일부만을 벽화로 만들거나 원작자가 의도하지 않은 방식으로 제작하고 작품의 위·아래를 거꾸로 설계·시공하는 등 저작자의 작품의도를 훼손하여 설치하거나 전시하였다면, 그 작품들을 지하철역사 설계도면에 베껴 그려 넣은 설계업체와 지하철역사 건설공사의 사업주체인 서울특별시로부터 해당 역사를 현물출자 받아 관리·운영하고 있는 서울특별시 도시철도공사는 저작자의 저작재산권 및 저작인격권으로서의 성명표시권, 동일성유지권을 침해하였다.[235]

[판례 5] 통화연결음 등 사건(서울고등법원 2008.9.23.선고 2007나70720 판결)[236]

저작자의 성명표시권을 보호하는 취지는 인터넷 이용자들의 인식 여하를 불문하고 적정한 방법으로 저작자의 성명이 표시되도록 하는 것이므로, 이용자들이 해당 음악저작물에 관한 작사·작곡가를 저작자가 아닌 다른 사람으로 인식할 가능성이 적은지 여부 등의 사정이 성명표시권의 침해 여부에 어떠한 영향을 미칠 수 없고, 음악사이트의 운영자가 음악저작물에 관한 웹페이지 또는 음원서비스의 각종 창 내지 화면 등에 가수와 음반제작자의 성명·명칭은 표시하면서도 적정한 방법으로 작사·작곡가의 성명을 표시하지 아니한 경우에는 저작자의 성명표시권을 침해하였다고 할 것이다.

[판례 6] 해운대 등대 사건(서울고등법원 2008.10.29.선고 2008나4461 판결)[237]

피고는 2005. 11. 11. 이 사건 등대를 준공하면서 신축된 등대의 토대가 되었던 원래 도안은 원고가 그렸다는 내용의 보도자료를 언론사에 배포하였고, 이에 따라 한겨레신문, 신아매일 등 신문이 피고가 해운대 해수욕장 앞 바다에 APEC 기념등대를 신축한 사실을 보도하면서 등대의 사진과 함께 원고가 그 등대의 도안을 그렸다는 내용을 보도한 사실은 인정되나, 이 점만으로 피고가 원고의 저작물인 등대도안의 원본이나 그 복제물에 원고의 성명을 표시하였다거나 등대도안을 공표함에 있어 원고의 성명을 표시하였다고는 보기 어려우므로 원고의 성명표시권 침해 주장 역시 받아들이지 아니한다.

[판례 7] 칼빈주의 예정론 사건(대법원 2010.9.9.선고 2010도4468 판결)

[1] 저작권법 제11조 제3항 및 제19조는 '전시권'의 보호대상인 저작물을 '미술

---

235) 이 판결에 대해서 간단한 평석은, 이상정, "타인의 미술작품을 지하철 벽화로 무단 이용한 자의 책임," 「저작권문화」(2006.7.), 24면 이하 참조.

236) 이 사건 상고심은 '대법원 2009.11.26.선고 2008다77405 판결'이나 저작인격권과 관련된 내용은 없다.

237) 제1심판결: 서울중앙지방법원 2007.11.29.선고 2007가합77724 판결.

저작물 · 건축저작물 또는 사진저작물'에 한정하여 열거하고 있으므로, 미술저작물 등 외의 저작물은 전시의 방법으로는 그 저작재산권이 침해되지 아니한다.

[2] 피고인이 갑과 공동 번역 · 출판한 "칼빈주의 예정론" 번역본을 갑의 허락 없이 단독 번역으로 표시하여 한국상담선교연구원 인터넷 홈페이지에 링크된 도서출판 베다니 사이트에 전시하여 갑의 저작재산권을 침해함과 동시에 저작자 아닌 자를 저작자로 표시하여 저작물을 공표하였다는 저작권법 위반의 공소사실에 대하여, 위 번역본은 '어문저작물'에 해당하는 것이어서 전시의 방법으로는 그 저작재산권이 침해되지 아니하며, 또한 위 번역본 자체가 아니라 그 도서의 표지 사진을 저자 · 역자 · 출판연도 · 면수 · 가격 등의 표시 및 간략한 소개문과 함께 게시하였을 뿐이어서 저작자 아닌 자를 저작자로 표시하여 저작물을 공표한 행위에 해당한다고도 할 수 없음에도, 이와 달리 판단하여 위 공소사실을 모두 유죄로 인정한 원심판결에 법리오해의 위법이 있다.

[판례 8] '하늘색 꿈' 사건(대법원 2012.1.12.선고 2010다57497 판결)

피고 네오위즈인터넷은 그가 운영하는 음악 사이트에서 제공하는 MP3 파일 다운로드, 미리듣기 등의 서비스에서는 '하늘색 꿈'의 작곡자인 원고의 성명을 표시하지 않고, 위 저작물에 관한 가사보기 서비스에서만 작곡자의 성명을 '소외인'으로 잘못 표시한 사실을 인정한 다음, '하늘색 꿈'과 관련된 MP3 파일 다운로드, 미리듣기 등의 서비스에 관하여는 위 피고가 원고의 성명표시권을 침해하였다고 인정하면서도 원고가 위 저작물의 작곡자이지 작사자는 아니므로 가사에 대한 저작권자가 아니라는 이유로 위 피고의 가사보기 서비스에 관하여는 원고의 성명표시권을 침해하지 않는다고 판단하였다.

그러나 원심이 인정한 사실과 기록에 의하여 알 수 있는 다음과 같은 사정, 즉 피고 네오위즈인터넷은 그가 운영하는 음악 사이트에서 가사보기 서비스만을 제공하는 것이 아니라 MP3 파일 다운로드, 미리듣기 등의 서비스를 제공하고 있고, 이용자들은 위 서비스를 통하여 음악을 듣고 작사자, 작곡자 등을 알 수 있는 점, 위 피고는 다른 음원제공 서비스에서는 '하늘색 꿈'의 작곡자인 원고의 성명을 전혀 표시하지 않고, 위 저작물에 관한 가사보기 서비스에서만 작곡자의 성명을 '소외인'으로 잘못 표시함으로써 이용자들이 위 저작물에 관한 작곡자를 '소외인'으로 오인하도록 하고 있는 점 등에 비추어 보면, 위 피고가 운영하는 음악 사이트에서 MP3 파일 다운로드, 미리듣기 등의 서비스를 제공하면서 위 저작물에 관한 작곡자를 원고로 표시하여 전체적으로 위 저작물의 작곡자가 원고라고 인식되는 등의 특별한 사정이 없는 한, 가사보기 서비스에서 원고의 성명을 잘못 표시한 것이 원고의 성명표시권을 침해한 것이 아니라고 할 수는 없다.

◈ 성명기재의 순서와 성명표시권

특히 자연과학의 논문에 있어서 복수의 저작자명이 표시된 경우 그 순서를 둘러싸고 다툼이 있을 수 있다. 그러나 적어도 공동저작자로서 표시가 되어 있으면 되며, 표시의 순서는 성명표시권과 관계가 없다.[238)]

Ⅳ. 동일성 유지권

저작자는 저작물의 내용·형식 및 제호의 동일성을 유지할 권리를 가진다(법 13조 1항).

저작물은 원형 그대로 존재하여야 하고 제3자에 의해 무단히 변경·삭제·개변 등에 의해서 손상되지 않도록 이의를 할 권리가 저작자에게 보장되어 있다. 이를 동일성 유지권(right to the integrity of the work), 저작물 존중권(right to respect for the work), 저작물의 불가침권(right to inviolability of the work)이라고 한다. 아무리 고쳐진 내용·형식·제호가 원래의 것보다 좋게 되었다 하더라도 오자나 탈자의 정정이라면 모르되 저작자의 동의 없는 개변은 인정되지 아니한다. 저작물이란 저작자의 사상·감정을 표현한 것이므로 저작물의 수정·변경은 저작자만이 할 수 있는 것이기 때문이다.

♣ 바위섬의 사이렌 판결(독)[239)]

원고는 1894년 베를린에 살고 있는 피고의 주문에 따라 그녀의 집 계단부에 '바위섬의 사이렌'이라는 프레스코벽화를 그렸다. 피고는 후에 원고의 동의 없이 원래 나체로 그린 프레스코화의 사이렌에게 옷을 입히는 방법으로 덧칠을 하게 하였다.

법원은 프레스코 벽화의 주문자이자 소유자는 자신이 거주하는 계단이 있는 현관에 그려진 벽화를 저작자의 동의 없이 변경할 권능이 없다고 판시하였다. 그 이유는 소유자가 변경을 통해 그림의 예술적 특성을 침해할 수 있고, 소유권의 양도에도 불구하고 예술가에게 존속되고 있는 저작권을 침해하기 때문이다.

---

238) 일본 동경지재 1996.7.30. '姓名順序交替事件'(齊藤博, 「저작권법」, 141면 참조).

239) RGZ, 79, 397-Freskogemälde: 계승균, "저작권과 소유권," 「계간저작권」(제65호), 4-5면.

♣ Snow v. The Eaton Centre Ltd.(캐나다)[240)]

본건은 캐나다 법원이 내린 저작인격권에 관한 리딩 케이스이다. 본 사례에서 온타리오 고등법원은 동일성유지권 침해를 인정했다. 토론토에 있는 이튼 센터의 운영자들이 Snow의 작품인 캐나다 거위에 리본을 맨 것은 마이클 스노우(Michael Snow)의 저작인격권을 침해했다고 판시하였다. 마이클 스노우는 이튼 센터의 위탁을 받아 수많은 캐나다 거위로 구성된 'Flight stop'이라는 조각을 제작하였고, 이것은 토론토 이튼 센터의 매장 안뜰에 비행하듯이 매어져 있었다.

1981년 크리스마스 시즌 동안 이튼 센터는 기러기의 목 주위에 붉은 리본을 매어 놓았다. 스노우는 법원에 소를 제기하여 센터가 리본을 제거하도록 하는 명령을 하여줄 것을 요청하였다. 그는 리본이 자신의 작품의 완결성을 침해하고 작품을 왜곡한다고 주장하였다. 자신은 야생 거위를 묘사하려고 한 것이며, 야생 거위에 리본을 달 이유는 없으며, 그렇게 되면 우스꽝스럽게 보여 자신의 작품 의도를 왜곡한다고 주장하였다. 오브라이언(O'Brien) 판사는 스노우의 주장에 동의하였다. 그는 저작권법 제28조의2에서 규정한 저작자의 명예와 성망을 침해하는 작품의 왜곡, 절제, 기타 수정이 발생하여 작가의 동일성유지권을 침해하였다고 판시하였다. 이 판결은 작가의 견해와 예술계 전문가의 의견을 바탕으로 하여 내려졌다. 그런데 이 사건 이후에 일어난 사건에서 법원은, 명예와 성망을 침해했는지 여부에 대한 보다 객관적인 증거를 요구함으로써 저작인격권 침해에 대한 기준을 끌어올렸다. 즉 명예와 성망을 침해했는지 여부를 입증하기 위해서는 당해 분야에 정통한 명망 있는 다른 예술가와 일반인으로부터의 증거를 요구하였다('Prise de Parole Inc. v. Guerin [1995] FCJ No. 1583'). Guerin 사건 이후에 캐나다 저작권법이 개정되어 그림이나 조각(painting, sculpture or engraving)의 경우에는 당해 작품에 어떠한 수정이라도 가한 것은 명예와 성망을 침해한 것으로 간주되었다.[241)] 즉 실제로 침해가 일어났는지에 대한 증거가 필요 없게 되었다.

♣ Buffet v. Fersing (프랑스)[242)]

프랑스 미술가 Bernard Buffet는 자선경매에 출품되는 냉장고를 장식하기 위해 초대받았다. 그는 6개의 패널로 구성된 패널화를 그렸다: 냉장고 앞면에 3개, 윗

240) (1982) 70 C.P.R. (2d) 105.

241) (2) In the case of a painting, sculpture or engraving, the prejudice referred to in subsection (1) shall be deemed to have occurred as a result of any distortion, mutilation or other modification of the work.

242) [1962] Recueil Dalloz [D. Jur.] 570, 571[Cour d'appel, Paris].

면에 하나, 양쪽 벽면에 하나씩 2개. 그는 6면 모두를 하나의 그림으로 생각하였고, 서명도 패널 하나에만 하였다. 그 냉장고는 다른 9개 — 그들 모두 각기 다른 9명의 화가가 장식화를 그렸다 — 와 함께 Galerie Charpentier에서 행하여진 경매에서 판매되었다. 6개월 후 다른 경매의 목록(catalog)에 Bernard Buffet 作 "사과가 있는 정물화"가 포함되어 있었고, 금속 위의 그림으로 묘사되고 설명되어 있었다. 조사해 보니 그 그림은 냉장고 앞면에 그린 패널화 중 하나였다. 화가는 소유자(판매 위탁자)를 상대로 패널을 분리해서 판매해서는 안 된다는 소송을 제기하였고, 법원은 화가의 손을 들어주었다.[243]

다만, ⅰ) 학교교육 목적상 부득이하다고 인정되는 범위 안에서의 표현의 변경[244], ⅱ) 건축물의 증축·개축 그 밖의 변형, ⅲ) 특정한 컴퓨터 외에는 이용할 수 없는 프로그램을 다른 컴퓨터에 이용할 수 있도록 하기 위하여 필요한 범위에서의 변경, ⅳ) 프로그램을 특정한 컴퓨터에 보다 효과적으로 이용할 수 있도록 하기 위하여 필요한 범위에서의 변경, ⅴ) 기타 저작물의 성질이나 그 이용의 목적 및 형태에 비추어 부득이하다고 인정되는 범위[245] 안에서의 변경은 허용되나 그 경우에도 본질적 내용의 변경은 허용되지 아니한다.

예컨대 그림을 사진복제 하는 경우 기술적 제약 때문에 원색대로의 색이 나오지 아니한 경우라든가 극장용 영화를 텔레비전에 방영함에 있어 텔레비전 수상기의 성질상 그 화면의 네 귀퉁이가 잘려진 형으로 되는 경우 등은 부득이하다고 인정되는 범위 안에서의 개변으로서 허용된다. 그러나 예컨대 극장용 영화를 텔레비전 방영을 위하여 필요한 단축·재편집 등을 위해서는 저작자의

---

243) John Henry Merryman, "The Refrigerator of Bernard Buffet," Hastings L. J.(27권), 1976, 1023쪽 이하.

244) 후술 coffee break: '교과서수정지시' 사건 참조.

245) "제5호에 대하여도, 앞의 제1 내지 4호의 경우에 준할 정도로 이를 엄격하게 해석해야 할 것인바, 따라서 제5호 소정의 "저작물의 성질, 이용목적 및 형태에 비추어 부득이하다고 인정되는 범위"에 있어서 '부득이하다'고 함은, 저작물 이용에 있어 기술상의 한계나 실연자의 능력상의 한계 등으로 인해 저작물을 변경하여 이용하는 것이 불가피한 경우로서 저작자의 이의 유무가 그 이용 형태에 어떠한 영향을 미칠 수 없어 이를 굳이 보장할 필요가 없거나, 중대한 공익상의 필요에 의해 저작자의 이의권을 부득이 제한하여야 하는 경우를 의미한다고 해석함이 상당하고, 저작물의 무단이용자가 거래실정상의 필요만을 이유로 저작자의 동의를 얻지 아니한 채 임의로 저작물의 일부를 절단하여 이용하는 경우까지 여기에 해당한다고 볼 수는 없다고 할 것이다"(서울고법 2010.6.24. 선고 2009나82215 판결).

동의를 받아야 한다.

[판례] '빛은 내 가슴에' 사건(서울고등법원 2001.10.11.선고 2000나36738 판결)

사실관계: 이 사건 작품은 KBS 2TV를 통하여 방영될 당시 극장에서 개봉된 영화의 내용과는 달리, 주인공이 십자가를 끌고 가는 장면과 점자공부를 위하여 손가락을 촛불에 태우면서 극기훈련을 하는 장면, 여자 주인공이 점자를 배우는 주인공을 돕는 장면, 교실에서의 생물시간 수업 장면(6분 13초 분량)과 바닷가 언덕 위에서 남녀 주인공이 키스하는 장면(29초 분량)이 삭제 편집되어 방송되지 아니하였고, 영화 시작부분에 나오는 제작사인 '아리랑필름'의 명칭과 주인공을 설명하는 서브타이틀 장면(26초 분량) 및 마지막 부분에 자막으로 처리된 내용 중 감독 이외의 스태프, 출연배우 등의 소개와 장애인에게 드리는 글이 포함된 서브타이틀 장면(1분 27초 분량)이 방송되지 아니하였으며, 영화의 도입 부분과 결론 부분에서 주인공이 플로리다주 올란도 시빅 센터에서 영어로 연설하는 장면에서 그 연설내용의 한글번역 자막(도입 부분의 60초 분량과 결론 부분의 2분 20초 분량)이 포함되지 아니한 채 방송되었다.

법원의 판단: 이 사건 작품과 같은 극영화를 TV로 방영하면서 시간적 제약을 이유로 그 내용 일부를 삭제 편집하는 것은 저작권법 제13조 제2항 각 호에 규정된 저작물의 변경이 허용되는 범위에 포함된다고 볼 수 없는 것이어서 사전에 저작자의 동의를 받지 않은 채 그 저작물을 변경할 수 있는 경우에 해당하지 아니하고, 이 사건 작품이 공연윤리위원회 심의에서 '연소자 관람가'의 판정을 받은 점에 비추어 보면, 이 사건 작품 중 일부 내용을 삭제하는 것이 방송의 공공성으로 인하여 부득이한 것이었다고 볼 수도 없으며, 영어연설 내용에 대한 한글번역 자막이 포함되지 아니한 것이 TV방송의 기술적 제약으로 불가피한 것이었다고 볼 만한 증거도 없으므로, 피고의 주장은 어느 모로 보나 이유 없다.

◆ 제1심(서울지법 2000.6.13.선고 98가합86092 판결), 상고심(대법원 2002.3.15.선고 2001다72272 판결)

문학작품에 있어서는 구두점이나 느낌표 또는 단어들을 고치는 것도 동일성 유지권의 침해로 된다. 나체화에 옷을 입은 것과 같은 효과를 얻기 위하여 그림의 소유자가 그림 위에 색을 칠하거나, 영화제목을 멋대로 바꾸거나, 영화의 결말을 변경하거나, 흑백영화를 컬러화하거나[246] 시대나 장소의 배경을 대체

246) 프랑스 법원은 미국 흑백영화의 컬러판의 방영에 대해 사망한 감독의 저작인격권을 인정하여 이의 방영을 금지시켰다[1988년 11월 23일 파리 파기원 판결: 尾中外, 「著作權法(전정 2판)」, 232면].

하는 것은 모두 동일성 유지권을 침해하는 행위이다. 이처럼 동일성 유지권의 한계는 각 저작물의 성격에 따라 달라진다.

또 영문서적을 한글로 번역한다거나 소설을 영화화하는 것과 같이 표현형식을 변경하는 것과 같은 2차적 저작물 작성행위 그 자체는 저작물 이용에 필연적으로 수반되는 표현의 변경(개작)이므로 동일성 유지권이 미치는 것이 아니다.[247] 그러나 당해 원저작물의 제호[248]나 내용, 또는 내면적 흐름을 왜곡한 경우에는 동일성유지권 침해로 된다. 이에 관한 판례를 본다.

[판례] 해운대 등대 사건(서울고등법원 2008.10.29.선고 2008나4461 판결)[249]

원고는, 피고가 등대도안에서 제시한 스텐리스강이 아닌 콘크리트로 등대를 제작하였고, 꽃잎의 크기, 폭 등의 전체적인 비례를 임의로 변경하는 등 원고의 창작의도와 전혀 다른 등대를 건축하여 원고의 등대도안에 관한 동일성유지권을 침해하였다고 주장하였다. 이에 대해 서울고등법원은 "2차적 저작물의 작성에는 필연적으로 원저작물에 대한 개변이 동반되므로 형식적으로 동일성유지권을 침해하고 있는 것처럼 보이지만 2차적 저작물의 작성에 관해 저작자의 허락을 받은 경우에도 동일성유지권을 침해하는 것으로 보게 되면 개변에 관해 허락을 받은 의미를 무시해 버리는 결과가 된다.

해운대 APEC 등대[250]

따라서 저작권법에 명문의 근거가 없다고 하더라도 개변된 내용이 저작자의 명예나 명성을 해치는 경우 또는 통상적인 변형에서 예정하고 있지 않은 본질적인 변형이 이루어진 경우에 해당하지 않는 한 저작자의 허락을 받고 2차적 저작물을 작성하는 행위는 저작자의 동일성유지권을 침해하는 것이 아니고, 이는 저작권법이 당연히 예정하고 있다고 해석함이 상당하다.

원고는 자신의 등대도안에 기초해서 피고가 등대를 건축하도록 허락하였고, 피고가 건축한 등대의 모양도 기본

247) 2차적 저작물을 작성하는 과정에서는 당연히 원저작물의 형식적 동일성이 유지될 수 없게 된다. 그렇다고 이를 동일성유지권 침해라고 하는 것은 2차적 저작물 작성 자체를 부정하는 것으로 된다.

248) 예컨대 「Juli '14」를 번역하면서 '누가 세계대전을 제조했는가'로 변경하면 동일성유지권 침해로 된다(일본 東京地裁 1935.12.7 판결 참조). 따라서 서적의 번역출판을 얻었다고 하더라도 '1914년 7월'이라고 번역하는 경우는 별론 '누가 세계대전을 제조했는가'로 변경하려면 별도의 허락이 필요하다.

249) 제1심판결: 서울중앙지방법원 2007.11.29.선고 2007가합77724 판결.

250) 사진: 한계레신문 2005.11.10(http://www.hani.co.kr/arti/society/area/78689.html).

적으로 원고의 등대도안의 표현과 같이 총 16장으로 된 등대의 하부기초인 꽃잎, 2단으로 구성된 꽃술의 기둥, 끝에 구를 단 8개의 기둥으로 이루어진 원기둥 형태의 꽃술 윗부분으로 이루어진 형상인바, 원고의 등대도안과 실제로 건축된 등대의 차이는 해상에서 등대로 건축하면서 예상할 수 있는 정도의 변경 범위에 속한다고 보이므로, 원고가 피고에게 등대도안의 이용을 허락한 이상 이러한 정도의 변경에 묵시적 동의가 있었다고 봄이 상당하다.

◈ 제호의 변경

[판례 1] 누드사진 전재 사건(대법원 1990.10.23.선고 90다카8845 판결)

사실관계: 일본의 시사주간지에 「한국으로부터의 누드・비장의 사진 일거에 대공개」라는 제호로 게재된 한국 여인의 누드를 국내잡지가 게재하면서 「사진예술작품들 일본으로 건너가 포르노성 기획으로 둔갑」이라는 제호로 전재하였다. 이에 제호변경이 동일성 유지권 침해라고 제소하였다.

판결요지: 사진저작물을 인용・게재한 잡지의 기사 제호들에 대하여는 사진저작물의 제호를 개변함으로써 제호에 대한 동일성 유지권을 침해한 것이라기보다는 위 잡지들에 게재한 인용저작물의 제호라고 보아야 할 것이기 때문에 제호의 변경이나 개변이 있었다고 볼 수 없다. [원심: 서울고법 1990.2.13.선고 89나32908 판결]

[판례 2] "이것이 법이다" 사건(서울북부지법 2008.12.30.선고 2007가합5940 판결)

저작자는 그의 저작물의 내용・형식 및 제호의 동일성을 유지할 권리를 가지고, 공동저작물의 저작인격권은 저작자 전원의 합의에 의하지 아니하고는 이를 행사할 수 없는바, 피고가 원고 1의 동의 없이 이 사건 만화들을 재출판하면서 그 중 '스와트'를 '이것이 법이다'로, '파운데이션 25시'를 '어게인'으로, '영'을 '바람이라 불리는 사나이'로, '새벽을 기다리며'를 '모두 꿇어'로 각 제목을 변경하였으므로, 피고는 공동저작물인 위 만화에 관하여 원고 1의 제호의 동일성을 유지할 권리를 침해하였다고 할 것이다.

◈ 내용의 변경

■ 어문저작물

1) 1957년법하에서의 판결: 명예・성망의 훼손

[판례 1] 저작인격권 침해(대법원 1962.10.29.고지 62마12 결정)

가. 저작권의 양도로 인하여 저작자가 저작물에 대한 재산적 권리가 없는 경우

라 하여도 저작물에 대한 표시권, 원상유지권, 변경권 등 저작자로서의 인격권이 보호되어야 한다는 것은 저작권법 제14조, 제16조, 제17조에서 정한 바로서 저작자의 동의 없이는 저작자의 씨명 칭호를 수정·변경하거나 그 저작권에 대한 기타 변경을 할 수 없으며, 저작물의 동일성을 해하지 않는 범위 내이거나 저작물의 가치를 일층 높이게 되는 경우라 하여도 저작자의 동의 없이는 저작물의 외형·내용을 수정·증감하거나 그 표현형식을 개변할 수 없다.

나. 저작권법 제2조, 제65조, 제68조 소정 저작권 침해라 함은 재산권 침해뿐만 아니라 저작자가 저작자로서 가지고 있는 인격권의 침해도 포함한다고 해석하는 것이 저작자로서의 인격권도 보호하려는 저작권법의 근본정신에는 물론 사회정의에도 합치한다.

[판례 2] 저작인격권 침해(대법원 1969.10.28.선고 65다1340 판결)

가. 저작권법 제16조에 이른바 저작자의 명예와 성망을 해친 것이 되려면 저작물의 내용을 자의로 변개한 것만으로는 부족하고 그 변개의 내용이 잘못되어 그로 말미암아 저작자의 명예와 성망을 훼손시킨 때에 그 요건이 충족되는 것인바, 피고가 현실 법령에 부합되도록 본건 저작물의 내용을 변경한 것은 그 내용이 틀린 것이 아닌 한 원고의 명예와 성망을 침해한 것이 아니다.

나. 또 본건 저작물의 내용에 피고가 설명을 종전대로 둔 것이 있거나 원고의 구고(舊稿) 그대로 인쇄·발매한 것이 있다 할지라도 본건 저작물의 성질상 법령제도의 개폐·변경에 따라 그 설명을 때에 맞춰 즉시 모두 교체 출판하게끔 만전을 기하기는 불가능한 일이기도 하거니와 원고의 구고인 원작 그대로 둔 것을 저작물의 내용을 틀리게 변경한 것이라 할 수 없고, 원고의 명예와 성망을 해쳤다 하여도 피고가 책임질 것은 아니다.

◈ 1957년법은 명예·성망 요건을 규정하고 있었으나 현행법(1987년법)은 삭제하였다. 이른바 명예·성망요건은 저작인격권 보호를 국제적으로 최초로 규정한 베른조약 로마개정회의(1928년)에서 저작인격권의 보호에 적극적인 대륙법계 諸國과 저작인격권의 보호에 소극적인 영미법계 諸國과를 타협시키기 위하여 미니멈 스탠더드로서 채용한 요건이다.[251)]

2) 1987년법하에서의 판결: 저작물의 완전성 훼손

[판례 3] 저작인격권 침해(대법원 1989.10.24.선고 89다카12824 판결)

가. 다른 사람이 저작물을 원저작자의 이름으로 무단히 복제하게 되면 복제권

251) 戸波美代, "同一性保持權に關する規定の考察," 「知的財産權法と競爭法の現代的課題」(紋谷暢男教授古稀記念), (社)發明協會, 2007, 702면.

의 침해가 되고 이 경우 저작물을 원형 그대로 복제하지 아니하고 다소의 수정·증감이나 변경이 가하여진 것이라고 하더라도 원저작물의 재제 또는 동일성이 인식되거나 감지되는 정도이면 복제로 보아야 할 것이며 원저작물의 일부분을 재제하는 경우에도 그것이 원저작물의 본질적인 부분을 재제하는 경우라면 역시 복제에 해당한다.

나. 성명표시권은 저작자가 저작물의 창작자임을 주장하고 저작물에 그 표시를 할 수 있는 권리로서, 저작자는 저작물의 원작품이나 그 복제물에 또는 저작물의 공표에 있어서 그의 실명 또는 이명을 표시할 권리를 가지는 것이고 타인에 의하여 저작물의 원작품 또는 복제물이 타인의 저작물로 표시되지 아니할 권리를 포함한다. 동일성 유지권은 저작자가 저작물의 내용, 형식, 제호의 동일성을 유지할 권리로서 저작물의 완전성을 유지하고 타인에 의하여 무단히 그의 저작물의 변경을 당하지 아니할 권리를 포함하는 것이다.

다. 원저작물을 원형 그대로 복제하지 아니하고 다소의 변경을 가한 것이라고 하여도 원저작물이 재제 또는 동일성이 감지되는 정도이면 복제가 되는 것이고 이와 같은 복제물이 타인의 저작물로 공표되게 되면 원저작자의 성명표시권의 침해가 있었다고 보아야 할 것이고, 원저작물을 복제함에 있어 함부로 그 저작물의 내용, 형식, 제호의 변경을 가한 경우에는 원저작자의 동일성 유지권을 침해한 경우에 해당한다.

라. 저작자는 고의 또는 과실로 저작인격권을 침해한 자에 대하여 손해배상에 갈음하거나 손해배상과 함께 명예회복을 위하여 필요한 조치를 청구할 수 있는 것으로서 저작인격권이 침해되었다면 특별한 사정이 없는 한 저작자는 그의 명예와 감정에 손상을 입는 정신적 고통을 받았다고 보는 것이 경험법칙에 합치되는 것이다.

◇ comment

이 판결은 소위 고 문익환 목사의 일대기와 관련된 사건이다. 원고가 1987년 9월호 가정조선에 기고한 「문익환가의 사람들」이라는 제목의 글을 피고 등이 월간현대에 문익환 목사 관련 글을 쓰면서 원고가 쓴 글의 60~70%를 표절한 사건이다. 이 판결의 (가)부분은 타당하다. 그러나 저작인격권과 관련된 (다)부분의 일부는 찬성하기 힘들다.

1) 동일성유지권 침해 여부 우리나라나 일본의 실무·학설에서는 타인의 저작물을 그대로 복사하면 복제권 침해, 조금 다르게 모방하면 '복제권 침해+동일성유지권 침해'로 보는 것 같다[三山裕三, 「著作權法詳說(2판)」, 東京布井出版, 94면]. 말하자면 복제한 자가 자기의 생각을 가미하면 '복제권 침해+동일성 유지권 침해'로 된다. 그러나 무언가 추가된 부분이 있으면 더 큰 침해가 된다는 이러한 고찰방법은 타당하지 못하다고 본다. 예컨대 a+b+c+d로 이루어진 저작물(저작물 1

이라 한다)에서 b+c 부분을 도용하고 거기에 e+f를 덧붙여 다른 저작물 b+c+e+f(저작물 2라 한다)를 만들었다면 저작물 2는 저작물 1에서 b+c 부분을 도용한 것이며, 저작물 2가 저작물 1의 동일성을 변경한 것은 아니다. 도대체 저작물 1은 도용된 후에도 전혀 변경됨이 없이 그대로 있다. 도용당했다고 해서 도용된 저작물이 변경되는 것이 아니다. 동일성유지권은 인격권이고, 저작자 자신의 것에 변경을 가했다는 데 대한 이의인 것이다. 바위섬의 사이렌 사건에서 보듯이 유체물로 화현된 당해 저작물에 변경을 가하면 동일성 유지권 침해로 된다는 것은 쉽게 알 수 있다. 그러나 저작물은 무체물이고 사상의 표현이므로 이러한 것에만 한정되어 동일성 유지권을 인정할 수는 없다. 물론 미국 저작권법 제106조 A와 같이 "제106조에 규정된 배타적 권리와는 별도로 시각미술작품(시각미술작품이란 회화, 스케치, 판화 또는 조각으로서 그 복제수량이 200부 이하이며, 저작자의 서명과 일련번호가 부여된 경우)의 저작자는 동일성 유지권을 가진다"고 규정했다면 문제는 간단 명료하다. 그러나 우리법은 그렇게는 되어 있지 않다. 그러므로 그 기준을 설정하여야 한다. 우리법상 동일성 유지권 침해를 주장하기 위해서는 저작물이 특정한 유체물에 화체되어 있는 것(예컨대 순수미술저작물)에 변경을 가하거나 또는 침해자가 변경된 저작물을 당해 저작자의 것으로 표시하고 있는 경우, 즉 침해물과 당해 저작자의 연결고리(예컨대 성명표시 등)를 만들어 놓은 경우로 한정하는 것이 타당하다고 본다. 법률이 '그 저작물'이라고 표현한 것은 이를 나타낸다고 본다.

2) 성명표시권 침해 여부 성명표시권에 관하여 법은 '원작품이나 그 복제물'에 성명을 표시할 권리를 가지는 것으로 규정한다. 일반적으로 자신이 그린 그림(원작품)이나 자신이 집필한 원고 또는 그 복제물에 대해서 성명표시권이나 부권(父權)을 주장할 것이나 본건과 같이 어문저작물의 일부 표절의 경우는 그 결과물은 어느 의미에서는 표절된 저작물의 저작자와 표절한 자의 공동저작물 혹은 2차적 저작물과 같고 따라서 공동저작자, 혹은 원저작자로 표시되어야 할 것이 단독저작자로 표시된 꼴이 되므로 결과적으로 표절된 저작물의 저작자의 성명표시권 침해로 볼 수 있을 것이다.

[판례 4]「가자, 장미여관으로」 사건(서울민사지법 1991.4.26.선고 90카98799 판결)

가. 저작권상 동일성 유지권이란, 저작물의 내용, 형식 및 제호의 동일성을 유지할 권리, 즉 무단히 변경, 절제(切除), 기타 개변(改變)을 당하지 아니할 저작자의 권리로서 이는 원저작물 자체에 어떤 변경을 가하는 것을 금지하는 내용의 권리라 할 것이므로, 원저작물에 변경을 가하는 것이 아니고 원저작물과 동일성의 범위를 벗어나 전혀 별개의 저작물을 창작하는 경우에는 비록 그 제호가 동일하다 하더라도 원저작물에 대한 동일성 유지권을 침해하는 것으로 볼 수는 없다.

나. 이 사건에서 영화를 제작하는 데 사용하는 시나리오가 채권자가 저작한 시나리오와 전혀 다른 별개의 독창적인 내용의 창작물인 시나리오라면 그 영화가 채권자가 저작한 시나리오에 대한 저작자의 동일성 유지권을 침해하는 것은 아니다.

[판례 5] 한상진 사건(서울지법 남부지원 1992.5.14.선고 90가합1404 판결)

텔레비전 방송사가 교양강좌 프로그램을 설정하고 외부강사들을 출연시켜 강연을 방영하기로 결정하는 것은 방송법 제3조 소정의 편성권에 해당하여 누구도 이를 침해할 수 없으나, 위 방영 결정에 따라 방송출연계약을 체결한 강연자에게 강연의 방향을 제시하고 그에 대한 전망을 강연하여 줄 것을 의뢰하여 강연자가 제시된 방향으로 내용을 구성하여 녹화 강연한 이상 편성권은 이미 행사된 것이므로, 원칙적으로 녹화 강연의 내용, 배열을 변경할 수 없고, 불가피한 상황이 일어나 이를 변경할 경우에는 강연자의 동일성 유지권을 침해하지 않는 범위 내에서 화질이 나쁜 부분을 제거하거나 배경음악, 색상 등을 바꾸는 정도의 편성권한만 있다.

[판례 6] 「소설마당」 사건(서울민사지법 1995.9.22.선고 94가합98851 판결; 서울고법 1996.7.12.선고 95나41279 판결)

저작자의 의사에 반하여 그 내용, 형식, 제호 등을 변경, 증감하여 그 저작물의 동일성을 침해한 자는 특별한 사정이 없는 한 저작인격권 중 동일성 유지권의 침해로 인한 정신적 손해의 배상을 해야 하는바, 장편 작품들을 축약하여 게재하였다면 동일성유지권 침해로 인하여 그 저작자들이 입은 정신적 손해를 금전으로 위자할 의무가 있다.[252)]

[판례 7] 「제4공화국」 사건(서울지법 남부지원 1995.10.24.고지 95카합3860 결정)

극본집필계약에 있어서 완성된 극본을 변경하거나 이에 절제 기타 개변을 가하여 수정하는 권한은 원칙적으로 그 극본을 집필한 작가에게 있는 것이므로 이를 작가와의 협의 없이 방송사에서 임의로 고치는 것은 특별한 사정이 없는 한 집필계약의 위반이 되어 채무불이행이 됨은 물론 저작인격권의 하나인 동일성 유지권의 침해가 된다.

[판례 8] 「야록 통일교회사」 사건 판결(서울지법 1998.5.29.선고, 96가합48355 판결)[253)]

원고들은 추가로, 피고들이 이 사건 제2저작물을 번역, 출판함에 있어 원저작

252) 단 이 소송에서는 소제기자가 신탁관리단체이고, 저작인격권은 일신 전속적 권리로서 신탁관리의 대상이 아니므로 저작인격권에 기한 손해배상청구는 인정되지 아니하였다.

253) 저작권심의조정위원회, 「한국저작권판례집」(5), 1999, 195면 이하.

물의 18개 부분을 삭제하고, 15개 부분 및 사진 18장을 무단으로 보충하여 이 사건 제2저작물에 관한 망 박△△의 동일성유지권을 침해하였으므로 피고들은 이로 인하여 망 박△△가 받은 정신적 고통도 배상해 주어야 한다고 주장하나, 원고들의 위 주장이 사실이라고 하더라도 동일성유지권은 원저작물 자체에 어떠한 변경을 가하는 것을 금지하는 내용의 권리이므로 원저작물 자체에 변경을 가하는 것이 아니라 원저작물로부터 2차적 저작물을 작성하는 경우에는 동일유지권의 효력이 미친다고 볼 수 없고, 더구나 무단 번역의 경우에는 저작재산권인 2차적 저작물 작성권을 침해하는 행위에 해당할 뿐 동일성유지권의 침해여부는 거론될 여지가 없다.

[판례 9] '돌아와요 부산항에' 사건(서울서부지법 2006.3.17.선고 2004가합4676 판결)
2차적 저작물인 개편된 노래가사를 발표함에 있어 원저작물인 노래 가사의 작사자를 표시하지 않았다는 사정만으로는 원저작자의 저작인격권인 성명표시권을 침해하였다고 할 수 없고, 새로운 독창성을 갖는 2차적 저작물로 인정된 이상 원저작자에 대한 2차적 저작물작성권 침해가 성립되는 외에 저작인격권인 동일성유지권도 덧붙여 침해된다고 할 수는 없다.

■ 음악저작물

[판례 1] '올챙이송' 사건(서울중앙지법 2007.7.23.선고 민사90단독 판결)[254)]
사실관계: H회사는 일명 '올챙이송'을 만든 윤씨와 계약을 맺고 동요 비디오테이프를 만들면서 윤씨가 창작자임을 표시하지 않았고 윤씨의 다른 동요 '손발체조'를 비디오테이프와 CD에 수록하면서 원곡에는 '미'로 돼 있는 8분음표 하나를 실수로 '라'로 바꿨다. 이에 윤씨는 저작권법상 성명표시권과 동일성유지권이 침해됐다며 1억원의 손해배상을 청구하는 소송을 냈다.
판결요지: "음표 하나가 바뀐 동요 '손발체조'는 가사가 있는 부분이 12마디밖에 되지 않는 아주 짧은 곡일 뿐만 아니라 음 하나만 바뀐다 해도 곡 전체 분위기에 상당한 영향을 미칠 수 있는 점을 고려할 때 원고의 저작물에 관한 동일성유지권이 침해됐다고 볼 수 있다." 또 "피고는 일반적으로 유아용 비디오테이프에는 원작자의 성명을 표시하지 않는 것이 업계 관행이라고 하지만 이것이 업계의 공정한 관행이라고 보기 어려워 성명표시권 침해가 성립한다." (재판부는 성명표시권과 동일성표시권 침해에 각각 500만원씩 총 1천만원의 위자료를 주라고 판결하였다.)

---

254) 연합뉴스 2007.7.23.

[판례 2] 휴대폰 벨소리 사건(서울고등법원 2008.9.23.선고 2007나70720 판결)

저작자에게 동일성유지권을 보호하는 구 저작권법 제13조 제1항(2006.12.28. 법률 제8101호로 전부개정되기 전의 것)의 취지는, 저작물의 동일성을 해치지 않는 범위 내에서 단순히 오·탈자를 수정하거나 문법에 맞지 않는 부분을 교정하는 정도를 넘어서 저작물의 내용, 형식 및 제호에 대한 추가, 삭제, 절단, 개변 등의 변경을 가하는 것은 동일성유지권을 갖고 있는 저작자만이 할 수 있고, 원칙적으로 제3자는 저작자의 동의를 얻지 아니한 채 그 의사에 반하여 위와 같은 변경을 할 수 없다는 것인바, 음악사이트의 운영자가 저작자의 동의를 얻지 아니한 채 인터넷 이용자들에게 원곡의 일부를 절단하여 전송하는 미리듣기 서비스를 제공하거나, 원곡의 일부를 부분적으로 발췌, 변환, 저장시킨 후 구매자에게 통화연결음, 휴대폰벨소리 서비스를 제공하는 등의 행위는 특별한 사정이 없는 한 동일성유지권 침해행위에 해당한다.

* 원곡의 일부 이용을 동일성유지권 침해라는 보는 것은 문제가 있다고 본다. 이 판결에는 헌법재판소 2007.12.27.선고 2006헌마1388 결정[피고소인들이 각 웹사이트의 서버를 통해 이 사건 노래들의 일부분만을 잘라서 미리듣기나 휴대폰벨소리로 서비스한 행위는 구 저작권법(2006.12.28. 법률 제8101호로 전부 개정되기 전의 것) 제13조의 해석상 동일성유지권 침해행위에 해당될 가능성이 있음에도 기록상 이와 관련된 수사가 이루어진 자료는 보이지 아니한다]도 영향을 끼쳤다고 보나 모두 의문이다.255)

■ 연극저작물

[판례] 「행복은 성적순이 아니잖아요」 사건(서울민사지법 1990.9.20.선고 89가합62247 판결)

사실관계: 원고는 무용극의 창작안무가로서 「행복은 성적순이 아니잖아요」라는 무용극을 창작하여 공연하였다. 피고는 원고의 승낙을 얻어 동일한 제명의 「행복은 성적순이 아니잖아요」라는 영화를 제작, 흥행에 성공하였다. 이후 피고는 제3자 갑에게 자신이 창작한 시나리오를 바탕으로 동일한 제명의 소설을 쓸 것을 권유, 이 책을 발간하였다. 이에 원고는 원작자 이름의 불기재로 인한 저작인격권 침해 및 소설의 무단 발간 등으로 인한 저작재산권 침해를 이유로 손해배상을 청구하였다. 무용극과 영화는 제목도 동일하며, 우리나라 청소년 교육의 문제점과 경쟁위주의 사회현실을 고발하고 그 해결책을 모색한다는 내용의 주제

255) 이 판결에 대한 평석은, 유상현, "미리듣기, 통화연결음, 휴대폰 벨소리 등 서비스와 저작인격권침해," 「정보법학」(2008.12), 25쪽 이하; 김기중, "미리듣기, 통화연결음, 휴대폰 벨소리 서비스가 음악저작자의 동일성유지권을 침해하는지 여부," 「저작권문화」(2008.11), 13쪽 이하.

에 있어 공통점이 있고 소재에 있어서도 수업시간, 가정생활, 친구관계 등 유사한 점이 있으나 그 등장인물이라든지 사건전개 등 실질적 구성면에 있어서는 현저한 차이가 있었다.

판결요지: 가. 원고의 이 건 무용극과 피고의 이 건 영화가 우리나라 청소년 교육의 문제점과 경쟁위주의 사회현실을 고발하고 그 해결책을 모색한다는 내용의 주제에 있어 공통점이 있고 소재에 있어서도 수업시간, 가정생활, 친구관계 등 유사한 점이 있으나 그 등장인물이라든지 사건전개 등 실질적 구성면에 있어서는 현저한 차이가 있어, 원고가 주장하는 무용극과 영화 사이에 내재하는 예술의 존재양식 및 표현기법의 차이를 감안하더라도 양자 사이에 원작과 2차적 저작물의 관계를 인정할 만한 실질적 유사성이 있다고 볼 수 없고, 이 건 소설은 피고가 이 건 영화의 시나리오를 기초로 재구성한 저작물로서 이것 역시 이 건 무용극과 실질적 유사성이 없다.

나. 저작권법상 동일성 유지권이란 저작물의 내용, 형식 및 제호(題號)의 동일성을 유지할 권리, 즉 무단히 이들의 변경, 절제(切除) 기타 개변(改變)을 당하지 아니할 저작자의 권리로서 이는 원저작물 자체에 어떤 변경을 가하는 것을 금지하는 내용의 권리라 할 것인데, 피고의 이 건 영화와 소설은 원고의 이 건 무용극과는 다른 독창적 내용의 저작물이라 할 것이므로 원고의 이 건 무용극에 어떤 변경을 가한 것이 아니다.

■ 미술저작물

[판례 1] 로티 사건 = 변경에 대한 묵시적 동의를 인정한 판례(대법원 1992.12.24.선고 92다31309 판결)

사실관계: 이 사건의 피신청인인 '주식회사 호텔 롯데'는 산하 사업장의 개점에 앞서 주 고객층인 어린이의 관심을 끌기 위하여, 피신청인의 계열사인 광고대행사를 통해 마스코트 도안을 모집, 이 건의 신청인이 너구리를 주제로 로티라는 이름으로 출품한 작품을 당선작으로 선정하고, 당선료를 지급하였다.

그 후 위 도안을 수정・보완하여 기본도안으로 하고 이를 기초로 한 응용도안 개발계약을 체결하면서 피신청인은 그에 따른 작품료를 지급하고, 신청인은 위 응용도안의 저작권 등 모든 권리를 피신청인측에 넘겨주기로 약정하였다.

신청인은 위 계약에 따라 수 차례의 수정을 거쳐 기본도안(그림 1)을 확정하고 이를 바탕으로 한 응용도안을 피신청인측에 제출하였으나 피신청인이 불만을 표시, 재차 수정을 요구하여 오자 이를 거부하였다.

이에 피신청인측은 만화영화 제작자 이항재에게 새로운 캐릭터 개발을 의뢰, 개발된 캐릭터(그림 2)에 로티라는 이름을 붙여 이를 이용하면서 상표등록도 마쳤다.

이에 신청인은 저작재산권이 양도되었다 하더라도 신청인이 여전히 보유하고 있는 저작인격권 중 동일성 유지권을 침해한 것이므로 그 사용을 금하는 가처분을 서울 민사지방법원에 신청하였다.

그림 1

그림 2

제1심에서는 너구리의 특징이 나타나 있는 중요한 부분에 차이가 있으며, 다른 부분에 유사한 점이 있다 하더라도 이는 디자인에서 일반적으로 이용되고 있는 방식을 채택함에 기인한 것으로서 새로운 도안(그림 2)은 이항재 씨의 창작이라고 인정, 신청인의 신청을 기각하였다.[256]

이에 신청인은 항고를 제기, 제2심에서는 두 도안 사이에 미세한 차이가 있더라도 이는 신청외 이항재가 "신청인의 도안을 보지 아니하고 독자적으로 개발하였다고 보기는 어렵고, 오히려 신청인의 도안을 바탕으로 하여 위에서 본 미세한 차이점이 있는 부분과 같이 임의로 변경·변형한 것으로 봄이 상당하다"고 하여 가처분 신청을 인정하였다.[257]

이에 피신청인이 가처분 결정에 대한 이의신청을 하였고, 이에 대해 법원은 본건 도안은 피신청인의 발의에 기한 점에 비추어 저작자가 다름 아닌 피신청인이라고 판단하였다.[258] 따라서 저작인격권 침해여부는 저작자가 피신청인인 이상 처음부터 문제될 수 없다고 판단하였다.

이에 신청인이 상고하였고, 이 상고에 대해 대법원은 다음과 같이 판시하였다.[259]

판결내용: 1) 누가 저작자인지에 대한 판단

'단체명의 저작물의 저작자에 관한 저작권법 제9조'는 저작물을 창작한 자가 저작자라는 원칙에 대한 예외규정인 만큼 이를 제한적으로 해석하여야 하고, 확대

---

256) 서울민사지법 1989.5.2.고지 89카2956 결정(저작권심의조정위원회 편, 「한국저작권 판례집」, 205면 이하).

257) 서울고법 1990.6.25.고지 89라55 결정(저작권심의조정위원회 편, 「한국저작권 판례집」, 196면 이하).

258) 서울고법 1992.6.26.선고 91카98 판결.

259) 대법원 1992.12.24.선고 92다31309 판결(법원공보 제938호, 598면 이하).

내지 유추해석 하여 저작물의 제작에 관한 도급계약에까지 적용할 수는 없다.

원심이 확정한 사실에 의하더라도, 신청인이 제작한 롯데월드 상징도안(캐릭터)인 너구리 도안의 기본도안과 응용도안은 그 소재의 선정뿐 아니라 그 제작에 있어서도 전적으로 제작자인 신청인의 재량과 예술적인 감각 및 기술에 의하였음을 알 수 있으므로 위 너구리 도안의 저작자는 제작자인 신청인이다.

2) 응용미술작품에도 저작인격권이 발생하는지 여부에 대한 판단

신청인이 제작한 너구리 도안과 같이 상업성이 강하고 주문자의 의도에 따라 상황에 맞도록 변형되어야 할 필요성이 큰 저작물의 경우에는 재산적 가치가 중요시되는 반면, 인격적 가치는 비교적 가볍게 평가될 것임은 원심이 판시한 바와 같지만, 이러한 저작물도 제작자의 인격이 표현된 것이고 제작자가 저작물에 대하여 상당한 애착을 가질 것임은 다른 순수미술작품의 경우와 다르지 않을 것이다.

3) 본건에서 저작인격권 침해가 있다고 볼 수 있는지 여부에 대한 판단

신청인이 제작한 너구리 도안은 순수미술작품과는 달리 그 성질상 주문자인 피신청인의 기업활동을 위하여 필요한 경우 변경되어야 할 필요성이 있었고, 위 캐릭터 제작계약에 의하여 피신청인측에서 도안에 관한 소유권이나 저작권 등의 모든 권리는 물론 도안을 변경할 권리까지 유보하고 있었음을 알 수 있었을 뿐 아니라 신청인이 피신청인측의 수정요구에 대해서 몇 차례 수정을 하다가 자기로서는 수정을 하여도 같은 도안밖에 나오지 않는다면서 더 이상의 수정을 거절한 사실까지 보태어 보면, 신청인은 그의 의무인 위 도안의 수정을 거절함으로써 피신청인이 위 도안을 변경하더라도 이의하지 아니하겠다는 취지의 묵시적인 동의를 하였다고 인정함이 상당하다 할 것이다. 따라서 피신청인측이 신청외 이항재로 하여금 신청인이 제작한 너구리 도안을 일부 변경하게 한 다음 변경된 기본도안과 응용도안을 그 기업목적에 따라 사용하고 있다고 하더라도 위 변경은 신청인의 묵시적 동의에 의한 것이므로 저작권법 제13조 제1항에 규정된 동일성 유지권 침해에는 해당되지 아니한다.[260]

[참고판례 1] 포스타의 색채를 변경한 사건(일본)[261]

사실관계: 일러스트레이터 X가 광고회사 Y로부터 해변 레저(sea side leisure) 시설의 종합 팸플릿의 제작을 의뢰받았다. 광고회사 Y는 스폰서인 Z상사 해양개발실로부터 의뢰받은 것이다. X는 Y의 주문에 맞춰 팸플릿을 제작하여 올렸으나 완성된 원판 일러스트를 본 Z는 「바다색이 지나치게 거칠고 裝置가 표시되어 있지 않다」고 불만을 토로하였다. Y는 그 취지를 X에게 말했으나 X가 받

260) 이 판결에 대한 평석은, 이상정, “판례평석,” 「창작과 권리」 제6호(1997.3), 18면 이하 참조.

261) 동경지방법원 1973년 7월 27일, 無體財産權判例集 5卷 243면.

아들이려 하지 않고 시간도 촉박했으므로 Y는 자기의 책임으로 색을 변경하고 탈락개소에 가필을 하여 인쇄하였다. X는 격노하여 저작인격권침해로 Y를 상대로 100만円의 위자료를 요구했던바 Y는 하청을 맡긴 일러스트에 대해서 급한 경우에는 가필할 수 있는 관행이 있다고 주장하였다.

판결내용: 일본법원은 이러한 관행이 있음을 부정하고 X가 일본국내에서 활동 중인 일러스트레이터 천명 중 五百人 중에 들어간다고 자부하고 있는 점, 피고 Y로부터 얻은 이 일러스트 사용료는 일만円이나 매각하면 대략 20만円은 받는다는 것을 전제로 X의 정신적 고통을 위자하기 위해서는 25만円이 상당하다고 판시하였다.

[참고판례 2] Eden v. Whistler 판결(프랑스)[262]

1893년 Eden경은 당시 파리에 살고 있던 미국 화가인 James McNeill Whistler에게 Eden경 부인의 초상화를 그려달라는 부탁을 받았다. 중개인을 통해 보수는 "100에서 150기니 사이"에서 지급한다는 합의를 하였다. 마침내 Whistler는 초상화를 완성하였고, Eden경의 승낙하에 「Salon du Champs de Mars」에서 "Brown and Gold, Portrait of Lady E."라는 제목으로 전시하였다. 그 후 곧 Eden경은 Whistler에게 100기니 수표를 보냈고, 이것을 Whistler는 모욕으로 받아들였다(비록 그가 수표를 현금화했지만). 초상화가 전시 후에 자신의 작업실로 돌아오자 Whistler는 Eden경 부인의 머리 부분을 뭉개버리고, 다른 사람의 초상을 그린 후 Eden경에게 그림의 인도를 거절하였다. 이에 Eden경은 초상을 다시 원래대로 복원한 후 자신에게 인도하여야 하며, 손해를 배상하라는 소송을 제기하였다. 제1심은 Eden경의 청구를 모두 인용했으나 항소심은 복원 후 인도하라는 부분은 파기하였다. Eden경은 그가 지급한 100기니를 돌려받고 계약 위반에 따른 손해는 배상받았지만 초상화를 복원하거나 인도받을 수는 없었다. 파기원 역시 항소심 판결을 인용하였다.[263]

● 로티 판결과 [참고 판례 1, 2]의 비교

[참고 판례 1]은 당연히 동일성유지권이 문제될 수 있고, 허락 없는 가필은 동일성유지권 침해이다. 이 점에 관한 의문은 없다. 문제는 로티 판결이다. 이것은 처음부터 동일성유지권이 문제될 수 없는 시례였다. 왜냐하면 [그림 2]는 실사 [그림 1]의 본질적 내용을 그대로 이용하였다고 하더라도 복제권이나 2차적 저작물 작성권 침해는 될지언정 동일성유지권 침해는 아니라고 할 것이다. [그림

262) [1900][D.P.] l. 497, [1900] Recueil Sirey[S. Jur.] l. 490[Cass. Civ.].

263) John Henry Merryman, "The Refrigerator of Bernard Buffet," Hastings L. J.(27권), 1976, 1023쪽 이하.

1]의 내용은 그 때도, 지금도 [그림 1]로서 조금도 변경됨이 없이 존재하며, 저작물로서 [그림 1]에 어떤 변경이 가하여진 것은 아니기 때문이다. 말하자면 저작물의 이용과 변경의 구분을 제대로 하지 못한 것이라고 할 것이다. 만약 동일성 유지권이 문제될 수 있는 경우였다면 대법원의 "도안의 수정을 거절함으로써 피신청인이 위 도안을 변경하더라도 이의하지 아니하겠다는 취지의 묵시적인 동의를 하였다"는 것은 저작인격권 법리에 비추어 보면 이해할 수 없는 판결내용이다. 위 대법원 판시내용은 결국 앞뒤의 수식에도 불구하고 "수정을 거절함으로써 수정에 동의한 것이다"라는 결론을 이끌어 낸 것인데 이러한 해석 그 자체로서도 받아들이기 힘들 뿐만 아니라 결과적으로도 부당하다고 할 것이다. 왜냐하면 수정을 거절하면 그것은 곧 제3자가 수정해도 좋다는 묵시적 동의가 있는 것으로 보므로 적어도 위탁저작물의 경우에는 동일성 유지권을 사문화시키는 해석이기 때문이다. 아마도 대법원은 수정을 해주어야 할 의무가 있는 자가 수정을 더 이상 못하겠다는 것은 '의뢰인 스스로 알아서 하라'고 한 것이고, 이것은 수정을 동의한 것이라 본 듯하다. 그러나 의뢰인이 할 수 있는 방법은 [그림 1]에 손을 가하여 변경하는 방법도 있지만 그 방법에 의하지 아니하고 제3자에게 의뢰하여 별개의 도안을 작성할 수도 있다. 본 사례의 경우는 후자의 방법을 택한 것이고, 그 과정에서 [그림 1]을 참고한 것으로 보인다. 그러므로 문제가 되더라도 2차적 저작물 작성권이 문제될 수 있을지언정 동일성유지권이 문제될 상황은 아니라고 본다. 아울러 수정에 대한 묵시적 동의이론을 인정한다고 하여도 동의가 있었다고 해석할 만한 합리적인 주위의 정황이 존재하여야 하는데 로티 판결의 경우에는 전혀 그 반대이다. 저작자 본인이 '그의 저작물'의 수정을 명백히 거절했는데 그것이 어떻게 '그의 저작물'의 수정을 묵시적으로 동의한 것이 되는가. 더 나아가서 우리 저작권법은 제45조 제2항에서 "저작재산권의 전부를 양도하는 경우에 특약이 없는 때에는 제22조에 따른 2차적 저작물을 작성하여 이용할 권리는 포함되지 아니한 것으로 추정한다"고 규정한다. 이 규정과의 균형에 비추어 보더라도 동일성 유지권의 포기를 의미하는 수정동의가 묵시적으로 가능한지는 재검토되어야 할 것이다. 포기는 미국 저작권법과 같이 서면동의만으로 가능하다는 규정[264]이 없는 이상 명시·묵시의 포기 내지는 수정동의가 가능하다고 하더라도 그 인정에는 신중을 기할 필요가 있다. 결국 이 사건은 당초 저작인격권이 문제가 될 수 없는 사건이 저작인격권 침해로 사건화되었고, 대법원의 묵시적 동의 이론은 이를 다시 원상으로 되돌리려는 과정에서 나온 이론이라고 본다. 앞의 [참고 판례 2]는 초상화를 그려줄 의무가 있었다. 의무가 있다고 제3자가 현재 다른 사람이 그려진 '그 그림'을 변경하여 원래의 초상화로 복원시키는 것은 Whistler의 동일성유지권 침해이다. 그러나 Eden경은 부인의 초상화를 복원을 거절하는 Whistler 대신에 다른 화가에게 부탁하여 초상화를

264) 미국 저작권법 제106조의 A (e).

그릴 수는 있을 것이다. 이것이 Whistler의 저작인격권 침해가 아니라는 것은 명백하다. 설사 그 구도가 유사하다고 하더라도 그렇다.

[판례 2] '빛의 세계' 사건(서울동부지법 2004.9.30.선고 2004가합4292 판결)

사실관계: 피고는 '올림픽로 및 석촌호수 관광 명소화 사업'의 일환으로 잠실 사거리, 잠실 주경기장 앞 송파구청 사거리의 3곳에 발광 광고 조형물을 제작·설치하기로 결정하고 공모를 하여 원고의 '빛의 세계'가 최우수 작품으로 선정되었다. 그런데 그 후 피고는 이 사건 조형물에 부착된 고정식 광고판으로는 구청홍보에 한계가 있다고 판단하여 이를 실시간 홍보가 가능한 전광판으로 교체하기로 하고 2003. 11. 이 사건 조형물에 전광판을 설치하기 위하여 공익광고물 부분을 철거한 후 그곳에 전광판 및 이를 지지하기 위한 원반형 스테인리스 구조물을 설치하는 공사를 시행하여 2004.3.9. 이를 완료하였다. 이에 원고는 피고를 상대로 소를 제기하였다.

법원의 판단: 이 사건 조형물의 저작자인 원고는 저작권법에 의하여 보호되는 저작인격권으로서 저작물의 내용과 형식 등의 동일성을 유지할 수 있는 권리를 가진다 할 것이고(저작권법 제13조 제1항) 여기서 저작물의 내용이란 저작물에 표현된 사상과 감정을 의미하며 저작물의 형식이란 그 구성과 표현 방법 등을 의미하는 것인바, 피고가 공익광고물 부분을 철거하고 이 사건 조형물에 전광판을 부착하면서 원반형의 스테인리스 구조물을 설치한 것은 원고에 의하여 이 사건 조형물에 반영된 사상과 감정을 훼손하고 이 사건 조형물의 구성 및 표현 방법을 변경하는 것으로서 원고의 동일성유지권을 침해하는 행위에 해당한다 할 것이다.

* 이 사건에서 원고는 변경부분 철거를 요구하였으나 인정되지 아니하였다.

[판례 3] 서울고법 2005.7.26.선고 2004나76598 판결

비록 피고가 원고의 허락 없이 이 사건 사진을 축소하여 썸네일 이미지로 변환시켰으나, 썸네일 이미지는 원래 이미지의 단순한 축소에 불과하여 본질적인 내용에는 변경이 없고, … 이 사건 사진에 대한 썸네일 이미지의 이용 목적 및 그 형태 등을 고려하여 보면, 이는 저작권법 제13조 제2항 제3호가 규정하는 '부득이하다고 인정되는 범위'에 해당한다고 할 수 있으므로 피고가 원고의 이 사건 사진에 관한 동일성유지권을 침해하였다고 할 수 없다.

[판례 4] '만화로 보는 그리스 로마 신화' 사건(서울중앙지법 2007.6.22.선고 2005가합53144 판결)

(가) 동일성유지권 침해 여부 이 사건 영화가 제호, 캐릭터의 표현에 있어 원작만화와 다소 차이가 있으나, 이 사건 영화의 제호인 "올림포스 가디언 - 기간테스 대역습"이 저작자의 동의를 얻어 출간된 원작만화의 이미지 모음집의 제호인 "캐릭터로 보는 그리스 로마신화 올림포스 가디언"에서 유래한 것이고, 양 저작물에서의 캐릭터의 표현의 차이는 저작물의 성질, 형태의 차이로 인해 불가피하게 발생한 것이라고 보이며, 그밖에 이 사건 영화가 원작만화의 저작자인 피고의 명예나 명성 또는 인망을 해하는 방법으로 실질적으로 개변되었다고 볼 만한 아무런 사정도 찾아볼 수 없다.

(나) 성명표시권 침해 여부 영화제작자가 이 사건 영화의 끝부분(엔딩 크레딧)과 광고 포스터에 "원작 甲회사 '만화로 보는 그리스 로마신화'(기획, 글: 丁, 그림: 피고)"이라고 표시함으로써 원작만화의 저작자의 성명을 표시한 사실을 인정할 수 있고, 달리 반증이 없다.

(다) 따라서 원고는 이 사건 영화를 제작함에 있어 원작만화에 대한 피고의 저작인격권을 침해한 바 없다고 하겠다.

■ 영상저작물 등

[판례 1] 「93 서태지 라이브 콘서트」 사건: 자막 삽입이 영상저작물의 수정인지 여부(서울민사지법 1994.9.2.선고 94가합28760 판결)

가. "영상물에 대한 편집 등 수정을 할 수 없다"는 약정에 공연의 제호나 공연된 각 노래제목에 대한 자막을 삽입하는 행위도 금지되는 행위로 포함되는지에 대하여 살피건대, 영상물에 대한 편집 등 수정행위라 함은 필름의 편집행위 등 수정행위를 의미하고 그 수정행위는 마스터 테이프에 수록된 순서와 달리 공연의 순서를 변경한다든가 원래의 공연장면 중 일부를 삭제하여 공연시간을 보다 단축하거나 또는 공연실황에는 없는 장면 등(예를 들어 상품광고나 회사선전광고, 다른 공연장면 따위)을 다른 외부의 필름으로 삽입하는 등을 의미하고 단순히 영상물의 내용에 따른 설명의 의미로 자막을 삽입하는 행위는 영상물에 대한 동일성을 침해하지 아니하는 한 원고들의 저작권 및 저작인접권을 보호하기 위한 위 영상물의 편집 등 수정행위 금지에 해당되지 않는다고 할 것이다.

나. 피고가 위 영상물에 삽입한 「93 서태지와 아이들 LIVE 콘서트」라는 자막은 보통 비디오 테이프를 제작하는 과정에서 비디오의 시작을 알리는 제호인 점, 다음으로 원고들이 실연한 각 노래명에 대한 자막은 피고가 원고들로부터 비디오 복제권 및 배포권을 취득한 이상 그 판매행위의 고객을 위한 서비스 차원에서 관행적으로 이루어지는 행위임을 감안할 때 피고의 행위는 원고들의 영

상물에 대한 동일성을 침해한 것이 아니라고 볼 것이고, 따라서 위 행위는 원고들과 피고가 약정한 영상물의 편집 등 수정행위 금지약정의 위반행위에 해당되지 아니한다.

다. 다음으로 위 영상물에 수록된 공연실황의 노래 중 「이제는」이라는 노래에 대하여 「이 밤이 깊어가지만」이라는 노래명 자막을 잘못 삽입한 행위가 영상물의 편집 등 수정행위에 포함되지 아니함은 앞서 본 바와 같고, 다만 노래명의 자막을 잘못 삽입한 것은 피고가 위 영상물을 복제함에 있어 원고들의 이미지 등을 실추하지 않게 하기 위하여 상당한 주의를 기울여 양질의 상태로 비디오를 만들어 배포할 의무를 불완전하게 이행한 것이라 할 수 있으나 노래명을 잘못 삽입하게 된 경위에 비추어 볼 때 이 정도의 불완전이행을 이유로 계약을 해제하고 위약금을 청구할 수는 없다.

[판례 2] Pat과 Mat사건=영상저작물의 독점적 이용권자도 금지청구를 할 수 있는지 여부(서울고법 2002.5.8.선고 2001나58919 판결)

사실관계: X는 외국인 저작권자인 A로부터 「Pat과 Mat」라는 무성(無聲) 애니메이션 시리즈물을 대한민국 내에서 독점적으로 제조·판매할 수 있는 권리를 라이선스받았다. Y는 무단으로 위 시리즈물에 영어대사와 자막을 삽입한 후 이를 제조 판매하고 있다.

쟁점: 무성용 저작물에 대해 영어대사와 자막을 삽입하는 것이 저작권침해인지 여부.

법원의 판단: Y가 저작권자인 A의 승낙 없이 영어대사와 자막을 삽입하여 영상물을 제작한 것은 위 영상저작물의 저작권 침해에 해당한다.[265]

[판례 3] '인터넷 포털사이트 광고방해 사건' (대법원 2010.8.25.자 2008마1541 결정)

사실관계: 네오콘소프트(이 사건의 채무자)가 제공한 이 사건 프로그램을 설치한 인터넷 사용자들이 네이버를 방문하면 그 화면에 채권자의 광고 대신 같은 크기의 채무자의 배너광고가 나타나거나(이른바 '대체광고 방식'), 화면의 여백에 채무자의 배너광고가 나타나거나(이른바 '여백광고 방식'), 검색창에 키워드를 입력하면 검색결과 화면의 최상단에 위치한 검색창과 채권자의 키워드광고 사이에 채무자의 키워드광고가 나타나는(이른바 '키워드삽입광고 방식') 등으로, 채무자의 광고가 대체 혹은 삽입된 형태로 나타난다. 이에 채권자(네이버운영자)는 채무자의 행위는 법률상 보호할 가치가 있는 이익인 네이버를 통한 채권자의 광고영업 이익을 침해하는 부정한 경쟁행위로서 민법상 불법행위에 해당하며, 아울러 동일성유지권 침해라고 주장하였다.

---

265) 평석: 백창훈, 「정보법판례백선(1)」, 587면.

법원의 판단: 채권자가 그의 컴퓨터프로그램저작물로서 동일성유지권을 침해당하였다고 주장하는 HTML(Hypertext Markup Language, 인터넷 홈페이지의 하이퍼텍스트 문서를 만들기 위해 사용되는 기본 언어) 코드에는, 검색결과를 표시한 텍스트 부분과 이를 화면에 표시하기 위한 일반적인 HTML 태그 정도가 포함되어 있을 뿐 저작권으로 보호할 만한 창작적인 표현까지 포함되어 있다는 점을 소명할 자료가 없고, 나아가 채권자가 사용자의 컴퓨터로 보낸 HTML 파일은 그 내용이 화면에 나타나기 위하여 일시적으로 램(Random Access Memory) 상으로 복제되게 되는데, 이 때 이 사건 프로그램에 의한 채무자의 HTML 코드 역시 램에 올라오면서 채권자의 HTML 코드 자체에는 영향을 미치지 않은 채 이와 별도로 존재할 여지가 있는 반면, 그것이 채권자의 HTML 코드에 삽입되어 채권자의 HTML 코드 자체를 변경시킨다는 점은 이를 소명할 자료가 부족하므로, 채무자의 이 사건 프로그램에 의한 광고행위로 인해 채권자의 HTML 코드에 대한 동일성유지권이 침해되었다고 할 수 없다.[266)]

---

266) 반면 법원은 불법행위의 성립을 인정하였다.

(가) 채무자의 이러한 광고는 위와 같이 인터넷 사용자들이 네이버에서 제공하는 서비스 등을 이용하기 위하여 네이버를 방문할 때 나타나는 것이므로, 이는 결국 네이버가 가지는 신용과 고객흡인력을 무단으로 이용하는 셈이 된다. 뿐만 아니라 그 광고방식도 채권자가 제공하는 광고를 모두 사라지게 하거나(대체광고 방식) 채권자가 제공하는 검색결과의 순위를 뒤로 밀리게 하는(키워드삽입광고 방식) 등의 방법을 사용함으로써 채권자의 영업을 방해하면서 채권자가 얻어야 할 광고영업의 이익을 무단으로 가로채는 것이다.

채무자의 위와 같은 광고행위는 인터넷을 이용한 광고영업 분야에서 서로 경쟁자의 관계에 있는 채권자가 상당한 노력과 투자에 의하여 구축한 네이버를 상도덕이나 공정한 경쟁질서에 반하여 자신의 영업을 위하여 무단으로 이용함으로써, 채권자의 노력과 투자에 편승하여 부당하게 이익을 얻는 한편, 앞서 본 바와 같이 법률상 보호할 가치가 있는 이익인 네이버를 통한 채권자의 광고영업 이익을 침해하는 부정한 경쟁행위로서 민법상 불법행위에 해당한다고 할 것이다.

(나) 한편 채무자의 위와 같은 광고행위가 일회적인 것이 아니라 이 사건 프로그램을 설치한 인터넷 사용자들이 네이버에 접속할 때마다 계속적으로 반복되는 것임을 알 수 있다. 나아가 이 사건 프로그램에 의한 광고행위의 성질상 채권자가 인터넷 사용자들의 이 사건 프로그램의 설치현황 및 그로 인한 네이버에서의 채무자의 광고현황 등을 일일이 파악하여 대응하기가 매우 곤란할 것으로 보이는 점과 채무자의 광고내용에 따라서는 채권자의 신용, 명성 등 무형적인 가치까지도 손상시킬 수 있을 것으로 보이는 점 등을 고려할 때 채무자에게 금전배상을 명하는 것만으로는 채권자 구제의 실효성을 기대하기 어렵다고 할 것이다. 나아가 채무자의 이 사건 프로그램에 의한 네이버에서의 광고행위를 그대로 방치하는 경우 결국 네이버에서의 광고영업을 그 수익모델로 삼고 있는 채권자 회사의 존립 자체를 위협할 수 있다는 점에서 채무자의 위와 같은 광고행위를 금지함으로써 보호되는 채권자의 이익이 그로 인한 채무자의 영업의 자유에 대한 손실보다 더 크다고 할 것이다. 따라서 채권자는 채무자에 대하여, 네이버에 접속한 인터넷 사용

♣ coffee break: 교과서 수정지시

2008년 12월 12일(금)자 연합뉴스(이윤영 기자)는 교과서 저자들 "저작권 침해금지 가처분 신청"이라는 기사를 보도하였다. 내용인즉 교육과학기술부가 한국 근현대사 교과서에 대한 수정안을 조만간 최종 확정할 예정인 가운데 교과서 저자들이 법원에 교과서 수정행위 중단을 요구하는 가처분신청을 내기로 했다는 것이다. 그 내용은 다음과 같다.

「금성출판사가 발행하는 한국 근현대사 교과서 저자 일동은 12일 "출판사가 저자와의 동의 없이 교과서 내용을 수정하려는 행위를 묵과할 수 없다"며 "15일 법원에 저작권 침해금지 가처분신청을 내는 등 법적 대응에 나서겠다"고 밝혔다. 교과부는 이념편향 논란을 빚은 근현대사 교과서 수정을 위해 지난달 말 금성출판사를 비롯한 5개 교과서 발행사에게 수정지시문을 보냈고, 출판사들은 교과부의 수정지시에 따르겠다는 의견을 교과부에 전달한 바 있다. 그러나 정부의 교과서 수정지시에 거부 의사를 밝혀왔던 저자들은 출판사들이 자신들과는 상의 없이 수정 의견을 교과부에 보내 저작권을 침해했다며 반발해 왔다. 교과부는 출판사들이 낸 수정 의견을 토대로 교과서 수정안을 최종 확정, 내주 중 발표하고 곧 수정 교과서 인쇄 작업에 들어갈 예정이며 만약 법원이 가처분신청을 받아들이게 되면 교과서 인쇄 작업은 중단된다.」

이 사건은 제1심에서 저자들의 주장을 받아들여 동일성유지권침해를 인정했으나[267] 항소심에서 번복되었고[268], 상고심은 항소심 판결을 긍정하였다.

[판례] '교과서 수정' 사건(대법원 2013.4.26.선고 2010다79923 판결)

[1] 저작자는 그의 저작물의 내용·형식 및 제호의 동일성을 유지할 권리를 가지는데(저작권법 제13조 제1항), 저작자가 명시적 또는 묵시적으로 동의한 범위 내에서 저작물을 변경한 경우에는 저작자의 위와 같은 동일성유지권 침해에 해당하지 아니한다. 그리고 저작물에 대한 출판계약을 체결한 저작자가 저작물의 변경에 대하여 동의하였는지 여부 및 동의의 범위는 출판계약의 성질·체결 경위·내용, 계약 당사자들의 지위와 상호관계, 출판의 목적, 출판물의 이용실태, 저작물의 성격 등 제반 사정을 종합적으로 고려하여 구체적·개별적으로 판단하여야 한다.

[2] 행정처분이 아무리 위법하다고 하여도 그 하자가 중대하고 명백하여 당연무효라고 보아야 할 사유가 있는 경우를 제외하고는 아무도 그 하자를 이유로 무단히 그 효과를 부정하지 못하는 것이므로, 저작자가 출판계약에서 행정처분

자들의 모니터에서 이 사건 프로그램을 이용한 광고행위를 하는 것의 금지 또는 예방을 청구할 수 있다고 봄이 상당하다.(밑줄: 필자)

267) 서울중앙지방법원 2009.9.2.선고 2009가합7071 판결.

268) 서울고등법원 2010.8.25.선고 2009나92144 판결.

을 따르는 범위 내에서의 저작물 변경에 동의한 경우에는, 설사 행정처분이 위법하더라도 당연 무효라고 보아야 할 사유가 있다고 할 수 없는 이상 그 행정처분에 따른 계약 상대방의 저작물 변경은 저작자의 동일성유지권 침해에 해당하지 아니한다.

[3] 갑 등과 출판계약을 체결하여 그들이 작성한 원고(原稿) 등으로 교과서를 제작한 을 주식회사가 교육과학기술부장관의 수정지시에 따라 교과서의 일부 내용을 수정하여 발행·배포한 사안에서, 출판계약의 성질과 내용, 갑 등 저작자들과 을 회사가 교과서 검정신청을 하면서 제출한 동의서의 내용과 제출 경위, 갑 등과 을 회사의 지위와 상호관계, 출판의 목적, 교과서의 성격 등 여러 사정에 비추어 갑 등은 출판계약 체결 및 동의서 제출 당시 을 회사에 교육과학기술부장관의 수정지시를 이행하는 범위 내에서 교과서를 변경하는 데 동의한 것으로 봄이 타당하고, 행정처분에 해당하는 위 수정지시를 당연 무효라고 보아야 할 사유가 없으므로, 이를 이행하기 위하여 을 회사가 위 교과서를 수정하여 발행·배포한 것은 교과서에 대한 갑 등의 동일성유지권 침해에 해당하지 않는다.

한편 서울행정법원은 "교육과학기술부장관이 고등학교 근·현대사 교과서 발행사에 '역사교과전문가협의회'가 마련한 수정권고안에 따라 검정교과서의 일부 내용을 수정할 것을 명하는 처분은 실질적으로 새로이 실시된 검정에 따른 처분으로 교과용도서심의회의 심의를 거쳐야 함에도 이를 거치지 않은 하자가 있어 위법하다"고 판시하였으나[269] 서울고등법원은 이 사건 수정처분은 적법하다고 판시하였다.[270] 이에 원고가 상고하였고, 상고심은 원심판결을 파기하고 환송하였다(대법원 2013.2.15.선고 2011두21485 판결). 대법원 판결 내용은 다음과 같다.

"구 교과용도서에 관한 규정(2009.8.18. 대통령령 제21687호로 개정되기 전의 것, 이하 같다) 제26조 제1항에 따른 검정도서에 대한 수정명령의 절차와 관련하여 구 교과용도서에 관한 규정에 수정명령을 할 때 교과용도서의 검정절차를 거쳐야 한다거나 이를 준용하는 명시적인 규정이 없으므로 교과용도서심의회의 심의 자체를 다시 거쳐야 한다고 보기는 어렵지만, 헌법 등에 근거를 둔 교육의 자주성·전문성·정치적 중립성 및 교과용도서에 관한 검정제도의 취지에 비추어 보면, 수정명령의 내용이 표현상의 잘못이나 기술적 사항 또는 객관적 오류를 바로잡는 정도를 넘어서서 이미 검정을 거친 내용을 실질적으로 변경하는 결과를 가져오는 경우에는 새로운 검정절차를 취하는 것과 마찬가지라 할 수 있으므로 검정절차상의 교과용도서심의회의 심의에 준하는 절차를 거쳐야 한다. 그렇지 않으면 행정청이 수정명령을 통하여 검정제도의 취지를 훼손하거나 잠탈할

269) 서울행법 2010.9.2.선고 2009구합6940 판결.
270) 서울고등법원 2011.8.16.선고 2010누31319 판결.

수 있고, 교과용도서심의회의 심의 등 적법한 검정절차를 거쳐 검정의 합격결정을 받은 자의 법률상 이익이 쉽게 침해될 수 있기 때문이다."

[일본판례] 일본의 토키메키메모리알 사건(日本 最高裁判所 2001年(平成13年) 2月13日[平成11年(受)第955号])[271]

Ⅰ. 사실관계

원고(항소인, 피상고인)는 「토키메키메모리알」(ときめきメモリアル)시리즈를 제작・발매하는 코나미 주식회사이다. 同 시리즈의 스토리는 주인공(플레이어)인 「키라메끼(きらめき) 高校」의 1학년 남학생이 좋아하는 여학생들과의 3년간의 고교생활을 즐긴다고 하는 것이나 이 사건에서 동일성유지권이 다투어진 것은 원고가

1995년 10월, 동 시리즈 플레이스테이션 판으로서 발매한 「토키메키메모리알 훠레버 위드 유(ときめきメモリアル forever with you)」이다. 본 게임소프트에서는 플레이어에 대해 게임 개시시에 체조, 운동, 근성, 잡학 등 9개 요소에 대한 수치(파라메터)가 「체조 100, 문과 40, 이과 40, 예능 40, 운동 40,…」 이라고 하는 초기치가 주어져 있다.

졸업식 날 좋아하는 여학생으로부터 사랑의 고백을 받기 위해서는, 즉 이른바 '해피엔드'로 끝내기 위해서는 난이도의 차이는 있으나 3년간 각 항목 수치의 대부분을 1000에 달할 때까지 높이지 않으면 안된다. 여기서 플레이어는 공부나 운동만이 아니고 데이트나 생일날 선물 등에 대해서도 여학생에게 호감을 품도록 하게 하기 위하여 고득점을 목표로 노력한다.

본 게임소프트의 對應機인 소니(SONY)製 PS에서는 플레이어가 게임을 중단하는 경우는 별매의 PS전용 미기입 메모리 카드를 꽂아 넣어 게임경과를 보존하고, 再開 시에 데이터를 읽어 들이는 방법을 채택함으로써, 플레이어는 메모리카드에 자기의 득점을 조금씩 쌓아가면서 목표를 향해 나아가는 것이다.

피고(피항소인, 상고인)는 1995년 2월경부터 「X-TERMINATOR PS판 제2호 토키메모스페셜(ときメモスペシャル)」(본 메모리카드)의 수입・판매를 개시했다(모두 700개를 수입하여, 522개를 판매하였다). 본 메모리카드는 PS 전용의 메모리카드 市販用에 원고 설정의 初期値보다 훨씬 높은 수치를 미리 보존한 것으로 플레이어가 본 메모리카드를 사용하면 도중의 노력을 대폭 생략할 수 있고, 고득점에 의한 해피엔드가 간단히 달성될 수 있다.[272]

---

271) 이 판결에 대한 평석은, 이상정, "게임 스토리의 변경만을 목적으로 하는 메모리카드를 판매한 자의 책임," 「디지털재산법연구」(제10권/통권 제14호), 한국디지털재산법학회, 2012.1, 55면 이하 참조.

272) 본건 메모리카드는 데이터의 기억단위인 블록 1 내지 13에 각각 본건 게임 소프트로

여기서 원고는 1996년 12월, 피고에 의한 메모리카드의 수입 및 판매는 본 게임저작물에 대한 동일성유지권등을 침해한다고 주장하면서 피고에 대해 금 1,014만円여의 손해배상 및 全國紙에의 사죄광고의 게재를 청구하였다.

원고가 동일성유지권의 침해를 주장한 이유는 피고의 장치를 통해「미리 설정된 낮은 수치에서 시작해서 고등학교 3년 동안, 좋아하는 여학생에게 잘 어울리는 형태로 플레이어(player) 자신의 능력을 높이기 위한 플레이를 하고, 그것에 의해 능력의 수치를 상승시켜 간다」고 하는 스토리의 골격부분을 근본으로부터 파괴하기 때문이라는 것이다.

Ⅱ. 법원의 판단

1. 제1심 판결요지[273]: 본 메모리카드에 의해 … 데이터를 본 게임 소프트의 프로그램의 실행에 있어서 입력을 해도 본 게임소프트의 프로그램 자체가 변경되는 것은 아니며, … 정상적으로 게임을 진행하는 것이 되기 때문에 본 메모리카드에 들어 있는 데이터는 본 게임소프트의 프로그램이 허용하는 범위 내에 있다. … 해피엔드로 끝나도록 하는 것도 본건 게임소프트가 예정하고 있는 다종다양의 게임 전개 중의 하나로서 당연히 예정되어 있다고 말할 수 있고 … 본건 메모리카드는 본건 게임소프트의 영화저작물로서의 스토리를 개변해 동일성유지권을 침해했다고는 말할 수 없다.

(다만 본건 메모리카드에 여주인공「藤崎詩織」캐릭터의 아이콘이 무단사용된 것을 이유로 146,000円의 배상만이 인정되었다).

2. 항소심 판결요지[274]: 게임소프트에 영화저작물성이 있는 것을 전제로 게임의 진행을 변경하는 메모리카드의 판매행위에 대해 원판결과는 반대로 동일성유지권침해를 긍정했다.

가. 본건 게임소프트에 있어서는 데이터에 보존된 영상이나 음성을 프로그램에 의해 읽어들여 재생한 후에 플레이어의 주체적인 참가에 의해 비로소 게임진행이 도모되는 점에서「영상저작물」과「프로그램저작물」이 단순히 병존하고 있는데 불과한 것이 아니고 양자가 상호 관련해서「게임영상」이라고 할 수 있는

서 사용되는 9종류의 파라메터가 데이터로서 수록되어 있고, 플레이어는 본건 프로그램을 실행함에 있어, 본건 메모리카드의 임의(任意)의 블록내의 데이터를 게임기「플레이스테이션」의 하드웨어에 읽어 들여 그 데이터를 이용할 수 있다. 예컨대 플레이어가 본 메모리카드의「블록 12, 13의 데이터」를 사용하면 스타트 시점부터 바로 3년 후의 고등학교 졸업 때로 날아가 플레이어의 실적을 나타내는 데이터의 태반이 999로 된다. 이 때문에 플레이어가 남은 일주일분을 적당히 플레이해도 반드시 좋아하는 여학생으로부터 사랑의 고백을 받는 해피엔드로 끝난다.

273) 大阪地裁 1997년(평성9년) 11월 27일(平成8(ワ)12221): 이 판결의 전문은, http://www.courts.go.jp/search/ jhsp0030?hanreiid=13764&hanreiKbn=07 참조.

274) 大阪高裁 1999년(평성11년) 4월27일(平成9(ネ)3587): 이 판결의 전문은, http://www.courts.go.jp/search/ jhsp0030?hanreiid =13721&hanreiKbn=07 참조.

복합적인 성격의 저작물을 형성하고 있다고 인정하는 것이 상당하다.

나. 플레이어의 의해 작출되어 축적된 서브 데이터는 프로그램과는 별개의 독립적으로 뚝 떨어져 존재하는 단순한 수치는 아니고 제작자가 초기설정의 수치에 의해 나타낸 주인공의 인물상(능력치)을 변화시켜 그것에 응한 게임 전개를 표현하기 위한 밀접불가분한 요소로서 구성되어 있는 것이다. 따라서 그 초기치 설정은 물론 커맨드의 선택에 관련지워진 각 능력항목의 수치의 가감은 본건 게임소프트의 본질적 구성부분으로 되어 있으므로 이것을 변경해서 무력화하는 것은 본건 게임소프트의 저작물로서의 동일성유지권을 침해하는 것이라고 해석된다.

다. 본건 메모리카드의 제작자는 플레이어를 개재시켜[275] 본건 저작물의 동일성유지권을 침해하는 자라고 보며, 이 카드의 수입, 판매자도 그 책임을 면할 수 없다(제1심의 146,000円의 배상에 동일성유지권 침해로 인한 100만円의 손해배상을 추가하여 모두 1146,000円의 배상을 명함).

3. 상고심 판결요지[276]: 본건 메모리카드의 사용은 본 건 게임 소프트를 개변하여, 원고가 갖는 동일성유지권을 침해한 것이라고 해석하는 것이 상당하다. 생각건대 본건 게임소프트에 있어서 파라메터는 그것에 의해 주인공의 인물상을 표현하는 것이며, 그 변화에 따라 스토리가 전개되는 것인바 본건 메모리카드의 사용에 의해 본건 게임 소프트에서 설정된 파라메터에 의해 표현된 주인공의 인물상이 개변됨과 더불어 그 결과 본건 게임 소프트의 스토리가 본래 예정된 범위를 넘어 전개되어 스토리의 개변을 가져오는 결과로 되기 때문이다. … 「Y의 前記 행위가 없었더라면 본 건 게임소프트의 동일성유지권 침해가 없었던 것이다. 따라서 오로지 본건 게임 소프트의 개변만을 목적으로 하는 본건 메모리카드를 수입 판매하여, 타인의 사용을 의도해서 유통에 둔 피고는 타인의 사용에 의한 본건 게임소프트의 동일성유지권의 침해를 야기한 것」으로서 피상고인(원고)에 대해 불법행위에 기한 손해배상책임을 부담한다고 해석하는 것이 상당하다.[277]

---

275) "본건 메모리카드를 사용해서 본건 게임소프트의 실행하는 것이 본건 게임소프트의 저작물로서의 동일성유지권을 침해하는 것이며, 그러한 게임을 행한 자는 개개의 플레이어라고 하는 것이 되나 본건 메모리카드의 제작자는 이것을 의도해서 그 제작을 한 자이기 때문에 위 카드를 사용해서 행한 본건 게임소프트의 개변행위에 대해서, 제작자는 플레이어를 매개로 본건 저작물의 동일성유지권을 침해한 자라고 할 수 있고, 이것을 구입한 자는 본건 메모리카드를 사용해서 본건 게임을 행한 자라고 추인되기 때문에, 제작자는 플레이어의 본건 메모리카드의 사용의 책임을 부담해야 할 자라고 해야 하고, 위 개변을 하는 메모리카드의 수입·판매를 한 피고도 저작권법 113조 1항 1호, 2호에 의해 동일성유지권 침해의 책임을 면할 수 없다고 해야 한다."

276) 最高裁 2001년(평성13년)2월13일(평성11년(受)제955호): 이 판결의 전문은, http://www.courts.go.jp/search/ jhsp0030?hanreiid =52268&hanreiKbn=02 참조.

277) 게임 소프트 분야에서 동일성유지권이 문제로 된 사건에 '전투게임 「Dead or Alive 2」 사건이 있다. 이것은 게임소프트에 등장하는 인물을 나체로 플레이 할 수 있도록 개변하

■ 저작물의 파괴와 동일성유지권 침해[278]

저작인격권은 저작자와 무체물인 저작물과의 관계를 보호하는 것으로 당해 저작물이 화체된 유형물과는 원칙적으로 무관하다. 음악저작물을 보호하는 것은 음악저작물이 화체된 악보를 보호하는 것은 아니며, 어문저작물을 보호하는 것은 그것이 처음으로 표현된 원고를 보호하는 것은 아니다. 또 악보가 파기되었다고 음악저작물이 사라지는 것도 아니다. 그러나 저작물의 특성에 따라서는 유체물과 필연적으로 결합되어 있어 당해 저작물의 발생, 변경, 소멸이 당해 유체물의 변경이나 폐기(소멸)에 필연적으로 영향을 받는 경우가 있다. 미술저작물의 경우가 그것이다. 그러므로 미술저작물의 경우는 매체의 파괴가 저작물의 파괴로 이어지는 경우도 있다. 따라서 저작물의 내용이 하나의 작품 속에 화체되어 있는 순수미술작품의 경우는 그 작품에 대한 훼손은 곧바로 저작자의 인격적 이익과 연결된다. 그럼에도 종래 이 부분은 전적으로 소유권의 행사로 보고 저작권법의 관심 밖이었으며, 그 작품의 운명을 소유자에게 일임하였던 것이다. 이러한 종래의 해석론은 매우 안일한 판단이었다고 본다. 그렇다고 파괴가 어느 경우나 동일성유지권 침해로 이어진다고 볼 수도 없다. 소유자의 권리 역시 헌법이 보장하는 재산권이기 때문이다. 모든 파괴를 금지하는 것은 본질적 내용의 침해요, 온 세상이 미술품으로 넘쳐날 것이다. 결국 순수미술작품의 파괴의 경우에는 저작자와 소유자 사이의 이익의 조화, 형량이 필요하다. 또 이러한 내용이 저작권법 등에 반영될 필요가 있다.

[사례 1] 국제적으로 저명한 사례에 윈스턴 처칠 사례가 있다.

이 사건은 화가 Graham Sutherland가 그린 것으로, 그는 영국하원의 부탁을 받고 처칠의 초상화를 그렸고 1954년 11월 30일, 처칠의 80회 생일을 기념하여 성대한 기념식을 거친 후 처칠에게 인도되었다. 그러나 처칠과 그의 부인은 이 초상화가 마음에 들지 않았다. 무엇보다도 2차대전의 영웅의 모습이 너무나 노쇠하고 무기력한 노인으로 표현되어 있었다. 몇 년 후 초상화는 불태워졌다.

는 메모리카드를 수록한 CD-ROM을 판매해서 타인에게 사용시킬 의도로 유통에 둔 사건이다. 제1심(동경지재 평성 14.8.30.), 항소심(동경고재 평성 16.3.31.) 모두 동일성유지권 침해를 인정했다.

278) 이에 대해서는, 이상정, "소유자의 작품 파괴와 저작인격권," 「계간 저작권」(제97호), 한국저작권위원회, 2012 봄호(2012.3), 43면 이하 참조.

[사례 2] Raymond Sudre v. Commune de Daixas 판결[279)]

이 사건의 개요는 다음과 같다[280)] : 프랑스 어느 시의회가 조각가 Sudre에게 조각가의 고향인 루시롱의 조그마한 마을에 있는 공중 우물의 둘레를 장식해 줄 것을 의뢰하였다. 그는 전통복장을 한 여자의 조각상을 설치하였다. 이 조각상은 제대로 관리되지 못해, 새들이나 어린이들에 의해 망가지게 되었다. 시의회는 제대로 복원하려는 노력도 없이 조각상을 철거한 후 파괴해 버렸다. 고향을 방문한 Sudre는 자신의 조각상 파편이 도로에 난 구멍을 막는데 사용되는 것을 목격했다. Sudre는 저작인격권이 침해된 점에 대해서 항의하였다. 사건은 Conseil d'Etat에 제소되었으나 관할에 관한 다툼이 생겼다. 이 때 정부위원의 결론은 주목할 만하다. 위원은 공공단체가 미술저작물을 구입한 때는 「공공단체는 사회전반의 권익을 위하여 저작물의 감시인이 되는 것이므로 개인의 경우 이상으로 저작권이 침해되지 않도록 감시하지 않으면 안된다」고 지적하였다. 몽펠리에 법원은 이 이론을 채택하여 시의회에 벌금을 부과하였다.

[사례 3] 도라산역 벽화철거 사건

이 사건은 도라산역 벽화철거 및 파괴를 둘러싸고 작가와 국가 사이에 발생한 사건이다. 이 사건 벽화는 작가 이반 씨가 통일부의 요청을 받고 2005~ 2007년 도라산역의 벽과 기둥에 그린 것으로서 한용운의 생명사상 등을 형상화한 14점으로 구성된 것이었고, 길이 97m, 폭 2.8m에 이르는 초대형 작품이었다(그림 참조). 그런데 통일부가 2010년 초 이를 철거 후 폐기하였다. 이에 2011년 5월 작가는 국가를 상대로 손해배상청구의 소를 제기하였다. 그러나 제1심 법원은 2012.3.20. 원고 패소판결을 하였고[281)], 항소심은 2012.11.29. 원고 일부승소판결[282)]을 하였으나 의연 동일성유지권 침해는 인정하지 않았다. 다만 "국민에 대하여 예술의 자유를 보장하여야 할 뿐 아니라 적극적으로 예술을 보호하고 장려할 책무를 부담하는 국가가 물품관리법 시행령의 관련 규정을 위반하여 이 사건 벽화를 폐기하였고

---

279) Conseil d'Etat, April 3, 1936(Nicolas Bouche, *Intellectual Property Law in France*, Wolters Kluwer, 2011, 428면).

280) 이 사건의 개요는, クロード・ コロンベ(Claude Colombet)/宮澤博明 譯, 著作權と隣接權(Propriété littéraire et artistique: et droits voisins), 第一書房, 1990, 115면에 기초함.

281) 서울중앙지법 2012. 3. 20.선고 2011가합49085 판결.

282) 서울고등법원 2012.11.29.선고 2012나31842 판결.

그 절차가 공론의 장을 충분히 거쳤다고 볼 수도 없으며 원고는 작품의 보존에 대하여 상당한 이익을 가지고 있음에도 원고에게 알리지도 않고 소각한 피고의 이 사건 벽화 폐기 행위는 원고의 인격권을 침해하는 불법행위를 구성한다"는 것이었다.

V. 공동저작물의 저작인격권

1) 공동저작물의 저작인격권은 저작자 전원의 합의에 의하지 아니하고는 이를 행사할 수 없다. 이 경우 각 저작자는 신의에 반하여 합의의 성립을 방해할 수 없다(제15조 제1항).

2) 공동저작물의 저작자는 그들 중에서 저작인격권을 대표하여 행사할 수 있는 자를 정할 수 있다. 이 경우에 대표권에 가하여진 제한이 있을 때에 그 제한은 선의의 제3자에게 대항할 수 없다(제15조 제2항, 제3항).

[판례] 공동저작물에 있어서의 공표권, 신의칙에 반하는 배포금지청구(서울민사지법 1995.4.28.선고 94가합50354 판결)

가. 작성자가 특정부분을 나누어 집필한 것이 아니라 공동의 조사내용을 토대로 공동으로 작성한 보고서와 수록 자료별로 작성자가 특정되어 있으나 전체적으로 통일된 기획에 따라 각자가 작성한 뒤 이를 유기적으로 종합한 전체적인 보고서는 각자의 이바지한 부분을 분리하여 이용할 수 없는 공동저작물에 해당한다.

나. 공동저작물(보고서) 창작에 원고의 기여부분이 차지하는 비중이 극히 미미할뿐더러, 원고가 보고서의 내용에 동의하지 않는다는 뜻의 기재를 해주겠다는 피고측의 제의에 따르더라도 원고의 기본의도는 충분히 달성될 수 있음에도 불구하고 명예훼손으로 손해배상청구를 당할 우려가 있다는 간접적이고 추상적인 이유만을 내세워 여러 공동저작자의 노력이 응집된 공동저작물 전부에 대해, 그것도 원고 스스로 조사보고를 완료하여 그 종합보고서가 제작완료된 단계에서 그 공동저작물의 출판, 판매, 배포금지를 구하는 것은 신의칙에 반하는 것으로서 허용될 수 없다.

Ⅵ. 저작자 사후의 인격적 이익의 보호

저작인격권은 저작재산권과 달리 일신전속권이며, 양도불가능한 권리이므로 저작자의 사망과 더불어 소멸하는 것으로 하는 것이 오히려 자연스러울 것이나, 저작자 사후 저작물의 동일성 변경 등에 의해 저작자의 명예가 침해될지도 모르므로 이를 막기 위하여 저작권법은 일정한도에서 저작자의 사후에도 의연 그의 인격적 이익을 보호하는 제도를 별도로 규정하고 있다. 즉 저작자의 사망 후에 그의 저작물을 이용하는 자는 저작자가 생존하였더라면 그 저작인격권의 침해가 될 행위(그 행위의 성질 및 정도에 비추어 사회통념상 저작자의 명예를 훼손하는 것이 아니라고 인정되는 경우는 제외)를 하여서는 아니 되며(법 14조 2항), 이를 보장하기 위하여 저작자가 사망한 후에 그 유족(사망한 저작자의 배우자, 자, 부모, 손, 조부모 또는 형제자매를 말한다)이나 유언집행자는 위와 같은 침해나 침해우려가 있는 경우에 침해정지청구를 할 수 있으며, 고의 또는 과실로 저작인격권을 침해하거나 저작자의 명예를 훼손한 경우 명예회복 등의 청구를 할 수 있다고 규정하고 있다(법 128조).

[판례 1] 「이광수」 사건 = 맞춤법에 따른 수정(대법원 1994.9.30.선고 94다7980 판결)

사실관계: 피고가 이광수의 소설을 무단출판 하자 대한민국에 있어서의 이광수의 상속인인 원고가 저작권 침해 및 저작인격권 침해를 이유로 제소하였다. 피고는 이광수가 1950년에 사망, 그 후 30년이 지났으므로 저작재산권은 소멸하였고, 수정하였다고 주장하는 내용도 이광수 스스로 혹은 이전에 출판권을 가지고 있었던 출판사에서 출판한 대로 출판한 것이므로 저작인격권 침해도 아니라고 주장하였다.

판결요지: 피고들이 원고의 허락을 받지 않고 원고의 소설을 다소 수정한 내용을 실은 도서를 출판·판매하기는 하였으나, 그 수정한 내용이 주로 해방 후 맞춤법 표기법이 바뀜에 따라 오기를 고치거나 일본식 표현을 우리말 표현으로 고친 것으로서 원고 스스로 또는 위 작품의 출판권을 가진 출판사에서 원작을 수정한 내용과 별로 다르지 않다면 수정행위의 성질 및 정도로 보아 사회통념상 저작자인 원고의 명예를 훼손한 것으로 볼 수 없어 저작자 사망 후의 저작인격권 침해가 되지 않는다.

[판례 2] 이휘소 사건(1) = 공표에 대한 동의, 허용되는 변경, 사자의 인격권 보호(서울민사지법 1995.6.23.선고 94카합9230 판결)

가. 모델소설을 쓰려는 목적을 밝힌 작가에게 고인의 편지를 그의 어머니가 주었다면 그 편지의 공표와 이용에 대한 묵시적 허락이 있었다고 볼 것이며, 이 사건 소설에서 그 편지의 일부를 변경하였다고 하더라도 이는 저작자의 사망 후에 행해진 것으로 고인의 명예가 높아지는 등 그 행위의 성질 및 정도에 비추어 사회통념상 고인의 명예를 훼손하였다고 할 수 없다.

나. 모델소설에 있어서 모델이 된 사람의 명예를 훼손하는 경우 명예훼손 또는 인격권 침해를 이유로 그 소설의 출판금지를 구할 수 있고, 그 모델이 된 사람이 이미 사망한 경우에도 그 유족이 명예훼손 또는 인격권 침해를 이유로 그 금지를 구할 수 있다고 할 것이다. 그러나 소설의 경우에는 헌법상 예술의 자유와 출판의 자유가 보장되어 있는 점에 비추어 그 침해의 태양 및 정도를 고려하여 개인의 명예가 중대하게 훼손된 경우에만 이를 인정하여야 한다.

[판례 3] 저작인격권의 행사 위임의 한계에 관한 대법원 결정(대법원 1995.10.2.고지 94마2217 결정)[283)]

사실관계: 신청인은 본건 저작물에 관한 공동저작권자로서 1967년 10월경, 저작물의 최초의 발행시부터 저작물의 출판권·번역권 등 일체의 재산적 권리를 갑과 을 단체에게 양도하였다. 뿐만 아니라 저작인격권에 대하여도 공동저작물인 관계로 갑과 을 단체에 의한 행사를 포괄적으로 동의하는 취지에서 저작물의 서문 앞면에 영문으로 “이 서적에 관한 모든 권리는 갑과 을에게 배타적으로 귀속된다”고 표시했다. 그 후 갑은 을에게 저작물에 관한 모든 권리를 양도했고, 을은 1969년경 저작물을 재간행함에 있어 저작자 표시에서 신청인을 제외하였고, 이로부터 약 20년 이상 신청인은 이에 대해 어떠한 권리도 주장하지 않았다.

판결내용: 저작인격권은 권한행사에 있어서 이를 대리하거나 위임하는 것이 가능하다 할지라도 이는 어디까지나 저작인격권의 본질을 해하지 아니하는 한도 내에서만 가능하다 할 것이고, 저작인격권 자체는 저작자에게 여전히 귀속되어 있는 것이라고 보아야 할 것이며, 타인이 무단으로 자기의 저작물에 관한 저작자의 성명·칭호를 변경하거나 은닉하는 것은 고의·과실을 불문하고 저작인격권의 침해가 된다고 할 것이다. 이 건에서 저작물에 대한 저작인격권마저 을에게 포괄적으로 위임되었다는 것을 전제로 이를 저작권 침해로 인정하지 아니한다면 이는 실질상 저작인격권의 양도를 인정하는 결과로 되어 저작인격권의 본질을 벗어나는 것이 되므로 허용되어서는 아니 된다.

---

283) 한국언론연구원, 「뉴미디어와 저작권」, 415면.

제 6 절 저작재산권

〈관련조문: 저작권법 제16조 - 제22조, 제45조 - 제49조〉

- 저작재산권
  - 제16조: 복 제 권
  - 제17조: 공 연 권
  - 제18조: 공중송신권
  - 제19조: 전 시 권
  - 제20조: 배 포 권
  - 제21조: 대 여 권
  - 제22조: 2차적 저작물 작성권
- 저작재산권의 양도 · 행사 · 소멸
  - 제45조: 저작재산권의 양도
  - 제46조: 저작물의 이용허락
  - 제47조: 저작재산권을 목적으로 하는 질권의 행사
  - 제48조: 공동저작물의 저작재산권의 행사
  - 제49조: 저작재산권의 소멸

Ⅰ. 서 언

저작권법은 저작물의 이용형태에 따라 각종의 저작재산권을 저작권자에게 인정하고 있다. 저작재산권에는 복제권(법 16조), 공연권(법 17조), 공중송신권(법 18조), 전시권(법 19조), 배포권(법 20조), 대여권(법 21조), 2차적 저작물 작성권(법 22조) 등이 있다.

이러한 저작재산권은 물권유사의 배타적 지배권이라고는 하나 물권의 경우와는 달리 저작자 자신이 이 권능을 직접 행사하는 경우는 드물며, 보통의 경우에는 타인, 특히 전문적 사업자로 하여금 이를 배타적으로 이용할 수 있도록 허락하고 그로부터 대가를 취득하는 권리로서 타인의 무단이용을 금지시킴으로써 권리의 효용을 확보할 수 있는 점에서 다른 지적소유권과 공통적이다. 또한 저작재산권은 저작인격권과 달리 양도가 가능하며, 유체재산권과 달리 독특한 소멸사유를 가지고 있다.

Ⅱ. 저작재산권의 종류

1. 복 제 권

저작자는 그 저작물을 복제할 권리를 가진다. 복제란 인쇄·사진·복사·녹음·녹화 그 밖의 방법으로 일시적 또는 영구적으로 유형물에 고정하거나 다시 제작하는 것을 말하며, 건축물의 경우에는 그 건축을 위한 모형 또는 설계도서에 따라 이를 시공하는 것을 포함한다(법 2조 22호 참조).

그러므로 복제권이란 구체적으로 말하면 소설이나 논문 등을 필사·등사·복사인쇄 한다든지, 그림이나 조각을 모사, 사진촬영 한다든지, 강연을 녹음한다든지, 음악을 음반에 취입한다든지 하는 행위 등에 미치는 권리이며 저작권 중에서 가장 기본적인 권리라고 말할 수 있다. 이러한 복제의 개념은 디지털 기술의 발전에 따라 디지털 복제도 포함하도록 확대되어야 할 것이므로 아날로그 자료나 디지털 자료를 디지털 방식으로 저장하거나, 스캐닝하거나, 다운로드 받거나 모두 복제라고 보아야 할 것이다.

또 건축저작물의 경우에 설계도를 인쇄·출판하는 것은 복제로 되지만 설계도서에 따라 이를 시공하는 것에 대해서는 의문이 있을 수 있으므로 이를 해결하기 위하여 이 경우에도 복제권이 미침을 명백히 하고 있다.[284] 이와 관련하여 문제가 되는 것은 캐릭터의 보호문제이다. 텔레비전 만화 주인공 등(예컨대 ET, 스타에이스)을 인형으로 만든다든지 각종의 상품에 표시하는 등 캐릭터(character)가 저작물의 일부라고 생각되는 경우에 저작권자의 허락 없이 이것을 상품화하는 것은 복제권 침해로 된다.[285]

---

284) 2006년법 이전에는 "각본·악보 그 밖의 이와 유사한 저작물의 경우에는 그 저작물의 공연·방송 또는 실연을 녹음하거나 녹화하는 것도 복제권의 범위 내"라는 것을 규정하고 있었다.

285) 상품화 문제에 대해서는 후술 '상품화권' 참조. 또 일시적 복제(저장)에 대해서는 제3장

[판례 1] 「성경개역판」 사건(서울지법 1997.11.5.고지 97카합2072 결정)

무릇 복수의 번역문이 존재하는 경우 그 번역의 기초로 된 원문이 동일한 것인 한 그 내용이나 용어 자체가 부분적으로 동일한 표현으로 이루어져 있는 것은 당연하다 아니 할 수 없고 그렇다고 하여 일방의 번역문이 다른 번역물을 복제한 것이라고 단정할 수는 없다. 어디까지나 저작물을 복제하는 경우라 함은 기존의 저작물에 의거한 것일 뿐만 아니라 그 저작물의 내용 및 형체를 충분히 주지할 수 있도록 게재되어 그와 동일한 것이라고 볼 수 있을 때를 가리키고, 이러한 의거성 내지 동일성의 여부는 구체적으로 원문의 번역에 임하는 기본적 태도를 바탕으로 신중하게 판단하여야 할 것이다.

[판례 2] 서적 '119 소아과' 사건(서울지법 서부지원 2002.3.27.선고 2001가합3917 판결)

다른 사람의 저작물을 무단히 복제하면 복제권의 침해가 되는 것이고 이 경우 저작물을 원형 그대로 복제하지 아니하고 다소의 수정증감이나 변경을 가하더라도 원저작물의 재제 또는 동일성이 인식되거나 감지되는 정도이면 복제로 보아야 할 것이며, 원저작물의 일부분을 재제하는 경우에도 그것이 원저작물의 본질적인 부분의 재제라면 역시 복제에 해당한다.

앞에서 채택한 증거들과 인정 사실에 의하면, 피고들이 저술, 판매한 "아기 주치의" 중 별지 제2목록 기재 각 부분은 원고가 제작·판매한 "119소아과"의 각 해당 부분과 일부 표현이 다르고 문장을 첨삭하기는 하였으나 전체적으로 소재의 선택, 표현방법, 서술의 순서, 설명 양식, 단락의 구분, 문제의 구성 등을 그대로 인용하거나 동일성이 인식되는 정도로 극히 일부분을 변경한 것에 불과하므로, "아기주치의" 중 위 각 부분은 "119 소아과"의 각 해당부분과 그 표현이 실질적으로 유사하여 복제에 해당한다 할 것이다.

[판례 3] 벅스뮤직 사건(서울지법 2003.9.30.고지 2003카합2114 결정)

음반을 컴퓨터압축파일로 변환하는 것은 변환 프로그램에 의하여 기계적으로 이루어지므로 창작성이 포함된다고 볼 여지가 없고, 변환된 컴퓨터압축파일이 컴퓨터의 보조기억장치에 저장되면 인위적인 삭제 등 특별한 사정이 없는 한 유형물에 고정되었다고 볼 만한 영속성을 지니게 되므로 그 파일저장행위도 음반의 복제에 해당한다.[286]

제2절 Ⅱ. 2 참조.

286) 평석: 문용호, 「정보법판례백선(1)」, 563면.

[판례 4] '하늘색 꿈' 사건(대법원 2012.1.12.선고 2010다57497 판결)

갑 주식회사가 을의 저작권 침해중지요청을 받고 자신이 운영하는 음악 사이트에서 을이 작곡한 음악저작물에 관하여 MP3 파일 다운로드, 악보 제공 등의 서비스 판매를 중단하였으나 위 서비스를 이미 구입한 이용자들은 계속 이용할 수 있도록 한 사안에서, 이미 서비스를 구입한 이용자들은, 비록 범위가 한정되기는 하나 다수의 사람이 위 음악 사이트에서 음악저작물에 관한 MP3 파일 등을 공통적으로 사용하고 있어 '특정 다수인', 즉 저작권법 제2조 제32호에 규정된 '공중'에 해당하므로, 갑 회사가 이미 구입한 이용자들에게 계속 서비스를 이용할 수 있도록 한 행위는 서비스 판매·제공 중단 전의 행위로 인한 전송권 등 침해와는 별도로 을의 공중송신권 또는 전송권을 침해한다고 보아야 하고, 그 밖에 갑 회사가 이미 구입한 이용자들에게 음악 사이트 서버에 저장된 위 음악저작물에 관한 MP3 파일 다운로드 등의 서비스를 제공한 행위는 녹음·녹화 그 밖의 방법에 의하여 유형물에 고정하는 것 등에 해당한다고 볼 수 없으므로 을의 복제권을 침해한다고 볼 수는 없다.

[판례 5] '의사시험 기출문제' 사건(서울동부지법 2012.1.19.선고 2011고단1583 판결)

이 사건 의사 국가시험 및 간호사 국가시험 기출문제는 의사 또는 간호사로서 직무수행능력을 갖추었는지를 평가하기 위한 문제이고, 의과대학 및 간호대학 교수들이 문제은행에 저장된 문제들 중에서 출제문제를 선정한 후 수정, 보완을 거쳐 이 사건 시험문제를 출제한 사실을 인정할 수 있는바, 이 사건 시험문제가 현행 의과대학 및 간호대학 교과 과정에 요구되는 정형화된 내용들과 불가분의 관계에 있다 하더라도, 그 출제한 문제에 있어서 질문의 표현이나 제시된 답안의 표현에 최소한도의 창작성이 있음이 인정되므로, 이 사건 시험문제는 저작권법에 의하여 보호되는 저작물에 해당하고, 이와 같은 저작물을 직접 보고 베낀 것은 아니고 수험생들의 기억력을 되살리는 방법 및 인터넷 사이트를 참고하여 이를 복원하여 게재한 경우에도 저작물의 복제에 해당하며, 이 사건 책의 제목과 내용도 기출문제를 수록하는 것으로 되어 있는 이상 피고인들이 이 사건 문제집에 실은 문제와 실제 이 사건 의사 국가시험 및 간호사 국가시험 기출문제 사이에는 실질적인 유사성이 인정된다.

■ 일시적 복제와 복제권

자기 컴퓨터의 램에 일시적으로 잠시 저장하는 것까지 복제라고 볼 수 있느냐에 대해서는 종래 논란이 있었다. 이에 대해서는 1995년 9월 5일에 발표된 미국의 화이트 페이퍼는 이를 복제로 해석함으로써 저작권자가 디지털 형태로 된 모든 저작물에 대한 사용을 통제할 수 있게 한다. 한·미 FTA 제18.4조 제1항도 복제권 적용대상으로 "전자적 형태의 일시적 저장"을 포함한 일시적 형태의 복제도 포함됨을 명시하고 있다. 컴퓨터프로그램 스트리밍서비스나 외국에 서버를 두고 운영하는 웹캐스팅 등 일시적 저장을 복제로 인정한 것이다.[287] 그러나 모든 일시적 저장을 모두 복제라고 보고 이를 통제하는 것은 문제이므로 많은 입법이나 해석은 이를 설사 복제라 하더라도 검색행위 내지는 훑어보는 행위 등은 이를 공정이용으로 규정하여 저작권의 효력범위 밖에 두고 있다.[288] 우리 저작권법 제35조의2 역시 이에 대한 예외규정을 두고 있다.

[예외 1] 제35조의2 (저작물 이용과정에서의 일시적 복제)

저작권법 제35조의2는 "컴퓨터에서 저작물을 이용하는 경우에는 원활하고 효율적인 정보처리를 위하여 필요하다고 인정되는 범위 안에서 그 저작물을 그 컴퓨터에 일시적으로 복제할 수 있다. 다만, 그 저작물의 이용이 저작권을 침해하는 경우에는 그러하지 아니하다"고 규정한다. 이것은 일시적 복제를 복제로 봄으로

---

287) 이에 대해 보다 자세한 것은, 김호철, "한・미 FTA 저작권 분야 협상결과 및 국내법 이행 검토," 「계간 저작권」(제86호), 한국저작권위원회, 2009.6, 92면 이하 참조.

288) 미국 1998년 「Digital Millennium Copyright Act」 제3편(Title 3: Computer Maintenance or Repair Copyright Exemption)은 일시적 저장도 복제가 된다는 MAI 판결에 대한 비판을 의식해서 일정한 목적을 위한 복제를 침해로부터 제외시키고 있다. 또 일본 개정저작권법은 보수, 수리 등을 위한 일시적 복제(동법 제47조의4), 송신장해의 방지 등을 위한 복제(동법 제47조의5)는 복제권이 미치지 않는 것으로 규정한다.

- 제47조의4(보수, 수리 등을 위한 일시적 복제) ① 기록매체내장복제기기…의 보수 또는 수리를 하는 경우에는, 그 내장기록매체에 기록되어 있는 저작물은, 필요하다고 인정되는 한도에서 당해 내장기록매체 이외의 기록매체에 일시적으로 기록하고 당해 보수 또는 수리 후에 당해 내장기록매체에 기록할 수 있다. ② 기록매체내장복제기기에 제조상의 결함 또는 판매에 이르기까지의 과정에서 발생한 고장이 있어서 이를 동종의 기기와 교환하는 경우 … ③ ….
- 제47조의5(송신의 장해방지 등을 위한 복제) ① 자동공중송신장치 등 … 을 타인의 자동공중송신 등(…)용으로 제공하는 것을 업으로 하는 자는, 다음 각 호에 게시하는 목적상 필요하다고 인정되는 한도에서 당해 자동공중송신장치 등에 의하여 송신가능화 등(…)이 된 저작물을 당해 각 호에 정하는 기록매체에 기록할 수 있다.

1. 자동공중송신 등의 요구가 당해 자동공중송신장치 등에 집중하는 것에 의한 송신의 지체 또는 당해 자동공중송신장치 등의 고장에 의한 송신의 장해를 방지하는 것 …
2. 당해 송신가능화 등과 관련된 공중송신용기록매체 등에 기록된 당해 저작물의 복제물이 멸실 또는 훼손한 경우의 복구용으로 제공하는 것 …

② 자동공중송신장치 등을 타인의 자동공중송신 등의 이용에 제공하는 것을 업으로 하는 자는, 송신가능화 등이 된 저작물(…)의 자동공중송신 등을 중계하기 위한 송신을 하는 경우에는, 당해 송신 후에 행해지는 당해 저작물의 자동공중송신 등을 중계하기 위한 송신을 효율적으로 하기 위하여 필요하다고 인정되는 한도에서 당해 저작물을 당해 자동공중송신장치 등의 기록매체 중 당해 송신용으로 제공하는 부분에 기록할 수 있다. ③ ….

써 오는 불합리를 바로잡기 위한 것이나 단서의 규정과 관련하여서는 적지 않은 논란이 있다. 일본저작권법 제47조의8(전자계산기에 있어서의 저작물의 이용에 수반하는 복제)은 "전자계산기에 있어서 저작물을 당해 저작물의 복제물을 사용하여 이용하는 경우 또는 무선통신 혹은 유선전기통신의 송신이 되는 저작물을 당해 송신을 수신하여 이용하는 경우(이들 이용 또는 당해 복제물의 사용이 저작권을 침해하지 아니하는 경우에 한한다)에는, 당해 저작물은 이들 이용을 위한 당해 전자계산기에 의한 정보처리의 과정에 있어서, 당해 정보처리를 원활하고 효율적으로 하기 위해 필요하다고 인정되는 한도에서, 당해 전자계산기의 기록매체에 기록할 수 있다"고 규정하며, 우리법 규정은 대체로 일본 규정과 같다고 본다. 일본 학설은 괄호(우리의 단서규정)에 대해서 일본법 "제113조 제2항의 규정에 의해 프로그램의 사용이 저작권침해로 보는 경우나, 권리침해로 되는 송신의 수신을 위하여 일시적 축적이 행하여진 경우 등을 想定하고 있다고 생각한다"고 해석한다.[289] 우리 학설 중에는 "주된 이용이 저작권침해를 구성하지 않을 것"으로 이해한다.[290] 결국 과거에는 예컨대 공연권을 침해하면서 컴퓨터상에 일시적 복제가 일어나더라도 복제권 침해 여부에 대해서는 논란이 있었으나(아마도 복제권 침해는 아니라고 해석하는 견해가 많을지도 모른다), 이제는 복제권의 침해로 된다. 즉 공연권 및 복제권의 침해이다. 그러나 합법적 공연행위 과정에서 일시적 복제가 일어나더라도 복제권 침해가 아니라는 것이 현행법의 취지이다. 결국 적법한 이용행위의 과정에서 일시적 복제가 일어나더라도 복제권 침해 문제는 전혀 걱정할 필요가 없다는 것이다.

[침해사례 1] JASRAC v. AMEI 사건

JASRAC(사단법인 일본음악저작권협회)은 통신가라오케를 둘러싸고 AMEI(음악전자산업협회)와 다툰 바 있었다. 통신가라오케란 센터의 호스트 컴퓨터에 곡의 데이터를 입력해서 그것이 전화회선을 통해서 가라오케점의 단말기로 흐르도록 되어 있는 조직을 말한다. 통신가라오케에서 문제가 되는 것은 호스트 컴퓨터에 곡을 입력하는 것(복제) 및 고객이 노래부를 수 있도록 곡을 흘러나오도록 하는 점(공연)은 물론 ⅰ) 입력된 곡을 회선을 통해서 보내는 것, ⅱ) 고객이 노래부르는 동안 가라오케점의 단말기에 곡이 머무르는 점이 아울러 저작권법상 문제로 된다. 고객이 노래부르는 동안 가라오케점의 단말기에 곡이 머무르는 것, 소위 램에 잠시 저장되는 것도 이 경우라면 복제권 침해라고 하지 않을 수 없을 것이다. JASRAC의 주장 역시 그러하였다. 현재는 통신가라오케업자가 JASRAC에 사용료를 부담하고 있다.

289) 作花文雄, 「詳解 著作權法」(第4版). ぎょうせい, 2010, 403면.
290) 이해완, 「저작권법」(제2판), 박영사, 2012, 514면.

[침해사례 2]
누군가가 특정 작가의 홈페이지에 접속한 후 그 작가의 사진저작물을 누구라도 볼 수 있도록 모니터를 계속해서 켜 놓았다면 그것은 일시적 복제, 즉 전원이 차단됨과 동시에 사라져 버리는 성질을 가지고 있더라도 복제권·전시권 침해로 된다.

[예외 2] 제101조의3(프로그램의 저작재산권의 제한) 제2항
컴퓨터의 유지·보수를 위하여 그 컴퓨터를 이용하는 과정에서 프로그램(정당하게 취득한 경우에 한한다)을 일시적으로 복제할 수 있다. 다음은 이러한 예외 규정을 만든 원인을 제공한 MAI 판결의 개요이다.

♣ 참고판결 : MAI Systems Corp. v. Peak Computer, Inc. 사건

① 개　　요 : MAI Systems Corp. v. Peak Computer, Inc. 사건은 Peak이 수선과정에서 MAI OS 프로그램을 작동한 것이 저작권 침해라고 한 사건이다.

② 사실관계 : 사실관계는 다음과 같다.

MAI Systems Corp.(이하 "MAI"라 한다)는 컴퓨터 하드웨어와 소프트웨어를 개발·제작·판매하는 회사로서 이 사건에서 문제된 프로그램은 MAI 컴퓨터의 운영에 필요한 운영시스템(OS) 프로그램으로서 MAI가 개발하여 판매하는 프로그램이다.

한편 Peak Computer, Inc.(이하 "Peak"이라 한다)는 고객들의 컴퓨터 시스템을 수선하는 회사로서, 주로 MAI 컴퓨터 시스템을 수리하는 업무를 하고 있었다. MAI는 Peak이 MAI 컴퓨터를 수선해주면서 MAI의 OS를 이용하는 것은 그 OS에 대해 MAI가 가지고 있는 저작권을 침해하는 것이라고 주장하였다.

③ 판결요지: 제1심과 제2심의 판결요지는 다음과 같다.

제1심 : MAI의 이러한 신청에 대하여 연방지방법원은 저작권 침해를 인정하면서 Peak은 MAI의 프로그램을 복제·배포·판매하지 못할 뿐 아니라 MAI 컴퓨터에 대한 수선행위도 하지 못한다고 판시하였다. 아울러 금지되는 복제에는 MAI 프로그램을 컴퓨터 CPU의 RAM에 올리는 행위도 포함되어 있었다.

제2심: 이러한 연방지방법원의 결정에 대하여 Peak이 항고하였고, 제9순회항소법원은 지방법원의 결정을 인용하면서 Peak이 그 고객의 컴퓨터 속에서 MAI의 프로그램을 작동시키는 것은 저작권 침해라는 점을 확인하였다. 특히 컴퓨터 프로그램을 파는 것의 의미는 단순히 이용허락한 것일 뿐이다. 그런데 MAI가 컴퓨터를 판매하면서 체결한 계약에는 "제3자로 하여금 이용하게 해서는 안 된다"는 규정이 있었고, Peak의 수선과정에서 발생한 이용행위는 그러한 이용허락범위를 벗어난 저작권 침해행위에 해당한다. 또 판매가 아닌 이상 최초판매의 원칙에 의해 권리가 소진되는 것도 아니다. 법원은 이러한 판결의 근거로서 애플

및 볼트 사건 판결, 니머 교수의 견해, CONTU의 최종보고서를 인용하였나.

④ 이 판결에 대한 반응

i) 찬성하는 견해

NII 보고서 주) 204는 "공정이용과 관련하여 의문의 여지가 있는 반면 PC를 켜는 것이 오퍼레이팅 시스템을 복제하는 것을 포함한다는 법원의 판결은 당연한 것이다"라고 한다.[291]

ii) 반대하는 견해

상당수의 학자들은 RAM에 일시적 저장은 1976년 미국 저작권법 제101조의 범위 내에 포함되지 않는다고 주장하였다. 그들의 주장에 따르면, 1976년 미국 저작권법에 관한 하원 보고서는 "화면에 짤막하게 투사되거나 … 컴퓨터의 기억장치에 순간적으로 머무는 것과 같은 순간적이거나 일시적인 복제는 고정의 정의에서 배제한다"고 기술하고 있다고 한다. 따라서 NII 보고서나 법원이 RAM에 일시적 저장을 복제로 본 것은 하원 보고서와 배치된다고 보았다.[292]

또 본건에 있어서 Peak의 고객처럼 프로그램의 정품을 구입하거나 적법하게 허락을 받아서 사용하는 소비자 또는 사용자들은 당해 프로그램을 복제하여 보관용으로 두거나 부득이한 변경을 가할 수 있는 소위 「사용자 권리」(users' rights)를 가지는바, Peak과 같은 수선업자들이 그러한 사용자들의 허락을 받아서 컴퓨터 시스템을 수선하는 행위는 저작권 침해로 볼 수 없다는 지적도 있었다.[293] 아울러 MAI가 프로그램을 판매하면서 제3자 이용을 금지하는 계약조항을 두고 당해 조항을 근거로 하여 Peak와 같은 수선업자의 수선행위까지 금지하고자 하는 것은 저작권 남용이며,[294] 독점금지법 위반이다.[295]

2. 공 연 권

저작자는 그 저작물을 공연할 권리를 가진다(법 제17조). 공연이란 저작물 또는 실연・음반・방송을 상연・연주・가창・구연・낭독・상영・재생 그 밖의

---

291) 문화체육부 번역본, 55면.

292) Russ Versteeg, Jurimetric Copyright : Future Shock for the Visual Arts, Cardozo Arts & Entertainment Law Journal, Vol. 13, 1994, 125면.

293) 한국컴퓨터프로그램보호회, 「초고속정보통신망 구축에 따른 지적재산권법정책의 수립에 관한 기획연구」(최종보고서), 정보통신연구관리단, 1996. 6. 30., 87면에서 재인용.

294) Michael E. Johnson, The Uncertain Future of Computer Software Users' Rights in the Aftermath of MAI Systems, 44 Duke L. J., 335, 337면.

295) Katrine Levin, MAI v. Peak : Should Loading Operating System Software into RAM Constitute Copyright Infringement?, 24 Golden Gate Univ. L.Rev., 1994, 680면.

방법으로 공중에게 공개하는 것을 말하며, 동일인의 점유에 속하는 연결된 장소 안에서 이루어지는 송신(전송을 제외한다)을 포함한다(법 2조 3호 참조).

[판례 1] 무도장 음반공연 사건 = 공연의 개념(전주지법 1988.12.7.선고 88가소16995 판결)

사실관계: 피고는 무도장을 차려놓고 거의 매일 영업을 하면서 고객들로 하여금 무도곡에 맞추어 춤을 출 수 있도록 시판 테이프에 수록된 10여 곡의 대중음악을 사용하였다. 이에 원고(한국음악저작권협회)가 사용중지 및 적법한 사용계약체결을 요구하였다. 그러나 피고는 적법한 테이프를 구입하여 음향기기를 통하여 이용한 것이므로 저작권을 침해한 것은 아니며, 또 녹음테이프를 재생함에 있어서 고객들로부터 그 대가를 별도로 받지 아니하였으므로 이는 저작권자의 승낙 없이 자유로이 사용할 수 있는 경우에 해당한다고 주장하였다.

판결요지: 가. 시판되는 음반에 실린 음악저작물에 대하여 이미 복제 사용료가 지급되었다고 하더라도 그 녹음물을 재생하여 일반공중에게 공개하는 것은 별도로 저작권법 제2조 제3호 소정의 공연에 해당한다.

나. 무도장 입장료는 무도공간의 사용대가일 뿐만 아니라 재생 공연되는 무도곡에 대한 반대급부의 성질도 아울러 가진다고 할 것이다.

다. 손해배상액의 산정에 있어서 '그 권리 행사로 통상 얻을 수 있는 금액'에 상당하는 손해를 배상해야 할 것인바, 한국음악저작권협회가 문공부장관의 승인을 받아 사용하고 있는 저작물 사용료의 규정에 따라 산정한 금액이 이에 해당한다 할 것이다.

[판례 2] 에어로빅과 음반의 공연(광주지법 약식명령 1995.10.16. 95고약11811)[296)]

피의자 (갑)은 로얄 에어로빅이라는 상호로 체조교실을 운영하는 자인바, 영업상 필요로 하는 음악을 사용하고자 할 때에는 고소인인 (을)의 승낙을 받아 사용하여야 함에도 이를 하지 아니한 채 녹음테이프를 오디오에 설치, 고객들에게 선곡된 곡에 따라 율동에 의거 체력단련을 시키는 방법으로 음악저작물을 사용하여 (을)의 저작권을 침해하였다.

[판례 3] 노래방 사건(대법원 1996.3.22.선고 95도1288 판결)

[1] 음악저작물에 대한 저작권위탁관리업자인 사단법인 한국음악저작권협회가 영상반주기 등 노래방 기기의 제작이나 신곡의 추가 입력시에 그 제작업자들로부터 사용료를 받고서 음악저작물의 이용을 허락한 것은 특별한 사정이 없는 한

296) 同旨: 춘천지법 원주지원 약식명령 1992.1.16, 91약2813.

위 제작업자들이 저작물을 복제하여 노래방 기기에 수록하고 노래방 기기와 함께 판매·배포하는 범위에 한정되는 것이고, 그와 같은 허락의 효력이 노래방 기기를 구입한 노래방 영업자가 일반공중을 상대로 거기에 수록된 저작물을 재생하여 주는 방식으로 이용하는 데에까지 미치는 것은 아니다.

[2] 저작권법 제2조 제3호의 규정에 의하면 공연이라 함은 저작물을 상연·연주·가창·연술·상영 그 밖의 방법으로 일반 공중에게 공개하는 것을 말하며, 공연·방송·실연의 녹음물을 재생하여 일반 공중에게 공개하는 것을 포함하는 것인바, 여기서 일반 공중에게 공개한다 함은 불특정인 누구에게나 요금을 내는 정도 외에 다른 제한 없이 공개된 장소 또는 통상적인 가족 및 친지의 범위를 넘는 다수인이 모여 있는 장소에서 저작물을 공개하거나, 반드시 같은 시간에 같은 장소에 모여 있지 않더라도 위와 같은 불특정 또는 다수인에게 전자장치 등을 이용하여 저작물을 전파, 통신함으로써 공개하는 것을 의미한다.

[3] 노래방의 구분된 각 방실이 4, 5인 가량의 고객을 수용할 수 있는 소규모에 불과하다고 하더라도, 일반 고객 누구나 요금만 내면 제한 없이 이를 이용할 수 있는 공개된 장소인 노래방에서 고객들로 하여금 노래방 기기에 녹음 또는 녹화된 음악저작물을 재생하는 방식으로 저작물을 이용하게 한 이상, 일반 공중에게 저작물을 공개하여 공연한 행위에 해당된다.

* 同旨 판례: 노래방과 관련된 유사한 판결은 다음과 같다.

1) 서울민사지법 1994.6.17.선고 93나42781 판결
2) 서울형사지법 1995.2.14.선고 94노5710 판결
3) 대법원 1994.5.10.선고 94도690 판결
4) 대법원 2001.9.28.선고 2001도4100 판결[297]

[판례 4] 서적 '재무관리' 사건(서울중앙지법 2010.7.23.선고 2008나40136 판결)

(복제권을 침해한 교재로 학원에서 강의를 한 행위가 위 저서의 발행과 별도로 원고의 공연권을 침해하였는지가 문제되었다.)

살피건대, 복제권과 공연권은 엄격히 구분되는 권리이므로, … 복제한 저작물의 공연에까지 나아갔다면 별도로 저작자의 저작권을 침해하는 것이 되는 것이고, 피고가 '전면개정 재무관리'와 '전면개정 재무관리 해답'을 수험강의의 교재로 삼아 공인회계사 학원에서 강의를 한 사실은 당사자 사이에 다툼이 없으나, 위 강의행위를 두고 이를 복제한 원고 저작물의 공연이라고 볼 수는 없다.

설령 위 강의행위를 공연으로 본다고 하더라도 복제권 침해와 마찬가지로 원고 저작물의 표현과 피고의 공연(강의) 사이에 "동일성 내지 실질적 유사성"이 존재하지 않는 경우에는 저작권침해가 성립하지 않는 것이므로, 원고가 원고 저작물

297) 평석: 안기순, 「정보법판례백선(1)」, 409면.

의 표현부분(아이디어 부분이 아닌)과 피고의 강의 사이에 동일성 내지 실질적 유사성이 존재하는 점을 입증하여야 할 것인바, 일반적으로 수험생들이 학습서를 구입하여 스스로 공부하는 이외에 학원에서 수험강의를 듣는 이유는 학습서에 나와 있는 내용 이외에 강사의 축적된 노하우나 개성 있는 전달기법 등을 통한 해당 과목의 이해 및 응용, 암기 등 수험목적을 달성하기 위한 방법을 습득하고자 한다는 수험강의의 특성에 비추어 강의교재와 강사의 강의 사이에는 실질적인 유사성이 존재할 가능성이 낮은 경우가 일반적인데다가, 피고의 강의와 원고의 저작물 사이에 실질적 유사성이 있음을 확정할 만한 아무런 입증자료도 없으므로, 결국 원고의 이 부분 주장은 이유 없다.

3. 공중송신권

저작자는 자기 저작물을 공중송신할 권리를 가진다. 공중송신이란 저작물, 실연・음반・방송 또는 데이터베이스(이하 "저작물 등"이라 한다)를 공중이 수신하거나 접근하게 할 목적으로 무선 또는 유선통신의 방법에 의하여 송신하거나 이용에 제공하는 것을 말한다. 2006년 개정에서 신설된 것으로 종래의 방송, 전송, 그리고 새로운 개념인 디지털음성송신은 물론 앞으로 기술발전에 따라 새롭게 등장하는 공중에 대한 송신형태도 포함하는 개념이다.

저작권법에서 방송이란 공중송신 중 공중이 동시에 수신하게 할 목적으로 음・영상 또는 음과 영상을 송신하는 것을 말한다. 일반적으로 방송하면 공중파 무선 방송을 연상한다. 그러나 우리법은 유선방송도 방송의 개념 속에 포함하고 있으므로 영업소에 대한 유선음악방송이나 CATV 등도 방송에 속한다.

전송이란 공중송신 중 공중의 구성원이 개별적으로 선택한 시간과 장소에서 접근할 수 있도록 저작물 등을 이용에 제공하는 것을 말하며, 그에 따라 이루어지는 송신을 포함한다.

디지털음성송신이란 공중송신 중 공중으로 하여금 동시에 수신하게 할 목적으로 공중의 구성원의 요청에 의하여 개시되는 디지털 방식의 음의 송신을 말하며[298], 전송을 제외한다.

---

298) 이렇듯 실시간 음악(음성) 웹캐스팅은 디지털음성송신에 따른 보호를 받게 되는 데 대하여 영상물을 포함하는 실시간형 웹캐스팅은 방송・전송・디지털음성송신・그 밖의 공중송신 중 무엇에 따른 보호를 부여할 것인가가 문제된다. 이에 대해 방송설, 그 밖의 공중송신설, 디지털음성송신설이 주장되고 있다(자세한 것은, 박성호, 「저작권법」, 339면 주323) 참조).

공중송신	방 송	예) 지상파방송, 케이블방송, 위성방송, DMB
	전 송	예) Bugsmusic 주문형 서비스, 방송 인터넷 '다시보기', 인터넷 영화관
	디지털음성송신	예) 개인 인터넷방송(Winamp 방송), 지상파방송 동시 웹캐스팅 (Simulcast)
	기타: 기술발전에 따라 새롭게 등장하는 공중에 대한 송신형태	

[판례] 벅스뮤직 사건(서울지법 2003.9.30.고지 2003카합2114 결정)

개별적인 이용자들이 서로 다른 시간에 동일한 내용의 음악청취 서비스를 이용할 수 있음을 특징으로 하는 음악청취 사이트의 음악청취 서비스는 설령 다수의 이용자가 같은 시간에 동일한 내용의 음악청취 서비스를 받을 가능성이 있다 하더라도 그 이유만으로 저작권법 제2조 제8호의 동시성의 요건을 충족하지는 못하여 방송에 해당한다고 볼 수 없다[구 저작권법(2000.1.12. 법률 제6134호로 개정되기 전의 것)은 방송의 개념에 동시성의 요소를 포함시키지 않고 있었는데 저작권법 제2조 제9호의2에 방송과 구별되는 전송의 개념이 새로 규정되면서 방송과 전송을 구별하기 위하여 방송의 개념에 동시성의 요소를 새롭게 포함시켰다].

4. 전 시 권

저작자는 미술저작물 등의 원작품이나 그 복제물을 전시할 배타적 권리를 가진다.[299]

[판례] 전시의 개념(대법원 2010.3.11.선고 2009다4343 판결)

제19조 소정의 '전시'에 관하여는 별도의 정의 규정을 두고 있지 않지만, 그 입법취지 등을 고려하면 위 법조에서 말하는 '전시'는 미술저작물·건축저작물 또는 사진저작물(이하 '미술저작물 등'이라 한다)의 원작품이나 그 복제물 등의 유형물을 일반인이 자유로이 관람할 수 있도록 진열하거나 게시하는 것을 말한다

기술적으로는 그 밖의 공중송신에 해당한다. 그러나 보호측면에서는 영상물이 포함되었다고 하더라도 디지털음성송신의 측면에서 보호하면 되리라고 본다(디지털음성송신설).

299) 저작권법 제11조 제3항 및 제19조는 '전시권'의 보호대상인 저작물을 '미술저작물·건축저작물 또는 사진저작물(이하 '미술저작물 등'이라 한다)'에 한정하여 열거하고 있으므로, 미술저작물 등 외의 저작물은 전시의 방법으로는 그 저작재산권이 침해되지 아니한다(대법원 2010.9.9.선고 2010도4468 판결).

고 할 것이다.

이러한 전시에 미술저작물 등이나 그의 복제물을 일반 공중에게 '직접적으로' 보여주는 직접전시가 포함됨은 물론, 미술저작물 등이나 그의 복제물을 필름, 슬라이드, 텔레비전 영상, 또는 그 밖의 다른 장치나 공정에 의하여 그의 복제물을 보여주는 간접전시도 포함된다.[300] 문제는 인터넷전시이다. 오늘날 인터넷의 일상화로 미술저작물 등을 인터넷에 올리고 이를 통해 미술저작물 등을 감상하거나 광고·선전하는 경우도 적지 않다. 이를 통상 '인터넷 전시'라고 부른다. 그러나 이러한 인터넷전시는 저작권법상 전시가 아니라 전송이며, 전송의 법리에 의하여 규율되어야 할 것이다.[301]

한편 이러한 전시권은 저작물이 양도된 경우에는 전람회나 옥외 등 일반공중에게 개방된 장소에서 항시 전시하는 경우에만 그 효력이 미친다(법 35조 참조). 다시 말하면 미술저작물 등의 소유자는 자유로이 전시할 수 있되, 일반공중에게 항시 공개된 장소에 전시하기 위해서는 저작권자의 허락을 얻어야 한다.

◈ 우리법상 전시권 규정의 문제점[302]

우리 저작권법은 미술저작물·건축저작물 또는 사진저작물(이하 '미술저작물 등'이라 한다)에 대해서 전시권을 인정한 후 동법 제35조에서 미술저작물 등의 전시 또

300) 이러한 간접전시를 전시로 포섭할 경우 문제가 되는 것은 공연과의 관계이다. 우리 법은 공연의 개념에 저작물을 '상영·재생 그밖의 방법으로 공중에게 공개하는' 것도 포함하므로 간접전시는 공연의 대상이 된다고 볼 수도 있다. 그러나 공연이란 실연이 개입되지 않고는 생각할 수 없는 개념이다. 논자에 따라서는 "결국 공연권(right of public performance)이란 저작물의 내용을 동작적인 표현으로 일반 공중이 직접 보게 하거나 듣게 할 수 있는 권리를 말한다"거나(윤경, 「저작권법」, 육법사, 2005, 427면), "미술저작물, 건축저작물, 사진저작물의 유형물을 단지 진열·게시한 것만으로는 공연이 아니라고 해석함으로써 전시와 공연의 영역을 분명히 구별하는 것이 합리적일 것"이라는 견해도 있다[박준석, "이미지 검색엔진의 인라인 링크 등에 따른 복제, 전시, 전송 관련 저작권 침해 책임," 「민사판례연구」(33권 上), 민사판례연구회/박영사, 2011, 674면]. 우리 법의 문면상 간접전시가 공연에 포함될 여지가 있다고 하더라도 공연과 전시는 구분하는 것이 옳고, 입법론으로는 이 점을 분명히 해 둘 필요가 있다.

301) 보다 자세한 내용은, 이상정, "展示와 관련된 저작권법상의 쟁점에 관한 일고," 「IT와 법 연구」(6집), 경북대학교 IT와 법연구소, 2012. 2, 35면 이하 참조.

302) 보다 자세한 내용은, 이상정, "우리 저작권법상의 전시권의 문제점," 「경희법학」(41권 2호), 경희법학연구소, 2006. 12, 225면 이하 참조.

는 복제에 대한 제한 규정을 두고 있다. 그러나 우리법상 전시권 규정은 세계에서 유례가 없는 입법일 뿐만 아니라 이러한 규정대로 법을 운용하면 지나치게 권리자에게 유리하게 되어 저작권법의 또 하나의 축인 공공의 이익은 무시되고 만다. 다음 표는 주요국의 전시권과 관련된 내용이다.

국가	권리 내용	제한 내용	비 고
우리나라	원작품 및 복제물의 전시	소유자 등에 의한 원작품의 전시	*복제물의 전시에 대한 제한 규정 없다.
영국	미술저작물 등에 대한 전시권 규정 없다.		
미국	원작품 및 복제물의 전시	일단 판매되면 권리 소진	
일본	미술저작물의 원작품 및 미공표 사진저작물	소유자 등에 의한 원작품 전시	
독일	미공표 미술저작물 및 사진저작물		*공표되면 전시권 없다.

위 표와 같이 우리법 제정에 참고가 된 일본 저작권법(동법 제25조)도 전시권을 인정하나 미술저작물 또는 아직 발행되지 아니한 사진저작물의 원작품에 대해서만 인정하므로 원작품이 아닌 것에 의한 전시는 언제나 자유이다. 이에 반해 우리의 경우는 원작품이 아닌 것에 의한 전시는 언제나 권리자의 허락을 얻도록 되어 있다.

5. 배 포 권

저작자는 저작물의 원본이나 그 복제물을 배포할 권리를 가진다. 다만, 저작물의 원본이나 그 복제물이 해당 저작재산권자의 허락을 받아 판매 등의 방법으로 거래에 제공된 경우에는 그러하지 아니하다(법 20조).

배포란 저작물의 원본 또는 그 복제물을 공중에게 대가를 받거나 받지 아니하고 양도 또는 대여하는 것을 말한다(법 2조 23호).

[판례] 나우필름 사건(서울중앙지법 2008.8.5.자 2008카합968 결정)

인터넷 이용자들이 저작권자로부터 이용허락을 받지 않은 영화 파일을 웹스토리지에 업로드한 다음 이를 공중의 다운로드가 가능하도록 설정해 놓는 행위는 공중의 구성원이 개별적으로 선택한 시간과 장소에서 접근할 수 있도록 이용에 제공하는 경우에 해당하므로 저작권자의 공중송신권 중 전송권을 침해하는 것이 된다. 그러나 저작권법상 '배포'는 저작물의 원작품 또는 그 복제물을 유형물의 형태로 일반 공중에게 양도 또는 대여하는 것을 말하는 것이므로, 이용자들이 저작권자로부터 이용허락을 받지 않은 영화 파일을 웹스토리지에 업로드한 다음 이를 공유로 설정하여 다른 사람들로 하여금 다운로드하도록 하더라도, 이러한 행위가 배포에 해당한다고는 할 수 없다.

우리 법은 배포권을 인정하되 다만, "저작물의 원본이나 그 복제물이 해당 저작재산권자의 허락을 받아 판매 등의 방법으로 거래에 제공된 경우에는 그러하지 아니하다"는 단서 규정을 두어 소위 최초판매의 법리(first sale doctrine)[303]를 받아들임으로써 배포권의 행사범위를 제한하고 있다. 즉 저작권자나 그로부터 배포권을 양수한 자가 일단 타인에게 양도한 원본 또는 복제물은 그 원본이나 복제물을 취득한 자가 마음대로 처분할 수 있다. 어느 의미에서는 소유권자의 권리행사라고 할 것이다. 그러나 음반이나 컴퓨터 프로그램에 대해서는 대여권이 인정되므로 음반이나 컴퓨터 프로그램을 대여하는 경우에는 권리자의 허락을 얻어야 한다(법 21조).[304] 대여권은 최초판매이론에 대한 하나의 예외라고 할 것이다.

[판례] 벅스뮤직 사건(서울지법 2003.9.30.고지 2003카합2114 결정)

저작권법상 '배포'라 함은 '저작물의 원작품 또는 그 복제물을 일반 공중에게 대가를 받거나 받지 아니하고 양도 또는 대여하는 것'을 뜻하는바, 음악청취 사이트에서 이용자들이 선택한 곡에 해당하는 컴퓨터압축파일을 스트리밍 방식에 의하여 이용자의 컴퓨터에 전송하고 실시간으로 재생되도록 하는 것이 저작물의 원작품이나 그 복제물을 일반공중에게 양도 또는 대여하는 것에 해당한다고 볼 수 없다.

---

303) 복제권자가 정당한 방법으로 복제물을 판매한 경우 이후의 전전 배포는 자유이고 배포권은 최초의 판매(first sale)에 의하여 소멸하는 원칙이다. 특허권이나 상표권의 소모(소진)이론과 마찬가지 법리이다.

304) 이것은 우리나라나 일본과 같이 대여권을 배타적 권리로 구성한 경우에 관한 설명이다. 독일과 같이 나라에 따라서는 대여에 대한 일정한 대가를 지급하기만 하면 자유로이 대여할 수 있도록 규정한 나라도 있다. 일종의 법정허락이다.

◈ 대여와 공공대출(공대)

여기에서 대여(rental)란 '영리목적으로 일정기간 이용제공'을 의미하고, 공대(public lending)란 '공중이 접근할 수 있는 기관을 통해서 행해지는, 직접적인 영리 이외의 목적으로 일정기간 이용을 위한 제공'을 의미한다. 좀더 쉽게 말하면, 도서관에서 책을 빌려주는 것은 public lending이며, 비디오 가게에서 테이프를 빌려주는 것은 rental이다.

6. 대 여 권

저작권법 제20조 단서(최초판매의 원칙)의 규정에 불구하고 저작자는 판매용 음반이나 판매용 프로그램을 영리를 목적으로 대여할 권리를 가진다(법 21조).

◈ 2006년법 비판: 대여권

2006년 개정에서는 제21조에 대여권 규정을 신설하였다. 즉 "제20조 단서의 규정에 불구하고 저작자는 판매용 음반을 영리를 목적으로 대여할 권리를 가진다"는 것이 그것이다. 그러나 이것은 체제상으로나 해석상으로 바람직하지 못한 권리신설이며 중복규정이다. 왜냐하면 우리 법은 제20조에서 이미 배포권(대여권)을 인정하고 있기 때문이다. 즉 우리 저작권법에서 배포란 "저작물 등의 원본 또는 그 복제물을 공중에게 대가를 받거나 받지 아니하고 양도 또는 대여하는 것"(2조 23호: 밑줄 필자)을 말하므로 이미 배포권 속에 대여권은 포함되어 있는 것이다. 다만 배포권은 최초판매의 원칙에 의해서 제한되고 그 제한에 대한 예외로서 음반등의 대여에 대한 권리를 인정하는 것이므로 대여권은 배포권제한을 규정하는 곳에서 함께 규정하였어야 할 이치이다. 즉 그것은 권리 제한에 대한 예외로서 인정할 일이지 새로운 권리의 창설로서 해결할 문제는 아니라는 것이다. 그런 의미에서 체제상으로는 2006년법 이전의 체제가 개정법 체제보다 나았다고 본다. 물론 일본 저작권법과 마찬가지로 일반적인 배포권을 인정하지 않는 법제에서는 이러한 입법은 얼마든지 가능하(고 바람직하)다.[305] 그러나 미국식으로 일반적 배포권을 인정하는 곳에서는 구법 체제가 옳았다고 본다.

7. 2차적 저작물 작성권

저작자는 그 저작물을 원저작물로 하는 2차적 저작물을 작성하여 이용할 권

305) 일본은 저작물별로 나누어 영화저작물의 경우는 상영권 및 반포권을 인정하고 그 밖의 저작물에 대해서는 대여권을 인정한다. 즉 일본 저작권법 제26조 및 제26조의2는 다음과 같이 되어 있다.

리를 가진다(법 22조). 2차적 저작물이란 원저작물을 번역·편곡·변형·각색·영상제작 그 밖의 방법으로 작성한 창작물을 말한다(법 5조 참조).

■ 2차적 저작물 작성권과 작성된 2차적 저작물에 대한 저작권

2차적 저작물 작성권과 작성된 2차적 저작물에 대한 저작권은 별개이다. 2차적 저작물 작성권은 원저작물의 저작자가 가지며, 원저작권의 내용의 하나이다. 이에 대해 작성된 2차적 저작물에 대한 저작권은 그 2차적 저작물을 작성한 자(=2차적 저작물의 저작자)가 가지며, 그 내용도 모든 저작권(저작인격권+저작재산권)이다. 다만 2차적 저작물의 이용에 관해서는 후술하는 바와 같이 주의할 점이 있다.

[판례 1] 번역물의 무단개작 사건(대법원 1990.2.27.선고 89다카4342 판결)

가. 구저작권법 제5조 제1항은 타인의 저작물을 그 창작자의 동의를 얻어 다른 언어로 번역한 자는 원저작자의 권리를 해하지 않는 범위 내에서 그 번역물에 대하여 저작권을 가지는 것으로 규정하고 있는바, 위 번역저작권은 그 성질상 특정한 형식이나 절차에 관계없이 번역저작물의 완성과 동시에 당연히 성립한다. 따라서 원고가 원저작자의 동의를 얻어 이 사건 소설의 번역을 완성한 이상 원저작자가 그 번역내용에 이의를 제기하였다거나 원·피고 사이의 출판계약에 따른 교열과 교정절차를 마치지 않았다 하더라도 원고의 이 사건 번역저작권에는 아무런 영향이 없다. 그리고 원고가 비록 이 사건 번역저작권을 가진다 하더라도 원저작자의 동의 없이는 출판 또는 공표를 할 수 없는 것이므로, 그 번역내용이 원저작자의 뜻에 맞지 아니한다고 하여 바로 원저작자의 권리를 해하는 것으로 볼 수는 없다.

나. 구저작권법 제5조, 제64조 등에서 말하는 개작이라 함은, 원저작물을 기초로 하였으나 사회통념상 새로운 저작물이 될 수 있는 정도의 수정·증감을 가

영화저작물	第26조 (상영권 및 반포권) ① 저작자는 그의 영화저작물을 公에게 상영하거나 그 복제물에 의하여 반포할 권리를 전유한다. ② 저작자는 영화저작물에서 복제되는 그의 저작물을 公에게 상영하거나 당해 영화저작물의 복제물에 의하여 반포할 권리를 전유한다.
그 밖의 저작물	第26조의2 (대여권) 저작자는 그의 저작물(영화저작물은 제외한다)을 그 복제물(영화저작물에서 복제되는 저작물에 있어서 당해 영화저작물의 복제물은 제외한다)의 대여에 의하여 공중에게 제공할 권리를 전유한다.(1984년 법 제46호에 의하여 추가)

하거나 동법 제5조 제2항 각호의 방법에 의하여 복제하는 것을 말하는 것이므로, 원저작물과 거의 동일하게 복제하는, 이른바 도작·표절 또는 원저작물을 다소 이용하였으나 원저작물과 실질적인 유사성이 없는 별개의 독립적인 신저작물을 만드는 창작과는 다르다. 따라서 소외 수잔 크라우더가 한 이 사건 원저작물의 번역은 원고가 이미 완성한 번역물에 고도의 수정·증감을 가한 것이어서 사회통념상 새로운 번역물로 볼 수 있다 하겠으나, 원고의 번역을 토대로 이에 크게 의존함으로써 원고가 번역한 것과 상당한 유사성을 가지므로 원고의 번역물을 무단 개작한 것에 해당한다.

다. 피고는 재번역을 의뢰한 소외 수잔 크라우더가 한국의 문화·풍습과 원작자가 펼치려는 특수한 의식세계에 관하여 이해가 부족하고 우리말의 특수한 어휘에도 익숙하지 못하여 이 사건 원저작물을 번역하려면 이미 완성된 원고의 번역물에 크게 의존할 수밖에 없으리라는 사정을 충분히 예견하였음에도 불구하고 원고의 번역물을 수잔 크라우더에게 넘겨주고 그가 번역을 끝낼 때까지 이를 회수하지 아니하였고, 표절을 이유로 원고에게 강력한 항의를 받고서도 이를 출판하였으며, 실제로 소외인의 번역이 앞서 본 바와 같이 원고의 동의도 없는 무단 개작에 해당되는 것이라면 피고의 행위는 위 소외인과 공동으로 원고의 번역저작권을 침해한 공동불법행위를 구성한다.

[판례 2] 'THE POWER OF WE' 사건(대법원 2013.8.22.선고 2011도3599 판결)[306]

사실관계: A회사는 미국의 원저작자의 허락 없이, 원저작자가 저작권을 가지는 도서를 요약한 다음 인터넷 사이트를 통하여 그 요약본을 제공·판매하는 회사인데, 피고인은 위 회사와 해외요약물의 제공계약을 체결하고, 위 회사가 제공하는 해외요약물을 번역하여 자신이 운영하는 인터넷사이트를 통하여 유료로 제공하였다. 해서 이러한 요약물의 제공이 원자작권자가 가지는 2차적저작물작성권 침해인지가 문제되었다.

법원의 판단: 제1심[307]은 침해를 부정하였지만 원심[308]은 침해를 긍정하였고 대법원은 원심의 판단을 인용하면서 다음과 같은 법리를 설시하였다.

"2차적 저작물이 되기 위해서는 원저작물을 기초로 수정·증감이 가해지되 원저작물과 실질적 유사성을 유지하여야 한다. -- 여기서 요약물이 원저작물과 실질적인 유사성이 있는지는, 요약물이 원저작물의 기본으로 되는 개요, 구조, 주된 구성 등을 그대로 유지하고 있는지 여부, 요약물이 원저작물을 이루는 문장들 중 일부만을 선택하여 발췌한 것이거나 발췌한 문장들의 표현을 단순히 단축

306) 원심: 서울중앙지법 2011.2.23.선고 2010노3247 판결.
307) 서울중앙지법 2010.8.12.선고 2009고단5885 판결.
308) 서울중앙지법 2011.2.23.선고 2010노3247 판결.

한 정도에 불과한지 여부, 원저작물과 비교한 요약물의 상대적인 분량, 요약물의 원저작물에 대한 대체가능성 여부 등을 종합적으로 고려하여 판단해야 한다."

◇ 2차적 저작물 작성권의 범위

[판례] 월트 디즈니 사건 = 2차적 저작물 작성을 허락받은 경우에 원문의 복제·배포도 할 수 있는지 여부(대법원 1992.9.22.선고 91다39092 판결)

원저작물을 우리말로 번역하고 해설한 2차적 저작물에 대한 복제·배포권을 계약에 의하여 취득한 경우 거기에는 당연히 원저작물의 원문을 포함하여 복제·배포할 권리가 포함되어 있다고 할 것이나, 이것이 원문만의 또는 원문 그대로의 복제·배포권도 포함되어 있음을 뜻하는 것은 아니다.

◇ 2차적 저작물의 이용에 관한 권리

2차적 저작물은 '독자적인 저작물'로서 보호되고, 이러한 저작물을 작성한 자는 당해 2차적 저작물에 대한 저작권을 갖지만 원저작자도 2차적 저작물에 대한 저작권을 갖는다. 양자의 권리는 병존한다. 그러므로 2차적 저작물을 이용하려는 자는 2차적 저작물의 작성자로부터 허락을 받아야 할 뿐만 아니라 원저작물의 저작자로부터도 허락을 얻어야 한다. 아마도 통상은 원저작물에 대한 저작권자가 2차적 저작물 작성을 허락할 때 그 이용에 대해서도 허락을 하는 경우가 많을 것이다. 그러나 앞서 본 '캔디·캔디' 사건[309]과 같이 만화에서의 그림이 만화 스토리의 2차적 저작물이라고 할 때, 그림 작가는 자신이 창작한 그림(의 일부)만을 이용하는 경우에도 언제나 스토리 작가, 즉 원저작물의 저작권자의 허락을 얻어야 하느냐이다. 그렇다는 것이 '캔디·캔디' 사건에서의 일본 최고재판소의 견해이며, 이러한 판결에 찬성하는 견해도 있으나 비판하는 견해도 많다.[310] 우리나라 학자들 중에서도 위 '캔디·캔디' 판결의 해석론을 수용하기는 어렵다는 견해도 있다.[311] 더욱 문제는 2차적 저작물을 이용하려고 할 때 원저작권자가 동의 내지는 허락을 해주지 않은 경우는 어떻게 할 것인가이다. 앞의 '캔디·캔디' 사건에서 그림 작가가 캐릭터를 이용하려고 하지만 스토리 작가의 허락을 얻을 수 없는 경우이다. 더욱이 2차적 저작물의 경우에는 '공동저작물'의 저작재산권행사에 관한 제48조와 같은 규정, 즉 "저작재산권자는 신의에 반하여 합의의 성립을 방해하거나 동의를 거부할 수 없다"와 같은 규정도 없다. 반면 영상저작물의 경우는 제99조(저작물의 영상화)나 제100조(영상저작물에 대한 권리) 등과 같은 규정도 있다. 해서 일반론으로 "양

---

309) 일본최고재판소 2001.10.25. 판결, 平成12(受)798.

310) 이에 대해서는 中山信弘 저/윤선희 편역, 「저작권법」, 법문사, 2008, 119면 주 26) 참조.

311) 오승종, 「저작권법」(제3판), 박영사, 2013, 194-195면.

권리 사이에 상하관계는 없다고 해도 2차적 저작물의 저작자 쪽이 그 이용을 허락하고 있는 때는 원저작자는 이용을 어디까지 거부할 수 있는 것인가. 이러한 경우에는 공유저작권 행사에 관한 65조 3항*의 규정을 유추적용해서 원저작자는 정당한 이유가 없는 한 이용을 거부할 수 없다"고 해야 할 것이라는 견해도 있다.[312] 이러한 견해에 반대[313]하면서도 오늘날 원저작물을 이용하여 새로운 창작물을 만들어 내는 '번안문화' 시대에 기존의 제도로 "디지털시대에 대응할 수 있을 것인지 일말의 불안은 남는다"고 하면서, 그러나 "저작권법을 근본적으로 다시 검토하는 것은 어렵기 때문에 당장은 프리소프트웨어(Free Software)나 크리에이티브 커먼즈(Creative Commons) 등과 같이 현행저작권법을 전제로, 계약을 토대로 상호 이용가능한 스킴(Scheme)의 발전이 예상된다"는 견해도 있다.[314] 이러한 현행법 틀 안에서의 해결책 제시와 달리 보다 근본적으로 "일정한 요건하에 2차적 저작물은 원저작자의 허락없이 작성되고 이용될 수 있도록 2차적 저작물 작성권을 제한할 필요가 있다고 생각한다"는 견해도 있다.[315]

* 일본저작권법의 조문.

8. 그 밖의 권리들

(1) 추 구 권

1) 의 의 미술저작물의 원작품과 작가 및 작곡가의 원고에 대해서는 그 저작자는 저작자가 그 원작품 및 원고를 양도한 후에 행하여지는 그 원작품 및 원고의 매매이익에 관여하는 양도불능의 권리(inalienable right)를 가진다. 이를 추구권[추급권, Droit de suite, Resale (Royalty) Right, Folgerecht]이라 한다. 그러므로 추구권이란 저작자에게 최초판매(first sale) 후에 가치가 증대된 저작물의 원작품의 재공매수입(再公賣收入)으로부터 나온 이익을 분배해 주기 위한 제도이다. 이를 일명 저작자 배당권이라고도 한다.[316]

2) 필요성 및 정당성 전통적으로 저작권법은 문학작가를 대상으로

---

312) 齊藤博, 「著作權法」(제3판), 有斐閣, 2007, 187-188면.

313) 中山信弘 저/윤선희 편역, 앞의 책, 117면.

314) 위의 책, 121-122면.

315) 신재호, "2차적저작물의 개념 및 법적 취급에 관한 검토," 「창작과 권리」(제65호), 세창출판사, 2011.12, 84-85면.

316) 이러한 추구권을 최초로 인정한 나라는 프랑스이며, 현재 50개국 이상이 이를 인정하고 있다.

그 복제를 통제할 수 있는 권리를 줌을 목적으로 한 것이다. 그러나 미술가들은 자기의 저작물에 대한 복제로부터의 수입이 주가 아니라 저작물의 판매에서 주로 수입을 얻는다. 이 때문에 작품을 일단 타인에게 양도한 후에는 미술가의 저작권은 실제로 유명무실하게 된다. 통상 저작물의 저작자는 당해 복제물에 대한 소유권은 양도하더라도 저작권은 그대로 보유한다. 그러나 순수미술저작물의 경우는 그가 가지고 있는 저작권까지 당해 작품의 양도로 부득이 양수인의 수중에 위탁하지 않을 수 없는 셈이 된다. 어찌 보면 재판매에 대한 일정대가를 요구하는 것은 저작권수탁자인 양수인의 저작권의 행사에 대한 이용료 청구라고 볼 수도 있다. 다른 작가들이 자신의 작품의 성공에 따른 로열티를 받듯이 미술작품의 작가는 판매에 따른 로열티를 받아야 한다(The Royalty Analogy).

또 미술작품의 가격은 작가의 명성이 상승함에 따라 상승하는 것이 상례인데 그러한 상승된 이익에 작가가 전혀 참여치 못한다는 것은 불공평하다. 이러한 불합리를 구제하기 위하여 인정된 것이 추구권이다.[317] 예컨대 드가(Degas)가 500프랑에 판 그림은 경매에서 436,000프랑에 팔렸으며(1912년), 7만 프랑에 팔린 밀레의 만종은 몇 년 후 100만 프랑에 전매되었다. 그러나 그러한 증가된 가치에 대해 작가(나 그 유족)들은 팔짱을 낀 채 보고 있을 수밖에 없었다. 포랭이 그린, 다음 데생은 이러한 관계를 잘 말해주고 있으며, 프랑스에서 추구권을 도입하는 데 크게 기여하였다.

생계를 위하여 무명작가 시절에 값싸게 팔린 작품이 그 후에 작가의 명성과 더불어 진정한 가격을 회복했을 때 작가(나 그 유족)도 그 진정한 가격에 참가할 수 있어야 한다(Appreciation of Value).

317) 추구권에 대해서는 다음 문헌 참조: 안경환, "미술저작물 저작자의 추급권," 「계간저작권」(통권 4호), 한국저작권위원회 1988.10; 김원오, "EU 및 그 주요 회권국의 추급권 입법 동향," 「계간저작권」(통권 79호), 한국저작권위원회, 2007.9; 계승균, "독일저작권법상 추급권에 관한 연구," 「창작과 권리」(통권 48호), 세창출판사, 2007.9; 이동기/김솔하, "유럽의 추급권 제도 운영과 우리나라에의 도입 여부에 관한 연구," 「계간저작권」(통권 85호), 한국저작권위원회, 2009.3; 이윤정, "미술저작물 저작자의 권리에 대한 고찰: 추급권을 중심으로," 인하대 대학원(석사학위논문), 2008.2; 박은정, "예술저작품의 추급권에 대한 비교법적 고찰," 숙명여대 대학원(석사학위논문), 2009.6; 권안젤라, "미술저작자의 추급권 도입방안에 관한 연구," 경희대학교(박사학위논문), 2011.8.

남루한 옷을 입은 화가가 그 딸에게 경매장 밖에서 이렇게 말한다:
"애야! 아빠 그림이 저렇게 높은 가격에 낙찰되었네."

♣ coffee break: 고흐의 '농부'

일본에서의 이야기이다. 2003년 2월 8일, 서양화가 中川一政 씨의 컬렉션이 긴자의 갤러리에서 경매에 부쳐졌고, 그 중 유채화 [농부]가 당초는 '작자미상'으로 예상낙찰가 1만円이었으나 경매 직전에 조사한 결과, 그 그림은 고흐의 그림으로 밝혀져 최종적으로 6600만円에 낙찰되었다. 이 뉴스는 고흐 그림이 처음에는 1만円의 가격으로 매겨진 것, 도대체 그림 가격이란 무엇인가, 일본인은 고흐를 좋아한다는 등 여러 가지 뒷말을 남겼다. 아마도 이 경우, 당초는 1만円이라도 팔리면 좋다고 생각하고 경매에 부쳤던바 뜻밖에도 거금이 들어와 판매자도 기뻤을 것이고, 또 고흐 그림을 구입한 구매자도 고흐 그림을 수중에 넣게 되어 기뻤을 것이다. 아마도 모두에게 만족스러운 결과가 된 것같이 보인다. 그러나 과연 그럴까. 당초 1만円이 6600만円으로 된 것은 누구의 덕일까. 성명에 대한 퍼블리시티권이 인정되듯 순수미술작품에 대한 추구권도 인정되어야 한다.

♣ 참고: EU의 추구권

유럽연합(EU)의 지침에 의하면 3000유로 이상으로 거래된 작품에 한하여 추구권이 인정되며, 5만 유로까지는 판매가격의 4%, 20만 유로까지는 3% 식이다. 예컨대 33만 유로에 작품이 팔렸다면 5만 유로까지의 4%(2000유로), 5만 유로에서 20만 유로까지인 15만 유로의 3%(4500유로), 그리고 20만 유로 초과분인 13만 유로의 1%(1300유로)를 배당해야 하므로 모두 7,800유로가 추구권료가 된다.

(2) 상품화권

상품화권이란 일반적으로 만화나 텔레비전에 등장하는 인물이나 동물 등(둘리, 미키마우스 등, 소위 캐릭터)의 그림이나 대학명칭이나 야구팀 등의 명칭을 아동용의 셔츠나 학용품 등의 상품에 이용하여 경제적 이득을 얻는 권리를 말한다. 그러나 상품화권이란 상표권·저작권 등과 같은 독자적인 권리는 아니며, 고객흡인력을 갖는 도형, 캐릭터, 기호 등이 영업적으로 이용되는 경우, 즉 상품화되는 경우 이들 원도형, 캐릭터 등에 대해서 권리를 갖는 자를 보호하기 위해서 안출(案出)된 개념이며, 현행법 아래에서는 상품화된 대상물이 무체재산법 중의 어느 것에 의해 보호되면 당해 법에 의존할 수밖에 없다. 예컨대 캐릭터 등 저작권법의 보호를 받는 저작물을 복제하거나 이를 이용하여 인형 등을 만든 경우에는 저작권법에 의하여 보호를 받는다. 또 단순한 마크나 기호, 야구팀의 명칭 등은 저작권법으로 보호받을 수 없으나 이들이 주지성을 획득한 경우는 부정경쟁방지법의 보호를 받을 수 있다.

[판례] 「사자에상」 사건[318]: 관광버스의 서비스 마크로서 만화 캐릭터를 무단사용한 경우

사실관계: 원고 長谷川町子는 1946년 이래 만화 「사자에상」을 저작하여 처음에는 석간 후타니치에 게재하여 공표했으나 그 3년 후에는 아사히 신문에 연재하여 현재에 이르고 있다. 피고 立川 버스주식회사가 저작자의 허락 없이 1951년경부터 원고의 사용금지청구가 있었던 1970년 말까지, 27대의 버스의 차체 양측에 사자에상, 가쓰오, 와가메의 머리부분 그림을 그려, 버스를 운행했다. 원고는 피고의 본건 행위는 사자에, 가쓰오, 와가메의 캐릭터를 복제한 것으로, 이것은 미술저작물의 복제권 침해라고 주장하면서 손해배상을 청구하였다. 피고는 이에 대해서 저작권 침해를 주장한다면, 본건 만화의 사자에, 가쓰오, 와가메는 몇일자 신문에 나온 장면의 복제인가를 다투었다.

판결요지: 청구인용

1) 법원은 '만화의 등장인물 자체의 역할, 용모, 자태 등 항구적인 것으로서 주어지는 표현은 언어로서 표현된 화제 내지는 줄거리나 특정 장면에 있어서 특정 등장인물의 표정, 두부의 방향, 신체의 움직임 등을 뛰어 넘는 것이라고 해석된다. 그래서 캐릭터라고 하는 말은 … 연재만화에서 예를 들면 여기에 등장하는 인물의 용모, 자태, 성격 등을 표현하는 것'으로서 받아들여질 수 있을 것이다.

2) '만화의 등장인물의 외관, 역할, 자태 등 항구적인 것으로서 주어진 표현이 전체로서 또한 누가 이것을 보아도 거기에 연재만화 「사자에상」의 등장인물인 사자에, 가쓰오, 와가메가 표현되고 있다고 느껴진다. 즉 여기에는 연재만화 「사자에상」의 등장인물의 캐릭터가 표현되어 있는 것이라고 말할 수 있다. 그런데 본건 두부화와 동일·유사한 것을 만화 「사자에상」의 특정장면 중에 혹은 볼

318) 일본 동경지재 1971.5.26.

수 있을지도 모른다. 그러나 그러한 대비를 할 것까지도 없이 본건에 있어서는 피고의 본건행위는 원고가 저작권을 갖는 만화 「사자에상」이 오랫동안에 걸쳐 신문지상에 게재되어 구성된 만화 사자에상의 캐릭터를 이용하는 것이며, 결국 원고의 저작권을 침해하는 것이다.

3) 캐릭터 상품의 사용허락의 경우, 그 사용료로서 상품의 판매가격의 적어도 3%를 밑돌지 않는 액이 저작자에게 지급되어지는 것이 업계의 관행이며, 피고의 본건행위의 경우는 관광버스의 운행수입이 위 상품의 판매액에 상당한 것이라고 해석된다. 결국 피고의 저작권 침해액은 버스 운행수입의 3%이며, … 원고의 청구기간중의 관광버스 27대에 대해서 본건 행위에 대한 통상 받아야 할 금전의 액은 금 1,824만 4,099엔이다.

♣ 캐릭터의 저작물성에 관한 일본 판례

캐릭터의 저작물성과 관련하여 관심을 끄는 것은 일본 최고재판소 1997.7.17 [平4(オ)1443호] 판결이다. 본 판결에서 일본 최고재판소는 "일정한 명칭, 용모, 역할 등의 특징을 갖는 등장인물이 반복하여 그려져 있는 일화완결(一話完結) 형식의 연재만화에 있어서는 해당 등장인물이 그려진 각회의 만화 각각이 저작물로서, 구체적인 만화를 떠나 위 등장인물의 이른바 캐릭터를 가지고 저작물이라고 할 수는 없다. 일반적으로 캐릭터라고 하는 것은 만화의 구체적 표현으로부터 승화한 등장인물의 인격이라고 말할 수 있는 추상적 개념이고, 구체적인 표현 그 자체는 아니므로 그 자체가 사상 또는 감정을 창작적으로 표현한 것이라고 할 수 없기 때문이다"고 판시하였다. 이 판결의 영향으로 우리나라에서도 캐릭터의 저작물성을 부정하는 판례, 학설이 있다. 그러나 이 판결은 캐릭터의 개념을 추상적인 것으로 보고 그 저작물성은 부인했으나 만화에 나오는 등장인물의 도안(뽀빠이 등의 도안)은 미술저작물로서 보호된다는 것을 전제로 하고 있다. 다만 이 사건에서는 이미 보호기간이 끝나 저작권침해를 인정하지 않았다. 그러므로 이 판결도 결과적으로는 우리의 주류적 판결과 다르지 않다고 본다.[319)]

(3) 이른바 프라이버시권과 퍼블리시티권의 문제

1) 서　언　　영화배우, 탤런트, 운동선수 등 유명인의 성명이나 초상을 사용해서 이것을 상품 등의 선전에 이용하는 것은 흔한 일이다. 이 경우 당

319) 이 판결에 대해 보다 자세한 것은 이해완, 「저작권법」(제2판), 181-184면 참조. 또 이 판결에 대해서는 결론은 타당해도 그에 이르는 논리의 전개에는 문제가 있고, 전체적으로 캐릭터보호와 관련된 일본 판결에는 적지 않은 문제가 있다는 설명에 대해서는, 作花文雄, 「著作權法」(제4판), ぎょうせい, 2010, 149-157면 참조.

해 유명인이 가지는 권리를 퍼블리시티권이라 한다. 이미 설명한 상품화권과 일맥 상통한다.

탤런트 등 유명인이 매스컴에 등장하는 것은 유명인으로서는 피할 수 없는 일이며, 역으로 탤런트 등이 적극적으로 매스컴을 이용하는 경우도 있으므로 영리목적이 아닌 사적으로 혹은 보도목적으로 유명인의 성명이나 초상을 이용한다든지, 사진을 촬영하는 것은 어느 정도 용인되지 않으면 안 된다.[320] 그러나 탤런트의 사진 등(소위 브로마이드 등)을 상품 등에 무단으로 이용하면 이것은 영리행위이며, 탤런트 등의 허락을 얻지 않으면 사용할 수 없다. 만약 허락 없이 사용하면 유명인의 초상권이나 성명권, 사진저작물의 저작권을 침해하는 것으로 된다.[321]

	권리의 내용		침해의 형태	법적 구제
초상	인격적 이익 (프라이버시권)	함부로 촬영 · 공표되지 않을 권리(일신전속)	정신적 고통을 준다.	금지 · 위자료의 청구 명예회복 청구
	재산적 이익 (퍼블리시티권)	초상의 사용을 독점하는 권리(이용허락가능)	경제적 손실을 준다.	손해배상 · 부당이득 반환청구

320) 서울서부지법 2014.7.24.선고 2013가합32048 판결(키워드 검색광고를 통하여 甲 등의 성명권이 침해되었다거나 甲 등이 수인한도를 넘는 정신적인 고통을 받았다고 할 수 없다): "헌법상 인격권 또한 민법의 일반규정 등을 통하여 사법적으로 보장되므로 개인의 동의 없이 성명이 이용됨으로써 개인의 인격적 법익이 위법하게 침해된 것으로 평가할 수 있다면, 개인은 인격적 법익을 침해한 자에 대하여 정신적 고통에 대한 손해배상을 청구할 수 있다. 그러나 인격적 법익의 주체가 배우, 가수, 프로스포츠 선수 등(이하 '연예인 등'이라 한다)인 경우 인격적 법익에 관한 일반이론이 다소 수정되어야 한다. 연예인 등의 직업을 선택한 사람은 직업의 특성상 자신의 성명과 초상이 대중 앞에 공개되는 것을 포괄적으로 허락한 것이므로 위와 같은 인격적 이익의 보호 범위는 일반인에 비하여 제한된다. 그러므로 연예인 등이 자기의 성명과 초상이 권한 없이 사용됨으로써 정신적 고통을 입었다는 이유로 손해배상을 청구하기 위해서는 그 사용이 방법, 태양, 목적 등에 비추어 연예인 등에 대한 평가, 명성, 인상을 훼손 · 저하시키는 경우이거나, 그 밖에 자신의 성명과 초상이 상품선전 등에 이용됨으로써 정신적 고통을 입었다고 인정될 만한 특별한 사정이 존재하여야 한다."

321) 퍼블리시티권과 관련된 최근까지의 논의에 대해서는, 계승균, "퍼블리시티권(the right of publicity) 보호에 관한 소견", 「정보법학」(제17권 제3호), 한국정보법학회, 2013.12., 75면 이하 참조; 홍승기, 「퍼블리시티권에 관한 국내 실태 조사」, 한국저작권위원회, 2012; 김성환, 「퍼블리시티권의 이론과 실제」, 진원사, 2009, 각 참조.

2) 초상 관련 판례

[판례 1] 막스 레스터 사건[322)]

본건은 영화필름의 텔레비전 커머셜 사용에 의한 배우의 퍼블리시티권 침해여부가 문제된 사건이다.

사실관계: 피고 동경제일필름(주)는 1970년 12월, 앵그로 엠 디스트리뷰터즈 리미티드로부터 영국 아역배우 막스 레스터가 출연하는 「작은 목격자(eye-witness)」를 일본에 배급하여 흥행하는 독점적 권리(선전을 위하여 발췌 신을 3분 이내에서 텔레비전에 상영하는 권리를 포함한다)를 얻고, 그 선전방법으로서 상품선전과 조합시킨 필름 타이업 방식을 채택하여 피고 주식회사 롯데 제품의 선전과 위 영화의 선전을 동시에 선전하기 위하여 위 영화로부터 막스 레스터 상반신을 클로즈업한 신을 선택하여, 여기에 「작은 목격자」에서 막스 레스터의 자막을 붙여 이 코마의 영사와 동시에 남성의 목소리로 "막스 레스터도 아주 좋아합니다" 라고 하는 나레이션을 여기에 집어넣은 커머셜 필름을 작성하여, 각지의 텔레비전 방송국에서 방영하였다. 외국예능인을 초대해서 연예흥업을 행하는 원고 유한회사 협동기획은 1971년 9월, 막스 레스터와 전속출연계약을 체결하여 자기가 지정하는 상품의 선전을 위하여 막스 레스터에게 서비스를 제공하고 있었다. 막스 레스터와 협동기획은 동경제일필름과 롯데에 대해서 막스 레스터의 성명권 및 초상권 침해를 이유로 불법행위에 기한 손해배상을 청구하였다.

판결요지: 청구인용

일반인과 달리 연예인은 인격적 이익은 어느 정도 제한되나 반면 일반시정인이 그 성명 및 초상에 대해서 통상 가지고 있지 아니한 이익을 보유하고 있다고 말할 수 있을 것이다. 즉 배우 등의 성명이나 초상을 상품 등의 선전에 이용하는 것에 의해 배우 등의 사회적 평가·명성·인상 등이 그 상품 등의 선전·판매촉진에 바람직한 효과를 얻는 경우가 있으므로 이것을 배우 등의 측으로부터 보면 배우 등은 스스로 얻은 명성 때문에 자기의 성명이나 초상을 대가를 얻고서 제3자에게 전속적으로 이용시킬 수 있는 이익을 가지고 있는 것이다. … 배우 등은 그 성명이나 초상의 권한 없는 사용에 의해 정신적 고통을 입지 않는 경우라도 위 경제적 이익의 침해를 이유로 하여 법적 구제를 받을 수 있는 경우가 많다고 말하지 않으면 안 된다….

◈ comment

본건은 일본에서 최초로 유명 실재인물의 퍼블리시티권을 인정한 판결이다. 유명인의 퍼블리시티권은 일반인의 프라이버시권과 다르며, 또 픽셔널 캐릭터의 상품화권과도 다르다. 법원은 원고가 받은 재산적 손해와 아울러 원고가 삼영제품의 선

322) 일본 동경지재 1976. 6. 29.

전에 앞서 롯데제품의 선전에 이용됨으로써 '원고가 이중으로 자기의 성명 및 초상을 이용하여 … 이익을 도모한다는 인상을 주어 동 원고의 배우로서의 평가・명성을 훼손할 우려가 발생한 것에 의한 정신적 고통'을 받은 것에 의한 손해배상을 인정하였다. 이것은 개인의 good will의 훼손에 대한 배상에 다름 아니다.[323]

이와 유사한 '스티브 매퀸 사건'에서는 원고가 퍼블리시티권을 갖는 것을 전제로 하면서도 피고들의 광고선전은 원고와 피고 사이에 체결한 계약의 허용범위 내라고 보아 청구를 기각하였다.

[판례 2] 초상권 침해(1)(서울민사지법 1988.5.11.선고 87가합6175 판결)

가. 초상권이라 함은 얼굴 기타 사회통념상 특정인이라고 식별할 수 있는 신체적 특징에 관하여 이것이 함부로 촬영되어 공표되거나 광고 등에 무단사용 되는 것을 방지함으로써 초상의 인격가치를 보호하는 것을 내용으로 하는 인격권의 일부라고 할 것이므로 초상의 묘사방법이 사진촬영인지 일러스트레이션과 같은 회화적 방법에 의한 것인지 등을 묻지 아니하고 그 보호를 받는다.

나. 그러나 초상권은 인간의 외면적인 모습을 그 보호대상으로 하는 것이므로 묘사되어진 초상이 사회 일반인이 보아 누구인가를 곧 알 수 있을 정도로 묘사된 경우에 한하여 초상권의 침해를 인정할 수 있는바, 원고가 소외 태평양화학 주식회사의 모델로 나온 사진의 영상과 피고들의 광고에 실린 그림의 모습을 대조하여 보면 위 그림의 내용과 구조가 위 사진의 그것과 일치하기는 하나 위 그림의 얼굴모습이 사진에 나온 원고의 얼굴과 같다거나 그 외면적 특징을 그대로 나타내고 있다고는 볼 수 없을 뿐만 아니라 사회통념상 위 광고에 실린 그림이 원고라고 곧바로 식별할 수 있는 정도는 아니므로 결국 피고들이 원고를 모델로 촬영한 사진을 토대로 삽화를 제작・반포함으로써 그 사진의 저작권을 침해하였음은 별론으로 하고 이러한 사실만으로 곧 원고의 초상권이 침해되었다고 할 수 없다.

[판례 3] 초상권 침해(2)(서울고법 1989.1.23.선고 88나38770 판결)

가. 피고들은 원고를 모델로 한 카탈로그용 사진의 촬영 및 광고에 관하여만 원고의 승낙을 얻었음에도 불구하고 그 승낙의 범위를 벗어나 당초 원고가 피고들과 카탈로그 모델계약을 체결할 때 예상한 것과는 상이한 별개의 광고방법인 월간잡지에까지 원고의 카탈로그용 사진을 원고의 승낙 없이 위법하게 사용하여 원고의 초상권을 침해하였으므로 피고들은 공동불법행위자로서 원고가 입은 손해를 배상할 책임이 있다.

나. 일반적으로 모델들이 카탈로그 모델계약을 체결하면서 잡지 광고에까지 그

---

323) 土井輝生, 「지적재산권 기본판례(저작권)」, 동문관, 1993, 227면.

사진을 사용하도록 하는 경우 그 추가사용에 따른 별도의 모델료에 관하여서는 아직 관행이 확립된 바 없고, 다만 모델의 인기도, 전속여부 등 여러 사정에 따라 아예 별도 모델료가 없거나 많은 경우에는 카탈로그 모델료의 3, 4배에 해당하는 별도의 모델료를 받는 등 위 별도의 모델료가 천차만별인 사실과 원고의 대중적 인기도에 따른 선전가치성, 피고들의 이 사건 불법광고의 방법과 횟수 및 그 경위, 원고와 피고들 사이의 위 카탈로그 모델계약상 모델료, 추가 모델료에 관한 피고들의 여타 모델들과의 계약상황 등 제반사정을 참작하면 그 손해배상액은 금 4,000,000원으로 정함이 상당하다.

[판례 4] 초상권 침해(3)(서울민사지법 1989.7.25.선고 88가합31161 판결)

가. 표현의 자유가 헌법상 가지는 중요성에 못지않게 개인의 명예나 사생활의 비밀과 같은 사적 법익도 보호되어야 할 중요한 가치를 가지는 것이고, 인격권으로서의 기업의 명예의 보호와 표현의 자유의 보장이라는 두 법익이 충돌하는 경우 어떻게 이를 조정할 것인가는 구체적인 경우 대립하는 공공과 개인의 상반되는 이익을 비교 형량하여야 할 것인바, 특히 현대의 대기업이나 국가의 관리하에 있는 매스미디어가 보도의 자유를 매개로 하여 상대적으로 약한 지위에 있는 개인의 명예를 침해하는 경우에 있어서는 그 사회적 영향력과 회복의 어려움, 더욱이 오늘날 보도기관이 영리추구의 입장에서 공・사인의 프라이버시에 속하는 사항을 즐겨 보도하는 경향이 있는 점 등을 고려하여 개인의 인격권 보호라는 이익을 최대한 배려하여야 한다.

나. 다만, 인격권의 침해가 공공의 이해에 관한 사항으로서 그 목적이 오로지 공공의 이익을 위한 것일 때에는 진실한 사실이라는 증명이 있거나 건전한 상식에 비추어 진실이라고 믿을 만한 상당한 이유가 있는 경우에 한하여 위법성이 조각된다 할 것인데, 정치인, 연예인과 같은 이른바 공적 존재의 행위가 자유로운 비판과 평가의 대상이 되어 언론기관의 책임이 면제되는 경우가 많음은 다언을 요하지 않으나 공인이라 하더라도 신속성 및 공익성의 요청이 덜한 잡지에 개인에 대한 인신공격으로 받아들여질 가능성이 있는 기사를 게재함에 있어서는 기사내용의 진실여부에 관하여 미리 충분한 조사 활동을 거쳐야 한다.

다. 헌법 제10조에서 "모든 국민은 인간으로서의 존엄과 가치를 가지며 행복을 추구할 권리를 가진다"고 규정하여 개인의 인격권에 대한 보호를 천명하고 있는 정신에 비추어 보면, 일반사진이 아닌 초상사진의 경우 초상 본인은 당해 사진에 대한 저작권은 가질 수 없다 하더라도 이른바 인격권으로서의 초상권, 즉 본인의 동의 없이 무단촬영 할 수 없고, 촬영에 동의한 경우라도 본인이 예상한 것과 다른 방법으로 사진을 공표할 수 없는 권리를 보유하는 것이고, 동일한 초상의 경우라도 그것이 공표되는 방법에 따라 초상 본인의 인격권을 침해할 수 있고 그렇지 않을 수도 있는 것인바, 원고와 같은 유명인의 경우 비교적 초상권이 제한된다 하더라도 그 정당한 이익이 침해될 수는 없다.
라. 원고가 자신의 초상사진집을 배포·판매하였다는 사실은 초상의 촬영 및 공표에 관하여 원고의 일반적 동의가 있은 것으로는 해석될 수 있으나, 한편 여성잡지에 원고의 명예를 훼손시키는 내용의 보도기사를 게재하면서 그 초상사진을 무단 게재하여 독자로 하여금 원고의 부정한 추문을 내용으로 하는 기사의 일부로 인식하게 하는 행위는 원고의 인격권으로서의 초상권을 침해한 것이다.
마. 기사 작성자는 본인으로서 책임이 있고, 편집인과 발행인은 그 잡지에 타인의 명예나 인격을 침해하는 내용의 기사가 실리지 않도록 총괄·감독하여야 할 의무가 있음에도 불구하고 이를 게을리한 과실이 있으며, 신문사는 그 피용자인 나머지 피고들의 사무집행에 관한 위 행위로 말미암아 생긴 손해에 대하여 사용자 책임을 진다 할 것이므로 결국 피고들은 원고의 명예와 초상권을 침해한 공동불법행위자로서 연대하여 손해를 배상할 책임이 있다.

[판례 5] 이휘소 사건(1) = 공표에 대한 동의, 허용되는 변경, 사자의 인격권 보호(서울민사지법 1995.6.23.선고 94카합9230 판결)

가. 모델소설을 쓰려는 목적을 밝힌 작가에게 고인의 편지를 그의 어머니가 주었다면 그 편지의 공표와 이용에 대한 묵시적 허락이 있었다고 볼 것이며, 이 사건 소설에서 그 편지의 일부를 변경하였다고 하더라도 이는 저작자의 사망 후에 행해진 것으로 고인의 명예가 높아지는 등 그 행위의 성질 및 정도에 비추어 사회통념상 고인의 명예를 훼손하였다고 할 수 없다.
나. 모델소설에 있어서 모델이 된 사람의 명예를 훼손하는 경우 명예훼손 또는 인격권 침해를 이유로 그 소설의 출판금지를 구할 수 있고, 그 모델이 된 사람이 이미 사망한 경우에도 그 유족이 명예훼손 또는 인격권 침해를 이유로 그 금지를 구할 수 있다고 할 것이다. 그러나 소설의 경우에는 헌법상 예술의 자유와 출판의 자유가 보장되어 있는 점에 비추어 그 침해의 형태 및 정도를 고려하여 개인의 명예가 중대하게 훼손된 경우에만 이를 인정하여야 한다.
다. 공적 인물인 경우 소설에서 그와 그 유족들의 생활상이 공표되는 것이 어느 정도 수인되어야 한다.
라. 공적 인물의 가족사진 공표는 초상권 침해가 된다. 그러나 고인이 된 공적 인물 자신의 초상이 모델소설에서 공표되는 것은 고인의 명예를 훼손시키는 것이 아닌 한 허용되어야 하며, 고인이나 유족의 성명이 사용되었다 하더라도 공적 인물의 가족으로서는 이를 수인하여야 한다.
마. 퍼블리시티권이라 함은 재산적 가치가 있는 유명인의 성명·초상 등 프라이버시에 속하는 사항을 상업적으로 이용할 권리(right of commercial appropriation)라고 할 수 있는데, 공적 인물의 성명·사진 등을 소설에서 사용한 것은 이를 상업적으로 이용했다고 볼 수 없으며, 설사 퍼블리시티권을 침해하였다

할지라도 소설의 출판금지를 구할 사유는 되지 못한다.

[판례 6] 아스팔트 사나이 사건(서울지법 1996.9.6.선고 95가합72771 판결)[324)]

[1] 만화 속의 모델이 성명 또는 초상권의 침해를 주장한 사안에서, 만화 속의 모델은 만화 속에서 자신의 명예가 훼손된 경우에는 이를 이유로 침해의 금지를 요구하거나 그로 인한 손해의 배상을 구할 수 있으나, 명예가 침해되는 정도에 이르지 아니한 경우에는 헌법상 예술의 자유와 출판의 자유가 보장되어 있는 점에 비추어 이를 수인하여야 하고, 특히 모델이 사회에서 널리 알려진 공적인 인물인 경우에는 더 그러하다.

[2] 상업적 이용 또는 공표권(right of publicity)이라 함은 재산적 가치가 있는 유명인의 성명, 초상 등 프라이버시에 속하는 사항을 상업적으로 이용할 수 있는 권리이므로, 만화에서 등장인물의 캐릭터로 실존 인물의 성명과 경력을 사용하였다고 하여도 만화 또한 예술적 저작물의 하나라고 보는 이상, 이를 상업적으로 이용하였다고 보기는 어렵다.

[판례 7] '박찬호' 사건(서울고법 1998.9.29.자 98라35 결정)

신청인의 대형사진이 게재된 이 사건 브로마이드는 신청인에 대한 평전이라 할 수 있는 이 사건 서적의 내용으로 필요불가결한 부분이라 할 수 없을 뿐만 아니라 이 사건 서적과 분리되어 별책 부록으로 제작된 것으로서 그 자체만으로도 상업적으로 이용될 염려가 적지 않고, 그와 같이 상업적으로 이용될 경우에 신청인의 초상권 또는 퍼블리시티권이 침해될 것으로 보여지므로 이 사건 브로마이드의 발매·반포로 신청인의 초상권 또는 퍼블리시티권이 침해된다는 신청인의 주장은 이유 있다. (그러나 이미 배포된 이 사건 브로마이드의 회수, 폐기는 사실상 불가능하다고 보여질 뿐만 아니라, 그 보전의 필요성도 인정하기 어려우므로 그 부분 주장은 받아들이지 않는다.)

[판례 8] 임꺽정 광고사건(서울고법 1998.10.13.선고 97나43323 판결)

사실관계: 피고는 원고인 정홍채 씨가 서울방송 드라마 임꺽정에서 분장한 모습을 약품광고에 사용하였다. 이에 원고가 피고를 상대로 손해배상을 청구하였다.

판결요지: 인기배우인 원고와 유사한 인물화를 광고로 사용한 경우에 '임꺽정'이라는 드라마에 주인공으로 출연한 원고를 보았거나 알고 있는 사람이라면 누구나 그 인물화를 보고 임꺽정으로 분장한 원고의 모습을 떠올리기에 충분하다면 초상권 침해에 해당한다.

---

324) 제2심(서울고법 1997.7.22.선고 96나41016 판결: 항소기각).

◈ 분장 모습이나 극중 역할

어떤 사람을 알아보게 하는 것은 반드시 그의 진실한 모습을 나타내는 것에 한정되지 아니한다. 예컨대 찰리 채플린과 같이 극중에서 항상 독특한 모습을 하고 있어 그 모습과 찰리 채플린이 밀접하게 결합하고 있는 경우에는 그러한 극중의 독특한 역할에 대해서도 퍼블리시티권을 인정할 수 있을 것이다. 말하자면 상표에 있어서 사용을 통한 식별력(secondary meaning) 취득과 같은 이치이다. 이와 관련하여 주목을 끄는 것이 앞의 임꺽정 광고사건, 가수 박상민사건(참고 판례)과 버나 화이트 대 삼성 사건(판례 9)이다.

[참고판례] 가수 박상민 사건(서울고법 2008.6.19.선고 2008노108 판결)

사실관계: 피고인(예명 박성민)은 가수 박상민을 모방하여 가요연주활동을 하는, 이른바 이미테이션 가수인바, 피고인은 몇몇 나이트클럽의 운영자 등과 공모하여 피고인이 국내에 널리 인식된 유명 가수인 박상민과 유사한 외모로 꾸미고, 비슷한 성명을 사용하면서 마치 박상민인 것처럼 나이트클럽에 출연하여 박상민의 음반을 틀어놓은 채 입모양만 따라하는 '립싱크' 수법으로 공연하기로 마음먹고, 몇 군데 나이트클럽 등에서 가수 박상민으로 소개 및 선전 광고 된 후 박상민의 공연시 외양과 똑같다고 할 수 있을 정도로 유사한 모습이 되도록 모자와 선글라스를 착용하고 독특한 모양의 수염을 기른 다음, 미리 연습해 둔 대로 박상민의 행동 등을 흉내 내면서 박상민이 부른 노래인 '해바라기' 등 4곡을 틀어놓고 립싱크 방식으로 공연하고, 손님이 요청하는 경우 박상민이 실제로 하는 서명과 유사한 글씨체로 박상민의 이름을 서명해 주는 등의 방법으로, 위 각 나이트클럽에서 공연함으로써 피고인은 국내에 널리 인식된 위 박상민의 성명을 사용하여 박상민의 가수로서의 영업활동과 혼동하게 하는 행위를 하였다.

법원의 판단: 가수 박상민이 영리의 목적으로 나이트클럽 등에서 손님들에게 행하는 공연 활동은 부정경쟁방지법 소정의 '영업상의 활동'에 해당하고, "가수의 성명"은 일반인들에게 장기간 계속적·독점적으로 사용되거나 지속적인 방송 출연 등에 의하여 그 가수의 속성이 갖는 차별적인 특징이 그 가수가 가지는 고객 흡인력 때문에 일반인들 대부분에게 해당 가수를 인식시킬 정도로 현저하게 개별화되고 우월적 지위를 취득한 경우에는 '국내에 널리 인식된 영업표지'라고 할 것이므로, 가수 박상민의 성명은 부정경쟁방지법 소정의 '국내에 널리 알려진 영업표지'라고 볼 것이다.

나아가, 피고인은 의도적으로 일반인들에게 널리 알려진 가수 박상민과 동일한 형태로 외양을 꾸미고, 미리 연습한 가수 박상민과 유사한 행동을 하면서 자신이 나이트클럽을 찾아 온 손님들에게 가수 박상민으로 직접 소개되거나 업소 내 전광판을 통하여 소개되는 사정을 알면서도 자신이 가수 박상민이 아닌 다른 가수라는 사정을 밝히지 않고 공연을 하였던 점 등은 부정경쟁방지법 소정의 '영업주체 혼동행위'에 해당한다고 할 것이다.

그러나 나이트클럽에서 공연함에 있어, 모자와 선글라스 등으로 가수 박상민의 외모와 유사하게 치장하고, 소위 립싱크 방식으로 노래를 불렀던 사실은 피고인이 가수 박상민과 유사한 외양을 꾸며 일반인들에게 혼동을 주게 하려는 행위로 보아야 하고, 이것 자체가 부정경쟁방지법에서 말하는 '국내에 널리 알려진 영업표지'에 해당한다고 보기는 어렵다.

* 위 판결은 「대법원 2009.1.30.선고 2008도5897 판결」에서 그대로 인정되었다.

[판례 9] 버나화이트 대 삼성 사건325)

사실관계: 삼성전자의 미주법인이 미국 TV방송을 통하여 VCR에 관한 광고를 하면서 컴퓨터로 합성된 로봇을 주인공으로 하였다. 그런데 그 로봇인형의 모습과 글자판 앞에 서 있도록 하는 배경설정 등을 보면 미국사람들은 바로 그 로봇이 미국의 유명 게임쇼인 「Wheel of Fortune」의 여자 진행자인 Vanna White를 연상할 수 있었다. 또 그 광고의 취지는 서기 2012년에도 위 쇼는 Vanna White 모습의 로봇에 의하여 인기리에 진행될 것인데 마찬가지로 삼성전자의 VCR은 그때까지 계속 우수상품으로 잘 팔릴 것이라는 내용이었다. 삼성전자는 위 광고를 제작하면서 White의 승낙을 얻지 아니하였다. 이에 White는 삼성전자를 상대로 제소하였다.

판결요지: 법원은 퍼블리시티권의 침해여부를 판정하는 데는 실질적으로 그 사람의 이미지의 동일성이 무단으로 침해되었는지를 기준으로 하여야 하며, 어떤 방법에 의하여 침해되었는지는 중요하지 않다. 삼성전자가 White의 이름이나 그와 유사한 것을 사용한 것은 아니지만 로봇인형을 이용하여 White 이미지의 동일성을 무단 침해하였다.326)

* 위 판결에 대해서 Alarcon 판사의 반대의견이 있었다.

325) Vanna White v. Samsung Electronics America, Inc.(미국연방 제9항소법원 1992. 8. 19. 선고 971 F. 2d 1395).

326) 이 판결과 관련된 보다 자세한 것은, 공보처 간, 「광고와 저작권판례」(1995), 189면 이하 참조.

[참고 판례] '따라와' 사건(서울중앙지법 2007.1.19.선고 2006가단250396 판결): 개그 프로그램의 패러디

사실관계: 원고 주식회사 컬트 엔터테인먼트는 정주리, 김용현, 현병수와 전속 계약을 체결하여 그들의 퍼블리시티권 및 초상권을 가지고 있다. 원고 소속 정주리, 김용현, 현병수는 SBS TV의 코미디 프로그램 '웃찾사'의 "따라와" 코너를 맡아 연기를 해 왔는데, 그 내용은 정주리가 양팔을 벌리면서 "따라와"라고 표시를 하면, 남자 연기자 2명 중 1명이 "어머 그러네"라고 맞장구를 치는 연기로 구성되어 있으며, 위 프로그램은 '웃찾사' 내에서 2006.1.12. 첫 방송 이후 2006.7.13.까지 방송이 되었고, 2006. 3월과 4월경에는 위 프로그램이 10회 이상 전국에 방송되었다.

피고 에스케이텔레콤은 자사 고객 대상 이벤트 행사를 위하여 피고 코마스 인터렉티즈에 위탁하여 이벤트를 진행하면서 싸이월드 싸이트를 통하여 홍보를 하게 되었는데, 피고들은 원고의 허락 없이 원고 소속 연기자들이 연기를 하고 있던 "따라와" 코너를 모방하여 이벤트 화면을 제작하였다.

법원의 판단: 원고 소속 연기자들이 TV프로그램인 '웃찾사'의 "따라와" 코너를 통하여 일반인들에게 널리 알려지게 되어 그들 개인의 용모, 이름, 음성, 동작, 실연 스타일 등 총체적 인성(personal identity)에 대한 상품적 가치인 퍼블리시티권을 가지게 되었다고 할 것인데, 피고들이 원고의 동의 없이 "따라와" 코너를 모방하여 원고 소속 연기자들의 퍼블리시티권을 침해하였다고 할 것이므로(원고는 초상권 침해를 주장하나 직접 사진을 이용하여 홍보한 것이 아니므로 초상권 침해여부는 해당하지 아니한다) 피고들은 연대하여 불법행위로 인한 손해배상의무가 있다.

[판례 10] '코미디언 형상화' 사건(서울중앙지법 2005.9.27.선고 2004가단235324 판결)

사실관계: 피고는 원고로부터 아무런 승낙을 받지 아니한 채 원고의 얼굴을 형상화한 캐릭터(이하 '이 사건 캐릭터'라고 한다)를 제작한 후, 2003.12. 중순경부터 이 사건 캐릭터를 이동통신회사인 SKT, KTF, LGT가 운영하는 인터넷 모바일 서비스에 콘텐츠로 제공하여, 이 사건 캐릭터 옆에 원고의 이름과 원고가 만들어서 유행시킨 유행어인 "…를 두 번 죽이는 짓이에요", "…라는 편견을 버려" 등의 문구를 함께 게재하여 놓고, 이동통신회사의 고객들이 돈을 지불하고 휴대전화로 이 사건 캐릭터를 다운로드 받도록 하였다.

법원의 판단: 유명 연예인의 승낙 없이 그의 얼굴을 형상화하여 일반인들이 쉽게 알아볼 수 있는 캐릭터를 제작한 후 이를 상업적으로 이용한 것은 재산적 가치가 있는 자신의 초상과 성명 등을 상업적으로 이용할 수 있는 권리인 유명 연예인의 퍼블리시티권을 침해한 것으로 불법행위에 해당한다. [유명 연예인의

승낙 없이 그의 얼굴을 형상화하여 일반인들이 쉽게 알아 볼 수 있는 캐릭터를 제작한 후 이를 이동통신회사들이 운영하는 인터넷 모바일 서비스에 콘텐츠로 제공한 것만으로는 유명 연예인의 연예인으로서의 평가 · 명성 · 인상 등이 훼손 또는 저하되었다고 보기 어렵다: 정신적 고통으로 인한 위자료의 지급책임을 부정].

[판례 11] '셔틀콕의 황제' 사건(서울중앙지법 2007.11.28.선고 2007가합2393 판결)

1. 퍼블리시티권(Right of Publicity)은 일찍이 광고산업이 발달한 미국에서 판례와 각 주의 성문법에 의하여 보호되기 시작하였으며, 일본과 우리나라에서도 이러한 권리를 인정한 하급심 판결을 다수 찾을 수 있는바, 비록 퍼블리시티권의 양도 및 상속성, 보호대상과 존속기간, 구제수단 등을 구체적으로 규정한 우리나라의 실정법이나 확립된 관습법이 존재하지는 않으나, 앞서 인정한 사실에 비추어 볼 때, 원고의 성명, 초상 등에 대하여 형성된 경제적 가치가 이미 광고업 등 관련 업계에서 널리 인정되고 있는 이상 이를 침해하는 행위는 원고 본인에 대한 관계에서는 명백히 민법상의 불법행위를 구성한다고 볼 것이고, 이와 같이 보호되는 한도 내에서 원고가 자신의 성명, 초상 등의 상업적 이용에 대하여 배타적으로 지배할 수 있는 권리를 퍼블리시티권으로 파악하기에 충분하다고 할 것이며, 이는 원고의 인격으로부터 파생된 것이기는 하나 원고의 인격권과는 독립된 별개의 재산권으로 보아야 할 것이다.

2. 원고는 배드민턴 업계에서 유명한 선수 출신의 지도자로서 그 성명권, 초상권을 일반인들의 그것과는 달리 재산권인 퍼블리시티권으로 특별히 보호받으므로 타인의 불법행위로 그 초상권 등이 침해된 경우에는 특별한 사정이 없는 한 그 재산상 손해 외에 정신적 손해가 발생한다고 보기 어렵다.

[판례 12] '배용준 여행상품' 사건(서울중앙지법 2010.9.3.선고 2009가합137637, 11359 판결)

사실관계: 인터넷을 이용한 여행업을 하는 피고는 특히 일본 관광객을 위하여 일본어 사이트를 운영하면서 여행과 관련된 정보를 제공하고 수익을 올려 왔는데, 그 내용 중에는 '욘사마 즈쿠시(づくし) 투어'[327]도 포함되어 있었다. '욘사마 즈쿠시(づくし) 투어'에는 원고 배용준의 자택, 단골 미용실, 헬스클럽, 카페와 이 사건 드라마의 촬영지인 성균관대학교 등을 방문하는 내용으로 구성되어 있다. 이에 원고는 피고가 동의없이 배용준의 성명 내지 예명을 사용하고 관광정

327) 즈쿠시(づくし)는 같은 종류의 것을 전부 늘어놓음을 의미하는 일본어로서, 욘사마 즈쿠시 투어는 원고 배용준과 관련된 일련의 장소를 관광하는 여행상품임을 뜻하는 것으로 보인다.

보 등에서 배용준의 초상을 사용한 행위는 퍼블리시티권을 침해한 것이라고 주장하였다.

법원의 판단: [1] 유명인은 퍼블리시티권을 가지나 "퍼블리시티권의 인정경위와 성문법주의를 취하는 우리나라에서 아직까지 퍼블리시티권에 관한 실정법이나 확립된 관습법이 존재하지 않는다는 점에 비추어, 퍼블리시티권은 무제한적으로 인정되는 절대적인 권리가 아니라 공공의 이익 또는 다른 사람들의 이에 상충하는 권리들에 의한 한계가 내재되어 있는 상대적 권리에 지나지 아니한다 할 것이고, 따라서 퍼블리시티권의 침해를 인정함에 있어서는 표현의 자유, 영업의 자유 등의 보장을 위하여 일정한 한계의 설정이 필요하다 할 것이다.

[2] "① 유명인의 성명, 초상 등을 허락 없이 인격적 동일성을 인식할 수 있도록 상업적으로 이용하되, 광고, 게임 속 캐릭터의 사용 등과 같이 유명인의 성명, 초상 등의 경제적 가치 즉, 유명인의 대중에 대한 호의관계 내지 흡입력이 직접 그 사용자의 영업수익으로 전환되었다고 볼 수 있을 정도로 이용하였다고 인정되어야 퍼블리시티권의 침해를 인정할 수 있을 것이며, ② 이와 달리 유명인의 성명, 초상 등을 이용한 상품 내지 서비스를 제공하면서 그 내용에 있어서 유명인의 인격적 동일성 범위 내의 요소가 아닌 그 외적 요소만을 사용하고, 그 표현에 있어서도 상품 내지 서비스의 설명을 위한 필요 최소한도에 그쳐 유명인의 성명, 초상 등의 경제적 가치가 직접 그 사용자의 영업수익으로 전환되었다고 볼 수 없는 경우에는 퍼블리시티권의 침해가 인정될 수 없다."

[3] 이 사건 여행상품의 예약대행에 관한 판단 : 피고가 이 사건 여행상품의 예약대행을 위하여 이 사건 안내자료를 이 사건 사이트에 게재한 사실, 이 사건 여행상품명의 명칭에는 원고 배용준과 동일성을 갖는 그의 예명인 '욘사마'가 사용된 사실은 앞서 본 바와 같으나, 위 인정사실 및 앞서 든 각 증거에 의하여 인정되는 다음의 각 사정 즉, 이 사건 여행상품의 명칭은 원고 배용준과 관련된 일련의 장소를 관광하는 여행상품으로 이해되는 점, 이 사건 여행상품에는 원고 배용준을 직접 만나는 기회가 제공되는 등과 같은 원고 배용준과 이 사건 여행상품의 직접적 연관성을 인식하게 하는 어떠한 내용도 포함되지 않은 점, 이 사건 안내자료에서는 원고 배용준과 관계된 장소를 설명하기 위하여 원고 배용준의 예명을 불가피하게 사용하였고, 원고 배용준의 초상을 사용하지 않은 채 그 예명만을 필요 최소한도로 사용한 점 등 이 사건 여행상품의 구성 및 이 사건 안내사료의 내용에 비추어, 피고는 원고 배용준의 인격적 동일성 범위 내의 요소가 아닌 그 외적 요소만을 사용한 이 사건 여행상품의 예약대행을 함에 있어 그 설명을 위한 필요 최소한도에 그친 이 사건 안내자료를 사용하였다 할 것이어서, 앞서 든 사실만으로는 피고가 위와 같은 행위를 함으로써 원고 배용준의 대중에 대한 호의관계 내지 흡입력을 직접 이용하여 자신의 영업수익을 얻었다고 보기 어렵고, 달리 이를 인정할 증거가 없으므로, 이와 다른 전제에 선 원고 배용준의 이 부분 주장은 이유 없다.

[4] 이 사건 관광정보제공에 관한 판단: 피고가 이 사건 사이트를 통하여 일본인을 상대로 온라인 정보제공, 호텔 예약대행, 공연상품 예약대행, 투어상품 예약대행을 하면서 관련 수수료 및 배너광고를 통한 광고수익 등을 주요 수익원으로 하고 있는 사실, 피고는 일본인에게 욘사마로 불려 질 정도로 인기가 있는 원고 배용준이 출연한 이 사건 드라마의 촬영지인 이 사건 촬영장소를 이 사건 사이트에서 홍보하면서 이 사건 각 이미지를 포함하여 이 사건 관광정보제공을 한 사실은 앞서 본 바와 같고, 위 인정사실에 의하면 피고는 원고 배용준의 초상을 상업적으로 사용함으로써 배너 광고비 내지 예약대행 수수료 등의 경제적 수익을 얻었다 할 것이어서, 이 사건 퍼블리시티권을 침해하였다 할 것이다.

[판례 13] '유명연예인 성형홍보이용' 사건(서울중앙지법 2013.6.20.선고 2012가단335540 판결)

사실관계: 유명연예인의 사진과 포스트제목 '□□□ 성형수술/□□□성형고백'을 성형병원의 홍보사진에 포스팅한 사안이다.

법원의 판단: 퍼블리시티권의 개념은 우리나라와는 법률의 체계와 문화가 다른 미국에서 태어난 것이고, 그러한 새로운 개념의 재산권을 분리하여 인정하기 위해서는 국가의 정치・경제적인 이익을 두루 고려하여 결정할 입법권의 문제이므로 법원이 미국에서의 논의를 바탕으로 기존의 법률의 해석을 통하여 쉽게 인정할 수 있는 것은 아니라는 견해도 있지만, 이미 상당수의 하급심 판결에서 퍼블리시티권의 개념을 인정하였고, 그에 터잡은 법률관계가 형성되어 왔으므로 이미 퍼블리시티권은 일종의 법관에 의한 법형성의 과정을 통하여 우리 법질서에 편입되었다고 할 것이니, 명시적인 입법이 없다는 이유만으로 퍼블리시티권의 개념 자체를 부정하기는 어렵다. 그러므로 이 사건 1, 2 포스트를 게시한 행위가 원고들의 퍼블리시티권을 침해하는 불법행위가 성립하는지 살피건대, 이 사건 1, 2 포스트에는 원고들을 식별할 수 있는 사진이 들어 있고, 원고들이 이러한 사진 게시에 동의한 바 없으며, 이 사건 1, 2 포스트는 오로지 피고 병원의 홍보를 위하여 원고들의 사진이 가지는 고객흡인력을 이용할 목적으로 상업적으로 게시된 것이고, 이 사건 1, 2 포스트로 말미암아 원고들의 광고모델로서의 가치가 실질적으로 저감되었다고 보이므로(즉 이러한 형태의 블로그 마케팅을 통하여 원고들의 사진이 지속적으로 무단사용되면, 원고들의 광고 모델로서의 상품성은 저감될 수밖에 없다), 이 사건 1, 2 포스트의 게시행위는 원고들의 사진을 상업적으로 이용할 수 있는 배타적 권리를 침해하는 불법행위라고 볼 수 있다.

[판례 14] '치과병원 휴식공간란' 사건(서울중앙지법 2013.9.13.선고 2013가합7344 판결)

사실관계: 치과병원이 네이버 사이트에 블로그를 만들고 당해 블로그를 관리하

면서, 이 사건 블로그 카테고리 중 '휴식공간란'의 '음악' 또는 '뉴스'란에 아이돌 가수 13인이 들어가 있는 앨범사진을 게재한 사안이다.

법원의 판단: 유명인의 성명, 초상 등을 허락 없이 인격적 동일성을 인식할 수 있도록 상업적으로 이용하되, 광고, 게임 속 캐릭터의 사용 등과 같이 유명인의 성명, 초상 등의 경제적 가치 즉, 유명인의 대중에 대한 호의관계 내지 흡입력이 직접 그 사용자의 영업수익으로 전환되었다고 볼 수 있을 정도로 이용하였다고 인정되어야 퍼블리시티권의 침해를 인정할 수 있을 것이며, 이와 달리 유명인의 성명, 초상 등을 이용한 상품 내지 서비스를 제공하면서 그 내용에 있어서 유명인의 인격적 동일성 범위 내의 요소가 아닌 그 외적 요소만을 사용하고, 그 표현에 있어서도 상품 내지 서비스의 설명을 위한 필요 최소한도에 그쳐 유명인의 성명, 초상 등의 경제적 가치가 직접 그 사용자의 영업수익으로 전환되었다고 볼 수 없는 경우에는 퍼블리시티권의 침해가 인정될 수 없다.

[판례 15] '푸딩얼굴인식' 사건(서울중앙지법 2013.10.1.선고 2013가합509239 판결)

사실관계: 피고가 '푸딩얼굴인식'이라는 어플리케이션을 제작하여 스마트폰 등 통신기기 이용자들에게 무료로 배포하여, 그 이용자들이 자신이나 타인의 얼굴을 촬영한 사진을 입력하면 이를 분석하여 닮은꼴 연예인을 찾아낼 수 있도록 하고, 어플리케이션을 실행할 때에 배너광고가 나오도록 하여 광고수익을 얻은 사안이다.

법원의 판단: "퍼블리시티권이라는 새로운 개념을 인정할 필요성은 인정된다고 할 것이나, 성문법주의를 취하고 있는 우리나라에서 법률, 조약 등 실정법이나 확립된 관습법 등의 근거 없이 필요성이 있다는 사정만으로 물권과 유사한 독점・배타적 재산권인 퍼블리시티권을 인정하기는 어렵다고 할 것이며, 퍼블리시티권의 성립요건, 양도・상속성, 보호대상과 존속기간, 침해가 있는 경우 구제수단 등을 구체적으로 규정하는 법률적인 근거가 마련되어야만 비로소 원고들이 주장하는 바와 같은 퍼블리시티권을 인정할 수 있다고 할 것이다.

[판례 16] '성형외과 블로그 게재' 사건(서울중앙지법 2013.12.20.선고 2013가합7337 판결)

[독립된 퍼블리시티권을 인정할 수 없다는 것을 전제로] 사람의 성명, 초상 등은 상품의 판매 등을 촉진하는 고객 흡인력을 가질 수가 있고, 이러한 고객 흡인력을 배타적으로 이용하는 권리는 성명, 초상 등 그 자체의 상업적 가치에 기초를 두고 있기 때문에, 당해 개인은 인격권에서 유래하는 성명, 초상 등을 함부로 이용당하지 않을 권리를 가지고 있다. 그러나 성명, 초상 등에 고객흡인력을 가지는 사람은 사회의 이목을 집중시키는 사람으로서 그 성명, 초상 등이 시사 보도, 논설, 창작물 등에 사용되는 경우에 그 사용은 정당한 표현 행

[별지 2] 목록			
순번	기사 카테고리	제목	사진이 게시된 원고
1	국내외 스타		
2	국내외 스타		
3	스타일 매거진		
4	국내외 스타		
5	국내외 스타		
6	오늘의 핫 이슈		
7	스타일 매거진		
8	국내외 스타		
9	국내외 스타		

위 등이기 때문에 수인하여야 할 때도 있다. 따라서 성명, 초상 등을 무단으로 사용하는 행위는 성명, 초상 등 그 자체를 독립하여 감상의 대상이 되는 상품 등으로서 사용하거나, 상품 등을 차별화할 목적으로 성명, 초상 등을 상품에 붙이거나, 성명, 초상 등을 상품의 광고에 사용하는 등 성명, 초상 등이 가지고 있는 고객 흡인력을 이용할 목적이 있다고 말할 수 있는 경우에 인격권을 침해하는 것으로서 불법행위법상 위법하다고 해석하는 것이 상당하다. 그러나 이 사건 블로그에서 원고들의 성명 및 사진이 포함된 게시물이 게시된 카테고리는 성형외과를 홍보하는 카테고리와 완전히 분리되어 있어 이 사건 블로그의 방문자들에게 정보를 제공하거나 흥미를 유발하기 위한 목적으로 만들어진 것으로 보이는 점, 설령 위 각 게시물들 중 일부의 제목에 甲 성형외과의 명칭 및 甲 성형외과가 행하는 시술명 등이 부가되어 있다 하더라도 이는 위 각 게시물들의 게시자를 밝히는 정도로 보일 뿐 다른 의미가 있는 것으로 보이지는 아니하므로, 위 게시물의 게시만으로 위 방문자들의 입장에서 원고들이 피고가 운영하는 성형외과에서 치료 등을 받은 관계가 있다고 오인할 정도로는 보이지 않는 점 등을 종합하여 볼 때, 피고가 위와 같은 게시물을 이 사건 블로그에 게시함으로써 원고들의 대중에 관한 고객 흡인력을 이용하여 수익을 얻었다고 보기 어렵다. (나아가, 별지 2 목록 '순번'란 기재 1, 5, 7, 9 각 해당 게시물은 인터넷에 게재된 언론기사의 일부를 게시한 것으로서, 위 각 게시물에 사진 또는 이름이 사용된 원고들은 위 기사의 게재를 허용함으로써 자신을 홍보하는 목적 범위 내에서 다른 인터넷 사이트에 위 기사의 내용이 게재되는 것까지 묵시적으로 허락하였다고 보이고, 위 목록 '순번'란 2, 3, 4, 6, 8 각 해당 게시물은 피고 또는 직원이 직접 촬영한 것이 아닌, 타인의 인터넷 블로그에 게시되어 있던 사진 및 게시물을 복사하여 게시한 것이고, 위 게시물에 포함되어 있는 사진들 역시 그 상태 등에 비추어 원고들이 묵시적으로 인터넷 사이트 등에 게시되는 것을 허락한 것으로 보이는바, 위 갓 사진 및 원고의 이름들은 인터넷에 공개되어 있고 자유롭게 감상할 수 있는 것들로서, 위 각 게시물은 원고들의 초상권, 성명권의 존재에도 불구하고 그 촬영 및 공개 목적에 부합되는 범위 내의 이용이라고 보인다). [따라서 위 게시물의 게시가 원고의 초상권, 성명권을 침해하는 것으로서 위법하다는 것을 전제로 하는 원고들의 주장 역시 받아들여지지 아니한다.]

3) 성명의 보호 성명도 타인의 무단사용으로부터 보호되어야 한다. 성명에 대하여 성명본인(姓名本人)이 가지는 권리를 성명권이라고 한다. 성명의 무단사용에 대해서도 다음과 같은 우리 판례가 있다.

[판례 1] 허위광고 사건[328)]

사실관계: 김모씨와 인천광역시 서구는 연극배우 윤석화 씨와 출연교섭을 한 바도 없으면서 마치 출연하는 것처럼 일방적으로 허위광고하였다. 이에 윤석화 씨가 이들을 상대로 손해배상을 청구하였다.

판결요지: 우리 민법은 특별히 성명권에 관한 규정을 두고 있지는 않으나 인간이 자신의 성명에 관하여 가지는 법률상 이익으로서의 성명권은 일반적인 인격권으로서 보호되어야 하고, 이러한 성명권을 침해당하면 불법행위로 인한 손해배상을 청구할 수 있다. 김씨는 윤석화 씨에게 1천만원을 지급하라.

[판례 2] '예쁜코 만들기' 사건(서울중앙지법 2012.10.9.선고 2012가단64664 판결)

1. 사실관계

가. 원고는 '□□□'이라는 예명으로 2006.경부터 의류업체 모델을 시작으로 드라마와 영화에 출연하고 가요앨범을 발표하기도 한 연예인이다.

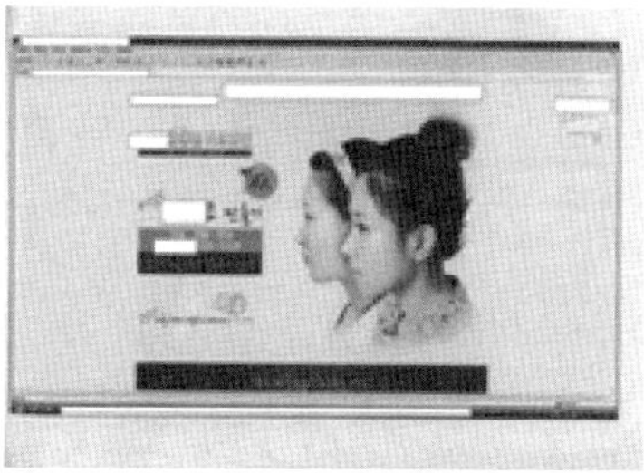

나. 2011.6.경 피고는 원고의 동의를 받지 않은 채 병원 홈페이지와 온라인신문사 등에 '버선코 □□□코 만들기' 또는 '명품 □□□코 만들기'라는 문구와 함께 원고가 아닌 다른 모델의 옆얼굴 사진을 실은 광고를 게재하였다가, 2011.11.2.경 원고측으로부터 항의를 받고서 위 각 광고 문구에서 '□□□'이라는 원고의 예명을 삭제하였다.

다. 원고는 연예계에 데뷔한 이후 코가 예쁜 연예인으로 알려져 왔고, 2011.4.경에는 텔레비전 예능 프로그램에 출연하여 평소 코 성형수술을 받았다는 오해를 받는데 실제로는 받지 않았다는 취지로 얘기하면서 코끝을 올리기도 하는 등 자신의 코가 성형수술을 받지 않은 코임을 강조하였고, 그에 관하여 일부 언론이 보도도 하였다.

라. 원고 측은 '모 성형외과 홈페이지와 온라인신문 등에 원고의 예명을 무단으로 사용한 광고를 게재하여 마치 원고가 코 성형수술을 받은 것같이 오인할 수 있도록 하는 등 원고의 성명권을 침해하고 명예를 훼손하였다고 하면서 피고

328) 법률신문 1996.5.2, 6면.

측에 광고 중단 요구와 함께 이 사건 소를 제기하였다.

2. 법원의 판단

가. 불법행위책임의 성립

1) 일반적으로 성명, 초상 등이 갖는 경제적 이익 내지 가치를 상업적으로 사용·통제하거나 배타적으로 지배하는 권리라고 설명되는 퍼블리시티권(right of publicity)은 비록 퍼블리시티권의 보호대상과 존속기간, 구제수단 등을 구체적으로 규정한 우리나라의 실정법이나 확립된 관습법이 존재하지는 않으나, 고유의 명성, 사회적 평가, 지명도 등을 획득한 배우나 가수 등의 예능인, 연주가, 스포츠선수 등과 같이 대중의 인기가 뒷받침되어 그 존재가 널리 사회에 알려진 유명인사의 성명과 초상 등을 기업의 영업에 이용하는 경우에는 영업활동의 촉진에 효과가 있다는 것은 공지의 사실이고, 이러한 유명인사의 성명과 초상이 가지는 이러한 고객흡입력은 당해 유명인사가 획득한 명성, 사회적인 평가, 지명도 등으로부터 생기는 독립한 경제적인 이익 내지 가치로서 파악될 수 있으므로, 이는 당해 유명인사에게 고유하게 귀속되는 것이고, 그 유명인사는 이러한 고객흡입력이 갖는 경제적 이익 내지 가치를 배타적으로 지배하는 재산적 권리, 즉 퍼블리시티권(the right of publicity)을 보유한다 할 것이다.

2) 원고가 '□□□'이라는 예명을 사용하여 수년 동안 코가 예쁜 연예인이라는 명성과 지명도를 쌓았는데, 원고의 허락을 받지 아니한 채 성형외과인 이 사건 병원이 성형수술로 원고의 코와 같은 코를 만들어준다는 광고를 하는 것은 원고가 쌓은 명성과 지명도를 이 사건 병원의 영업활동에 이용한 것이므로 그로 인하여 원고의 명성 등이 저해되었는지와 상관없이 그 자체로 원고의 퍼블리시티권, 특히 성명(예명)에 관한 권리를 침해한 것이고, 피고는 원고에게 그 침해행위로 인한 손해를 배상할 의무가 있다.

3) 다만 피고가 게재한 광고의 모델이 원고라고 오인할 만큼 유사하다고 보이지 않고, 원고가 이 사건 병원의 광고모델이라고 오인하도록 연출하였다고 보기 어려우며, 설사 원고와 혼동할 가능성이 높은 모델을 사용하였다고 하여도 그것만으로 원고의 초상권을 침해하였다고 볼 수는 없고, 광고문구에 '□□□ 명품코 만들기'라는 문구를 삽입한 것만으로 일반인으로 하여금 원고가 코 성형수술을 받은 것으로 오인하게 하는 것으로 볼 수 없으므로 그로 인하여 원고의 연예인으로서의 평가, 명성 등을 침해하였다는 이 부분 원고의 주장은 받아들이지 아니한다.

나. 손해배상책임의 범위

1) 재산상 손해

가) 퍼블리시티권 침해행위로 인한 재산상 손해는 퍼블리시티권자가 자기의 권리의 사용을 승낙할 경우에 지급받을 수 있는 대가 상당액이라고 할 것이다.

나) 원고가 전속모델계약을 맺은 사실은 인정되나, 피고가 사용한 원고의 권리는 초상권이 아니라 성명(예명)권으로서 유명인의 성명만을 사용하는 것을 목적

으로 한 계약이 체결되는 사례를 찾을 수 없어 성명권만의 경제적 가치를 산정하기 어렵고, 초상과 결부되지 않은 성명 또는 예명의 사용만으로도 영업활동의 촉진에 효과가 있을 정도의 인지도나 명성이 있는 유명인이 있을 수 있겠으나, 원고의 경우 피고의 침해행위 당시 예명만으로 영업활동의 촉진에 효과가 있을 정도의 인지도나 명성이 있었다고 인정할 만한 아무런 증거가 없어 예명의 사용만을 목적으로 한 계약이 체결되기 어렵다고 보이는 점 등에 비추어 피고의 침해행위로 인하여 재산상 손해를 입었다는 원고의 주장은 받아들이지 아니한다.

2) 정신적 손해

가) 원고가 피고에게 이 사건에 관하여 항의를 함과 동시에 언론에 알린 점 등만으로 원고가 자신의 지명도를 높이기 위하여 의도적으로 이 사건을 이용하였다고 보기에는 부족하고, 달리 이를 인정할 증거가 없으며, 원고가 자신의 퍼블리시티권을 침해당한데다가, 코 성형수술을 받았다는 오해를 받아온 상황에서 성형외과 광고에 원고의 예명이 삽입된 것만으로도 원고로서는 코 성형수술을 받은 것으로 오인될 가능성에 관하여 염려할 수 있다고 보이는 점 등에 비추어 피고의 침해행위로 인하여 원고가 정신적 고통을 입었다고 본다(이 사건으로 인하여 결과적으로 원고의 지명도가 높아졌을 수 있다 하더라도 그것만으로 원고에게 정신적 고통이 없다고 볼 수 없다).

나) 나아가 이 사건 변론에서 알 수 있는 원고의 연예인으로서의 지명도, 피고의 침해행위 기간, 침해행위로 인한 원고의 피해 정도 등 이 사건 변론에 나타난 일체의 사정을 종합하여, 피고가 지급할 위자료를 300만 원으로 정한다.

◈ 사망한 유명인의 성명보호 문제

생존중의 인물에 대한 성명·초상 등의 상업적 사용은 프라이버시권이나 퍼블리시티권으로 해결될 수 있으나 사망한 저명인사의 성명·초상을 상업적으로 이용하는 경우에 어떠한 문제가 발생하는가가 문제되고 있다(예, 제임스 딘 상표사건). 종래에는 이러한 문제는 법의 보호 밖에 있었다. 심지어 아무런 연고도 없는 제3자가 상표등록을 받아 독점사용을 주장하는 예도 있었다. 우선 상표법 제7조 제1항 제6호의 저명한 타인이란 생존자에 한하므로 이 경우는 등록은 가능할지 모른다. 일본의 경우에도 제임스 딘, 마릴린 몬로 등이 상표등록 되었다. 최근 대법원은 「제임스 딘」 상표사건에서 「제임스 딘」 상표등록은 적법하다고 판시한 바 있다. 학설로는 이러한 것은 상표법 제7조 제1항 제4호(공서양속)에 해당하는 무효인 상표라는 주장도 있으나 부당하다고 본다.

[판례] 「제임스딘」 표장사건(서울지법 1997.11.21.선고 97가합5560 판결)

퍼블리시티권을 인정하고 그 재산권으로서의 성격을 승인한다 하더라도 유명인이 자신의 퍼블리시티권을 실제 행사하고 있는 경우나 생전에 이를 행사함으로써 그 권리가 구체화되었다가 그 유명인이 사망한 경우와는 달리, 이 사건에 있어서는 이 사건 소가 제기되기 약 42년 전에 이미 사망한 제임스 딘의 유족들로부터 권리를 승계하였다는 원고가 제임스 딘의 사망 후에 그의 퍼블리시티권을 주장하고 있는바, 퍼블리시티권이 아직까지 우리나라의 성문법상의 권리로서 인정되지 않는 점, 퍼블리시티권을 재산권으로 파악하는 경우에도 그것이 한 사람의 인격을 상징하는 성명, 초상 등에 관한 것인 이상 그 당사자의 인격과 완전히 분리되어 존재하는 독립된 권리라고 보기 어렵다 할 것인데, 일반적으로 인격권은 권리자의 사망과 함께 소멸하여 상속의 대상이 되지 아니한다는 점, 퍼블리시티권의 상속이 인정된다고 가정할 경우에도 퍼블리시티권은 개인의 성가와 밀접한 관계가 있어 세월이 지남에 따라 그 권리로서의 존재가치는 희석되고, 일정기간이 지나면 결국 소멸되고 마는 권리라고 할 것이므로 제임스 딘의 사망 이후 현재까지 존속한다고 보기 어려운 점에 비추어 보면 원고가 제임스 딘의 성명이나 초상에 대한 퍼블리시티권을 상속하여 이를 독점적으로 행사할 권리를 여전히 보유하고 있다고 볼 수 없다.

<table>
<tr><td rowspan="2">관 련
판 결</td><td>상표관계</td><td colspan="2">대법원 1997.7.11.선고 96후2173 판결</td></tr>
<tr><td>저작권관계</td><td colspan="2">서울지법 2000.7.14.선고 99가합84901 판결
서울고법 2002.4.16.선고 2000나42061 판결</td></tr>
<tr><td rowspan="2">평
석</td><td colspan="3">서울고법(2002.4.16.선고 2000나42061) 판결에 관한 것임. 이 판결에서 법원은 [성문법주의를 취하고 있는 우리나라에서 법률, 조약 등 실정법이나 확립된 관습법 등의 근거 없이 필요성이 있다는 사정만으로 물권과 유사한 독점배타적 재산권인 퍼블리시티권을 인정하기는 어렵다고 할 것이며, 퍼블리시티권의 성립요건, 양도, 상속성, 보호대상과 존속기간, 침해가 있는 경우의 구제수단 등을 구체적으로 규정하는 법률적인 근거가 마련되어야만 비로소 퍼블리시티권을 인정할 수 있다]고 판시하였음.[329]</td></tr>
<tr><td>남형두</td><td>정보법판례백선(1)</td><td>494면</td></tr>
</table>

◈ 경주마 명칭의 보호 문제

사람의 성명은 보호되나 물건의 이름도 보호되는지가 문제된다. 부정하는 것이 일본 판결이다.

[일본판례] 有名競走馬의 명칭 이용 사건(일본 최고재판소 2004년 2월 13일 판결)

사실관계: X들은 유명경주마의 소유자이다. Y는 게임소프트의 제조판매업자이

329) 同旨: 서울서부지법 2014.7.24.선고 2013가합32048 판결. 이에 반해 서울서부지법 2010.4.21. 2010카합245 결정은 퍼블리시티권을 인정하고 침해금지가처분을 인정하였다.

다. Y제작의 게임소프트에는 X들 소유의 유명마의 명칭이 사용되었다. X들은 Y에 대해 퍼블리시티권의 침해를 이유로 금지청구와 손해배상을 청구하였다. 제1심(나고야 地裁) 및 제2심(나고야 高裁)은 제조판매의 금지는 인정하지 않았으나 손해배상청구의 일부에 대해서 X들의 청구를 인정하였다. X들 및 Y의 쌍방이 상고하였다.

법원의 판단: X들은 본건 각 경주마를 소유하거나 소유하고 있는 자이나 경주마 등의 물건의 소유권은 그 물의 유체물로서의 면에 대한 배타적 지배권능인데 그치고, 그 물의 명칭 등의 무체물로서의 면을 직접 배타적으로 지배하는 권능에 미치는 것은 아니기 때문에 제3자가 경주마의 유체물로서의 면에 대한 소유자의 배타적 지배권능을 침해하는 것 없이 경주마의 명칭 등이 갖는 고객흡인력 등 경주마의 무체물로서의 면에 있어서 경제적 가치를 이용했다고 해도 그 이용행위는 경주마의 소유권을 침해하는 것은 아니라고 해야 할 것이다. 본건에 있어서는 前記 사실관계에 의하면 Y는 본건 각 게임소프트를 제작 판매한데 그치고 본건 각 경주마의 유체물로서의 면에 대한 X들의 소유권에 기한 배타적 지배권능을 침해한 것은 아닌 것이 명백하기 때문에 Y의 상기 제작 판매행위는 X들의 본건 각 경주마에 대한 소유권을 침해한 것은 아니라고 해야 할 것이다.

4) 목소리의 보호

① 미국에 있어서 개인의 특징적인 목소리는 이미 1962년의 Lahr v. Adel 사건에서 보호를 인정했으며, 최근 1992년 Waits v. Frito-Lay, Inc., 978 F. 2d 1093(9th Cir. 1992)에서도 Toms Waits의 곡을 Doritos Corn Chip 광고에 사용한 행위를 퍼블리시티권 침해로 판시하여 모방된 목소리에 대한 퍼블리시티권을 인정했다고 한다.[330)]

② 성대모사란 특정한 사람이나 또는 새, 짐승의 음색을 모방하는 일이므로 통상 모방당하는 측에 어떠한 권리가 인정되느냐와 모방한 사람의 성과를 저작권법 등으로 보호될 수 있느냐로 나누어 살펴보자. 우선 모방당한 측이 사람(정치인, 배우 등)이라고 하더라도 명예훼손적인 사용이 아닌 통상의 경우에 그 자신의 목소리를 흉내내지 못하도록 금지할 권리는 없는 것 같다. 다만, 그 자신의 특색 있는 목소리도 고객의 이목을 끌어 이를 상품화하고 있을 경우에는 달리 보아야 할 것이다. 그러나 이 경우에도 우리법상 의거할 수 있는 법리는

---

330) 자세한 것은, 공보처 간, 「광고와 저작권」(1994), 139면 이하 참조.

민법밖에 없고 당해 모방으로 인하여 손해가 발생했다는 것을 입증하면 배상청구는 가능하다고 본다.

한편 성대모사를 한 자에게 어떠한 권리가 인정될 것인가. 성대모사가 저작물이 아님은 명백하나 이를 '예능적 방법에 의한 표현'이라고 한다면 이는 '실연'으로는 볼 수 있을 것이다. 다만, '실연'이라고 하더라도 그 실연을 제3자가 다시 흉내내는 것은 저작권법 제69조, 제73조의 복제도 방송도 아님은 분명하므로 방임된 행위라고 할 것이다.

③ 우리나라에서는 김모씨 대 명인제약 사건이 있다. 서울지방법원은 성우 김모씨가 광고계약기간이 끝났는데도 자신의 음성을 무단사용한 명인제약회사를 상대로 낸 손해배상청구소송에서 "명인제약사는 위자료와 음성사용료 6백만원을 지급하라"는 화해안을 제시하여, 명인제약이 이를 받아들임으로써 1995년 9월 27일 소송이 종결되었다.[331]

5) 특정인을 연상시키는 물건 특정인을 연상시키는 물건과 관련된 사례에 Motschenbacher v. Reynolds Tobacco Co. 사건[332]이 있다. "이 사건에서 원고는 유명한 자동차경주 선수인데 피고는 자기 회사 상품인 담배의 광고에 원고가 애용하는 경주용 자동차의 사진을 원고 허락 없이 사용하였다. 비록 피고가 사용한 사진에 나타난 원고의 자동차는 먼 거리에서 촬영된 것으로 운전자인 원고의 모습은 보이지 않으며, 피고가 그 광고에 원고의 이름을 사용하지도 아니하였지만 법원은 위 광고를 보는 사람들은 그 경주용 자동차에 당연히 원고가 승차하고 있을 것이라는 추론을 하기에 충분하고, 따라서 원고가 피고의 담배제품을 광고하고 있다는 연상을 일으킬 여지가 있으므로 퍼블리시티권의 침해가 있다고 판시하였다."[333]

6) 퍼블리시티권의 양도성 · 상속성 퍼블리시티권의 양도성을 인정하는 판결[334]과 학설이 있으나 상속성은 부인하는 것이 지배적 견해인 듯하

---

331) 동아일보 1995.9.28, 31면.

332) 498 F.2d 821(9th Cir. 1974).

333) 오승종 · 이해완, 『저작권법』, 419면에서 재인용.

334) 서울북부지법 2008.11.27.선고 2008가합3187 판결("플라잉 아이볼(Flying Eyeball)" 사건(Ⅱ)): 가) 퍼블리시티권(Right of Publicity)이라 함은 사람이 그가 가진 성명(아호, 예명, 필명 등 포함), 초상이나 기타의 동일성(identity)을 상업적으로 이용하고 통제할 수 있는 배타적 권리를 의미한다고 할 것인데, 우리의 법에는 위와 같은 권리에 관한 명문의 규

다(앞의 제임스딘 판결 참조). 그러나 오히려 반대로 되어야 하는 것 아닐까.[335] 다만 권리의 존속기간 등의 문제도 있어 궁극적으로는 입법적으로 해결되어야 할 것이다.

◈ 퍼블리시티권에 대한 미국 각 주법의 내용은 다음과 같다.[336]

주	(제정년) 수정년	포함되는 identity	사 후 의 특별규정	사 후 보호기간	구 제	뉴스·미디어 제외
캘리포니아	(1972) 1985	名, 肖, 類, 聲	有	50년	損, 懲, 辯	有
플로리다	(1967)	名, 肖, 類	有	40년	禁, 損, 懲	有
인디애나	(1994)	名, 肖, 類, 聲	有	100년	禁, 損, 懲, 辯	有
켄터키	(1984)	名, 類	有	50년	—	無
매서츄세츄	(1974)	名, 類	無	—	禁, 損, 3배	無
네브라스카	(1979)	名, 類	有	없다	—	有
네바다	(1989)	名, 肖, 類, 聲	有	50년	禁, 損, 懲	無
뉴 욕	(1903) 1995	名, 類, 聲	無	—	禁, 損, 懲	無
오클라호마	(1955) 1986	名, 肖, 類, 聲	有	100년	禁, 損, 懲, 辯	有

정은 없으나, 국가에 따라서는 법령 또는 판례에 의하여 이를 인정하고 있는 점, 이러한 동일성을 침해하는 것은 민법상의 불법행위에 해당하나 그 피해의 완전한 회복이 어렵고 손해전보의 실효성을 기대하기 어려운 점, 사회의 발달에 따라 이러한 권리를 보호할 필요성이 점차 증대하고 있는 점, 유명인이 스스로의 노력에 의하여 획득한 명성, 사회적인 평가, 지명도 등으로부터 생기는 독립한 경제적 이익 또는 가치는 그 자체로 보호할 가치가 충분한 점 등에 비추어 해석상 이를 독립적인 권리로 인정할 수 있다고 할 것이다.

나) 또한, 퍼블리시티권은 유명인뿐 아니라 일정한 경우 일반인에게도 인정될 수 있고, 그 대상도 성명(아호, 예명, 필명 등 포함), 사진, 초상, 기타 개인의 이미지 등을 형상화하는 경우 특정인을 연상시키는 물건 등에 널리 인정될 수 있으며, 일종의 재산권으로서 인격권과 같이 일신에 전속하는 권리가 아니어서 상속이 가능하고 성명이나 초상이 갖는 경제적 가치를 적극적으로 활용하기 위하여 제3자에게 양도할 수 있다고 할 것이다.

335) 서울동부지법 2006.12.21.선고 2006가합6780 판결은 퍼블리시티권 및 그 상속성을 인정하면서 저작권법을 유추 적용하여 해당자의 사후 50년으로 해석함이 상당하다고 판시하였다. 이해완, 「저작권법」(제2판), 719-721면은 양도・상속부정설이면서도 상속에 관해서 입법론으로는 비교적 짧은 기간 보호는 바람직한 방안일 수 있다고 본다.

336) 豊田彰, パブリシテイの權利, 41면.

로드 아일랜드	(1972) 1980	名, 類	無	–	禁, 損, 3배	無
테네시	(1984)	名, 肖, 類	有	10년	禁, 損	有
텍사스	(1987)	名, 肖, 類, 聲	有	50년	損, 懲, 辯	有
유 타	(1909) 1981	名, 類	無	–	禁, 損, 懲, 辯	無
버지니아	(1904) 1977	名, 類	有	20년	禁, 損, 懲	無
워싱톤	(1998)	名, 肖, 類, 聲	有	10년 또는 75년	禁, 損	有
위스콘신	(1997)	名, 類	無	–	禁, 損, 辯	有
名(이름), 肖(肖像), 類(類似한 것=likeness), 聲(목소리) 禁=금지청구, 損=손해배상, 懲=징벌적 배상, 辯=변호사비용 부담						

◈ 퍼블리시티권에 대한 일본 최고재판소 판결

일본에서는 2012년, 최고재판소가 퍼블리시티권을 인정하는 판결을 하였다. 이른바 '핑크레이디' 사건 판결이다.[337] 그 사이 하급심 중에서는 퍼블리시티권을 인정하는 판결이 상당히 있었으나 최고재판소 판결은 이것이 처음이다. 이 판결에 의하면 퍼블리시티권은 예능인 등의 성명이나 초상을 무단 이용하면 바로 침해로 되는 것은 아니며, 상품 판매나 광고 이용 등, '오로지 초상 등이 가지는 고객흡인력의 이용을 목적으로 하는' 경우에 한해서 침해가 인정된다.

"사람의 성명, 초상 등은 한 개인 인격의 상징이므로, 당해 개인은 인격권에서 유래하는 이것을 함부로 이용당하지 않을 권리를 가지고 있는 것으로 해석된다. 그리고 초상 등은 상품의 판매 등을 촉진하는 고객흡인력을 가지는 경우가 있고, 이와 같이 고객흡인력을 배타적으로 이용하는 권리(이하 '퍼블리시티권'이라 한다)는 초상 등 그 자체의 상업적 가치에 기초를 두고 있는 것이기 때문에, 위에서 언급한 인격권으로부터 유래하는 권리의 한 내용을 구성하는 것이라고 말하는 것이 가능하다. 다른 한편, 초상 등에 고객흡인력을 가지는 자는 사회의 이목을 집중시키는 자로서, 그 초상 등이 시사보도, 논설, 창작물 등에 사용되는 경우에 그 사용은 정당한 표현행위 등이기 때문에 수인하여야 할 때도 있는 것이다. 따라서 초상 등을 무단으로 사용하는 행위는 (1) 초상 등 그 자체를 독립하여 감상의 대상이 되는 상품 등으로서 사용하거나, (2) 상품 등을 차별화를 할 목적으로 초상 등을 상품에 붙이거나, (3) 초상 등을 상품의 광고에 사용하는 등 '오로지' 초상 등이 가지고 있는 고객흡인력을 이용할 목적으로 한다고 말할 수 있는 경우에 퍼블리시티권을 침해하는 것으로서 불법행위법상 위법하다고 해석하는 것이 상당하다."

337) 일본최고재판소 平成24년(2012년) 2월 2일.

Ⅲ. 저작재산권의 양도 등

1. 저작재산권의 양도

가. 양도성

저작재산권은 전부 또는 일부를 양도할 수 있다(법 45조 1항). 저작재산권의 일부양도가 가능하므로, 예컨대 복제권, 공연권, 공중송신권 등 저작재산권의 내용을 구성하는 지분권을 개별적으로 양도할 수 있는 것은 말할 나위도 없고, 권리를 행사할 수 있는 지역이나 장소를 한정해서 혹은 저작물을 분할해서 양도하는 것도 가능하다. 또 번역권의 경우에는 특정국어에 대한 번역권만 양도하는 것도 가능하다.

다만, 법은 저작재산권의 전부를 양도하는 경우에도 원저작물의 원형을 해칠 우려가 있는 2차적 저작물 등의 작성권은 의연 원저작권자에게 유보되어 있는 것으로 추정하고 있다(법 45조 2항 참조).[338] 저작재산권의 양도에는 특별한 방식이 필요 없다. 등록은 대항요건일 뿐이다(법 54조). 저작권 양도와 관련하여 흥미로운 것은 미국 저작권법 제203조이다. 동조는 저작권이 양도된 경우라도 양도가 된 날로부터 35년이 지나면, 그때부터 5년 이내에는 계약을 해지할 수 있다고 규정한다. 즉 35년이 지나면 다시 찾아올 수 있다는 것이다.

나. 저작재산권의 조건부·기한부 양도

저작재산권 양도계약은 준물권계약으로서 조건이나 기한의 부가가 가능하다. 다만 제3자에게 대항하기 위해서는 그 사항을 등록하여야 한다(법 54조).

1) 장래 발생할 저작재산권의 양도 장래 발생할 저작권의 처분도 가능하다. 따라서 장래 저작재산권이 발생하면 양수인에게 양도키로 하는 채권계약은 물론, 장래 저작권이 발생함과 동시에 저작재산권이 양수인에게 이전된다는 조건부 준물권계약도 유효하다. 문제는 이러한 계약이 자칫 저작자를 지나

---

338) 다만, 프로그램의 경우 특약이 없는 한 2차적 저작물작성권도 함께 양도된 것으로 추정한다.

치게 속박하고, 이를 통해 불공정한 계약으로 될 가능성이 높다는 것이다. 이에 프랑스 저작권법 제131조의1은 "장래의 저작물에 대한 저작권의 포괄적 양도는 무효이다"라고 규정한다. 또 독일저작권법 제40조는 "상세히 정해지지 아니하거나 오직 종류에 의하여 정해지는 장래의 저작물에 대하여 저작자가 용익권을 부여하도록 의무를 부담하는 계약은 서면에 의한 형식을 필요"로 하며, "계약체결 후 5년이 지나면 양 당사자에 의해 해지될 수 있다"고 규정한다.

2) 저작재산권의 기한부 양도 예컨대 특정 저작물의 저작재산권을 5년을 한도로 양도하는 것과 같이 시간적으로 한정하여 양도하는 것도 가능하다.[339] 다만 제3자에게 대항하기 위해서는 등록하여야 한다.

다. 새로운 형태의 권리의 귀속

예컨대 1980년대 특정 저작물에 대한 '일체의 권리'를 양도하였는데 인터넷 시대의 도래로 전송권이 신설된 경우, 당해 전송권은 원저작자에게 귀속할 것인가, 아니면 '포괄적으로 양수받은' 저작재산권 양수인에게 귀속할 것인지의 문제이다. 이와 관련된 일본의 'THE BOOM' 사건, 'HEAT WAVE' 사건[340], '라이온마루(ライオン丸)' 사건[341] 등에서 보인 해석방법도 있으나[342] 기본적으로 '일체의 권리'란 당시에 존재하는 권리를 일일이 열거하지 않고, 간략히 표현한 것에 불과하므로 새로이 발생하는 권리에 대해서는 원저작자에게 귀속한다고 하여야 할 것이다.[343]

339) 이와 관련된 자세한 논의는, 박성호, 「저작권법」, 414면 이하 참조.

340) '원반에 관한 일체의 권리'가 양수인에게 양도된다는 계약 체결 후, 송신가능화권이 신설되었다. 법원(동경지재 2007.4.27.판결)은 양도인이 송신가능화권을 원시적으로 취득함과 동시에 양수인에게 양도되었다고 보았다. 'THE BOOM' 사건 판결(동경지재 2007.1.19.판결)에서도 동일한 취지의 판시가 있었다.

341) 양도된 방송권에 유선방송권 및 위성방송권이 포함되는지가 문제되었으나 법원(동경고재 2003.8.7.판결)은 포함되지 않는다고 판시하였다.

342) 이들에 대해서는, 박성호, 앞의 책, 419면 이하; 일본 「저작권판례백선」(제4판), 69번, 70번 사건 판결 및 그 평석 참조.

343) 결국 저작권 양도나 다음의 이용허락의 문제는 계약 해석의 문제일 뿐만 아니라 입법적 문제이고 이에 대해서는 지속적 연구가 필요하다. 이와 관련된 최근 연구 문헌인, 이영욱, "공정한 저작권 계약을 위한 입법적 보완방안에 관한 연구"(박사학위논문), 고려대학교 대학원, 2015.2. 참조.

◈ 저작권은 발주기관에 귀속된다는 약관조항의 효력[344]: 무효

공정거래위원회는 조달청·용인시·안양시·대한주택공사·한국토지공사의 건축설계경기지침 중 입상작들의 저작권은 발주기관에 귀속된다는 조항을 수정 또는 삭제하도록 조치했다. 건축설계 입상작의 저작권은 설계자에게 있으며, 건축설계경기지침상 입상작들의 저작권은 발주기관에 귀속된다는 약관조항은 무효라는 것이다. 이번 조치는 2008년 12월 건축사협회의 심사청구에 따른 결과이다.

'건축설계경기'란 발주기관 등이 2인 이상의 설계자로부터 각기 설계안을 제출받아 그 우열을 심사·결정하는 방법과 절차 등을 말한다. 건축설계경기의 입상작은 최우수작(당선작), 우수작, 가작으로 구성되는데, 최우수작(당선작)은 당해 건축의 설계권을 부여받고, 우수작·가작은 소정의 상금을 수여받는다.

이 약관조항은 우월적 지위에 있는 발주기관이 설계자의 저작권을 일방적으로 전부 양도받는 조항으로서 그 양도 범위가 지나치게 넓어 설계자에게 부당하게 불리한 조항이므로 무효이다. 다만 발주기관은 건축주로서 건물을 직접 소유·사용할 자이므로 당해 건물을 건축하기 위해 저작권 사용권한이 필요하다. 그러므로 발주기관에게는 당선작에 대한 저작권 1회 이용허락권, 전체 입상작에 대한 당해 설계경기 관련 전시·출판에 사용할 수 있는 권한만 부여하는 것이 적정하다.

개선된 약관조항의 대표 유형으로는 다음과 같은 것이 있다. 첫째, 입상작에 대한 저작권은 저작권법에 따라 별도 협의한다. 다만, 당해 건축설계경기와 관련한 전시, 홍보 등은 별도 협의 없이 할 수 있다. 둘째 우리 공사는 당선작에 대하여 건축설계용역 계약 체결시 1회에 한하여 저작권 사용권한을 소유한다. 셋째 우리 공사는 당선작을 포함한 입상작에 대하여 저작자와 별도의 협의 없이 작품을 전시 및 홍보책자출판에 활용할 수 있다. 넷째 기타 개별사안에 대하여는 저작권법 등에 따라 저작권자와 별도 협의한다.

[판례 1] 「꼬마철학자」 사건(서울민사지법 1988.3.18.선고 87카53920 판결)

번역료로서 원고지 1매당 1,100원(1987년)을 지급하는 조건으로 그 번역물에 대한 번역저작권·출판권 등 일체의 권리를 이전받는 약정을 체결한 때에는 그 번역저작권은 양도된 것으로 간주할 수 있다.

---

344) 공정거래위원회 홈페이지 뉴스 2009.5.28. 그 밖에도 2014년 8월 7일, 공정거래위원회는 아이디어 공모전 등 약관에서 지식재산권이 주관기관에 귀속된다고 정한 불공정 약관에 대해 시정 명령, 8월 28일 '출판사와 저작자간 저작권 양도계약서 등 시정명령'을 내리는 등 지속적으로 시정명령을 내림으로써 약관을 통한 불공정성은 대부분 사라질 것으로 보인다. 문제는 '구름빵' 사건에서 보듯이 개별계약을 통한 불공성의 시정이다.

[판례 2] 「월트디즈니」 사건(대법원 1992.9.22.선고 91다39092 판결)

가. 갑이 계약에 의해 취득한 권리가 원저작물인 「디즈니의 영어세계 시리즈 — 교재와 테이프」의 원문 복제·배포권이 아니라 원저작물을 우리말로 번역하고 해설한 2차적 저작물에 관한 복제·배포권이었다면, 원저작자인 미국 회사 을의 원저작물에 관한 저작권은 영향을 받지 않는 것이므로 굳이 위 계약에서 원저작물에 관한 저작권이 계속 을에게 남아 있다는 점은 밝힐 필요가 없는 것이고, 만일 2차적 저작물에 관한 저작재산권이 을에게 양도되지 아니한 채 갑에게 그대로 남아 있다면 위 계약이 종료된 뒤에도 갑으로서는 2차적 저작물의 제작에 소요된 복제재료 등을 을에게 인도해 줄 하등의 필요가 없는데도 계약종료시 위 복제재료 등을 을에게 인도하도록 의무지우고 있는 점, 을로서도 갑으로부터 2차적 저작물에 관한 저작권을 양도받음으로써 계약종료 후에도 갑이나 제3자에 의한 2차적 저작물의 무단복제·반포를 저지할 필요성이 있었던 점 및 "이 계약에 따라 출판되는 모든 서적의 저작권은 을의 이름으로 얻어지고 을에게 귀속된다"는 계약규정 등에 비추어 볼 때, 갑이 구저작권법(1986.12.31 법률 제3916호로 개정되기 전의 것) 제5조 제1항에 의해 원시적으로 취득한 2차적 저작물에 관한 저작권 중 저작재산권은 을에게 양도되었다고 볼 것이고, 따라서 을은 우리나라 사람의 저작권을 양도받은 자로서 보호를 받는다.

나. 구저작권법 제5조 제1항에 의하면 타인의 저작물을 그 창작자의 동의를 얻어 번역·개작 또는 편집한 자는 원저작자의 권리를 해하지 않는 범위 내에서 그 저작물에 대하여 저작권을 가지는 것으로 규정하고 있고, 이와 같은 저작권은 성질상 특정한 형식이나 절차에 관계없이 2차적 저작물의 완성과 동시에 당연히 성립하는 것으로서, 2차적 저작물의 저작자는 2차적 저작물을 완성함과 동시에 원저작자의 권리를 해하지 아니하는 범위 안에서 저작물 전부에 대한 저작권을 취득한다고 볼 것이므로, 위 '1항'과 같은 계약규정은 2차적 저작물의 저작권자가 이와 같이 원시적으로 취득한 2차적 저작물에 관한 저작재산권을 그 권리의 발생과 동시에 원저작자에게 양도한다는 취지라고 해석함이 옳다.

[판례 3] 「플라잉 아이볼(Flying Eyeball)」 사건(II)(서울북부지법 2008.11.27.선고 2008가합3187 판결)

우리나라는 구 저작권법(2006.12.28. 법률 제8101호로 개정되기 전의 것, 이하 '저작권법'이라 한다) 제52조 제1호에 "저작재산권의 양도 또는 처분제한에 관한 사항은 이를 등록하지 아니하면 제3자에게 대항할 수 없다"라고 규정함으로써 저작권등록과 관련하여 대항요건주의를 채택하고 있는바, 이는 저작권자가 계약상대방과 저작권 양도계약을 체결하는 경우에는 별도의 저작권양도등록 없이도 위와 같은 의사표시의 합치에 의하여 저작권 이전이라고 하는 법률효과를 곧바로 발생시키고, 다만 저작권양도등록은 계약상대방과 양립할 수 없는 지위에 있는 제3자에 대한 관계에 있어서 계약 상대방과 제3자 중 누구를 권리자로 볼 것인지에 관한 대항요건에 해당한다는 법리이다.

그런데 위 피고들이 주장하는 바와 같이, 원래 저작권자였던 상속인들이 이 사건 제1-1 양도계약을 체결하고 선순위 양수인인 A로부터 양도대금을 모두 지급받은 경우를 가리켜 대항요건주의 내지 의사주의 원칙에 따라 상속인들이 무권리자가 되었다고 전제한 다음, 후순위 양수인인 원고가 체결한 이 사건 제2 양도계약은 무권리자로부터 저작권을 양수받은 경우에 해당하여 무효라고 보는 경우에는, 결국 후순위 양수인은 저작권양도등록을 먼저 경료하였는지 여부에 관계없이 언제나 선순위 양수인에게 대항할 수 없는 결과를 초래하게 되는데, 이러한 결과는 이중 양수인들 사이에는 저작권등록을 먼저 경료한 사람을 권리자로서 보호하는 우리 저작권법의 취지에 명백히 반하는 것으로서 허용된다고 할 수 없고, 이 사건 제1-1 양도계약의 체결 및 이행이 이 사건 제2 양도계약의 체결 및 이행보다 수년 전에 저작물 발생국인 미국에서 이루어진 것이라고 하여 달리 볼 것은 아니므로, 위 피고들의 위 주장은 이유 없다. [피고는 원고가 상속인들의 배임행위에 적극적으로 가담하였다고 주장하였으나 역시 받아들여지지 않았다.]

♣ 同旨: 서울고등법원 2008.7.8.선고 2007나80093 판결

[판례 4] 「이것이 법이다」 사건(서울북부지법 2008.12.30.선고 2007가합5940 판결)

[1] 저작권에 관한 계약이 저작권양도계약인지 이용허락계약인지 불분명하여 저작권양도 또는 이용허락 되었음이 외부적으로 표현되지 아니한 경우, 저작권자에게 권리가 유보된 것으로 유리하게 추정함이 상당하며, 계약 내용이 불분명한 경우 구체적인 의미를 해석함에 있어 거래관행이나 당사자의 지식, 행동 등을 종합하여 해석함이 상당하다.

[2] 만화스토리작가가 만화가의 의뢰에 의하여 만화스토리를 작성하여 제공하고 그 대가를 사전에 일괄하여 지급받은 경우, 이는 만화스토리작가가 제공한 만화스토리에 의해 완성된 만화가 출판되는 것에 대한 대가를 일괄 지급받은 것으로서 출판권설정계약 내지 저작권이용허락을 한 것으로 봄이 상당하고, 만화에 대한 저작권을 양도, 포기하였다거나 향후 재출판 또는 인터넷을 통한 온라인 서비스 제공 등 다른 매체를 통한 배포, 전송 등에 대하여도 이용허락을 한 것으로 볼 수는 없다.

[판례 5] 저작권을 양도했다고 볼 수 없는 경우(대법원 2012.1.27.선고 2010다50250 판결)

원고는 소외 1 회사와 사이에 하드웨어 및 소프트웨어를 포함한 전산시스템의

공급계약을 체결함에 있어, 시스템이 공급되는 점포별로 개별계약을 체결하였고, 그 공급계약서에는 프로그램저작권의 전부 또는 일부의 양도에 관한 내용이 포함되어 있지 않으며, 오히려 "저작권 보증"이라는 제목하에 "을(원고 회사)이 공급하는 s/w는 무단복사 또는 타인에게 전도하여서는 안 되며 이를 묵인하여서도 안 된다. 공급된 s/w 내용이나 사용방법의 공개로 인하여 을에게 피해가 없도록 하며 상기 내용은 1987년 7월 이후 시행된 저작권법에 준한다."라는 규정을 두고 있는 사실, 원고는 △△△△ 프로그램을 이루는 원심판결 별지 목록 순번 1 내지 4 기재 각 프로그램에 관하여 2001.4.12.부터 2004.9.30.까지 원고 명의로 프로그램 등록을 마쳤는데, 소외 1 회사는 이에 대하여 별다른 이의를 제기하지 않고 있는 사실 등을 알 수 있다.

앞서 본 법리에 따라 위 사실관계를 살펴보면, 원고와 소외 1 회사간의 계약 체결의 양태, 계약서의 내용 및 계약 체결 후의 정황 등에 비추어 특별한 사정이 없는 한 원고가 소외 1 회사에게 개별 점포별로 공급한 전산시스템의 유지보수를 위하여 필요한 한도 내의 프로그램 소스코드 등에 대한 사용허락을 넘어 △△△△ 프로그램 저작권의 전부 또는 일부를 양도하였다고 볼 수 없다.

[판례 6] '서울 1951년 겨울' 사건(서울서부지법 2012.8.17.선고 2010가합8341 판결)

망인(사진작가)이 피고에게 한국 사진 역사 연구에 사용해 달라며 아무런 대가 없이 이 사건 필름을 기증하였다고 하더라도, 저작권과 저작물(복제물)에 대한 소유권은 별개의 것이므로 저작물이 양도되었다고 하여 그 저작권까지 당연히 양도되는 것은 아니라 할 것이며, 이는 어디까지나 양도계약의 해석의 문제라 할 것이다. 저작권에 관한 계약의 해석의 법리에 비추어 볼 때, 망인이 피고에게 아무런 대가 없이 이 사건 필름의 소유권을 양도하였다고 하더라도 그것은 저작물의 이용을 허락한 것으로 볼 수 있을지언정 이를 넘어 다양한 권리를 포함하는 저작권 자체를 양도하였다고 보기는 어렵다.

2. 저작물의 이용허락

저작재산권자는 다른 사람에게 그 저작물의 이용을 허락할 수 있다(법 46조 1항). 허락은 저작재산권자의 이용승낙의 의사표시이며, 따라서 이용권은 계약에 의해서 발생한다.[345] 저작물의 이용허락을 받은 자는 허락을 받은 이용방법 및

345) 한국저작권위원회는 그 홈페이지에 다양한 저작권 계약서 양식을 게재하고 일반인이 이를 다운받아 사용할 수 있도록 하고 있다(http://www.copyright.or.kr/help/down/contract.do).

조건의 범위 안에서 그 저작물을 이용할 수 있다(법 46조 2항). 피허락자에게 주어진 이용권의 성질은 채권이다. 따라서 저작재산권이 제3자에게 양도된 경우는 이용권자는 양수인에게 자기의 이용권을 주장할 수 없다. 또 제3자의 침해에 대해서도 직접 침해의 금지를 청구할 수는 없다.[346)]

뿐만 아니라 허락에 의하여 저작물을 이용할 수 있는 권리는 신뢰관계에 기초하고 있기 때문에 저작재산권자의 동의 없이는 제3자에게 이를 양도할 수 없다(법 46조 3항).

◇ 이용허락범위의 제한적 해석

허락에 의하여 주어지는 이용권의 범위는 어디까지 미치는 것인가에 대하여는 계약에 명시되지 않는 한 반드시 명확한 것은 아니어서 분쟁이 생길 여지가 많다. 그 경우에는 거래계의 관습이라거나 사회통념에 따라 결정될 수밖에 없으나 우리의 경우는 그 사이 합리적인 저작권 관행이 성립되었다고 볼 수 없어 자칫하면 권리자에게 불리하게 해석되기 쉽다. 특히 새로운 매체의 발달과 더불어 계약 당시에는 전혀 예측하지 못한 이용방식이 나타나고 있으므로 이용계약의 해석도 권리자의 이익이 충분히 보장되는 방향에서 해석되어야 할 것이다. 계약 당시의 상황을 고려하지 않고 매절계약, 전속계약, 일체의 권리의 양도 등의 문언에 현혹되어 기계적으로 해석하면 권리자의 이익을 현저히 해치게 된다. 의심스러운 경우에는 권리자에게 유리하게 해석되어야 함은 물론이지만 계약 당시 양 당사자가 예측하지 못하였던 이용방식에 대해서는 문언여하에 불구하고 당초 계약의 이용허락범위에 포함되지 않는다고 제한적으로 해석되어야 할 것이다.[347)]

[판례 1] "이미배" 사건(대법원 1996.7.30.선고 95다29130 판결)

[1] 저작권에 관한 계약을 해석함에 있어 과연 그것이 저작권 양도계약인지 이용허락계약인지는 명백하지 아니한 경우, 저작권 양도 또는 이용허락 되었음이 외부적으로 표현되지 아니한 경우에는 저작자에게 권리가 유보된 것으로 유리하게 추정함이 상당하며, 계약내용이 불분명한 경우 구체적인 의미를 해석함에 있어 거래관행이나 당사자의 지식, 행동 등을 종합하여 해석함이 상당하다.[348)]

---

346) 다만 독점적 이용허락권인 경우는 저작권자를 대위하여 금지청구를 할 수 있다[벽면디자인사건(서울민사지법 1993.12.29.선고 99카합9920 판결); 소리바다사건(대법원 2007.1.25.선고 2005다11626 판결) 참조].

347) 이와 관련하여 독일에서의 '목적양도이론'에 대해서는 박익환, "저작권 계약의 해석에 관한 일 고찰," 「계간 저작권」 제22호, 44면 이하 및 제24호, 29면 이하 각 참조.

348) 同旨, 대법원 2012.1.27. 선고 2010다50250 판결.

[2] 저작권에 관한 이용허락계약의 해석에 있어서 저작권 이용허락을 받은 매체의 범위를 결정하는 것은 분쟁의 대상이 된 새로운 매체로부터 발생하는 이익을 누구에게 귀속시킬 것인가의 문제라고 할 것이므로, '녹음물 일체'에 관한 이용권을 허락하는 것으로 약정하였을 뿐 새로운 매체에 관한 이용허락에 대한 명시적인 약정이 없는 경우 과연 당사자 사이에 새로운 매체에 관하여도 이용을 허락한 것으로 볼 것인지에 관한 의사해석의 원칙은, i) 계약 당시 새로운 매체가 알려지지 아니한 경우인지 여부, 당사자가 계약의 구체적 의미를 제대로 이해한 경우인지 여부, 포괄적 이용허락에 비하여 현저히 균형을 잃은 대가만을 지급 받았다고 보여지는 경우로서 저작자의 보호와 공평의 견지에서 새로운 매체에 대한 예외조항을 명시하지 아니하였다고 하여 그 책임을 저작자에게 돌리는 것이 바람직하지 않은 경우인지 여부 등 당사자의 새로운 매체에 대한 지식, 경험, 경제적 지위, 진정한 의사, 관행 등을 고려하고, ii) 이용허락계약 조건이 저작물 이용에 따른 수익과 비교하여 지나치게 적은 대가만을 지급하는 조건으로 되어 있어 중대한 불균형이 있는 경우인지 여부, 이용을 허락 받은 자는 계약서에서 기술하고 있는 매체의 범위 내에 들어간다고 봄이 합리적이라고 판단되는 어떠한 사용도 가능하다고 해석할 수 있는 경우인지 여부 등 사회일반의 상식과 거래의 통념에 따른 계약의 합리적이고 공평한 해석의 필요성을 참작하며, iii) 새로운 매체를 통한 저작물의 이용이 기존의 매체를 통한 저작물의 이용에 미치는 경제적 영향, 만일 계약 당시 당사자들이 새로운 매체의 등장을 알았더라면 당사자들이 다른 내용의 약정을 하였으리라고 예상되는 경우인지 여부, 새로운 매체가 기존의 매체와 사용, 소비 방법에 있어 유사하여 기존 매체시장을 잠식, 대체하는 측면이 강한 경우이어서 이용자에게 새로운 매체에 대한 이용권이 허락된 것으로 볼 수 있는지 아니면 그와 달리 새로운 매체가 기술혁신을 통해 기존의 매체시장에 별다른 영향을 미치지 않으면서 새로운 시장을 창출하는 측면이 강한 경우이어서 새로운 매체에 대한 이용권이 저작자에게 유보된 것으로 볼 수 있는지 여부 등 새로운 매체로 인한 경제적 이익의 적절한 안배의 필요성 등을 종합적으로 고려하여 사회정의와 형평의 이념에 맞도록 해석하여야 한다.

* 본건은 이미배 사건(제1심: 서울동부지원 1994.5.13.선고 93가합8632 판결, 제2심: 서울고법 1995.6.1.선고 94나19909 판결)의 상고심으로 작사자, 작곡자 및 실연자와 음반제작사 사이의 음반제작계약을 비배타적 저작권 이용허락계약으로 해석하고, 음반제작계약 시에는 상용화되지 않은 새로운 매체인 시디(CD)음반으로 제작·판매한 것이 이용허락 범위 내에 포함된다고 보았다.

[판례 2] 건축설계도 사건(대법원 2000.6.13.고지 99마7466 결정)

가분적인 내용들로 이루어진 건축설계계약에 있어서 설계도서 등이 완성되어 건축주에게 교부되고 그에 따라 설계비 중 상당 부분이 지급되었으며 그 설계도서 등에 따른 건축공사가 상당한 정도로 진척되어 이를 중단할 경우 중대한 사회적·경제적 손실을 초래하게 되고 완성된 부분이 건축주에게 이익이 되는 경우에는 건축사와 건축주와의 사이에 건축설계계약관계가 해소되더라도 일단 건축주에게 허여된 설계도서 등에 관한 이용권은 의연 건축주에게 유보된다.

[판례 3] 뮤직디자인 사건(대법원 2002.9.24.선고 2001다60682 판결)

구 저작권법(2000.1.12. 법률 제6134호로 개정되기 전의 것) 제2조 제7호, 제67조는 음(音)을 음반에 맨 처음 고정한 음반제작자는 그 음반을 복제·배포할 권리를 가진다고 규정하면서도 같은 법 제62조에서는 음반제작자 등의 저작인접권에 관한 규정이 저작권에 영향을 미치는 것으로 해석되어서는 아니 된다고 규정하고 있고, 같은 법 제42조 제3항은 저작재산권자의 저작물 이용허락에 의하여 저작물을 이용할 수 있는 권리는 저작재산권자의 동의 없이 제3자에게 이를 양도할 수 없다고 규정하고 있는바, 음악저작물의 저작권자가 음반을 제작하고자 하는 음반제작자에게 음악저작물의 이용을 허락하는 것은 특별한 사정이 없는 한 음반제작자가 음반의 원반(原盤)을 제작하고 이를 보통의 음반으로 복제하여 판매·배포함을 허락하는 범위에 한정되는 것이므로, 저작권자가 이러한 이용허락의 범위를 넘어 자신의 저작재산권 중 복제·배포권의 처분권한까지를 음반제작자에게 부여하였다거나, 또는 음반제작자로 하여금 저작인접물인 음반 이외에 저작권자의 저작물에 대하여까지 이용허락을 할 수 있는 권한 또는 저작물의 이용권을 제3자에게 양도할 수 있는 권한을 부여하였다는 등의 특별한 사정이 인정되지 않는 한, 음반제작자에 의하여 제작된 원반(原盤) 등 저작인접물에 수록된 내용 중 일부씩을 발췌하여 이른바 '편집앨범'을 제작하고자 하는 자는 그 음반제작자의 그 저작인접물에 대한 이용허락 이외에 저작권자로부터 음악저작물에 대한 이용허락을 아울러 얻어야 한다.[349]

* 동일한 내용의 판결에 대법원 2006.7.13.선고 2004다10756 판결(원심 서울고법 2004.1.27.선고 2003나1832 판결) 이 있다.

[판례 4] '베이비북스 편집음반' 사건(대법원 2006.12.22.선고 2006다21002 판결)

[1] 음반제작자의 저작인접권은 음(音)을 음반에 맨 처음 고정시키는 행위를 통하여 생성된 음반에 관하여 발생하는 권리로서 작사자나 작곡자 등 저작자의 저작물에 관한 저작재산권과는 별개의 독립된 권리이기는 하나, 저작인접물인 음

349) 평석: 이대희, 「정보법판례백선(1)」, 435면.

반의 복제·배포에는 필연적으로 음반에 수록된 저작물의 이용이 수반되므로, 음반제작자 자신도 그 저작물의 저작재산권자로부터 이용허락을 받지 않으면 그 음반을 복제·배포할 수 없다.

[2] 음반제작자와 저작재산권자 사이에 체결된 이용허락계약을 해석함에 있어 이용허락의 범위가 명백하지 아니한 경우에는 당사자가 이용허락계약을 체결하게 된 동기 및 경위, 이용허락계약에 의하여 달성하려는 목적, 거래관행, 당사자의 지식, 경험 및 경제적 지위, 수수된 급부가 균형을 유지하고 있는지 여부, 이용허락 당시 당해 음악저작물의 이용방법이 예견 가능하였는지 및 그러한 이용방법을 알았더라면 당사자가 다른 내용의 약정을 하였을 것이라고 예상되는지 여부, 당해 음악저작물의 이용방법이 기존 음반시장을 대체하는 것인지 아니면 새로운 시장을 창출하는 것인지 여부 등 여러 사정을 종합하여 그 이용허락의 범위를 사회 일반의 상식과 거래의 통념에 따라 합리적으로 해석하여야 한다.[350)]

[3] 음반제작자가 원반(原盤)의 기획, 녹음 및 편집, 홍보 등 대부분의 제작 업무를 담당하면서 그 비용을 부담하였고, 원반에 수록된 곡들의 작사자 및 작곡자가 음반제작자의 기획·제작 및 홍보능력에 의지하여 음반제작자에게 별다른 제한을 두지 않고 자신의 음악저작물에 대한 이용을 허락하였다고 보이며, 음악저작물에 대한 이용허락 당시 음반제작자가 별도의 편집음반에 원반에 수록된 곡들을 포함할 수 있다는 정도는 예견할 수 있었다면, 음반제작자가 작사자 및 작곡자의 음악저작물 이용허락을 받아 제작한 원반을 복제하여 편집음반을 제작·판매할 수 있다.

[4] 여러 원반(原盤)에 수록된 곡들을 선정하여 다른 신곡들과 함께 편집음반에 수록하면서 원곡의 일부를 생략한 경우에도, 생략된 부분이 원곡의 저작자들의 창작 부분이 아니라 저작물을 편곡하여 원반을 제작하는 과정에서 프로듀서 등의 창작활동으로 형성된 부분이고, 편집음반에 수록된 곡들이 모두 저작자들이 자신의 저작물을 가창(歌唱)하도록 허락한 가수에 의하여 실연되었다면, 편집음반의 제작이 원곡에 대한 이용허락의 범위를 벗어나지 않았다.

[5] 저작권법(2006.12.28. 법률 제8101호로 전문 개정되기 전의 것) 제41조 제2항은 저작재산권의 전부를 양도하는 경우에 특약이 없는 때에는 같은 법 제21조의 규정에 의한 2차적 저작물 또는 편집저작물을 작성할 권리는 포함되지 아니한 것으로 추정한다고 규정하고 있는바, 저작재산권의 수탁자가 저작자들로부터 음악저작물에 대한 저작재산권을 신탁받으면서 음악저작물에 관한 편집저작물을 작성할 권리까지 이전받지 않았다면, 저작재산권의 수탁자는 편집저작물 작성권을 침해당하였음을 이유로 손해의 배상을 청구할 수 없다.

[판례 5] '순애보 편집음반' 사건(대법원 2007.2.22.선고 2005다74894 판결)

---

350) 同旨: 대법원 2008.4.24.선고, 2006다55593 판결; 대법원 2007.2.22.선고 2005다74894 판결 등.

저작재산권자가 음반제작자에게 저작물의 이용허락을 함에 있어서 자신의 저작재산권 중 복제·배포권의 처분권한까지 음반제작자에게 부여하였다거나, 또는 음반제작자로 하여금 저작인접물인 음반 이외에 저작재산권자의 저작물에 대하여까지 이용허락을 할 수 있는 권한 내지 저작물의 이용권을 제3자에게 양도할 수 있는 권한을 부여하였다는 등의 특별한 사정이 인정되지 않는 한, 음반제작자에 의하여 제작된 저작인접물인 음반에 수록된 내용 중 일부씩을 발췌하여 편집음반을 제작하고자 하는 자는 그 음반제작자의 저작인접물에 대한 이용허락 외에 저작재산권자로부터도 저작물에 대한 이용허락을 받아야 한다.

[판례 6] '신기한 아기나라' 사건(대법원 2008.4.24.선고 2006다55593 판결)

원심이 인정한 사실과 기록에 의하면, 원심 판시 이 사건 계약은 소외인 작사, 작곡의 동요 16곡을 수록한 카세트테이프 자체를 독자적인 상품으로 발매할 목적으로 체결된 것이 아니라, 위 동요를 '신기한 아기나라' 제품의 한 구성 부분으로 포함시켜 판매하기 위하여 체결된 점, 이 점을 잘 알고 있는 소외인도 피고로부터 '신기한 아기나라'의 매출량에 따른 대가가 아닌 1곡당 40만원(기존곡) 또는 50만원(신곡)의 확정된 금액을 지급받기로 약정하면서 그 이용기간을 한정하지 않은 점, 게다가 그 중 신곡에 대하여는 동종 업계에 제공하지 않기로 약정한 점, 피고는 이 사건 계약체결 후인 1997년경 다른 사람들에게 동요 작곡 등을 의뢰하면서 동요 1곡당 약 20만원 또는 40만원을 지급하고 그 작곡자 등이 제공한 곡의 저작권을 양수한 바 있고, 2000년경에는 작사가들에게 동요 가사 1곡당 10만원을 지급하고 저작재산권 및 저작물을 응용하여 이용할 수 있는 권리를 양수받은 바 있는 점, 이 사건 계약이 체결된 1993년경에는 이미 CD가 대중화되어 음반 발매시 카세트테이프뿐만 아니라 CD로도 함께 출시하는 것이 일반적인 경향이었던 점, '신기한 아기나라' 제품의 한 구성을 이루는 카세트테이프를 CD로 바꾸는 것은 새로운 시장을 창출하는 행위가 아닌 점, 이 사건 16곡의 이용기간에 대하여 아무런 한정을 하지 아니한 소외인이 그 이용매체를 카세트테이프로만 한정하여 사용을 허락할 만한 특별한 사정도 엿보이지 않는 점 등을 알 수 있는바, 이와 같은 여러 사정을 종합하여 보면, 소외인은 피고에게 이 사건 16곡에 대하여 '신기한 아기나라' 제품의 구성으로 사용하는 한 그 구체적인 사용매체에 대하여 제한을 두지 않고서 이용을 허락한 것으로 봄이 상당하다.

[판례 7] '언노운 싱어즈'(Unknown Singers) 사건(서울고법 2012.10.24.선고 2011나96415 판결)

음반 기획·제작업에 종사하던 갑이, 정식 대중가수로 데뷔하기 전인 을을 소개받아 1990년 을이 노래를 부르고 다른 연주자들이 반주를 한 음원을 만든 뒤 을의 매니저를 통해 을에게 가창료를 지급한 다음, 음원을 다른 업체에 제공하여 영어교육용 테이프를 제작·판매하게 하거나 자신이 직접 엘피(LP), 카세트테이프, CD 형식의 음반을 만들어 판매하여 오다가 음원을 제작한 때로부터 약 17년이 지난 후 병과 음원을 사용한 음반을 제작·판매하기 위한 계약을 체결하였고, 이에 따라 병이 음원을 담은 CD 음반과 DVD 영상물을 제작·판매하자 을이 병을 상대로 CD 음반과 DVD 영상물의 판매 등 금지를 구한 사안에서, 제반 사정에 비추어 음원 제작 당시 을은 갑에게 CD 음반과 같이 음이 유형물에 고정되는 방식의 음반 제작에 동의하여 음원에 관한 복제, 배포, 전송 등 실연자로서의 권리를 양도한 것으로 보이나, 음원 제작 당시 예상할 수 없었던 DVD 영상물을 제작할 수 있는 권리까지 갑에게 양도한 것으로 보이지는 않으므로, 병은 저작권법상 실연권자인 을의 동의나 권리의 양도 없이 DVD 영상물을 제작·판매함으로써 을의 복제권, 배포권을 침해하였고, 을의 음원에 관한 구 저작권법(1994.1.7. 법률 제4717호로 개정되기 전의 것)상 실연권은 음원을 제작한 1990년의 다음 해부터 기산하여 20년이 되는 2010.12.31.까지만 존속하였으나 현행 저작권법 부칙(2011.12.2.) 제4조 제1항, 제2항에 따라 존속기간이 50년으로 연장되었으므로, 병은 1990년의 다음 해부터 50년이 되는 2040.12.31.까지 DVD 영상물을 판매, 배포, 광고, 인도하여서는 안 된다.

◈ 참고 : 저작권 양도·이용허락 표준계약서[351)]

문화체육관광부는 2014년 10월 30일, 창작자를 보호하고 저작권 관련 계약 체결을 지원하기 위해 '저작권 양도·이용허락 표준계약서'를 마련해 발표했다. 이러한 저작권 양도·이용허락 표준계약서를 마련한 이유는 저작물의 종류와 이용 형태가 다양해지고, 저작권 계약 수요가 증가하고 있음에도 그동안 일반적인 저작권 양도와 이용허락을 위한 표준계약서가 없어 개인 창작자는 불리한 계약 내용을 인지하지 못한 채 계약을 체결하는 경우가 많았기 때문이다. 이에 문체부는 공정거래위원회와 협의를 거쳐 개인이 쉽게 사용할 수 있는 '저작권 양도·이용허락 표준계약서'와 이에 대한 해설서를 마련하였다. 표준계약서는 계약 형태에 따라 양도계약서(2종)와 이용허락 계약서(2종)로 구성되어 있으며, 주요 내용은 다음과 같다

- 개인 창작자가 자신이 가진 권리를 명확히 인지하지 못해 불리한 계약을 체결하는 것을 방지하기 위해 계약서에 복제권, 공연권, 공중송신권 등 저작재산권의 종류를 명시하고 이 중에 양도(이용허락)하려는 권리를 선택하도록 하였다.
- 특히 저작재산권을 전부 양도하는 경우에도 2차적 저작물 작성권은 원칙적으로 창작자에게 있으며, 이를 양도할 경우에는 별도로 특약을 맺도록 했다.

---

351) http://www.mcst.go.kr/web/s_notice/press/pressView.jsp?pSeq=13855. '저작권 양도·이용허락 표준계약서'와 해설서는 문화체육관광부 홈페이지와 한국저작권위원회 홈페이지에서 내려 받을 수 있다.

- 계약 금액은 상호 협의하여 지급 방식을 선택할 수 있도록 하고, 창작자에게 제때에 지급될 수 있도록 지급일자 등을 계약서에 명시하도록 하였다.
- 그 밖에도 양도인(권리자)과 양수인(이용자)의 의무, 손해배상, 분쟁해결 절차 등을 규정하여 저작물 이용 시 발생할 수 있는 분쟁을 방지하고자 했다.

3. 저작권의 질권설정

저작재산권에 대해서는 질권설정이 가능하다(일종의 권리질). 질권이 설정되었다고 하더라도 질권의 목적으로 된 저작재산권은 설정행위에 특약이 없는 한 저작재산권자가 이를 행사한다(법 47조 2항). 저작재산권을 목적으로 하는 질권은 그 저작재산권의 양도 또는 그 저작물의 이용에 따라 저작재산권자가 받을 금전 그 밖의 물건(제57조에 따른 배타적 발행권 및 제63조에 따른 출판권 설정의 대가를 포함한다)에 대하여도 행사할 수 있다. 다만, 이들의 지급 또는 인도 전에 이를 받을 권리를 압류하여야 한다(법 47조 1항).

4. 공동저작물의 저작재산권의 행사

공동저작물의 저작재산권은 그 저작재산권자 전원의 합의에 의하지 아니하고는 이를 행사할 수 없으며, 다른 저작재산권자의 동의가 없으면 그 지분을 양도하거나 질권의 목적으로 할 수 없다.[352] 이 경우 각 저작재산권자는 신의에 반하여 합의의 성립을 방해하거나 동의를 거부할 수 없다(법 48조). 문제는 공동저작자의 일방이 타방의 동의 없이 당해 공동저작물을 스스로 이용하는 경우이다. 판례는 그 경우는 설사 타방의 동의가 없더라도 저작권 침해로는 되지 아니한다고 한다.[353]

[판례 1] 부산지법 2005.4.12.자 2005카합77 결정

중국법인과 국내법인이 특정한 캐릭터를 이용한 애니메이션의 합동제작계약을 체결하면서 '중국 내 모든 판권은 중국법인이 갖는다'고 약정한 경우, '중국 내

352) 공동저작물의 일방 저작재산권자가 다른 저작재산권자의 동의 없이 공동저작물을 타인에게 양도하는 것은 다른 특별한 사정이 없는 한 무효라고 할 것이다(서울중앙지법 2013.11.25.자 2012카합2882 결정).

353) 후술, 대법원 2014.12.11.선고 2012도16066 판결. 반대로 민사사건에서는 침해를 인정하였다.

모든 판권'의 대상에는 원저작물뿐만 아니라 2차적 저작물도 포함되며, 그와 같은 약정은 공동저작물의 저작재산권의 행사방법으로서의 합의에 해당된다.

[판례 2] '이것이 법이다' 사건(서울북부지법 2008.12.30.선고 2007가합5940 판결)

만화가가 만화스토리작가의 동의 없이 공동저작물인 만화의 제호를 변경하여 재출판하고 인터넷 서비스 업체를 통해 만화 콘텐츠를 제공했다면 만화스토리작가의 복제권, 배포권, 공중송신권 및 동일성유지권을 침해하였다.

[판례 3] '친정엄마' 사건(대법원 2014.12.11.선고 2012도16066판결)

사실관계: 피고인이 자신의 원작 수필을 기초로 연극 초벌대본을 집필하고 고소인이 상당 부분 각색하여 최종대본을 완성한 다음 연극이 공연되었는데, 그 후 피고인이 고소인의 동의 없이 최종대본 대부분을 그대로 옮겨 뮤지컬 대본을 완성한 후 뮤지컬 공연에 이용하도록 하여 고소인의 저작권을 침해하였다는 내용으로 기소된 사안이다.[354)]

법원의 판단: 구 저작권법 제48조 제1항 전문은 "공동저작물의 저작재산권은 그 저작재산권자 전원의 합의에 의하지 아니하고는 이를 행사할 수 없다"고 정하고 있는데, 위 규정은 어디까지나 공동저작자들 사이에서 각자의 이바지한 부분을 분리하여 이용할 수 없는 단일한 공동저작물에 관한 저작재산권을 행사하는 방법을 정하고 있는 것일 뿐이므로, 공동저작자가 다른 공동저작자와의 합의 없이 공동저작물을 이용한다고 하더라도 그것은 공동저작자들 사이에서 위 규정이 정하고 있는 공동저작물에 관한 저작재산권의 행사방법을 위반한 행위가 되는 것에 그칠 뿐 다른 공동저작자의 공동저작물에 관한 저작재산권을 침해하는 행위까지 된다고 볼 수는 없다.[355)]

★ 비교: 서울남부지법 2013.2.19.선고 2011가합10007 판결: "공동저작자 중 일부가 합의 없이 전체 저작물에 대한 저작재산권을 행사하는 경우는, 다른 공동저작자의 저작재산권 지분 또는 합의하여 공동저작물을 행사할 권리 등 저작권법에 따라 보호되는 권리를 침해하는 경우에 해당한다." [항소심에서 조정 성립.]

5. 저작재산권의 소멸

저작재산권은 그 보호기간이 만료하면 소멸한다. 저작권법은 문화자산으로서의 저작물의 특수성에 비추어 ⅰ) 저작재산권자가 상속인이 없이 사망한 경

354) 본서, 제2장 제3절 Ⅳ. 2. '공동저작물' '친정엄마' 판결 부분 참조.

355) 제1심(서울남부지방법원 2012.7.6.선고 2012고정565 판결), 원심(서울남부지방법원 2012.12.6.선고 2012노979 판결).

우에 그 권리가 민법 기타의 법률의 규정에 의하여 국가에 귀속되는 경우, ii) 저작재산권자인 법인 또는 단체가 해산되어 그 권리가 민법 기타의 법률의 규정에 의하여 국가에 귀속되는 경우에는 저작재산권은 소멸한다(법 49조).

◈ 특별연고자에 대한 상속재산분여

사람이 사망하면, 그 자의 배우자와 일정한 혈족만이 상속을 하게 되며, 예컨대 사실혼의 배우자나 사실상의 양자 등과 같이 법률상으로는 상속인이 아니지만 실제로는 피상속인과 깊은 연고를 가지고 있는 자가 있더라도 그들에게 상속되는 것은 아니다. 여기서 법은 상속재산을 국고에 귀속시키기보다는 특별한 연고자에게 나누어주는 것이 보다 바람직하다는 견지에서 특별연고자에 대한 상속재산의 분여제도를 두고 있다(민법 1057조의2). 따라서 이 경우라면 저작권이 소멸하지 않고, 그 특별연고자에게 귀속한다고 할 것이다.

◈ 참고: 저작물 이용의 단계

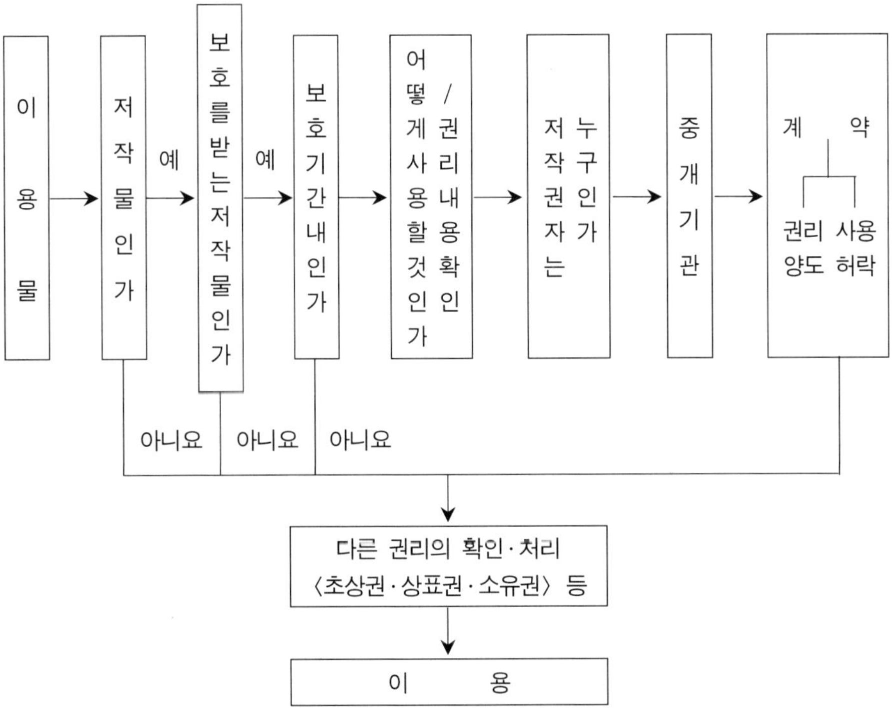

[자료: 田代貞之 外, 「광고와 저작권」, 29면]

[판례 1] 「제4공화국」 사건(서울지법 남부지원 1995.10.24.고지 95카합3860 결정)

공동저작물의 이용계약의 해제 여부에 있어서, 계약해제의 불가분성에 비추어 공동저작자 전원의 일치된 의사에 의하지 아니하고는 계약은 해제될 수 없다.

[판례 2] 공연에 있어서 음악저작물 이용허락의 범위(대법원 1994.12.9.선고 93다50321 판결)

작곡가가 극장공연용 주제곡을 작성하였다면, 특단의 사정이 없는 한 작곡을 의뢰할 당시 예정되거나 예견할 수 있는 범위 내에서의 재공연에 대한 대가는 작곡료에 포함되었다고 보는 것이 상당하고, 또한 재공연시 대가지급에 대한 약정 없이 작곡가의 묵시적 허락 하에 음악저작물을 사용하였다면, 법률상 원인 없이 이득이 발생하였다고 볼 수 없으므로 선의·무과실에 의한 저작재산권 침해를 이유로 한 부당이득반환청구는 인정되지 아니한다.

[판례 3] 「교직실무편람」 사건: 홈페이지에서 참고하도록 한 표시를 이용허락으로 볼 수 있는가(서울지법 1999.7.30.선고 98가합112564 판결)356)

사실관계: 원고는 서울특별시내의 교육발전을 위하여 1998년 2월경 「교직실무편람」을 제작·발행하였고, 피고는 탁설희소고시학원을 경영하면서 1998년 9월경 「탁설학교교육학」이라는 제목의 서적을 간행하여 판매해 왔는데, 피고는 「탁설학교교육학」을 제작함에 있어 원고의 허락 없이 원고 발행의 「교직실무편람」의 내용 중 4면부터 360면까지를 그 차례나 글자체, 글자크기 등만을 바꾸어서 위 「탁설학교교육학」에 무단 게재하였고, 그 출처를 밝히지 않은 채 피고를 편저자로 표시하였다.

판결요지: 법원은 "피고가 이 사건 침해 저작물을 간행함에 있어 원고의 저작물을 무단으로 이용하고, 그 출처를 밝히지 않은 행위는 원고의 저작재산권 및 저작인격권을 침해하는 불법행위라고 할 것"이라고 하면서, 이 사건 저작물이 이미 공표된 저작물로서 원고도 그 이용을 양해하였다는 취지의 피고 주장에 대해서는 "이 사건 저작물의 복사본이 이미 유포되어 있었고, 또 원고는 이 사건 저작물의 발간사에서 이 사건 저작물의 내용을 원고 산하 교육연구원의 홈페이지에 수록하니 필요한 경우 뽑아서 이용하길 바란다고 하였음은 인정되나, 공표된 저작물은 교육 등을 위하여 정당한 범위 안에서 공정한 관행에 합치되게 이를 이용할 수 있을 뿐인바(저작권법 25조), 피고의 무단이용행위가 이에 해당한다고 보기 어렵고, 또 원고의 위 발간사의 취지는 개인이 사적으로 이 사건 저작물을 이용함에 있어 필요한 부분을 자유롭게 참고하라는 것일 뿐 피고처럼 이를 상업적 목적으로 복제·판매하여도 된다는 뜻이라고 보이지도 않는다"고 하여 배척하였다.

---

356) 자료출처: 「저작권소식」(2000.3, 제67호, 8면).

제 7 절 저작권의 제한

〈관련조문: 저작권법 제23조 - 제44조, 제50조 - 제52조〉

- 저작재산권의 제한
  - 제23조: 재판절차 등에서의 복제
  - 제24조: 정치적 연설 등의 이용
  - 제24조의2: 공공저작물의 자유이용
  - 제25조: 학교교육목적 등에의 이용
  - 제26조: 시사보도를 위한 이용
  - 제27조: 시사적인 기사 및 논설의 복제 등
  - 제28조: 공표된 저작물의 인용
  - 제29조: 영리를 목적으로 하지 아니하는 공연·방송
  - 제30조: 사적 이용을 위한 복제
  - 제31조: 도서관 등에서의 복제 등
  - 제32조: 시험문제로서의 복제
  - 제33조: 시각장애인 등을 위한 복제 등
  - 제33조의2: 청각장애인 등을 위한 복제 등
  - 제34조: 방송사업자의 일시적 녹음·녹화
  - 제35조: 미술저작물 등의 전시 또는 복제
  - 제35조의2: 저작물 이용과정에서의 일시적 복제
  - 제35조의3: 저작물의 공정한 이용
  - 제36조: 번역 등에 의한 이용
  - 제37조: 출처의 명시
  - 제37조의2: 적용 제외
  - 제38조: 저작인격권과의 관계
- 저작재산권의 보호기간
  - 제39조: 보호기간의 원칙
  - 제40조: 무명 또는 이명 저작물 등의 보호기간
  - 제41조: 업무상저작물의 보호기간
  - 제42조: 영상저작물의 보호기간
  - 제43조: 계속적 간행물 등의 공표시기
  - 제44조: 보호기간의 기산
- 저작물 이용의 법정허락
  - 제50조: 저작재산권자 불명인 저작물의 이용
  - 제51조: 공표된 저작물의 방송
  - 제52조: 판매용 음반의 제작

Ⅰ. 서 설

저작권은 18세기 초기 제도하에서는 신성불가침이며 절대적·배타적으로 보호받는 권리로 인식되었지만 저작자에 대한 법률상 보호가 국가의 학문·예술 또는 지식전달·교육의 발전을 방해하거나 과학적·기술적 연구나 정보의 전달을 차단해서는 안 될 것이다. 저작권도 다른 재산권과 마찬가지로 권리 자체에 내재하는 제한이 있을 뿐만 아니라 공공복리를 위하여 제한될 수도 있다. 무엇보다도 저작권은 일정한 기간 동안만 경제적인 이익을 독점하는 유한한 권리이다. 존속기간이 종료되면 누구나 자유롭게 이용할 수 있는 공유재산이 된다.

Ⅱ. 자유사용

1. 서 언

특정한 경우 일반공중이 저작권자의 허락을 받지 않고 저작물을 자유로이 사용할 수 있는 것을 자유사용(free use)이라 한다.[357] 우리 저작권법 제2장 제4절 제2관은 저작재산권의 제한으로 규정하고 있다.

이 이론은 영미법상 공정이용의 법리에 의해 발전되어 온 것인데 우리 저작권법은 이를 구체적으로 명문화하고 있다(법 23조~38조). 가장 문제가 되는 것은 이와 같은 경우에 과연 그 저작물의 사용이 저작권자의 이익을 부당하게 침해하는 것은 아닌지, 즉 공정한 관행에 합치되는 이용인지 아닌지의 여부이며 이는 궁극적으로 법원의 판단에 맡겨진다.

◈ 국제 협약상의 저작권제한

1) 베른협약(9조 2항) 특별한 경우에 있어서 그러한 저작물의 복제를 허

357) 저작물의 자유사용(free use)을 영국법에서는 fair dealing, 미국법에서는 fair use라 부르며, 입법에 따라서는 저작권의 제한(restrictions) 또는 예외(exceptions)로 규정하고 있다.

용하는 것은 동맹국의 입법에 맡긴다. 다만, 그러한 복제는 저작물의 통상적인 이용과 충돌하지 아니하여야 하며, 저작자의 합법적인 이익을 부당하게 해치지 아니하여야 한다.

2) WTO/TRIPs(13조) 회원국은 배타적 권리에 대한 제한 또는 예외를 저작물의 통상적 이용과 충돌하지 아니하고 권리자의 합법적인 이익을 부당하게 해치지 아니하는 일부 특별한 경우로 한정한다.

3) WCT(10조) ① 체약 당사자는 저작물의 통상적인 이용과 충돌하지 아니하고 저작자의 합법적인 이익을 부당하게 해치지 아니하는 특별한 경우에, 이 조약에서 문학·예술 저작물의 저작자에게 부여한 권리에 대한 제한과 예외를 국내법으로 규정할 수 있다.

② 체약 당사자는 베른협약을 적용할 경우에, 동 협약에서 규정한 권리에 대한 제한과 예외를 저작물의 통상적인 이용과 충돌하거나 저작자의 합법적인 이익을 부당하게 해치지 아니하는 특별한 경우로 한정하여야 한다.

위에서 본 바와 같이 저작재산권의 제한은 ① 저작물의 통상적인 이용과 충돌하지 아니하고, ② 저작자의 합법적인 이익을 부당하게 해치지 아니하는, ③ 특별한 경우에 가능하다. 이를 3요건을 충족시켜야 한다는 데서 이를 이른바 '3단계 테스트'(3 Step Test)라고 한다.

2. 우리법상 저작재산권의 제한

다음의 경우에는 저작재산권자의 허락 없이 저작물을 자유로이 사용할 수 있다.

(1) 재판절차 등에서의 복제(법 23조)

재판절차를 위하여 필요한 경우이거나 입법·행정의 목적을 위한 내부자료로서 필요한 경우에는 그 한도 안에서 저작물을 복제할 수 있다.[358] 본조에 의한 이용은 다른 경우와는 달리 미공표저작물도 이용할 수 있다.[359] 또 복제주체에도 제한은 없다.[360] 다만, 이러한 재판절차 등에서의 복제에는 출처

358) 컴퓨터프로그램의 이용과 관련해서는 별도의 규정(법 제101조의3)이 있다.

359) 내부자료로만 이용되는 한 공표의 문제는 없으나 만약 이것이 공표되면 공표권 침해로 된다(법 38조 참조).

360) 우리나라나 일본의 대다수의 견해는 재판절차에서 이용하기 위한 복제는 법관뿐만 아니라 당사자나 변호인, 증인 등도 이 조항에 의하여 복제할 수 있으나 입법·행정의 목적

를 명시하여야 하며, 그 저작물의 종류와 복제의 부수 및 형태 등에 비추어 당해 저작재산권자의 이익을 부당하게 침해하여서는 아니 된다.

■ 참고: 일본 저작권법 제42조 제2항

> 1. 행정청이 행하는 특허, 의장 혹은 상표에 관한 심사, 실용신안에 관한 기술적인 평가 또는 국제출원[특허협력조약에 근거하는 국제출원 등에 관한 법률(1978년 법률 제30호) 제2조에 규정하는 국제출원을 말한다]에 관한 국제조사 혹은 국제예비심사에 관한 절차
>
> 2. 행정청 혹은 독립행정법인이 행하는 약사 {의료기기[약사법(1960년 법률제145호) 제2조 제4항에 규정하는 의료기기를 말한다]에 관한 사항을 포함한다. 이하 이 호에서 같다}에 관한 심사 혹은 조사 또는 행정청 혹은 독립행정법인에 대한 약사에 관한 보고에 관한 절차

(2) 정치적 연설 등의 이용(법 24조)

공개적으로 행한 정치적 연설 및 법정·국회 또는 지방의회에서 공개적으로 행한 진술은 어떠한 방법으로도 이용할 수 있다. 다만, 동일한 저작자의 연설이나 진술을 편집하여 이용하는 경우에는 그러하지 아니하다.

2006년 개정 전의 법은 공개한 법정·국회 또는 지방의회에서의 연술을 보호받지 못하는 저작물로 규정하고 있었다(개정 전의 법 7조 6호). 그러나 개정

을 위한 내부자료로 이용하는 경우는 '입법기관이나 행정기관의 직원'에 한정된다고 본다. 일반론으로는 그렇게 이야기할 수 있을지 모르나 민원사무를 생각하면 이러한 견해는 타당치 못하다. 예컨대 의약품 판매를 위하여 식약청에 허가를 신청하는 경우, 그 약효를 입증하는 자료를 제출해야 되는데 그에 필요한 기존 자료를 민원인이 복사하여 제출하였다고 하여 이를 저작권침해로 볼 것은 아니다. 내부자료는 외부자료와 대비되는 개념이고 따라서 행정청 직원이라고 하더라도 외부 홍보자료로 이용하기 위해서 복제하는 것은 허용되지 않지만 행정목적을 위한 내부자료로 이용한다면 복제주체에 제한을 둘 것은 아니다. 여기서 중요한 것은 어떠한 목적으로 복제하였는가이며, 누가 복제하였는가는 아니다. 또 민원인이 허가를 받지 못해 행정소송을 제기하는 경우, 당초 허가를 받기 위해 행정청에 자료를 제출할 때는 복제할 수 없고, 소송 단계로 되어서야 소송의 당사자로 되어 복제할 수 있다고 하는 것은 난센스(nonsense)에 불과하다. 일본의 경우에야 저작권법 제42조 제2항이 있어 그 불합리를 어느 정도 완화할 수 있지만 우리의 경우는 이러한 조항도 없어 경우에 따라서는 매우 부당한 결과가 초래된다(후술 이른바 '리프리놀' 사건 참조).

법은 이들도 연술자의 사상·감정이 표현된 것으로 저작물이기는 하되, 이들을 널리 알릴 필요상 어떠한 방법으로도 자유롭게 이용할 수 있도록 하였다. 또 구법에서는 "공개한 법정·국회 또는 지방의회에서의 연술"로 되어 있었으나 개정법은 여기에 "공개적으로 행한 정치적 연설"을 추가하였다. 다만, 동일한 저작자의 연설이나 진술을 편집하여 이용하는 경우에는 당해 저작자의 허락을 얻어야 한다.[361] 이것은 당해 저작자의 인격적 이익도 고려한 것이다.

(3) 공공저작물의 자유이용(제24조의2)

2013년 개정법은 "국가 또는 지방자치단체가 업무상 작성하여 공표한 저작물이나 계약에 따라 저작재산권의 전부를 보유한 저작물은 허락 없이 이용할 수 있다"고 규정한다(제1항). 자유로이 이용할 수 있는 저작물의 하나는 '국가 또는 지방자치단체가 업무상 작성하여 공표한 저작물'이다. 예컨대 각종 연감이나 백서와 같이 국가나 지방자치단체에서 업무상 작성하여 공표한 저작물은 저작자가 국가 등이고, 또 이것은 공익 목적으로 예산을 투입하여 제작된 저작물이므로 저작재산권의 보호를 배제하고 납세자인 일반 국민들의 자유로운 이용을 보장하는 것이다.[362] 자유로이 이용할 수 있는 저작물의 또 하나는 '국가 또는 지방자치단체가 계약에 따라 저작재산권의 전부를 보유한 저작물'이다. 저작재산권의 전부를 보유한 저작물이며, 일부를 보유한 것은 이에 해당하지 아니한다. 다만 이러한 저작물이라 하더라도 다음 각 호의 어느 하나에 해당하는 경우에는 그러하지 아니하다"

1. 국가안전보장에 관련되는 정보를 포함하는 경우.
2. 개인의 사생활 또는 사업상 비밀에 해당하는 경우.
3. 다른 법률에 따라 공개가 제한되는 정보를 포함하는 경우.
4. 제112조에 따른 한국저작권위원회에 등록된 저작물로서 「국유재산법」에 따른 국유재산 또는 「공유재산 및 물품 관리법」에 따른 공유재산으로 관리되는 경우. 다만 제4호의 경우는 자유로운 이용을 위하여 필요하다고 인정하는 경우

---

361) 예컨대 제100회 국회에서 갑, 을, 병, 정, … 의원이 한 연설을 모아서 출판하는 것은 자유이나 갑 의원이 한 공개적 연설, 국회 진술 등만을 모아 출판하려면 — 예컨대 '갑의원 연설집' — 갑 의원의 허락을 얻어야 한다.

362) 저작권법 일부개정법률안(대안), 대안제안 경위 참조.

「국유재산법」 또는 「공유재산 및 물품 관리법」에도 불구하고 대통령령으로 정하는 바에 따라 사용하게 할 수 있다(본조 제3항).

(4) 학교교육목적 등에의 이용(법 25조)

공표된 저작물을 학교교육목적을 위하여 사용하는 경우 우리 법 제25조는 자유이용(free use)이라고 볼 수 있는 경우와 후술하는 법정허락(statutory licences)의 일종이라고 볼 수 있는 경우를 동일조문에서 규정하고 있다.

1) 고등학교 및 이에 준하는 학교 이하의 학교의 교육목적상 필요한 교과용 도서에는 공표된 저작물을 게재할 수 있되(법 25조 1항) 문화체육관광부장관이 정하여 고시하는 기준에 의한 보상금을 저작재산권자에게 지급하여야 한다.[363] 본조는 교과용 도서라고 규정하고 있으므로 소위 학습참고서류는 포함하지 아니한다.

2) 특별법[364]에 의하여 설립되었거나 「유아교육법」, 「초·중등교육법」 또는 「고등교육법」에 따른 학교, 국가나 지방자치단체가 운영하는 교육기관 및 이들 교육기관의 수업을 지원하기 위하여 국가나 지방자치단체에 소속된 교육지원기관은 그 수업 또는 지원 목적상 필요하다고 인정되는 경우에는 공표된 저작물의 일부분을 복제·배포·공연·전시 또는 공중송신할 수 있다.

다만, 저작물의 성질이나 그 이용의 목적 및 형태 등에 비추어 저작물의 전부를 이용하는 것이 부득이한 경우에는 전부를 이용할 수 있다(법 25조 2항). 이 경우 당해 교육기관이 고등학교 및 이에 준하는 학교 이하의 학교라면 자유사용할 수 있되 대학이나 그 이상의 교육기관이라면 문화체육관광부장관이 정하여 고시하는 기준에 의한 보상금을 지급하여야 한다.[365] 또 교육을 받는 자는 수업목적상 필요하다고 인정되는 경우에는 제2항의 범위 내에서 공표된 저작물을 복제하거나 전송할 수 있다. 이것은 교사뿐만 아니라 학생도 복제하거

---

363) 컴퓨터프로그램의 이용과 관련해서는 별도의 규정(법 제101조의3)이 있다. 「교과용도서의 저작물 이용 보상금」 기준에 대해서는 본서 권말 부록 참조.

364) 「평생교육법」, 「직업교육훈련촉진법」, 「산업교육 및 산학협력촉진에 관한 법률」, 「특수교육진흥법」 등. 그러나 「학원의 설립·운영 및 과외교습에 관한 법률」에 의한 학원이나 교습소는 제외된다.

365) 수업목적 저작물 이용 보상금 기준(2014.2.26. 문화체육관광부고시 제2014-8호). 구체적인 내용은 본서 권말 부록 참조.

나 전송할 수 있다는 의미이며, 수업이 교사로부터 학생에게 일방적으로 행해지는 것이 아니라 학생도 교사에게 쌍방향으로 이루어지는 소통과정임을 고려한 것이다.[366]

2006년 개정에서 전송까지 포함시킨 것은 인터넷 환경하에서 원격교육에 대비하기 위한 것이다. 다만 교육기관이 전송을 하는 경우에는 저작권 그 밖에 이 법에 의하여 보호되는 권리의 침해를 방지하기 위하여 복제방지조치 등 대통령령이 정하는 필요한 조치를 하여야 한다. 여기서 말하는 "대통령령이 정하는 필요한 조치"란 다음 각 호의 조치를 말한다.

1. 불법 이용을 방지하기 위하여 필요한 다음 각 목에 해당하는 기술적 조치
   가. 전송하는 저작물을 수업을 받는 자 외에는 이용할 수 없도록 하는 접근제한조치
   나. 전송하는 저작물을 수업을 받는 자 외에는 복제할 수 없도록 하는 복제방지조치
2. 저작물에 저작권 보호 관련 경고문구의 표시
3. 전송과 관련한 보상금을 산정하기 위한 장치의 설치

또 2009년 개정은 교육기관에 한정하지 않고, 더 나아가 교육기관의 수업을 지원하기 위하여 국가나 지방자치단체에 소속된 교육지원기관은 그 수업 또는 지원 목적상 필요하다고 인정되는 경우에는 공표된 저작물의 일부분을 복제 · 배포 · 공연 · 방송 또는 전송할 수 있다고 규정한다. 이로써 교육지원을 위하여 설립된 국공립연구소 등에서도 교육지원자료를 작성하는 데 필요한 범위에서 저작물 이용이 가능하게 되었다.

한편 공표된 저작물을 교육목적 등을 위하여 이용하는 경우에는 부득이 한 범위 안에서 표현의 변경은 가능하나(법 13조 참조), 출처는 명시하여야 한다(법 37조 참조).

3) 교과용 도서에 게재하거나 대학 등에서 복제 · 배포 · 공연 · 방송 또는 전송하는 경우에는 보상금을 지급하여야 하나[367] 저작권자가 가지는 보상을

366) 임원선, 「실무자를 위한 저작권법」, 저작권심의조정위원회, 2006.12, 189면.

367) 시행령 제2조(복제 · 공연 등 내역의 제출) 법 제25조 제1항 및 제2항에 따라 저작물을 이용하려는 자는 법 제25조 제5항에 따라 보상을 받을 권리를 행사하는 단체(이하

받을 권리는 문화체육관광부장관이 지정하는 단체를 통하여 행사되어야 한다(법 25조 5항). 지정받은 단체[368]는 그 구성원이 아니라도 보상권리자로부터 신청이 있을 때에는 그 자를 위하여 그 권리행사를 거부할 수 없다. 이 경우 그 단체는 자기의 명의로 그 권리에 관한 재판상 또는 재판 외의 행위를 할 권한을 가진다.

4) 지정받은 단체는 보상금 분배 공고를 한 날부터 3년이 경과한 미분배 보상금에 대하여 문화체육관광부장관의 승인을 얻어 공익목적을 위하여 사용할 수 있다. 법 제25조 제8항에서 "공익목적"이란 다음 각 호의 목적을 말한다(시행령 8조 1항).

1. 저작권 교육·홍보 및 연구
2. 저작권 정보의 관리 및 제공
3. 저작물 창작 활동의 지원
4. 저작권 보호 사업
5. 창작자 권익옹호 사업
6. 저작물 이용 활성화 및 공정한 이용을 도모하기 위한 사업

[판례 1] 전통문양 사건 = 교과용 도서의 의미(대법원 1979.12.28.선고 79도1482 판결)

교과용 도서라 함은 문교부령인 교과용 도서에 관한 규정 제1조, 제2조에 의하여 대학, 사범대학, 교육대학, 실업고등전문학교, 전문학교를 제외한 각 학교의 교과서, 지도서, 인정도서를 말하는 것이라 할 것인데, 기록에 의하면 피고인의 저서는 대학 응용미술관계의 교재를 겸한 것으로서 위 법에 말하는 각 대학을 제외한 각급 학교의 교과서 기타에는 해당하지 않음이 명백하다.

[판례 2] '표준전과' 삽화 사건(서울민사지법 1992.6.5.선고 91가합39509 판결)

피고는 고등학교 및 이에 준하는 학교 이하의 학교의 교육목적상 필요한 교과용 도서에는 공표된 저작물을 게재할 수 있는데, 위 표준전과는 교과용 도서에 속하므로 보상금지급의무가 없다고 항변하므로 살피건대, … 위 표준전과가 교육부가 저작권을 가지거나 교육부장관의 검정 또는 승인을 받은 도서라고 인정

"보상금수령단체"라 한다)에 복제·배포·공연·방송 및 전송의 내역을 제출하고 그에 해당하는 보상금을 지급하여야 한다.

368) 현재 지정받은 단체는 "한국복사전송권협회"이다.

할 만한 증거가 없고, 참고서는 교과용 도서에 해당되지 아니하므로 위 항변은 이유 없다.

* 「교과용 도서에 관한 규정」은 현재 대통령령으로 되어 있다(대통령령 제23726호, 2012.4.16, 일부개정). 동 규정에서 사용하는 용어의 정의는 다음과 같다(2조).

1. "교과용도서"라 함은 교과서 및 지도서를 말한다.
2. "교과서"라 함은 학교에서 학생들의 교육을 위하여 사용되는 학생용의 서책·음반·영상 및 전자저작물 등을 말한다.
3. "지도서"라 함은 학교에서 학생들의 교육을 위하여 사용되는 교사용의 서책·음반·영상 및 전자저작물 등을 말한다.
4. "국정도서"라 함은 교육과학기술부가 저작권을 가진 교과용도서를 말한다.
5. "검정도서"라 함은 교육과학기술부장관의 검정을 받은 교과용도서를 말한다.
6. "인정도서"라 함은 국정도서·검정도서가 없는 경우 또는 이를 사용하기 곤란하거나 보충할 필요가 있는 경우에 사용하기 위하여 교육과학기술부장관의 인정을 받은 교과용도서를 말한다.

7. 8. (생략)

[판례 3] 교학사 자습서 사건 = 교과서에 수록된 저작물의 보호 = 적정 사용료 산출 방식(서울지법 남부지원 1995.6.1.고지 95카합148 결정)

가. 실명이나 널리 알려진 이명을 표시하지 아니한 교과서에 수록된 무기명 저작물은 당해 저작물에 발행자로 표시된 자가 저작권을 가지는 것으로 추정한다는 저작권법 제8조(저작자 등의 추정) 제2항과 법인, 단체 그 밖의 사용자의 기획 하에 법인 등의 업무에 종사하는 자가 업무상 작성하는 저작물로서 법인 등의 명의로 공표된 것의 저작자는 다른 정함이 없으면 그 법인이 된다는 제9조(단체명의 저작물의 저작자)의 규정에 따라, 교육부가 교과서 편찬에 게재할 기획하에 교육개발연구원에 촉탁하여 그 소속직원들이나 위촉에 의하여 선정된 필자에 의하여 집필된 저작물들로서 교육부의 명의로 발행된 교과서에 최초 게재되었다면 그 무기명 저작물들은 그 공표자인 교육부에 저작권이 있다.

나. 교과서에 수록된 기명 저작물에 대하여는 (사)한국문예학술저작권협회가 수탁관리하는 원저작자들이 가지는 배타적인 저작재산권을 대신 행사할 수 있는 것이고, 피신청인이 자신의 자습서에 보호되는 저작물들을 그대로 전부 인용·게재한 것은 저작물의 무단이용에 해당하여 일응 신청인이 관리하는 원저작자들의 저작재산권을 침해한 것이므로 신청인에게 피보전권리가 있다. 그런데 도서의 전면적인 제작·판매·반포를 금지하는 임시의 지위를 구하는 가처분은 그

성질상 권리관계에 다툼이 있고, 그로 인하여 생길 염려가 있는 현저한 손해를 피하거나 급박한 강폭을 방지하기 위한 필요성이 요구된다는 점에서 다른 가처분에 비해서 그 보전의 필요성이 고도로 요구된다.

다. 피신청인 발행의 자습서가 어느 정도의 공익성을 가지고 있다는 점과 이 사건 기명 저작물들은 일반인에게 이미 상당한 정도로 공표되어 있다는 점, 또한 이 사건 기명 저작물들이 교과서에 게재됨으로써 자습서의 게재를 당연히 예정하고 있다는 점, 뿐만 아니라 신청인은 과거 수 년 동안 피신청인 발행의 자습서에 이 사건 기명 저작물들의 게재를 전면적이고 영구적으로 부인하는 태도가 아니라 자습서에 게재를 사실상 묵인·승낙하는 것을 전제로 한 상당한 액수의 사용료를 지급받는 점에 중점을 두고 피신청인과 협상을 벌여 왔고, 피신청인 또한 적절한 액수로 타협되기만 한다면 신청인에 대한 저작권 사용료를 언제든지 지급할 의사가 있다는 점 등에 비추어 이 사건 가처분 신청에 있어서의 보전의 필요성 문제는 객관적이고도 공정한 사용료를 산출하여 피신청인이 이를 지급할 의사가 있는가의 여부에 달려 있다고 할 것이다.

라. 이 사건 기명 저작물에 대한 이용관계는 일반적인 출판계약처럼 미공개 저작물에 대한 독점적이고 배타적이며 상당기간의 사용기간이 보장된 이용관계가 아니라 이 사건 저작물들이 이미 공표되어 사실상 일반인들에게 알려져 있는 저작물들이고, 그 이용의 태양이 피신청인과의 이용관계 성립과는 별도로 얼마든지 별개의 이용관계가 성립될 수 있으며, 사용기간 또한 교과서가 새로이 편찬되는 시기까지의 기간에 한한다는 점과 피신청인 발행의 자습서들이 통상적으로 매년 초마다 그 수요가 창출된다는 점을 감안하여 본다면, 피신청인 발행의 자습서에 게재된 이 사건 저작물들이 운문인 경우에는 일률적으로 1편당 금 100,000원, 산문인 경우에는 자습서에서 차지하는 면수를 200자 원고지로 분량을 환산하여 1장당 금 6,000원으로 계산한 금액을 매년 지급하는 방식이 적절한 사용료 산출 및 지급방식이라고 할 것인바[매년 8,180,000원{(운문 11편×100,000)+(산문 1,180장×6,000원)}], 이것은 신청인 주장의 인세제 방식(판매부수×판매정가×인세율×자습서의 교과서 의존율)이 아니고 피신청인 주장의 정액제 방식에 따른 것이어서 피신청인으로서는 위 적정 사용료를 언제든지 지급할 의사가 있다고 보여져, 이 사건 가처분 신청이 받아들여지지 않는다 하더라도 저작권 침해로 인한 신청인의 손해가 보전될 가능성이 있는 이상 신청인에게 이 사건 가처분 신청을 인용하여야 할 현저한 위험이나 급박한 강폭의 위험성은 있지 않다. 신청인의 가처분 신청은 그 보전의 필요성이 없다 할 것이어서 이유 없다.

♣ coffee break: 교과서에 실리지 않을 자유

2010년 5월 1일자 연합뉴스 등 여러 신문들은 작가 김영하 씨가 자신의 문학작품이 교과서에 실리게 된 데 대해 「작가의 뜻에 반한다」며 이례적으로 반대하고 나섰다고 보도했다.

2010년 4월 27일 자신의 산문인 '상상은 짬뽕이다'의 일부가 중학교 1학년 2학기 검정교과서에 실렸다는 사실을 뒤늦게 통보받고, 김 작가는 "내 글이 국어교과서에 실리는 것을 반대한다. 국어교과서들은 시를 제외하고 원문을 그대로 싣는 법이 거의 없다"며 "작가가 추구했던 내적 완결성은 온데간데없이 사라지고 문학은 문장으로 환원되거나 교과서 '저자'들의 맥락 속으로 폭력적으로 편입되고 만다"고 반대 이유를 밝혔다고 한다. 이에 해당 출판사는 2011학년도 교과서에서는 김 작가의 글을 뺄 수 있도록 교과서 편찬자들과 협의하겠다고 약속을 하였다고 한다. 향후 작가의 의사와 교육목적 저작권 제한이 조화되도록 제도적 장치를 강구할 필요는 있다고 본다.[369)]

(5) 시사보도를 위한 이용(법 26조)

방송·신문 그 밖의 방법에 의하여 시사보도를 하는 경우에 있어서 그 과정에서 보이거나 들리는 저작물은 보도를 위한 정당한 범위 안에서 복제·배포·공연 또는 공중송신할 수 있다.

(6) 시사적인 기사 및 논설의 복제 등(법 27조)

정치·경제·사회·문화·종교에 관하여 「신문 등의 자유와 기능보장에 관한 법률」 제2조의 규정에 따른 신문[370)] 및 인터넷신문 또는 「뉴스통신진흥에 관한 법률」 제2조의 규정에 따른 뉴스통신[371)]에 게재된 시사적인 기사나 논설

---

369) 남형두, "교과서와 저작권," 「출판문화」(553호), 대한출판문화협회, 2011.12 참조.

370) "신문"이라 함은 정치·경제·사회·문화·시사·산업·과학·종교·교육·체육 등 전체분야 또는 특정분야에 관한 보도·논평·여론 및 정보 등을 전파하기 위하여 동일한 제호로 월 2회 이상 발행하는 간행물로서 다음 각목의 것을 말한다.

가. 일반일간신문: 정치·경제·사회·문화·시사 등에 관한 보도·논평 및 여론 등을 전파하기 위하여 매일 발행하는 간행물

나. 특수일간신문: 산업·과학·종교·교육 또는 체육 등 특정분야(정치를 제외한다)에 국한된 사항의 보도·논평 및 여론 등을 전파하기 위하여 매일 발행하는 간행물

다. 외국어일간신문: 외국어로 발행하는 일반일간신문 또는 특수일간신문

라. 일반주간신문: 정치·경제·사회·문화·시사 등에 관한 보도·논평 및 여론 등을 전파하기 위하여 매주 1회 발행하는 간행물(주 2회 또는 월 2회 이상 발행하는 것을 포함한다)

마. 특수주간신문: 산업·과학·종교·교육 또는 체육 등 특정분야(정치를 제외한다)에 국한된 사항의 보도·논평 및 여론 등을 전파하기 위하여 매주 1회 발행하는 간행물(주 2회 또는 월 2회 이상 발행하는 것을 포함한다)

은 다른 언론기관이 복제·배포 또는 방송할 수 있다. 다만, 이용을 금지하는 표시가 있는 경우에는 그러하지 아니하다.

이 규정은 이른바 전재(轉載)규정으로 베른 협약 제10조의2 제1항[372]을 본받아 2006년법에 도입된 규정이다. 일본 역시 유사한 규정을 두고 있다.[373]

이용의 대상이 되는 것은 시사적인 기사나 논설이다. 시사적인 것이라고 하더라도 잡지에 게재된 내용이나 방송[374]은 이용할 수 없다.

또 ⓒ표시나 "모든 권리 유보"와 같은 일반적인 표시는 본조 단서에서 말하는 이용을 금지하는 표시에 포함되지 않는다.[375]

(7) 공표된 저작물의 인용(법 28조)

공표된 저작물은 보도·비평·교육·연구 등을 위하여는 정당한 범위 안에서 공정한 관행에 합치되게 이를 인용할 수 있다. 허용될 수 있는 인용인지의 여부는 그 목적이나 관행에 의하여 정당화될 수 있는 범위 내인지에 달려있다. 어느 정도가 정당화될 수 있는 범위 내인지에 대해서는 일정한 기준이

---

371) "뉴스통신"이라 함은 전파법에 의하여 무선국의 허가를 받아 외국의 뉴스통신사와 뉴스통신계약을 체결하고 국내외의 정치·경제·사회·문화·시사 등에 관한 보도·논평 및 여론 등을 전파함을 목적으로 행하는 송수신 또는 이를 목적으로 발행하는 간행물을 말한다.

372) 베른협약(10조의2 제1항): 경제·정치 또는 종교적인 시사 문제에 관하여 신문이나 정기간행물에 발행된 기사 및 같은 성격의 방송저작물이 언론에 의하여 복제되거나, 방송되거나, 유선으로 공중에 전달되는 것을 허용하는 것은 그 복제, 방송 또는 전달이 명시적으로 유보되지 아니한 경우에, 동맹국의 입법에 맡긴다. 다만, 출처는 항상 분명히 표시되어야 한다. 이 의무의 위반에 따른 법적 효과는 보호가 주장되는 국가의 입법에 따라 결정한다.

373) 일본 저작권법(제39조 - 시사문제에 관한 논설의 전재 등) ① 신문 또는 잡지에 게재하여 발행된 정치적, 경제적, 또는 사회적인 시사문제에 관한 논설(학술적인 성질을 가지는 것을 제외한다)은 다른 신문 혹은 잡지에 전재하거나, 방송 또는 유선 방송할 수 있다. 다만, 이들의 이용을 금지하는 취지의 표시가 있는 경우에는 그러하지 아니하다. ② 전항의 규정에 의해 방송되거나 유선 방송되는 논설은 수신 장치를 사용하여 公에게 전달할 수 있다.

374) 방송의 경우 매 프로그램마다 이용을 금지하는 표시를 나타내기 어렵다는 현실적 이유때문에 일단 이번 개정에서는 방송의 시사보도내용에 대한 전재규정 도입은 유보하였다고 한다.

375) 임원선, 「실무자를 위한 저작권법」(제4판), 255면.

정해져 있는 것은 아니다. 일반적으로는 짧은 인용으로 충분하겠지만 경우에 따라서는 미술저작물이나 시에 대한 비평을 하는 경우처럼 저작물 전체를 인용해야 할 필요가 있는 경우도 있을 것이다.376) 문제는 요약인용의 경우이다. 요약인용이라고 해도 인용부분이 대단히 짧아 실제로 아이디어의 이용에 불과하다면 문제가 되지 아니하나 만약 2차적 저작물로 될 정도이면 어떻게 될 것인가이다. 일본에서는 요약인용은 허용되지 않는다는 학설이 강하다고 한다.377) 반대로 우리의 경우에는 허용된다고 보는 설이 다수설인 듯하다.378) 요약인용을 인정해야 할 필요도 있고, 현실적으로도 요약인용이 일어나고 있으므로 인정되어야 할 것이다.379) 하급심이기는 하나 요약인용을 인정한 판결도 있다.

[판례] 서울중앙지법 2008.10.9.선고 2006가합83852 판결

"그리고 위와 같은 요건을 갖춘 형태로 타인의 언어저작물을 새로운 언어저작물에 인용하여 이용하는 경우에는 타인의 저작물을 그 취지에 충실하게 요약하여 인용하는 것도 허용된다고 해석해야 한다. 그 이유는 다음과 같다. 먼저 저작권법 제28조의 해석으로서도 인용이 원저작물을 그대로 사용하는 경우에 한정된다고 해석해야 할 근거가 없다. 또 실제적으로도 새로운 언어저작물을 창작함에 있어 타인의 언어저작물의 전체나 상당히 넓은 범위의 취지를 인용할 필요가 있는 경우가 있지만, 이 경우에 원문 그대로 인용하는 것은 인용이라는 명목으로 타인의 저작물의 전부 또는 광범위한 부분의 복제를 인정하는 것으로 되고 그 저작권자의 권리를 침해하는 정도가 크게 되어 그 결과 공정한 관행에 합치하더라도 정당한 범위에 속한다고 할 수 없게 될 우려가 있다. 그리고 인용되는 저작물이 경우에 따라서는 기술대상이 광범위하게 걸쳐 있어 인용하여 이용하려고 하는 사람에게 있어 일정한 관점에서 요약한 것을 이용하면 충분하고, 전문을 인용할 필요까지 없는 경우가 있다. 나아가 원저작물의 취지를 정확하게 반영한 문장으로 인용하기 위해서는 원문의 일부를 생략하면서 조각조각 단편적으로 인용하는 것만 인정하는 것보다는 오히려 원문의 취지에 충실한 요약에 의한 인용을 인정하는 편이 타당하기 때문이다. 그리고 현실적으로도 이와 같은 요약

376) 해서 베른협약에서도 '짧은'(short)이라는 수식어를 인용 앞에 넣자는 제안이 받아들여지지 않았다고 한다(임원선, 위의 책, 258면 주328)).

377) 中山信弘 저/윤선희 편역, 「저작권법」, 232면 주55) 참조.

378) 이해완, 「저작권법」(제2판), 422면.

379) 中山信弘 저/윤선희 편역, 앞의 책, 233면. 단 半田正夫 교수는 사회적으로 널리 행해지고 있다고 해서 이를 법적으로 용인해야 할 근거로는 될 수 없다고 한다[齊藤博/半田正夫 편, 「저작권판례백선」(제3판), 有斐閣, 2001, 171면].

에 의한 인용이 사회적으로 널리 행하여지고 있다."[380]

이렇듯 요약인용을 인정한다고 하더라도 '정당한 범위 안에서 공정한 관행에 합치되는지' 여부에 대한 판단을 포기한 것은 물론 아니다. 그렇다면 결국 사례별로 판단될 수밖에는 없다.[381]

또 하나의 문제는 제35조의3(저작물의 공정한 이용)과의 관계이다. 종래 우리 현행법 제28조가 1957년법 제64조 2호("자기의 저작물 중에 정당한 범위 내에 있어서 절록인용하는 것")와 달라서인지 자신의 저작물 자체가 존재하지 않는 상태에서 오로지 타인의 저작물을 전부 인용하는 '전유(Appropriation)형' 인용도 제28조의 범위에 포함시켜 왔다.[382] 그러나 통상 "인용이란 자신의 저작물 중에 타인의 저작물을 이용하는 것"으로 이해되었다.[383] 그렇다면 이제 제28조는 "자기의 저작물(인용저작물) 중에 타인의 저작물(피인용저작물)을 종적 관계로 끌어들이는 '삽입(Insert)형' 인용"[384]에, 그리고 제35조의3은 '전유(Appropriation)형' 인용에 적용한다는 역할 분담도 생각해 볼 수 있다.[385]

한편 시행령 제10조(정당한 범위 등의 기준)는 "문화체육관광부장관은 법 제28조에 따른 정당한 범위와 공정한 관행에 관한 지침을 정하여 고시할 수 있다"고 규정한다.[386]

---

380) 이해완, 위의 책, 422면 주6)에서 재인용. 일본의 하급심판결 가운데도 요약인용의 정당성을 긍정한 사례[東京地裁 1998.10.30. 선고 판결('혈액형과 성격의 사회사' 사건)]가 있다. 이에 대해서는, 위의 「저작권판례백선」, 84번 사례(半田正夫 평석) 참조.

381) 위의 半田正夫 평석, 171면.

382) 후술 '대법원 2006.2.9.선고 2005도7793 판결' 참조

383) 이해완, 앞의 책, 413면. 일본 역시 마찬가지인 것 같다(中山信弘 저/윤선희 편역, 앞의 책, 226면).

384) 본서에서 '전유(Appropriation)형' 인용, '삽입(Insert)형' 인용이라는 용어는 박성호 교수의 용어법에 의한 것이다(박성호, 「저작권법」, 박영사, 2014, 537면).

385) 박성호, 위의 책, 540면 참조.

386) 현재 그러한 지침이 고시된 바는 없다. 그러나 2010.12.21. 문화체육부는 "저작권상생협의체는 2009.11. 저작권 이해관계자와 학계 전문가 등으로 '실무협의체'를 구성하여 지난 1년간 공정이용가이드라인에 대한 논의와 연구(저작물의 공정이용에 관한 가이드라인 제정에 관한 연구 — 2010.6. 이해완 성균관대 법학전문대학원 교수)를 해왔고 의견 조회 절차 등을 거쳐 오늘 상생협의체 회의를 통하여 '공정이용가이드라인'을 완성하게 된 것"이라는 보도를 한 바 있다. 앞부분에 확정된 것은 아니라는 안내가 있지만 '저작물의 공정이용에 관한 가이드라인' 참조(http://www.copyright.or.kr/search2/tot_srch.do).

1) 미국판례: 미국법상의 공정사용과 인용에 관한 두 사건 　　인용에 관하여 fair use의 여부가 논란되었던 두 사례를 소개하고자 한다. 둘 다 모두 대통령과 관계된 사건이고 그들 사후에 문제가 되었다.

[판례 1] Folsom v. Marsh, 9 Fed Cas. 342(C.C.D.1841)

폴섬은 출판업자로서 일찍이 「워싱턴의 저작」이라는 700페이지에 달하는 서간문 전집을 발행하였다. 그 후 업햄(Upham)은 866페이지의 「워싱턴 전기(Life of Washington in the Form of an Autobiography)」를 마시에 의해서 펴내게 되었는데 그 3분의 1 이상(약 350페이지)이 이전에 발간된 폴섬의 전집물에서 베낀 것이었다. 이에 폴섬이 저작권 침해로 제소하였고, 피고는 항변으로서 "저작자는 원래 저작을 함에 있어서 다른 저작물에서 인용할, 발췌할, 간추릴 혹은 요약할 권리가 있다"고 주장하였다.

스토리 판사는 저작권 침해를 인정하면서 "어떤 저작물 사용이 공정한가 여부를 판단함에 있어서 법원은 사용된 발췌부분의 성질 및 목적, 사용된 저작물의 분량 및 그 가치, 그리고 문제의 사용이 원저작물의 판매에 해를 끼치는 정도, 원저작물을 대체하여 그 이익을 감경시키는 정도 등에 유의하여야 한다"고 판시하였다.

[판례 2] Time Inc. v. Bernard Geis Associates, 293 F. Supp. 130(S.D.N.Y. 1968)

톰슨이라는 사람이 케네디 대통령 암살에 대한 책을 써서 Bernard Geis Associates사를 통해서 발행 배포하고 있었다. 그 책(*Six Seconds in Dallas*)에는 Time사 발행 Life 잡지에 실린 암살장면 사진이 실려 있었다. 이에 Time사가 Bernard Geis Associates사를 상대로 저작권 침해소송을 제기한 것이 이 사건이다.

법원은 피고의 fair use 항변을 인정하였다. 즉 케네디 대통령의 암살에 대하여 가능한 한 많은 정보를 얻고자 하는 공공의 관심이 있는데, 톰슨은 그 사건의 인과관계에 관해서 공공의 주목을 끌기에 충분한 추론을 하여 책으로 내어놓았다. 피고는 각개의 사진을 실제로 카피한 사진이 피고의 책을 보다 이해하기 쉬운 것으로 하였고, 또 공중은 그 암살의 진면목을 볼 수 있었기 때문에 피고의 카핑은 공정사용에 해당한다. 또 톰슨의 책은 사진이 실려서 팔리는 것이 아니라 사진에 의해서 보조되는 톰슨의 추론 내지 설명 때문에 팔리며, 원고와 피고는 경쟁관계에 있는 것도 아니므로 사진의 저작권자인 원고에게 손해를 주었다고 보기도 힘들다. 즉 원고 사진의 시장성에 영향을 주었다고 보기 힘들다. 설사 앞으로 원고가 사진첩을 발행하려는 계획이 있더라도 몇 개의 사진을 카피했다고 하여 그 계획에 영향을 미칠지도 의문이며, 경우에 따라서는 톰슨의 책이 원고 사진의 가치를 높여 줄지도 모른다. 결국 피고의 카핑은 공정사용에 해당한다.

이 두 사건의 구별은 극히 교훈적이다. 타임사 사건에 있어서는 법원은 피고 책이 팔리는 것은 저자의 암살사건에 대한 설명이 독창적이어서 공중의 흥미를 끌기 때문이며, 사진은 단순히 저자의 이론을 뒷받침하기 위해서 쓰여졌을 뿐이라고 보았다. 이에 반해 폴섬 사건에서는 피고의 책의 매력은 주로 카피된 자료에서, 또 그것들의 배치 또는 분석의 방법에서보다도 오히려 그 자료 자체의 실체에서 나왔다고 판시하였다.

실로 작품의 핵심이 비평의 이름을 빌려서 도용되는 경우 법원은 피고에 대해 공정사용의 이름을 빌린 그 도용의 정당화를 허용하지 않고 있다.

미국의 법원이 공정사용여부를 결정함에 있어 참작하는 최대의 관심사는 피고의 사용이 원고의 저작권 있는 작품의 잠재적 수요를 얼마나 감소시켰느냐 하는 것이었다.

2) 우리 판례

【적법한 인용으로 판단된 경우】

[판례 1] 「김우중, 신화는 있다」 사건(서울민사지법 1995.9.27.고지 95카합3438 결정)

가. 공적 인물인 경우 그 사람은 자신의 사진, 성명, 가족들의 생활상이 공표되는 것을 어느 정도 수인하여야 하는바, 그 사람을 모델로 한 평전의 표지 및 신문광고에 자신의 사진과 성명이 사용되고 평전 내용에 가족관계가 기재되는 것은, 그것이 그 사람의 명예를 훼손시키는 것이 아닌 한 허용되어야 한다.

나. 저작권법 제25조에서 '정당한 범위 안에서의 인용'이란 그 표현형식상 피인용 저작물이 보족, 부연, 예증, 참고자료 등으로 이용되어 인용저작물이 주이고 피인용 저작물이 종인 관계에 있는 것을 말하고, '공정한 관행에 합치되는 인용'이란 피인용 저작물이 인용저작물과 명확히 구별될 수 있도록 신의성실의 원칙에 입각하여 합리적인 방식으로 인용되는 것을 말한다.

다. 인용에 있어서 평전의 경우에는 성질상 모델로 되는 사람의 주요 사건이 다루어져야 하고, 그 모델이 경영인인 경우에는 경영철학 등이 소개될 수밖에 없으며, 그가 저술한 책자나 연설문이 있다면 이를 이용하는 것은 그것이 부종적인 관계에 있는 한 정당한 범위 내의 인용이며, 그 인용방법도 출처를 밝히는 등 비교적 명확하여 공정한 관행에 합치되므로 이 건의 경우에는 정당한 인용에 해당된다.

라. 회사의 광고카피가 가사 저작물이라 하더라도 이 저작권은 단체명의 저작자인 회사에 있고 개인의 지위에 있는 사람은 저작권자가 아니라 할 것이다.

[판례 2] 이휘소 사건(2)(서울지법 서부지원 1996.4.19.선고 95카합3836 판결)

이 사건 제1 이용부분 및 제2 이용부분은 특별한 사정이 없는 한 신청인의 저작물을 이용하였다고 볼 것이(나) … 소명자료들에 의하면 (1) 이 사건 제1 이용부분에서 인용한 부분은 이 사건 소설(전체 3권 약 860면) 중에서 차지하는 면수가 약 10면 정도에 해당하는 것으로서 그 내용은 망인이 펜실베이니아대학 및 프린스톤고등연구소 등에서의 에피소드, 신청외 박정희가 망인에게 보낸 편지 및 망인의 일기 등 주로 망인에 대한 사실자료를 옮겨 온 성격으로서 이 사건 소설 전체에서 차지하는 분량이나 비중이 상대적으로 경미하고, 또한 위와 같이 인용하면서 … "위의 내용은 공석하 편저, 도서출판 뿌리에서 출간한 '핵물리학자 이휘소'에서 인용함."이라는 문구를 각 삽입한 사실, (2) 이 사건 제2 이용부분의 스토리가 이 사건 소설 전체에서 차지하는 가치나 비중은 비교적 크지만, 피신청인 김진명은 그가 위 부분에서 이용한 내용들이 신청인이 허구로 창작한 스토리라는 것을 인식하지 못하고 단지 망인에 대한 사실적 자료 중의 하나인 줄 알고 이용하였고, 일반인도 '핵물리학자 이휘소'의 구성이나 서술방식에 비추어 위 책 중에서 사실과 허구를 분별하기가 어려우리라는 사실, (3) 이 사건 소설은 제2권, 제3권의 작가의 말에서 "저서의 일부를 인용하도록 해준 공석하 선생께 감사한다."는 문구를 삽입한 사실, (4) '핵물리학자 이휘소'는 1992년 제5판이 나온 후 신청인 스스로 이를 절판시키기로 하여 그 후 시중에 유통되지 아니하였으므로 이 사건 제1 이용부분, 제2 이용부분으로 인하여 그 시장수요가 침해될 가능성이 거의 없었다는 사실(오히려 일반국민들에게는 거의 알려져 있지 아니하던 망인이 이 사건 소설로 인하여 전국민적으로 알려지게 되었고 이로 인하여 망인 관련 유사작품에 대한 시장수요가 증가될 가능성도 없지 않다), (5) 피신청인 김진명은 이 사건 소설의 출판 직전인 1993.7.경 신청인을 찾아가 그 인용에 대한 승낙을 요구하였고, 신청인이 위 요구에 대하여 명시적으로 거절하였다거나 그 인용의 대가지급 등을 요구하였다는 자료는 찾아볼 수 없으며, 오히려 신청인은 위 소설이 1993.8.10. 출판된 후 상당한 기간이 지나 상업적으로 성공을 거둔 후인 1994.10.10.경에야 이 사건 소설이 '핵물리학자 이휘소'를 표절한 것이라고 주장하는 취지(에) … 비추어 보면 이 사건 제1 이용부분, 제2 이용부분은 그 표현형식상 이 사건 소설의 보족, 부연, 예증, 참고자료 등으로 이용되어 부종적 성질을 가지는 관계에 있고 원저작물의 시장수요를 대체할 정도에 이르지 아니한 것으로서 위 저작권법 제25조의 '정당한 범위 안에서'의 인용에 해당되고, 또한 그 인용 출처를 밝히고 사전에 신청인의 양해를 구하려고 시도하였으며 신청인이 그 인용사실을 알고서도 상당기간 동안 묵인한 점에 비추어 '공정한 관행에 합치되는' 인용에 해당된다고 할 것이(다).

[판례 3] '러브레터' 사건(서울중앙지법 2004.3.18.선고 2004카합344 결정)
가처분신청을 기각하면서 법원은 "이용영화의 등장인물이 비디오로 제작된 피인용영화를 시청하는 장면을 통하여 원작인 피인용영화의 주요장면 중 일부를 보여주는 방법으로 이용영화에 삽입한 것이 신청인의 저작권을 침해하는 것인지 여부"에 관하여 인용부분은 110여 분에 달하는 인용영화의 총 상영시간 중 불과 30초에 불과하다는 사정 등 여러 사정을 감안하여 인용에 해당한다고 볼 여지가 있다고 보았다.[387]

[판례 4] 썸네일 이미지 사용과 인용(대법원 2006.2.9.선고 2005도7793 판결)
'피고인 회사'의 검색사이트에 썸네일 이미지의 형태로 게시된 공소외인의 사진작품들은 공소외인의 개인 홈페이지에서 이미 공표된 것인 점, 피고인 회사가 썸네일 이미지를 제공한 주요한 목적은 보다 나은 검색서비스의 제공을 위해 검색어와 관련된 이미지를 축소된 형태로 목록화하여 검색서비스를 이용하는 사람들에게 그 이미지의 위치정보를 제공하는 데 있는 것이지 피고인들이 공소외인의 사진을 예술작품으로서 전시하거나 판매하기 위하여 이를 수집하여 자신의 사이트에 게시한 것이 아닌 만큼 그 상업적인 성격은 간접적이고 부차적인 것에 불과한 점, 공소외인의 사진작품은 심미적이고 예술적인 목적을 가지고 있다고 할 수 있는 반면 피고인 회사의 사이트에 이미지화된 공소외인의 사진작품의 크기는 원본에 비해 훨씬 작은 가로 3㎝, 세로 2.5㎝ 정도이고, 이를 클릭하는 경우 독립된 창으로 뜬다고 하더라도 가로 4㎝, 세로 3㎝ 정도로 확대될 뿐 원본사진과 같은 크기로 보여지지 아니할 뿐만 아니라 포토샵 프로그램을 이용하여 원본 사진과 같은 크기로 확대한 후 보정작업을 거친다 하더라도 열화현상으로 작품으로서의 사진을 감상하기는 어려운 만큼 피고인 회사 등이 저작물인 공소외인의 사진을 그 본질적인 면에서 사용한 것으로는 보기 어려운 점, 피고인 회사의 검색사이트의 이 사건 썸네일 이미지에 기재된 주소를 통하여 박범용의 홈페이지를 거쳐 공소외인의 홈페이지로 순차 링크됨으로써 이용자들을 결국 공소외인의 홈페이지로 끌어들이게 되는 만큼 피고인 회사가 공소외인의 사진을 이미지검색에 제공하기 위하여 압축된 크기의 이미지로 게시한 것이 공소외인의 작품사진에 대한 수요를 대체한다거나 공소외인의 사진 저작물에 대한 저작권침해의 가능성을 높이는 것으로 보기는 어려운 점, 이미지 검색을 이용하는 사용

387) 결정 내용은 저작권심의조정위원회, 「한국 저작권 판례집[10]」, 2006, 60면 이하 참조.

자들도 썸네일 이미지를 작품사진으로 감상하기보다는 이미지와 관련된 사이트를 찾아가는 통로로 인식할 가능성이 높은 점 및 썸네일 이미지의 사용은 검색사이트를 이용하는 사용자들에게 보다 완결된 정보를 제공하기 위한 공익적 측면이 강한 점 등 판시와 같은 사정 등을 종합하여 보면, 피고인 회사가 공소외인의 허락을 받지 아니하고 공소외인의 사진작품을 이미지검색의 이미지로 사용하였다고 하더라도 이러한 사용은 정당한 범위 안에서 공정한 관행에 합치되게 사용한 것으로 봄이 상당하다.[원심판결(서울중앙지법 2005.9.23.선고 2004노1342 판결)을 그대로 인용.][388]

[참고판례 1] 대법원 2004.5.13.선고 2004도1075 판결

사진작가인 X는 홈페이지를 개설하여 백두산, 한라산, 금강산, 유채 등을 찍은 사진작품들은 369픽셀×278픽셀 크기의 이미지파일로 만들어 게시한 사실, 피고인은 저작권자인 X의 이용허락을 받지 아니하고, X의 홈페이지에 게시되어 있는 사진작품 중 69점을 복사한 다음, 369픽셀×278픽셀 크기의 원본이미지를 이용하여 100픽셀×100픽셀 크기로 축소한 견본용 이미지를 만들고, 새로 만든 견본용 이미지와 홈페이지에서 복사한 원본이미지를 함께 담아 제작한 이미지검색프로그램을 야후코리아를 비롯한 여러 포털 사이트에 유상 또는 무상으로 제공, 배포한 사실, 포털 사이트를 통하여 위 이미지검색프로그램에 접속하여 X가 찍은 사진을 검색하면 먼저 피고인이 만든 작은 크기의 견본이미지를 볼 수 있고, 견본이미지를 클릭하면 X의 홈페이지에 게시된 원본이미지와 동일한 이미지파일이 그대로 뜨게 되며, 마우스 클릭만으로 간단히 원본이미지를 저작・복사・전송할 수 있게 된 사실을 인정할 수 있는바, 위 인정사실에 의하면, 피고인이 영리의 목적을 가지고 X의 사진저작물을 복제한 것으로 보이고, 홈페이지에 게시된 사진의 원본이미지 파일을 이용하여 견본을 만든 다음, 그 견본은 물론 원본이미지도 그대로 복제하여 사용하였으며, 홈페이지에 게시된 원저작물과 동일한 원본이미지를 제공함으로써 원저작물에 대한 수요를 대체하는 점 등을 종합하여 보면, 저작권법 25조 소정의 저작물의 정당한 이용에 해당한다고 볼 수 없다.

---

388) 박성호 교수는 본 판결로 인해 "자기의 저작물(인용저작물) 중에 타인의 저작물(피인용저작물)을 종적 관계로 끌어들이는 '삽입(Insert)형' 인용뿐 이니리 자기의 지직물 자체가 존재하지 않는 상태에서 오로지 타인의 저작물을 전부 인용하는 '전유(Appropriation)형' 인용도 제28조의 범위에 포함시킬 수 있는 계기가 마련되었다."고 본다(박성호, 앞의 책, 538면). 그러면서 저작권법 제35조3 '공정이용' 조항의 신설에 따른 제28조 적용범위 재조정에서 이른바 '리프리놀 판결'(대법원 2013.2.15.선고 2011도5835 판결)을 실마리로 하여 향후 우리 법원은 제28조는 삽입형 인용에 적용하고, 제35조의3은 제28조가 적용될 수 없는 전유형 인용에 적용할 것이라고 전망하면서 본 "판결은 이제 그 역사적 소임을 다한 것"으로 평가한다[위의 책 538-541면 참조. 특히 540면 주77)].

[참고판례 2] 서울고법 2005.7.26.선고 2004나76598 판결

원래의 이미지를 축소한 썸네일 이미지는 원 이미지들의 단순환 목록화에 불과하다는 점, 이 사건 사진은 고도의 예술성을 가진 예술사진으로 보는 사람에게 정보를 제공한다기보다는 예술작품으로서의 심미감을 제공하는 기능이 중시된다 할 것인데 썸네일 이미지만으로는 원래의 사진이 갖는 심미감을 제대로 표현할 수 없는 점, 이용자가 검색된 썸네일 이미지를 선택하면 그 이미지를 수집한 웹사이트 주소를 출처로 나타내는 점 등을 고려하여 보면 피고가 이미지 검색 서비스를 통하여 이 사건 사진을 썸네일 이미지 형태로 축소하여 게시하는 것이 이 사건 사진에 대한 복제, 전시행위에 해당한다고 하더라도 이는 공표된 저작물을 정당한 범위 안에서 공정한 관행에 합치되게 인용하는 것으로 볼 수 있다. 한편 큰이미지(예컨대 388×226 픽셀, 용량 40KB 등)는 인용된 내용과 분량이라는 측면에서 볼 때 상당한 내용과 분량일 뿐만 아니라 원래의 사진 작품이 가지는 심미감을 상당정도 충족시킬 수 있어 그 수요를 대체할 가능성이 있는 점, 인터넷서비스의 공공적인 목적을 위해서는 목록화된 썸네일 이미지만으로도 충분한 점을 고려하면 큰 이미지의 게시는 그 공공적 목적을 위한 정당한 범위를 넘는 것으로 저작권법 제25조에 해당한다고 할 수 없다.[389)]

[판례 5] '세이테마' 사건(서울중앙지법 2006.7.21.선고 2004가합76058 판결)

피고가 자신의 웹사이트에 원고들이 저작권을 가지는 사진을 원고들의 허락 없이 작은 크기로 축소하여 게시한 부분에 대해서는, 원고들의 복제권 및 전시권을 침해한 것이라고 할 것이나, 다음과 같은 사정, 즉 ⅰ) 피고는 자신의 웹사이트에 원고들이 작성한 뉴스기사 및 사진을 게시한 웹페이지를 직접 연결(deep link)하면서 이용자들에게 연결되는 위 웹페이지의 내용에 대한 정보를 제공하기 위하여 위 웹페이지에 게시된 사진을 작은 크기로 축소하여 자신의 웹사이트에 게재한 것에 불과하고, 이용자가 게재된 축소 사진을 선택(click)하면 해당 웹페이지로 직접 연결되어 이용자는 독립된 창을 통해 해당 웹페이지에 게시된 원래의 사진을 보게 되는 점, ⅱ) '테마가 찾은 뉴스' 서비스는 이용자들에게 피고의 회원들이 많이 찾은 뉴스기사에 대한 목록 및 정보를 제공하는 것인데, 이는 인터넷을 통하여 제공되는 방대한 양의 정보 중 이용자가 많은 관심을 갖는 정보에 대한 쉽고 빠른 접근을 제공한다는 점에서 공공성을 인정할 수 있는 점, iii) 피고가 사용한 로봇프로그램은 일반인들이 자유롭게 열람할 수 있는 웹사이트에서만 텍스트, 사진 등을 수집하는 점, iv) 당시 피고의 웹사이트가 제공하는 주된 서비스로서 페이지뷰에 직접적인 연관이 있는 부분은 커뮤니티 서비스나 채팅 서비스였고, '테마가 찾은 뉴스' 웹페이지에는 광고가 게재되지도

389) 평석: 백창훈, 「정보법판례백선(1)」, 587면. 원심판결: 서울중앙지법 2004.9.23.선고 2003가합78361 판결.

않았으므로, 피고가 위 서비스를 명백히 상업적으로 이용하였다고 보기 어렵고, 오히려 피고의 '테마가 찾은 뉴스' 서비스로 인해 피고의 웹사이트에 직접 연결된 원고들의 웹페이지 또는 원고들로부터 기사를 제공받는 제3자의 웹페이지가 보다 많은 방문자를 얻게 되는 이익을 보았다고 보이는 점 등에 비추어 보면, 피고가 자신의 웹사이트에 원고들이 저작권을 가지는 사진을 작은 크기로 축소하여 게재한 것이 원고들의 사진저작물에 대한 복제, 전시 행위에 해당하더라도, 이는 공표된 저작물을 정당한 범위 안에서 공정한 관행에 합치되게 인용하는 것으로 볼 수 있다.[390]

[판례 6] 이른바 '미쳤어' 인용 UCC 동영상 사건(서울남부지법 2010.2.18선고 2009가합18800 판결)

사실관계: 2009년 6월, 한 네티즌이 자신의 5살 난 딸이 당시 한창 인기곡이었던 손담비 씨의 "미쳤어"를 따라 흥얼거린 모습을 UCC로 제작하여 자신의 블로그에 53초 분량의 동영상을 올렸다. 그러자 한국음악저작권협회가 저작권법을 위반했다며 삭제 요청하였고, 이에 대해 네이버가 삭제하자, 원고는 재게시를 요청하였다. 원고가 수 차례에 걸쳐 이 사건 게시물의 재게시를 요청하였으나, 피고 회사는 재게시 요청기간이 도과하였고 원고가 이 사건 게시물이 정당한 권리에 의한 것이라는 소명자료를 제출하지 아니하였다는 이유로 재게시를 거부하였다. 이에 원고는 "원고의 별지 제2목록 기재 게시물이 피고 사단법인 한국음악저작권협회가 신탁받아 관리하는 별지 제1목록 기재 음악저작물의 저작권을 침해하지 않음을 확인한다"는 판결 및 손해배상청구소송을 제기하였다.

법원의 판단: 이 사건 동영상의 분량(53초) 대부분이 이 사건 저작물의 일부분을 따라 부르면서 실연자인 가수 손담비의 춤동작을 흉내내는 것에 할애된 점은 피고 협회의 주장과 같으나, 이 사건 게시물 전체를 기준으로 보면 이 사건 동영상은 그 일부분에 불과할 뿐 아니라, 이 사건 동영상을 기준으로 보더라도 이 사건 동영상은 총 53초의 분량으로서 처음 15초간은 원고의 다섯 살 된 딸이 부정확한 음정 및 가사로 '내가 미쳤어 내가 미쳤어 정말 미워서 … 못 했어…. 나를 떠-떠떠-나'라며 이 사건 저작물의 후렴구의 일부를 따라하는 것으로 구성되어 있고 그 이후부터는 원고의 딸의 춤동작이 보여질 뿐 노래 자체는 촬영장소의 안내 방송 및 주위 소음 등으로 가사를 판별하기조차 어려운 상태로 녹음되어 있는바, 이와 같이 이 사건 저작물이 사용된 부분은 이 사건 동영상을 구성하는 여러 요소들 중 일부에 불과할 뿐이고 이를 제외한다고 하더라도 이

390) 본 판결에 대해 박준석 교수는 실제로 "한국의 법원이 직접링크로 인한 저작권 침해 여부를 진지하게 고민한 첫 사례"로 본다. 이 사건은 항소심에서 조정성립으로 종료되었다[박준석, "이미지 검색엔진의 인라인 링크 등에 따른 복제, 전시, 전송 관련 저작권침해 책임," 「민사판례연구」(33권 上), 민사판례연구회/박영사, 655면].

사건 동영상은 원고의 어린 딸이 추는 춤과 귀여운 표정 및 행동 등이 기록된 독자적인 존재 의의를 가지는 저작물로 판단되는 점, 원고의 딸이 이 사건 저작물을 가창한 것임을 식별할 수 있는 분량은 이 사건 동영상 중에서 15초 정도로 극히 짧으며, 그마저도 음정, 박자, 화음이 이 사건 저작물과 상당 부분 상이하고 가사조차도 원가사의 일부 단어가 순서를 달리하여 부정확하게 차용되고 있어 결과적으로 이 사건 동영상이 이 사건 저작물을 본질적인 면에서 사용하고 있다고 보기는 어려운 점, 녹음 및 게시 방식에 있어서도 비전문가에 의하여 복제되어 화질, 음질 등의 상태가 비교적 좋지 않고 특별히 상업적으로 포장되어 게시되었다고 볼 수는 없는 점, 그 밖에 일반 공중의 관념으로 볼 때 이 사건 게시물이 이 사건 저작물의 가치를 침해한다거나 대체한다고 느껴진다거나, 이 사건 게시물이 실제로 피인용저작물인 이 사건 저작물의 시장가치에 악영향을 미치거나 시장수요를 대체할 정도에 이르렀다고 볼 만한 여지가 없고, 오히려 이 사건 저작물의 인지도를 높이는 방향으로 기여한다고 볼 수도 있는 점 등을 종합하면 이 사건 게시물은 이 사건 저작물을 정당한 범위 안에서 공정한 관행에 합치되게 인용한 것으로 판단된다.

나아가 모든 저작물은 기존의 저작물들이 축적되어 이루어진 문화유산에 뿌리를 두고 있어 공동의 자산으로서의 성격을 내포하고 있을 뿐 아니라, 저작물은 널리 향유됨으로써 존재 의의를 가지는 특성이 있어 그 향유 방법을 지나치게 제한하는 것은 오히려 저작권자의 이익에 배치될 가능성이 높은 점, 여기에 표현의 자유 및 문화 · 예술의 자유를 국민의 기본권으로 보장하고 문화국가 실현을 향해 노력한다는 우리 헌법의 이념, 위에서 본 바와 같이 저작권자의 이익을 보호할 뿐만 아니라 공중의 정당한 권리를 보장하여 문화 및 관련 산업 발전을 달성하고자 하는 저작권법의 입법목적 등을 모두 더하여 보면, 이 사건 저작물을 활용한 UCC 형태의 이 사건 동영상, 게시물 등을 복제하고 공중에 공개하는 것을 제한함으로써 저작권자가 얻는 이익에 비하여 그로 인해 초래될 수 있는 저작권자의 잠재적인 불이익과 표현 및 문화 · 예술의 자유에 대한 지나친 제약, 창조력과 문화의 다양성의 저해, 인터넷 등의 다양한 표현수단을 통해 누릴 수 있는 무한한 문화 산물의 손실이 더 크다고 판단되므로, 이러한 측면에서도 원고의 이 사건 게시물은 피고 협회가 보유하는 저작재산권이 저작권법으로 정당하게 제한받고 있는 범위 내에서 피고 협회의 저작물을 인용한 것이라고 본다.

♣ 항소심은 서울고등법원 2010.10.13.선고 2010나35260 판결: 제1심과 마찬가지로 적법한 인용임을 인정한 후, 중단을 요구한 피고에게 20만원의 손해배상을 인정하였다. 보다 자세한 내용은 「한국 저작권 판례집[13]」(한국저작권위원회 간), 375면. 또 중단요구자의 주의의무에 대해서는 본서, 제12절 V.2.(3) '고지에 의한 복제·전송의 중단' 부분 참조.

【적법한 인용이 아닌 것으로 판단된 경우】

[판례 1] 누드사진 전재 사건(대법원 1990.10.23.선고 90다카8845 판결)

가. 저작권법의 보호대상인 저작물이라 함은 사상 또는 감정을 창작적으로 표현한 것으로서 문학·학술 또는 예술의 범위에 속하는 것이면 되고 윤리성 여하는 문제되지 아니하므로 그 내용 중에 부도덕하거나 위법한 부분이 포함되어 있더라도 저작물로 보호된다.

나. 저작권법 제24조 소정의 시사보도를 위한 이용으로 타인 저작물의 자유이용이 허용되기 위하여는 사회통념과 시사보도의 관행에 비추어 보도의 목적상 정당한 범위 안에서의 이용이어야 한다. 그런데 이 건 잡지에 게재된 사진들을 보면 모두 컬러로 된 양질의 사진이고 사진의 크기나 배치를 보아도 어떤 것은 잡지의 전면 크기이고, 어떤 것은 몇 장의 사진으로 지면의 전부 또는 반 정도를 점하기도 하여 전체적으로 3면의 기사(표제지면 제외) 중 비평기사보다는 사진이 절대적 비중을 차지하는 화보형식으로 구성되어 있어서 위 사진들은 보도의 목적이라기보다는 감상용으로서 인용되었다고 보이므로 결국 보도를 위한 정당한 범위 안에서 이용되었다고 볼 수 없다.

다. 저작권법 제25조 소정의 보도, 비평 등을 위한 인용의 요건 중 하나인 '정당한 범위'에 들기 위해서는 그 표현형식상 피인용 저작물이 보족, 부연, 예증, 참고자료 등으로 이용되어 인용 저작물에 대하여 부종적 성질을 가지는 관계(즉 인용 저작물이 주이고, 피인용 저작물이 종인 관계)에 있다고 인정되어야 한다.[391]

라. 일본의 사진전문 주간지에 우리나라 사진작가의 누드 사진이 실렸다는 보도로서 그 기사내용과 함께 원고의 사진을 인용하고, 나아가 그 잡지(「플래시」)의 편집저의가 독자의 호기심을 자극하여 잡지의 상업성을 충족시키고자 한국 사진작가의 사진예술을 악용하였다는 내용의 비평, 논평을 가한 것으로서 그 인용내용이 원고의 명예를 훼손한 것에 있지 아니하고 그 잡지가 상업성의 충족을 위하여 원고의 사진예술을 악용하였다는 비평으로서 저작인격권을 침해하거나 명예를 훼손한 것이라 할 수 없다.

[판례 2] '표준전과' 삽화 사건(서울민사지법 1992.6.5.선고 91가합39509 판결)

피고는 공표된 저작물은 보도, 비평, 교육, 연구 등을 위하여는 정당한 범위 내에서 공정한 관행에 합치되게 이를 인용할 수 있는데, 표준전과(자습서)는 교과서에 대한 주석서와 같은 것이고, 자습서에서 인용한 것은 교과서의 내용을 설명하기 위한 전제로서 교과서의 면을 채록한 것에 부수하여 피고 저작물에 삽화

391) 본 판결이 이른바 '주종관계설'의 효시라고 한다(박성호, 앞의 책, 535면).

가 보조적으로 인용되었을 뿐이며, 삽화가 게재된 교과서의 면수가 표시되어 있다는 점에서 정당한 범위 내에서 공정한 거래관행에 합치되게 인용하였다고 항변하지만, 표준전과의 발간목적 및 원고 저작물의 피고의 저작물에서 차지하는 비중 등에 비추어 보면 피고가 원고의 저작물을 정당한 범위 내에서 공정한 관행에 합치되게 인용하였다고 볼 수 없다.

[판례 3] 「이랜드」 사건(서울민사지법 1994.4.18.고지 94카합2872 결정)

사실관계: 주식회사 「이랜드」의 성장배경 및 그 기업이념을 주된 내용으로 하여 「이랜드 사람들」이라는 책을 쓰면서 기업윤리나 직장인의 행동규범에 관한 이랜드 대표자와 임직원의 강연내용을 그대로 이용하였다. 이용분량은 위 책 338면의 3분의 1 이상에 해당하는 114면에 달했다. 이에 이랜드 대표자 등은 저작권 침해, 임직원의 프라이버시 침해, 상표권 및 영업비밀 침해 등을 이유로 서적발행 등 가처분을 신청하였다.

판결요지: 가. 인용의 범위는 그 표현형식상 피인용 저작물이 보족, 부연, 예증, 참고자료 등으로 이용되어 인용 저작물에 대하여 부종적 성질을 가지는 관계에 있어야 할 것이고, 인용의 방식 및 정도에 있어서도 그 출처를 명시하고, 적절한 방법으로 인용문을 자신의 저작물과 구별될 수 있도록 하며, 피인용 저작물을 지나치게 많이 인용하거나 전부 인용하여 원저작물에 대한 시장수요를 대체할 수 있는 정도가 되어서는 아니 되는 등 그 인용이 정당한 범위 안에서 공정한 관행에 합치되어야 한다.

나. 강연내용을 거의 그대로 전재하면서 그 비평이나 연구는 실질적으로 거의 행해지지 않아 단순한 소개정도에 그치고 있으면서 그 출처가 명시되지도 않고 자신의 저작물과 피인용 저작물이 분명히 구분되고 있지도 않으며, 그 인용분량이 본문의 3분의 1 이상을 차지하는 방대한 분량이라면 정당한 인용의 범위를 넘어 원저작물의 시장수요를 대체할 수 있는 정도라고 판단되므로 인용 저작물과 피인용 저작물이 부종적 관계에 있다거나 공정한 관행에 합치되게 인용하였다고 보기 어렵다.

[판례 4] 대입 본고사 문제지 사건(서울민사지법 1994.8.23.자 94카합6795 결정)

피고인들이 제작한 각 과목별 대학입시교재를 보면 각 분야별로 나누어진 각 단원의 서두부분에 '기출문제'라는 표제 하에 대학입시문제를 인용한 후 다시 위 기출문제와 유사한 문제들을 '유제'라는 표제 하에 각 기출문제에 연이어 싣고 있는 형식으로 편집되어 있다. 이러한 편집형식이 정당한 인용에 해당하는가가 문제되었다. 법원은 "인용하고 있는 부분이 각 대학교 본고사 문제의 전부 또는 그 대부분이고, 서적을 발행함에 있어서 나머지 부분과의 관계에서 위 본고사 문제를 꼭 인용할 필요가 있다고 보이지 않을 뿐만 아니라, 동 서적 출판에 의하여 시장수요가 상당부분 대체될 가능성이 있는 점 등에 비추어 보면, 이 사건 대학교 본고사 문제의 인용은 정당한 범위 내에 있다거나 공정한 관행에 합치된다고 보기 어렵다"고 판시하였다. * 관련된 사건에서 대법원은 "이 경우 반드시 비영리적인 이용이어야만 교육을 위한 것으로 인정될 수 있는 것은 아니라 할 것이지만, 영리적인 교육목적을 위한 이용은 비영리적 교육목적을 위한 이용의 경우에 비하여 자유이용이 허용되는 범위가 상당히 좁아진다"고 판시하였다. 아울러 "이 사건에서 보건대, 피고인1은 대학입시용 문제집을 제작함에 있어서 개개의 문제의 질문을 만들기 위하여 그 질문의 일부분으로서 위 대학입시문제를 인용한 것이 아니라 위 대학입시문제의 질문과 제시된 답안을 그대로 베꼈고, 이로써 문제집의 분량을 상당히 늘릴 수 있었으며, 특히 위 대학입시용 문제집에 학교법인들이 저작권을 갖는 본고사 문제를 전부 수록함으로써 본고사 문제에 대한 일반 수요자들의 시장수요를 상당히 대체하였다고 할 것이므로, 이와 같은 인용을 가리켜 교육을 위한 정당한 범위 안에서의 공정한 관행에 합치되는 인용이라고는 볼 수 없다 할 것이고, 지금까지 어느 누구도 대학 입시문제에 관하여 저작권을 주장한 바 없었다고 하여 결론이 달라진다고 할 수도 없다"고 판시하였다[대법원 1997.11.25.선고 97도2227 판결; 서울지법 1997.8.12.선고 97노50 판결(원심판결); 서울지법 동부지원 1996.12.10.선고 96고단485 판결(제1심판결)].

[판례 5] 「소설마당」 사건(서울민사지법 1995.9.22.선고 94가합98851 판결)

저작권법 제25조에 의하면 공표된 저작물은 보도, 비평, 교육, 연구 등을 위하여 이를 인용할 수 있으나, 이 경우에도 그 인용의 범위는 그 표현형식이나 인용목적 등에서 피인용 저작물이 보족, 부연, 예증, 참고자료 등으로 이용되어 인용 저작물에 대하여 부종적 성질을 가지는 관계에 있어야 하고, 인용의 정도에 있어서도 피인용 저작물을 지나치게 많이 인용하거나 전부 인용하여 원저작물에 대한 시장수요를 대체할 수 있는 정도가 되어서는 아니 되는 등 그 인용이 정당한 범위 안에서 공정한 관행에 합치되어야 한다는 제한이 있는바, 출판업계에는 교육용 목적으로 출판하는 경우에 관행상 출판계약 없이 출판하였다는 피고의 주장과 같은 관행의 존재를 인정할 증거가 없을 뿐만 아니라, 구체적으로 보면 이 사건 침해저작물이 대학입시준비를 하는 학생들의 소설감상능력을 키워주기 위한 목적상 우리나라의 대표적인 소설들을 선정, 수록하면서 각 작품마다 그 작가소개 등 간략한 작품해설을 싣고는 있으나 그 작품해설은 작품을 감상하기 위해 필요한 최소한의 분량에 그치고 있으며, 실제로 각 작품 자체를 읽을 수 있도록 단편의 경우에는 그 전문을, 중・장편의 경우에도 상당한 분량을 인용하고 있어서 전체적으로 그 인용부분이 주가 되고 있는 사실을 인정할 수 있는바, 이는 정당한 인용의 범위를 넘어 원저작물의 시장수요를 대체할 수 있는 정도라고 판단되므로, 인용 저작물과 피인용 저작물이 부종적 관계에 있다거나 정당한 관행에 합치된 인용이라고 보기 어렵다.

* 우리나라의 일천한 현대 문학사상 고전적 가치를 지닌 작품들로서 일반인들에게도 이미 잘 알려진 작품이라고 하여 공유물이 되는 것은 아니고, 그러한 평가를 받고 있다 하여도 그에 대한 작가들의 저작권은 여전히 보호되어야 한다. 이 판결은 [서울고법 1996.7.12.선고 95나41279 판결]에서도 그대로 인용되었다.

[판례 6] 수색지구 설계도면 사건(서울지방법원 2000.6.2.선고 99가합12579 판결)

피고들은, 피고들이 서울시로부터 월드컵 주경기장 건설에 관하여 용역을 받은 업무는 스포츠 컴플렉스, 난지도 자연조성공원, 한강변체육시설의 3개 부분으로 구분되어 있는데 서울시로부터 추가로 수색주거지역 부분까지 포함한 마스터플랜을 제출하라는 요구를 받아 피고 A건축이 향후 주경기장 주변 현황 및 서울시 개발계획과의 연계성을 나타내기 위한 참고 자료로서 서울시가 의도하고 있는 도시계획 현황을 단순하게 표시하여 원고의 위 수색주거지역 부분의 설계도면을 인용한 것으로 이는 피고들이 용역받은 업무범위에 속하지 아니하며, 더구나 이를 상업적으로 이용한 것이 아니므로 원고의 저작권을 침해하는 것이 아니고 '21세기 새서울타운'이라는 제목으로 전시회를 주최한 것은 서울시이지 피고들과는 무관하다는 취지로 주장한다.

일반적으로 저작권 침해가 인정되기 위하여는 침해자가 저작권이 있는 저작물에 의거하여 그것을 이용하였을 것과 저작권이 있는 저작물과 침해자의 저작물 사이에 실질적인 유사성이 있어야 할 것인데, 앞서 인정한 사실에 터잡아 원고의 설계도와 피고들의 전체 설계도서를 비교하여 보면 표현방식, 주제, 구성에 있어서는 전체적인 개념과 느낌에 있어 상당한 차이가 있음을 인정할 수 있으나, 피고들의 위 설계도서 중 수색주거지역 부분이라는 구성요소의 표현에 있어서는 중앙에 수평과 수직의 +자 교차로를 중심으로 수평축 위쪽은 격자방사형 구조, 하부쪽은 반원의 모양이 되도록 굴곡된 도로를 동심 형상으로 중복하여 배치한 뒤 +자 중앙에서 하부쪽으로 방사상으로 도로가 뻗어 나가고 건물도 방사상으로 배치되어 있는 점, 산등성이를 깎아 ○○아파트를 짓도록 설계되어 있는 점 등에 비추어 원고의 위 저작물의 공정한 인용 내지 양적 소량의 범위를 넘어서서 원고의 위 저작물과 본질적인 부분에 있어서 실질적인 유사성이 있어 원고의 위 저작물을 무단이용하였다.

[판례 7] '스타 UCC' 사건(서울남부지법 2008.6.5.선고 2007가합18479 판결)

피고들은 2007.3.23. 이 사건 프로그램 중 스타의 숨은 이야기를 발굴하는 코너인 '스타 UCC' 편에서 연기자 이순재가 이 사건 영화에 출연한 사실이 있는지를 확인하는 내용을 방송하였다. 그 과정에서 피고들은 원고의 허락 없이 이 사건 영화 중 일부 장면을 3분 정도 방영하였다. 또 피고는 그 무렵 자신의 인터넷 홈페이지(www.sbs.co.kr)를 통하여 유료로 이 사건 프로그램을 방송하다가, 원고의 항의를 받고 중단하였다. 이 사건 영화를 방송한 목적이 시청자들에게 정보와 재미를 주기 위한 것이라고 하더라도 그 이용의 성격은 상업적・영리적인 점, 피고가 자신의 인터넷 홈페이지를 통하여 유료로 이 사건 프로그램을 방송한 점, 피고들이 원고로부터 이 사건 영화의 인용에 대한 동의를 받는 것이 어렵지 아니하였던 점 등 이 사건 변론에 나타난 여러 사정을 고려하여 볼 때, 구 저작권법(2008.2.29. 법률 제8852호로 개정되기 전의 것) 제28조에 정한 공정이용에 해당하지 않는다.

[참고판례] 'Be The Reds!' 사건(대법원 2014.8.26.선고 2012도10786 판결)

저작권법 제28조는 공표된 저작물은 보도・비평・교육・연구 등을 위하여는 정당한 범위 안에서 공정한 관행에 합치되게 이를 인용할 수 있다고 규정하고 있는데, … 이 경우 반드시 비영리적인 이용이어야만 하는 것은 아니지만 영리적인 목적을 위한 이용은 비영리적인 목적을 위한 이용의 경우에 비하여 자유이용이 허용되는 범위가 상당히 좁아진다.

[판례 8] '펼쳐보기 기능' 사건(청주지법 2012.10.18.선고 2012고정448 판결)[392)]

피고인들은 중고 도서를 판매 및 대여하고 있고, 펼쳐보기 기능은 도서의 판매 및 대여를 늘리기 위한 것으로서 그 자체로 영리를 목적으로 한다고 볼 수 있는 점, 피고인 甲은 별지 범죄일람표(1) 목록 기재 각 도서 중 8,502페이지를, 피고인 乙은 별지 범죄일람표(2) 목록 기재 각 도서 중 9,900페이지를 각 그대로 이미지화하여 자신들의 인터넷 홈페이지에 게재하고 있고, 위와 같이 이미지화된 페이지는 각 권당 대략 16% 정도이고 많게는 29%에까지 이르는 점, 피고인들이 게재한 이미지는 그 내용을 충분히 인식할 수 있을 정도의 해상도를 보이는 점 등을 종합하여 볼 때, 피고인들이 인터넷 홈페이지에 범죄사실 기재와 같이 이미지를 게재한 것은 저작권법 제28조에서 정한 저작물의 정당한 이용에 해당한다거나 사회통념상 허용된 범위 내의 행위라고 볼 수 없어, 피고인들의 이 부분 주장은 받아들이지 않는다.

[판례 9] 이른바 '리프리놀' 사건(대법원 2013.2.15.선고 2011도5835 판결)

사실관계: 甲이 식의약청에 A로부터 수입하여 판매하려는 '리프리놀' 상품의 개별인정형 제품의 판매허가 신청을 하면서 저작권자인 乙 등의 사용허락 없이 "슬

392) 저작권 침해에는 해당되나, 피고인들이 얻은 이익이 많지 않고 저작권자들 중 대다수가 고소를 취소한 점을 이유로, 벌금형의 선고를 유예하였음.

관절 및 퇴행성 관절염에서 뉴질랜드산 '초록입 홍합 추출 오일물(LYPRINOL)'의 유효성 및 안정성에 대한 고찰"이라는 타기관 임상연구 논문(이하 '이 사건 논문'이라 함)을 임의로 복제하여 첨부하였다. 이 사건 논문은 丙이 위 약품을 수입하기 위하여 저작권자인 乙 등에게 부탁하여 작성하였고, '최신의학' Vol. 45. No. 5(2002)에 게재되었던 것이다. 당초 수입업자인 丙과 A는 공급가격 문제로 결렬되어 甲이 그 후 수입하게 되었고, 제품 판매를 위해 식의약청에 허가를 받는 과정에서 이미 작성되어 발표된 이 사건 논문을 복사하여 제출한 것이다. 저작권 침해가 문제된 이 사건에서 여러 가지 항변이 제출되었고, 그중 하나가 공정한 인용에 해당한다는 것이었다.

법원의 판단: 피고인의 행위는 이 사건 논문 전체를 그대로 복사하여 신청서에 첨부한 것이므로 구 저작권법 제28조 소정의 '인용'에 해당한다고 보기 어렵고, 가사 피고인의 행위를 그 '인용'으로 본다 하더라도, ① 甲이 '리프리놀 — 초록입홍합 추출 오일복합물'을 기능성 원료로 인정받음으로써 제품 판매에 상당한 이익을 얻을 것으로 예상되는 점, ② 甲은 기능성 원료의 인정신청을 위한 근거서류로 이 사건 논문 전체를 복제한 것인데, 이와 같은 목적은 이 사건 논문이 작성된 원래의 목적과 같으므로, 이 사건 논문의 복제는 원저작물을 단순히 대체한 것에 불과한 것으로 볼 수 있는 점, ③ 이 사건 논문이 임상연구 결과를 기술한 사실적 저작물이기는 하지만 이 사건 논문의 일부가 아닌 전체가 그대로 복제되어 이용된 점, ④ 이 사건 논문의 복제로 인하여 사단법인 한국복사전송권협회와 같이 복사권 또는 전송권 등을 관리하는 단체가 복제허락을 통하여 얻을 수 있는 수입에 부정적인 영향을 미치게 될 것으로 보이는 점 등에 비추어 보면, 학술정보 데이터베이스 제공업자로부터 적은 비용으로 손쉽게 이 사건 논문의 복제물을 구할 수 있는 사정까지 엿보이는 이 사건에서, 피고인의 이 사건 논문 복제행위를 구 저작권법 제28조 소정의 '공표된 저작물의 인용'에 해당하는 행위라고 보기는 어렵다.

◈ 인 용 권

최근 UCC(User Created Contents) 혹은 UGC(User Generated Contents)를 둘러싼 저작권 문제가 논란의 대상이 됨에 따라 일부에서는 '인용권'의 도입을 주장하고 있다. 인용권이란 저작권법 제28조에서 규정한 인용과는 다른 의미를 가진다. 인용권이란 비영리 목적의 동영상 편집을 UCC 생산행위로 보아서 기존 동영상을 5분 이내로 편집하여 UCC를 만들 수 있는 이용자의 자율권을 말한다. 그러나 이것은 지나치게 이용자의 편의만을 생각한 것으로 현행 저작권법의 틀을 벗어나는 것으로 보인다.

◈ 인용 규정을 확대 적용한 일본 판례

공정이용 규정이 없는 일본에서는 미술감정서 작성시 원그림을 축소 복사하여 감정서의 뒷면에 첨부하는 것은 적법한 인용에 해당한다고 판시하였다[일본 지적재산고등재판소 평성 22.10.13.(평성 22(ネ)10052)].

"본건 각 감정증서에 본건 각 회화를 복제한 본건 각 카피를 첨부한 것이 저작권법 제32조에서 말하는 인용으로서의 이용으로서 허용되는가 아닌가에 대해서 검토하면, 본건 각 감정증서는 여기에 본건 각 카피가 첨부되어 있는 본건 각 회화가 眞作인 것을 증명하는 감정서이며, 본건 각 감정증서에 본건 각 카피를 첨부한 것은 그 감정대상인 회화를 특정하고, 또 당해 감정증서의 위조를 방지하기 위한 것인바, 이를 위해서는 일반적으로 보아도 감정대상인 회화의 컬러 카피를 첨부하는 것이 확실하며, 첨부의 필요성, 유용성도 인정되는 것 외에, 저작물의 감정업무가 적정하게 행하여지는 것은, 贋作(안작:僞作)의 존재를 배제하고, 저작물의 가치를 높이며, 저작권자 등의 권리의 보호를 도모하는 것에도 연결되는 것 등을 아울러 고려하면, 저작물의 감정을 위하여 당해 저작물의 복제를 이용하는 것은, 저작권법이 규정하는 인용의 목적에 포함된다고 말하지 않으면 안 된다.

그리고 본건 각 카피는 모두 홀로그램 실(seal)을 첩부한 표면 감정증서의 뒷면(裏面)에 첨부되어 表裏一體의 것으로서 파우치* 래미네이트(pouch laminated) 가공되어 있고, 본건 각 카피 부분만이 분리해서 이용에 제공되는 것은 생각하기 어려운 점, 본건 각 감정증서는 본건 각 회화의 소유자의 직접 또는 간접의 의뢰에 기해서 1부씩 제작되는 것이며, 본건 회화와 그 소재를 같이하는 것이 예정되어 있고, 본건 각 회화와 별도로 유통하는 것도 생각하기 어려운 것에 비추어 보면, 본건 각 감정증서를 제작함에 있어, 본건 각 회화를 복제한 본건 각 카피를 첨부하는 것은, 그 방법 내지 태양에 비추어 보아도 사회 통념상 합리적인 범위 내에 그치는 것이라고 할 수 있다.

더욱이 이상의 방법 내지 태양이라면 본건 각 회화의 저작권을 상속한 피항소인 등의 허락 없이 본건 각 회화를 복제한 컬러 카피가 미술서 등에 첨부되어 배포되는 경우 등과는 달리, 피항소인 등이 본건 각 회화의 복제권을 이용해서 경제적 이익을 얻을 기회가 상실된다는 하는 것 등도 생각하기 어려우며, 이상을 종합적으로 고려하면, 항소인이 본건 각 감정증서를 제작함에 있어 그 뒷면에 본건 각 카피를 첨부한 것은 저작물을 인용해서 감정하는 방법 내지 태양에 있어서 그 감정에 요구되는 공정한 관행에 합치한 것이라고 말할 수 있고, 또 그 인용의 목적상으로도 정당한 범위 내의 것이라고 말할 수 있다고 해야 할 것이다.

* 파우치: 인쇄물(印刷物)에 대한 래미네이트 가공의 속칭(俗称).

(8) 영리를 목적으로 하지 아니하는 공연·방송(법 29조)

학예회의 연극과 같이 ⅰ) 영리를 목적으로 하지 아니할 것, ⅱ) 어떠한 명목으로든지 청중이나 관중 또는 제3자로부터 반대급부(예컨대 요금 등)를 받지 아니할 것, ⅲ) 실연자에게 통상의 보수가 지급되지 아니할 것의 3요건이 모두 충족된 경우에는 공표된 저작물을 저작권자의 허락 없이 공연 또는 방송할 수 있다.

한편 분위기 조성을 위하여 음반에 수록된 음악을 이용하는 경우 등과 같이 청중이나 관중으로부터 당해 공연에 대한 반대급부를 받지 아니하는 경우에는 판매용 음반 또는 판매용 영상저작물을 재생하여 일반공중에게 공연할 수 있다. 여기서 문제의 하나는 당해 공연에 대한 반대급부를 받지 아니하는 경우란 어떠한 경우인가이다. 공연요금을 직접 받은 경우가 여기에 포함되며, 영리행위와 연결되는 공연이라도 당해 공연에 대한 대가를 직접 받지 않은 경우는 이에 포함되지 아니한다고 본다.[393] 그러나 그 경우라도 저작권자의 경제적 이익을 해칠 우려가 있으므로 법은 간접적으로 이용하는 경우라고 하더라도 다음과 같이 대통령령으로 정하는 경우에는 허락을 받도록 하고 있다.[394]

1. 「식품위생법 시행령」 제21조 제8호에 따른 영업소에서 하는 다음 각목의 공연

가. 「식품위생법 시행령」 제21조 제8호 다목에 따른 단란주점과 같은 호 라목에 따른 유흥주점에서 하는 공연

나. 가목에 해당하지 아니하는 영업소에서 하는 공연으로서 음악 또는 영상저작물을 감상하는 설비를 갖추고 음악이나 영상저작물을 감상하게 하는 것을 영업의 주요 내용의 일부로 하는 공연

2. 「한국마사회법」에 따른 경마장, 「경륜·경정법」에 따른 경륜장 또는 경정장에서 하는 공연

3. 「체육시설의 설치·이용에 관한 법률」에 따른 골프장·스키장·에어로빅장·무도장·무도학원 또는 전문체육시설 중 문화체육관광부령으로 정하는 전문체육시설에서 하는 공연

---

393) 허희성, 「2007 신저작권 축조개설」, 명문프리컴, 2007, 220-221면; 이해완, 「저작권법」, 박영사, 2007, 410면.

394) 물론 현실적으로는 이들 저작물 등을 신탁관리하는 단체에서 보상을 받고 일괄하여 허락하고 있다.

4. 「항공법」에 따른 항공운송사업용 여객용 항공기, 「해운법」에 따른 해상여객운송사업용 선박 또는 「철도사업법」에 따른 여객용 열차에서 하는 공연

5 「관광진흥법」에 따른 호텔·휴양콘도미니엄·카지노 또는 유원시설에서 하는 공연

6. 「유통산업발전법 시행령」 제3조에 따른 대형마트·전문점·백화점 또는 쇼핑센터에서 하는 공연

7. 「공중위생관리법」 제2조 제1항 제2호 숙박업 및 같은 항 제3호 나목의 목욕장에서 영상저작물을 감상하게 하기 위한 설비를 갖추고 하는 판매용 영상저작물의 공연

8. 다음 각 목의 어느 하나에 해당하는 시설에서 영상저작물을 감상하게 하기 위한 설비를 갖추고 발행일부터 6개월이 지나지 아니한 판매용 영상저작물을 재생하는 형태의 공연

가. 국가·지방자치단체(그 소속기관을 포함한다)의 청사 및 그 부속시설

나. 「공연법」에 따른 공연장

다. 「박물관 및 미술관 진흥법」에 따른 박물관·미술관

라. 「도서관법」에 따른 도서관

마. 「지방문화원진흥법」에 따른 지방문화원

바. 「사회복지사업법」에 따른 사회복지관

사. 「여성발전기본법」 제2조 제3호에 따른 여성관련 시설

아. 「청소년활동진흥법」 제10조 제1호 가목에 따른 청소년수련관

자. 「지방자치법」 제144조에 따른 공공시설 중 시·군·구민회관

또 하나의 문제는 판매용 음반 또는 판매용 영상저작물이란 무엇인가이다. 이것의 해석과 관련하여 최근 이른바 「스타벅스」 사건에서 대법원은 '판매용 음반'이라 함은 시중에 판매할 목적으로 제작된 음반을 의미하는 것으로 제한하여 해석함이 상당하다고 판시하였다.

[판례] 대법원 2012.5.10.선고 2010다87474 판결[395]

공연권의 제한에 관한 저작권법 제29조 제1항이 영리를 목적으로 하지 않고

395) 제1심: 서울중앙지법 2009.4.29.선고 2008가합44196 판결. 항소심: 서울고등법원 2010.9.9.선고 2009나53224 판결.

청중이나 관중 또는 제3자로부터 어떤 명목으로든지 반대급부를 받지 않으며 또 실연자에게 통상의 보수를 지급하지 않는 경우에 한하여 공표된 저작물을 공연 또는 방송할 수 있도록 규정하고 있는 것과는 달리, 당해 공연에 대한 반대급부를 받지 않는 경우라면 비영리 목적을 요건으로 하지 않고 있어, 비록 공중이 저작물의 이용을 통해 문화적 혜택을 향수하도록 할 공공의 필요가 있는 경우라도 자칫 저작권자의 정당한 이익을 부당하게 해할 염려가 있으므로, 위 제2항의 규정에 따라 저작물의 자유이용이 허용되는 조건은 엄격하게 해석할 필요가 있다. 한편, 저작권법 제29조 제2항이 위와 같이 '판매용 음반'을 재생하여 공중에게 공연하는 행위에 관하여 아무런 보상 없이 저작권자의 공연권을 제한하는 취지의 근저에는 음반의 재생에 의한 공연으로 그 음반이 시중의 소비자들에게 널리 알려짐으로써 당해 음반의 판매량이 증가하게 되고 그에 따라 음반제작자는 물론 음반의 복제・배포에 필연적으로 수반되는 당해 음반에 수록된 저작물의 이용을 허락할 권능을 가지는 저작권자 또한 간접적인 이익을 얻게 된다는 점도 고려되었을 것이므로, 이러한 규정의 내용과 취지 등에 비추어 보면 위 규정에서 말하는 '판매용 음반'이라 함은 그와 같이 시중에 판매할 목적으로 제작된 음반을 의미하는 것으로 제한하여 해석함이 상당하다.[396]

(9) 사적 이용을 위한 복제(법 30조)

공표된 저작물을 영리를 목적으로 하지 아니하고 개인적으로 이용하거나 가정 및 이에 준하는 한정된 범위 안에서 이용하는 경우에는 그 이용자는 이를 복제할 수 있다.[397] 그러나 복제기술이 발달된 오늘날 사적 사용이라는 이유만으로 어떠한 대가 없이 마음대로 사용하도록 방치하는 것은 커다란 문제이다. 1999년 개정법부터는 "공중의[398] 사용에 제공하기 위해서 설치된 복사기기에 의한 복제는" 사적 사용을 위한 복제에는 해당되지 않음을 명시하여(법 30조 단

396) 이 판결에 대해서는, 송재섭, "저작권법상 자유이용의 대상이 되는 '판매용 음반'의 범위," *Law & technology*(제7권 제6호), 서울대학교 기술과법센터, 2011.11, 19면 이하; 이상정, "소유권과 관련된 저작권 판결에 관한 일고," 「계간저작권」(2012년 겨울호 통권100권), 한국저작권위원회, 2012.12, 71면 이하; 임원선, "저작권법상 판매용 음반의 의미와 적용," 「계간저작권」(2012년 가을호 통권99권), 한국저작권위원회, 2012.9, 121면 이하; 최승재, "저작권법 제29조 제2항의 '판매용 음반'의 의미," 「판례연구」(제26집), 서울지방변호사회, 2012.9, 225면 이하.

397) 컴퓨터프로그램의 이용과 관련해서는 별도의 규정(법 제101조의3)이 있다.

398) 원래 1999년법에는 "일반공중"이라는 용어를 사용하였다. 그러나 2006년 개정에서 제2조 제32호에 공중이라는 개념정의[공중: 불특정 다수인(특정 다수인을 포함한다)을 말한다]를 두고 종래 저작권법에 규정되었던 일반공중이라는 용어를 모두 공중으로 변경하였다.

서), 종래 개인 복제를 사실상 가능하게 하여 준 원인을 3399일부나마 제거하기는 하였으나 의연 다음과 같은 문제는 남아 있다.

첫째, 회사에서의 복제와 같이 해석상 사적 복제에는 해당하지 아니하여 저작권침해가 되는 경우에도 이러한 복제를 일일이 찾아내어 규제하는 것은 사실상 매우 힘들다.

둘째, 복사기의 보급으로 저작권침해가 발생하는 것은 사실이나 또 일반인도 이러한 문명의 이기를 이용하여 손쉬운 복제가 가능하여야 한다. 결국 일반인의 욕구와 저작권자의 이익을 조화시킬 수 있는 제도가 필요하고, 그래서 논의되는 것이 '복제보상금제도' 및 '복사권센터의 운영'이다. 우리는 종래 독일식인 복제보상금제도를 통해 이 문제를 해결하려고 하였으나 전자업계 등의 반발에 부딪혀 미국이나 일본식의 복사권센터를 운영하여 이 문제를 해결하려고 하고 있다.

[판례 1] 사적 복제의 의의(대법원 1991.8.27.선고 89도702 판결)

가. 타인이 저작권을 가지는 저작물의 무단편집, 출판행위가 구 저작권법 제64조의 비침해행위에 해당하거나 또는 이에 준하여 사적으로 극히 제한된 범위의 사람이 이용하기 위하여 소량의 부수를 복제하는 경우가 아니라면 저작물의 정당한 이용행위라고 할 수 없다.

나. 피고인이 노동자들에 의해 새로운 가사가 붙여진 가요 등을 수집하여 원작곡자나 작사자의 승낙 없이 원곡의 악보를 전사하고 그 곡조에 따라 근로자들에 의해 불리어지는 곡명 및 가사와 원곡의 곡명을 적어 넣고 서문과 분류목차를 첨가 편집하여 원작곡자나 작사자의 성명은 밝히지 아니한 채 인쇄업자에게 의뢰하여 100부를 출판하여 배포한 것이라면, 비침해행위를 규정한 구저작권법 제64조 제1항 각호의 어느 것에도 해당하지 아니한다.

다. 그 복제의 방법과 부수, 배포대상 등에 비추어 볼 때, 피고인이 연구의 목적으로 위 다항의 책자를 출판하였다고 하더라도 정당한 이용행위의 범주에 속하는 사적 사용을 위한 복제라고 할 수 없다.

[판례 2] 인터넷제국 사건(서울중앙지법 2001.8.24.선고 2000가합83171 판결)

피고가 원고들의 동의 없이 원고들이 제작한 음반에 수록된 음악을 vqp파일로 변환하여 vqpzone 웹사이트의 서버에 저장하는 행위는 음반을 복제하는 행위에 해당한다. 또 피고가 vqp파일을 웹사이트에서 일반공중에게 제공한 이상, 그 이용자들로부터 대가를 받지 아니하여 영리목적이 없었다고 하더라도, 이를 피고가 개인적으로 이용하거나 가정 및 이에 준하는 한정된 범위 안에서 이용한 경우로 볼 수 없어 사적 복제에 해당한다고 할 수 없다.

[판례 3] 나우필름 사건(서울중앙지법 2008.8.5.자 2008카합968 결정)

인터넷 이용자들이 저작권자로부터 이용허락을 받지 않은 영화 파일을 업로드하여 웹스토리지에 저장하거나 다운로드하여 개인용 하드디스크 또는 웹스토리지에 저장하는 행위는 유형물인 컴퓨터의 하드디스크에 고정하는 경우에 해당하므로 특별한 사정이 없는 한 저작권자의 복제권을 침해한다. 그런데 저작권법 제30조는 이른바 사적 이용을 위한 복제를 허용하고 있으므로, 위와 같은 이용자들의 복제행위가 이에 해당하여 적법한지 여부를 살펴볼 필요가 있다. 먼저 웹스토리지에 공중이 다운로드할 수 있는 상태로 업로드되어 있는 영화 파일을 다운로드하여 개인용 하드디스크 또는 비공개 웹스토리지에 저장하는 행위가 영리의 목적 없이 개인적으로 이용하기 위하여 복제를 하는 경우에는 사적이용을 위한 복제에 해당할 수 있다. 그러나 업로드되어 있는 영화 파일이 명백히 저작권을 침해한 파일인 경우에까지 이를 원본으로 하여 사적 이용을 위한 복제가 허용된다고 보게 되면 저작권 침해의 상태가 영구히 유지되는 부당한 결과가 생길 수 있으므로, 다운로더 입장에서 복제의 대상이 되는 파일이 저작권을 침해한 불법파일인 것을 미필적으로나마 알고 있었다면 위와 같은 다운로드 행위를 사적 이용을 위한 복제로서 적법하다고 할 수는 없다. 다음으로 개인용 하드디스크에 저장된 영화 파일을 '비공개' 상태로 업로드하여 웹스토리지에 저장하는 행위에 관하여도, 해당 파일이 예컨대 DVD를 합법적으로 구매하여 이를 개인적으로 이용할 목적으로 파일로 변환한 것과 같이 적법한 파일인 경우라면 이를 다시 웹스토리지에 비공개 상태로 저장하는 행위 또한 사적 이용을 위한 복제로서 적법하다고 할 것이나, 해당 파일이 불법 파일인 경우라면 이를 웹스토리지에 비공개 상태로 저장하더라도 그것이 사적 이용을 위한 복제로서 적법하다고 할 수는 없다.(밑줄: 필자)

* 저작권자를 보호하려는 취지는 이해되나 사적 복제를 인정한 법의 내용과 합치되지 아니한다고 본다. 아마도 이것은 독일저작권법 제53조 (사적 사용 및 여타 개인적 사용을 위한 복제) 제1항(사적 사용을 위하여 자연인이 저작물을 임의의 매체로 개개 복제하는 행위는, 직·간접적으로 영업목적이 아니며 복제를 위해 명백하게 위법 제작된 모형이 사용되지 않는 한도 내에서 허용된다)의 영향이라고 보나 우리 저작권법은 현재까지는 그렇게 되어 있지 않다. 입법론으로는 몰라도 해석론으로는 무리라고 본다. 다만 최근 입법예고된 저작권법 개정안은 불법복제물임을 알면서 복제하는 행위는 사적 복제로서 면책되지 않도록 명확히 하되, 형사처벌대상에서 배제하고 저작권자의 민사상손해배상청구권만을 인정하는 것으로 되어 있다.

[미국판례] Time-shift 및 Space-shift와 공정사용: VTR에 관한 Betamax 판결과 MP3에 관한 Rio 판결

(1) Betamax 판결: Sony Corp. of America v. Universal City Studios399)

상고인 Sony는 베타멕스(Betamax) 형식의 VTR을 제조·판매하였다. 구매한 소비자는 이 VTR을 이용하여 방영되는 프로를 편리한 시간대에 보기 위하여 녹화하였다(소위 time-shifting). 또 경우에 따라서는 반복하여 시청하기 위하여 녹화하였다(소위 library building). 원고이자 피상고인인 Universal City Studios는 방영된 프로그램에 대해 저작권을 가지고 있었고, 시간대를 옮기기 위하여 녹화하는 것은 저작권침해가 되며, 따라서 Sony는 침해에 대한 기여책임이 있다고 주장하였다. 미국 대법원은 편리한 시간에 보기 위해서 녹화하는 것은 공정사용(fair use)이며, 따라서 Sony는 기여책임이 없다는 것이었다. 대법원은 시간대를 옮기기 위한 가정에서의 녹화는 비상업적이고, 비영리적이며, (원고가 과거의 손해도 주장하지 않았고) 장래의 손해발생도 예상하기 힘들며, 설사 손해가 있다고 하더라도 극히 미미할 것이라고 보았다.

(2) Rio 판결: Recording Indus. Ass'n of Am. Inc. v. Diamond Multimedia Sys., Inc.400)

사실관계: 1998년 10월, "RIAA"는 "실연자·음반제작자동맹"(the Alliance of Artists and Recording Companies)과 공동으로 'Rio' 제작사인 Diamond社를 상대로 디지털저작물의 연속복제를 금지한 1992년의 「가정녹음법」(The Audio Home Recoding Act)의 위반을 이유로 하는 제조·판매금지가처분신청(a preliminary injunction) 및 저작권침해소송을 제기하였다.401)

이 사건에서 원고는 ⅰ) 피고가 소비자들로 하여금 'Rio'를 이용하여 압축 음악파일을 다운로딩·재생할 수 있게 함으로써 광범위한 음악 해적행위를 조장하고 있다고 하면서 'Rio'의 판매금지가처분을 청구하였으며, 또한 ⅱ) 'Rio'는 「가정녹음법」의 적용대상인 '디지털녹음'(digital audio recording: DAR)을 위한 기기(device)에 속하는바, 동법은 모든 'DAR기기'에 '연속복제관리장치'(serial copy management system: SCMS)를 설치하고 또한 그 판매에 대하여 일정한 복제보상금을 지급할 것을 규정하고 있음에도 불구하고 피고는 이를 위반하였다고 주장하였다.

이에 대하여 피고는 'Rio'가 「가정녹음법」의 적용대상이 아니라고 항변하였다. 즉, 문제가 되는 디지털녹음을 수행하는 것은 컴퓨터의 하드드라이버이며, 'Rio'는 단지 이미 디지털녹음이 되어 있는 것을 컴퓨터 하드드라이버로부터 단순 복

---

399) 464 U.S. 417(1984).

400) 이 판결에 대한 설명은 1999년 10월 26일 정상기 교수가 경희대학교 국제법무대학원에서 발표한 "MP3의 인터넷전송과 저작권자 등의 보호"에 의거함.

401) C.D. Cal., Oct. 26, 1998.

제하여 재생해주는 것일 뿐이라는 것이다.

법원의 판단: 지방법원(The U.S. District Court for the Central District of California)은 우선 판매금지가처분신청에 대해서는 가처분의 요건인 '회복불가능한 손해'의 입증이 부족하다는 이유로 RIAA의 청구를 부인하였다. 그러나 本案訴訟에서는 'Rio'는 「가정녹음법」의 적용대상이 아니라는 피고의 주장을 배척하고 또한 'Rio'는 「가정녹음법」에서 말하는 '연속복제'(serial copying)를 가능하게 한다는 점을 인정하였다. 다만 'Rio'에 「가정녹음법」이 요구하는 SCMS를 부착하도록 하는 것은 컴퓨터 하드드라이버에 있는 MP3파일이 저작권정보를 보유하고 있지 아니하다는 점을 고려할 때 이는 '무용한 시도'(an exercise in futility)라고 지적하면서 그것이 저작권침해에 해당하는지의 여부에 대해서는 명확한 결론을 유보하였다.

한편, 항소심(the United States Court of Appeals for the 9th Circuit)에서는 MP3재생기는 이미 하드드라이브에 있는 파일을 "공간이동"(space-shift)하는 것에 불과하므로 「가정녹음법」에 저촉되지 아니한다고 판시하여 RIAA의 주장을 배척하였다. 이에 RIAA는 대법원에 상소하였으나, 1999년 8월, 당사자의 법정화해에 따라 소가 취하되었다고 한다.

[미국판례] 사업자가 보유하는 중앙서버에 데이터를 보관하는 경우(케이블비전사건): Twenties Century Fox Film Corp. v. Cablevision Sys. Corp.

사실관계: 케이블방송사업자인 Cablevision사는 기존의 셋톱박스보다 저렴한 가격으로 제공한 네트워크 PVR(Personal Video Recorder)기기를 통해 소비자들이 원하는 프로그램을 회사 서버에 녹화하고 이를 시청할 수 있도록 하는 서비스를 개시하였는데, 이에 영화제작사 등 콘텐츠 저작권자들이 복제권에 대한 침해를 주장한 사건이다. 이에 1984년 미국 연방대법원이 소니 베타맥스(Betamax)사건[402]에서 설시한 베타맥스 원칙[403]이 적용될 수 있는지가 쟁점이 되었다. 개인이 보유한 DVR(디지털영상기록장치)의 경우라면 영상물을 비디오테이프 대신에 하드디스크에 저장하는 것이어서 방식상의 차이가 있는 것에 불과하므로 소니

402) Sony Corp. of America v. Universal City Studios, 464 U.S. 417 (1984)

403) 소니사가 개발한 VCR을 둘러싼 저작권 침해 분쟁에서, 방송을 나중에 볼 수 있도록(time-shifting) VCR에 녹화·저장하는 행위는 공정이용(fair use)에 해당하고, VCR 제조회사는 개별이용자의 저작권 침해 행위에 대한 간접책임을 부담하지 않는다고 판단한 것을 말한다. 한편, Cablevision 사건에서는 Sony Betamax 사건에서 이미 결정이 내려진 쟁점을 피하기 위해 원고측은 저작권의 직접침해만 주장하고, 간접침해(contributory infringement)는 주장하지 않았으며, 피고도 공정이용(fair use)에 기반한 방어방법은 유보를 하였다. 결국 이 사건에서는 피고의 서비스가 원고들의 저작권을 직접 침해하는지만 법적 쟁점이 되었다.

베타맥스 판결에 따를 때 내장형과 외장형을 막론하고 DVR기기 제작자는 개별 이용자가 저작권을 침해하더라도 그에 대해 책임을 지지 않는다고 보아야 할 것이지만, 본 사안에서 문제된 중앙서버 저장식 DVR(이하 RS-DVR) 서비스의 경우에는 케이블방송사업자가 보유·관리하는 중앙서버에 비디오 데이터가 저장되고, 저장된 비디오를 이용자가 요청하면 케이블방송사업자가 케이블을 통해 전송해주므로, 서비스제공사업자가 비디오의 복제·재생에 관여하는 방식과 정도가 다르다. 이용자와 서비스제공자인 케이블방송사 중 누가 직접적인 행위자인지에 대한 판단에 따라, 사업자가 복제행위자라고 판단되면 공정이용 항변의 적용가능성이 배제되지만, 이용자가 행위자라면 베타맥스 판결에 의해 사적복제행위는 허용되기 때문이다.

법원의 판단: 이에 대해 1심 법원은 "복제행위자는 서비스제공자인 케이블비전"이라고 판단하였다.[404] 그 이유는 케이블비전이 복제장치를 소유하고 관리하고 있기 때문이라는 것이다. 이에 반하여 항소심 법원[405]은 복제장치를 소유·관리하고 있다는 사실만으로 서비스제공자를 복제행위 주체로 볼 수 없다고 판단하였다. 그 이유는 이용자가 VCR을 이용하여 녹화, 재생하는 것이나 RS-DVR을 이용하는 것이나 달리 볼 이유가 없다는 것이다. 즉 케이블비전사의 행위는 단순한 데이터 도관(mere conduit)에 불과하여 스스로 복제행위의 주체가 되지 않았으므로 저작권침해의 책임을 지지 않는다는 것이다. 연방대법원에 상고신청(petition for a writ of certiorari)이 기각됨으로써 항소심의 결정이 확정되었다. 본 사건에서 연방정부는 자신이 제출한 의견서에서 복제행위의 주체는 서비스이용자 개인이라고 보았다. 즉 본 건과 같은 RS-DVR서비스는 VOD서비스와 다르며,[406] 복사장치의 물리적인 위치가 사업자에게 있더라도 그 장치가 이용자의 지배하에 있는 이상 복사 주체는 서비스이용자 개인이라는 것이다.

[미국판례] '에어리오' 사건[AMERICAN BROADCASTING COS., INC., ET AL. v. AEREO, INC., FKA BAMBOOM LABS, INC., 573 U. S. ___ (2014), (U.S. June 25, 2014)]

1. 사실관계: Aereo사가 인터넷을 통해서 이용자가 TV프로그램을 시청할 수 있도록 하는 서비스에 대해 ABC 등 방송사업자 등이 공연권 침해를 이유로 예비적 금지명령(preliminary injunction)을 요구하면서 제소하였다. Aereo[407] 시스템은 Aereo사의 중앙 창고에 설치된 서버, 트랜스코더(transcoder), 10센트 정도

404) 478 F.Supp. 2d 607 (S.D.N.Y. 2007)

405) The Cartoon Network LP, LLLP v. CSC Holdings, Inc., 536 F.3d 121 (2d Cir. 2008)

406) VOD의 경우는 이용자 개개인의 복사행위는 물론 복사요청행위 자체가 존재하지 않는다.

407) aereo(이태리어) → aerial(영국 영어) → antenna(미국 영어)

크기의 다수의 안테나로 구성되어 있고, Aereo 시스템의 작동은 다음 순서로 행하여진다.

① 이용자가 현재 방송되고 TV프로그램을 시청하려고 생각하는 경우에는 이용자는 Aereo사 웹사이트에 들어가서 리스트 업(list up)된 TV프로그램으로부터 희망하는 프로그램을 선택한다.

② 서버가 안테나를 선택한다. 당해 안테나는 선택된 프로그램의 시청 중에는 당해 이용자에게만 할당된다. 안테나가 방송을 수신하고, 트랜스코더가 수신한 방송의 신호를 디지털 데이터로 변환한다.

③ 서버는 프로그램의 디지털 데이터를 하드 디스크 내의 당해 이용자에게 할당된 전용 폴더에 보존한다.

④ 프로그램의 몇 초 분량이 녹화되면, 서버가 스트리밍에 의해 녹화된 프로그램 데이터를 인터넷을 통해서 이용자에게 송신한다. 이용자는 그 단말기에서 프로그램을 시청한다. 프로그램 데이터의 녹화, 스트리밍 송신은 프로그램 시청이 끝날 때까지 계속된다. 이용자의 시청은 실제 방송보다 약간 늦다.

Aereo 시스템의 특징은 개개의 이용자마다 할당된 안테나에 의해 수신된 방송 프로그램 데이터에 대해, 당해 이용자용의 복제 데이터가 작성되어, 당해 이용자에게 스트리밍 송신되는 것이며, 당해 데이터를 다른 이용자에게 송신하여 사용할 수는 없다는 점이다. 즉 수신·작성된 프로그램 데이터와 이용자의 관계가 1대 1이라는 것이다.

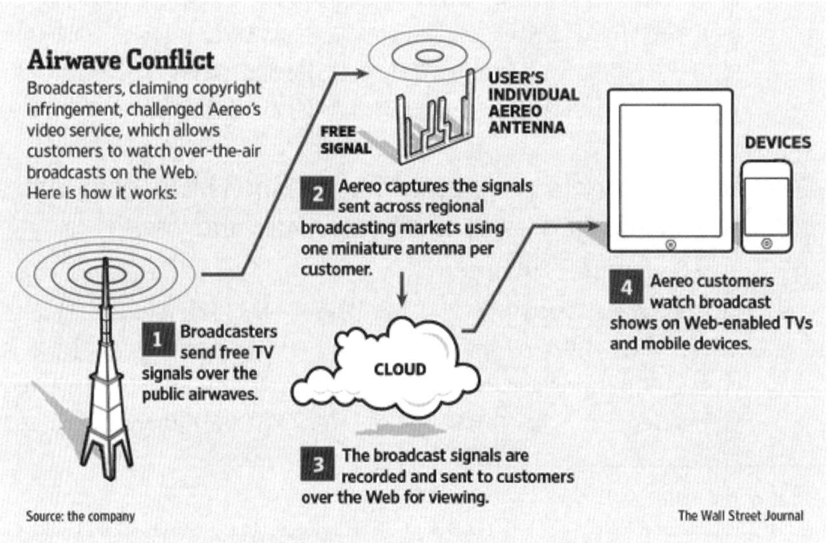

* 자료출처: http://www.wsj.com/articles/supreme-court-rules-against-aereo-sides-with-broadcasters-in-copyright-case-1403705891(2014.12.31. 방문)

2. 쟁 점: ① Aereo는 저작권법에서 말하는 「perform」의 주체라고 말할 수 있는가. ② Aereo의 'perform'은 「publicly」하게 행하여졌는가.

이 문제에 대해 Aereo사는 가입자가 직접 선택한 방송 프로그램 저작물만 그 가입자에게 할당된 하드 드라이버에 저장됨과 동시에 송신되는 것이기 때문에 가입자만 수신된 프로그램을 볼 수 있고, 그 프로그램도 그 가입자가 저장한 파일에서만 송신되는 것이기 때문에 공중에게 송신하는 것이 아니라 사적으로 송신하는 것이라고 주장했다.[408]

3. 법원의 판단: ① 쟁점 1에 대한 판단: 현행 저작권법(1976년 개정저작권법)의 입법자 의사에 비추어 보면, Aereo는 송신주체라고 해야 할 것이다. 1976년 개정 시 의회의 주요한 목적은 그 이전의 2개의 연방대법원의 판결[409]에서 CATV에 의한 TV프로그램의 재송신이 구법상의 실연(perform)에 해당하지 아니한다고 판시하고 있었던 것[410]을 뒤집어 이를 저작권법의 규율대상으로 하려고 한 점에 있었다. 1976년 개정 저작권법에 의해 규율 대상으로 된 CATV업자의 행위도 Aereo의 행위도 그 대부분이 저작물인 TV 프로그램을 거의 동시에 이용자에게 시청시키는 서비스를 유상으로 제공하고 있다는 점에서 유사하다. 확실히 CATV와 Aereo 시스템 사이에는 차이점이 있다. 그러나 본건에 있어서 Aereo 시스템의 CATV 시스템과의 유사성으로부터 판단하면 이러한 단순한 기술적인 상위(相違)는 송신주체성의 판단에 결정적인 차이를 주는 것은 아니다. 본건과는 다른 종류의 서비스・기술에 관해서 송신주체성을 판단함에 있어, 장치의 운용이나 전송된 콘텐츠의 선택에의 이용자의 관여의 정도가 판단에 영향을 줄 수는 있으나 CATV와 유사한 Aereo 시스템에 대해서는 해당하지 아니한다. Aereo는 저작권법에서 말하는 'perform'의 주체이다. Aereo는 단순히 장비만을 제공하는 업체는 아니다.

② 쟁점 2에 대한 판단: 피고는 자신의 서비스가 공개적인 것이 아니고 사적인 것이라고 주장한다. 그러나 입법목적에 비추어 보면, Aereo 서비스가 TV 프로그램을 이용자의 스크린에 보낸다고 하는 점에서 CATV와 같기 때문에 이러한 기술적 사항의 차이는 문제로 되지 아니한다. 의회는 CATV업자와 마찬가지로 Aereo 서비스 같은 허락되지 아니한 행위로부터 저작권자를 보호하려는 것이다.

---

408) 김인철, "에어리오 저작권 침해 판결," 「저작권 문화」(240호), 한국저작권위원회, 2014. 8., 23면.

409) Fortnightly Corp. v. United Artists Television, Inc., 392 U.S. 390(the Court determined that a CATV provider was more like a viewer than a broadcaster); Teleprompter Corp. v. Columbia Broadcasting System, Inc., 415 U.S. 394(The reception and rechanneling of [broadcast television signals] for simultaneous viewing is essentially a viewer function, irrespective of the distance between the broadcasting station and the ultimate viewer).

410) CATV사업자를 방송자(공연자)로 보지 않고 시청자로 보았다.

친구에게 동일한 내용의 메일을 보내는 경우, 한 사람 한 사람에게 따로 따로 보내든, 수신인 란에 여러 명을 기재한 후 한꺼번에 보내든 법적으로는 동일하다. 어느 주체가 동시에 수신 가능한 영상과 음성을 여러 명에게 전달하고 있는 이상, 전달이 몇 개로 분리되어 있는가하는 분리된 전달의 개수, 또 단일한 복제물을 사용해서 송신했는지 여부, 또 Aereo와 같이 개개의 이용자마다 전용 복제물을 사용해서 송신했는가에 관계없이 그 주체는, 당해 실연을 여러 명에게 송신하고 있다고 말할 수 있다.

공중이란(the public)이란 가족 및 사회적으로 잘 아는 지인의 통상의 범위를 넘는 다수의 사람을 가리킨다. Aereo의 이용자들은 이에 해당한다.

실연의 수령자가 공중에 해당하는가 아닌가의 판단에는 실연의 기초로 저작물과 수령자와의 사이에 사전의 관계(pre-existing relationship)가 고려된다. 예컨대 발레 파킹(valet parking)을 해준 주차요원이 주차 차량의 주인들에게 차를 반환할 때 주차요원이 공중에게 차를 제공하고 있다고는 말하지 않는다. 반대로 자동차 딜러가 고객에게 차를 판매하는 경우에는 그 고객들은 당해 차와의 사이에 아무런 사전 관계가 존재하지 않았기 때문에 딜러가 공중에게 차를 제공했다고 말할 수 있는 것이다. 마찬가지로 실연의 수령자가 실연의 기초로 된 원저작물의 소유자 또는 점유자인 경우에는 업자가 당해 실연을 수령자에게 제공했다고 하더라도 이것은 '공중'에의 실연이라고는 말할 수 없다. 그러나 Aereo의 이용자는 송신된 실연의 저작물과의 사이에서 이러한 사전 관계를 가지고 있지 않으며, 결국 이들 이용자에의 송신은 '공중'에의 송신이라고 해야 할 것이다.

[판례 4] 엔탈사건(서울고등법원 2009.4.30.선고 2008나86722 판결)

엔탈은 2006년 7월 이후로 원고 등 5개 공중파 방송사업자의 방송프로그램을 Divx 코덱으로 압축된 파일로 가입자들에게 전송하는 '인터넷 VCR서비스'를 유료로 제공해 왔다. 마치 VCR처럼 사전에 녹화예약을 신청하도록 하였으며, 녹화예약한 프로그램은 피고가 설치하여 관리하는 엔탈 녹화시스템(30대의 개인용 컴퓨터, 약 30종의 소프트웨어로 구성)을 통해 녹화가 이루어진다. 이 파일은 서버에 10일간 저장되며, 이용자는 'MY엔탈'란을 클릭하여 다운로드목록을 통해 파일을 확인하고 이를 전송받아 재생할 수 있게 된다. 녹화예약을 하지 않고 방송시간이 끝난 프로그램은 녹화할 수 없고, 이용자들이 녹화되지 않은 방송프로그램을 다운로드할 수는 없다.

원고는 자신이 권리를 가지고 있는 방송프로그램에 대하여 피고가 복제권과 전송권 등을 침해하고 있다고 주장하면서 그 녹화서비스 제공행위의 금지를 구하였다. 이에 대해 피고는 피고의 녹화서비스는 이용자들의 사적 복제행위를 방조하는 것에 불과하다고 다투었으나 법원은 피고의 항변을 받아들이지 않고 엔탈의 위법성을 인정하였다.[411]

[판례 5] 마이티비 사건(서울중앙지법 2010.9.28.자 2009카합4625 결정)

사실관계: 신청인들은 각 방송법에 의한 방송국 허가를 얻어 지상파방송 사업을 영위하고 있다. 피신청인은 인터넷 사이트 'http://www.○○○○○'(이하 '이 사건 사이트'라 한다)에서 '○○○○'라는 명칭으로 가입자들로부터 일정 요금을 지급받고 케이블방송사로부터 수신한 방송신호를 인터넷망에 적합한 컴퓨터 파일 형식으로 변환하여 전송하는 이른바 '실시간 재전송' 서비스와 가입자들이 원하는 방송프로그램을 저장하여 사후에 시청할 수 있도록 하는 이른바 '예약녹화' 서비스를 제공하고 있다.

법원의 판단: (1) 실시간 재전송 서비스 　　피신청인이 이 사건 사이트를 통해 가입자를 모집하여 일정한 요금을 지급받고 가입자에게 방송신호 전송 관련 설비 및 프로그램을 일괄하여 제공하는 방식으로 이 사건 방송프로그램의 전송 과정에 개입하는 행위가 송신행위와 수신보조행위 중 어디에 포함되는지에 따라 신청인들의 방송사업자로서의 복제권, 동시중계방송권과 저작권자로서의 전송권에 대한 침해의 성립 여부에 관한 판단이 달라질 수 있으므로, 송신행위와 수신보조행위 사이의 구별이 필요하다.

방송신호를 재전송하는 행위가 '수신보조행위'가 아니라 '송신행위'에 해당하기 위해서는 방송신호를 받아 이를 수신자에게 단순 전달하는 기술적 행위가 있는 것만으로는 부족하고, 사회일반의 관념으로 볼 때 그 행위자가 수신자와는 독립한 지위에서 수신자의 영역으로 방송신호를 송신한 것이라고 평가할 수 있어야 한다. 이 사건 서비스 실시 과정에서 피신청인과 가입자가 수행하는 역할 및 그 비중을 종합해보면, 실질적으로 ○○ hubb를 이용하여 방송신호를 전환 및 전송하는 당사자는 가입자가 아니라 피신청인이라고 봄이 타당하다. 피신청인의 주장처럼 1대의 ○○ hubb가 동시에 다수의 가입자에게 방송신호를 전송할 수는 없다고 하더라도 피신청인이 다수의 ○○ hubb를 이용하여 다수의 가입자에게 방송신호를 전송하고 있는 이상 저작권법 제2조 제10호에서 "공중이 동시에 수신하게 할 목적으로 음·영상 또는 음과 영상 등을 송신하는 것"으로 정의된 방송의 요건도 충족하고 있다고 할 수 있다.

(2) 예약녹화 서비스 　　피신청인이 미리 가입자를 위해 다수의 방송프로그램 녹화장치(pvr)를 구비해 두고 있기 때문에 이 사건 서비스 가입자는 개별적으로 녹화장치를 구입·임차 및 설치할 필요가 없는 점, pvr의 설치 및 보관을 위한 공간도 피신청인에 의하여 마련되었고 그 유지·관리도 전적으로 피신청인에 의하여 이루어지고 있어 방송프로그램 복제 과정에서 가입자의 역할은 복제대상이 되는 방송프로그램을 지정하는 것 이외에는 없는 점 등 예약녹화 서비스 실시 과정에서 피신청인과 가입자가 수행하는 역할 및 그 비중을 종합해 보면,

---

411) 출처: 한국저작권위원회, 「한국 저작권 판례집[13]」, 2011, 42면 이하. 이 사건은 2009. 9.24.선고 2009다39738 판결(심리불속행: 기각)에서 그대로 확정되었다.

실질적으로 피신청인도 pvr을 이용하여 방송프로그램을 복제·저장하는 주체에 해당한다고 봄이 타당하다.

[일본 판례 1] 마네키(まねき) TV 사건[일본 최고재판소 平成 23(2011).1.18. 平成 21(受)653][412]

일본의 TV프로그램을 네트를 경유해서 해외에서도 시청할 수 있도록 하는[413] 「마네키 TV」는 저작권침해에 해당한다고 2011년 1월 18일, 일본 최고재판소가 판결하였다.

제1심, 제2심판결에서는 1 대 1의 통신을 행하는 소니의 「로케이션 프리」(로케프리) 機器를 사용하는 서비스는 네트에 의한 不特定 다수에의 송신(송신가능화, 공중송신)에는 해당하지 않는다고 일관되게 판단해 왔다. 그러나 최고재 판결에서는 '로케프리'가 1 대 1 통신밖에 행하지 않는다고 해도 마네키 TV는 누구라도 계약할 수 있는 이상은 不特定 다수에의 송신에 해당하며, 송신의 주체도 이용자(user)가 아니고, 마네키 TV라고 판단하였다. 이러한 이유로 마네키 TV에

412) 이하 일본 판결들에 대해서는, 이숙연, "원격 방송프로그램 녹화서비스의 저작권 침해여부에 관한 사례연구," 「정보법학」(제13권 제2호), 2009, 205면 이하; 오병철 "슬링박스의 place-shifting에 대한 법적규율-전기통신기본법과 지적재산권의 관점에서," 「정보법학」(제12권 제1호), 한국정보법학회, 59면 이하; 최정열, "지상파 방송의 원격송신과 공중송신권 침해여부에 관한 사례연구," 「정보법학」 (제15권 제1호), 2011, 135면 이하; 김병일, "인터넷 기반 송신서비스의 저작권 문제-일본 최고재의 마네키 TV 사건 및 로꾸라꾸 Ⅱ사건을 중심으로," 「정보법학」(제15권 제3호), 한국정보법학회, 2012.2, 1면 이하; 우성엽, "원격 디지털녹화시스템 서비스의 저작권 침해 여부," Law & technology(제7권 제1호), 서울대학교 기술과법센터, 2011.1. 3-32면; 맹정환, "인터넷 TV 프로그램 녹화 및 송신 서비스와 관련된 저작권법상 문제점에 대한 연구: 일본 최고재판소의 마네키 TV 및 로쿠라쿠 Ⅱ사건 판결에 대한 검토를 포함하여," Law & technology(제8권 제5호), 서울대학교 기술과법센터, 2012.9. 67-91면 참조.

413) 기술적·사회적 배경: "2000년대에 들어서 광대역 인터넷이 일반 가정에까지 보급되어 인터넷을 이용하여 영상 데이터와 같은 대용량 데이터의 실시간 전송이 가능하게 되자 일본을 비롯한 여러 나라에서는 인터넷을 이용하여 모국의 지상파 방송을 원격 지에서 실시간으로 시청하는 것을 가능하게 해주는 디지털 기기(원격시청기기)가 등장하였다. 일본에서는 이와 같은 기기를 이용하여 원격지에 거주하는 사람들에게 모국의 지상파 방송을 실시간으로 시청하는 것을 가능하게 해주는 서비스도 등장하였다. 이에 대하여 일본의 주요 지상파 방송사업자들은 개별 이용자들이 개인적으로 원격시청기기를 이용하는 것은 별론으로 하고, 원격시청기기를 보관 관리함으로써 개별이용자들이 원격지에서 도쿄지역의 지상파 방송을 실시간으로 시청할 수 있도록 서비스를 해주는 것은 지상파방송사업자들의 저작권(공중송신권) 또는 저작인접권(송신가능화권)을 침해한 것이라는 취지로 그와 같은 서비스를 제공하는 사업자를 상대로 소송을 제기하였다"(최정열, 앞의 글, 132면).

의한 저작권·저작인접권 침해를 인정, 지상파 TV측을 패소시킨 원심을 파기하였다.414)

[일본 판례 2] 로쿠라쿠(ロクラク)II 사건[일본 최고재판소 평성23(2011).1.20. 평성21(受)788]

1) 로쿠라쿠(ロクラク)II의 서비스 개요: 로쿠라쿠Ⅱ는, 親子관계에 있는 2대의 기기를 이용한다. 親機로쿠라쿠는 지상파 아날로그 방송의 TV 튜너를 내장(内蔵)하여 수신한 방송프로그램 등을 디지털 데이터화해서 녹화하는 기능과 녹화한 데이터를 인터넷을 통해서 송신하는 기능을 가지고 있으며, 子機로쿠라쿠는 인터넷을 통해서 親機로쿠라쿠에게 녹화를 지시하고, 그 후 親機로쿠라쿠로부터 녹화한 데이터의 송신을 받아 이것을 재생하는 기능을 가진다.

로쿠라쿠Ⅱ의 이용자는 親機로쿠라쿠와 子機로쿠라쿠를 인터넷을 통해서 1 대 1로 대응시키는 것을 통해 親機로쿠라쿠에 녹화된 방송 프로그램 등을 親機로쿠라쿠와는 다른 장소에 설치한 子機로쿠라쿠로 시청할 수 있다. 그 구체적인 수순은 ① 이용자가 자기 수중에 있는 子機로쿠라쿠를 조작해서 특정한 방송프로그램 등에 대해서 녹화를 지시한다. ② 그 지시가 인터넷을 통해서 대응관계를 갖는 親機로쿠라쿠에 전달된다. ③ 親機로쿠라쿠에는 TV안테나로 수신된 지상파 아날로그 방송이 입력되어 있고, 上記 녹화의 지시가 있으면 指示한 上記 방송프로그램 등이 親機로쿠라쿠에 의해 자동적으로 디지털 데이터화되어 녹화되며, 이 데이터가 인터넷을 통해서 子機로쿠라쿠에 송신된다. ④ 이용자가 子機로쿠라쿠를 조작해서 上記 데이터를 재생하여 당해 방송프로그램 등을 시청하는 것이다.

2) 법적 쟁점 및 법원의 판단: 위와 같은 서비스에 대해 원고인 방송국측은 복제권 침해를 주장하였고, 金築 재판장은 이용자가 녹화를 지시해도 복제의 주체는 서비스제공자라고 판시하였다. 즉 복제의 주체의 판단에 있어서는 복제의 대상, 방법, 복제에의 관여의 내용, 정도 등의 여러 요소를 고려해서 누가 당해 저작물의 복제를 하고 있는가를 판단하는 것이 상당한바, 피고는 자신의 관리, 지배하에 TV안테나로 수신한 방송을 복제의 기능을 가지는 기기에 입력하고 있는데 본 사건처럼 당해 복제기기에 녹화지시가 되면 방송프로그램 등의 복제가 자동적으로 행해지는 경우에는 피고의 행위가 복제의 실현에 있어서 가장 중요한 행위라는 점, 본 사건에서 피고의 행위가 없으면 서비스 이용자가 녹화 지시를 하더라도 방송프로그램의 복제를 하는 것이 불가능한 점에 비추어 피고는 단지 복제를 용이하게 하기 위한 환경 등을 정비하고 있음에 그치지 않고 복제의 주체라고 봄이 상당하다.

---

414) 이 판결에 대한 평가는, 최정렬, 앞의 글, 148면 참조. 이 최고재판소 판결에 아쉬움을 표시하는 최변호사의 평가는 시사하는 바 크다.

[판례 6] '노래 반주기' 사건(서울고등법원 2012.10.25.선고 2011나89103 판결)[415]

사실관계: 피고가 이 사건 음악저작물을 노래 반주곡으로 제작한 다음 업소용 노래 반주기에 수록하여 판매하고 노래 반주기 이용자들에게 인터넷 사이트 또는 노래 반주기의 USB를 통해 노래 녹음 파일을 제공한 사안이다.

법원의 판단: [① 이 사건 음악저작물을 노래 반주곡으로 제작하여 만든 음이 수록된 메모리 칩은 음반이고 이 사건 음반은 2차적 저작물에 해당한다. 따라서 이 음반을 노래 반주기에 수록(복제)하여 배포하거나 전송하는 것은 2차적 저작물을 이용하는 행위에 해당하므로 피고가 원고의 이용허락 없이 2차적 저작물을 작성 및 이용(배포, 전송)하는 것은 이 사건 음악저작물의 저작권에 대한 침해 행위에 해당한다. ② 노래 반주기 이용자들이 노래 반주기를 이용하여 노래를 부른 다음 이 사건 음반과 가창이 합체된 음원을 디지털 압축 파일(노래 녹음 파일)로 변환하여 노래 반주기의 USB를 통해 휴대용 저장 장치에 저장하는 것은 이용자의 행위에 불과할 뿐이고 피고의 복제, 전송의 행위가 개입되지 않으므로 피고의 저작권 침해 행위라 할 수 없다.]

노래 반주기의 반주에 따라 노래를 부른 이용자가 그 노래 녹음 파일을 인터넷을 통하여 다운로드하기 위해서는 노래 녹음 파일을 피고가 관리하는 서버로 전송해야 하는데 이때 자신의 휴대전화 번호를 입력하여야 하는 사실, 이용자가 노래 녹음 파일을 다운로드하기 위해서는 인터넷사이트에 회원 가입을 하여야 하고 이때 입력하여야 할 개인 신상 정보 중 휴대전화 번호는 노래 녹음 파일을 전송할 때 입력한 휴대전화 번호와 일치하여야 하는 사실 및 서버에 전송된 노래 녹음 파일은 1개월 정도 보관되었다가 자동으로 삭제되며 인터넷 사이트에 전송된 노래 녹음파일은 15일간 임시로 보관되었다가 영구적으로 삭제되는 사실에 의하면, 피고가 서버의 보조기억장치에 음원 파일을 고정 · 저장(복제)하는 행위, 노래 녹음 파일을 인터넷 사이트로 전송하는 행위, 이를 다시 인터넷을 통하여 이용자에게 전송하는 행위는 모두 2차적 저작물 이용 행위의 유형에 해당하나 이는 노래 반주기 이용자들이 자신의 노래 녹음 파일을 다운로드하는 과정에서만 일어나는 현상이고 노래 녹음 파일을 다운로드하는 이용자들에게 서버를 단순히 제공하는 것에 불과하므로 이들은 모두 공표된 저작물을 영리 목적 없이 개인적 이용 등 한정된 범위 내에서만 이용하는 사적 이용 행위에 해당한다.

◈ 복제보상금제도와 복사권센터: 독일형과 미국형

(1) 복제보상금제도: 독일식 해결책

복제보상금제도란 가정에서 하는 녹음 · 녹화 · 복사에 의해 관계 권리자가 입는 손실을 보상하기 위하여 녹음 · 녹화기 또는 공테이프, 복사기나 종이에 일정한 부

415) 임광섭, "2012년 10월 저작권 관련 국내 판례," 「저작권 동향」(제2호), 한국저작권위원회, 2013.2.1. 2면에서 재인용.

과금을 과하는 제도를 말한다. 복제보상금제도와 관련하여 주목되는 것은 독일 저작권법 제53조의 '사적 사용 및 여타 개인적 사용을 위한 복제'와 제54조의 '보상의무'에 관한 규정이다. 보상의무에 관한 규정은 2차대전 후 GEMA의 투쟁의 결과인데 이 규정이 1965년법에 도입된 이래 1985년, 2007년의 개정을 거쳐 오늘에 이르고 있다.[416]

■ 2007년 독일 개정법

2007년 개정되기 이전의 법에서는 녹음·녹화기 또는 공테이프, 복사기나 종이에 일정한 보상금을 징수했으나 이것은 디지털 기술의 발달에 적절히 대응하지 못한다는 평가를 받고 있었다. 이에 디지털기기까지 포섭할 수 있도록 법을 개정한 것이다. 또 종전에는 기기 등에 대한 보상금은 부속서(별표)를 통해 일률적으로 부과되었다. 그러나 2007년법은 이를 변경하였다.

이전 법에서 규정한 "사전에 法定이라는 방법을 통하여 보상액을 산정하는 것은 확실히 법적 명확성에서 뛰어나다. 그러나 프린터, 스캐너, 컴퓨터 등 다른 기기와의 연동작용에 의해서 한 대의 복제기기에 상당하는 복제기능을 완결시키는 새로운 형태의 기기의 경우에는 한 대에 해당하는 법정보상액을 어떻게 결정할 수 있는가라는 문제가 제기된다. 법정보상액이 각각의 기기에 대해서 별개로 제기되는 경우에는 더욱 그 해결이 어렵다. 오늘날 볼 수 있는 복제기기의 급속한 발전과 다양화는 이렇듯 보상금 제도의 유연성 결핍으로 인한 문제를 제기하고 있는 것이다."[417] 이러한 이유로 제54조가 변경되었다. 그리하여 현재는 보상대상이 포괄적으로 되었으며, 법정보상액제도가 폐지되었다. 이에 따라 보상액의 결정주체가 입법자에서 당사자로 변경되었다. 당사자라고 하더라도 개개인이 청구할 수 있는 것은 아니며, 보상금청구권은 오직 저작권집중관리단체를 통해서만 가능하다.[418] 독일 저작권 및 인접권의 관리에 관한 법률(저작권관리법) 제13조a에서는 제작자단체와 협상하여 보상금을 정하되, 결렬된 경우에는 실태조사 후 요율을 정할 수 있다고 규정한다.[419]

---

416) 이에 대한 보다 자세한 것은, 半田正夫, 「轉機にさしかかつた著作權制度」, 一粒社, 20면 이하 참조.

417) 박영길(연구 책임) 외, 「"사적복제보상금 제도 도입 및 입법 추진을 위한 연구" 최종보고서」, 동국대학교 비교법연구소, 2008.4, 57면.

418) 독일 저작권법 제54조h. 이에 따라 독일에서 사적복제보상금의 징수·분배를 행하고 있는 것이 ZPÜ(Zentralstelle für Private Überspiolungsrechte. 사적복제권센터)다. ZPÜ는 독일 저작권법에 따라 1963년에 설립된 사적인 관리 단체이다. 처음에는 GEMA(음악 저작권협회), GVL(저작인접권협회) 및 VG-WORT(문예저작권협회)의 3단체로 구성되었다. 1988년에 VFF(영화·텔레비전프로듀서협회), VGF(영화저작권협회), GWFF(영화·텔레비전권보호협회) VG Bildkunst(조형미술저작권협회) 및 GÜFA(영화상영권협회)라는 5개 단체가 추가되었다(박영길 외, 앞의 보고서, 60면).

■ EU 상황

유럽연합 28개 회원국 가운데 영국, 아일랜드 등 5개국을 제외한 나머지 23개국은 비상업적 목적의 사적 복제를 허용하고 있으며 사적 복제로 인한 손해에 대해 저작권자에게 공정한 보상을 할 것을 규정하고 있는 유럽연합 저작권 지침(Directive 2001/29/EC)에 따라 CD, DVD, 프린터, 스캐너 등 복제를 가능하게 하는 매체나 전자 기기의 판매에 대해 '사적 복제 보상금'을 부과하는 제도를 두고 있다고 한다.[420]

■ 평 가

이 제도는 직접 저작권 침해자가 아닌 기기나 매체의 제작자에게 보상의무를 규정한 점 및 기기나 매체 중에는 저작권의 목적이 된 저작물을 복제하지 아니하는 것도 있는데 이를 무시하고 일괄적으로 일정한 보상금(요금)을 부과시키는 점에서 전혀 문제가 없는 것이 아니다. 그러나 이 방안 이외에 달리 저작권자의 이익과 사용자의 이익을 조화시킬 수 있는 방법을 찾는 것은 힘들다고 보며, 이 방안을 전제로 적절한 보완조치를 찾아야 할 것이다.[421]

(2) 복사권센터: 미국식 해결책

미국 시스템은 독일의 그것과 아주 대조적이다. 독일모델이 법률을 통해서 권리처리를 한다면 미국 모델은 기본적으로는 당사자간의 계약을 통해서 권리처리를 하는 제도이다. 그 중심에는 CCC(Copyright Clearance Center: 저작권처리센터)[422]

---

419) 독일 저작권관리법 제13조a(기기 및 기록매체를 위한 요율; 투명성) ① 기기 및 저장매체를 위한 보상액은 저작권법 제54a조에 따라 정해진다. 기기 및 저장매체를 위한 요율을 설정하기에 앞서 관리단체는 적절한 보상액과 포괄협약체결에 관하여 관계 제작자단체와 협의하여야 한다. 포괄협약체결에 실패하면, 관리단체는 제13조와는 달리 제14조제5a항에 의한 실제 조사를 마친 후에야 저작권법 제54a조에 따른 보상에 관한 요율을 설정할 수 있다. ② 관리단체는 포괄협약의 상대방에게 포괄보수로부터 나오는 수입 및 수령인들에 대한 지출에 관해 보고한다.

420) 박경화, "[유럽] 유럽의회, 클라우드 서비스에까지 사적 복제 보상금의 적용을 확대하는 결의안 채택," 「저작권 동향」(제7호), 한국저작권위원회, 2014.4.18.

421) 오스트레일리아 고등법원은 1993년 복제보상금제도(Blank tape royalty scheme)는 위헌무효라고 선언하였다[Australian Tape Manufacturers Association Ltd. v. Commonwealth of Australia (1993) 176 CLR 480; 25 IPR 1]. 그 이유는 보상금은 세금과 유사한 것이며, 저작권법에 이러한 제도를 규정하는 것은 세금과 그 밖의 사항을 하나의 법에 제정할 수 없다고 규정한 호주 헌법 제55조에 위반한다는 것이다. 따라서 호주 저작권법에서 이 부분은 삭제되었다(Australian Copyright Council, Bulletin 92, p.48, 주 265 참조).

422) http://www.copyright.com. 222 Rosewood Drive Danvers, MA 01923 USA/978-750-8400/Fax 978-750-4470. CCC에 대해 자세한 것은, M. B. Nimmer/David Nimmer,

가 있다. CCC는 "1978년 1월 1일 시행의 미국 개정저작권법의 실시를 용이하게 하기 위하여 서비스 기구가 마련되어야 할 것이다"라는 미국 의회의 권고에 기해서 비영리단체로서 1987년 말 설립되었다. CCC는 중앙집중적인 복사허락 및 지급시스템을 사용자 및 저작권자 또는 출판자에게 제공하는 자로서 기능하고 있다.

CCC는 기본적으로 두 개의 서비스를 통해서 업무를 수행한다.[423] 하나는 거래보고서비스(Transactional Reporting Service: TRS)이며, 또 하나는 연간허락서비스(Annual Authorizations Service: AAS)이다. 거래보고서비스란 기업이나 사용자가 계속하여 복사를 기록한 후 일정기간마다 CCC에 기록을 제출하고 그에 따라 사용료를 지급하는 것이다. 연간허락서비스는 두 개의 계약으로 되어 있다. 하나는 CCC와 출판자(또는 저작권자), 또 하나는 출판자(또는 저작권자)를 대리해서 개개의 사용자 단체와의 계약이다.

거래보고서비스에서는 출판자 혹은 저작권자는 CCC가 사용자에게 지급청구를 하여야 할 항목(즉, 절, 장, 권)마다의 수수료(fee)를 특정한다. 이 수수료는 사용자가 복사에 대한 보고를 하면 지급청구가 되어져 청구서가 송부된다. 이 수수료는 고정기본수수료(fixed base fee)에 의하거나 혹은 균일수수료(flat fee)에 의하여 산정된다. 또 이 수수료는 출판물과 발행연도에 따라 가지각색이다.

거래보고서비스는 보고절차가 번잡하므로 1983년, 각 복사(copy)의 계속적 보고 및 반복적인 청구서 송부의 필요를 없애기 위하여 연간허락서비스제도를 마련했다. 연간허락서비스에서는 출판자가 CCC에 복사를 위한 비배타적(非排他的)인 라이센스를 주고, 대신 CCC가 수수료를 징수하여 개개의 출판자에게 이것을 송금한다.

연간허락서비스에서는 조사를 통하여 60일간에 걸친 복사상황이 파악된다.[424] 거

NIMMER ON COPYRIGHT, §26.06 참조.

423) CCC는 권리자나 이용자를 위하여 아래와 같은 광범위한 서비스를 제공한다. 각 서비스의 내용에 대해서는, http://www.copyright.com/Services/Default.html 참조.

① Academic Permissions Service (APS)

② Annual Authorizations Service (AAS)

③ Author Services

④ Electronic Course Content Service (ECCS)

⑤ Federal Government Photocopy Licensing Service

⑥ Foreign Authorizations Service (FAS): CCC는 11개국의 복세권센터와 상호협약을 체결하고 있다: Australia, Canada, France, Germany, Ireland, the Netherlands, New Zealand, South Africa, Spain, Switzerland and the United Kingdom.

⑦ Extension of Foreign Authorizations Service

⑧ Mira - Media Image Resource Alliance?/font>

⑨ Photocopy Authorizations License (PAL)

⑩ Republication Licensing Service (RLS)

⑪ Transactional Reporting Service (TRS)

래보고서비스가 월말부담인 데 대해 연간허락서비스에서는 일괄하여 연간수수료가 사용자로부터 CCC에 지급되기 때문에 수수료징수가 용이하다. 60일간의 기업규모 조사시스템이 사용 출판물과 복사행위의 빈도를 측정하는 주된 수단이다. 조사된 기업 내의 모든 복사는 CCC에 보고된다. 고도의 컴퓨터를 통한 처리시스템을 활용함으로써 CCC는 書名, 출판자 데이터, 허가상황 및 기타의 정보를 확정한다. 그 후 연간수수료가 60일간의 감사를 기초로 작성된다.

CCC의 연간허락서비스 하에서는 '공정사용'에 해당하는 복사와 같은 예외적으로 허용되는 복사도 모두 자동적으로 조사시스템 속에 포함되었으므로 CCC는 이러한 복사에 대해서는 전체 수수료에서 출판자가 일정한 할인을 하도록 요구하고 있다.[425]

(10) 도서관 등에서의 복제(법 31조)

1) 「도서관법」[426]에 따른 도서관 및 도서・문서・기록 그 밖의 자료를 공중의 이용에 제공하는 시설 중 대통령령이 정하는 시설(이하 '도서관 등'이라 한다)[427]에서는 다음의 경우에 보관된 자료(제31조 제1항 제1호의 경우에는 제3항의 규정에 의하여 당해 도서관 등이 복제・전송받은 도서 등을 포함한다)를 사용하여 저작물을 복제할 수 있다. 다만, 제1호 및 제3호의 경우에는 디지털 형태로 복제할 수 없다.

① 조사・연구를 목적으로 하는 이용자의 요구에 따라 공표된 도서 등의 일부분의 복제물을 1인 1부에 한하여 제공하는 경우. 이 경우에 디지털도서로부터 복제하는 경우는 문화체육관광부장관이 정하여 고시하는 기준에 의한

---

424) CCC는 새로운 기술분야, 예컨대 스캐너로 읽고, 프린트 아웃 하는 행위에 대해서도 복사허락을 하고 있으나 이러한 디지털 복사의 경우에는 언제나 거래별로 사용허락을 하고 있고, 연간허락서비스를 통한 포괄허락은 하고 있지 않다(NIMMER, 1999, 26-160).

425) 우리나라의 복사전송권협회에 대해서는 후술(제11절 참조).

426) 도서관법의 전부개정(2006.10.4. 법률 제8029호)으로 종전의 「도서관 및 독서진흥법」은 "도서관법"으로 명칭이 변경되었다(동법 부칙 5조 참조).

427) 법 제31조 제1항 각 호 외의 부분 본문에서 "대통령령이 정하는 시설"이란 다음 각 호의 어느 하나에 해당하는 시설을 말한다(시행령 제12조).

1. 「도서관법」에 따른 국립중앙도서관・공공도서관・대학도서관・학교도서관・전문도서관(영리를 목적으로 하는 법인 또는 단체에서 설립한 전문도서관으로서 그 소속원만을 대상으로 도서관 봉사를 하는 것을 주된 목적으로 하는 도서관은 제외한다)

2. 국가, 지방자치단체, 영리를 목적으로 하지 아니하는 법인 또는 단체가 도서・문서・기록과 그 밖의 자료(이하 "도서 등"이라 한다)를 보존・대출하거나 그 밖에 공중의 이용에 제공하기 위하여 설치한 시설

보상금을 저작재산권자에게 지급하여야 한다.[428] 다만, 국가, 지방자치단체 또는 고등교육법 제2조의 규정에 의한 학교를 저작재산권자로 하는 도서 등(그 전부 또는 일부가 판매용으로 발행된 도서 등을 제외한다)의 경우에는 그러하지 아니하다. 보상금 지급 등에 관하여는 저작권법 제25조 제5항 내지 제9항의 규정이 준용된다(제31조 제6항).

② 도서관 등이 자료의 자체보존을 위하여 필요한 경우. 그러나 그 도서 등이 디지털 형태로 판매되고 있는 경우에는 그 도서 등을 디지털 형태로 복제할 수 없다.

③ 다른 도서관 등의 요구에 따라 절판 그 밖에 이에 준하는 사유로 구하기 어려운 도서 등의 복제물을 보존용으로 제공하는 경우. 다만 디지털 도서로 제공하는 것은 허용되지 아니한다.

2) 도서관 등은 컴퓨터를 이용하여 이용자가 그 도서관 등의 안에서 도서 등을 열람할 수 있도록 보관된 도서 등을 복제하거나 전송할 수 있다. 이 경우 동시에 열람할 수 있는 이용자의 수는 그 도서관 등에서 보관하고 있거나 저작권 그 밖에 이 법에 의하여 보호되는 권리를 가진 자로부터 이용허락을 받은 그 도서 등의 부수를 초과할 수 없다. 아울러 도서 등이 디지털 형태로 판매되고 있는 때에는 그 도서 등을 디지털 형태로 복제할 수 없다. 따라서 이 경우는 오로지 구매하여 열람에 제공할 수밖에 없다.

3) 도서관 등은 컴퓨터를 이용하여 이용자가 다른 도서관 등의 안에서 열람할 수 있도록 보관된 도서 등을 복제하거나 전송할 수 있다. 다만, 그 전부 또는 일부가 판매용으로 발행된 도서 등은 그 발행일로부터 5년이 경과하지 아니한 경우에는 그러하지 아니하다. 아울러 그 도서 등이 디지털 형태로 판매되고 있는 경우에는 그 도서 등을 디지털 형태로 복제할 수 없다. 따라서 이 경우는 출력하여 하드카피형태로 제공할 수밖에 없다. 또 복제나 전송의 경우에 문화체육관광부장관이 정하여 고시하는 기준에 의한 보상금을 저작재산권자에게 지급하여야 한다.[429] 다만, 국가, 지방자치단체 또는 고등

---

428) 2012년도「도서관의 저작물 복제·전송 이용 보상금」기준(2012.2.13. 문화체육관광부 고시 제2012-6호). 구체적인 내용은 본서 권말 부록 참조.

429) 저작권법 제25조 제5항 내지 제9항의 규정은 도서관 보상금의 지급 등에 관하여 준용되므로 보상금은 지정단체인 "한국복사전송권협회"가 일괄하여 보상을 받고 분배하는 형

교육법 제2조의 규정에 의한 학교를 저작재산권자로 하는 도서 등(그 전부 또는 일부가 판매용으로 발행된 도서 등을 제외한다)의 경우에는 그러하지 아니하다.

4) 도서 등을 디지털 형태로 복제하거나 전송하는 경우에 도서관 등은 저작권 그 밖에 이 법에 의하여 보호되는 권리의 침해를 방지하기 위하여 복제방지조치 등 대통령령이 정하는 필요한 조치를 하여야 한다.

◈ 도서관 등의 복제방지조치 등 필요한 조치(시행령 13조)

법 제31조 제7항에서 "대통령령이 정하는 필요한 조치"란 다음 각 호의 조치를 말한다.

1. 불법 이용을 방지하기 위하여 필요한 다음 각 목에 해당하는 기술적 조치
   가. 제12조에 따른 시설(이하 "도서관 등"이라 한다)의 이용자가 도서관 등의 안에서 열람하는 것 외의 방법으로는 도서 등을 이용할 수 없도록 하는 복제방지조치
   나. 도서관 등의 이용자 외에는 도서 등을 이용할 수 없도록 하는 접근제한 조치
   다. 도서관 등의 이용자가 도서관 등의 안에서 열람하는 것 외의 방법으로 도서 등을 이용하거나 그 내용을 변경한 경우 이를 확인할 수 있는 조치
   라. 판매용으로 제작된 전자기록매체의 이용을 방지할 수 있는 장치의 설치
2. 저작권 침해를 방지하기 위한 도서관 직원 교육
3. 컴퓨터 등에 저작권 보호 관련 경고표지의 부착
4. 법 제31조 제5항에 따른 보상금을 산정하기 위한 장치의 설치

5) 「도서관법」 제20조의2에 따라 국립중앙도서관이 온라인 자료의 보존을 위하여 수집하는 경우에는 해당 자료를 복제할 수 있다(법 31조 8항). 2009년 개정에서 본 항을 신설한 것은 정보기술의 비약적 발달에 따라 지식정보의 생산 및 이용 환경이 온라인으로 급속히 확산되고 있으나 온라인 자료에 대한 관리가 미흡한 실정이므로, 국립중앙도서관으로 하여금 온라인 자료를 체계적으로 수집·관리하도록 복제근거를 마련하기 위한 것이다.

태가 될 것이다. 아울러 3년이 경과한 미분배 보상금은 공익목적을 위하여 사용하게 될 것이다.

〈요약: 도서관 면책규정의 내용〉

허용되는 경우	허용되는 내용	허용되기 위한 요건
1. 이용자가 요구하는 경우	도서 등의 일부분의 복제(디지털복제불가)	디지털도서로부터 출력하는 경우 보상금 지급
	열람할 수 있도록 도서 등을 복제·전송	보관 또는 권리자로부터 이용허락을 받은 부수 이내 * 디지털 형태로 판매되고 있는 경우에는 디지털 형태로 복제불가
2. 자체보존을 위하여 필요한 경우	도서 등의 복제	* 디지털복제가능. 단 디지털 형태로 판매되고 있는 경우에는 디지털 형태로 복제불가
3. 다른 도서관 등의 요구	보존용으로 도서 등의 복제	디지털복제불가
	열람을 위한 도서 등을 복제·전송	판매용 도서 등은 발행일로부터 5년 경과 * 디지털 형태로 판매되고 있는 경우에는 디지털 형태로 복제불가 * 보상금 지급

(11) 시험문제로서의 복제(법 32조)

학교의 입학시험 그 밖에 학식 및 기능에 관한 시험 또는 검정을 위하여 필요한 경우에는 그 목적을 위하여 정당한 범위 안에서 공표된 저작물을 복제·배포할 수 있다.[430] 다만, 영리를 목적으로 하는 경우에는 그러하지 아니하다.

♣ coffee break: 광수생각의 시험문제에의 이용

1998.5.11. 조선일보 사회면 「색연필」에는 다음과 같은 한보우 기자가 작성한 기사가 실려 있다.

"서울 강동구 길동 신명중학교는 지난달 치른 중간시험 3학년 국어문제에 조선일보 연재만화 「광수생각」 4월 8일자를 싣고, 그 내용과 비슷한 속담을 찾는 문제를 냈다.

주인공 신뽀리가 친구에게 '헤드'와 '라인'의 뜻을 잇따라 묻자 친구는 '머리'와 '선'이라고 대답한다. 신뽀리가 이어 '그럼 헤드라인은?' 하고 묻자, 친구는 '그건 앞가르마지!'라고 답하는 내용. 작가 박광수 씨는 만화 밑에 '참된 지식은 절대 뽐내지 않습니다'는 '생각'을 달았다.

출제 교사가 낸 문제는 '다음 만화가 의미하는 알맞은 속담은?'이었고, 정답은 5번 '벼는 익을수록 고개를 숙인다'이었다."

---

430) 컴퓨터프로그램의 이용과 관련해서는 별도의 규정(법 101조의3)이 있다.

(12) 시각장애인 등을 위한 복제 등(법 33조)

1) 공표된 저작물은 시각장애인 등을 위하여 점자로 복제·배포할 수 있다.

2) 시각장애인 등의 복리증진을 목적으로 하는 시설 중 대통령령이 정하는 시설[431](당해 시설의 장을 포함한다)은 영리를 목적으로 하지 아니하고 시각장애인 등의 이용에 제공하기 위하여 공표된 어문저작물을 녹음하거나 대통령령으로 정하는 시각장애인 등을 위한 전용 기록방식[432]으로 복제·배포 또는 전송할 수 있다.

3) 제1항 및 제2항의 규정에 의한 시각장애인 등의 범위는 대통령령으로 정한다.

2003년 개정되기 이전의 규정은 앞을 못 보는 사람만을 대상으로 하였지만 독서장애인에는 시각장애인 외에도 기타의 신체적 장애 또는 정신적 장애로 인하여 독서를 할 수 없는 사람이 있음을 감안하여 이 규정의 적용 대상을 시각장애인 등으로 바꾸고 그 범위를 시행령으로 정하도록 하였다.[433]

---

431) 법 제33조 제2항에서 "대통령령이 정하는 시설"이란 다음 각 호의 어느 하나에 해당하는 시설을 말한다(시행령 14조).

1. 「장애인복지법」 제58조 제1항에 따른 장애인복지시설 중 다음 각 목의 어느 하나에 해당하는 시설
   가. 시각장애인 등을 위한 장애인 생활시설
   나. 점자도서관
   다. 장애인지역사회재활시설 및 장애인직업재활시설 중 시각장애인 등을 보호하고 있는 시설
2. 「유아교육법」, 「초·중등교육법」 및 「장애인 등에 대한 특수교육법」에 따른 특수학교와 시각장애인 등을 위하여 특수학급을 둔 각급학교
3. 국가·지방자치단체, 영리를 목적으로 하지 아니하는 법인 또는 단체가 시각장애인 등의 교육·학술 또는 복리 증진을 목적으로 설치·운영하는 시설

432) 시행령 제14조 ② 법 제33조 제2항에서 "대통령령으로 정하는 시각장애인 등을 위한 전용 기록방식"이란 다음 각 호의 어느 하나에 해당하는 방식을 말한다.

1. 점자로 나타나게 하는 것을 목적으로 하는 전자적 형태의 정보기록방식
2. 인쇄물을 음성으로 변환하는 것을 목적으로 하는 정보기록방식
3. 시각장애인을 위하여 표준화된 디지털음성정보기록방식
4. 시각장애인 외에는 이용할 수 없도록 하는 기술적 보호조치가 적용된 정보기록방식

433) 시행령 제15조(시각장애인 등의 범위) 법 제33조에 따른 시각장애인 등의 범위는 다음 각 호와 같다.

1. 「장애인복지법 시행령」 별표 1 제3호에 따른 시각장애인 중 다음 각 목의 어느 하나에 해당하는 사람

(13) 청각장애인 등을 위한 복제 등(법 제33조의2)

2013년 개정법은 "① 누구든지 청각장애인 등을 위하여 공표된 저작물을 수화로 변환할 수 있고, 이러한 수화를 복제·배포·공연 또는 공중송신할 수 있"으며(본조 제1항), "② 청각장애인 등의 복리증진을 목적으로 하는 시설 중 대통령령으로 정하는 시설(해당 시설의 장을 포함한다)[434]은 영리를 목적으로 하지 아니하고 청각장애인 등의 이용에 제공하기 위하여 필요한 범위에서 공표된 저작물 등에 포함된 음성 및 음향 등을 자막 등 청각장애인이 인지할 수 있는 방식으로 변환할 수 있고, 이러한 자막 등을 청각장애인 등이 이용할 수 있도록 복제·배포·공연 또는 공중송신할 수 있다"고 규정한다(본조 제2항).

본조에서 말하는 청각장애인 등의 범위는 대통령령으로 정한다.[435]

문제는 영화 등의 대사를 수화영상으로 제작하여 보급하는 경우에 원영화도 함께 복제하여 활용할 수 있는가이다. 저작권법은 청각장애인 등을 위하여 저작물을 수화로 변환하거나, 자막 등 청각장애인이 인지할 수 있는 방식으로 변환할 수 있다고 규정할 뿐 원드라마나 영화의 영상까지 이용할 수 있다고 규정하고 있지는 아니하므로 드라마나 영화의 영상을 이용하는 경우에는 별도의 허락을 받아야 한다.[436]

가. 좋은 눈의 시력(만국식 시력표에 따라 측정된 교정시력을 말한다)이 0.2 이하인 사람

나. 두 눈의 시야가 각각 주시점(注視點)에서 10도 이하로 남은 사람

2. 신체적 또는 정신적 장애로 인하여 도서를 다루지 못하거나 독서 능력이 뚜렷하게 손상되어 정상적인 독서를 할 수 없는 사람

434) 시행령 제15조의2(복제 등이 허용된 청각장애인 등의 시설) 법 제33조의2 제2항에서 "대통령령으로 정하는 시설"이란 다음 각 호의 어느 하나에 해당하는 시설을 말한다.

1. 「장애인복지법」 제58조 제1항에 따른 장애인복지시설 중 다음 각 목의 어느 하나에 해당하는 시설

가. 장애인 지역사회재활시설 중 수화통역센터

나. 장애인 지역사회재활시설 및 장애인 직업재활시설 중 청각장애인 등을 보호하고 있는 시설

2. 「유아교육법」, 「초·중등교육법」 및 「장애인 등에 대한 특수교육법」에 따른 특수학교와 청각장애인 등을 위하여 특수학급을 둔 각급학교

3. 국가·지방자치단체, 영리를 목적으로 하지 아니하는 법인 또는 단체가 청각장애인 등의 교육·학술 또는 복리 증진을 목적으로 설치·운영하는 시설

435) 법 제33조의2에 따른 청각장애인 등의 범위는 「장애인복지법 시행령」 별표 1 제4호에 따른다.

(14) 방송사업자의 일시적 녹음·녹화(법 34조)

1) 저작물을 방송할 권한을 가지는 방송사업자는 자신의 방송을 위하여 자체의 수단으로 저작물을 일시적으로 녹음하거나 녹화할 수 있다.

2) 위 규정에 의하여 만들어진 녹음물 또는 녹화물은 녹음일 또는 녹화일로부터 1년을 초과하여 보존할 수 없다. 다만, 그 녹음물 또는 녹화물이 기록의 자료로서 대통령령이 정하는 장소에 보존되는 경우에는 그러하지 아니하다.[437]

(15) 미술저작물 등의 전시 또는 복제(법 35조)

1) 미술저작물 등의 소유자 등에 의한 전시(법 35조 1항)　　그림이나 사진저작물 등의 저작권자는 그 원작품을 타인에게 양도한 후라도 전시권을 의연히 보유하고 있으나(법 19조), 양수인이 취득한 소유권과의 조정상 법은 소유자나 그의 동의를 얻은 자는 저작권자의 허락이 없더라도 그 저작물을 원작품에 의하여 자유로이 전시할 수 있다고 규정한다. 다만, 가로·공원·건축물의 외벽 그 밖의 일반공중에게 개방된 장소에 항시 전시하는 경우에는 그 저작권자의 허락을 받아야 한다.

2) 공개미술저작물 등의 이용(법 35조 2항)　　가로·공원·건축물의 외벽 그 밖의 일반공중에게 개방된 장소에 항시 전시되어 있는 동상이나 건축물 등을 사진촬영 한다든지 TV방영 한다든지 하는 것은 원칙적으로 자유이다. 다만, 건축물을 건축물로 복제하는 경우, 조각 또는 회화를 조각 또는 회화로 복제하는 경우, 가로·공원 등 개방된 장소 등에 항시 전시하기 위하여 복제하는 경우, 판매목적으로 복제하는 경우는 저작권자의 허락을 필요로 한다.

---

436) 임원선, 「실무자를 위한 저작권법」(제4판), 한국저작권위원회, 2014, 282면.

437) 법 제34조 제2항 단서에서 "대통령령이 정하는 장소"란 다음 각 호의 어느 하나에 해당하는 시설 내를 말한다.

1. 기록의 보존을 목적으로 국가나 지방자치단체가 설치·운영하는 시설
2. 방송용으로 제공된 녹음물이나 녹화물을 기록 자료로 수집·보존하기 위하여 「방송법」 제2조 제3호에 따른 방송사업자가 운영하거나 그의 위탁을 받아 녹음물 등을 보존하는 시설

[판례] 호텔라운지에 전시된 미술저작물을 저작권자의 허락을 받지 않고 광고에 사용한 광고회사와 광고주의 책임[438]

사실관계: 원고는 미술작가로서 2002.1. 무렵 서울 소재 갑 호텔 1층 라운지의 한쪽 벽면에 평원을 질주하는 말의 군상을 형상화한 설치 작품을 제작하였다. 원고 작품에는 원고의 성명이나 작품의 제목이 표시되어 있지 않았다.

피고 건설회사는 자사의 아파트 브랜드를 홍보하기 위하여 피고 (광고)기획 주식회사에게 위 아파트에 관한 동영상 광고제작을 의뢰하였고, 피고 (광고)기획 주식회사는 위와 같은 피고 건설회사로부터 아파트 방송광고의 대행을 의뢰받은 후 시장조사 등을 거쳐 광고전략을 수립하고, 광고전략에 부합하는 광고시안을 준비하여 광고주인 피고 건설회사에 이를 제시, 설명하고, 피고 건설회사가 최종적으로 광고안을 결정하였고, 이에 따라 피고 (광고) 기획 주식회사는 광고제작사인 프로덕션 A에게 구체적인 광고제작을 위탁하였다.

프로덕션 A의 프로듀서인 乙은 2006.2.9. 원고의 작품이 설치되어 있는 갑 호텔 1층 라운지에서 TV광고 작품을 촬영하였다. 완성된 광고작품의 처음 부분 10초간 원고 작품이 광고출연자의 뒷부분 배경화면으로 나오며, 원고 작품에 대한 저작자의 표시가 되어 있지는 않았다.

피고 건설회사는 위 광고작품을 2006.3.1.부터 TV를 통하여 방영하였고, 인터넷 홈페이지 서버에 올렸다. 그런데 원고로부터 저작권 침해 주장이 제기되자 피고들은 TV 광고는 2006.5.24.부터, 인터넷 홈페이지에 올려진 동영상광고는 2006.5.22.부터 그 배경에서 이 사건 작품이 보이지 않도록 삭제하였다.

판결 요지: 가) 원고의 작품에는 비록 그 저작자나 작품의 제목이 표시되어 있지 않았지만, 그 표현 기법, 예술성, 조형미 등에 의하여 외관상 일반 인테리어 장식이 아닌 미술저작물임을 쉽게 알 수 있었다. 광고주와 광고대행회사인 피고들은 동영상광고를 제작함에 있어서는 광고내용이 다른 사람의 저작권을 침해하는 일이 없도록 해야 할 주의의무가 있는데, 광고의 배경으로 나오는 원고 작품이 미술저작물에 해당하는지 여부와 이를 그대로 동영상광고의 배경으로 사용함으로써 원고의 저작권을 침해하는지 여부를 고려하지 않고, 만연히 원고의 미술저작물을 단순히 벽면에 설치된 인테리어라고 단정하고 이를 배경으로 하여 동영상광고를 제작하여 방송 내지 전송하였으므로 피고들에게는 위와 같은 주의의무를 다하지 않은 과실이 있다.

나) 저작권법 제32조[439]의 입법취지와 조문의 형식과 구조 등을 고려할 때 저작권법 제32조 제2항에 정해진 '일반 공중에게 개방된 장소'라고 함은 도로나 공원 기타 일반 공중이 자유롭게 출입할 수 있는 '옥외의 장소'와 건조물의 외벽

438) 서울중앙지법 2007.5.17.선고 2006가합104292 판결. 이 판결에 대한 평석은, 하동철, "공중에 개방된 장소의 범위와 저작권의 제한," 「계간 저작권」(제82호), 2008.6, 57-76면.

439) 현행법 제35조에 해당.

기타 일반 공중이 보기 쉬운 '옥외의 장소'를 말하는 것이고, '옥내의 장소'는 비록 일반 공중이 자유롭게 출입할 수 있다고 하더라도 일반 공중이 쉽게 볼 수 있는 곳이라고 볼 수 없으므로 이에 해당하지 않는다고 봄이 상당하다. 이와 달리 옥내장소도 일반공중이 자유롭게 출입할 수 있으면 개방된 장소에 포함된다고 해석하게 되면 미술저작물의 소유자가 일반공중의 출입이 자유로운 건축물 내부의 장소에서 그 미술저작물을 전시하는 경우에도 항상 저작권자의 동의가 필요하다는 불합리한 결과가 초래된다.

이 사건에서 보면, 호텔 1층 라운지는 일반 공중의 출입이 제한되지 아니하여 누구든지 자유롭게 출입할 수 있는 장소에 해당하지만 호텔의 내부공간으로서 저작권법 제32조 제2항의 '일반 공중에게 개방된 장소'에 해당하지 않는다.

[일본판례] '버스車体繪畵게재' 사건[동경지재 평성13(2001).7.25. 평성13(ワ)56]

사실관계: 원고는 화가이며, A시 도심부를 달리는 순환버스의 차체에 그림을 그렸다. 피고는 서적을 출판하면서 그 서적의 표지 및 본문 14면에 위 원고의 그림이 묘사된 버스의 사진을 게재하였다. 원고는 피고의 이러한 행위가 원고의 저작재산권 및 저작인격권을 침해하는 행위라고 주장하면서 손해배상을 청구하였다.

법원의 판단: '일반공중에게 개방된 옥외의 장소' 또는 '일반공중이 보기 쉬운 옥외의 장소'란 불특정 다수의 자가 보려고만 하면 자유로이 볼 수 있는 개방된 장소를 가리킨다고 해석하는 것이 상당하다. 항상적으로 설치되었다란 사회통념상 어느 정도 장기에 걸쳐 계속해서 불특정 다수인에게 관람이 제공된 상태를 가리킨다고 보는 것이 상당하다. 그러므로 버스 차체에 묘사된 원고의 그림은 공중에 의한 감상이 가능한 옥외에 항상적으로 설치된 미술 원작품이다. 널리 미술저작물 일반에 대해서 보안상 등의 이유나 야간에 일반인의 입장이나 관람을 금지하는 것은 통상 있을 수 있는 것이며, 이러한 관람에 대한 제한을 두고 있다고 해서 '항상성'의 요건을 충족시키지 못했다고 해서 동 규정의 적용을 배척하는 것은 비합리적이다. 아울러 원고 작품이 피고 서적에 표지 및 14면에, 원고 그림의 창작성을 감득할 수 있는 형태로 게재되어 있지만 동 서적의 성격이나 목적에 비추어 볼 때, 즉 피고 서적은 유아들에게 사진을 통해서 시내를 달리는 각종 자동차를 해설할 목적으로 만들어진 서적이며, 합계 24종의 자동차에 대해서 그 외관 및 역할 등을 설명하고 있는 것, 각종 자동차의 사진을 유아들이 보는 것을 통해서 관찰력을 키우고, 공부의 기초로 되는 호기심을 높인다고 하는 유아

교육의 관점에서 監修되고 있다고 해석되는 것, 표지 및 본문 14면의 게재방법은 이러한 목적에 비추어 특별히 부자연한 모습이라고는 말할 수 없으므로 본 건 서적을 보는 자는 본문에서 소개된 각종 자동차의 하나로서 본 건 버스가 게재되었다고 생각할 것이라는 점 등의 사정을 종합하면, 원고 그림이 묘사된 본 건 버스의 사진을 피고의 서적에 게재하고 이것을 판매하는 것을, 「오로지」[440] 미술저작물의 '복제물의 판매를 목적'으로 복제하였다거나 또는 그 복제물을 판매하는 행위에는 해당하지 않는다고 판시하였다.[441]

♣ 사진 등의 촬영에 수반하여 부수적으로 삽입된 저작물(附隨對象著作物)에 관한 특례: 일본은 2012년 6월 개정을 통해 다음과 같은 내용의 조문을 신설하였다.

제30조의2(부수대상저작물의 이용) ① 사진 촬영·녹음 또는 녹화(이하 이항에 있어서「사진의 촬영 등」이라고 한다.)의 방법에 의해 저작물을 창작함에 있어 당해 저작물(이하 본조에 있어서「사진등저작물」이라고 한다.)에 관한 사진의 촬영 등의 대상으로 되는 사물 또는 음으로부터 분리하는 것이 곤란하기 때문에 부수해서 대상으로 된 사물 또는 음에 관계된 다른 저작물(당해사진 등 저작물에 있어서 경미한 구성부분으로 되는 것에 한한다. 이하 본조에 있어서「부수대상저작물」이라고 한다.)은, 당해 창작에 수반해서 복제 또는 번안할 수 있다. 다만 당해 부수대상저작물의 종류 및 용도와 아울러 당해 복제 또는 번안의 모습에 비추어 보아 저작권자의 이익을 부당하게 해칠 수 있는 경우는 그러하지 아니하다. ② 전 항의 규정에 의해 복제 또는 번안된 부수대상저작물은 동 항에 규정한 사진 등 저작물의 이용에 수반해서 이용할 수 있다. 다만 당해 부수대상저작물의 종류 및 용도와 아울러 당해 이용의 모습에 비추어 저작권자의 이익을 부당하게 해칠 수 있는 경우는 그러하지 아니하다.[442]

이러한 조항이 나오게 된 배경에는 여러 사건들이 있었으며, 앞에서 본 '버스車体繪畵게재' 사건도 그 중 하나이며, 다음의 '설월화' 사건 역시 마찬가지이다.

★ 일본 '雪月花' 사건(동경지재 1999.10.27./동경고재 2002.2.28)

사실관계: 조명기구의 카탈로그에 매물인 조명기구가 찍혀 있고, 그 조명이 비

440) 일본법은 우리법과 달리 「오로지」라는 제한을 두고 있다. 그러나 우리법의 해석도 저작자의 이익을 크게 해치지 않는 한, 일반인의 자유이용의 가치를 중시하여 일본법과 동일하게 해석하는 것도 가능하다고 본다. 또 우리는 엄격하게 해석한 후 그 외의 것은 제35조의3(저작물의 공정한 이용)의 적용도 생각해 볼 수 있다.

441) 자세한 것은, 中山信弘 외, 「著作權判例百選」(제4판), 67번 판례(136-137면) 참조.

442) 아래의 "Be the Reds" 판결(대법원 2014.8.26.선고 2012도10786 판결) 참조.

치고 있는 배경에 "설월화"라고 쓰인 족자가 찍혀 있었다. 원고는 이에 저작권, 저작인격권이 침해되었다고 하여 손해배상을 청구하였다.

법원의 판단: 書의 사진촬영이 서의 복제로 되기 위해서는, 사진에 있어서 당해 서의 字体나 서체가 재현되는데 머물지 아니하고, 문자 형태의 독창성, 선의 아름다움과 미묘함, 文字群과 여백의 構成美, 운필의 완급과 억양, 먹(묵, 墨) 색깔의 선명함과 변화, 筆勢라고 하는 미적 요소를 직접 감득할 수 있을 정도로 재현되어 있을 필요가 있으나 본 건에서는 그 정도로 재현되어 있는 것은 아니다. 따라서 저작권 침해가 되지 아니한다.

또 원고의 성명표시권 침해 및 동일성유지권 침해의 주장에 대해서는 앞에서 본대로, 피고들의 원고 각 작품의 이용의 태양이, 원저작물의 내용 및 형식의 특징적 부분을 알아 채릴 수 있을 정도가 아닌 이상, 원고의 성명표시권 침해 및 동일성유지권에 의한 이익을 손상시키는 것이라고 해석하는 것은 될 수 없고, 결국 원고의 위 주장은 타당하지 않다.

[비교 판결] 'Be the Reds' 판결(대법원 2014.8.26. 선고 2012도10786 판결)

이 사건은 「포토 라이브러리 업체인 갑 주식회사의 대표이사인 피고인이 을의 미술저작물인 'Reds!'(Be The Reds!)이 사용된 의류 등을 입은 모델들을 촬영한 다수 사진을 을의 허락 없이 웹페이지에 게시함으로써 무단복제 등의 방법으로 을의 저작권을 침해하였다는 내용으로 기소된 사안이다. 제1심(서울서부지법 2012.2.22.선고 2011고정2144 판결)과 항소심(서울서부지방법원 2012.8.23. 선고 2012노260 판결)[443]은 위 도안은 응용미술저작물에 해당하지만, 제반 사

443) 항소심은 "이 사건 도안(Be The Reds!)은 응용미술저작물(저작권법 제2조 제15호)이지만, 이 사건 도안이 갖는 표현력 중 상당 부분은 불특정 다수의 공중에 의해서 부여된 것으로서 자유이용이 가능한 공중의 영역 내에 있거나 그에 근접해 있는 점, 역사적이고 사회·문화적 의미내용을 갖는 월드컵에 대한 이미지와 기억을 효과적이고 구체적으로 되살려 표현하기 위해서는 당시에 널리 사용된 도안이 인쇄된 티셔츠와 두건 등의 사물을 이용하는 것이 부득이하거나 필수적인 점, 이 사건 도안이 이용된 모든 경우에 이용허락을 받을 것을 요구하게 되면 2002년 당시 공중이 집단적으로 형성한 월드컵 이미지를 표현할 자유 내지 표현방법 선택의 자유가 부당하게 제한될 우려가 있는 점, 이 사건 도안을 이 사건 사진에서 이용한 것은 이 사건 도안의 보호범위 밖에 있는 점, 이 사건 사진은 이 사건 도안을 이용하였으나 이를 완전히 소화하여 작품화함으로써 이 사건 도안과의 실질적 유사성이나 종속적 관계를 인정할 수 없는 별개의 완전히 독립적인 새로

정에 비추어 피고인이 사진을 게시한 행위로 인하여 도안에 관한 저작권이 침해되었다고 보기 어렵다는 이유로, 무죄를 선고하였다. 그러나 대법원은 달리 보았다. 즉 "사진촬영이나 녹화 등의 과정에서 원저작물이 그대로 복제된 경우, 새로운 저작물의 성질, 내용, 전체적인 구도 등에 비추어 볼 때, 원저작물이 새로운 저작물 속에서 주된 표현력을 발휘하는 대상물의 사진촬영이나 녹화 등에 종속적으로 수반되거나 우연히 배경으로 포함되는 경우 등과 같이 부수적으로 이용되어 그 양적 · 질적 비중이나 중요성이 경미한 정도에 그치는 것이 아니라 새로운 저작물에서 원저작물의 창작적인 표현형식이 그대로 느껴진다면 이들 사이에 실질적 유사성이 있다고 보아야 한다"는 것이다(밑줄: 필자).

[미국판례] 한국전참전기념우표 사건[Gaylord v. U.S. 595 F.3d 1364, 2010 WL 653272, No. 2009-5044 (Fed. Cir., Feb. 25, 2010)]

미국연방항소법원은 정부가 위탁하여 제작한 조각에 대한 사진을 우표에 사용하는 것은 저작권침해라고 판시하였다. 이것은 공정사용도 아니며, 또 정부가 공동저작자가 되는 것도 아니라고 보았다. 법원은 설사 미국정부가 조각제작을 의뢰했다고 하더라도 조각가 Frank Gaylord가 조각한 한국전참전용사묘에 세워진 기념물을 우표에 묘사할 법적 권리가 없다고 판시하였다. 비록 우표에서 보이는 이미지는 조각위에 눈이 덮힌 기념사진이고, 또 사진작가로부터 그 사진에 관한 권리를 구매하였다고 하더라도 우표 위의 이미지는 공정사용이라고 볼 수 있을 만큼 충분히 변형되었다(not sufficiently transformative)고 볼 수 없다고 판시하였다.

3) 미술저작물 등의 전시에 수반하는 복제(법 35조 3항) 회화나 조각 · 사진 등을 전시하는 원작품 소유자나 그의 동의를 얻어 전시하는 자 또는 미술저작물 등의 원작품을 판매하고자 하는 자는 그 저작물의 해설이나 소개를 목적으로 하는 목록형태의 책자에 이를 복제하여 배포할 수 있다.

운 저작물이 창작된 것인 점 등에 비추어 보면 이 사건 사진은 이 사건 도안에 관한 저작권을 침해하였다고 볼 수 없다"고 판시하였다.

[판례] 경매를 위한 미술저작물의 홈페이지 게시와 공중송신권 침해[444)]

사실관계: 이 사건의 원고 5인은 미술저작물인 회화 작품의 작가들이며, 피고 4인은 미술품의 판매와 전자상거래를 목적으로 하는 2개의 회사와 그 대표이사들이다.

피고들은 원고들의 위탁을 받아 해당 작품의 경매를 위하여 작품의 축소 이미지와 함께 경매정보를 그들이 운영하는 홈페이지에 게시하고, 유료회원들에게는 경매정보가 수록된 도록을 제공하고 있었으며, 해당 작품이 경매된 후에도 그 이미지를 제거하지 않고 계속 게시하자 원고들이 피고들에게 저작권법상 공중송신권의 침해를 이유로 손해배상을 청구하였다.

판결요지: 저작권법 제35조 제3항에는 미술저작물 등의 원작품을 판매하고자 하는 자는 그 저작물의 해설이나 소개를 목적으로 하는 목록형태의 책자에 이를 복제하여 배포할 수 있다고 규정하고 있으므로 소유자 등에게 일정 범위의 복제권을 허용하고 있다. 공중송신권은 1986년법 개정당시에는 미처 고려하지 못했던 것으로 보이나, 위 조항의 의미 등을 종합할 때 위 조항은 미술저작물 등의 공중송신에 유추 적용할 수 있으므로 홈페이지에 게시하는 것도 저작권법 제35조 제3항으로 허용되는 것이다.

그러나 인터넷에 게시하는 전송행위는 1회의 제작으로 종료되는 서적 형태의 도록에 비하여, 상당히 지속적이고 전파가능성도 훨씬 커, 판매가 완료된 이후에도 계속 게시하는 것은, 저작물 판매를 위하여 그 저작물의 해설이나 소개를 목적으로 하는 경우에만 허용되는 위 규정에 비추어 허용될 수 없고, 또한 고도의 해상도나 크기를 갖는 파일을 제공하는 것은 원 저작물에 관한 정보제공이라는 목적을 넘어서는 결과에 이르는 것으로 허용될 수 없다.

* 법원은 경매가 종료된 다음 날부터는 이미지를 홈페이지에 게시해서는 안 된다고 보았다.[445)]

♣ 2009년 일본법 개정

일본은 2009년 저작권법을 개정하여 인터넷 옥션 등의 사이트에서 당해 작품의 섬네일 이미지를 게시하여 공중송신하는 것 등은 적법한 것으로 명확히 되었다.[446)] 우리도 이와 유사한 법개정이 필요하다고 본다.

---

444) 서울중앙지법 2008.10.17.선고 2008가합21261 판결.

445) 이 판결에 대한 해설은, 허희성, "경매를 위한 미술저작물의 홈페이지 게시와 공중송신권 침해,"「저작권 문화」 2009.1, 28-29쪽.

446) 보다 자세한 것은, 作花文雄,「詳解 著作權法」(제4판), ぎょうせい, 2010, 388면 이하 참조.

【제47조의2(미술저작물 등의 양도 등의 신청에 수반하는 복제 등)】

미술저작물 또는 사진저작물의 원작품 또는 복제물의 소유자 기타 이들의 양도 또는 대여의 권원을 가지는 자가 제26조의2 제1항 또는 제26조의3에 규정하는 권리를 해하지 아니하고 그 원작품 또는 복제물을 양도하거나 대여하고자 하는 경우에는, 당해 권원을 가지는 자 또는 그 위탁을 받은 자는, 그 신청용으로 제공하기 위해 이들 저작물에 대하여 복제 또는 공중송신(자동공중송신의 경우에는 송신가능화를 포함한다)(당해 복제에 의하여 작성되는 복제물을 이용하여 행하는 이들 저작물의 복제 또는 당해 공중송신을 수신하여 하는 이들 저작물의 복제를 방지 또는 억지하기 위한 조치 기타 저작권자의 이익을 부당하게 해하지 아니하기 위한 조치로서 정령으로 정하는 조치를 강구하여 행하는 것에 한한다) 할 수 있다.

4) 예 외(법 35조 4항) 위탁에 의한 초상화 또는 이와 유사한 사진저작물의 경우에는 위탁자의 동의가 없는 때에는 이를 이용할 수 없다.

(16) 공정한 이용(법 35조의3)447)

1) 공정한 이용 법리의 도입

저작재산권 제한과 관련하여 그 사이 우리 법은 제4절 제2관(제23조-35조)에서 한정열거적으로 규정하고 있었다. 따라서 이러한 조항에서 열거되지 아니한 사항에 대해서는 침해로 판정되었다.448) 그러나 디지털 저작물과 인터넷의 등

---

447) 제35조의2(저작물 이용과정에서의 일시적 복제)에 대해서는 제6절 Ⅱ. 1. 복제권, '일시적 복제와 복제권' 부분 참조.

448) 우리나 일본의 판례는 공정이용을 인정하지 아니하였다. 다만 우리 판례는 문구상 애매한 바가 있지만(서울중앙지방법원 2004.11.11.선고 2003나51230 판결 참조: "현행 저작권법은 학교교육목적을 위하거나 시사보도, 사적 이용 등을 위하여 일정한 범위 내에 저작물의 자유이용(Fair use)을 허용하고 있으나, 피고가 주장하는 사유만으로는 피고가 병원의 환경미화를 위하여 이 사건 각 사진을 병원복도의 벽에 게시한 행위를 두고 이러한 자유이용이 허용된 경우에 해당한다고 보기 어렵다.") 일본 판례는 "'페어 유즈'의 법리에 상당하는 일반조항을 규정하지 않았기 때문에 저작물의 공정한 이용을 위하여 저작권이 제한되는 경우를 위 각 조항 소정의 경우에 한정하는 것이라고 인정된다"고 하여 한정적으로 열거된 것 이외에 일반조항으로 공정사용을 인정할 수 없다고 보았다(라스트메시지인 최종호사건 = fair use 항변 부정[東京地裁 1995.12.18.]). 최근 우리 대법원도 "저작물의 공정이용은 저작권자의 이익과 공공의 이익이라고 하는 대립되는 이해의 조정 위에서 성립하므로 공정이용의 법리가 적용되기 위해서는 그 요건이 명확하게 규정되어 있을 것이 필요한데, 구 저작권법…은 이에 관하여 명시적 규정을 두지 않으면서… 제23조 이

장과 더불어 미처 법에서 열거되지 아니하였지만 허용되어야 할 행위가 예상됨에 따라 미국식의 공정이용제도를 도입해야 한다는 주장이 적지 않았다. 원래 미국의 공정한 이용(fair use)의 법리는 판례법으로 발전되어 오던 것을 1976년 현행법에서 명문화된 것으로,449) 우리도 이 법리를 통하여 저작권법을 유연하게 적용함으로써 보다 타당성 있는 결과를 도출해야 한다는 것이었다. 이에 2008년 정부제출 저작권법 개정안에서부터 공정이용제도가 명문화되었다. 이번 2011년 제2차 개정법은 당시 내용과 실질적으로 동일한 내용이다.

제35조의3(저작물의 공정한 이용) ① 제23조부터 제35조의2까지, 제101조의3부터 제101조의5까지의 경우 외에 저작물의 통상적인 이용 방법과 충돌하지 아니하고 저작자의 정당한 이익을 부당하게 해치지 아니하는 경우에는 보도·비평·교육·연구 등을 위하여 저작물을 이용할 수 있다.

② 저작물 이용 행위가 제1항에 해당하는지를 판단할 때에는 다음 각 호의 사항 등을 고려하여야 한다.

1. 영리성 또는 비영리성 등 이용의 목적 및 성격
2. 저작물의 종류 및 용도
3. 이용된 부분이 저작물 전체에서 차지하는 비중과 그 중요성
4. 저작물의 이용이 그 저작물의 현재 시장 또는 가치나 잠재적인 시장 또는 가치에 미치는 영향

다음에 보는 미국법과는 "저작물의 통상적인 이용 방법과 충돌하지 아니하고 저작자의 정당한 이익을 부당하게 해치지 아니하는 예외적인 경우에는 저작물을 이용할 수 있다"는 제1항이 있어 차이가 나지만, 동 조항은 국제조약에 규정된 3단계 테스트를 명문화한 것으로 명문의 유무를 불문하고, 당연히 준수해야 할 규정이므로 우리법과 미국법은 실질적으로 동일하다고 할 것이다.450)

하에서 저작재산권의 제한사유를 개별적으로 나열하고 있을 뿐이므로, 구 저작권법하에서는 널리 공정이용의 법리가 인정되는 것으로 보기는 어렵다"고 판시하였다(대법원 2013.2.15.선고 2011도5835 판결).

449) 미국의회가 공정이용을 조문화한 것은 당시의 판례의 법리를 그대로 조문화한 것으로 판례이론을 변경하지도, 축소하지도, 또 확대하지도 않았다["to restate the present judicial doctrine of fair use, not to change, narrow, or enlarge it in any way" H.R. Rep. No. 94-1476, at 66(1976)].

450) 흥미로운 차이라면 미국법에는 "위의 모든 사항을 참작하여 내려지는 결정인 경우에, 저작물이 미발행되었다는 사실 자체는 공정사용의 결정을 방해하지 못한다"는 구절이 더

결국 우리 법은 제일 끝에 규정된 공정이용규정이 일반조항이 되고, 그 사이 제한규정으로 작용했던 제23-제35조가 개별조항으로 작용할 것이다. 어느 것이 공정 이용이고, 어느 것이 아닌지는 「저작권상생협의체」가 발표한 '공정이용 가이드라인'이 큰 역할을 하겠지만 궁극적으로는 법원이 판단할 사항이다. 그러고 보면 저작권제도 운영방향에 관한 사법부의 임무가 종래보다 가일층 중요시되었다.

「저작물의 공정이용에 관한 가이드라인」은 한편으로는 디지털 시대에 걸맞은 공정이용의 새로운 규범을 정립하고, 한편으로는 어렵고 난해한 법문 속에 존재하여 불확실성과 모호성으로 덮여 있었던 공정이용 법리의 구체적 적용기준을 가능한 한 알기 쉽고 명확하게 제시함으로써 국민들이 공정이용 제도의 혜택을 실질적으로 누림과 동시에 저작권침해 가능성을 예방할 수 있도록 하기 위해 마련된 것이다.
(http://freeuse.copyright.or.kr/html/guideline/sub_title/guide_sub_view_12.html?menu=2)

2) 제35조3의 의미

가) 법은 저작물을 이용할 수 있는 경우로서 보도・비평・교육・연구 등을 들고 있다. '등'이라는 표현에 비추어 당연한 말이나 앞에 든 보도・비평・교육・연구는 일반적으로 공정이용이 자주 인정되는 영역을 예시한 것이며, 열거되어 있지 않은 다른 부문에서도 얼마든지 공정이용이 있을 수 있다. 좋은 예에 패러디가 있다.

■ 생산적 사용의 법리와 그 한계[451)]

보도・비평・교육・연구 등 예시에 공통하는 테마는 존재하는가. 그것은 저작권 있는 작품의 생산적 사용이라고 주장할 수 있을지 모르겠다. 생산적 사용은 타인의 작품에 대해 사회적으로 가치 있는 독자적인 창조적 요소를 부가함으로써 성립된다. 이들은 원작품을 변형하고, 그 과정에서 새로운 정보, 새로운 아름다움, 새로운 식견 및 이해를 창조함으로써 가치를 부가시킨다. 이들이 복제하는 목적은 원작품과 다른 작품을 작성하는 데 있는 것이다. 반면 비생산적인 사용(再現的 사용)은 저작권자가 사용될 것을 의도하고 있는 것과 동일한 본래의 목적으로 사용할 목적으로 유저(user, 사용자)가 소재를 복제하는 경우에 일어난다. 인기 있는 CD를 구입하는 대신에 그것을 컴퓨터에서 복제하는 경우이다.

있다는 것이다. 이에 대해서는 후술한다.

451) 이하 マーシャル・A・リーファ- / 牧野和夫(監譯), 「アメリカ著作權法」(LexisNexisアメリカ法 概說 ⑤), LexisNexis, 2008, 675면 이하에 의함.

> 생산적 사용은 지식과 정보라고 하는 우리의 자산을 증가시키는 것에 의해 저작권법의 기초를 이루는 목적을 보조하는 것이다. 공정이용의 특권은 이러한 생산적 사용에 한정해야 할 것이라고 하는 주장도 있을 수 있다. 그러나 이러한 생산적 사용의 법리는 미국의 성문법에서도 입법경위에서도 판례법에서도 받아들이고 있지 않다. Betamax 판결[452]은 이 법리를 명백히 거부하였다. 본 사건에서 피고는 시간대를 옮길(time-shift) 목적으로 '무료'의 TV방송의 사적, 비상업적 녹화를 하였으며, 보도·비평·교육·연구의 어디에도 해당되지 않는다. Betamax 판결이 명백히 한 것은 보도·비평·교육·연구의 어디에도 해당되지 않더라도 공정이용이 될 수 있다는 점을 분명히 한 것이다. 공정이용은 창작자와 소비자, 쌍방의 이익에 봉사하는 것이다. 그러나 일반적으로는 공정이용의 항변은 피고가 저작권자의 작품에 대해서 재현적 사용을 행한 경우보다 생산적 사용을 행한 쪽이 훨씬 입증이 용이함은 물론이다.

나) 또 열거되어 있는 보도·비평·교육·연구도 보도·비평·교육·연구이기만 하면 모두 공정이용이 되는 것이 아니라 제2항의 4요소에 비추어 공정이용이라고 말할 수 있는지를 개별적으로 판단하여야 한다.

다) 또 "다음 각 호의 사항 등"이라는 표현에 비추어 당연한 말이나 제2항의 4요소는 배타적인 것은 아니며, 법원이 필요하다면 새로운 요소도 고려할 수 있다. 또 이들 4요소는 각각의 요소마다 개별적으로 검토되나, 전체를 종합적으로 보아 저작권법의 목적에 비추어 공정이용인지 여부를 판단하게 된다. 4요소 모두 긍정적으로 판단되어야 공정이용이 되는 것은 아니며, 한두 요소가 부정적으로 판단되었더라도 전체적으로 공정이용으로 판단될 수 있음은 물론이다.[453]

3) 미국 저작권법 제107조 배타적 권리에 대한 제한: 공정사용

미국의 공정사용제도는 판례를 통해 발전된 법리이며, 최초로 명언된 것은 1841년 Folsom v. Marsh 사건[454]이라고 한다. 그 이래 거의 변경됨이 없이 적

452) Sony Corp. of America v. Universal City Studios, 464 U.S. 417(1984).

453) 이규호/서재권, 「공정이용 판단기준 도출을 위한 사례연구」, 한국저작권위원회, 2009. 12., 137면 이하에는 109개의 미국 판결이 분석되어 있고, 이 중 공정이용으로 판단된 것이 54개이다. 이 중 한두 요소가 부정적이지만 전체적으로 공정이용으로 판단된 것이 45개로, 대부분이 이에 속한다.

454) 9 Fed Cas. 342(C.C.D.1841). 이 판결에 대해서는 본서, 제7절 Ⅱ. 2. (6) 참

용되어 왔고, 1841년 Story 판사가 Folsom 사건에서 고려한 요소는 거의 그대로 1976년법에 포섭되었다.

> [제107조] 제106조 및 제106조의 A의 규정에도 불구하고 비평, 논평, 시사보도, 교수(학습용으로 다수 복제하는 경우를 포함), 학문, 또는 연구 등과 같은 목적을 위하여 저작권으로 보호되는 저작물을 복제물이나 음반으로 제작하거나 또는 기타 제106조 및 제106조의 A에서 규정한 방법으로 사용하는 경우를 포함하여 공정사용하는 행위는 저작권 침해가 되지 아니한다. 구체적인 경우에 저작물의 사용이 공정사용이냐의 여부를 결정함에 있어서 다음을 참작하여야 한다.
> (1) 그러한 사용이 상업적 성질의 것인지 또는 비영리적 교육목적을 위한 것인지 등 그 사용의 목적 및 성격
> (2) 저작권으로 보호되는 저작물의 성격
> (3) 사용된 부분이 저작권으로 보호되는 저작물 전체에서 차지하는 양과 상당성, 그리고
> (4) 이러한 사용이 저작권으로 보호되는 저작물의 잠재적 시장이나 가치에 미치는 영향. 위의 모든 사항을 참작하여 내려지는 결정인 경우에, 저작물이 미발행되었다는 사실 자체는 공정사용의 결정을 방해하지 못한다.

이하에서는 공정사용과 관련하여 자주 인용되는 판결인 Harper & Row, Publishers, Inc. v. Nation Enterprises 사건을 살펴본다.

♣ Harper & Row, Publishers, Inc. v. Nation Enterprises[455)]

사실관계: 원고 Harper & Row 사는 포드 대통령의 회고록－A Time to Heal－을 출간하는 권리를 취득하였다. 타임(TIME)지는 출간 직전에 그 원고를 미리 볼 수 있는 기회를 갖고 요약본을 타임지에 게재한다는 계약을 하였다. 포드의 이야기를 담은 타임지의 기사는 회고록이 나오기 약 1주일 전에 발행될 예정이었다. 타임지의 기사가 나오기 직전에 Nation지는 비밀리에 입수한 자료에 기초하여 2,250개의 낱말로 된 기사가 공개되었고 그 결과 타임지는 상고인과의 계약을 취소하였다. Harper & Row 사는 연방지방법원(the District Court for the Southern District of New York)에 Nation을 상대로 저작권법위반 등을 주장하면서 소송을 제기하였다. 지방법원은 피고의 공정사용 항변을 배척하면서 회고록은 Nation의 잡지가 출간될 당시에 저작권으로 보호되며 피고의 행위는 저작권침해라고 판단하였다. 연방 제2항소법원(the Court of Appeals for the Sec-

---

조.

455) S.Ct 471 U.S. 539 (1985). 이 판결에 대한 보다 자세한 것은, 장주영, 「미국저작권판례」, 육법사, 2003, 245-252면; 저작권심의조정위원회, 「저작권에 관한 외국 판례선[1]」, 1988, 265-269면 참조.

ond Circuit)은 Nation의 행위는 공정사용에 의해 허용된다고 판단하여 지방법원 판결을 파기하였다. 최고법원이 상고를 허가하였다.

쟁점: 곧 출간될 작품의 일부를 출간하는 것은 공정사용에 해당하는가?

판결요지: 연방대법관 O'CONNOR: 공정사용에 해당되지 아니한다.[456] 곧 출간될 작품의 일부를 출간하는 것은 공정사용에 해당하지 아니한다. 공정사용의 밑바탕에 있는 기본 개념은, 합리적인 저작권자라면 저작물의 사용을 사실상 허락할 것이라고 보이는 상황하에서 저작물을 사용하려는 자가 저작물을 사용하기 위하여 저작권자의 허락을 받을 필요가 없다는 것이다. 이 원칙을 조문화하고 있는 저작권법 제107조는 그것이 판례법을 수정하려는 의도가 없음을 입법사에서 명백히 밝히고 있다. 합리성의 원칙에 비추어 볼 때 어떠한 저작권자도 자신의 저작물을 출간하기에 앞서 다른 사람이 그것을 먼저 출간하도록 허용하지는 않을 것이다. 제107조의 문언에는 그 원칙을 적용함에 있어서 고려해야 할 4개의 요소를 들고 있다. 여기서 가장 특기해야 할 2요소는 사용의 목적과 시장에 미치는 영향이다. 사용목적과 성격을 평가함에 있어서 우리는 Nation이 앞으로 나올 책과 타임지 기사를 앞지르려는 의도를 무시할 수 없다. Nation의 사용은 단지 우연한 결과가 아니라 저작권자가 가지고 있는 상업적으로 가치 있는 최초 발행권을 탈취하려는 의도를 가지고 있다. 저작물을 먼저 출간함으로써 일어날 수 있는 것은 바로 저작권자와의 경제적 경쟁이고, 일반적으로 공정사용은 그런 것이어서는 안될 것이다. 더 나아가서 그러한 사용이 시장에 미치는 영향은 이 사건이 이미 가져왔던 것이 잘 설명하고 있다: 저작물의 시장가치를 현저히 저하시킨다는 것이다(타임지의 계약취소와 12,500불의 지급거절은 침해의 직접적인 결과이다). 그러므로 결론은 자명하다. 거의 모든 경우에 있어서 출간을 기다리는 저작물보다 먼저 출간하는 것은 공정사용이 되지 아니한다는 것이다. 바로 이번 사례가 그것이다. (파기환송)

반대 의견(연방대법관 Brennan): 출간되지 아니한 20만 단어로 구성된 포드대통령의 原稿로부터 300단어를 인용한 Nation이 원고의 저작권을 침해했다고 판시하는 것은 잘못이다. 이 법원은 공정사용의 원칙을 수축시킴과 동시에 창작의 과정을 위협하고, 수정헌법 제1조가 보장하는 사상의 자유로운 흐름을 위협하고 있다. 이것은 의회가 저작권자의 경제적 이익을 보호하기 위한 입법을 하면서 의도했던 것은 아닐 것이다.

■ Harper 판결과 그 후의 변화

앞의 Harper 판결은 공정이용인지 여부를 판단함에 있어서 미공개된 저작물이라는 사실은 그 판단에 부정적으로 작용한다고 보았다. 즉 "미발행(unpublished)이라고 하는 것은 결정적이지는 않지만 공정이용을 부정하는 중요한 요소"(We

---

456) 6:3으로 다수의견과 반대의견이 나뉘어졌다.

conclude that the unpublished nature of work is "[a] key, though not determinative, factor" tending to negate the defense of fair use. Senate Report, at 64. /the fact that a work is unpublished is a critical element of its 'nature', /the scope of fair use is narrower with respect to unpublished works.)라고 보았다. Harper 판결은 미발행을 중요한 요소라고는 보았지만 그렇다고 공정이용의 법리가 미발행저작물에는 적용되지 않는다고 판시한 것은 아니다. 그런데 그 후 미국 제2항소법원의 판결들은 미발행 저작물이기만 하면 그 자체로 공정이용을 부정하는 것으로 판시하였다. 이에 의회는 1992년, 제107조를 개정하여 '위의 모든 사항을 참작하여 공정이용이라는 것이 밝혀진 경우에, 저작물이 미발행되었다는 사실 자체는 공정이용의 결정을 방해하지 못한다'(The fact that a work is unpublished shall not itself bar a finding of fair use if such finding is made upon consideration of all the above factors)는 문구를 추가하였다.[457] 그러나 공표권이 인정되고, 대부분의 경우에 공표된 저작물에 대해서만 저작재산권 제한을 인정하는 우리의 경우에는 미발행, 미공표 저작물에 대해서는 공정이용의 법리가 적용되어서는 안될 것이다.

4) 정 리

요소	공정사용을 긍정하는 요소	공정사용을 부정하는 요소
1	* 생산적(변형적: transformative) 이용인가	* 저작물의 내용을 변형함이 없이 그대로 전달하는가
	* 비상업적인 이용인가	* 상업적 이용인가
2	* 피이용저작물이 사실적 저작물(non-fiction)인가	* 피이용저작물이 허구적, 비사실적(fiction) 저작물인가
	* 공개된, 발행된 저작물인가	* 비공개된, 미발행된 저작물인가
3	* 피이용 부분이 소량인가	* 피 이용부분이 대량인가 * 이용저작물(침해저작물)을 기준으로 해서 피이용부분의 분량을 고려하는 것도 배제하는 것은 아니다.[458]
	* 피이용 부분이 이용저작물의 비본질적 부분인가	* 피이용 부분이 이용저작물의 본질적 부분인가
4	제3지에 의한 무제한하고 광범위한 이용행위가 원저작물의 잠재적 시장이나 가치에 실질적으로 불리한 영향을 주는가. Harper사건에서는 원저작물만이 아니고 파생저작물에 대한 잠재적 시장이나 가치도 고려하였다.	

457) Mary LaFRANCE, Copyright Law, Thomson/West, 2008, 302면.

458) Harper 사건에서는 300자 미만을 이용한 것이지만 미발행 원고로부터 직접 베낀 것은 기사의 약 13%에 이른다고 보고 공정이용을 부정하는 한 요소로 판단하였다. 또 이것은

(17) 번역 등에 의한 이용(법 36조)

자유사용이 허용된 학교교육목적 등에의 이용(법 25조), 비영리 공연·방송(법 29조) 또는 사적 이용을 위한 복제(법 30조) 또는 공정이용(법 35조의3)의 경우에는 그 저작물을 번역·편곡 또는 개작하여 이용할 수 있다.

재판절차 등에서의 복제(법 23조), 정치적 연설 등의 이용(법 24조), 시사보도를 위한 이용(법 26조), 시사적인 기사 및 논설의 복제 등(법 27조), 공표된 저작물의 인용(법 28조), 시험문제로서의 복제(법 32조), 시각장애인 등을 위한 복제(법 33조) 등 저작물을 자유이용 할 수 있는 경우에는 그 저작물을 번역하여 이용할 수 있다.

3. 저작권 제한과 출처명시

저작물을 자유이용 할 수 있는 경우라 하더라도 그 이용자는 그 저작물의 출처를 명시하여야 한다. 다만, 제26조, 제29조부터 제32조까지, 제34조 및 제35조의2의 경우에는 그러하지 아니하다(법 37조 1항). 출처의 명시는 저작물의 이용상황에 따라 합리적이라고 인정되는 방법으로 하여야 하며,[459] 저작자의 실명 또는 이명이 표시된 저작물인 경우에는 그 실명 또는 이명을 명시하여야 한다(법 37조 2항). 문제는 출처명시의무를 위반한 것이 저작권침해로 되는지 여부이다. 부정하여야 할 것이다.[460]

> **[판례1] 서울고법 2005.7.26.선고 2004나76598 판결**
> 피고의 행위가 저작물의 공정한 인용에 해당하는 이상 그 출처명시의 의무를 이행하지 않았다고 하더라도 그로써 저작재산권의 침해가 있다고 볼 수 없을 뿐만 아니라, 출처의 명시는 저작물의 이용상황에 따라 합리적이라고 인정되는 방법으로 하여야 하는데 인터넷상에는 무수히 많은 정보가 존재하고, 이러한 정보는 대부분 통제되지 않고 개방되어 있어 이용자들에 의한 복제 전송이나 웹사이

제1과 제4의 요소에도 영향을 주는 사항이다. 이용저작물의 상당부분이 피이용저작물을 그대로 이용한 것이면 제1요소인 변형적 이용은 그만큼 희박하게 된다. 또 그대로 이용되면 피이용저작물의 대용물로 되어 그만큼 잠재적 시장을 잠식하게 된다.

459) 문화체육관광부장관은 법 제37조 제2항에 따른 저작물의 이용 상황에 따른 합리적인 출처 명시 방법에 관한 지침을 정하여 고시할 수 있다(시행령 17조).

460) 이해완, 「저작권법」(제2판), 박영사, 552면; 오승종, 「저작권법」(제3판), 박영사, 637면.

트 사이의 링크를 통하여 끊임없이 공유되고 있는 점 등을 고려하여 보면, 피고가 검색된 썸네일 이미지와 함께 그 이미지를 수집한 웹사이트 주소를 출처로 명시함으로써 인터넷상에서의 출처명시를 상당한 방법으로 하였다 할 것이다.[461]

[판례 2] 대법원 2010.4.29.선고 2007도2202 판결

[1] 구 저작권법(2006.12.28. 법률 제8101호로 전부 개정되기 전의 것) 제34조의 입법취지와 내용 및 그 밖에 저작자의 성명표시권에 관하여 규정한 같은 법 제12조 제2항에서도 "저작물을 이용하는 자는 그 저작자의 특별한 의사표시가 없는 때에는 저작자가 그의 실명 또는 이명을 표시한 바에 따라 이를 표시하여야 한다"고 규정하는 한편으로, "다만, 저작물의 성질, 그 이용목적 또는 형태 등에 비추어 부득이하다고 인정되는 경우에는 그러하지 아니하다"는 단서규정을 두고 있는 점 등에 비추어 보면, 같은 법 제34조 제2항에 규정된 "저작자의 실명 또는 이명을 명시하여야 한다"는 문언은 저작물의 출처를 명시하는 방법을 예시한 것에 불과할 뿐 어떠한 경우라도 예외 없이 저작자의 실명 또는 이명을 명시하여야 한다는 것은 아니라고 해석함이 상당하고, 저작자의 성명을 포함하여 저작물의 출처가 합리적이라고 인정되는 방법으로 명시되었는지 여부는 저작물의 종류, 성질, 그 이용의 목적 및 형태 등 저작물의 이용상황을 종합적으로 고려하여 판단하여야 한다.

[2] 갑 주식회사가 운영하는 대입 논술학원의 원장인 을이, 위 학원의 홍보용 책자에서 다른 유명 논술학원이 작성한 기출 논술고사 문제에 관한 해제 및 예시 답안을 이용하고 비판하면서 그 출처를 "A학원 모 교재"라고만 표시한 사안에서, 을이 위 해제가 자신의 저작물과 혼동·오인될 가능성을 배제했고, 을이 만든 책자가 홍보용이라는 성질상 과장되기 쉬워서 인용된 저작물 저작자의 실명 등을 구체적으로 특정할 경우 자칫 저작자의 명예 등의 권익을 손상할 우려도 전혀 없다고 단정할 수 없는 사정 등을 종합적으로 고려하여 볼 때, 출처명시의무를 위반하였다고 보기 어렵다.

4. 프로그램저작권에 적용제외

컴퓨터프로그램저작권에 대하여는 제23조·제25조·제30조 및 제32조를 적용하지 아니한다(법 제37조의2). 이들에 대해서는 별도로 제101조의3 규정을 두고 있다.

461) 평석: 백창훈, 「정보법판례백선(1)」, 587면.

5. 저작재산권의 제한과 저작인격권

저작재산권을 제한하는 규정은 저작인격권에 영향을 미치는 것으로 해석되어서는 아니 된다(법 38조). 이 규정은 주의적 규정이다. 즉 저작재산권 제한에 관한 규정(법 2장 4절 2관)은 오로지 저작재산권만을 제한할 뿐이며, 저작인격권까지 제한하거나 또는 저작인격권이 영향을 받거나 하는 것은 아님을 주의적으로 규정한 것이다.

◈ 패 러 디

1. 의　　의

저작재산권, 著作人格權, 특히 동일성유지권, 저작재산권의 제한, 2차적 저작물 작성권 등과 관련하여 특히 문제로 되는 것은 parody 문제이다.[462] 패러디란 그리스語 'parodeia'에서 유래한 말로 본래 "다른 사람의 곡조(ode)에 따라(para) 부르는 노래"라는 뜻이다. 사전적으로는 '우스꽝스러운 효과를 내기 위하여 원작품의 특징적 스타일을 모방하는 문학적·예술적 작품'을 말한다. 국어사전에 보면 "① 흉내, ② 엄숙한 作品의 장중한 스타일을 기교로써 모방하면서 그것을 경쾌하고 익살스러운 作品으로 꾸며 야유 풍자하는 것"으로 되어 있다. 패러디는 오늘날 특수한 예술형식의 하나로 보고 있다. 저작권법에서 패러디를 논하는 이유는 저작권침해의 예외로서 패러디를 인정할 수 있는가이다. 그 예외를 인정하여야 하는 이유는 다음과 같다.

첫째, 패러디는 기존의 작품에 비평이나 논평, 풍자 등 새로운 창작을 가미함으로써 인류의 문화유산을 풍부하게 하고, 따라서 문화의 향상발전이라는 저작권법의 목적달성에 기여한다.

둘째, 패러디에 그와 같은 이로운 점이 있음에도 불구하고 보통 패러디라는 것은 엄숙하고 진지한 작품에 대한 풍자·비평·비꼼 등에서 시작하므로 원저작자로서는 자신의 저작물에 대해서 스스로 패러디를 작성한다거나 아니면 다른 사람에게 자신의 저작물에 대한 패러디를 작성하도록 허락해줄 가능성이 적다.

셋째, 패러디는 원작의 시장적 가치를 침해할 가능성이 거의 없다는 점이다. 원작과 패러디는 전혀 다른 효용가치를 가지는 것이므로 패러디 작품을 감상하였다고 해서 원작소설에 대한 수요가 감소된다고는 생각하기 어렵기 때문이다.

---

462) 패러디와 저작권과 관련하여 우리나라에서 발표된 글로는, 박성호, "포스트모던시대의 예술과 저작권," 「계간 저작권」, 1993년 봄호, 28면 이하/ 여름호, 35면 이하; 허희성, "패러디와 저작권," 「계간 저작권」, 1998년 봄호, 47면 이하; 엄동섭, "패러디와 저작물의 자유이용," 「창작과 권리」(제10호), 1998년 봄호, 58면 이하 참조.

2. 패러디에 관한 각국의 태도

패러디에 관하여 영국・미국 등 앵글로색슨 계통의 法制에서는 패러디가 fair use나 fair dealing에 해당하는지 어떤지를 중심으로 論하고 있으며, 독일 등에서는 그것이 자유이용(freie Benutzung)인가 改作(Bearbeitung)인가가 논의된다. 이에 대해 프랑스 著作權法은 명문으로 일정한 요건 하에 자유이용에 해당한다고 규정하고 있다(同法 122조의5 제4호).[463)]

3. 적법한 패러디로 인정되기 위한 요건

1) 오늘날 패러디라는 말은 상당히 광범위하게 사용되고 있지만 저작권법에서 패러디를 이야기할 때는 (패러디된) 저작물과 (패러디) 저작물과의 관계만이 문제된다. 따라서 이 요건은 필요하다. 이러한 原著作物에는 어문저작물은 물론 音樂・美術・映畵・演劇 등의 저작물이 포함됨은 물론이다.

2) 패러디의 대상은 특정 原作品이며, 오로지 사회일반을 비판할 목적으로 타인의 저작물을 허락 없이 이용하는 것은 적법한 패러디가 될 수는 없다. 원작품에 대한 비판이나 풍자가 간접적으로 원작품이 표현하고자 하는 특정 현상에 대한 패러디로 이어지는 것은 상관없으나 원 작품이 아닌 사회일반을 풍자하기 위해서 타인의 작품을 무단 이용할 수는 없다.[464)]

3) 그 이용방법이 原著作物을 변화시켜 익살스럽게 또는 우의적(寓意的)으로 빗대거나 풍자할 것이다. 이 요건과 관련하여 미국의 「Suntrust Bank사건 판결」[465)]에 따른다면 '익살스럽게 또는 풍자적'이라는 요건은 삭제되어야 할 것이라고 하는 견해도 있다.[466)] 많은 패러디 작품에는 유머러스한 면이 많을 것이나 그 작품을 어떻게 받아들이느냐는 독자의 몫으로 두고, 이것을 필요요건으로 할 필요는 없다는 견해도 일리가 있다고 본다.

4) 패러디의 대상이 되는 원작품이 공표되어 있을 것이다. 그 밖에 그 원작품이 널리 알려져 있을 필요가 있는지는 문제이다. 아마도 『바람과 함께 사라지다』 같은 유명한 소설이나 영화, 모나리자의 그림,[467)] 김소월의 시 등, 대중적이면 대중

463) 프랑스지적재산법 제1부 문학・예술적 소유권 제1권 저작권 제122조의5 (4) 장르상의 규칙에 따른 패러디, 혼성모방 및 풍자화.

464) 그런 의미에서 본서에서는 소개하지 않았지만 Rogers v. Koons, 960 F. 2d 301 (2nd Cir. 1992) 판결(이상정, 「미술과 법」, 301면 이하) 및 Dr. Seuss Enterprises, L.P. v. Penguin Books USA, Inc., 109 F.3d 1394 (9th Cir. 1997) 참조. 결국 직접패러디는 허용되나 매개패러디(vehicle parody)는 허용되기 힘들다고 본다.

465) Suntrust Bank v. Houghton Miffin Co. 60 U.S.P.Q.2d 1225(11 Cir. 2001).

466) 이에 대해서는 강신하, "미국저작권법상 공정이용의 법리: 패러디에 관한 논의를 중심으로," 「인권과 정의」(Vol. 387), 2008.11, 51면 주9) 참조.

467) 유명한 것에 듀상의 모나리자 패러디가 있다(자세한 것은, 이상정, 「미술과 법」, 세창출판사, 2009, 307면 이하 참조). 이 경우라면 이미 著作權存續期間이 만료되었으므로 저

적일수록 패러디의 가장 좋은 對象이 될 것이다. 그러나 어느 정도 알려져야 광범위하게 알려졌다고 볼 것인가 하는 것은 매우 애매하고 자의적 판단으로 흐를 가능성이 크다. 결국 널리 알려졌는지 여부는 패러디의 효과로서 남겨두고, 패러디로서 성립되기 위한 요건으로서는 원작품이 공표되었을 것이면 족하다고 본다.

5) 패러디는 원저작물에 의거하고 있기는 하지만 원저작물이 갖는 창작성과는 다른 창작성을 갖지 아니하면 안 된다. 타인의 저작물을 단순히 모방·복제하거나 희화화(戱畵化)하고 '이것은 패러디다'라고 주장하는 것만으로는 부족하다.[468] 결국 미국 판결이 들고 있는 변형(transformative)성 요건이며, 새로운 작품이 변형되어 있으면 있을수록 창작성은 크다고 할 것이다.

이하에서는 우리 판례와 미국 및 일본 판례를 각각 살펴보는 것으로 한다.

[우리판례] 컴배콤 사건[469]

1. 사건의 개요

가수 서태지의 1995년 히트곡인 '컴백홈(come back home)'을 가수 이재수가 '컴배콤'으로 바꿔 부르고 뮤직비디오도 제작한 것이다.[470] 이에 서태지 측은 저작권침해 금지 가처분 신청을 하였다.

2. 법원의 결정

기존의 저작물에 풍자나 비평 등으로 새로운 창작적 노력을 부가함으로써 사회 전체적으로 유용한 이익을 가져다 줄 수 있는 점이나 저작권법 제25조(현행 제28조: 필자 주) … 에 비추어, 이른바 패러디가 당해 저작물에 대한 자유이용의 범주로서 허용될 여지가 있음은 부인할 수 없다 하겠으나, 그러한 패러디는 우리 저작권법이 인정하고 있는 저작권자의 동일성유지권과 필연적으로 충돌할 수 밖에 없는 이상 그러한 동일성유지권의 본질적인 부분을 침해하지 않는 범위 내에서 예외적으로만 허용되는 것으로 보아야 할 것이고, 이러한 관점에서 패러디로서 저작물의 변형적 이용이 허용되는 경우인지 여부는 저작권법 제25조 및 제

작권법상 문제는 되지 아니할 것이나, 저작인격권을 영구히 존속하는 것으로 보는 법제에서는 의연 문제로 될 것이다.

468) "따라서 패러디의 저작권침해 여부 판단시 패러디의 본질과 그 특성을 고려한 판단이 요청되며, 다양한 논리 개발이 우선 현행법 테두리 내에서 이루어져야 할 것이며, 명성에 편승하는 표절작과 진정한 패러디의 옥석을 가려내는 데 신중을 기해야 할 것이다." (김원오, "패러디 항변을 둘러싼 저작권법상 쟁점과 과제," 「계간 저작권」(제56호), 저작권심의조정위원회, 2001 겨울호, 25면). 엄동섭, 앞의 글도 끝에서 "다만 이와 관련하여 … 어떤 희화화이던 간에 희화화되었다는 이유만으로 곧 패러디가 되는 것은 아님을" 환기시키고 있다.

469) 서울지방법원 2001.11.1.자, 2001카합1837 결정.

470) 문제의 발단에 대해서는 동아일보, 2001.8.6. "[음악] 서태지-이재수 '컴배콤' 패러디논쟁 가열"기사(허엽·이승헌 기자) 참조.

13조 제2항의 규정 취지에 비추어 원저작물에 대한 비평·풍자 여부, 원저작물의 이용목적과 성격, 이용된 부분의 분량과 질, 이용된 방법과 형태, 소비자들의 일반적인 관념, 원저작물에 대한 시장수요 내지 가치에 미치는 영향 등을 종합적으로 고려하여 신중하게 판단하여야 할 것이다.

이 사건에 관하여 보건대, … 피신청인들의 이 사건 개사곡은 신청인의 이 사건 원곡에 나타난 독특한 음악적 특징을 흉내 내어 단순히 웃음을 자아내는 정도에 그치는 것일 뿐, 신청인의 이 사건 원곡에 대한 비평적 내용을 부가해 새로운 가치를 창출한 것으로 보이지 아니하고 … 패러디로 보호되는 것은 당해 저작물에 대한 비평이나 풍자인 경우라 할 것이고 당해 저작물이 아닌 사회현실에 대한 것까지 패러디로서 허용된다고 보기 어렵고, 피 신청인들이 상업적 목적으로 이 사건 원곡을 이용하였으며, 이 사건 개사곡이 이 사건 원곡을 인용한 정도가 피신청인들이 패러디로서 의도하는 바를 넘는 것으로 보이고, 이 사건 개사곡으로 인하여 … 원곡에 대한 사회적 가치의 저하나 잠재적 수요의 하락이 전혀 없다고 보기 어려운 점 등 … 여러 사정을 종합하여 보면 … 이 사건 개사곡은 패러디로서 보호받을 수 없는 것이라 하겠다"고 판시, 음반 등 판매금지 가처분신청을 받아들였다.[471]

[미국판례] Campbell v. Acuff-Rose Music, Inc.[472]

1. 사건의 개요

줄리아 로버츠, 리처드 기어가 주연한 1990년 헐리웃 영화 "프리티 우먼"(Pretty Woman)은 同名의 테마 송으로도 널리 인기를 모았다. 이 곡은 1964년 로이 오비슨(Roy Orbison)과 윌리엄 디스(William Dees)가 같이 만든 록발라드 "오, 프리티 우먼"(Oh, Pretty Woman)이었는데, 1989년 캠벨, 웡윈, 로스, 홉스 등 4인조 인기 랩뮤직 그룹 투 라이브 크루[2 Live Crew; 소속 음반사인 스카이이워커(Skyywalker Records)와 함께 "피고"라 함]는 랩 스타일로 이 곡을 패러디(parody)할 계획을 세웠다.

피고는 원곡의 저작권을 갖고 있는 어커프-로즈 뮤직사(Acuff-Rose Music, Inc.; 이하 "원고"라 함)에 대하여 "원곡의 작곡자와 소유권에 대한 크레딧을 명시하고, 그 사용료를 지급하겠다"는 의사를 밝혔다. 그러나 1964년 원작자로부터 저작권을 양도받아 이를 저작권 보호대상으로 등록해 놓았던 원고측 대리인은 원곡의 이미지를 해친다 하여 패러디하는 것을 거절하였다. 그렇지만 피고가 제작한, (작곡자와 출판사를 각각 오비슨과 디스, 어커프-로즈 음반사로 밝힌) 패

---

471) 이 결정에 대한 간단한 평석은, 이해완, 「저작권법」, 박영사, 2007, 402면 참조. 또 함석천, "패러디, 지적재산권과 표현의 자유," 「저스티스」(제91호), 한국법학원, 2006.6., 68면 참조.

472) 510 U.S. 569; 114 S.Ct. 1164; 1994 U.S. LEXIS 2052.

러디版 프리티 우먼이 음반, CD 모두 크게 히트를 했다.

이에 원고는 1989년 피고를 상대로 저작권침해(copyright infringement) 소송을 제기했다. 1심을 담당한 테네시 중부지구 연방지방법원은 1991년 피고의 패러디곡이 원곡을 공정하게 이용한 것이라고 판단하고 피고측의 신청에 따라 약식판결(summary judgment)[473]을 선고했다.[474]

원고측의 항소를 접수한 제6연방고등법원은 그로부터 1년 후 1심 판결에 대하여 i) 패러디곡이 상업성을 갖는 것은 저작권법상의 공정한 이용이 아님을 추정케 하고, ii) 원곡의 주된 멜로디(heart)를 그대로 패러디곡의 주제로 사용하는 등 피고가 질적으로 원곡에 크게 의존하였으며, iii) 상업적 용도에 따른 추정력(presumption)에 비추어 과도한 복제(excessive copying)를 함으로써 원곡의 시장을 침해하였다는 이유로 이를 파기였다.[475]

2. 聯邦大法院의 판결

연방대법원은 1994년 3월 본건 상고사건에서 전원일치의 판결로 2심판결을 파기하였다. 제6연방고등법원이 저작권법에 "저작물을 비판, 평석, 시사보도, 교육, 학문연구, 조사의 목적으로 공정하게 이용하는 것은 저작권법을 침해하는 것이 아니다"라고 규정되어 있음을 들어 피고가 원곡을 패러디하는 것이 금지되어 있지 않다는 피고측의 변론에 대하여 심리를 다하지 않은 오류를 범하였다는 이유에서였다.

주심을 맡은 수터 대법관(Justice Souter)은 원심은 패러디한 곡의 상업적 성격이 불공정한 이용임을 추정케 하며, 이러한 추정은 저작권법에서 예시한 저작물 이용의 목적을 압도한다고 하였으나, 그러한 판단은 의회의 입법취지에도 어긋나고 판례상으로 그 근거를 찾을 수 없다고 밝혔다. 즉 패러디는 복제(copying)와 비교하여 실질적이지 않다는 것은 아니지만, 본건의 원곡과 패러디 곡을 비교해 들어볼 때 첫 소절의 가사가 같고 원곡의 베이스 樂節을 되풀이하는 것 외에는 전체적으로 가사 내용이 다른, 전혀 구별되는 음악을 만들었음을 간과하였다는 것이다.

"Oh, Pretty Woman" by Roy Orbison and William Dees	"Pretty Woman" as Recorded by 2 Live Crew
Pretty Woman, walking down the street, Pretty Woman, the kind I like to meet, Pretty Woman, I don't believe you,	Pretty woman walkin' down the street Pretty woman girl you look so sweet Pretty woman you bring me down to that knee

473) 略式판결이란 미국 소송제도상 당사자간에 사실관계에 대한 다툼이 없을 때 증거조사(discovery)를 거치지 않고 법원이 내리는 판결을 말한다.

474) 754 F.Supp. 1150.

475) 972 F.2d. 1429.

you're not the truth, No one could look as good as you Mercy Pretty Woman, won't you pardon me, Pretty Woman, I couldn't help but see, Pretty Woman, that you look lovely as can be Are you lonely just like me? Pretty Woman, stop a while, Pretty Woman, talk a while, Pretty Woman give your smile to me Pretty Woman, yeah, yeah, yeah Pretty Woman, look my way, Pretty Woman, say you'll stay with me 'Cause I need you, I'treat you right Come to me baby, Be mine tonight Pretty Woman, don't walk on by, Pretty Woman, don't make me cry, Pretty Woman, don't walk away, Hey, O. K. If that's the way it must be, O. K. I guess I'll go on home, it's late There'll be tomorrow night, but wait! What do I see Is she walking back to me? Yeah, she's walking back to me! Oh, Pretty Woman.	Pretty woman you make me wanna beg please Oh, pretty woman Big hairy woman you need to shave that stuff Big hairy woman you know I bet it's tough Big hairy woman all that hair it ain't legit 'Cause you look like 'Cousin It' Big hairy woman Bald headed woman girl your hair won't grow Bald headed woman you got a teeny weeny afro Bald headed woman you know your hair could look nice Bald headed woman first you got to roll it with rice Bald headed woman here, let me get this hunk of biz for ya Ya know what I'm saying you look better than rice a roni Oh bald headed woman Big hairy woman come on in And don't forget your bald headed friend Hey pretty woman let the boys Jump in Two timin' woman girl you know you ain't right Two timin' woman you's out with my boy last night Two timin' woman that takes a load off my mind Two timin' woman now I know the baby ain't mine Oh, two timin' woman Oh pretty woman

연방대법원 판결에 나타난 쟁점들을 정리해 보면 다음과 같다.476)

① 저작권법상 공정한 이용에 해당하는지 여부는 저작권법의 목적에 비추어 종합적으로 판단해야 할 것이지만, 그 시점에서 패러디한 것이 原작품(original)의 대상을 대체한 것인지, 아니면 새로운 표현·의미·의도가 덧붙여짐으로써 어느 정도 원작품을 변형한 것인지가 중요하다. 새로운 작품이 變形(transformative)이 되어 있을수록 다른 요건의 비중은 그만큼 줄어들게 된다.

② 패러디한 것이 공정한 이용에 해당하는지 여부를 결정하기 위하여는 우선

476) 牧山嘉道, "米國エンタテインメント法入門 [2]," 「國際商事法務」 Vol.26, No.9 (1998), 919~920면.

패러디된 캐릭터가 합리적으로 패러디로서 이해되는지 여부가 문제가 된다. 패러디가 유머러스한 형태의 비평으로 인정되는 것은 기존 작품을 새롭게 조명함으로써 사회적 편익(social benefit)을 제공할 수 있기 때문이다. 패러디가 質的으로 우수한지 여부는 중요하지 않다.

③ 이용 목적 · 성격과 관련하여 패러디의 상업적 성격이나 非營利의 교육목적인지 여부는 패러디가 공정한 이용에 해당하는지 판단하는 하나의 요소에 불과하다. 이를 통해 모든 상업목적의 허락 없는 이용은 무릇 공정하지 않으며, 당해 저작물의 시장에 악영향을 미친다고 하는 Sony 판결의 假定을 배척하였다.

④ 패러디가 공정한 이용인지 판단할 때 원작품의 성격을 고려하는 것은 패러디가 대개의 경우 일반적으로 알려진 작품을 복제한다는 것 이상으로 거의 의미가 없다.

⑤ 원작품의 이용이 어느 정도의 분량이고 중요성을 가지는지에 대하여 패러디는 원작품을 연상하기 쉽고 원작품의 중심 부분을 겨냥하여 만들어지는 것이므로 문제가 된 작품이 원작품의 중심 부분을 복제한 경우에도 패러디는 공정한 이용이 될 수 있다. 종래 Air Pirates 事件에서는 원작을 어느 정도 사용해도 되느냐에 대해, 원작을 떠올릴 수 있을(conjure up) 정도로 사용해야 한다고 했으나 본 판결에서는 사용된 양을 판단함에 있어서 패러디의 목적, 성질, 변형적인 요소, 시장대체가능성 등을 고려하여 사안별로 결정해야 한다고 했다. 따라서 패러디가 원 저작물을 떠올리는 것보다 더 많은 양을 사용했다고 하더라도 다른 요소를 함께 고려한다면 공정사용의 항변이 성립될 수 있다고 할 것이다.[477]

⑥ 잠재적 시장 또는 가격에 대한 이용의 효과는 패러디에 있는 원작품의 사용이 전체로서 상업적이라고 하는 사실만 가지고는 손해 받을 염려가 있다고 추정되지 아니한다. 또한, 통렬한 비평이 단순히 원작품의 수요를 억제한다는 사실로 인하여 저작권침해가 되는 것은 아니다.

다만, 케네디 대법관은 主審의 판단에 동의(concurring)하면서도 다음과 같은 의견을 추가하였다. 패러디라 하여 영리를 목적으로 공표되었는지 여부에 관계없이 항상 공정한 이용으로 인정되는 것은 아니다. 오로지 원작을 복제하되 유머러스하거나 아이러니컬한 의견을 덧붙인 것이라야 패러디로서 인정받을 수 있다. 이 요건은 패러디한 사람이 주장할 수 있는 것이 아니고, 객관적으로 원작에 어떤 의미와 가치가 있는 코멘트(valuable commentary)를 한 것이라야 한다.

---

477) 강신하, "미국저작권법상 공정이용의 법리: 패러디에 관한 논의를 중심으로,"「인권과 정의」(Vol. 387), 2008.11, 59면.

◈ 매개 패러디의 경우: Dr. Seuss Enterprises v. Penguin Books USA[478]

"The Cat NOT in the Hat! A Parody by Dr. Juice"라는 책은 "The Cat in the Hat by Dr. Seuss"라는 책의 스타일을 모방했고 O.J Simpson 살인사건을 시적으로 번안한 것이었다.

신청인의 "The Cat in the Hat"는 Theodore Geisel가 Dr. Seuss라는 필명으로 쓴 어린이용 책 시리즈이며, 그는 운문체와 쉬운 단어를 사용함으로써 초등학생의 문학적 소양을 향상시키려는 목표를 가지고 이 책 시리즈를 집필하였다. 이러한 책이었으므로 그의 책은 널리 알려지게 되었다. 아울러 그 책은 크고 빨강과 흰색 줄이 있는 실크 해트를 쓰고 보타이를 매며, 우산을 가지고 다니는 키 크고 장난기 있는 고양이라는 주된 특징을 통해 기억되었다. 분쟁의 하나는 이러한 고전적 이미지를 빌린 것과 관계된다. 문제가 된 피신청인의 책에서는 크고 줄 있는 모자는 쓰고 있더라도 그는 긴 넥타이를 매고 있으며, 우산 대신 피가 뚝뚝 떨어지는 장갑 한 쌍을 가지고 있다. "NOT"라는 낱말을 강조함으로써 원작과 구분하려고 하고 있다.

문제의 책은 심슨의 관점에서 공판절차를 설명하고 있다:

"A man this famous/Never hires/Lawyers like/Jacoby Meyers/When you're accused of a killing scheme/You need to build a real Dream Team" and "One knife?/Two knife?/Red knife/Dead wife."

"The Cat Not in the Hat" 는 원작과 전혀 관계없는 O.J Simpson 사건을 조롱하기 위하여 Dr. Seuss의 운율적이고 이해하기 쉬운 스타일을 사용하였다. 아울러 크고 줄이 있는 실크 해트를 쓰면서 필명을 "Dr. Seuss"와 운이 맞아 떨어지는 "Dr. Juice"라고 하였고, 스타일을 모방하였다. 그렇게 함으로써 두 책이 유사하며, Dr. Seuss 회사가 작가에게 그렇게 하도록 허락한 것 같은 착각을 일으키도록 하였다.

Dr. Seuss의 미망인이 살인사건 피고인의 이미지와 Seuss의 이미지가 뒤섞이는 것을 막기 위해 출판금지 가처분을 신청하였다. 펭귄 출판사는 패러디 항변을 하였고 공정사용으로서 저작권침해가 아니라고 주장하였다. 그러나 제9순회항소법원 판사 O'Scannlain은 이것은 단지 O.J Simpson 사건을 비꼰 것(satire)으로, 원 작품 그 자체를 패러디한 것이 아니라고 판시하였다.

478) 109 F.3d 1394(9th Cir. 1977).

◈ 직접 패러디의 경우: Leibovitz v. Paramount Pictures Corp.사건[479]

라이보빗츠(Annie Leibovitz)는 임신 7개월 된 데미무어(Demi Moore)의 사진을 찍은 전문 사진작가이다. 무어의 사진은 배니티 훼어(Vanity Fair) 1991년 8월호 표지사진으로 실렸고, 유명세를 타게 되었다.

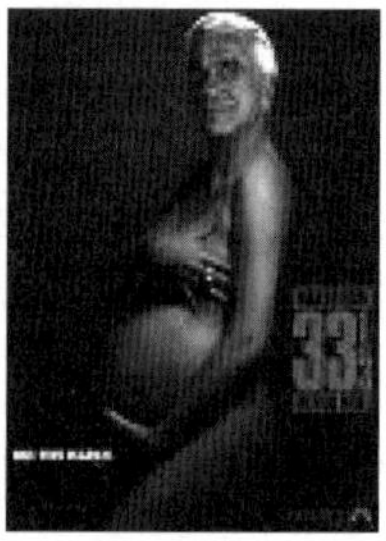

파라마운트 영화사(Paramount Pictures)는 1993년 새로운 영화인 「Naked Gun 33⅓」을 선전할 목적으로 임신중인 여자를 고용, 사진 촬영하였고, 이를 데미무어를 닮도록 디지털 작업을 한 후 얼굴은 Leslie Nielsen의 것으로 대체하였다. 그 후 이를 전국적으로 선전하자, 라이보빗츠가 저작권침해소송을 제기하였다.

제1심(the Southern District of New York)은 이러한 사용은 공정사용이라고 보았다. 항소심(the United States Court of Appeals for the Second Circuit)도 공정사용의 네 요소를 검토한 후 이것은 공정사용에 해당한다고 보았다. 닐슨의 억지웃음은 라이보빗츠 작품의 엄숙함에 대한 코멘트이며, 라이보빗츠 작품의 잠재적 시장을 위협할 것 같지 않다는 것이다.

[일본판례] 이른바 「몽타주 사진」 사건[480]

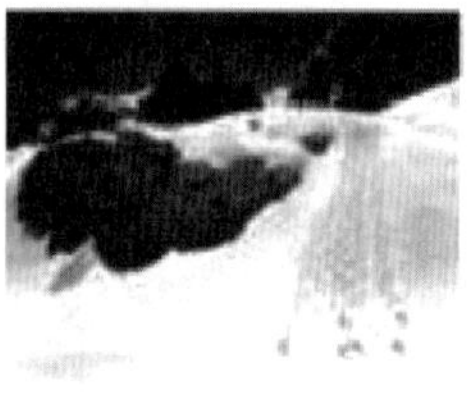

SKI ' 67 白川義員

패러디사진
天野正之

이 사건은 오스트리아 티롤산맥에서 스키를 타는 장면을 촬영하여 자연의 아름다움을 표현한 사진(원작품)을 패러디한 것이다. 패러디 작품은 원작품의 일부를 절제한 후 절제된 부분에 타이어사진을 합성한 후 이를 몽타주로 작성하여 黑白化한 것(패러디 작품)이다.

원 작품이 자연의 아름다움을 표현하려고 했다면 패러디 작품은 일종의 자연파괴를 나타내는 메시지로 변경한 경우이다. 일본 대법원은 "본건 사진의 본질적 특징은, 본건 사진부분이 본건 몽타주 사진 중에 일체적으로 혼입되어 이용되고 있는 상태에 있어서도 그 자체를 직접 감득할 수 있는 것이 명백하기 때문에, 피상고인이 한 前記와 같은 본건 사진이

479) 137 F.3d 109 (2d Cir. 1998): http://en.wikipedia.org/wiki/Leibovitz_v._Paramount_Pictures_ Corp.

480) 일본 최고재판소 1980년 3월 28일 판결(昭和51年(オ)第923號 損害賠償請求事件)－著作權判例百選 55번 사건.

용은 … 동일성유지권을 침해한 改變이다"라고 판시하였다. 즉 단순한 물리적 결합으로서 원 저작물의 특징이 그대로 나타나 있다면 저작재산권의 침해가 됨과 아울러 동일성유지권의 침해가 된다고 보았다. 반면 고등법원에서는 이 사진은 피상고인(Y)이 패러디로 이용하기 위하여 작성한 것이라는 주장을 받아들였다. 고등법원은 패러디로서 X의 작품과는 별개의 Y의 저작물이라고 할 수 있으므로, 설사 "X(원고, 피항소인, 상고인)의 사진 일부를 개변하였다고 하더라도 동일성유지권을 침해한 것이 아니다"라고 판시하였다. (이 사건은 소제기로부터 16년 후 제3차 항소심에서 화해로 종료되었다.)

♣ coffee break: 패러디에 관한 영국보고서[481)]

영국 지적재산권청은 실증적 데이터를 분석해 패러디의 존재가 원저작물의 상업적 이용에 영향을 미치는지와 영국의 혁신, 경제 성장에 미칠 수 있는 영향에 관한 보고서를 세 건 발표하였다.

첫 번째 보고서는 패러디가 원저작물의 활용을 방해하지 않기 때문에 오히려 패러디를 허용하는 것이 영국 경제에 도움이 될 수 있다고 결론지었다. 두 번째 보고서는 각국이 패러디에 대해서 취하고 있는 법제를 분석해 패러디의 기준으로 아홉 가지를 제시하였다: ① 비상업적일 것, ② 원저작물에 부정적 영향을 주지 말 것, ③ 필요 이상으로 원저작물을 사용하지 말 것, ④ 현저한 정도로 새로운 창작물이 추가될 것, ⑤ 해학이나 비판을 목적으로 할 것, ⑥ 원저작물을 겨냥할 것, ⑦ 원저작자의 인격권을 침해하지 말 것, ⑧ 사회의 관습에 따라 용인되는 것일 것, ⑨ 원저작물의 출처를 밝힐 것. 세 번째 보고서는 두 보고서를 바탕으로 패러디에 관하여 장르 간 구분을 피할 것, 상업적 패러디를 허용할 것, 허용되는 패러디인지를 판단할 때 원저작물의 대체 효과가 있는지에 초점을 맞출 것 등을 제시하였다.

Ⅲ. 저작물 이용의 법정허락

1. 개 설

저작권자의 허락을 받지 못한 경우라도 저작물의 이용이 공중입장에서 필요불가결한 경우에 적정한 대가(adequate remuneration)를 지급하거나 공탁하고

481) 문화체육관광부/한국저작권위원회, 「2013 저작권백서」, 35-36면.

이를 이용케 할 수 있도록 한 제도가 법정허락 또는 강제허락제도(non-voluntary licences)이다. 강학상으로는 법에서 정한 사유가 있으면 저작권자와의 협의를 거치지 아니하고 소정의 보상금을 지급 또는 공탁하고 그대로 이용할 수 있는 경우를 법정허락(statutory licence)제도라고 하고, 저작권자에게 이용조건을 협상할 수 있도록 보장하고 그것이 잘 안 되는 경우에 소정의 보상금을 지급 또는 공탁함을 조건으로 저작물을 이용할 수 있는 경우를 강제허락(compulsory licence)제도라고 하나 우리법은 이를 구별하지 아니하고 법정허락이라는 용어를 사용하고 있다.

법정허락은 법에서 정한 사유에 해당하면 일정한 요금(fee)을 권한 있는 기관이 지정한 단체에 지급 또는 공탁하고 저작물을 사용할 수 있는 제도로서 법으로부터 직접 사용권한이 부여되는 점에서 다음의 강제허락과 다르다.

강제허락은 저작권자나 그 대리인과 저작물 사용 희망자 사이에 저작물 사용교섭이 결렬된 경우, 저작권자의 사용조건을 교섭할 권한을 박탈함이 없이, 권한 있는 행정 또는 사법기관이 보상금을 결정한다는 조건으로 저작권자의 저작물 사용허락을 강제하는 제도로서 반드시 저작권자 또는 그 대리인과 협상하되, 다만 법적 절차를 밟아 적정한 보상을 지급 또는 공탁하고 강제적으로 이용할 수 있는 점이 법정허락과 다르다. 이러한 강제허락제도는 실제로는 저작권자의 교섭력을 약화하는 결과가 된다는 비판이 있으나 새로운 기술의 발달로 새로운 문제 상황을 야기할 때마다 이를 해결하기 위한 부득이한 방법으로 채택되었다.[482)]

2. 우리법상 법정허락제도

(1) 강제허락을 할 수 있는 경우

현행 저작권법은 저작재산권자 불명인 저작물의 이용(법 50조), 공표된 저작물의 방송(법 51조) 및 판매용 음반의 제작(법 52조)의 경우에 법정허락을 인정하고 있다.

---

482) 특허에 있어서 법정실시권 및 강제실시권과 마찬가지 취지로 인정되고 있는 제도로서 공공이익을 고려한 제도이다.

1) 저작재산권자 불명인 저작물의 이용

① 누구든지 대통령령이 정하는 기준에 해당하는 상당한 노력을[483] 기울였어도 공표된 저작물(외국인의 저작물을 제외한다[484])의 저작재산권자나 그의 거소를 알 수 없어 그 저작물의 이용허락을 받을 수 없는 경우에는 일정한 절차를 거쳐 문화체육관광부장관의 승인을 얻고, 문화체육관광부장관이 정한 보상금을 공탁하고 이를 이용할 수 있다(법 50조 1항).

② 저작물을 이용하는 자는 그 뜻과 승인연월일을 표시하여야 한다(법 50조 2항).

③ 법정허락된 저작물이 다시 법정허락의 대상이 되는 때에는 대통령령이 정하는 기준에 해당하는 상당한 노력의 절차를 생략할 수 있다. 다만, 그 저작물에 대한 법정허락의 승인 이전에 저작재산권자가 대통령령이 정하는 절차에 따라 이의를 제기하는 때[485]에는 그러하지 아니하다(법 50조 3항).

---

483) 상당한 노력의 기준(시행령 18조)

법 제50조 제1항에서 "대통령령이 정하는 기준에 해당하는 상당한 노력"이란 다음 각 호의 요건을 모두 충족하는 것을 말한다.

1. 해당 저작물을 취급하는 법 제105조 제1항에 따른 저작권신탁관리업자(해당 저작물이 속하는 분야의 저작물을 취급하는 저작권신탁관리업자가 없는 경우에는 법 제105조 제1항에 따른 저작권대리중개업자 또는 해당 저작물에 대한 이용을 허락받은 사실이 있는 이용자 중 2명 이상)에게 저작재산권자의 성명 또는 명칭, 주소 또는 거소를 조회하는 확정일자 있는 문서를 보냈으나 이를 알 수 없다는 회신을 받거나 문서를 발송한 날부터 1개월이 지났는데도 회신이 없을 것

2. 「신문 등의 진흥에 관한 법률」 제9조 제1항에 따라 보급지역을 전국으로 하여 등록한 일반일간신문 또는 문화체육관광부와 법 제112조에 따른 한국저작권위원회의 인터넷 홈페이지에 문화체육관광부령으로 정하는 바에 따라 제1호에 따른 조회 사항 등을 공고한 날부터 10일이 지났을 것

484) "현행법에 따르면 외국인의 저작물이라도 거소(居所)불명이라는 이유로 문화부장관의 행정명령을 통해 자유로이 사용할 수 있는데, 이에 대해 국제조약 위반이라는 지적이 많았다. 이에 따라 우리 저작권법을 국제 기준에 맞출 필요가 있다는 지적을 받아들여 외국인의 저작물을 법정허락대상에서 제외하였다"〔심동섭, "개정 저작권법 해설," 「계간 저작권」(제76호), 2006.12, 53면〕.

485) 시행령 제20조 ③ 법 제50조 제3항 단서에 따라 이의를 제기하려는 저작재산권자는 이의신청서에 다음 각 호의 자료를 첨부하여 문화체육관광부장관에게 제출하여야 한다.

1. 자신이 그 저작물의 권리자로 표시된 저작권 등의 등록증 사본 또는 그에 상당하는 자료

2. 자신의 성명이나 명칭(이하 "성명 등"이라 한다) 또는 예명·아호·약칭 등(이하

④ 문화체육관광부장관은 대통령령이 정하는 바에 따라 법정허락 내용을 정보통신망에 게시하여야 한다(법 50조 4항).

♣ coffee break: 최초의 강제허락 및 법정허락의 실례

문화관광부는 1998년 11월 5일 서울대 체육교육과 정철수 교수가 신청한 영국인 저작의 1973년판 '인간운동역학'(The Mechanics of Human Movement)의 번역 발간을 승인함으로써 지난 1957년 저작권법 제정 이래 처음으로 강제허락제도를 활용하였다. 문화관광부는 정 교수가 이 책의 저자인 B. J. Hooper나 그 법적 대리인을 찾아내는 데 실패, 1998년 8월 3일 강제허락을 신청하자 관련 법절차에 따라 저작권심의조정위원회로부터 보상금액의 적정성 여부를 심의받아 승인 결정하였다.

문화체육관광부 공고 2008-76호 (법정허락의 실례)

저작물 법정허락 이용 승인 공고

저작권법 제50조를 근거로 법정 허락된 저작물 이용승인 내용을 같은 법 시행령 제21조 제2항에 따라 다음과 같이 공고합니다.

1. 저작물의 제호 및 공표연도
 - 영화〈여사장〉: 1959년
2. 저작자 또는 저작재산권자의 성명
 - 엄문근(효성영화사)
3. 이용 승인을 받은 자의 성명
 - (사)부산국제영화제 조직위원회(부산광역시 해운대구 우동 1393)
4. 저작물의 이용 승인 조건(이용허락기간 및 보상금)
 - 이용허락기간: 한국영화회고전 기간(2008.10.2. ~ 2008.10.10.)
 - 보상금: 총 500,000원
5. 저작물의 이용 방법 및 형태
 - 제13회 부산국제영화제(2008.10.2. ~ 2008.10.10.)의 한국영화회고전 프로그램에서 2회 상영

2008년 9월 22일

문화체육관광부장관

2) 공표된 저작물의 방송 공표된 저작물을 공익상 필요에 의하여 방송하고자 하는 방송사업자가 그 저작재산권자와 협의하였으나 협의가 성립되지 아니하는 경우에는 문화체육관광부장관의 승인을 얻고, 문화체육관광부장관이 정한 보상금을 당해 저작재산권자에게 지급하거나 공탁하고 이를 방송할 수 있다.

"이명"이라 한다)으로서 널리 알려진 것이 표시되어 있는 저작물 등의 사본 또는 그에 상당하는 자료

3) 판매용 음반의 제작 판매용 음반이 우리나라에서 처음으로 판매되어 3년이 경과한 경우 그 음반에 녹음된 저작물을 녹음하여 다른 판매용 음반을 제작하고자 하는 자가 그 저작재산권자와 협의하였으나 협의가 성립되지 아니하는 때에는 문화체육관광부장관의 승인을 얻고, 문화체육관광부장관이 정한 보상금을 당해 저작재산권자에게 지급하거나 공탁하고 다른 판매용 음반을 제작할 수 있다(법 52조). 본조는 작가의 전속제에 의한 특정 음악회사 등의 음반제작에 따른 독점권을 배제함으로써 음악의 유통을 촉진하고 음악예술의 향상을 도모하기 위한 것이다.[486]

(2) 강제허락을 인정하지 아니하는 경우

다음의 경우에는 강제허락 승인신청을 기각한다. 기각하는 경우에는 그 사유를 명시하여 신청인과 저작재산권자에게 알려야 한다. 다만, 저작재산권자나 그의 거소를 알 수 없는 경우에는 신청인에게만 알린다(시행령 제22조).

1) 법 제50조부터 제52조까지의 규정에 따른 저작물 이용의 신청 요건을 갖추지 못한 경우

2) 저작물 이용의 승인 전에 저작재산권자나 그의 거소가 확인되었거나 협의가 성립된 경우

3) 저작재산권자가 저작물의 출판이나 그 밖의 이용에 제공되지 아니 하도록 저작물의 모든 복제물을 회수할 경우

4) 해당 저작물이 아니더라도 그 목적을 달성할 수 있다고 인정되거나 저작재산권자가 저작물의 이용을 허락할 수 없는 부득이한 사유가 있다고 인정될 경우

◈ 보상금의 공탁(시행령 제23조)

① 법 제50조부터 제52조까지의 규정에 따라 보상금을 공탁할 수 있는 경우는 다음 각 호와 같다.

1. 저작재산권자나 그의 거소를 알 수 없는 경우
2. 저작재산권자가 보상금 수령을 거부하거나 수령할 수 없는 경우
3. 해당 저작재산권자의 권리를 목적으로 하는 질권이 설정되어 있는 경우(저작재산권자가 해당 질권을 가진 자의 승낙을 받은 경우는 제외한다)

---

486) 허희성, 221면.

② 제1항에 따른 보상금의 공탁은 해당 저작재산권자의 주소가 대한민국 내에 있을 경우에는 해당 주소지의 관할 공탁소에, 그 밖의 경우에는 보상금을 공탁하는 자의 주소지의 관할 공탁소에 하여야 한다.

③ 제1항 제2호 및 제3호에 따라 보상금을 공탁한 자는 그 사실을 공탁물을 수령할 자에게 알려야 한다.

④ 제1항 제1호에 따라 보상금을 공탁한 자는 그 사실을 문화체육관광부령으로 정하는 바에 따라 공고하여야 한다.

Ⅳ. 저작권의 시적 한계

1. 서 설

소유권의 항구성과는 달리 저작권은 일정한 시적 한계를 가지고 있다. 이것은 저작권이 열등한 권리이기 때문에서가 아니라 실정법의 산물인 저작권의 특수성에서 기인한 것이다. 어떤 나라건 저작권법을 제정할 때에는 공공의 이익과 저작자의 이익을 조화시키려고 노력한다. 그 하나의 표현이 저작권의 시적 한계이다.

오늘날 일반적으로 저작자 생존 중 및 사후 50년까지 보호하는 것이 저작권 보호기간으로 되어 있고 베른협약이 채택하는 바이다. 이에 대해 UCC는 저작자 사후 25년으로 되어 있다. 저작권의 보호기간을 저작자의 생존과 연계시킨 것은 저작자나 그의 가족이 모두 저작재산권으로부터 일정한 이익을 받아야 하며, 또한 그의 가족은 저작자 사후 책임지고 또 저작자가 원했던 방법으로 저작자 인격권을 행사하여야 할 입장에 있다는 것이 그 이유이다.

베른협약은 대략 3세대(저작자, 아들, 손자)를 겨냥했고, UCC는 2세대의 보호로 그쳤다. 역사적으로 볼 때 1709년 영국 앤 여왕법은 저작물 출간 후 14년 동안 보호했으며, 이는 특허보호기간과 동일했다. 다만, 저작자가 14년 경과 후에도 살아있다면 다시 14년간을 연장할 수 있었다. 그 후 저작권 보호기간은 서서히 그리고 점차 많은 나라에서 연장되었다.

최초의 출간 후 28년 동안 저작권을 보호하고 다시 28년간을 연장할 수 있다고 규정했던 미국법은 1976년 개정을 계기로 저작자 사후 50년으로 연장되었다.

한편 국제적으로 저작권법이 발효되기 시작한 후 각국의 법은 저작권 보호기간을 서로 다르게 규정하였다. 그리하여 어느 정도 호혜성을 유지하는 한편 자국 저작자의 이익을 꾀할 수 있는 보호기간의 연장을 장려하기 위하여 보호기간 비교의 법칙이 확립되었다.487)

보호기간 비교의 법칙의 효과는 보호가 요구된 국가에서 외국인 저작물에 허여된 보호기간은 저작물의 본국에서 허여된 기간보다 장기일 수는 없다는 것이다.488) 이것은 베른협약이 확립한 내국민대우의 원칙에 대한 중대한 예외이다. 그 결과 저작자 사후 50년의 보호기간을 주는 국가(예, 일본)와 그것을 상회하는 기간을 주는 국가, 예컨대 독일(사후 70년)과 사이에서, 전자의 저작물은 독일에서 70년의 국내보호기간이 아니고 저작자 사후 50년인 전자의 기간 동안만 보호를 받는다. 다만, 이 비교의 법칙은 강제적인 것이 아니다. 전술한 예에서 독일이 자국의 저작물을 보호하고 있는 기간(즉 70년)으로 일본의 저작물을 보호하는 것은 자유이다.

보호기간의 산정에 관해서는 사망시 기산주의와 공표시 기산주의가 있다. 사망시 기산주의가 원칙이나 저작자의 사망을 기준으로 하여 저작물의 보호기간을 기산할 수 없는 경우도 있다. 예컨대 무명 또는 가명(또는 필명)저작물로서 그 가명 또는 필명이 누구의 가명이나 필명인지 확실히 모르는 경우와 같은 경우이다. 만약 누구의 가명이나 필명인지 확실한 경우에는 사망시 기산주의를 취할 수 있음은 물론이다. 단체명의 저작물과 같은 경우도 저작자의 사망을 기준으로 기산하는 방법은 채택할 수 없다.

---

487) 베른협약 제7조 제8항: 어떤 경우에도 보호기간은 보호가 요구되는 동맹국의 법령이 정하는 바에 의한다. 다만, 그 국가의 법령에 별단의 정함이 없는 한 보호기간은 저작물의 본국에서 정하여진 보호기간을 초과하는 것은 아니다.

488) UCC도 대략 비슷한 원칙을 채택하고 있다. 이 원칙을 적용하기 위한 저작물 본국의 결정방법에 대하여 UCC는 다음과 같이 규정한다(동 협약 4조).

① 미발행 저작물이나 비체약국에서 발행된 저작물: 저작자의 국적 국가

② 2 이상의 체약국에서 발행된 저작물: 최초의 발행국가. 다만, 동시발행인 경우는 그 중 보호기간이 짧은 국가

2. 보호기간의 원칙

우리 저작권법은 저작재산권은 저작물의 창작시를 시기로 하여(법 10조 2항 참조) 원칙적으로 저작자 생존중 및 저작자 사후(공동저작물의 저작재산권은 맨 마지막으로 사망한 저작자의 사망 후) 70년간 존속한다고 규정한다(법 39조 참조). 보호기간의 계산방법에 대해서는 저작자가 사망한 다음 해부터 기산한다고 규정하고 있다(법 44조 참조). 예컨대 1997년 5월 5일에 사망・창작・공표의 사실이 있었다 하더라도 저작재산권의 보호기간은 1998년 1월 1일부터 기산한다.

♣ coffee break: 소니보노저작권기간연장법(Sonny-Bono Copyright Term Extension Act: CTEA)

2003년 1월 15일, Eldred v. Ashcroft 사건에서 미국연방대법원은 1998년에 제정된 저작권기간연장법이 합헌이라고 판시하였다(7:2). 미국은 지난 40년 동안 저작권 기간과 관련된 개정을 11차례나 하였다. CTEA는 자연인 저작물은 사후 70년까지, 직무저작물은 95년간 보호한다. 이 법률에 대해서 위헌소송을 제기한 원고들은 첫째 이 법이 "제한된 기간" 동안 지적재산권을 보호한다는 헌법상 규정에 위배되며, 둘째 언론의 자유를 규정한 제1차 수정헌법에 위반한다는 것이었다. 미국 연방대법원은 어느 주장도 받아들이지 않고, 합헌이라고 판시하였다. 대법원은 CTEA를 제정한 의회가 '한정된 기간'(limited times) 동안 저작자를 보호하라는 헌법상의 수권 범위를 벗어나지 않았다고 판정한 것이다. 1심과 항소심에서 모두 원고 패소로 결론이 났으므로 이러한 판결은 예상 못했던 것은 아니다. 그러나 반대론자들은 "죽은 사람은 70년이라는 기간 동안 보호받을 필요가 없다. 그러한 보호는 사상의 자유롭고 공정한 사용에 저해가 된다"고 주장한다. 어쨌든 이 법률을 통해서 미키마우스는 유사 이래 가장 오래 사는 생쥐가 되었다.

3. 보호기간의 특례

(1) 무명 또는 이명저작물 등의 보호기간(법 40조)

무명 또는 널리 알려지지 아니한 이명이 표시된 저작물의 저작재산권은 공표된 때부터 70년간 존속하되 그 기간 내에 ⅰ) 저작자의 실명 또는 널리 알려진 이명이 밝혀진 경우나, ii) 저작자의 실명등록이 있는 경우에는 저작자 사후 70년간 존속한다. 다만, 이 기간 내에 저작자가 사망한 지 70년이 경과하였다고 인정할 만한 정당한 사유가 발생한 경우에는 그 저작재산권은 저작자 사망 후 70년이 경과하였다고 인정되는 때에 소멸한 것으로 본다.

(2) 업무상 저작물의 보호기간(법 41조)

업무상 저작물의 저작재산권은 공표한 때부터 70년간 존속한다. 다만, 창작한 때부터 50년 이내에 공표되지 아니한 경우에는 창작한 때부터 70년간 존속한다.

(3) 영상저작물의 보호기간(법 42조)

영상저작물의 저작재산권은 공표한 때부터 70년간 존속한다. 다만, 창작한 때부터 50년 이내에 공표되지 아니한 경우에는 창작한 때부터 70년간 존속한다.

(4) 계속적 간행물 등의 공표시기(법 43조)

신문・잡지와 같은 정기간행물이나 백과사전과 같은 축차간행물의 공표시기는 매책・매호 또는 매회의 공표시를 공표시기로 보며, 수회에 걸쳐 동일 주제에 관한 논문을 발표하는 경우와 같이 일부분씩 순차적으로 공표하여 완성하는 저작물에 있어서는 최종부분이 공표된 때를 공표시기로 보되, 계속되어야 할 부분이 3년 이상 중단된 경우에는 그때까지 공표된 부분 중 맨 뒤의 부분이 공표된 때를 공표시기로 본다.

◈ 2013년 7월 1일 이후의 저작재산권 존속기간

개정 저작권법 부칙 제3조는 "이 법 시행 전에 종전의 규정에 따라 저작권, 그 밖에 이 법에 따라 보호되는 권리의 전부 또는 일부가 소멸하였거나 보호를 받지 못한 저작물 등에 대하여는 그 부분에 대하여 이 법을 적용하지 아니한다"고 규정한다. 따라서 2013년 7월 1일 현재 유효한 저작재산권은 저작자 사후 70년간 존속한다. 예컨대 1962년 사망한 저작자의 저작물은 2012년 12월 31일 소멸하므로 이 법 시행일 당시 소멸한 저작물로서 더 이상 권리보호를 받지 못한다. 그러나 1963년 사망한 자의 저작물은 종전 법대로라면 2013년 12월 31일 종료하나 이 법 시행으로 20년 연장되어 2033년 12월 31일까지 존속하게 된다. 결국 1963년 사망한 저작자부터는 이 법에 의해 사후 70년간의 보호를 받게 된다.

◈ 유상공유제도(domaine public payant)

유상공유제도란 보호기간이 만료되어 공유(public domain)로 된 저작물이라도 그 이용시 일정한 사용료를 징수하는 제도로서, 우리법에서는 채택하지 아니하였다. 유상공유제도는 이미 공유로 된 저작물로부터의 수입으로 생존하는 저작자 등을 도와주기 위한 회전체계이며, 사용료는 일종의 문화세이다. 프랑스는 재정법에서 규정하며, 튀니지모델법 제17장은 이의 모델을 보여주고 있다.

"이용자는 국가 민속저작물을 포함한 공유상태(domaine publique)의 저작물을 이용하거나 번안함으로써 발생하는 수익의 ( )%(일정률)를 주무관청에 지급하여야 한다. 징수된 금액은 다음의 목적을 위하여 쓰여진다. i) 저작자협회나 협동조합, 길드 등과 같은 저작자(및 실연가)의 이익을 위한 단체의 조성장려, ii) 민속저작물의 보호 및 보급."

[판례] 저작권의 존속기간이 끝났다고 본 예(대법원 2000.5.30.선고 98후843 판결)

'TOM & JERRY' 만화영상물이 1940년 만화영화에 상영되어 공연되었음을 알 수 있고, 1986.12.31. 법률 제3916호로 전문 개정되기 전의 저작권법 제33조에 의하면, 'TOM & JERRY' 만화영상물과 같이 회사가 저작자인 경우 그 존속기간은 공연한 날로부터 30년이므로, 결국 'TOM & JERRY'의 저작권은 이미 1970년 말에 그 존속기간이 만료되어 소멸되었다고 볼 것이므로, 저작권법 부칙(1995.12.6.) 제3조에 따른 회복저작물의 보호를 받지 못한다고 할 것이고, 또한 위 'TOM & JERRY'의 저작물은 세계저작권협약(UCC: Universal Copyright Convention)의 대한민국 내 발효일인 1987.10.1. 이전에 창작된 것이어서 위 1995.12.6. 법률 제5015호로 개정되기 전의 저작권법 제3조 제1항 단서에 의하여도 저작물로서의 보호대상이 되지 아니하므로, 등록상표가 위 'TOM & JERRY'를 모방하여 출원등록한 것이라고 하더라도 저작권을 침해한 것이라고 볼 수 없다.

제 8 절 저작인접권

〈관련조문: 저작권법 제64조 - 제90조〉

- 저작인접권
  - 통 칙
    - 제64조: 보호받는 실연 · 음반 · 방송
    - 제64조의2: 실연자 등의 추정
    - 제65조: 저작권과의 관계
  - 실연자의 권리
    - 제66조: 성명표시권
    - 제67조: 동일성유지권
    - 제68조: 실연자의 인격권의 일신전속성
    - 제69조: 복 제 권
    - 제70조: 배 포 권
    - 제71조: 대 여 권
    - 제72조: 공 연 권
    - 제73조: 방 송 권
    - 제74조: 전 송 권
    - 제75조: 방송사업자의 실연자에 대한 보상
    - 제76조:디지털음성송신사업자의 실연자에 대한 보상
    - 제76조의2: 판매용 음반을 사용하여 공연하는 자의 실연자에 대한 보상
    - 제77조: 공동실연자
  - 음반제작자의 권리
    - 제78조: 복 제 권
    - 제79조: 배 포 권
    - 제80조: 대 여 권
    - 제81조: 전 송 권
    - 제82조: 방송사업자의 음반제작자에 대한 보상
    - 제83조: 디지털음성송신사업자의 음반제작자에 대한 보상
    - 제83조의2: 판매용 음반을 사용하여 공연하는 자의 음반제작자에 대한 보상
  - 방송사업자의 권리
    - 제84조: 복 제 권
    - 제85조: 동시중계방송권
  - 보호기간
    - 제86조: 보호기간
  - 권리의 제한 · 양도 · 행사 등
    - 제87조: 저작인접권의 제한
    - 제88조: 저작인접권의 양도 · 행사 등
    - 제89조: 실연 · 음반 및 방송이용의 법정허락
    - 제90조: 저작인접권의 등록

Ⅰ. 서 언

음악이나 연극과 같이 문학적·예술적 저작물은 창작자 이외에도 이를 실연하고 녹음·방송 등 저작물의 전달에 기여하는 자가 관여하여 이들은 필요불가결한 동반관계를 유지한다. 실로 "실연자는 작곡이나 연극저작물의 운명을 결정하고, 녹음회사는 금방 사라져 버릴 감동을 영원하게 해주며, 방송기관은 거리의 장애를 없애준다."

이렇듯 저작물 창작자의 권리와는 성격이 다르지만 창작자의 이웃에 있는 — 인접해 있는 — 이들 보조자들에게도 정당한 이익을 보장해 줄 필요가 있다.

저작인접권(neighbouring rights)이란 이와 같이 저작권에 인접하는(이웃하는) 권리(certain rights called neighbouring on copyrights)라는 의미에서 붙여진 명칭이며, 실연자가 갖는 복제·방송 등의 각 독점권과 보상금청구권, 음반제작자가 갖는 복제·배포권 등 및 방송사업자 등에 대한 보상청구권, 그리고 방송사업자의 복제 및 동시중계방송권이 그것이다.

한편 이들 3자가 저작인접권으로 보호되기는 하지만 실연자의 권리는 특히 복제기술의 발달에 수반하는 실연자의 기술적 실업을 구제한다고 하는 생활보장적 목적이 강한 데 비해 음반제작자 및 방송사업자의 권리는 주로 독점적 이익의 확보에 의한 기업유지라고 하는 측면이 강조되고 있다.

* 구법하에서는 연주·가창·음반 등은 저작물로서 저작권으로 보호되었다. 이것은 당시의 일본법의 영향이다. 당초 일본법에는 이에 관한 규정이 없었으나 「도중헌운우위문」 사건을 계기로 하여 이들을 저작물로 보도록 법을 개정하였다. 현재는 일본도 저작인접권으로 보호함은 물론이다.

◈ 도중헌운우위문 사건(1914년)

이 사건은 「桃中軒雲右衛門」의 「낭화절(浪花節)」[489]을 음반으로 하여 판매하였던 바, 피고인이 그대로 무단복제하여 판매한 사건이다. 이 사건에서 일본 대심원(대법원)은 낭화절은 그 창의에 관계되는 음계곡절을 배합하여 독특한 성조에 의해

---

489) 三味線(일본 고유의 음악에 사용하는 세 개의 줄이 있는 현악기; 삼현금)을 반주로 하여 곡조를 붙여 노래하다가 이야기하다가 하는 노래의 한 가지. 내용은 무용담, 인정담 등이다.

연술한 것으로 저작물은 아니며, 저작물이 아닌 순간 음악을 녹음한 음반은 전혀 보호할 값어치가 없다고 하여 무죄를 선고하였다.

즉 실연은 저작물이 아니며, 음반을 제작한 음반업자에게는 어떠한 권리도 없다는 것이다. 당시의 일본 저작권법(명치 32년법)에서는 '연주·가창'을 저작물로 예시하고 있지는 않았다. 이 사건을 계기로 음반 무단복제 금지입법이 행하여졌지만 민법과 관련해서는 다음과 같이 주장되었다.

"음악이론에 구애되어 낭화절에 대한 저작권을 부정한 이론에도 승복할 수 없으나 그것보다도 권리침해가 없는 이상 이 같은 부정행위도 불법행위가 되지 않는다고 하는 근본이론이 반성되지 않으면 안 된다"(我妻榮=有泉亨, 民法 2 債權法, 一粒社, 1977, 411면).

이상의 비판을 받아 1925년 대학탕 사건을 계기로 일본 민법 제709조(불법행위규정)의 '권리침해'란 위법성이라고 해석하도록 되었다.

이상의 학설·판례의 이론을 받아들여 우리 민법 제750조는 "고의 또는 과실로 인한 위법행위로 타인에게 손해를 가한 자는 그 손해를 배상할 책임이 있다"고 규정한다.

阿部浩二 교수는 "그 후 대학탕 사건의 판결에서 보는 바와 같이 권리침해를 위법성 개념으로 치환해서 불법행위 성립요건을 본다면 운우위문사건도 민법의 영역 내에서 적어도 손해배상의 문제는 해결할 수 있었을 것"이라고 한다(「저작권과 그 주변」, 59면).

◈ 원 찬스(one chance) 주의[490]

인접권협약상의 인접권은 실연, 음반 및 방송 등이 이용목적에 따라 권리행사의 기회를 한번만 부여하는 것이므로 이를 "one chance system"이라고 하며, 이러한 '원 찬스 시스템'이란 용어를 처음으로 사용한 사람은 1969년 당시 일본문화청의 저작권 과장 加戶守行씨라고 한다. 加戶守行씨는 당시 일본 저작권법 전면 개정을 위한 국회심사시에 '인접권 협약상 최저한의 보호'란 너무 추상적인 것이므로 좀 구체적인 설명을 하라는 국회의원의 질의에 대하여 간단하게 말한다면 '원 찬스 시스템'이라고 답했다고 한다. 그 이래 加戶守行씨를 비롯 많은 일본 학자들은 이 용어를 사용하고 있다. 이렇듯 원 찬스 주의는 어느 이용에 대해서 허락을 준 경우(특정기회(찬스)에 권리행사한 경우)에는 그것에 수반해서 일정한 다른 이용에 대한 허락권은 잃는다라고 하는 입장이며, 일종의 권리소진, 허락의제라고 생각된다.[491]

490) 허희성, 「2007 신저작권법 축조개설」(하), 명문프리컴, 2007, 391면.
491) 半田正夫 외, 著作權法 콤멘탈(3), 勁草書房, 2009, 12면.

Ⅱ. 저작인접권의 주체와 객체

1. 주 체

저작인접권의 주체는 실연자, 음반제작자, 방송사업자이다. 실연자란 배우, 무용가, 가수 등 실연을 하는 자 및 실연을 지휘·연출 또는 감독하는 자를 말하며, 음반제작자란 음을 음반에 고정하는 데 있어 전체적으로 기획하고 책임을 지는 자를 말한다. 또 방송사업자란 방송을 업으로 하는 자를 말한다. 2011년 개정법은 저작자추정 등과 마찬가지 취지에서 실연자 등의 추정규정을 두고 있다(법 64조의2). 즉 "이 법에 따라 보호되는 실연·음반·방송과 관련하여 실연자, 음반제작자 또는 방송사업자로서의 실명 또는 널리 알려진 이명이 일반적인 방법으로 표시된 자는 실연자, 음반제작자 또는 방송사업자로서 그 실연·음반·방송에 대하여 각각 실연자의 권리, 음반제작자의 권리 또는 방송사업자의 권리를 가지는 것으로 추정한다"는 것이 그것이다.

◈ 외국인의 저작인접권 보호

1995년법으로 개정되기 전(즉 1996년 7월 1일 전)까지는 저작인접권은 음반제작자의 경우를 제외하고는 국내법에 의해서만 보호를 받아왔다. 우리나라가 「음반의 무단복제에 대한 음반제작자 보호를 위한 조약」에만 가입하였기 때문이다. 이에 반해 1995년 개정법은 '대한민국이 가입 또는 체결한 조약에 따라 보호되는 실연', '대한민국이 가입 또는 체결한 조약에 따라 보호되는 음반으로서 체약국 내에서 최초로 고정된 음반' 및 '이에 고정된 실연', '대한민국이 가입 또는 체결한 조약에 따라 보호되는 방송으로서 체약국의 국민인 방송사업자가 당해 체약국 내에 있는 방송설비로부터 행하는 방송' 및 '이러한 방송에 의하여 송신되는 실연'을 보호한다.

이러한 것들은 당시 우리가 인접권 보호에 관한 로마협약에 가입하지 않은 상태에서 WTO/TRIPs의 규정에 따라 내국민대우의 원칙을 모든 저작인접물에 적용하기 위한 것이다. 다만, WTO/TRIPs는 로마협약 제5조 제3항,[492] 제6조 제2

---

492) 음반의 보호에 있어서 최초의 고정요건 혹은 최초의 발행요건 중 하나만을 선택하고 다른 것을 배제할 수 있다는 내용이다. 최초의 고정요건을 배제하면 비회원국의 국민이 음반을 회원국내에서 최초로 고정한 경우에도 보호하지 않을 수 있다. 이에 비해 최초의 발행요건을 배제하면 비회원국의 국민이 음반을 회원국내에

항493)이 허용하는 예외조치를 선택할 수 있다고 규정한다(1조 3항 3문). 이에 따라 우리법은 위에서 본 바와 같이 발행기준을 배제하고 고정기준만을, 그리고 체약국의 방송설비로부터 행하여지는 방송만을 보호한다는 규정을 두었었다. 그러나 그 후 우리는 로마조약과 WPPT(WIPO실연음반조약)에 가입하였다. WPPT(WIPO실연음반조약)는 체약국의 국민을 음반제작자로 하는 음반은 어느 나라에서 그 음반을 고정하든 고정지를 불문하고 이를 보호할 것을 체약국의 의무로 규정하고 있어서 WPPT 가입을 위해서는 국내법을 정비할 필요가 생겼다. 따라서 체약국의 국민을 음반제작자로 하는 음반으로서 체약국 이외의 지역에서 최초로 고정된 음반도 우리 저작권법상 보호받는 음반의 하나로 추가하게 되었다. 이에 따라 종전에는 저작권관련조약 체약국인 A국 국민의 음반이 우리나라에서 보호받으려면 우리나라에 와서 음반을 고정하거나 A국을 포함한 조약 체약국에서 고정하여야 하였으나 현재는 A국 국민이 체약국이 아닌 다른 나라에 가서 음반을 고정하더라도 이를 보호하게 된다.

2. 객　　체

저작인접권의 보호의 객체는 실연・음반 및 방송이다. 다만 저작권법 제64조 제1항에 따라 보호되는 외국인의 실연・음반 및 방송이라도 그 외국에서 보호기간이 만료된 경우에는 이 법에 따른 보호기간을 인정하지 아니한다(법 64조 2항).

(1) 실　　연

실연이란 저작물을 연기・무용・연주・가창・구연・낭독 그 밖의 예능적 방법으로 표현하는 것(예컨대 쇼, 마술, 요술, 곡예, 만담, 흉내내기 등)을 말하며, 저작물이 아닌 것을 이와 유사한 방법으로 표현하는 것을 포함한다. 이러한 실연이 우리 저작권법의 보호를 받기 위해서는 다음의 어느 것인가에 해당하여야 한다(법 64조 1호).

1) 대한민국 국민(대한민국 법률에 의하여 설립된 법인 및 대한민국 내에 주된 사

서 최초로 발행한 경우에도 보호하지 않을 수 있다. 우리는 최초 고정요건만을 선택하였다.

493) 방송사업자의 보호에 있어서 방송사업자의 주사무소가 체약국 내에 있고, 체약국 내에 있는 송신기를 통해 송신되는 경우에만 보호한다고 선언할 수 있다는 규정이다.

무소가 있는 외국법인을 포함한다. 이하 같다)이 행하는 실연

2) 대한민국이 가입 또는 체결한 조약에 따라 보호되는 실연

3) 우리 저작권법상 저작인접권으로 보호되는 음반에 고정된 실연

4) 우리 저작권법상 저작인접권으로 보호되는 방송에 의하여 송신되는 실연(송신 전에 녹음 또는 녹화되어 있는 실연을 제외한다)

(2) 음 반

음반이란 음이 유형물에 고정된 것(음이 영상과 함께 고정된 것을 제외한다)을 말한다. 이러한 음반이 우리 저작권법상 보호를 받기 위해서는 다음의 어느 것인가에 해당하여야 한다.

1) 대한민국 국민을 음반제작자로 하는 음반

2) 음이 맨 처음 대한민국 내에서 고정된 음반

3) 대한민국이 가입 또는 체결한 조약에 따라 보호되는 음반으로서 체약국 내에서 최초로 고정된 음반

4) 대한민국이 가입 또는 체결한 조약에 따라 보호되는 음반으로서 체약국의 국민(당해 체약국의 법률에 따라 설립된 법인 및 당해 체약국 내에 주된 사무소가 있는 법인을 포함한다)을 음반제작자로 하는 음반

[판례] 가요반주기 사건 = 음을 고정시킨 컴퓨터 메모리칩이 음반에 해당하는지의 여부(서울민사지법 1995.6.23.선고 93가합47184 판결)

가. 저작권법 제61조 제4호는 "음반이라 함은 음이 유형물에 고정된 것을 말한다"고 규정하고 있는바, 컴퓨터 가요반주기에 내장된 컴퓨터 메모리칩은 불휘발성 롬(ROM)으로서, 미디어장비들과 음악의 입력(녹음), 출력(연주), 편집(수정 등), 악보인쇄까지도 할 수 있도록 만들어진 미디어소프트웨어를 컴퓨터와 연결하여 이를 일정한 프로그램에 따라 신호화된 음으로 입력하면 이 음은 컴퓨터용 언어인 기호로 번역되어 반도체로 만든 메모리칩에 입력되고 위 메모리칩이 컴퓨터의 중앙연산장치와 연결되어 있어 위 메모리칩에 입력된 음악자료가 음향출력장치를 통해 원음으로 재생되어 나오는 것임을 알 수 있으므로, 음이 저장된 위 메모리칩은 음을 전자적 방법으로 유형물에 고정시킨 것으로서 저작권법상의 음반에 해당한다.

나. 컴퓨터용 음악으로 편곡된 곡을 기계적으로 컴퓨터칩에 입력시켜 컴퓨터 가요반주기에 내장하여 판매한 자는 달리 편곡자로부터 편곡저작권을 양도받거

나 컴퓨터칩의 입력작용에 고도의 창작적 노력이 개입되어 컴퓨터칩에 입력된 음악이 위 편곡용 음악과 구별되는 독창성을 가졌음의 입증이 없는 한 컴퓨터칩의 제작자에 불과하여 저작인접권을 가지는 데 불과하다.

다. 전자적 방법으로 음이 내장된 메모리칩을 꺼내어 그 속에 입력되어 있는 컴퓨터용 기호를 다시 롬라이트를 사용하여 별도의 메모리칩에 입력시키는 방법, 가요반주기를 컴퓨터 장치에 연결시켜서 가요반주기를 작동하여 메모리칩에 입력되어 있는 음악기호가 컴퓨터에 전송되어 디스켓에 저장되고 이와 같이 저장된 자료를 롬라이트를 이용하여 별도의 메모리칩에 입력시키는 등으로 이루어지는 것도 음반의 복제에 해당한다.

(3) 방 송

방송이란 공중송신 중 공중이 동시에 수신하게 할 목적으로 음·영상 또는 음과 영상 등을 송신하는 것을 말한다. 이러한 방송이 우리 저작권법상의 보호를 받기 위해서는 다음의 어느 것인가에 해당하여야 한다.

1) 대한민국 국민인 방송사업자의 방송

2) 대한민국 내에 있는 방송설비로부터 행하여지는 방송

3) 대한민국이 가입 또는 체결한 조약에 따라 보호되는 방송으로서 체약국의 국민인 방송사업자가 당해 체약국 내에 있는 방송설비로부터 행하는 방송

[판례] 위성수신카드제조 사건(대법원 2009.10.29.선고 2007도10735 판결)[494]

원심 판시 위성방송서비스업체들의 소재국가들 및 우리나라는 베른협약 및 WTO, WTO/TRIPs 협정의 체약국이고, 베른 협약 제5조 제1항에서는 체약국의 저작권자가 다른 체약국 내에서 저작권의 보호를 받는다는 취지로 규정하고 있으며, 이 사건의 경우 피고인들이 국내에서 기술적 보호조치의 무력화 행위를 공모하고 제작·수출을 지시하였고, 실시간 전송 방식의 경우 피고인 甲이 컨트롤워드를 수신하였다가 다시 송신한 서버도 우리나라에 위치하고 있어, 베른 협약 제5조 제2항에 따라 저작권에 대한 보호의 범위와 그 구제방법은 우리나라 법률에 의하여야 할 것인데, 나아가 우리나라 「저작권법」 제3조 제1항에서는 우리나라가 가입한 체약국의 저작권을 보호대상으로 하고, 제61조 제3호 (다)목에서는 체약국에서 송신하는 방송을 보호대상으로 구체적으로 규정하고 있으므로, 이와 같이 베른 협약 및 WTO, WTO/TRIPs 협정의 체약국에 있는 이 사건 위성방송사업자들이 당해 체약국 내에 있는 방송설비로부터 행하는 방송은 우리나

494) 원심: 서울중앙지법 2007.11.22.선고 2007노73 판결.

라 「저작권법」의 보호대상에 해당한다.

Ⅲ. 저작인접권의 내용

1. 실연자의 권리

실연자도 인격적 권리와 재산적 권리 모두를 가지고 있다. 인격권 규정은 세계지적재산권기구 실연음반조약(WPPT)에의 가입을 전제로 2006년 개정에서 도입되었다. 다만 개정법은 WPPT와는 달리 청각 실연자에 한정하지 않고 모든 실연자에게 성명표시권과 동일성 유지권을 부여하였다. 이것은 청각 실연자와 시각 실연자를 굳이 차별할 필요가 없으며 독일, 일본, 프랑스 등도 이미 시청각을 불문하고 이를 인정하고 있는 점을 감안한 것이라고 할 수 있다.[495] 이하 차례로 살펴본다.

(1) 실연자의 인격권

1) 성명표시권 ① 실연자는 그의 실연 또는 실연의 복제물에 그의 실명 또는 이명을 표시할 권리를 가진다.

② 실연을 이용하는 자는 그 실연자의 특별한 의사표시가 없는 때에는 실연자가 그의 실명 또는 이명을 표시한 바에 따라 이를 표시하여야 한다. 다만, 실연의 성질이나 그 이용의 목적 및 형태 등에 비추어 부득이하다고 인정되는 경우에는 그러하지 아니하다.

[판례] 「칵테일 사랑」 사건 = 가수의 성명표시(서울민사지법 1995.1.18.고지 94카합9052 결정)

신청인은 위 「칵테일 사랑」, 「이젠 너를」, 「길을 묻는 연인들」이라는 노래의 가수로서, 피신청인이 신청인에게 위 세 곡의 가수가 신청인이라고 표시해주기로 약정하였다고 할 것이고, 가령 그것을 표시하기로 하는 명시적인 약정이 없었다 하더라도 가수는 음악저작물을 음성으로 표현하여 일반대중에게 전달

495) 심동섭, "개정 저작권법 해설," 「계간저작권」(제76호), 2006.12, 55면.

하는 사람으로서, 실제로 노래를 부른 가수의 이름을 표시하는 것이 음반업계의 관행이고, 특히 대중가요에 있어서는 일반대중이 어떤 노래를 그 가수의 이름과 함께 기억하는 것이 현실이므로, 피신청인이 위 세 곡이 수록된 음반을 출반할 경우에는 다른 약정이 없는 한 가수인 신청인의 성명을 표시해야 한다.[496]

2) 동일성유지권 　　실연자는 그의 실연의 내용과 형식의 동일성을 유지할 권리를 가진다. 다만, 실연의 성질이나 그 이용의 목적 및 형태 등에 비추어 부득이하다고 인정되는 경우에는 그러하지 아니한다.

종래 실연자 실연의 변경이라는 것은 생각하기 힘들었으나 최근 디지털 기기를 사용하여 인위적으로 가수의 실연 중 일부 음의 높낮이의 변경, 배우의 연기나 표정 변경을 시키는 경우가 용이하게 되었고, 이에 따라 동일성유지권을 인정할 필요가 생겼다. 다만 이러한 실연자의 인격권을 완전하게 행사할 경우 나타나는 부작용을 고려하여 실연의 성질이나 그 이용의 목적 및 형태 등에 비추어 부득이하다고 인정되는 경우에는 이를 제한할 수 있도록 하였다.

3) 실연자의 인격권의 일신전속성 　　실연자의 인격권은 실연자 일신에 전속한다.

(2) 재산적 권리

1) 복 제 권 　　실연자는 그의 실연을 복제할 권리를 가진다(법 69조). 실연자가 가지는 이 권리는 본인 스스로의 실연에만 미치고, 그 실연과 유사한 실연이 다른 사람에 의하여 행하여지고 또한 복제된 것에는 미치지 않는 점에서 저작권과는 구별된다.

[판례 1] '머피의 법칙' 사건(서울지법 1997.2.20.선고 96가단188973 판결)

원래의 가수가 아닌 자에 의하여 불리어진 노래가 광고에 사용된 경우, 원래의 곡과 혼동할 수 있을 정도로 유사하다는 등의 사정이 없는 한 당해 노래가 불리어졌다는 점만으로는 이에 대한 원곡의 실연자의 저작인접권이 침해되었다고 보기 어렵고, 오히려 이 사건 음악에 관한 저작인접권은 노래를 직접 부른 자가 보유하는 것이다.

---

496) 법상 성명표시권이 규정되어 있지 않았을 때 사건이다.

[판례2] '리메이크' 사건(서울중앙지방법원 2010.4.9.선고 2009가합66124 판결)
실연자의 저작인접권은 그의 실연 및 실연의 복제물에 한정된다 할 것이어서(저작권법 제66조), 피고 함○규가 이 사건 노래를 메들리 형태로 편곡하여 음반을 발매하고 실연하였다 하여 원고의 실연과 혼동될 수 있을 정도로 유사하다는 사정이 없는 한 이를 두고 원고의 저작인접권이 침해되었다고 보기는 어렵다.

한편, 실연자가 일단 영상저작물에 출연하여 실연이 당해 영상저작물 중에 녹음·녹화되어 버린 경우는 그 영상저작물의 이용에 관해서는 복제권을 주장할 수 없다(법 100조 3항 참조).

2) 배포권 및 대여권 실연자는 그의 실연의 복제물을 배포할 권리를 가진다(법 70조). 다만, 실연의 복제물이 실연자의 허락을 받아 판매 등의 방법으로 거래에 제공된 경우에는 그러하지 아니하다(법 70조 단서). 법 제70조 단서는 이른바 최초판매의 원칙을 선언한 것이다. 그러나 이러한 최초판매의 원칙에도 불구하고 실연자는 그의 실연이 녹음된 판매용 음반을 영리를 목적으로 대여할 권리를 가진다(법 71조). 다만, 1996년 7월 1일 이전에 개정법에 의하여 회복된 저작물 등이 고정된 판매용 음반을 취득한 경우에는 대여권의 제한을 받지 아니한다(1995년 12월 6일 부칙 4조 4항 참조).

3) 공 연 권 실연자는 그의 고정되지 아니한 실연을 공연할 권리를 가진다. 다만, 그 실연이 방송되는 실연인 경우에는 그러하지 아니하다. 즉 2006년법은 실연자의 생실연(生實演, Live 공연)에 대해 공연권을 신설하였다. 이것은 오늘날 생실연을 확성기나 멀티비전 등을 통하여 실연 장소 이외의 지역에 있는 공중에게 실시간으로 제공하는 행위(예컨대 세종문화회관에서 유명가수의 라이브 공연을 회관 밖에서 멀티비전을 통해 볼 수 있도록 하는 경우 등)에 대하여 새롭게 권리를 부여하여야 할 필요가 생겼고, 이에 따라 生實演에 대한 공연권을 새로이 부여하였다.[497]

4) 실연방송권 실연자는 그의 실연을 방송할 권리를 가진다(법 73조). 다만, 실연자의 허락을 받아 녹음된 실연에 대하여는 그러하지 아니하다. 따라서 실연자는 재방송에 대하여는 허락여부를 결정할 권리는 없다. 다만, 이 경우

497) 심동섭, "개정 저작권법 해설,"「계간저작권」(제76호), 2006. 12, 56면.

에 보상을 청구할 수 있느냐에 관하여는 견해가 나누이나,[498] 보상하는 것이 타당하다고 본다. 원래 이 부분은 이른바 원 찬스(one chance) 주의에 기초하여 입법한 것으로 보이므로 보상도 할 필요가 없다고도 볼 수 있으나 이 조항의 모델이 되었다고 보이는 일본저작권법 제94조는 보상을 하도록 규정하고 있다. 또 영상저작물의 경우에 특례가 있는 것은 복제권의 경우와 같다(법 100조 3항 참조).

◈ 일본 저작권법 제94조(방송을 위한 고정물 등에 의한 방송)

① 제92조 제1항에 규정하는 권리를 가지는 자가 그의 실연의 방송을 허락한 때에는 계약에 별도의 정함이 없는 한 당해 실연은 당해 허락에 관한 방송 이외에 다음에 게시하는 방송에서 방송할 수 있다.

1. 당해 허락을 얻은 방송사업자가 전조 제1항의 규정에 의하여 작성한 녹음물 또는 녹 화물을 사용하여 하는 방송
2. 당해 허락을 얻은 방송사업자로부터 그 자가 전조 제1항의 규정에 의하여 작성한 녹 음물 또는 녹화물의 제공을 받아서 하는 방송
3. 당해 허락을 얻은 방송사업자로부터 당해 허락에 관한 방송 프로그램의 공급을 받아 서 하는 방송(전호의 방송은 제외한다)

② 전항의 경우에 동항 각호에 게시하는 방송에서 실연이 방송된 때에는 당해 각호에 규정하는 방송사업자는 상당한 액의 보수를 당해 실연에 관한 제92조 제1항에 규정하는 권리를 가지는 자에게 지급하여야 한다.

5) 전송권 　　실연자는 그의 실연을 전송할 권리를 가진다(법 74조).

6) 음반의 2차사용료 청구권 　　음반이란 통상 개인용 또는 가정용으로 사용될 것을 예상하고 판매되고 있다. 그러므로 방송사업자 등이 이들 음반을 영업용으로 사용하는 것은 이 전제를 뛰어 넘은 '2차적 사용'이라고 할 수 있다.

이렇게 음반에 실린 실연이 공연·방송과 같이 2차적으로 사용되면 실연자는 생연주 등의 기회를 상실할 우려도 크므로 방송사업자 등이 실연이 녹음된 판매용음반을 사용하여 송신이나 공연하는 경우에는 그 실연자에게 상당한 보상을 하도록 규정하고 있다(법 75조 1항, 76조 1항, 76조의2 제1항).

---

498) 긍정: 황적인 외, 361면; 하용득, 279면. 반대: 허희성, 286면.

[판례] '현대백화점' 사건(서울고법 2013.11.28.선고 2013나2007545 판결)[499]

사실관계: 피고 주식회사 현대백화점은 2010.1.경부터 2011.12.경까지 케이티뮤직과 사이에 매장 음악 서비스 계약을 체결하고, 케이티뮤직으로부터 디지털 음원을 전송받아 피고가 운영하는 백화점 내 매장에서 틀어 놓았고, 원고 사단법인 한국음악실연자연합회와 사단법인 한국음반산업협회는 피고에게 공연 보상금을 청구하였다. 쟁점의 하나는 피고가 '판매용 음반'을 사용하여 공연한 것인지 여부이다.

법원의 판단: (가) 저작권법 제76조의2, 제82조의2가 규정하는 '판매용 음반'은 반드시 일반 공중을 대상으로 판매될 것을 예정한 '시판용 음반'에 국한된다고 할 수 없다. 따라서 특정 대상 또는 범위를 한정하여 판매된 음반을 비롯하여 어떠한 형태이든 판매를 통해 거래에 제공된 음반은 모두 이에 포함된다. 이를 반드시 저작권법 제29조 제2항의 '판매용 음반'과 동일한 개념으로 해석할 필요는 없다.

(나) 디지털 음원도 하드디스크와 같은 저장 매체에 저장되는 방식으로 고정되면 저작권법상 음반(저작권법 제2조 제5호)이라고 볼 수 있는바, 케이티뮤직이 음반제작자로부터 받은 디지털 음원은 데이터베이스에 저장되는 방식으로 고정되므로 저작권법상 '음반'에 해당한다. 또 케이티뮤직과 피고는 원고들에게 이러한 디지털 음원의 사용에 따라 디지털 음원 송신 보상금이라는 반대급부를 지급하고 있으므로 위 디지털 음원은 판매를 통해 거래에 제공된 '음반'으로 보아야 한다.

(다) 피고가 케이티뮤직으로부터 판매용 음반에 수록된 디지털 음원을 대가를 지급하고 스트리밍 방법으로 전송받으면 위 디지털 음원은 피고의 컴퓨터에 일시적으로 유형물로 고정되므로 판매용 음반인 점은 달라지지 않는다. 저작권법 제2조 제3호는 '공연'에 관하여 '저작물 또는 실연·음반·방송을 상연·연주·가창·구연·낭독·상영·재생 그 밖의 방법으로 공중에게 공개하는 것'으로 정의하고 있으므로 피고가 이러한 디지털 음원을 스트리밍 방식을 통하여 재생하는 방법으로 백화점 매장에 틀어 놓은 행위는 판매용 음반을 '사용'하여 '공연'한 행위에 해당한다.

다만, 실연자가 외국인인 경우에 그 외국에서 대한민국 국민인 실연자에게 이들 항의 규정에 의한 보상금을 인정하지 아니하는 때에는 그러하지 아니하다.[500] 또 이러한 2차적 사용료는 개개의 실연자가 청구할 수는 없으며 대한민

499) 제1심(서울중앙지법 2013.4.18.선고 2012가합536005 판결)은 이른바 스타벅스 사건의 대법원 판결의 취지에 따라 이 사건 음원은 '시판용 음반'이 아니라고 보았다.

500) 디지털송신사업자의 경우는 방송사업자와 달리 외국인에게도 보상을 하도록 하고 있다

국 내에서 실연을 업으로 하는 자로 구성된 단체로서 문화체육관광부장관이 지정하는 단체만이 보상을 청구할 수 있다(법 75조 2항, 76조 2항, 76조의2 제2항, 25조 5항).[501]

이러한 단체는 그 구성원이 아닐지라도 보상을 받을 권리를 가진 자로부터 신청이 있을 때에는 그 자를 위하여 그 권리행사를 거부할 수 없으며, 이 경우에 그 단체는 자기의 명의로 그 권리에 관한 재판상 또는 재판 외의 행위를 할 권한을 가진다(법 75조 2항, 76조 2항, 76조의2 제2항, 25조 6항). 또 단체가 보상권리자를 위하여 청구할 수 있는 보상금의 금액은 매년 그 단체와 방송사업자가 협의하여 정하며(법 75조 3항, 76조의2 제2항), 협의가 성립되지 아니하는 경우에 그 단체 또는 방송사업자는 대통령령으로 정하는 바에 따라 저작권법 제112조에 따른 한국저작권위원회에 조정을 신청할 수 있다(법 75조 4항, 76조의2 제2항).[502]

[판례] 「기독교방송」 사건 = 실연자에 대한 보상금 지급수준(서울지법 1999.7.30.선고 97가합44527 판결)[503]

1) 판매용 음반의 방송 사용에 대한 보상청구권을 규정한 저작권법 제65조 1항의 규정 취지는 녹음·재생 수단의 비상한 발달에 따라 실연자의 직접 실연을 대체하여 실연이 녹음된 음반의 사용이 일반화된 오늘날 음반의 2차 사용인 방송에 의하여 발생하는 실연자의 기계적 실업에 대한 보상이 필요하다는 고려와 음반의 사용으로 실연자에게 출연을 의뢰하지 않고도 많은 수익을 올리고 있는 방송 사업자는 그 수익의 일부를 실연자에게 환원하여야 한다는 고려에서 비롯된 것이고, 한편 같은 법 제68조 제1항의 규정취지는 판매용 음반이 방송에서 많이 사용된다면 그 판매량이 감소하여 음반 제작의 기회를 상실하기보다는 오히려 방송이 판매량을 향상시키는 역할도 하고 있는 점을 감안하여 음반제작자에게 저작인접권으로서의 방송권을 부정하는 대신 일반적으로 예정된 범위를 초과하여 사용한 데 대하여 방송사업자가 얻는 이익의 일부를 음반제작자에게 환원시키기 위한 것이다.

2) 방송사업자가 실연이 녹음된 판매용 음반이나 녹음된 판매용 음반을 사용하

[후술 7) 참조].

501) 현재는 '사단법인 한국음악실연자단체연합회'가 지정단체로 되어 있다.

502) 다만 디지털음성송신사업자의 실연자에 대한 보상에 대한 협의가 성립하지 아니하는 경우에는 문화체육관광부장관이 정하여 고시하는 금액을 지급한다[후술 7) 참조].

503) 자료: 저작권심의조정위원회, 「한국저작권판례집(5)」, 497면 이하.

여 방송하는 경우 그 실연자 또는 음반제작자에게 상당한 보상을 하여야 한다는 것은 당연한 요청이나 방송사업자가 방송에 제공된 모든 곡의 실연자 및 음반제작자를 찾아내어 일일이 보상해 준다거나 실연자 개개인 또는 음반제작자 개개인이 방송사업자 및 방송횟수를 일일이 추적하여 보상금을 청구한다는 것은 기술적으로나 경제적으로 불가능하다고 하는 점에 비추어 저작권법은 보상청구권의 행사자로 지정된 단체와 방송사업자 사이에 1차적으로 협의를 통하여 보상금을 정하도록 하고 있다.

3) 원고와 피고가 1990년경 이래로 수 차례의 협의 등을 거쳐 결정하여 온 보상금 지급 수준은 향후 보상금의 수액을 결정함에 있어 유력한 자료가 된다고 할 것인바, 종래의 경과에 의하면 원고와 피고는 보상금청구권이 인정되는 취지, 보상금액 산출의 현실적 어려움, 1차사용료가 지급되는 한국음악저작권협회의 관리곡 중에서 국내곡이 차지하는 비율 및 국내곡 중에서 원고들의 관리곡이 차지하는 비율 등 제반 사정을 고려하여야 한다는 공통의 이해하에 피고가 지급하여야 할 보상금을 1차 사용료의 70%의 수준으로 정한다는 내용으로 협의가 이루어져 왔다고 봄이 상당하다.

4) 현행 저작권법상의 규정 형식에 비추어 볼 때 실연자의 보상청구권과 음반제작자의 보상청구권은 별개의 권리로서 존재하는 것으로 해석되어야 할 것이므로, 이 사건 보상청구권에 관하여 단일한 보상이 이루어지고 이들 두 지정단체간에 합리적으로 분배함으로써 충족될 수 있는 권리라는 피고의 주장은 받아들일 수 없다.[504)]

◈ 직접분배의 원칙과 실행의 어려움

일괄적으로 징수된 사용료를 어떻게 적절하게 분배하느냐는 가장 중요한 문제이

---

504) 재판부가 1차사용료의 70%로 결정한 것은 판결문에 의하면 보상금청구권이 인정되는 취지, 보상금액 산출의 현실적 어려움, 1차사용료가 지급되는 한국음악저작권협회의 관리곡 중에서 국내곡이 차지하는 비율 및 국내곡 중에서 원고들의 관리곡이 차지하는 비율 등 제반 사정을 고려하여 판단한 듯하다. 그러나 실연자 쪽 70%, 음반제작자 쪽 70%로 하여 저작권자 측에 지급하는 1차사용료의 140%, 즉 인접권자를 저작권자보다 우위에 둔 조치는 선뜻 수긍하기 힘들다. 아주 조잡한 방법이지만 작사자와 작곡자가 포함된 저작권자 쪽과 실연자와 음반제작자가 포함된 저작인접권자 쪽을 동등하게 보고 인접권자 내에서도 두 기여자의 기여도를 동등하게 보아서 각각 50%로 인정하는 것도 한 방법일 터이지만 그러나 저작권자 쪽은 외국곡까지 관리하고 있고, 인접권자는 국내곡에 한하며, 그 비율이 재판부 인정으로는 국내곡은 72.4%라면 인접권자 전체에 대한 비율은 1차사용료의 72% 내외가 되는 것이 타당하지 않을까 한다. 특히 판매용음반과 관련된 저작권은 배타적 허락권이고 인접권자의 권리는 보상청구권이라는 채권이라면 이러한 성질도 전혀 도외시되어서는 안 될 것이다. 그런 의미에서 전체 70% 내에서 원고측(실연자단체와 음반협회)이 나누어 가지라는 피고의 주장도 크게 무리는 아니라고 본다.

다. 원칙적으로 실연자가 기여한 만큼 정확히 개별 실연자에게 분배하여야 할 것이다. 논자에 따라서는 실연자의 단체에 의한 일괄권리행사 시스템을 취한 점에 비추어 그 결과로서 2차사용료가 실연자 전체를 위하여 유효적절한 용도에 충당되는 것을 기대한 것이라고 본다.505)

그러나 기본적으로 이익분배라는 관점에서 상당부분은 기여정도에 따라 직접 분배되어야 한다.506) 법도 실연이 녹음된 판매용 음반을 사용하여 방송하는 경우에는 '그 실연자'에게 상당한 보상을 하여야 한다고 규정한다.507)

문제는 직접분배의 어려움이다. 즉 직접분배가 가능하기 위해서는 그 전제로서 개별 실연자의 기여도가 정확히 판별될 수 있어야 한다. 그러나 음악방송량과 분배대상 음악곡수의 방대성, 개별 권리자 확인의 어려움 등을 가지고 있다. 결국 정확한 직접분배란 거의 불가능하다고 보아야 할 것이다.508) 따라서 이에 대체하는 혹은 직접분배를 보완하는 수단이 강구되어야 한다.

먼저 2차사용료에 관한 로마협약 및 런던원칙에 대해서 살펴본다.

1) 로마협약 　　상업용 음반의 2차사용료에 대해서 로마협약은 다음과 같이 규정하고 있다.

제12조(음반의 2차적 사용) 판매 목적으로 발행된 음반 또는 이와 같은 음반의 복제물이 방송 또는 무엇이든 어떤 종류의 공중에의 전달에 직접 사용될 때에는 정당한 단일보수가 사용자로부터 실연자 또는 음반제작자 또는 이 양자에게 지급되어야 한다. 당사자간에 협정이 없을 때의 보수의 분배조건은 국내법령으로 정할 수 있다.

2) 「실연자 제권리의 국제적 보호에 관한 심포지엄」의 선언문 　　로마인접권협약 제12조의 실제적 설시에 대하여 주의깊게 검토한 결과 기본적 원칙을 지킴으로

---

505) 加戶守行, 「저작권법 축조강의」, 441면.

506) 동경고재: 2차사용료를 받을 권리가 상업용 음반에 수록된 실연과 관계없이 모든 실연자에게 귀속되어야 한다고 해석할 여지는 없다[1985.2.28. 판결, 昭和57년(ネ) 제1624호 2次使用料配分金・使用料配分金控訴事件].

507) 다만, 입법여하에 따라서는 혹은 실연자의 대부분으로 구성된 단체의 결정에 따라서는 생실연의 기회의 상실에 대한 보상이라는 측면에서는 '음반에 실연을 행한 자'가 아니라도 분배가 가능하다고 본다. 그러나 이 경우 직접분배는 곤란할 것이고, 실연자 전체에 대한 복지의 향상을 통한 간접적 분배에 의할 수밖에는 없다고 본다.

508) 불가능에 가깝다는 말은 현재의 2차사용료 총액을 기준으로 한 말이다. 즉 분배를 위해서 조사하는 데 사용료의 대부분이 들어간다면 조사의 의미가 전혀 없다. 한 번 조사로 여러 번 이용할 수 있다면 모르되 그 해 조사하면 그것으로 끝이므로 정확한 조사를 위한 비용지출은 경제적으로 보면 무모한 일이다.

또 수수료를 제외한 전액을 실연자단체 회원에게 전액 분배할 수도 없다. 전액의 분배란 권리자 전원을 회원 속에 포함하는 것을 전제로 하나 현실이 그러하지 않다는 것은 명백하다.

써 이를 달성할 수 있다고 확신한다. 우리는 로마인접권협약이 음반의 2차사용료를 개인분배 하느냐 포괄사용 하느냐의 문제에 대하여 규정하지 않은 것에 주목한다. 개인분배, 포괄적 사용 또는 실업보상의 어떤 규정도 허용되어 있다. 2차사용료의 적용에 대한 다른 자세는 각국간의 상호협정에 의하여 조화시킬 수 있다고 믿는다. 위 선언문의 배경에는 런던원칙이 있다.

3) 런던원칙 ① 징수단체의 당연한 노력에도 불구하고 권리자가 판명되지 않아 개개의 실연자에게 분배할 수 없을 때에는 그 음반사용료는 실연자 전체의 이익을 위하여 사용되어야 한다. 다만, 이 사용료를 받을 단체는 징수단체에 대하여 음반의 방송사용에 관한 개인으로부터의 클레임에 대하여 책임을 면하는 적절한 보증을 해주어야 한다.

② 필요한 정보가 없기 때문에 사용기간에 따른 개개의 실연자에게 분배할 수 없을 때에는 그 음반의 공개사용료는 실연자 전체의 이익을 위하여 사용되어야 한다. 다만, 이 사용료를 받을 단체는 징수단체에 대하여 음반의 공개사용에 관한 개인으로부터의 클레임에 대하여 책임을 면하는 적절한 보증을 해주어야 한다.

③ 음반의 방송사용 또는 공개연주에 대하여 실연자가 사용료를 받을 권리를 갖고, 또한 필요한 정보가 없기 때문에 또는 권리자를 판명하지 못하기 때문에 이 사용료를 개개의 실연자에게 분배할 수 없는 나라에서는 그 분배불능의 사용료는 그 발생국에 유보하여야 한다.

④ 일반적으로 각국에 대한 징수분배는 그 나라의 법률과 나라에서 인정한 단체의 규정에 의하여 관리되며, 또한 당사국에 송금되는 여하한 사용료의 분배는 그 나라의 법률과 그 나라에서 인정한 단체의 규정에 의하여 관리되어야 한다.

* IFPI(국제음반협회)와 FIM(국제음악가동맹)은 1969년 소위 런던원칙에 동의하여 직접분배방식을 채택하였더라도 간접분배방식도 인정하여 잔여분을 장학금, 실연자미망인 연금 또는 실연자의 실업보조금 등 실연자의 복지에 쓸 수 있도록 합의한 바 있다.[509]

[판례] 「레코딩 뮤지션 협회」 사건 = 실연자의 보상청구권 행사(서울지법 동부지원 1997.10.15.선고 95가단16616 판결)

1) 저작권법은 판매용 음반의 방송 사용에 대한 보상의 필요성과 보상방법상의 문제점을 해결하기 위한 방안으로 보상청구권의 귀속주체와 보상청구권의 행사자를 분리하여, 실연 방송으로 인하여 발생하는 보상청구권의 행사자는 실연을 업으로 하는 단체로서 문화관광부장관이 지정하는 단체이어야 한다고 규정하고 있다.

2) 보상청구권 행사 단체인 한국예술실연자단체 연합회의 「실연자의 저작인접권 처리에 관한 업무규정」 및 「판매용음반 보상금 분배규정」에 의하면, 실연자

509) 자세한 것은 윤희창, 「변화하는 실연자와 음반제작자 위상」, 1992, 한국예술실연자단체연합회, 17면 참조.

단체만이 회원이 될 수 있고 보상금의 분배도 실연자의 단체별로 하도록 되어 있다. 따라서 실연자들이 실연의 방송에 대한 보상을 받는 방법은 1차적으로 위 법 소정의 단체를 조직하거나 또는 피고의 회원인 단체의 구성원으로 가입하여 그 단체의 규약이 정하는 바에 따라 보상금의 분배 등 보상의 이익을 향유하는 것이다. 피고 소속 회원 단체의 구성원이 직접 피고를 상대로 보상금의 분배를 청구하는 것은 허용될 수 없다.

3) 피고의 이러한 업무규정이 실연자의 보상청구권에 관한 저작권법의 취지에 반한다거나 사회질서에 위배되어 무효라고 볼 수 없다.

7) 디지털음성송신사업자에 관한 특례　　디지털음성송신사업자가 실연이 녹음된 음반을 사용하여 송신하는 경우에는 상당한 보상금을 그 실연자에게 지급하여야 한다(법 76조). 또 외국인 실연자의 방송보상청구권은 상호주의에 따라 인정하도록 하였으나 디지털음성송신은 인터넷을 기반으로 하고 국경을 초월하여 송신된다는 점을 감안하여 상호주의 적용을 배제하고 내외국인을 불문하고 보상하도록 하였다. 보상청구권은 지정단체가 일괄하여 수령하며, 보상금의 금액은 매년 지정단체와 디지털음성송신사업자가 대통령령이 정하는 기간[510] 내에 협의하여 정하되, 협의가 성립되지 아니한 경우에는 문화체육관광부장관이 정하여 고시하는 금액을 지급한다(법 76조 4항).

8) 공동실연자의 권리행사의 특칙(법 77조)　　① 2인 이상이 공동으로 합창・합주 또는 연극 등을 실연하는 경우에 있어서 실연자의 권리(실연자의 인격권은 제외한다)는 공동으로 실연하는 자가 선출하는 대표자가 이를 행사한다. 다만, 대표자의 선출이 없는 경우에는 지휘자 또는 연출자 등이 이를 행사한다.

② 실연자가 권리를 행사하는 경우에 독창 또는 독주가 함께 실연된 때에는 독창자 또는 독주자의 동의를 얻어야 한다.

③ 저작권법 제15조의 규정[511]은 공동실연자의 인격권 행사에 관하여

---

510) 시행령 제39조(실연자에 대한 디지털음성송신보상금 관련 협의 기간) 법 제76조 제3항에서 "대통령령이 정하는 기간"이란 매년 1월 1일부터 6월 30일까지의 기간을 말한다.

511) 저작권법 제15조(공동저작물의 저작인격권) ① 공동저작물의 저작인격권은 저작자 전원의 합의에 의하지 아니하고는 이를 행사할 수 없다. 이 경우 각 저작자는 신의에 반하여 합의의 성립을 방해할 수 없다.

② 공동저작물의 저작자는 그들 중에서 저작인격권을 대표하여 행사할 수 있는 자를 정할 수 있다.

준용한다.

2. 음반제작자의 권리

"음반제작자"는 음을 음반에 고정하는 데 있어 전체적으로 기획하고 책임을 지는 자를 말한다.

> [판례] 故 김광석 사건(1)(서울중앙지법 2006.10.10.선고 2003가합66177 판결)
> 저작권법상의 음반제작자는 음반제작자로서의 저작인접권을 자신에게 귀속시킬 의사로 유형물인 음반에 음을 맨 처음 고정한 자인바, 가수가 음반에 수록될 곡을 직접 선정하고 스스로 비용을 지출하여 녹음 작업 및 편집 과정을 거쳐 음반의 마스터테이프를 제작한 점 등에 비추어 볼 때 위 음반의 음반제작자는 각 곡의 음원을 유형물인 음반에 고정하는 주된 작업을 직접 담당한 가수라고 할 것이다.

음반제작자는 다음과 같은 권리를 가지고 있다.[512]

(1) 복 제 권

음반제작자는 그 음반을 복제할 권리를 가진다(법 78조).

---

③ 제2항의 규정에 따라 권리를 대표하여 행사하는 자의 대표권에 가하여진 제한이 있을 때에 그 제한은 선의의 제3자에게 대항할 수 없다.

512)

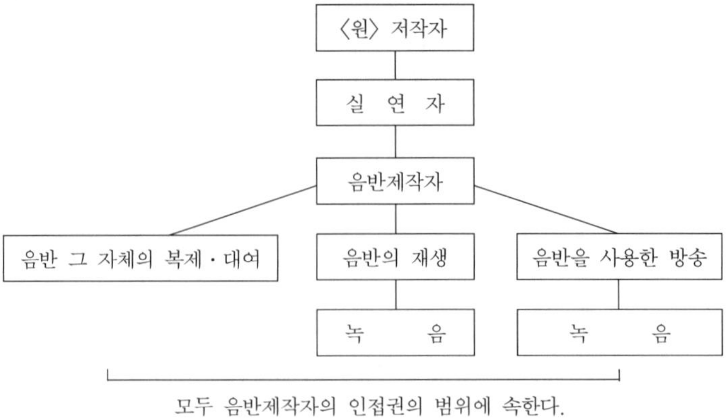

[판례 1] 음반 및 비디오에 관한 법률상 음반제작자의 의미(대법원 1986.10.14.선고 86도1340 판결)

음반에 관한 법률 제3조 제1항에 규정된 '음반을 판매 또는 배포의 목적으로 제작하고자 하는 자'라 함은 음반을 불특정 또는 다수인에게 유상으로 양도하거나 무상으로 교부할 목적으로 제작하고자 하는 자를 뜻한다고 풀이하여야 할 것이고 어느 특정인으로부터 특정한 음반의 제작을 의뢰받아 이를 제작하여 의뢰자에게 유상으로 교부하기로 약속하였을 뿐, 그 음반을 의뢰자 이외의 제3자에게 교부할 의사는 없었던 것과 같은 경우에는, 불특정다수인에게 판매할 목적으로 음반을 제작하였다고 볼 수 없다.

[판례 2] 벅스 형사사건(서울중앙지법 2006.2.15.선고 2005노480 판결)513)

HTTP 방식에 의한 서비스의 경우 이용자들이 노래듣기를 선택하면 피고인 벅스 주식회사 측의 서버에서 전송된 해당 곡의 컴퓨터압축파일(asf파일)이 이용자 컴퓨터의 하드디스크의 임시폴더에 다운로드되어 재생되는데, 이와 같이 임시폴더에 다운로드 된 파일은 미리 설정된 위 임시폴더의 사용공간이 다 채워지기 전에는 삭제되지 않고 위 임시폴더에 저장된 상태로 계속 남아 있게 되는 사실을 인정할 수 있다. 그렇다면, 피고인 벅스 주식회사가 한 HTTP 방식에 의한 서비스의 경우에는 이용자가 별도로 복제행위를 하는지의 여부와 관계없이 위 피고인들의 위 HTTP 방식에 의한 서비스 자체만으로도 해당 곡의 음원파일에 대하여 저작권법 제2조 제14호 소정의 복제가 이루어졌다고 할 것이므로, 위 피고인들의 주장은 이유 없다.

(2) 배포권 및 대여권

음반제작자는 그의 음반을 배포할 권리를 가진다(법 79조). 다만, 음반의 복제물이 음반제작자의 허락을 받아 판매 등의 방법으로 거래에 제공된 경우에는 그러하지 아니하다. 최초판매의 원칙의 선언이며, 이 원칙에 대한 예외로서 대여권을 인정한다(법 80조). 즉 음반제작자는 제79조의 단서의 규정에 불구하고 판매용 음반을 영리를 목적으로 대여할 권리를 가진다. 다만, 1996년 7월 1일 선에 개정법에 의하여 회복된 저작물 등이 고정된 판매용 음반을 취득한 경우에는 대여권의 제한을 받지 아니한다.

---

513) 제1심: 서울중앙지법 2005.1.27.선고 2003고단6560 등 판결.

(3) 전 송 권

음반제작자는 그의 음반을 전송할 권리를 가진다(법 81조).

(4) 음반의 2차적 사용자에 대한 보상청구권

1) 방송사업자 방송사업자가 판매용 음반을 사용하여 방송하는 경우에는 그 음반제작자에게 상당한 보상을 하여야 한다(법 82조 1항). 다만, 음반제작자가 외국인인 경우에 그 외국에서 대한민국 국민인 음반제작자에게 보상금을 인정하지 아니하는 때에는 그러하지 아니하다.

또 이러한 2차적 사용료는 개개의 음반제작자가 청구할 수는 없으며 대한민국 내에서 음반제작을 업으로 하는 자로 구성된 단체로서 문화체육관광부장관이 지정하는 단체만이 보상을 청구할 수 있다(법 82조 2항, 25조 5항).[514]

이러한 단체는 그 구성원이 아닐지라도 보상을 받을 권리를 가진 자로부터 신청이 있을 때에는 그 자를 위하여 그 권리행사를 거부할 수 없으며, 이 경우에 그 단체는 자기의 명의로 그 권리에 관한 재판상 또는 재판 외의 행위를 할 권한을 가진다(법 82조 2항, 25조 6항).

2) 디지털음성송신사업자 디지털음성송신사업자가 음반을 사용하여 송신하는 경우에는 상당한 보상금을 그 음반제작자에게 지급하여야 한다(법 83조).

저작권법 제25조 제5항 내지 제9항 및 제76조 제3항・제4항의 규정은 디지털음성송신사업자의 음반제작자에 대한 보상금의 지급 및 금액 등에 관하여 준용한다(법 83조 2항).

3) 판매용 음반을 사용하여 공연하는 자 판매용 음반을 사용하여 공연을 하는 자는 상당한 보상금을 해당 음반제작자에게 지급하여야 한다. 다만, 음반제작자가 외국인인 경우에 그 외국에서 대한민국 국민인 음반제작자에게 보상금을 인정하지 아니하는 때에는 그러하지 아니하다(법 83조의2 제1항). 또 저작권법 제25조 제5항부터 제9항까지 및 제76조 제3항・제4항은 제1항에 따른 보상금의 지급 및 금액 등에 관하여 준용한다(법 83조 제2항).

---

514) 현재는 '사단법인 한국음원제작자협회'가 지정단체로 되어 있다.

3. 방송사업자의 권리

방송사업자는 그의 방송을 복제할 권리를 가지며(법 84조), 그의 방송을 동시중계방송할 권리를 가진다(법 85조). 방송사업자는 공중의 접근이 가능한 장소에서 방송의 시청과 관련하여 입장료를 받는 경우에 그 방송을 공연할 권리를 가진다(법 85조의2).

[판례] '유선방송 재송신' 사건(서울고등법원 2011.7.20.선고 2010나97688 판결)

사실관계: 피고들인 종합유선방송사업자가 지상파 방송사업자들이 송신탑을 통해 공중에 송출하는 디지털지상파방송의 방송신호를 피고들이 설치한 안테나 등으로 수신한 후, 실시간으로 방송신호를 직접 또는 디지털 유선방송용 셋톱박스(Set-top Box)를 거쳐 자신들의 방송 권역에 있는 수신자가 보유한 텔레비전에 재송신하자 지상파 방송사업자들은 자신들의 동시중계방송권을 침해하는 행위로서 피고들의 동시재송신 금지를 구하였다. 피고들은 자신들의 동시재송신 행위는 방송법에 의해 허용되었고, 수신자들의 정당한 수신행위를 보조하는 '수신보조행위'에 불과하여 원고들의 저작인접권을 침해하지 않는다고 항변하였다.

법원의 판단: 피고들이 근거로 삼는 방송법 제78조는 그 문언대로 교육방송 등 특정 지상파방송에 대하여 유선종합방송사업자 등의 재송신 의무를 규정하고 이 경우에만 저작권법상 동시중계방송권 침해 책임을 면제한다는 의미에 해당하는 것이지, 나머지 지상파방송의 동시재송신의 적법여부는 방송법이 아닌 저작권법의 적용을 받는다고 하였다.

또한 피고들의 방송수신 보조행위 주장에 대하여, 피고들은 가입자를 상대로 일정한 이용료를 지급받으며, 지상파 방송만의 재전송을 위한 상품은 마련하지 않은 사실 등 지상파 재송신을 통해 상당한 경제적 이익을 얻고 있는 사실 등을 고려할 때 사회통념상 단순히 수신의 영역에 머무르면서 가입자인 수신자의 수신을 보조하는 행위에 불과하다고 볼 수는 없다.

◈ 참고: '방송영상프로그램 제작 스태프 표준계약서' 마련[515]

문화체육관광부는 2014년 8월 28일, 방송 산업의 지속 가능한 발전과 공정하고 건전한 방송 산업 생태계 조성을 위해 「콘텐츠산업진흥법」 제25조에 의거, '방송영상프로그램 제작 스태프 표준계약서' 3종[516]을 마련해 발표했다.

---

515) 이하 모두 문화체육관광부 발표자료에 의함(http://www.mcst.go.kr/search/search.jsp?keyword=%ED%91%9C%EC%A4%80%EA%B3%84%EC%95%BD%EC%84%9C).

516) ① 방송영상프로그램 제작 스태프 표준근로계약서, ② 방송영상프로그램 제작 스태프

이 표준계약서에서는 방송영상프로그램 제작을 위한 방송사 · 제작사의 인적 · 물적 자원 제공 의무와 방송프로그램 제작에 필요한 스태프의 서비스 제공 의무를 명시했으며, 저작권법에 따라 제작 스태프 권리 보호와 방송사 · 제작사의 영상저작물 이용 권리 규정을 명확히 했다. 또한 제작 스태프에 대한 4대 보험 가입을 의무화했으며, 연장 근로 대가 및 휴게 시간 등을 보장하는 규정을 포함하고 제작 스태프의 생명, 신체, 건강에 대한 보호 의무 등을 명시했다.

Ⅳ. 보호기간

1. 권리 발생

저작인접권은 다음 경우에 해당하는 때부터 발생하며, 어떠한 절차나 형식의 이행을 필요로 하지 아니한다(법 86조 1항).[517]

1) 실연에 있어서는 그 실연을 한 때
2) 음반에 있어서는 그 음을 맨 처음 그 음반에 고정한 때
3) 방송에 있어서는 그 방송을 한 때

2. 보호기간

저작인접권은 다음 각 호의 어느 하나에 해당하는 때의 다음 해부터 기산하여 70년(방송의 경우에는 50년)간 존속한다(법 86조 2항).

1. 실연의 경우에는 그 실연을 한 때. 다만, 실연을 한 때부터 50년 이내에 실연이 고정된 음반이 발행된 경우에는 음반을 발행한 때

2. 음반의 경우에는 그 음반을 발행[518]한 때. 다만, 음을 음반에 맨 처음 고정

표준하도급계약서, ③ 방송영상프로그램 제작 스태프 표준업무위탁계약서.

517) 제64조 제2항 및 제86조의 개정규정은 2013년 8월 1일부터 시행한다(부칙 1조).

518) "발행"은 저작물 또는 음반을 공중의 수요를 충족시키기 위하여 복제 · 배포하는 것을 말한다(저작권법 2조 24호). 개정법은 구법과 달리 음반제작자의 보호 시기(始期)는 음반을 "고정한 때"를 기준으로, 보호기간의 기산점은 음반을 "발행한 때"를 기준으로 하여 달리 규정되게 되었다. 이것은 WPPT 제17조는 음반을 발행한 때를 기산점으로 정하고 있어 동 조약 가입을 전제로 할 때 현행 저작권법의 고정 기준을 발행 기준으로 변경할

한 때의 다음 해부터 기산하여 50년이 경과한 때까지 음반을 발행하지 아니한 경우에는 음을 음반에 맨 처음 고정한 때

3. 방송의 경우에는 그 방송을 한 때

한편 1987년법 시행일 이전에 공표된 연주·가창·연출·음반 또는 녹음필름 등은 구법(저작자 사망 후 30년)에 의한다(법 부칙 2조 2항 1호).

또한 2011년 제2차 개정법은 부칙 제4조에서 저작인접권 보호기간의 특례를 규정하고 있다.

① 부칙 제3조[519]에도 불구하고 법률 제8101호 저작권법 전부개정법률 부칙 제2조 제3항의 개정규정에 따라 1987년 7월 1일부터 1994년 6월 30일 사이에 발생한 저작인접권은 1994년 7월 1일 시행된 법률 제4717호 저작권법 중 개정법률(이하 이 조에서 "같은 법"이라 한다) 제70조의 개정규정에 따라 그 발생한 때의 다음 해부터 기산하여 50년간 존속한다.

② 같은 법 부칙 제3항에 따라 1987년 7월 1일부터 1994년 6월 30일 사이에 발생한 저작인접권 중 이 법 시행 전에 종전 법(법률 제4717호 저작권법 중 개정법률 시행 전의 저작권법을 말한다. 이하 이 조에서 같다)에 따른 보호기간 20년이 경과되어 소멸된 저작인접권은 이 법 시행일부터 회복되어 저작인접권자에게 귀속된다. 이 경우 그 저작인접권은 처음 발생한 때의 다음 해부터 기산하여 50년간 존속하는 것으로 하여 보호되었더라면 인정되었을 보호기간의 잔여기간 동안 존속한다.

필요가 제기되었다.

예컨대 음반제작자가 2010년 11월에 음악을 마스터테이프 등에 녹음(고정)하여 가지고 있다가 2015년에야 대외에 발행했다고 가정하는 경우 종전의 규정에 따르면 음반제작자의 권리는 고정과 동시에 발생하고(2010.11월), 그 보호기간은 고정한 다음해부터 기산해서 50년 후인 2060년 12월 31일까지이다. 그러나 새 규정에 따르면 고정과 동시에 권리는 발생하기는 하지만 보호기간은 발행일(2015년) 다음해인 2016년부터 기산해서 50년간이므로 2065년 12월 31일까지가 된다. 이에 비해 실연자의 경우는 종전과 같으므로 어느 경우라도 2010년 11월 권리가 발생하고, 2060년 12월 31일까지 보호기간이 존속한다(심동섭, "개정 저작권법 해설," 「계간 저작권」(제76호), 2006.12, 58면).

519) 부칙 제3조(적용 범위에 관한 경과조치) 이 법 시행 전에 종전의 규정에 따라 저작권, 그 밖에 이 법에 따라 보호되는 권리의 전부 또는 일부가 소멸하였거나 보호를 받지 못한 저작물 등에 대하여는 그 부분에 대하여 이 법을 적용하지 아니한다.

③ 제2항에 따라 저작인접권이 회복된 실연 · 음반 · 방송을 이 법 시행 전에 이용한 행위는 이 법에서 정한 권리의 침해로 보지 아니한다.

④ 제2항에 따른 저작인접권이 종전 법에 따라 소멸된 후에 해당 실연 · 음반 · 방송을 이용하여 이 법 시행 전에 제작한 복제물은 이 법 시행 후 2년 동안 저작인접권자의 허락 없이 계속 배포할 수 있다.

3. 상호주의의 적용

저작권법 제64조 제1항에 따라 보호되는 외국인의 실연 · 음반 및 방송이라도 그 외국에서 보호기간이 만료된 경우에는 이 법에 따른 보호기간을 인정하지 아니한다(법 64조 2항). 즉 우리가 당해 외국인의 본국보다 당해 외국인에 대해서 장기의 보호를 할 필요도 없고, 또 우리 국민도 당해 국가에서는 우리 법보다 짧은 기간의 보호만을 받을 것이므로 상호주의를 선언한 것이다.

Ⅴ. 권리의 제한 · 양도 · 행사 · 소멸

저작인접권은 저작물의 이용과 관련된 권리로서 사회성을 가지므로 저작권이 제한되는 경우에 준해서 제한되며, 또 그 양도 · 행사 등에 대해서도 저작권에 준해서 취급되고 있다.

즉 저작인접권의 제한에 대해서는 재판절차 등에서의 복제(법 23조), 정치적 연설 등의 이용(법 24조), 학교교육목적 등에의 이용(법 25조), 시사보도를 위한 이용(법 26조), 시사적인 기사 및 논설의 복제 등(법 27조), 인용(법 28조), 비영리 공연 · 방송(법 29조), 사적 이용(법 30조), 도서관 등에서의 복제(법 31조), 시험문제로서의 복제(법 32조), 시각장애인 등을 위한 복제 등(법 33조 2항), 방송사업자나 디지털음성송신사업자의 일시적 녹음 · 녹화(법 34조, 87조 2항)[520], 이용과정

520) 2009년 개정에서 저작권법 제87조 제2항이 신설되었다(② 디지털음성송신사업자는 제76조 제1항 및 제83조 제1항에 따라 실연이 녹음된 음반을 사용하여 송신하는 경우에는 자체의 수단으로 실연이 녹음된 음반을 일시적으로 복제할 수 있다. 이 경우 복제물의 보존기간에 관하여는 제34조 제2항을 준용한다).

에서의 일시적 복제(법 35조의2), 공정이용(법 35조의3), 번역 등에 의한 이용(법 36조) 및 출처의 명시(법 37조)의 저작권 제한에 관한 규정이 준용되며(법 87조), 저작재산권의 양도에 대한 규정(법 45조 1항)은 저작인접권의 양도에, 저작물의 이용허락에 관한 규정(법 46조)은 실연·음반 또는 방송의 이용허락에, 저작재산권을 목적으로 하는 질권의 행사에 관한 규정(법 47조)은 저작인접권을 목적으로 하는 질권의 행사에, 저작재산권의 소멸에 관한 규정(법 49조)은 저작인접권의 소멸에 관하여 각각 이를 준용하며, 실연·음반 또는 방송의 배타적 발행권의 설정 등에 관하여는 제57조부터 제62조까지의 규정을 각각 준용한다(법 88조). 또 저작물 이용의 법정허락제도(법 50조 내지 52조)도 저작인접권의 법정허락에 준용된다(법 89조).

더 나아가서 저작인접권, 배타적 발행권의 등록(법 53조 준용), 저작인접권 등의 양도 및 저작인접권 등을 목적으로 하는 질권의 득실변경(법 54조 준용) 등록절차(법 55조 준용) 등에 관해서는 저작권과 동일한 취지에서 등록제도가 마련되어 있다(법 90조 참조).

[판례] 故 김광석 사건(서울중앙지법 2006.10.10.선고 2003가합66177 판결)

저작권법 제52조 제1호에 의하면 저작재산권의 양도 또는 처분제한에 관한 사항은 이를 등록하지 아니하면 제3자에게 대항할 수 없는바, 여기서 제3자는 권리변동에 관계한 당사자와 그 권리·의무의 포괄승계자를 제외한 사람으로서 권리변동에 관계한 당사자의 법률상 지위와 양립할 수 없는 법률상 지위를 취득하는 등 등록의 흠결을 주장하는 데 대하여 정당한 이익을 가지는 사람을 의미하고, 위 규정의 취지에 비추어 제3자가 저작재산권 양도인의 배임행위를 알고 이에 적극 가담하는 등의 사정으로 인해 양수인으로 하여금 등록의 흠결을 이유로 그에게 대항하지 못하게 하는 것이 신의칙에 반하는 경우 그 제3자는 저작권법 제52조에서 정한 저작재산권의 변동을 등록하지 않으면 대항할 수 없는 제3자에 포함되지 않는다고 보아야 하고, 따라서 저작재산권의 양도를 등록하지 않은 양수인도 위 제3자에게 저작재산권의 양도를 대항할 수 있다.

Ⅵ. 저작권과의 관계

저작인접권에 관한 규정은 저작권에 영향을 미치는 것으로 해석되어서는 아니 된다(법 65조). 이는 2차적 저작물(법 5조 2항)이나 편집저작물(법 6조 2항)에 관한 규정과 마찬가지로 당연한 사리를 밝힌 것이다.

[판례] 벅스뮤직 사건(서울지법 2003.9.30.고지 2003카합2114 결정)

저작권법 제62조*는 실연, 음반, 방송의 이용은 필연적으로 저작물의 이용을 수반하므로 이때 저작인접권자의 허락뿐만 아니라 저작권자의 허락도 필요하다는 것을 주의적으로 규정한 것일 뿐 저작권자의 의사와 무관하게 저작인접권자의 권리를 행사할 수 없다는 취지는 아니므로 저작인접권자는 음악저작물의 저작권자, 실연자의 의사와 무관하게 자신의 권리를 행사할 수 있다.

* 현행법 제65조.

제9절 제 작 자

〈관련조문: 저작권법 제78조~제83조의2, 제91조~제98조, 제99조~제101조, 콘텐츠산업진흥법 제37조〉

음반제작자	저작권법 제3장 제3절 (제78조~제83조의2)
데이터베이스제작자	저작권법 제4장 (제91조~제98조)
영상제작자의 권리	저작권법 제5장 (제99조~제101조)
콘텐츠제작자	콘텐츠산업진흥법 제37조

Ⅰ. 서 설

저작권법은 저작자를 보호하는 법이다. 즉 창작을 보호하는 법이다. 그러나 오늘날 창작 못지않게 중요한 것이 투자이다. 저작권법이나 저작권법에 인접하는 법에는 이러한 투자를 보호하는 규정이 적지 않게 산재한다. 이미 살펴본 음반제작자의 권리도 그 중 하나이다. 그 밖에도 다음과 같은 것들이 있다.

1) 데이터베이스제작자 데이터베이스의 제작 또는 그 소재의 갱신・

검증 또는 보충(이하 "갱신 등"이라 한다)에 인적 또는 물적으로 상당한 투자를 한 자를 말한다.

2) 영상제작자 영상저작물의 제작에 있어 그 전체를 기획하고 책임을 가진 자를 말한다.

3) 콘텐츠제작자 콘텐츠의 제작에 있어 그 과정의 전체를 기획하고 책임을 지는 자(이 자로부터 적법하게 그 지위를 양수한 자를 포함한다)를 말한다.

이 중 영상제작자 보호 규정은 1987년 저작권법부터 있었던 것이고, 데이터베이스제작자 보호는 2003년 개정법에서 신설된 규정이다. 또 콘텐츠제작자는 2010년 제정된 콘텐츠산업진흥법에서 신설된 것이다.

음반제작자에 대해서는 이미 살펴보았으므로 이하에서는 데이터베이스제작자와 영상제작자, 콘텐츠제작자의 보호에 대해서 살펴보기로 한다.

Ⅱ. 데이터베이스제작자

1. 서 설

데이터베이스를 편집저작물로 보호하려면 그 소재의 선택과 배열에 창작성이 있어야 한다. 그러므로 아무리 자본을 투자하여 데이터베이스를 구축하여도 그 소재의 선택과 배열에 창작성이 없으면 보호받지 못한다.[521] 이는 미국의 Feist 판결에서 본 바와 같다. 그러나 가나다순으로 되어 있는 인명별 전화번호부 같은 것도 필요하다는 것은 누구나 공감하는 바이다. 그런데 이러한 데이터베이스를 작성하여도 법의 보호를 받지 못하고 도용에 대해서 속수무책이라면

---

521) 많은 편집물에 있어서 정보를 수집하는 행위는 모아진 정보를 배열하는 행위보다도 훨씬 노력과 시간을 필요로 한다. 배열은 흔히 기능이나 표준적 실천에 의해 규정되어 있기 때문이다. 개인적 창작성은 검색 시스템에 가장 잘 보존되어 있다. 보호를 요하는 것은 데이터의 배열이 아니고, 데이터의 수집이 아니면 안 된다. 그래서 창작성을 데이터베이스의 보호요건으로 하는 저작권법은 보호할 가치가 있는 유용한 데이터베이스의 많은 부분을 보호할 수 없다고 하는 점에서 過小이며, 표준화되는 것이 공공의 이익에 합치하는 체계나 포맷도 보호하게 된다는 점에서 過大라는 지적도 있다(梅谷眞人, 「データベースの法的保護」, 信山社, 1999, 61-62면).

어느 누구도 이러한 데이터베이스를 만들려고 하지 않을 것이다. 여기에서 이러한 소재의 선택과 배열에 창작성이 없는 데이터베이스도 보호하여 이에 대한 투자를 유도할 필요가 있다. 이러한 관점에서 2003년 개정법은 데이터베이스제작자의 보호 규정을 신설하였다.

종래 창작성 없는 데이터베이스제작자를 보호하기 위한 방법으로는 물권적인 보호방법과 부정경쟁방지적 보호방법이 있다고 알려졌다. 유럽의 EU지침 및 회원국 각국의 법이 채택한 방법이 물권적인 보호방법이라면, 미국에서 제안되고 있는 법안은 대체적으로 부정경쟁방지적인 방법을 채택한다. 2003년 개정법은 EU와 마찬가지로 물권적인 보호방법을 채택하였다.

◈ 참고: 데이터베이스 보호를 위한 EU 지침

우리법의 모범이 된 것은 EU의 데이터베이스 지침이다. 동 지침은 1996년 3월 11일 구주의회를 통과하였고, 이에 따라 EU 각국은 1998년 1월 1일까지 법령을 정비하여야 한다. 그 주된 내용은 다음과 같다.

① 데이터베이스에 관하여, 데이터베이스를 구성하는 데이터의 전부 또는 실질적 부분(substantial part)을 추출하는 것과 이것의 재이용을 금지하는 권리를 데이터베이스 작성자에게 부여한다.[522)]

② 그 권리의 존속기간은 15년이다.

③ 그 권리는 독자적 권리(sui generis right)이며 저작권이 아니다. 그 보호의 목적은 데이터베이스 작성에 관련된 투자를 보호하기 위한 것이다.

2. 보호받는 데이터베이스

(1) 주　체

데이터베이스의 제작 또는 그 소재의 갱신·검증 또는 보충(이하 "갱신 등"이라 한다)에 인적 또는 물적으로 상당한 투자를 한 자로서 다음 각호의 1에 해당하는 자의 데이터베이스는 이 법에 의한 보호를 받는다(법 91조).

522) 추출이라 함은 데이터베이스의 전부 또는 실질적인 부분을 기타 매체에 어떤 수단이나 형태로 영구적이거나 일시적으로 이동시키는 것을 말하며, 재이용이란 사본 유포, 온라인 전송이나 기타 유형의 전송에 의하여 데이터베이스 내용의 전부 또는 실질적인 부분을 대중에게 공개하는 모든 형식을 말한다.

1. 대한민국 국민
2. 데이터베이스의 보호와 관련하여 대한민국이 가입 또는 체결한 조약에 따라 보호되는 외국인. 다만 외국인의 본국에서 대한민국 국민의 데이터베이스를 보호하지 아니하는 경우에는 그에 상응하게 조약 및 이 법에 의한 보호를 제한할 수 있다.

또 i) 데이터베이스의 제작·갱신 등 또는 운영에 이용되는 컴퓨터프로그램, ii) 무선 또는 유선통신을 기술적으로 가능하게 하기 위하여 제작되거나 갱신 등이 되는 데이터베이스에 대하여는 저작권법 제4장 규정을 적용하지 아니한다(법 92조).

(2) 객 체

데이터베이스란 소재를 체계적으로 배열 또는 구성한 편집물로서 그 소재를 개별적으로 접근 또는 검색할 수 있도록 한 것을 말한다(법 2조 19호). 보호받을 수 있는 데이터베이스는 전자적 데이터베이스에 한하지 않고 모든 형태의 데이터베이스가 해당된다.

3. 데이터베이스제작자의 권리

1) 데이터베이스제작자는 당해 데이터베이스의 전부 또는 상당한 부분을 복제·배포·방송 또는 전송(이하 이 조에서 "복제 등"이라 한다)할 권리를 가진다.

2) 데이터베이스와 데이터베이스를 구성하는 개별 데이터(소재)와는 별개의 문제이므로 데이터베이스를 보호한다는 것이 데이터베이스를 구성하는 개별소재를 보호하는 것으로 되는 것도 아니며(법 93조 4항), 데이터베이스의 보호는 데이터베이스의 구성부분이 되는 소재의 저작권 그 밖에 이 법에 의하여 보호되는 권리에 영향을 미치는 것도 아니다(법 93조 3항). 또 데이터베이스의 개별소재는 당해 데이터베이스의 상당한 부분으로 간주되지 아니한다. 다만, 데이터베이스의 개별 소재 또는 그 상당한 부분에 이르지 못하는 부분의 복제 등이라 하더라도 반복적이거나 특정한 목적을 위하여 체계적으로 함으로써 당해 데이터베이스의 통상적인 이용과 충돌하거나 데이터베이스제작자의 이익을 부당하게 해치는 경우에는 당해 데이터베이스의 상당한 부분의 복제 등으로 본다(법

93조 2항 단서).

4. 데이터베이스제작자의 권리제한

저작권법 제23조・제28조 내지 제34조・제35조의2, 제35조의3, 제36조 및 제37조의 규정은 데이터베이스제작자의 권리의 목적이 되는 데이터베이스의 이용에 관하여 이를 준용한다. 이 경우 "저작물"은 이를 "데이터베이스"로 본다.

또 i) 교육・학술 또는 연구를 위하여 이용하는 경우(다만, 영리를 목적으로 하는 경우에는 그러하지 아니하다), ii) 시사보도를 위하여 이용하는 경우에는 누구든지 데이터베이스의 전부 또는 그 상당한 부분을 복제・배포・방송 또는 전송할 수 있다. 다만, 당해 데이터베이스의 통상적인 이용과 저촉되는 경우에는 그러하지 아니하다(법 94조 2항).

5. 보호기간

1) 데이터베이스제작자의 권리는 데이터베이스의 제작을 완료한 때부터 발생하며, 그 다음 해부터 기산하여 5년간 존속한다(법 95조 1항).

2) 데이터베이스의 갱신 등을 위하여 인적 또는 물적으로 상당한 투자가 이루어진 경우에 당해 부분에 대한 데이터베이스제작자의 권리는 그 갱신 등을 한 때부터 발생하며, 그 다음 해부터 기산하여 5년간 존속한다(법 95조 2항).

6. 데이터베이스제작자의 권리의 양도・행사 등

저작권법 제20조 단서 규정은 데이터베이스의 거래제공에, 제45조 제1항의 규정은 데이터베이스제작자의 권리의 양도에, 제46조의 규정은 데이터베이스의 이용허락에, 제47조의 규정은 데이터베이스제작자의 권리를 목적으로 하는 질권의 행사에, 제48조의 규정은 공동데이터베이스의 데이터베이스제작자의 권리행사에, 제49조의 규정은 데이터베이스제작자의 권리의 소멸에 각각 이를 준용하며, 데이터베이스의 배타적 발행권의 설정 등에 관하여는 제57조부터 제62조까지의 규정을 각각 준용한다(법 96조).

7. 데이터베이스 이용의 법정허락

저작권법 제50조 및 제51조의 규정은 데이터베이스의 이용에 관하여 이를 준용한다.

8. 데이터베이스제작자의 권리의 등록

저작권법 제53조 내지 제55조의 규정은 데이터베이스제작자의 권리 및 데이터베이스제작자의 권리의 배타적 발행권의 등록에 관하여 이를 준용한다. 이 경우 제55조 중 "저작권등록부"는 "데이터베이스제작자권리등록부"로 본다.

9. 데이터베이스제작자 보호와 콘텐츠제작자의 보호

데이터베이스도 콘텐츠임에는 틀림이 없고, 그러한 한 상당한 투자를 한 데이터베이스 제작자는 대부분 상당한 노력을 하여 콘텐츠를 제작한 자의 지위를 겸하게 된다. 그러나 콘텐츠산업진흥법 제4조 제2항은 "콘텐츠제작자가 「저작권법」의 보호를 받는 경우에는 같은 법을 이 법에 우선하여 적용한다"고 규정한다. 따라서 저작권법의 보호를 받는 데이터베이스제작자는 일차적으로 저작권법이 적용되며, 콘텐츠산업진흥법은 보충적으로만 적용될 뿐이다. 또 콘텐츠산업진흥법의 보호를 받으려면 "상당한 노력으로 제작하여 대통령령으로 정하는 방법에 따라 콘텐츠 또는 그 포장에 제작연월일, 제작자명 및 이 법에 따라 보호받는다는 사실을 표시"하여야 한다.

Ⅲ. 영상제작자

(1) 영상저작물에 관한 특례규정의 취지

영상저작물은 종합예술로서, 그 창작에는 원작자, 시나리오 작가, 감독, 배우, 촬영기사, 장치, 의상담당자 등이 관여하여 각각 창작적 기여를 하고 있을 뿐 아니라 그 전체를 기획하고 책임을 가진 자, 즉 영상저작물의 제작자가 별도로 존재한다. 그런데 영상저작물의 창작과정에 실제로 관여한 자들이 모두 저작자로서 각각 권리를 행사하게 되면 영상물제작자는 영상저작물을 원활히 유통시킬 수 없게 되므로 이들 사이의 권리관계를 명확히 해둘 필요가 있다. 이러한 이유로 현행법은 특례를 규정하고 있다.

[판례 1] 뮤지컬제작자도 영상물제작자인지 여부(대법원 2005.10.4.고지 2004마639 결정)

뮤지컬 자체는 연극저작물의 일종으로서 영상저작물과는 그 성격을 근본적으로 달리하기 때문에 영상물제작자에 관한 저작권법상의 특례규정이 뮤지컬 제작자에게 적용될 여지가 없으므로 뮤지컬의 제작 전체를 기획하고 책임지는 뮤지컬 제작자라도 그가 뮤지컬의 완성에 창작적으로 기여한 바가 없는 이상 독자적인 저작권자라고 볼 수 없으며, 뮤지컬의 연기자, 연출자 등은 해당 뮤지컬에 관여한 실연자로서 그의 실연 자체에 대한 복제권 및 방송권 등 저작인접권을 가질 뿐이다.

[판례 2] 자본 투자자도 영상물제작자인지 여부(이른바 '두사부일체' 사건: 서울고법 2008.7.22.선고 2007나67809 판결)

사실관계: 영화제작과 관련하여 갑이 15억 원을 투자하고, 비용의 집행, 투자의 유치, 판권거래 등을 담당하며, 을이 영화의 제작 일체를 담당하기로 약정하면서 수익은 60:40으로 분배하기로 하였고, 영화의 크레딧에 '갑을 공동제작'으로 표시되었다.

법원의 판단: 저작권법이 규정하고 있는 영상제작자는 영상저작물 자체의 창작과정을 기획하고 책임을 지는 자만을 의미하는 것으로 좁게 해석할 수는 없고, 그 외 영상저작물의 제작을 위하여 직접 투자를 하거나 다른 투자자를 유치하고 영상저작물의 제작과 관련된 제반 사무처리 및 회계업무를 담당하는 등 영상저작물의 제작과 관련된 사무적인 업무를 전체적으로 기획하고 책임을 진 자 역시 전체 영상제작에 기여한 정도에 따라 영상제작자에 포함될 수 있다. 갑도 을도 모두 영상물제작자이다(공동제작자).

(2) 저작물 영상화의 허락

1) 소재저작물의 저작재산권자와 영상저작물 제작자와의 관계　　영상저작물은 풍경영화나 기록영화와 같이 기존의 저작물을 전제로 하지 아니하고 창작되는 경우도 있으나 일반적으로 기존의 저작물을 바탕으로 하여 이를 영상제작한 2차적 저작물이 대부분이다. 따라서 기존의 저작물을 영상화하기 위하여

는 원저작물의 저작자로부터 그 권리를 양도받거나 이용허락을 받아야 하며, 또한 이와 같이 만들어진 영상저작물의 이용시에도 원저작물의 저작자의 권리가 그대로 미치게 되므로(법 5조 2항 참조) 그의 동의가 필요하다. 그러나 그렇게 되면 영상저작물의 원활한 이용이 곤란하게 된다. 이에 법은 제99조 제1항을 두어 "영상저작물의 제작을 위한 편의와 이용의 편의를 도모한 것이다."[523] 영상화의 대상이 되는 저작물에는 제한이 없다.[524]

[판례] '영화음악' 사건(서울중앙지법 2013.5.23.선고 2012가합512054 판결)

저작권법 제99조 제1항의 저작물을 어문 저작물로만 한정하여 해석할 아무런 근거가 없는 점, 저작권법 제100조는 음악 저작물도 소설, 각본 등의 어문 저작물과 마찬가지로 영상화의 대상이 됨을 전제로 하고 있는 점, 저작권법 제99조 제1항의 저작물의 범위를 어문 저작물로만 한정하고 음악 저작물을 제외하게 된다면 영화의 제작 단계에서 개별 저작권자들로부터 이용 허락을 받았다고 하더라도 그 상영을 위하여 별도로 모든 저작권자들의 허락을 받아야 하는 문제가 발생하므로 영상 저작물에 대하여 종합예술로서 특성을 살리고 그 이용의 원활을 기하고자 하는 입법 취지가 크게 훼손되는 점을 고려하여 보면 저작권법 제99조 제1항의 저작물에는 음악 저작물도 포함된다.

아울러 저작권법 제99조 제1항은 음악 저작물이 영화의 주제곡이나 배경음악 그 밖의 모든 형태로든 영상화된 경우 그 적용이 있다.

2) 영상화허락의 범위 ① 저작물의 저작자가 영상화를 허락한 경우 그 영상저작물의 이용에 관하여 어느 범위까지 허락한 것인지 불분명한 경우가 많고, 또한 영상저작물의 유통을 원활히 할 필요가 있으므로 법은 특례규정, 즉 특약이 없는 때에는 다음의 권리를 포함하여 허락한 것으로 추정한다(법 99조 1항).[525]

i) 영상저작물을 제작하기 위하여 저작물을 각색하는 것

ii) 공개상영을 목적으로 한 영상저작물을 공개상영하는 것

---

523) 허희성, 「2011 신저작권법축조개설」(하), 명문프리컴, 2011, 489면.

524) 이에 대해 영상화와 영화제작에의 이용을 다른 개념으로 보고 영상화의 대상이 되는 저작물을 어문저작물에 한정하는 견해가 있다(박성호, 「저작권법」, 480면). 이러한 어문저작물 한정설을 취하는 견해는 "영상화 또는 영상제작이란 2차적 저작물의 작성을 의미하는 것이라고 이해하여야 할 것"이라고 한다.

525) 2003년 개정법에서 간주를 추정으로 변경하였다.

iii) 방송을 목적으로 한 영상저작물을 방송하는 것. 본호에 의해 방송을 목적으로 한 영상저작물은 방송에만 이용할 수 있으며, 그 이외의 방법인 복제・배포・공개상영은 할 수 없다.[526] 아울러 당초 방송 이외의 이용목적을 위하여 제작한 영상저작물을 방송할 수도 없다. 이를 위해서는 별도의 허락을 필요로 한다.[527]

iv) 전송을 목적으로 한 영상저작물을 전송하는 것

v) 영상저작물을 그 본래의 목적으로 복제・배포하는 것

vi) 영상저작물의 번역물을 그 영상저작물과 같은 방법으로 이용하는 것. 제5호는 영상저작물을 외국에서 이용하는 경우를 대비하여 둔 규정이다.

② 이 규정은 특약이 없는 경우에 보충적으로 적용되는 해석규정이다.

[판례 1] 「인샬라」 사건(서울고법 1998.4.7.고지 98라14 결정)

저작자가 자신의 소설에 대한 판권료 1억원을 지급받으면서 그 소설에 대한 영상화 및 영상으로 표현되는 모든 저작물에 대한 권리와 2차적 저작물(게임, CD-ROM, LD 캐릭터 상품, 음반저작물 등)을 제작・이용・배급할 권리 및 영상화된 작품을 비디오, 지상방송, 유선방송, 위성방송에 제작 또는 이용하고, 이를 국내외에 배급, 판매할 독점적 권리를 양도하였다면, 그 양수인으로부터 순차적으로 권리를 승계한 피신청인의 비디오 복제 및 판매행위는 적법하다.

[판례 2] 영화 「블랙잭」 사건(서울고법 1998.4.21.고지 97라179 결정)

1) 저작자로부터 영화 시나리오를 매수하면서 그 대금을 영화촬영 작업에 들어가기 전에 모두 지급하기로 약정하였음에도 그 중 일부만을 지급한 상태에서 별도의 촬영승낙을 받지 아니한 채 영화제작자에게 영화촬영을 의뢰하고 그 영화제작자는 촬영승낙이 없었다는 것을 알면서도 영화를 제작하여 극장 상영과 비디오를 배포까지 완료하였다면 저작자는 시나리오에 관한 저작권 침해행위의 정지를 청구할 수 있다.

2) 국내 극장 상연과 비디오물의 배포까지 완료된 상태에서 향후 저작권침해에 따른 신청인의 손해가 현저히 확대되거나 저작권침해의 급박한 위난이 발생할 사정이 있다고 보기에 부족하고, 가처분을 하게 될 경우 피신청인들이 입게 될 손해가 오히려 크다면 가처분을 하여야 할 필요성이 없다.

---

526) 이에 대해서는 대법원 1985.5.28.고지 84다카2514 결정 참조[본장 제12절 Ⅰ.2.(1).2)].

527) 同旨: 김문환 외, 「지적재산권법」, 857면.

[판례 3] '영화음악' 사건(서울중앙지법 2013.5.23.선고 2012가합512054 판결)
공연권이 인정된다고 하더라도 공연사용료는 지급하여야 한다는 주장에 대하여 법원은 "만일 저작권법 제99조 제1항에 의하여 음악저작물의 공연을 허락한다고 하면서도 그에 대하여 별도의 사용료를 다시 지급해야 한다면 사용료의 액수에 따라 사실상 영화의 상영(음악저작물의 공연)이 불가능할 수도 있는데, 이는 저작권법 제99조 제1항의 취지를 몰각하는 것이어서 받아들일 수 없다"고 판단하였다.

3) 영상화의 재허락 저작재산권자는 그 저작물의 영상화를 허락한 경우에 특약이 없는 때에는 허락한 날로부터 5년이 경과한 때에 그 저작물을 다른 영상물로 영상화하는 것을 허락할 수 있다(법 99조 2항). 이는 역으로 5년간의 독점적 이용을 보장한 것이고, 그 취지는 영상저작물의 제작에 투입된 자본의 회수를 용이하게 하기 위한 것이다. 이 규정 역시 임의규정이므로 특약으로 재허락기간을 조정할 수 있음은 물론이다.

(3) 영상저작물의 저작권 등의 귀속관계

1) 영상저작물의 저작자 영상저작물의 제작에는 많은 이해관계인이 참여한다 함은 기술(旣述)하였다. 이들 이해관계인 중에서 누가 저작권자인가. 미국은 대체로 제작자를 영상저작물의 저작권자로 보며, 프랑스는 반증이 없는 한 시나리오 작가, 각색자, 대사의 저작자, 시청각적 저작물을 위하여 특별히 작곡된 곡(가사유무 불문)의 저작자, 감독을 공동저작자로 추정하며(동법 113조의7 제2항), 일본은 원저작자, 시나리오 작가 및 영화 중에 사용하는 음악저작물·미술저작물 등의 저작자 등 고전적 저작자(classical authors) 혹은 소재저작물의 저작자와 영화감독, 프로듀서, 촬영감독 및 미술감독 등 현대적 저작자(modern authors)로 나눈 후 현대적 저작자를 영상저작물의 저작자라 한다(동법 16조). 이에 대해 우리 법은 영상저작물의 저작자가 누구이냐에 대하여는 법상 명문의 규정은 없다. 다만, 법 제100조 제1항은 "영상저작물의 제작에 협력할 것을 약정한 자가 그 영상저작물에 대하여 저작권을 취득한 경우에는 그 영상저작물의 이용을 위하여 필요한 권리는 영상제작자에게 양도된 것으로 본다"고 규정하고 있어, 영상저작물의 제작에 협력할 것을 약정한 자가 저작자가 될 수 있음을 간접적으로 시사하고 있다.

그러면 영상저작물의 제작에 협력할 것을 약정한 자는 누구인가. 이는 다른 저작물에서와 마찬가지로 저작권법의 일반원칙에 따라 구체적으로 저작물을 창작한 자가 누구인가(법 2조 2호 참조)에 의하여 저작자를 결정하여야 한다. 즉 이해관계인들 중 "누가 영상저작물을 창작한 자인가" 또는 "누구를 영상저작물을 창작한 자로 볼 것인가" 하는 해석상의 문제로 귀착하는 것이다. 일반적으로는 영상저작물 그 자체의 전체적 형성에 창작적으로 기여한 자, 즉 감독, 프로듀서, 미술감독, 촬영감독 등 독립한 분야의 감독, 필름편집자 등이 공동저작자로 된다고 해석되나 실연감독에 관한 한 우리 법은 실연자로 보고 있으므로(법 2조 4호) 이 경우는 실연자로서의 지위도 아울러 가진다고 할 것이다. 조감독이나 보조카메라맨 등 보조자는 공동저작자가 될 수 없음은 물론이며, 소설가와 같은 고전적 저작자는 영상화를 허락한 자로서 영상저작물의 저작자로 보기 힘들다.[528]

2) 영상저작물의 저작권 귀속

① 영상저작물에 대한 저작재산권의 양도추정 개정 전의 법은 "… 그 영상저작물의 이용을 위하여 필요한 권리는 영상제작자에게 양도된 것으로 본다"고 규정하고 있었으나(2003년 개정 전의 법 75조 1항 참조), 개정법은 "특약이 없는 한 그 영상저작물의 이용을 위하여 필요한 권리는 영상제작자가 이를 양도받은 것으로 추정한다"고 개정하여 종래의 논란을 입법적으로 해결하였다.

② "영상저작물의 제작에 사용된 소설, 각본, 미술저작물 또는 음악저작물 등의 저작재산권은 제1항의 규정으로 인하여 영향을 받지 않는다"(법 100조 2항).

3) 영상저작물의 저작인접권 귀속 영상제작자와 영상저작물의 제작에 협력할 것을 약정한 실연자의 그 영상저작물의 이용에 관한 제69조의 규정에 의한 복제권, 제70조의 규정에 따른 배포권, 제73조 규정에 따른 방송권 및 제74조 규정에 따른 전송권은 특약이 없는 한 영상제작자가 이를 양도받은 것으로 추정한다(법 100조 3항).

[판례] 가라오케용 LD 음반 제작사건(대법원 1997.6.10.선고 96도2856 판결)

[1] 구 저작권법 제75조 제3항에 의하여 영상제작자에게 양도된 것으로 간주되는 '실연자의 녹음·녹화권'의 의미: 구 저작권법(1994.1.7. 법률 제4717호로 개정되기 전의 것) 제75조 제3항에서 영상저작물의 제작에 협력할 것을 약정한 실

528) 박성호, "현대저작권법상 영상저작물," 「계간 저작권」(1991 겨울호), 22면.

연자의 그 영상저작물의 이용에 관한 제63조의 규정에 의한 녹음·녹화권 등과 제64조의 규정에 의한 실연방송권은 영상제작자에게 양도된 것으로 본다는 특례 규정을 두고 있는바, 위 규정에 의하여 영상제작자에게 양도된 것으로 간주되는 '그 영상저작물의 이용에 관한 실연자의 녹음·녹화권'이란 그 영상저작물을 본래의 창작물로서 이용하는 데 필요한 녹음·녹화권을 말한다.

[2] 영화에 출연한 배우의 가라오케용 LD음반 녹화권이 구 저작권법 제75조 제3항에 의하여 영상제작자에게 양도되는 권리범위에 속하는지 여부: 영화상영을 목적으로 제작된 영상저작물 중에서 특정 배우들의 실연장면만을 모아 가라오케용 엘디(LD)음반을 제작하는 것은, 그 영상제작물을 본래의 창작물로서 이용하는 것이 아니라 별개의 새로운 영상저작물을 제작하는 데 이용하는 것에 해당하므로, 영화배우들의 실연을 이와 같은 방법으로 엘디음반에 녹화하는 권리는 구 저작권법(1994.1.7. 법률 제4717호로 개정되기 전의 것) 제75조 제3항에 의하여 영상제작자에게 양도되는 권리의 범위에 속하지 아니한다.

(4) 영상제작자의 권리

1) 영상제작물의 제작에 협력할 것을 약정한 자로부터 영상제작자가 양도받는 영상저작물의 이용을 위하여 필요한 권리는 영상저작물을 복제·배포·공개상영·방송·전송 그 밖의 방법으로 이용할 권리로 하며, 이를 양도하거나 질권의 목적으로 할 수 있다.

2) 실연자로부터 영상제작자가 양도받는 권리는 그 영상저작물을 복제·배포·방송 또는 전송할 권리로 하며, 이를 양도하거나 질권의 목적으로 할 수 있다. 2003년 개정 전의 법은 영상제작자가 영상저작물의 저작권자나 실연자로부터 일정한 권리를 양도받고, 또 독자적으로 인접권 유사의 권리를 갖는 것으로 구성되어 있었으나 개정법은 영상제작자가 가지는 권리는 저작권자나 실연자로부터 양도받은 그것임을 명백히 하였다. 그러므로 영상제작자는 저작자 등은 아니나 이들로부터 저작재산권 등을 양도받아 저작재산권 등을 가진다. 아울러 영상제작자가 투하자본을 회수할 수 있도록 양수받은 저작재산권 등을 양도하거나 질권의 목적으로 할 수 있음을 명문화하였다.

3) 공동영상제작자의 권리 관계 영상제작자가 가지는 권리는 저작권자나 실연자로부터 양도받은 그것이라면 공동제작자의 권리에는 공동저작물에 관한 제48조가 유추적용된다고도 볼 수 있다. 그러나 통상 영상제작자의 특례를 인정하는 것은 영상저작물 완성 후 원활한 유통을 통한 투하자본의 회수에

중점이 있으므로 그러한 목적에 비추어 보더라도 제48조를 유추적용하는 것은 의문이며, 본래의미의 (준)공유관계로 취급하면 되리라고 본다.

[판례] '두사부일체' 사건(서울고법 2008.7.22.선고 2007나67809판결)[529]

사실관계: 공동제작자의 1인인 갑이 을의 동의 없이 자신의 지분을 병에게 양도하였다. 한편 을은 자신의 지분을 갑의 동의를 받아 정에게 양도하였다. 그 후 정이 '두사부일체'라는 영화를 제작하자 병이 자신이 가지고 있는 '2차적 저작물 작성권' 침해라고 주장하였다.

쟁점 (1): 우선 제1차적 문제는 소를 제기한 병이 적법한 권리자인가이다. 병이 적법한 권리자로 인정되기 위해서는 다른 공동제작자의 동의 없이도 지분양도가 가능해야 한다. 만약 저작권법 제48조에 따라 동의를 얻어야 하다면 지분양도계약이 무효이며, 병은 적법한 권리자가 아니다.

법원의 판단: ① 갑과 을은 영화의 제작이라는 공동사업을 위하여 갑은 투자금을, 을은 영화의 제작이라는 노무를 각 출자하고, 완성된 영화로 인한 수익의 배분을 정하고 있어 이 사건 영화제작계약은 일종의 조합계약의 성격을 갖는 점, ② 갑과 을은 영화의 제작을 위하여 역할을 분담하여 업무를 수행하였고, 영화의 완성과 함께 법률의 규정 및 이 사건 영화제작협력계약에 의하여 그 저작재산권을 공동으로 양수한 점을 고려하면, 갑과 을은 공동저작자의 관계에 준할 정도의 긴밀한 인적 결합관계에 있으므로 갑은 그가 을과 공동보유하고 있는 영화에 관한 저작재산권의 지분의 전부 또는 일부를 양도함에 있어 다른 저작재산권자인 을의 동의를 얻어야 하며, 그와 같은 동의가 없는 양도는 다른 저작재산권자인 을에게는 물론 그로부터 영화에 대한 저작재산권 일체를 승계한 정에 대하여도 효력이 없다.

쟁점 (2): 병은 '2차적 저작물 작성권'을 가지는가?

법원의 판단: 법률의 규정이나 이 사건 영화제작협력계약을 아무리 살펴보아도 속편 제작에 관한 2차적 저작물 작성권까지 양도받았다고 볼 수 없다.

☞ 쟁점 (2)에 관한 법원의 판단은 타당하고 그런 면에서 결과적으로 타당한 판결이다. 다만 법원은 영화완성 이후에도 공동영상제작자의 인적 결합관계를 조합유사의 관계로 보았는데 제작과정에서야 그렇다고 하더라도 영화의 완성 이후에까지 그러한 관계를 지속시킬 필요가 있는지는 의문이다. 공동저작물이야 분리하여 이용할 수 없는 경우이니 제48조가 적용되더라도 하나의 영상저작물로부터 나오는 수익이야 분리하여 이용할 수 있는 것이고(본 건에서는 6 : 4), 그런

529) 이 판결에 대해 보다 자세한 것은, 이숙연, "[주요판례해설] 영상저작물에 대한 저작재산권의 귀속 및 저작권의 공동보유", *Law & Technology*(제5권제3호), 서울대학교 기술과 법센터, 2009.5., 127면 이하 참조.

면에서 공동저작자에게 인정되는 권리행사의 제한을 공동영상제작자에게까지 유추적용할 필요가 있는지는 의문이다. '두사부'가 일체라고 공동영상제작자까지 일체로 할 필요가 있겠는가. 최근 내려진 다음의 판결은 시사하는 바 크다.

♣ 대법원 2014.8.20.선고 2013다41578 판결: 특허권이 공유인 경우에 각 공유자는 다른 공유자의 동의를 얻지 아니하면 지분을 양도하거나 지분을 목적으로 하는 질권을 설정할 수 없고 또한 특허권에 대하여 전용실시권을 설정하거나 통상실시권을 허락할 수 없는 등[특허법(2014.6.11. 법률 12753호로 개정되기 전의 것) 제99조 제2항, 제4항 참조] 권리의 행사에 일정한 제약을 받아 그 범위에서는 합유와 유사한 성질을 가진다. 그러나 일반적으로는 특허권의 공유자들이 반드시 공동 목적이나 동업관계를 기초로 조합체를 형성하여 특허권을 보유한다고 볼 수 없을 뿐만 아니라 특허법에 특허권의 공유를 합유관계로 본다는 등의 명문의 규정도 없는 이상, 특허법의 다른 규정이나 특허의 본질에 반하는 등의 특별한 사정이 없는 한 공유에 관한 민법의 일반규정이 특허권의 공유에도 적용된다.

◈ 참고: '영화 상영 표준계약서' 마련[530)]

문화체육관광부는 10월 1일 영화 상영의 거래 관계에서의 표준계약 기준을 설정하고, 공정한 거래질서를 형성하기 위해 마련한 '영화 상영 표준계약서'를 발표했다. 표준계약서는 기본계약과 개별계약 분리 여부에 따라 2종으로 구분되어 있으며, 주요 내용은 아래와 같다.

- 최소 7일 상영보장 및 서면합의 또는 개별계약에 의한 교차상영 실시(6조)
- 목요일 개봉 기준으로 최소 3일 전인 월요일에 예매 개시(7조)
- 정산을 지연한 경우 지연손해금 지급 시 10% 가산(9조)
- 사전 계약 없이 무료입장 금지, 계약하더라도 5%로 한도 설정(10조)

Ⅳ. 콘텐츠제작자

1. 콘텐츠산업 진흥법

2002년부터 시행되고 있던 「온라인디지털콘텐츠산업발전법」[531)]은 온라인디

530) 이하 모두 문화체육관광부 발표자료에 의함(http://www.mcst.go.kr/search/search.jsp?keyword=%ED%91%9C%EC%A4%80%EA%B3%84%EC%95%BD%EC%84%9C).

531) 제정 2002.1.14. 법률 제6603호.

지털콘텐츠 산업을 진흥하기 위하여 동법 제18조에 디지털화한 자를 보호하기 위해 다음과 같이 규정하였다.

* 제18조(금지행위 등) ① 누구든지 정당한 권한 없이 타인이 상당한 노력으로 제작하여 표시한 온라인콘텐츠의 전부 또는 상당한 부분을 복제 또는 전송하는 방법으로 경쟁사업자의 영업에 관한 이익을 침해하여서는 아니 된다. 다만, 온라인콘텐츠를 최초로 제작한 다음 해부터 5년이 경과한 때에는 그러하지 아니하다.

이것은 디지털화권을 간접적으로 입법화한 것이었다. 디지털화권이란 저작물 등의 정보를 디지털 방식에 의해 독자적으로 전자매체에 고정한 자에 대해 주어져야 한다고 주장되는 권리이며, 저작인접권 유사의 권리이다. 정보는 일단 디지털화되면 그 후의 이용은 극히 용이하고 다양하게 된다. 그런 의미에서 정보의 디지털화는 정보의 경제적 가치를 높이는 행위이며, 또 디지털화에는 통상 많은 노력과 노하우를 필요로 한다. 반면 그 모방·도용은 극히 용이하다. 이에 멀티미디어 산업의 발전을 위하여 처음에 디지털화한 사업자에게 일정한 권리를 부여할 필요가 있고, 그것이 디지털화권이다.

그런데 이러한 「온라인디지털콘텐츠산업발전법」이 2010년, 콘텐츠산업의 진흥에 필요한 사항을 정함으로써 콘텐츠산업의 기반을 조성하고 그 경쟁력을 강화하기 위한 「콘텐츠산업 진흥법」[532]으로 변경되었다. 즉 종래 온라인디지털콘텐츠만을 진흥·육성·보호하던 법이 콘텐츠 일반을 진흥·육성·보호하는 법으로 변경되었다. 이에 따라 동법 제37조는 다음과 같이 되어 있다.

* 제37조(금지행위 등) ① 누구든지 정당한 권한 없이 콘텐츠제작자가 상당한 노력으로 제작하여 대통령령으로 정하는 방법에 따라 콘텐츠 또는 그 포장에 제작연월일, 제작자명 및 이 법에 따라 보호받는다는 사실을 표시한 콘텐츠의 전부 또는 상당한 부분을 복제·배포·방송 또는 전송함으로써 콘텐츠제작자의 영업에 관한 이익을 침해하여서는 아니 된다. 다만, 콘텐츠를 최초로 제작한 날부터 5년이 지났을 때에는 그러하지 아니하다.
 ② 누구든지 정당한 권한 없이 콘텐츠제작자나 그로부터 허락을 받은 자가 제1항 본문의 침해행위를 효과적으로 방지하기 위하여 콘텐츠에 적용한 기술적보호조치를 회피·제거 또는 변경(이하 "무력화"라 한다)하는 것을 주된 목적으로 하는 기술·서비스·장치 또는 그 주요 부품을 제공·수입·제조·양도·대여 또는 전송하거나 이를 양도·대여하기 위하여 전시하는 행위를 하여서는 아니 된

532) 전부개정 2010.6.10 법률 제10369호 시행일 2010.12.11.

다. 다만, 기술적보호조치의 연구·개발을 위하여 기술적보호조치를 무력화하는 장치 또는 부품을 제조하는 경우에는 그러하지 아니하다.
③ 콘텐츠제작자가 제1항의 표시사항을 거짓으로 표시하거나 변경하여 복제·배포·방송 또는 전송한 경우에는 처음부터 표시가 없었던 것으로 본다.

◆ 대통령령으로 정하는 방법(시행령 제33조)

법 제37조 제1항에서 "대통령령으로 정하는 방법"이란 다음 각 호의 구분에 따른 어느 하나의 표시 방법을 말한다.

1. 콘텐츠에 표시하는 경우

가. 제작연월일, 제작자명 및 이 법에 따라 보호받는다는 사실을 이용화면의 우측 상단에 순서대로 표시하되, 이 법에 따라 보호받는다는 사실을 표시하기 위해서는 다음의 도안과 내용을 모두 표시

1) 아래의 도안은 테두리는 회색으로, 내부문자 C는 검은색으로, 내부문자 C 외의 내부는 흰색으로 표시한다. 이 경우 문화체육관광부장관은 아래 도안을 문화체육관광부의 인터넷 홈페이지 등에 게시하여야 한다.

2) "이 콘텐츠는 「콘텐츠산업 진흥법」에 따라 최초 제작일부터 5년간 보호됩니다."라는 문구

나. 이용화면 전체 면적의 10분의 1 이상 크기로 우측 상단에 제작연월일, 제작자명 및 이 법에 따라 보호받는다는 사실을 모두 표시

다. 제작연월일, 제작자명 및 이 법에 따라 보호받는다는 사실을 표시할 때에는 1초 이상의 정지화면으로 표시

라. 이용화면의 색상과 대비되는 색상으로 제작연월일, 제작자명 및 이 법에 따라 보호받는다는 사실을 표시

2. 포장에 표시하는 경우

가. 제작연월일, 제작자명 및 이 법에 따라 보호받는다는 사실을 포장의 표시되는 겉표지면의 우측 상단에 순서대로 표시하되, 이 법에 따라 보호받는다는 사실을 표시하기 위해서는 다음의 도안과 내용을 모두 표시

1) 아래의 도안은 테두리는 회색으로, 내부문자 C는 검은색으로, 내부문자 C 외의 내부는 흰색으로 표시한다. 이 경우 문화체육관광부장관은 아래 도안을 문화체육관광부의 인터넷 홈페이지 등에 게시하여야 한다.

2) "이 콘텐츠는 「콘텐츠산업 진흥법」에 따라 최초 제작일부터 5년간 보호됩니다."라는 문구

나. 포장의 표시되는 겉표지의 우측 상단에 그 겉표지면 면적의 10분의 1 이상 크기로 제작연월일, 제작자명 및 이 법에 따라 보호받는다는 사실을 모두 표시

다. 포장의 표시되는 겉표지면의 색상과 대비되는 색상으로 제작연월일, 제작자명 및 이 법에 따라 보호받는다는 사실을 표시

2. 저작권법 등과의 관계

콘텐츠란 "부호・문자・도형・색채・음성・음향・이미지 및 영상 등(이들의 복합체를 포함한다)의 자료 또는 정보"를 말하며, 그것이 창작물인 경우에는 저작권법으로 보호받는 저작물과 겹치게 된다. 이에 콘텐츠산업 진흥법은 "콘텐츠제작자가 「저작권법」의 보호를 받는 경우에는 같은 법을 이 법에 우선하여 적용한다"고 규정한다(동법 제4조 제2항).

[판례] 아바타의 보호(가처분: 서울중앙지법 2003.11.14.고지 2003카합2639 결정; 가처분 이의: 서울중앙지법 2004.3.19.선고 2003카합3852 판결)

법원은 신청인의 아바타를 치장하는 아이템을 컴퓨터프로그램으로 보고 피신청인은 신청인의 창작성 있는 컴퓨터프로그램인 아이템에 대한 복제권, 개작권, 동일성유지권을 침해하였다고 판단하였다. 법원은 또한, 신청인의 아이템이 창작성이 없다고 하여도 디지털콘텐츠로서 온라인디지털콘텐츠산업발전법상의 온라인디지털콘텐츠가 된다고 하여, 피신청인이 아이템을 일반인에게 전송하는 행위는 경쟁사업자인 신청인의 '영업에 관한 이익을 침해하는 행위'가 되므로 어떤 법적 근거에서든 피신청인의 침해행위의 금지를 구할 피보전권리가 있다고 보았다(가처분이의사건의 법원은 앞의 가처분 법원이 컴퓨터프로그램으로서의 보호와 온라인디지털콘텐츠로서의 예비적 보호와는 달리 전적으로 온라인디지털콘텐츠로서의 보호만을 인정하고 있다).[533]

533) 평석: 오병철, 「정보법판례백선(1)」, 579면.

제10절 배타적 발행권 및 출판권

〈관련조문: 저작권법 제57조 - 제63조〉

- 배타적 발행권
  - 第57조: 배타적 발행권의 설정
  - 第58조: 배타적 발행권자의 의무
  - 第58조의2: 저작물의 수정 증감
  - 第59조: 배타적 발행권의 존속기간 등
  - 第60조: 배타적 발행권의 소멸통고
  - 第61조: 배타적 발행권 소멸 후의 복제물의 배포
  - 第62조: 배타적 발행권의 양도·제한 등
- 출판에 관한 특례
  - 第63조: 출판권의 설정
  - 第63조의2: 준용

Ⅰ. 배타적 발행권

1. 서 설

한・미 FTA가 타결되면서 법이 개정되어 저작물의 출판과 컴퓨터프로그램의 발행에만 인정되던 배타적 권리가 저작물의 다른 형태의 발행 등에 대해서도 배타적 발행권을 설정할 수 있도록 되었다. 이에 따라 프로그램 배타적 발행권은 배타적 발행권에 포섭되었다.[534] 다만 출판권은 출판업계의 의견을 반영하여 기존 출판권에 적용되었던 표지의무, 소멸 후 배포 등은 배타적 발행권의 내용으로 포섭하고 설정에 대해서만 별도의 특례를 유지하고 있다(법 63조, 63조의2).

제57조의 발행 등	[복제・배포 + 복제・전송] - 출판(제63조)
제63조의 출판	인쇄 그 밖에 이와 유사한 방법으로 문서 또는 도화로 발행

534) 종전의 저작권법 제101조의6(프로그램배타적발행권) 삭제.

2. 배타적 발행권의 설정

저작물을 발행하거나 복제・전송(이하 "발행 등"이라 한다)할 권리를 가진 자는 그 저작물을 발행 등에 이용하고자 하는 자에 대하여 배타적 발행권(법 63조에 따른 출판권은 제외한다)을 설정할 수 있다(법 57조 1항). 또한 저작재산권자는 그 저작물에 대하여 발행 등의 방법 및 조건이 중첩되지 않는 범위 내에서 새로운 배타적 발행권을 설정할 수 있다(법 57조 2항). 다만, 저작재산권자는 복제권・배포권・전송권에 질권이 설정되어 있는 경우에는 질권자의 허락을 얻지 아니하면 배타적 발행권을 설정할 수 없다(법 57조 4항).

3. 배타적 발행권의 내용

배타적 발행권이 설정되면 배타적 발행권자는 저작물을 발행할 독점배타적인 권리를 갖는다. 따라서 저작권자라도 그 이후는 저작물을 원작대로 발행할 수 없게 되는 것은 물론, 그 저작물을 전집 기타의 편집물에 수록하는 것도 허용되지 아니한다. 다만 법은 일정한 경우, 즉 그 저작물의 저작자가 사망한 때에는 그 저작자를 위하여 저작물을 전집 그 밖의 편집물에 수록하거나 전집 그 밖의 편집물의 일부인 저작물을 분리하여 이를 따로 발행 등의 방법으로 이용할 수 있다고 예외를 인정하고 있다(법 59조 2항 참조).

배타적 발행권의 존속기간은 그 설정행위에 특약이 없는 때에는 맨 처음 발행 등을 한 날로부터 3년간 존속한다(법 59조 1항). 다만, 저작물의 영상화를 위하여 배타적 발행권을 설정하는 경우에는 5년으로 한다(법 59조 1항 단서).

배타적 발행권은 재산적 권리이므로 이전성을 가지며, 양도나 질권의 설정도 가능할 이치이나, 저작권법은 "배타적 발행권은 저작재산권자의 동의 없이 이를 양도 또는 질권의 목적으로 할 수 없다"(법 62조)고 하여 일정한 제한을 가하고 있다. 그것은 저작권자는 배타적 발행권자의 지식・경험・성의・자력의 유무・신용 등을 고려해서 특정의 배타적 발행권자와 설정계약을 체결하는 것이기 때문에 저작권자의 동의 없이 이를 양도 또는 질권의 목적으로 할 수 없다고 규정한다.

4. 배타적 발행권자의 의무

1) 9개월 이내에 발행할 의무 배타적 발행권자는 그 설정행위에 특약이 없는 때에는 배타적 발행권의 목적인 저작물을 복제하기 위하여 필요한 원고 또는 이에 상당하는 물건을 받은 날부터 9개월 이내에 이를 발행 등의 방법으로 이용하여야 한다(법 58조 1항). 9개월의 기간은 원고 등의 인도가 완료된 날로부터 기산된다.

9개월 이내 출판의무를 이행하지 아니한 때에는 6개월 이상의 기간을 정하여 그 이행을 최고하고, 그 기간 내에 이행을 하지 아니한 경우는 소멸을 통고할 수 있다(법 60조 1항 참조).

2) 계속발행의무 배타적 발행권자는 그 설정행위에 특약이 없는 때에는 관행에 따라 그 저작물을 계속하여 발행 등의 방법으로 이용하여야 할 의무가 있다(법 58조 2항 참조). 계속 발행할 의무를 해태한 경우에는 배타적 발행권 소멸통고의 대상이 된다(법 60조 1항 참조).

3) 저작재산권자 표지의무 배타적 발행권자는 특약이 없는 때에는 각 복제물에 저작재산권자의 표지를 하여야 한다(법 58조 3항). 법 제58조 제3항에 따른 복제권자의 표지에 수록되는 사항은 다음 각 호와 같다(시행령 38조).

i) 복제의 대상이 외국인의 저작물일 경우에는 복제권자의 성명 및 맨 처음의 발행연도의 표지 ii) 복제의 대상이 대한민국 국민의 저작물일 경우에는 제1호에 따른 표지 및 복제권자의 검인 iii) 출판권자가 복제권의 양도를 받은 경우에는 그 취지의 표시

다만, 「신문 등의 진흥에 관한 법률」 제9조 제1항에 따라 등록된 신문 및 「잡지 등 정기간행물의 진흥에 관한 법률」 제15조 및 제16조에 따라 등록 또는 신고된 정기간행물의 경우에는 복제권자의 표지를 하지 아니한다.

4) 재발행통지의무 배타적발 행권자는 배타적 발행권의 목적인 저작물을 발행 등의 방법으로 다시 이용하고자 하는 경우에 특약이 없는 때에는 그때마다 미리 저작자에게 그 사실을 알려야 한다(법 59조 2항).

5) 원고반환의무 원고의 인도는 복제를 행하기 위하여 필요하기 때문에 점유를 이전한 데 불과한 것이다. 따라서 원고의 소유권은 여전히 저작권자

에게 있으므로 반환청구시 반환하여야 한다.

6) 기 타 배타적 발행권의 설정이 유상인 경우에는 배타적 발행권자는 저작권자에게 저작물의 사용료로서 소위 인세를 지급할 의무가 있다. 그 지급방법 및 액수는 당사자의 약정에 의한다.

5. 저작자 등의 권리

1) 저작자 사후 전집 등에 수록할 수 있는 권리 저작재산권자는 배타적 발행권 존속기간 중 그 배타적 발행권의 목적인 저작물의 저작자가 사망한 때에는 제59조 제1항에도 불구하고 저작자를 위하여 저작물을 전집 그 밖의 편집물에 수록하거나 전집 그 밖의 편집물의 일부인 저작물을 분리하여 이를 따로 발행 등의 방법으로 이용할 수 있다(저작 59조 2항).

2) 배타적 발행권 소멸통고권 저작재산권자는 배타적 발행권자가 원고 또는 이에 상당하는 물건을 받은 날로부터 9개월 이내에 출판하지 아니하거나(법 58조 1항 참조), 계속 발행하지 아니한 경우(법 58조 2항 참조)에는 6월 이상의 기간을 정하여 그 이행을 최고하고 그 기간 내에 이행하지 아니한 때에는 배타적 발행권의 소멸을 통고할 수 있다(저작 60조 1항). 또 저작재산권자는 배타적 발행권자가 그 저작물을 발행 등의 방법으로 이용하는 것이 불가능하거나 이용할 의사가 없음이 명백한 경우에는 즉시 배타적 발행권의 소멸을 통고할 수 있다(법 60조 2항). 저작재산권자가 소멸을 통고한 경우에는 배타적 발행자가 통고를 받은 때에 배타적 발행권이 소멸한 것으로 본다(법 60조 3항). 이 경우에 저작재산권자는 배타적 발행권자에 대하여 언제든지 원상회복을 청구하거나 발행 등을 중지함으로 인한 손해의 배상을 청구할 수 있다(법 60조 4항).

3) 수정증감권 배타적 발행권자가 배타적 발행권의 목적인 저작물을 발행 등의 방법으로 다시 이용하는 경우에 저작자는 정당한 범위 안에서 그 저작물의 내용을 수정하거나 증감할 수 있다(법 59조 1항).

6. 배타적 발행권 소멸 후의 복제물의 배포

배타적 발행권이 그 존속기간의 만료 또는 그 밖의 사유로 소멸된 경우에는 i) 배타적 발행권 설정행위에 특약이 있는 경우 및 ii) 배타적 발행권의 존속기간 중 저작재산권자에게 그 저작물의 발행에 따른 대가를 지급하고 그 대가에 상응하는 부수의 복제물을 배포하는 경우를 제외하고는 그 배타적 발행권의 존속기간 중 만들어진 복제물을 배포할 수 없다(법 61조 참조).

Ⅱ. 출판과 출판권: 출판에 관한 특례

1. 출판의 의의

출판이란 인간이 자기의 사상・감정을 기록에 의해 다른 사람에게 전달하는 수단이며 인쇄술 기타 이와 유사한 방법에 의하여 저작물을 문서 또는 도화로서 복제・배포하는 것을 말한다. 이러한 출판은 본래 저작권의 일부로서 저작자만이 행사할 수 있다. 그러나 일반적으로는 저작권자가 이러한 출판의 권능을 제3자에게 맡길 경우가 많으며, 그 경우 우리 저작권법상 출판권이 설정된 것으로 본다. 법은 "저작물을 복제・배포할 권리를 가진 자(이하 '복제권자'라 한다)는 그 저작물을 인쇄 그 밖의 이와 유사한 방법으로 문서 또는 도화로 발행(공중의 수요를 충족시키기 위하여 복제・배포하는 것; 법 2조 24호)하고자 하는 자에 대하여 이를 출판할 권리(이하 '출판권'이라 한다)를 설정할 수 있다"고 규정한다. 따라서 저작권자가 자기의 저작물에 관하여 제3자에게 출판권을 설정한 경우 출판권의 설정을 받은 자를 출판권자라 하며, 출판권자는 설정기간 동안 당해 저작물을 출판할 수 있는 독점적 권리를 가진다.

따라서 출판권은 물권유사의 권리이며, 마치 부동산에 대한 용익물권과 같은 권리이다.

원래 저작권의 부분적 권능인 출판권을 저작권법상 독립한 권리로서 인정한 것은 '출판자의 권익을 보호하여 그들로 하여금 안전한 지위에 놓이게 함으로써 출판의 원활을 기하기 위하여 출판자에게 준물권적・배타적 권리를 부여할 필요가 있기 때문'이다.[535]

---

535) 장인숙, 「저작권법개론」(1960), 172면.

출판이 행해진 경우에 일반적으로 세 가지 형태의 계약을 생각해 볼 수 있다. 제1은 보통 출판허락계약이며, 제2는 허락받은 자가 독점적으로 출판할 수 있는 계약이며, 제3은 저작권법 제2장 제7절 이하의 출판권 설정계약이다. 각 계약의 차이는 제1의 경우는 배타성도 없고 제3자의 출판행위를 금지할 권능도 없다. 제2의 경우는 제3자의 출판행위에 대해 저작권자에게 채무불이행의 책임만을 물을 수 있을 뿐 제3자의 이용행위는 금지시킬 수 없다.[536] 제3의 경우가 출판권을 설정하는 것이며, 출판권자는 제3자의 출판행위에 대해서 직접 손해배상은 물론 출판행위 자체도 금지시킬 수 있다.

[판례] 출판허락이 있었다고 본 사례[537]

원고의 요리학원 및 요리책에 특정 조미료를 선전하고 대가를 수수한 사실, 원고의 요리책이 피고의 비용으로 출판되고 피고회사명이 책표지 아래칸에 기재되었으며, 동 책이 원고에게 제공되었다는 사실, 피고의 요리책 인쇄 당시 원고가 별다른 이의를 제기하지 않았고, 그 책에 저작자인 원고의 성명 크기 등에 대한 교정을 요청한 바 있으며, 동 책이 인쇄를 끝마치고 선전하기 위한 팜플렛용 사진을 촬영할 때 원고가 동 책을 들고 같이 촬영하였다는 사실 등에 비추어 보면, 피고는 그 선전을 위한 범위 내에서 원고 저작물의 출판허락을 받았다고 인정된다.

◈ 전자출판[538]

일반적으로 전자출판이라고 하면 '전자편집'과 '전자미디어'의 둘을 포함한다.

1) 전자편집 이것은 편집업무나 인쇄조판에 전자시스템을 사용하는 것이

---

536) 이것은 저작권자가 독점적 출판계약을 체결한 후에 다시 제3자에게 출판허락을 한 경우이다. 그러나 제3자가 무단 출판한 경우에는 달리 보아야 한다. 물론 이 경우도 독점적 출판허락을 받은 자는 채권만을 가질 뿐이므로 자기 권리에 터잡아 제3자에게 직접 금지청구를 할 수는 없다. 그러나 저작권자가 가지고 있는 금지청구권을 代位行使할 수는 있다. 판례를 본다.

[판례] 「벽면디자인」 서적 사건(서울민사지법 1993.12.29.선고 93카합9920 판결)

독점적인 번역·출판허락계약상의 권리는 채권적 권리이므로, 신청인은 원저작자에 대하여 피신청인의 원저작권(그 중 2차적 저작물작성권) 침해행위를 금지하도록 청구할 권리가 있다 할 것이어서, 신청인은 이와 같은 독점적 이용권이라는 자기의 채권을 보전하기 위하여 채권자대위권에 기하여 원저작자의 피신청인에 대한 저작권 침해정지청구권을 대위행사 할 수 있다고 할 것이다.

537) 서울민사지법 1991.2.22.선고 89가12384 판결.

538) 三山裕三, 「著作權法詳說」(제7판), 341면 이하 참조.

며, 요컨대 정보의 가공수단이다. 환언하면 인쇄출판물을 제작하는 공정에서 컴퓨터나 일렉트로닉스 기기 등에 의해 정보를 전자화해서 출판물을 만드는 것을 말한다.

2) 전자미디어　　이것은 전자매체 그 자체를 상품으로 하는 것이며, 요컨대 정보의 제공수단이다. 환언하면 전자화된 문자, 음성, 화상 등의 정보를 전자적인 미디어를 이용하여 제공하는 것을 말한다. 소위 CD롬 등 패키지형 미디어와 PC통신이나 비디오텍스 등 통신형 미디어로 나눌 수 있다. 전자출판물이라고 하면 보통 이것을 말하며 종래의 종이책(paper book)에 비하여 전자책이라고 할 수 있을 것이다. 전자책 중 패키지형을 디스크책(disk book)이라면 통신형은 화면책(screen book)이다. 종래 저작권법상 출판의 개념은 종이책의 출판을 의미한다. 그러나 오늘날과 같은 전자통신시대에는 전자책이 다수 출판되고 있고, 이를 위해서는 배타적발행권의 설정이 필요하다.

◈ 소위 매절에 대하여

출판업계에서 매절이라는 용어가 흔히 쓰인다. 그 의미하는 바는 대략 저작물 이용대가를 판매부수에 따라 지급하지 아니하고, 한꺼번에 미리 일괄지급 되는 모든 경우를 통칭하는 개념이다. 국어사전에 의하면 매절이란 “상인이 팔다가 남더라도 반품하지 않는다는 약속으로 모개로 사는 일”로 정의되어 있다. 이에 유추하여 본다면 결국 매절이란 잘 팔려 이익을 보든 전혀 안 팔려 손해를 보든 일체의 위험부담은 출판자가 하고, 당해 저작물에 관한 권리를 사는 것이며, 실무에서도 대략 이렇게 인식하고 있다. 문제는 저작물에 관한 권리라고 막연히 인식되고 있는 거래내용이 빈번히 저작자쪽 인식과 출판자쪽 인식이 서로 달라 분쟁의 불씨가 되고 있다.

출판자가 위험부담을 한다는 점을 강조하여 그 대가로서 출판자에게 저작재산권 등이 양도된 것으로 출판자 쪽에서 주장할 여지가 전혀 없는 것은 아니나 판매부수에 따른 인세제의 경우에도 인세의 지불이 선급되지 않을 뿐 복제물이 팔리지 않는다고 저작자가 책임을 지는 것도 아닌 이상 위험부담을 전면에 내세우는 것은 근거가 박약하며, 사용료의 선급은 다만 저작의욕을 부추기기 위한 인센티브 이상의 의미는 없다고 볼 것이다. 결국 저작자와 출판자 사이에 행하여진 매절계약의 법적 의미를 어떻게 볼 것인가는 기본적으로 당사자의 의사표시의 해석문제이며, 구체적인 경우에 개별적으로 판단하여야 할 일이나, 출판자가 지급한 대가가 현저히 고액이라는 등 특단의 사정이 없는 한 이를 저작재산권(혹은 복제권 및 배포권)의 양도계약으로는 볼 수 없으며, 독점적인 출판허락이나 출판권 설정계약으로 해석하여야 할 것이다.

[판례 1] 「녹정기(鹿鼎記)」 사건 = 매절계약의 해석(서울민사지법 1994.6.1.선고 94카합3724 판결)

사실관계: 신청인은 출판업자로서 번역자 갑이 번역한 원고로 「녹정기」라는 전 11권으로 된 무협지를 발간하였다. 신청인은 갑에게 원고료로 1매당 1권은 1,000원, 2권~6권은 600원, 7권~11권은 800원을 지급하고 1987년 3월 31일 원고계약서를 체결하였다. 신청인의 출판사는 1991년 4월 폐업하였고, 더 이상 출판이 불가능하자 번역자 갑은 피신청인에게 원고를 약간 수정하여 1매당 1,800원을 지급받고 인도하였다. 신청인은 1993년 5월 「녹정기」라는 이름으로 서적을 지정상품으로 하여 상표등록을 하였고, 번역자는 1994년 1월 저작권 등록을, 피신청인은 같은 날 출판권 등록을 하였다. 쟁점은 번역자 갑과 신청인이 체결한 계약이 저작권양도계약인지 여부와 신청인이 등록한 상표의 효력이 피신청인이 출간하고 있는 서적에도 미치는지 여부이다. 신청인의 가처분 신청이 일단 받아들여져 출간 등이 금지되자[539] 피신청인이 이의를 제기한 것이 본 건이다.

판결요지: 가. 출판계약을 체결하면서 저작물의 이용대가를 판매부수에 따라 지급하는 것이 아니라 미리 일괄지급하는 형태의 매절계약을 체결한 경우, 그 원고료로 일괄지급한 대가가 인세를 훨씬 초과하는 고액이라는 등의 소명이 없는 한[이 사건의 경우 1985년 내지 1987년 당시 원고 1매당 600원에서 1,000원까지의 금액이었고 전액이 60만원 내지 100만원 정도임. 그러나 정가는 5,000원이며, 인세로 지급해야 할 경우(3,000부 기준 10%)는 150만원임], 이는 저작권 양도계약이 아닌 출판권 설정계약 또는 독점적 출판계약이라고 봄이 상당하다(따라서 출판권은 당사자 사이에 특별한 약정이 없는 한 3년간 존속하는바, 신청인의 출판권은 계약일로부터 3년이 경과하여 이미 소멸되었음은 역수상 명백하다).[540]

나. 번역의 완성과 동시에 그 번역저작권을 신청인에게 귀속시키는 합의는, 저작물의 저작권은 그 저작과 동시에 저작자에게 귀속되고, 특히 저작인격권은 저작자 일신에 전속하도록 한 저작권법에 위배되어 무효이다.

다. 상표법 제51조의 규정에 의하면, 상표권은 등록이 되어 있다 하더라도 품질을 나타내는 보통명칭으로 사용하거나 관용상표인 경우에는 상표권의 효력이 미치지 아니하는바, 서적의 제호를 상표로 등록하고 이 문자를 동일한 서적의 제호로 사용하는 경우에 그것(제호)은 그 해당 저작물의 창작물로서의 명칭 내지는 그 내용을 나타내는 것으로 저작권법에 저촉되지 않는 한 누구나 사용할 수 있어야 할 것이므로 상표법 제51조의 품질을 나타내는 보통명칭 또는 관용상

539) 서울민사지법 1994.4.8.고지 93카합12206 결정.

540) 그러나 대법원(대법원 1995.9.26.선고 95다3381 판결)에서는 저작권양도계약으로 본 후 당사자간의 문제는 등록여부로 결정하였다.

표와 같은 성격을 가진다 할 것이어서 결국 상표권의 효력이 미치지 아니하는 경우에 해당한다.

[판례 2] 서울북부지법 2008.12.30.선고 2007가합5940 판결

만화스토리작가가 만화가의 의뢰에 의하여 만화스토리를 작성하여 제공하고 그 대가를 사전에 일괄하여 지급받은 경우, 이는 만화스토리작가가 제공한 만화스토리에 의해 완성된 만화가 출판되는 것에 대한 대가를 일괄 지급받은 것으로서 출판권설정계약 내지 저작권이용허락을 한 것으로 봄이 상당하고, 만화에 대한 저작권을 양도, 포기하였다거나 향후 재출판 또는 인터넷을 통한 온라인 서비스 제공 등 다른 매체를 통한 배포, 전송 등에 대하여도 이용허락을 한 것으로 볼 수는 없다.

[일본판례] 비록「대동아전사」사건(일본 동경지재 1995.2.24.)

A출판사는 X 등 집필자로부터 원고 매절을 하였고, 원고 매절이 저작물 게재의 대가로서 원고료 지급인 경우도 있기 때문에 매절이 곧 저작권 양도라고 속단할 수는 없다. 그러나 X 등의 집필자에 대하여 지급한 400자 원고지 1매당 500엔은 인세상당액을 훨씬 상회하는 것으로서 책자 편집출판 전에 지급하였고, 발행부수나 재판의 경우에 관한 계약이 없으며, 출판된 이래 현재까지 각 집필자가 인세를 청구한 사실도 없었던 점 등으로 보아 A출판사에게 저작권이 양도된 것으로 봄이 상당하다.

2. 출판권의 설정

복제권자는 저작물을 문서 또는 도서로 출판하는 것을 인수한 자에 대해서 출판권을 설정할 수 있다(법 63조 1항). 조문상 복제권자라고 표현한 이유는 출판행위는 저작권자가 갖는 '권리의 다발' 중 복제권의 내용이기 때문이다(법 2조 22호 참조).[541] 따라서 복제권에 질권이 설정되어 있는 경우에는 질권자의 승낙을 얻지 아니하면 출판권을 설정할 수 없다(법 63조 3항).

[판례]「이조실록」사건 = 행정관청의 허가가 없는 출판계약의 효력(서울지법 남부지원 1994.2.14.선고 93카합2009 판결)

출판권 설정계약의 목적은 무형의 재산권인 출판권이고 저작물의 교부나 저작

541) 그렇다고 출판권을 설정한 것이 (저작권자로부터 출판권자에게) 복제권이나 배포권을 양도한 것으로 되는 것은 아니다.

권 사용료의 지급은 위 계약의 본질적 요소가 아니므로, 설사 물품의 교역 또는 법 소정의 협력사업에 해당되어 통일원장관의 승인을 요하는 계약이고 통일원장관의 승인을 받지 않아 흠결이 있다 하더라도 계약의 효력까지 부인되는 것은 아니다.

3. 출판권의 내용

(1) 출 판 권

출판권이 설정되면 출판권자는 저작물을 원작 그대로[542] 출판할 독점배타적인 권리를 갖는다. 따라서 저작권자라도 그 이후는 저작물을 원작대로 출판할 수 없게 되는 것은 물론 그 저작물을 전집 기타의 편집물에 수록하는 것도 허용되지 아니한다.

다만, 법은 일정한 경우, 즉 그 저작물의 저작자가 사망한 때에는 그 저작자를 위하여 저작물을 전집 그 밖의 편집물에 수록하거나 전집 그 밖의 편집물의 일부인 저작물을 분리하여 이를 따로 출판할 수 있다고 예외를 인정하고 있다[법 63조의2(59조 2항) 참조].

출판권의 존속기간은 그 설정행위에 특약이 없는 때에는 맨 처음 출판한 날로부터 3년간 존속한다[법 63조의2(59조 1항)].

출판권은 재산적 권리이므로 이전성을 갖는다. 따라서 그 양도・입질도 가능하다. 다만, 저작권법은 "출판권은 복제권자의 동의 없이 이를 양도 또는 질권의 목적으로 할 수 없다"[법 63조의2(62조 1항)]고 하여 일정한 제한을 가하고 있다.[543] 그 이유는 저작권자는 출판자의 지식・경험・성의・자력의 유무・신용 등을 고려해서 특정의 출판자와 설정계약을 체결하는 것이기 때문에 출판권의 양도 등의 경우에는 저작권자의 이해에 커다란 영향을 미치기 때문이다.

복제권자의 동의 없이 이를 양도 또는 질권의 목적으로 한 경우의 효과에 대해서는 무효라는 설도 있으나 이 규정은 저작권자의 이익을 위해 존재하는 규정이므로 동의 없는 양도의 경우에는 질권자나 새로운 양수인은 자기의 법률

542) 후술 판례 1, 판례 2 참조.

543) 출판권의 양도에 있어서는 저작권자의 동의를 요한다는 저작권법 제50조는 동법 제47조에 의하여 설정된 출판권에 관한 것이고, 동법 제42조에 정한 저작권의 일부로서의 출판권능을 양도받을 경우에는 적용이 없다(대법원 1979.5.15.선고 78다1263 판결).

상의 지위를 저작권자에게 주장할 수 없으며, 저작권자는 출판권의 소멸을 통고(일종의 해지이다)할 수 있다고 할 것이다(법 60조 2항, 민법 629조 2항 참조). 저작권자는 해지와 아울러 출판권자에게 해지로 인한 손해배상을 청구할 수 있다(민법 551조, 표준계약서 20조 참조). 출판계약이 해지되면 출판권의 양도 및 입질도 무효로 된다.

[판례 1] "98 편입영어스피드완성" 사건(대법원 2003.2.28.선고 2001도3115 판결)

저작권법 제54조 제2항 소정의 '원작 그대로'라고 함은 원작을 개작하거나 번역하는 등의 방법으로 변경하지 않고 출판하는 것을 의미할 뿐 원작의 전부를 출판하는 것만을 의미하는 것은 아니며, 침해자가 출판된 저작물을 전부 복제하지 않았다 하더라도 그 중 상당한 양을 복제한 경우에는 출판권자의 출판권을 침해하는 것이라 할 것이고, 또 저작물을 복제함에 있어 저자의 표시를 달리 하였다 하여 출판권 침해가 되지 않는다고 볼 이유는 없다.

[판례 2] 전략삼국지 사건(대법원 2005.9.9.선고 2003다47782 판결)

사실관계: 원고출판사는 1993년 「삼국지연의」 일본어판 만화의 저작권자와 사이에 위 만화의 한국어판을 출판할 수 있는 권리를 얻어 「전략 삼국지」를 출판하고 있다. 1999년 피고출판사는 「슈퍼 삼국지」라는 만화를 출판하였다.

원고는 피고의 만화가 원고 만화의 등장인물과 배경, 대화내용 등의 구체적 표현을 그대로 모방하거나 약간 변형하여 작성한 것으로 원고의 출판권을 침해하였다는 이유로 출판권 침해의 소를 제기하였다.

대법원의 판단: 저작권법 제54조에 정한 출판권은 저작물을 복제·배포할 권리를 가진 자와의 설정행위에서 정하는 바에 따라 저작물을 원작 그대로 출판하는 것을 그 내용으로 하는 권리인바, 제3자가 출판권자의 허락 없이 원작의 전부 또는 상당 부분과 동일성 있는 작품을 출판하는 때에는 출판권 침해가 성립된다 할 것이지만, 원작과의 동일성을 손상하는 정도로 원작을 변경하여 출판하는 때에는 저작자의 2차적 저작물작성권 침해에 해당할지언정 출판권자의 출판권 침해는 성립되지 않는다.

(2) 출판권자의 의무

1) 원작 그대로 출판할 의무　　출판권자는 저작물을 원작 그대로 출판할 권리를 가짐(법 63조 2항)과 아울러 원작 그대로 출판할 의무를 진다. 이를 어긴 경우에는 저작자의 동일성유지권 침해가 된다.

[판례] 서적 '119 소아과' 사건(서울지법 서부시원 2002.3.27.선고 2001가합3917 판결)=원작 그대로 출판할 의무와 출판권 침해

사실관계: 피고들이 원고의 출판물인 "119 소아과"의 내용 중 일부를 복제하여 "아기 주치의"라는 책을 출판하였다. 이에 출판권자가 출판권침해를 이유로 소송을 제기하였다.

법원의 판단: 저작권법 제54조 제2항에 의하면 "출판권을 설정받은 자는 그 설정행위에서 정하는 바에 따라 그 출판권의 목적인 저작물을 '원작 그대로' 출판할 권리를 가진다."고 규정하고 있는 바, 이는 출판권자가 출판을 하는 경우에는 저작권자에 대하여 사소한 오자 등을 제외하고는 원작 그대로 출판할 의무를 진다는 의미이지 원작 그대로 침해한 경우가 아니라면 출판권의 침해가 발생하지 아니한다는 의미는 아니라 할 것이다. 피고들이 "119소아과"를 원작 그대로 출판하지는 아니하였다 할지라도, 피고들이 "119소아과"를 복제한 이상, 이는 원고의 출판권을 침해하였다고 할 것이다.[544]

2) 9개월 이내에 출판할 의무 출판권자는 복제권자로부터 저작물을 복제하기 위하여 필요한 원고 또는 이에 상당하는 물건(악보나 회화의 원작품뿐만 아니라 원고의 copy, 이미 인쇄가 끝난 논문 등)을 받은 날로부터 9개월 이내에 이를 출판하여야 한다[법 63조의2(58조 1항)]. 9개월의 기간은 원고 등의 인도가 완료된 날로부터 기산된다.

9개월 이내 출판의무를 이행하지 아니한 때에는 6개월 이상의 기간을 정하여 그 이행을 최고하고, 그 기간 내에 이행을 하지 아니한 경우는 소멸을 통고할 수 있다[법 63조의2(60조 1항) 참조].

3) 계속출판의무 등 출판권자는 그 설정행위에 특약이 없는 때에는 관행에 따라 그 저작물을 계속하여 출판하여야 할 의무가 있다[법 63조의2(58조 2항) 참조]. 계속 출판할 의무를 해태한 경우에는 출판권 소멸통고의 대상이 된다[법 63조의2(60조 1항) 참조].

4) 복제권자 표지의무 출판권자는 특약이 없는 때에는 각 출판물에 복제권자의 표지를 하여야 한다[법 63조의2(58조 3항)]. 그 방법 등은 배타적 발행권자의 경우와 같다(시행령 38조). 또 신문이나 정기간행물의 경우에 표지를 하지 않아도 되는 점도 배타적 발행권자의 경우와 같다. 이러한 복제권자 표지

544) 同旨: 앞의 "98 편입영어스피드완성" 사건. 이것은 언뜻 보면 앞의 전략삼국지 사건과 배치되는 것 같으나 동 사건에서 대법원이 판시한 "원작의 … 상당 부분과 동일성 있는 작품을 출판하는 때에는 출판권 침해가 성립된다 할 것"이라는 것에 해당한다 할 것이다.

의무는 구법(1957년법)상의 검인첩부의무에 대응하는 것이다(구법 48조 2항 참조).

5) 再版 통지의무　　출판권자는 출판권의 목적인 저작물을 다시 출판하고자 하는 경우에 특약이 없는 때에는 그때마다 미리 저작자에게 그 사실을 알려야 한다[법 63조의2(59조 2항)].

6) 원고반환의무　　원고의 인도는 복제를 행하기 위하여 필요하기 때문에 점유를 이전한 데 불과한 것이다. 따라서 원고의 소유권은 여전히 저작권자에게 있으므로 반환청구시 반환하여야 한다.545)

7) 기타　　출판권의 설정이 유상인 경우에는 출판권자는 저작권자에게 저작물의 사용료로서 소위 인세를 지급할 의무가 있다. 그 지급방법 및 금액은 당사자의 약정에 의한다.

(3) 저작자 및 저작권자의 권리

1) 저작자 사후 전집 등에 수록할 수 있는 권리　　출판권 설정 후에는 저작권자라 하더라도 당해 저작물을 출판할 수 없다. 그러나 '그 출판권의 목적인 저작물의 저작자가 사망한 때에는' 설사 출판권의 존속기간 중이라 하더라도 '저작자를 위하여 저작물을 전집 그 밖의 편집물에 수록하거나 전집 그 밖의 편집물의 일부인 저작물을 분리하여 이를 따로 출판할 수 있다'[법 63조의2(59조 2항)].

2) 출판권 소멸통고권　　복제권자는 출판권자가 원고 또는 이에 상당하는 물건을 받은 날로부터 9개월 이내에 출판하지 아니하거나[법 63조의2(58조 1항) 참조], 계속 출판하지 아니한 경우[법 63조의2(58조 2항) 참조]에는 6개월 이상의 기간을 정하여 그 이행을 최고하고 그 기간 내에 이행하지 아니한 때에는 출판권의 소멸을 통고할 수 있다[법 63조의2(60조 1항)]. 또 복제권자는 출판권자가 출판이 불가능하거나 출판할 의사가 없음이 명백한 경우에는 즉시 출판권의 소멸을 통고할 수 있다[법 63조의2(60조 2항)]. 복제권자가 소멸을 통고한 경우에는

---

545) 만화가 고우영은 1993년 4월 당시 동아출판사와 10권 분량의 만화 〈십팔사략〉의 출판계약을 맺고 원고를 넘겼으나, 출판사가 원고를 분실하였다. 고우영 씨가 소송을 제기했고, 2004년 6월 5일 서울남부지법 민사 14부는 고우영의 〈십팔사략〉의 원고를 분실한 동아출판사에 대해 1억 8천 8백만원을 배상하라며 원고 일부승소 판결을 했다(서울남부지법 2004.6.3.선고 2003가합2452 판결).

출판권자가 통고를 받은 때에 출판권이 소멸한 것으로 본다[법 63조의2(60조 3항)].

3) 수정증감권 출판권자가 출판권의 목적인 저작물을 다시 출판하는 경우에 저작자는 정당한 범위 안에서 그 저작물의 내용을 수정하거나 증감할 수 있다[법 63조의2(58조의2 1항)].

(4) 출판권 소멸 후의 출판물의 배포

출판권이 그 존속기간의 만료 또는 그 밖의 사유로 소멸된 경우에는 i) 출판권 설정행위에 특약이 있는 경우 및, ii) 출판권의 존속기간 중 복제권자에게 그 저작물의 출판에 따른 대가를 지급하고 그 대가에 상응하는 부수의 출판물을 배포하는 경우를 제외하고는 그 출판권의 존속기간 중 만들어진 출판물을 배포할 수 없다[법 63조의2(61조) 참조].

> [판례] 월트 디즈니 사건 = 출판계약 종료 후의 판매에 대한 가처분사건(서울민사지법 1990.1.6.고지 89카54960 결정)
>
> 사실관계: 피신청인은 신청인의 출판물을 국문으로 출판할 수 있는 계약을 체결하면서 계약종료 후 1년 내에만 위 서적 등의 재고를 처분할 수 있다고 약정하였다. 그런데 피신청인은 위 계약의 종료 후에도 위 책자의 신청인으로부터 위 서적들을 출판할 권리를 부여받았다는 기재를 하여 인쇄·배포 및 판매를 하였다.
>
> 결정요지: 출판계약기간의 종료 후에도 계속하여 출판할 권리를 부여받았다는 내용의 기재를 하여 책자를 인쇄·배포 및 판매한 것은 신청인의 제품과 혼동을 일으키게 하는 위법한 행위일 뿐만 아니라 소비자를 기망하는 행위이므로 신청인의 부정경쟁행위 중지 가처분 신청은 이유 있다.

(5) 저작권의 소멸과 출판권

상속인 없이 저작자가 사망하거나 저작권을 가진 법인 등 단체가 해산되는 경우 등 예기치 아니한 사유로 저작권이 소멸된 경우에는 저작권에서 파생한 권리는 소멸한다고 하여야 할 것이나 출판권이 등록된 경우에는 당해 등록된 출판권자는 출판권의 존속기간 동안은 독점적으로 출판할 권리를 가진다고 할 것이다.

(6) 기타 문제

1) 판면권(판면의 보호) 현재 출판자에게는 출판권은 인정되더라도 출

판자가 출판한 서적의 판면을 보호하는 권리는 인정되지 않는다. 출판자는 편집, 교정, 식자, 장정, 활자의 선택 등 당해 서적을 제작함에 있어 커다란 정신노동을 하게 된다. 흘려 쓴 원고 등을 가다듬어 일반 독자가 읽기 편하게 만드는 것은 출판자의 몫이다. 사진복제기술이 발전한 오늘날 이러한 출판자의 정신노동을 보호할 필요는 더욱 커진다. 이것은 저작물의 내용과는 무관한 출판업자의 고유의 노력이다. 예컨대 전자(篆字)나 초서체(草書體)로 쓰여진 고문서를 읽기 편하게 출판한 경우에 이를 현대의 자체로 바꾸어 편집한 출판자의 노고는 저작인접권자의 그것 못지않게 보호되어야 한다. 그리하여 영국에서는 typographical arrangement를 최초의 발행으로부터 25년간 보호하며(동법 8조, 15조), 자유중국은 '제판권'(製版權)을 인정하여 10년간 판면의 보호를 하고 있다. 독일은 학술적 정선행위에 기한 고문서의 출판에 대해 출판자에게 10년간 권리를 인정한다. 또 일본에서는 著作權審議會에 제8소위원회를 설치하여 이 문제를 연구하였고, 1990년에 최종보고서를 발표하였다. 출판자의 권리는 출판행위에 의해 저작물의 전달에 있어 수행하고 있는 역할의 중요성을 평가하고, 기술적 진보 등에 대응해서 새로이 출판자의 보호를 도모하는 것이며, 실연가, 음반제작자의 보호와 마찬가지로 저작인접권의 하나로서 자리매김할 수 있을 것이다. 판면을 어떻게 보호할 것인지는 향후 입법과제라 할 것이다.

2) 인쇄지형 등에 대한 소유권 귀속

[판례] 인쇄지형을 제3자에게 처분한 것과 배임죄의 성부 및 출판권침해(대법원 1989. 1. 17. 선고 87도2604 판결)

사실관계: 출판계약 후 책을 출판했으나 판매가 여의치 않자 출판계약을 해지하였다. 그 후 원출판자는 위 책의 인쇄지형을 제3자에게 처분하였다. 검찰은 "출판계약을 해지하여 위 책자의 출판권은 A에게 이양되었으므로 위 책자의 인쇄지형을 폐기하든가 아니면 후일 재출판의 경우를 대비하여 잘 보관하여 둠으로써 다른 사람에 의한 무단출판을 방지하여야 할 임무가 있음에도 이를 위배하였다"는 이유로 배임죄 및 출판권 침해죄로 기소하였다.

판결요지: 배임죄는 타인의 사무를 처리하는 자가 그 임무에 위배하는 행위로서 재산상의 이익을 취득하거나 제3자로 하여금 이를 취득케 하여 본인에게 손해를 가하는 것을 내용으로 하는 범죄로서 피고인들에게 그들 소유의 이 사건 인쇄지형을 폐기하든가 후일에 대비하여 잘 보관해 둘 의무가 있다고 하더라도

이는 오로지 피고인들의 사무이지 타인의 사무가 될 수 없으며, 출판계약이 해지되어 출판권이 없는 피고인들이 출판권과 그들 소유의 지형을 처분했다고 해서 출판권자가 출판권이 침해당하는 손해를 입을 수도 없다.

◈ 참 고

일본에서도 인쇄지형(포지필름) 등의 소유권이 다투어졌다(동경지재 1980.7.18). 사안은 출판사가 인쇄소에 인쇄원판의 인도를 청구했던바, 인쇄소에서 이미 폐기했으므로 출판사는 인쇄소를 상대로 손해배상을 청구하였다. 이 소송중에 인쇄원판의 소유권의 귀속이 다투어졌고 이 사건에서는 여러 가지 사정에 비추어 인쇄소에 소유권이 있다고 판시하였다. 이러한 문제를 판단함에 있어서 고려되어야 할 요소로서는 i) 장기간 필름보관의 곤란성, ii) 보존공간 확보의 곤란성,[546] iii) 중판가능성의 정도,[547] iv) 성실하지 않은 자는 보호받을 수 없다(중판이 확실하면 별도계약을 하여야 한다).[548] v) 금반언, 기대가능성(고지+시간의 경과),[549] vi) 동종사안에의 배려, 혼란의 회피, vii) 본건이 무상보관이었던 점의 7가지이다.

이 건에서 인쇄소에 포지필름의 소유권이 있다고 한 것은 이 사건에서는 인쇄소를 보호할 필요가 있었기 때문이며, 이 사건의 판결내용을 일반화할 수는 없을 것이다. 결국 본건에서의 교훈은 이들 문제에 대해 명백히 계약을 체결하여 둘 필요가 있다는 점이다.[550]

3) 저작권 침해 저작물의 출판과 출판자의 책임 표준계약서 등에 의해 출판계약을 체결하면서 계약 문언에 "저작물의 내용에 대해서는 전적으로 저자가 책임을 지며, 출판사는 책임을 지지 않는다"고 약정한 경우에 출판사는 책임을 면할 수 있을 것인가? 우리나라 「소설마당」 사건[551]이나 일본의 「내일의 도시와 태양」 사건[552]에서 보듯이 출판사에게 고의·과실이 있는 경우는 그

546) 본건에서는 i)과 ii)의 곤란성이 인정되었다.

547) 본건에서는 중판의 가능성이 있었다고 하더라도 있는지 여부나 있다면 언제 있는지 여부가 불투명했다. 만약 반영구적으로 보관해야 한다면 인쇄소에게 지나치게 가혹하다. 중판가능성에 대해서 그 존부와 시기를 명확히 알려준 경우라면 별론, 그렇지 않은 경우는 인쇄소의 불안정한 지위가 해소되어야 한다.

548) 중판이 확실한 것에 대해서는 보관계약을 맺고 있었는데 이 건의 경우에는 그러한 계약이 없었다.

549) 원고가 옵셋인쇄를 하며, 이 건 포지필름으로 가능한 그라비아 인쇄를 하지 아니한다는 취지의 말을 하여 더 이상 필름보관의 필요가 없다고 인쇄소가 판단하였다.

550) 이들에 대해 보다 자세한 것은 三山裕三, 앞의 책, 158~162면 참조.

551) 서울민사지법 1994.7.29.고지 94카합6025 결정.

책임을 면할 수 없다.

4) 저작권을 침해한 자의 출판사에 대한 책임 　표준계약서 등에 의해 출판계약을 체결하면서 계약 문언에 "저작물의 내용에 대해서는 전적으로 저자가 책임을 지며, 출판사는 책임을 지지 않는다"고 약정한 경우라도 결국 출판사는 책임을 지며, 설사 그렇지 않다고 하더라도 당해 출판물을 판매할 수 없음으로 인한 손해를 입는다. 그러면 저작권을 침해하여 저작물을 작성한 자는 당해 침해 출판물을 출판한 출판자에게 어떠한 책임을 지는가?

출판계약에서 "다른 저작물을 침해하지 않는다"는 계약을 맺은 경우는 계약불이행으로 인한 손해배상책임을, 그렇지 않은 경우에는 불법행위로 인한 손해배상책임을 진다. 모두 손해배상책임을 면하지 못한다고 할 것이다. 다만, 전자의 경우, 즉 "다른 저작물을 침해하지 않는다"는 계약을 맺은 경우에는 설사 인쇄・시판하기 전이라도 다른 저작물을 침해한 부분이 있으면 그것만으로 채무불이행이 되며, 손해배상책임을 진다. 그렇다면 그 배상액은 어느 정도인가. 판례를 본다.

"저자와 출판사간에 TOEIC 교재의 집필계약을 하면서 국내에서 이미 시판중인 다른 교재에서 출제된 문제를 복제하지 말 것을 계약조건으로 하였으나 총 문항 중 15%에 해당하는 문제를 다른 교재에서 복제함으로써 '기존의 어학교재와는 다른 독창적인 교재를 제작하여 판매하고자 하는 계약의 목적을 달성할 수 없게 되었다고 할 것'이므로 따라서 집필자는 출판사에게 원고료로 받은 돈을 반환할 의무가 있다."[553)]

5) 모든 출판업자는 특정 저작물에 대한 국가의 출판 및 판매금지처분의 무효 내지는 부존재확인을 구할 자격이 있는가 　문화부장관이 납・월북작가들의 작품일반에 대한 출판 및 판매금지처분을 하였다는 전제 하에 그 처분의 무효 또는 부존재확인을 구하는 소송에서 대법원은 다음과 같이 판시하였다.[554)]

"저작자의 지직물을 복제・배포・발행하고자 하는 사는 서삭자로부터 저작재산권의 일부 또는 전부를 양수하거나 그의 저작물 이용허락을 받아야 하고, 상당한 노력을 기울였어도 공표된 저작물의 저작재산권자나 그의 거소를 알 수

552) 일본 동경지재 1978.6.21.

553) 서울민사지법(합의부) 1997.5.23(법률신문 1997.6.2, 8면).

554) 대법원 1990.9.28.선고 89누6396 판결.

없어 그 저작물의 이용허락을 받을 수 없는 경우에는 대통령령이 정하는 바에 의하여 문화부장관의 승인을 얻고 문화부장관이 소정의 보상금 기준에 의하여 정한 보상금을 공탁하여 이를 이용할 수 있는 것이다.

그리고 이러한 저작재산권은 특별한 경우를 제외하고는 저작자가 생존하는 동안과 사망 후 50년간 존속하고 저작권법의 효력은 헌법 제3조에 의하여 여전히 대한민국의 주권 범위 내에 있는 북한지역에도 미치는 것이다.

원심판결 목록 기재 저작자들은 모두 납북되거나 월북한 문인들로서, 그들이 저작한 위 목록기재 작품들을 발행하려면 아직 그 저작재산권의 존속기간이 만료되지 아니하였음이 역수상 명백한 만큼 동인들이나 그 상속인들로부터 저작재산권의 양수 또는 저작물 이용허락을 받거나 문화부장관의 승인을 얻었음을 인정할 자료가 없는 이 사건에 있어서 원고는 이 사건 처분의 부존재확인을 구할 법률상 지위에 있는 자라고 할 수 없고, 헌법상 국민에게 부여된 출판의 자유로부터도 확인을 구할 법률상의 지위가 부여된다고는 볼 수 없으므로 이 사건 처분의 부존재확인을 구하는 원고의 예비적 청구에 관한 소 역시 원고적격이 없어 부적법하다."

◇ 참고: '출판 분야 표준계약서' [555]

문화체육관광부는 2014년 6월 12일 출판문화 산업의 지속 가능한 발전과 공정한 산업 생태계 조성을 위해 '출판 분야 표준계약서' 7종[556]을 마련해 발표하였다. 그 주된 내용은 다음과 같다.

- 양도계약서의 권리이전 범위를 한정하여 복제권, 공연권, 공중송신권, 배포권 등 저작재산권 종류를 제시하고 이 중에서 선택적으로 양도토록 함.
- 양도계약에 2차적 저작권을 포함하는지의 여부는 별도의 특약으로 규정하도록 해, 2차적 저작권이 작가에게 있음을 다시 한 번 환기함.
- 양도기간을 작가와 출판사가 협의하여 정하도록 하고, 기간종료 후에는 저작재산권이 작가에게 환원토록 하였으며, 환원 불이행 시의 책임을 명확히 함.
- 검인지 및 판매 부수 확인 관련, 작가와 출판사가 검인지 부착 또는 생략에

555) 이하 모두 문화체육관광부 발표자료에 의함(http://www.mcst.go.kr/search/search.jsp?keyword=%ED%91%9C%EC%A4%80%EA%B3%84%EC%95%BD%EC%84%9C).

556) ① 단순 출판허락 계약서, ② 독점 출판허락 계약서, ③ 출판권 설정계약서, ④ 배타적발행권 설정계약서, ⑤ 출판권 및 배타적발행권 설정계약서, ⑥ 저작재산권 양도계약서, ⑦ 저작물 이용허락계약서(해외용).

관한 사항을 협의하여 정하고, 작가는 출판사에게 발행(또는 판매)에 대한 자료를 요청할 수 있도록 함.

• 2차적 저작권과 관련, 저작물이 번역, 각색, 변형 등에 의하여 2차적 저작물로서 연극, 영화, 방송 등에 사용될 경우 모든 권리가 작가에게 있음을 명시하고, 저작권사용료의 징수 등에 관한 사항은 출판사에 위임할 수 있도록 함.

• 출판권의 존속기간 관련, 작가와 출판사가 협의해 정하고, 계약종료 후 어느 한쪽의 해지 통고가 없는 경우 동일한 조건으로 1회(기간은 협의)에 한해 연장할 수 있도록 함.

• 출판물에 대한 정가, 판형, 제책 방식 등은 출판사가 결정하되, 작가가 출판사에 이에 대한 의견을 표시하는 경우 출판사가 적극적으로 작가와 협의토록 함.

제11절 저작권 신탁관리·대리중개업 및 분쟁조정

〈관련조문: 저작권법 제105조 - 제122조〉

저작권위탁관리업
- 제105조: 저작권위탁관리업의 허가 등
- 제106조: 저작권신탁관리업자의 의무
- 제107조: 서류열람의 청구
- 제108조: 감　　독
- 제109조: 허가의 취소 등
- 제110조: 청　　문
- 제111조: 과징금 처분

한국저작권위원회
- 제112조: 한국저작권위원회의 설립
- 제112조의2: 위원회의 구성
- 제113조: 업　　무
- 제113조의2: 알　　선
- 제114조: 조 정 부
- 제114조의2: 조정의 신청 등
- 제115조: 비 공 개
- 제116조: 진술의 원용 제한
- 제117조: 조정의 성립
- 제118조: 조정비용 등
- 제119조: 감　　정
- 제120조: 저작권정보센터
- 제122조: 경비보조 등

Ⅰ. 저작권 신탁관리·대리중개업

1. 개　　설

저작권신탁관리업이란 업으로 저작재산권자, 출판권자, 저작인접권자 또는 데이터베이스제작자 권리를 가진 자를 위하여 그 권리를 신탁받아 이를 지속적으로 관리하는 업을 말하며(저작물 등의 이용과 관련하여 포괄적으로 대리하는 경우를 포함한다), 저작권대리중개업이란 저작재산권자·출판권자·저작인접권자 또는 데이터베이스제작자의 권리를 가진 자를 위하여 그 권리의 이용에 관한 대리 또는 중개행위를 하는 업을 말한다.

이러한 저작권신탁관리업은 다수의 저작재산권자 등이 일일이 자기의 저작물의 이용에 대한 사용료를 청구하는 것도 힘들며, 자기의 저작물이 얼마만큼이나 이용되었는지 확인하기도 어려울 뿐 아니라, 또 저작물 이용자측에서도 누가 저작재산권자인지 알기 힘들며, 안다 하더라도 일일이 그의 소재를 찾아 교섭하는 것도 몹시 불편하기 때문에 그 필요성이 인정된다. 그러므로 이러한 신탁관리업이나 대리중개업은 거의 모든 나라에 존재하고 있다. 다만, 우리 법제는 이를 법률로써 특히 저작권법 중에서 규율하고 있다는 점에 특색이 있다.[557]

[판례 1] 「소설마당」 사건(서울민사지법 1995.9.22.선고 94가합98851 판결; 서울고법 1996.7.12.선고 95나41279 판결)

(사)한국문예학술저작권협회가 영위하는 신탁관리업은 저작권법 제78조에 근거하는 것으로서 그 법적 성질은 소위 강학상 신탁법상의 '신탁'에 해당된다고 봄

---

557) 종래 일본에서는 『저작권에 관한 중개업무에 관한 법률』(1939)이 별도로 있었다. 이 법은 소위 '플라게 선풍'을 잠재우려는 데 그 제정동기가 있었다. 플라게 선풍이란 1930년대 독일인 W. Flage 박사가 외국 저작권 단체의 위임을 받아 일본 동경에 사무소를 개설하여 무단연주·무단출판 등을 적발, 고액의 사용료를 청구하고 가처분, 손해배상 등 민사소송과 형사고소 등 법적 대응을 하여 당시 서구 저작권제도에 어두웠던 일본 사회에 커다란 문제를 일으킨 것을 가리킨다. 플라게 선풍은 저작권법의 개정과 저작권중개업법 제정 등의 직접적인 원인이 되었다. 그런데 일본은 2000년 이 법을 폐지하고 2001년 10월 1일부터 『저작권 등 관리사업법』을 시행하고 있다.

이 상당하고, 따라서 재산권이 외부관계에서뿐만 아니라 내부관계에서도 위탁자로부터 수탁자로 이전되게 되어[558] 수탁자가 재산권의 명의인이 되고 소제기의 권한을 포함하여 모든 재산권의 관리처분권이 수탁자에 속하게 된다.

[판례 2] 신탁관리업과 수익성(대법원 1996.6.14.선고 95누14435 판결)

사단법인 한국음악저작권협회는 민법 제32조 및 저작권법 제78조의 규정에 따라 저작권의 신탁관리를 목적으로 당국의 허가를 받아 설립된 비영리사단법인으로서 소속 회원인 음악저작권자들로부터 저작권의 신탁관리를 의뢰받아 저작물의 이용자들에게 이를 사용하게 한 후 그들로부터 사용료를 수령하여 관리수수료와 원천소득세를 공제한 나머지 금액을 저작권자들에게 건네주는 절차를 통하여 음악저작권 신탁관리 업무를 수행하여 왔고, 위 법인의 관리업무는 주무부서의 지도와 감독 하에 이루어지고 수수료의 비율 또한 저작권법이 정하는 절차를 거쳐 관계 장관의 승인으로 결정되며 위 법인의 정관 및 저작권신탁계약 약관의 관련조항에 의하면 위와 같이 징수한 관리수수료를 필요경비로 사용한 후 발생하는 잔액, 즉 수지차액금은 이를 전액 회원들에게 안분하여 적정한 방법으로 이를 추가로 분배하도록 하는 이른바 실비정산방식의 회계처리를 채택하여 운영하여 왔는바 비영리사단법인인 위 협회가 영위한 신탁관리업무가 한국표준산업분류표상의 대리·중개 또는 알선업 등의 서비스업에 해당한다고 하더라도 위 업무수행에 관한 사실관계가 위와 같다면 그 사업 자체가 수익성을 가진 것이라고 볼 수 없다.

[참고판례] 신탁관리업과 공익성(대법원 1996.6.14.선고 95누14428 판결)

부가가치세법 제12조 제1항 제16호 소정의 부가가치세가 면제되는 공익을 목적으로 하는 단체라 함은 사회일반의 복리증진을 그 고유의 직접목적으로 하는 단체를 말하고 특정 계층이나 지위 또는 일정한 자격을 가진 자나 특정 업종에 종사하는 자들만의 이익증진 내지 권리보호를 그 고유의 목적으로 하는 단체는 이에 해당되지 아니하므로, 음악저작권자의 권익을 보호하기 위하여 그 저작권의 신탁관리를 목적으로 설립된 음악저작권협회는 위 취지에 비추어 위 법조 소정의 공익을 목적으로 하는 단체에 해당된다고 할 수 없다.

---

558) 반면 인격권은 이전되지 아니한다("저작권법 제14조 제1항은 "저작인격권은 저작자 일신에 전속한다"라고 규정하고 있어 저작인격권은 저작재산권과는 달리 양도할 수 없을 뿐 아니라, 신탁법상으로도 특정의 재산권만이 신탁의 대상이 되도록 되어 있어 재산권이 아닌 권리는 신탁법상 신탁의 대상이 될 수 없는 점 등에 비추어 볼 때, 저작권 중 저작인격권은 성질상 저작권신탁계약에 의하여 수탁자에게 이전될 수 없으므로, 저작권법 제78조에 의하여 신탁관리될 수 있는 권리는 저작재산권에 한하고 저작인격권은 신탁관리될 수 없다"(서울고법 1996.7.12.선고 95나41279 판결).

[판례 3] '이승환' 사건(서울지법 1999.7.23.선고 98가합83680 판결)

저작권신탁계약의 법적 성질은 신탁법상 신탁에 해당된다고 할 것이므로 원고와 위 협회와의 신탁계약에 따라 위 노래들의 저작재산권은 법률상 신탁자인 원고로부터 수탁자인 위 협회에 완전히 이전하여 수탁자인 위협회가 권리자가 되고, 권리에 대한 소제기 권한을 포함한 모든 관리처분권이 수탁자인 위 협회에 속하게 되므로, 원고가 여전히 위 노래들에 대한 저작재산권을 보유하고 있음을 전제로 한 이 사건 청구 중 저작재산권에 기한 손해배상청구 부분은 더 나아가 살필 필요 없이 이유 없다(원고가 이에 대하여 피고 이승환도 소외 협회와 저작권신탁계약을 체결하였으므로 민법 제124조의 쌍방대리금지의 규정에 따라 위 협회는 원고의 저작재산권을 행사하여 피고 이승환을 상대로 소를 제기하는 행위 등을 할 수 없다고 주장하나, 위 협회는 원고 또는 피고 이승환을 대리하여 저작재산권을 행사하는 것이 아니라 이를 신탁받아 관리하는 것이므로 위 쌍방대리 금지 규정이 적용되지 아니하므로 위 주장은 이유 없다).

[판례 4] 「필레코드 등」 사건(서울지법 2003.5.28.선고 2002가단123427 판결)

소외 협회가 영위하는 신탁관리업은 저작권법 제78조에 근거하는 것으로서 그 법적 성질은 신탁법상의 신탁에 해당되는 것이라 할 것인데, 무릇 신탁법상의 신탁은 위탁자와 수탁자간의 특별한 신임관계에 기하여 위탁자가 특정의 재산권을 수탁자에게 이전하거나 기타의 처분을 하고 수탁자로 하여금 수익자의 이익을 위하여 또는 특정의 목적을 위하여 그 재산권을 관리, 처분하게 하는 법률관계를 말하므로 신탁자와 수탁자간에 어떤 권리에 관하여 신탁계약이 체결되면 그 권리는 법률상 위탁자로부터 수탁자에게 완전히 이전하여 수탁자가 권리자가 되고 그 권리에 대하여 소제기의 권한을 포함한 모든 관리처분권이 수탁자에게 속하게 된다.

[판례 5] 「이상문학상수상작품집」 사건(대법원 2004.8.16.선고 2002다47792 판결)

원고는 저작권법 제78조에 따라 저작권신탁관리를 주된 업무로 하는 법인으로서 1989.3.16. 문화공보부장관으로부터 저작권위탁관리업허가를 받았고, 이 사건 소를 제기하기 상당기간 전에 신탁자들로부터 저작권을 신탁받았으며, 저작자들이 저작권을 원고에게 신탁하더라도 원고와의 계약내용에 따라서는 원고를 대리하여 저작재산권을 행사하는 것도 가능하다는 점에 비추어 볼 때, 이 사건 신탁자들이 직접 출판허락계약을 체결하기도 하였다는 사실만으로는 신탁자들의 원고에 대한 이 사건 저작권신탁이 소송행위를 주목적으로 한 것이라고 단정할 수 없다.

[판례 6] 대법원 2006.12.22.선고 2006다21002 판결

저작권법(2006.12.28. 법률 제8101호로 전문 개정되기 전의 것) 제41조 제2항은 저작재산권의 전부를 양도하는 경우에 특약이 없는 때에는 같은 법 제21조의 규정에 의한 2차적 저작물 또는 편집저작물을 작성할 권리는 포함되지 아니한

것으로 추정한다고 규정하고 있는바, 저작재산권의 수탁자가 저작자들로부터 음악저작물에 대한 저작재산권을 신탁받으면서 음악저작물에 관한 편집저작물을 작성할 권리까지 이전받지 않았다면, 저작재산권의 수탁자는 편집저작물 작성권을 침해당하였음을 이유로 손해의 배상을 청구할 수 없다.

[판례 7] 이른바 '서태지' 사건: 신탁계약의 해지와 그에 따른 법률관계(대법원 2012.7.12.선고 2010다1272 판결)559)

[1] 갑이 자신의 음악저작물에 관한 저작재산권을 신탁받은 을 협회에 병 등이 갑 동의 없이 갑의 음악저작물 중 일부를 변경하여 노래를 만들고 이를 수록한 음반과 뮤직비디오 등을 제작·발표한 것에 대하여 음악저작물 사용허락을 하지 말고 방송금지 등 법적 조치를 취할 것을 요청하였는데도, 을 협회가 법적 조치를 게을리한 채 오히려 음악저작물 사용을 허락하자 신탁계약 해지청구를 한 사안에서, 을 협회의 행위는 저작권의 신탁관리에 따른 제반 의무를 다하지 못한 경우에 해당하거나 갑과 을 협회 사이의 신뢰관계가 깨어져 더 이상 계약관계를 유지할 수 없는 경우에 해당하여 신탁계약의 해지사유가 발생하였다고 본 원심 판단은 정당하다.

[2] 구 약관의 규제에 관한 법률(2010.3.22. 법률 제10169호로 개정되기 전의 것) 제6조 제1항은 "신의성실의 원칙에 반하여 공정을 잃은 약관조항은 무효이다"라고 규정하고, 제9조는 "계약의 해제·해지에 관하여 정하고 있는 약관의 내용 중 다음 각 호의 1에 해당되는 내용을 정하고 있는 조항은 이를 무효로 한다"고 하면서 제1호에 '법률의 규정에 의한 고객의 해제권 또는 해지권을 배제하거나 그 행사를 제한하는 조항'을 규정하고 있다. 그리고 구 신탁법(2011.7.25. 법률 제10924호로 전부 개정되기 전의 것) 제56조는 "위탁자가 신탁이익의 전부를 향수하는 신탁은 위탁자 또는 그 상속인이 언제든지 해지할 수 있다"라고 규정하고 있다. 따라서 위탁자가 신탁이익 전부를 향수하는 신탁에서 위탁자에게 인정되는 해지권을 상당한 이유 없이 배제하는 약관 조항은 공평의 관점에서 보아 고객에게 부당하게 불리하고 신의성실의 원칙에 반하여 공정을 잃은 것으로서 무효라고 보아야 한다.

[3] 가수 겸 작곡가인 갑과 저작권신탁관리업체인 을 협회가 갑의 음악저작물에 관한 저작권신탁관리계약을 약관에 의하여 체결하면서 '위탁자는 수탁자의 동의 없이 신탁계약을 해제할 수 없다'는 조항을 둔 사안에서, 이는 위탁자가 신탁이익 전부를 향수하는 이른바 '자익신탁'에서 위탁자가 보유하는 해지의 자유를 상당한 이유 없이 제한하고 일방적으로 을 협회에만 유리한 약관 조항으로서, 구

559) 이 판결은 원심(서울고법 2009.12.10.선고 2008나66254 판결)을 파기한 것이다. 환송받은 원심판결(서울고법 2013.1.16.선고 2012나57455 판결)과 이에 대한 피고(음저협)의 상고가 있었으나 상고기각을 통해 확정되었다(대법원 2013.5.23.선고 2013다17650 판결).

약관의 규제에 관한 법률(2010.3.22. 법률 제10169호로 개정되기 전의 것) 제6조 제1항에서 정한 '신의성실의 원칙에 반하여 공정을 잃은 약관 조항'에 해당하여 무효라고 판단된다.

[4] 저작권신탁관리업은 저작권법에 근거하는 것으로서 법적 성질은 신탁법상 신탁에 해당하는데, 구 신탁법(2011.7.25. 법률 제10924호로 전부 개정되기 전의 것, 이하 '구 신탁법'이라 한다) 제59조는 "제56조 또는 제57조의 규정에 의하여 신탁이 해지된 때에는 신탁재산은 수익자에게 귀속한다"고 규정하고, 제61조는 "신탁이 종료된 경우에 신탁재산이 그 귀속권리자에게 이전할 때까지는 신탁은 존속하는 것으로 간주한다. 이 경우에는 귀속권리자를 수익자로 간주한다"고 규정하고, 제63조는 "신탁이 종료한 경우에는 수탁자는 신탁사무의 최종의 계산을 하여 수익자의 승인을 얻어야 한다. 이 경우에는 제50조 제2항의 규정을 준용한다"고 규정하고 있으므로, 신탁행위로 달리 정하였다는 등 특별한 사정이 없는 한, 위탁자의 해지청구 등으로 신탁이 종료하더라도 수탁자가 신탁재산의 귀속권리자인 수익자나 위탁자 등에게 저작재산권 등 신탁재산을 이전할 의무를 부담하게 될 뿐 신탁재산이 수익자나 위탁자 등에게 당연히 복귀되거나 승계되는 것은 아니고, 신탁재산을 이전할 때까지는 수탁자는 신탁사무의 종결과 최종 계산을 목적으로 하는 귀속권리자를 위한 법정신탁의 수탁자로서 그와 같은 목적 범위 내에서 신탁재산을 계속 관리할 권한과 의무를 부담하며, 귀속권리자는 신탁수익권 형태로서 신탁재산 등 잔여재산에 대한 권리를 보유하게 될 뿐이다. 나아가 구 신탁법에는 신탁 종료 시 수탁자의 청산의무에 관하여 아무런 규정이 없으므로, 신탁행위로 달리 정하였거나 해당 신탁 취지 등에 의하여 달리 볼 수 없는 한 수탁자는 청산의무를 부담하지 않는데, 수탁자가 신탁재산에 관하여 체결한 쌍무계약에 관하여 아직 이행을 완료하지 아니한 때에는 계약을 귀속권리자에게 인수시킬 수도 있는 것이고, 신탁이 종료하였다고 하여 반드시 계약을 해지하는 등으로 이를 청산하여야 하는 것은 아니다.

[5] 갑이, 자신의 음악저작물에 관한 저작재산권을 신탁받은 을 협회가 신탁계약 해지 후 음악저작물에 대한 관리 중단을 명하는 가처분결정이 있었는데도 을 협회와 계약을 체결한 갑의 음악저작물 이용자들에게 갑의 음악저작물이 더 이상 을 협회의 관리저작물이 아님을 통보하지 않아 이용자들로 하여금 갑 허락 없이 음악저작물을 사용하도록 방치하는 등 저작재산권을 침해하였다는 이유로 을 협회를 상대로 불법행위로 인한 손해배상을 구한 사안에서, 을 협회는 신탁 종료 시 청산의무를 부담하지 않으므로 갑의 음악저작물 이용자들에게 위와 같은 통보를 하여 갑 허락 없이 음악저작물을 사용하지 못하도록 할 주의의무를 부담하지 않을 뿐만 아니라, 을 협회가 그와 같은 통보를 하지 아니함으로써 이용자들이 갑 허락을 받지 않고 음악저작물을 이용하였다고 하더라도 저작재산권을 이전받을 때까지는 단순한 채권자에 불과한 갑에게 침해될 저작재산권도 없으므로, 갑의 저작재산권 침해를 이유로 한 불법행위가 성립할 여지가 없는데도, 이와 달리

본 원심판결에 신탁 종료 시 법률관계에 관한 법리오해의 위법이 있다.

♣ 참고: 위에서 본 바와 같이 대법원은 원고의 신탁계약 해지통보와 법원의 가처분결정이 있다고 하더라도 이후의 피고의 행위는 불법행위에 해당하지 않는다는 이유로 원고의 불법행위 청구를 일부 인용한 원심 판결 전부를 파기하여 환송하였다. 이에 원고는 환송 후, 청구를 변경하여, 2003.4.1.부터 2012.12.30.까지의 기간에 대하여, 주위적으로는 대법원의 환송판결 취지에 따라 원고의 신탁계약 해지 이후에도 신탁이 유효하게 존속하고 있음을 전제로 음악저작물사용료에 대한 분배금의 지급을, 예비적으로는 부당이득의 반환을 청구하였다 환송 후 법원은 다음과 같이 판결하였다(서울고법 2013.1.16.선고 2012나57455 판결).

○ 피고는 2006.9.1. 원고에게 이 사건 신탁계약을 해지한다고 통보한 사실을 인정할 수 있는바, 이에 의하면 원고의 2002.1.22.자 해지 의사표시와 피고의 위 2006.9.1.자 해지 의사표시의 합치로써 이 사건 신탁계약에 의하여 피고에게 이전되었던 원고의 음악저작물에 관한 저작재산권은 그 무렵 원고에게 다시 이전되었다 할 것이고, 그와 동시에 법정신탁 역시 종료되었다.

○ 이 사건 신탁계약이 원고의 해지통보로 해지되었음에도 불구하고, 원고의 음악저작물에 대한 저작재산권이 원고에게 이전되기 전까지는 피고는 원고의 음악저작물에 대한 저작재산권자 겸 귀속권리자인 원고를 위한 법정신탁의 수탁자로서 원고의 음악저작물을 계속 관리할 의무를 부담하고, 거기에서 발생하는 신탁수익을 원고에게 반환할 채무를 부담하므로, 피고는 원고에게 원고에 대한 분배금의 지급을 중단한 2003.4.1.부터 원고의 음악저작물에 대한 저작권이 이전되기 직전인 2006.8.31.까지의 기간에 대한 신탁수익 내지 그에 상당한 저작물사용료에 관한 분배금을 지급할 의무가 있다.

○ 원고의 음악저작물에 대한 저작재산권이 2006.9.1. 원고에게 이전됨으로써 신탁관계가 완전히 종료되었으므로, 2006.9.1.부터 2012.11.30.까지 기간 동안의 신탁수익 내지 저작물사용료에 대한 분배금 지급 청구 부분은 이유 없고, 제출된 증거만으로는 2006.9.1. 이후의 기간 동안 피고가 아무런 법률상 원인 없이 원고의 음악저작물에 대한 사용료를 음악저작물 사용자들로부터 징수함으로써 동액 상당의 이득을 얻었고, 그로 인하여 원고에게 동액 상당의 손해를 입혔다고 보기 어려우므로, 위 기간 동안의 부당이득반환 청구 역시 이유 없다.

○ 원고가 2003.4.1.부터 2006.8.31.까지의 기간 동안 법정신탁에 의한 수탁자로서 피고에 대하여 매년 청구할 수 있는 신탁이익 내지 저작물사용료에 대한 분배금 상당액은 적어도 원고가 구하는 78,489,214원 이상으로 봄이 상당하므로, 결국, 피고는 원고에게 위 기간 동안의 법정신탁에 의하여 지급할 신탁이익 내지 분배금으로서 합계 268,171,481원[=78,489,214원 × (3+5/12)]과 그에 대한 지연손해금을 지급할 의무가 있다.

제목	「저작권법」 제2조(포괄적 대리의 범위) 관련 해석 (법제처 2006.4.17.)
질의요지	음반의 저작재산권자가 소유하거나 소유하게 될 음원저작권을 모바일, 웹사이트, ARS 사업자 기타 유무선 기반의 모든 사업자에게 이용하도록 하는 것과 관련된 계약의 협상 및 체결 등 대행권을 저작권대리중개업자에게 독점적으로 위임하고, 그 기간은 3년으로 하되 기간만료 6월 전에 서면에 의한 기간만료통보가 없는 경우에는 기간을 1년씩 자동으로 연장하도록 하며, 매출대금의 15%를 사무처리를 위한 보수로 지급하는 내용의 지적재산권 대리중개계약을 저작권 대리중개업자와 체결하고, 저작권 대리중개업자가 계약에 따른 저작물 이용에 관련되는 업무를 수행하는 것이 저작권대리중개업자에게 금지된 「저작권법」상의 포괄적 대리에 해당하는지 여부
회답	음반의 저작재산권자가 소유하거나 소유하게 될 음원의 저작권의 전부 또는 일부를 유무선 기반의 모든 사업자가 사용할 수 있게 허용하는 권한을 대리중개업자에게 일정한 기간동안 독점적으로 위임하고, 그 기간만료 6월 전에 서면에 의한 기간만료통보가 없는 경우에는 그 기간을 1년씩 자동으로 연장하도록 하며, 매출대금의 일정비율을 사무처리를 위한 보수로 지급하도록 하는 등의 내용으로 지적재산권 대리중개계약을 저작권 대리중개업자와 체결하고, 저작권대리중개업자가 그 계약에 따라 저작물의 이용에 관한 업무를 수행하는 것은 저작권대리중개업자에게 금지된 「저작권법」상의 포괄적 대리에 해당합니다.
이유	○ 저작권대리중개업자는 저작재산권 등을 저작재산권자 등으로부터 이전받지 아니하고 저작재산권자 등을 대신하여 그 이용자로 하여금 저작물 또는 저작인접권의 대상을 이용하게 한 뒤 그 대리 또는 중개행위에 대한 수수료를 징수하는바, 저작권대리중개업자가 그 이용자로 하여금 저작물 또는 저작인접권의 대상을 이용하게 할 때, 음원저작권자가 저작권대리중개업자에게 일정한 기간 동안 그 음원저작권자가 가지고 있거나 가지게 될 음원의 전부 또는 일부에 관하여 모바일, 웹사이트, ARS 사업자 기타 유무선 기반의 모든 사업과 관련하여 상대방에 대한 사용허락권한을 독점적으로 위임하는 것은 음반제작자가 음원저작권에 대한 이용방법 및 상대방 선택의 범위를 포괄적으로 망라한 것일 뿐만 아니라 음원저작권자가 장래 가지게 될 음원저작권까지 그 대리중개의 대상으로 삼는 것이고, 이로 인하여 저작재산권자 등으로부터 저작재산권 등을 이전받은 것과 동일한 효과를 발생시키는 것이라 할 것입니다. ○ 그렇다면, 음반의 저작재산권자 등이 소유하거나 소유하게 될 음원저작권을 모바일, 웹사이트, ARS 사업자 기타 유무선 기반의 모든 사업자에게 이용하도록 하는 계약의 협상 및 체결 등 대행권을 저작권대리중개업자에게 독점적으로 수여하는 내용의 저작재산권 등 대리중개계약은 저작재산권 등을 저작권대리중개업자에게 포괄적으로 이전한 뒤 저작권대리중개업자가 저작물 또는 저작인접권의 대상을 이용하게 하는 것과 동일한 효과가 발생하는 것이며, 이러한 계약을 통하여 행하는 저작권대리중개업자의 업무행위는 저작재산권자 등과 그 이용자 간의 저작물 또는 저작인접권의 대상의 이용에 관한 계약을 대리중개하는 저작권대리중개업의 업무범위를 벗어난 것으로서 저작권대리중개업자가 그 업무를 행함에 있어 저작재산권자 등을 포괄적으로 대리한 것이라고 할 것입니다.

제목	「저작권법」 제2조(포괄적 대리의 범위) 관련 해석 (법제처 2008.1.30.)
질의요지	저작재산권자 등이 관련사업자 및 법무법인과 위임계약을 체결하여 저작권 침해행위에 대응하기 위한 민·형사상 조치 등 저작권 보호 및 이에 부대하는 일체의 행위만을 하는 것이 「저작권법」 제2조 제26호의 저작권신탁관리업에 포함되는 "저작물 등의 이용과 관련하여 포괄적으로 대리하는 경우"에 해당하는지?
회답	저작재산권자 등이 관련사업자 및 법무법인과 위임계약을 체결하여 저작권 침해행위에 대응하기 위한 민·형사상 조치 등 저작권 보호 및 이에 부대하는 일체의 행위만을 하는 것은 「저작권법」 제2조 제26호의 저작권신탁관리업에 포함되는 "저작물 등의 이용과 관련하여 포괄적으로 대리하는 경우"에 해당하지 않습니다.
이유	○ 「저작권법」 제2조제26호에 따르면, "저작권신탁관리업"은 저작재산권자, 출판권자, 저작인접권자 또는 데이터베이스제작자의 권리를 가진 자를 위하여 그 권리를 신탁받아 이를 지속적으로 관리하는 업을 말하며, 저작물 등의 이용과 관련하여 포괄적으로 대리하는 경우를 포함한다고 규정하고 있으므로, "저작물 등의 이용과 관련하여 포괄적으로 대리하는 경우"도 저작권신탁관리업에 해당하고, 따라서 저작권신탁관리업의 허가요건이나 의무사항 등을 모두 충족시켜야 할 것입니다. ○ 「저작권법」 제105조 제1항에 따르면, 저작권신탁관리업을 하고자 하는 자는 대통령령이 정하는 바에 따라 문화관광부장관의 허가를 받아야 한다고 되어 있고, 같은 조 제2항에 따르면, 제1항의 규정에 따라 저작권신탁관리업을 하고자 하는 자는 1. 저작물 등에 관한 권리자로 구성된 단체일 것, 2. 영리를 목적으로 하지 아니할 것, 3. 사용료의 징수 및 분배 등의 업무를 수행하기에 충분한 능력이 있을 것이라는 요건을 갖추어야 한다고 되어 있으며, 저작권신탁관리업자는 저작재산권자 등으로부터 저작재산권 등을 신탁받아 이용자에게 이의 이용을 허용한 다음 이용료를 징수하고, 징수한 이용료를 저작재산권자등에게 분배하며, 허락을 받지 아니하고 이를 이용한 자에 대하여 그 침해에 대한 법적 대응 등의 업무를 수행하는 것입니다. ○ 또한, 「저작권법」 제106조에 따르면, 저작권신탁관리업자는 관리하는 저작물 등의 목록을 분기별로 도서 또는 전자적 형태로 작성하여 누구든지 적어도 영업시간 내에는 목록을 열람할 수 있도록 하여야 하고, 이용자가 서면으로 요청하는 경우에는 정당한 사유가 없는 한 관리하는 저작물 등의 이용계약을 체결하기 위하여 필요한 정보로서 대통령령으로 정하는 정보를 상당한 기간 이내에 서면으로 제공하여야 한다고 되어 있습니다. ○ 이를 종합하면 저작권신탁관리업자는 그 업무태양과 관계없이 공통적으로 저작재산권 등을 이용자에게 이용하게 하고, 그로부터 이용료를 징수하며, 징수한 이용료를 저작재산권자 등에게 분배하고, 관리하는 저작물 등의 목록을 작성하여 열람하게 하거나 이용자가 요청하는 정보를 제공하는 것이므로, 비록 이용허락을 받지 아니하고 저작재산권 등을 이용한 자에 대하여 그 침해에 대한 법적 대응 등의 저작권 보호를 위한 행위가 저작권신탁관리업자의 업무범위에 포함될 수 있다고 하더라도, 저작재산권 등의 이용허락, 이용료 징수·분배에 관한 사항이나 저작권신탁관리업자의 의무에 관한 내용이 없이 단지 저작권 보호 및 이에 부대하는 일체의 행위만을 위임받아 행하는 것은 저작권신탁관리업에 포함되는 "저작물 등의 이용과 관련하여 포괄적으로 대리하는 경우"에 해당하지 않는다고 할 것입니다.

2. 위탁관리업의 허가 등[560)]

저작권신탁관리업을 하려는 자는 대통령령이 정하는 바에 의하여 문화체육관광부장관의 허가를 받아야 하며, 저작권대리중개업을 하고자 하는 자는 대통령령이 정하는 바에 따라서 문화체육관광부장관에게 신고하여야 한다(법 105조 1항). 다만, 금치산자, 한정치산자, 파산선고를 받고 복권되지 아니한 자, 저작권법에 위반하여 벌금 이상의 형의 선고를 받고 그 집행이 종료되거나 집행을 받지 아니하기로 확정된 후 1년이 경과되지 아니한 자 또는 형의 집행유예의 선고를 받고 그 집행유예기간 중에 있는 자, 대한민국 내에 주소를 두지 아니한 자 및 이들이 대표자 또는 임원으로 되어 있는 법인 또는 단체는 허가를 받을 수 없다(법 105조 3항). 허위 기타 부정한 방법으로 허가를 받거나 신고를 한 경우에는 취소의 대상이 된다(법 109조 2항). 허가를 받지 아니하고 저작권신탁관리업을 하는 자에 대해서는 1년 이하의 징역 또는 1천만원 이하의 벌금에 처하며(법 137조 4호), 신고를 하지 아니하고 대리중개업을 하는 자 또는 영업의 폐쇄명령을 받고 계속 영업을 하는 경우는 500만원 이하의 벌금에 처한다(법 138조 5호).

한편 이들 위탁관리업자는 저작재산권자 등으로부터 소정의 수수료를 받을 수 있되 그 요율 및 금액은 문화체육관광부장관의 승인을 얻어야 한다. 다만, 대리중개업의 신고를 한 자의 경우는 그러하지 아니하다(법 105조 4항, 5항).

3. 신탁관리업자의 서류열람 청구

저작권신탁관리업의 허가를 받은 자는 그가 신탁관리 하는 저작물 등을 영리목적으로 이용하는 자에 대하여 당해 저작물 등의 사용료 산정에 필요한 서류의 열람을 청구할 수 있다. 이 경우 이용자는 정당한 이유가 없는 한 이에

---

560) 우리 저작권법상 규제의 방법: 우리는 저작권법 제105조 이하에서 이들에 대해 2단계의 규제를 하고 있다(허희성, 앞의 책, 209면 참조).

1. 제1단계: 저작권위탁관리업의 허가제 등(저작권법 105조) 및 그 위반자에 대한 제재(저작권법 137조, 138조)

2. 제2단계: 저작권위탁관리업자의 보고의무 등(저작권법 106조, 108조) 및 그 위반자에 대한 제재(저작권법 109조, 저작권법 142조)

응하여야 한다(법 107조).

[판례] '통화연결음 사용료' 사건(대법원 2013.7.11.선고 2011다101483 판결)[561]
한국음악저작권협회 징수규정에는 "매출액이란 당해 서비스 사이트에서 해당 서비스로 발생한 이용료 등의 수입에 광고, 기타의 수입을 합한 금액을 말한다" 고 정하고 있는바, 위 매출액 정의 중 '당해 서비스 사이트'는 문언상의 의미대로 '콘텐츠제공업자(Contents Provider. 이하 'CP'라 한다) 등의 웹사이트'를 의미하고, '해당 서비스로 발생한 이용료 등의 수입'은 'CP 등이 음원을 통화연결음으로 전송한 대가로 받은 정보이용료 수입'만을 의미하며, '광고 기타의 수입'은 'CP 등의 웹사이트에서 발생한 광고 기타의 수입'을 의미한다고 해석함이 타당하므로, 갑 회사가 '전송' 행위와는 무관하게 통신역무의 대가로 받는 부가서비스 이용료는 매출액 정의상 '매출액'에 포함되지 않는다고 해석된다.

4. 위탁관리업자에 대한 감독 등

저작권위탁관리업자에 대한 감독은 문화체육관광부장관이 행한다. 문화체육관광부장관은 저작권위탁관리업자에게 저작권위탁관리업의 업무에 관하여 필요한 보고를 하게 할 수 있으며(법 108조 1항), 저작자의 권익보호와 저작물의 이용편의를 도모하기 위하여 저작권위탁관리업자의 업무에 대하여 필요한 명령을 할 수 있다(법 108조 2항). 한편 위탁관리업자가 과당수수료를 받은 경우, 보고의무를 해태하거나 허위보고를 한 경우 및 문화체육관광부장관의 명령을 불이행한 경우에는 6월 이내의 기간을 정하여 업무의 정지를 명할 수 있으며(법 109조 1항), 이러한 정지명령에도 불구하고 업무를 계속한 경우에는 허가를 취소하거나 영업폐쇄명령을 할 수 있다(법 109조 2항). 영업폐쇄나 허가취소 등의 경우에는 청문을 실시하여야 한다(법 110조 참조).

한편 2006년 개정법은 업무정지처분이나 허가취소보다는 이에 상당하는 제재수단으로 5천만원 이하의 과징금을 대신 부과할 수 있는 과징금제도를 도입하였다. 이것은 종래 저작물별로 하나의 위탁관리단체에 신탁관리를 허가해주고 있었고 제109조의 신탁관리단체의 업무정지나 허가취소는 그 저작물 전체의 원활한 이용을 저해하고 더 나아가서 저작권자의 이익을 손상시킬 수 있었다. 따

561) 同旨, 대법원 2013.7.12.선고 2011다15209 판결; 대법원 2013.7.11.선고 2012다28400 판결.

라서 과징금제도는 이에 대한 보완책이다.

◈ 참고: 최초의 음악저작권협회 = SACEM

음악저작권협회의 발상은 프랑스의 SACEM이다. 프랑스에서는 혁명 후 곧 저작권법이 성립되어 복제권이나 연주권을 저작자에게 인정하였다. 그러나 당시의 흥행주는 저작권을 무시하고 사용료를 지급하지도 아니한 채 무단으로 저작물을 이용하였다. 그러한 상황이 저작권법 성립 후 약 반세기 이상 계속되었다. 이것은 저작권협회라고 하는 기구를 설립하여 단체에서 저작권료를 징수한다는 생각을 미처 못했기 때문이다.

1847년 작곡가 브루제는 친구 바리조와 함께 샹젤리제의 음악다방 '앙바사돌'에 갔던바 우연히 자기가 작곡한 곡이 연주되었다. 음식대를 지급할 차례가 되자 그들은 다방주인이 자기의 음악을 무단연주한 대가를 주지 않는 한 자기들도 음식값을 줄 수 없다고 거절하였다. 그들은 이에 만족하지 않고 센 상사법원에 제소하였다. 법원은 '앙바사돌'에서 브루제의 음악을 연주하는 것을 금지하는 판결을 내렸다. 그러나 주인이 이 판결에 따르지 않았기 때문에 재차 소송을 제기하여 손해배상을 청구하였다.

이 사건을 계기로 바리조, 브루제, 폴 앙이옹의 3명은 출판자 '코롱비에'의 도움을 받아 '음악 작사자 작곡자 저작권사용료 징수 중앙대리기구'를 설립, 221명의 회원을 모집하였다. 1851년 2월, 회원에 대한 최초의 분배가 있었다. 최초의 성공에 힘을 얻은 발기인들은 '음악작사자작곡자출판자협회', 약칭 SACEM을 창설하였다. 1878년 SACEM은 외국에 진출하여 사용료 징수를 개시하였다. 유럽제국의 저작권협회는 SACEM을 모델로 하여 만들어진 것이다(자료: 日本 有斐閣, 「저작권판례백선」, 212면에서).

◈ 집중관리단체 발전의 4단계

1) 제1단계 국가적 집중관리단체가 형성되었다. 1851년 프랑스의 SACEM, 1882년의 이태리의 SIAE, 1903년 독일의 GEMA, 1914년 영국의 PRS와 미국의 ASCAP이 그 예이다.

2) 제2단계 국가별 집중관리단체 사이에 상호 계약을 체결하여 협조체제를 구축하고, 상호 자국에서 타국 저작물을 대리 관리하였다. 이러한 체제는 1926년의 CISAC(Confédération Internationale des Sociétées des Auteurs et Compositeurs)의 형성을 통해서 더욱 발전되었다. 1930년 BIEM의 형성으로 표준계약 등이 마련되었다.

3) 제3단계 저작자보다는 권리자를 대표하는 집중관리단체가 형성되었다. 로마조약의 형성과 실연자단체 등이 구성되었다.

4) 제4단계 보호받는 저작물 등의 새로운 사용, 예컨대 사진복제, 사적녹음 등을 다루는 단체(예컨대, 복제보상금관리단체)가 형성되었다. 사진복제에 관해서는 국제적으로는 IFRRO(International Federation of Reprographic Reproduction Organization)이 창설되었고, 디자이너나 사진작가의 권리를 대리하고 관리하는 SPADEM(Société de la Propriété Artistique et des Dessins et Modèles)이 창설되었다.

◈ 우리나라 집중관리단체

현재 저작권 등을 집중관리하는 단체는 13개이다. 이들은 크게 저작권을 관리하는 단체와 저작인접권을 관리하는 단체로 나누어 볼 수 있다.

첫째, 저작권을 관리하는 단체로서 이는 다시 저작물 분야별로 세분된다. 여기에는 음악저작권을 관리하는 '한국음악저작권협회'와 '함께하는 음악저작인협회', 문예·학술저작권을 관리하는 '한국문예학술저작권협회', 영상물에 관한 '한국시나리오작가협회', 한국영화제작자협회, 한국영상산업협회, 방송작가의 저작권을 관리하는 '한국방송작가협회', 디지털문화콘텐츠에 관한 한국콘텐츠진흥원이 있다. 이들 단체는 저작권법 제7장에서 규정하는 저작권위탁관리업체로 저작권을 신탁받아 관리하는 신탁관리업을 영위하는 집중관리단체이다.

둘째, 저작인접권 부문에서의 단체이다. 여기에는 실연자의 권리에 관계된 '한국음악실연자단체연합회'와 '한국방송실연자협회', 음원제작자의 권리에 관계된 '한국음원제작자협회'가 있다. '한국음악실연자연합회'와 '한국음원제작자협회'는 신탁관리단체일 뿐만 아니라 저작권법 제75조, 제76조, 제76조의2와 제82조, 제83조, 제83조의2에 의거하여 판매용 음반의 방송사용 등에 대한 사용료청구권을 각기 행사할 수 있는 지정단체이다.

한편 2000년 '한국복사전송권협회'가 창설되었다. 이것은 공중복사기에 의한 복사가 사적 사용에서 벗어남에 따라 그 권리처리를 하기 위한 것으로 앞의 저작권 3단체, 대한출판문화협회, 학술단체연합회 등이 참여하고 있다. 이 단체는 일본의 복사권센터를 모범으로 한 것인데[562] 일본 복사권센터와 달리 전송권까지 권리처리를 하겠다는 점에 특색이 있다. '한국복사전송권협회'는 권리자의 자발적인 임의단체인데 이 단체의 성패는 어느 정도의 저작물을 확보하여 권리처리를 하고, 권리처리 없이 전송·복사하는 자를 단속하며, 복사 등을 허락하고 받은 보상금을 얼마나 공정하게 저작권자 등에게 분배하느냐에 달려 있다.

562) 일본 복사권센터는 ⅰ) 널리 저작권자로부터 복사 등에 관한 권리행사의 위탁 또는 사무의 위탁을 받아 이것을 관리하며, ⅱ) 이용자와의 사이에 복사이용허락계약을 체결하고, 복사사용료를 징수하며, ⅲ) 징수한 사용료를 권리위탁자에게 분배한다. 복사권센터가 계약의 대상으로 하는 것은 동 센터가 관리하고 있는 저작물인바, 그 복사 대상범위는 소부분, 소 部數의 복사로서 일반 공중에게 배포를 목적으로 하지 않는 것이다.

◈ 일본 저작권관리사업법

일본은 2000년 11월 29일 「저작권 등 관리사업법」을 제정함으로써, 1939년 이래 집중관리를 규율해 왔던 중개업법을 폐지하였다. 저작권 등 관리사업법은 2001년 10월 1일부터 시행되고 있다. 그 주된 내용은 다음과 같다.

1) 동법은 중개업법에서 채택했던 허가제 대신에 등록제를 채택하였다.

2) 관리위탁계약(신탁계약과 위임계약)과 저작권 등 관리사업은 동법의 규제대상이 된다.

3) 법이 규제하는 저작물의 범위는 모든 저작물, 저작인접물, 즉 저작권법의 모든 대상을 그 대상으로 한다. 이 점은 중개업법이 소설, 각본, 악곡을 수반하는 경우의 가사, 악곡의 넷을 대상으로 하였던 것과 다르다.

4) 업무운영에 관한 규정(관리위탁약관)의 작성과 제출의무 등을 규정하였다.

Ⅱ. 저작권에 관한 분쟁의 조정 및 심의

1. 서 언

저작권법상의 권리침해에 대한 법적 조치로서 침해행위의 형태에 따라 민사상의 구제규정(법 9장) 및 형사상의 제재규정(법 11장)이 마련되어 있으나 우리나라와 같이 저작권법제와 이론의 발전이 미약하고 국민의 저작물 보호인식도 크지 못한 나라에서는 전문가로 구성된 위원회에서 저작권분쟁을 사전에 알선, 조정해 주는 제도가 효과적이라는 취지에서 현행법은 한국저작권위원회의 권한으로 '저작권분쟁 알선·조정제도'에 관한 규정을 두고 있다(법 113조 1호). 이 제도는 저작권에 대한 분쟁 등에 관하여 위원회에 알선이나 조정신청을 하고, 여기에서 알선·조정을 하여 당사자간에 합의가 성립된 경우 화해(알선의 경우) 또는 재판상 화해(조정의 경우)와 같은 효력을 인정하는 제도이다.

2. 조 정

(1) 조정의 의의

조정이라 함은 법관이나 조정위원회가 분쟁관계인 사이에 개입하여 화해로 이끄는 절차를 말하며, 일반적으로 조정기관인 제3자가 독자적으로 분쟁해결을 위한 타협방안(조정안)을 마련하여 당사자의 수락을 권고하는 방식을 택한다.

당사자가 합의하거나 조정안을 받아들이면 조정은 성립되며, 조정안의 거부 등 합의에 도달하지 못하면 조정불성립으로 끝맺는다. 조정이 성립되어 조정조서가 작성되면 재판상 화해와 같은 효력이 있다.

◈ 조정이라는 말의 유래

조정이라는 용어는 원래 중국(中國)책 「18사략」 권7 송사(十八史略卷七 宋史)에서 처음으로 쓰여졌다. 송사에는 "당파(黨派)가 나뉘어져 재상(宰相)의 지위를 둘러싸고 서로 다투는 경우, 양파가 서로 교대로 재상의 지위에 취임하고 구원(舊怨)을 잊고, 다툼을 그치는 것을 조정(調停)이라 한다"고 쓰여져 있다. 이것이 그 후에 "다투고 있는 당사자 사이에 제3자가 개입해서 다툼을 중지시키고, 화해를 시킨다"라는 의미로 되었다고 한다.

(2) 조정제도의 장점과 그 한계

조정은 통상의 소송절차에 비하여 다음과 같은 장점을 지니고 있다.

1) 절차를 진행함에 있어 법률상 엄격한 제한이 없으므로 융통성이 있고, 법률지식이 없는 사람도 쉽게 이용할 수 있으며(이해하기 쉬운 절차),

2) 극히 단시일 내에 절차가 끝남이 원칙이고, 이루어진 조정에 대해서는 원칙적으로 상소, 이의신청 기타 불복을 할 수 없으므로 분쟁이 즉시, 종국적으로 해결될 수 있고(신속한 절차),

3) 무엇보다도 신청수수료가 소송사건에 비하여 월등하게 저렴하고, 증거조사 기타 절차상의 비용도 절약할 수 있고(저렴한 비용),

4) 절차가 비공개로 진행되므로 당사자 사이의 분쟁이 널리 알려지는 것을 방지할 수 있으며(비밀의 보장),

5) 사회 각계의 전문가가 분쟁해결에 참여함으로써 그들의 전문적 지식이 폭넓게 반영되며(전문지식의 활용), 이해와 타협으로 당사자 사이의 날카로운 대립감정을 누그러뜨리므로 계속적인 법률관계에 있어서의 분쟁의 해결에 적합하다.

6) 소송제도와 달리 조정제도는 정보(情報)의 흐름을 제한하지 않으며, 실제로 모든 자료의 이용을 장려한다. 소송에 의한다면 법률요건사실밖에 진술할 수 없는 제약이 따르나 조정절차에 의할 때에는 저간의 사정까지 속시원하게

이야기할 수 있어 정신적 위안이 될 뿐만 아니라, 법적 기준에 기초한 해결보다는 고객의 요구에 초점을 두기 때문에 만족의 잠재성이 더 크며 결과에 대한 수용도가 더 높다. 그러므로 조정이 성립되면 채무의 이행이 자율적으로 이루어져 강제집행을 필요로 하지 않는 경우가 많다.

이 외에도 조정은 많은 장점들을 가지고 있다. 그러나 조정은 어디까지나 자주적인 해결방법으로 당사자 중 어느 일방이라도 조정안을 받아들이지 않으면 국가기관들의 노력에도 불구하고 다툼의 해결은 좌절되고, 시간낭비로 되기 쉬운 한계를 지니고 있다.[563]

(3) 분쟁조정기구

저작권 분쟁의 조정은 '한국저작권위원회'의 업무[564]로 되어 있고, 저작권위원회는 위원장 1인과 부위원장 2인을 포함한 20인 이상 25인 이하의 위원으로 구성되어 있다. 다만, 분쟁조정업무를 효율적으로 수행하기 위하여 위원회에 1인 또는 3인 이상의 위원으로 구성되는 조정부를 두고 있다.[565] 조정부의 위원

563) 그 밖의 한계는 후술 저작권 조정제도의 한계 참조.

564) 2009년 개정법은 저작권위원회의 명칭을 '한국저작권위원회'로 변경하고, 위원회를 법인으로 하고 업무를 확장하였다. 한국저작권위원회의 업무는 다음과 같다(법 제113조).

1. 분쟁의 알선·조정
2. 제105조 제6항의 규정에 따른 저작권위탁관리업자의 수수료 및 사용료의 요율 또는 금액에 관한 사항 및 문화체육관광부장관 또는 위원 3인 이상이 공동으로 부의하는 사항의 심의
3. 저작물 등의 이용질서 확립 및 저작물의 공정한 이용 도모를 위한 사업
4. 저작권 보호를 위한 국제협력
5. 저작권 연구·교육 및 홍보
6. 저작권 정책의 수립 지원
7. 기술적 보호조치 및 권리관리정보에 관한 정책 수립 지원
8. 저작권 정보 제공을 위한 정보관리 시스템 구축 및 운영
9. 저작권의 침해 등에 관한 감정
10. 제133조의3에 따른 온라인서비스제공자에 대한 시정권고 및 문화체육관광부장관에 대한 시정명령 요청
11. 법령에 따라 위원회의 업무로 정하거나 위탁하는 업무
12. 그 밖에 문화체육관광부장관이 위탁하는 업무

565) 조정부는 원칙적으로 3명의 위원으로 구성한다. 다만, 조정신청 금액이 500만원 이하인 사건에 대하여는 위원회의 위원장이 지정하는 1명의 위원이 조정 업무를 수행할 수 있

중 1인은 변호사 자격이 있어야 한다.

(4) 조정절차

1) 조정의 신청　　분쟁의 조정을 받고자 하는 자는 신청의 취지와 원인을 명확히 하여 위원회에 분쟁의 조정을 신청할 수 있다.[566] 권리침해를 받은 자는 물론 그 상대방도 분쟁조정을 신청할 수 있다.

신청은 위원회가 정하는 조정신청서를 위원회에 제출함으로써 하되 소정의 조정비용을 납부하여야 한다.

◈ 조정비용

조정비용은 다음과 같다.

조정 신청금액	기　준	조정 비용
· 100만원 미만	1건당	10,000원
· 100만원 이상 500만원 미만	1건당	30,000원
· 500만원 이상 1,000만원 미만	1건당	50,000원
· 1,000만원 이상	1건당	100,000원
· 금액으로 환산할 수 없는 사건	1건당	50,000원

주 1) 신청취지가 피신청인별로 기재된 경우에는 각 금액을 합산한 금액을 조정신청금액으로 한다.

주 2) 신청취지가 금액으로 환산할 수 있는 것과 없는 것이 중복된 경우에는 각각 별개의 건으로 계산한다.

주 3) 신청취지가 금액으로 환산할 수 없는 것이 중복된 경우에는 각각 별개의 건으로 계산한다.

2) 조정의 실시　　조정은 담당조정부가 행한다. 필요하다고 인정하는 경우에는 신청인·피신청인 등 당사자나 그 대리인 또는 이해관계인의 출석과 의견의 진술을 요구할 수 있으며, 필요한 관계서류의 제출을 요구할 수도 있다.

다(시행령 제60조).

566) 저작권 관련 분쟁이 발생하였을 때 인터넷을 통하여 간편하게 조정신청을 할 수 있다. 한국저작권위원회는 2007년 6월 4일부터 일반인들을 대상으로 하는 '저작권분쟁조정시스템(http://adr.copyright.or.kr)'을 오픈하였다. 종래에는 분쟁조정 신청을 하기 위해서는 민원인들이 위원회를 직접 방문하거나 우편을 보내야 했지만, 이러한 시스템 개통으로 민원인들은 집이나 사무실에서 마우스 클릭만으로 편리하게 조정 신청을 할 수 있게 되었다.

또 담당조정부는 조정이 성립되지 아니할 것이 명백한 경우가 아닌 한 조정안을 작성하여야 하며, 이를 통해 당사자의 합의를 유도하여야 한다. 조정은 조정신청이 있는 날(신청서 접수일)로부터 3월 이내에 성립하여야 한다. 다만, 특별한 사유가 있는 경우에는 양 당사자의 동의를 얻어 1개월의 범위에서 1회에 한하여 그 기간을 연장할 수 있다(시행령 61조, 다만 감정이 실시되는 경우 감정기간은 이러한 조정기간에 산입하지 아니한다).

3) 조정의 성립과 효력　　조정에 의하여 분쟁당사자간에 합의가 성립되고 그 합의사항을 조정조서에 기재하였을 때 조정이 성립된다. 성립된 조정조서는 재판상 화해와 동일한 효력을 가진다.

4) 조정의 집행　　조정조서에 기재된 합의사항을 어느 일방이 이행치 않을 경우 대법원규칙 제1198호로서 1992년 3월 2일자로 공포된 「각종 분쟁조정위원회 등의 조정조서 등에 대한 집행문 부여에 관한 규칙」[567]에 의거 강제집행이 가능하다. 「각종 분쟁조정위원회 등의 조정조서 등에 대한 집행문 부여에 관한 규칙」이란 '민사집행법이 적용되지 아니하는 법률의 규정에 의하여 재판상 화해와 동일한 효력이 있는 문서에 대한 집행문의 부여절차 기타 필요한 사항을' 규정한 대법원규칙이다(동 규칙 1조, 2조 참조).

① 관　할　　조서에 대한 집행문부여 신청사건은 그 조서를 작성한 조정위원회의 소재지를 관할하는 지방법원의 관할로 하므로(동 규칙 3조), 저작권 조정조서에 대한 집행문부여 관할법원은 서울중앙지방법원이다.

② 담당기관 및 절차　　본 규칙에 의거 집행문부여는 '관할 지방법원의 법원사무관, 법원주사 또는 법원주사보'(이들을 '법원사무관 등'이라고 한다)가 행한다. 집행문부여 신청서를 접수한 법원사무관 등은 집행문부여 신청의 대상이 된 조서를 작성한 조정위원회에 그 조서의 등본의 송부를 촉탁하여 송부받은 후 송부받은 조서의 등본과 신청인이 제출한 조서의 정본[568]을 대조하여 일

---

567) 본 규칙이 성립하기 이전에는 각종 조정위원회의 집행문부여에 관한 규칙에 의거하여 집행문이 부여되었다. 따라서 저작권의 경우에도 「한국저작권위원회조정조서에 대한 집행문부여규칙(대법원규칙 제1051호)」에 의거 집행문이 부여되었다. 그러나 1992년 본 규칙을 제정하여 각종 조정위원회의 집행문부여에 관한 규칙을 통합하고, 기존에 개별적으로 존재하던 각종 조정위원회의 집행문부여에 관한 규칙을 폐지하였다(본 규칙 부칙 제2조 참조).

568) 조서의 정본이란 채권자가 조정위원회로부터 재판상의 화해와 동일한 효력이 있는 것으

치함을 확인한 후 집행문을 부여하여야 한다(동 규칙 6조, 7조 참조).

5) 조정의 불성립 조정신청을 하였으나 i) 조정당사자가 정당한 이유 없이 위원회의 출석요구에 응하지 아니한 경우, ii) 조정기간이 경과한 경우, iii) 당사자간에 합의가 성립하지 아니한 경우에는 조정이 성립되지 아니한 것으로 본다(시행령 63조 1항). 조정이 성립되지 아니한 경우에는 그 사유를 조서에 적어야 한다(시행령 63조 2항).

조정이 불성립되었을 때에는 분쟁은 조정 이전 상태로 돌아가므로 당사자는 소송 기타의 방법으로 이를 해결할 수밖에 없게 된다.

6) 조정제도 이용의 현황[569] 우리나라 저작권심의조정제도는 1986년 법에 규정되어 비로소 저작권 분야에서도 분쟁조정제도가 도입되었다. 분쟁조정을 담당할 한국저작권위원회[570]는 1987년 7월 발족되었으며, 그 이래 1995년 6월 16일까지 동 위원회는 167건의 분쟁사건을 조정하였다. 그중 조정이 성립된 것이 68건, 불성립 76건, 조정취하 23건 등이었다. 그러나 2001년 이후는 조정 이용이 활성화되어 2013년에는 101건의 조정이 신청되는 등 적지 않은 분쟁이 조정으로 해결되고 있다. 또 한국저작권위원회는 자체 조정뿐만 아니라 법원연계조정[571]도 실시하고 있다.

◇ 저작권 조정제도의 한계

저작권 침해가 계속중인 경우에는 이를 중지시키는 것이 급선무이다. 그러므로 금지청구나 금지의 가처분은 저작권 침해구제제도로서 매우 유용함은 더 말할 나위도 없다. 그런 면에서 저작권분쟁조정제도에 이러한 기능이 없는 것은 동 제도의 한계라고 할 것이다. 민사조정제도에는 법 제21조에서 '조정 전의 처분'을 인정하고 있다.[572] 그러나 민사조정제도에도 집행력 결여라는 문제가 있고, 또 집행력

로서 송달 또는 교부받은 문서를 말한다(동 규칙 4조 참조).

569) 이용현황에 대한 자세한 것은, 저작권통계집(http://www.copyright.or.kr/info/publish/statistics.do?hm_seq=95)참조.

570) 당시 명칭은 '저작권심의조정위원회'이다. 저작권위원회와 컴퓨터프로그램보호위원회가 통합되어 2009.7.23.부로 '한국저작권위원회'로 되었다.

571) 법원에 접수된 소송사건을 첫 변론(준비)기일 전에 조정절차에 회부해 외부 전문조정기관으로 하여금 조정을 진행해 당사자 사이의 합의를 유도하고, 합의가 성사되지 않을 경우 다시 법원이 돌려받아 재판절차를 진행하는 제도로서, 서울중앙지방법원은 2013.3.6. 한국저작권위원회를 외부분쟁해결기관으로 위촉하여 저작권 관련 소송사건을 맡기고 있다.

572) 조정담당판사는 조정을 위하여 특히 필요하다고 인정하는 때에는 당사자의 신청에 의하

이 결여된 '조정 전 처분'이지만 그 정도의 권한이라고 하더라도 한국저작권위원회에 이를 부여하는 것은 문제가 있다고 본다. 결국 이것은 행정부 산하 위원회가 행하는 조정의 한계이고, 그렇다면 이 한계를 권리자에게 명백히 인식시키는 것을 통해 별도의 방법을 강구하도록 하는 것이 권리자를 보호하는 길일 것이다.

3. 알 선

2009년 개정법은 위원회의 업무의 하나로 알선기능을 추가하였다(법 제113조의2). 알선이란 저작권 등의 분쟁이 원만하게 해결되도록 도와주는 것을 일컫는다. 분쟁해결제도 중에서는 국가기관의 개입정도가 낮은 제도이다. 알선제도를 도입한 것은, 조정이나 중재, 소송 이전에 관계당사자로 하여금 자율적으로 분쟁을 신속하게 해결하도록 하기 위한 것이다. 폐지된 「컴퓨터프로그램보호법」에서도 알선제도를 두고 있었다. 알선절차는 다음과 같다.

1) 분쟁에 관한 알선을 받으려는 자는 알선신청서를 위원회에 제출하여 알선을 신청할 수 있다.

2) 위원회가 알선의 신청을 받은 때에는 위원장이 위원 중에서 알선위원을 지명하여 알선을 하게 하여야 한다.

3) 알선위원은 알선으로서는 분쟁해결의 가능성이 없다고 인정되는 경우에 알선을 중단할 수 있다.

4) 알선중인 분쟁에 대하여 저작권법에 따른 조정의 신청이 있는 때에는 해당 알선은 중단된 것으로 본다.

5) 알선이 성립한 때에 알선위원은 알선서를 작성하여 관계 당사자와 함께 기명날인하여야 한다.

6) 그 밖의 알선의 신청 및 절차에 관하여 필요한 사항은 대통령령으로 정한다.

여 조정 전의 처분으로서 상대방 기타 사건관계인에 대하여 현상을 변경하거나 물건을 처분하는 행위의 금지를 명할 수 있고, 기타 조정의 내용이 되는 사항의 실현을 불가능하게 하거나 현저히 곤란하게 하는 행위의 배제를 명할 수 있다(민사조정법 21조). 이 명령에 위반하면 30만원 이하의 과태료 제재가 있다. 그러나 조정 전의 처분은 재판은 아니며, 가처분명령과는 달리 집행력이 없으므로 만전을 기하기 위해서는 당사자는 가처분신청을 하여야 한다.

4. 심　　의

한국저작권위원회는 분쟁조정기능뿐 아니라 일정한 사항에 대한 심의기능도 가지고 있다(법 113조 2호). 위원회의 심의사항은 다음과 같다.

1) 저작권 위탁관리업자가 문화체육관광부장관의 승인을 받아 정하도록 되어 있는 수수료 및 사용료의 요율 또는 금액에 관한 사항

2) 문화체육관광부장관 또는 위원 3인 이상이 공동으로 부의하는 사항

◈ 한국저작권위원회의 그 밖의 기능

(1) 저작권관련 감정

위원회 업무의 하나에 감정(鑑定)이 있다. 감정이란 특별한 학식경험이 있는 자에게 전문적 지식 또는 그 지식에 의한 판단이나 의견을 제공하는 것이다. 위원회는 다음 어느 하나에 해당하는 경우에는 감정을 실시할 수 있다.

1) 법원 또는 수사기관 등으로부터 재판 또는 수사를 위하여 저작권의 침해 등에 관한 감정을 요청받은 경우

2) 제114조의2에 따른 분쟁조정을 위하여 분쟁조정의 양 당사자로부터 프로그램 및 프로그램과 관련된 전자적 정보 등에 관한 감정을 요청받은 경우

(2) 저작권관련 연구 및 교육

위원회의 또 다른 업무의 하나는 저작권 연구·교육 및 홍보가 있다(법 113조 5호). 위원회가 '저작권심의조정위원회'라는 명칭으로 1987년 발족한 이래 우리나라 저작권 연구와 교육의 산실로서 큰 역할을 해온 것은 주지의 사실이며, 이 책 역시 위원회의 연구보고서 등 발간자료에 크게 힘입은 바 있다.

(3) 저작권관련 정보제공

위원회 업무를 규정한 저작권법 제113조 제7호 및 제8호는 "기술적보호조치 및 권리관리정보에 관한 정책 수립 지원"(7호), "저작권 정보 제공을 위한 정보관리 시스템 구축 및 운영"(8호)을 그 업무의 하나로 규정한다. 저작권법은 이들 업무를 효율적으로 수행하기 위하여 위원회 내에 저작권정보센터를 둔다고 규정한다(법 120조). 저작권정보센터의 운영에 필요한 사항은 대통령령으로 정한다.

제12절 저작권 침해에 대한 구제

〈관련조문: 저작권법 제102조-제104조의8, 제123조-제129조의5, 제133조-제133조의3, 제136조-제142조〉

- 권리침해에 대한 구제
  - 제123조: 침해의 정지 등 청구
  - 제124조: 침해로 보는 행위
  - 제125조: 손해배상의 청구
  - 제126조: 손해액의 인정
  - 제127조: 명예회복 등의 청구
  - 제128조: 저작자의 사망 후 인격적 이익의 보호
  - 제129조: 공동저작물의 권리침해
  - 제129조의2: 정보의 제공
  - 제129조의3: 비밀유지명령
  - 제129조의4: 비밀유지명령의 취소
  - 제129조의5: 소송기록 열람 등 신청의 통지 등
  - 제133조: 불법 복제물의 수거·폐기 및 삭제
  - 제133조의2: 정보통신망을 통한 불법복제물 등의 삭제명령 등
  - 제133조의3: 시정권고 등
- 벌 칙
  - 제136조: 벌칙
  - 제137조: 벌칙
  - 제138조: 벌칙
  - 제139조: 몰수
  - 제140조: 고소
  - 제141조: 양벌규정
  - 제142조: 과 태 료
- 온라인서비스제공자의 책임 제한
  - 제102조: 온라인서비스제공자의 책임 제한
  - 제103조: 복제·전송의 중단
  - 제103조의2: 온라인서비스제공자에 대한 법원 명령의 범위
  - 제103조의3: 복제·전송자에 관한 정보 제공의 청구
  - 제104조: 특수한 유형의 온라인 서비스제공자의 의무 등
- 기술적 보호조치의 무력화 금지 등
  - 제104조의2: 기술적 보호조치의 무력화 금지
  - 제104조의3: 권리관리정보의 제거·변경 등의 금지

├ 제104조의4: 암호화된 방송 신호의 무력화 등의 금지
├ 제104조의5: 라벨 위조 등의 금지
├ 제104조의6: 영상저작물 녹화 등의 금지
├ 제104조의7: 방송전 신호의 송신 금지
└ 제104조의8: 침해의 정지 · 예방 청구 등

Ⅰ. 권리침해

1. 권리침해의 의의

권리침해라 함은 권원 없이 권리목적물을 이용해서 타인의 권리를 해하는 것이다. 권원 없이 이용한다는 것은 저작권자 등의 승낙 기타 정당한 권한 없이 이용한다는 의미이며, 저작권 제한규정에 의해 자유이용이 인정되는 경우나 법정허락규정에 의해 권한 있는 기관의 허락을 받은 경우 등은 권원 있는 이용이고 저작권 침해를 구성하지 아니한다. 권리목적물이란 저작물, 2차적 저작물 등과 실연·음반·방송 등 저작인접권의 대상을 말한다.

[판례 1] 심사용 슬라이드의 무단사용(부산지법 1986.11.12.선고 86가단440 판결)
원고가 피고회사의 기획실 직원으로부터 선전용 안내책자를 제작하는 데 필요한 카탈로그를 만들어 달라는 의뢰를 받고, 상징 모형을 설계·제작하고 그것을 촬영하여 2컷짜리 원색 슬라이드 필름을 제작한 뒤 피고회사에 심사용으로 인도하였는바, 피고의 직원이 당초 의뢰한 카탈로그의 제작에 관하여 원고와 아무런 계약도 체결하지 아니한 채 원고로부터 교부받아 일시 소지하고 있던 위 슬라이드 필름을 무단으로 사용하여 피고회사의 선전용 책자를 제작·배포하였다면, 위와 같은 필름 무단사용행위는 그 필름에 대한 원고의 저작권을 침해한 것이므로 피고는 사용자로서 그 피용자의 사무집행에 관한 위와 같은 불법행위로 말미암아 원고가 입게 된 손해를 배상할 의무가 있다.

[판례 2] 「소니 뮤직」 사건(서울지법 1997.8.25.고지 96카합3038 결정)
저작자로부터 권한을 부여받아 음악저작물을 위탁관리 하는 한국음악저작권협회와 곡의 기계적 복제에 대한 사용료합의가 되지 않아 그 사용료를 지급하지

않고 있고, 달리 이에 관한 사용허락을 받지도 않은 상태에서 이 사건 곡이 남긴 음반을 복제 · 판매하였다면 저작권을 침해하는 것이다.

2. 저작권 침해의 형태

저작권법상의 권리침해는 i) 저작재산권 침해, ii) 저작인격권 침해, iii) 출판권 침해, iv) 저작인접권 침해의 4가지 형태로 분류할 수 있다. 또 저작권자 등의 권리보호에 만전을 기하기 위하여 이들 분류에는 직접 해당하지 아니하나 실질적으로는 이들 침해행위와 동일시할 수 있는 일정한 행위에 대해서도 법은 권리침해행위로 보고 있다(법 124조 참조).

(1) 저작재산권 침해의 유형

1) 무단이용　　저작물의 무단이용에는 완전한 의미에 있어서의 복제, 즉 해적행위가 있고 이 경우는 이론상 문제가 되지 아니한다. 실제로 어려운 문제는 유사한 형태의 침해에 있어 일어난다. 원래 작풍이나 스타일의 모방, 아이디어의 이용은 저작권을 침해하는 것은 아니고[573] 표현의 도용(plagiarism)만이 침해를 구성한다(아이디어/표현 2분법).[574] 또 표현의 형식을 바꾸어도 저작권의 침해이다. 예컨대 소설을 영상화하거나 연극화하는 경우라든가 음악적 저작물의 편곡의 경우 등은 모두 저작권자의 허락을 받아야 하며, 허락 없이 하는 형식의 변환은 저작권 침해이다(법 5조, 22조 참조).

---

573) 허희성, 「2011 신저작권법 축조개설」, 84면. 문제는 저작권법으로 보호하지 않는 화풍 등을 다른 법으로 보호할 수 있는지 여부이다. 상반되는 미국의 판결을 본다.

Romm Art Creations, Ltd. v. Simcha Int'l, 786 F.Supp. 1126(E.D.N.Y. 1992)에서는 Tarkay의 화풍과 닮은 Patricia의 판화와 포스터가 Tarkay의 트레이드 드레스를 침해한 것 아니냐가 문제되었다. 법원은 미술작품에 대해서도 트레이드 드레스보호를 인정하였다. 그러나 Galerie Furstenberg v. Coffaro, 697 F.Supp. 1282(S.D.N.Y. 1988)에서는 이를 인정하지 아니하였다. 그 침해 여부는 오로지 저작권법이 판단할 문제라고 보았다.

574) 후술, 대법원 1999.11.26.선고 98다46259 판결 등 참조.

◈ 방송 프로그램의 포맷

방송 등의 표절시비 내지는 외국 방송 프로그램 베끼기와 관련하여 자주 등장하는 용어가 '포맷'이라는 용어이다. 여기서 '포맷이란 프로그램이 기초하고 있는 기본적 아이디어나 전제(a format being the basic idea or premise upon which a program is based)'를 말한다.[575] 프로그램 제작에 관한 전문서적에 의하면 포맷은 프로그램에 대한 약식 기획(informal plan)으로 프로그램의 시작부터 종료까지 연출자가 보고 듣고 할 내용을 이야기하듯 서술해 놓은 것이라고 설명한다.[576] 저작권법 측면에서 문제가 되는 것은 주로 시리즈 물에서 당해 프로그램의 일체성을 확보하고, 당해 프로그램을 다른 프로그램과 구별할 수 있는 고정되고 반복되는 요소이다. 대체로 이들은 저작권법상 보호되기 힘든 아이디어 영역에 속하는 경우가 많을 것이다. 다만 포맷에서 더 나아가 전체적인 줄거리나 에피소드 등이 비슷한 경우에는 저작권침해로 될 가능성이 높다.

한편 이러한 포맷이 저작권법으로 보호되지 못한다고 하더라도 오늘날의 국제적인 관행은 참신하고 새로운 포맷을 대가를 주고 구입하는 경향이 강하다는 사실이다. 미국 판례도 저작권에 의한 보호 여부를 정면에서 언급함이 없이 재산권 이론(property theory)을 통해 보호한 사례가 상당히 있다.

또 최근에는 새롭고 구체적인 포맷은 저작권법으로 보호하여야 한다는 주장이 강하게 일고 있다.

저작권 침해라고 하기 위해서는 두 가지 요건을 충족하여야 한다. 하나는 원고에게 저작권이 있을 것, 또 하나는 피고에 의한 도용이 있을 것이다. 도용하였다는 것을 직접적인 증거에 의하여 입증하기는 곤란하므로 이를 추정할 수 있는 간접사실로서 ⅰ) 피고가 원고저작물을 도용할 수 있는 상당한 기회를 가졌다는 의미에서의 '접근'과, ⅱ) 원고의 저작물과 피고의 저작물간에 있어서 '실질적 유사성'이다.[577]

① 접 근　　첫째, 독자적으로 창작한 것이 아니고 저작물을 도용하였다고 볼 만한 증거[이를 미국 판례들은 접근(access)이라고 표현한다]가 있어야 한

---

575) Nimmer, Nimmer on Copyright, §16.02(16-6면). 포맷의 보호와 관련된 우리 문헌으로는 박성호, 「문화산업법」, 한양대학교 출판부, 2012, 163-169면 참조.

576) 김영임, 「TV제작입문」, 68면(이호흥, "저작권법상 '프로그램베끼기'의 한계," 「계간 저작권」, 1999년 봄호, 52면에서 재인용).

577) 이에 대한 자세한 것은 이성호, "저작권 침해여부의 판단기준," 「지적재산권법강의」, 295면 이하 참조.

다. 이는 정황증거에 의하여 판단되지만 원고의 저작물이 널리 알려져 있다거나 피고가 원고의 저작물에 접근할 기회가 있었다거나 유사성이 현저하거나(striking similarity) 또는 공통의 오류(common error, 지도저작물 등에 일부러 오류를 만들어 두는 예도 있다고 한다)가 있다면 access가 사실상 추정된다. 유사성이 크면 클수록 우연의 일치나 독립제작 또는 공통소재나 공유저작물의 이용이라는 항변은 고도의 반증을 요한다.[578)]

[판례 1] 「꼬마철학자」 사건(서울민사지법 1988.3.18.선고 87카53920 판결)
원작의 문체가 간결하고 그 내용도 생략과 비약이 심하여 번역을 함에 있어서 원문을 상당히 의역하고 원작에 없는 부분까지 창작하여 첨가한 경우, 제2의 번역물이 원문의 의역부분 및 원문에 없는 창작・첨가부분까지도 유사 또는 동일하게 번역된 때에는 표절한 것이 분명하다고 보아야 한다.

[판례 2] 「운전면허 학과시험」 사건(서울민사지법 1995.4.7.선고 94가합63879 판결)
출판물의 판형이 동일하고 표지색・도안이 유사하며, 출판사명 또한 서로 유사할뿐더러, 전체적인 구성과 구체적 내용까지도 대동소이한 사실, 먼저 발행된 저작물에서의 해설 오류와 동일한 오류가 침해물에도 존재하는 사실, 저작물이 각종 일간신문 및 여러 극장에서 광고되었고 전국 서점에서 차지하는 시장점유율이 높은 사실 등을 종합하면 피고들이 이 사건 침해물 또는 그 원고, 지형을 각각 제작, 발행할 당시에 이 사건 저작물의 존재를 알았고, 그에 의거하여 제작・발행함으로써 저작권을 침해한 것이라고 봄이 상당하다.

[판례 3] 편집저작권의 침해여부 판단(서울민사지법 1995.6.23.선고 94가합67215 판결)
편집저작권의 침해에 있어서, 후행의 것이 선행된 편집저작물의 내용과 유사하게 서술되어 있으며, 상당 부분에 걸친 그대로의 복제와 문장도치・재배열・변형삭제 등이 존재하고, 심지어 오자가 그대로 표기되어 있다면 저작재산권이 침해된 것이다.

[판례 4] '사계절 색채 이론' 사건(대법원 2007.12.13.선고 2005다35707 판결)[579)]
(1) 저작권법이 보호하는 복제권이 침해되었다고 하기 위해서는 침해되었다고

---

578) 이때에는 저작권법에 의하여 보호받는 표현뿐만 아니라 저작권법에 의하여 보호받지 못하는 표현 등이 유사한지 여부도 함께 참작될 수 있다(대법원 2007.3.29.선고 2005다44138 판결; 대법원 2014.1.29.선고 2012다73493 판결 참조).

579) 원심판결: 서울고법 2005.5.25.선고 2004라293 판결.

주장하는 기존의 저작물과 대비대상이 되는 저작물 사이에 실질적 유사성이 있다는 점 외에도 대상 저작물이 기존의 저작물에 의거하여 작성되었다는 점이 인정되어야 한다. 그리고 대상 저작물이 기존의 저작물에 의거하여 작성되었다는 사실이 직접 인정되지 않더라도 기존의 저작물에 대한 접근가능성, 대상 저작물과 기존의 저작물 사이에 실질적 유사성 등의 간접사실이 인정되면 대상 저작물이 기존의 저작물에 의거하여 작성되었다는 점이 사실상 추정된다고 할 수 있지만, 대상 저작물이 기존의 저작물보다 먼저 창작되었거나 후에 창작되었다고 하더라도 기존의 저작물과 무관하게 독립적으로 창작되었다고 볼 만한 간접사실이 인정되는 경우에는 대상 저작물이 기존의 저작물에 의거하여 작성되었다는 점이 추정된다고 단정하기 어렵다.

(2) 피신청인은 1995년경부터 사계절 색채 이론 및 메이크업 기술에 대해 관심을 가지고 연구를 계속하여 이 사건 서적을 저술할 만한 충분한 능력을 갖춘 것으로 보이는 점, 신청인의 이 사건 저작물은 대중을 상대로 한 수필집이거나 사계절 색채이론 및 메이크업 이론에 대한 일반적이고 기초적 수준의 설명인 데 비해 이 사건 서적은 색채 이론 및 메이크업 기술에 대한 전문적인 이론서로서 전반적으로 이 사건 저작물에 비해 훨씬 풍부하고 깊은 내용을 담고 있는 점, 이 사건 저작물 중 신청인에 의해 침해로 주장되고 있는 부분들은 기존의 관련 서적들에 의해 이미 널리 알려져 있던 내용들을 요약해 놓은 것으로서, 피신청인이 이 사건 서적을 작성함에 있어 굳이 이 사건 저작물을 참조하여야 할 필요성이 없어 보이는데다가, 이 사건 서적의 뒷부분에는 피신청인이 이 사건 서적을 작성하면서 참조한 참고문헌 목록이 아주 세밀하고 광범위하게 망라되어 있는 점, 피신청인이 이 사건 서적을 작성함에 있어서 참고한 자료라고 하면서 제출한 각종 소명자료들은 이를 실제로 저술한 저작자가 아니면 제출이 불가능할 정도로 그 양이 방대하고 그 내용 또한 구체적이며 자세한 점을 알 수 있는 등 이 사건 서적이 이 사건 저작물과 무관하게 독립적으로 창작되었다고 볼 여지가 있는 다른 사정들이 나타나 있다. 그렇다면 원심으로서는 과연 이 사건 서적이 이 사건 저작물에 의거하여 작성되었는지를 살펴본 연후에, 신청인의 복제권이 침해되었는지 여부를 판단하였어야 한다.

[판례 5] '사랑해요 LG송' 사건(서울고법 2012.10.18.선고 2011나103375 판결)

피고가 이용한 '사랑해요 LG송'은 갑이 작곡한 것이므로 갑이 이 사건 음악저작물에 의거하여 '사랑해요 LG송'을 작곡하였다는 점이 인정되어야 하는데, 의거관계는 저작물에 대한 접근 기회, 즉 이를 보거나 접할 상당한 가능성이 있었음이 인정되면 추인할 수 있다.

살피건대, 위 1.항에서 본 바와 같이 이 사건 음악저작물은 1987년에 발표되어 방송매체를 통해 널리 알려졌던 점, '사랑해요 LG송'은 그로부터 약 6년 이상 경과한 1994년에 작곡된 점, '사랑해요 LG송'을 작곡한 김은 1970년대부터 작곡가 겸 가수로 활동하면서 많은 곡을 작곡한 경력이 있는 점(갑 제20호증) 등의 여러 사정을 참작하여 보면, 갑이 이 사건 음악저작물을 접할 상당한 가능성이 있었음을 충분히 인정할 수 있으므로, 특별한 사정이 없는 한 '사랑해요 LG송'은 이 사건 음악저작물에 의거하여 작곡된 것이라고 추인할 수 있다.

[판례 6] '깃털공예' 사건(대법원 2014.1.29.선고 2012다73493 판결)

저작권법이 보호하는 복제권의 침해가 있다고 하기 위하여는 침해되었다고 주장되는 기존의 저작물과 대비대상이 되는 저작물 사이에 실질적 유사성이 있다는 점 이외에도 대상 저작물이 기존의 저작물에 의거하여 작성되었다는 점이 인정되어야 한다. 이때 대상 저작물이 기존의 저작물에 의거하여 작성되었다는 사실이 직접 인정되지 아니하더라도 기존의 저작물에 대한 접근가능성, 대상 저작물과 기존의 저작물 사이에 실질적 유사성 등의 간접사실이 인정되면 대상 저작물이 기존의 저작물에 의거하여 작성되었다는 점은 사실상 추정된다(대법원 2007.12.13.선고 2005다35707 판결 참조). 그리고 대상 저작물이 기존의 저작물에 의거하여 작성되었는지 여부와 양 저작물 사이에 실질적 유사성이 있는지 여부는 서로 별개의 판단으로서, 전자의 판단에는 후자의 판단과 달리 저작권법에 의하여 보호받는 표현뿐만 아니라 저작권법에 의하여 보호받지 못하는 표현 등이 유사한지 여부도 함께 참작될 수 있다(대법원 2007.3.29.선고 2005다44138 판결 참조).

[판례 7] '명동정동극장' 사건(서울중앙지법 2014.2.20.선고 2012가합106749 판결)

두 작품이 실질적으로 유사한데다가 갑 제25, 31호증, 을 제1호증의 각 기재 또는 영상과 변론 전체의 취지를 종합하여 인정할 수 있는 다음과 같은 사정, 즉 ① 피고 커밍이십일의 제작실장 정OO(이 사건 피고들 디자인을 제작하는 과정에서 주도적인 역할을 담당하였다)은 수사기관에서 자신이 2010.1.경 이 사건 원고 디자인이 수록된 책을 보고, 그중 얼굴 부분을 휴대전화로 촬영하여 스케치하고 스캔파일을 만든 다음 JPG파일로 변환하는 작업을 통해 이 사건 피고들 디자인을 제작하였다고 진술한 점, ② 앞서 본 바와 같이 이 사건 원고 디자인과 이 사건 피고들 디자인은 비록 세부적 표현과 배경에 일부 차이가 있지만, 그 외형에 있어서 거의 동일하여 실질적 유사성이 인정되는 점 등에 비추어 보면, 이 사건 피고들 디자인은 이 사건 원고 디자인에 의거하여 작성되었다고 인정할 수 있다.

[판례 8] '기아자동차' 사건(대법원 2014.5.16.선고 2012다55068 판결)

1. 저작권법이 보호하는 복제권이나 2차적저작물 작성권의 침해가 성립하기 위

하여는 대비대상이 되는 저작물이 침해되었다고 주장하는 기존의 저작물에 의거하여 작성되었다는 점이 인정되어야 한다(대법원 2000.10.24.선고 99다10813 판결, 대법원 2007.12.13.선고 2005다35707 판결 등 참조). 이와 같은 의거관계는 기존의 저작물에 대한 접근가능성, 대상 저작물과 기존의 저작물 사이의 유사성이 인정되면 추정할 수 있고(대법원 2007.12.13.선고 2005다35707 판결 참조), 특히 대상 저작물과 기존의 저작물이 독립적으로 작성되어 같은 결과에 이르렀을 가능성을 배제할 수 있을 정도의 현저한 유사성이 인정되는 경우에는 그러한 사정만으로도 의거관계를 추정할 수 있다. 그리고 두 저작물 사이에 의거관계가 인정되는지 여부와 실질적 유사성이 있는지 여부는 서로 별개의 판단으로서, 전자의 판단에는 후자의 판단과 달리 저작권법에 의하여 보호받는 표현뿐만 아니라 저작권법에 의하여 보호받지 못하는 표현 등이 유사한지 여부도 함께 참작될 수 있다(대법원 2007.3.29.선고 2005다44138 판결 참조).

원고 스케치

피고들 디자인

2. 원심[580]이 피고들 디자인 등은 돌출부의 돌출정도가 비교적 낮아 그 사이에 로고를 배치하고도 여유가 있는 점, 공간이 분할된 느낌 없이 중앙 부분이 약간 눌린 느낌만 주는 점, 상부라인이 직선을 이루고 있는 점 등에 비추어 볼 때, 원고 스케치와 차이가 있으므로, 원고 스케치와 피고들 디자인 등 사이에 현저한 유사성을 인정하기 어렵고, 나아가 원고가 제출한 증거만으로는 피고들의 원고 스케치에 대한 접근가능성을 인정하기 부족하다고 보아, 피고들 디자인 등이 원고 스케치에 의거하여 작성된 것으로 볼 수 없다고 판단한 것은 정당하다.

[판례 9] '선덕여왕' 사건(대법원 2014.7.24.선고 2013다8984 판결)

甲이, 乙 방송사가 기획하고 병 등이 극본을 작성한 "선덕여왕"이라는 드라마가 甲이 뮤지컬 제작을 위한 대본으로 창작한 "The Rose of Sharon, 무궁화의 여왕 선덕"에 의거하여 제작·방송되었다고 주장하면서 乙 방송사 등을 상대로 손해배상을 구한 사안에서, 원심[581]과 달리 대법원은 乙 방송사의 위 대본에 대한 접근가능성이나 위 드라마와 대본 사이의 현저한 유사성이 인정되지 아니하므로 두 저작물 사이에 의거관계가 있다고 할 수 없다고 판시하였다.

580) 서울고법 2012.5.17.선고 2011나56509 판결.
581) 서울고법 2012.12.20.선고 2012나17150 판결.

1 접근가능성이 부정되는 이유

㉮ 먼저 이 사건 대본은 출판되지 아니하였고 저작권등록도 되지 아니하였으며 대본이 완성되기 전에 주로 갈라쇼 형식으로 일부 내용이 공연되었을 뿐 그 전체 내용이 공연된 바는 없고, ㉯ 또한 투자심사를 위해 원고로부터 이 사건 대본이 투자회사에 제출되었으나 피고들에게 유출되었다는 증거는 없고, ㉰ 원고가 소외 1에게 교부한 '크레이추얼파워' 책에는 이 사건 대본의 내용이 기술되어 있는 것은 아니며, ㉱ 한편 소외 2가 원고에게 보낸 이메일은 선덕여왕 관련 저술의 출판을 타진해 보는 내용에 불과하며, ㉲ 이 외에 피고 3의 언론과의 인터뷰는 이 사건 대본과는 아무런 관계없이 이루어진 것이고, 그 전체적인 답변 내용상 '판타지'는 '리얼리티'에 대응되는 용어로 사용되었다고 보일 뿐 이 사건 대본을 언급한 것이라고 단정하기도 어려우며, ㉳ 끝으로 이 사건 드라마 기획 초기에 예정된 주제와 달리, 덕만공주와 미실의 정치적 대립구도가 포함되었다고 하더라도 이를 이유로 독립하여 제작되었다는 사실을 부정하기는 힘들다.

2 현저한 유사성이 부정되는 이유

덕만공주의 서역 사막에서의 고난, 서역의 문화와 사상의 습득, 덕만공주와 미실의 정치적 대립구도, 덕만공주와 김유신의 애정관계, 미실 세력으로 인한 진평왕의 무력함 등에 대하여 유사한 점이 있으나 구체적인 내용에는 차이가 있고, 주제, 인물의 성격과 역할, 인물 사이의 관계, 줄거리, 구성 역시 차이가 있어 이들이 양 작품 사이의 현저한 유사성을 인정할 수 있는 근거가 되기는 어렵다.582)

⚖ 이상의 판결 외에도 의거관계가 문제가 된 판결에는 대법원 2014.9.25.선고 2014다37491 판결[공연권 분야] 등이 있다.

♣ coffee break

다음에 소개하는 '귀신이 산다'는 영화의 저작권 분쟁에는 채권자가 오해할 소지가 없었던 것은 아니다. 판결문에 보면 「채권자는 이 사건 소설의 출판 직후인 2003.2.12. 그 영화화를 위하여 채무자 회사의 전무에게 이 사건 소설을 전달하며 제작비에 대한 투자의사를 타진하였으나, 거부한 바 있고, 또 채무자 회사에서 귀신을 소재로 한 영화를 제작하려 한다는 소문을 접하게 된 채권자는 이 사건 영화의 최종대본이 완성되기 전인 2003.12.10. 이 사건 영화의 감독에게 이 사건 소설

582) 이 판결에 대한 간단한 해설은, 홍승기, "선덕여왕 대법원 판결의 함의," 「저작권문화」(제241호), 한국저작권위원회, 2014.9, 38면 이하 참조. 또 이 사건과 관련해서는, 홍승기, "저작권 침해 요건으로서의 '의거' - 서울고등법원 2012나17150 판결(선덕여왕 사건)을 중심으로," 「계간 저작권문화」(제103호), 한국저작권위원회, 2013.9, 198면 이하; 정상조, "상이한 문예 장르간의 표절," Law & Technology(8권 4호), 서울대학교 기술과법센터, 2012.7 참조.

을 건네주며 저작권 침해 여부를 검토하고 유사한 부분이 있으면 수정해 달라고 요구한 일도 있었다.」는 것이다. 이를 기초로 법원은 두 작품 사이의 의거관계는 추정된다고 보았고, 이것이 이 사건의 발단이 되었다고 짐작된다. 오얏나무 아래에서 갓끈을 고쳐 쓰면 의심받기 십상이다. 그러므로 쓸데없이 의심받지 않도록 주의해야 할 일이다. 다음은 쓸데없는 분쟁을 피하기 위한 유니버설 영화사의 방침이다.[583]

While we are always happy to hear from you, it is Universal's policy not to accept or consider creative materials, ideas, or suggestions other than those we specifically request. This is to avoid any misunderstandings if your ideas are similar to those we have developed independently.

② 실질적 유사성 둘째, 두 작품 간에 실질적 유사성(substantial similarity)이 있어야 한다. 대비된 저작물이 질적 또는 양적으로 어느 정도로 이용되었으면 저작권 침해가 긍정되는 실질적 유사성이 인정될 수 있는지는 대단히 어려운 문제이다.

i) 당해 저작물의 창작성이 어디에 있고 창작성의 크기가 어느 정도이냐에 따라 달라진다. 실질적 유사성은 창작성 있는 부분, 즉 개인적 연원(individuelle Quelle)인 것에 한정되어야 하므로 창작성이 없는 부분만 유사하다면 저작권 침해는 성립될 수 없다.

ii) 창작적 표현이 유사하여야 하며 아이디어를 이용하였다는 것만으로는 저작권 침해가 성립될 수 없다. 저작물의 구성부분 중 일반 공유재산으로 볼 수 있는 일반적 연원(allgemeine Quelle)인 것은 자유이용이 가능하며, 그것 때문에 유사하게 되었다면 저작권 침해가 아니다(아이디어/표현 2분법).

[판례] O'Neill v. Dell Publishing Co., 630 F. 2d 685 (1st Cir. 1980)

원고가 '어디서도 돌아오지 않았다'(Return to Nowhere)는 제목으로 2차 대전 때 잠수함의 승무원이 잠수함과 함께 빙산에 묻혀 30여년이 지난 뒤 그 잠수함과 함께 수면에 나타난 것을 시간적 충격(time shock)으로 묘사한 소설을 썼다[원고형태로 있으며, 공간(公刊)되지 아니하였다]. 다른 작가가 그 아이디어를 구체화하여 '유령의 배'(Ghost Boat)라는 제목으로 초자연으로의 항해를 묘사하는 시간적 격차(time gap)를 주제(theme)로 소설을 썼다. 제1심 법원은 피

583) http://www.universalstudios.com/contact_us_hv.php

고에게 유리하게 판단하면서 "Return to Nowhere"는 "Rip Van Winkle"의 주제를 차용하였다고 보았다. "접근과 복제를 가정하더라도 「Ghost Boat」에 포함된 「Return To Nowhere」의 유일한 부분은 30년 후에 불가사의하게 수면으로 떠오른 2차대전시 실종된 잠수함이라는 아이디어 또는 관념일 뿐"이라고 보았다. 제1심과 항소심 모두 표현의 실질적 유사성(substantial similarity of expression)이 없으므로 저작권 침해가 인정되지 않는다고 판시하였다.

그러므로 어느 것이 아이디어이고, 어느 것이 표현인지는 매우 중요하다. 이하에서는 보호받지 못하는 아이디어와 보호받는 아이디어의 표현을 구분하는 방법에 대해서 살펴보기로 한다.

◈ 추상화 기준(abstractions test)

1930년 핸드(Learned Hand) 판사는 Abie's Irish Rose 라는 인기 있는 희곡의 작가가 영화 The Cohens and the Kelly 를 제작한 자를 상대로 제소한 니콜스 사건에서 추상화 기준을 설정하였다. 두 작품의 줄거리는 아일랜드계와 유태계 자녀가 그들 부모의 편견 때문에 비밀리에 결혼을 하나 각 작품의 말미에는 손자의 출현으로 서로 화해한다는 내용이다. 두 작품은 이러한 내용과 몇 개의 유태인의 상투적 어구를 제외하면 거의 공통점이 없다.

	(원고 작품) Abie' s Irish Rose	(피고작품) The Cohens and the Kelly
가족 배경 및 사상	(신랑측)유태인 홀아비와 아들=며느리가 반드시 유대교인이어야 한다. *뉴욕거주 (신부측)아일랜드인 홀아비와 딸=사위가 천주교도여야 한다. *아버지는 캘리포니아거주	신랑측(아일랜드인) 및 신부측(유대인) * 두 가족 모두 뉴욕 빈민가 거주[그 후 신부측은 많은 재산상속을 받아(받은 것으로 알고) 대저택으로 이사] * 양측 부인들 모두 생존
갈등의 시작 (起)	종교가 서로 다른 양가 자녀가 결혼함으로써 갈등	애초부터 이웃에 살면서 서로 앙숙; 두 아들 및 개까지도. 그런데 두 집안의 아들딸이 사랑에 빠져 결혼.
갈등의 증폭(承)	두 아버지는 자기의 자식들이 이교도와 결혼한다는 사실을 알고 격분하였고, 결혼을 취소시키려고 하였다.	신부가 손자를 낳자 신랑측 아버지가 손자를 보러 갔으나 유대인이 이를 보지 못하게 하자 서로 싸우다 며느리와 손자를 데리고 가난한 자기 집으로 돌아온다.

화해의 실마리 (轉)	1년 후 손자 및 손녀(쌍둥이)의 출생. * 양가의 아버지는 쌍둥이인 줄 모른다.	유대인의 딸과 결혼하려고 했던 변호사는 그것이 불가능하게 되자 유대인에게 실은 유산이 아일랜드인의 것이었음을 밝히며, 상속재산을 나누어 갖자고 제의하나 유대인은 이를 거절한다.
화해(結)	크리스마스를 맞아 손자 및 손녀를 만나 볼 생각으로 각기 손자 선물과 손녀 선물을 들고 젊은 부부 집으로 찾아가다 만난 할아버지들은 손자냐 손녀냐를 두고 서로 다투다가 남녀쌍둥이가 태어나 각기 할아버지 이름을 가지고 있다는 사실을 알고 서로 화해한다.	유대인 아버지는 아일랜드인 집으로 가 상속재산에 관련된 사실을 밝히고 재산을 넘겨주려 하자 아일랜드인은 재산을 똑같이 나누어 가지자고 하면서 서로 화해한다.

핸드 판사는 표현으로부터 아이디어를 분리하는 기준을 설정하였고 이것이 추상화 기준이다. 그는 "어느 저작물이라도 그렇지만 특히 희곡에 관해서는 개개의 사건을 점차 제거해 가면 일반성이 증가되어 이러한 일반성이 증가된 많은 패턴들이 어느 작품에나 아주 잘 들어맞게 된다. 아마도 최종적으로 남는 것은 어떠한 연극인가 하는 것, 경우에 따라서는 제목만이 남을지도 모른다. 그러나 이 일련의 추상화 중에서 더 이상 보호가 될 수 없는 지점이 있다"고 보았다. 그것이 아이디어이다. 그런데 이 사건에서 공통된 요소는 유대인 아버지와 아일랜드인 아버지의 다툼, 그들 자식들의 결혼, 손자의 출생 그리고 화해뿐이다. 이것은 저작권으로 보호될 수 없는 아이디어인가, 아니면 저작권으로 보호되는 표현인가. 핸드 판사는 이러한 것은 아이디어이며, 누구든지 이용할 수 있다고 보았다. 아마도 니콜스 사건[584]의 원고를 제외하고는 누구도 이 판결에 동의할 것이다. 확실히 이러한 아이디어, 소재를 가지고 창작활동을 하여 작품을 만드는 것은 작가의 역량이며, 일반인도 동일한 자료를 가지고 작가들이 어떻게 요리하는지를 지켜볼 권리가 있다. 바로 그 부분이 작가의 개성이 표현된 본질적 부분이라고 보아야 할 것이다.[585]

종래 아이디어/표현 2분법이 갖는 이중성 때문에 적지 않은 혼란이 있었다. 즉, 아이디어/표현 2분법의 한 측면은 저작권의 외적 한계와 관련되며, 이것은 특허권 같은 다른 권리와 관계에서 문제된다. 또 하나는 저작권의 내적 한계와 관련된 것이다. 미국에 있어서 전자의 대표적 판례가 Baker v. Selden 사건(101 U.S. 99, 25 L. Ed 841 (1879)이라면, 후자의 대표적 판례는 앞서 살펴본 니콜스 판결이다.

584) Nicols v. Universal Pictures Corporation, 45 F.2d 119(2d Cir. 1930), cert. denied 282 US 902, 52 S.ct. 216 (1931).

585) 독일식으로 표현하면 "개인적 연원" 부분이다.

◈ 유형분석기준(pattern test)

앞의 추상화기준에 대해서는 많은 비판 혹은 보완하는 이론이 주장되었다. 그 중 하나가 Zechariah Chaffee 교수가 주장하는 유형분석기준이다. 니콜스 사건에서 핸드 판사는 아이디어와 아이디어의 표현 사이에는 "누구도 그 경계를 그을 수 없었고 앞으로도 그럴 것이다"고 보았다. 그러나 Chaffee 교수는 "저작자의 생각과 그 생각의 구체적인 표현 어디엔가에 경계선이 있는 것은 틀림이 없다. 저작권법은 저작물의 유형(pattern), … 사건의 진행, 등장인물들의 상호작용의 전개를 보호한다."[586] Nimmer 교수는 유형분석기준을 「로미오와 줄리엣」 및 「웨스트 사이드 스토리」에 적용하여 다음과 같은 13개의 패턴을 이끌어 낸 후 두 작품의 실질적 유사성을 긍정한다.

① 소년 소녀는 모두 적대관계에 있는 집안에 속해 있다.

② 그들은 무도회에서 만난다.

③ 그들은 밤에 발코니에서 사랑을 고백한다.

④ 소녀는 다른 남자와 약혼한다.

⑤ 소년 소녀는 결혼을 맹세한다.

⑥ 적대되는 두 집안사람들이 만나게 되고 그 현장에서 소녀의 사촌이(오빠가) 소년의 가장 친한 친구를 살해한다.

⑦ 이러한 사건은 소년이 폭력을 피하기 위해 친구를 말렸기(stay the hand) 때문에 일어난 것이다.

⑧ 그 보복으로 소년은 소녀의 사촌을(오빠를) 살해한다.

⑨ 그 결과 소년은 망명한다(잠적한다).

⑩ 소녀가 소년을 만나는 계획을 설명하는 편지가 잠적해 있는 소년에게 보내진다.

⑪ 위 편지는 소년에게 전달되지 않는다.

⑫ 소년은 소녀가 죽었다는 잘못된 연락을 받는다.

⑬ 슬픔에 젖어 소년은 자살한다(자신이 살해되도록 한다).

이와 대조적으로 Robert C. Osterberg 등[587]은 조지 스티븐스 감독의 1953년작 서부영화인 "Shane"과 클린트 이스트우드 감독의 1985년작 서부영화인 "Pale Rider"를 비교하면서 두 작품은 아래와 같이 일반적인 전개과정에서 유사성을 보이지만 세부적으로 너무 다르기 때문에 전체적으로 양자는 확연히 구분된다고 보

---

586) Chaffee, "Reflections on the Law of Copyright," 45 *Colum. L. Rev.* 503, 513(1945), Nimmer, §13.03[A] 13-22에서 재인용. 이 밖에 비판 내지는 보완하는 이론에 대해서는 Nimmer, 위의 책, §13.03(A); 이성호, "저작권침해여부의 판단기준," 「지적재산권법강의」, 302면 이하; 황희철, "컴퓨터프로그램보호법," 「지적재산권법강의」, 355면 각 참조.

587) Robert C. Osterberg/Eric C. Osterberg, Substantial Similarity in Copyright Law, PLI, 2008, §4:2(4-5).

았다.[588)]

Shane	Pale Rider
① 지역 농부들이 그 지역에 강한 이해관계를 가진 사람(cattle baron)들과 대립한다. ② cattle baron은 농부들을 몰아내기 위하여 비열한 수법을 사용한다. ③ 주인공이 말을 타고 마을로 들어와서 한 농부의 가족들과 함께 머물면서 cattle baron에 맞서 싸울 것을 권유한다. ④ 그 가족의 소년은 주인공을 영웅으로 생각한다. ⑤ cattle baron은 악한 총잡이에게 농부들을 몰아내 줄 것을 부탁한다. ⑥ 주인공과 악당사이에 권총 결투가 벌어진다. ⑦ 마침내 주인공이 승리한 뒤 말을 타고 떠나는데 농부들은 감사하게 생각하고 소년은 슬퍼한다.	① 지역에서 금을 채광하는 광부들이 그 지역에 강한 이해관계를 가진 채광회사와 대립한다. ② 채광회사들은 광부들을 몰아내기 위하여 비열한 수법을 사용한다. ③ 주인공이 말을 타고 마을로 들어와서 한 광부의 가족들과 함께 머물면서 채광회사에 맞서 싸울 것을 권유한다. ④ 그 가족의 소녀는 주인공을 영웅으로 생각한다. ⑤ 채광회사는 악한 총잡이에게 광부들을 몰아내 줄 것을 부탁한다. ⑥ 주인공과 악당 사이에 권총 결투가 벌어진다. ⑦ 마침내 주인공이 승리한 뒤 말을 타고 떠나는데 광부들은 감사하게 생각하고 소녀는 슬퍼한다.

한편 우리법원도 '여우와 솜사탕' 사건[589)]에서 "이 사건 1 대본과 이 사건 2 대본 및 드라마의 구체적인 줄거리나 사건의 전개과정을 보면 아래와 같은 차이에도 불구하고 양자 사이에는 실질적 유사성이 인정된다. 즉 [①~(중략)~⑧…] 점 등에 있어서 차이점은 발견되나, 이 사건 2 대본 및 드라마 1회부터 38회까지 사이의 남녀 주인공의 사랑이야기 부분에 있어, ① 기풍의 측면에서 남자주인공의 집안은 남성위주의 가부장적 분위기이며 여자주인공의 집안은 여성위주의 개방적인 분위기라는 대조적 양상을 띠고 있고, 여자주인공은 모두 학력이 높고(…) 여자주인공 측 집안에서 특히 어머니로부터 큰 기대를 받고 자라온 수재라는 점, ② 여자주인공이 남자주인공에게 먼저 청혼하지만, 남자주인공에게는 여자주인공 이외의 다른 여자친구도 있으며 이 때문에 여자주인공과 마찰을 빚게 되고, 남자주인공은 처음에 결혼을 완강히 반대하며 자유인으로 살겠다고 하지만 결국 결혼을 받아들인다는 점, ③ 남자주인공과 여자주인공의 어머니들은 고교동창 사이로서 여자주인공네가 남자주인공네로 우연히 새집을 지어 이사를 오게 되면서 오랜만에 재회하게 되나, 그들 사이는 껄끄러운 관계라는 점, ④ 여자주인공의 어머니는 장래가 유망한 자신의 딸이 공부를 중단해야 한다는 것 등의 이유로 결혼에 반대하고, 여자주

588) 보다 자세한 것은, 권영준, 「저작권침해판단론」, 박영사, 2007, 179-181면 참조.
589) 서울남부지방법원 2004.3.18.선고, 2002가합4017 판결.

인공의 아버지는 남자주인공을 마음에 들어하고 결혼을 적극 지원하며, 남자주인공의 집에서는 적극적으로 결혼에 찬성한다는 점, ⑤ 주인공 어머니들은 상견례장에서야 비로소 자신들이 서로 사돈이 될 사이라는 것을 알게 되고 결사적으로 결혼에 반대하고, 주인공 어머니들의 갈등은 여고 동창생의 악의 없는 행동으로 더욱 커진다는 점, ⑥ 우여곡절 끝에 결혼을 하기는 하지만 이번에는 주인공 어머니들은 혼수준비과정에서 실랑이를 벌이게 되고, 이 과정에서 남자주인공 아버지는 남자주인공 어머니에게 사치 운운하며 질책을 하게 되며, 결국 혼수를 줄이는 쪽으로 합의를 본다는 점, ⑦ 결혼식을 전후해서 여자주인공 어머니는 딸과의 화해를 시도하지만, 여자주인공은 결혼과정에서의 불만을 표출하면서 그 화해를 받아들이지 않고, 이로 인해 두 모녀의 갈등은 더 깊어진다는 점, ⑧ 여자주인공이 남자주인공의 집안에 들어가 시집살이를 하게 되는데, 여자주인공이 남자주인공 집안의 보수적인 분위기를 바꾸자는 제안을 하게 되고, 시아버지는 며느리의 의견을 대부분 존중하고 변화를 허락하는 점, ⑨ 양가의 어머니들은 서로 질투하는 관계였지만, 자녀들의 결혼 이후 서로를 이해하고, 동정을 하게 되면서 절친하게 마음을 터놓고 지내게 된다는 점, ⑩ 청혼은 여자주인공이 먼저 했지만, 결혼 후에는 여자주인공이 주도권을 잡고 남자주인공에 대한 압박을 하면서 남자주인공이 여자주인공에게 상당히 길들여진다는 점, ⑪ 처가에 들른 주인공 부부는 장모에게서 자신의 동서가 될 사람과의 차별을 경험하고 처갓집을 나와버리는 사태가 발생한다는 점, ⑫ 남자주인공의 어머니들은 결혼 이후로 집안에서 자신의 발언권을 강화하고자 노력한다는 점 등이 동일하거나 유사하게 전개되는 사실을 알 수 있는바, 이 부분은 구체적인 줄거리나 사건전개의 측면에서 포괄적, 비문자적 유사성이 인정되는 부분에 해당한다."고 보고 저작권 침해를 인정한다.

결국 유형분석기준에 의하더라도 공통되는 유형이 흔한, 알려진, 과거에 일어난 적이 있는 부분 등에서 공통점이 있는가, 아니면 작자의 창작성이 있는 부분에서 공통성이 있는가에 따라 결론이 달라질 것이고, 이는 다시 아이디어/표현 2분법으로 환원된다.[590] 그러므로 추상화기준을 보완하기 위해서 유형분석기준이 주장되었지만 그 기준이 명백한 것은 아니다. 아울러 이러한 '유형분석기준'이 가장 문제가 되는 것은 줄거리나 등장인물이 있는 어문저작물 등에서는 적용할 수 있으나 비어문저작물에는 적용하기 곤란한 한계가 있다.[591] 해서

---

590) 위의 '여우와 솜사탕' 사건에서의 12개 요소 중 아마도 하나하나는 우리 사회에서 얼마든지 일어날 수 있는 사례인지도 모른다. 따라서 그 하나하나는 아이디어 부분이다. 그러나 이를 결합시켜 하나의 줄거리를 만듦으로써 원고 작품만의 독창성을 취득했고, 이러한 독창적인 부분을 피고가 그대로 모방했다면 저작권침해 책임을 면할 수 없을 것이다.

591) Aaron M. Broaddus, "ELIMINATING THE CONFUSION: A RESTATEMENT OF THE

추상화기준이나 유형분석기준 외에도 미국에서는 1970년 Roth Greetings Cards 사건에서 제9연방항소법원이 적용한 '전체적인 관념과 느낌을 기준으로 하여 판단하는 방법'(total concept and feel test)[592]이 있는가 하면, 반대로 미국 제1연방항소법원이 'Concrete Machinery' 사건 판결[593]에서 시작하고 Matthews 판결[594] 등에서 채택한 '분석적인 해부를 하여 판단하는 방법'(dissection test)[595]

TEST FOR COPYRIGHT INFRINGEMENT," DePaul-LCA J. Art & Ent. L.(Vol 43, 1994-1995), p. 57. ;Jarrod M Mohler, "TOWARD A BETTER UNDERSTANDING OF SUBSTANTIAL SIMILARITY IN COPYRIGHT INFRINGEMENT CASES," U. Cin. L. Rev. (Vol. 68, 1999-2000), p. 984.

592) Roth Greetings Cards v. United Cards Co., 429 F.2d 1106(9th Cir. 1970): "그러나 이 문제를 생각함에 있어서는 각 카드의 모든 요소, 즉 문안, 문안의 배열, 그림, 그림과 문안의 연결 등 모든 요소를 전체로서 고려하지 않으면 안 된다. 이들 요소를 전체로서 고려하면 당 법원의 의견으로는 원고의 본 건 카드는 창작적이며, 저작물성이 있다고 말할 수 있다. … 우리에게 '유나이티드의 카드'는 전체적인 관념과 느낌에 있어서 창작성 있는 '로스 카드'와 동일하게 보인다. … 각 카드에서는 피고의 작품은 원고의 작품과 조금은 다르더라도 카드 전체는 통상의 관찰자의 눈으로 보면 (피고 카드는) 원고작품을 모방한 것이라는 것을 알 수 있다." 또 다음의 [미국 판례 1] Krofft v. McDonald 판결 참조. 이 기준은 미국의 많은 법원이 채택하고 있다. 오승종 교수는 Krofft v. McDonald 판결 이래 "그로부터 이 방법은 미국법원에서 실질적 유사성을 판단하는 데 있어서 거의 시금석과 같은 중요한 방법으로 자리잡게 되었다"고 소개하고 있다(오승종, 「저작권법」(제3판), 박영사, 2013, 1121면). 이 방법에 대한 비판에 대해서는 위의 책, 1122-1123면 참조. "또한 Nimmer 교수는, '컨셉'(concept)이라는 것은 원래 저작권법에 의한 보호를 받지 못하는 아이디어의 영역에 속하는 것이며, 거기에 '느낌'(feel)이라는 단어 하나를 덧붙인 것만 가지고는 실질적 유사성 개념을 둘러싸고 난마처럼 뒤얽혀 있는 문제를 명확히 풀어내기가 어렵다고 비판한다."(위의 책, 1123면). 또 Aaron M. Broaddus, 앞의 글, 58면 참조. 해서 현재는 많은 법원이 이 기준을 거부하고 있다고 한다(Aaron M. Broaddus, 59면).

593) 이 판결에서 제1항소법원은 "복제행위의 존재를 판단하기 위해서는 저작권의 보호를 받는 부분과 받지 못하는 부분을 명백히 분리할 필요가 있다고 하였다. 그런 연후에 저작권의 보호를 받는 부분에 비교의 초점을 맞추어 '평균적 관찰자 테스트'(ordinary observer test)에 비추어 피고의 작품이 원고의 작품과 실질적으로 유사한 것이라는 점을 인정할 수 있는지 여부를 판단하여야 한다고 하였다"(오승종, 위의 책, 1124면).

594) 다음 [미국판례 2] 참조.

595) 분석적 방법에 대해서는 다음과 같은 문제가 있다. 즉 종합적 효과(앙상블)의 표현성(expressiveness)을 간과한 채 모든 것을 분해하다 보면 비창작적 부분으로까지 해체해 버릴 가능성이 있다는 것이다. 예컨대 노래를 화음진행(chord progression), 선율, 그리고 기악편성과 같은 구성요소로 분해하여 버리면 대부분의 팝송은 더 이상 창작적인 것으로 분류할 수 없게 된다. 그러나 부분들이 모여서 전체적으로 창작적인 음악저작물

등이 있다. 그러나 이들도 모두 한계가 있으며, 아이디어와 표현을 구분하는 보편적이고 일의적인 답변은 사실상 불가능하며, 아이디어와 아이디어의 표현 사이에는 "누구도 그 경계를 그을 수 없었고 앞으로도 그럴 것이다"라고 한 핸드 판사의 견해는 정곡을 찌르고 있다고 할 것이다.596)

이하 참고로 비어문저작물 분야에서의 아이디어/표현과 관련된 두 개의 미국 판결을 살펴보는 것으로 한다.597)

[미국 판례 1] Krofft v. McDonald 판결598)

[원고 Krofft는 재미있는 복장을 한 인물들이 등장하는 TV쇼를 만들었고 인기리에 방영되었다. 피고 McDonalds가 원고 제작 쇼에 나오는 인물을 광고로 이용하고 싶다는 제의를 하였으나 그 교섭이 결렬된 후, 피고가 제작한 일련의 광고방송에 나오는 등장인물들은 Krofft쇼에 나오는 사람들의 복장과 유사한 복장을 하고 있었다. Krofft는 McDonalds 등을 상대로 저작권침해 소송을 제기하였다. [제1심에서 배심원은 3주의 심리를 거친 후 원고 승소 평결을 내렸다.] 항소법원은 외부적 테스트와 내부적 테스트로 구성된 이중 테스트(bifurcated test)를 사용하였는데, 이것은 (1) 아이디어와 표현의 이분법에 따라 보호받지 못하는 아이디어를 구별하는 외부적 테스트(The extrinsic test)와, (2) 표현에 있어서의 실질적 유사성을 판단하는 내부적 테스트(The intrinsic test)이다.

(1) 외부적 테스트에서 아이디어의 유사성을 검사하는 간단한 과정을 거쳐 아이디어가 다르면 더 이상 실질적 유사 여부를 따질 필요가 없다는 것이다. 예컨대 사람의 나체석고상(nude statue)의 경우, 나체상은 말(馬)조각이나 나체화와

을 만들게 되는 것이다. 다시 한 번 '추상화기준'에서와 같은 아이디어와 표현을 구분하는 선을 어디서 그을 것인가 하는 문제에 부딪히게 된다. 분해된 조각을 어느 정도 크기로 잘라야 적당한 크기로 되는 것인가? 이 문제는 답변할 수 있는 것이 아니다. 어떻게 광범위한 저작물의 모든 종류에 적용할 수 있는 보편적 답변을 할 수 있을 것인가. 그러므로 분해적 접근법은 실질적 유사성을 둘러싸고 발생하는 혼란을 해결하는 데는 별로 쓸모가 없다(Jarrod M Mohler, 앞의 글, 988면).

596) 우리 하급심 판결 중에는 「결국 저작자의 권리를 보호함으로써 저작자의 창작 의지를 고취시켜서 우리 사회가 얻을 수 있는 사회적 편익의 크기와 저작자의 권리로 보호됨으로써 더 이상 새로운 창작자들이 그 소재 및 내용을 사용하지 못하게 되어서 더 나은 창작물이 탄생하지 못하는 과정에서 우리 사회가 부담해야 하는 사회적 비용의 크기를 형량해서 내려질 수밖에 없는 것이다」라는 판결(서울중앙지방법원 2006.6.30.선고 2005가단197078 판결)이 있는데 일반론으로는 타당하다고 할 것이다.

597) Osterberg, 앞의 책, §2.3.1.

598) Sid & Marthy Krofft Televisions, Inc. v. McDonald's Corp., 562 F.2d 1157(9th Cir. 1977); 장주영, 「미국저작권판례」, 육법사, 2003, 204면 이하.

는 아이디어 자체가 다르므로 외부적 테스트의 단계에서 이미 후자는 전자의 저작권을 침해할 수 없다. 이 사건에서 피고들은 원고들의 … 아이디어를 베꼈다는 사실은 다투지 않는다.

원고 작품

피고 작품

(2) 표현이 실질적으로 유사한지 여부를 판단하는 데 있어서 적용되는 기준은 일반 합리적인 사람의 반응(the response of the ordinary reasonable person)에 의존하는 내부적 테스트라고 말할 수 있다. … 그러나 [피고는] 아이디어의 표현이 너무나도 달라 침해가 아니라고 주장한다. [피고는] Pufnstuf의 구성부분 —등장인물, 배경, 그리고 줄거리— 을 분해하고, 이들 부분과 맥도날드 상업광고의 구성부분들과의 차이점을 지적함으로써 이러한 결론에 이르고 있다. 이 방식은 Arnstein판결과 오늘 분석하고 있는 아이디어/표현 2분법을 무시하고 있다. 피고들은 그들이 사용한 표현이 원고들의 것과 실질적으로 유사한지를 판단하는 데 있어서 유사하지 않은 요소를 열거함으로써 외부적 테스트를 적용하려고 하고 있다. 그러한 외부적 테스트는 부적절하며, 여기서는 내부적 테스트가 적용되어야 한다.

이 사건은 원, 피고들의 작품이 둘 다 어린이들을 시청대상으로 하고 있기 때문에 더욱 내부적 판단을 요구하고 있다. 이것은 젊은 사람들의 마음과 상상력에 대한 각 작품의 영향이라는 특별한 사실적 문제(factual issue)를 제기한다.

피고는 두 작품의 외부적 분석을 시작하기 위하여 이 법원으로 하여금 그들이 인식하고 있었던 내부적 본질을 무시하도록 하고 있다. 예컨대 주요 등장인물인 Pufnstuf과 McCheese 시장을 논하면서 피고는 다음과 같은 지적을 하고 있다.

Pufnstuf은 시장(mayor) 표시가 있는 메달이 늘어진 푸른 (턱시도를 입을 때 조끼 대신 두르는) 허리띠를 맨 황록 드래곤 슈트로 묘사할 수 있는 것을 입고 있음에 반하여, McCheese는 무릎 아래에서 졸라매는 낙낙한 짧은 바지를 입은 분홍빛 공식적 의복 —연미복— 의 일종을 입고 있다. 그는 그 위에 'mayor'라고 쓰여진 외교관의 상식띠를 하고 있으며, mayor의 M은 맥도날드 상표에 사용되는 금빛 아치의 M으로 구성되어 있다.

그래서 피고는 등장인물을 배경으로부터 제거했을 뿐만 아니라, 의복, 색깔, 형상과 모든 등장인물의 버릇을 분석하기 위하여 등장인물을 더욱 자세히 조사하고 있다. 우리는 어린애는 그만두고라도 통상의 합리적인 사람들이 Pufnstuf가 두른 장식띠와 McCheese 시장이 두른 장식띠가 다르다는 것을 알아차릴 것으로는 믿지 않는다. 침해에 해당하기 위해서는 복사나 밀접한 동일성이 필요하지 않다. "침해는 문자 그대로의 정확한 복제에 제한되지 않으며, 표절을 숨기기 위해 다소간의 변화를 가지면서 작품이 차용되고, 모방되고, 모사되고, 복제되는 다양한 방법을 포함한다."[599]

우리는 Pufnstuf 쇼와 맥도날드 광고의 대표적 샘플을 살펴보았다. 우리에게는 피고의 작품이 원고 작품과 실질적으로 유사하다는 것은 명백하다. 피고 작품은 원고 작품의 전체적인 관념과 느낌(total concept and feel)을 차용하였다(have captured). [제1심 판결 지지.]

* Krofft판결에서 보인 판단방법은 그 후의 판결에서 수정되었다.[600] Shaw v. Lindheim 판결[601]에서 제9순회항소법원은 Krofft 판결의 외부적 테스트에서 보이고 있는 외부적 지표에는 줄거리(plot), 주제(theme), 대화(dialogue), 분위기(mood), 배경설정(setting), 속도(pace), 순서(sequence) 등도 포함되어, 언어저작물에 대해서는 실질적으로 모든 요소가 고려되지 않으면 안 된다고 보고 있어, 「서적, 원고, 극, 영화에 적용되는 외부적 테스트는 이미 단순히 아이디어의 실질적 유사성을 판단하는 것은 아니다」고 보았다. 즉 외부적 테스트의 외부적 지표에는 창조성의 객관적인 징표를 모두 포함하는 것이며, Krofft 판결에서 행한 아이디어/표현에 대한 구분으로부터는 떠나, 외부적 테스트와 내부적 테스트는 표현에 대한 객관적 또는 주관적인 분석이라고 말할 수 있다고 보았다. 따라서 외부적 테스트에서도 아이디어에 대한 실질적 유사성을 보는 것은 아니며, 표현에 대한 유사성을 보는 것이고, 구상, 주제, 대화, 분위기, 배경설정, 속도, 등장인물, 순서, 중요한 등장인물끼리의 관계 등에 있어서 특별한 유사성에 초점을 맞추는 것으로 된다. 두 테스트의 차이는 외부적 테스트는 전문적 견지로부터 객관적인 판단을 하는 것인 데 반해, 내부적 테스트는 통상인의 입장에서 주관적인 판단을 하는 것이라는 점에 있다(객관적 테스트/주관적 테스트). 법원이 일단 외부적 테스트의 각 요소를 분석해서 표현의 객관적인 유사성을 확립했다고 한다면 외부적 테스트로서는 더 이상 판단할 것은 없다. 여기서 남은 문제는 2개 저작물의 관념과 느낌(concept and feel)에 대한 주관적 평가이다.[602]

[미국 판례 2] Matthews v. Freedman, 157 F.3d 25 (1st Cir., 1998).[603]

Matthews는 스스로 디자인한 선물용 T셔츠(T-shirts)를 팔고 있었다. 그 셔츠에는 "Someone Went to Boston and got me this shirt because they love me Very much."와 같은 글귀가 쓰여 있다. 그리고 글 옆에는 보스톤과 관련된 여러 가지 도안이 그려져 있다. 경쟁자인 Freedman도 "Someone Who Loves Me Went to Boston and Got Me this Shirt."라는 글귀가 새겨진 셔츠를 팔기 시작했다. 그 글

599) in Universal Pictures Co., Inc. v. Harold Lloyd Corp.,162 F.2d 354(9th Cir. 1947)
600) 白鳥綱重, 「アメリカ著作權法入門」, 信山社, 187-188면.
601) 이에 대해서는, 장주영, 앞의 책, 210면 이하 참조.
602) Krofft 판결과 Shaw판결의 기준 및 문제점에 대해서는, 권영준, 「저작권침해판단론」, 박영사, 2007, 145면 이하 참조.
603) 이 판결에 대해서는 많은 비판이 있다(Jarrod M Mohler, 앞의 글, 990면 이하 참조).

귀에는 보스톤과 관련된 다채로운 품목들이 둘러싸고 있다. Matthews는 Freedman을 상대로 침해의 소를 제기하였다. 사실심법원은 원고 청구를 기각하고 원고는 피고에게 변호사 비용 25,000 달러를 지급하도록 명령하였다. Matthews는 항소하였다.

항소법원은 원심을 그대로 認容하였다. 셔츠에 유사한 아이디어가 표현되었지만 창작성 있는 표현을 그대로 복제한 것은 아니므로 침해는 일어나지 않았다. 기초가 된 아이디어는 아무리 창작적이라 하더라도 저작권으로 보호받을 수 없다: 글자의 모양도 다르고 글귀도 다르다; 그리고 글귀 옆에 있는 품목들도 다르다. 저작권법은 패소한 당사자가 승소한 당사자에게 변호사 비용을 변상하도록 법원이 명령할 수 있다고 규정한다. 비록 소송을 경솔하거나 악의로 제기한 것은 아니라고 하더라도 그러한 변상을 명할지 여부는 법원의 재량에 달려 있다.

원고 T-셔츠 디자인

피고 T-셔츠 디자인

[정리] 저작권침해의 요건 사실과 인정방법

1. 원고에 의한 저작권의 보유
2. 피고에 의한 원고 저작물의 복제
   (가) 복제행위의 존재(copying)
      (a) 직접증거, 또는
      (b) 간접증거에 의한 추인 ←
         ① 피고에 의한 원고저작물에의 접근(access)
         ② 원·피고저작물 간의 증거적 유사성(probative similarity)
   (나) 복제행위의 위법성[부당한 도용(improper appropriation)]
      (a) 저작권법으로 보호되는 요소를 복제하였을 것(표현의 보호)
      (b) 보호요소의 복제가 실질적일 것[실질적 유사성(substantial similarity)]

iii) 저작물의 창작성과 실질적 유사성 저작물의 종류는 지극히 다양하다. 그러므로 창작성 있는 모든 저작물이 당연히 보호될 것인가, 저작물의 본질적 속성에 비추어 창작성이 너무 낮은 저작물에 대한 보호가 저작권 정책에 어긋난다고 평가되는 경우 그 보호를 부정할 수 있을 것인가, 그 이론적 근거는 무엇인가 등이 문제로 된다. 일반적으로 소설, 시, 그림, 음악 등 문예저작물은 창작성이 근소하더라도 기지(旣知)의 것에 비추어 개성적인 특징이 표현되어 있다면 보호되어야 한다는 것이 통설적 견해이다. 그러나 사실을 수집해 놓은 사실저작물(전화번호부, 지도 등), 기술이나 기능을 서술한 기능저작물(컴퓨터 프로그램, 과학저작물 등), 일상생활용품에 응용된 미적 제품(디자인, 응용미술) 등에 대하여는 보다 높은 수준의 창작성이 필요하고 창작성이 낮은 평범한 수준의 저작물에 대해서는 저작권으로서 보호하여서는 아니 된다는 견해가 대두되고 있다. 그러나 이것은 저작물의 성립요건으로서의 창작성이 있더라도 당해 저작물의 특징에 비추어 창조적 노력이 크면 큰 보호를, 그것이 적으면 적은 보호를 주어야 한다는 원칙에 따라 실질적 유사성을 판단함으로써 적정한 해결이 가능하다고 보여진다. 즉 기능적 저작물의 경우에는 저작물 자체의 창작요소를 분석하여 당시의 기술수준에 비추어 평범하고 통상적인 수준을 넘는 창작성 있는 부분을 엄선하여(기능상 부득이 동일한 표현을 써야 할 경우는 창작성 있는 부분에서 제외) 그 창작적 표현에 대한 복제나 모방만을 저작권 침해로 보는 것이다. 즉 실질적 유사성의 범위를 극히 좁게 해석(예컨대 곤충도감에 실리는 곤충 그림은 누구나 실물과 비슷하게 꼼꼼히 그리므로 유사성이 크다고 해서 저작권 침해가 되기 어렵다. 이 경우는 원판을 그대로 무단복제 하는 것만이 저작권 침해를 구성할 이치이다. 사진도 마찬가지이다)함으로써 학문과 기술에 대한 일반공중의 자유로운 접근을 보장할 수 있을 것이다.

iv) 여러 저작물에서의 실질적 유사성

㉮ 어문저작물의 경우 ㉠ 부분적 문자적 유사성이 있는 경우 저작물의 특정한 행이나 절, 기타 세부적인 부분이 복제된 경우(이른바 부분적 문자적 유사성, fragmented literal similarity)에는 어느 정도의 양이어야 저작권 침해로 볼 것이냐가 문제된다. 공정한 '인용'의 경우 또는 양적으로 소량인 경우는 물론 저작권 침해가 성립되지 아니하나 당해 저작물의 잠재적 수요를 감소시킬 가능성이 있는 정도라면 저작권 침해를 구성한다고 보아야 할 것이다.

㉡ 부분적 문자적 유사성이 없는 경우　　어문저작물이 문장 대 문장으로 대칭되는 유사성이 없더라도 전체로서 포괄적인 유사성이 인정되는 경우(이른바 포괄적 비문자적 유사성, comprehensive nonliteral similarity)에도 실질적 유사성이 긍정될 수 있다. 이 경우는 통상인(ordinary observer)의 입장에서 전체적인 개념과 느낌(total concept and feel)을 중심으로 판단해야 한다(ordinary observer test).[604] 부분적이고 미세한 것, 유사목록과 차이점 목록을 만들어 대비하는 것은 적절하지 못하다. 중요한 것은 두 저작물 사이의 유사성이지 차이점이 아니다. 따라서 두 저작물 사이의 유사성이 인정되면 피고가 원고 저작물과의 차이점을 강조해도 큰 의미는 없다.

ⓐ 소설과 같은 픽션저작물은 사건구성, 전개과정, 등장인물의 성격부여, 문장표현 등에 있어서 구체적이고 특정적인 점을 추출하여 제거해 나가면 어느 시점에 이르러 일반적인 이야기와 비슷한 경향을 띠게 되므로 그 시점을 포착하여 유사성을 찾아야 한다[추상화 기준(abstractions test)].

ⓑ 역사물과 같은 논픽션 저작물은 사건구성, 전개과정, 등장인물이 동일하거나 비슷할 수밖에 없으므로 원저작물이 거의 그대로 복제되어야 할 것이다.

㈏ 미술저작물 등의 경우　　미술저작물, 건축저작물, 사진저작물, 응용미술품은 유사성이 보편적 특징이나 속성 또는 보편적 제작기법에 기인한 것이라면 저작권 침해를 구성하지 아니한다(이들 저작물은 일반적으로 유사성의 범위가 좁다). 미술작품의 경우에 소재가 같아 결과적으로 유사하게 되더라도 선행저작물의 저작권을 침해하는 것이 아니다.

다음 작품은 자신이 창작했으나 이미 저작권을 양도한 작품과 유사한 작품을 그 후에 제작한 것이 제1작품 양수인의 저작권을 침해했는지가 문제로 되었다[Franklin Mint Corp. v. National Wildlife Art Exchange 575 F.2d 62(3d Cir. 1978)].

---

604) "그러나 '수요자 또는 통상적 관찰자'의 시각에서 판단한다고 해서 여론 조사하듯이 일반인의 느낌을 조사하는 것은 아니다. 문제된 작품의 '수요자'의 시각에서 수요자를 기준으로 '법원'이 창작적 표현에 있어서의 실질적 유사성을 비교해야 한다는 것을 의미할 뿐이다. 일반인의 느낌을 조사하게 되면, 오히려 창작적 표현에 한정하지 않고 아이디어의 유사성까지도 포함해서 판단하는 오류를 범할 수 있기 때문이다"〔정상조, "저작권침해의 판단기준으로서의 실질적 유사성," 「정보법판례백선(1)」(박영사, 2006), 526면〕.

제1작품

제2작품

법원은 작가에게 유리한 판결을 하여 저작권침해를 부정하였다. 그 근거는 아이디어/표현 이분법이었다.

㉰ 음악저작물 등의 경우 　공연권의 대상이 되는 음악저작물이나 연극저작물 등의 경우에는 악보에 따른 연주, 가창, 실연 등은 저작권침해로 됨은 물론이다. 한편 음악의 창작은 가락[선율(melody)], 화음(harmony), 박자(rhythm), 형식(form)으로 구성된다. 두 음악저작물의 동일·유사성을 판단함에 있어서는 이러한 요소를 모두 고려하여 판단하여야 한다. 다만 개별 音의 高低·長短으로 구성된 멜로디는 리듬이나 하모니에 비하여 상대적으로 선택의 폭이 넓기 때문에 악곡의 창작성은 멜로디 부분에서 전형적으로 나타나게 되며, 따라서 악곡의 3요소 중 가장 큰 보호를 받는 부분이기도 하다.[605] 문제는 어느 정도 길이의 멜로디를 이용하여야 저작권 침해로 볼 수 있는가 이나 이 문제 역시 궁극적으로는 저작자의 창작 활동의 인센티브와 일반인의 창작의 자유 사이에서 결정될 수밖에 없다.[606]

---

605) 음악저작물과 관련된 보다 자세한 것은, 오승종, "음악저작물과 계약," 「지적재산권법의 제문제」(梅山송영식선생화갑기념논문집), 686면 참조.

606) 李相京, 「지적재산권소송법」, 692면. "과거 우리나라 공연윤리위원회는 1979.3.8. 제18차 가요·음반전문심의회에서 음반사전심의에 사용할 다음과 같은 창작곡의 표절 결정기준을 세운 바 있다.

1. 주요 동기가 동일 내지 흡사한 경우 표절로 인정함.

2. 가. 주요동기라 함은 4/4, 4/2, 6/8, 5/4 박자는 첫 2소절, 2/4, 2/2,3/8, 3/4 박자는 첫 4소절.

나. 흡사하다 함은, 박자 분할이 동일하고 한 두음의 음정만 다른 경우를 말함.

3. 주요 동기 이외는 1항 소절 수의 배수를 표절로 인정함. 4/4, 4/2, 6/8, 5/4박자는 첫 4소절, 2/4, 2/2,3/8, 3/4 박자는 첫 8소절.

4. 음형은 동일 내지 흡사하고 박자의 분할 배분만 변경된 것은 표절로 간주함."(권영준, 「저작권침해판단론」, 박영사, 2007, 203면, 주 134에서 재인용).

"그러나 다양한 모습을 가진 음악저작물들 사이의 실질적 유사성 문제에 관하여 위와 같은 기준이 획일적이고 기계적인 모습으로 적용될 수는 없다. 위 기준도 음반사전심사제도가 폐지되고, 한국공연예술진흥협의회의 설립과 더불어 한국공연윤리위원회가 해체되면서 더 이상 사용되지 않고 있다."(*ibid.*)

[판례] '썸데이' 사건(서울중앙지법 2012.2.10.선고 2011가합70768 판결)

음악 저작물은 크게 가락(melody), 화음(harmony), 리듬(rhythm)으로 구성되는데, 창작성이라는 측면에서 위 요소들 간 비중의 순위를 정하면 위와 같은 순서로 나열할 수 있다. 또한 음악 저작물의 가치는 소리의 전달에 의한 느낌 또는 관념에 있으므로 창작성 또는 실질적 유사성은 듣는 사람의 느낌과 관념을 기준으로 전체적으로 판단되어야 한다. 나아가 음악 저작물은 그 이용 가능한 소재에 한계가 있어 매우 보편적인 음이나 화음의 연속, 리듬의 설정 등은 공유되어야 할 것이므로, 만일 음악 저작물 중 일부가 대중들에 의해 일반적으로 공유되어 온 관용구에 불과하다고 인정될 경우 그 부분은 저작권법에 의해 보호되지 않는다.

◈ 디지털 샘플링

과거의 히트곡 등의 일부를 디지털 정보로 추출·저장하여 이에 적절히 변형을 가한 것을 새로운 작곡·편곡에 이용하는 샘플링 기법이 최근 널리 활용되고 있다. 이것은 무엇보다도 악기의 기술진보에 의해 샘플링이 간단히 행해지도록 되었기 때문이다. 이 경우 허락 없는 샘플링행위가 과연 저작권침해를 구성하는지 여부의 문제가 있고 만약 침해에 해당된다면 원저작자와의 사이에서 原樂曲의 사용에 의한 사용료의 문제, 저작인격권의 문제가 있고, 개별적으로 허락을 받는 등, 해결이 필요하게 될 것이다.607)

㉣ 컴퓨터프로그램의 경우 컴퓨터프로그램의 경우도 아이디어가 보호받지 못함은 물론이다. 이는 저작권법 제101조의2가 밝히고 있다. 또 컴퓨터프로그램은 고도의 기능적 제품이며, 업계의 관행이나 표준, 하드웨어 등의 제약을 받지 않을 수 없으므로 이러한 모든 요소를 제거한 후 양 프로그램을 비교하여 침해 여부를 결정하여야 한다.608)

㉤ 편집저작물의 경우 편집저작물을 그대로 또는 창작성이 인정되는 일부분(상당부분)을 그대로 이용하면609) 저작권침해로 됨은 물론이다. 그러나 우리 법 제6조는 편집저작물은 독자적 저작물로서 보호된다고 규정하고

607) 샘플링과 관련하여서는 다음 문헌 참조: 신동룡, "디지털샘플링에 대한 미국 판례 연구," 「계간 저작권」(제74호), 2006 여름호, 17면 이하; 同, "디지털샘플링에 있어서 최소사용 및 공정사용 원리에 관한 연구," 「계간 저작권」(제76호), 2006 겨울호, 33면 이하; 손경한 편저, 「엔터테인먼트법(하)」, 진원사, 45면 이하(최성준 집필부분).

608) 이에 대해서는 '제13절 컴퓨터프로그램 보호' 부분 참조.

609) 이에 대해서는 대법원 1993.1.21.자 92마1081 결정('미술연표' 사건) 참조.

있으므로 편집저작물에 대해서도 다른 일반저작물과 동일한 보호범위가 인정된다고 할 수 있을 것이다. 즉 아이디어는 보호되지 아니하고 표현만을 보호한다는 것이다. 문제는 편집저작물에 있어서 어디까지를 표현으로 볼 것이냐이다. 예컨대 '세계사 100 장면'이라는 책을 본 받아 '한국사 100 장면'이라는 책을 만들어도 '세계사 100 장면'의 편집자가 가지고 있는 편집저작권을 침해하는 것은 아니다. 이것은 아이디어이다. 그런데 소재가 다르더라도 레이아웃의 세세한 부분까지 극히 유사하다는 이유로 편집저작권 침해를 인정한 일본 판결도 있다.[610]

■ 어문저작물 등

[판례 1] 한자옥편의 경우(서울고법 1962.5.18.선고 61나1243 판결)
이 사건 두 옥편의 내용은 그 한자 수만 1할 2푼이 틀리고 당사자 변론의 전 취지에 의하면 그 해설에 있어서도 상당한 곳이 서로 다르게 되어 있는 것으로 인정되고, 설혹 원고의 말과 같이 그 나머지 부분이 똑같다손 치더라도 그와 같은 정도로는 우리들의 사회관념이나 생활감정상 피고가 원고의 한자옥편을 그대로 모방한 것이라고 인정할 수 없다.

[판례 2] 「테레사의 연인」 사건(서울지법 남부지원 1989.12.8.선고 88가합2442 판결)
피고의 가요드라마 「고독」은 소외 홍영희의 자전적 소설인 「서울의 비」를 제목만 바꾸어 시나리오로 만든 것으로서 홍영희는 위 가요드라마의 시나리오를 저작할 당시까지 원고의 소설 「테레사의 연인」을 읽어본 일이 없었고, 주제, 표현기법, 전개방법, 대화, 어투 등의 점에서 상당한 정도의 차이가 있다.

[판례 3] 희랍어 분석방법 사건 = 아이디어/표현 2분법[대법원 1993.6.8.선고 93다3073, 3080(반소) 판결]
사실관계: 을은 자신의 책을 저술하면서 갑이 쓴 강의용 희랍어 문법책을 참조하였다. 그 후 갑은 자신의 책을 쓰면서 그 서문에 "을은 내 책을 완전히 무단 도용하고…"라는 식으로 을을 비난하였다. 이에 을은 갑을 상대로 명예훼손으로 제소하였고, 갑은 을을 상대로 저작권 침해소송을 제기하였다. 쟁점은 어느 범위까지 저작물이 보호되느냐이다.

---

610) 會社パンレ事件判決[일본 東京高等裁判所 平成7(1995).1.31.(平成6(ネ)6010)]. 이에 대해서는 후술 '편집저작물' 판례 부분 참조.

판결요지: 가. 저작권법에 의하여 보호되는 저작물은 학문과 예술에 관하여 사람의 정신적 노력에 의하여 얻어진 사상 또는 감정의 창작적 표현물이어야 하므로 저작권법이 보호하고 있는 것은 사상·감정을 말, 문자, 음, 색 등에 의하여 구체적으로 외부에 표현한 창작적 표현형식이고, 표현되어 있는 내용, 즉 아이디어나 이론 등의 사상 및 감정 그 자체는 설사 그것이 독창성·신규성이 있다 하더라도 소설의 스토리 등의 경우를 제외하고는 원칙적으로 저작물이 될 수 없으며, 저작권법에서 정하고 있는 저작인격권, 저작재산권의 보호대상이 되지 아니하고, 특히 학술의 범위에 속하는 저작물의 경우 학술적인 내용은 만인에게 공통되는 것이고 누구에 대하여도 자유로운 이용이 허용되어야 하는 것이므로 그 저작권의 보호는 창작적인 표현형식에 있지 학술적인 내용에 있는 것은 아니다.
나. 저작권의 보호대상은 아이디어가 아닌 표현에 해당하고, 저작자의 독창성이 나타난 개인적인 부분에 한하므로 저작권의 침해여부를 가리기 위하여 두 저작물 사이에 실질적인 유사성이 있는가의 여부를 판단함에 있어서도 표현에 해당하고 독창적인 부분만을 가지고 대비하여야 한다(대법원 1991.8.13.선고 91다1642 판결).
다. 저작권자의 강의록에 사용된 것과 동일한 내용의 키 레터(KEY-1etters)를 분석방법론으로 사용하고 그 이론을 이용하여 희랍어의 문법에 관한 자신의 저서에 사용하였지만, 그 분석방법론은 독창적이라 하더라도 보호대상이 아닌 아이디어의 영역에 속하므로, 그 이론을 이용하더라도 구체적인 표현까지 베끼지 않았다면 저작권의 침해가 되지 아니한다.

[판례 4] 「지방행정학」 사건(서울민사지법 1995.10.20.선고 95가합55424 판결)

가. 저작권자의 동의 없이 학술저작물을 22페이지 분량에 걸쳐 그 내용 일부를 그대로 옮겨 놓거나 약간 변형하여 게재하는 등으로 무단사용 하는 것은 저작재산권과 저작인격권 및 출판권 침해에 해당한다.
나. 지방행정에 관한 오랫동안의 연구를 정리하여 지방행정의 일반이론, 지방자치단체와 국가의 관계, 지방자치단체와 주민의 관계, 지방자치단체, 지방행정의 광역화 등의 편제 하에 독창적으로 기술한 것은 저작권법이 보호하는 학술의 범위에 속하는 창작물에 해당한다.
다. 이 사건 침해저작물이 저작권법 제5조 소정의 2차적 저작물이나 제6조 소정의 편집저작물에 해당되더라도 원저작자로부터 아무런 동의를 받은 바 없이 그들 저작물을 무단사용한 이상에는 저작권 침해행위로 된다.
라. 저작권법은 출판권을 침해한 자가 침해행위에 의하여 이익을 받았을 때에는 그 이익의 액을 출판권자가 얻은 손해액으로 추정하고 있는바, 이 사건과 같은 경우에는 침해저작물의 총 매출액에 순이익률을 곱하고 다시 침해저작물 중 그 침해부분이 차지하는 비율을 곱한 액수로 볼 수 있다.

[판례 5] 「여보, 사랑해요」 사건(서울민사지법 1995.10.13.선고 95가합2659 판결)
탁상용 카드철 형태로 된 서적의 39페이지 분량을 그대로 옮겨 놓거나 어휘만 약간 바꾸는 등의 방법으로 표절한 다음 탁상용 카드 형태와 카드식 복제물의 모양·크기·도안·배열까지 유사하게 만들고, 저작자의 성명을 표시하지 않고서 그 일부내용을 변경하여 시중의 서점에 배포하는 행위는 저작재산권 및 저작인격권 침해에 해당한다.

[판례 6] 이휘소 사건(2)(서울지법 서부지원 1996.4.19.선고 95카합3836 판결)
실존인물을 모델로 한 소설의 경우, 원래 저작권법에 의하여 보호되는 것은 사상, 감정을 말, 문자, 음, 색 등에 의하여 구체적으로 외부에 표현한 창작적인 표현형식이고, 표현되어 있는 내용, 즉 아이디어나 이론 등의 사상 및 감정 그 자체는 가사 그것이 독창성, 신규성이 있다 하더라도 원칙적으로 저작물이 될 수 없으므로, 그 인물의 전기를 논픽션으로 소개한 편집부분은 엄격하게 외부에 표현된 표현형식에 한하여만 저작물로 보호받고, 다만 소설의 스토리와 같은 경우에는 예외적으로 독창성, 신규성을 갖는 사상 및 감정 자체도 보호받을 여지가 있으므로, 그 소설 중 저자가 허구로 지어낸 스토리인 창작부분의 경우에는 그 표현형식뿐만 아니라 구체화된 스토리 자체도 저작물로 보호받는다.

[판례 7] 한글교육교재 「두리두리」 사건 = 편집저작물성 및 아이디어/표현 2분법(대법원 1996.6.14.선고 96다6264 판결)
가. 편집물이 편집저작물로서 보호를 받으려면 일정한 방침 혹은 목적을 가지고 소재를 수집·분류·선택하고 배열하여 편집물을 작성하는 행위에 창작성이 있어야 하고, 저작권법에 의하여 보호되는 저작물은 학문과 예술에 관하여 사람의 정신적 노력에 의하여 얻어진 사상 또는 감정의 창작적 표현물이어야 하는 것이므로, 저작권법이 보호하고 있는 것은 사상·감정을 말, 문자, 음, 색 등에 의하여 구체적으로 외부에 표현한 창작적인 표현형식이고, 그 표현되어 있는 내용, 즉 아이디어나 이론 등의 사상 및 감정 그 자체는 설사 그것이 독창성·신규성이 있다 하더라도 소설의 스토리 등의 경우를 제외하고는 원칙적으로 저작물이 될 수 없다(대법원 1979.12.28.선고 79다1482 판결; 1990.10.23.선고 90다카8845 판결; 1993.6.8.선고 93다3073, 3080 판결 등 참조).
나. 신청인이 제작·판매하고 있는 한글교육교재 「두리두리」는 그 소재인 글자교육카드의 선택 또는 배열에 창작성이 있다고 할 수 없어 이를 편집저작물로 볼 수 없고, 신청인의 한글교육교재가 채택하고 있는 순차적 교육방식이라는 것은 아이디어에 불과하여 저작물로서 보호받을 수 없다.
다. 신청인의 글자교육카드(「두리두리」)와 피신청인의 글자교육카드(「신기한 한글나라」)는 그 소재로 삼은 동물과 그 의성어, 색깔, 탈것이 동일·유사할 뿐 그 표현에 있어서는 그 각 그림이나 글자의 형태·색채에 차이가 뚜렷이 드러날 정도로 상이하여 양 저작물 사이에 실질적인 유사성이 있다고 할 수 없으므로 저작권 침해로 볼 수 없다.

[판례 8] 「하얀나라 까만나라」, 드라마 「연인」 사건 = 침해사실을 모르고 2차적 저작물 작성권을 취득한 자의 법적 책임(대법원 1996.6.11.선고 95다49639 판결)611)

가. 주말연속극 집필자가 원고의 저작물인 법조소설에 나오는 형사사건과 동일한 사건내용 및 표현을 그대로 또는 다소의 변경을 가하여 방송사가 방영한 주말 연속극 대본 중 13회분의 집필에 사용한 경우에 이는 원고의 저작권을 침해한 것으로서 대본의 집필로 받은 고료에서 집필자 자신의 기여도와 세금 및 일반관리비 등 경비를 공제한 금액을 원고에게 배상할 의무가 있다. 한편 방송사 및 방송사 제작단은 위 집필자와의 사이에 사용자·피용자의 관계가 존재하지 아니하므로 위 대본을 사전에 감독, 심의하여 저작권 침해를 방지하여야 할 주의의무는 없다.

나. 저작권 침해자로부터 그 침해사실을 모르고 2차적 저작물 작성권을 취득한 자는 침해한 새로운 저작물 자체에 대한 2차적 저작물 작성권을 취득한 것이 되어 원저작자에 대한 관계에서 법률상 원인 없이 이익을 얻고 이로 인하여 원저작자에게 손해를 가한 것이 된다고 볼 수는 없다. 피고 공사 및 제작단은 피고 최△△가 원고의 저작권을 침해한 사실을 모르고 피고 최△△와의 연속극 대본집필계약에 의하여 피고 최△△로부터 연속극 대본에 대한 방영권 및 영상저작물 작성권을 취득한 이상 피고 공사와 제작단은 원고에 대하여 부당이득이 성립되지 아니한다.

♣ <u>원심판결(서울고법 1995.10.19.선고 95나18736 판결)612)</u>

어문저작물 중 소설, 극본, 시나리오 등과 같은 저작물은 등장인물과 작품의 전개과정(이른바 sequence)의 결합에 의해 이루어지는 것이고 작품의 전개과정은 아이디어(idea), 주제(theme), 구성(plot), 사건(incident), 대화와 어투(dialogue and language) 등으로 이루어지는 것인데 이러한 각 구성요소 중 각 저작물에 특이한 사건이나 대화 또는 어투는 그 저작권침해 여부를 판단함에 있어서 중요한 요소가 된다고 할 것이고, 저작권침해가 인정되기 위하여서는 침해자가 저작권 있는 저작물에 의거하여 그것을 이용하였을 것과 저작권이 있는 저작물과 침해자의 저작물 사이에 실질적인 유사성이 있어야 하고, 실질적 유사성에는 작품 속의 근본적인 본질 또는 구조를 복제함으로써 전체로서 포괄

611) 이 판결에 대한 평석은, 이기수, 「뉴미디어와 저작권」, 400면 참조.
612) 제1심 서울지법 1995.4.14.선고 93가합52070 판결.

적인 유사성이 인정되는 경우(이른바 포괄적 비문자적 유사성: comprehensive nonliteral similarity)와 작품 속의 특정한 행이나 절 또는 기타 세부적인 부분이 복제됨으로써 양 저작물 사이에 문장 대 문장으로 대칭되는 유사성이 있는 경우(이른바 부분적 문자적 유사성: fragmented literal similarity)가 있다고 할 것인바, 앞에서 인정한 사실에 터잡아 원고의 이 사건 소설과 위 피고의 "연인"이라는 연속극의 대본을 비교해 보면, 원고의 이 사건 소설과 위 피고의 대본 사이에는 소설과 대본이라는 표현형식, 그 주제 및 구성에 있어서는 전체적인 개념과 느낌에 있어서 상당한 차이가 있음이 인정되나 그 구성요소 중 일부 사건 및 대화와 어투에 있어서 공정한 인용 내지 양적 소량의 범위를 넘어서서 원고의 이 사건 소설과 동일성이 인정되고, 부분적 문자적 유사성이 인정되는 이상, 위 피고의 "연인"이라는 연속극의 대본의 일부는 원고의 이 사건 소설의 존재를 알고 이에 의거하여 이루어진 것으로서 비록 원고의 이 사건 소설의 일부라고 할지라도 그 본질적인 부분과 실질적 유사성이 있고 이른바 통상적인 아이디어(idea)의 영역을 넘어서 위 소설의 경험적, 구체적 표현을 무단이용하였다고 보이므로 원고의 이 사건 소설의 저작권을 침해한 것이 된다고 할 것이다. 나아가 그 침해의 범위에 관하여 보면, 원고는 위 피고가 실질적인 유사성이 있는 대본을 일부 집필함으로써 원고의 이 사건 소설에 의한 저작권을 침해한 이상 그 침해범위는 피고가 집필한 위 연속극의 대본 50회분의 전부에 미치고 따라서 위 50회분의 대본전부 또는 적어도 그 대본 전체에서 실질적 유사성이 있는 부분의 비중을 고려하여 대본전체 중 그 침해의 범위를 정하여야 한다고 주장하므로 보건대, 위에서 본 바와 같이 위 피고의 1회분부터 8회분까지와 제14회분부터 18회분까지 합계 13회분이 원고의 저작권을 침해하고 있는 점은 인정되나 그 밖에 이를 초과하는 나머지 부분에서도 원고의 저작권이 침해되었다는 주장부분에 대하여는 이를 인정할 만한 증거가 없고 오히려, 위에서 본 증거들 및 인정사실에 터잡아 원고의 이 사건 소설과 위 피고의 대본을 비교해 보면, 원고의 소설과 위 피고의 대본 사이에는 한쪽은 단행본 소설인 데 반하여 다른 쪽은 50회로 나뉘어 매회 주제에 변화를 주어 진행되는 연속극의 대본이라는 표현형식에 차이가 있는 점, 그 주제 및 구성에 있어서 상당한 차이가 보이는 점이 인정될 뿐인바, 이러한 점을 종합적으로 고려할 때 위 피고의 대본에 의한 원고의 저작권의 침해범위는 그 대본에 실질적 유사성이 있는 합계 13회분이라고 봄이 상당하다 할 것이다.

[판례 9] 아스팔트 사나이 사건(서울지법 1996.9.6.선고 95가합72771 판결)[613)]

저작권 침해가 인정되기 위하여는 침해자가 저작권이 있는 저작물에 의거하여 그것을 이용하였을 것과 저작권이 있는 저작물과 침해자의 저작물 사이에 실질

613) 제2심(서울고법 1997. 7. 22.선고 96나41016 판결: 항소기각)

적인 유사성이 있어야 하는데, 실질적 유사성에는 작품 속의 근본적인 본질 또는 구조를 복제함으로써 전체로서 포괄적인 유사성이 인정되는 경우(이른바 포괄적 비문자적 유사성)와 작품 속의 특정한 행이나 절 또는 기타 세부적인 부분이 복제됨으로써 양 저작물 사이에 문장 대 문장으로 대칭되는 유사성이 인정되는 경우(이른바 부분적 문자적 유사성)가 있다고 할 것인바, … 원고의 위 '사하라 일기'와 피고 1의 이 사건 만화를 비교해 보면, 원고의 위 '사하라 일기'와 이 사건 만화 사이에는 표현형식, 주제, 구성에 있어서는 전체적인 개념과 느낌에 있어 상당한 차이가 있음이 인정되나, 그 구성요소 중 일부 사건, 대화, 사상의 표현에 있어서 공정한 인용 내지 양적 소량의 범위를 넘어서서 원고의 위 '사하라일기'와 동일성이 인정되고, 부분적 문자적 유사성도 인정되는 이상, 위 피고의 이 사건 만화의 일부는 원고의 위 '사하라 일기'에 의거하여 이루어진 것으로서 비록 원고의 위 '사하라 일기'의 일부라고 할지라도 그 본질적인 부분과 실질적 유사성이 있고, 이른바 통상적인 아이디어(idea)의 영역을 넘어서 위 '사하라 일기'의 구체적, 경험적 표현을 무단이용하였다고 보이므로 원고의 위 '사하라 일기'에 대한 저작권을 침해한 것이 된다고 할 것이다.

[판례 10] '4차원속독법' 사건(대법원 1997.9.29.자 97마330 결정)

신청인 저작의 '4차원 속독법'과 강의록, 피신청인 저작의 '12시간 속독법'을 대비하여 보면, 피신청인이 신청인의 '4차원 속독법'과 강의록에 저술된 학술적, 이론적 내용, 즉 신청인이 개발한 독창적인 속독법에 관한 기본 원리나 아이디어 중 일부를 이용하여 '12시간 속독법'을 저술하였음을 엿볼 수 있으나, 피신청인이 '4차원 속독법'과 강의록의 내용 중 속독법의 기본 원리나 아이디어 자체 이외에 창작적인 표현 형식을 무단 이용하여 '12시간 속독법'을 저술하였는지에 관하여 보면, '12시간 속독법'이 '4차원 속독법'의 표현 전부를 그대로 베낀 것으로 인정할 수 없음은 분명하고, 양 저작물 사이에 그 표현 중 일부에 있어서 일응 유사하다고 볼 수 있는 부분이 있기는 하나 유사 부분 중 일부는 '4차원 속독법' 발행 전의 간행물에 거의 동일하거나 매우 유사한 표현이 있어 신청인의 독창적인 표현이라 할 수 없고, 나머지 유사 부분은 양 저작물의 목차가 많이 다르고 '12시간 속독법'의 표현이 '4차원 속독법'의 표현과 상당히 차이가 나는 이상, 서술의 순서나 용어의 선택 또는 표현 방법 등 문장 표현상의 각 요소가 현저하게 실질적으로 유사하여 '4차원 속독법'의 재제 또는 동일성이 인식되거나 감지되는 정도에 이르지 아니하므로, 피신청인이 신청인의 저작권을 침해하였다고 볼 수 없다.

[판례 11] '엘리트 피아노 교본' 사건(대법원 1999.10.22.선고 98도112 판결)

저작권 침해행위로 규정하고 있는 저작물의 무단 복제 여부도 어디까지나 저작물의 표현 형식에 해당하고 또 창작성이 있는 부분만을 대비하여 볼 때 상호간에 실질적 유사성이 있다고 인정할 수 있는지 여부에 의하여 결정되는 것이어서(대법원 1997.9.29.고지 97마330 결정 참조), 원칙적으로 표현 내용이 되는 아이디어나 그 기초 이론 등에 있어서의 유사성은 그에 아무런 영향을 미칠 수 없을 뿐만 아니라 표현 형식에 해당하는 부분이라 하여도 창작성이 인정되지 아니하는 부분은 이를 고려할 여지가 없다고 할 것이다.

이러한 법리를 전제로 원심판결 이유를 기록에 비추어 살펴보면, 이 사건 고소인 측의 「알프레드(Alfred) 피아노 교본」(이하 고소인측 교본이라고 한다)에서 택하고 있는 어린이를 대상으로 한 피아노 교습에 관한 교육이론과 이에 기한 교습방법 또는 순서 자체는 이를 저작권의 보호대상이 되는 표현형식에 해당한다고 할 수 없으므로 피고인이 인쇄·판매한 「엘리트 피아노 교본」(이하 피고인측 교본이라고 한다)이 설사 고소인측 교본과 같은 교육이론에 따른 것이라고 하더라도 이를 가리켜 저작권 침해가 되는 무단 복제에 해당한다고 할 수 없고, 그 외 이 사건 공소사실에서 적시하고 있는 도안과 그림 등에 의한 구체적인 설명 부분 중 피아노 교습에 있어서의 기초적인 사항에 관한 것은 고소인측 교본의 설명 부분 자체가 저작권에 의하여 보호되어야 할 창작성이 있다고 보여지지 아니할 뿐만 아니라 그렇지 아니한 사항에 있어서도 고소인측 교본과 피고인측 교본 상호간에 실질적 유사성이 있다고 단정하기가 어렵다.

[판례 12] 고려수지요법강좌 사건(대법원 1999.11.26.선고 98다46259 판결)

저작물인 '대한수지의학강좌'가 '고려수지요법강좌'의 이론전개 방식이나 서술내용, 그림, 도표 등을 그대로 인용하거나 일부 변경 또는 순서를 바꾸는 등의 방법으로 이를 실질적으로 복제함으로써 '고려수지요법강좌'의 저작권을 침해하였다.

[판례 13] 「까레이스키」 사건(대법원 2000.10.24.선고 99다10813 판결)

두 작품 모두 일제치하에 연해주로 이주한 한인들의 삶이라는 공통된 배경과 사실을 소재로 하고 있어 유사한 면은 있지만, 이는 공통의 역사적 사실을 소재로 하고 있는 데서 오는 결과일 뿐이고, 양자의 실질적 동일성 내지 종속성에 관하여 살펴볼 때 소설 「텐산산맥」은 이야기의 구성이 단조롭고 등장인물의 발굴과 성격도 비교적 단순한 데 반하여, 드라마 「까레이스키」는 등장인물의 수나 성격이 훨씬 다양하고 사건의 전개방식도 더 복잡하며 이야기의 구성이나 인물의 심리묘사 등도 보다 치밀하고, 극 전체의 완성도, 분위기 및 기법 등에 상당한 차이가 있는 점 … 등 전체적으로 볼 때 드라마 「까레이스키」는 원고의 소설과는 완연히 그 예술성과 창작성을 달리 하는 별개의 작품이라 할 수 있고 양자가 실질적으로 동일하다거나 종속적인 관계에 있음을 인정하기 어려워 드라마 「까레이스키」가 소설 「텐산산맥」의 저작권을 침해하였다고 인정되지 않는다.

[판례 14] 「여우와 솜사탕」 사건(서울남부지원 2002.3.28.고지 2002카합370 결정)

제1대본(사랑이 뭐길래)과 제2드라마(여우와 솜사탕)는 그 줄거리와 주제 및 구성에 있어서 유사하다는 점을 제외하고도, 남녀 주인공을 비롯한 주요 등장인물의 특징적인 성격과 구도, 남녀 주인공의 어머니들 사이의 갈등전개 과정, 여자 주인공과 그 어머니 사이의 갈등 전개 과정, 남녀 주인공의 결혼에 이르기까지의 양가의 갈등 과정 등에 관한 구체적인 표현을 포함하여 별지 대비표 기재의 창작적인 표현들 상호간에도 상당한 문자적 유사성이 있다고 할 것이다.

다만, 제2드라마에 있어서는 제1대본에 등장하지 아니하는 남자 주인공의 형, 형수, 친구, 여자 주인공의 언니, 이모 등의 주변인물들이 등장하고, 그들 상호간의 사랑과 갈등, 여자 주인공의 동서간의 갈등 등이 추가되는 한편, 남녀 주인공이 12살의 나이 차이를 극복하는 과정이 그려지기도 한다. 그러나 제1대본 중 위에서 본 구체적 사건 및 갈등의 전개와 그 구체적인 표현을 포함한 별지 대비표 기재의 창작적인 표현들은 저작권의 보호대상이 되는 창작적인 표현형식으로서 제1대본의 특징적이고 개성적인 내용표현을 형성하는 요소로 인식된다고 할 것인바, 제2드라마는 그 부분들에 있어서 이 사건 제1대본과 유사하게 구체적인 사건을 전개하고, 구체적인 표현도 유사한 창작적 표현을 사용하고 있으므로, 비록 다른 주변 인물들 간의 관계, 갈등 등에 있어 위와 같은 차이점이 있음에도 불구하고, 제1대본을 접하였던 통상인이 제2드라마를 시청한다면, 제2드라마는 제1대본을 드라마화한 것으로서 그 과정에서 주변 인물들의 관계 등에 관한 사건전개만을 변경시킨 것임을 쉽게 인식할 수 있을 정도로, 제2드라마는 제1대본의 특징적이고 개성적인 내용표현을 그대로 사용하고 있다고 할 것이다.

따라서 제2드라마의 미방영 부분의 내용여하에 관계없이 제1대본과 제2드라마 사이에는 실질적인 유사성이 존재한다고 할 것이고, 제2드라마는 신청인의 제1대본에 대한 저작권을 침해한 것이라고 할 것이므로, 신청인은 제1대본에 관한 저작권에 의하여 피신청인을 상대로 이 사건 신청을 구할 피보전권리가 있다.

* 별지: 문자적 유사성이 인정되는 부분(특히 **굵은 글씨** 부분)

	사랑이 뭐길래	여우와 솜사탕
1	〈4회 S#1 숲속〉 지은 왜 자꾸 만지니! 결혼도 안 할 거면서. **나쁜 자식**. 대발 **뭐야**? 지은 (**숲으로 가려**) 대발 (**확 잡아 세우며**) 이 기집애 **오냐오냐하**	〈8부 S#22 도심공원〉 선녀 (이) **나쁜 자식** 강철 **뭐야**? 선녀 (**가려 하는**) 강철 (**잡아세우며**) 너 뭐라 그랬어? 어? **오냐오냐 하니까 끝이 없어. 너 어따 대구 자**

	니까 한계가 없어. 너 정말 혼 한번 나고 싶어? **어따 대구 자식이야.** 울 엄마한테두 이날까지 이 자식아 한번 안 들은 사람이야 나. **내가 니 자식야?** 지은 **놈이 더 낫겠어 그럼?** 대발 (**눈이 확 커지며 자기도 모르게 손이 치켜 올라간다**) 지은 (눈 똑바로 뜨고)**때리기만 해.** 대발 매가 튀어?(때리려다 못하고) 지은 고소할 테니까. 대발 …(보다가 포기하고 지은 팔 잡아끌고 빠르게 걷기 시작) 그래? 그럼 가서 내가 먼저 너 고소해 놓고 그 담에 내가 너 두들겨 패구 고소당하자. 지은 (별수 없이 끌려 걸으면서) 잘난 척 작작해. 인생이 불쌍해서 구제해 줄려구 했더니 아주 자기가 멋있어서 그런 줄 알어. 대발 멋대로 지껄여. 지은 **안 봐도 뻔해애. 자유인?** 언제까지 자유인 폼나나 어디 두고 보자. 이 기집애 저기집애도 잠시 잠깐야. **순바람둥이 플레이보이루 소문나면 여자두 그런 여자나 꼬여 들 거구, 그러다 나이 먹어 마흔살, 쉰살, 추하게 늙어 허리가 꼬부라질 거구,** 공분 하나두 안 해서 의사일두 제대로 못하게 될 거구, 돈 없어 실력 없어 가진 것두 없어, **술은 곧잘 마실 거구. 그러다 보면 어느 날 행려병자루 거리에 쓰러져 죽을 테니까.**	**식이야? 내가 너 자식이야?** 선녀 **놈이라고 할까?** 강철 (손 번쩍) **아유 이걸…** 선녀 (눈 똑바로 뜨고 보는)**때리기만 해.** 강철 아후후…(차마 못때리는데) 주먹이 운다. 울어 응… …중략… 강철 (눈에 힘들어가며) 잘 들어. 분명히 말하는데, 난 자유인이야. 그게 좋기 때문에 이때까지 어떤 여자랑두 안 엮였어. 선녀 (같잖다는 미소) **자유인 좋아하네.** 이 여자 저여자 아무데나 껄떡대는 껄덕쇠겠지. 강철 껄..껄덕쇠? 선녀 (연결) **순 바람둥이에다 플레이보이 거기다 거짓말쟁이…. 뭐한텐 뭐만 걸린다구 맨날 그런 여자나 걸려들 꺼구, 술 먹구 아무데나 널브러지다가 늙어서 행려병자루 거리에 쓰러져 죽을 거야….**
2	〈6회 S#20 대문 앞〉 대발 **뭐 결국 행려병자루 인생을 마감하고 말 거라구?** …중략… **우리가 부부니? 결혼했어? 살았어? 살다가 내가 딴 여자랑 심각하게 딴 짓 했니? 그래서 사네 못사네 하다가 결국은 갈라서는 마당이야? 갈라서는 마당에 내가 너 쥐어패구 위자료 일원 한푼 안 주구 야비하게 굴었어?**	〈9부 S# 43〉 강철 **뭐 행려병자루 길거리에 쓰러져 어째…. 순플레이보이에다 바람둥이…. 야 내가 마누라 있는데 바람 폈어? 아니면, 너랑 손가락 걸구 사랑 맹세까지 해놓고 딴 여자랑 놀아나길 했어? 그것두 아님 너랑 갈 데까지 다 갔는데 어느 날 갑자기 헤어지자구 해서 널 돌게 만들었니?**

※ 다만 이 사건에서 재판부는 본안판결 이전에 신청인의 현저한 손해를 피하기 위하여 제2 드라마의 나머지 부분에 대한 방영을 금지해야 할 보전의 필요성이 있다고 인정되지 아니한다고 결정하였다.

※ 본안판결(서울남부지방법원 2004.3.18.선고, 2002가합4017 판결)에서 법원은 "리메이크 작품은 원작을 이용하는 부분에다 새롭게 창작한 부분이 가미되어야 하고, 또한 상당한 시간과 노력이 실제 투여되어야 작품이 완성된다는 점, 이 사건 2 대본 및 드라마가 이 사건 1 대본에 의거하면서도 구체적인 줄거리의 전개과정, 등장인물 상호관계의 구도에 있어서 적지 않은 새로운 부분이 추가되어 있을 뿐만 아니라 이 사건 2 대본 및 드라마만에 독특한 부분이 상당정도 인정되는 점 등을 종합하면 원작 사용에 대한 부분은 원고가 직접 집필할 경우 받을 수 있는 금액의 3분의 1 정도로 평가함이 상당하고, 특별한 사정이 없는 한 위 원작사용에 대한 금액정도가 원고가 타인에게 이 사건 1 대본의 사용허락을 하고 사용대가로 받았을 객관적 금액이 된다고 봄이 상당하다"고 판시하였다.

[판례 15] 2009 로스트 메모리즈 사건(서울고법 2003.12.16.선고 2003나6530 판결)

사실관계: 원고는 1987년 〈비명을 찾아서〉라는 소설을 썼다. 이 소설은 안중근 의사가 이토 히로부미 암살 실패 후 일본 식민지가 된 조선의 회사원이 잊혀진 조선역사와 조선어를 알게 돼 상하이 망명정부를 찾아간다는 내용의 대체역사(alternative history) 소설이다. 피고는 2001년 〈2009 로스트 메모리즈〉는 영화를 제작하였다. 이 영화는 타임머신 역할을 하는 영고대와 영고대를 움직이는 월령을 손에 쥔 일본정부가 비밀요원을 과거로 보내 이토 히로부미 암살을 막고 역사를 뒤바꾸려 하자 조선계 요원이 이를 막는다는 내용의 영화다. 영화에는 위 원고소설의 아이디어를 차용하였다는 의미의 "원안: 복거일의 〈비명을 찾아서〉"라는 문구가 기재되어 있었다. 원고가 피고를 상대로 저작권침해의 소를 제기하였다.

법원의 판단: 두 작품의 역사적 배경이나 주제, 소재 등이 유사하지만 구체적인 인물 설정관계, 사건의 전개와 결말, 갈등의 해결방식 등에서 차이가 있고 구체적인 표현형식도 달라 실질적 유사·종속 관계에 있다고 볼 수 없다. 설사 〈2009 로스트 메모리즈〉가 〈비명을 찾아서〉의 기법이나 일부 상황설정 및 배경 등을 차용했다 하더라도 이는 작품의 아이디어 영역에 속하는 것으로 저작권법에 의한 보호 대상은 아니다.[614)]

[판례 16] 2차적 저작권의 침해 여부(대법원 2004.7.8.선고 2004다18736 판결)

저작권법 제5조 제1항 소정의 2차적 저작물로 보호받기 위하여는 원저작물을 기초로 하되 원저작물과 실질적 유사성을 유지하고 이것에 사회통념상 새로운 저작물이 될 수 있을 정도의 수정·증감을 가하여 새로운 창작성을 부가하여야 하는 것이며, 저작권법이 보호하는 것은 문학·학술 또는 예술에 관한 사상·감

614) 평석: 정상조, 「정보법판례백선(1)」, 520면.

정을 말·문자·음·색 등에 의하여 구체적으로 외부에 표현하는 창작적인 표현형식이므로, 2차적 저작권의 침해 여부를 가리기 위하여 두 저작물 사이에 실질적 유사성이 있는가의 여부를 판단함에 있어서는 원저작물에 새롭게 부가한 창작적인 표현형식에 해당하는 것만을 가지고 대비하여야 한다.

[판례 17] '귀신이 산다' 사건(서울고법 2005.2.15.자 2004라362 결정)

1) 사실관계: 장편소설 '기억'의 작가가 영화 '귀신이 산다'는 자신의 소설을 무단 이용한 것이라고 주장하면서 영화의 제작, 배포, 상영, 광고 금지를 구하는 가처분을 신청하였으나 제1심에서 그 신청이 기각되고, 영화상영이 종료되자, 위 영화에 대한 '대한민국 내 극장 상영 권리를 제외한 나머지 판권'들을 배포하여서는 아니된다'는 취지로 신청을 변경하면서 항고하였다.

2) 이야기 줄거리: 이 사건 소설은 현생의 부부간의 사랑에서 출발하여 불의의 사고로 사망한 남자 주인공이 전생의 연인이었던 여자 귀신을 만나 도움을 받게 되고, 그 과정에서 전생의 사랑을 방해한 부동산개발업자의 하수인이 사망하게 되고, 결국 사랑하는 현생의 부인이 앓고 있던 불치병을 치유한 후, 전생의 연인들은 승천하여 한 쌍의 바위가 된다는 내용인 데 반하여, 이 사건 영화는 집 없는 서러움을 겪은 남자 주인공이 집을 구입하면서 느끼는 기쁨에서 출발하여 그 집에 사는 귀신의 공격을 받다가 벼락을 맞고 귀신을 알아볼 수 있는 능력이 생긴 후에는 귀신과 대화하고 협력하기 시작하여, 결국 귀신의 소원을 풀어주어 남편과 만나 승천하게 해주고, 자신은 퇴마사로서의 삶을 살게 된다는 내용이다.

3) 법원의 판단: 위 소설과 영화 사이에 저작권침해를 인정하기 위한 주관적 요건인 의거관계는 추정되나, 두 작품 사이에 실질적 유사성이 있다고 보기는 힘들다. 즉 소설에 등장하는 표현을 문장 대 문장으로 대칭될 수 있을 정도로 그대로 베낀 부분이 있어 두 작품 사이에 부분적·문자적 유사성이 있다고 볼 만한 아무런 소명자료가 없으며, 소설과 영화 사이에 주제를 구체적으로 표현한 줄거리, 사건의 전개, 등장인물의 성격과 상호관계 등 저작자의 창작적인 표현 사이에 포괄적·비문자적 유사성이 인정되지 아니한다. 소설과 영화 사이의 공통적인 요소들은 모두 귀신 혹은 흉가를 소재로 한 기존의 문학작품이나 영화들에서 사용되어 온 추상적인 인물의 유형이거나 대강의 줄거리 또는 통상적인 상황의 전개과정 등을 차용한 것이거나, 특정 주제의 표현에 전형적으로 수반되는 사건 또는 배경에 속하는 것들로서 우선 그 창작성을 인정하기 어렵다. 또한, 두 작품 사이의 성격과 유형, 이야기 줄거리, 등장인물의 성격과 상호관계, 사건의 전개 등은 현저히 상이하며, 그러한 차이가 이 사건 영화의 창작적 표현 형식에 해당함과 동시에, 지배적인 특징을 이루고 있는 까닭에 전체적으로 볼 때, 통상의 청중들로 하여금 소설과 영화 사이에 동일한 관념과 느낌을 불러일으킨

다고 하기 어렵고, 따라서 이 사건 영화는 이 사건 소설과 실질적으로 동일하다거나 종속적인 관계에 있다고 할 수 없으며, 이 사건 소설과는 별개의 창작성 있는 저작물에 해당한다.

[판례 18] '두근두근체인지' 사건(서울고법 2005.7.27.자 2005라194 결정)

이 사건 만화와 드라마를 비교하여 보면, 두 저작물은 모두 변신을 소재로 하고 감수성이 예민하고, 이성과 사랑에 대하여 호기심이 많은 여고생을 주인공으로 하여, 못생기고 뚱뚱한 여고생 주인공이 우연히 얻게 된 변신수단을 통해, 아름다운 외모로 변신하여 겪게 되는 에피소드로 구성되어 있는 점, 못생겼으나 심성이 착하고 순수한 주인공 여고생, 주인공이 사랑하는 이상형의 남자, 주인공의 원래 모습을 있는 그대로 사랑하는 평범한 남자, 사랑과 일상 면에서 주인공을 괴롭히는 라이벌 등의 등장인물이 존재하는 점, 주인공이 아름다운 모습으로 변신하여 인기와 사랑을 얻게 되나 자신의 정체성에 대한 고민을 한다는 사건 전개과정을 담고 있는 점 등에서 유사한 점을 발견할 수 있다.

그러나 두 저작물의 성격과 유형, 줄거리, 등장인물의 성격과 상호관계 등은 … 현저한 차이가 있고, 이러한 차이가 이 사건 드라마의 창작적 표현형식에 해당함과 동시에 지배적인 특징을 이루고 있어 이 사건 드라마로부터 이 사건 만화의 본질적인 특징 자체를 감득할 수 없다 할 것이다.

[판례 19] 전략삼국지 사건(대법원 2005.9.9.선고 2003다47782 판결)

사실관계: 원고출판사는 1993년 「삼국지연의」 일본어판 만화의 저작권자와 사이에 위 만화의 한국어판을 출판할 수 있는 권리를 얻어 「전략 삼국지」를 출판하고 있다. 1999년 피고출판사는 「슈퍼 삼국지」라는 만화를 출판하였다.

원고는 피고의 만화가 원고 만화의 등장인물과 배경, 대화내용 등의 구체적 표현을 그대로 모방하거나 약간 변형하여 작성한 것으로 원고의 출판권을 침해하였다는 이유로 출판권 침해의 소를 제기하였다.

이에 대하여 피고는 원고 측이 계약한 일본어판 만화 자체가 중국의 원작 만화를 베낀 작품으로서 저작권보호의 대상이 될 수 없을 뿐만 아니라 「슈퍼 삼국지」와 「전략 삼국지」는 그 배경, 캐릭터, 그림체, 흑백과 컬러 여부 등에 상당한 차이가 있고, 양 도서간에 유사한 부분이 있다고 하더라도 원고가 출판권을 가지는 「전략 삼국지」의 극히 일부분에 불과하므로 원고 출판권을 침해한 것이 아니라고 다투었다.

1심(서울지법 2002.4.12.선고 2000가합83973판결)은 피고가 「슈퍼 삼국지」를 제작함에 있어서 원고의 「전략 삼국지」를 참고했다고 볼 수는 있을지언정 피고의 「슈퍼 삼국지」가 원고의 「전략 삼국지」의 본질적인 부분을 복제하여 원고의 출판권을 침해하지 않았다고 판단하였다. 이에 반해 2심(서울고법 2003.8.19.선고 2002나22610 판결)은 「슈퍼 삼국지」는 대표적인 등장인물들의 얼굴형이 「전략 삼국지」의 그것과 확연히 달라 그림의 표현형식에 있어서 그 자체로 창작성이 인정될 정도로 독특하여 양 작품 사이에 실질적 유사성을 인정할 수 없으나, 말풍선 내의 대사의 흐름, 대사를 끊어 주는 시점 등에 있어서 양 작품 사이에 상당한 유사성이 발견되고, 양 작품 사이에는 원작이 나관중의 「삼국지연의」이기 때문이라는 것만으로는 설명할 수 없을 정도로 개개 컷의 구성, 컷 내의 그림의 배치, 컷 나누기에 있어 유사한 점을 많이 발견할 수 있고 이러한 정도의 유사성은 「슈퍼 삼국지」의 저작과정에서 「전략 삼국지」를 모방하지 않았다면 나올 수 없을 정도의 유사성이라고 보아야 하고, 총 10,816쪽인 「슈퍼 삼국지」의 만화 쪽수 중 적어도 3,000쪽 이상의 일부 또는 전부의 컷에 있어서, 그 컷 내의 사람, 말, 배, 수레, 나무, 건물, 무기 등의 묘사 및 배치가 「전략 삼국지」의 그것과 동일하거나 단지 좌우대칭으로 변형하거나 그 컷 내의 한 부분을 클로즈업(close-up)한 것이며, 또한 시각(視角), 목적물의 거리, 명암 등이 유사하여 「슈퍼 삼국지」 중 3,000쪽 이상에서 전부 또는 일부 컷이 「전략 삼국지」를 모방하여 제작되었다 할 것이어서, 비록 피고가 「슈퍼 삼국지」를 저작함에 있어서 등장인물들에 관하여 독창적인 시각적 묘사를 하였다고 하더라도, 컷 나누기라든지 인물의 대화의 기재, 인물의 표정・동작 및 주변상황의 묘사 등에 있어서 「전략 삼국지」를 상당 부분 모방하였으므로, 피고는 원고의 출판권을 침해하였다는 취지로 판단하였다.

대법원의 판단[615]: 글과 그림이 유기적으로 결합된 만화저작물에 있어서 원작과 제3자가 출판한 작품과의 동일성 여부는 글과 그림의 표현형식, 연출의 방법(이야기의 전개순서에 따라 글과 그림으로 구성되는 개개의 장면을 구상하고 그 이야기의 전개를 위해 지면을 다양한 크기와 모양의 칸으로 분할하며 그 분할된 해당 칸에 구상한 장면을 배열하는 것) 등을 종합적으로 고려하여 판단하여야 한다.[616]

[판례20] 「왕의 남자」 사건(서울고법 2006.11.14.고지 2005라503 결정)

「왕의 남자」에서 주인공들의 장님놀이 장면에 쓰인 '나 여기 있고 너 거기 있지'라는 대사가 창작성이 있는지 여부에 대해 재판부는 결정문에서 "신청인이 표절이라고 주장하는 대사는 일상생활에서 흔히 쓰이는 표현으로 저작권법에 의해 보호받을 수 있는 창작성 있는 표현이라고 볼 수 없다"고 밝혔다. 재판부는 또 "희곡에서는 대사가 '소통의 부재'라는 주제를 나타내기 위한 표현으로 사용됐지만 영화에서는 관객으로 하여금 다소 무거운 이야기에서 벗어나 웃을 수 있도록

615) 대법원은 2차적 저작물 작성권 침해에 해당할지언정 출판권침해가 되지 않는다고 보았다[앞의 출판권 부분(본서, 제10절 Ⅱ) 참조].

616) 평석: 박익환, 「정보법판례백선(1)」, 508면.

하는 역할을 하므로 실질적인 유사성이 없다"고 덧붙였다.

[판례 21] 태왕사신기 사건(서울중앙지법 2007.7.13.선고 2006나16757 판결)

사실관계: 원고는 고구려시대 제3대 대무신왕 시대를 배경으로 의인화된 사신(四神)이 자신이 선택한 왕을 중심으로 부도[신시(神市)]를 지향한다는 줄거리의 만화 「바람의 나라」를 지난 92년 순정만화 잡지 「댕기」에 연재하기 시작했고, 22권의 단행본으로도 발간했다.

피고는 고구려 19대 광개토대왕이 사신(四神)의 도움을 받으면서 세상의 중심에 있는 것으로 알려진 단군 나무를 찾아 그 땅에 도읍을 정하고 강한 나라를 만들기 위해 노력하는 과정을 줄거리로 드라마 「태왕사신기」의 시놉시스를 작성해 2004년 9월 드라마 제작발표회에서 공개했다.

이에 원고는 피고의 시놉시스가 작품의 줄거리와 패턴, 신시의 개념 사용, 사신 캐릭터 사용 등에 있어 「바람의 나라」와 사실상 비슷하다며 피고를 상대로 5000만원의 손해배상소송을 제기하였다.

판결요지: 제1심(서울중앙지법 2006.6.30.선고 2005가단197078 판결)에 이어 항소심도 이들의 저작물은 고구려라는 역사적 배경, 사신, 부도, 신시라는 신화적 소재, 영토확장이나 국가적 이상의 추구라는 주제 등 아이디어의 영역에 속하는 요소를 공통으로 할 뿐이어서 이들의 저작물은 등장인물이나 주변인물과의 관계 설정, 사건전개 등 저작권에 의해 보호받는 창작적인 표현형식에 있어서는 만화와 드라마 시놉시스 사이에 내재하는 예술의 존재양식 및 표현기법의 차이를 감안하더라도 실질적으로 유사하지 않다고 판시하였다.

♣ 제1심은 "원고의 저작물인 바람의 나라의 저작권을 침해하였다고 보기에는 피고의 저작물인 이 사건 시놉시스는 그 내용과 형태에 있어서 아직 최종적이지 않고 완성되지 않은 단계의 것이고, 아직 시놉시스 단계에 불과한 피고의 저작물에 사신의 개념 사용 등 일부 원고 저작물에서 표현된 내용과 유사한 부분이 있다고 해서 이를 두고 원고의 저작권을 침해하였다고 인정하기에는 그렇게 함으로써 우리 사회 및 원·피고 본인들이 얻게 되는 사회적 편익이 그에 수반되는 사회적 비용에 비해 더 크다고 보기 어렵기 때문이다. 또한, 원고로서는, 피고가 실제로 이 사건 '태왕사신기' 드라마의 시나리오를 작성하여 그 내용대로 드라마가 제작되는 경우에 그것을 상대로 저작권침해 여부에 대한 판단을 구하더라도 자신의 권리구제에 그다지 부족함이 없을 것으로 판단된다."고 지적하고 있다.

♣ 참고: 대법원 2014.6.12.선고 2014다14375 판결

[판례 22] '당나귀 귀' 사건(대법원 2007.3.29.선고 2005나44138 판결)[617)]

[1] 번역저작물의 창작성은, 원저작물을 언어체계가 다른 나라의 언어로 표현하기 위한 적절한 어휘와 구문의 선택 및 배열, 문장의 장단 및 서술의 순서, 원저작물에 대한 충실도, 문체, 어조 및 어감의 조절 등 번역자의 창의와 정신적 노력이 깃든 부분에 있는 것이고, 그 번역저작물에 나타난 사건의 전개, 구체적인 줄거리, 등장인물의 성격과 상호관계, 배경설정 등은 경우에 따라 원저작물의 창작적 표현에 해당할 수 있음은 별론으로 하고 번역저작물의 창작적 표현이라 할 수 없으므로, 번역저작권의 침해 여부를 가리기 위하여 번역저작물과 대상저작물 사이에 실질적 유사성이 있는가의 여부를 판단함에 있어서는 위와 같은 번역저작물의 창작적인 표현에 해당하는 것만을 가지고 대비하여야 한다.

[2] 대상 저작물이 기존의 저작물에 의거하여 작성되었는지 여부와 양 저작물 사이에 실질적 유사성이 있는지 여부는 서로 별개의 판단으로서, 전자의 판단에는 후자의 판단과 달리 저작권법에 의하여 보호받는 표현뿐만 아니라 저작권법에 의하여 보호받지 못하는 표현 등이 유사한지 여부도 함께 참작될 수 있으므로, 대상 저작물이 번역저작물에 의거하여 작성되었는지 여부를 판단함에 있어서 저작권법에 의하여 보호받지 못한 표현 등의 유사성을 참작할 수 있다고 하여, 양 저작물 사이의 실질적 유사성 여부를 판단함에 있어서도 동일하게 위와 같은 부분 등의 유사성을 참작하여야 하는 것은 아니다.

[3] 번역저작물의 개개 번역 표현들을 구성하고 있는 어휘나 구문과 부분적으로 유사해 보이는 어휘나 구문이 대상 저작물에서 드문드문 발견된다는 사정만으로 바로 번역저작물과 대상 저작물 사이에 실질적 유사성이 있다거나 번역저작물에 대한 번역저작권이 침해되었다고 단정할 수는 없고, 그 실질적 유사성을 인정하기 위해서는 대상 저작물에서 유사 어휘나 구문이 사용된 결과 번역저작물이 갖는 창작적 특성이 대상 저작물에서 감지될 정도에 이르러야 한다.

[4] 총 문장 2,000여 개의 이 사건 소설과 총 문장 1,000여 개의 대상 동화에서 원심판결의 별지 제4목록 기재 총 53항 중 일부 유사 어휘나 구문이 차지하는 질적 혹은 양적 비중은 미미하고, 이 사건 소설은 사회비판 소설로서 청소년 등을 독자층으로 하여 아이의 시각에서 위선적인 세상을 풍자하는 것을 주제로 설정하고 있는 반면, 대상 동화는 유아동화로서 아동 등을 독자층으로 삼아 학교에서 집단따돌림을 당하는 학생에게 희망과 꿈을 심어주는 것을 주제로 설정하여 교육성과 단순성 등이 이 사건 소설보다 훨씬 강한 관계로, 전체적으로 쉬운 어휘와 구문, 밝은 어조를 사용하여 독자에게 친근감과 안정감을 느끼도록 문장과 문단이 전개되고 있고, 그 결과 위와 같은 유사 어휘나 구문 등이 배열된 순서나 위치, 그 유사 어휘나 구문이 삽입된 전체 문장이나 문단의 구성, 문체, 어조 및 어감 등에서 이 사건 소설과 대상 동화는 상당한 차이를 보이고 있

617) 원심 판결: 서울고법 2005.7.13.선고 2004나86199 판결.

으므로, 위와 같은 정도의 일부 어휘나 구문의 유사성은 이 사건 소설과 대상 동화의 전체적인 구성이나 표현의 차이에 흡수되어 이 사건 소설이 번역저작물로서 갖는 창작적 특성이 대상 동화에서 감지된다고 보기는 어렵다. 따라서 이 사건 소설과 대상 동화 사이에 실질적 유사성이 있다고 할 수 없다.

[판례 23] 대법원 2009.5.28.선고 2007다354 판결

이 사건 침해기사들은 일부 문장의 배열순서 및 그 구체적인 표현 등에 있어 다소의 수정·증감이나 변경이 가하여진 것이라 하더라도, 그에 대응하는 원고의 기사 중 핵심적인 표현부분을 그대로 전재하고 있을 뿐만 아니라, 전체적인 기사의 구성과 논조 등에 있어서 원고 기사의 창작적 특성이 감지되므로, 양 기사 사이에 실질적인 유사성이 있다 할 것이다.

[판례 24] 선덕여왕 사건(서울남부지법 2010.3.31.고지 2010카합36 결정)

(1) 이 사건 드라마의 주요 인물(선덕여왕, 김유신, 비담 등)이나 이야기의 주요 구조(선덕여왕의 즉위, 삼국통일의 꿈, 비담의 난 등) 등은 대부분 역사적 사실에 근거한 것으로서, 그것이 신청인 대본을 모방한 것이라고 보이지 않을 뿐더러, 이 사건 드라마에서의 선덕여왕이나 미실 등 주요 인물들의 캐릭터, 선덕여왕의 사막에서의 성장 및 즉위과정에서의 고난, 남장을 하고 무예를 수련하였던 것, 김유신이 선덕여왕을 사모하였다가 충성을 맹세하게 된 것, 선덕여왕이 개인적인 사랑을 포기하게 되는 것 등은 모두 추상적인 인물의 유형이나 전형적인 사건에 해당한다고 할 것이어서 창작적인 표현형식으로서 저작권의 보호대상이 된다고 보기도 어렵다.

(2) 나아가 이 사건 드라마의 대본 중에서 신청인 대본을 그대로 차용한 부분이라고 신청인이 지적한 각 문장들에 대하여 보더라도, 이는 모두 이야기 전개상 필요한 전형적인 표현들에 불과하거나 실제로 양 대본의 각 표현 사이에는 상당한 차이가 있어, 신청인 대본과 이 사건 드라마의 대본이 부분적, 문자적인 측면에서 실질적으로 유사하다고 보이지도 아니한다.

(3) 따라서 이 사건 드라마의 대본이 신청인 대본을 복제하였거나 이를 모방한 2차적 저작물에 해당하여 신청인의 저작권을 침해하였다고 볼 수 없다.[618]

---

618) 이 판결에 대해서는, 정상조, "역사적 사실과 창작적 표현의 구별," 「企業法·知識財産法의 새로운 地平」(진산 김문환선생 정년기념논문집 제2권), 법문사, 2011, 670면 참조. 이 사건의 상고심은 앞에서 소개한 대법원 2014.7.24. 선고 2013다8984 판결임.

[미국판례] Sheldon v. Metro-Goldwin Pictures Corp. 81 F.2d 49(2d Cir. 1936)

사실관계: 원고 Sheldon은 희곡 Dishonoured Lady를 창작하였다. 이 희곡은 당시 실제 있었던 사건인 살인 피의자 Madeleine Smith 사례를 기초로 한 것이었다: 1857년 스코틀랜드 처녀 Madeleine Smith는 애인을 2번 독살하려 했고, 마침내 독살하였다는 이유로 기소되었으나 범죄증명이 없다는 이유로 무죄로 선고되었다.

이것은 유명한 사건이 되었고, 1927년 그 전모가 책으로 출판되었으며, 그 요약본도 책으로 출판되었다. 이 요약본에 기초하여 원고는 희곡 Dishonoured Lady를 썼다. 또 이 사례에 기초한 소설 Letty Lynton도 출간되었다.

피고 MGM은 원래 원고의 작품을 사서 영화를 제작하려고 했으나 영화제작자협회가 원고작품이 외설적이라는 이유로 영화화를 반대했으므로 부득이 소설의 판권을 사서 영화를 만들게 된 것이다. 그런데 막상 영화를 만들고 개봉해 보니 피고의 영화는 소설보다는 희곡에 가까워 저작권침해 문제로 되었다.

이에 원고 Sheldon이 피고를 상대로 소를 제기하였다.

법원의 판단: "그렇다면 본건에서는 2개의 문제가 있다. 하나는 피고가 실제로 원고의 연극 각본을 사용했는가. 다음은 만약 사용했다면 그것이 공정사용에 해당하는가 아닌가이다. 당초에 지적한 바와 같이 제1심법원 판사는 첫째 문제에 대해 어떠한 판단도 하지 않았다. 왜냐하면 그는 니콜스사건에 관한 우리 판단에 따라 어떠한 경우에는 피고의 행위는 정당화될 수 있다고 판단했기 때문이다. 당 법원이 '복제(베끼는 것)'가 경우에 따라서는 공정사용이 될 수 있다고 판시했기 때문에 원고는 그 견해를 다투고 있다; 그러나 이 같은 사용을 정의한다면 오히려 타인은 저작물의 표현은 카피할 수 없으나 테마나 아이디어 기타 유사한 것을 카피할 수 있다고 하는 편이 좋을 것이다. 어떻든 그 의미하는 바가 확실한 한 문제는 없다. 본건에서는 통상의 경우와 달리 이 구별은 그리 중요하지 않다 라고 하는 것은 아주 많은 부분이 Madeleine Smith의 이야기로부터 유래한 것이며, 원고의 창작성(originality)은 필연적으로 자기가 새로이 만든 변경부분에 한정되기 때문이다. 그럼에도 불구하고 그들의 모든 공헌이 보호되지 않을 수도 있다는 것도 사실이다 라고 하는 것은 피고 역시 원고 저작이전에 존재했던 모든 것만이 아니고 원고의 공헌 자체라고 하더라도 그것이 보다 일반화된 유형(pattern)으로부터 끌어왔다면 —즉 '표현'이 아니라면— 그것들을 사용할 수 있는 것이다. 그러므로 우리에게는 공정사용(fair use)의 한계를 넘는 것 같이 보이는 양 작품의 유사성을 詳述할 필요가 있다. …

피고는 정경설정으로서 같은 도시, 같은 사회계층을 채용했고, 남미의 악한을 선택했다. (여)주인공은 어느 경우에도 바람둥이이나 영화의 레티 린튼은 소설의 레티 린튼보다도 연극의 Madeleine Cary에 훨씬 더 가깝다. 영화의 레티는 영화의 전반에 감정에 휩쓸려 Renaul을 싫어한다고 선언한 후에도 굴복하며, 그를 떠날 결심을 한다. 비록 위치가 바뀌었지만 이것은 연극의 살해 장면에서의 나약함과 같다. 두 주인공의 변덕스러움도 생래적인 성격으로 암시되고 있다; 두 주인공 모두 스캔들에 휩쓸린, 정도(正道)를 벗어난 부모를 가지고 있다; 하나는 살해되고 다른 하나는 추방된다. 모두 보다 고상한 사랑을 통해 구원된다. …

사건의 유사성의 문제로 옮기면 협박의 장면은 거의 같은 사건의 경과와 충동으로 전개되고 있다. 이것은 실제사건에도 소설에도 그 원형은 존재하지 않는다. … 명백히 이러한 상세한 사건의 전개는 그 한에 있어서 바로 저작자가 짜넣은 연극적 표현이다. 그 복제는 공정한 사용은 아니다. 죽는 장면은 더욱 상세히 연극을 모방하고 있다. 즉 주인공은 악당의 지시에 따라 악당의 집으로 가고, 처음부터 그가 주인공과 함께 있는 장면에서 독살되는 것이 예견되고 있다. … 사건의 경과에 있어서 이같이 동일한 상세한 내용은 연극의 아이디어 이상의 것을 포함하고 있고, 그것은 바로 표현방법이다.

끝으로 실제사건과 소설에 있어서 재판장면은 연극과 영화에 있어서는 지방검사에 의한 신문으로 바뀌었으나 그 신문장면은 대부분 세부에 걸쳐서까지 모방되고 있다. … 이것은 저작자의 표현의 본질이며, 저작자가 말하려는 바로 그것이다."

더 나아가서 법원은 피고가 대화내용에 대한 모방이 없다는 것을 주장했으나 다음과 같이 판시하면서 대화내용의 모방이 없더라도 도작(盜作)으로 된다고 판시하고 있다.

"당 법원은 연극은 대화내용을 사용하지 않더라도 도용될 수 있다고 몇 번이고 판시한 바 있다. 만약 그렇지 않다면 팬터마임은 도용될 수 없을 것이다. … 대화는 연극작가의 표현수단의 일부분에 불과하다. 그는 모든 기교를 끌어모으고 말과 몸짓, 배경과 의상 그리고 배우의 표정 등 온갖 것으로 그의 연극을 구성한다. … 연극은 이들 모든 수단의 합류의 전개과정이며, 하나의 불가분 일체로 합성한다. 흔히 연극의 전체적 의미를 지키는 다른 대체수단을 발견할 수 있으므로 대화를 배제해도 효과적으로 도용할 수 있다. 이것이 바로 여기서 피고가 한 것이다. 우리가 인용한 장면의 연극적 중요성은 문자 그대로 거의 동일하다. 영화의 대부분이 연극에 의존한 바 없다는 것도 사실이다. 어떤 것은 소설로부터 명백히 가져왔다; 그러나 그것은 전체적으로 중요하지 않다; 실질적 부분이 사용되고 있으면 충분하다; 어떤 표절자도 그의 작품의 얼마나 많은 부분이 표절한 것이 아닌가를 증명한다고 하더라도 그 잘못이 용서될 수는 없다." (밑줄: 필자)

■ 음악저작물[619)]

[판례 1] 「여자야」 사건(1심: 서울지법 2002.9.27.선고 2001가합26815 판결. 2심: 서울고법 2004.3.16.선고 2002나61547 판결. 3심: 대법원 2004.7.8.선고 2004다18736 판결)

사실관계: 원고들은 1998년 군대사회에서 구전돼 온 「영자야」와 역시 구전가요인 「여자야」라는 노래를 기초로 편곡·개사를 하여 「여자야」라는 노래를 발표하고 한국음악저작권협회에 2차적 저작물로 등록을 마쳤다.

한편, 피고 甲은 2000년 역시 같은 구전가요를 바탕으로 「사랑은 아무나 하나」라는 노래를 만들어 피고 乙을 통해 위 노래가 실린 음반을 판매하였다.

이에 원고들은 피고의 노래 「사랑은 아무나 하나」는 원고들의 저작물인 「여자야」라는 노래를 그대로 복제한 것으로서 피고들은 공동으로 원고들의 저작인격권(성명표시권, 동일성유지권) 및 저작재산권(복제권, 공연권, 방송권, 배포권)을 침해하였다고 하여 손해배상과 해명서 게재를 요구하는 소송을 제기하였다.

제1심 판결요지: 법원은 2차적 저작물 성립요건과 관련하여, "저작권법상 2차적 저작물로 보호를 받기 위해서는 원래의 저작물을 기초로 하되 사회통념상 새로운 저작물이 될 수 있을 정도로 창작성이 있어야 하는 것이고, 원래의 저작물에 다소의 수정·증감을 가한 데 불과하여 독창적인 저작물이라고 볼 수 없는 경우에는 저작권법에 의한 보호를 받을 수 없다"고 판단한 뒤, 원고들이 만든 저작물과 관련하여 원고들은 구전가요인 「영자야」와 구전가요인 「여자야」라는 노래를 기초로 하여 「여자야」라는 노래를 만들었는데 노래 중 전반부와 후반부는 구전가요 「여자야」를, 중반부는 「영자야」를 그대로 옮겨오면서 다소의 수정·증감을 가한 데 불과하며 전주부 역시 위 두 곡의 구전가요를 연상케 하는 편곡·정도에 해당한다고 인정하였다.

법원은 이러한 인정 사실에 기초하여 이 사건 소송물인 「여자야」는 "사회통념상 새로운 저작물로 인정될 정도의 창작성 있는 수정이나 변경이 가해졌다고는 보기 어려우므로 원고들이 만든 「여자야」라는 노래는 2차적 저작물로서 보호받을 수 없다"고 판시하였다.

제2심 판결요지: 원고들이 속칭 「영자송」이라는 구전가요와 그의 아류로 여겨지는 다른 구전가요(아래에서는 편의상 「구전 여자야」라고 한다)를 기초로 작성한 가요 「여자야」(아래에서는 '이 사건 가요'라고 한다)는 두 구전가요의 리듬, 가락, 화성에 사소한 변형을 가하는 데 그치지 않고 두 구전가요를 자연스럽게 연결될 수 있도록 적절히 배치하고 여기에 디스코풍의 경쾌한 템포(♩=130)를 적용함과

619) 강태욱, "음악저작물에 있어서 실질적 유사성의 문제," 「계간저작권」(제77호), 저작권심의조정위원회, 2007.3, 4면 이하 참조.

아울러 전주 및 간주 부분을 새로 추가함으로써 사회통념상 그 기초로 한 구전가요들과는 구분되는 새로운 저작물로서 저작권법 제5조 제1항 소정의 2차적 저작물에 해당하기는 하지만, 피고 X가 피고 Y의 편곡을 거쳐 작성한 가요 「사랑은 아무나 하나」(아래에서는 '대상 가요'라고 한다)는 구전가요에서 따온 부분을 제외하면 그 전주 부분 5마디가 이 사건 가요의 전주 및 간주 부분과 유사하기는 하나 그것만으로는 이 사건 가요와 실질적 유사성이 있다고 볼 수 없다고 판단하였다.

대법원 판결요지: "저작권법 제5조 제1항 소정의 2차적 저작물로 보호받기 위하여는 원저작물을 기초로 하되 원저작물과 실질적 유사성을 유지하고 이것에 사회통념상 새로운 저작물이 될 수 있을 정도의 수정·증감을 가하여 새로운 창작성을 부가하여야 하는 것이며, 저작권법이 보호하는 것은 문학·학술 또는 예술에 관한 사상·감정을 말·문자·음·색 등에 의하여 구체적으로 외부에 표현하는 창작적인 표현형식이므로, 2차적 저작권의 침해 여부를 가리기 위하여 두 저작물 사이에 실질적 유사성이 있는가의 여부를 판단함에 있어서는 원저작물에 새롭게 부가한 창작적인 표현형식에 해당하는 것만을 가지고 대비하여야 한다"고 한 후 원심판결을 유지하였다.

또한, 2차적 저작물인 이 사건 가요와 대상 가요 사이에 실질적 유사성이 있는지의 여부를 판단함에 있어서는 앞서 본 법리에 따라 기초가 된 그 구전가요에서 따온 부분을 제외하고 여기에 새롭게 부가한 창작적인 표현형식에 해당하는 것만을 대비하여야 할 것인바, 이 사건 가요는 「구전 여자야」에서 따온 전반부와 속칭 「영자송」에서 따온 중반부 및 「구전 여자야」에서 따온 후반부로 구성되어 있음에 반하여 대상 가요는 속칭 「영자송」에서 따온 전반부와 「구전 여자야」에서 따온 후반부로 구성되어 있어 그 편집이 반드시 동일하다고 볼 수는 없는데다가, 대상 가요의 전주 부분과 유사한 이 사건 가요의 전주 및 간주 부분 5마디도 구전가요에서 따온 리듬, 가락, 화성에 다소의 변형을 가한 것에 불과한 부분이어서 대상 가요가 이 사건 가요와 유사한 디스코풍의 템포(♩=134)를 적용하였다는 사정만으로는 이 사건 가요와 대상 가요 사이에 실질적 유사성이 있다고 하기는 어려우므로, 이와 같은 취지에서 대상 가요가 이 사건 가요와 실질적으로 유사하다는 원고들의 주장을 배척한 원심의 판단은 정당하다.

〈참 고〉

곡 명	구 성			템 포
	전반부	중반부	후반부	
여자야 (이 사건 가요)	구전 여자야	영자송	구전 여자야	디스코풍
사랑은 아무나 하나(대상가요)	영자송		구전 여자야	디스코풍

♣ 이 판결에 대해 "주멜로디를 이용한 코러스 부분이 누가 만들어도 같을 수 없는 것처럼, 전주 역시도 주멜로디로부터 누구든지 쉽게 만들거나 비슷하게 만들 수 있는 것은 아니라는 점에서, 양 사건[620]의 시차와 구체적인 사실관계의 차이에도 불구하고 아쉬움이 남는다. 특히 매년 셀 수 없이 쏟아져 나오는 대중가요는 노래의 처음 몇 마디, 즉 전주 부분에서 소비자의 선택을 받아야 하기 때문에 전주 부분을 매우 중시하는 경향이 있다는 점에서, '사랑은 아무나 하나' 사건 판결이 전주 부분의 중요성을 다소 가볍게 여긴 것이라면, 향후 비슷한 사건의 선례로 쓰이기는 어렵지 않나 생각된다"는 견해도 있다.[621]

[판례 2] '돌아와요 부산항에' 사건(서울서부지법 2006.3.17.선고 2004가합4676 판결)

[사실관계]

소외인은 고향에 대한 향수와 충무항 여객터미널 선착장에서 부모님과 울면서 헤어졌던 가슴 아픈 경험을 바탕으로 1969년경 '돌아와요 충무항에'라는 노래를 작사하였고, 그 가사는 다음과 같다.

(1) 꽃피는 미륵산에 봄이 왔건만 님 떠난 충무항에 갈매기만 슬피우네 세병관 둥근기둥 기대여서서 목메여 불러봐도 소식없는 그 사람 돌아와요 충무항에 야속한 내 님아	(2) 무학새 슬피우는 한산도 달밤에 통통배 줄을 지어 웃음꽃에 잘도 가네 무정한 부산배는 님 실어가고 소리쳐 불러봐도 간곳없는 그 사람 돌아와요 충무항에 야속한 내 님아

그 뒤 피고는 위 가사에 따라 작곡을 하였다.

소외인은 피고가 만들어준 곡에 따라 '돌아와요 충무항에'라는 노래를 직접 불러 1970.12.16. 주식회사 유니버설 레코드를 통하여 위 노래를 취입한 음반(이하 '이 사건 음반'이라고 한다)을 발표하였다. 이 사건 음반 2면에 수록된 '돌아와요 충무항에'는 그 작사자로 소외인의 성명이, 작곡자로 피고의 성명이 표시되어 있다. 그 후 소외인은 군복무 중 휴가차 나왔다가 서울 대연각호텔 대형 화재사고로 사망하였다.

한편 가수 조용필은 1972.2.25. '돌아와요 부산항에'라는 노래가 녹음된 '여학생을 위한 조용필 스테레오 힛트앨범'을 발표하였는데, 위 음반에는 '돌아와요 부산항에'의 작사자로 피고의 성명이 표시되어 있다. 이때 발표된 '돌아와요 부산항에'의 가사는 다음과 같다.

620) 양 사건은 '칵테일 사랑' 사건과 이 사건을 가리 킴. '칵테일 사랑' 사건에서는 코러스 편곡의 독창성을 인정하였다(서울민사지법 1995.1.18.자 94카합9052 결정).

621) 남형두, "저작물성, 그 확대와 균형의 역사," 「계간 저작권」(100호), 65면.

(1) 꽃피는 동백섬에 봄이 왔건만 님 떠난 부산항은 갈매기만 슬피우네 오륙도 돌아가는 연락선마다 목메어 불러봐도 말없는 그 사람 돌아와요 부산항에 그리운 내 님아	(2) 해저문 해운대에 달은 떴는데 백사장 해변가에 파도만 밀려오네 쌍고동 울어주는 연락선마다 소리쳐 불러봐도 대답없는 그 사람 돌아와요 부산항에 보고픈 내 님아

1975년경 재일동포 고향방문단이 대한민국을 방문하게 되자 조용필은 이에 맞춰 1972년에 발표된 '돌아와요 부산항에'를 부분적으로 개사하여 다시 발표하였는데, 1975년에 발표된 '돌아와요 부산항에'(이하 이 사건 '돌아와요 부산항에'라고 한다)의 가사는 다음과 같다.

(1) 꽃피는 동백섬에 봄이 왔건만 형제 떠난 부산항에 갈매기만 슬피우네 오륙도 돌아가는 연락선마다 목메어 불러봐도 대답없는 내 형제여 돌아와요 부산항에 그리운 내 형제여	(2) 가고파 목이 메어 부르던 이 거리는 그리워서 헤매이던 긴긴날의 꿈이었지 언제나 말이 없는 저 물결들도 부딪쳐 슬퍼하며 가는 길을 막았었지 돌아와요 부산항에 그리운 내 형제여

피고는 이 사건 음반이 알려짐으로써 '돌아와요 부산항에'라는 노래 가사에 관한 저작권 논쟁이 제기되자 2003.11.14. 등록번호 제C-2003-003837호로 저작권 심의조정위원회에 저작권 등록을 하였다.

[법원의 판단]

(1) 저작권자의 추정　　이 사건 음반에 '돌아와요 충무항에'의 작사자로 소외인의 성명이 표시되어 있으므로, 소외인은 '돌아와요 충무항에'의 작사자로 추정된다. 따라서 위 가사의 저작권은 소외인에게 있다고 할 것이다.

(2) 이 사건 '돌아와요 부산항에' 가사가 2차적 저작물에 해당하는지 여부

우선, 어떤 저작물이 원저작물에 대한 2차적 저작물이 되기 위하여는 단순히 사상, 주제 또는 소재가 같거나 비슷한 것만으로는 부족하고 원저작물을 토대로 새로운 창작성을 가하여 사회통념상 새로운 저작물이 될 수 있을 정도로 만들어지고 두 저작물 사이에 실질적 유사성이 유지되어야 한다.

따라서 이 사건 '돌아와요 부산항에' 가사가 '돌아와요 충무항에' 가사의 2차적 저작물에 해당한다고 하기 위해서는 이 사건 '돌아와요 부산항에' 가사가 '돌아와요 충무항에' 가사에 의거하여 만들어졌고, 양자 사이에 실질적 유사성이 있어야 할 것이다.

㈎ 의거관계의 유무　　앞에서 살펴본 바와 같이 피고는 소외인이 이 사건 음반을 발표하기 이전에 소외인이 작사한 '돌아와요 충무항에' 가사에 대해 작곡을 해주어 '돌아와요 충무항에' 가사를 알고 있었고, 1972.2.25. '여학생을 위한 조용필 스테레오 힛트앨범'이라는 음반을 통하여 '돌아와요 부산항에'를 발표할 때 자신이 작곡한 '돌아와요 충무항에'의 곡을 그대로 이용하였으며, 위 '돌아와

요 부산항에'를 개사하여 이 사건 '돌아와요 부산항에'를 작사한 사실이 인정되고, 그 가사의 뉘앙스, 음절, 길이, 소재, 표현방식 등으로 미루어 보면, 이 사건 '돌아와요 부산항에' 가사는 '돌아와요 충무항에' 가사에 의거하여 만들어졌다고 봄이 상당하다.

(나) 실질적 유사성 유무 살피건대, '돌아와요 충무항에' 가사와 1972년 발표된 '돌아와요 부산항에' 가사는 항구와 떠나는 배를 배경으로 사랑하는 사람과의 이별과 그에 대한 그리움을 그 내용으로 하고 있어 가사의 상황설정 및 소재가 유사하고 그 전체적인 형식이 동일한 점, '돌아와요 충무항에'와 1972년 발표된 '돌아와요 부산항에' 1절 앞 8소절의 가사는 '충무항'을 '부산항'으로, '미륵산'을 부산에 있는 '동백섬'으로 바꾼 것 이외에는 똑같고, 1, 2절의 후렴구 또한 '충무항'을 '부산항'으로, '소식없는'을 '말없는'으로, '약속한'을 '그리운'이나 '보고픈'으로 변경한 것 외에는 대부분 동일한 점, 이 사건 '돌아와요 부산항에'는 재일동포 고향방문단의 모국방문의 취지에 맞춰 1972년에 발표된 '돌아와요 부산항에' 가사를 '님'을 '형제'로 바꾸는 등 부분적으로 바꾸어 다시 발표한 것에 불과한 점 등에 비추어 '돌아와요 충무항에' 가사와 이 사건 '돌아와요 부산항에' 가사 사이에는 실질적 유사성이 인정된다고 할 것이다.

또한, 이 사건 '돌아와요 부산항에'는 단순히 '돌아와요 충무항에' 가사를 '충무항'에서 '부산항'으로 바꾸는 데 그치지 아니하고, 이별한 연인을 그리워하는 내용 대신 떠나간 형제를 그리워하는 내용으로 바뀌었고, 곡의 리듬과 화성에 더 자연스럽게 어울리도록 일부 표현이 수정되었으며, 특히 2절 가사는 항구의 풍경을 표현하는 것에서 재일동포의 귀환과 관련된 내용으로 대부분 바뀌는 등 새로운 창작성이 더해졌다.

따라서 이 사건 '돌아와요 부산항에' 가사는 '돌아와요 충무항에' 가사를 토대로 창작된 2차적 저작물이라고 할 것이다.

[판례 3] '너에게 쓰는 편지' 사건(수원지법 2006.10.20.선고 2006가합8583 판결)

1. 당사자들의 주장

(1) 원고의 주장 원고는, 피고가 작곡한 '너에게 쓰는 편지'의 후렴구 8소절(가수 '린'이 가창하는 부분, 이하 '피고대비부분'이라고만 한다)은 원고가 작곡한 'It's you'의 후렴부 8소절(이하 '원고대비부분'이라고만 한다)을 그대로 표절하거나 일부 변형하여 사용함으로써 원고의 위곡 'It's you'에 대한 성명표시권 및 동일성유지권을 침해하였다고 주장하면서, 위자료로서 5,000만원의 지급을 구한다(원고는 위 곡에 대한 저작재산권은 사단법인 한국음악저작권협회에 신탁되었음을 이유로 저작인격권침해로 인한 손해배상만을 구하고 있다).

(2) 피고의 주장 피고는, i) '원고대비부분'은 미국의 전래민요인 '할아버지의 시계(Grandfather's clock)'나 스탠다드 팝(Standard Pop) 음악에서 1960년

대 이후 비틀즈(Beatles) 등 여러 가수들의 곡에서 널리 사용되어온 관용구(Cliché)로서 창작성이 없으므로, 위 부분에 관하여 저작권을 주장할 수 없고, ⅱ) 가사 '원고대비부분'에 창작성이 인정된다고 하더라도, '피고대비부분'은 그와 서로 전혀 다른 구조의 가락(melody)과 화성(chord) 진행구조를 가지고 있어 상호 유사하지 아니하며, 또한 각 대비부분의 가락이 유사하다 할지라도 이는 화성의 진행에 따라 도입부에 사용될 수 있는 음정이 제한되어서 생긴 것일 뿐이라고 주장한다.

2. 법원의 판단

음악저작물에 대한 저작권의 침해가 되기 위해서는 ⅰ) 피고가 원고의 저작물을 이용하였을 것, 즉 창작적 표현을 복제하였을 것, ⅱ) 피고가 원고의 저작물에 '의거'하여 이를 이용하였을 것, ⅲ) 원고의 저작물과 피고의 저작물사이에 실질적 유사성이 있을 것 등의 세 가지 요건이 충족되어야 한다.

(1) 이 사건에서 먼저, 원고의 곡 중 '원고대비부분'이 저작권법상 보호받을 만한 창작성이 있는지(창작성이 없는 단순한 관용구에 불과한 것인지) 여부에 관하여 보건대, 위 거시증거 및 이 법원의 CD 검증결과, 이 법원의 동덕여자대학교 공연예술대학장에 대한 감정촉탁 결과에 변론 전체의 취지를 종합하면 아래 사실이 인정되는바, 그렇다면 원고 대비부분이 이미 이전부터 널리 사용되어 오던 관용구(Cliché)로서 창작성이 없는 부분에 해당하여 대비의 대상으로 삼을 수 없다는 피고의 주장은 채용하기 어렵고, 아래 인정에 배치되는 이 법원의 C에 대한 사실조회 결과는 믿지 아니한다.

1) 피고가 제시한 'If you go'의 전반부 3소절 정도의 가락이 '솔-도-도/ 솔-레-레/ 솔-미-미-파-미-레-도'로 구성되어, '솔-도-도/ 솔-레-레/ 도-레-미-파-미-레-도'로 구성된 원고의 곡과 유사한 듯 보이나, 위 대비곡은 첫 번째와 두 번째 소절의 마지막 '도' 음의 길이가 '8분 음표+2분 음표'로서 '8분 음표+8분 음표'로 된 원고의 곡의 동일부분과 다르고, 첫 소절만 8분 쉼표가 있는 원고의 곡과 달리 각 소절이 모두 8분 쉼표로 시작하며, 나아가 앞 2소절을 제외하고는 화성의 진행과 박자의 분할이 전혀 달라 전체적인 유사성을 인정하기 어렵다.

2) 또한 피고 주장의 'Grandfather's clock'의 해당부분 가락이 '솔-도 / 시-도-레 / 도-레-미-파-미-레-도'로 구성되어, 원고 대비부분과 일부 유사한 가락의 진행흐름(세번째, 네번째 소절 부분)이 발견되기는 하나, 위 부분에 있어서도 가락 진행의 흐름을 제외한 나머지 요소들, 즉 구성음박자의 장단, 박자의 분할, 코드의 진행 등이 전체적으로 상이하다.

(2) 다음으로 피고가 원고의 저작물에 '의거'하여 이를 이용하였는가 하는 점에 관하여 보건대, 원고의 곡이 1998년에 공표되었고 피고의 곡은 그로부터 약 6년이 경과한 2004년에 공표된 점, 원고의 곡을 타이틀곡으로 하여 제작된 앨범이 10만장 이상 판매되었고, TV, 라디오 등을 통하여 널리 방송되었으며 상업광고의 배경음악으로도 사용되었던 사정 등을 종합하여 보면, 피고의 원고 저작물에

대한 '접근'가능성이 인정되므로 피고의 곡은 원고의 저작물에 의거한 것이라 추정된다.

(3) 다음으로, 원·피고의 곡의 실질적 유사성 여부에 관하여 살펴본다.

음악저작물은 일반적으로 가락(melody), 리듬(rhythm), 화성(chord)의 3가지 요소로 구성되고, 이 세 가지 요소들이 일정한 질서에 따라 선택·배열됨으로써 음악적 구조를 이루게 되는데, 음악저작물의 경우 인간의 청각을 통하여 감정에 직접 호소하는 표현물로 논리적인 인식작용이 개입될 여지가 적다는 점에서 기능적 저작물과 구분되고, 시각작용과 함께 별도의 지각(知覺)작용을 요구하는 어문저작물과도 차이가 있으며, 또한 음악저작물이 인간의 감정에 호소할 수 있도록 하기 위해서는 사람들이 선호하는 감정과 느낌을 불러일으킬 수 있는 음의 배합을 이루어야 하는데, 음의 배열가능성은 이론상으로 무한대이나 그 중 듣기 좋은 느낌을 주는 경우는 한정되고 나아가 대중의 취향에 부합하는 경우는 더욱 한정되며, 사람의 목소리가 포함되는 가창곡의 경우 더욱 제한된다.

한편 각 곡을 대비하여 유사성 여부를 판단함에 있어서는, 해당 음악저작물을 향유하는 수요자를 판단의 기준으로 삼아 음악저작물의 표현에 있어서 가장 구체적이고 독창적인 형태로 표현되는 가락을 중심으로 하여 대비부분의 리듬, 화성, 박자, 템포 등의 요소도 함께 종합적으로 고려하여야 하고, 각 대비부분이 해당 음악저작물에서 차지하는 질적·양적 정도를 감안하여 실질적 유사성 여부를 판단하여야 한다.

이 사건에서 위 거시증거에 의하면 아래와 같은 점을 인정할 수 있다.

1) 먼저, 원고의 곡은 4/4박자의 곡으로, 1절 전반부 16소절, 후렴구 8소절, 간주 및 코러스 4소절, 2절 전반부 16소절, 후렴구 8소절, 간주 11소절, 후반부 8소절, 후렴구 8소절의 형태로 구성되어 있고(중복되는 소절과 전주·간주부를 제외하면 총 32소절 정도이다) 총 연주시간은 3분 45초 가량 소요되며, 그 중 후렴구(이 사건 '원고대비부분'으로 '못갖춘마디'로 시작된다)는 1절에 1회, 2절에 1회, 종결부에 2회 등 총4회 진행된다.

피고의 곡도 역시 4/4박자의 곡으로, 1절 전반부 19소절, 후렴구 8소절, 2절 전반부 19소절, 후렴구 8소절, 추가 후렴구 7소절, 후반부 8소절, 후렴구 8소절, 종결부 4소절 3절이고, 총 연주시간은 3분 24초 가량 소요되며, 그 중 후렴구(이사건 '피고대비부분'으로 역시 '못갖춘마디'로 시작된다)는 1절에 1회, 2절에 1회, 종결부에 1회 총 3회 진행된다.

2) 원·피고의 각 곡 중 후렴구(각 대비부분)만을 살펴보면[원고의 곡은 C장조이고, 피고의 곡은 Ab장조이나 가락이 기반하는 각 조(調)는 음악저작물상 보호받는 표현의 범위에 포함되지 아니한다 할 것이므로 이를 동일하게 C장조로 변경하여 대비한 각 대비부분의 코드진행은 아래 표 기재와 같고, 각 가락의 구성은 별지목록 1, 2 기재와 각 같다], ⅰ) 1, 2소절은 각 음의 구성이 완전히 동일하고, 3, 4, 5, 6, 7 소절은 서로 유사한 음의 구성으로 되어 있으며, 그 장단

(長短)도 유사하여 전체적인 가락의 유사성이 인정되고, ii) 각 대비부분 8마디의 화성 진행을 대비하면 1소절, 2소절 앞부분, 3소절 뒷부분, 4소절 뒷부분, 5소절 뒷부분, 6소절 앞부분은 동일한 화성으로 구성되어 있고, 2소절 뒷부분, 5소절 앞부분, 6소절 뒷부분, 7소절 전체, 8소절 앞부분은 유사한 화성으로 구성되어 있으며, iii) 나아가 실제 가창되는 각 곡의 대비부분의 박자, 템포, 분위기도 유사한 점 등을 종합하여 보면 위 각 대비부분은 서로 유사하다.

[표] 이 사건 각 대비부분의 화성 진행

	1소절	2소절		3소절		4소절		5소절		6소절		7소절		8소절	
원고	G	C	G	m	F	Dm	Em	F	G	C	G	Am	F	Ab	F
피고	G	C	Bdim	C/E	F	C	Em	Dm	G	C	Gm/ Bb	A7	Dm	F	Gsus
동일 여부	동일	동일	유사		동 일		동 일	유사	동일	동일	유사	유사	유사	유사	

3) 나아가 위 각 대비부분은 총 8소절로 각 곡 중 일부분에 불과하지만, 각 곡의 후렴구로서 여러 차례 반복되고 있어 각 곡의 전체 연주시간에서 상당한 비율을 차지하고 있고, 각 대비부분이 각 곡의 다른 부분들에 비하여 핵심적인 부분에 해당할 뿐만 아니라, 또한 여러 차례 반복됨으로써 각 곡의 수요자들이 전체 곡을 감상할 때 그 곡으로부터 받는 전체적인 느낌에서도 중요한 역할을 담당하는 것으로 보인다.

4) 따라서 피고의 '너에게 쓰는 편지'는 원고의 곡 'It's you'와 실질적으로 유사하다.

(4) 그렇다면, 피고는 원고의 저작물을 임의로 사용함으로써 원고의 저작인격권, 즉 성명표시권과 동일성유지권을 침해하였다 할 것이므로, 그로 인하여 원고가 입은 손해를 배상할 책임이 있다.

(5) 나아가 손해배상의 수액에 관하여 살피건대, 원고의 곡 중 피고가 무단 이용한 범위와 정도, 침해행위의 태양, 침해 정도, 원고의 작곡자로서의 경력, 원·피고의 각 곡이 수록된 앨범판매고 등 이 사건 변론에 나타난 제반 사정을 고려하면, 피고가 원고에게 배상하여야 할 위자료액수는 10,000,000원으로 정함이 상당하다.

[판례 4] '되고송' 사건(서울중앙지방법원 2010.6.24.선고 2009가합124549 판결)

1. 원고들의 저작물은 수십 개의 소절로 구성되는데, 피고의 광고음악인 '되고송'과 비교할 때 계명 및 박자가 동일 또는 유사한 일부 소절이 있기는 하나,

나머지 대부분의 소절은 되고송과 계명 및 박자가 전혀 상이한 사실, 원고늘의 저작물은 대부분 트로트 템포, 슬로우 록 템포 등으로 비교적 느리게 연주되는 곡이지만 되고송은 비교적 빠르게 연주되는 곡인 사실, 원고들의 저작물은 전체적인 가락, 리듬 및 화성이 되고송과 다른 사실을 인정할 수 있고, 위 인정사실에 더하여 되고송은 광고방송용 노래로서 시청자 또는 청취자들에게 쉽게 전달되고 오래 기억될 수 있도록 가볍고 경쾌하게 연주되어 트로트풍으로 연주되는 원고들의 저작물과 전체적인 분위기가 전혀 달라 일반 청중이 받게 되는 느낌 역시 매우 상이한 점까지 고려하면, 원고들의 저작물과 되고송은 서로 상이한 별개의 저작물로 판단된다.622)

2. 저작권법에 의하여 보호되는 저작물이라 함은 문학, 학술 또는 예술에 속하는 것으로서 사상 또는 감정을 창작적으로 표현한 것을 말하고, 짧은 음의 배열이라고 하여 반드시 음악저작물로서 저작권법에 의하여 보호받을 수 없다고 단정할 수는 없는 것이나, 작곡자의 일관된 하나의 사상 또는 감정이 표현되어 창작된 하나의 곡에 있어서, 그 곡의 일부를 구성하는 짧은 음의 배열이 별도의 저작물로서 저작권법에 의하여 보호받기 위하여는 전체 곡과는 별도로 이를 구성하는 짧은 음의 배열 자체에 전체 곡과는 구별되는 저작자의 사상 또는 감정이 창작적으로 표현되어 있어야 할 것인데, 이 사건 각 일부분의 경우, ① 모두 3개 내지 9개의 음표로 이루어진 매우 짧은 음의 배열에 불과한 점, ② 원고들의 의식적으로 창작한 완성된 하나의 저작물인 이 사건 각 저작물의 극히 일부에 불과한 점, ③ 그 중 일부는 되고송과의 유사성을 드러내기 위하여 자연스럽게 연결되는 음의 배열 중 그 일부를 작위적으로 잘라낸 부분인 점, ④ 이 사건 각 저작물이 창작되기 전에 이미 이 사건 각 일부분과 동일한 계명 및 박자를 가지는 음의 배열 역시 다수 존재하였을 것으로 추측되는 점, ⑤ 음악저작물에 있어서 일반인에게 좋은 느낌을 주는 음률과 리듬의 구성범위는 상당히 제한되어 있다고 보이는데, 완성된 하나의 곡을 구성하는 일부 음의 배열을 쉽사리 저작권법에서 보호되는 저작물로 인정할 경우 저작물의 공정한 이용을 도모함으로

622) 이 사건의 항소심인 서울고법은 "무릇 음악적 저작물은 소리가 전달하는 느낌이나 관념에 가치가 있는 것으로, 이론적으로 음을 배합함에 있어 경우의 수는 거의 무한대에 가깝다. 그런데 음을 배합할 경우 사람들이 선호하는 감정과 느낌을 불러일으킬 수 있도록 곡 전반에 흐르는 곡풍(曲風)을 염두에 두고 특정 으뜸화음을 바탕으로 음을 전개하다 보면, 그 배합은 음계(音階)나 음역(音域), 화음과 리듬의 한계를 가질 수밖에 없다(물론 이러한 한계를 벗어나는 진보적 음악이나 실험적 음악 등이 존재하나, 이 사건 쟁점과는 무관하다).
그리고 비교되는 음악의 유사성 요소를 확정할 때는 위와 같은 한계를 고려하여야 함은 물론, 음악의 수요자인 청중의 관점을 고려하여야 한다"고 판단하였다(한국저작권위원회, 「감정을 통한 저작권 침해판단에 관한 연구」(연구책임자, 이철남), 2011.12, 10면에서 재인용).

써 문화 및 관련 산업의 향상발달에 이바지한다는 저작권법의 목적에 반할 수 있다는 점까지 고려하면, 이 사건 각 일부분에 이 사건 각 저작물과 구별되는 별도의 저작자의 사상 또는 감정이 창작적으로 표현되어 있다고 인정되지 아니한다.

[판례 5] '외톨이야' 사건(서울중앙지방법원 2011.4.13.선고 2010가단86875 판결)

1. 음악저작물은 일반적으로 가락(melody), 리듬(rhythm), 화성(chord)의 3가지 요소로 구성되고, 이 세 가지 요소들이 일정한 질서에 따라 선택·배열됨으로써 음악적 구조를 이루게 되는바, 음악저작물을 서로 대비하여 그 유사성 여부를 판단함에 있어서는 해당 음악저작물을 향유하는 수요자를 판단의 기준으로 삼아 음악저작물의 표현에 있어서 가장 구체적이고 독창적인 형태로 표현되는 가락을 중심으로 하여 대비 부분의 리듬, 화성, 박자, 템포 등의 요소도 함께 종합적으로 고려하여야 하고, 각 대비 부분이 해당 음악저작물에서 차지하는 질적·양적 정도를 감안하여 실질적 유사성 여부를 판단하여야 한다.

2. 후렴구 첫째 마디 및 이와 동형진행부분: ① 별지 3. 기재와 같이 이 사건 노래부분과 이 사건 대비부분은 그 가락(멜로디)이 단 한 개의 음정도 일치하지 아니한 사실, ② 두 곡 전체를 화성(코드)의 측면에서 비교해 보아도 1절 24마디 중 4마디 정도만 코드가 동일 또는 유사할 뿐이고, 파랑새는 한 마디에 두개의 화성이 진행되고 외톨이야는 대부분 한 마디가 하나의 화성으로 이루어져 화음의 구성이나 진행방식이 서로 다른 사실, ③ 또한 문제가 되고 있는 두 노래의 후렴구 부분 화성은 원고들의 파랑새가 'Dm-C-Bb-C-Bb-Am-Bb-C'의 구성을 가지는 데 반하여 피고들의 외톨이야는 'Dm-Dm-Bb-Bb-C-C-F-A'의 구성을 가지고 있어 한 마디 정도의 화성만 동일한 사실, ④ 두 노래의 리듬을 비교해 보면 파랑새가 ♩=102, 외톨이야는 ♩=105로서 비슷한 빠르기를 가지고 있으나, 파랑새는 16비트의 기본 리듬을 가지는 데 반하여 외톨이야는 24비트를 기본리듬으로 삼고 있어 그 차이가 있는 사실을 인정할 수 있는바, 이와 같이 위 각 대비부분의 가락, 화성, 리듬 등을 비교하여 볼 때 이 사건 노래부분과 그 대비부분은 실질적으로 유사하다고 하기 어렵다.

3. 후렴구 둘째 마디와 동형진행부분: (가) ① 원고의 이 사건 노래부분 중 후렴구 둘째 마디 및 이와 동형으로 진행되는 부분과 그에 대응하는 피고들이 작곡한 외톨이야 중 이 사건 대비부분은 가락이 동일하고 빠르기도 유사하나, 원고가 파랑새를 발표하기 이전의 선행 음악저작물로서 대중들에게 널리 불리워진 바 있다.

② 원고들은 위 선행저작물들과 파랑새는 음계와 빠르기가 다르다고 주장하나, 원고들이 작곡한 파랑새와 선행저작물인 지중해는 음계가 동일하고, 음악에 있어서 빠르기는 리듬을 구성하는 하나의 요소에 불과하며 그 빠르기에 대하여 원

고에게 창작적인 지위를 부여할 수도 없다.

③ 한편 파랑새와 외톨이야는 조성(tonality, 調性)이 Dm으로 동일하고 리듬의 빠르기도 유사하나, 조성은 음악 창작과정에 있어서 일종의 소재 또는 아이디어로서 기능하는 것이고 리듬의 빠르기는 위에서 본 바와 같이 두 음악의 유사성과 상이성을 좌우하는 요소는 아니다.

㈏ 따라서 원고들이 작곡한 이 사건 노래부분 중 후렴구 둘째마디 및 이와 동형진행부분은 선행저작물들에 이미 표현되어 널리 알려진 관용적인 표현에 해당한다. 또한 원고들의 위 노래부분이 선행저작물과는 다른 빠르기와 음계를 가졌다 하여도, 음악저작물의 유사성 판단에 있어서 결정적인 요소가 되는 가락(멜로디)이 유사한 이상, 원고들의 위 노래부분에 대하여는 그 창작성을 인정하기도 어렵다. 그리고 위와 같이 원고들의 위 노래부분과 같은 음악적 표현이 선행저작물들에 이미 존재하고 있었던 점 및 원고들은 대중매체에는 잘 알려져 있지 않은 소위 언더그라운드 가수들인 점을 함께 고려하면, 피고들이 원고들의 노래에 의거하여 이 사건 대비부분을 작곡하였다고 하기도 어렵다.

[판례 6] '사랑해요 LG송' 사건(서울고법 2012.10.18.선고 2011나103375 판결)

1) 판단기준

음악저작물은 일반적으로 가락(melody, 선율), 리듬(rhythm), 화성(chord)의 3가지 요소로 구성되고, 이 세 가지 요소들이 일정한 질서에 따라 선택·배열됨으로써 음악적 구조를 이루게 되는데, 음악저작물의 경우 인간의 청각을 통하여 감정에 직접 호소하는 표현물로서, 12개의 음을 이용하여 이론적으로는 무수히 많은 배합을 구성할 수 있으나 사람의 가청범위나 가성범위 내에서 사람들이 선호하는 감정과 느낌을 불러일으킬 수 있는 음의 배합에는 일정한 한계를 가질 수밖에 없다는 점도 음악저작물의 실질적 유사성을 판단함에 있어 참작하여야 한다.

위와 같은 기준에 따라 이 사건 음악저작물과 '사랑해요 LG송'의 실질적 유사 여부를 판단함에 있어, 원고는 '사랑해요 LG송'의 여러 버전 중 가야금 버전이 가장 유사하다고 주장하므로, 이를 기준으로 하여 판단하되, 음악저작물에 있어서 저작권법에 의해 보호받은 표현에 해당하지 않는 조(調), 기교적으로 가미될 수 있는 리듬(예를 들어, 8분음표 '♪' 두 개의 음을 점8분음표 '♪'와 16분 음표 '♪'로 변경한 리듬) 및 강약을 제거하고 C장조로 변경한 별지 2 기재 악보를 기준으로 대비한다.

2) 가락과 리듬

원고가 이 사건 음악저작물 '가버린 당신' 중 도입부인 제1~4마디 '솔미미미-라파파파-솔솔라솔레파-미' 부분(이 사건 노래 부분)을 침해했다고 주장하는 '사랑해요 LG송' 부분은, 제1~4마디 '솔미레미-라파미파-솔솔파솔레파-미', 제5마디부터 제8마디 앞 부분까지 '솔미레미-라파미파-솔솔파솔레미-도', 제13마디부터 제16마디의 앞 부분까지 '솔도시도-라파미파-솔솔파솔레미-도' 등인데, 그중 제일 유사한 제1~4마디(이하 '이 사건 대비부분'이라 한다)와 이 사건 노래 부분을 서로 비교한다(이 사건 노래 부분과 이 사건 대비 부분은 비록 이 사건 음악저작물과 '사랑해요 LG송' 중 일부분에 불과하나, 음악저작물 중 일부분이라 할지라도 그 부분만으로도 사람의 감정을 표현한 것으로서 다른 부분과 독립하여 보호받을 가치가 있고 전체 음악저작물 중 중요한 부분에 해당할 경우에는 침해의 대상이 된다고 보아야 한다. 그런데 이 사건 노래 부분은 이 사건 음악저작물 전체 32마디 중 12마디에 해당하고, 이 사건 대비 부분은 '사랑해요 LG송' 전체 16마디 중 12마디에 해당하는바, 이와 같이 전체 음악저작물에서 차지하는 양이 적지 아니할 뿐만 아니라 각 음악저작물의 도입부 네 마디에 해당하고 특히 첫 두 마디는 곡 전체의 모티브를 형성하고 있다는 점에서 충분히 보호받을 부분으로 볼 수 있다).

앞서 살펴본 법리에 따라 살펴보면, 이 사건 노래 부분과 이 사건 대비 부분은 아래 대비표와 같이 모두 코드톤으로 이루어진 선율로서 6도의 음정으로 도약하는 선율 구조를 가지며 리듬의 분할 형태도 동일하다.

〈대비표〉
이 사건 노래 부분

솔 미 미 미 　 라 파 파 파 　 솔 솔 라 솔 레 파 미
이 사건 대비 부분

솔 미 레 미 　 라 파 미 파 　 솔 솔 파 솔 레 파 미

특히, 이 사건 대비 부분은 이 사건 노래 부분에 비하여 제1마디 ''의 세 번째 음을 '미'에서 '레'로, 제2마디 ''의 세 번째 음을 '파'에서 '미'로 각 바꾸고, 제3마디 ''의 두 번째 음 '솔'을 한옥타브 높였으며, 세 번째 음을 '라'에서 '파'로 바꾼 외에는 이 사건 노래 부분과 모두 동일하여, 위 두 음악저작물의 4마디 15개의 음 중 4개만 변경한 것이므로, 이와 같은 양적 차이만 놓고 보면 이 사건 대비부분은 이 사건 노래 부분과 유사한 것으로 볼 여지도 없지 않다.

그러나 음악저작물의 일부 음만을 변경한 경우에도 변경된 음의 양적 범위뿐만 아니라 어느 음을 어떻게 변경하였는지, 그러한 음의 변경으로 선율의 흐름이 어떻게 바뀌었는지, 이에 따라 다음에 전개될 악곡 부분에는 어떠한 영향을 미쳤는지, 위와 같은 변경으로 곡을 듣는 사람의 감성은 어떻게 달라졌는지도 함께 살펴보아야 한다.

이 사건 노래 부분의 제1마디 ''는 $\frac{1}{2}$박자 쉬었다가 $\frac{1}{2}$박자의 낮은 '솔'에서 6도 상승하여 '미'에서 같은 음 3개로 $\frac{1}{2}$박자, $\frac{1}{2}$박자, 2박자 합계 3박자를 지속하고, 제2마디 '' 역시 $\frac{1}{2}$박자 쉬었다가 $\frac{1}{2}$박자의 낮은 '라'에서 6도 상승하여 '파'에서 같은 음 3개로 $\frac{1}{2}$박자, $\frac{1}{2}$박자, 2박자 합계 3박자를 지속한다. 위 두 마디에서는, 첫 음으로부터 도약하는 형식을 취하고 있으나 지속적으로 상승하거나 상승 후 하강과 상승을 반복하는 선율을 가지는 것이 아니라 둘째 음에서 지속하기 때문에 차분하고도 둘째음이 잡아두는 강한 여운을 느낄 수 있다. 이어 제3마디 '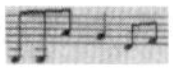'에서는 제1, 2마디의 상승하는 선율의 형식을 이어받아, $\frac{1}{2}$박자 쉬었다가 낮은 '솔'에서 $\frac{1}{2}$박자로 두 번 지속한 후 '라'로 8도 상승한 다음, 제1, 2마디와는 달리 '솔' 1박자, '레' $\frac{1}{2}$박자로 점차 하강하는 방식으로 선율의 흐름이 변경되었고, '파' $\frac{1}{2}$박자로 상승한 후 제4마디 ''에서 '미' 3박자로 종결된다. 이 사건 노래 부분을 전체적으로 보면, 6도로 상승하는 선율을 두 번 반복하고, 상승의 폭을 높여 8도로 상승한 후 하강국면을 지속하다가 폭이 작은 상승과 하강으로 마무리되는 특징을 갖는다.

이에 비하여 이 사건 대비 부분의 제1마디 ''는 이 사건 노래 부분의 제1마디 ''에서 세 번째 음만 2도 변경한 것이지만 이 사건 노래 부분 제1마디의 '상승 후 지속하는 선율'에서 제1마디 전체가 '솔미레미'와 같이 상승과 하강을 반복하는 형식으로 바뀌었고, 제2마디 '' 역시 이 사건 노래 부분의 제2마디 중 한음을 변경한 것에 불과하지만 '라파미파'와 같이 상승과 하강을 반복하는 형식을 가지게 되었다(한 마디에서 한 음의 변경이라도 선율의 흐름을 변경하지 않는 변경 즉, 지속적으로 상승하는 선율의 중간 한 음을 상승폭만 다르게 변경하거나, 한 음을 다른 음과 같은 자리로 변경하여 음을 지속시키는 것과 같이 전체적인 선율의 상승흐름 자체를 변경하지 않는 경우와는 달리 보아야 한다). 특히 제3마디 ''는 이 사건 노래 부분의 제3마디 중 두 번째 음을 한 옥타브 올린 것에 불과하지만 이로써 '상승과 하강의 반복'이라는 제1, 2마디의 선율 흐름을 이어갈 수 있게 되었고, 세 번째 음을 '라'에서 '파'로 바꿈으로써 제3마디의 '(낮은)솔-솔-파-솔-레-미' 6개 음이 모두 상승과 하강을 반복하는 선율을 지속한 후, 제4마디 ''에서도 '미'로 앞서의 '상승과 하강'이라는 특징을 유지한 채 마무리된다. 이처럼 이 사건 대비 부분은 이 사건 노래 부분의 제4마디 15개의 음 중 4개만 변경하였지만, 첫 음부터 마지막 음까지 상승과 하강을 반복하는 선율의 흐름으로 바뀌어 이 사건 노래 부분과는 다른 감정을 가지게 되었다. 즉, 이 사건 노래 부분의 제1마디와 제2마디에서는, $\frac{1}{2}$박자로부터 6도 상승하여 3박자를 지속하는 선율 때문에 상승한 음에서 우러나는 감정의 여운을 충분히 느낄 수 있지만, 이 사건 대비 부분의 제1, 2마디에서는 지속적인 상승과 하강의 반복으로 이러한 여운이 사라져 버렸고, 차분한 감정 대신 역

동이면서 밝고 홍겨운 감정을 느낄 수 있게 되었다. 이렇게 이 사건 대비 부분은 위와 같은 변경으로, 이 사건 노래 부분에서 볼 수 있는 두 음 이상이 지속되는 여운 '' 및 ''이나 세 음 이상이 하강하는 국면 ''을 가지지 않게 됨으로써, 선율의 흐름이라는 면에서 볼 때 이 사건 노래 부분과는 전혀 다른 전개 형식을 가지게 된 것이다. 나아가 위와 같은 이 사건 노래 부분과 이 사건 대비 부분의 가락의 차이는 그 다음에 전개되는 악곡의 가락에도 영향을 주어, 이 사건 노래 부분은 제10마디 후반부터 제18마디까지 애절한 가락으로 이어지지만, 이 사건 대비 부분은 제8마디 후반부터 제12마디까지 밝고 경쾌하며 홍겨운 가락으로 이어지게 된다. 따라서 이 사건 대비 부분은 이 사건 노래 부분과 리듬은 동일하지만, 가락은 실질적으로 동일하다고 볼 수 없다.

3) 화 성

이 사건 노래 부분과 이 사건 대비 부분은 모두 화성의 진행이 Ⅰ도-Ⅳ도-Ⅴ도-Ⅰ도의 화성으로 진행된다는 점에서 동일하다.

바. 정 리

결국, 이 사건 대비 부분은 이 사건 노래 부분과, 리듬과 화성은 동일하나, 가락의 차이 때문에 이 사건 노래 부분의 일부분을 이용하였다 하더라도 실질적 유사성이 없는 전혀 별개의 독립적인 저작물이라 할 것이므로, 피고의 2차적 저작물 작성권 및 이용권, 저작인격권의 침해는 인정되지 않는다.

[일본판례] 記念樹 사건(최고재판소 2003년 3월 11일)

사실관계: 갑은 유명한 작곡가이며, '끝까지 가자'(甲곡)를 작곡한 자이다. 을도 저명한 작곡가이며 '기념수(記念樹)'(乙곡)를 작곡한 자이다. 갑은 을의 기념수가 자신의 '끝까지 가자'를 표절한 것으로 제1심에서는 복제권 침해(원고 패소), 제2심에서는 편곡권(2차적저작물작성권)침해(원고, 항소인 승소)를 주장하였다. 다음은 상고심 판결이다.[623)]

법원의 판단: 일반적으로 악곡의 본질적 요소가 (생략) 다양한 것을 포함, 또 그들의 제 요소가 듣는 사람의 정서에 일체적으로 작용하는 것이기 때문에 각각의 악곡마다 표현상의 본질적인 특징을 기초지우는 요소는 당연히 다른 것이다. 그렇다면 구체적인 사안을 떠나서 '표현상의 본질적인 특징의 동일성'을 논하는 것은 상당하지 않다고 해야 할 것이며, 원곡으로 된 악곡에 있어서 표현상의 본질적인 특징이 여하한 측면에서 발견할 수 있는가를 우선 검토한 후에, 그 표현상의 본질적 특징을 기초지우는 주요한 요소에 중점을 두면서 쌍방 당사자가 주장하는 요소에 착안해서 판단할 수밖에는 없다.

다만 단선율(單旋律)만으로 표현된 악곡도 있는 것은 상기 A의견서 및 B의견서에서 지적하는 바이며, 선율(旋律:가락)은 예컨대 낭곡(浪曲)과 같이 단독으로

623) 本橋光一郎 외, 「要約 著作權判例 212」, 學陽書房, 101면 이하.

도 음악저작물(악곡)로서 성립할 수 있는 것인 이상, 선율 자체를 개변하지 아니하고 여기에 단순히 화성(和聲)을 부가하는 것만으로, 선율만으로 이루어진 원저작물의 '표현상의 본질적인 특징의 동일성'을 잃게 하는 것은 일반적으로 생각하기 어렵다. 이에 반해 화성은 선율을 떠나서 그 단독으로 악곡으로서 인식된다고는 일반적으로 생각하기 힘들고, 선율과 비교해서 저작물성을 기초지우는 요소로서의 독자성이 상대적으로 약한 것은 부정할 수 없다. 그리고 이것은 타악기만에 의한 음악과 같은 특수한 예를 제외하면, 리듬이나 형식에 대해서도 타당한 것이라고 해석된다. 그렇다면 악곡의 본질적 특징을 기초지우는 요소는 다양한 것이며, 그 동일성 판단수법을 일률적으로 논하는 것이 될 수 없는 것은 前示대로라고 하더라도, 적어도 선율을 가진 통상의 악곡에 관한 한, 저작권법상의 편곡의 成否의 판단에 있어서 상대적으로 중요시해야 할 요소로서 주요한 지위를 점하는 것은 선율이라고 해석하는 것이 상당하다.

대단히 형식적, 기계적 대비수법으로서 별지 4에 기해서 甲곡과 乙곡의 대응하는 음의 높이의 일치하는 정도를 수량적으로 보면 제1 프레이즈에서는 16음 중 11음이, 제2 프레이즈에서는 16음 중 12음이, 제3 프레이즈에서는 16음 중 14음이, 제4 프레이즈에서는 프레이즈 d에서 16음 중 6음이, 프레이즈 h에서 16음 중 12음이 각각 음의 높이가 일치한다. 그렇다면 乙곡의 전 128음 중 92음(약 72%)은 이에 대응하는 甲곡의 선율과 같은 높이의 음이 사용되고 있다고 이해된다.

원래 악곡의 표현상의 본질적인 특징의 동일성이 그러한 추상화된 수치만에 의해 헤아릴 수 없는 것은 말할 나위가 없으나 상기와 같은 형식적, 기계적인 대비수법에 의해 얻어진 숫자가 나타내는 甲곡과 乙곡과의 선율의 음의 높이의 일치의 정도는, 선율의 유사례로서 본건의 주장입증 중에 수많이 나타나는 다른 여하한 것과 비교해도 특히 높은, 오히려 원곡과 그 편곡에 관계하는 것으로서 공표되고 있는 악곡과 동등한 정도라고 하는 것은, 간과할 수 없는 하나의 사정이라고 이해된다.

乙곡은 그 일부에 甲곡에는 없는 새로운 창작적 표현을 포함하고 있으나 선율의 상당부분은 실질적으로 동일하다고 말할 수 있는 이상, 선율 전체의 조립에 관한 구성에 있어서도 유사하며, 선율의 상위부분이나 화성 기타의 제 요소를 종합적으로 검토해 보아도 甲곡의 표현상의 본질적인 특징의 동일성을 유지하고 있으며, 乙곡에 접하는 자가 甲곡의 표현상의 본질적인 특징을 직접 감득할 수 있다고 말해야 할 것이다.

이상 인정판단을 종합하건대 甲곡은 昭和 40년대부터 乙곡이 작곡된 당시(平成 4년)에 걸친 시대를 우리나라에서 생활한 대다수의 자에게 잘 알려진 저명한 악곡이며, 甲곡과 乙곡의 선율 사이에는 乙곡이 甲곡에 의거했다고 볼 수밖에 없을 만큼 상기와 같은 현저한 유사성이 있는 외에, 乙이 乙곡의 작곡 이전에 甲곡에 접했을 가능성이 극히 높은 객관적 사정이 있고, 이것을 부정할 수 있는 사정으로 乙이 주장하는 바는 어느 것도 이유가 없고, 다른 데 적확한 반증도 없는 것을 아울러 생각하면 乙곡은 甲곡에 의거해서 작곡된 것이라고 추인하는 것이 상당하다.

[미국판례] Arnstein v. Porter, 154 F.2d 464 (2d Cir. 1946)

본건은 Porter의 악곡은 Arnstein의 악곡을 표절한 것이라고 하면서 Arnstein이 Porter를 상대로 저작권침해의 소를 제기한 것이다. 저작권침해가 문제로 된 곡은 몇 개나 된다. 예컨대 피고의 "Begin The Beguine"는 원고의 "The Lord is My Shepherd"와 원고의 밀리언셀러인 "A Mother's Prayer"를 표절했다고 주장했다. 제1심인 뉴욕 남부 연방지방법원은 원고청구를 기각했으나 항소심은 제1심을 파기하였다. 항소심의 프랑크 판사는 "항소심에서의 주요한 의문은 지방법원이 원고에게서 저작권침해소송의 배심원재판의 기회를 박탈한 것이 적절한가 이다. 그에 대한 해답은 사실에 관한 작은 의문이라도 있느냐에 있다. 이 사건의 경우 본질적인 2가지 요소를 혼동하지 않는 것이 중요하다. 첫째, 피고가 원고의 저작물을 복제했다는 것과 둘째, 베낀 것이 부당한 도용에 해당한다는 것이다."

"복제에 관하여 적절한 입증을 하였다 하더라도 그것만으로는 충분치 않다. 왜냐하면 허용되는 복제, 즉 합법적인 복제가 있을 수 있기 때문이다. 피고가 불법적으로 도용했는지 여부는 역시 사실에 관한 문제이다. 이 문제에 대한 판단기준은 숙련된 음악가들의 판단과 같이 각각의 곡들을 비교 분석하는 것이 아니다. 원고가 법적으로 보호를 받는 이해관계는 음악가로서의 명성이 아니라 대중의 인정을 바탕으로 음악으로부터 얻을 수 있는 잠재적이고 재정적인 보상에 관한 것이다. 그러므로 문제는 피고가 원고의 곡으로부터 그 곡을 듣는 대중의 귀를 즐겁게 해주는 것(what is pleasing to the ears of lay listners)을 얼마나 많이 도용하였느냐 하는 것이다. 전문가 증언을 들을 수는 있으나 이는 불법복제라는 쟁점에 관하여 결정적인 것이 될 수는 없으며, 평범한 청중의 반응을 알아보는 데 있어서 도움을 주는 데에만 사용되어야 한다. 음악전문가들의 세련된 귀로 느끼는 인상 혹은 원, 피고 곡들의 음악적인 우수성에 관한 그들의 견해는 표절의 쟁점에 관하여는 전혀 중요하지 않다. 지방법원 판결을 파기환송한다."[624]

* 배심원심리를 거친 후 이 사건은 원고의 패소로 되었다. 즉 Porter는 Arnstein곡을 표절한 바 없다고 판시하였다.[625]

624) 장주영, 「미국저작권판례」, 육법사, 2003, 203-204면.

625) Gorman/Ginsbbrg, *Copyright*(6th), 425면.

■ 미술저작물 등

[판례 1] 한복문양 사건(대법원 1991.8.13.선고 91다1642 판결)

사실관계: 원고와 피고 모두 한복의 제작·판매에 종사하는 자들이다. 원고는 1985년 8월 한복의 치마폭 사이에 수직으로 치마 바탕색과 배색을 이루는 가는 띠 모양의 사다리꼴의 천을 대고, 그 배색천 안에 연꽃, 나비, 추상적 문양 등으로 구성된 장식문양을 수 또는 금박으로 삽입한 치마를 제작하여 동년 9월의 한복 패션쇼에 출품하고, 1986년 12월 여성동아 등 잡지에도 발표하였고, 문화부에 「사다리 줄무늬와 장식문양」이라는 제명 하에 등록하였다(등록번호 제880063호: 그림 1).

한편 피고는 1989년 2월 가정조선에 한복의 치마폭 사이에 수직으로 치마 바탕색과 배색을 이루는 가는 띠모양의 직사각형의 천을 대고 그 배색천 안에 덩굴줄 꽃무늬를 삽입한 치마를 피고 이름으로 발표하고, 이를 고객에게 판매하여 오다가 문화부에 「덩굴줄 꽃무늬」로 등록하였다(등록번호 제890045호: 그림 2).

원고는 한복의 치마폭마다 수직으로 일정한 넓이의 배색천을 대고 그 배색천 안에 문양을 삽입하는 디자인 기법은 원고가 최초로 창작하여 한복 패션쇼 및 잡지 등에 발표하여 피고가 잘 알고 있음에도, 피고와 원고의 매장이 가까이에 있어 피고가 원고 작품을 잘 살펴볼 수 있음을 기화로 배색천 안의 문양을 장식문양에서 덩굴줄 꽃무늬로 바꾸었을 뿐 원고의 줄무늬치마의 제작기법을 모방하여 만든 피고의 줄무늬치마를 가정조선 1989년 2월호에 마치 피고의 창작품인 양 발표하였으므로 피고의 위 행위는 저작권 침해, 부정경쟁방지법 제2조 제5호 위반 및 민법상의 불법행위를 구성하는 것이라고 주장하였다. 그러나 제1심[626]과 항소심[627] 모두 받아들이지 아니하였다. 이에 상고하였다.

상고심 판결요지: 1) 한복디자인이란 종래의 문화적 유산인 복식에 기초를 두고 이에 변형을 가해 가는 것이므로 그 디자인 중 저작권에 의해서 보호되는 것은 저작자의 독창성이 나타난 개인적인 부분에 한하고 예부터 전해 내려오는 제작기법이나 표현형식은 누구나 자유롭게 이용할 수 있는 것이어서 저작권 보호대상이 되지 않는다고 할 것이므로 저작권의 침해여부를 가리기 위해 두 저작물 사이에 실질적 유사성이 있는가 여부를 판단함에 있어서는 위 독창적인 부분을 가지고 대비를 해야 할 것이다.

2) 원고가 제작한 한복치마는 치마폭 이음새마다 바탕색과는 다른 색의 사다리꼴 띠를 덧대고 그 띠 안에 꽃, 나비, 추상적 문양 등의 장식무늬를 일정한 간격으로 혼합배치하여 넣은 것이고, 피고가 제작한 치마는 치마폭 이음새마다 바

626) 서울민사지법 1990.4.19.선고 89가합32239 판결(저작권심의조정위원회, 앞의 책, 146면 이하). 본 판결에 대한 평석은, 허희성, 「계간 저작권」 제10호(1990 여름호), 68면 이하 참조.

627) 서울고법 1990.11.27.선고 90나22532 판결.

그림 1

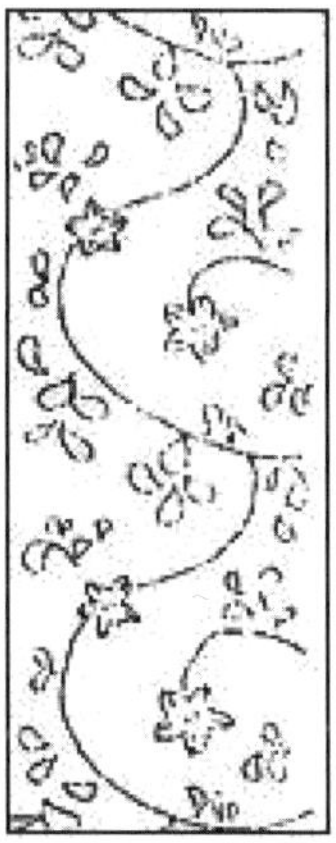

그림 2

탕색과 다른 색의 직사각형 띠를 덧대고 그 띠 안에 덩굴줄 꽃무늬를 연속적으로 배치하여 넣은 것인바, 어머니 저고리의 깃, 섶, 소매, 단, 바탕 등에 바탕천과 다른 색의 띠나 일정한 문양을 넣은 띠를 수직 또는 수평으로 덧대어 실용성과 심미감을 더하는 의복제작기법은 삼국시대 이전부터 사용되어 오던 것임을 인정할 수 있으므로 원고의 위 저작물 중 치마폭 이음새마다 바탕색과 다른 색 띠를 수직으로 덧대거나 띠 안에 무늬를 넣는 방법 자체는 종래의 문화적 유산에 속하는 것이고, 다만 띠 모양을 사다리꼴로 하고 띠 안에 꽃, 나비, 추상적 문양 등을 소재로 한 무늬를 일정한 간격으로 혼합배치한 점에서 기법상의 독창성이 인정되므로 이 부분이 저작권 보호의 대상이 된다고 할 것이다.

이 독창성이 인정되는 부분을 피고의 그것과 대비하여 보면 치마를 착용하였을 때 치마 상단의 주름으로 인해 피고의 띠도 윗부분이 좁고 아랫부분이 넓게 보인다는 점에서 원고의 것과 유사하기는 하나 전체적인 띠의 모양과 넓이가 원고의 것과 나를 뿐만 아니라 그 안에 무늬의 소재, 배열방법 등에 있어서 양자는 차이가 있어 띠 부분의 전체적인 미감이 유사하다고 보기는 어렵다.

[판례 2] '오방색 색띠 사각형 테두리' 사건(서울고법 2004.12.15.자 2004라552 결정)628)

사실관계: 채무자는 주식회사 미술세계로부터 「김흥수 화백 인생 85 초대전」이라는 명칭의 전시회를 개최하겠다는 제안을 받고 이에 응하여 자신의 작품을 내놓기로 결정하고 그에 앞서 그들의 요청에 따라 가운데는 승무를 하는 여승의 얼굴과 자신의 사진을 좌우에 배치하고 주위의 사각형 테두리에 색동무늬의 띠

---

628) 제1심: 서울중앙지방법원 2004. 8. 3.자 2004카합2320 결정.

를 두름과 아울러 네 귀퉁이에 건곤감리(乾坤坎離)의 4괘 문양을 그려 넣은 광고 선전물도안을 제작해 주었다.

채권자의 주장 요지: 채권자는 오랜 민속 무속미술 창작활동을 통하여 오방색을 주조로 한 동양적 분위기의 색띠를 서양화의 테두리에 배치하는 기법을 창안하였는데, 채무자는 저작권자인 채권자로부터 허락을 받지 않고 이를 그대로 베낀 별지 목록 기재 '오방색 색띠 사각형 테두리' 부분을 포함한 이 사건 도안을 제작하여 자신의 전시회를 위한 선전광고물에 사용함으로써, 채권자의 저작재산권인 복제권 및 배포권과 저작인격권인 성명표시권을 침해하였고, 이로써 채권자에게 회복할 수 없는 손해를 가하고 있으므로, 채무자에 대하여 신청취지 기재와 같은 가처분신청을 구한다.

법원의 판단: 위 인정사실에 의하면 채권자의 작품 중 오방색 색띠 사각형 테두리 문양이나 그 표현기법은 채권자의 작품활동 및 개인전 등을 통해서 국내 미술계에 어느 정도 알려진 것으로 보이고, 이 사건 기록에 의하여 이 사건 도안과 대비하여 볼 때, 모두 중앙의 화면을 여러 가지 색의 배열로 이루어진 띠로 둘러 강조하는 액자 형태를 이루고 있다는 점에서는 일부 유사성이 발견되는 것은 사실이다.

그러나 먼저 이 사건 도안에 등장하는 사각형 테두리는 적, 초록, 진분홍, 황, 청, 보라, 연파랑, 백색 순의 줄무늬가 반복되는 것이어서, 그 개개의 색상이나 색채배열 및 구체적인 형태에서 채권자의 오방색 색띠 사각형 테두리 문양과 다르고, 색띠가 연속되지 못한 채 적색 바탕에 검은 색으로 건곤감리의 4괘를 그려 넣은 네 귀퉁이의 정사각형 도형과 연결된 점 등 적지 않은 차이를 보이고 있을 뿐만 아니라, 이 사건 도안의 중앙 좌측에 등장하는 여승의 얼굴은 채무자의 대표작인 1979년도 작품 '승무도'에서, 채무자의 사진은 1997.6.25. 발간된 채무자의 『음양조형주의미술의 선언 그리고 20년, 김홍수』라는 제목의 도록 표지에서 각각 그대로 따온 것이고, 주위의 테두리 역시 채무자가 1983년 작품 "여인와상" 등에서 선보인 바 있는 화면의 가장자리에 색띠를 둘러 중앙 부분을 강조하는 표현기법에다가 위 승무도의 한쪽에 그려진 색동 띠의 색상을 가미함과 아울러, 1974.6.30.경 한국자유신문 창간호에 게재한 채무자의 삽화와 동일하게 네 귀퉁이에 건곤감리의 4괘를 배치한 것이어서, 전체적으로 볼 때, 이 사건 도안은 채무자가 두 개의 이질적인 구상화면과 추상화면을 조화시킴으로써 조형미의 효과를 극대화한다는 자신의 음양조형주의 표현기법에 의하여 제작한 작품이라고 봄이 상당하다. 따라서 달리 채무자가 채권자의 작품 중 오방색 색띠 사각형 테두리 부분이나 그 표현기법에 의거, 이를 이용해서 이 사건 도안을 작성하였다거나 양자 사이에 실질적인 유사성을 인정할 만한 아무런 자료가 없는 이상, 채무자의 저작권 침해를 이유로 한 채권자의 이 사건 신청은 그 피보전권리를 인정할 수 없다.

[판례 3] '무대리' 사건(대구지법 2008.7.31.자 2008카합286 결정)

甲의 캐릭터 / 乙의 캐릭터

사실관계: 갑은 직장인 무용해 대리(무대리)를 주인공으로 하는 만화작가이다. 을은 2003년 '무대리'라는 명칭에 대해여 상표등록을 신청하고, '무대리' 요리주점 체인사업을 시작하였다.

이에 갑이 자신의 동의 없이 자신의 저작물인 '무대리'의 캐릭터에 의거하여 을이 유사한 캐릭터 도안을 작성·게시하였음을 이유로 저작권침해를 주장하였다.

법원의 판단: 우선 채권자의 캐릭터가 저작물성이 있는지 여부에 대해 법원은 이를 긍정하였다. 또 을의 캐릭터가 갑의 캐릭터에 의거하였는지 여부에 대해 갑의 캐릭터가 널리 알려진 것이고, 그 브랜드 소개에서 「스포츠 서울 신문에 인기리에 연재되고 있는 직장인 만화 "무대리"를 연상케 하는 친숙한 브랜드」라고 한 점에 비추어 보면, 을은 무대리 캐릭터에 의거하여 대상 캐릭터를 작성한 것으로 추인된다고 판단하였다. 그러나 법원은 양 캐릭터 사이에 실질적 유사성이 있는지에 대하여는 부정적인 판단을 하였다.

"먼저 무대리의 캐릭터와 대상 캐릭터는 자연 상태의 인간의 신체를 사실적으로 묘사한 것이 아니라 머리가 몸통에 비해서 상대적으로 크고 3등신에 가까우며, 둥글넓적한 얼굴에서 눈과 입이 가장 부각되어 과장된 표정을 짓고, 덥수룩한 머리에 팔과 다리가 짧고 통통하며, 서류철을 들고 있다는 유사점이 있다. 그러나 이러한 유사점은 화이트칼라에 속하는 직장인이라는 아이디어에 기초하여 만화 지면 혹은 도안의 크기를 고려하여 캐릭터를 최대한 단순하게 만들고, 이를 적절히 표현하기 위하여 머리의 크기를 과장하고, 눈과 입을 크게 하며, 다른 신체부위인 손과 발을 단순하고 짧게 표현한 데서 기인한 것으로 보이고, 서류철을 들고 있는 캐릭터 역시 회사원임을 나타내는 전형적인 형태라고 보아야 할 것이므로, 위와 같이 아이디어를 표현하는 방법에 있어 기술적인 또는 개념적인 제약 때문에 표현방법에 한계가 있는 경우나 시각적 캐릭터의 설정에 있어 전형적으로 수반되는 표현 등은 저작권법에 의한 보호대상이 될 수 없다. 또한, 무대리 캐릭터와 대상 캐릭터는 머리카락의 모양(무대리 캐릭터의 경우 복슬복슬한 더벅머리에 정수리 부분만 뒤쪽 혹은 옆으로 세워져 있고, 머리카락 중 빛에 반사된 모양이 하얀색으로 선명하게 대비되어 표현된 데 비해, 대상 캐릭터의 경우 더벅머리이긴 하나 전체적으로 날카롭게 표현되어 앞쪽으로 뻗어 있고, 머리카락 중 빛에 반사된 모양이 선명하지 않고 회색으로 표현되어 있다), 복장(무대리 캐릭터가 주로 양복을 입고 있는 단정한 모습을 표현한 데 비해, 대상 캐릭터는 거의 옷을 벗은 상태에서 하트 무늬가 들어간 팬티를 입고 넥타이만을 걸친 상태여서 무대리 캐릭터와 같은 깔끔한 인상을 주지 못한다), 표정(무대리 캐릭터의 경우 둥글 넙적한 얼굴에 익살스럽고 귀여운 표정을 하여 전체적으로 어리숙하지만 친근감이 느껴지고, 대상 캐릭터의 경우 머리카락의 모양이나 눈의 모양 등이 전체적으로 날카롭게 처리되어 무대리 캐릭터와 같은 귀엽고 친숙한 느낌을 주지 못한다) 등 구체적인 캐릭터의 묘사에서도 차이가 있으므로, 앞서 본 바와 같은 유사점만으로는 각 캐릭터의 창작적 표현이 실질적으로 유사하다고 보기 어렵다."

[판례 4] '실황야구' 사건(대법원 2010.2.11.선고 2007다63409 판결)

다른 사람의 저작물을 무단히 복제하게 되면 복제권의 침해가 되는 것이고 이 경우 저작물을 원형 그대로 복제하지 아니하고 다소의 수정·증감이나 변경이 가하여진 것이라고 하더라도 새로운 창작성을 더하지 아니한 정도이면 복제로 보아야 할 것이며(대법원 1989.10.24.선고 89다카12824 판결 참조), 한편 저작권법 제5조 제1항 소정의 2차적 저작물로 보호받기 위하여는 원저작물을 기초로 하되 원저작물과 실질적 유사성을 유지하고 이것에 사회통념상 새로운 저작물이 될 수 있을 정도의 수정·증감을 가하여 새로운 창작성을 부가하여야 하는 것이므로(대법원 2002.1.25.선고 99도863 판결, 대법원 2004.7.8.선고 2004다18736 판결 등 참조), 어떤 저작물이 기존의 저작물을 다소 이용하였더라도 기존의 저작물과 실질적인 유사성이 없는 별개의 독립적인 신저작물이 되었다면, 이는 창작으로서 기존의 저작물의 저작권을 침해한 것이 되지 아니한다. 그리고 저작권법이 보호하는 것은 인간의 사상 또는 감정을 말·문자·음·색 등에 의하여 구체적으로 외부에 표현하는 창작적인 표현 형식이므로, 복제권 또는 2차적 저작물작성권의 침해 여부를 가리기 위하여 두 저작물 사이에 실질적 유사성이 있는가의 여부를 판단함에 있어서는 창작적인 표현형식에 해당하는 것만을 가지고 대비하여야 한다(대법원 1999.11.26.선고 98다46259 판결, 대법원 2004.7.8.선고 2004다18736 판결 등 참조).

원고 실황야구

피고 신야구

피고 주식회사 네오플이 제작한 야구를 소재로 한 게임물인 원심 판시 '신야구'에 등장하는 '신야구' 캐릭터는 '실황야구' 캐릭터와, 귀여운 이미지의 야구선수 캐릭터라는 아이디어에 기초하여 각 신체 부위를 2등신 정도의 비율로 나누어 머리의 크기를 과장하고 얼굴의 모습을 부각시키되 다른 신체 부위의 모습은 과감하게 생략하거나 단순하게 표현하는 한편, 역동성을 표현하기 위해 다리를 생략하되 발을 실제 비율보다 크게 표현한 점 및 각 캐릭터의 야구게임 중 역할에 필요한 장비의 모양, 타격과 투구 등 정지

동작의 표현 등에 있어 유사한 면이 있다. 그러나 이와 같은 표현은 '실황야구' 캐릭터가 출시되기 이전에 이미 만화, 게임, 인형 등에서 귀여운 이미지의 어린 아이 같은 캐릭터들을 표현하는 데에 흔히 사용되었던 것이거나 야구를 소재로 한 게임물의 특성상 필연적으로 유사하게 표현될 수밖에 없는 것이라 할 것이므로, 위와 같은 유사점들만으로는 양 캐릭터의 창작적 표현형식이 실질적으로 유사하다고 할 수 없는 반면, '실황야구' 캐릭터 저작자의 창조적 개성이 가장 잘 드러난 부분인 얼굴 내 이목구비의 생김새와 표정 및 신발의 구체적인 디자인 등에서 원심 판시와 같은 상당한 차이가 있어, 양 캐릭터 사이에 실질적 유사성이 인정되지 아니하므로, '신야구' 캐릭터가 '실황야구' 캐릭터를 복제한 것이라고 볼 수 없음은 물론 '실황야구' 캐릭터의 2차적 저작물에 해당한다고도 볼 수 없다.

* 제1심: 서울지법 2006.7.20.선고 2005가합76758 판결[한국 저작권 판례집(11권), 13번 사례(113면 이하)]
* 항소심: 서울고법 2007.8.22.선고 2006나72392 판결[한국 저작권 판례집(13권), 13번 사례(160면 이하)]
* 상고심: 대법원 2010.2.11.선고 2007다63409 판결[한국 저작권 판례집(13권), 13번 사례(154면 이하)]

[판례 5] '포트메리온' 사건(서울고등법원 2010.6.23.선고 2009나117425 판결)

예전부터 꽃이나 식물을 사실적으로 묘사하면서 그 주변에 나비, 벌, 잠자리 등의 곤충을 사실적으로 묘사하는 도안 내지 미술저작물이 있어 왔음을 인정할 수 있고, 이러한 점에 비추어 보면 원고 저작물1 중 이에 해당하는 부분 즉, 꽃 주변에 곤충을 배치하여 이를 사실적으로 묘사한다는 부분은 저작권의 보호대상이 되는 창작적 표현에 해당한다고 볼 수 없다. 또한, 원고 저작물1에서의 나비, 잠자리 등의 개수 및 위치 역시 저작권의 보호대상에서 제외되는 그림의 구도에 해당하는 것으로 보인다. 이러한 점들에다가 미술저작물에 있어서 그 소재가 되는 사물 자체는 저작권의 보호대상이 되지 아니하므로, 실존하는 사물을 사실적으로 묘사하는 미술저작물은 그러하지 아니한 저작물에 비하여 상대적으로 저작권의 보호범위가 좁을 수밖에 없다는 점을 고려하여 원고 저작물1과 피고 표장1을 대비하여 보면, 원고 저작물1은 가든 라일락 꽃을 사실적으로 묘사한 것이고 피고 표장1은 층꽃나무 꽃을 사실적으로 묘사한 것이어서 그 자체만으로도 양자가 상이한데다가 그 주변의 나비와 잠자리의 형태와 색채 역시 양자가 상이하고, 그로 인하여 양자가 주는 전체적인 느낌 역시 상이하므로 양자는 실질적으로 유사하지 아니하다.

(제1심: 서울중앙지방법원 2009.11.5.선고 2007가합83132 판결)

♣ '포트메리온' 사건에서는 저작권뿐만 아니라 상표권, 부정경쟁방지법 위반 여부도 문제되었다. 위에 기재한 저작권 관련 판결과 달리 상표권이나 부정경쟁방지법 위반 여부의 판결에서는 모두 피고에게 불리하게 판시되었다.[629]

[판례 6] 화폐도안 사건(대법원 2010.11.11.선고 2009다16742 판결)

원고 도안

5000원 권

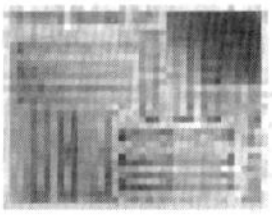
10000권

원고도안과 피고의 화폐 도안은 4괘 형상이 왼쪽 위로부터 시계방향으로 '건(乾), 감(坎), 곤(坤), 리(離)'의 순서에 따라 사각형 형태로 모아서 가로와 세로로 엇갈리게 배치되어 있는 점에서 유사점이 있기는 하다. 그러나 4괘의 개별적인 형상 자체는 예전부터 전해져 오던 것이고, ① 원고 도안은 '건, 곤' 괘가 세로로, '감, 리' 괘가 가로로 배치되어 있는 반면, 피고 도안은 '건, 곤' 괘가 가로로, '감, 리' 괘가 세로로 배치되어 있는 점, ② 원고 도안은 중심의 십자(+) 축을 중심으로 4괘가 정렬되어 있는 반면, 피고 도안은 그렇지 않은 점, ③ 원고 도안은 각 괘의 길이가 틀에 갇히지 않은 채 벗어나 있어 바람개비 모양을 연상시키는 반면, 피고 도안은 외곽 틀 내로 각 괘의 길이가 제한되어 있는 점, ④ 원고도안은 '건, 감' 괘는 빨간색으로, '곤, 리' 괘는 파란색으로 채색되어 있는 반면, 피고 도안은 채색이 되어 있지 않은 점 등에서 차이가 있으므로, 양 도안은 그 표현에 있어서 실질적으로 유사하다고 할 수 없다.

[판례 7] '미피 캐릭터' 사건(서울고등법원 2013.2.8.자 2012라1419 결정)

(1) 미피 캐릭터의 저작물성: 미피 캐릭터는 흰색의 작고 귀여운 토끼의 이미지를 단순한 선과 색을 사용하여 작고 까만 점으로 표시된 두 눈에 코 없이 X자 입을 가진 얼굴, 미세한 간격을 둔 채로 위쪽으로 길게 솟아 있는 두 귀, 짧은 팔다리가 목 부분을 중심으로 사방으로 뻗어 있는 듯한 몸체 등을 시각적 특징으로 하여 표현되어 있다. 따라서 작성자의 창조적 개성이 드러나 있으므로 미피 캐릭터는 저작권법으로 보호되는 저작물에 해당한다.

(2) 미피 캐릭터와 부토(부끄러운 토끼) 캐릭터의 실질적 유사성: 미피 캐릭터와 부토 캐릭터에 개별적 차이가 있는 점, 미피 캐릭터나 부토 캐릭터와 같이 실제

629) 관련 판례: 대법원 2002.2.8. 선고 2000다67839 판결; 대법원 2013.3.28. 선고 2010다58261 판결.

대상을 전제로 하는 저작물의 경우 창작 형식이 상대적으로 제한되는 점, 단순화된 표현이 강조된 캐릭터일수록 일부의 차이만으로 전체적 심미감이 확연하게 달라지는 특성이 있는 점, 동일성 식별의 가장 핵심이 되는 부분은 얼굴 내 이목구비인데 이목구비는 그 미세한 표현과 배치의 차이만으로 식별력에 큰 차이가 나는 속성이 있는 점 등을 종합하면, 창작적인 표현형식에 해당하는 것만을 가지고 대비한 미피 캐릭터와 부토 캐릭터 사이의 실질적 유사성은 인정되지 않는다.

[판례 8] '세모난 펜션 건축물' 사건(서울중앙지법 2013.9.6.선고 2013가합23179 판결)

원고 펜션 디자인

피고 펜션 디자인

㈜사람과 집에서 설계·시공한 용인의 세모난 나무 펜션의 디자인을 강화도의 한 펜션이 그대로 모방하여 사용한 것을 저작권법 위반으로 제소한 사건이다.

법원의 판단: 이 사건 피고 건축물은 이 사건 원고 건축물의 특징적 외형을 모두 갖추고 있어 그 외관에 있어 극히 유사한 사실을 인정할 수 있고, 이 사건 피고 건축물의 출입문 상단에 추가적으로 테라스 형태의 시설물이 있다거나 건축물의 재질이 다른 부분이 있다는 것만으로는 이러한 판단을 달리하기 어렵다.

또한, 이 사건 피고 건축물이 이 사건 원고 건축물과 극히 유사한 점, 이 사건 원고 건축물의 외관은 원고가 운영하는 인터넷 홈페이지에 공개되어 있어 동종 업계에 종사하고 있는 피고들이 쉽게 접근할 수 있었을 것으로 보이는 점 등에 비추어 보면 피고들이 이 사건 원고 건축물에 의거하여 이를 이용하였다는 점, 즉 의거성 역시 추정된다.

[판례 9] '명동정동극장' 사건(서울중앙지법 2014.2.20.선고 2012가합106749 판결)

이 사건 원고 디자인과 이 사건 피고들 디자인은 그 배경과 구체적 표현은 다소 차이가 있지만, ① 모두 여인의 몸짓 또는 의복 등의 표현은 구성에서 제외한 채 단지 얼굴 표현 및 머리 모양을 중심으로 그 이미지를 나타내는 점, ② 얼굴에서 그 윤곽선, 코, 입, 아랫눈썹의 선을 생략하여 배경공간과 구분되지 않게 표현한 점, ③ 눈매와 눈썹에서 눈의 끝이 강하게 처리되어 있고 선과 면의 강조와 과장으로 미려하면서 청순한 느낌을 주는 점, ④ 앞가르마와 옆머리는 모두 톱니 모양으로 표현되어 있고, 가르마와 옆머리의 기울어진 방향과 각도가 같은 점, ⑤ 양자는 아랫눈썹 윤곽선이 생략된 눈을 포함하는 좌, 우 눈의 비례

원고 디자인

피고 디자인

와 모양, 눈과 눈 사이의 거리 등이 거의 동일하게 배열되어 거의 중첩되는 점, ⑥ 얼굴의 각도 및 배치에 대하여 보더라도 얼굴이 보이는 우측 회전투시 각도는 정면과 우측면 중간인 약 45°를 유지하고, 머리를 앞으로 숙인 각도는 약 20°, 눈 경사각은 약 19°로 두 디자인에서 동일하게 나타나는 점, ⑦ 양자는 얼굴색과 배경색을 통일하고 검은 머리색을 표현하여 색상을 두 가지로 함축시켰을 뿐만 아니라 난색(暖色)과 검은색의 두 가지 색상에 의한 강한 명도 대비를 활용한 점, ⑧ 이 사건 원고 디자인은 배경 부분에 바위산, 비녀, 구름, 꽃 등이 있고, 이 사건 피고들 디자인은 "MISO"라는 영문표기와 단색의 배경만이 있어 차이가 있으나 이러한 배경 부분은 여인의 얼굴 부분의 이미지를 전달하는 보조적 역할을 하고 있는 것에 불과한 점 등에 비추어 보면, 이 사건 원고 디자인과 이 사건 피고들 디자인은 그 구체적 표현 형식에서 약간의 차이가 있지만, 생략된 윤곽선, 눈매와 눈썹의 모양, 앞가르마와 옆머리의 모양, 얼굴 형상의 크기 및 비례, 눈의 각도 및 배치, 얼굴과 머리색의 구분 등의 측면에서 거의 동일하여 실질적으로 유사하다고 봄이 상당하다.

[판례 10] '솔섬 사진' 사건(서울중앙지법 2014.3.27.선고 2013가합527718 판결)630)

사실관계: 원고(영국 사진작가 마이클 케나 측)는 피고(우리나라 A항공사)가 자신의 모방사진을 광고에 이용했다는 이유로 소를 제기하였다. 피고가 사용한 사진은 피고가 주최한 여행 사진전에 출품되어 입선한 사진이었다.

원고의 사진: 흑백

피고의 사진: 컬러

법원의 판단: ① 동일한 피사체를 촬영하는 경우 이미 존재하고 있는 자연물이나 풍경을 어느 계절의 어느 시간에 어느 장소에서 어떠한 앵글로 촬영하느냐의 선택은 일종의 아이디어로서 저작권의 보호대상이 될 수 없는 점, ② 비록 이 사건 사진저작물과 이 사건 공모전 사진이 모두 같은 촬영지점에서 '물

630) 이 판결과 관련해서는, 박준우, "모방풍경사진의 저작권침해에 관한 연구," 「계간 저작권」(제106호), 한국저작권위원회, 2014.6, 31면 이하 참조.

에 비친 솔섬을 통하여 물과 하늘과 나무가 조화를 이루고 있는 모습'을 표현하고 있어 전체적인 콘셉트(Concept)나 느낌이 유사하다 하더라도 그 자체만으로는 저작권의 보호대상이 된다고 보기 어려운 점(자연 경관은 만인에게 공유되는 창작의 소재로서 촬영자가 피사체에 어떠한 변경을 가하는 것이 사실상 불가능하다는 점을 고려할 때 다양한 표현 가능성이 있다고 보기 어려우므로, 전체적인 콘셉트나 느낌에 의하여 저작물로서의 창작성을 인정하는 것은 다른 저작자나 예술가의 창작의 기회 및 자유를 심하게 박탈하는 결과를 초래할 것이다), ③ 이 사건 사진저작물은 솔섬을 사진의 중앙 부분보다 다소 좌측으로 치우친 지점에 위치시킨 정방형의 사진인 데 반하여, 이 사건 공모전 사진은 솔섬을 사진의 중앙 부분보다 다수 우측으로 치우친 지점에 위치시킨 장방형의 사진으로, 두 사진의 구도 설정이 동일하다고 보기도 어려운 점, ④ 빛의 방향은 자연물인 솔섬을 찍은 계절과 시각에 따라 달라지는데 이는 선택의 문제로서 역시 그 자체만으로는 저작권의 보호대상이 되기 어려울 뿐만 아니라, 이 사건 사진저작물과 이 사건 공모전 사진은 각기 다른 계절과 시각에 촬영된 것으로 보이는 점(이 사건 사진저작물은 늦겨울 저녁 무렵에, 이 사건 공모전 사진은 한여름 새벽에 촬영된 것으로 보인다), ⑤ 나아가 이 사건 사진저작물의 경우 솔섬의 좌측 수평선 부근이 가장 밝은 데 반하여, 이 사건 공모전 사진은 솔섬의 우측 수평선 부근에 밝은 빛이 비치고 있어 빛의 방향이 다르고, 달리 두 저작물에 있어 빛의 방향이나 양의 조절이 유사하다고 볼 만한 자료가 없는 점, ⑥ 비록 두 사진 모두 장노출 기법을 사용하기는 하였으나, 이 사건 사진저작물의 경우 솔섬의 정적인 모습을 마치 수묵화와 같이 담담하게 표현한 데 반하여, 이 사건 공모전 사진의 경우 새벽녘 일출 직전의 다양한 빛과 구름의 모습, 그리고 이와 조화를 이루는 솔섬의 모습을 역동적으로 표현하고 있어 위와 같은 촬영방법을 통해 표현하고자 하는 바가 상이한 점, ⑦ 그 밖에 카메라 셔터의 속도, 기타 촬영 방법, 현상 및 인화 등의 과정에 유사점을 인정할 만한 자료가 없는 점 등에 비추어 보면, 원고가 들고 있는 증거만으로는 이 사건 사진저작물과 이 사건 공모전 사진이 실질적으로 유사하다고 보기 어렵다.

■ 이 사건 항소심(서울고법 2014.12.4.선고 2014나2011480 판결)도 제1심 판결을 인용하였다. 항소심은 "이 사건 사진저작물과 이 사건 공모전 사진은 창작성이 없거나 미약한 부분에서만 동일・유사할 뿐, 창작적인 표현형식에 해당하여 반드시 대비 대상으로 삼아야 하는 부분에서는 오히려 분명한 차이를 나타내고 있다"고 보았다. 또 전체적인 관념과 느낌이 유사하다는 주장에 대해서도, "전체적 대비를 위해서는 우선 두 저작물 전체를 각 요소가 결합된 그대로 관찰하여 그 인상이나 느낌을 대비하여야 하며, 특별한 사정이 없다면 각 요소를 동등한 비중으로 관찰하는 것이 바람직하다. 이러한 방법에 의할 때, 두 저작물은 그 촬영 대상이 동일함에도, 전체적으로 보아 이 사건 사진저작물이 가지는 수묵화와 같은 정적인 인상 또는 느낌과 이 사건 공모전 사진이 가지는 일출시의

역동적인 인상 또는 느낌에 명백한 차이가 드러나므로, 유사하지 않은 것으로 판단된다."고 판시하였다.

[영국판례] '붉은 버스' 사건(Temple Island Collections Ltd. v. New English Teas Ltd.)631)

원고(Temple Island Collections Ltd)는 런던의 기념품을 제조·판매하는 자이고, 피고(New English Teas Ltd)는 차(tea)를 제조하여 판매하는 자이다. 원고는 피고가 자신의 사진저작권을 침해했다고 제소하였다. 문제의 사진은 다음에서 보는 바와 같이 회색의 웨스트민스터 다리(Westminster Bridge) 위의 밝은 빨간색의 노선(路線)버스와 흑백의 국회의사당, 그리고 구름 한 점 없는 흰색 하늘로 이루어진 것이었다. 원고는 자신의 사진을 런던 기념품들의 이미지로, 피고는 자신의 사진을 차 포장지 위에 이미지로 각각 사용하였다.

원고의 사진

피고의 사진

피고의 이 건 사진은 두 번째로 제작한 것인데 첫 번째 제작한 것은 원고의 사진과 닮았으므로 저작권 침해가 문제로 되었고, 제1 사건은 피고가 더 이상 침해 의심물을 사용하지 않는다는 합의하에 화해로 종결되었다. 이에 피고는 원고 저작권을 침해하지 않으려고 작품을 변경하였으나(이 사건 사진), 원고는 그럼에도 런던의 상징물이 포함된 피고 사진이 자신의 저작권을 침해한다고 주장하였다. 두 사진 모두 사진기로 촬영된 그대로의 것이 아니라 포토숍(photoshop) 프로그램 등을 이용하여 보정되었다. 원고가 빨간색 버스와 흑백의 배경을 택한 것은 영화 '쉰들러 리스트'로부터 힌트를 얻은 것이다.

攻防은 주로 원고 작품과 유사한 작품들이 이미 존재하였고(원고가 사진을 촬영한 지점은 다수의 관광객이 사진을 찍기 위하여 이용하는 장소이다), 이것들을 피고도 보았으며, 그러한 이미지의 상당수는 원고의 작품이 창작되기 이전부터 존재했다는 것이다. 아울러 원·피고 사진의 구체적 표현이 서로 다르다는 것이다.

631) [2012] EWPCC 1, 2012.1.12. * 판결 원문 및 사진은 http://www.bailii.org/ew/cases/EWPCC/2012/1.html 참조.

[1] 버스 판사(Judge Birss QC)는 이전에도 유사한 작품이 존재했으므로 저작권침해가 아니라는 항변을 배척하였다. 왜냐하면 원고가 이전에 존재했던 작품으로부터 영향을 받았다는 입증도 없는 반면, 피고는 다름 아닌 원고 이미지와 유사한 이미지를 사용해서 자신의 사진작품을 제작하려는 의도를 가지고 있었기 때문이다. 이러한 것은 유사한 이미지가 이전에 존재했다고 하더라도 문제되지 아니한다고 보았다.

[2] 버스 판사는 피고 작품은 원고 미술저작물의 실질적 부분을 복제했다고 판시하였다. 저작권법의 목적과 관련되는 것은 작가나 사진가의 능력이나 노력이 아니라 그것을 통해 제작된 최종작품의 시각적 효과라고 보았다. 특히 그는, 사진에 의한 이미지에 있어서는, 최종 이미지의 시각적 효과가 저작권 침해 여부를 결정하는 데 가장 중요한 요소라고 보았다. 즉 (1) 원・피고 작품 모두 스스로 촬영했고, 이를 바탕으로 프로그램을 이용하여 보정되었으므로 피고가 원고 작품을 그대로 베낀 것은 아니다. 그러나 (2) 버스 판사는 '무언가 유사하게 보이는 것'을 반드시 재현하지 아니하고도 실질적 부분(substantial part)을 복제하는 것이 가능하다고 보았다. 그것은 양적인 문제가 아니라 질적인 문제이다. 피고 사진의 구성과 시각적 대비를 통하여 원고 사진이 주는 미적 특성을 피고가 복제한 것이다. 원・피고 작품이 구성에 있어서는 차이가 있더라도 모두 빨간색 노선버스를 채택하고, 버스의 진행방향이 같으며, 사람들은 존재하나, 오고 가는 차량이 제거되었고, 전체 화면에서 흰색 하늘이 차지하는 비중에 비추어 피고가 원고 작품을 베꼈다고 인정하기에 충분하며, 이것들은 질적으로 중요하다. 시각적 대비효과라는 측면에서 흑백을 배경으로 한 빨간 버스는 명백히 복제했으며, (스카이라인이 뚜렷이 보이도록 구름이 제거된) 텅 빈 흰색 하늘도 의미 있는 것으로 인정하였다.

[3] 따라서 피고는 원고의 저작권을 침해하였다.

[미국판례 1] 유사성이 부인된 예: Kerr v. New Yorker Magazine632)

이 사건에서 법원은 두 디자인이 유사하지 않다는 이유로 원고 청구를 기각하였다.

비록 두 개의 이미지가 스카이라인을 가진 모호크 머리의 남성을 묘사하고 있지만 이러한 아이디어의 표현은 완전히 다르다. Kerr의 흑백이미지는 펜과 잉크와 그늘눈의 음영으로 이루어졌다. 그의 형상은 두 눈이 보이는 4분의 3정도의 옆모습이며, 보는 이의 눈과 마주치고 있다. 그의 가죽 재킷과 염소수염은 그가 공격적이고 세상물정에 밝은 것 같은 인상을 준다. 이와 대조적으로 Kunz의 이미지는 매우 부드러운 선과 둥근 윤곽을 가지고 있다. 스카이라인을 만들고 있는 빌딩은 서로 다른 배열로 되어 있고, Kerr의 빌딩보다 차별화되어 있다.

---

632) 63 F.Supp. 2d 320(S.D.N.Y. 1999).

New York Hairline

Manhattan Mohawk

Kunz의 그림은 완연한 배경을 가진 컬러로 되어 있다. 그녀의 형상은 눈 하나가 보이는 완전한 옆모습이며, 시선은 아래를 쳐다보고 있다. 더욱이 Kunz의 형상은 4개의 귀걸이와 코를 뚫어 귀까지 뻗친 사슬을 가지고 있고, 벗고 있으며, 비현실적으로 경사진 어깨를 가지고 있다. … 두 형상은 완전히 다른 "개념과 느낌"(concept and feel)을 가지고 있다.

[미국판례 2] 유사성이 긍정된 예: Steinberg v. Columbia Pictures, Inc.[633)]

이 사건은 잡지 "The New Yorker"의 표지를 장식한 원고 Steinberg의 그림과 비슷한 포스터가 로빈 윌리암스 주연의 "허드슨강 위의 모스코바"(Moscow on the Hudson)의 포스터로 사용된 사안에서 두 그림의 실질적 유사성이 문제로 되었다.

원고의 삽화

피고의 포스터

원고의 삽화는 뉴욕사람들이 뉴욕을 중심으로 어떻게 세계를 보는가라고 하는 잘 알려진 관념을 주제로 한 것이다. 피고 영화는 뉴욕에 망명한 모스코바 시민의 모험을 묘사한 것이다. 이 포스터를 그리기 위하여 원고 삽화를 참고한 점은 피고도 자인하고 있다. 두 그림 모두 뉴욕시를 기점(起點)으로 해서 유라시아 대륙에 도달할 때까지의 광경을 조감적으로 묘사한 것이며, 건물의 묘사방법이

633) 663 F.Supp. 706(S.D.N.Y. 1987).

나 자체(字體)도 아주 비슷하고 표현의 스타일도 매우 흡사하다. 다만 영화포스터는 로빈 윌리암스 외 2인의 배우가 포함되어 있고, 또 원고 삽화는 태평양을 넘어 일본을 중심으로 중국과 러시아를 바라보고 있는데 영화 포스터는 대서양을 넘어 유럽 쪽의 모스코바를 바라보고 있다.

법원은 실질적 유사성의 판단은 평균적 일반인의 입장에서 관찰해서 저작물이 도용되었다고 말할 수 있는가 아닌가에 있으며, 또 본 건에서 두 그림은 일견해서 스타일상의 현저한 관련성이 있는바, 스타일은 표현의 한 요소인 이상, 이 관련성은 유사성 판단에 있어서 중요한 요소이다. 또 뉴욕시의 묘사에 있어서 유사성이 강하게 보이는바, 상세부분의 묘사가 동일하지는 않더라도 건물의 형상, 창, 배치 등도 실질적으로 유사하다고 보았다.[634)]

[미국판례 3] In Mattel, Inc. v. Goldberger Doll Manufacturing Co., 365 F.3d 133(2d Cir. 2004)

… 위로 향한 코(들창코), 활모양의 입술, 크게 뜬 눈을 가진 (바비) 인형 얼굴에 관한 마텔의 저작권은 경쟁자로 하여금 경쟁자가 마텔이 만든 인형의 특징적 표현을 모방하지 않는 한 경쟁자가 위로 향한 코(들창코), 활모양의 입술, 크게 뜬 눈을 가진 인형을 만드는 것을 금지시킬 수 없다. 비록 경쟁자가 마텔의 인형으로부터 아이디어를 가져갔다고 하더라도 그렇다.

위로 향한 코(들창코), 활모양의 입술, 크게 뜬 눈은 인형 얼굴의 특정한 유형에 관한 아이디어다. 그 아이디어는 마텔 것이 아니며, 공유영역에 속하는 것이다. …그러나 마텔의 저작권은 그 자신이 그러한 아이디어로부터 가져온 자신의 특정한 표현을 보호하며, 경쟁자가 마텔이 바비인형의 형상에서 구현한 것을 베끼는 것을 금지한다. [위로 향한 코(들창코), 활모양의 입술, 크게 뜬 눈은 아이디어다. 누구나 이용할 수 있다. 그러나 위로 향한 코(들창코), 활모양의 입술, 크게 뜬 눈을 가지면 다 바비 인형과 같이 되는 것은 아니다. 바비 인형의 제작자는 이것들을 조합하여 특정한 표정을 가진 바비 인형을 만들었고, 바비 인형을 특징짓는 그 표정은 제작자의 것이며, 경쟁자는 그 형상을 모방할 수는 없다.]

---

634) 가장 강한 유사성은 뉴욕시의 블록을 묘사할 때에 가장 잘 나타난다. 두 작가 모두 도로가 잘 보이는 곳을 선택하여 아래를 바라보면서 넓은 양방향의 통행 도로(street)가 강에 다다를 때까지 대로(avenue)를 횡단하여 네 블록으로 나누고 있는 형상을 묘사하고 있다. 피고의 항변에도 불구하고 이것은 바둑판 모양의 도시를 묘사하는 데 필연적인 방법은 아니다. 특히 뉴욕은 대부분 일방통행으로 되어 있다.

[미국판례 4] Peter Pan Fabrics, Inc. v. Martin Weiner Corp. 274 F.2d 487 (2d Cir. 1960)

원・피고는 여성용 의류제작에 사용되는 옷감의 가공업자이다. 이들은 색깔이 없는 옷감을 사서 장식디자인을 입힌 후 의류제조업자에게 판다. … 저작권 침해를 판단하는 기준은 모호할 수밖에 없다. … 관찰자의 심미적인 민감함에 의존하는 디자인 관련 사건에 있어서 판단기준은 더욱 막연하다. 저작권은 디자인을 사진복사한 경우를 넘어 적용되지만 모방자가 침해를 모면하기 위하여 불법복제로부터 얼마나 멀리 떨어져야 하는지 아무도 말할 수 없다. 그러한 의문을 해결하는 데 있어서 디자인의 사용목적을 고려하여야 하고, 특히 사용자가 사용된 디자인을 자세히 살펴보아야 한다. 이 사건에 있어서 우리는 옷감이 옷으로 만들어질 때 디자인의 전체적인 모습이 옷의 심미적인 매력을 얼마나 결정하는지를 평가하여야 한다. 두 디자인은 똑같지는 않지만 같은 일반색과 활 모양, 소용돌이 무늬, 일련의 기호 등을 가지고 있다. 이러한 특징들이 디자인을 만들기 위해 나열된 형식은 전체적으로 같지는 않다. 그러나 일반 관찰자가 차이점을 일부러 찾아내려고 하지 않는 한 그 차이점은 무시될 것이고, 심미적인 매력은 같다고 볼 것이다. 디자인의 사용목적과 관계없는 다른 것들 때문에 침해에 대한 보호가 거부되지 않는 한 그것으로 충분하다.

[미국판례 5] Kisch v. Ammirati & Puris, Inc.[657 F.Supp. 380(S.D.N.Y.1987)]

본건에서 법원은 베꼈음을 입증할 만한 충분한 유사성이 있다고 보았다. 법원은 많은 차이점을 인정한 후, 유사점도 많다고 보았다. "가장 눈에 띄는 것은 두 사진은 모두 나이트클럽 '빌리지 뱅가드'의 같은 코너에서 촬영되었다고 하는 것이다. 각 사진의 배경으로 매우 눈에 띄는 벽장식이 사용되고 있다. 존 루리도 원고 사진 속의 여성도 앉아 있으며, 악기를 가지고 있다. 더 나아가 두 사진 모두 照度, 카메라 앵글, 카메라 위치가 비슷하게 보인다. 본 법정은 합리적인 사실인정자라면 복제를 증명하는 데 충분한 유사성이 있다고 판단할 것이라고 본다. 더 어려운 문제는 「통상의 관찰자」 기준에 의해 불법적 복제, 부당한 도용을 인정할 수 있느냐이다. 그러나 역시 합리적인 사실인정자라면 보호될 수 있는 요소와 관련하여 충분한 유사성을 인정하는 데 부족함이 없으리라고 본다.

중요한 것은 합리적인 사실인정자라면 피고 사진의 전체적인 톤이나 무드(tone or mood)가 원고사진에 표현되고 있는 창작적 관념과 비슷하다는 것을 인정할 수 있을 것이다. 따라서 저작권침해에 관한 원고의 주장을 기각해 달라는 피고의 신청을 받아들이지 아니한다."[635)]

[일본 판례] 여배우 일러스트 사건[일본 동경지방재판소 1999년 7월 23일 선고, 平成 10년(ワ) 第29546호 판결]

다음 ≪그림 2≫가 ≪그림 1≫의 복제권 침해가 아니라는 것이 일본 동경 지방법원 판결이다. 그러나 적어도 2차적 저작물작성권 침해는 된다는 반론이 있다.[636)] 그러나 표현을 이용한 바 없으므로 2차적 저작물이라고도 보기 힘들다. 이하 동 사건에서 법원의 판단 내용을 살펴본다.

(1) 유 사 점 피고 일러스트레이션(그림 2)은 본건 저작물(그림 1)과는 얼굴 윤곽의 상단부가 원형인 것, 눈의 형상이 은행 알과 같은 형상으로 눈동자가 크게 묘사되어 있는 것, 코가 입에 가까운 위치에 배치되어 있는 것, 한쪽 손을 앞으로, 또 한쪽 손을 뒤로 하고 발은 이것과 좌우가 반대인 것, 가방을 어깨로부터 뒤로 향해서 걸치고 있는 것이 유사하다.

그림 1

그림 2

(2) 차 이 점

1) 얼굴의 윤곽 본건 저작물(그림 1)의 얼굴 윤곽은 상반부는 대략 반원이나 하반부는 조금 작고, 위아래(세로)가 긴 타원의 圓弧 모양이기 때문에 뺨부터 턱에 걸친 부분이 조금 뾰족한 인상을 주고 전체로서도 위아래가 긴 얼굴로 보이는 데 반해, 피고 일러스트레이션(그림 2)의 윤곽은 원에 가까워 전체로서도 가로가 넓은 얼굴로 보인다.

2) 눈, 눈썹 본건 저작물의 눈과 피고 일러스트레이션의 눈을 대비하

---

635) 본 판결과 앞의 Steinberg 판결에 대해서는 보호범위를 아이디어 부분까지 확대시킨 것 아니냐는 비판이 있다.
확실히 피고가 원고 저작물에 기초하고 있으면서도 저작권침해를 피하기 위해 의도적으로 변화를 가하는 경우가 많다. 그러나 미국 법원은 때때로 이러한 의도적 행동을 비난하고, 베꼈는지 여부와 그것이 불법적인 도용인지를 판정함에 있어 피고에게 불리하게 취급하고 있다고 한다. 설사 불리하게 취급하지 않는다고 하더라도 어느 판례에 있어서도 피고에게 유리하게 작용하지 않는다고 한다[보다 자세한 것은, Gorman/Ginsburg, Copyright(7th ed), 581면 이하 참조].

636) 荒竹純一, 「ビジネス著作權法」, 産經新聞出版, 2006, 390면.

면 눈의 형상이 은행알과 같은 형상으로 눈동자가 크게 묘사된 점이 공통되나 눈의 상반부의 윤곽은 본건 저작물과 피고 일러스트레이션은 서로 다르게 되어 있고, 눈동자의 색도 본건 저작물의 색이 차색(茶色)인 데 대해, 피고 일러스트레이션에서는 자주색에 가깝게 되어 있다. 또 피고 일러스트레이션의 눈은 본건 저작물보다도 얼굴이 차지하는 면적이 크고, 본건 저작물만큼 양 눈이 떨어져 있지 않다. 더욱이 속눈썹의 형상 및 개수, 눈썹의 길이 및 크기, 눈썹과 눈과의 위치관계 등 어느 것에 있어서도 본건 저작물과 피고 일러스트레이션과는 차이가 있다.

3) 코 본건 저작물의 코와 피고 일러스트레이션의 코를 대비하면 입에 가까운 위치에 배치되어 있는 점은 공통하나, 본건 저작물의 코는 입체적으로 콧구멍이 조금 보이는 것 같은 형상인 데 비해, 피고 일러스트레이션의 코는 콧구멍이 보이도록 표현되어 있지도 않고, 전체 형상도 다르다.

4) 입과 입술 본건 저작물과 피고 일러스트레이션은 입의 형상이 명백히 다르고, 상하 입술이 합쳐진 선도 본건 저작물에서는 대략 직선인 데 대해, 피고 일러스트레이션에서는 둥근 타원형 형태로 되어 있다.

5) 뺨 본건 저작물의 뺨은 핑크색으로 하이라이트가 존재하나 피고 일러스트레이션의 뺨은 짙은 적색으로 하이라이트가 없다.

6) 귀 본건 저작물은 귀가 묘사되어 있지 않으나 피고 일러스트레이션에서는 비교적 큰 귀가 묘사되어 있다.

7) 머리 모양 본건 저작물의 머리 모양이 쇼트 헤어인 데 대해, 피고 일러스트레이션의 머리 모양은 롱헤어로서 머리 모양도 전혀 다르다.

8) 손, 팔, 발 본건 저작물과 피고 일러스트레이션은 한 손을 앞으로 또 한 손을 뒤로 하고, 발은 이것과 반대인 점은 공통하나 팔의 움직이는 방향 및 각도, 발이 벌어진 형편, 앞발의 무릎의 각도, 뒷발의 무릎아래의 뛰어오르는 방향이 다르다.

9) 가 방 본건 저작물의 가방과 피고 일러스트레이션의 가방을 비교하면 가방을 어깨로부터 후방으로 걸친 것은 유사하나 가방의 색깔, 형태, 가방끈의 형상은 다르다

(3) 결 론 일부 유사한 점이 있으나 본건 저작물(그림 1)과 피고 일러스트레이션(그림 2)은 얼굴 중, 그 동일성을 좌우하는 주요한 부분에 대해서 위 1) 내지 7) 인정대로 차이가 있기 때문에 위와 같은 공통점이 있다고 하더라도 얼굴에 대해서 동일성을 인정할 수가 없고, 또 얼굴 이외의 부분에도 위 8), 9) 인정대로 차이가 있다. 따라서 본건 저작물과 피고 일러스트레이션의 동일성을 인정할 수가 없다. 피고 일러스트레이션이 본건 저작물의 복제물이라고 볼 수 없다.

[일본 판례] '수박사진' 사건(동경고재 平成 13年6月21日)

원고 사진

피고 사진

이 사건은 수박을 쪼개어 옆으로 나란히 한 것을 특징으로 하는 사진의 실질적 유사 여부가 문제로 된 사건이다.

제1심[637]은 "확실히 원고사진과 피고사진과는, 중앙 전면에 대형의 수박을 옆으로 길게 배치하여, 그 위에 엷게 자른 수박을 6조각 나란히 병렬로 늘어놓은 것, 그 후방에 타원 형태나 둥근 형태의 수박을 배치한 것, 녹색을 한 수박껍질과 부채꼴로 자른 붉은 수박의 대비를 강조하고 있는 점 등에 있어서는 아이디어 점에서 공통점이 있다. 그러나 위의 공통점은 어느 것도 피사체의 선택, 배치상의 연구에 불과하고(더욱이 前記대로, 세부에 있어서 크게 다르다), 위 소재의 선택, 배치상의 연구는 사진저작물인 원고사진의 창작성을 기초지우는 데 족한 본질적 특징부분이라고는 말할 수 없다. (원고가 촬영하는 데 있어 여러 가지 연구를 응집한 촬영시각의 결정, 빛의 노출, 음영을 붙이는 방법, 렌즈의 선택, 셔터 속도의 설정, 현상 방법 등에 의해 생긴 창작적인 표현부분이야말로 원고 사진의 특징적 부분이라고 할 수 있고, 이 점에서 양자가 다른 것은 ---명백하다). 원고 청구를 기각하였다. 이에 원고가 항소하였다. 항소심인 동경고등재판소는 사진저작물에 있어서 창작성은 최종적으로 사진으로서 나타나 있는 것이 무엇을 가지고 있는가에 의해 판단되어야 할 것이기 때문에 피사체의 선택, 조합, 배치 등에 관한 표현의 창작성도 아울러 고려하지 않으면 안 된다고 판시하였다. 결국 원고(항소인)의 청구를 인용하였다.

♣ 사진저작물의 보호범위와 관련하여 피사체도 포함시킬 것인가, 아니면 피사체를 별개로 생각할 것인가의 견해의 대립이 있다.[638] 이미 존재하는 피사체라면 별론(앞의 '솔섬 사진' 사건), 사진작가가 창작한 피사체라면 이것도 포함시켜야 할 것이다.[639] 그렇기는 하나 후자의 경우에도 피사체 그 자체의 보호범위가

637) 東京地方裁判所 平成11年12月15日(平成11(ワ)8996).

638) 자세한 것은, 中山信弘 저/윤선희 편역, 「저작권법」, 83-85면 참조.

639) 荒竹純一, 「ビジネス著作權法」, 産經新聞出版, 2006, 431면. 또 作花文雄, 앞의 책, 102면은 "제1로는 피사체를 촬영하는 기술적 측면, 제2로는 피사체 자체의 선택・구성에 관한 창의연구에 착안할 수 있다. 예컨대 풍경사진이면, 촬영대상물의 선택이나 촬영을 통해 잘라낸 화면의 선택, 계절, 天候, 일시 등 사진의 성과에 영향을 주는 촬영조건의 선택 등에 창작성이 인정되며, 또 인물 모델 사진에 대해서도 배경이나 인물의 의상, 표정이나 포즈의 선택, 물건의 사진에 대해서도 어떠한 배경에, 어떻게 배치하며, 빛을 어떠

문제가 될 것이므로 문제는 다시 아이디어/표현의 구분이라는 원점으로 되돌아간다.

■ 영상저작물, 편집저작물 등

[판례 1] 미술연표(年表)의 저작물성과 연표의 이용이 저작권 침해로 되지 않는 경우 (대법원 1993.1.21.고지 93마1081 결정)

가. 편집저작물을 전체로 이용(예를 들면 복제)하여야만 저작자의 권리를 침해하는 것은 아니므로 편집저작물 중 소재의 선택이나 배열에 관하여 창작성이 있는 부분을 이용하면 반드시 전부를 이용하지 아니하더라도 저작권을 침해한 것으로 인정할 수 있다.

나. 피신청인의 책에 실려 있는 연표는 신청인의 책에 실려 있는 연표의 항목 선택과 배열을 참고하면서도 소재를 추가하고 배열을 달리하여 전체적으로 볼 때 자신의 창작성을 가미한 것으로서, 신청인의 책에 실려 있는 연표의 창작성 있는 부분을 그대로 모방한 것이라고 보기 어렵다.

[일본판례] 회사안내책자의 편집저작물성(동경고등재판소 1995.1.31 판결, 平成6年(ネ)第1610号)

가. 사실관계: 원고는 광고의 기획, 제작 등을 업으로 하는 회사이며, 피고는 토목건축공사의 설계도급시공을 하는 회사이다. 원고는 피고가 회사안내책자를 새로이 만든다는 것을 알고 그 초안을 작성하여 제출하였다. 피고는 그 후 그 견적금액이 너무 높아 의뢰를 할 수 없다고 하면서 그 초안을 반환하였다. 한편 피고는 종래부터 거래가 있었던 A에게 의뢰하여 안내책자를 만들어 이를 배포하였다. 원고는 피고회사의 안내책자는 원고의 편집저작물인 원고 작성의 안내책자를 복제한 것이며, 원고의 복제권을 침해했다고 주장하면서 소를 제기하였다. 제1심은 원고가 작성한 안내책자가 편집저작물인 것은 인정했으나 피고의 안내책자가 원고의 안내책자를 복제했다고는 볼 수 없다는 이유로 청구를 기각하였다. 이에 원고 항소.

나. 항소심 판결 요지: 원고의 안내책자와 피고의 안내책자는 "기사 내용의 배열 및 각종 기사에 대한 배당 페이지의 동일이라고 하는 기초적인 공통성에 입각한 위에, 동일 페이지의 동일 個所에 있어서 이미지 사진의 선택 및 특징적 이미지 사진(3, 4페이지)의 고도의 유사성 및 동일 페이지의 동일 個所에 있어서 여백 내지 백지 부분의 활용이라고 하는 양 회사 안내책자를 특징짓는 구성의 유사성

한 각도에서 비출 것인지 등 다양한 창작 연구를 해서 화면을 구성하는 바에 창작성이 인정된다"고 한다.

에 비추어 보아, 구체적인 소재의 선택 및 배열에 고도의 공통성이 있는 것이며, 이것을 단순히 아이디어의 공통성에 불과하다고 하는 것은 상당하지 아니하고, 이것에 의하면 양 회사 안내책자 사이에 편집저작물로서의 동일성이 존재한다는 것을 긍정하여도 지장이 없을 것이다.

확실히 양 회사 안내책자를 자세히 검토하면 … 표지 및 뒷 표지의 구성에 차이가 있고, 또 … 예컨대 과거의 사실, 실적 등을 나타내는 사진 등에서 단적으로 보이는 바와 같이 개개의 사진이나 문장이 서로 다른 것은 명확하다. 그러나 이들 사진이나 문장은 어느 것도 이러한 종류의 회사안내책자에 나타나는 상투적인 표현수단이며, 이들의 차이가 전술한 바와 같은 공통성에 기한 양 회사안내책자의 현저한 유사성을 뛰어 넘어 양자의 동일성을 해치는 정도의 것이라고까지 인정하는 것은 도저히 될 수 없다고 해야 할 것이다."

[판례 2] 봄버맨 사건[서울중앙지법 2007.1.17.선고, 2005가합65093(본소), 2006가합54557(반소) 판결][640)]

가. 사실관계: 이 사건은 권리를 주장하는 자(甲)를 상대로 침해자로 지목된 자(乙)가 정지청구권 및 손해배상청구권이 존재하지 아니함을 확인하는 특이한 사례이다. 우선 乙이 비엔비 게임을 개발하면서 甲의 봄버맨 게임에 의거하였다는 점은 乙이 이를 인정하였다. 봄버맨 게임의 기본 방식은 바둑판 모양의 플레이필드(playfield)에서 이용자가 조종하는 캐릭터가 폭탄을 설치하면 일정시간 경과 후 폭탄이 터지면서 화염이 십자 형태로 나오게 되고, 그 화염에 상대방 또는 자신의 캐릭터가 맞으면 캐릭터가 죽어 패하는 것이며, 위 플레이필드는 폭탄에 의해 파괴되는 소프트블록과 파괴되지 않는 하드블록, 캐릭터가 이동할 수 있는 통로로 구성되고, 소프트블록이 파괴되면 일정한 확률로 특정한 기능을 갖는 아이템이 나타난다.

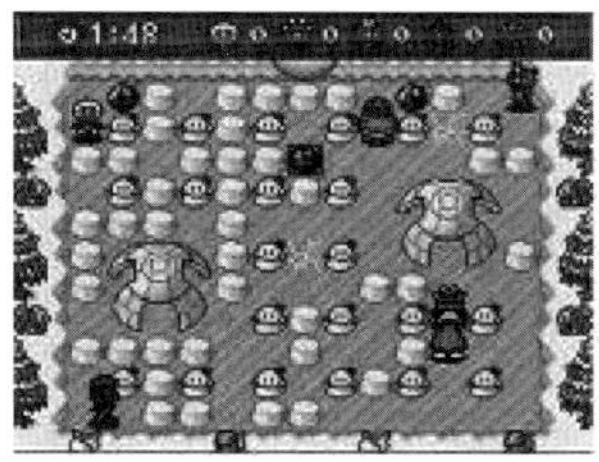

비엔비 게임의 기본 방식은 바둑판 모양의 플레이필드에서 이용자가 조종하는 캐릭터가 물풍선을 설치하면 일정시간 경과 후 물풍선이 터지면서 물줄기가 십자 형태로 나오게 되고, 그 물줄기에 상대방 또는 자신의 캐릭터가 맞으면 캐릭터가 물방울에 갇혀 일정시간 동안 물방울에서 빠져나오지 못할 경우 물방울이 터지면서 패하게 되는 것이며, 위 플레이필드는 물풍선에 의해 파괴되는 소프트

640) 이 판결에 대한 전문은 한국디지털재산법학회, 「디지털재산법연구」(제9권), 2010, 299면 이하 참조. 또 게임저작물과 관련해서는 신재호, "편집저작물성을 고려한 게임콘텐츠의 표절여부에 대한 판단," 「디지털재산법연구」(제9권), 51면 이하; 김근우, "게임저작물의 보호범위," 「디지털재산법연구」(제9권), 119면 이하 참조.

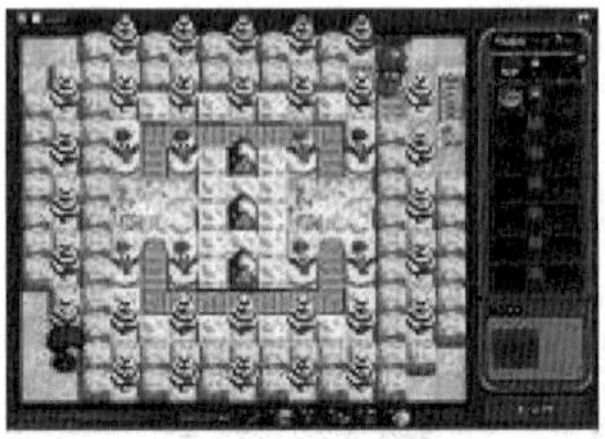

블록과 파괴되지 않는 하드블록, 캐릭터가 이동할 수 있는 통로로 구성되고, 소프트블록이 파괴되면 일정한 확률로 특정한 기능을 갖는 아이템이 나타난다.

(1) 乙(비엔비 측)의 주장 봄버맨 게임과 비엔비 게임은 진행방식이나 규칙 등에서 유사점이 있지만, 그러한 유사점은 아이디어에 불과하여 표현으로 보호될 수 없는 것이고, 가사 표현이라고 하더라도 어떠한 아이디어를 나타내는 데 전형적인 표현에 해당하거나, 다른 게임에서 널리 사용된 공중의 영역에 속하는 것이어서 저작권법에 의해 보호될 수 없는 것이므로, 이러한 부분을 제외하고 구체적인 표현을 비교할 경우 봄버맨 게임과 비엔비 게임은 유사하지 아니하고, 따라서 비엔비 게임은 봄버맨 게임의 저작권을 침해하지 아니한다.

(2) 甲(봄버맨 측)의 주장 (가) 봄버맨 게임과 비엔비 게임은 '1매스 길이 단위로 격자화된 바둑판 모양의 플레이필드에 폭탄 또는 물풍선으로 파괴할 수 있는 1매스 길이의 소프트블록과, 폭탄 또는 물풍선으로 파괴할 수 없는 하드블록이 존재하고(하드블록은 매스 여러 개를 이용하여 하나의 하드블록이 존재할 수도 있음), 1매스 길이의 크기이고 2등신으로 표현되는 캐릭터가 역시 1매스 크기인 통로를 상하좌우 방향으로 움직이며 폭탄 또는 물풍선을 캐릭터의 발밑에 투여하는데, 투여된 폭탄 또는 물풍선이 3차례 수축, 팽창을 되풀이하다가 일정 시간 경과 후 터지면서 십자 모양으로 퍼지는 화염 또는 물줄기를 일으키고, 여러 개의 폭탄 또는 물풍선이 있는 경우 한 폭탄 또는 물풍선이 터지면서 생긴 화염 또는 물줄기가 다른 폭탄 또는 물풍선에 닿으면 그 폭탄 또는 물풍선은 터질 만큼의 시간이 경과되지 않았음에도 불구하고 위 화염 또는 물줄기의 영향으로 연쇄적으로 터지면서 다시 십자 모양의 화염 또는 물줄기를 일으키며, 화염 또는 물줄기에 소프트블록이 맞으면 빛깔과 형상이 변하면서 파괴되고 캐릭터가 취할 수 있는 아이템이 일정한 비율로 생성되며, 생성된 아이템은, 색깔이 다른 형태의 폭탄 또는 물풍선 모양으로 되어 있어 설치할 수 있는 폭탄 또는 물풍선의 수를 증가시키거나, 롤러스케이트 형태로 되어 있어 캐릭터의 이동 스피드를 증가시키거나, 화염 또는 물줄기를 맞아도 동물은 소멸하지만 캐릭터에게는 화염 또는 물줄기의 영향이 미치지 않는 효과가 있는 동물을 탈 수 있거나, 장갑의 형태로 되어 있어 폭탄 또는 물풍선을 던질 수 있거나(던진 폭탄 또는 물풍선이 화면 끝에 도달하면 반대편 화면 끝으로부터 날아들어 몇 차례 바운드된 후 정지함), 신발의 형태로 되어 있어 폭탄 또는 물풍선을 찰 수 있거나, 우주선의 형태로 되어 있어 캐릭터가 아이템을 타고 소프트블록 위를 넘어갈 수 있는 기능의 아이템이 있고, 아이템 또한 화염 또는 물줄기에 맞으면 소멸하며, 이 화염 또는 물줄기는 격자화된 플레이필드의 매스 길이 단위로 미쳐 화염 또는 물줄기의 끝이 항상 매스의 가장자리까지 미치고 거기에서 더 넘

어가지 않아 어디까지 미칠지 정확히 예측되고 캐릭터는 이 화염 또는 물줄기에 맞지 않기 위하여 화염 또는 물줄기가 미치지 않는 곳으로 도망하거나, 하드블록이나 소프트블록 뒤로 숨을 수 있는데, 이 화염 또는 물줄기가 미치는 범위는 폭탄 또는 물풍선이 놓여 있던 매스를 포함하여 처음에는 소프트블록 하나를 소멸시킬 수 있는 2매스 길이이고, 캐릭터가 특정한 아이템을 취득함에 따라 3매스, 4매스 길이로 연장되며, 캐릭터는 하드블록과 폭탄 또는 물풍선을 통과하지 못하고, 위와 같은 화염 또는 물줄기에 상대방 캐릭터가 맞든가 게임 이용자가 조종하는 캐릭터가 맞으면 맞은 캐릭터는 죽는 방식으로 승부를 겨루는 게임'이라는 점에서 공통되는바, 이러한 공통점은 단순한 아이디어가 아니라 게임에 내재되어 있는 표현으로서 저작권법에 의해 보호되어야 하고, 봄버맨 게임의 위와 같은 표현은 종래의 게임에 없던 것일 뿐만 아니라 게임의 구성요소를 독창적으로 선택하고 배열한 것으로서 창작성이 인정되는 표현이다.

(나) 또한 비엔비 게임은 아이스 맵, 콘베이어 벨트 맵, 빌리지 맵 등 구체적인 맵의 형태와 배경 및 블록의 형태, 캐릭터 및 아이템의 모양 등 구체적인 외부적 표현에 있어서도 봄버맨 게임과 실질적으로 유사하다.

(다) 위와 같이 비엔비 게임은 봄버맨 게임의 본질적인 특징으로서 내재적으로 표현된 게임의 진행과정, 방식, 규칙 등 근본적인 구조와 본질을 따라하여 전체적으로 관찰할 때 느낌이 매우 유사할 뿐만 아니라, 외부적, 시각적인 표현에서도 유사하므로, 결국 봄버맨 게임과 실질적으로 동일하여 그 복제권을 침해하였거나 동일하지는 않더라도 실질적으로 유사하여 그 2차적 저작물 작성권을 침해한 것이다.

나. 법원의 판단: 봄버맨 게임과 비엔비 게임은 그 보호받는 표현이 실질적으로 유사하지 아니하므로, 비엔비 게임은 봄버맨 게임의 저작권을 침해하지 않는다고 할 것이다.

◈ comment

종래 피고작품이 원고작품[641]의 복제권이나 2차적 저작물 작성권을 침해했는지 여부를 판단하는 방법으로서 ① 원고작품의 저작물성을 인정하고 나서, 피고작품에는 원고작품의 창작적 표현이 복제 내지 변형 등이 되어 있는가를 순차적으로 판단하는 방법과 ② 양 작품에 공통된 요소를 뽑아내어 그것이 사상 또는 감정의 표현에 해당하는가를 판단하는 방법이 있다. ①의 방법은 원고작품 전체의 저작물성의 판단을 선행시킬 필요가 있으나 원고작품을 어느 범위에서 포착할 것인가가 문제로 되며, 민사소송에 있어서 요건사실의 분류로부터 말한다면

641) 본건은 을이 갑을 상대로 침해부존재확인을 구하는 것이므로 본건에서는 원・피고를 반대로 생각하면 될 것이다.

원고작품의 저작물성은 피고작품이 권리침해를 하는가 아닌가의 범위 내에서만 검토하면 족하다. 그런 의미에서 기본적으로는 ②의 방법이 타당하다고 할 것이다.[642] 이제 이 사건으로 돌아와 판단해 보면 두 게임의 공통된 부분이 어디에 있고, 그것이 이미 공유(public domain)로 되어 있어 보호받지 못하는 부분인지 — 즉, 아이디어인지 — 아니면 보호받는 표현인지를 판단해 보면 될 것이다. 다음 판결이 참고가 된다.

[참고판례 1] Atari Games Corp. v. Oman, 979 F.2d 242(D.C. Cir 1992)

Atari가 "BREAKOUT"라는 비교적 단순한 초기 전자오락게임을 저작권청에 등록하려 하자 저작권청은 창작성이 부족하다는 이유로 등록을 거부하였다. 지방법원 역시 저작권청 결정을 지지하였다.

판결요지: 유일한 쟁점은 "BREAKOUT"이 최소한의 창작성을 필요로 하는 저작물로서의 자격이 있느냐에 관련되어 있다. 우리는 각 화면의 미술적 요소들이 저작권으로 보호될 수 없다는 저작권청의 주장을 인정할 수 있다. 그렇다 하더라도 만약 개별적인 화면들이나 각 화면의 다른 화면과의 관계, 수반되는 소리 효과에 의해서 창작성의 요건을 충족시킬 수 있다면 "BREAKOUT"은 저작권으로 보호될 수 있다. 시청각 저작물은 FEIST 사건에서 논의된 사실의 편집물과 비슷하다. 둘 다 자체로는 저작권보호대상이 아닐 수 있는 요소들의 선택과 배치에 관련되어 있으나 저작자의 선택과 배열은 저작권의 보호를 받기 위한 필요한 최소한도의 창작성을 보여줄 수 있다. 저작권청장의 등록거부와 관련하여 첫 번째 문제는 게임의 전체적인 흐름보다는 개별적인 화면에 초점을 맞추었다는 것이다.

[참고판례 2] ATARI, INC. v. AMUSEMENT WORLD, INC., 547 F.Supp. 222 (D. Md. Nov. 27, 1981)

판결요지: "Asteroids"와 "Meteors"가 실질적으로 유사하느냐이다. 법원은 … 아이디어와 표현이 합체되어 있는 것이나 필수장면에 저작권을 인정해서는 안 된다고 판시하였다. 따라서 2개의 게임 사이에 수많은 유사성이 있다는 것을 인식하는 것만으로는 충분치 않다. 유사한 표현형식이라고 하는 것들이, 운석들(space rocks)을 포함하는 어떠한 형태의 비디오게임의 기본적 아이디어에 결코 피할 수 없는 표현 형식만인지 여부를 결정해야 한다.

유사점과 차이점의 목록에 기초해서 법원은 Meteors는 Asteroids에 실질적으로 유사하지 않다고 판시하였다. 그 이유는 유사점들의 대부분은, 운석들과 싸우는 우주선이 포함된 게임의 아이디어에 필수적인 것이라는 점에 비추어, 그리고 비디오게임 매체의 기술적 요구 등에 비추어 모두 회피할 수 없는 것들이다.

모든 플레이어들은 그들의 비행선을 회전시키고 움직여야 한다. 모든 우주선은

642) 보다 자세한 것은, 高林 龍, 「著作權法」, 有斐閣, 2010, 83-84면 참조.

상대편을 파괴할 수 있는 무기를 발사하여야 한다. 게임의 초기는 쉬워야 하며, 갈수록 어려워야 한다. 그래야 초보자도 위축되지 않는 반면 숙련된 플레이어도 도전할 맛이 나는 것이다. 그러므로 게임의 진행에 따라 바위는 점점 더 빨리 움직여야 한다. 게임이 보다 실감나게 하기 위해서 바위의 크기도 한 종류 이상이 존재해야 한다. 바위는 너무 많은 파편으로 쪼개질 수는 없다. 그렇게 되면 스크린은 바위파편으로 도배되어 플레이어가 너무 쉽게 무너지게 된다. 모든 비디오게임은 행동 감각을 증대시키기 위해 고안된 특징적인 음향과 상징물을 가지고 있어야 한다. 플레이어에게는 파괴대상의 난이도에 기초하여 점수가 부여되어야 한다.

이들 모든 요구사항들은 플레이어가 운석이나 우주선과 싸우는 그러한 게임에서 반드시 나타나야 하는 특정한 형식의 표현들로 구성되어 있다. 실제로 대부분 이들 필수사항들 때문에 'Meteors'와 'Asteroids' 사이에 유사성이 존재한다. 그러한 이유들 때문에 유사성이 존재한다면 저작권침해는 아니다. 왜냐하면 그들은 저작권법으로 보호받지 못하는 원고의 아이디어이므로 저작권법으로 보호받을 수 없다. 보호받을 수 있는 표현에 실질적 유사성이 존재하지 않는다면 저작권침해는 없는 것이다. 이러한 결론에 비추어 볼 때 두 게임 사이에 존재하는 수많은 차이점은 특히 중요하다. 표현에 있어서 회피할 수 없는 유사성을 감안하더라도, 통상의 플레이어는 두 게임 사이의 미적 호소를 매우 다르다고 보고 있다는 점을 법원은 인정하였다. 게임을 하는 방식의 전체적인 '느낌'(feel)이 다르다. 'Meteors'에 있어서 상징물은 보다 실제적이다. 게임은 플레이어의 우주선을 지상으로부터 발사하면서 시작된다. 그리고 우주선을 다른 방식으로 조정하며 다른 방식으로 무기를 발사한다. 모든 단계에서 'Meteors'는 빠른 속도를 가지고 있으며, 'Asteroids'보다 훨씬 어렵다.

Amusement World가 Atari의 Asteroids에 기초했다고 하더라도 Amusement World는 오직 아이디어만을 베낀 것이며, 게임의 보호받을 수 있는 측면을 베낀 것은 아니다.

[참고판례 3] Atari, Inc. v. North American Philips Consumer Electronics Corp., 672 F.2d 607 (7th Cir. 1982)

판결요지[643]: PAC-MAN은 플레이어가 미로의 다양한 통로를 통하여 주인공을 조정함으로써, 그리고 동시에 미로에서 독자적으로 움직이는 반대편 또는 추격자와의 충돌을 피하면서, 점수를 얻는 미로 추격 게임이다.

특정한 상황하에서 주인공은 일시적으로 상대편을 추격하여 집어삼키는 힘을 갖게 되고, 그 경우에는 보너스 점수를 얻게 된다. 음향의 구성과 시각적인 표현

643) 본 판결에 대한 보다 자세한 내용은, 이상정, "게임저작물 사이의 실질적 유사성," 「디지털재산법연구」(제10권, 통권 제14호), 2012.1, 9면 이하 참조.

물의 구체적인 묘사는 저작권으로 보호받을 수 있는 게임 아이디어의 표현이다.

그러나 PAC-MAN 게임의 특정한 표현은 필수 장면으로 취급되어야 하며, 오직 사실상 그대로 복제한 경우에만 보호를 받을 수 있다. 미로와 점수판은 표준적인 게임 장치이며, 터널 출구는 미로 추격 게임에 응용된 '랩 어라운드' 개념일 뿐이다. 마찬가지로, 점들의 사용은 플레이어의 성과를 계측할 수 있고, 적합한 점수를 부여할 수 있는 수단을 제공하는 것이며, 그를 통해 플레이어가 어느 정도 진보하고 있는지를 알려준다. 기초가 된 게임의 밀접한 관련성에 비추어 볼 때, K. C. Munchkin의 미로 디자인, 점수 판, 그리고 '점들'은 충분히 서로 달라 그것만으로는 침해가 아니라고 할 것이다.

오히려, 지방법원 판결의 번복을 요구하는 것은 PAC-MAN 캐릭터의 상당한 도용이다. 주인공을 고블러("gobbler")로 표현하고 추격자를 괴물("ghost monsters")로 표현하는 것이 관념적으로 유사한 다른 비디오 게임으로부터 PAC-MAN 게임을 구분시키는 것이다. 다른 게임, 예컨대 (Dirkschneider에 기술된) "랠리-X"나 North American 자신의 "돈을 갖고 튀어라"는 모두 미로 추격 게임이지만 다른 방법으로 묘사되어 있다. PAC-MAN의 특별한 게임의 미적 해석은 비폭력적 플레이어의 인격에 호소하는 어떤 인상을 자아내도록 고안되어 있는 것이다. 그러나 게임 그 자체가 고블러나 괴물의 사용을 지시하는 것은 아니다. 그러한 캐릭터는 실제세계에는 없는 전적으로 공상적인 창조물이다.

North American은 (원고의 것과) 동일한 기본적 캐릭터를 채택했을 뿐만 아니라 K. C. Munchkin을 PAC-MAN과 실질적으로 유사하게 보이도록 묘사하였다.

K. C. Munchkin의 "고블러"는 몸의 상대적인 크기와 형태, V자형 입, (적절한 소리와 함께) 그것이 게걸스럽게 삼키는 독특한 동작, 그리고 특히 잡혔을 때 사라지는 모양을 포함하여 몇 개의 눈에 띄게 유사한 모습을 가지고 있다. K. C. Munchkin의 '괴물'을 검토해 보면 더욱 심각한 시각적 유사성을 보여준다. 그들은 크기, 모양 및 움직이는 방식에 있어서, PAC-MAN의 대응물(counterparts)과 사실상 동일하다. 예컨대, K. C. Munchkin 괴물의 독특한 '눈'의 움직임과 '다리' 움직임은 팩맨의 그것과 동일하다. 더욱이 두 게임은, 역할 반전과 재충전의 과정이 너무도 유사하도록 표현되었기 때문에 일반 관찰자는 North American이 원고의 PAC-MAN을 베꼈다고 결론지을 수밖에 없다.

피고인은, 특히 움직이는 점들(dots)의 개념, 미로에서의 변화, 얼굴 형태와 캐릭터 색깔의 특정한 변화 등, 그들이 주장하고 지방법원이 동의한 실질적 유사성이 없음을 보여주는 구체적인 차이점에 관한 상세한 리스트를 제시한다. 비록 수많은 차이점이 일반적 관찰자의 인상에 영향을 끼칠지 몰라도, 다른 측면에서 실질적 유사성이 있다면, 원고 저작물과 피고저작물의 사소한 차이점은 침해를 인정하는 데 지장을 주지 아니한다. 침해를 인정하는 데 꼭 그대로 복제해야 한다거나 거의 동일해야 할 필요는 없다.

두 작품을 비교함에 있어, 지방법원은 미세한 부분의 구체적 차이점에 초점을 맞추었고, 더 명백한 유사성을 간과한 것(혹은 적어도 분명히 말하지 않은 것) 같다. 그러나 통상의 관찰자 기준에서 빼놓을 수 없는 것(The sine qua non of the ordinary observer test)은 두 작품 사이의 미묘한 차이점이라기보다는 전반적 유사성이다. North American은 차이가 있다는 점을 부각시키나 그것이 오히려 North American이 교묘하게 원고의 작품을 베꼈다는 점을 강조하는 측면이 있다. 두 작품이 실질적으로 유사한지 여부를 확인함에 있어 주의해야 할 것은 나무를 보고 숲을 보지 못하는 우(愚)를 범하지 않도록 하는 것이다.

특정 차이의 영향을 평가하기 위해서 고려해야 할 한 가지 요소는 보호 대상의 성격과 그것이 나타나는 환경이다. 비디오 게임은, 작가의 그림 또는 기타 시청각 작품과는 달리, 미적 표현에 있어서의 보다 미묘한 차이에 대해서는, 그다지 감별력이 없는 관중에게 호소하는 것이다. 그러한 PAC-MAN과 같은 게임의 주된 매력은 경쟁의 강렬함에 의해 제공되는 자극 속에 자리잡고 있다. 게임에 매료되는 사람은 많은 세부적인 차이를 간과하기 십상이며, 미적인 매력은 같은 것으로 간주한다(어린이들은 세부적 사항의 차이에도 불구하고 피고 게임의 캐릭터와 원고 게임의 캐릭터가 실질적으로 유사한 것으로 간주한다).[644]

피고와 지방법원의 명령은 움직이는 점들과 플레이어가 선택할 수 있는 미로 배치의 다양성 때문에 K. C. Munchkin이 달리 플레이되고 있다는 점을 강조한다. 그러나 저작권 침해 소송의 초점은 보호받는 표현의 유사성에 맞추어져 있다. 비록 그러한 차이가 K. C. Munchkin의 시각적 인상을 변경한다고 하더라도 그 정도로는 침해의 인정을 배제하는 데에는 부족하다. 상당한 부분이 사용되고 있으면 충분하다; 어떤 표절자도 그의 작품의 얼마나 많은 부분이 표절한 것이 아닌가를 증명한다고 하더라도 그 잘못이 용서될 수는 없다.

2) 부정이용　　저작물에 대하여 허락된 범위 외의 이용도 역시 무단이용으로 되어 저작권 침해를 구성한다. 예컨대 출판을 허락하였는데 출판권자가 무단히 영화제작자와 합의하여 영화화한 경우 등이다.

◈ 부정이용이라고 본 사례

[판례 1] 드라마에 대한 방송작가의 권리(대법원 1985.5.28.고지 84다카2514 결정)[645]

644) *Cf. Krofft,* 562 F.2d at 1166-67.

645) 이 사건 제1심(서울지법 남부지원 83가합7 판결), 원심(서울고법 1984.11.28.선고 83나4449 판결)에서도 “녹화작품은 원저작물인 극본을 변형, 복제하는 방법으로 개작한 제2차적 저작물로서 녹화작품의 저작권자가 원저작자의 원저작물사용·승락의 범위를 넘어 녹화작품을 복사·판매하는 행위는 원저작물인 극본의 저작권을 침해하는 것이다”라고 판시하였다.

가. 저작자가 저작을 하게 된 경위 및 동기나 개작물인 경우 개작의 동의를 받은 사람이 누구인가의 여부는 저작권 성립의 요건이 아니므로, 원고들이 피고공사의 주문에 의하여 극본을 저작하였거나 또는 피고 공사가 방송승인을 얻은 원작을 개작의 방법으로 극본화하였거나 간에 극본 저작자인 원고들은 자신들이 저작한 극본에 대하여 원시적으로 저작권을 취득한다 할 것이고, 한편 원고들이 피고공사로부터 대가를 받고 저작한 극본을 피고공사에게 제공하였다 하더라도 다른 특별한 사정이 없는 한 이는 저작권자인 원고들이 피고공사에게 극본의 이용권을 설정해 준 데 불과할 뿐, 이로써 원고들의 극본저작권을 상실시키기로 한 것이라고 볼 수는 없다. 따라서 위 극본저작자인 원고들로서는 위 극본에 대하여 저작권법에 따른 저작권을 그대로 보유한다.

나. 원저작물인 극본을 변형·복제하는 방법으로 개작한 2차적 저작물의 저작권자는 저작권법 제5조의 규정에 비추어 그 개작에 관하여 원저작자의 동의를 받아야 함은 물론이고 2차적 저작물의 저작권 행사에 있어서도 원저작자의 원저작물 사용승낙의 범위를 넘을 수 없고, 그 승낙범위를 넘는 2차적 저작물의 저작권 행사는 원저작자에 대한 관계에 있어서는 그 저작권을 침해한 것이 된다. 방송극작가들인 원고들이 방송사업자인 피고공사의 주문에 의하여 방송극본을 저작하여 대가를 받고 극본을 피고공사에 공급하기로 한 이 사건 극본공급계약에는 동 극본을 토대로 텔레비전 드라마 녹화작품을 제작하여 텔레비전 방송을 통하여 방영하는 것(개작 및 방송)을 승낙하는 의사가 당연히 포함되어 있다 할 것이나 그렇다고 하여 원고들의 별도의 동의 없이 피고들이 위 녹화작품을 텔레비전 방송이 아닌 비디오 테이프에 복사하여 판매한 것은 원고들의 극본 사용승낙범위를 넘는 2차적 저작물 이용으로서 원고들의 극본저작권을 침해한 것이다.

다. 위와 같은 저작권 침해행위로 인하여 원저작자인 원고들이 입은 재산적 손해는 다른 특별한 사정이 없는 한 원저작자인 원고들이 위 침해행위와 같은 저작권 사용에 대하여 통상 얻을 수 있는 저작권 사용료 상당액이라고 봄이 상당하다. 그런데 우리나라에 있어서는 아직 극본을 드라마 녹화작품으로 만들어 복제·판매하는 경우의 극본 사용료에 관하여 일반적인 기준이 정하여진 바는 없으나, 저서의 경우에는 그 판매가격의 10 내지 30% 상당액이, 레코드의 경우에는 그 판매가격의 10 내지 15% 상당액이 인세로서 그 저작권자에게 저작권 사용료로 지급되고 있는 것이 일반관행으로 되어 있는 사실을 인정할 수 있고, 제반사정을 아울러 보면 피고들이 위 녹화작품을 복제·판매함에 있어서 극본저작자인 원고들에게 지급할 저작권 사용료 상당의 손해액은 그 판매가격의 10% 정도로 정함이 상당하다.

라. 저작인격권을 침해한 경우 혹은 저작재산권에 관한 것이라도 저작물의 내용변경을 수반하는 개작·번역 등의 경우에는 다른 특별한 사정이 없는 한 저작자의 인격적 이익이 침해되어 저작권자에 대한 명예훼손이 따른다 할 것이나, 이 사건에 있어서 피고들의 저작권 침해행위는 원고들로부터 일단 개작 및 방송

의 승인을 얻어 제작한 텔레비전 드라마 녹화작품을 원저작자인 원고들의 승낙범위를 넘어 복제・판매한 것으로, 이로 인하여 바로 원고들의 인격적 이익이 침해되었다거나 명예가 훼손되었다고 볼 수는 없다.

[판례 2] 뮤직디자인 사건(대법원 2002.9.24.선고 2001다60682 판결)

구 저작권법(2000.1.12. 법률 제6134호로 개정되기 전의 것) 제2조 제7호, 제67조는 음(音)을 음반에 맨 처음 고정한 음반제작자는 그 음반을 복제・배포할 권리를 가진다고 규정하면서도 같은 법 제62조에서는 음반제작자 등의 저작인접권에 관한 규정이 저작권에 영향을 미치는 것으로 해석되어서는 아니 된다고 규정하고 있고, 같은 법 제42조 제3항은 저작재산권자의 저작물 이용허락에 의하여 저작물을 이용할 수 있는 권리는 저작재산권자의 동의 없이 제3자에게 이를 양도할 수 없다고 규정하고 있는바, 음악저작물의 저작권자가 음반을 제작하고자 하는 음반제작자에게 음악저작물의 이용을 허락하는 것은 특별한 사정이 없는 한 음반제작자가 음반의 원반(原盤)을 제작하고 이를 보통의 음반으로 복제하여 판매・배포함을 허락하는 범위에 한정되는 것이므로, 저작권자가 이러한 이용허락의 범위를 넘어 자신의 저작재산권 중 복제・배포권의 처분권한까지를 음반제작자에게 부여하였다거나, 또는 음반제작자로 하여금 저작인접물인 음반 이외에 저작권자의 저작물에 대하여까지 이용허락을 할 수 있는 권한 또는 저작물의 이용권을 제3자에게 양도할 수 있는 권한을 부여하였다는 등의 특별한 사정이 인정되지 않는 한, 음반제작자에 의하여 제작된 원반(原盤) 등 저작인접물에 수록된 내용 중 일부씩을 발췌하여 이른바 '편집앨범'을 제작하고자 하는 자는 그 음반제작자의 그 저작인접물에 대한 이용허락 이외에 저작권자로부터 음악저작물에 대한 이용허락을 아울러 얻어야 한다.

[판례 3] "봄여름가을겨울" 사건(서울남부지법 2007.4.12.선고 2004가합14681판결)

사실관계: 원고 등은 1988.6~2002.1월까지 피고와 음반계약을 맺고 10장의 음반을 발매했으나 피고가 자신들의 곡을 이용해 2003~2005년 컬러링 등 모바일・인터넷 서비스를 제공하고 편집음반을 제작하자 2004년 9월 서울남부지법에 소송을 냈다.

판결요지: 1. 저작인접권 양도계약인지, 이용허락계약인가?

재판부는 원고가 저작인접권자라는 판단 아래 다음과 같이 판시하였다.

"원고들과 피고 사이에 일관되게 유지되어 온 약정이 저작인접권 양도계약인지, 이용허락계약인지 명백하지 아니한데, 이와 같이 당사자의 의사가 외부적으로 표현되지 아니한 경우 저작인접권자에게 권리가 유보됨이 타당하고, 따라서 피고는 원고들로부터 이 사건 각 음반을 복제, 제조, 유통할 수 있도록 저작인접권의 이용허락을 받은 자에 불과하다"고 판시하였다.

2. 이용허락의 범위: 음반 발매 당시 편십음반이나 모바일·인터넷 음원 제공 서비스의 활성화를 예견했다면 원고들이 다른 약정을 했을 것으로 보이는 점, 음반에 수록된 음원을 이용해 무제한적으로 편집 앨범을 제작하거나 모바일·인터넷 서비스에 제공하는 행위는 원고들의 저작권을 부당하게 침해하는 행위로 보이는 점 등을 고려한다면 피고가 허락받은 저작인접권 범위는 해당 음반의 제조·유통·판매에 한정돼야 한다.

◇ 부정이용이 아니라고 한 사례

[판례 1] 정태춘·박은옥 사건 = 음반의 이용권의 범위(서울지법 동부지원 1994.1.13.선고 93가합2498 판결)

사실관계: 원고 정태춘·박은옥은 부부로서 가수이며, 이 중 정태춘은 작곡·작사도 겸하고 있다. 이들은 피고 지구레코드사에 1984년 9월부터 1987년 9월까지 3년간 전속계약을 체결하고 가수활동을 하여왔다. 전속기간이 끝난 후 위 전속기간 중에 발표한 음반에서 히트곡만을 추려 모아 「정태춘·박은옥 히트곡 모음」이라는 제호의 음반을 재편집, 제작하여 판매하였다.

이에 원고들은 피고회사가 원고들의 전속기간이 끝난 이후에 원고들의 사용허락을 받지 않고 위 음반에 수록된 노래들 중에서 히트곡만을 추려 모아 레코드, 카세트 테이프, 콤팩트디스크로 재편집·제작하여 판매하는 것은 원고들의 저작권 침해라고 주장하며, 손해배상을 청구하였다.

판결요지: 가수 전속계약에 터잡아 그 전속기간 중에 원고들이 취입하여 제작한 음반의 복제권은 회사에 귀속되고, 그 가창의 원형을 변형시키지 않고 그대로 수록하여 별도의 히트곡 모음집으로 재편집·제작하는 행위도 회사의 이용권의 범위에 포함되며, 전속계약의 내용 및 작곡·작사의 사용승인약정에 비추어 볼 때 음반 및 테이프 취입뿐만 아니라 비디오 녹화·촬영·제작 기타 일체를 포함하여 회사에 전속하도록 되어 있고, 작곡한 곡과 작사한 내용도 일체의 녹음물에 사용할 수 있도록 되어 있으므로, 최초 고정된 음을 콤팩트디스크라는 새로운 형식의 매체에 수록하여 제작하는 행위도 회사의 이용권의 범위에 포함된다 할 것이다.

[판례 2] 이미배 사건 = 음반의 이용권의 범위(서울지법 동부지원 1994.5.13.선고 93가합8632 판결)

사실관계: 원고 신정성은 작곡자, 원고 우용수는 작사자, 원고 이미배는 가수이다. 피고 레코드사는 1984년경 원고들의 가요를 수록한 LP음반을 제작·판매하였다. 그 후 피고회사는 1992년, 보관중이던 마스터 테이프에 이미 수록된 곡과 원고 이미배가 가창한 7곡을 추가시켜 「이미배 전집, 당신은 안개였나요, 깊은

밤 내리는 비는」이라는 제목의 콤팩트디스크를 재편집·제작하여 판매하고 있다. 이에 저작권, 저작인접권 침해를 이유로 제소한 것이 본건이다.

판결요지: 가. 음반제작계약을 체결하면서 음반출반의 횟수·수량·기간 및 종류 등에 대하여 어떠한 제한을 두지 아니하고 녹음물 일체에 대하여 사용이 승인되었다면, 그 가창의 원형을 변형시키지 않고 재편집하여 콤팩트디스크라는 새로운 형식의 매체에 수록하여 제작한 것은 회사의 가창복제권의 이용범위에 포함된다고 할 것이다.

나. 종래 우리나라 음반업계의 관행상 가수들이 음반회사로부터 보수를 받지 않고 음반회사의 비용부담으로 음반을 취입하여 자신의 장래 가능성을 시험하는 계기로 삼는 경우가 있는데, 이때 음반회사로서는 투자된 비용의 회수 및 이윤추구를 위하여 작곡가, 작사가, 가수로부터 곡에 대한 가창복제권을 수량·횟수·기간 및 종류에 제한 없이 양수하는 것이 통례이다. 한편 음반을 제작함에 있어서 작곡가, 작사가, 가수는 개개의 가사, 곡 및 가창만을 제공하는 것이고, 음반에 고정된 가창을 검토, 취사선택하여 음반을 편집하는 것은 음반제작업자가 담당하고 있는 사실이 인정된다.

◇ comment

위 판례 1, 2는 모두 고등법원에서도 그대로 유지되었다.[646] 이에 대해서는 다음과 같은 비판이 있다.[647]

"이러한 판례들은 가수전속계약을 마치 가수가 실연복제권을 양도한 것과 같이 해석하고 있는바 과연 타당한 해석인지 의문시된다." "외국 입법례 가운데 영국 저작권법은 가수전속계약이라는 개념을 명시적으로 규정함으로써 음반제작자가 녹음물에 대한 저작권뿐만 아니라 당해 녹음물에 녹음된 실연을 배타적·독점적으로 이용할 수 있는 권리를 보호하여 주고 있다.[648] 이러한 가수전속계약이 체결된 경우 음반제작자는 가수 등 실연자에게 판매액 비례방식 등에 의한 이용료를 지급하고 계약기간이 종료된 이후에는 일정기간의 유예기간을 거친 후 동 실연자가 자신의 실연을 다른 음반제작자로 하여금 이용하도록 허락할 수 있게 되는 것으로 보고 있다. 즉 가수전속계약이 체결된 경우에도 음반제작자는 가수에게 실연이용에 대한 보상을 하고, 계약기간과 일정한 유예기간이 종료된 이후에는 음반제작자의 배타적 권리도 소멸하여 실연자에게 모든 권리가 회복되는 것이다."

646) 서울고법 1995.3.21.선고 94나6668 판결; 서울고법 1995.6.1.선고 94나9909 판결. 또 이미배 사건 상고심은 대법원 1996.7.30.선고 95다29130 판결 참조.

647) 정상조, 「지적재산권법강의」, 285~286면.

648) CDPA, 185~188.

[판례 3] 대법원 2006.12.22.선고 2006다21002 판결

[1] 음반제작자가 원반(原盤)의 기획, 녹음 및 편집, 홍보 등 대부분의 제작 업무를 담당하면서 그 비용을 부담하였고, 원반에 수록된 곡들의 작사자 및 작곡자가 음반제작자의 기획·제작 및 홍보능력에 의지하여 음반제작자에게 별다른 제한을 두지 않고 자신의 음악저작물에 대한 이용을 허락하였다고 보이며, 음악저작물에 대한 이용허락 당시 음반제작자가 별도의 편집음반에 원반에 수록된 곡들을 포함할 수 있다는 정도는 예견할 수 있었다면, 음반제작자가 작사자 및 작곡자의 음악저작물 이용허락을 받아 제작한 원반을 복제하여 편집음반을 제작·판매할 수 있다.

[2] 여러 원반(原盤)에 수록된 곡들을 선정하여 다른 신곡들과 함께 편집음반에 수록하면서 원곡의 일부를 생략한 경우에도, 생략된 부분이 원곡의 저작자들의 창작 부분이 아니라 저작물을 편곡하여 원반을 제작하는 과정에서 프로듀서 등의 창작활동으로 형성된 부분이고, 편집음반에 수록된 곡들이 모두 저작자들이 자신의 저작물을 가창(歌唱)하도록 허락한 가수에 의하여 실연되었다면, 편집음반의 제작이 원곡에 대한 이용허락의 범위를 벗어나지 않았다.

3) 침해의 의제 저작권 자체의 직접적인 침해는 아니지만 저작권 침해에 직결되는 행위로서 ⅰ) 국외에서 작성된 해적판의 수입행위 등과 같이 수입시에 대한민국 내에서 만들어졌더라면 저작재산권의 침해로 될 물건을 대한민국내에서 배포할 목적으로 수입하는 행위 및, ⅱ) 저작재산권을 침해하는 행위에 의하여 만들어진 물건(ⅰ)의 수입물건을 포함)을 그 사실을 알면서 배포할 목적으로 소지하는 행위를 저작권 침해로 보고 있다(법 124조 1항).

◈ 진정상품의 병행수입

병행수입이란 특정한 권리자에 의해 해외에서 제조·판매된 진정상품이 자회사나 총대리점을 통해 정규적으로 수입되고 있음에도, 이러한 정규의 루트를 통하지 않고 진정상품을 해외에서 구입한 자가 직접 국내에 수입하는 것을 말한다. 이것을 위조상품을 판매하는 black market이라는 용어에 대비하여 gray market이라고 한다.

같은 상품임에도 해외에서 판매되고 있는 가격 쪽이 국내의 정규 루트를 통해서 판매되고 있는 가격보다도 싼 경우에는 내외의 가격차 때문에 병행수입이 일어나기 쉽다.

이러한 병행수입과 관련하여서는 지적소유권의 속지성과 관련하여 여러 가지 논의가 많다. 그러나 저작권의 경우에는 기본적으로는 크게 문제가 되지 않을 것으

로 본다. 왜냐하면 저작권법 제20조 단서 등은 최초 판매이론을 명문으로 인정하고 있고, 또 법 제124조는 "수입시에 대한민국 내에서 만들어졌더라면 저작권 그 밖의 이 법에 의하여 보호되는 권리의 침해로 될 물건을 대한민국 내에서 배포할 목적으로 수입하는 행위"라고 하여 침해물의 수입으로 명정하고 있기 때문이다. 다만 최근 수입권이라는 권리를 인정하는 국가가 늘어남에 따라 배포권의 국제 소진은 축소되는 경향에 있다.

4) 기술적 보호조치의 무력화 금지 등 2003년 개정으로 신설되고 2011년 개정된 기술적 보호조치의 무력화 금지(법 104조의2) 및 권리관리정보의 제거·변경 등의 금지(법 104조의3) 규정은 다음과 같다.[649]

① 기술적 보호조치의 무력화 "기술적 보호조치"라 함은 ㉮ 저작권, 그 밖에 이 법에 따라 보호되는 권리의 행사와 관련하여 이 법에 따라 보호되는 저작물 등에 대한 접근을 효과적으로 방지하거나 억제하기 위하여 그 권리자나 권리자의 동의를 받은 자가 적용하는 기술적 조치, ㉯ 저작권, 그 밖에 이 법에 따라 보호되는 권리에 대한 침해행위를 효과적으로 방지하거나 억제하기 위하여 그 권리자나 권리자의 동의를 받은 자가 적용하는 기술적 조치를 말한다(법 2조 28호). 원래 디지털저작물은 복제 등이 용이하므로 권리자는 이를 방지하기 위하여 암호화 등 기술적인 조치를 하지만 이러한 기술적 보호조치도 쉽게 제거될 수 있다(자물쇠가 있으면 열쇠가 있기 마련이다). 이에 법은 이러한 기술적 보호조치를 보호하는 규정을 두고 있다.

이러한 기술적 보호조치로는 접근통제형과 복제통제형이 있다. 우리 2011년 개정법은 2003년법과 달리 복제통제형 기술적 보호조치뿐만 아니라 접근통제형 기술적 보호조치도 보호한다. 이 점은 미국의 디지털밀레니엄저작권법(DMCA)[650]과 같다.

---

649) 무엇보다도 2011년 제1차 개정법은 종전의 「침해의제」 규정에서 규정하던 태도를 벗어나 「제6장의2 기술적 보호조치의 무력화 금지 등」이라는 별도의 장으로 규정하고 있다.

650)

미국 저작권법 제1201조: 기술적 보호수단(TPMs)의 회피		
	행위에 의한 회피	장치에 의한 회피
저작물에의 접근을 통제하는 TPMs	(a)(1)(A) 누구라도 본법의 규정하에서 보호되는 저작물에의 접근을 유효하게 제어하는 기술적 수단을 회피해서는 안된다.	(a)(2) 누구라도 다음에 해당하는 모든 기술에 대해서 제조, 수입 공중제공 기타 거래에의 제공을 해서는 안된다. —(A) 이 법령하에서 보호되는 저작물에의 접근을 유효하게 통제하는 기술적 수단을 회피하는 것을

[판례 1] '펌웨어 인증 코드'가 기술적 보호소치인지 여부(서울동부지법 2012.10.24. 선고 2011가합14556, 14563 판결)[651]

펌웨어 인증 코드는 이 사건 프로그램을 구동하는 컴퓨터와 이 사건 프로그램에 의하여 구동되는 RFID 단말기 사이의 통신을 위해 설정한 암호의 일종으로서, 서로 다른 기기 사이에 통신이 가능하도록 각 기기의 특유한 제어 신호를 변경해 주는 역할을 하는 것으로 보일 뿐, 나아가 위와 같은 통신 암호의 획득이나 변경을 방지하기 위한 장치로 볼 자료가 없으므로, 이를 '저작물(이 사건 프로그램) 등에 대한 접근 내지 침해행위를 효과적으로 방지하거나 억제하는 기술적 조치'에 해당한다고 할 수 없다.[652]

[판례 2] '닌텐도 디에스' 사건(대법원 2011.7.14.선고 2010도1441 판결)

원심판결 및 원심이 적법하게 채택한 증거들에 비추어 살펴보면, 이 사건 물품을 '모드칩'이라고 부르든 '어댑터'라고 부르든 이 사건 물품은 이른바 '닥터툴'로서 닌텐도 디에스(DS) 게임기와 불법복제 게임소프트웨어가 저장된 메모리카드를 연결하여 불법복제 게임소프트웨어를 정품으로 인식하게 함으로써 위 게임기에 구축된 기술적 보호조치를 무력화시키는 장치에 해당함이 명백하므로, 같은 취지의 원심의 판단은 정당하다.

㉮ 행위에 의한 무력화 금지

누구든지 정당한 권한 없이 이러한 기술적 보호조치를 고의 또는 과실로 제거·변경하거나 우회하는 등의 방법으로 무력화하여서는 아니 된다. 다만, 다음 각호의 어느 하나에 해당하는 경우에는 그러하지 아니하다(법 104조의2 1항).

㉠ 암호 분야의 연구에 종사하는 자가 저작물 등의 복제물을 정당하게 취득하여 저작물 등에 적용된 암호 기술의 결함이나 취약점을 연구하기 위

		주된 목적으로 … 설계된 것.
저작권자의 제 권리를 보호하는 TPMs	*(이러한 기술적 수단을 회피하는 행위 자체는 금지대상으로 규정되어 있지 않다. 그 이유는 이러한 회피하여 복제·배포하는 행위는 저작권 침해로 되기 때문이다.)	(b)(1) 누구라도 다음에 해당하는 모든 기술에 대해서 제조, 수입 공중제공 기타 거래에의 제공을 해서는 안 된다. —(A) 이 법령하에서 보호되는 저작물의 저작자의 권리를 유효하게 보호하는 기술적 수단을 회피하는 것을 주된 목적으로 … 설계된 것.

651) 임광섭, "2012년 10월 저작권 관련 국내 판례," 「저작권 동향」(제2호), 한국저작권위원회, 2013.2.1. 4면에서 재인용.

652) 항소심(서울고등법원 2013.8.29.선고 2012나95785, 95792 판결)에서도 그대로 인정되었다.

하여 필요한 범위에서 행하는 경우. 다만, 권리자로부터 연구에 필요한 이용을 허락받기 위하여 상당한 노력을 하였으나 허락을 받지 못한 경우에 한한다.

㉡ 미성년자에게 유해한 온라인상의 저작물 등에 미성년자가 접근하는 것을 방지하기 위하여 기술·제품·서비스 또는 장치에 기술적 보호조치를 무력화하는 구성요소나 부품을 포함하는 경우. 다만, 제2항에 따라 금지되지 않는 경우에 한한다.

㉢ 개인의 온라인상의 행위를 파악할 수 있는 개인 식별 정보를 비공개적으로 수집·유포하는 기능을 확인하고, 이를 무력화하기 위하여 필요한 경우. 다만, 다른 사람들이 저작물 등에 접근하는 것에 영향을 미치는 경우는 제외한다.

㉣ 국가의 법집행, 합법적인 정보수집 또는 안전보장 등을 위하여 필요한 경우

㉤ 제25조 제2항에 따른 교육기관·교육지원기관, 제31조 제1항에 따른 도서관(비영리인 경우로 한정한다) 또는 「공공기록물 관리에 관한 법률」에 따른 기록물관리기관이 저작물 등의 구입 여부를 결정하기 위하여 필요한 경우. 다만, 기술적 보호조치를 무력화하지 아니하고는 접근할 수 없는 경우에 한한다.

㉥ 정당한 권한을 가지고 프로그램을 사용하는 자가 다른 프로그램과의 호환을 위하여 필요한 범위 안에서 프로그램코드역분석을 하는 경우

㉦ 정당한 권한을 가진 자가 오로지 컴퓨터 또는 정보통신망의 보안성을 검사·조사 또는 보정하기 위하여 필요한 경우

㉧ 기술적 보호조치의 무력화 금지에 의하여 특정 종류의 저작물 등을 정당하게 이용하는 것이 불합리하게 영향을 받거나 받을 가능성이 있다고 인정되어 대통령령으로 정하는 절차에 따라 문화체육관광부장관이 정하여 고시하는 경우.[653] 이 경우 그 예외의 효력은 3년으로 한다.

이것은 미국저작권법에 의하여 인정되고 있는 이른바 rule making 절차

653) 시행령 제46조의2(기술적 보호조치의 무력화 금지에 대한 예외) 문화체육관광부장관은 법 제104조의2 제1항 제8호에 따라 기술적 보호조치의 무력화 금지에 대한 예외를 정하여 고시하는 경우에는 미리 저작물 등의 이용자를 포함한 이해관계인의 의견을 들은 후 위원회의 심의를 거쳐야 한다.

에 따라 특정한 유형의 저작물에 대한 기술적 보호조치의 무력화 금지에 대한 예외를 설정할 수 있도록 규정한 것이다. 미국 저작권법에 의하면 rule making 절차에 의한 예외는 3년마다 의회도서관장이 저작권청장의 건의를 받아 새롭게 정하도록 되어 있다.

『기술적 보호조치의 무력화 금지에 대한 예외』 고시

저작권법(이하 "법"이라 한다) 제104조의2 제1항에 따른 법 제2조 제28호 가목의 기술적 보호조치(이하 "접근통제 기술적 보호조치"라 한다)의 무력화 금지에 의하여 특정 종류의 저작물 등을 정당하게 이용하는 것이 불합리하게 영향을 받거나 받을 가능성이 있다고 인정되는 경우를 법 제104조의2 제1항 제8호에 따라 다음과 같이 고시합니다.

2015년 1월 일
문화체육관광부장관

1. 관련근거: 법 제104조의2 제1항 제8호, 법 시행령 제46조의2
2. 효력기간: 2015.1.31.~2018.1.30.
3. 기술적 보호조치의 무력화 금지에 대한 예외

① 합법적으로 제작·취득한 영상물(고화질 영상 기록매체에 수록되었거나 정보통신망을 통해 취득한 경우에 한한다)의 일부를 비평 또는 논평 등의 정당한 목적으로 다음 각 호의 어느 하나에 이용하기 위하여 영상물에 적용된 접근통제 기술적 보호조치를 무력화하는 경우

1. 영화·미디어 관련 교육
2. 다큐멘터리 영화의 제작
3. 비상업적인 영상물의 제작

② 휴대용 정보처리장치(휴대용 전화기를 포함하며 게임 전용기기를 제외한다)의 운영체제와 합법적으로 취득한 응용 프로그램 간의 호환을 위하여, 그 운영체제 및 펌웨어(Firmware)에 적용된 접근통제 기술적 보호조치를 무력화하는 경우

③ 프로그램 복제물 소유자가 무선 통신망에 접속하기 위하여, 휴대용 전화기를 통신망에 접속하도록 하는 프로그램에 적용된 접근통제 기술적 보호조치를 무력화하는 경우. 다만 그 통신망 운영자가 접속을 승인한 경우에 한한다.

④ 휴대용 기록매체에 수록된 저작물에 적용된 기술적 보호조치가 그 매체와 연결된 주된 장치 또는 그 주된 장치의 연결된 다른 장치의 보안을 취약하게 하는 경우에 이를 검사·조사·보정하기 위하여 그 기술적 보호조치를 무력화하는 경우. 다만, 이를 통해 취득한 정보는 보안 강화에 이용되어야 하며, 저작권법 또는 다른 법률의 위반을 용이하게 하지 않는 방법으로 이용되거나 관리되어야 한다.

⑤ 더 이상 제조 또는 시판되지 않는 동글(Dongle)의 손상 또는 결함으로 인하여 프로그램에의 접근이 차단되었을 때, 그 프로그램에 적용된 접근통제 기술적 보호조치를 무력화하는 경우

⑥ 전자적 형태의 어문저작물에 적용된 기술적 보호조치가 다음 각 호의 어느 하나의 기능을

> 방지하거나 억제하는 경우에 그러한 기능을 가능하게 하기 위하여 접근통제 기술적 보호조치를 무력화하는 경우. 다만, 그 기능을 제공하는 다른 전자적 형태의 동일한 어문저작물이 있는 경우에는 그러하지 아니한다.
> 1. 낭독 기능 또는 수화기능
> 2. 텍스트를 대체 형식으로 변환하는 화면 읽기(Screen Reader) 기능

㈏ 장치 등에 의한 무력화의 금지

누구든지 정당한 권한 없이 다음과 같은 장치, 제품 또는 부품을 제조, 수입, 배포, 전송, 판매, 대여, 공중에 대한 청약, 판매나 대여를 위한 광고, 또는 유통을 목적으로 보관 또는 소지하거나, 서비스를 제공하여서는 아니 된다(법 104의2 2항).

㉠ 기술적 보호조치의 무력화를 목적으로 홍보, 광고 또는 판촉되는 것

㉡ 기술적 보호조치를 무력화하는 것 외에는 제한적으로 상업적인 목적 또는 용도만 있는 것

㉢ 기술적 보호조치를 무력화하는 것을 가능하게 하거나 용이하게 하는 것을 주된 목적으로 고안, 제작, 개조되거나 기능하는 것

그러나 이상의 각호의 하나에 해당하는 경우라도 다음의 경우에는 그러하지 아니하다.

㉠ 접근통제형 기술적 보호조치의 경우에는 저작권법 제104조의2 제1항 제1호 · 제2호 · 제4호 · 제6호 및 제7호에 해당하는 경우(암호 분야의 연구, 미성년자 보호, 국가의 법집행, 프로그램코드 역분석, 보안성을 검사).

㉡ 복제통제형 기술적 보호조치의 경우에는 제104조의2 제1항 제4호 및 제6호에 해당하는 경우(국가의 법집행, 프로그램코드 역분석).

㈐ 침해의 정지 · 예방 청구 등

기술적 보호조치를 무력화시킨 자에 대해서는 침해의 정지 · 예방, 손해배상의 담보 또는 손해배상의 청구를 할 수 있다. 이 경우 저작권법 제123조, 제125조, 제125조의2, 제126조 및 제129조를 준용한다(법 제104조의 8).[654]

---

654) 법 제104조의8은 제125조의2(법정손해배상의 청구)도 준용하도록 되어 있고, 이에 제

[판례] '플레이스테이션 2' 사건(대법원 2006.2.24.선고 2004도2743 판결)

[1] 컴퓨터프로그램 보호법 제30조 제1항 본문, 제2항은 누구든지 상당히 기술적 보호조치를 회피, 제거, 손괴 등의 방법으로 무력화하는 기기·장치·부품 등을 제조·수입하거나 공중에 양도·대여 또는 유통하여서는 아니 되며, 기술적 보호조치를 무력화하는 프로그램을 전송·배포하거나 기술적 보호조치를 무력화하는 기술을 제공하여서는 아니 된다고 규정하고 있고, 같은 법 제46조 제1항 제3호는 위 규정을 위반한 자를 처벌하도록 규정하고 있는바, 같은 법 제2조 제9호, 제7조를 종합하면 위 '기술적 보호조치'란 프로그램에 관한 식별번호·고유번호 입력, 암호화 및 기타 법에 의한 권리를 보호하는 핵심기술 또는 장치 등을 통하여 프로그램저작자에게 부여된 공표권, 성명표시권, 동일성유지권과 프로그램을 복제·개작·번역·배포·발행 및 전송할 권리 등 프로그램저작권에 대한 침해를 효과적으로 방지하는 조치를 의미하는 것으로 봄이 상당하다.

[2] 소니 엔터테인먼트사가 제작한 '플레이스테이션 2'라는 게임기 본체에 삽입되는 게임프로그램 저장매체에 내장된 엑세스 코드가 컴퓨터프로그램 보호법이 정한 '기술적 보호조치'에 해당한다고 보아, 엑세스 코드가 없는 불법 복제된 게임 CD도 '플레이스테이션 2'를 통해 프로그램 실행이 가능하도록 하여 준 것은 컴퓨터프로그램 보호법 제30조 제2항에서 정한 상당히 기술적 보호조치를 무력화하는 행위에 해당한다.

♣ coffee break: DeCSS 프로그램의 법정 공방

DVD는 PC에서 복제될 수 있으므로 이를 막기 위해서 CSS(Content Scrambling System) 암호를 부착한다. CSS를 장착한 DVD는 PC의 하드장치에 복제될 수는 있지만 DVD에 장착된 CSS 암호까지 복제되지는 않기 때문에 PC에서 DVD를 복제하더라도 재생할 수 없다. 따라서 DVD는 CSS 암호를 해독할 수 있는 회로를 가진 DVD 플레이어에서만 재생이 가능했었다. 이러한 DVD를 PC에서도 재생이 가능하도록 만들어진 것이 바로 DeCSS 프로그램이다.

DeCSS 프로그램은 1999년 당시 15세 소년 Johansen이 친구들과 함께 개발하여 DVD 플레이어가 리눅스 운영 체계에서도 작동될 수 있도록 돕는다는 취지에서 이 프로그램을 인터넷웹사이트에 게시하였다. 이후 DeCSS 프로그램은 미국 내에서도 몇몇 웹사이트 운영자들에 의해 웹사이트에 게시되었고, 이에 대해 미국영화협회(Motion Picture Association)는 디지털밀레니엄저작권법(DMCA)에

125조의2에서 법정손해배상의 산정에 있어 그 기준이 되는 저작물등은 "위반과 관련된 우회도구 등의 수가 그 기준이 될 수 있을 것"이라는 견해가 있다[임원선, 『실무자를 위한 저작권법』(제4판), 475면 주 576]. 일리 있는 견해이나 저작물 등도 등록된 경우에만 법정손해배상을 청구할 수 있고, 우회도구 등에는 이러한 제도가 없어 과연 이렇게까지 무리하게 해석할 수 있을지는 의문이다. 입법의 불비라고 본다.

기초하여 법정 소송을 제기하였다.

이와 관련하여 미국 지방법원들은 DeCSS 프로그램을 웹사이트에 게시한 웹사이트운영자의 위법성을 모두 인정하는 결정을 내렸다. 이들 사건에서 신청인들은 "DeCSS 프로그램을 웹사이트에 게시하여 배포한 것은 저작물의 기술적 보호조치를 우회하도록 의도된 장치를 공중에 제공하는 것을 불법으로 규정한 DMCA의 규정을 위반한 것"이라고 주장하였고, 피신청인은 "DeCSS 프로그램은 리눅스 운영 체계의 이용자들에게 이미 구입한 DVD 영화를 PC에서도 볼 수 있도록 돕는 방법에 불과하다"고 항변하였다.

한편 미국영화협회와 DVD 복사금지협회는 DeCSS 프로그램을 웹상에 게시한 자들에 대한 소제기와는 별도로 2000년 1월 노르웨이 사법당국에 DeCSS 프로그램의 개발자인 Johansen을 고소하였다. 노르웨이 법원은 2003년 1월초, 이제 19세가 된 Johansen이 죄가 없음을 결정하였다. 나라마다 법이 달라 일률적으로는 말할 수 없으나 아마도 이러한 암호해독 프로그램과 관련된 공방은 저작권법, 영업비밀보호법을 넘나들면서 앞으로도 계속되리라고 본다.

[판례] 위성수신카드제조 사건(대법원 2009.10.29.선고 2007도10735 판결)

원심은,[655] 그 판시와 같이 적법하게 확정한 사실관계에 터잡아, 원심 판시의 패치프로그램의 경우, 피고인들의 그 판시와 같은 패치프로그램의 제공 없이는 위성방송서비스업체들이 영상 신호인 오디오・비디오 패킷과 함께 송신하는 암호화된 컨트롤워드가 해독될 수 없어 위성방송 시청이 불가능한 점 등에 비추어 볼 때, 피고인들이 이 사건 위성수신제한시스템의 스마트카드에 들어있는 컨트롤워드 해독용 프로그램 소스파일로 위 패치프로그램을 개발하여 피고인 甲, 乙 등에 의해 제작된 위성방송수신기에 장착한 행위는 불법적인 저작물의 복제나 전송, 방송, 이용 등의 행위를 가능하게 할 수 있는 행위로서 「저작권법」 제92조 제2항에 정한 기술적 보호조치를 무력화하는 것을 주된 목적으로 하는 행위에 해당하고, 또한 원심 판시의 실시간 전송 방식의 경우에도, 피고인들이 고용한 성명불상자들이 정식으로 중동지역의 위성방송시청자로 가입하여 정식으로 이 사건 위성수신제한시스템의 스마트카드를 교부받았고, 그 판시 인도(India)인을 만나 직접 위성방송의 컨트롤워드 추출을 위한 핵심적인 정보를 받아 해킹프로그램을 개발하고, 위 인도인과 함께 위와 같은 해킹프로그램을 이용하여 컨트롤워드를 실시간으로 추출하는 행위를 하였으며, 위와 같이 추출한 컨트롤워드를 위성 인터넷을 통해 국내에 있는 서버로 실시간으로 수신한 후, 다시 위성방송수신기들로 실시간 전송하는 행위를 하였다면, 이러한 피고인들의 행위 역시 불법적인 저작물의 복제나 전송, 방송, 이용 등의 행위를 가능하게 할 수 있는 행위로서 「저작권법」 제92조 제2항에 정한 기술적 보호조치의 무력화 행위에

655) 서울중앙지법 2007.11.22.선고 2007노73 판결.

해당한다고 판단하였다. 원심의 이러한 판단은 정당한 것으로 수긍할 수 있다.[656)]

② 권리관리정보의 훼손 누구든지 정당한 권한 없이 저작권 그 밖에 이 법에 의하여 보호되는 권리의 침해를 유발 또는 은닉한다는 사실을 알거나 과실로 알지 못하고 다음 각호의 1에 해당하는 행위를 하여서는 아니 된다(법 104조의3. 다만 국가의 법집행, 합법적인 정보수집 또는 안전보장 등을 위하여 필요한 경우에는 그러하지 아니하다).

가. 권리관리정보를 고의로 제거 · 변경 또는 허위 부가하는 행위

나. 권리관리정보가 정당한 권한 없이 제거 또는 변경되었다는 사실을 알면서 그 권리관리정보를 배포하거나 배포할 목적으로 수입하는 행위

다. 권리관리정보가 제거 · 변경되거나 또는 허위로 부가된 사실을 알고 해당 저작물 등의 원본이나 그 복제물을 배포 · 공연 또는 공중송신하거나 배포의 목적으로 수입하는 행위

여기서 권리관리정보라 함은 다음 각목의 1에 해당하는 정보나 그 정보를 나타내는 숫자 또는 부호로서 각 정보가 저작물 등(저작물이나 실연 · 음반 · 방송 또는 데이터베이스)의 원본이나 그 복제물에 부착되거나 그 공연 · 실행 또는 공중송신에 수반되는 것을 말한다(법 2조 29호).[657)]

---

656) 이 판결에 대해 다음과 같은 견해가 있다: "이러한 방송의 수신이나 시청은 저작권법상 저작권자 등의 배타적 권리영역에 포함되는 '이용행위'가 아니라 저작물 등에의 '접근'에 해당하는 것이라고 할 수 있다"고 본 후 그런 의미에서 "위 판결에는 법리적용상 문제가 있거나 적어도 판결의 내용에 논리적 일관성이나 설득력이 부족한 것으로 판단된다." 다만 "저작권 등의 보호와 관련되지 않고 단지 서비스 제공자의 이용자와의 계약을 통한 수익을 보호하기 위한 접근통제 기술적 보호조치에 대해서도 예외적, 보충적으로 일정한 보호를 별도의 입법에 의하여 도모할 필요성은 있을 수 있다." 우리 저작권법상으로도 한 · 미 FTA이행을 위한 "개정법에서 방송신호와 관련된 접근통제적 기술적 보호조치의 보호에 관한 특칙규정으로 암호화된 방송신호의 보호에 관한 규정(제104조의4 등)을 두게 되었다. 따라서 개정법에 의하면 위 사안은 암호화된 방송신호의 보호에 관한 규정에 의하여 해결될 수 있다."[이해완, 「저작권법」(제2판), 박영사, 2012, 923-926면 참조].

657) 2011년 제2차 개정에서는 '전자적 형태의'라는 문구가 삭제되었다. 이것은 모든 형태의 권리관리정보를 보호대상으로 하고 있는 한 · 미 FTA 협정의 이행을 위한 것이다. 종래 전자적이란 전자적(電子的, electronic), 전자적(電磁的, electro-magnetic) 양자를 포괄하는 것으로, 광자기적(magneto-optical) 또는 광학적(optical)인 것 자체로는 전자적인 것

가. 저작물 등을 식별하기 위한 정보

나. 저작자·저작재산권자·출판권자·프로그램배타적발행권자·저작인접권자 또는 데이터베이스제작자를 식별하기 위한 정보

다. 저작물 등의 이용방법 및 조건에 관한 정보

권리관리정보를 훼손시킨 자에 대해서는 침해의 정지·예방, 손해배상의 담보 또는 손해배상의 청구를 할 수 있다. 이 경우 저작권법 제123조, 제125조, 제126조 및 제129조를 준용한다(법 104조의4).

◈ 권리관리정보의 기능

근래의 급속한 기술의 진전에 의하여 위와 같은 권리관리정보를 전자적인 방식 등에 의하여, 저작물 등과 함께 전달하거나 저작물 등의 복제물에 첨부하는 것이 가능해지고, 이를 통해 위법한 이용의 발견·입증, 나아가서는 권리처리(승낙권 및 보수청구권의 처리를 가리킨다. 이하 동일)를 효과적으로 할 수 있게 되어가고 있다. 전자를 소극적 기능, 후자를 적극적 기능이라고 부르기로 하자.

가. 소극적 기능 권리관리정보의 소극적 기능으로서는 위법한 이용의 발견·입증 기능을 들 수 있다. 위법 이용의 발견·입증 기능이란 예를 들면, 저작물 등이 위법 복제되어도 권리관리정보도 함께 복제되기 때문에, 저작권자 등은 컴퓨터 등을 이용하여 그 권리관리정보를 간파하는 것에 의하여, 위법 이용의 발견·입증이 용이해졌다. 특히 컴퓨터·네트워크를 통하여 위법 복제물의 탐색을 하는 시스템도 실용화되어 있고, 한층 더 위법 이용을 발견하기 쉬워지고 있다. 이에 따라 저작권자 등은 안심하고 시장에 저작물 등을 제공할 수 있게 되고, 이용자도 다양한 저작물 등을 향수하는 것이 가능해진다.

나. 적극적 기능 권리관리정보의 적극적 기능이란 권리관리정보를 사용하는 것에 의해 저작물 등의 이용자는 권리에 관계하는 정보를 용이하게 입수할 수 있게 되는 것에 머무르지 않고, 권리처리의 일련의 과정을 컴퓨터·네트워크 등을 통하여 용이하게 하는 것이 가능해지고 있다. 이에 따라 저작물 등의 정당한 허락에 근거하는 이용이 촉구되고, 저작권자 등의 권리의 실효성이 확보됨과 아울러, 저작물 등의 이용자에게 있어서도 권리처리에 따르는 곤란이나 부담이 크게 감소

이 아니라는 해석이 있었고, 광학식 마크판독장치로 읽을 수 있는 바코드(bar code)나 스마트폰 등으로 읽을 수 있는 QR코드(Quick Response code) 등이 비전자적 권리관리정보의 예로 들 수 있었다. 개정을 통해 이들이 모두 보호의 대상이 되어 저작물의 건전한 유통질서를 확립하게 되었다[한·미 FTA 이행을 위한 개정 저작권법 설명자료(2011.12.14), 32면 참조].

하여 저작물 등을 간단하게 이용할 수 있는 상황을 낳는 결과도 가져오게 되었다. 더욱이 권리관리정보가 표준화·집중화되면 저작권관리시스템으로 연결되고, 저작물의 전자상거래에 결정적 역할을 하게 된다.

[판례] '에스케이텔레콤' 사건(대법원 2011.10.13.선고 2008두1832 판결): DRM과 공정거래법

[1] 이동통신서비스 업체인 갑 주식회사가 자신의 MP3폰과 자신이 운영하는 온라인 음악사이트의 음악파일에 자체 개발한 DRM(Digital Rights Management)을 탑재하여 갑 회사의 MP3폰을 사용하는 소비자로 하여금 위 음악사이트에서 구매한 음악파일만 재생할 수 있도록 하고, 다른 사이트에서 구매한 음악은 위 음악사이트에 회원으로 가입한 후에 별도의 컨버팅 과정 등을 거치도록 한 행위에 대하여, 독점규제 및 공정거래에 관한 법률 제3조의2 제1항 제3호에서 정한 '다른 사업자의 사업활동을 부당하게 방해하는 행위'에 해당한다며 공정거래위원회가 시정명령 및 과징금 납부명령을 한 사안에서, 갑 회사가 자신의 MP3폰과 음악파일에 DRM을 탑재한 것은 인터넷 음악서비스 사업자들의 수익과 저작권자 보호 및 불법 다운로드 방지를 위한 것으로서 정당한 이유가 있다고 보이는 점, 소비자가 갑 회사 MP3폰으로 음악을 듣기 위해서 겪어야 하는 불편은 MP3파일 다운로드서비스 사업자들에게 DRM을 표준화할 법적 의무가 있지 않은 이상 부득이한 것으로 현저한 이익 침해가 되거나 부당하여 불법한 것으로 보이지 않는 점, 위 행위로 인해 현실적으로 경쟁제한 효과가 일정 정도 나타났지만 DRM의 특성과 필요성 및 개발경위 등에 비추어 갑 회사의 행위에 경쟁제한 효과의 의도나 목적이 있었다고 단정하기 어려운 점 등을 종합할 때, 갑 회사의 행위가 '다른 사업자의 사업활동을 방해하는 행위'에 해당하더라도 그 부당성을 인정할 수 없다는 이유로 위 처분이 위법하다고 본 원심판단은 수긍이 된다.

[2] 이동통신서비스 업체인 갑 주식회사가 자신의 MP3폰과 자신이 운영하는 온라인 음악사이트의 음악파일에 자체 개발한 DRM(Digital Rights Management)을 탑재하여 갑 회사 MP3폰을 사용하는 소비자로 하여금 위 음악사이트에서 구매한 음악파일만 재생할 수 있도록 하고, 다른 사이트에서 구매한 음악은 위 음악사이트에 회원으로 가입한 후에 별도의 컨버팅 과정 등을 거치도록 하는 행위에 대하여, 독점규제 및 공정거래에 관한 법률 제3조의2 제1항 제5호 후단에서 정한 '부당하게 소비자의 이익을 현저히 저해할 우려가 있는 행위'에 해당한다며 공정거래위원회가 시정명령 및 과징금 납부명령을 한 사안에서, 소비자의 이익을 현저히 저해할 우려가 있는 행위를 판단하는 방법에 관한 법리와 제반 사정에 비추어 갑 회사의 행위는 '현저한 침해'에 해당하지 않는다.

5) 암호화된 방송 신호의 무력화 등의 금지 등

① 암호화된 방송 신호의 무력화 등의 금지　　암호화된 위성방송 또는 유선방송을 불법으로 복호화(復號化)[658]하는 기기 등을 이용하여 무단으로 시청 또는 청취하거나 이를 가능케 하는 행위를 금지하고 이를 위반하는 경우에 처벌 규정 신설 필요가 있어 2011년 제2차 개정법은 암호화된 방송 신호의 무력화 등의 금지규정을 다음과 같이 두고 있다. 즉 누구든지 다음 각 호의 어느 하나에 해당하는 행위를 하여서는 아니 된다(법 104조의4).

(가) 암호화된 방송 신호를 방송사업자의 허락 없이 복호화하는 데에 주로 사용될 것을 알거나 과실로 알지 못하고, 그러한 목적을 가진 장치・제품・주요부품 또는 프로그램 등 유・무형의 조치를 제조・조립・변경・수입・수출・판매・임대하거나 그 밖의 방법으로 전달하는 행위. 다만, 제104조의2 제1항 제1호・제2호 또는 제4호에 해당하는 경우에는 그러하지 아니하다.

제104조의2 제1항 관계 규정
1. 암호 분야의 연구에 종사하는 자가 저작물 등의 복제물을 정당하게 취득하여 저작물 등에 적용된 암호 기술의 결함이나 취약점을 연구하기 위하여 필요한 범위에서 행하는 경우. 다만, 권리자로부터 연구에 필요한 이용을 허락받기 위하여 상당한 노력을 하였으나 허락을 받지 못한 경우에 한한다. 2. 미성년자에게 유해한 온라인상의 저작물 등에 미성년자가 접근하는 것을 방지하기 위하여 기술・제품・서비스 또는 장치에 기술적 보호조치를 무력화하는 구성요소나 부품을 포함하는 경우. 다만, 제2항에 따라 금지되지 아니하는 경우에 한한다. 4. 국가의 법집행, 합법적인 정보수집 또는 안전보장 등을 위하여 필요한 경우

나) 암호화된 방송 신호가 정당한 권한에 의하여 복호화된 경우 그 사실을 알고 그 신호를 방송사업자의 허락 없이 영리를 목적으로 다른 사람에게 공중송신하는 행위.

이상의 가), 나)의 행위를 한 자는 3년 이하의 징역 또는 3천만원 이하의 벌금에 처하거나 이를 병과할 수 있다(법 136조 2항).

다) 암호화된 방송 신호가 방송사업자의 허락없이 복호화된 것임을 알면서 그러한 신호를 수신하여 청취 또는 시청하거나 다른 사람에게 공중송신하

---

658) 암호화한 것을 디코딩하는 행위.

는 행위. 이러한 행위를 한 경우에는 1년 이하의 징역 또는 1천만원 이하의 벌금에 처한다(법 137조 1항 3의2).

본조에서 말하는 "암호화된 방송 신호"란 방송사업자나 방송사업자의 동의를 받은 자가 정당한 권한 없이 방송(유선 및 위성 통신의 방법에 의한 방송에 한한다)을 수신하는 것을 방지하거나 억제하기 위하여 전자적으로 암호화한 방송 신호를 말한다(법 2조 8호의2).

② 방송전 신호의 송신 금지 누구든지 정당한 권한 없이 방송사업자에게로 송신되는 신호(공중이 직접 수신하도록 할 목적의 경우에는 제외한다)를 제3자에게 송신하여서는 아니된다(법 104조의7).

6) 라벨위조 등의 금지 누구든지 정당한 권한 없이 다음 각 호의 어느 하나에 해당하는 행위를 하여서는 아니 된다(법 제104조의5).

가) 저작물 등의 라벨을 불법복제물이나 그 문서 또는 포장에 부착·동봉 또는 첨부하기 위하여 위조하거나 그러한 사실을 알면서 배포 또는 배포할 목적으로 소지하는 행위

나) 저작물 등의 권리자나 권리자의 동의를 받은 자로부터 허락을 받아 제작한 라벨을 그 허락 범위를 넘어 배포하거나 그러한 사실을 알면서 다시 배포 또는 다시 배포할 목적으로 소지하는 행위

다) 저작물 등의 적법한 복제물과 함께 배포되는 문서 또는 포장을 불법복제물에 사용하기 위하여 위조하거나 그러한 사실을 알면서 위조된 문서 또는 포장을 배포하거나 배포할 목적으로 소지하는 행위

본조에서 말하는 '라벨'이란 그 복제물이 정당한 권한에 따라 제작된 것임을 나타내기 위하여 저작물 등의 유형적 복제물·포장 또는 문서에 부착·동봉 또는 첨부되거나 그러한 목적으로 고안된 표지를 말한다(법 2조 35호). SW의 경우 CD 케이스 등에 부착되는 조그만 스티커가 라벨의 좋은 예이며, 보통 라이선스 번호가 적혀져 있고 합법적인 복제물 즉 정품임을 증명하기 위한 용도로 사용된다.[659]

---

659) 자료: 한·미 FTA 이행을 위한 개정 저작권법 설명자료(2011.12.14), 36면.

본조는 2011년 제2차 개정법에서 신설된 내용이며, 한・미 FTA 협정 제18.10조 제28항에 규정되었던 내용이다. 이러한 규정을 둔 이유는 일반적으로 구매자들은 음반이나 영화 DVD, 컴퓨터 프로그램 CD 등이 정품인지 여부를 그에 첨부되거나 동봉되어 있는 라벨이나 인증서 등으로 구별하므로, 이러한 라벨이나 인증서 등의 위조나 불법유통을 통제함으로써 저작권자가 입는 피해를 최소화할 필요가 있었기 때문이다.[660)]

법 제104조의5에 위반한 경우에는 3년 이하의 징역 또는 3천만원 이하의 벌금에 처하도록 되어 있다(법 136조 2항 3호의6).

7) 영상저작물 녹화 등의 금지 　　누구든지 저작권으로 보호되는 영상저작물을 상영 중인 영화상영관 등에서 저작재산권자의 허락 없이 녹화기기를 이용하여 녹화하거나 공중송신하여서는 아니 된다(법 104조의6).

영화의 경우에는 영화상영관에서의 상영과 DVD 출시 및 인터넷 전송 등 창구별로 출시에 시차를 두게 되는데, 휴대용 디지털 영상촬영 기기의 발달로 인하여 영화 개봉과 동시에 영상저작물이 관객에 의하여 무단으로 녹화되어 인터넷 등을 통하여 무차별 유포되는 경우에는 영상제작자 등 관련 권리자에게 막대한 손해를 입힐 우려가 있어 이를 방지할 필요가 있다.[661)]

본조에 위반한 경우는 1년 이하의 징역 또는 1천만원 이하의 벌금에 처하도록 규정하면서, 미수범도 처벌하도록 하였다(제137조). 왜냐하면 도촬행위는 개인에 의해 은밀하게 이루어지는 행위 특성상, 그 실행을 착수하는 행위에 대해서도 처벌하는 것이 불가피하기 때문이다.[662)]

일본의 경우 도촬행위 금지와 관련하여 「영화의 盜撮防止에 관한 법률」을

---

660) *ibid.*

661) *ibid.* 38면.

662) *ibid.* 39면.

제정(2007.5.30. 법률 제65호)하여 시행하고 있으며, 위반죄에 대하여 10년 이하의 징역 또는 1,000만 円 이하의 벌금에 처하도록 규정하고 있다. 흥미로운 것은 그 내용이 영화관 등의 會場 내에서 행하는 영화의 녹음녹화에 대해서는 일본 저작권법 제30조 제1항의 규정은 적용되지 않으며, 사적 사용의 목적이라도 당해 복제행위는 저작권침해가 된다고 규정한 점이다. 또 사적 사용의 목적이라도 민사상의 책임만이 아니고, 형사상의 책임도 통상의 저작권침해사범과 마찬가지로 부담한다고 규정한 점이다. 이에 비해 미국의 경우는 2005년 예술가의 권리와 절도방지법(ART법)을 통해 저작권법 제2319조 B(영화 상영시설 내에서의 영화의 허락받지 아니한 녹화)에서 우리와 유사한 규정을 두고 있다.[663] 사적 복제에 관한 규정을 두고 있는 우리의 규정 방식은 일본식이었어야 하는 것 아닐까.

(2) 저작인격권 침해의 유형

저작자나 실연자의 인격권 침해의 유형은 그 내용을 구성하는 지분권에 따라 i) 공표권 침해(법 11조, 123조), ii) 성명표시권 침해(법 12조, 123조), iii) 동일성 유지권 침해(법 13조, 123조), iv) 저작자 사후의 인격적 이익 침해(법 14조 2항, 123조, 128조)로 분류할 수 있다. 저작인격권의 침해에는 명예훼손 여부를 묻지 않으나, 저작자 사후 인격적 이익의 경우에는 명예를 훼손한 경우에만 구제가 인정된다. 아울러 법은 저작인격권 침해의 간주규정을 두어 저작자의 명예를 훼손하는 방법으로 그 저작물을 이용하는 행위(예컨대 특정 음악저작물을 선정적 무도행위의 배경음악으로 사용하는 행위)를 저작인격권을 침해하는 행위로 본다(법 124조 2항).

---

663) (a) 범죄－저작권자의 허락없이, 고의로 영화 상영시설 내에서 그 저작물의 실연으로부터 제17편 법전, 또는 그의 어느 부분에 따라 보호되는 영화 또는 그 밖의 시청각 저작물을 송신하거나 그의 복제물을 만들기 위해 시청각 녹화 장치를 사용하거나 사용하려 한 사람은 누구든지,

(1) 3년 이내의 징역, 이 편에 따른 벌금, 또는 이 둘 모두에 처한다; 또는

(2) 그 범죄가 두 번째 또는 그 이상의 것일 때에는 6년 이하의 징역이나 이 편에 따른 벌금, 또는 이 둘 모두에 처한다.

구 분	민사구제	형사처벌
생전 저작인격권 침해	명예훼손 불요	명예훼손 필요
사후 저작자의 인격적 이익 침해	명예훼손 필요	명예훼손 필요

(3) 출판권 침해의 유형

복제권자와의 사이에 출판권 설정이 되어 있는 경우에 출판권자 이외의 자가 당해 저작물을 무단출판 하는 것(불법출판)은 출판권이 제한되는 경우(법 63조 2항)를 제외하고는 출판권 침해로 된다. 즉 출판권 침해란 권한 없이 출판권이 설정된 타인의 저작물을 출판함으로써 출판권을 침해하는 것이다. 법은 더 나아가서 출판권 침해 의제규정을 두고 있다(법 124조 참조).

(4) 저작인접권 침해의 유형

법이 특히 허용하는 경우를 제외하고 저작인접권자의 허락 없이 실연・음반 및 방송을 무단이용 하는 경우는 저작인접권 침해로 된다. 허락범위 밖의 이용은 범위 외의 부분은 무단이용이므로 저작인접권 침해로 된다. 또 일정한 경우에 침해가 의제됨은 저작권 등과 같다(법 124조 참조).

(5) 링크에 의한 저작권 침해 여부

WWW(world wide web)은 인터넷에서 제공하는 정보검색 서비스로 텍스트만 제공했던 기존의 정보서비스와는 달리 그림, 동화상, 소리 등도 모두 지원하고 있다. 또 하이퍼텍스트 개념을 도입하여 WWW 중에서 강조되고 있는 단어를 링크를 통해 다른 WWW의 하이퍼텍스트로 이동하는 것이 가능하다. 이로써 쉽게 원하는 정보와 관련된 정보를 찾아볼 수 있다. 그리고 갑이라고 하는 WWW 중의 텍스트 '갑 1'로부터 을이라고 하는 WWW 중의 텍스트 '을 1'로 이동할 수 있도록 '갑 1' 속에 '을 1'의 URL[664]을 기재하는 것을 '링크한다'고 한다. 링크하는 것은 갑측의 WWW의 설정만으로 가능하다. 이 경우 문제로 되는 것은 갑이 링크하는 것이 링크가 된 을의 복제권 등 저작권을 침해하

---

664) Uniform Resource Locator의 약자. 주소정보가 기재되어 있다.

는 것은 아닌가 하는 점이다. 링크와 관련하여 문제가 된 실례는 많다. 예컨대 Washington Post v. Total News 사건[665]이나 Shetland Times Ltd. v. Shetland News 사건[666]이 그것이다.

위의 어느 사건에 있어서도 피고측이 제공하는 정보서비스는 인터넷의 이용자에 있어서는 매우 편리하고 이용하기 쉬운 서비스라고 할 수 있으나 스스로 취재한 뉴스를 제공하는 방송사 등의 입장에서는 정보를 제공하기 위해서 홈페이지를 개설하고 있고, 일반인이 자기 홈페이지를 방문하는 것은 환영할 일이지만 자기의 홈페이지를 광고 등의 목적으로 이용하는 제3자에 의해 무단히 링크되어, 자기의 홈페이지나 자기가 제공한 정보가 제3자의 영리목적의 미끼로 이용되는 것은 재미없는 일이다. 링크 일반에 대해서는 다음과 같이 저작권 침해가 아니라는 견해와 저작권 침해로 된다는 견해가 대립되고 있다.

> * **허용된다는 견해**: WWW를 브라우저로 열람하고 있는 이용자측으로부터 보면 강조되고 있는 용어를 클릭해서 링크된 주소로 이동하는 것에 의해 원래 갑의 WWW상에 '을 1'의 텍스트가 마치 복제된 것과 같이 보일지도 모른다. 그러나 실제로는 '을 1'의 하이퍼텍스트로 이동하 고 있을 뿐이며, 여기에서 나타나고 있는 것은 바로 '을 1'의 하이퍼텍스트 자체인 것이다. 그것은 갑의 WWW상에 복제된 것은 아닌 것이다. 따라서 복제권 침해라고는 말할 수 없다.[667]
>
> * **복제라고 보는 견해**: HTML의 링크기능으로 타인의 홈페이지를 자기의 홈페이지상에서 호출하는 것은 복제로 평가된다.[668]

확실히 단순히 링크하는 것만으로는 저작권침해로 볼 수 없다.[669] WWW는 본질적으로 상호 사이트를 접속시키기 위해서 존재하며,[670] 허락을 받은 경

665) http://www.ljx.com/internet/complain. html; United States District Court, Sourthern District of New York.

666) EIPR, 1997.2. D-48. 이에 대한 자세한 소개는, Chris Reed, *Copyright In WWW Pages*(News from Shetland Copyright in Links to World Wide Web Pages), Computer Law & Security Report, Vol.13, No.3, 1997, p.167 이하. 원문은 http://www.shetlandnews. co.uk/opinion.html.에서 찾을 수 있다.

667) 山下幸夫, "インタネット上の著作權に關する基本的考察," *NBL* 620, 43면.

668) 吉田正夫, "넷환경하에서의 저작권문제,"「コピライト」, 1996.3, 12면.

669) Thomas J. Smedinghoff, *Online Law*, 1996, 22면, 453면.

670) 인터넷은 복수의 컴퓨터에 의해 분산처리를 하도록 한다는 발상에 기초하고 있

우에만 접속을 허용하는 것은 옳지 않다. 웹 사이트에 올려놓았다는 것 자체가 링크를 허용하도록 묵시적 허락을 하였다고도 볼 수 있을 것이다. 또 하이퍼텍스트 링크에는 저작권으로 보호되는 표현은 존재하지 않는다. 단지 웹상 자료의 주소만을 포함하고 있을 뿐이다. 그것은 소위 저작권법으로 보호받을 수 없는 '운영의 방법'일 뿐이다.[671] 또 타깃사이트의 홈페이지 또는 메인페이지에 링크하지 않고, 그 세부적인 페이지에 바로 링크하는 경우(소위 deep link)도 저작권침해는 아니라고 본다.[672] 다만 많은 웹사이트에는 인터넷상의 정보에 대한 색인이나 다른 사이트에의 링크를 모아 놓은 경우가 많고, 또 그들 링크의 구성, 순서, 조직 속에는 저작권법으로 보호받을 수 있는 표현도 있을 수 있으므로 그러한 타깃사이트의 색인 등까지 그대로 옮겨놓은 경우라면 저작권침해로 되는 경우도 있을 것이다.[673]

더 나아가서 자신의 웹사이트 내에서 다른 웹사이트의 정보를 볼 수 있게 하는 프레이밍(framing)[674]도 복제나 전송권 침해라고는 말할 수 없다.[675] 또 판

으므로 다른 컴퓨터와 링크를 하여 정보를 분산 처리하는 것은 처음부터 예상한 일이다.

671) Jonathan Rosenoer, *CyberLaw*, 1996, 10면.

672) 자세한 것은, 이해완, "Browsing, Cashing, Linking & Framing," 「인터넷과 법률」, 법문사, 2002, 302-303면 참조.

673) 예컨대 Shetland Times Ltd. v. Shetland News 사건. 결국 단순링크는 별문제 없으나 소위 직접링크 또는 세부링크는 상황에 따라서는 문제가 있을 수 있다[보다 자세한 것은, 배대헌, "Internet 등장에 따른 가상공간에서의 지적재산권보호범위에 관한 연구," 「창작과 권리」 제13호(1998년 겨울호), 29면 이하; 김현철, "링크제공자의 저작권법상 책임에 관한 소고," 「계간 저작권」(제58호), 2002년 여름호, 44면 이하 참조].

674) 프레이밍에 대한 보다 자세한 것은, 서천석, "인터넷 홈페이지 구축에 대한 지적재산권적 고찰," 「특허정보」 제50호(1998년 여름호), 92-93면 참조.

675) 제7판까지는 미술저작물의 경우에는 기술적 방법이야 어떻든 자신의 프레임 내에서 전시하는 것으로 평가할 수 있다고 보고 다음 2001도1335 판결을 인용했으나 견해를 바꾸는 것으로 한다[또 우리 저작권법상 인터넷전시라는 개념을 인정하기 힘들다는 것에 대해서는, 이상정, "展示와 관련된 저작권법상의 쟁점에 관한 일고," 「IT와 法연구」(제6집), 경북대학교 IT와 법연구소, 2012.2. 참고]. 우리 대법원 2003.7.8.선고 2001도1335 판결은 "이미 음란한 부호 등이 불특정·다수인에 의하여 인식될 수 있는 상태에 놓여 있는 다른 웹사이트를 링크의 수법으로 사실상 지배·이용함으로써 그 실질에 있어서 음란한 부호 등을 직접 전시하는 것과 다를 바 없다고 평가"하였다. 다만 이 판결에 대해서는 적지 않은 비판이 있다. 자세한 것은 박준석, 「인터넷서비스제공자의 책임」, 박영사, 2006, 12면 참조.

례는 성명표시권 침해로도 되지 아니한다고 한다.[676] 다만 민법상의 불법행위로 될 가능성은 높다.[677]

[판례 1] 지오스테크널러지 사건(서울지방법원 2001.12.7.선고 2000가합54067 판결)

피고(2)가 원고의 허락 없이 자신의 인터넷 홈페이지에 이 사건 전자지도를 포함한 피고(1)의 지도검색서비스 일체를 프레임 링크한 행위는, 원고의 허락 없이 이 사건 전자지도를 자신의 컴퓨터 서버에 복제하여 이를 자신의 인터넷 홈페이지 이용자들에게 전송한 행위와 마찬가지로, 이 사건 전자지도의 저작권자로서 전자지도 등 데이터베이스 판매업을 영위하는 원고로 하여금 위 전자지도와 같은 데이터베이스를 판매할 수 있는 기회를 상실하게 하는 손해를 입게 하여, 원고의 저작권에 기한 정당한 이익을 침해하므로, 이는 원고의 이 사건 전자지도에 관한 저작권을 침해하는 행위와 마찬가지로 선량한 풍속 기타 사회질서에 반하여 타인의 정당한 이익을 침해하고 이로 인하여 이익을 얻는 위법한 행위에 해당한다.

[판례 2] 통화연결음 등 사건(대법원 2009.11.26.선고 2008다77405 판결)[678]

'복제'라 함은 인쇄・사진・복사・녹음・녹화 그 밖의 방법에 의하여 유형물에 고정하거나 유형물로 다시 제작하는 것을 말하며, '전송'이란 일반공중이 개별적으로 선택한 시간과 장소에서 수신하거나 이용할 수 있도록 저작물을 무선 또는 유선통신의 방법에 의하여 송신하거나 이용에 제공하는 것을 말한다. 그런데 인터넷에서 이용자들이 접속하고자 하는 웹페이지로의 이동을 쉽게 해주는 기술을 의미하는 인터넷 링크 가운데 이른바 심층링크(deep link) 또는 직접링크(direct link)는 웹사이트의 서버에 저장된 저작물의 인터넷 주소(URL)와 하이퍼텍스트 태그(tag) 정보를 복사하여 이용자가 이를 자신의 블로그 게시물 등에 붙여두고 여기를 클릭함으로써 위 웹사이트 서버에 저장된 저작물을 직접 보거나 들을 수 있게 하는 것으로서, 인터넷에서 링크하고자 하는 저작물의 웹 위치 정보 내지 경로를 나타낸 것에 불과하다. 따라서 이는 저작권법에 규정된 "유형물에 고정하거나 유형물로 다시 제작하는 것"에 해당하지 아니하고, 또한 저작물의 전송 의뢰를 하는 지시 또는 의뢰의 준비행위로 볼 수 있을지언정 "송신하거나 이용

676) 판례는 저작권법상의 이용은 저작자의 권리로서 보호하는 복제, 전송, 전시 등과 같은 방식으로 저작물을 이용하는 것을 의미하는데 링크의 경우는 이러한 이용이 없었으니 성명표시권 침해가 없다고 본다(후술 대법원 2010.3.11.선고 2009다4343 판결 참조).

677) 즉 저작권침해가 성립하지 않은 경우라도 광고수입의 감소로 영업에 지장을 받는 경우도 적지 않을 것이므로 민사상 불법행위책임을 물을 수도 있을 것이다(高橋和之 외, 「인터넷과 법」, 有斐閣, 183-184면).

678) 원심판결: 서울고법 2008.9.23.선고 2007나70720 판결.

에 제공하는 것"에 해당하지도 아니한다. 그러므로 위 심층링크 내지 직접링크를 하는 행위는 복제 및 전송에 해당하지 않는다.

[판례 3] 웹이미지 사건(대법원 2010.3.11.선고 2009다4343 판결)[679)]

1. 링크방식에 의한 외부이미지 제공 부분

(1) 이른바 인터넷 링크(Internet link)는 인터넷에서 링크하고자 하는 웹페이지나, 웹사이트 등의 서버에 저장된 개개의 저작물 등의 웹 위치 정보 내지 경로를 나타낸 것에 불과하여, 비록 인터넷 이용자가 링크 부분을 클릭함으로써 링크된 웹페이지나 개개의 저작물에 직접 연결한다 하더라도, 이는 구 저작권법 제2조 제14호에 규정된 '유형물에 고정하거나 유형물로 다시 제작하는 것'에 해당하지 아니하고, 또한 저작물의 전송의뢰를 하는 지시 또는 의뢰의 준비행위로 볼 수 있을지언정 같은 조 제9호의2에 규정된 '송신하거나 이용에 제공하는 것'에 해당하지 아니함은 물론, 같은 법 제19조에서 말하는 '유형물을 진열하거나 게시하는 것'에도 해당하지 아니한다. 그러므로 위와 같은 링크를 하는 행위는 구 저작권법이 규정하는 복제, 전송 및 전시에 해당하지 않는다.

(2) 온라인서비스제공자로서 인터넷 포털사이트인 원심 판시 피고 웹사이트를 개설·운영하고 있는 피고가 그 웹사이트에서, '웹이미지'라는 분류를 통해 검색되는 원고의 사진작품 또는 그 복제물인 외부이미지 63점에 관하여, 인터넷 이용자가 그 썸네일 이미지(thumbnail image)를 선택(click)하면 피고 웹사이트의 화면 창(window)을 상·하단으로 나눈 다음, 상단에는 검색 결과에 해당하는 썸네일 이미지 목록 등을, 하단에는 인터넷 이용자가 선택한 썸네일 이미지의 원래 이미지가 저장된 인터넷 주소에 연결(link)하여 원래의 웹페이지의 모습을 각 보여 주는 방식으로 이미지 검색 서비스를 제공하였다는 사유만으로는 원고의 복제권, 전송권 및 전시권을 침해한 것으로 볼 수 없다.

2. 상세보기 방식에 의한 외부이미지 제공 부분

(1) 피고가 그 웹사이트에서 '해외이미지'라는 분류를 통해 검색되는 원고의 위 사진들에 대한 복제권, 전송권 및 전시권을 침해하였다고 하기 위하여는 피고가 원래의 사진 이미지 또는 적어도 이를 상세보기 이미지 크기로 축소, 변환한 이미지를 자신이 직접 관리하는 서버 등의 유형물에 저장하고 있었다는 점을 원고가 입증하여야 한다.

피고 웹사이트에서 '해외이미지'라는 분류를 통해 검색되는 외부이미지의 경우, 피고가 이미지 검색프로그램을 이용하여 각종 인터넷 웹사이트에 게시된 이미지를 무작위로 검색·수집하여 그 썸네일 이미지와 원래 이미지가 저장된 인터넷

679) 이 판결에 대한 자세한 평석은 박준석, "이미지 검색엔진의 인라인 링크 등에 따른 복제, 전시, 전송 관련 저작권침해 책임," 「민사판례연구」(33권 上), 민사판례연구회/박영사, 627면 이하 참조.

주소를 자신의 서버에 저장해 누었다가, 인터넷 이용자가 검색어를 입력하면 그에 해당하는 썸네일 이미지를 목록화하여 보여 주고, 인터넷 이용자가 다시 그 중 특정 썸네일 이미지를 선택하면 화면 중앙부에 원래의 이미지를 상세보기 이미지로 축소하여 보여 주며, 그 하단에서 원래 이미지가 위치한 인터넷 주소(URL), 파일 크기 등의 정보를 보여 주고 있음을 알 수 있다. 그런데 이른바 인터넷 링크에 의하여 이미지를 보여 주는 방법에는 웹브라우저에서 인터넷 이용자를 특정 웹페이지로 이동시켜 주는 방식 외에, 동일 서버 또는 다른 서버에 있는 이미지를 링크를 제공하는 웹페이지의 특정한 위치에 특정한 크기로 나타나도록 하는 방식으로도 구현할 수 있으며, 후자의 방식에 의할 경우에는 웹브라우저의 주소창에 표시된 웹사이트의 주소가 변하지 않은 채 링크된 다른 웹사이트의 이미지 등에 직접 연결할 수 있는바, 앞서 본 바와 같이 인터넷 링크는 인터넷에서 링크하고자 하는 웹페이지나 개개의 저작물 등의 웹 위치 정보 내지 경로를 나타낸 것에 불과하여, 위와 같은 사정만으로는 피고가 원래의 이미지 또는 이를 축소, 변환한 상세보기 이미지를 자신이 직접 관리하는 서버 등의 유형물에 저장하였다고 단정하기에 부족하다.

(2) 구 저작권법은 제12조 제1항에서 "저작자는 저작물의 원작품이나 그 복제물에 또는 저작물의 공표에 있어서 그의 실명 또는 이명을 표시할 권리를 가진다"고 규정하고, 같은 조 제2항 본문에서 "저작물을 이용하는 자는 그 저작자의 특별한 의사표시가 없는 때에는 저작자가 그의 실명 또는 이명을 표시한 바에 따라 이를 표시하여야 한다"고 규정하고, 제34조 제1항 본문에서 "이 절의 규정에 의하여 저작물을 이용하는 자는 그 출처를 명시하여야 한다"고 규정하고 있는바, 위 각 법률조항의 입법 취지나 관련 법규정 등에 비추어 볼 때 구 저작권법 제12조 제2항, 제34조 제1항 각 본문에서 규정한 '저작물을 이용'한다고 함은 같은 법에서 저작자의 권리로서 보호하는 복제, 전송, 전시 등과 같은 방식으로 저작물을 이용하는 것을 의미한다고 봄이 상당하다.

위 법리와 기록에 비추어 살펴보면, 피고의 웹사이트에서 '해외이미지'라는 분류를 통해 검색되는 원고의 사진 또는 그 복제물인 외부이미지 221점 중 '슬라이드 쇼' 기능을 선택하면 화면에 보이는 이미지 102점에 관하여 원고의 주장처럼 피고가 원고의 성명표시권을 침해하였다거나 출처명시의무를 위반하였다고 인정하기 위하여는, 그 전제로서 이를 구 저작권법에서 저작자의 권리로서 보호하는 복제, 전송, 전시 등과 같은 방식으로 이용한 사실이 인정되어야 하는데, 피고가 위 이미지들을 그와 같은 방식으로 이용하였다고 단정할 수 없다.

3. 내부이미지 제공 부분

인터넷 포털사이트를 운영하는 온라인서비스제공자가 제공한 인터넷 게시공간에 타인의 저작권을 침해하는 게시물이 게시되었고 그 검색 기능을 통하여 인터넷 이용자들이 위 게시물을 쉽게 찾을 수 있다 하더라도, 위와 같은 사정만으로 곧바로 위 서비스제공자에게 저작권 침해 게시물에 대한 불법행위책임을 지울 수는 없다. 다만 저작권 침해 게시물이 게시된 목적, 내용, 게시기간과 방법, 그로 인한 피해의 정도, 게시자와 피해자의 관계, 삭제 요구의 유무 등 게시에 관련한 쌍방의 대응태도, 관련 인터넷 기술의 발전 수준, 기술적 수단의 도입에 따른 경제적 비용 등에 비추어, 위 서비스제공자가 제공하는 인터넷 게시공간에 게시된 저작권 침해 게시물의 불법성이 명백하고, 위 서비스제공자가 위와 같은 게시물로 인하여 저작권을 침해당한 피해자로부터 구체적·개별적인 게시물의 삭제 및 차단 요구를 받은 경우는 물론, 피해자로부터 직접적인 요구를 받지 않은 경우라 하더라도 그 게시물이 게시된 사정을 구체적으로 인식하고 있었거나 그 게시물의 존재를 인식할 수 있었음이 외관상 명백히 드러나며, 또한 기술적, 경제적으로 그 게시물에 대한 관리·통제가 가능한 경우에는, 위 서비스제공자에게 그 게시물을 삭제하고 향후 같은 인터넷 게시공간에 유사한 내용의 게시물이 게시되지 않도록 차단하는 등의 적절한 조치를 취하여야 할 의무가 있으므로 (대법원 2009.4.16.선고 2008다53812 전원합의체 판결[680] 등 참조), 이를 위반하여 게시자의 저작권 침해를 용이하게 하는 경우에는 위 게시물을 직접 게시한 자의 행위에 대하여 부작위에 의한 방조자로서 공동불법행위책임이 성립한다고 할 것이다.

위 법리에 비추어 이 사건을 살펴보면, 원고 사진의 복제물인 위 내부이미지들의 내용, 일반 인터넷 이용자들의 전자게시판 서비스 등의 이용실태, 관련 인터넷 기술의 발전 수준 등 원심이 들고 있는 사정들에 의하면, 고성능 디지털 카메라와 인터넷 이용이 대중화되면서 인터넷 포털사이트에 개인이나 동호인별 게시공간을 개설한 다음 스스로 촬영한 사진 등을 게시함으로써 회원들 상호간에 이를 자유로이 공유·교환하는 문화가 급속히 확산되고 있어, 피고로서도 저작권에 관한 아무런 표시가 없는 위 내부이미지들이 타인의 저작권을 침해하는 것인지 여부를 쉽게 알 수 없었을 뿐만 아니라, 그와 같은 저작권 침해 게시물을 자동적으로 걸러내는 기술적 수단도 없었던 것으로 보이고, 그 밖에 피고가 회원들의 '이미지박스' 등 게시판에 위 내부이미지들이 게시된 사정을 구체적으로 인식하고 있었거나 그 존재를 인식할 수 있었음이 외관상 명백히 드러난다고 볼

680) 대법원 2009.4.16.선고 2008다53812 판결: "인터넷 종합 정보제공 사업자가 보도매체가 작성·보관하는 기사에 대한 인터넷 이용자의 검색·접근에 관한 창구 역할을 넘어서서, 보도매체로부터 기사를 전송받아 자신의 자료저장 컴퓨터 설비에 보관하면서 스스로 그 기사 가운데 일부를 선별하여 자신이 직접 관리하는 뉴스 게시공간에 게재하였고 그 게재된 기사가 타인의 명예를 훼손하는 내용을 담고 있다면, 이는 단순히 보도매체의 기사에 대한 검색·접근 기능을 제공하는 경우와는 달리 인터넷 종합 정보제공 사업자가 보도매체의 특정한 명예훼손적 기사 내용을 인식하고 이를 적극적으로 선택하여 전파한 행위에 해당하므로, 달리 특별한 사정이 없는 이상 위 사업자는 명예훼손적 기사를 보도한 보도매체와 마찬가지로 그로 인하여 명예가 훼손된 피해자에 대하여 불법행위로 인한 손해배상책임을 진다."

만한 사정을 기록상 찾아볼 수도 없어, 원고의 요청이 없더라도 위 내부이미지들을 삭제하거나 그 게시를 차단할 의무가 있었다고는 보기 어렵다 할 것이므로, 피고가 그와 같은 조치를 취하지 아니하였다 하여 그 회원들의 불법행위에 도움을 주었다고 할 수는 없다.

★ 참조판례: 대법원 2010.3.11.선고 2009다5643 판결

Ⅱ. 민사적 구제제도

1. 서 언

민사적 구제제도의 2대 지주는 침해금지제도(injunction, unterlassung)와 손해배상제도이다. 현행법은 부당이득반환청구권에 관한 규정을 두고 있지 아니하나 부당이득반환청구권을 부정하는 것이 아님은 물론이다. 민법의 부당이득반환청구권에 관한 규정(민법 741조)에 의하여 동 권리를 행사할 수 있음은 당연하다 하겠다. 또 일정한 경우에 자력구제할 수 있는지에 대해서도 살펴본다.

2. 저작권 침해행위 금지청구권

권리자는 침해자에 대하여 침해행위의 금지를 청구할 수 있음과 아울러 침해행위에 의하여 만들어진 물건의 폐기나 그 밖에 필요한 조치를 청구할 수 있다(법 123조).

(1) 청구권자

침해금지청구를 할 수 있는 자는 "저작권 그 밖의 이 법에 의하여 보호되는 권리(제25조 · 제31조 · 제75조 · 제76조 · 제76조의2 · 제82조 · 제83조 및 제83조의2의 규정에 따른 보상을 받을 권리를 제외)를 가진 자"라고 규정하고 있다. 따라서 저작권침해금지청구는 저작재산권자, 저작인격권자, 출판권자, 저작인접권자가 그 청구권자가 된다. 공동저작물의 각 저작자 또는 각 저작재산권자는 다른 저작자 또는 다른 저작재산권자의 동의 없이 침해금지청구를 할 수 있다(법 제129조).

[판례 1] Pat과 Mat 사건 = 영상저작물의 독점적 이용권자도 금지청구를 할 수 있는지 여부(서울고법 2002.5.8.선고 2001나58919 판결)

사실관계: X는 외국인 저작권자인 A로부터 「Pat과 Mat」라는 무성(無聲) 애니메이션 시리즈물의 일부를 대한민국 내에서 독점적으로 제조·판매할 수 있는 권리를 라이선스 받았다. Y는 무단으로 위 시리즈물의 전부에 대해 영어대사와 자막을 삽입한 후 이를 제조 판매하고 있다.

쟁점 (1): X는 A를 대위하여 Y에게 금지청구를 할 수 있는가?

법원의 판단: X가 A의 금지청구권을 대위하여 행사하지 않으면 이 사건 영상저작물의 국내에서의 독점적·배타적 이용이라는 자신의 채권의 완전한 만족을 얻을 수 없게 될 수 있다고 할 것이어서 X의 위 채권의 현실적 이행을 유효·적절하게 확보하기 위해서는 A의 금지청구권을 X가 대위하여 행사하는 것이 필요하다고 인정되므로, X는 자신의 위와 같은 채권을 보전하기 위하여 A를 대위하여 Y에 대하여 저작물 침해행위의 금지를 청구할 수 있다.[681]

쟁점 (2): 세트 중 일부에 대해 라이선스를 받은 자가 세트 전체의 복제 등의 금지를 청구할 수 있는가?

법원의 판단: Y가 49편의 에피소드를 담아 제작 판매하는 이 사건 영상물 중 비디오테이프는 낱개로 제작 판매되지 아니하고 세트로 일괄하여 제작 판매되고 있는바, 위 세트에서 라이선스 허락을 받은 영상저작물만을 분리하여 내기 어려우므로 X는 위 영상물 전체의 복제, 판매 및 배포의 금지를 청구할 수 있다.[682]

[판례 2] '당나귀 귀' 사건(대법원 2007.3.29.선고 2005다44138 판결)

저작권자와 저작물에 관하여 독점적 이용허락계약을 체결한 자는 자신의 권리를 보전하기 위하여 필요한 범위 내에서 저작권자를 대위하여 저작권법(2006.12.28. 법률 제8101호로 전문 개정되기 전의 것) 제91조에 기한 침해정지청구권 등을 행사할 수 있지만, 저작권자와의 이용허락계약에 의하여 취득하는 독점적 번역출판권은 독점적으로 원저작물을 번역하여 출판하는 것을 내용으로 하는 채권적 권리이므로, 제3자가 작성한 저작물이 원저작물의 번역물이라고 볼 수 없

681) 同旨 '소리바다' 사건(대법원 2007.1.25.선고 2005다11626 판결): 각 노래에 관하여 음을 음반에 맨 처음 고정한 음반제작자인 영국 법인 이엠아이뮤직인터내셔닐서비스사(EMI Music International Services Limited)와 미국 법인 비엠지엔터테인먼트사(BMG Entertainment)로부터 대한민국 내에서 음반제조권과 함께 독점적 음반 판매 및 배포권을 각 허락받은 독점적 이용권자인 채권자 이엠아이뮤직코리아 주식회사와 주식회사 한국비엠지뮤직은 위 각 음반제작자를 대위하여 복제권 침해정지를 청구할 수 있다고 할 것이며, 소리바다 서비스 이용자들의 복제권 침해행위를 방조하는 채무자들 역시 그 침해정지청구의 상대방이 될 수 있다고 판시하였다.

682) 평석: 백창훈, 「정보법판례백선(1)」, 502면.

는 때에는 독점적 번역출판권자가 저작권자를 대위하여 그 제3자를 상대로 침해정지 등을 구할 보전의 필요성이 있다고 할 수 없다.

[판례 3] "플라잉 아이볼(Flying Eyeball)" 사건(서울고법 2008.7.8.선고 2007나80093 판결)

침해정지청구권을 행사하기 위해서는 과거의 침해행위에 대한 손해배상청구와 달리 현재, 즉 사실심 변론종결 당시에 적법한 권리자일 것을 요한다. 따라서 변론종결일 당시에 이미 양도계약상 조건 성취로 인하여 저작권을 상실한 저작권자는 저작권침해자에 대하여 침해정지청구권을 행사할 수 없다.

[판례 4] 나우필름 사건(서울중앙지법 2008.8.5.자 2008카합968 결정)

(1) 특정 영화에 관하여 극장, 비디오 등 오프라인에 한정하여 저작권에 관한 독점적 이용허락이 이루어진 경우, 온라인상의 복제, 전송 등에 관한 저작권은 저작권자에게 유보되어 있거나 별도로 다른 사람에게 이용권이 설정되어 있을 것이므로, 온라인상 저작권 침해행위가 발생하는 경우에는 저작권자 또는 온라인상 이용권자의 권리가 침해될 뿐, 오프라인상 이용권자는 그가 독점적인 이용권자라 하더라도 그의 권리가 침해된다고 할 수 없고, 따라서 저작권법 제123조에 기한 침해정지 등 청구의 주체가 될 수 없다.

(2) 방조행위가 당해 저작권 침해행위와 밀접한 관련이 있고, 방조자가 저작권 침해행위를 미필적으로나마 인식하면서도 이를 용이하게 하거나 마땅히 취해야 할 금지조치를 취하지 아니하였으며, 방조행위를 중지시킴으로써 저작권 침해상태를 제거할 수 있는 경우에는, 당해 방조자가 침해 주체에 준하여 '저작권 그 밖에 이 법에 의하여 보호되는 권리를 침해하는 자'에 해당한다고 봄이 상당하다.

(2) 청구의 상대방

현실적으로 침해를 하고 있는 자 또는 침해할 우려가 있는 자이다. 법인이나 단체에 의한 침해의 경우에는 원칙적으로 대표자가 침해상대방이 되며, 침해행위가 수인에 의하여 공동으로 행하여지고 있는 경우 또는 침해행위가 서로 다른 형태의 과정으로 세분되어 행하여지고 있는 경우에는 그 모두가 상대방이 될 수 있다.

◈ 누가 침해자인가 = 책임의 주체

(1) 카바레 등의 경영자

저작권 사용료 청구소송에서 흔히 피고측에서 제기하는 흔한 항변 가운데 하나가

카바레 등의 경영자가 전속악단과 전속계약을 체결하여 그 악단에서 음악을 청중에게 들려주는 것이므로 악단의 대표가 저작권 사용료의 납부의무를 갖는다는 주장이다. 서울민사지법 80가소3468 사건(속칭 1.2.3.카바레 사건)에서 악단은 업주의 의뢰에 따라 계약을 맺고 업주의 영업을 위하여 연주를 행하는 것이고, 악단이 독자적으로 임차하여 영업을 하지 않고 있을 뿐 아니라 연주곡목의 선정은 일응 악단에 위임되어 있다고 하더라도 그 음악저작물의 사용은 영업주가 그의 영업계획에 따라 지시할 수 있는 등의 여지가 있는 점 등을 종합하면 영업주가 책임을 져야 한다는 판결이 있었다. 음악저작권자에 대해 연주행위 금지의 의무가 있는 주체는 누구인가라는 문제에 대해서 일본 나고야 지방법원에서도 같은 취지로 가처분 결정을 한바, 그 주문은 "피신청인은 5개 영업소에서 협회관리악곡을 그 영업에 사용하여서는 아니 된다. 피신청인의 각 영업소 내에 있는 연주용 악기 및 악보에 대한 피신청인의 점유를 풀고 신청인이 위임하는 나고야 지방재판소 집달관에게 그 보관을 명한다. 집달관은 피신청인에 대해 제1항의 음악저작물의 연주에 사용하지 않을 것을 조건으로 전항의 연주용 악기 및 악보의 사용을 허용할 수 있다"고 되어 있다.

⑵ 노래방업주나 가라오케 운영자

우리나라 노래방 사건이나 일본 「클럽 · 캐치아이」사건 판결[683]은 일본음악저작권협회가 스낵 경영자에 대해, 저작권침해를 이유로 금지 및 손해배상을 청구한 사안에서 이를 인정하였다. 이 판결의 요지는 "스낵 등의 운영자가 가라오케 장치와 음악저작물인 악곡이 녹음된 가라오케 테이프를 비치해 두고, 고객에게 가창을 권유하며, 고객이 선택한 곡목을 가라오케 테이프로 재생하는 방식으로 연주함으로써 다른 고객의 면전에서 가창하도록 하는 등의 행위를 통해 점포의 분위기를 조정하고 있을 경우에는, 가라오케 운영자는 당해 음악저작물의 저작권의 허락을 얻지 않는 한, 고객에 의한 가창에 따라 그 가창의 주체로서 연주권 침해에 따른 불법행위 책임을 면할 수 없다"는 것이다.[684]

⑶ 폐기청구권 등

저작권 침해금지청구를 함에 있어서는 침해행위에 의하여 만들어진 물건의 폐기나 그 밖에 필요한 조치를 청구할 수 있다(법 123조 2항).

침해행위에 의하여 만들어진 물건이란 무단출판된 인쇄물(그러나 예컨대 어느 서적 중 사진만이 무단복제되어 사진저작권을 침해한 것이라면 인쇄물 자체의 폐기청

683) 일본 최고재판소 1988년 3월 15일 판결.

684) 이렇듯 일본에서는 소위 '가라오케법리'라는 것이 형성되어 있다. 이것은 실제 노래를 부른 것은 고객임에도 업주에게 직접책임을 인정한다.

구는 과잉청구이고 그 중 무단복제된 사진부분만의 폐기를 청구하여야 한다),[685] 무단작성된 연주 음반, 저작자의 허락 없이 저작물의 내용을 개변한 저작복제물 등이다. 그 밖에 필요한 조치에는 장래 침해의 금지를 담보하기 위한 담보제공 등을 생각할 수 있다.

문제는 침해행위를 조성한 무단연주·방송에 사용되는 테이프, 무단방영되는 필름 등이나 침해행위에 제공된 지형, 주형, plate, 레코드 원반 등도 필요한 조치의 일환으로서 폐기청구를 할 수 있다고 보아야 할 것이냐이다.

긍정하는 것이 타당하다고 본다. 다만, 해적판을 만들기 위한 인쇄기나 복사기, 무단상영에 사용된 영사기 등등은 일반적으로는 폐기청구의 대상이 되는 것은 아니고(과잉청구로 될 수 있음은 특허 등 산업재산권법에서와 마찬가지의 문제가 있다) 정상영업을 아니하고 상습적·직업적 해적출판업자 등의 것만이 대상이 되어야 할 이치일 것이다.

또 건축저작물에 관하여는 건축이 개시된 이후에는 금지청구보다는 손해배상청구에 의하여 해결되어야 온당하다 하겠으나 이러한 점은 앞으로 학설·판례의 발전에 맡길 수밖에 없을 것이다.

한편 공유형 웹스토리지 서비스를 통한 저작권 침해행위와 관련하여 판례는 "웹스토리지 서비스 자체에 대한 금지 청구를 인정하는 경우에는, 자유로운 이용이 보장된 파일의 공유 등 이용자들의 적법한 이용행위 및 이를 통한 서비스 제공자들의 영업활동까지 막게 되는 결과를 초래하여 이용자들의 이용권 및 서비스 제공자들의 영업의 자유를 필요 이상으로 제한하게 되므로 부당"하다고 판시하였다.[686]

(4) 임시처분

저작권법은 저작권 침해금지 가처분 사건에서 저작자의 경제적 형편이 넉넉지 못함을 이유로 '보증금'의 공탁 없이 가처분 결정을 내릴 수도 있도록 규

---

685) '강아지왈츠' 사건(서울고법 1995.12.5.선고 94나9186 판결)에서는 피고는 원고가 편곡저작권을 갖는 곡들이 복제수록된 부분을 책들에서 제거한다면 위 책들을 제작, 발행, 판매 또는 배포할 수 있다고 판시하고 있다.

686) 나우필름 사건(서울중앙지법 2008.8.5.자 2008카합968 결정).

정(법 123조 3항)하고 부당가처분의 경우에 무과실 손해배상책임을 규정(법 123조 4항)하고 있다. 침해행위 금지청구의 본안소송을 제기하기 전에 침해행위의 신속한 금지를 위하여 가처분이 많이 활용된다. 가처분의 경우는 그것이 만족적 가처분이므로 신중한 심리가 필요하여 가처분의 신속성과의 조화가 문제되고 있다.[687]

[판례] '임원경제지' 사건(서울중앙지법 2013.7.9.자 2012카합2507 결정)
 저작권침해 금지 가처분 신청 사건과 같이 본안판결을 통하여 얻고자 하는 내용과 실질적으로 동일한 내용의 권리관계를 형성하는 이른바 만족적 가처분의 경우에는, 본안판결 전에 가처분 권리자의 권리가 종국적으로 만족을 얻는 것과 동일한 결과에 이르게 되는 반면, 피신청인들로서는 본안 소송을 통하여 다투어 볼 기회를 가져 보기도 전에 그러한 결과에 이르게 된다는 점을 고려해 볼 때, 그 피보전권리 및 보전의 필요성에 관하여 통상의 보전처분보다 높은 정도의 소명이 요구된다.[688]

또 현재 우리 법원의 실무에서 저작권 침해금지 가처분에 있어서 미국식의 일방적 가처분(ex parte temporary restraining order)제도는 시행치 아니하고 당사자를 신문하는 절차를 거침이 일반적이다. 명백한 해적행위임이 충분히 소명될 때에는 일방적 가처분제도에 의함이 타당하다고 본다.

---

687) 서울 민사지법 신청부의 실제를 보면 가처분신청서의 접수 후 1~2주일 정도의 기간 내에 심문기일이 지정되고 통상 2 내지 3회의 심문기일을 거쳐 결정이 내려지고 있어 2~3개월 정도면 가처분 결과를 알 수 있다. 가처분은 결정의 형식으로 되어 그 이유기재는 생략됨이 보통이다. 가처분의 주문은 "…을 하여서는 아니 된다"는 식으로 부작위를 명하는 것이므로 그것을 강제하는 실효적인 수단을 결여하여 피신청인이 이를 어기는 경우가 있을 수 있는데 이 경우는 가처분 집행을 위해 심리적 강제방법인 민사집행법 제261조 제1항 소정의 간접강제결정을 구할 수 있다. 예긴대 일본 나고야 지방재판소의 1959년 12월 24일 결정이 그 좋은 예로서 "채권자와 채무자간의 ○○ 가처분 신청사건의 집행력 있는 가처분 결정정본에 기하여 채무자는 본 결정의 고지를 받은 날로부터 5일 이내에 동 가처분 결정에 표시된 음악저작물의 사용을 정지하라. 만약 채무자가 위 기간 내에 전항의 이행을 하지 않을 때에는 위 기간만료 익일부터 1일 금 7만엔의 비율에 의한 금원을 지급하라"고 되어 있다(이해완, "저작권의 침해와 그 구제," 「지적소유권법의 제문제(하)」, 438~439면에서 인용).

688) 同旨, 서울중앙지법 2013.11.25.자 2012카합2882 결정.

[판례 1] 「제4공화국」 사건(서울지법 남부지원 1995.10.24.고지 95카합3860 결정)

가. 공동저작물에 있어서 공동저작자의 1인인 채권자는 다른 공동저작자의 동의 없이도 채무자에게 그 침해의 정지 · 예방 또는 손해배상의 담보를 요구할 수 있다.

나. 보전의 필요성과 관련하여, 일응 피보전 권리가 소명되면 그 보전의 필요성이 있다고 할 것이나, 공동집필계약의 체제라는 점, 다른 보조작가나 연출자들과의 협의 끝에 사소한 변경이 이루어졌다는 점, 결과적으로 작품성이 높아지는 등으로 인하여 채권자의 명예나 성망이 훼손될 염려가 보이지 아니한다는 점, 권리 침해에 대한 구제는 별도의 금전적 전보에 의하여 가능하리라는 점이 있는데 반하여, 채무자로서는 이미 드라마를 제작 · 완성하여 일반 시청자에게 방영약속까지 한 상태로 이를 방영하지 못할 경우 방송사로서 대외적인 공신력에 치명적인 상처를 입어 회복불능의 손해를 입을 우려가 있는 점 등 당사자의 형평성을 고려하면, 그 필요성이 없다고 판단된다.

[판례 2] '바보처럼 공부하고 천재처럼 꿈꿔라' 사건(서울서부지법 2012.7.13.선고 2012카합710결정)

이 사건 제호는 이 사건 저작물을 나타내는 상징적인 표현으로 이 사건 저작물의 주요 부분이라 할 것인데, 피신청인 서적은 이 사건 제호를 그대로 사용하고 있는 점, 별지2 목록 비교표와 같이 피신청인 서적에는 신청인이 창작하여 이 사건 저작물에 포함된 다양한 에피소드에 관한 표현 및 기술방식 등이 매우 유사하게 기재되어 있는 점, 위 유사 부분의 분량이 전체 서적에서 상당한 부분을 차지하고 있는 점 등을 고려하면, 피고 서적은 이 사건 저작물과 실질적으로 유사한 것으로 보인다.

따라서 피신청인이 피신청인 서적을 인쇄, 제본, 판매 및 배포하는 것은 신청인의 이 사건 저작권에 대한 침해를 구성하므로, 신청인이 피신청인에 대하여 피신청인 서적의 인쇄 또는 판매금지 등을 구할 피보전권리가 인정되고, 피신청인이 이를 다투고 있는 점, 피신청인의 앞서 본 침해행위로 인하여 이미 새로운 출판사를 통해 이 사건 저작물의 개정증보판을 발행한 신청인에게 직접적인 피해가 발생하고 있는 점, 저작권 침해사건의 특성상 본안소송을 통해 피해를 구제받는 것이 용이하지 않는 점 등 이 사건 기록 및 심문 전체의 취지에 나타난 여러 사정을 고려하면, 보전의 필요성도 인정된다.

◈ 일부의 삭제를 명한 경우

[판례 1] "그때 그 사람" 사건(서울중앙지법 2005.1.31.고지 2005카합106 결정)

사건의 경위 및 결정 내용: 영화제작사 ㈜엠케이버팔로와 ㈜명필름이 '10 · 26사건'을 소재로 한 영화 '그때 그사람들'(감독 임상수)을 제작하여 상영하려 하자 박 전 대통령의 아들 박지만 씨(당시 47)가 영화제작사 ㈜엠케이버팔로와 ㈜명필름을 상대로 영화상영금지등가처분신청을 하였고, 서울중앙지법 민사50부는 "부마사태시위 장면, 박 전 대통령장례식 장면, 김수환 추기경이 추모하는 장면 등 처음과 마지막 부분에 삽입된 3곳의 다큐멘터리 장면을 삭제한 뒤 상영하라"고 결정했다.

결정이유: 재판부는 결정문에서 다음과 같이 부분 금지 이유를 밝혔다.

1. "영화가 허구라고 하지만 관객들은 영화 속의 인물이 실제인물을 모델로 한 것임을 알게 된 경우 양자를 동일시하게 되고 영화가 허구라는 사실을 망각하게 되는 경우가 많다."

2. "영화 시작부분과 끝부분에 시위장면 등 다큐멘터리 장면이 비교적 장시간 삽입돼 상영되면 영화가 허구가 아니라 실제라는 인식을 심어줄 수 있어 고인의 인격권을 침해할 소지가 있다. 다만 영화의 일부분이 모델이 된 인물의 인격권을 침해하는 경우 인격권을 침해하는 부분과 그 사유를 특정할 수 있고 그 부분만을 금지시키더라도 어느 정도 인격권의 보호가 가능하다고 판단되면 영화 전체에 대한 상영금지를 명하기보다 그 부분만을 금지시키는 것이 옳다고 할 것이므로 다큐멘터리 장면의 삭제만을 명한다."

※ 이 사안에 대한 본안판결(서울중앙지법 2006.8.10.선고 2005가합16572 판결)에서도 금지청구권은 인정되지 않았다. 그 이유는 다음과 같다.

고인인 전직 대통령을 소재로 한 "그때 그사람들"이라는 영화가 특정 장면을 통해 간접적이고 우회적으로 비유적이거나 상징적인 표현을 사용함으로써 고인의 인격적 가치에 대한 사회적 평가를 저하시키는 등 고인의 인격적 법익을 침해하였으나, 고인의 역사적 특수성, 위 영화가 다룬 사건의 역사적 특수성, 영화라는 표현물이 갖는 특수성, 위 영화의 특수성을 종합하여 볼 때, 위 영화로 인한 고인의 인격적 법익에 대한 침해가 영화상영 등을 금지해야 할 정도로 중대, 명백하지는 않다.

※ 본 사안에 대한 손해배상은 본서 손해배상부분 참조.

[판례 2] "사계절 색상이론" 사건(서울고등법원 2005.5.25.선고 2004라293 판결)

피신청인이 신청인의 이 사건 저작물에 대한 저작권을 부인하고 이 사건 서적을 계속 판매하고 있는 사실은 갑 제33호증의 기재와 변론 전체의 취지에 의하여 이를 명백히 인정할 수 있어 그 보전의 필요성도 인정된다고 할 것이다. 다만, 앞에서 본 바와 같이 별지 일람표 순번 1 내지 11, 16 내지 21, 23 내지 39, 41, 43, 44항 부분을 제외하고도 이 사건 서적이 별도의 저작물로서 인정되는 이상, 이 사건 서적 전체에 대한 제작, 배포, 판매의 금지 및 그 제작용 필름, 완제품, 반제품의 인도를 구하는 것은 과잉청구에 해당한다 할 것이므로, 담보제공을 조건으로 피신청인들에게 위 침해부분을 삭제하지 아니한 상태에서의 이 사건 서적의 제작, 배포, 판매를 금지하고, 위 도서의 제작용 필름, 완제품, 반제품 중 위 침해부분에 대한 점유를 풀고 이를 신청인이 위임하는 집행관에게 인도를 명하는 것이 상당하다.

◈ 혼동방지 조치를 취하도록 명한 경우

[판례] 실미도사건(서울고법 2005.1.17.고지 2004라439 결정)

서울고등법원 민사5부는 실미도 북파공작훈련병의 유족들이 영화 '실미도'의 제작사를 상대로 낸 영화상영금지가처분 신청사건의 항고심에서 "역사적 사실 그대로 제작된 것처럼 기재된 광고문안을 삭제하지 않고 영화를 상영해서는 안 된다"고 밝혔을 뿐 영화의 특정장면을 삭제하라는 결정은 내리지 않았다.

이 결정은 역사적 사실을 토대로 한 상업영화에 있어서 실제 상황과 배치되는 사실묘사로써 그 모델이 된 인물의 인격권이 침해되었다고 볼 여지가 있다고 하더라도, 영화 내용을 실제상황과 혼동하는 것을 효과적으로 방지할 수 있는 적절한 조치를 취하였다면 영화 자체의 상영금지 내지 영화 내용에 대한 직접적인 수정을 구하는 가처분신청을 인용할 수 없다고 한 사례이다.[689)]

(5) 권리의 남용금지 및 실효

권리의 행사와 의무의 이행은 신의에 좇아 성실히 하여야 한다. 권리는 남용하지 못한다(민법 제2조). 저작권이라고 다를 리 없다. 따라서 권리자가 그 권리행사를 지나치게 게을리하였고, 상대방도 권리자가 더 이상 권리행사를 하지 않으리라고 믿을 만한 정당한 사유가 있게 된 경우에, 새삼스럽게 권리행사를 하는 것이 신의칙(信義則)에 반하는 경우에는, 그 권리행사는 권리남용으로서 허용되지 아니한다. 그러므로 권리행사는 제때에 성실하게 하여야 한다.

◈ 권리의 남용이라고 한 경우

[판례 1] '방송사용료' 사건(서울중앙지법 2013.2.5.선고 2012가합508727 판결)

개정된 징수 규정이 승인됨으로써 장래 사용 계약이 체결되어 이 사건 청구가 기각될 수 있는 상황에서, 개정된 징수 규정에 따라 사용 계약을 체결할 의무를 부담하는 원고가 이러한 의무를 이행하지 않음으로써 새로운 사용 계약의 체결이 지연됨에 따라 오히려 이 사건 청구가 인용된다는 것은 정의 관념에 비추어

---

689) 관계 손해배상청구사건 판결(서울중앙지법 2005.7.19.선고 2004가합102346 판결/서울고등법원 2006.12.6.선고 2005나68532 판결/대법원 2010.7.15.선고 2007다3483 판결)에서 대법원은 "나아가 이러한 상업영화에 있어서 그 내용의 특정 부분을 적시하지 않은 채 진실이라고 광고·홍보하였다고 하더라도 특별한 사정이 없는 한 그 영화의 모든 내용이 진실이라는 의미라고 보아서는 아니 되고 전체적으로 역사적 사실에 바탕을 두었으며 극적 허구와의 조화 속에서 확인된 사실관계를 최대한 반영하였다는 취지로 이해하여야 할 것이다"라고 판시하였다.

볼 때 현저히 부당하므로 원고의 권리 행사는 권리남용에 해당하여 허용될 수 없다.

[판례 2] '에이비엔 아름방송' 사건(수원지법 성남지원 2013.12.10.선고 2012가합 8921 판결)

사실관계: 원고들은 이른바 PP(program provider)로서 방송프로그램을 제작·구매하여 이를 시청자에게 제공하면서 방송 채널을 사용하는 방송채널사용사업자이고, 피고는 이른바 SO(system operator)로서 경기도 성남시 방송 구역에 대한 지역사업권을 부여받은 가운데 종합유선방송국을 관리·운영하는 종합유선방송사업자이다. 원고들은 이 사건 방송 저작물에 대하여 피고에게 약 6년 동안 제공하여 왔고, 피고는 위 계약 기간 동안 원고들에게 방송 저작물의 사용료를 매월 정기적으로 지급하였고 원고들은 방송 저작물의 사용료에 대하여 별다른 이의를 제기하지 않았다. 그런데 원고들은 2011.12.2.부터 2011.12.28.까지 3회에 걸쳐 피고에게 위 각 저작물 이용 계약에 대한 해지 통지 내지 갱신 거절의 의사표시를 일제히 하였다. 그러나 피고는 원고들이 송출하는 방송 신호를 수신하여 원고들의 방송 저작물을 계속 이용하고 있다. 이에 원고가 침해정지청구의 소를 제기하였다.

법원의 판단: [저작권자 겸 저작인접권자인 원고들이 2011.12.31.을 계약 만료일로 삼아 저작물 이용 계약에 관한 갱신 거절의 의사표시를 하였으므로 특별한 사정이 없는 이상 피고는 원고들에 대하여 2012.1.1. 이후부터 위 각 방송 저작물을 이용, 송신하지 아니할 부작위의무를 부담한다. 그러나]

(가) 방송법은 방송의 공적 책임을 높임으로써 시청자의 권익 보호와 국민 문화의 향상에 이바지함을 그 목적의 하나로 삼고 있고(제1조), 방송은 성별·연령·직업·종교 등을 비롯하여 '지역'을 이유로 방송편성에 차별을 두어서는 안 되며(제6조 제2항), 방송사업자가 다른 방송사업자에게 방송프로그램을 공급할 때에는 공정하고 합리적인 시장가격으로 '차별 없이' 제공해야 하고(제76조 제1항), 방송사업자는 사업자 간의 공정한 경쟁을 저해하거나 저해할 우려가 있는 행위 또는 시청자의 이익을 저해하거나 저해할 우려가 있는 행위의 하나로서 정당한 사유 없이 방송프로그램의 제공을 거부·중단하는 행위를 하여서는 안 된다(제85조의2 제1항 제1호). 방송법상의 이러한 관련 규정에 비추어 보면, 지상파방송사의 계열사로서 방송사업자의 지위에 있는 원고들이 전국의 종합유선방송사업자 73개 업체 중 유독 피고만을 상대로 약 6년 동안 기존에 해 오던 방송프로그램의 제공을 2012.1.1.의 시점을 기준으로 일제히 거부·중단한 행위는 특별한 사정이 없는 이상 제85조의2 제1항 제1호에 저촉되는 위법 행위에 해당한다. 또 원고들의 이러한 행위는 경기도 성남시 지역 약 백만 명 정도의 시청자들로 하여금 정당한 시청료를 지불하고서도 다른 지역과 차별을 받으면서

SBS의 방송프로그램에 대하여 접근·이용할 수 없는 부당한 상황을 초래하는 것으로서 이러한 상황이 약 2년 동안 지속되어 온 것은 방송의 공익성 이념에 반한다.

그러므로 원고들이 지상파방송사의 계열사들과 연합하여 사업상 유리한 지위를 획득하려는 사업상 목적을 실현하기 위한 방편으로 이 사건 저작권침해 금지 소송을 제기하는 것은 창작에 대한 합리적인 '대가(incentive)' 및 '저작 인격권'이 존중받는 조건하에서는 공중(public)에 대한 문화와 정보의 확산 과정이 널리 권장돼야 한다는 저작권법의 목적과 이념을 훼손하는 행위일 뿐만 아니라 저작권자인 원고들이 법률제도와 공공 정책에 어긋나게 사회적·경제적으로 부당한 이익을 획득하기 위한 방편으로 저작권에 관한 소송 제도를 부당하게 이용하는 행위이다. 결국 위와 같은 제반 사정을 종합하여 보면, 원고들이 피고를 상대로 이 사건 저작권침해 금지 소송을 제기하는 것은 저작권 남용에 해당하여 허용되지 않는다고 할 것이다.

◈ 권리의 남용이라고 볼 수 없다고 한 경우

[판례] 벅스 사건(서울지법 2003.9.30.자 2003카합2114 결정)

이 사건 신청이 인용될 경우 저작인접권자인 음반제작자들이나 신청인이 실질적으로 얻는 이익은 적은 데 비해 피신청인이 입는 불이익은 현저하게 크다는 점에서 복제권 침해를 이유로 한 신청인의 방해배제청구는 권리남용에 해당한다고 주장한다. 그러나 권리행사가 권리의 남용에 해당한다고 할 수 있으려면, 주관적으로 그 권리행사의 목적이 오직 상대방에게 고통을 주고 손해를 입히려는 데 있을 뿐 행사하는 사람에게 아무런 이익이 없는 경우이어야 하고, 객관적으로는 그 권리행사가 사회질서에 위반된다고 볼 수 있어야 하는 것이며, 이와 같은 경우에 해당하지 않는 한 비록 그 권리의 행사에 의하여 권리행사자가 얻는 이익보다 상대방이 잃을 손해가 현저히 크다 하여도 그러한 사정만으로는 이를 권리남용이라 할 수 없다.

◈ 권리의 실효가 인정된 경우

[판례] 「애마부인」 사건 = 권리의 실효(서울고법 1991.9.5.고지 91라79 결정)

소설 「애마부인」이 그 자체로서 주지성 있는 상품표지라 하더라도 그 저작자가 위 소설을 원작으로 하여 영화 「애마부인」을 제작할 것을 승낙하였고, 그 후 계속하여 영화 「애마부인」의 2편, 3편, 4편을 제작함에 있어서도 제호의 사용을 묵시적으로 승낙하였거나 아무런 이의도 한 바 없었으며, 상영된 위 각 영화들이 대부분 흥행에 성공하여 위 소설과 별도로 영화로서의 주지성을 이미 획득하고 두 표지가 병존하여 왔다면, 더 이상 소설 「애마부인」이 먼저 사용되어진 표지로서의 우선권을 내세우기 어렵고 이익형량의 원칙에 따라 새로운 영화를 제작하게 된 쪽에서 구별이 가능한 부가어를 덧붙이는 등 혼동위험을 줄일 수 있는 조치를 취하면 족하며, 또 위 저작자의 승낙과 수인으로 영화 「애마부인」으로서의 표지가 보호가치가 있을 정도의 주지성을 나름대로 획득하고 있는데도 그 저작자가 새삼스럽게 우선권을 내세워 새로이 형성된 영화 「애마부인」의 주지성을 부정하려 하는 것은 신의성실의 원칙으로 보아도 허용되지 아니하므로, 영화 「애마부인 5」를 제작·상영하는 행위가 부정경쟁방지법 제2조 제1호 소정의 부정경쟁행위라고 할 수 없다.

◇ 권리의 실효가 인정되지 아니한 경우

[판례] 「토플 시험문제」 사건(서울민사지법 1993.10.25.선고 92가합35610 판결)

우리나라가 세계저작권협약에 가입하여 외국인의 저작물을 보호하는 1987년 10월 1일 이후 상당기간 아무런 권리행사를 하지 아니하였다는 이유만으로는 저작권자가 다시는 그의 저작권을 행사하지 아니할 것이라는 믿음을 주었다고 할 수 없으며, 따라서 그 권리행사가 신의칙(실효의 원칙)에 반한다고 볼 수 없다.

3. 손해배상청구권

(1) 서 언

저작권 침해 등이 일어난 경우에는 저작권자는 침해자에 대하여 그 침해로 인한 손해배상을 청구할 수 있다(법 125조 1항). 공동저작물의 저작재산권자는 자신의 지분의 범위에서 손해배상을 청구할 수 있다(법 129조). 뿐만 아니라 저작재산권자 등은 고의 또는 과실로 권리를 침해한 자에 대하여 사실심(事實審)의 변론이 종결되기 전에는 실제 손해액이나 제125조 또는 제126조에 따라 정하여지는 손해액을 갈음하여 침해된 각 저작물 등마다 1천만원(영리를 목적으로 고의로 권리를 침해한 경우에는 5천만원) 이하의 범위에서 상당한 금액의 배상을 청구할 수 있다(법 125조의2 1항). 2011년 제2차 개정법을 통하여 우리도 「법정손해배상제도」를 도입하였다. 이하 실손해배상제도와 법정손해배상제도로 나누어 살펴본다.

♣ 저작권 침해에 대한 손해배상에서 고려되어야 할 사항들

유체물의 재산권의 침해에 대한 손해배상과는 달리 지적재산권의 침해의 경우

에는 다음과 같은 고려가 필요하다.

첫째는 그 손해액 산정이 쉽지 않다는 점이다. 유체물의 소유권 침해의 경우는 그 물건 값 등 어느 정도 객관적인 배상액 산정이 가능한데 저작권을 포함한 지적재산권의 침해의 경우는 권리자가 자신이 입은 손해액을 입증하는 것이 결코 쉽지 않다. 이러한 이유에서 저작권법에서는 제125조, 제126조의 특칙을 두고 있다.

둘째는 별도의 제재적 기능을 하는 배상제도가 필요하다는 점이다. 즉 인체나 유체물의 침해에 대한 실손해 배상은 그 자체 전보적 기능과 제재적 기능을 모두 가지고 있으나－남의 물건을 손괴한 자가 그 물건 값을 물어주는 경우를 생각해 보자. 그 물건 값은 불법행위자의 재산에서 지급되고 재산의 감소를 가져와 그것만으로 위법행위에 대한 억제적 기능을 한다고 할 것이다－지적재산권 침해는 침해물의 판매 등이 야기한 손해이고, 그 판매 이익은 침해자가 보유하고 있어 피해자에 대한 손해의 전보만으로는 전혀 불법행위를 억제하는 기능을 하지 못한다. 그러므로 그러한 침해행위를 하지 못하게 하려면 실손해의 배상 이외에 별도로 제재적 기능을 하는 배상제도가 필요하다. 이에 징벌적 배상제도는 아니지만 법정배상제도를 한·미 FTA 협정을 계기로 2011년 제2차 저작권법 개정에서 도입하였다.[690]

한편 같은 지적재산권 제도 중에서도 저작권 제도는 또 다른 특색을 가지고 있다. 예컨대 특허권 등 산업재산권의 침해자는 사업자 내지는 영업자인 경우가 보통이나 저작권의 침해자는 사업자뿐만 아니라 일반인인 경우도 적지 않다. 특히 오늘날과 같은 인터넷 상황하에서는 더욱 그러하며, 이러한 상황에 대한 고려도 필요하다. 그런 의미에서 고의나 중과실이 없는 경우에는 손해액의 감경이 가능하도록 규정한 특허법 제128조 제4항 제2문과 같은 규정은 저작권법에서 더 필요한 규정이라고 본다.

[판례 1] '영상 가요 반주기' 사건(대법원 2001.11.30.선고 99다69631 판결)

원저작자가 저작권을 양도하였다고 하더라도 특별한 약정이 없는 한 그 양도

---

690) 그 기대효과에 대하여 「한·미 FTA 이행을 위한 개정 저작권법 설명자료」(2011. 12. 14), 42면은 다음과 같이 설명하고 있다.

① 저작권자의 침해로 인하여 손해가 발생한 경우에 그 손해액 산정과 그와 관련한 증거 확보의 곤란함을 보완하여 침해를 억지하거나 예방할 수 있는 충분한 손해배상액을 보장함으로써 저작권을 효과적으로 보호.

② 저작권 침해로 인한 손해배상의 실효성을 확보하여 저작권 침해에 대하여 형사적 해결방식이 아닌 민사적 해결방식의 활용 증대 기대.

③ 침해에 대한 손해액을 산정하는 기준을 제시함으로써 법원 업무의 효율성을 증대시키고 당사자 사이의 화해가능성을 제고.

이전에 제3자의 저작권 침해로 인하여 원저작자가 취득한 손해배상청구권까지 당연히 양수인에게 양도되었다고 할 수는 없다.

[판례 2] 북한판 동의보감 번역 사건(서울고법 2006.3.29.선고 2004나14033 판결)[691]

중국 심양시 고려민족문화연구원(조선족문화예술관과 동일한 단체인지 여부는 불명확하다)은 피고가 법인판 동의보감을 출판한 사실을 알고 북한측에 북한판 동의보감에 대한 판권관리를 위임해 주면 소송을 제기해 손해배상을 받아주겠다고 제의한 사실, 이에 북한의 저작권 사무국은 출판지도국, 과학백과사전종합출판사, 평양공증소 등을 통하여 관련 서류를 작성하여 준 사실, 위 고려민족문화연구원은 다시 원고에게 북한판 동의보감의 판권관리를 위임한 사실을 각 인정할 수 있는데, 위 사실에 따르면 원고는 고려민족문화연구원을 통하여 북한측(저작권 사무국)으로부터 피고들을 상대로 한 손해배상청구소송을 위임받은 것이라고 할 것이고, 이는 신탁법 제7조 소정의 소송을 목적으로 하는 신탁에 해당하여 무효라고 할 것이다.

[참고] 신탁법 제7조 (소송을 목적으로 하는 신탁의 금지) 수탁자로 하여금 소송행위를 하게 하는 것을 주목적으로 하는 신탁은 무효이다.

(2) 실손해배상제도

1) 요 건 손해배상을 청구하기 위해서는 i) 침해자의 고의·과실, ii) 위법성, iii) 손해발생, iv) 권리침해행위와 손해발생과의 사이에 인과관계의 존재라는 4개의 요건을 갖추어야 한다. 이들은 모두 권리침해를 주장하는 저작권자 등이 입증하여야 한다. 다만 등록되어 있는 저작권, 배타적발행권(제88조 및 제96조에 따라 준용되는 경우를 포함한다), 출판권, 저작인접권 또는 데이터베이스제작자의 권리를 침해한 자는 그 침해행위에 과실이 있는 것으로 추정한다. 따라서 상대방이 과실 없었음을 입증하여야 하며, 그렇지 못한 경우에는 손해배상책임을 면할 수 없다.[692]

[판례 1] 일본판례(記念樹사건: 동경지재 2003.12.19.): 과실

사실관계: X는 "끝까지 가자"(甲곡)를 작곡한 A로부터 甲곡을 신탁양도받은 회사이다. Y1는 음반 제작회사이며, Y2는 음악출판사이다. Y2는 '기념수(記念樹)'

691) 제1심 판결: 서울중앙지법 2004.1.16.선고 2001가합173 판결.

692) 산업재산권과 달리 등록여부를 조사할 필요가 없는 저작권에서 등록된 권리라고 하여 과실추정 규정을 둔 것은 의문이다.

(乙곡)에 관한 저작권을 작곡가 乙로부터 양수받아 Y1에게 이용을 허락하였다. Y1은 乙곡을 CD로 제작하였다. X는 乙곡은 甲곡의 2차적 저작물 작성권을 침해하였다고 하면서 Y1, Y2에 대해서 손해배상을 청구하였다.

법원의 판단: Y1는 연간 약 4000곡 이상의 곡을 제작하고, 400타이틀 이상의 앨범을 발매하고 있는 大음반회사이며, 또 Y2는 大음악출판사 중에서도 톱클래스의 회사이며, 모두 그 사원들에게 저작권에 관한 연수 등을 수없이 행하고 있다. 이렇듯 Y1, Y2는 음악을 시장에 공급하는 것을 업으로 하는 회사이며, 그 사원도 포함하여 음악업계의 전문단체라고 할 수 있고, 음악 저작물에 대해서 저작권침해인가 아닌가를 조사할 능력도 경제력도 가지고 있다고 해야 할 것이다. 따라서 Y1, Y2는 본건 앨범 내지는 그 원반의 제작에 있어서 앨범 내의 악곡이 타인 악곡의 저작권을 침해한 것은 아닌지를 조사하고, 확인해야 할 주의의무가 있다.

甲곡은 1966년부터 커머셜 송으로서만이 아니고, 오랫동안 불리어 온 대중가요 내지는 가창으로서 저명한 악곡이며, Y1, Y2의 담당자들도 甲곡의 사정은 잘 인식하고 있다.

그러나 Y1, Y2의 담당자는 제작과정에 있어서 누구도 乙곡과 甲곡의 유사성에 생각이 미치지 못하였고, 그 결과 乙곡과 甲곡의 비교검토는 되지 않았고, Y1의 편성회의나 법무부, Y2의 제작회의에서 문제로 된 바 없었으며, 乙곡의 저작권 침해에 대해서는 어떠한 검토도 된 바 없고, 하등 사전 대책도 취한 바 없이 본건 앨범의 원반의 제작에 이르렀던 것이다. 즉 Y1, Y2는 본건 앨범의 원반의 제작에 있어, 乙곡의 저작권 침해의 유무에 대하여 조사 확인의 의무가 있었는데도 불구하고, 구체적인 조사도, 확인도 행하지 않았고, 이것을 다했더라면 침해행위를 회피하는 것이 가능했음에도 불구하고, 前記 주의의무를 태만히 한 것이라고 말해야 할 것이다.

또 Y2는 JASRAC에 乙곡의 저작권을 신탁양도해서 관리를 위탁하면 제3자에게 널리 乙곡을 이용시키는 것이 되는 것이므로 타인 악곡의 저작권을 침해하는 곡을 관리위탁하는 일이 없도록 해야 할 주의의무가 있는데도 불구하고, Y2는 이것을 태만히 하여, 만연히 JASRAC에 관리를 위탁했다.

더 나아가서 별건 소송이 제기된 후는 이것이 크게 보도되었고, 또 Y1, Y2는 X 및 보조참가인 A로부터 소송고지를 받고 있었기 때문에 乙곡이 甲곡의 편곡권을 침해하는가 아닌가에 대해서 더욱 신중히 검토해 Y1는 본건 앨범의 판매를 정지하고, Y2는 JASRAC에 대한 乙곡의 관리위탁을 취하하여 제3자에 의해 이용이 되지 않도록 조치를 취하는 등, 손해가 확대하지 않도록 대책을 취하는 것이 가능했음에도 불구하고, 이것을 태만히 하였다. 이상 살펴본 바와 같이 Y1, Y2에게는 과실이 있다.

[판례 2] 「테레사의 연인」 사건(서울지법 남부지원 1989.12.8.선고 88가합2442 판결): 인과관계

이 사건 방송 이후 원고의 자전적 소설인 「테레사의 연인」의 판매부수가 둔화된 사실은 이를 인정할 수 있으나 위와 같이 원고의 소설 판매부수가 둔화된 것이 과연 피고의 이 사건 방송으로 인하여 생긴 것인지, 또 위 판매부수가 실제 어느 정도 줄어들었는지에 관하여 이를 인정할 만한 증거가 없다.

2) 손해와 손해액의 산정　　손해에는 적극적 손해, 소극적 손해(일실이익), 정신적 손해가 있다.

적극적 손해란 예컨대 침해사실에 대한 조사비용, 침해의 제거 등을 위하여 지출한 비용, 변호사 비용 등 그 침해행위로 인하여 비로소 발생한 비용이다.

소극적 손해란 일실이익이다. 즉 침해행위가 없었더라면 권리자가 얻었을 이익의 상실이다.

정신적 손해는 침해행위로 인하여 받은 정신적 타격·고통의 평가이다. 일반적으로 지적 재산권 침해에 있어서는 재산적 손해를 배상받으면 정신적 고통도 회복된다고 보아야 할 것이다. 따라서 지적재산권 침해행위로 인하여 입게 된 정신적 고통을 위자할 의무가 있다고 하기 위해서는 재산적 손해의 배상에 의하여 회복할 수 없는 정신적 손해가 발생하였다는 특별한 사정이 있고, 침해자가 그러한 사정을 알았거나 알 수 있었어야 한다.

[판례] 인터넷제국 사건(서울중앙지법 2001.8.24.선고 2000가합83171 판결)

저작권침해행위로 말미암아 재산상 손해를 입게 되었음은 물론 그 침해중지를 위한 고소와 수사절차진행과정에서 많은 시간적, 경제적 손실을 입게 되었더라도, 그 침해행위에 의하여 신용훼손이나 또는 재산상 손해배상만으로는 회복할 수 없는 정신적 손해가 있었다는 특별한 사정을 인정할 자료가 없는 한, 정신적 손해에 대한 위자료는 인정되지 않는다.[693]

693) 대법원 1996.11.26.선고 96다31574 판결(일반적으로 타인의 불법행위 등에 의하여 재산권이 침해된 경우에는 그 재산적 손해의 배상에 의하여 정신적 고통도 회복된다고 보아야 할 것이므로, 영업비밀 침해행위로 인하여 영업매출액이 감소한 결과 입게 된 정신적 고통을 위자할 의무가 있다고 하기 위하여는 재산적 손해의 배상에 의하여 회복할 수 없는 정신적 손해가 발생하였다는 특별한 사정이 있고 영업비밀 침해자가 그러한 사정을 알았거나 알 수 있었어야 한다) 참조.

그러나 저작인격권 침해의 경우는 정신적 손해는 침해행위로부터 통상 생기는 손해이며, 예견가능성은 문제되지 아니한다.[694] 그런데 많은 경우에 하나의 행위가 저작재산권 침해는 물론 저작인격권 침해로 되는 경우가 많아 저작권 침해의 경우에는 위자료 청구가 뒤따르는 경우가 많다. 나아가 저작인격권 등 침해로 인한 위자료는 전체 손해배상 액수의 적정화를 위한 조정적 기능을 담당하는 역할을 하기도 한다.[695]

한편 손해란 저작권 침해행위가 없었더라면 있었어야 할 이익 상태와 침해행위가 이미 발생한 현재의 이익 상태와의 차액이다. 그러나 그 차액을 산정한다는 것은 쉬운 일이 아니므로 그 입증책임을 권리자에게 지우고 있는 현행법제 하에서는 손해배상청구권이 유명무실하게 되는 경우가 많다. 이에 현행 저작권법은 입증의 곤란을 구제하기 위하여 손해액추정규정(법 125조 1항), 최소배상금의 보장(법 125조 2항), 과실의 추정(법 125조 4항), 상당한 손해액 인정(법 126조) 등 권리보호에 상당한 배려를 하고 있다.

가) 손해액 추정　　권리를 침해한 자가 침해행위에 의하여 이익을 받았을 때에는 그 이익의 액을 저작재산권자 등이 입은 손해액으로 추정한다(법 125조 1항). 이 경우 이익액은 손해배상을 청구하는 원고가 입증하여야 한다.[696]

[판례 1] 저작권 침해물의 작성자와 발간·배포자의 책임(서울민사지법 1995.6.23.선고 94가합67215 판결)

저작권 침해물의 작성자와 발간자 및 배포자는 침해행위로 인하여 원고가 입은 손해를 각자 배상할 책임이 있고, <u>저작재산권을 침해한 자가 침해행위에 의해 이익을 받았을 때에는 그 이익액을 저작재산권자 등이 입은 손해액으로 추정</u>할 수 있는바, 피고들이 침해물을 발간·배포하여 얻은 순이익액은 금 1,270,000,000원[계산근거: (1권당 대여료 총액 1,350,000원×2,000질)×60%(40%는 판매수수료로 영업사원에게 지급)－350,000,000원]이고, 침해물 전체에서 침해부분이 차지하는 비율은 35%(침해부분 4,000면/전체 11,100면)라 할 것이므로, 피고들이 침해부분을 통하여 얻은 이익액은 금 444,500,000원

694) 윤경, 「저작권법」, 육법사, 665면 참조.

695) 오승종, 「저작권법」, 박영사, 1303면. 하여 일본의 경우에도 "인용총액이 적은 사건일수록 인용되는 전체 손해배상금액 중에서 위자료 액수의 비율이 높아지는 현상이 발견된다"고 한다(ibid.).

696) 후술 강아지왈츠 사건(서울고법 1995.12.5.선고 94나9186 판결) 참조.

(1,270,000,000×0.35)이 된다.

[판례 2] 「하얀나라 까만나라」 사건(서울고법 1995.10.19.선고 95나18736 판결)

(1) 재산적 손해

저작권법 제93조 제2항(현 제125조 제1항)은 저작권법상의 권리자가 권리침해를 이유로 손해배상을 청구하는 경우에 권리침해자가 침해행위에 의하여 이익을 받았을 때에는 그 이익의 액을 권리자의 손해액으로 추정한다고 규정하고 있는바, 이 사건과 같이 소설을 각색하여 저작권을 침해하는 경우의 이익은 침해자가 그 저작권을 침해한 대본의 집필로 받은 고료에서 침해자 자신의 기여도와 세금 및 일반관리비 등 경비를 공제한 액을 침해자의 이익액으로 봄이 상당하다고 할 것이므로 이를 기준으로 위 피고가 이 사건 저작권 침해로 받은 이익액을 산정하면 다음과 같다.

앞에서 본 증거들과 갑 제5호증의 5, 9의 각 기재 및 변론의 전취지에 의하면, 위 피고는 "연인"이라는 연속극의 대본에 관하여 피고 제작단과 대본집필계약을 체결함에 있어 각 대본의 편당 기본극본료는 원고료의 등급을 가등급으로 정하여 편당 금 847,200원(기본극본료 : 681,000원 + 자료비 : 166,200원)으로 산정하고 대본은 총 50편으로 예정되어 특별고료 명목으로 금 25,000,000원(=500,000원×50회), 기본극본료 명목으로 금 42,360,000원(=847,200원×50회) 등 합계 금 67,360,000원을 50편의 극본료로 지급받았고 1993. 7. 6.경 재방송에 따른 저작권료조로 금 11,798,300원{=(재방송 기본극본료 : 204,300원 + 일반관리비 : 10,215원 + 이윤 : 21,451원)×50회}을 지급받는 등 도합 금 79,158,300원을 지급받았는데 위 피고가 연속극의 대본을 작성함에 있어서 원고료의 등급이 가등급으로 정하여진 것은 위 피고 자신의 지명도 및 능력이 고려된 사실을 인정할 수 있고 반증 없는바, 위 인정사실에 따라 이 사건 극본료의 산정 및 취득에 있어서 위 피고 자신의 지명도 및 능력의 기여에 상응한 부분을 그 이득액에서 공제하기로 하되 그 기여도는 30% 정도로 봄이 상당하다고 할 것이고, 또한 위 대본을 집필함에 있어서 인정되는 자료비, 일반관리비 등의 여러 경비의 비율은 10% 정도로 정함이 상당하다고 할 것이니 위 기여도 및 경비의 비율을 위 피고가 받은 극본료에서 공제하면 위 피고가 위 대본의 집필로 받은 실질적 이익은 금 47,494,980원{=79,158,300원×(100 − 30 − 10)%}이 되고 그 중 이 사건 저작권 침해로 인하여 얻은 이익은 계산상 총 50회분 중 13회분에 해당하는 금 12,348,694원(=47,494,980원×13/50)이 된다고 할 것인데 원고가 이 사건 저작권 침해로 입은 재산적 손해로서는 그 중 금 12,000,000원을 인용하는 것이 상당하다고 할 것이다.

원고는 위 저작권법 제93조 제2항에 의한 손해액 외에 같은 조 제3항에 의하여 그 권리행사로 통상 얻을 수 있는 금액에 상당하는 액의 지급을 별도로 구한다고 주장하므로 살피건대, 위 제3항의 규정은 제2항의 규성에 의한 손해액에 갈음하여 통상 손해를 구할 수 있도록 함으로써 피해자의 입증의 노고를 경감시켜 주려는 취지에 불과하고 제2항과 별도의 배상을 구할 수 있다는 규정으로는 보이지 아니하여 위 제2항과 제3항의 관계는 서로 선택적 관계에 있다고 할 것이니 결국 위와 같이 제2항에 의한 손해의 청구가 인정되는 이상 같은 조 제3항에 의한 손해배상을 별도로 구할 수 없다고 할 것이므로 원고의 위 주장은 이유 없다.[697]

(2) 정신적 손해

피고 최△△가 원고의 이 사건 소설의 일부를 그대로 위 피고의 대본에 무단 이용하여 그 표현을 수정, 변경함으로써 원고가 이 사건 소설에 대하여 가지는 동일성유지권 내지 저작물존중권을 침해하였다고 할 것이고 특별한 사정이 없는 한 원고는 이로 인하여 명예와 감정에 손상을 입는 정신적 고통을 받았을 것임이 경험칙상 인정되므로 이를 금전으로써 위자할 의무가 있다고 할 것인데, 위 침해행위의 태양, 저작권의 내용, 원고의 사회적 지위, 소설가로서의 경력 등 여러 가지 사정을 참작하여 그 위자료의 금액은 금 3,000,000원으로 정함이 상당하다.

[판례 3] 아스팔트 사나이 사건(서울지법 1996.9.6.선고 95가합72771 판결)[698]

피고 1이 집필한 이 사건 만화 중 원고의 위 '사하라 일기'와 실질적인 유사성이 있어 원고의 저작권을 침해하였다고 볼 수 있는 부분은 위 만화 약 1,800페이지 중 별지 2. 기재와 같이 약 10페이지 정도인 사실을 인정할 수 있으나, 원고의 저작권을 침해한 파리-다카르 랠리에의 참가 부분이, 주인공인 이강토가 국산 자동차를 개발한 다음 랠리에 참가시켜 완주함으로써 그 우수성을 입증하여 국내 자동차시장을 석권한다는 내용으로 구성된 이 사건 만화의 1권부터 3권까지에서 차지하는 비중에 비추어 보면 위 피고의 위 만화에 의한 원고의 저작권의 침해 범위는 위 만화의 10% 정도라고 봄이 상당하다 할 것이다(전체가 하나의 통일된 구성을 가진 이 사건 만화의 경우 저작권의 침해 범위를 단순히 수량으로 계산함은 부당하고, 전체의 주제에 비추어 그 침해 부분의 가치를 평가함이 옳을 것이므로, 이 점에 관한 피고 대리인의 주장은 받아들이지 아니한다).

---

697) 밑줄 친 부분에 관하여 대법원은 "원심이 위 제2항과 제3항과의 관계에 대하여 잘못된 판단을 하고 있다"고 보았다(대법원 1996.6.11.선고 95다49639 판결). 또 본 판결에서 제2항, 제3항이라고 한 것은 현행법상은 제1항, 제2항이다. 이들 관계에 대해서는 본서, 본절 3. (2) 3) 참조.

698) 제2심(서울고법 1997.7.22.선고 96나41016 판결: 항소기각).

[판례 4] 물건의 일부가 저작재산권의 침해에 관계된 경우, 침해행위에 의한 이익액의 산정방법(대법원 2004.6.11.선고 2002다18244 판결)

물건의 일부가 저작재산권의 침해에 관계된 경우에 있어서는 침해자가 그 물건을 제작·판매함으로써 얻은 이익 전체를 침해행위에 의한 이익이라고 할 수는 없고, 침해자가 그 물건을 제작·판매함으로써 얻은 전체 이익에 대한 당해 저작재산권의 침해행위에 관계된 부분의 기여율(기여도)을 산정하여 그에 따라 침해행위에 의한 이익액을 산출하여야 할 것이고, 그러한 기여율은 침해자가 얻은 전체 이익에 대한 저작재산권의 침해에 관계된 부분의 불가결성, 중요성, 가격비율, 양적 비율 등을 참작하여 종합적으로 평가할 수밖에 없다(작곡가의 저작권을 침해하여 그 곡을 타이틀곡으로 한 음반을 제작·판매함에 있어서 음반판매로 얻은 이익에 대한 위 해당곡의 기여도가 30%에 해당한다는 원심의 판단을 수긍한 사례).[699]

그런데 손해액 산정을 보다 용이하게 하기 위하여 논자에 따라서는 특허법 제128조 제1항[700]과 같은 규정의 도입을 주장한다.[701] 이러한 규정이 도입되지 않은 현행법 하에서 다음 판례는 시사하는 바가 크다.

[판례] 「야록 통일교회사」 사건(서울지법 1998.5.29.선고, 96가합48355 판결)

피고들은 이 사건 제4저작물을 30,000부 정도 복제하여 배포한 사실, 저작권자가 당해 저작물을 직접 출판하여 판매할 경우 그 이익률은 약 25% 정도인 사실, 이 사건 제4저작물의 소비자 가격은 금 7,000원인 사실을 각 인정할 수 있으므로 피고들이 배상하여야 할 재산상 손해액은 52,500,000원(30,000×7,000×25%)이 된다.

나) 최소배상금의 보장 등　　저작재산권자 등이 고의 또는 과실에

---

699) 평석: 강민구, 「정보법판례백선(1)」, 470면.

700) 제128조(손해액의 추정 등) ① 특허권자 또는 전용실시권자는 고의 또는 과실로 인하여 자기의 특허권 또는 전용실시권을 침해한 자에 대하여 그 침해에 의하여 자기가 입은 손해의 배상을 청구하는 경우 당해 권리를 침해한 자가 그 침해행위를 하게 한 물건을 양도한 때에는 그 물건의 양도수량에 특허권자 또는 전용실시권자가 당해 침해행위가 없었다면 판매할 수 있었던 물건의 단위수량당 이익액을 곱한 금액을 특허권자 또는 전용실시권자가 입은 손해액으로 할 수 있다.

701) 정충원, 「저작권침해로 인한 손해배상에 관한 연구」(박사학위청구논문), 경희대학교 대학원, 2010, 제4장 3절. 일본은 특허법과 마찬가지로 저작권법에도 이러한 규정을 두고 있다(제114조 제1항).

의하여 그 권리를 침해한 자에 대하여 그 침해에 의하여 자기가 받은 손해의 배상을 청구하는 경우에 그 권리의 행사로 통상 얻을 수 있는 금액에 상당하는 액을 저작재산권자 등이 받은 손해의 액으로 하여 그 손해배상을 청구할 수 있다(법 125조 2항).[702] 그러나 이것은 최소배상의 보장에 불과할 뿐이고 이러한 배상을 받고도 아직 손해가 있을 때에는 "그 초과액에 대해서도 손해배상을 청구할 수 있다." 제125조 제3항은 당연한 규정이라 할 것이다.

다) 손해액추정규정(법 125조 1항)과 최소배상금의 보장(법 125조 2항)의 관계 저작권법 125조 1항에서는 저작재산권을 침해한 자가 침해행위에 의하여 이익을 받았을 때에는 그 이익의 액을 저작재산권자 등이 입은 손해액으로 추정한다고 규정하고 있고, 그 제125조 2항에서는 그 권리의 행사로 통상 얻을 수 있는 금액에 상당하는 액을 손해액으로 하여 그 배상을 청구할 수 있다고 규정하고 있는바, 이는 피해 저작재산권자의 손해액에 대한 입증의 편의를 도모하기 위한 규정으로서 최소한 제2항의 규정에 의한 금액은 보장해 주려는 것이므로, 결국 제1항에 의한 금액과 제2항에 의한 금액 중 더 많은 금액을 한도로 하여 선택적으로 또는 중첩적으로 손해배상을 청구할 수 있다.[703]

라) 과실의 추정 저작권법은 등록의 장려라는 측면에서 "등록되어 있는 저작권 · 배타적발행권(제88조 및 제96조에 따라 준용되는 경우를 포함한다) · 출판권 · 저작인접권 또는 데이터베이스제작자의 권리를 침해한 자는 그 침해행위에 과실이 있는 것으로 추정한다"고 규정한다(125조 4항).

[판례 1] 「한국인의 웃음」 사건(서울고법 1987.8.21.선고 86나1846 판결)

저작재산권 침해로 인한 손해는 특별한 사정이 없는 한 저작권 침해 도서의 발행부수에 따르는 인세 상당이라고 볼 수 있다. 다음 피고들의 저작권 침해로 이주홍이 상당한 정신적인 고통을 받았을 것임이 경험칙상 인정되는바, 침해행위의 형태, 저작권의 내용, 이주홍의 사회적 지위, 학식 등을 참작하면 위자료 금액은 금 1,000,000원으로 정함이 상당하다.(밑줄: 필자)

---

702) 그러나 그렇게 되면 사전에 허락을 얻어 지급하는 라이선스료와 무허락으로 침해가 발견된 단계에서 지급하는 손해배상액이 같은 금액으로 되는 결과로 된다. 이에 일본에서는 1998년 특허법 개정을 모방하여 2000년, 「통상」이라는 문언을 삭제하고 권리자와 침해자 사이의 구체적 사정을 감안하여 사용료 상당액을 결정할 수 있게 하였다[中山信弘, 「著作權法」, 498면(윤선희 편역본, 439면) 참조].

703) 서울고법 1996.7.12.선고 95나41279 판결; 대법원 1996.6.11.선고 95다49639 판결 참조.

[판례 2] 「테레사의 연인」 사건(서울지법 남부지원 1989.12.8.선고 88가합2442 판결)

사실관계: 피고는 KBS 제2텔레비전의 「가요드라마」라는 연속프로그램에서 원고의 승낙이나 동의 없이 단막극 「고독」을 방영하면서 원고의 가요 「고독」을 그 작사·작곡자의 성명도 밝히지 아니한 채 원곡 그대로 또는 편곡하여 아코디언이나 전자오르간 등의 악기나 남자의 휘파람, 콧노래 등으로 부르거나 연주하게 하여 이를 위 가요드라마의 주제음악 및 배경음악으로 이용하였다.

판결요지: 재산적 손해 중 무단방영에 따른 사용료에 관하여 보건대, 사단법인 한국음악저작권협회의 음악저작물 사용료 규정 및 음악저작물 사용료 분배규정을 적용하면, 가요 「고독」이라는 작품이 텔레비전 가요드라마 50분 프로에 방송되었을 경우 주제음악 분배점수는 2/10점(작사 1/10+작곡 1/10점), 배경음악 분배점수는 4/10점(작사 1/10+작곡 1/10)×2(방송프로그램 시간의 20/100을 전체 사용시간으로 보아 50분×20/100=10분이므로 2점), 합계점수가 6/10(2/10+4/10)점이고 위 분배의 편의상 텔레비전 및 라디오 구분, 관계 권리자 구분 등의 최소공배수를 상정하여 보면 위 6/10점은 72점이 되고, 한편 위 협회가 피고로부터 받은 1988년도 방송사용료 분배금은 376,321,400원이고 방송된 음악저작물의 총 분배점수는 2,766,784점이어서 결국 분배점수 1점당 방송사용료는 금 136원이고, 따라서 원고가 위 협회의 회원이었다면 위 가요 「고독」을 위 가요드라마의 주제음악 및 배경음악으로 방영된 경우 받을 수 있는 방송사용료는 금 9,792원(72점×136원) 정도인바, 위 가요사용료에 관하여 아무런 다른 증거가 없는 본건에 있어서 회원인 경우 분배되는 위 사용료가 비회원인 경우에도 일응 그대로 적용된다고 봄이 상당하다.(밑줄: 필자)

[판례 3] 「토플 시험문제」 사건 = 손해배상액의 산정(서울민사지법 1993.10.25.선고 92가합35610 판결)

교육용 프로그램으로의 사용 등 잔존하는 부수적 목적을 위하여 미공표의 상태로 두고 있는 미공표 문제라 하더라도 당초의 출제 및 제작목적에 이미 사용되었다면 공표문제와 구분하지 아니하고 그 저작권을 행사하여 통상 얻을 수 있는 금액을 손해배상액으로 보아야 할 것이다. 토플문제에 대하여 저작권을 행사하여 통상 얻을 수 있는 금액(사용료)에 상당하는 액에 관하여 보건대, 원고의 내부적인 사용료액(1회 시행문제 전체에 대하여는 미화 3,500달러, 그 이외의 경우에는 문항당 개발도상국의 경우는 미화 7.5달러, 기타 나라의 경우에는 미화 25달러) 기준에다가 원고의 이 사건 토플문제 제작 동기 및 그 사용관계, 피고들의 저작권 침해행위의 태양 및 동기, 침해의 방법 및 정도, 위 (잡지명 생략) 잡지 및 최신실전토플테스트 책의 (추정)판매부수 등 이 사건 변론에 나타난 제반 사정을 참작하면, 원고가 토플문제에 관하여 저작권을 행사하여 통상 얻을 수 있는 금액은 토플문제 1문항당 미화 10달러라고 함이 상당하다.

[판례 4] 「운전면허 학과시험」 사건(서울민사지법 1995.4.7.선고 94가합63879 판결)

피고들은 사건 편집저작물의 대부분을 그대로 무단 복제하여 저작재산권을 침해한 데에 대한 배상액으로서, 침해물의 총 판매금액 가운데 인세에 해당하는 상당액[12,000,000원(30,000부×4,000원×0.1)]과 침해물에 「운전면허교재연구회」라는 가공의 저자명을 기재, 저작인격권 중 성명표시권을 침해한 데에 대한 위자료로 3,000,000원을 배상해야 할 책임이 있다.(밑줄: 필자)

[판례 5] 강아지왈츠 사건(서울고법 1995.12.5.선고 94나9186 판결)

(1) 구 저작권법은 손해액 추정에 관한 규정을 두지 않은 반면 현 저작권법은 제93조 제2항에 손해액 추정에 관한 규정을 두었으나, 어느 경우에도 '침해한 자의 이익액'에 관하여는 저작권자의 입증책임이 면제되거나 전환되는 것이 아니어서, 손해배상을 구하는 저작권자는 구 저작권법하에서는 자신의 손해액을, 현 저작권법하에서는 제93조 제2항의 추정을 원용하더라도 침해한 자의 이익액을 각기 입증하여야 한다.

(2) 현 저작권법하의 침해행위로 인한 손해의 산정에 있어서는 서적의 정가에 현행 저작권법상의 추정출판부수를 곱한 금액에다가 다시 그 복제수록면수의 총면수에 대한 비율을 곱한 금액의 1할(인세율)에 상당하는 금액이 저작권자로서도 통상 얻을 수 있는 금액이어서 그 손해액으로 간주되고, 구 저작권법하에서의 침해행위에 있어서는 위와 같은 방법으로 산출된 금액이 통상의 손해액이라고 인정된다.(밑줄: 필자)

(3) 원고가 위 인정의 편곡저작권 침해행위로 인하여 정신적 고통을 받았으리라고 경험칙상 인정되므로, 피고는 이를 금전으로나마 위자할 의무가 있는데, 이 사건 기록에 나타난 위 편곡저작권의 내용, 그 창작성의 정도와 음악적인 가치(그다지 높은 수준이 아님은 앞서 본 바이다), 피고의 침해행위의 태양과 정도, 침해행위 후 이 사건 소송에 이르기까지의 기간과 과정, 원고와 피고의 각 사회적 지위와 명예 등 모든 사정을 참작하면, 그 위자료는 금 1,000,000원으로 정함이 상당하다.

[판례 6] 소설마당 사건(서울고법 1996.7.12.선고 95나41279 판결)

원고는 1993년부터 이 사건 저작권자들을 포함한 회원들로부터 저작권을 신탁받아 관리하고 있는 소설들에 대하여 여러 출판사들과 저작물 출판계약을 체결하면서 원고지 1매당 금 3,200원씩의 저작권이용료를 받아 온 사실을 인정할 수 있고, 을 제10호증의 1 내지 23의 각 기재와 당심법원의 대한출판문화협회장에 대한 사실조회 결과는 위 인정에 방해가 되지 아니하며, 달리 반증이 없으므로 원고가 이 사건 소설부분에 대한 저작권의 행사로 통상 얻을 수 있는 금액은 원고지 1매당 금 3,200원씩으로 계산한 금액이라고 할 것이다.

[판례 7] '영상 가요 반주기' 사건(대법원 2001.11.30.선고 99다69631 판결)

구 저작권법(2000.1.12. 법률 제6134호로 개정되기 전의 것) 제93조 제3항은 저작재산권자 등은 제2항의 규정에 의한 손해액 외에 그 권리의 행사로 통상 얻을 수 있는 금액에 상당하는 액을 손해액으로 하여 그 배상을 청구할 수 있다고 규정하고 있는바, 여기서 권리의 행사로 통상 얻을 수 있는 금액에 상당하는 액이라 함은 침해자가 저작물의 사용 허락을 받았더라면 사용대가로서 지급하였을 객관적으로 상당한 금액을 말한다고 보아야 할 것이고, 음악저작물은 저작물에 따라 작품성과 대중 인기도에 차이가 있어 저작권자로서는 저작물을 사용하고자 하는 자와 사이에 저작물사용계약을 체결하면서 나름대로의 사용료를 정할 수 있는 것이므로, 저작권자가 당해 저작물에 관하여 사용계약을 체결하거나 사용료를 받은 적이 전혀 없는 경우라면 일응 그 업계에서 일반화되어 있는 사용료를 저작권 침해로 인한 손해액 산정에 있어서 한 기준으로 삼을 수 있겠지만, 저작권자가 침해행위와 유사한 형태의 저작물 사용과 관련하여 저작물사용계약을 맺고 사용료를 받은 사례가 있는 경우라면, 그 사용료가 특별히 예외적인 사정이 있어 이례적으로 높게 책정된 것이라거나 저작권 침해로 인한 손해배상청구 소송에 영향을 미치기 위하여 상대방과 통모하여 비정상적으로 고액으로 정한 것이라는 등의 특별한 사정이 없는 한, 그 사용계약에서 정해진 사용료를 저작권자가 그 권리의 행사로 통상 얻을 수 있는 금액으로 보아 이를 기준으로 손해액을 산정함이 상당하다.(밑줄: 필자)

* 위 판결에서는 원심은 한국음악저작권협회가 ① ROM-IC 방식의 컴퓨터영상 가요반주기에 음악저작물을 사용하게 하는 경우에 받는 사용료를 본건에도 그대로 적용하였는데 이는 부당하다는 것이다. 판결을 더 보기로 한다.

"원고 또는 원고의 남편이자 원고와 저작권위탁관리계약을 체결한 김학도가 반주기 등의 제작자들과 사이에 이 사건 각 저작물을 반주기 등에 수록하는 것을 승낙하면서 일정한 사용료를 받기로 계약을 체결하고 사용료를 받은 사실이 있음을 알 수 있고, 원고가 이와 같이 음악저작물을 사용허락할 경우 1편당 금 1,000,000원 내지 금 1,500,000원 정도의 사용료를 지급받았음은 원심이 인정한 사실인바, 그렇다면 원심으로서는 위와 같은 사용료가 이 사건 가요반주기와 같은 용도 또는 유사한 용도에 저작물을 사용하는 대가로 받은 사용료인지 여부와 그 액수가 특별한 사정이 있어 예외적으로 고액으로 정해진 것인지 여부를 더 심리하여 보고, 그 사용료가 가요반주기와 같거나 유사한 용도에 사용하는 대가로 받은 것으로서 그 액수가 예외적으로 고액으로 정해진 것이 아니라고 인정된다면, 그 사용료를 기준으로 삼아 피고가 이 사건 각 저작물을 무단 사용한 기간과 범위 등을 고려하여 원고의 손해액을 산정하였어야 할 것인데, 이에 나아가지 아니하고 원고가 지급받은 사용료는 원고가 임의로 정한 고액의 사용료로서 업계에서 일반적으로 통용되는 사용료라고 볼 수 없다는 이유만을 들어 위 사용료를 기준으로 삼아야 한다는 원고의 주장을 배척하고, 원고가 회원으로 가입하고 있지도 않은 소외 협회에서 여러 가지 사정을 감안하여 책정한 사용료를 원고가 이 사건 저작권의 행사로 통상 얻을 수 있었던 금액이라고 하여 이를 기준으로 손해액을 산정하였으니, 원심의 조치에는 구 저작권법 제93조 제3항에 의한 손해액 산정에 관한 법리를 오해하거나 원고가 통상 얻을 수 있는 사용료에 관하여 심리를 다하지 아니하여 판결에 영향을 미친 위법이 있다고 할 것이다."

** 위 판결의 내용과 유사한 판결에 대법원 2008.4.24.선고 2006다55593 판결, 대법원 2009.5.28. 선고 2007다354 판결, 대법원 2010.3.11.선고 2007다76733 판결이 있다.

아울러 "이때 저작권자가 침해행위와 유사한 형태의 저작물 사용과 관련하여 저작물사용계약을 맺고 사용료를 받은 사례가 반드시 저작권침해 행위의 이전의 것이어야 하거나 2회 이상 있어야 되는 것은 아니다"(대법원 2013.6.27. 선고 2012다104137 판결).

◈ 참고: 가상교섭방식

손해배상의 현실에 있어 대부분의 사례에서는 '통상 얻을 수 있는 금액에 상당한 액'이고 이것은 소위 로열티 상당액이다. 그런데 그 로열티라는 것도 업계표준의 로열티로 되는 것이 일반이다. 예컨대 반도체업계, 장난감업계 등 각각의 업계에서 이용계약을 체결할 때에 시세가 있고, 그에 맞추어 손해배상액을 계산한다. 즉 사전 라이선스계약을 체결하여 지급하는 라이선스료와 저작권 침해로 인한 손해배상액이 기본적으로는 같다. 그러나 이러한 일반적·일률적 계산방법은 경우에 따라서는 매우 부당한 경우가 많다. 침해가 일어나는 경우는 대개 성공한 작품인 경우가 대부분이므로 이런 경우라면 이익도 많을 것이고, 따라서 사용료도 업계표준보다 높아야 할 이치이다. 여기에서 "가령 당해 저작물의 저작권자와 저작물 이용자가 성의를 가지고 교섭했더라면 라이선스료는 어느 정도로 될 것인가"라는 기준으로 손해배상액을 결정하는 것이 소위 가상적 교섭방식이다. 특허의 경우에 미국에서는 이 방식에 의거하여 15～25%의 실시료가 인정되는 경우가 드물지 않고, 많게는 30%의 실시료를 인정하는 경우도 있다고 한다.[704]

◈ 참고: entire market value rule

우리나라 법원에서 손해배상을 산정하는 기준은 위에서 본 바와 같이 침해물 전체에서 침해부분이 차지하는 비율을 곱하여 산정한다. 예컨대 책이라면 '당해 서적의 정가'와 '인세율' 그리고 '전체에서 도용부분이 차지하는 비율'을 곱하여 나온 금

704) 蒲野宏之, 「특허마피아가 일본을 겨눈다」, 34면.

액이 배상액이다. 그러나 앞서 본 바와 같이 당해 업계의 표준적인 로열티상당액이라는 것도 문제이지만 또 하나의 문제는 '전체에서 도용부분이 차지하는 비율'을 기계적으로 곱한다는 것도 문제이다. 이것은 당해 저작물에서 모든 부분의 가치가 동일하다는 것을 전제로 한다. 그러나 이러한 가정은 저작물에 관한 한 옳지 못하다. 예컨대 갑의 책을 사는 것은 주로 특정 부분을 보기 위해서인데 을이 그 특정 부분을 도용하였다면 실제로는 전부를 도용한 것이다. 또 도용한 자가 핵심적인 그 특정 부분에 다른 것을 덧붙여 저작물을 작성하였다고 하더라도 팔리는 이유는 그 특정 부분이 있기 때문이다. 그러므로 구체적인 경우에 이러한 사정을 도외시하고 '전체에서 도용부분이 차지하는 비율'을 기계적으로 곱한다는 것은 불합리하다. 이 경우 배상액 산정에 도움이 되는 것이 미국법원이 특허에 관해서 발전시킨 'entire market value rule'이다. 'entire market value rule'이란 부품의 침해의 경우라도 최종 제품 전체의 가격을 기준으로 배상액을 산정한다는 것이다. 이 원칙이 적용되기 위해서는 다음의 3가지 요건을 충족시켜야 한다.[705]

① 특허부품의 사용에 의해 제품 전체의 매상이 신장되었다.

② 특허부품의 사용에 의해 제품 전체의 이익이 신장되었다.

③ 특허부품이 예비부품으로서 단독으로 판매되고 있지 않다.

경우에 따라서 이 원칙은 얼마든지 저작권침해의 경우에도 적용될 수 있을 것이다.

3) 상당한 손해액의 인정 법원은 손해가 발생한 사실은 인정되나 제125조의 규정에 의한 손해액을 산정하기 어려운 때에는 변론의 취지 및 증거조사의 결과를 참작하여 상당한 손해액을 인정할 수 있다(법 126조). 이 조항은 2003년 개정에서 신설된 조항이며, 특허법 제128조 제5항, 상표법 제67조 제5항과 대략 같은 취지이다. 이 조항들은 원래 일본 특허법 등의 규정을 본받은 것인데 일본 특허법 등에서 이러한 규정을 둔 것은 일본 신민사소송법 제248조가 "손해가 발생한 것이 인정되는 경우로서 손해의 성질상 그 액을 입증하는 것이 극히 곤란한 때에는 재판소는 변론의 취지 및 증거조사의 결과에 기해 상당한 손해액을 인정할 수 있다"고 규정한 데 기인한다. 즉 지적재산권이 침해된 경우가 이러한 "손해의 성질상 그 액을 입증하는 것이 극히 곤란한 때"에 해당하는지 여부에 대한 논의를 할 것도 없이 바로 지적재산권 침해의 경우에 이러한 규정을 적용하기 위한 것이다. 그러므로 민사소송법에 이러한 규정이 없는 우리로서는 상당히 대담하고 의미 있는 규정이다. 이 규정의 성질에 대해서는 증명도를

705) 위의 책, 35면.

경감해서 확신에 도달하지 않은 때라도 상당한 손해액을 인정할 수 있도록 한 규정이라고 보는 견해와 손해액의 산정은 법적 평가를 포함하는 것이며, 이 법적 평가에 있어서 재판관의 재량을 긍정한 규정이라고 보는 견해가 있다.

특허법 제128조 제5항	법원은 특허권 또는 전용실시권의 침해에 관한 소송에 있어서 손해가 발생된 것은 인정되나 그 손해액을 입증하기 위하여 필요한 사실을 입증하는 것이 해당 사실의 성질상 극히 곤란한 경우에는 제1항 내지 제4항의 규정에 불구하고 변론 전체의 취지와 증거조사의 결과에 기초하여 상당한 손해액을 인정할 수 있다.
상표법 제67조 제5항	법원은 상표권 또는 전용사용권의 침해에 관한 소송에 있어서 손해가 발생된 것은 인정되나 그 손해액을 입증하기 위하여 필요한 사실을 입증하는 것이 해당 사실의 성질상 극히 곤란한 경우에는 제1항 내지 제4항의 규정에 불구하고 변론 전체의 취지와 증거조사의 결과에 기초하여 상당한 손해액을 인정할 수 있다.
저작권법 제126조	법원은 손해가 발생한 사실은 인정되나 제125조의 규정에 의한 손해액을 산정하기 어려운 때에는 변론의 취지 및 증거조사의 결과를 참작하여 상당한 손해액을 인정할 수 있다.

[판례 1] 인터넷풍경사진 사건(서울중앙지법 2005.7.22.선고 2005나3518 판결)

이 사건 사진들은 예술적 창작성이 인정되어 저작권법에 의하여 보호되는 저작물에 해당된다고 할 것인데, 피고는 원고의 승낙도 없이 인터넷 사이트상에 게시된 원고의 사진들을 무단으로 복제함으로써 위 사진저작물에 관한 원고의 저작권을 침해하였으므로, 피고는 위와 같은 저작권 침해행위로 인하여 원고가 입은 손해를 배상할 책임이 있다고 할 것이다.

가. 재산상 손해 부분

원고는, 사진 1장당 통상 150만원의 사용료를 받을 수 있음을 전제로, 피고의 위와 같은 저작권 침해행위로 인하여 총 1,950만원(사진 1장당 150만원×13장)의 재산상 손해를 입었다고 주장하고 있으므로 살피건대, 갑 제4, 5호증의 각 기재에 의하면, 원고가 자신의 인터넷 홈페이지에 사진 1장당 사용가격을 150만원이라고 게시해 놓은 사실 및 원고가 2004.6.24. 동보시스라는 회사에 자신의 사진 1장을 150만원에 대여한 사실을 인정할 수 있으나, 위 인정 사실만으로는 원고가 이 사건 사진의 저작권 행사로 통상 사진 1장당 150만원을 얻을 수 있다고 인정하기에 부족하고, 달리 이를 인정할 만한 증거가 없으므로, 사진 1장당 통상 150만원의 사용료를 받을 수 있었음을 전제로 하는 원고의 위 주장은 받아들이지 아니한다.

다만, 저작권법 제94조는 "법원은 손해가 발생한 사실은 인정되나 제93조의 규정에 의한 손해액을 상정하기 어려운 때에는 변론의 취지 및 증거조사의 결과를 참작하여 상당한 손해액을 인정할 수 있다"고 규정하고 있는바, 앞서 본 기초사실에 이 사건 변론 전체의 취지에 의하여 인정되는 다음과 같은 사정 즉, i) 피고가 상업적인 목적으로 이용하거나 타인에게 공개할 의사로 원고의 사진들을 복제한 것이 아니라, 피고의 마음에 드는 사진들만 따로 모아놓고 이를 나중에 다시 감상하고픈 생각에 원고가 인터넷 사이트상에 게시해 놓은 사진들을 복제하기에 이른 점, ii) 피고가 인터넷 사이트상에 게시해 놓은 원고의 사진들 중 비교적 소량인 자신의 마음에 드는 사진 13장만 복제하였던 점, iii) 원고가 피고를 저작권법 위반으로 형사고소하자, 피고가 즉시 디렉토리 내에 저장해 두었던 사진들을 삭제한 점, iv) 피고가 원고의 사진들을 무단으로 복제한 자신의 잘못을 뉘우치고, 원고가 이 사건 소를 제기하기 이전부터 원고와 합의하기 위해 계속 노력해 온 점 등을 참작하면, 피고의 저작권 침해행위로 인한 원고의 손해액은 최대한 130만원(사진 1장당 10만원×13장)이라고 봄이 상당하다.

나. 정신적 손해 부분

원고는, 피고의 위와 같은 저작권 침해행위로 인하여 정신적 고통을 받았으므로, 피고는 원고에게 위자료를 지급할 의무가 있다고 주장하나, 일반적으로 타인의 저작권침해행위로 인하여 저작재산권이 침해된 경우 그 재산적 손해의 배상에 의하여 정신적 고통도 회복된다고 보아야 하고, 재산적 손해의 배상만으로는 회복할 수 없는 정신적 손해가 발생한 경우에 한하여 위자료를 청구할 수 있다 할 것인데, 위와 같은 재산적 손해의 배상만으로 회복될 수 없는 정신적 손해가 발생하였다는 점을 인정할 만한 아무런 증거가 없으므로, 원고의 이 부분 주장은 이유 없다.

[판례 2] '돌아와요 부산항에' 사건(서울서부지법 2006.3.17.선고 2004가합4676 판결)

(1) 원작사자의 동의 없이 노래 가사를 바꾸어 2차적 저작물인 다른 가사를 같은 곡에 붙여 공연, 방송, 복제 등을 함으로써 원작사자의 저작재산권을 침해한 경우에 원작사자가 입은 손해액을 평가할 기준이 없고, 원고가 제출한 모든 증거를 살펴보아도 그 기준을 찾을 방법조차 가늠하기 어렵다. 또한, 저작권법 제93조 제1항이 저작재산권을 침해한 자가 침해행위로 인하여 받은 이익액을 저작재산권자가 입은 손해액으로 추정한다고 규정하고 있으나, 피고가 원작사자인 소외인의 가사를 바꾸지 아니하고 그대로 이용한 것이 아닌 점, 소외인은 이 사건 음반을 발표한 이후 별다른 활동이나 홍보를 하지 않고 군대에 갔으며 이 사건 음반을 발표한지 1년 만에 사망하는 등으로 그 노래를 대중에게 그리 호소하지도 못하여 인기가 거의 없었고 음반 판매는 물론 방송, 유흥주점, 노래방, 음악관련서적 등에 무시하여도 좋을 만큼 실적이 거의 없었던 것으로 보이는 점, 더구나 조용필이 1972년 '돌아와요 부산항에'를 음반으로 발표했을 때에도 그리 알려지거나 대중의 인기를 끌지는 못한 점, 이 사건 '돌아와요 부산항에'는 1975년 재일동포 고향방문단이 향수에 젖어 대대적으로 부산항을 통하여 모국을 방문한 당시의 시대적 물결을 흡수하여 유행시키고자 한 피고에 의하여 동포의 귀환에 관한 내용으로 가사가 상당

부분 수정되고 전보다 인기가 급상승한 가수 조용필의 강한 호소력 등이 어우러져 일약 유명해진 점, 그 후에도 피고의 개사와 가수 조용필의 편곡과 가창력, 국민가수로서의 강한 이미지 등이 어울려 이 사건 '돌아와요 부산항에'가 꾸준히 대중적 인기를 누린 것이고, 그러한 요소가 없었다면 '돌아와요 충무항에'는 대중가요사에만 남아있을 뿐 그 2차적 저작물인 이 사건 '돌아와요 부산항에'조차도 대중의 사랑을 받고 널리 애창되는 등 인기를 누리기는 어려웠던 것으로 보이는 점 등을 종합하여 보면, 위 규정을 그대로 적용할 수는 없다. 따라서 원고의 이 부분 청구는 더 나아가 살필 것 없이 받아들이지 아니한다.

(2) 다음으로, 저작권법 제93조 제2항은 저작권자가 그 권리의 행사로 통상 받을 수 있는 금액에 상당한 액을 최소한의 손해배상액으로 청구할 수 있다고 규정하고 있으나, 피고의 침해행위 당시 약정사용료가 존재하지도 아니하고 원·피고 제출의 관련 증거에 의하여도 만약 그 당시에 이용허락계약이 있었다면 사용료로 결정되었을 가정적인 금액 등을 산정할 보조자료마저 찾을 수 없고, 달리 이에 대한 원고의 입증도 없어 위 규정을 적용할 수도 없다.

(3) 그렇다면 저작권법 제94조에 따라 법원이 변론의 취지 및 증거조사의 결과를 참작하여 상당한 손해액을 산정할 수밖에 없다. 살피건대, 소외인이 '돌아와요 충무항에' 가사를 창작하고 가수로서 활동한 기간과 그 당시 동종업계나 대중의 반응, 피고가 가사를 바꾸게 된 경위와 그 바뀐 내용, 그로 인하여 '돌아와요 충무항에' 가사가 묻히지 않고 재창조되어 소외인도 작사자로서의 인기를 되살릴 수 있는 기반이 마련된 점, 이 사건 '돌아와요 부산항에'가 대중들에게 인기를 끌게 된 경위와 그에 관련된 여러 사정들, 원·피고의 관계, 원고가 피고에게 개사 등을 이유로 확인을 구하자 그에 대하여 피고가 취한 태도, 피고가 이 사건 '돌아와요 부산항에'의 작사자로서 사단법인 한국음악저작권협회로부터 받은 금액이 원고 주장과 거의 같은 점(사단법인 한국음악저작권협회에 대한 각 사실조회 결과) 등 이 사건 변론에 나타난 모든 사정들을 고려하면, 피고가 원고에게 배상하여야 할 손해액은 30,000,000원으로 봄이 상당하다(원고는 손해배상과 더불어 부당이득청구도 구하는 것으로 보이나, 특별한 사정이 없는 한 손해배상 이외에 추가적으로 부당이득을 구할 수는 없다).

[판례 3] '살아 있는 동안 꼭 해야 할 49가지' 사건(대법원 2012.2.23.선고 2010다66637 판결)[706)]

이 사건은 피고 갑이 중국 출판사의 허락을 얻어 중국 서적[일생에 해야 할 99가지 일]의 일부를 번역하고, 중문서적에 실려 있지 않은 4가지 이야기를 추가한

---

706) 이 사건은 '서울중앙지법 2008.6.20.선고 2007가합43936 판결→서울고등법원 2010.7.1.선고 2008나68090 판결→대법원 2012.2.23.선고 2010다66637 판결→ 서울고등법원 2013.1.23.선고 2012나24622 판결→대법원 2013.7.12.선고 2013다22775 판결'을 거쳤다.

후, 이야기별로 말미에 짧은 감상을 덧붙이고 삽화를 넣어 책을 완성한 후, 2004.12.20. "살아 있는 동안 꼭 해야 할 49가지"라는 제목으로 초판을 발행하였고, 피고 갑을 제외한 나머지 피고들은 피고 갑으로부터 서적을 공급받아 판매한 사건이다. 피고 갑이 중국 출판사의 허락을 얻었다고 하더라도 출판권만 있는 자가 번역을 허락할 수는 없는 이치이니, 이는 권한 없는 자에 의한 허락이며, 결국 피고 갑이 원고의 저작권을 침해한 것이다. 문제는 그 손해배상 액수를 어떻게 정할 것인가이다.

(1) 제1심(서울중앙지방법원 2008.6.20.선고 2007가합43936 판결)은 피고 갑에 대해서는, "외국 서적의 국내 번역·출판계약에 있어서 인세율은 일반적으로 7% 내외에서 정하여진다고 인정되나, 다만 … 이 사건 번역서적은 이 사건 중문서적 전체를 번역한 것이 아니라 그중 절반 정도인 45개의 이야기만을 선별하여 피고 갑이 자체적으로 정한 순서에 의하여 번역·수록한 것이며, 그 이외에 피고 갑이 이야기 4개와 개별 이야기에 부가되는 감상 및 삽화 등을 추가하여 책을 완성한 점을 고려할 때, 이 사건 번역서적과 같은 형태의 출판의 경우 일반적인 번역 서적 인세율보다 낮은 3%를 통상적인 인세율로 봄이 상당하고, 한편 피고 갑의 실제 판매부수에 관하여는 위 피고가 자인(自認)하는 수량 이상이 판매되었음을 인정할 만한 구체적인 자료가 없으므로, 결국 위 인세율(3%) 및 판매부수(1,137,967권)에 의해 계산하면 원고의 손해액은 300,423,288원(=8,800원×3%×1,137,967권) 및 이에 대한 지연손해금이 된다고 할 것이다"고 판시하였다. 그리고 나머지 피고 8인에 대해서는 이 사건 번역서적 전체에 대한 매출 내역 이외에 나머지 피고들이 원고로부터 판매 및 소지 행위의 중지를 요구한 이후, 즉 저작권침해 책임을 지는 2006.10.20.경 이후에 각자 몇 부를 판매하였는지에 관해서는 이를 구체적으로 알 수 있는 자료가 없고, 이 사건 번역서적이 매월 동일한 수량으로 판매되었다고 보기도 어려우므로, 원고의 주장과 같이 단순히 전체 판매기간 중 침해기간이 차지하는 비율에 의해 2006.10.20. 이후의 매출액을 산정할 수는 없는바, 이처럼 손해가 발생한 사실은 인정되나 구체적인 손해액을 산정하기 어려운 경우 법원은 변론의 취지 및 증거조사의 결과를 참작하여 상당한 손해액을 인정할 수 있으므로, 살피건대, 다음과 같은 사정, 즉 ① 피고 갑이 스스로 밝힌 매출 내역에 의하면 2006.10.경부터 2008.4.경까지 이 사건 번역서적의 판매부수는 총 56,170권으로서 2004.12.20.부터 2008.4.20.까지 총 판매부수의 약 5% 정도(≒56,170권/1,137,967권)인 점, ② 나머지 피고들은 모두 상당한 규모의 온라인·오프라인 서점을 운영하고 있는바, 나머지 피고들이 각자 판매한 구체적인 부수는 서로 큰 차이가 없을 것으로 보이는 점을 고려할 때, 피고 갑이 부담하는 손해액 중 나머지 피고들이 피고 갑과 각자 부담하여야 할 손해액은 각 200만 원(≒300,423,288원×5%×1/8) 및 이에 대한 지연손해금으로 정함이 상당하다.

(2) 이에 대해 항소심인 '서울고등법원 2010.7.1.선고 2008나68090 판결'은 피

고 갑에 대해서도 저작권법 제125조 제2항에 의하여 손해액을 산정할 수 없다고 본 후 "원고의 손해액을 산정할 수 있는 별다른 증거가 없는 이 사건에 있어서는, 저작권법 제126조에 의하여 법원이 변론의 전취지 및 증거조사의 결과를 참작하여 상당한 손해액을 인정함이 상당하다"고 보았다. 즉 「이 사건 번역서적의 총 매출액이 11,139,217,015원에 이르는 점, 이 사건 번역서적은 이 사건 중문서적의 이야기 중 절반 정도인 45개의 이야기를 선별하여 피고가 자체적으로 정한 순서에 의하여 번역·수록한 것이며, 그 이외에 피고 갑이 이야기 4개와 개별 이야기에 부가되는 감상 및 삽화 등을 추가하여 책을 완성한 점, 이 사건 번역서적이 독자들로부터 큰 호응을 얻은 것은 피고 갑의 우수한 광고 및 판매전략에 기인한 바도 있는 점, 피고 갑을 제외한 나머지 피고들이 2006.10.20. 원고로부터 저작재산권 침해중지 통고를 받은 이후 이 사건 번역서적을 판매한 부수는 총 판매부수의 약 5% 정도에 이르고 위 피고들이 각자 판매한 구체적인 부수는 서로 큰 차이가 없을 것으로 보이는 점 등에다가 이 사건 저작재산권 침해행위 태양, 침해정도, 침해기간, 피고들이 얻은 이익, 이 사건 중문서적의 주지성 정도, 그 밖에 이 사건 변론에 나타난 모든 사정을 고려하면, 피고들의 손해배상액은 피고 갑에 대하여는 이 사건 번역서적의 총 매출액에 7%의 인세율을 곱한 금액의 절반 상당액인 4억 원으로, 나머지 피고들에 대하여는 위 금액의 5%인 2,000만 원을 배분한 각 250만 원으로 정함이 상당하다.

(3) 원고, 피고 모두 상고하였고, 이에 대해 대법원은 증거조사의 결과와 변론 전체의 취지에 의하여 밝혀진 간접사실들을 종합하여 피고들의 저작재산권 침해로 인한 원고의 손해액을 산정한 점은 타당하나, 원심이 독창성을 인정한 4개의 이야기는 독창성이 없다고 보고 손해액을 산정하도록 판시하였다.

[환송받은 서울고등법원 2013.1.23. 선고 2012나24622 판결은 "결국 저작권법 제126조에 의하여 법원이 변론의 취지와 증거조사의 결과를 참작하여 상당한 손해액을 인정할 수 있는데, 위 인정 사실과 앞서 든 각 증거에 의하여 인정되는 다음과 같은 사정 즉, 이 사건 번역 서적 총 매출액이 11,139,217,015원이고, 외국 서적의 국내 번역·출판 계약에 있어서 인세율이 일반적으로 7% 내외인 점, 이 사건 번역 서적에 실린 이야기 중 23개의 이야기에 관한 원고의 저작재산권 침해가 인정되는데 그중 본문에 해당하는 부분은 6개에 불과한 점, 이 사건 번역 서적 중 침해가 인정된 감상 부분이 이야기 본문과 비교하여 볼 때 그 양과 질에 있어서 비중이 상대적으로 아주 적은 점, 이 사건 번역 서적은 이 사건 중문 서적을 주된 자료로 삼아 이를 번역한 후 제작·출판한 점, 피고가 북경출판사에 확인한 후 이 사건 번역 서적을 출판한 점 등과 이 사건 변론에 나타난 저작재산권 침해 경위와 정도, 침해기간, 피고의 이익, 이 사건 중문 서적의 창작성·주지성 정도 기타 제반 사정을 종합적으로 고려하면, 그 손해배상액을 2억 원으로 정함이 상당하다"고 보았다.]

⇨ 이 사건의 경우 원고에 의해 다시 상고되었으나 이미 확정된 부분에 대한

상고여서 기각되었다(대법원 2013.7.12. 선고 2013다22775 판결).

[판례 4] '세모난 펜션 건축물' 사건(서울중앙지법 2013.9.6.선고 2013가합23179 판결)

원고는 재산상 손해액에 관하여 이 사건 원고 건축물의 설계 및 시공 비용이 5억 4,000만 원이고, 설계용역비는 통상 전체 건축비의 5~10%이므로, 저작권법 제125조 제2항에 의하여 원고가 그 권리를 행사하였으면 통상 얻을 수 있었을 금액은 약 3,000만 원이라고 주장한다. 그런데 원고가 이 사건 원고 건축물에 관한 저작권을 행사하였으면 통상 얻을 수 있었던 금액이란, 타인에게 이 사건 원고 건축물과 실질적으로 유사한 건축물을 건축하는 것을 허락하고 받을 수 있었던 금액 등을 말하는 것으로, 설계용역비는 저작권을 행사하여 통상 얻을 수 있었던 금액에 해당하지 않는다.

그런데 건축저작물의 경우 타인에게 일정한 사용료 등을 지급하고 타인의 건축저작물과 유사한 건축물을 제작하는 경우는 매우 이례적이어서 원고가 이 사건 원고 건축물에 관한 저작권을 행사하였으면 통상 얻을 수 있었던 금액을 산정하기가 극히 곤란할 뿐만 아니라, 저작권법 제125조 제1항에 따라 피고들이 저작권 침해행위로 인하여 얻은 이익을 산정하는 것도 매우 어렵다.

따라서 저작인격권인 성명표시권의 침해로 인한 손해뿐만 아니라 저작재산권인 복제권의 침해로 인한 손해 역시 저작권법 제125조에 의하여 그 손해액을 산정하기 어려운 경우에 해당하여, 저작권법 제126조에 의하여 법원이 변론 전체의 취지와 증거조사의 결과를 참작하여 상당한 손해액을 인정할 수 있다.

앞서 인정한 사실에 갑 제5호증의 기재 및 변론 전체의 취지에 의하여 인정되는 다음과 같은 사정, 즉 ① 이 사건 원고 건축물의 설계 및 시공비는 약 5억 4,000만 원인 점, ② 원고는 이 사건 원고 건축물을 설계, 시공하고 위 용역비를 수령하였고, 제3자가 이 사건 원고 건축물의 소유권을 취득하였으므로, 원고가 이 사건 원고 건축물을 이용하여 추가적으로 취할 수 있는 재산적 이익은 크지 않을 것으로 보이는 점, ③ 피고들도 이 사건 피고 건축물을 설계, 시공하기 위하여 상당한 비용을 지출한 것으로 보이는 점, ④ 일반적으로 펜션 등의 건축물에 건축저작물의 저작권자의 성명을 표시하는 일은 흔하지 않으므로[707], 성명표시권의 침해로 인한 손해도 크다고 보기는 어려운 점 등에 비추어 보면, 피고들의 복제권과 성명표시권의 침해로 인한 원고의 손해는 1,000만 원으로 봄이 상당하다.

[판례 5] '빨간색 카펫세상' 사건(서울남부지법 2013.12.12.선고 2013가단212558 판결)

[피고는 원고가 저작권을 가지고 있는 뉴스기사를 무단 전재하였다.]

---

707) 이 사건 판결에서 법원은 성명표시권 침해도 인정하였으나 의문이다.

원고는 인터넷 포털 사이트 및 일반기업과 사이에 뉴스기사 등 콘텐츠 공급계약을 체결하고 위 포털사이트 등이 원고가 제공하는 기사는 전재하는 것을 허락하는 대가로 이용대금을 지급받고 있는 사실, 원고는 2010. 4. 1. 주식회사 A치과와 사이에 원고가 서비스가 시작된 월부터 3개월 동안 A치과에게 스포츠, 연예, 포토 뉴스기사를 제공하고 그 기사를 전재하도록 허락하는 대가로 월 100만원의 이용대금을 지급받기로 약정한 사실을 각 인정할 수 있고, 여기에 피고가 운영하는 블로그는 자신이 운영하는 개인병원의 홍보를 위해 포털사이트 내에 개설한 것으로서 방문자수가 많지 않은 것으로 보이는 점, 피고가 자신의 블로그에 전재한 원고의 뉴스기사는 이 사건 기사 1건인 점, 피고가 이 사건 기사를 자신이 운영하는 블로그에 전재함으로써 얻은 이익도 미미하였을 것으로 보이는 점 등의 사정을 더하여 보면, 원고가 피고와 사이에 기사제공에 관한 이용계약을 체결하였다면 피고로부터 받을 수 있었던 이 사건 기사 1건에 대한 이용대금은 100,000원으로 봄이 상당하다(이 사건 기사에 첨부된 사진의 수가 여러 장이라고 하여 달리 볼 것은 아니다).

* 정리: 저작권법 제125조 제2항, 제126조의 운용(대법원 2010.3.11.선고 2007다76733 판결)

구 저작권법(2006.12.28. 법률 제8101호로 전부 개정되기 전의 것) 제93조 제2항(현행법 제125조 제2항)에 따라 손해액을 산정함에 있어 '그 권리의 행사로 통상 받을 수 있는 금액에 상당하는 액'이라 함은 침해자가 저작물의 이용허락을 받았더라면 그 대가로서 지급하였을 객관적으로 상당한 금액을 말하는 것으로서, 저작권자가 침해행위와 유사한 형태의 저작물 이용과 관련하여 저작물이용계약을 맺고 이용료를 받은 사례가 있는 경우라면, 특별한 사정이 없는 한 그 이용계약에서 정해진 이용료를 저작권자가 그 권리의 행사로 통상 받을 수 있는 금액으로 보아 이를 기준으로 손해액을 산정할 수 있고, 저작권자가 그와 같은 저작물 이용계약을 체결하거나 이용료를 받은 적이 전혀 없는 경우라면 일단 그 업계에서 일반화되어 있는 이용료를 손해액 산정의 기준으로 삼을 수 있다. 그런데 그 업계에서 일반화되어 있는 이용료를 기준으로 구 저작권법 제93조 제2항의 규정에 의한 손해액을 산정하기도 어려운 때에는, 법원이 구 저작권법 제94조(현행법 제126조)에 따라 변론의 취지 및 증거조사의 결과를 참작하여 상당한 손해액을 정할 수 있다.

(3) 법정손해배상제도

한·미 FTA 협정을 계기로 2011년 제2차 개정법은 미국 저작권법에 규정된 법정손해배상제도를 도입하였다.[708]

◈ 참고: 미국 법정손해제도

미국 저작권법 제504조는 실손해나 침해자의 이득액을 청구하거나 그에 갈음하여 750달러 이상 3만 달러 이하의 법정손해배상액(고의의 경우에는 15만 달러까지 증액)을 청구할 수 있어 법원이 적당하다고 인정하는 금액을 배상케 규정하고 있다. 다만 무과실침해, 즉 침해자가 자기의 행위가 권리침해가 된다는 사실을 몰랐고, 인식해야 할 이유도 없었다고 인정되는 경우에는 「합계해서 200달러 이상」은 면제할 수 있다.[709] 또 일본이나 독일의 경우는 법정손해배상금제도를 채택하고 있지 아니하다.

1) 법정손해배상요건

① 등록된 저작물이어야 한다.

② 등록된 저작물을 고의 또는 과실로 권리를 침해하였어야 한다.

③ 저작재산권자 등이 사실심(事實審)의 변론이 종결되기 전에 법정손해배상을 청구하여야 한다. 실손해배상을 받을 것인지 법정손해배상을 받을지는 당연히 권리자인 원고의 선택에 달려 있다.

2) 법정손해액 산정

법원은 침해된 각 저작물 등마다 1천만원(영리를 목적으로 고의로 권리를 침해한 경우에는 5천만원) 이하의 범위에서 변론의 취지와 증거조사의 결과를 고려하여 상당한 손해액을 인정할 수 있다.

① 침해행위의 태양에는 관계없이 침해된 저작물의 개수를 기준으로 하여 법정손해배상액을 산정한다.

ⅰ) 저작물을 기준으로 하므로 동일한 저작물에 대한 동일한 침해자의 다수의 침해행위가 있었다고 하더라도 그 침해행위의 수에 따라 증가되는 것이 아니다. 예컨대 甲이 乙의 곡을 무단으로 10번 공연하였다고 하더라도 1000만원(영리를 목적으로 고의로 권리를 침해한 경우에는 5천만원) 이하의 범위에서 법정손해배상을 청구할 수 있다. 그러나 甲이 乙의 A곡을 3번, B곡을 4번, C곡

708) 법정배상제도와 관련해서는: 박성수, "저작권침해와 법정손해배상제도," 「계간 저작권」(제78호), 저작권위원회, 2007.6, 37면 이하 참조.

709) §504(c)(2) 침해자가 자신의 행위가 저작권 침해를 구성한다는 사실을 알지 못했고 이를 믿을 만한 상당한 이유가 있다는 사실에 대한 입증 책임을 이행하고 법원이 그렇게 판단하는 때에는, 법원은 그의 재량으로 법정 손해의 판정액을 총 200달러까지 인하할 수 있다.

을 3번 무단으로 공연하였다면 3곡의 저작권을 침해한 것이므로 3000만원(영리를 목적으로 고의로 권리를 침해한 경우에는 1억 5천만원) 이하의 범위에서 법정손해배상을 청구할 수 있다.

ii) 둘 이상의 저작물을 소재로 하는 편집저작물과 2차적 저작물은 법정배상액을 적용하는 경우에는 하나의 저작물로 본다. 예컨대 10개의 악곡이 수록되어 있는 CD를 피고가 복제한 경우와 같은 편집저작물에 있어서는 하나의 저작물로 취급된다.

iii) 또 복수의 저작권자－예컨대 작곡자, 작사자－가 하나의 CD 복제에 대해 각각 권리를 주장하는 경우에도 각각이 법정배상액을 받을 수는 없다.

iv) 또 A가 복제권을, B가 배포권을 가지고 있는 경우에도 하나의 침해행위에는 하나의 배상만이 인정된다.[710]

② 우리법상 손해액 인정은 법원이 한다. 이에 비해 미국의 경우는 법정손해배상청구 여부는 오직 저작권자만이 할 수 있으나 법정배상액의 평가에 대해서 배심심리에 맡길지 여부는 양 당사자 모두 할 수 있다.[711]

3) 미국법과의 차이

미국 저작권법은 법정손해배상의 경우에 750달러라는 하한선을 규정하고 있으나 우리 법에는 이러한 하한선에 관한 규정이 없다. 우리 입법자는 자칫 하한선을 책정할 경우 침해 행위와 손해 사이의 비례성을 현저히 흔들 수 있음을 우려하였다. 즉 법정손해배상액은 침해건수가 아닌 침해된 저작물 수를 기준으로 하는데, 온라인상에서의 침해는 일반적으로 많게는 수만 건의 저작물이 관련되는 경우가 있어, 하한선을 정할 경우 합리적인 손해배상액과의 괴리가 지나치게 커서 오히려 불합리를 초래할 우려가 있다는 것이다.[712] 그러나 법정손해배상제도를 도입하면서 하한선을 설정하지 않은 것은 제도를 도입한 취지를 반감시키는 것이다.[713] 특히 우리는 제126조에서 법원이 재량으로 '상당

710) マーシャル・A・リーファー / 牧野和夫(監譯), 「アメリカ著作權法」(LexisNexisアメリカ法概說 ⑤), LexisNexis, 2008, 630면.

711) 위의 책, 626면.

712) 한・미 FTA 이행을 위한 개정 저작권법 설명자료, 43면.

713) 이에 대해서는, 차상육, "저작권법상 법정손해배상의 비교법적 고찰," 「법학논고」(제47집), 경북대학교 법학연구원, 2014.8, 355면 이하 참조. 또 임원선, 「실무자를 위한 저작

한 손해액'을 인정할 수 있어 실손해배상제도와 법정손해배상제도의 경계를 모호하게 하고 있다.[714]

[미국 판례] Sid & Marthy Krofft Televisions, Inc. v. McDonald's Corp., 562 F.2d 1157(9th Cir. 1977)

이 사건에서 법원은 맥도날드가 광고로 인해 얼마나 매출신장이 있었는지를 알 수 없었다. 따라서 이득액도 산정할 수 없었다. 해서 법정손해배상을 인정하였다: 1,044,000 달러.

(4) 명예회복을 위하여 필요한 조치

저작인격권의 침해에 대하여는 손해배상청구와 함께 또는 이에 갈음하여 명예회복을 위한 필요한 조치를 청구할 수도 있다(법 127조). 종래 명예회복조치로서 가장 많이 이용되어 오던 사죄광고는 헌법재판소 1991년 4월 1일 선고, 89헌마160 결정에 의하여 헌법위반으로 확정되었다. 따라서 현재는 이 방법을 사용할 수 없다. 그 대안으로는 침해자(피고)의 비용으로 해명광고, 판결문 또는 정정문을 신문지상에 게재하는 방법 등이 제시되고 있다.[715]

[판례 1] 한상진 사건 = 사죄광고 청구 사건(서울지법 남부지원 1992.5.14.선고 90가합1404 판결)

"피고가 원고의 명예를 훼손하여 법원으로부터 패소판결을 받았다"는 내용의 텔레비전 방송은 피고의 양심에 반하는 사죄광고가 아니므로, 위와 같은 내용의 문안을 방송하여 줄 것을 구하는 청구는 적법하다.

[판례 2] 강아지왈츠 사건(서울고법 1995.12.5.선고 94나9186 판결)

사과광고는 그에 따른 기본권제한에 있어서 그 수단이 목적에 적합하지 않고 그 정도도 과잉하여 헌법 제37조 제2항에 의하여 정당화될 수 없고 헌법 제19조에 위반될 뿐만 아니라 헌법상 보장된 인격권을 침해하게 되므로 현행 저작권법이나 민법 제764조에 의하더라도 허용될 수 없다.

권법」(제4판), 한국저작권위원회, 2014, 476면.

714) 해서 "실무에 있어서는 인정손해배상과 유사하게 귀결되는 성향을 보인다. 대구지방법원 2013.11.29.선고 2013가단6923 판결 참조."(임원선, 위의책, 476면, 주 577).

715) 이해완, "저작권의 침해와 그 구제," 「지적소유권법의 제문제(하)」, 446면.

[판례 3] 영화 '축제' 사건(서울고등법원 1997.9.24.선고, 97나15236 판결)

저작자는 저작인격권을 침해한 자에 대하여는 명예회복을 위하여 필요한 조치를 청구할 수 있으나 위에서 말하는 명예라 함은 저작자가 그 품성, 덕행, 명성, 신용 등의 인격적 가치에 관하여 사회로부터 얻고 있는 객관적 평가, 즉 사회적 명예를 의미한다고 할 것이고, 저작자가 자기 자신의 인격적 가치에 관하여 가지는 주관적인 평가, 즉 명예감정은 이에 포함되지 않는다고 해석함이 상당하다고 할 것인데, 피고들이 영화제목이나 소설표지 등에 이 사건 글자를 사용한 점 및 그 사용에 있어 원고의 성명을 표시하지 아니한 점만으로는 원고의 명예가 훼손되었다고 하기 어렵다.

[판례 4] '경주상징건축물' 사건(서울중앙지법 2012.9.21.선고 2012가합10930 판결)

(1) 피고는, 저작권법 제127조에 의하면 저작권을 침해받은 자는 명예회복을 위하여 필요한 조치를 손해배상에 갈음하거나 손해배상과 함께 청구할 수 있을 뿐이므로, 이 사건과 같이 원고가 손해배상을 먼저 구하여 그 판결이 확정된 이후에 추가로 제기되는 명예회복청구의 소는 소송요건을 흠결하였을 뿐만 아니라 종전 판결의 기판력에 저촉되거나 재소금지의 원칙에 위반되므로 부적법하다고 항변한다.

살피건대, 저작권법 제127조는 민법 제764조와 같이 손해배상 이외에 명예회복에 필요한 조치를 별도로 청구할 수 있는 근거규정으로 해석함이 상당하므로, 명예회복을 위한 조치를 손해배상과 반드시 병합하여 청구하여야 할 필요는 없고, 손해배상을 구하는 소가 제기되고 그 판결이 확정된 이후라도 명예회복에 필요한 조치를 소구할 수 없게 되는 것은 아니다. 또한 저작권 침해를 이유로 하는 손해배상청구권과 이로 인한 명예회복에 필요한 조치 청구권은 별개의 소송물로서 그중 1개 청구에 관한 판결의 기판력이 다른 청구의 소에 미친다고 볼 수 없다. 따라서 피고의 본안전 항변은 이유 없다.

(2) 피고 상징건축물은 원고 상징건축물에 의거하여 실질적으로 유사하게 제작되어 원고의 저작권을 침해하였으므로 이로 인하여 훼손된 명예를 회복하기 위하여 적절한 조치를 할 필요가 있는데, 그 수단 중에서는 피고 상징건축물 주위에 원고가 그 저작권자임을 표시하는 것이 피고 상징건축물을 관람하는 사람들에게 직접 그 취지를 알림으로써 저작권자로서의 원고의 명예를 회복하는 데 적절하다고 판단된다.

◈ 저작물이 제3자의 인격적 이익을 침해한 경우의 금지청구와 손해배상청구

[판례] '그때 그 사람' 사건(서울중앙지법 2006.8.10.선고 2005가합16572 판결)

(1) 유족의 사자(死者)에 대한 경애, 추모의 정의 침해를 이유로 영화상영 등의 금지를 명하는 것은, 그 영화로 인해 유족의 고인에 대한 경애, 추모의 정이 형

해화되어 영화의 상영 등을 금지하지 않고서는 도저히 침해된 추모의 정을 회복하기 어려울 정도로 현저한 침해를 당하였다는 특별한 사정이 인정될 경우에만 가능하고, 정신적 손해에 대한 배상을 명하는 것은, 위와 같은 정도의 현저한 침해에 이르지 아니하더라도 고인의 유족으로서 감수해야 할 범위를 넘는 경우이면 가능하다.

(2) 피고가 원고에게 지급할 위자료의 액수에 관하여 보건대, 피고는 이 사건 영화의 도입부에 세부적인 사항과 심리묘사는 픽션이라는 내용의 자막을 삽입하면서도, 동시에 실제 사건을 모티브로 하였음을 알리면서, 주요 등장인물들의 호칭, 직책, 역할, 사건 진행 과정에서의 행적을 실제 사건과 매우 유사하게 구성하고, 도입부에서 부마항쟁 다큐멘터리 장면과 함께 고인의 이름을 직접 언급하면서 이 사건 영화의 사건들이 고인의 집권 말기에 벌어진 일들임을 명시적으로 설명하며, 고인의 장례식 다큐멘터리 장면으로 영화를 마무리하여, 극중 허구를 실제 사실로 오인할 가능성이 농후한 편집기법을 사용한 점, 피고는 실제 10·26 사건을 연상시키는 방법으로 이 사건 영화에 관한 홍보를 하고, 위와 같은 이 사건 영화의 역사적 현실감이라는 요소를 이 사건 영화의 흥행을 통한 수익 창출에 이용한 점, 또 고인과 그 사망 사건의 역사적 가치에 대한 부정적 평가 의도를 대중적 전파력이 큰 매체인 영화를 통해 전달하면서도, 이 사건 영화의 상영이 임박한 시점에 이르기까지 실제 관련 인물이나 유족들에게 이 사건 영화의 내용에 대하여 양해를 구하는 등 사후 분쟁의 소지를 막고 이 사건 영화로 인해 심리적 상처를 받을 수 있는 사람에 대한 최소한의 인간적 예의를 지킬 수 있는 조치를 전혀 취하지 않은 점, 이 사건 영화는 해외 영화제에서도 소개되었고, 해외 판매용 디브이디가 제작되는 등 그 배포 범위가 국외에까지 이른 점, 그 외 이 사건 영화에서 고인이 차지하는 비중, 이 사건 영화를 본 국내 관객의 수, 피고의 영화계 내 위치와 영향력, 원고의 사회적 지위 및 고인과의 관계 등 이 사건 변론에 나타난 제반 사항을 참작하면, 그 위자료 액수는 1억원으로 정함이 상당하다 할 것이다.

(5) 과실상계

민법 제396조는 과실상계에 대해서 규정한다. 즉 채무불이행에 관하여 채권자에게 과실이 있는 때에는 법원은 손해배상의 책임 및 그 금액을 정함에 이를 참작하여야 한다. 이러한 과실상계규정은 불법행위에도 준용된다.[716] 그렇다면 저작재산권 침해로 인한 손해액을 산정하는 경우에도 마찬가지로 적용되는가? 판례를 본다.

---

716) 민법 제763조 참조.

[판례 1] 대법원 2010.3.11.선고 2007다76733 판결

불법행위로 인한 손해의 발생 또는 확대에 관하여 피해자에게도 과실이 있는 때에는 가해자의 손해배상의 범위를 정함에 있어 당연히 이를 참작하여야 하고, 양자의 과실비율을 교량함에 있어서는 손해의 공평부담이라는 제도의 취지에 비추어 불법행위에 관련된 제반 상황을 충분히 고려하여야 하며, 과실상계사유에 관한 사실인정이나 그 비율을 정하는 것이 사실심의 전권사항이라고 하더라도 그것이 형평의 원칙에 비추어 현저히 불합리하여서는 아니 된다.[717] 이러한 법리는 저작재산권 침해로 인한 손해액을 산정하는 경우에도 마찬가지로 적용된다. 따라서 저작재산권 침해로 인한 손해배상액을 산정하면서 저작재산권자의 복제방지조치 태만 등의 과실상계사유를 전혀 참작하지 아니한 것은 형평의 원칙에 비추어 현저히 불합리한 조치라고 할 것이다.

이 사건 사진작품은 원고가 자신의 웹사이트에 원심 판시의 이미지파일로 만들어 게시함으로써 공개한 것인데, 당시에 이미 다수의 인터넷 포털사이트 운영자에 의하여 인터넷상에 공개된 이미지파일을 이른바 검색로봇이라고 하는 이미지파일 수집 프로그램에 의하여 무작위로 검색하여 필요한 이미지파일을 수집하는 행위가 성행하고 있었고, 원고는 종전에도 여러 인터넷 포털사이트 운영자들을 상대로 이 사건과 유사한 손해배상청구소송을 여러 차례에 걸쳐 제기한 적이 있어, 원고로서도 위와 같은 인터넷 포털사이트 운영자의 이미지파일 수집 과정에서 이 사건 사진작품의 무단 복제・전시・전송이 일어날 수 있음을 충분히 예상할 수 있었을 뿐만 아니라, 이미지파일의 경우 위와 같은 수집 프로그램의 접근을 제한하기 위한 조치를 하거나 워터마크를 삽입하는 등의 방법으로 복제방지조치를 취하는 것이 기술적으로 가능하였음에도 불구하고 이러한 조치를 취하지 않은 잘못이 있고, 위와 같은 원고의 잘못 역시 이 사건 사진작품의 무단 복제・전시・전송으로 인한 손해의 발생 또는 확대의 한 원인이 되었음을 알 수 있다. 그럼에도 불구하고 원심은 위와 같은 사정을 과실상계사유로 전혀 참작하지 아니한 채 피고에게 앞서 본 방식으로 산정한 손해액 전체의 배상을 명하였는바, 이는 형평의 원칙에 비추어 현저히 불합리한 조치라 할 것이다.

[판례 2] '여행사 홈페이지' 사건(서울중앙지법 2012.8.16.선고 2012가단5019744 판결)

사실관계: 원고는 2000.6.13.경부터 2010.5.2.까지 사이에 필리핀, 태국, 인도네시아, 홍콩, 호주 등의 각 나라를 방문하여 여행지의 현장사진을 카메라로 촬영한 후 각 여행지에 대한 설명문과 함께 원고의 홈페이지(www.jintour.co.kr.)에 게재하였다. 피고는 2009.8.경 원고의 허락을 받지 아니한 채 이 사건 저작물 중 일부를 자신의 컴퓨터에 내려받아 복제한 뒤 피고가 대표이사인 소외 회사의 홈페이지에

717) 대법원 2004.2.27.선고 2003다6873 판결, 대법원 2008.9.11.선고 2006다50338 판결.

사진 1,656장, 설명문 A4 기준 20장을 게재하였다.

법원의 판단: [피고는 저작물성을 다투었으나 법원은 사진과 설명문 모두 저작물성을 인정하였다. 손해배상과 관련하여서는 다음과 같이 판시하였다.]

1) 손해배상액의 산정

이 사건 저작재산권의 침해로 인하여 원고가 입은 손해액을 산정할 자료가 없어 저작권법 제126조에 따라 법원이 변론 전체의 취지 및 증거조사의 결과를 참작하여 원고가 입은 손해액을 산정하여야 하는바, 앞서 본 인정 사실과 변론 전체의 취지에 의하여 인정되는 다음과 같은 사정, 즉 ① 원고와 피고는 모두 여행업 또는 여행알선업 등 동종업계에 종사하고 있어 원고의 대표이사 등이 작성한 사진과 설명문이 피고의 영업에도 유용하게 활용되고 있는 점, ② 한편 여행업 등 동종업계에서 활용되는 여행지에 관한 자료는 상당 부분 공통되어 있어 여행객들이 여행사를 선정하는 기준으로서 이 사건 저작물이 차지하는 비중이 여행사의 인지도, 서비스 만족도 등보다 크다고 할 수는 없는 점, ③ 피고가 이 사건 저작물을 이용한 기간이나 이 사건 저작물을 통해 얻은 이익액 등은 이 사건 손해배상액을 산정하는 데 중요한 자료가 되는 것임에도 원고가 이를 직접적으로 밝히고 있지 못한 점 등을 고려하여 보면, 피고의 저작권 침해 행위로 말미암은 원고의 재산상 손해액은 사진 및 설명문 한 장당 각 25,000원이라고 봄이 타당하다.

2) 책임의 제한

이 사건 사진저작물은 원고의 대표이사 등이 자신들의 카메라로 촬영한 사진을 이미지 파일로 만들어 원고의 홈페이지에 게시한 것이고, 이 사건 어문저작물은 원고의 대표이사 등이 컴퓨터 워드 작업을 통해 작성한 문서를 홈페이지에 게시함으로써 각 공개한 것인데, 당시에 이미 다수의 인터넷 포털사이트 운영자에 의하여 인터넷상에 공개된 파일을 이른바 검색로봇이라고 하는 파일 수집 프로그램에 의하여 무작위로 검색하여 필요한 파일을 수집하는 행위가 성행하고 있었고, 원고로서도 위와 같은 인터넷 포털사이트 운영자의 파일 수집 과정에서 이 사건 저작물의 무단 복제나 전송 등이 일어날 수 있음을 충분히 예상할 수 있었을 뿐만 아니라, 특히 이 사건 사진저작물의 경우 위와 같은 수집 프로그램의 접근을 제한하기 위한 조치를 하거나 워터마크를 삽입하는 등의 방법으로 복제방지조치를 취하는 것이 기술적으로 가능하였음에도 불구하고 이러한 조치를 전혀 취하지 않은 잘못이 있고, 위와 같은 원고의 잘못 역시 이 사건 저작물의 무단 복제·전송으로 인한 손해의 발생 또는 확대의 한 원인이 되었다고 할 것이다. 따라서 피고가 배상하여야 할 손해액을 산정함에 있어 이를 참작하기로 하되, 쌍방의 과실내용에 비추어 볼 때 그 비율은 20%로 봄이 타당하므로, 피고의 책임은 80%로 제한된다.

(6) 정보의 제공

2011년 제2차 개정법은 제129조의2에서 증거수집을 위한 침해자 정보제공명령제도에 대해 규정한다. 이것은 여러 사람이 관여하고 다양한 경로를 통하여 이루어지는 저작권 침해행위를 방지하고 저작권을 효과적으로 보호하기 위하여, 소송 중에 법원이 침해행위와 관련하여 당사자가 보유하고 있는 정보의 제공을 명할 수 있도록 할 필요가 있어 2011년 제2차 개정법에서 도입한 것이며,[718] 이는 민사소송법상 문서제출명령제도의 특별규정에 해당한다고 할 수 있다.

① 법원은 저작권, 그 밖에 이 법에 따라 보호되는 권리의 침해에 관한 소송에서 당사자의 신청에 따라 증거를 수집하기 위하여 필요하다고 인정되는 경우에는 다른 당사자에 대하여 그가 보유하고 있거나 알고 있는 다음 각 호의 정보를 제공하도록 명할 수 있다.

ⅰ. 침해 행위나 불법복제물의 생산 및 유통에 관련된 자를 특정할 수 있는 정보

ⅱ. 불법복제물의 생산 및 유통 경로에 관한 정보

② 제1항에도 불구하고 다른 당사자는 다음 각 호의 어느 하나에 해당하는 경우에는 정보의 제공을 거부할 수 있다.

ⅰ. 다음 각 목의 어느 하나에 해당하는 자가 공소 제기되거나 유죄판결을 받을 우려가 있는 경우

㉮ 다른 당사자

㉯ 다른 당사자의 친족이거나 친족 관계가 있었던 자

㉰ 다른 당사자의 후견인

ⅱ. 영업비밀(「부정경쟁방지 및 영업비밀 보호에 관한 법률」 제2조 제2호의 영업비밀을 말한다. 이하 같다) 또는 사생활을 보호하기 위한 경우이거나 그 밖에 정보의 제공을 거부할 수 있는 정당한 사유가 있는 경우

③ 다른 당사자가 정당한 이유 없이 정보제공 명령에 따르지 아니한 경우에는 법원은 정보에 관한 당사자의 주장을 진실한 것으로 인정할 수 있다.[719]

---

718) 한·미 FTA 이행을 위한 개정 저작권법 설명자료, 45면.

④ 법원은 제2항 제2호에 규정된 정당한 사유가 있는지를 판단하기 위하여 필요하다고 인정되는 경우에는 다른 당사자에게 정보를 제공하도록 요구할 수 있다. 이 경우 정당한 사유가 있는지를 판단하기 위하여 정보제공을 신청한 당사자 또는 그의 대리인의 의견을 특별히 들을 필요가 있는 경우 외에는 누구에게도 그 제공된 정보를 공개하여서는 아니 된다.

◈ 참고: Anton Piller order와 Saisie-contrefaçon[세지 콩트르파송]에 대하여

모든 소송에 있어서 증거의 확보여부는 소송의 승패를 좌우한다. 통상의 소송에 있어서는 증거는 대략 자기 수중에 있고 이를 앞세워 소를 제기한다. 그러나 지적소유권 침해소송에 있어서는 대부분의 증거가 상대방 수중에 있다. 원・피고의 투쟁의 장인 소송에서 피고가 자기에게 불리한 증거를 자진해서 제출할 리는 만무하며, 아마도 자기에게 소송이 임박했다는 사실을 피고(침해자, 채무자)가 알면 자기에게 불리한 증거를 인멸하려고 할 것이다. 따라서 피고 수중에 있는 증거의 확보는 지적소유권 침해소송에 있어서 무엇보다도 중요하다.

영국에 있어서 이러한 상황하에서 이용할 수 있는 제도로서 Anton Piller order가 있다. Anton Piller order란 권리자가 그 자신의 변호사와 함께 침해가 행하여지고 있는 장소에 가서 침해품을 보전하여 소송에서 이용할 수 있도록 허용하는 제도이다. Anton Piller order란 원래 Anton Piller KG v. Manufacturing Processes Ltd. 사건에서 법원이 예외적인 경우에는 원고와 그 변호사에게 일방적으로 증거를 보전할 수 있는 권한을 부여한 데서 유래하며, 오늘날은 일반명사로 되었고, 현재는 조사명령(Search Order)제도로 성문화되었다.[720)]

한편 유사한 제도가 프랑스에도 있다. Saisie-contrefaçon[세지 콩트르파송: '지적재산권침해에 기한 압류']이 그것이다.[721)]) saisie-contrefaçon을 실행하기 위한 권한은 당해 구역을 관할하는 제1심 법원의 합의체 재판장이 상대방에 대한 신문을 거침이 없이 신청인의 일방적 요구에 따라 부여한다. 피신청인은 saisie-contrefaçon

---

719) "진실한 것으로 인정할 수 있다"는 의미에 대해서는 판례・학설이 나뉜다. 대법원 2007.9.21.선고 2006다9446 판결은 "당사자가 법원으로부터 문서제출명령을 받았음에도 불구하고 그 명령에 따르지 아니한 때에는 법원은 상대방의 ⊥ 문서에 관한 주장 즉, 문서의 성질, 내용, 성립의 진정 등에 관한 주장을 진실한 것으로 인정할 수 있음은 별론으로 하고, 그 문서들에 의하여 입증하려고 하는 상대방의 주장사실이 바로 증명되었다고 볼 수는 없으며, 그 주장사실의 인정 여부는 법원의 자유심증에 의하는 것이다"고 한다. 이에 반해 증명하고자 하는 사실 자체를 진실인 것으로 인정할 수 있다는 법정증거설이 있다.

720) 영국 민사소송법(1997) 제7조.

721) 프랑스 저작권법 제332조의1, 제332조의4.

부여 절차에 참여하지도, 통지를 받지도 못한다. 마지막 순간까지 피신정인은 무엇이 진행되고 있는지를 모르며, 따라서 침해의 증거를 옮기거나 버릴 수 없게 된다. 1793년 저작권법에서부터 인정되던 이 제도는 지적재산권 침해 사건의 약 80% 정도가 이용하며, 파리법원에서 매년 600여 건, 프랑스 전역에서 1500 건 정도가 매년 허용된다고 한다. 이러한 두 제도를 기초로 만들어진 것이 EU 집행지침 제7조이다.[722)]

(7) 소송당사자에 대한 비밀유지명령

소프트웨어 소스코드 등 일반적으로 공개하지 않는 정보가 소송 과정에서 공개되어 소송목적 외에 사용되는 경우에는 당사자에게 큰 손실이 발생할 수 있으므로 영업비밀 소지자는 그 제출을 꺼리게 되고 이것은 실체적 진실발견에 장애요소로 작용하게 된다. 따라서 이를 방지하여 소송의 원활화와 실체적 진실을 발견하기 위해서는 소송당사자의 영업비밀 유지의무가 강력히 요구된다. 이에 2011년 제2차 개정법은 제129조의3, 제129조의4, 제129조의5에서 이에 관한 규정을 신설하였다. 이로써 소송 과정에서 제공된 영업비밀을 보다 엄격하게 보호할 수 있게 되었고, 영업비밀과 관련된 사항이 용이하게 제시되어 심리의 충실을 도모할 수 있게 되었다. 저작권법 제129조의3의 법원의 비밀유지명령을 위반한 경우에는 5년 이하의 징역 또는 5천만원 이하의 벌금에 처할 수 있다(법 136조).

4. 공동저작물의 권리침해

공동저작물의 각 저작자 또는 각 저작재산권자는 다른 저작자 또는 다른 저작재산권자의 동의 없이 금지청구를 할 수 있으며, 그 저작재산권의 침해에 관하여 자신의 지분에 관한 손해배상의 청구를 할 수 있다(법 129조). 일반적으로 다른 공유자 또는 제3자가 공유물 전부에 대한 방해의 제거를 청구할 수 있다. 지분은 공유물 전부에 미치는 소유권과 같은 성질을 가지기 때문이다.

이러한 법리는 소유권 이외의 재산권에도 그대로 타당하다(민법 278조 참

---

722) 보다 자세한 것은, 이상정, "영국의 Anton Piller order에 대하여," 「계간 저작권」 제32호(1995 겨울호), 43면 이하; 이상정, "지적재산권 침해 증거의 효율적인 취득 방안에 관한 일고," 「창작과 권리」(제77호), 2면 이하 참조.

조). 저작권이라 하여 달리 해석되어야 할 이유는 없다. 그런데 저작권법(15조, 48조)은 공동저작물의 저작인격권 행사 및 저작재산권 행사는 전원의 합의를 요한다고 규정하고 있으므로 권리침해에 대한 금지청구권의 행사는 이와 달리 단독으로 금지청구를 할 수 있고, 손해배상청구권은 각 지분에 따라 개별적으로 발생하므로 명백히 할 필요성이 있어 이와 같은 규정을 둔 것이다.

[판례] 대법원 1999.5.25.선고 98다41216 판결

공동저작물에 관한 권리가 침해된 경우에 각 저작자 또는 각 저작재산권자는 다른 저작자 또는 다른 저작재산권자의 동의 없이 저작권법 제91조의 규정에 의한 저작권 등의 침해행위금지청구를 할 수 있고, 같은 법 제93조에 의하여 저작인격권을 제외한 저작재산권의 침해에 관하여 자신의 지분에 관한 손해배상의 청구를 할 수 있으며, 같은 법 제95조에 의한 저작인격권의 침해에 대한 손해배상이나 명예회복 등 조치청구는 저작인격권의 침해가 저작자 전원의 이해관계와 관련이 있는 경우에는 전원이 행사하여야 하지만, 1인의 인격적 이익이 침해된 경우에는 단독으로 손해배상 및 명예회복조치 등을 청구할 수 있고, 특히 저작인격권 침해를 이유로 한 정신적 손해배상을 구하는 경우에는 공동저작자 각자가 단독으로 자신의 손해배상청구를 할 수 있다.

5. 자력구제

자력구제라 함은 청구권을 보전하기 위하여 국가기관의 구제를 기다릴 여유가 없는 경우에, 권리자가 스스로 私力으로써 구제를 하는 것을 말한다. 근대법에서는 자력구제는 원칙적으로 부정되는 것이나 민법이 점유침탈에 관하여 자력구제를 인정하고, 또한 형법 제23조가 청구권 일반에 관한 자구행위를 인정하고 있는 점에 비추어 일반적으로 자력구제를 인정하여도 좋을 것이다.[723] 다만 그 요건으로서는 자력구제에 사용되는 수단이 선량한 풍속 기타 사회질서에 위반하지 않는 것이어야 하고, 또한 그 정도가 사회적으로 시인되는 상당한 것이어야 한다.

[판례] 「수지침 서적」 사건(서울고법 1994.12.6.선고 94나14539 판결)

사실관계: 갑은 1976년 「고려수지침과 14기맥론」이라는 수지침에 관한 책자를

---

723) 곽윤직, 「채권각론(재전정판)」, 664면.

저술, 발행한 이래 현재에 이르기까지 여러 종류의 수지침 관련 책자를 출판하여 오고 있으며, 지정상품을 잡지로 하여 「수지침」, 또는 「수지」를 특허청에 상표등록하였다. 한편 을은 위 갑의 책을 참고하여 「알기 쉬운 수지침」이라는 책자를 발간하여 판매하고 광고함으로써 건강도서로서 인기를 얻고 있었다.

갑은 1993년 전국의 일간신문사에 "최근 일간신문 광고에 태웅출판사에서 '수지침'이라는 책 광고를 게재하는 데 대해 광고 게재를 중지하여 주시기 바라며 … 본인은 '수지침'을 개발하고 수지침 상표를 특허청에 등록하여 사용하고 있습니다. 이것을 태웅출판사에서 임의로 도용하고 있습니다"라는 서신을 보냈고, 1993.7.13.부터 같은 해 10.14.까지 사이에 160여 차례에 걸쳐 일간신문에 "사이비 학술과 책자들이 난무하오니 현혹당하지 마십시오. 사이비 수지침 이론들은 본래의 수지침학술을 모방, 변조, 날조시킨 엉터리이며 무효, 악화시킬 수가 있으니 함부로 사용하지 마십시오"라는 광고를 게재하는 한편, 같은 기간 동안 여러 차례에 걸쳐 위 일간신문에 게재된 광고와 같은 취지의 유인물을 다수의 사람에게 배포하였다.

이에 을은 갑을 상대로 명예훼손 및 영업방해금지청구권을 피보전권리로 하여 가처분을 신청하였다. 가처분신청에 대하여 갑은 "일반인들이 이 사건 서적과 피신청인(갑)의 위 상표가 부착된 서적을 식별치 못하고 오인·혼동할 가능성이 있고, 또한 이 사건 서적 내용은 피신청인이 1976년에 초판을 발행한 「고려수지요법강좌」 등 피신청인이 쓴 56종의 수지침 관련 책자들의 내용을 대부분 그대로 베낀 것이므로 피신청인이 이 사건 서적을 제작·판매하는 행위는 상표법, 저작권법, 부정경쟁방지법에 위반되는 것이니 피신청인은 위 각법의 규정에 따라 이 사건 서적의 발행·배포를 금할 권리가 있다고 할 것이어서 이러한 권리에 기하여 피신청인이 한 앞서 본 바와 같은 광고방해행위나 신문광고 및 유인물 배포행위는 정당하고, 가사 그렇지 않다고 하더라도 이 사건 서적의 내용 가운데 오류가 있어서 그에 따른 수지침 시술을 하는 경우에 환자가 치료시기를 놓치거나 그 질환이 악화될 수도 있으므로 신문광고를 통하여 일반인에게 그 폐해를 직접 경고하고 고려수지침술과 혼동하지 말 것을 알린 것이니, 결국 피신청인의 행위는 사회상규에 반하지 않는 정당행위에 속한다"고 주장하였다.

판결요지: 신청인은 이 사건 서적을 출판함으로써 피신청인의 고려수지의학 관련 저작물의 저작권을 침해하였다[724] 할 것이므로 피해자인 피신청인은 자기의 권리를 옹호하기 위하여 필요한 상당한 조치를 취할 수 있다 할 것이고, 피신청인이 이 사건 서적 중 혈과 혈의 효능에 관한 부분은 피신청인 창안의 고려수지의학 이론에서 도용, 변형한 것임을 신청인이 이 사건 서적을 광고한 매체와

---

724) 이 판결 이후에 판시된 서울지방법원 제50민사부 1996.7.30, 95카합2432 결정은 저작권 및 상표권 침해가 없는 것으로 본다(자세한 것은 저작권심의조정위원회, 「한국저작권판례집(4)」, 96면 이하 참조).

동일 또는 유사한 매체 수단인 신문의 광고 및 유인물을 통하여 밝히는 것은 신청인의 피신청인에 대한 위 저작권 침해행위에 대응하는 상당한 행위라 할 것이다. 따라서 피신청인이 신문광고 및 유인물 등을 통하여 위 저작권 침해사실을 알림에 그치는 행위는 정당행위로서 용인된다 할 것이고, 다만 신청인의 이 사건 서적 출판에 관하여 신문광고 및 유인물에 '위 서적은 내용이 부실하여 질병을 악화시킬 수 있다'는 취지의 기재를 하는 등 이를 비방하는 행위에 나아가는 것은 그 비방 내용이 진실하다는 점을 입증할 아무런 증거가 없는 이상 위법하여 용인될 수 없는 것이다.

Ⅲ. 형사적 제재

1. 서 언

저작권법이 규정하는 특정사항에 관한 의무위반에 대해서 저작권법은 벌칙으로 제재를 가하고 있다. 벌칙의 적용에 대해서 형법총칙 및 형사소송법상의 제규정의 적용이 있음은 말할 나위도 없다. 저작권 범죄에 대해서는 과실범 및 미수범은 존재하지 아니하며 원칙적으로 고의범만이 처벌된다.[725]

[판례 1] 「소리바다」 형사판결(서울지법 2003.5.15.선고 2001고단8336 판결)

공소사실이란 범죄의 특별구성요건을 충족하는 구체적 사실을 말하고, 형사소송법 제254조는 공소사실의 기재에 있어서 공소의 원인된 사실을 다른 사실과 구별할 수 있을 정도로 특정하도록 요구하고 있으며, 방조범의 공소사실을 기재함에 있어서는 그 전제요건이 되는 정범의 범죄구성요건을 충족하는 구체적 사실을 기재하여야 공소사실의 기재가 있다고 볼 것이다(대법원 1982.2.23.선고 81도822 판결 등 참조).

이 사건 공소사실에는 아이디(ID)가 bagazi19, shp arkkhu, tenae, tkfkd15,

---

725) 형법총칙은 '타법령에 정한 죄에 적용'되며(8조), 과실범의 경우에 '법률에 특별한 규정이 있는 경우에 한하여 처벌'하며(14조), '미수범을 처벌할 죄는 각 본조에 정'하므로(29조) 과실범이나 미수범을 처벌한다는 규정이 없는 저작권침해 범죄의 경우에는 이들에 대해서는 형사처벌하지 아니한다. 그러나 저작권침해죄는 고의범만 처벌하지만 저작권법에 과실범 규정이나 미수범 규정이 없는 것은 아니다. 과실범 처벌규정으로는 제104조의4(암호화된 방송 신호의 무력화 등의 금지) 위반의 경우(제136조 제2항 3의5), 미수범 처벌규정으로는 제104조의6(영상저작물 녹화 등의 금지) 위반의 경우(제137조 제2항)가 있다.

comelf, daphne90 등인 공소외 성명불상자들이 소리바다 프로그램을 내려받아 컴퓨터에 설치한 다음 공유디렉토리에 저작인접권자인 고소인들이 제작한 음악의 파일(MP3)을 저장하고 소리바다 서버에 접속하자, 피고인들이 위 서버에 접속한 다수의 회원들이 위 음악파일을 전송받아 이용할 수 있도록 소위 P2P 방식으로 상호 연결하여 줌으로써 저작인접권 침해를 도와주었다고 되어 있을 뿐, 정범(성명도 모두 불상이다)인 공소외인들이 언제, 누구에게, 어떻게 고소인들이 제작한 음반을 복제·배포하는 등의 방법으로 고소인들의 저작인접권을 침해하였는지에 관하여 아무런 기재도 없이 막연히 공소외인들이 고소인들의 음반에 대한 복제·배포권을 침해하도록 도와주어 이를 방조하였다고만 기재하고 있다.

그렇다면 이 사건 공소사실은 정범의 범죄의 특별구성요건을 충족하는 구체적 사실이 기재되어 있지 아니하거나 이를 특정할 수 없어서, 공소제기의 절차가 법률의 규정에 위반되어 무효인 경우에 해당하므로 형사소송법 제327조 제2호에 의하여 이 사건 공소를 기각한다.

[판례 2] 'The Power of We' 사건(대법원 2013.8.22.선고 2011도3599 판결)

피고인들이 2008.4.경 영문 저작물인 이 사건 원저작물의 내용을 영문으로 요약한 이 사건 외국회사에 문의하여 이 사건 영문요약물이 그 원저작물의 저작권과는 무관한 별개의 독립된 저작물이라는 취지의 의견을 받았고, 2009.2.경 법무법인에 저작권 침해 관련 질의를 하여 번역요약물이 원저작물의 저작권을 침해하지 아니하는 것으로 사료된다는 취지의 의견을 받은 바 있다는 사유만으로는 피고인들에게 저작권 침해에 대한 고의가 없었다거나 이 사건 공소사실 기재 행위가 저작권 침해가 되지 아니한다고 믿은 데에 정당한 이유가 있다고 볼 수 없다.

2. 권리의 침해죄 등

1) 저작재산권 그 밖의 이 법에 의하여 보호되는 재산적 권리(제93조의 규정에 의한 권리를 제외한다)를 복제·공연·공중송신·전시·배포·대여·2차적 저작물 작성의 방법으로 침해한 자는 5년 이하의 징역 또는 5천만원 이하의 벌금에 처하거나 이를 병과할 수 있다(법 136조 1항). 공동저작물의 경우 공동저작자 상호간에는 그 1인이 설사 단독으로 이용하더라도 권리침해죄는 성립하지 않는다는 것이 판례이다.[726]

---

726) 대법원 2014.12.11.선고 2012도16066 판결.

[판례 1] 개사곡 사건(대법원 1991.8.27.선고 89도702 판결)

가. 구저작권법 제71조 제1항의 부정출판공연죄에 있어서의 고의의 내용은 저작권을 침해하여 출판공연하는 행위에 해당하는 객관적 사실에 대한 인식이 있으면 족하고 그것이 저작권이라고 하는 권리를 침해하고 있다는 것에 대한 인식이나 그 결과를 의욕할 필요까지는 없다.

나. 피고인이 그가 수집한 노래들의 가사와 곡명이 노동자들에 의해 변경된 것을 알면서도 원저작자의 성명표시 없이 이를 편집하여 출판한 이상 부정출판행위에 해당하는 객관적 사실에 대한 인식은 있었다고 할 것이고 교육운동 등에 관한 연구의 목적으로 출판한 것이라고 하여 범의(犯意)가 없었다고 할 수는 없다.

[판례 2] 대법원 2006.2.24.선고 2005도7673 판결

여행사 종업원이 여행사 홈페이지에 사진을 게시할 당시 사진의 저작권자가 누구인지 몰랐다 하더라도 타인의 저작물을 영리를 위하여 임의로 게시한다는 인식이 있었으므로 저작권 침해행위에 해당한다.

[판례 3] 풍경사진 사건(대법원 2008.10.9.선고 2006도4334 판결)727)

저작재산권의 침해죄에 있어서의 고의의 내용은 저작재산권을 침해하는 사실에 대한 인식이 있으면 충분하고, 그 인식은 확정적인 것은 물론 불확정적인 것이라도 이른바 미필적 고의로 인정되는 것이다(대법원 2005.12.23.선고 2005도6403 판결 등 참조).

위 법리 및 원심이 유지한 제1심판결의 채용 증거들을 기록에 의하여 살펴보면, 피고인은 공소외인이 제작한 원심판시 풍경사진을 컴퓨터 바탕화면 제공업체인 애드게이터사로부터 전송받아 복제한 다음 포털사이트인 네이버(www.naver.com) 포토앨범에 전송함에 있어, 저작권법상의 사진저작물인 위 풍경사진의 저작권자가 누구인지는 구체적으로 몰랐다 하더라도 적어도 위 사진의 저작권자가 있다는 사실은 알고 있었고, 또한 애드게이터사의 웹페이지상의 '업로드된 이미지의 저작권에 대하여는 위 회사가 책임지지 않는다'는 취지의 문구가 기재되어 있었음을 알 수 있는바, 그렇다면 피고인에게는 적어도 저작재산권을 침해하는 사실에 대한 미필적 인식이 있었다고 봄이 상당하고, 나아가 설령 피고인이 위 풍경사진을 애드게이터사로부터 회원 자격으로 전송받은 것이어서 이를 복제한 다음 포털사이트인 네이버 포토앨범에 전송한 행위가 죄가 되지 아니하는 것으로 오인하였다 하더라도 그와 같이 오인한 데에 정당한 이유가 있다고 할 수 없다.

727) 원심판결: 울산지법 2006.6.16.선고 2006노330 판결

2) 제129조의3 제1항에 따른 법원의 명령(비밀유지명령)을 정당한 이유 없이 위반한 자는 5년 이하의 징역 또는 5천만원 이하의 벌금에 처하거나 이를 병과할 수 있다(법 136조 1항).

3) 다음에 해당하는 자는 3년 이하의 징역 또는 3천만원 이하의 벌금에 처하거나 이를 병과할 수 있다(법 136조 2항).

1. 저작인격권 또는 실연자의 인격권을 침해하여 저작자의 명예를 훼손한 자

2. 저작권이나 저작권 변동사항 등에 관한 등록(법 53조, 54조 및 제90조, 제98조 및 제101조의6 제6항의 규정에 의하여 준용되는 경우를 포함한다)을 허위로 한 자

3. 저작권법 제93조에 따라 보호되는 데이터베이스제작자의 권리를 복제・배포・방송 또는 전송의 방법으로 침해한 자

4. 제103조의3 제4항을 위반한 자, 즉 복제・전송자의 정보를 제공받은 자는 해당 정보를 청구 목적 외의 용도로 사용한 경우.

5. 업으로 또는 영리를 목적으로 제104조2 제1항 또는 제2항(기술적 보호조치)을 위반한 자[728]

6. 업으로 또는 영리를 목적으로 제104조3 제1항(권리관리정보)을 위반한 자. 다만, 과실로 저작권 또는 이 법에 의하여 보호되는 권리 침해를 유발 또는 은닉한다는 사실을 알지 못한 자를 제외한다.

7. 제104조의4 제1호 또는 제2호(암호화된 방송신호의 무력화 등의 금지)에 해당하는 행위를 한 자

8. 제104조의5(라벨위조 등의 금지)를 위반한 자

9. 제104조의7(방송전신호의 송신금지)을 위반한 자

10. 제124조 제1항에 따른 침해행위로 보는 행위를 한 자

[판례] '군마상' 사건(대법원 2008.9.11.선고 2006도4806 판결)[729]

[1] 저작권등록부 허위등록죄는 허위의 등록신청을 통하여 허위사실을 등록한다는 점에 대한 인식이 있을 것을 요하는 고의범이므로 객관적으로 허위의 기재가 있다고 하여도 그에 대한 인식이 없는 경우에는 본죄가 성립하지 않지만, 허위

---

728) 닌텐도의 기술적 보호조치를 무력화하는 기기를 수입한 업자에 대하여 실형을 선고한 사례(서울남부지법 2009.6.8.선고 2008고단2104 판결).

729) 원심판결: 서울중앙지법 2006.6.21.선고 2006노59 판결(파기환송).

등록의 인식 또는 고의는 내심의 사실이므로 피고인이 이를 부정하는 경우에는 사물의 성질상 이와 상당한 관련성이 있는 간접사실을 증명하는 방법에 의하여 입증할 수밖에 없고, 이때 무엇이 상당한 관련성이 있는 간접사실에 해당할 것인가는 정상적인 경험칙에 바탕을 두고 치밀한 관찰력이나 분석력에 의하여 사실의 연결상태를 합리적으로 판단하여 정하여야 한다.

[2] 저작권등록부 허위등록죄는 저작권등록부의 기재 내용에 대한 공공의 신용을 주된 보호법익으로 하며, 단순히 저작자 개인의 인격적, 재산적 이익만을 보호하는 규정은 아니다. 한편, 저작물의 저작자가 누구인지에 따라서 저작재산권의 보호기간이 달라져 저작물에 대한 공중의 자유로운 이용이 제한될 수 있으므로, 저작자의 성명 등에 관한 사항은 저작권등록부의 중요한 기재사항으로서 그에 대한 사회적 신뢰를 보호할 필요성이 크다. 따라서 저작자의 성명 등의 허위등록에 있어서 진정한 저작자로부터 동의를 받았는지 여부는 허위등록죄의 성립 여부에 영향이 없다.

3. 부정발행 등의 죄(법 137조)

다음에 해당하는 자는 1년 이하의 징역 또는 1천만원 이하의 벌금에 처한다.

1) 저작자 아닌 자를 저작자로 하여 실명·이명을 표시하여 저작물을 공표한 자

2) 실연자 아닌 자를 실연자로 하여 실명·이명을 표시하여 실연을 공연 또는 공중송신하거나 복제물을 배포한 자

3) 저작자 사망 후의 인격적 이익을 침해한 자(법 14조 2항)

4) 제104조의4 제3호(암호화된 방송 신호가 방송사업자의 허락없이 복호화된 것임을 알면서 그러한 신호를 수신하여 청취 또는 시청하거나 다른 사람에게 공중송신하는 행위)에 해당하는 행위를 한 자

5) 제104조의6(영상저작물녹화 등의 금지)을 위반한 자. 이 경우는 미수범도 처벌한다(법 137조 2항).

6) 허가를 받지 아니하고 저작권신탁관리업(법 105조 1항)을 한 자

7) 법 제124조 제4항(저작인격권침해의제)의 규정에 따른 저작권 침해행위로 보는 행위를 한 자[730]

---

730) 제124조 제1항, 제2항 및 3항의 죄는 제136조의 권리의 침해죄로 처벌한다.

8) 자신에게 정당한 권리가 없음을 알면서 고의로 제103조 제1항 또는 제3항에 따른 복제 · 전송의 중단 또는 재개요구를 하여 온라인서비스제공자의 업무를 방해한 자

9) 비밀유지의무를 위반한 자

[판례 1] 부정발행의 죄 = 저작자표시 위반(대법원 1992.9.25.선고 92도569 판결)

가. 편집물이 편집저작물로서 보호를 받으려면 일정한 방침 혹은 목적을 가지고 소재를 수집, 분류, 선택하고 배열하여 편집물을 작성하는 행위에 창작성이 있어야 한다.

나. 피고인이 낸 논문집은 피고인 자신의 1편의 논문만이 단순하게 게재된 이른바 별쇄본의 형식으로 되어 있고, 그 표지에 「동서 언론 부정기 간행집」이라는 표시와 「한국외국어대학교 부설 국제커뮤니케이션연구소」라는 표시가 있어 마치 한국외국어대학교 부설 국제커뮤니케이션연구소가 언론에 관한 학술논문을 선별, 게재하여 부정기적으로 발행하여 온 학술논문집에 피고인의 논문이 일정한 기준에 의하여 선별되어 게재된 것으로 보이는 외관을 가지고 있으므로, 피고인이 편집한 위 논문집은 소재의 선택에 있어 창작성이 있어 편집저작물이라고 할 수 있다. 따라서 그 논문집의 표지에 피고인이 아닌 한국외국어대학교 부설 커뮤니케이션연구소라고 표시하여 공표한 행위는 저작권법 제99조 제1호 소정의 죄에 해당한다.

[판례 2] 부정발행의 죄(서울형사지법 1992.12.2.선고 91고단7880 판결)

가. 소설, 수필, 시 등 어문저작물을 출판 · 배포하려면 저작권자로부터 출판 · 배포 등에 관한 권리를 설정받아야 함에도 불구하고, 무단으로 (편집)저작물을 발행 · 배포하고 복제권자의 표시를 하지 않았다면 저작권을 침해한 것이다.

나. 부정발행 등에 관한 저작권법 위반의 공소사실로서, 피고인이 편집저작물인 「한국대표단편선」과 「한국대표수상록」을 발행하면서 임의로 표지에 편자 「한국소설가협회」라고 표시하여 저작자 아닌 자를 저작자로 하여 저작물을 공표하였다고 하나, 피고인은 단지 이전에 타인이 발행한 것을 후에 공급받아 배포하였을 뿐이라면 위 공소사실을 인정할 수 없다.

[판례 3] 부정발행의 죄 = 고의 존부여부 · 성명표시 위반(대법원 1992.12.8.선고 92도2296 판결)

가. 저작권법 제99조 제1호는 저작자 아닌 자를 저작자로 표시하여 저작물을 공표한 자에 대한 처벌규정이므로 저작자가 아님을 알면서도 이들을 저작자로 표시하였다면 위 벌칙 해당 행위에 대한 고의가 있다 할 것이며, 진정한 저작자

를 몰랐다고 하여 고의가 없다고 할 수 없다.

나. 저작물에 표시한 '엮은 사람'이라는 표현은 저작권법 제6조에 규정된 편집저작물의 저작자 표시로 보이는바, 교정 등 단순작업에 종사한 것에 불과하여 저작자로 볼 수 없는 사람들을 '엮은 사람'이라 하여 저작물에 표시한 행위는 저작권법 제99조 제1호의 죄의 구성요건을 충족하는 것이다.

4. 출처명시 위반의 죄 등(법 138조)

초상 본인의 의사에 반하여 초상사진을 이용하거나(법 35조 4항), 출처를 명시하지 아니하거나(법 37조, 87조, 94조), 복제물에 저작재산권자의 표지(법 58조 3항)를 아니한 경우, 재발행시 저작자에게 통지하지 아니하거나(법 58조의2 2항), 신고하지 아니하고 대리중개업을 하거나 영업폐쇄명령을 받고 계속 영업한 자 등에 대하여는 500만원 이하의 벌금에 처한다.

5. 몰 수(법 139조)

저작권 그 밖의 이 법에 의하여 보호되는 권리를 침해하여 만들어진 복제물과 그 복제물의 제작에 주로 사용된 도구나 재료로서 그 침해자·인쇄자·배포자 또는 공연자의 소유에 속하는 것은 몰수한다.

6. 친고죄(법 140조)

저작권 범죄에 대한 공소는 고소[731]가 있어야 한다.[732] 다만, 다음 각 호

731) 고소라 함은 범죄의 피해자 기타의 고소권자가 수사기관에 단순히 피해사실을 신고하거나 수사 및 조사를 촉구하는 것에 그치지 않고 범죄사실을 신고하여 범인의 소추·처벌을 요구하는 의사표시이며, 고소는 서면 또는 구술로써 검사 또는 사법경찰관에게 하여야 한다. 검사 또는 사법경찰관이 구술에 의한 고소를 받은 때에는 조서를 작성하여야 한다(형사소송법 제237조 참조).

732) 출판사 대표인 피고인이 도서의 저작권자인 피해자와 전자도서(e-book)에 대하여 별도의 출판계약 등을 체결하지 않고 전자도서를 제작하여 인터넷서점 등을 통해 판매하였다고 하여 구 저작권법 위반으로 기소된 사안에서, 피해자가 경찰청 인터넷 홈페이지에 '피고인을 철저히 조사해 달라'는 취지의 민원을 접수하는 형태로 피고인에 대한 조사를 촉구하는 의사표시를 한 것은 형사소송법에 따른 적법한 고소로 보기 어렵다는 이유로

의 어느 하나에 해당하는 경우에는 그러하지 아니하다.

1) 영리를 목적으로 또는 상습적으로[733] 제136조 제1항 제1호 및 제136조 제2항 제3호 및 제4호(제124조 제1항 제3호의 경우에는 피해자의 명시적 의사에 반하여 처벌하지 못한다)에 해당하는 행위를 한 경우(법 140조 1호).[734]

> 136조 1항 1호: 저작재산권, 그 밖에 이 법에 따라 보호되는 재산적 권리(제93조에 따른 권리는 제외한다)를 복제, 공연, 공중송신, 전시, 배포, 대여, 2차적저작물 작성의 방법으로 침해한 자.
> 136조 2항 3호: 제93조에 따라 보호되는 데이터베이스제작자의 권리를 복제 · 배포 · 방송 또는 전송의 방법으로 침해한 자.
> 136조 2항 4호: 제124조제1항에 따른 침해행위로 보는 행위를 한 자.

[판례 1] 상습성 판단(대법원 2013.9.26.선고 2011도1435 판결)

'상습적으로'라고 함은 반복하여 저작권 침해행위를 하는 습벽으로서의 행위자의 속성을 말한다고 봄이 상당하고, 이러한 습벽의 유무를 판단함에 있어서는 동종 전과가 중요한 판단자료가 되나 동종 전과가 없다고 하더라도 범행의 횟수, 수단과 방법, 동기 등 제반 사정을 참작하여 저작재산권 침해행위를 하는 습벽이 인정되는 경우에는 상습성을 인정하여야 할 것이며, 한편 양벌규정의 적용에 있어서는 행위자인 법인의 대표자나 법인 또는 개인의 대리인 · 사용인 그 밖의 종업원의 위와 같은 습벽 유무에 따라 친고죄인지 여부를 판단하여야 할 것이다(대법원 2011.9.8.선고 2010도14475 판결 등 참조).

[판례 2] 대법원 2012.5.10.선고 2011도12131 판결

[1] 상습범이란 어느 기본적 구성요건에 해당하는 행위를 한 자가 범죄행위를 반복하여 저지르는 습벽, 즉 상습성이라는 행위자적 속성을 갖추었다고 인정되는 경우에 이를 가중처벌 사유로 삼고 있는 범죄유형을 가리키므로, 상습성이 있는 자가 같은 종류의 죄를 반복하여 저질렀다 하더라도 상습범을 별도의 범죄

공소를 기각한 원심판단은 정당하다(대법원 2012.2.23.선고 2010도9524 판결).

733) 2011년 제2차 개정법을 종래 [영리를 위하여 상습적으로]라고 규정되었던 내용이 [영리를 목적으로 또는 상습적으로]로 변경되었다. 이로써 비친고죄에 해당하는 사항이 대폭 증가되었다.

734) 박영길, "저작권법 개정안에 대한 약간의 유감," 「저작권문화」(2005.4), 21면; 또 이상정, "저작권침해죄를 비친고죄로 개정하는 것의 당부," 「디지털재산법연구」(제6호), 2005. 12, 75면 이하 참조.

유형으로 처벌하는 규정이 없는 한 각 죄는 원칙적으로 별개의 범죄로서 경합범으로 처단할 것이다. 저작권법은 제140조 본문에서 저작재산권 침해로 인한 제136조 제1항의 죄를 친고죄로 규정하면서, 제140조 단서 제1호에서 영리를 위하여 상습적으로 위와 같은 범행을 한 경우에는 고소가 없어도 공소를 제기할 수 있다고 규정하고 있으나, 상습으로 제136조 제1항의 죄를 저지른 경우를 가중처벌한다는 규정은 따로 두고 있지 않다. 따라서 수회에 걸쳐 저작권법 제136조 제1항의 죄를 범한 것이 상습성의 발현에 따른 것이라고 하더라도, 이는 원칙적으로 경합범으로 보아야 하는 것이지 하나의 죄로 처단되는 상습범으로 볼 것은 아니다. 그것이 법규정의 표현에 부합하고, 상습범을 포괄일죄로 처단하는 것은 그것을 가중처벌하는 규정이 있기 때문이라는 법리적 구조에도 맞다.

[2] 저작재산권 침해행위는 저작권자가 같더라도 저작물별로 침해되는 법익이 다르므로, 각각의 저작물에 대한 침해행위는 원칙적으로 각 별개의 죄를 구성한다. 다만 단일하고도 계속된 범의 아래 동일한 저작물에 대한 침해행위가 일정기간 반복하여 행하여진 경우에는 포괄하여 하나의 범죄가 성립한다고 볼 수 있다.

[3] 2개의 인터넷 파일공유 웹스토리지 사이트를 운영하는 피고인들이 이를 통해 저작재산권 대상인 디지털 콘텐츠가 불법 유통되고 있음을 알면서도 다수의 회원들로 하여금 수만 건에 이르는 불법 디지털 콘텐츠를 업로드하게 한 후 이를 수십만 회에 걸쳐 다운로드하게 함으로써 저작재산권 침해를 방조하였다는 내용으로 기소된 사안에서, 피고인들에게 '영리 목적의 상습성'이 인정된다고 하더라도 이는 고소 없이도 처벌할 수 있는 근거가 될 뿐 피고인들의 각 방조행위는 원칙적으로 서로 경합범 관계에 있고, 다만 동일한 저작물에 대한 수회의 침해행위에 대한 각 방조행위가 포괄하여 하나의 범죄가 성립할 여지가 있을 뿐인데도, 이와 달리 위 사이트를 통해 유통된 다수 저작권자의 다수 저작물에 대한 피고인들의 범행 전체가 하나의 포괄일죄를 구성한다고 본 원심판결에는 저작권법 위반죄의 죄수에 관한 법리오해의 위법이 있다.

[판례 3] 상습적으로 저작권을 침해하여 비친고죄가 된 경우에 상습범으로 처벌해야 하는지 여부(대법원 2013.8.23.선고 2011도1957 판결)

상습으로 제136조 제1항의 죄를 저지른 경우 이를 가중처벌한다는 규정은 따로 두고 있지 않는 점에 비추어 보면, 수회에 걸쳐 구 저작권법 제136조 제1항의 죄를 범한 것이 상습성의 발현에 따른 것이라고 하더라도, 이는 원칙적으로 경합범으로 보아야 하는 것이지 하나의 죄로 처단되는 상습범으로 볼 것은 아니다. 그리고 저작재산권 침해행위는 저작권자가 같더라도 저작물별로 침해되는 법익이 다르므로 각각의 저작물에 대한 침해행위는 원칙적으로 각 별개의 죄를 구성한다고 할 것이다. 다만 단일하고도 계속된 범의 아래 동일한 저작물에 대한 침해행위가 일정 기간 반복하여 행하여진 경우에는 포괄하여 하나의 범죄가 성립한다고 볼 수 있다(대법원 2012.5.10.선고 2011도12131 판결 등 참조).

2) 제136조 제2항 제2호 및 제3호의2부터 제3호의7까지, 제137조 제1항 제1호부터 제4호까지, 제6호 및 제7호와 제138조 제5호의 경우(법 140조 2호)

제136조 제2항 제2호: 제53조 및 제54조(제90조 및 제98조에 따라 준용되는 경우를 포함한다)에 따른 등록을 거짓으로 한 자.
제136조 제2항 제3호의2: 제103조의3 제4항을 위반한 자.
제136조 제2항 제3호의3: 업으로 또는 영리를 목적으로 제104조의2 제1항 또는 제2항을 위반한 자
제136조 제2항 제3호의4: 업으로 또는 영리를 목적으로 제104조의3 제1항을 위반한 자.
제136조 제2항 제3호의5: 제104조의4 제1호 또는 제2호에 해당하는 행위를 한 자.
제136조 제2항 제3호의6: 제104조의5를 위반한 자
제136조 제2항 제3호의7: 제104조의7을 위반한 자
제137조 제1항 제1호: 저작자 아닌 자를 저작자로 하여 실명·이명을 표시하여 저작물을 공표한 자.
제137조 제1항 제2호: 실연자 아닌 자를 실연자로 하여 실명·이명을 표시하여 실연을 공연 또는 공중송신하거나 복제물을 배포한 자
제137조 제1항 제3호: 제14조 제2항을 위반한 자
제137조 제1항 3호의2: 제104조의4 제3호에 해당하는 행위를 한 자
제137조 제1항 3호의3: 제104조의6을 위반한 자
제137조 제1항 제4호: 제105조 제1항에 따른 허가를 받지 아니하고 저작권신탁관리업을 한 자.
제137조 제1항 제6호: 자신에게 정당한 권리가 없음을 알면서 고의로 제103조 제1항 또는 제3항에 따른 복제·전송의 중단 또는 재개요구를 하여 온라인서비스제공자의 업무를 방해한 자.
제137조 제1항 제7호: 제55조의2(제90조 및 제98조에 따라 준용되는 경우를 포함한다)를 위반한 자.
제138조 제5호: 제105조 제1항에 따른 신고를 하지 아니하고 저작권대리중개업을 하거나, 제109조 제2항에 따른 영업의 폐쇄명령을 받고 계속 그 영업을 한 자.

친고죄인 저작권 침해죄 등에 관하여는 범인을 알게 된 날로부터 6월 이내에 고소를 하여야 하는 기간의 제한이 있다(형사소송법 230조). 고소는 법률상으로 대리행사가 가능하다. 다만 고소권자는 피해자인 침해 당시의 권리자이며, 그 권리자로부터 권리를 양수받은 자는 포함되지 아니한다.[735]

[판례 1] 현대종합영어 사건(대법원 1999.3.26.선고 97도1769 판결)

저작권자가 그의 동의 없이 발행된 책자가 판매되고 있다는 사실을 안 날로부터는 6월이 경과한 후 고소를 제기하였으나 위 고소가 공소사실의 범행일시로부터 6월 이내에 제기된 경우, 저작권자가 안 것은 그 이전의 복제행위에 관한 것일 뿐이므로 위 판매사실을 안 시점이 그 이전의 복제행위로 인한 죄에 대한 고소기간의 기산점이 될 수 있는 것은 별론으로 하고, 그 이후의 복제행위에 관한 공소사실에 대한 고소기간도 그 때부터 진행된다고 할 수는 없으므로 고소가 공소사실의 범행일시로부터 6월 이내에 이루어진 이상 고소기간이 경과한 후에 제기된 것이라고 할 수는 없다.

[판례 2] 달마시안 캐릭터 사건(대법원 2003.10.23.선고 2002도446 판결)

[1] 고소는 고소인이 일정한 범죄사실을 수사기관에 신고하여 범인의 처벌을 구하는 의사표시이므로 그 고소한 범죄사실이 특정되어야 할 것이나 그 특정의 정도는 고소인의 의사가 구체적으로 어떤 범죄사실을 지정하여 범인의 처벌을 구하고 있는 것인가를 확정할 수만 있으면 된다.

[2] 저작재산권 침해에 대한 고소에 있어서 여러 종류의 모습을 한 저작물 중 하나의 종류를 구체적으로 특정하지 아니하고 저작물을 총칭하는 용어를 기재한 경우 특정 저작물에 대한 저작재산권을 침해하였다는 취지가 포함되어 있다.

[판례 3] 대법원 2011.9.8.선고 2010도14475 판결

[1] 저작권법 제140조 단서 제1호가 규정한 '상습적으로'라고 함은 반복하여 저작권 침해행위를 하는 습벽으로서의 행위자의 속성을 말한다고 봄이 상당하고 (대법원 2009.9.24.선고 2009도5127 판결 참조), 이러한 습벽의 유무를 판단함에 있어서는 동종 전과가 중요한 판단자료가 되나 동종 전과가 없다고 하더라도 범행의 횟수, 수단과 방법, 동기 등 제반 사정을 참작하여 저작권 침해행위를 하는 습벽이 인정되는 경우에는 상습성을 인정하여야 할 것이며(대법원 2001. 1.19. 선고 2000도4870 판결, 대법원 2006.9.8. 선고 2006도2860 판결 등 참조), 한편 같은 법 제141조의 양벌규정의 적용에 있어서는 행위자인 법인의 대표자나 법인 또는 개인의 대리인・사용인 그 밖의 종업원의 위와 같은 습벽 유무에 따라 친고죄인지 여부를 판단하여야 할 것이다.

[2] 피고인 1은 Peer-To-Peer(P2P) 방식으로 디지털콘텐츠의 거래가 이루어지는 제1심 판시 '○○○ 사이트'를 운영하는 법인인 피고인 2 주식회사(이하 '피고인 회사'라 한다)의 대표자로서, 제1심 판시와 같은 위 웹사이트의 운영 방법에 의할 경우 회원들이 대부분 정당한 허락 없이 저작재산권의 대상인 디지털콘텐츠를 '○○○ 프로그램'을 통하여 공유함으로써 복제 및 공중송신의 방법으로 반

735) 대법원 2002.11.26.선고 2002도4849 판결 참조.

복적으로 저작재산권을 침해하는 행위를 조장・방조하는 결과에 이르게 되는 반면에, 위 피고인이 행한 저작권 보호를 위한 기술적 조치 등은 저작재산권자의 고소나 수사기관의 단속을 피하기 위한 형식적인 것에 불과하였던 점, 피고인 1은 이러한 사정을 충분히 인식하고 있으면서 피고인 회사의 대표자로서 위 웹사이트를 개설하여 약 11개월에 걸쳐 영업으로 이를 운영하고, 스스로도 정당한 허락 없이 사무실 컴퓨터에 저장된 저작재산권의 대상인 다수의 디지털콘텐츠를 회원들과 공유함으로써 위와 같은 저작재산권 침해행위를 한 점, 그 밖에 위와 같은 행위를 통해 이루어진 저작재산권의 침해 정도, 피고인 회사의 영업 규모 및 매출액 등을 종합하여 볼 때, 피고인 1에게는 반복하여 저작권 침해행위를 하는 습벽이 있다고 봄이 상당하다.

7. 양벌규정(법 141조)

법인의 대표자나 법인 또는 개인의 대리인・사용인 기타의 종업원이 그 법인 또는 개인의 업무에 관하여 저작권 범죄를 범한 때에는 행위자를 벌하는 외에 그 법인 또는 개인에 대하여도 각 해당 조의 벌금형을 과한다. 다만, 법인 또는 개인이 그 위반행위를 방지하기 위하여 해당 업무에 관하여 상당한 주의와 감독을 게을리하지 아니한 경우에는 그러하지 아니하다.[736] 이렇듯 사용자도 일정한 책임을 지므로 '위반행위를 방지하기 위하여 해당 업무에 관하여 상당한 주의와 감독을 다하기 위한 방편'으로, 또 이러한 감독의무를 다했다는 입증을 위하여 사용자는 「자율준수 프로그램」을 운영하면 좋을 것이다.[737]

[판례 1] 양벌규정과 고소(대법원 1996.3.12.선고 94도2423 판결)

고소는 범죄의 피해자 또는 그와 일정한 관계가 있는 고소권자가 수사기관에 대하여 범죄사실을 신고하여 범인의 처벌을 구하는 의사표시이므로, 고소인은 범죄사실을 특정하여 신고하면 족하고 범인이 누구인지 나아가 범인 중 처벌을 구하는 자가 누구인지를 적시할 필요도 없는바, 저작권법 제103조의 양벌규정은 직접 위법행위를 한 자 이외에 아무런 조건이나 면책조항 없이 그 업무의 주체 등을 당연하게 처벌하도록 되어 있는 규정으로서 당해 위법행위와 별개의 범죄를 규정한 것이라고는 할 수 없으므로, 친고죄의 경우에 있어서도 행위자의 범

736) 종래의 양벌규정이 위헌이라는 결정[헌법재판소 2007.11.29.선고 2005헌가10 결정]에 따라 2009년 4월 22일, 단서 규정이 추가되었다.

737) 자율준수프로그램에 대해서는, 임원선, 앞의 책, 486-487면 참조.

죄에 대한 고소가 있으면 족하고, 나아가 양벌규정에 의하여 처벌받는 자에 대하여 별도의 고소를 요한다고 할 수는 없다.

[판례 2] 양벌규정에 의한 영업주의 처벌에 있어서 종업원의 범죄성립이나 처벌을 요하는지 여부(대법원 2006.2.24.선고 2005도7673 판결)

양벌규정에 의한 영업주의 처벌은 금지위반행위자인 종업원의 처벌에 종속하는 것이 아니라 독립하여 그 자신의 종업원에 대한 선임감독상의 과실로 인하여 처벌되는 것이므로 종업원의 범죄성립이나 처벌이 영업주 처벌의 전제조건이 될 필요는 없다.

[판례 3] 양벌규정이 적용되기 위한 요건(대법원 2010.7.8.선고 2009도6968 판결)

구 컴퓨터프로그램보호법(2009. 4. 22. 법률 제9625호로 컴퓨터프로그램보호법이 폐지되고, 저작권법으로 흡수됨) 제50조(양벌규정)는 "법인의 대표자나 법인 또는 개인의 대리인·사용인 기타 종업원이 그 법인 또는 개인의 업무에 관하여 제46조의 위반행위를 한 때에는 그 행위자를 벌하는 외에 그 법인 또는 개인에 대하여도 동조의 벌금형을 과한다"고 규정하고 있는바, 위 제50조의 '법인 또는 개인'은 단지 형식상의 사업주가 아니라 자기의 계산으로 사업을 경영하는 실질적인 사업주를 말하고(대법원 2000.10.27.선고 2000도3570 판결 참조), 형벌의 자기책임원칙에 비추어 보면, 위반행위가 발생한 그 업무와 관련하여 법인이 상당한 주의 또는 관리감독 의무를 게을리한 때에 한하여 위 양벌규정이 적용된다고 봄이 상당하며, 구체적인 사안에서 법인이 상당한 주의 또는 관리감독 의무를 게을리하였는지 여부는 당해 위반행위와 관련된 모든 사정 즉, 당해 법률의 입법취지, 처벌조항 위반으로 예상되는 법익침해의 정도, 그 위반행위에 관하여 양벌규정을 마련한 취지 등은 물론 위반행위의 구체적인 모습과 그로 인하여 실제 야기된 피해 또는 결과의 정도, 법인의 영업규모 및 행위자에 대한 감독가능성 또는 구체적인 지휘감독관계, 법인이 위반행위 방지를 위하여 실제 행한 조치 등을 전체적으로 종합하여 판단하여야 한다(대법원 2010.2.25.선고 2009도5824 판결 등 참조). (밑줄: 필자)

Ⅳ. 행정적 규제

1. 서 설

2006년 개정시부터 문화체육관광부장관, 시·도지사 또는 시장·군수·구청장에게 불법 복제물을 수거·폐기할 수 있도록 하고 온라인상 불법 복제물을 삭제 명령할 수 있는 권한을 갖도록 하되, 온라인상 삭제명령을 이행하지 않는 자에 대해서는 1천만원 이하의 과태료를 부과할 수 있도록 하는 내용이 신설되었다. 이것은 구 「음반·비디오물 및 게임물에 관한 법」이나 「출판 및 인쇄진흥법」 등에 흩어져 있던 불법 저작물 수거, 폐기 조항을 모법인 저작권법에 일괄하여 두는 것이 낫다는 판단을 함에 따라 관련 조항을 저작권법에 일괄하여 규정하게 되었던 것이다.[738] 또 오프라인뿐만 아니라 온라인상 불법복제물의 범람으로 문화산업이 크게 위축되고 있는바, 우리 문화산업의 활성화와 건전한 저작물 이용 질서를 확립하기 위하여 불법 복제물에 대해 문화관광부장관의 삭제 또는 중단명령을 신설하였다.[739] 그런데 2009년 개정은 이를 더욱 강화하였다.

2. 이른바 오프라인상에서의 불법복제물의 단속 등

문화체육관광부장관, 특별시장·광역시장·도지사·특별자치도지사 또는 시장·군수·구청장(자치구의 구청장을 말한다)은 저작권 그 밖에 이 법에 따라 보호되는 권리를 침해하는 복제물(정보통신망을 통하여 전송되는 복제물은 제외한다) 또는 저작물 등의 기술적 보호조치를 무력하게 하기 위하여 제작된 기기·장치·정보 및 프로그램을 발견한 때에는 대통령령으로 정한 절차 및 방법에 따라 관계공무원으로 하여금 이를 수거·폐기 또는 삭제하게 할 수 있다(법 133조 1항).

문화체육관광부장관은 수거·폐기 또는 삭제 업무를 대통령령이 정한 단체에 위탁할 수 있다. 위탁할 수 있는 단체는 ⅰ) 한국저작권위원회, ⅱ) 저작권신탁관리업자를 주된 구성원으로 하는 단체, ⅲ) 그 밖에 불법복제물 등의 수

738) 심동섭, "개정 저작권법 해설," 「계간저작권(2006 겨울호)」, 62면. 저작권법 제133조 제1항에 대해서는 2006년 개정 논의시 법원의 판결 없이 수거·폐기하는 것이 위헌이라는 주장이 있었다. 그러나 위 조항의 정당성을 주장하는 입장에서는 이미 다른 법령에 규정된 것을 저작권법에 통합한 것이라는 점 외에도, 구 음반·비디오물및게임물에관한법률 제24조 제3항 제4호 중 "게임물"에 관한 규정 부분에 대하여 헌법재판소로부터 합헌결정(헌법재판소 2002.10.31.선고 2000헌가12 결정)을 받은 바 있다는 점을 들어 저작권법 제133조 제1항의 위헌 주장을 반박하였다[정상조 편, 「저작권법주해」, 박영사, 2007, 1290면(조정욱 집필부분)].

739) 심동섭, 위의 글, 63면.

거·폐기 업무를 수행할 능력과 자격이 있다고 문화체육관광부장관이 인정하는 법인 또는 단체이다(시행령 70조 참조). 이 경우 이에 종사하는 자는 공무원으로 본다. 문화체육관광부장관의 권한을 수행하는 공무원 등이 수거·폐기 또는 삭제를 하는 경우 필요한 때에는 관련 단체에 협조를 요청할 수 있다. 수거·폐기를 위한 협조 요청 등을 받을 수 있는 "관련 단체"란 i) 저작권신탁관리업자, ii) 저작권신탁관리업자를 주된 구성원으로 하는 단체, iii) 저작물 등의 창작 및 산업진흥을 목적으로 설립된 법인 또는 단체이다(시행령 71조 참조).

3. 이른바 온라인상에서의 불법복제물의 단속 등

(1) 경고 및 삭제 또는 전송중단 명령

문화체육관광부장관은 정보통신망을 통하여 저작권 그 밖에 이 법에 따라 보호되는 권리를 침해하는 복제물 또는 정보, 기술적 보호조치를 무력하게 하는 프로그램 또는 정보(이하 "불법복제물 등"이라 한다)가 전송되는 경우에 위원회의 심의를 거쳐 대통령령으로 정하는 바에 따라 온라인서비스제공자에게 다음 각 호의 조치를 할 것을 명할 수 있다.

1) 불법복제물 등의 복제·전송자에 대한 경고

2) 불법복제물 등의 삭제 또는 전송 중단

(2) 복제·전송자의 계정의 정지

1) 문화체육관광부장관은 저작권법 제133조의2 제1항 제1호에 따른 경고를 3회 이상 받은 복제·전송자가 불법복제물 등을 전송한 경우에 위원회의 심의를 거쳐 대통령령으로 정하는 바에 따라 온라인서비스제공자에게 6개월 이내의 기간을 정하여 해당 복제·전송자의 계정[740](이메일 전용계정은 제외하며, 해당 온라인서비스제공자가 부여한 다른 계정을 포함한다. 이하 같다)을 정지할 것을 명할 수 있다(법 133조의2 2항).

2) 명령을 받은 온라인서비스제공자는 해당 복제·전송자의 계정을 정지하

---

740) 계정(account)이란 특정 컴퓨터 시스템이나 네트워크에서 허가받은 사용자의 식별·관리 및 기밀 보호를 위해 시스템이나 네트워크 관리자가 생성하는 일종의 이용 권한 계좌를 말하며, ID, Password, 정보 접근 권한 정보 등이 이에 해당한다.

기 7일 전에 대통령령으로 정하는 바에 따라 해당 계정이 정지된다는 사실을 해당 복제·전송자에게 통지하여야 한다(법 133조의2 3항).

(3) 게시판서비스의 정지

1) 문화체육관광부장관은 온라인서비스제공자의 정보통신망에 개설된 게시판(「정보통신망 이용촉진 및 정보보호 등에 관한 법률」 제2조 제1항 제9호의 게시판[741] 중 상업적 이익 또는 이용 편의를 제공하는 게시판을 말한다. 이하 같다) 중 불법복제물 등의 삭제 또는 전송 중단의 명령이 3회 이상 내려진 게시판으로서 해당 게시판의 형태, 게시되는 복제물의 양이나 성격 등에 비추어 해당 게시판이 저작권 등의 이용질서를 심각하게 훼손한다고 판단되는 경우에는 위원회의 심의를 거쳐 대통령령으로 정하는 바에 따라 온라인서비스제공자에게 6개월 이내의 기간을 정하여 해당 게시판 서비스의 전부 또는 일부의 정지를 명할 수 있다(법 133조의2 4항).

2) 명령을 받은 온라인서비스제공자는 해당 게시판의 서비스를 정지하기 10일 전부터 대통령령으로 정하는 바에 따라 해당 게시판의 서비스가 정지된다는 사실을 해당 온라인서비스제공자의 인터넷 홈페이지 및 해당 게시판에 게시하여야 한다(법 133조의2 5항).

(4) 온라인서비스제공자의 통보의무

온라인서비스제공자는 저작권법 제133조의2 제1항에 따른 경고, 삭제 또는 전송 중단명령을 받은 경우에는 명령을 받은 날부터 5일 이내에, 동조 제2항에 따른 정지명령을 받은 경우에는 명령을 받은 날부터 10일 이내에, 제4항에 따른 정지명령을 받은 경우에는 명령을 받은 날부터 15일 이내에 그 조치결과를 대통령령으로 정하는 바에 따라 문화체육관광부장관에게 통보하여야 한다(법 133조의2 제6항).

---

741) 여기서 게시판이란 그 명칭과 관계없이 정보통신망을 이용하여 일반에게 공개할 목적으로 부호·문자·음성·음향·화상·동영상 등의 정보를 이용자가 게재할 수 있는 컴퓨터프로그램이나 기술적 장치를 말한다. 이러한 게시판 중 상업적 이익 또는 이용 편의를 제공하는 게시판만을 대상으로 한 것(원안에는 이러한 제한이 없었다)은 게시판 이용자들의 표현의 자유, 통신의 자유 등과의 충돌을 최소화하기 위해 국회심사과정에서 만들어진 절충적 산물이라고 할 수 있다.

(5) 의견제출 기회의 부여

문화체육관광부장관은 저작권법 제133조의2 제1항, 제2항 및 제4항의 명령의 대상이 되는 온라인서비스제공자와 제2항에 따른 명령과 직접적인 이해관계가 있는 복제·전송자 및 제4항에 따른 게시판의 운영자에게 사전에 의견제출의 기회를 주어야 한다. 이 경우 「행정절차법」 제22조 제4항부터 제6항까지 및 제27조를 의견제출에 관하여 준용한다(법 133조의2 7항).

〈2009년 개정법에서 추가된 온라인상 불법복제 근절을 위한 규제방안〉

구분	계정 정지	게시판 서비스 정지
조항	제133조의2 제2항	제133조의2 제4항
주체/객체	문화체육관광부장관 → 온라인서비스제공자(OSP)	문화체육관광부장관 → 온라인서비스제공자(OSP)
업무 절차도	이용자가 불법복제물을 복제·전송 ▼ 경고 명령을 위한 심의 요청 ▼ 심의 및 심의결과 통보 ▼ 복제·전송자에게 경고 명령 ▼ 불법복제물 반복적 전송 계정 정지 명령을 위한 심의 요청 ▼ 심의 및 심의결과 통보 ▼ 복제·전송자의 계정 정지 명령 ▼ 계정 정지 사실 통보	OSP 내에서 불법복제물 유통 ▼ 삭제, 전송중단 명령을 위한 심의 요청 ▼ 심의 및 심의결과 통보 ▼ 삭제, 전송중단 명령 ▼ 3회 이상 명령 대상 및 심각한 저작권 등 이용질서 훼손 인정 게시판 서비스 정지 명령을 위한 심의 요청 ▼ 심의 및 심의 결과 통보 ▼ 게시판의 서비스 정지 명령 ▼ 게시판의 서비스정지 사실 게시
불이행시 제재	1천만원 이하의 과태료	1천만원 이하의 과태료

(6) 온라인서비스제공자에 대한 시정권고

1) 한국저작권위원회는 온라인서비스제공자의 정보통신망을 조사하여 불법복제물 등이 전송된 사실을 발견한 경우에는 이를 심의하여 온라인서비스제공자에 대하여 다음 각 호에 해당하는 시정 조치를 권고할 수 있다.

1. 불법복제물 등의 복제・전송자에 대한 경고
2. 불법복제물 등의 삭제 또는 전송 중단
3. 반복적으로 불법복제물 등을 전송한 복제・전송자의 계정 정지

2) 온라인서비스제공자는 저작권법 제133조 제1항 제1호 및 제2호에 따른 권고를 받은 경우에는 권고를 받은 날부터 5일 이내에, 제1항 제3호의 권고를 받은 경우에는 권고를 받은 날부터 10일 이내에 그 조치결과를 한국저작권위원회에 통보하여야 한다.

3) 위원회는 온라인서비스제공자가 제1항에 따른 권고에 따르지 아니하는 경우에는 문화체육관광부장관에게 제133조의2 제1항 및 제2항에 따른 명령을 하여 줄 것을 요청할 수 있다. 이 요청에 따라 문화체육관광부장관이 제133조의2 제1항 및 제2항에 따른 명령을 하는 경우에는 위원회의 심의를 요하지 아니한다.

〈온라인서비스제공자(OSP)와 저작권법(정리)〉

1	OSP의 책임제한(이른바 safe harbor 조항)	제102조, 제103조
2	특수한 유형의 OSP의 의무 등	제104조
3	불법복제물의 삭제명령 등/시정권고 등	제133조의2/제133조의3

Ⅴ. 침해에 관여된 자의 책임[742)]

1. 공동불법행위의 성립여부

(1) 일반론

제3자가 타인의 저작물의 모방 등 저작권을 침해한 경우 당해 저작물 작성

742) 우리나라의 많은 저작권법 해설서에서는 「간접침해」라는 제하에서 설명하고 있다. 예컨대 오승종, 1137면 이하; 이해완, 861면 이하.

을 의뢰한 의뢰자나 당해 위법작성 저작물을 출판한 출판자 등이 저작물 작성자와 더불어 공동으로 불법행위책임을 부담하는지 여부가 다투어진다. 특히 오늘날 많은 저작권침해가 인터넷상에서 일어나고 있다. 이 경우에 P2P 서비스제공자나 그 밖의 인터넷서비스제공자가 실제로 직접 침해행위를 한 자와 더불어 공동불법행위책임을 질 것인지가 논의된다.[743]

[판례1] 「소설마당」 사건(1) = 공동불법행위가 되는 경우(서울민사지법 1994.7.29.고지 94카합6025 결정)

쟁점: 입시용 소설을 출판함에 있어 집필자가 다른 사람의 소설을 저작권자의 허락을 받음이 없이 발췌, 출판한 경우에 출판사도 그 책임을 지는지 여부

판결요지: 저작물에 인용된 소설에 대한 저작권 침해나 그 사용허락의 문제는 새로운 저작물의 저작자가 부담함이 원칙이나, 저작권자의 허락 없이 소설을 그대로 인용하고 있는 이 사건 저작물을 출판하는 때에는 출판사도 저작자와 함께 공동불법행위의 책임을 져야 할 것이다.

[유사판례] 「내일의 도시와 태양」 사건(일본 동경지재 1978.6.21.)

사실관계: 원고는 일조권에 관한 책자를 발간하였다. 피고도 출판사에 의뢰하여 일조권에 관한 책자를 발간하였으나 피고의 책자는 원고의 책자에서 6개소나 용어의 선택, 문장의 표현형식, 순서 등을 거의 유사하게 표기하고 있었다.

쟁점: 위 경우에 출판사도 책임을 지는지 여부

판결요지: 출판사는 피고의 서적출판의 의뢰를 받고, 피고의 서적을 출판함에

---

743) 제760조(공동불법행위자의 책임) ① 수인이 공동의 불법행위로 타인에게 손해를 가한 때에는 연대하여 그 손해를 배상할 책임이 있다.

② 공동 아닌 수인의 행위중 어느 자의 행위가 그 손해를 가한 것인지를 알 수 없는 때에도 전항과 같다.

③ 교사자나 방조자는 공동행위자로 본다.

[판례] 상호신용금고 사건(대법원 2003.1.10.선고 2002다35850 판결)

수인이 공동하여 타인에게 손해를 가하는 민법 제760조의 공동불법행위의 경우 행위자 상호간의 공모는 물론 공동의 인식을 필요로 하지 아니하고 객관적으로 그 공동행위가 관련공동되어 있으면 족하며, 그 관련공동성 있는 행위에 의하여 손해가 발생함으로써 공동불법행위가 성립하고, 같은 조 제3항의 방조라 함은 불법행위를 용이하게 하는 직접·간접의 모든 행위를 가리키는 것으로서 형법과 달리 손해의 전보를 목적으로 하여 과실을 원칙적으로 고의와 동일시하는 민법의 해석으로서는 과실에 의한 방조도 가능하다고 할 것이며, 이 경우의 과실의 내용은 불법행위에 도움을 주지 않아야 할 주의의무가 있음을 전제로 하여 이 의무에 위반하는 것을 말한다.

있어서 편집회의의 개최와 시장성을 검토하여 승낙한 사실에 비추어 출판사가 필요한 주의를 다하였다면 당해 피고 서적의 발행이 원고의 저작권 및 저작인격권을 침해한 것이라는 것을 알 수 있었을 것이므로 피고와 출판사는 공동하여 손해를 배상하여야 한다.

◈ 「하얀나라 까만나라」 사건과의 비교

어느 정도까지 타인의 저작물을 출판하는 출판사나 타인에게 저작물의 집필을 의뢰한 방송사 등은 출판이나 방송하는 저작물이 타인의 저작권 침해물인지 여부를 조사하여야 할 주의의무가 있는가? 소설마당 사건(1)의 경우는 사용된 저작물이 타인의 것임이 일반인의 입장에서 보아도 알 수 있었을 것이므로 사용에 대한 승낙 여부를 조사해야 할 의무가 있다고 할 것이다. 그러나 「하얀나라 까만나라」 사건이나 위 「일조권」 사건의 경우는 당해 업계의 전문가인 PD나 편집자에게 이용된 저작물이 혹은 그 존재가 얼마나 알려져 있느냐에 따라 다를 것이다. 위 일본 판례의 입장은 상당히 엄격한 것 같다.

한편 "저자는 본 저작물의 내용으로 인하여 타인의 저작권을 침해하거나 또는 명예훼손 기타의 문제가 발생하여 그 결과 출판자(방송사) 또는 제3자에게 손해를 입혔을 경우에는 저자가 책임을 진다"는 계약내용은 저자와 출판사 등과의 사이에서만 효력이 있으며, 침해당한 저작자에게는 효력이 미치지 않음은 물론이다.

[판례 2] '춘천시 관광지도' 사건(서울중앙지법 2005.8.11.선고 2005가단12610 판결)

피고 강원도개발공사로서는 피고 주식회사 A매거진에게 위 춘천관광지도의 제작에 관하여 구체적인 제작방법 등에 관한 주문이나 지시 없이 일체 피고 주식회사 A매거진의 책임하에 춘천관광지도를 제작하도록 의뢰한 후 완성된 지도를 납품받고 그 대금을 지불한 다음 이를 관광객들에게 무료로 배포하였을 뿐이고, 위 춘천관광지도의 제작 과정에 관여하지 않아 피고 주식회사 A매거진이 원고의 이 사건 관광지도에 대한 저작권을 침해하였는지 여부를 알지 못하였으며, 이를 알 수 있는 지위에 있지도 않았다고 할 것이어서 위 저작권 침해를 알지 못한 데에 어떠한 과실이 있다고 볼 수도 없다.

(2) 서비스 제공자로서 방조책임이 인정되지 아니한 경우들

우리나라에서는 온라인서비스제공자 등의 책임을 인정하지 아니한 것도 다수 존재한다. 이하 차례로 본다.

[판례 1] 「칵테일」 사건(서울지법 1999.12.3.선고 98가합111554 판결)

사실관계: 원고는 「칵테일98」이라는 프로그램을 제작하여 판매하는 자이고 피

고는 인터넷상에서 홈페이지를 개설하여 운영하는 자이다.

소외인은 원고가 개발한 「칵테일98」이라는 프로그램을 피고의 게시판에 무단 게재하였다. 그 후 원고가 이 사실을 알고 피고에게 항의하자 피고는 곧 게시판을 폐쇄하였으나 그 사이의 조회건수가 약 400회에 이르렀다. 위 게시판은 누구라도 자유롭게 자료의 등록, 검색, 조회 및 다운로드를 할 수 있는 방식으로 운영되었으며, 특히 자료의 등록과정은 게시판 운영자에 의한 사전의 검토나 선별과정을 거침이 없이 미리 마련된 기술적 과정을 통하여 용이하게 그 수행이 가능하였다.

판결요지: 일반적으로 불법행위책임에 있어서 그 책임은 당해 침해행위의 직접적인 귀속자가 부담하는 것일 뿐 그로 인한 책임을 제3자에게 물을 수 없음이 원칙이라 할 것이고, 다만 교사·방조에 의한 공동불법행위 책임이나 사용자책임의 법리에서와 같이 침해행위를 직접으로 행하지 아니한 제3자라 하더라도 침해행위 또는 침해행위자와의 관련성이 있는 것으로 평가되는 경우에 한하여 예외적으로 그 제3자를 상대로 그 책임을 물을 수 있다 할 것이다.

이러한 점에서 볼 때 컴퓨터를 사용한 PC통신이나 인터넷 등 온라인을 통하여 다수의 이용자로 하여금 자료의 전송 등을 수행할 수 있도록 이른바 사이버 공간이라는 장소와 시설을 제공하고, 이용자의 요구에 의하여 이용자의 행위를 매개하여 주는 과정에서 타인의 저작권 기타 권리를 침해하는 자료의 전송 등이 이루어진 경우에 있어서도 그와 같은 자료의 전송 등을 통한 타인 권리 침해에 관한 일차적인 책임은 여전히 이를 직접적으로 수행한 이용자에게 있다고 할 것이고, 인터넷 등 온라인의 속성상 컴퓨터 사용의 보편화로 불특정 다수의 이용자들에 의한 침해행위가 비교적 간단한 조작으로 용이하게 수행될 수 있는 반면 그 침해행위로 인한 파급효과는 순식간에 광범위하게 확대될 수 있다는 점을 감안하더라도 그와 같은 전송 등이 가능하도록 장소나 시설을 제공한 데 불과한 자는 이를 통하여 발생하는 불법행위에 관하여 자신이 직접적인 고의를 가지고 있지 아니한 이상 원칙적으로는 그러한 장소나 시설의 제공사실만을 가지고 곧바로 침해에 대한 직접적인 책임을 부담하는 것으로 보아야 할 아무런 근거가 없는 것이며, 다만 예외적으로 이들이 이용자의 침해행위를 적극적으로 야기하였다거나 우연한 기회나 권리자로부터의 고지를 통하여 이용자의 침해물 또는 침해행위의 존재를 인식하고 이를 방치한 경우 또는 이들이 침해행위를 통제할 권리와 능력이 있고, 그 침해행위로부터 직접적인 재산상의 이득을 얻은 경우 등과 같이 이용자의 직접적인 침해행위와 동일하게 평가할 수 있을 만한 특별한 사정이 있는 경우에는 그 책임을 인정하여야 할 경우가 있을 수 있으며, 그러한 경우에 해당하는지 여부는 결국 당해 사건에서 제공되는 서비스의 종류와 형태, 범위, 침해행위의 정도 및 태양 등 제반 사정들을 종합하여 구체적으로 판단될 수밖에 없는 것이라고 하겠다.

돌이켜 이 사건을 살피건대 피고가 이용자들에 의한 자료등록 및 조회가 가능하도록 이 사건 홈페이지상에 자료실 게시판을 개설한 이외에는 이 사건 게시물의 등록과 관련하여 어떠한 직접적인 행위를 수행한 바도 없는 이상 위 자료실 게시판을 제공하였다는 사정만을 가지고 곧바로 이 사건 게시물의 등록에 관한 직접적인 책임을 물을 수 없다고 하겠고, 나아가 이 사건 게시물의 등록과 관련한 책임을 물을 수 있는 특별한 사정이 존재한다고 보기도 어렵다.

[판례 2] 인터넷 동호회 사건(서울중앙지법 2005.3.31.선고 2004가합63304 판결)

원고는 일본 저작인접권자 등으로부터 우리나라에서의 이 사건 음반을 제조·판매할 수 있는 권한 및 소제기 권한을 갖기로 라이선스를 체결한 자이다. 피고 1은 인터넷 포털사이트이고, 피고 2는 위 웹사이트에서 운영되는 일본 음악동호회 회장이자, 이 사건 음반을 무단 복제한 후 이를 판매할 목적으로 동호회 게시판에 이 사건 CD를 판매한다는 글을 올리고 이를 판매한 자이다. 피고 2는 이 사건 CD를 불법으로 판매한다는 사실을 숨긴 채 피고 1의 직원에게 적법한 행사진행을 위하여 인터넷 결제시스템이 필요하다고 요청하여 위 직원의 도움으로 인터넷결제시스템의 URL을 이 사건 동호회의 메뉴에 등록하였다. 그런데 그 후 피고 1은 원고로부터 저작권침해 사실을 통보받고 피고 2에게 이 사건 CD의 판매 중지를 요구하고 인터넷결제시스템을 이 사건 동호회의 메뉴에서 삭제하였다. 그 후 원고는 피고 2에게는 저작권 등 침해 책임을, 피고 1에게는 침해에 대한 방조책임을 물어 손해배상청구소송을 제기하였다.

법원은 피고 2의 책임은 인정하였으나 피고 1의 책임은 다음과 같은 이유에서 부정하였다.[744] 즉 피고 1은 피고 2의 기망에 의하여 이 사건 동호회 메뉴에 인터넷 결제 시스템을 설치해 주었을 뿐이고, 그 후로 피고 1은 원고로부터 피고 2의 저작권침해 사실을 통보받고 피고 2에게 저작권 등의 침해행위의 중단과 이미 진행된 침해행위의 복구를 위하여 노력하였는데 이를 무시하고 피고 2가 무단으로 이 사건 CD를 제작·판매하여 손해를 입혔다면, 피고 2의 저작권침해행위에 피고 1이 관여·기여했다고 보거나 이를 방조하였다고 보기는 어려우므로 피고 1에게 방조에 의한 공동불법행위 책임을 묻기는 어렵다는 것이다.[745]

[판례 3] '세이테마' 사건(서울중앙지법 2006.7.21.선고 2004가합76058 판결)

'세이테마' 서비스의 운영자인 피고에게 서비스 이용자의 개별적인 저작권 침해행위에 대하여 방조책임이 있다고 인정하려면, 피고가 이용자의 저작권 침해행위를 직접 확인하거나 적어도 미필적으로 이를 인식하였음에도 불구하고 이를

---

744) 이 사건 형사판결에서는 피고 2에 대해서는 저작권법위반죄를, 피고 1에 대해서는 저작권법위반방조죄를 각 적용하여 모두 유죄로 인정하였고, 위 판결(서울지법 2003고단8325호)은 그대로 확정되었다고 한다(함상훈, 「정보법판례백선(1)」, 642면).

745) 평석: 함상훈, 「정보법판례백선(1)」, 641면.

용이하게 도와주거나, 이러한 침해행위에 도움을 주지 않아야 할 주의의무가 있음에도 이를 위반하는 경우라고 평가될 수 있어야 한다.

그런데 다음과 같은 사정, 즉 i) 피고의 '세이테마' 서비스는 회원들 사이의 정보, 지식, 의견 등의 공유를 목적으로 하여 만들어진 것으로 무단복제 게시물의 공유를 주된 목적으로 하고 있다고 보이지 않는 점, ii) 위 서비스가 게시물을 게시할 수 있는 기본적인 기능에 부가하여 저작권 침해를 용이하게 할 특별한 어떠한 기능도 제공하지 않고, 달리 피고가 이용자들의 저작권 침해행위에 간접적으로라도 관여하고 있다고 볼 만한 아무런 사정도 없는 점, iii) '세이테마' 서비스의 각 게시판에 매일 올라오는 새로운 게시물의 수가 만여 건을 넘어 피고가 그 중 저작권을 침해한 것이 있는지 여부를 일일이 파악하는 것이 상당히 어렵고, 그러한 이유로 피고가 정한 세이테마 운영정책에는 '테마'를 개설한 테마리더에게 운영정책에 위배되는 게시물이 등록되지 않도록 관리하고, 이러한 게시물이 등록되었을 경우 이를 삭제하거나 운영자에게 신고하게 하는 등의 폭넓은 권한 및 의무를 부여하고 있는 점, iv) 피고는 제3자가 이용자의 게시물에 대해 문제를 제기하는 경우 이를 삭제하는 등의 조치를 취해 왔으며, 원고들이 피고의 웹사이트에 이 사건 기사 및 사진이 게재된 것에 대해 문제를 제기하자 2004.6.경 스스로 위 서비스를 중단한 점 등에 비추어 보면, 달리 피고가 이용자들의 저작권 침해행위를 알고 있었거나 알 수 있었고, 나아가 이를 저지할 수 있었음에도 광고 수익 등을 얻기 위해 이를 방치하였다는 등의 사정에 대한 입증이 없는 이상, 피고의 '세이테마' 서비스 이용자들이 위 서비스가 제공하는 게시판에 이 사건 기사 및 사진을 원고들의 허락 없이 게재하였다는 점만으로는 피고에게 이용자들의 저작권 침해행위에 대한 방조책임을 인정하기 어렵다.

[판례 4] 방조책임이 인정되지 아니한 예(서울중앙지방법원 2009.7.17.선고 2009가합9022 판결)

1. 일반적으로 카페나 개인홈페이지 등에의 가입과 접속은 누구에게나 개방되어 있어, 카페나 개인홈페이지 등에서의 파일의 업로드는 하루에도 수천, 수만의 불특정 다수의 이용자들에 의해 자연스럽게 이루어지고, 파일의 다운로드 역시 특별한 제한 없이 수많은 이용자들에 의해 이루어질 뿐만 아니라 인터넷의 특성상 그 다운로드를 요청한 다수의 모든 이용자에게 순간적으로 동시에 이루어진다는 점에서, 이용자들이 디지털 형태의 저작복제물을 무단 유통함에 따른 저작권의 침해가능성은 항상 열려 있다고 할 것이나, 그렇다 하더라도 파일공유기능을 제공하는 모든 형태의 시스템의 운영자들이 획일적으로 이용자들의 저작권 침해행위에 대한 방조책임을 부담한다고 할 수는 없고, 위 운영자가 서비스를 제공하는 과정에서 이용자들의 파일공유 및 교환 행위에 관여할 수 있는지의 여부와 그 방식 및 정도, 저작권의 침해행위에 대한 운영자의 인식 여부와 그에

따른 시스템에서의 권리보호조치의 내용과 그 정책, 시스템이 파일공유 기능 외에 이용자들의 저작권 침해행위를 용이하게 할 수 있는 다른 기능을 제공하고 있는지의 여부, 위 운영자가 이용자들의 저작권 침해행위로부터 이익을 얻을 목적이 있거나 향후 이익을 얻을 가능성의 정도 등 구체적 사정을 살펴보아, 위 운영자가 이용자들의 파일공유 등으로 인한 저작권 침해행위를 미필적으로나마 인식하고 있으면서도 이를 용이하게 할 수 있도록 도와주거나, 이러한 침해행위에 도움을 주지 않아야 할 주의의무가 있음에도 이를 위반하는 경우라고 평가되는 경우에만 방조책임이 인정된다고 할 것이다.

2. 피고가 제공하는 위 각 서비스를 통하여 원고의 음악저작물인 음악파일이 불법적으로 복제・전송되었고, 현재도 일부 복제・전송이 가능하며, 위 각 사이트의 종합검색기능을 통하여 음악파일의 검색이 가능하고, 이를 통하여 해당 서비스로의 접근이 가능하다는 사실은 앞서 본 바와 같으나, 앞서 든 각 증거에 의하여 인정되는 다음과 같은 사정 즉, ① 피고의 위 각 서비스는 개인의 개성 표출, 지인 간의 친목도모 등을 목적으로 제공되는 이른바 홈페이지, 블로그, 커뮤니티 내지 게시판 서비스로서, 파일의 공유 즉 파일의 업로드 내지 다운로드 자체를 주된 목적으로 하지는 않는다는 점, ② 위 각 서비스의 이용자들이 음악파일을 업로드하거나 다운로드함으로써 피고가 얻는 직접적인 이익은 없는 것으로 보이는 점, ③ 피고의 위 각 사이트에는 매월 약 수천만 명의 이용자가 방문함에도 불구하고, 음악 관련 검색비율이 약 1% 내외에 그치는 등 위 각 서비스 중 이용자들의 음악파일과 관련된 비중이 지극히 낮은 점, ④ 이용자가 직접 자신의 의견이나 각종 정보를 게시・저장하거나 이를 다른 이용자들과 서로 공유・교환할 수 있도록 한 위 각 서비스는 일정한 주제나 운영 주체에 따라 개별 인터넷 게시공간으로 나누어져서, 그 각 개별 인터넷 게시공간별로 게시물의 게재 여부, 회원가입 여부, 공개수준, 접속권한 결정 등의 운영 및 관리가 자율적으로 이루어지고 있는 점, ⑤ 피고는 i) ○○, ○○, ○○ 등의 약관에서 가입자에게 지적재산권의 침해금지의무가 있고, 이를 위반할 경우 삭제 등의 조치가 취해진다는 내용을 명시하였으며, ii) 원고의 삭제요청이 있기 전부터 자체적으로 감시직원을 배치하여 삭제 등의 제재조치를 취하였을 뿐만 아니라 원고 등의 삭제요청에 조속히 대응하여 해당 파일을 삭제하였고, iii) 음악 관련 파일의 업로드 금지, 금지어 검색금지 등의 정책을 도입하였을 뿐만 아니라, iv) 현재 필터링 분야에서 최고수준인 것으로 보이는 음악인식기술을 도입한 점(도입 전후로 페이지뷰가 급격히 감소한 점 등 도입에 따른 그 영향을 고려할 때 원고의 위 각 경고 후 위 기술을 도입하기까지 소요된 약 9개월간의 기간은 합리적인 기간으로 보인다)에다가, 원고의 피고에 대한 위 각 경고의 시간적 간격, 내용, 경위 등에 비추어 원고의 권리보호를 위한 노력이 권리자로서 충분치는 않은 것으로 보이는 점, 피고도 적법하게 음악파일의 판매사업을 하고 있는 점, 피고의 위 각 서비스를 통하여 음악시장이 확대되고 이로 인하여 원고도 그에

따른 반사적 이익을 입게 되는 점, 앞서 본 바와 같은 위 각 서비스의 목적과 기능에 따른 순기능과 그와 관련된 이용자들의 개인적 법익이 저작권자의 이익보다 결코 뒤진 것으로는 보이지 않는 점 등을 종합하면, 인터넷 포털업체인 피고에게 개인회원이 독자적으로 관리, 운영하는 공간에서 이루어지는 모든 음악파일의 업로드 및 다운로드 행위에 대하여 권리자의 침해신고가 있기 전부터 그 위법 여부를 전면적, 사전적으로 감시하거나 강제로 이를 차단하는 등의 통제의무를 부과할 수는 없다 할 것이고, 나아가 피고가 원고의 저작권 침해신고가 있는 경우에는 이에 대한 적극적인 차단 조치를 시행하고 있는 이상, 피고가 그 이용자들의 위와 같은 원고 저작권의 침해행위를 미필적으로 인식하였다거나 그 침해행위에 도움을 주지 않아야 할 주의의무에 위반하여 이를 방조하였다고 볼 수도 없다 할 것이며, 오히려 저작권법 제102조 제1항의 "온라인서비스제공자가 저작물 등의 복제·전송과 관련된 서비스를 제공하는 것과 관련하여 다른 사람에 의한 저작물 등의 복제·전송으로 인하여 그 저작권 그밖에 이 법에 따라 보호되는 권리가 침해된다는 사실을 알고 당해 복제·전송을 방지하거나 중단시킨 경우에는 다른 사람에 의한 저작권 그 밖에 이 법에 따라 보호되는 권리의 침해에 관한 온라인서비스제공자의 책임을 감경 또는 면제할 수 있다"라는 규정에 따라 그 책임이 면제될 여지도 충분히 있다 할 것이어서, 피고는 그 이용자들의 원고 저작권의 침해행위에 대하여 방조책임을 부담하지 아니한다.

(3) 서비스 제공자로서 (방조)책임이 인정된 경우들

1) 유형 1: P2P 방식

(가) P2P 방식의 개요[746]

① 일반적으로 인터넷은 정보를 제공하는 서버(server, 대부분 웹사이트 운영자)와 정보를 요청하는 클라이언트(client, 일반 인터넷 이용자)로 구성되는데, 종래의 네트워크 방식(서버-클라이언트 방식)은 인터넷 이용자가 서버에 접속하여 서버 안에 저장되어 있는 각종 정보를 제공받는 방식(서버 대 개인, server to client)임에 비하여, P2P 방식은 개별 인터넷 이용자들이 자신의 컴퓨터 내 하드디스크에 저장된 파일이나 자료 등을 인터넷 이용자들 상호간에 직접 정보를 주고받아 공유할 수 있도록 하는 네트워크 방식으로, 개별 인터넷 이용자들의 각 컴퓨터가 기존 서버의 역할을 겸하도록 함으로써 서버를 통하지 않고도 이용자들 사이에 직접 정보를 주고받을 수 있게 하는 방식(개인 대 개인, peer-to-peer)이다.

---

746) 이 부분 설명은 전적으로 「서울고법 2007.10.10.자 2006라1245 결정」에 의함.

② 기존 네트워크 방식이 송신자와 수신자가 명확히 구분되는 일방적 구조인 데 비하여[서버에 자료를 올리는 것을 업로드(Upload), 서버로부터 자료를 내려받는 것을 다운로드(Download)라고 한다], P2P 방식에서는 인터넷 이용자들은 직접 이용자들끼리 쌍방향으로 정보를 주고받게 된다. P2P 방식의 경우 파일 전송이 서버의 개입 없이 이용자들 사이에 직접 이루어지게 되므로 이용자의 개인 컴퓨터의 공유 폴더에 파일을 위치시키는 것만으로도 파일의 공유가 가능하게 되고 별도로 파일을 서버에 업로드할 필요가 없게 된다(즉, P2P 방식에서는 자신의 컴퓨터 공유 폴더에 파일을 이동시키는 것이 '업로드'에 해당한다).

③ P2P 방식은 서버의 역할에 따라, ⅰ) 인터넷상에서 개인 이용자들끼리의 상호연락을 원활하게 해주기 위하여 중앙서버가 개입하는 형태(이를 '혼합 P2P' 또는 'Hybrid P2P'라 한다)와 ⅱ) 비슷한 성능의 컴퓨터를 가진 이용자들끼리만 서로 연결된 형태로서 중개매개자(즉, 중앙서버)를 거치지 않고 이용자 상호간에 자체적으로 파일검색 등이 이루어지는 형태(이를 '순수 P2P' 또는 'Pure P2P'라 한다)로 크게 나눌 수 있다. 전자의 경우, 중앙서버에는 MP3 등의 음악파일이 저장되어 있지 않지만, 대신 이용자들 각자의 컴퓨터에 어떤 파일이 있는지 그 목록을 관리하면서 이를 검색할 수 있는 기능이 내장되어 있어, 이용자가 원하는 파일의 위치정보를 제공하는 과정에 중앙서버가 개입하는 방식이고(다만, 이용자가 실제로 원하는 파일을 찾아 다운로드 받을 때에는 중앙서버를 거치지 않고, 파일을 갖고 있는 이용자의 컴퓨터와 직접 1:1로 연결되어 파일을 다운로드 받게 된다), 후자의 경우에는 중앙서버로부터 일단 프로그램을 다운로드 받아 이용자 개인의 컴퓨터에 프로그램을 설치한 이후에는, 해당 프로그램을 실행할 경우, 프로그램 자체에 내장되어 있는 검색 엔진으로 자료를 찾고자 하는 상대방의 해당 컴퓨터에 직접 연결하여 자료를 검색하여 파일 등을 다운로드 받는 방식으로서(즉, 중앙서버에는 파일 자체는 물론이고 파일의 목록 등 파일공유에 필요한 어떠한 정보도 보관되어 있지 않다), 이 방식은 어느 단일의 주체에 의하여 정보가 보급・관리되는 것이 아니라 이용자들이 위와 같이 설치한 프로그램을 통하여 직접 상호관계를 맺고 자신의 컴퓨터 내에 저장되어 있는 파일 등의 디렉토리 정보를 릴레이식으로 중개하는 방식을 취하고 있다. 후자의 방식은 다시 이용자의 파일검색시, ㉮ 이용자의 컴퓨터에서 네트워크상의 모든 컴퓨터에 검색요청을 발송하고 각 컴퓨터 내부에서 파일검색을 하여 검색을 요청한 이용자에게 그 결

과를 제공하는 방식과 ㉯ 처리 속도나 대역폭 등의 기술적 측면에서 우월한 성능을 가진 일부 이용자들의 컴퓨터를 연결점으로 삼아[이와 같이 연결점이 되는 컴퓨터를 '슈퍼노드'(Supernode) 또는 '슈퍼피어'(Superpeer)라고 한다], 파일검색을 개시한 이용자는 가장 용이하게 접근 가능한 슈퍼노드 컴퓨터에 접속하고, 접속된 슈퍼노드 컴퓨터가 가진 검색정보를 이용하거나 이를 통하여 가까운 또 다른 슈퍼노드 컴퓨터에 검색명령을 전달하여 검색을 수행한 후, 이용자에게 그 결과를 제공하는 방식으로 구분된다.

위 ⅰ)항에 속하는 대표적인 예가 미국의 '냅스터'(Napster) 방식이고, 위 ⅱ)의 ㉮항에 해당하는 예가 미국의 '스트림캐스트'(Streamcast)사가 채택한 '그누텔라'(Gnutella) 방식이며, 위 ⅱ)의 ㉯항에 해당하는 예가 네덜란드의 '카자'(KaZaa)사가 채택한 '패스트트랙'(Fasttrack) 방식이다.

(나) P2P 방식 관련 분쟁의 개요[747)]

원래 중앙서버가 있는 냅스터 경우는 그리 어렵지 않게 그 책임을 인정할 수 있었다. 말하자면 "냅스터는 실제 물물교환을 주선하는 사람들이 불법적인 물건을 교환할 수 있도록 시설을 제공하는 것과 비슷하다. 사용자들을 연결하는 역할에 적극적이기 때문에 이용자들의 행동에 대해 어느 정도 책임을 질 수 있다." 그러나 "그록스터와 스트림캐스트는 소프트웨어를 보급한 이후, 이용자들이 어떻게 그것을 사용하는지에 대해서는 아무런 권한이 없었다. 이용자들이 그록스터 클라이언트를 이용해서 파일을 검색하거나 전송할 때 그록스터의 컴퓨터에는 어떠한 정보도 전송되지 않았으며 그록스터의 컴퓨터를 통하지도 않았다. 즉 그록스터나 스트림캐스트는 직접적인 지적소유권 침해를 위해 자기네 사이트나 설비를 제공하지 않았다. 만약에 피고가 문을 닫고 자사의 모든 컴퓨터를 꺼버렸다고 하더라도 사용자들은 계속해서 파일을 교환할 수 있을 것이다." 그런 의미에서 책임이 없다는 것이 1심[748)] 및 항소심[749)] 판결이었다. 그런데 이러한 견해에 찬물을 끼얹은 것이 2005년 6월 27일에 내려진 미국 연방대

---

747) 「서울고법 2007.10.10.자 2006라1245 결정」에는 분쟁의 개요에 대해서도 잘 정리되어 있으므로 동 결정 참조.

748) MGM Studios, Inc. et al. v. Grokster, Ltd. et al.(C.D.Cal., Apr. 25, 2003).

749) MGM Studios, Inc. et al. v. Grokster, Ltd. et al.[9th Cir.(Cal.), Aug. 19, 2004].

법원 판결이다.[750]

원고들은 "P2P 소프트웨어 패키지는 저작권을 보유하는 음악 영화의 위법 교환을 촉진하는 것을 주요 목적으로 하여 작성되었다. 저작권침해책임은 이용자에게 있지만 P2P 중계 프로그램이나 서비스를 제공한 회사도 해당 프로그램을 이용해 상용 콘텐츠를 주고받는 행위를 시도한 제3자의 행위에 대해 2차적 책임이 있다"고 주장하였고 연방대법원은 이러한 주장을 그대로 인정하였다. "종전 연방대법원의 Sony 판결이 특허법상의 '상업상 주요한 상품'원칙을 저작권법상의 면책법리로 차용하였듯이, 작금의 연방대법원은 '유발원칙'(inducement rule) 역시 저작권법에 응용될 수 있다고 본다. 요컨대 저작권을 침해하는 데 자신의 도구(device)를 이용함을 권장할 의도가 있었음이, 명백한 언동이나 여타 침해를 조장하기 위해 취해진 적극적인 조치를 통하여 입증된 경우, 그 도구를 공급한 자는 … 제3자가 그 도구를 이용하여 범한 침해의 결과에 책임이 있다"[751]는 것이다.

분명한 것은 특별한 경우가 아닌 한 저작권침해에만 이용되는 디지털 기술은 없다는 것이다. 문제는 그 기술을 이용하는 사람이다. 이러한 디지털 기술을 이용하여 저작권 있는 저작물을 저작권자의 허락 없이 이용했다면, 또는 이용하도록 교사·방조했다면, 저작권침해 책임을 져야 할 것이다. 이런 맥락에서 유발이론에 의지하여 기여책임을 인정한 미국 연방대법원의 Grokster 판결은 이해가 된다. 그러나 한편 이러한 책임추궁은 Grokster 사건과 같은 특수한 경우에만 가능한 것이다.[752] 모든 P2P 기술이 불법화된 것은 아니다.

(다) P2P 관련 판결들

〈소리바다(1/3) 관련 판결〉

소리바다 1	가처분	신청	성남지원 2002카합77호	가처분 결정	평석: 오병철, 「정보법판례백선(1)」, 528면
		이의 1심	성남지원 2003.2.14.선고 2002카합284 판결	(채권자) 음반회사들 — 가처분 인정*	

---

750) MGM Studios, Inc. et al. v. Grokster, Ltd. et al., 545 US__ (2005).

751) 박준석, "이용자의 저작권침해에 따른 인터넷서비스제공자의 민사책임," 서울대학교 (2005: 박사학위논문), 247면.

752) 위의 논문, 338면.

		항소심	서울고법 2005.1.12.선고 2003나21140판결	일부 인가판결	
		상고심	대법원 2007.1.25.선고 2005다11626호 판결	상고기각=항소심 판결 확정	
	손해배상	1심	성남지원 2003.10.24.선고 2003가합857 판결	(원고) 한국 음악저작권협회 — 손해 인정**	
		항소심	서울고법 2005.1.25.선고 2003나80798 판결	손해 일부 인정***	
	형사	1심	서울지법 2003.5.15.선고 2001고단8336 판결	공소기각****	평석: 이대희, 「정보법판례백선(1)」, 544면
		항소심	서울지법 2005.1.12.선고 2003노4296 판결	무죄*****	
		상고심	대법원 2007.12.14.선고 2005도872 판결	파기환송(다음 판례 4 참조)	
소리바다 3	가처분	신청	서울중앙지법 2005.8.29.자 2004카합3491 결정	(신청인) 한국음원제작자협회 — 가처분 인정******	평석: 오병철, 「정보법판례백선(1)」, 536면
		이의	서울중앙지법 2005.10.26.자 2005카합3179결정	가처분 인가 결정	
		항고	제작자협회와 사이에 합의가 이루어져 2006.3.6. 그 항고를 취하		

(*) 가처분 이의: 1심판결은 당시 전송권이 인정되지 아니한 저작인접권자들을 복제권 및 배포권으로 보호하였다. 법원은 채무자는 이용자들의 침해행위를 알면서 그것이 가능하도록 관여하였고, 그들의 관리하에 그 침해행위가 행해졌으며, 침해행위를 통해 이익을 얻고 있고, 규모와 기간에 비추어 그 침해행위가 그들에 의해 야기되고 유인된 것이므로 이용자와 일체가 되어 채권자들의 복제권·배포권의 침해행위를 하고 있는 것으로 평가하였다.

(**) 피고들은 이용자들의 침해행위를 알면서, 프로그램 공급과 서버 운영을 통하여 그와 같은 침해행위가 가능하도록 계속적으로 관여하였고, 피고들의 관리하에서 그와 같은 침해행위가 행하여지고 있으며, 또한 그와 같은 침해행위를 이용하여 이익을 얻고 있다 할 것이고, 나아가 그 규모와 기간에 비추어 이용자들의 침해행위는 피고들에 의하여 야기되고 유인되었다 할 것이므로, 피고들은 소리바다 이용자들과 일체가 되어 원고가 신탁관리하는 음악저작권자들의 복제권·전송권의 침해행위를 하고 있는 것으로 평가할 수 있다 할 것이다.

(***) P2P 방식에 의한 MP3 파일 공유 및 교환 기능을 수행하는 소리바다 프로그램을 개발하고 이를 이용한 소리바다 서비스를 운영하는 피고들로서는, 소리바다 서비스를 통해서 사용자들에 의한 저작권 침해행위가 발생하리라는 사정을 미필적으로나마 인식하고 있었다고 봄이 상당하고, 이러한 사정하에서 피고들이 소리바다 프로그램 설치화면에다가 형식적인 경고문을 게재하는 외에, 달리 사용자들의 저작권 침해행위를 방지할 만한 아무런

합리적인 조치를 취하지 아니한 채, 소리바다 프로그램의 무상 공급과 MP3 파일 공유 및 교환에 필수적인 소리바다 서버를 운영함으로써, 그와 같은 저작권 침해행위가 가능하도록 계속적으로 관여하여 개별 사용자들의 MP3 파일 공유 및 교환을 통한 저작권 침해행위를 용이하게 하였으므로, 개별 사용자들이 원고가 신탁관리하는 음악저작권자들의 복제권 및 전송권을 침해한 행위에 대하여 방조책임을 부담한다고 봄이 상당하다.

(****) 이 사건 공소사실은 정범의 범죄의 특별구성요건을 충족하는 구체적 사실이 기재되어 있지 아니하거나 이를 특정할 수 없어서, 공소제기의 절차가 법률의 규정에 위반되어 무효인 경우에 해당하므로 형사소송법 제327조 제2호에 의하여 이 사건 공소를 기각한다.

(*****) 피고인들이 개발한 소리바다 시스템을 통하여 인터넷상에서 유통되는 mp3 파일 중 70% 정도가 불법적인 것이어서, 소리바다의 P2P 서비스가 인터넷 사용자들 사이에서 상당한 정도로 mp3 파일의 불법복제에 이용되고 있는 것이 현실이기는 하지만, 한편, 소리바다 시스템을 통하여 실제 나머지 30%는 합법적인 mp3 파일이 유통되고 있는 점, 인터넷상에서 P2P 방식에 따른 서비스가 현재 및 장래에 비침해적인 용도로 사용될 개연성이 상당히 높다는 점, 피고인들의 소리바다 프로그램 개발경위, 위에서 본 경고문구가 설치된 위치와 그 내용 등 제반 사정을 종합해 볼 때, 피고인들이 처음부터 복제권 침해행위를 방조할 목적으로 소리바다 프로그램을 개발하였다거나, 또는 P2P 방식의 소리바다 서비스 자체를 저작권 침해의 용도로만 사용될 목적으로 제작된 불법도구라고 단정지을 수는 없고, 나아가, 현재 소리바다 서비스의 이용실태만을 근거로 불법 mp3 파일의 유통이 소리바다 서비스의 핵심적인 용도 또는 유일한 용도라고 보기도 어렵다 할 것이다.

그 외, 달리 피고인들이 불법적인 목적으로 소리바다 프로그램을 개발하였고, 소리바다 시스템의 핵심적인 용도 또는 유일한 용도가 복제권 침해행위에 있다는 점을 인정할 만한 증거가 없다.[753)]

(******) 순수한 P2P 방식이므로 이용자의 행위에 전혀 관여하지 않으며, 통제가능성이 없으므로 저작권법 제77조 2항의 온라인서비스제공자의 면책규정에 따라 책임이 없다는 소리바다측의 항변을 인정하지 않았다. 법원은 먼저 mp3 파일을 복제, 전송하는 과정에 소리바다 서버가 관여하지 않았다고 하더라도 저작권 침해가 예견되는 상황에서 프로그램의 배포 및 사이트 운영을 통해 소리바다 서비스를 제공한 이상 침해행위의 방조가 인정되며, 소리바다 1은 서버가 이용자의 IP주소를 제공하는 기능만을 담당하였는데 그것을 단지 서버가 아닌 개별 이용자의 슈퍼피어 컴퓨터에서 제공하는 것은 "단순한 기술방식의 차이에 불과할 뿐"이므로 이러한 상이점만으로 방조책임을 부정할 수 없다고 하였다.

또 온라인서비스제공자 면책규정에 대해 경고문 게시 외에는 침해방지를 위한 별다른 노력이 없고, 다양한 형태의 DRM 기술의 발달로 P2P 방식의 파일교환서비스에 대한 저작권 보호기술의 적용이 불가능하다고 단정할 수 없으며, 원본 CD에서 추출된 mp3 파일에 내부적 표시를 하여 공유를 억제하는 취지의 기술을 스스로 제안한 바 있다면 면책주장은 받아들일 수 없다고 보았다.

[판례 1] 프르나 사건(서울중앙지법 2006.3.13.고지 2005카합4187 결정)

인터넷사이트를 통해 P2P 방식으로 MP3 파일을 공유할 수 있게 하는 프로그

753) 대법원에서 파기되었다(판례 3 참조).

램을 무료로 배포하는 등 MP3 파일의 공유를 용이하게 하는 서비스를 제공하는 경우, 그 서비스제공자는 개별 이용자들에 의한 저작인접권 침해를 용이하게 함으로써 이용자들의 저작인접권 침해행위를 방조하고 있어 저작권법 제91조 제1항에 정한 '저작권 그 밖에 이 법에 의하여 보호되는 권리를 침해하는 자'에 해당한다.

기록에 의하면, ⓐ 피신청인은 이 사건 서비스에 의하여 신청인을 비롯한 음반제작자들의 복제권 및 전송권이 침해되고 있다는 사실은 이미 알고 있었다고 보이는 점, ⓑ 피신청인이 이용자들을 상대로 저작인접권 침해에 관한 경고문을 게시하고, 이 사건 음원과 관련한 금칙어를 등록하는 것만으로는 저작인접권 침해를 예방하는 데 실질적인 효과를 보고 있다고 보기 어려운 점, ⓒ 간단한 형태의 검색어 제한방법 이외에도 음악인식기술을 비롯한 다양한 형태의 DRM (Digital Rights Management; 디지털 콘텐츠의 무단 사용을 막아 저작권 관련 당사자들의 이익과 권리를 보호해 주는 기술과 서비스) 기술의 발달로 실효적인 저작권 보호가 불가능하다고 보기 어렵고, 신청인이 위와 같은 기술적 조치를 요구한 바 있는 점, ⓓ 저작권법에서 기술적 조치에 드는 비용 및 난이도를 고려하지 아니하고 불가능한 경우에만 면책하도록 규정하고 있어, 피신청인으로서는 다양한 형태의 DRM 기술 중 최적인 기술조치를 확인하여 그 조치를 이행할 의무가 있다고 보아야 할 것인 점 등의 제반 사정을 고려할 때, 피신청인의 위 면책 주장은 받아들이지 아니한다.

[판례 2] '소리바다' 사건(대법원 2007.1.25.선고 2005다11626 판결)

(1) 저작권법이 보호하는 복제권의 침해를 방조하는 행위란 타인의 복제권 침해를 용이하게 해주는 직접·간접의 모든 행위를 가리키는 것으로서 복제권 침해행위를 미필적으로만 인식하는 방조도 가능함은 물론 과실에 의한 방조도 가능하다고 할 것인바, 과실에 의한 방조의 경우에 있어 과실의 내용은 복제권 침해행위에 도움을 주지 않아야 할 주의의무가 있음을 전제로 하여 그 의무를 위반하는 것을 말하고, 위와 같은 침해의 방조행위에 있어 방조자는 실제 복제권 침해행위가 실행되는 일시나 장소, 복제의 객체 등을 구체적으로 인식할 필요가 없으며 실제 복제행위를 실행하는 자가 누구인지 확정적으로 인식할 필요도 없다.

(2) '소리바다' 서비스 제공자는 그 이용자들이 음반제작자들의 저작인접권을 침해하리라는 사정을 미필적으로 인식하였거나 적어도 충분히 예견할 수 있었음에도 불구하고 소리바다 프로그램을 개발하여 무료로 나누어 주고 소리바다 서버를 운영하면서 그 이용자들에게 다른 이용자들의 접속정보를 제공함으로써, 이용자들이 음악 CD로부터 변환한 MPEG-1 Audio Layer-3(MP3) 파일을 Peer-To-Peer(P2P) 방식으로 주고받아 복제하는 방법으로 저작인접권 침해행위를 실

행하는 것을 용이하게 하였으므로 그에 대한 방조책임을 부담한다.

[판례 3] '소리바다 5 서비스' 가처분 사건(서울고법 2007.10.10.자 2006라1245 결정)[754]

[1] '소리바다(www.soribada.com)'라는 인터넷 사이트를 운영하면서 그 이용자들로 하여금 P2P(peer to peer) 방식으로 MP3(MPEG-1 Audio Layer-3) 형식의 음악파일을 공유하도록 하는 소프트웨어인 '소리바다 5 프로그램'을 배포한 후, 이 프로그램을 다운로드 받아 개인 컴퓨터에 설치한 이용자들 사이에 P2P 방식으로 MP3 형식의 음악파일을 공유하도록 하는 서비스를 제공한 회사는, 그 서비스를 제공함에 있어 독자적으로 음반제작자들의 복제권 또는 전송권을 침해하였다거나 이용자들과 함께 협의의 공동불법행위 책임을 질 정도로 이용자들의 저작인접권 침해행위에 직접적이고 밀접한 기여를 하였다고 평가하기 어려워, 위 서비스 이용자들의 저작인접권 침해행위에 대하여 협의의 공동불법행위 책임을 지지는 않는다.

[2] 일반적으로 P2P 방식에 의한 파일공유 시스템은 해당 P2P 서비스에 접속하고 있는 수천, 수만의 불특정 다수의 이용자들 전부를 그 대상으로 하고 있으며, 파일의 제공행위, 즉 파일의 업로드는 해당 파일을 보유하고 있는 이용자가 P2P 서비스에 접속하는 것만으로 자연스럽게 이루어지고, 파일의 수령행위, 즉 파일의 다운로드는 인터넷의 특성상 그 다운로드를 요청한 다수의 모든 이용자에게 순간적으로 동시에 이루어진다는 점에서, 이용자들이 디지털 형태의 저작복제물을 무단 유통함에 따른 저작인접권의 침해가능성은 항상 열려 있다고 할 것이나, 그렇다 하더라도 모든 형태의 P2P 시스템과 그 운영자들이 획일적으로 이용자들의 저작인접권 등 침해행위에 대한 방조책임을 부담한다고 할 수는 없고, 운영자가 P2P 서비스를 제공하는 과정에서 이용자들의 파일공유 및 교환 행위에 관여할 수 있는지의 여부와 그 방식 및 정도, 저작인접권 등의 침해행위에 대한 운영자의 인식 여부 및 그에 따른 P2P 시스템에서의 권리보호조치의 내용과 그 정책, P2P 시스템이 파일공유 기능 외에 이용자들의 저작인접권 등 침해행위를 용이하게 할 수 있는 다른 기능을 제공하고 있는지 여부, 운영자가 이용자들의 저작인접권 침해행위로부터 이익을 얻을 목적이 있거나 향후 이익을 얻을 가능성의 정도 등 구체적 사정을 살펴보아, 운영자가 이용자들의 파일공유 등으로 인한 저작인접권 등 침해행위를 미필적으로나마 인식하고 있으면서도 이를 용이하게 할 수 있도록 도와주거나, 이러한 침해행위에 도움을 주지 않아야 할 주의의무가 있음에도 이를 위반하는 경우라고 평가되는 경우에만 방조책임이 인정된다.

754) 본 결정은 원심인 [서울중앙지법 2006.8.22.자 2006카합1535 결정]을 취소한 결정이다.

[3] 비록 '소리바다 5 프로그램'이 종전의 소리바다 1, 2, 3에 비하여 저작인접권자 등의 권리보호를 위한 기술적 조치와 시스템을 갖추고 있기는 하나, 현재 '소리바다 5 서비스' 운영자가 취하고 있는 '소극적 필터링 방식'[저작인접권자 등 권리자들로부터 필터링(공유금지)을 요청받거나 이미 위 운영자가 공유금지로 설정하여 놓은 음원 파일들에 대하여만 필터링을 실시하는 방식]의 내재적 한계상 음반제작자들의 음원에 대한 저작인접권의 침해행위는 계속되어 왔고, 앞으로도 그와 같은 침해행위의 발생은 불가피할 것으로 보이며, 나아가 위 운영자가 그 보완책으로 들고 있는 '그린파일 시스템'[저작인접권자 등 권리자들이 위 서비스 운영자에게 자신들의 음원 정보를 제공하여 필터링을 요청한 후, 위 운영자의 승인절차를 거쳐 파일공유를 금지하는 시스템]만으로는 그와 같은 권리침해를 제때 방지하거나 중단시킬 수 있을 것으로도 보기 어렵고, '소리바다 5 프로그램'의 개발 경위 등에 비추어 위 운영자 역시 음반제작자들의 음원에 대한 저작인접권의 침해행위가 발생하고 있다는 사정을 적어도 미필적으로나마 인식하였다고 봄이 상당하므로, '소리바다 5 서비스'의 운영자는 그 이용자들의 저작인접권 침해행위에 대한 방조책임을 면할 수 없다.

[4] 저작권법 제123조 제1항은 침해정지청구의 상대방을 '저작권 그 밖에 이 법에 의하여 보호되는 권리를 침해하는 자'로 규정하고 있는데, 저작권 침해행위를 방조하는 경우에도 방조행위의 내용·성질, 방조자의 관리·지배의 정도, 방조자에게 발생하는 이익 등을 종합하여, 방조행위가 당해 저작권 침해행위에 밀접한 관련이 있고, 방조자가 저작권 침해행위를 미필적으로나마 인식하면서도 이를 용이하게 하거나 마땅히 취해야 할 금지조치를 취하지 아니하였으며, 방조행위를 중지시킴으로써 저작권 침해상태를 제거할 수 있는 경우에는 당해 방조자를 침해 주체에 준하여 '저작권 그밖에 이 법에 의하여 보호되는 권리를 침해하는 자'에 해당한다고 봄이 상당하다.

[5] '소리바다 5 프로그램'을 기반으로 한 소리바다 서비스의 내용과 이용자들의 저작인접권 침해행위에 대한 통제가능성 등 제반 사정에 비추어, 저작인접권을 침해받고 있는 음반제작자들이 그 침해행위에 대한 방조책임을 지는 위 서비스 운영자에 대하여 저작권법 제123조 제1항에 따른 저작인접권의 침해금지 및 침해예방을 구할 수 있다.

[6] 저작권법 제102조 제1항이 필요적 면책사유로 정하고 있는 '기술적으로 불가능한 경우'는, 온라인서비스 자체는 이를 유지하는 것을 전제로 이용자들의 복제·전송행위 중 저작권 등의 침해행위가 되는 복제·전송을 선별하여 방지하거나 중단하는 것이 기술적으로 불가능한 경우를 말하는 것이고, 따라서 비록 온라인서비스 이용자들이 해당 온라인서비스를 이용하여 저작물 등을 복제·전송함으로써 그 저작권 등을 침해하였다고 하더라도, 온라인서비스제공자가 그와 같은 침해사실을 알고 저작권 등의 침해가 되는 복제·전송을 선별하여 이를 방지하거나 중단하는 기술적 조치를 다하였다고 인정되는 경우에는, 온라인서비

스제공자는 해당 침해행위에 대한 책임을 면하게 된다.

[7] 저작권법 제102조에서 말하는 온라인서비스제공자는 '다른 사람들이 저작물이나 실연·음반·방송 또는 데이터베이스를 정보통신망을 통하여 복제 또는 전송할 수 있도록 하는 서비스를 제공하는 자'이며(저작권법 제2조 제30호), 여기서 말하는 정보통신망은 해당 서비스제공자 '자신의' 정보통신망에 국한되지 않음이 그 문언상 명백하므로, 이용자들의 컴퓨터끼리 직접 연결되어 파일공유, 즉 복제 또는 전송이 이루어지는 P2P 방식의 서비스를 제공하는 경우에도 역시 위 규정에서 말하는 온라인서비스제공자에 해당한다.

[8] '소리바다 5 서비스'의 운영자가 취하고 있는 '소극적 필터링 방식' 및 그 보완책으로서의 '그린파일 시스템' 등 일련의 기술적 조치들에 의하여 저작권법 제102조 제2항에서 말하는 저작인접권의 침해방지를 위한 기술적 조치를 다하였다거나, 더 이상의 저작인접권 침해를 방지·중단하는 것이 불가능하다고 볼 수 없다.

[9] P2P 서비스에 있어서 저작권 등의 보호를 위한 기술적 조치가 반드시 소극적 필터링 방식이어야 한다고는 보기 어려운데다[실제로 적극적 필터링 방식(권리자들로부터 이용허락을 받은 음원의 파일에 대하여만 파일공유를 허용하는 방식)에 의한 저작권 등 침해방지 조치를 취하고 있는 P2P 서비스가 이미 상용화되어 있다], 저작인접권 등을 침해하는 파일공유 행위가 서비스제공자의 관여 없이 이용자들 사이에 이루어진다는 사정을 고려하여 저작권법에서 정하고 있는 바와 같이 일정한 요건하에 P2P 서비스제공자들의 책임을 감면해 주는 것은 별론으로 하고, P2P 서비스에 있어서 저작인접권 등 법에서 정하는 권리에 대한 보호의 정도를 달리할 것은 아니므로, P2P 서비스에 있어서는 개념논리적으로 저작권 등의 보호를 위한 기술적 조치로는 '소극적 필터링 방식'을 전제로 한다고 볼 수 없다.

[10] 저작권 등의 보호를 위한 기술적 조치로서의 적극적 필터링 방식이 이용자제작콘텐츠(UCC) 등 개인의 창작물이나 기타 저작권에서 자유로운 파일의 공유까지 금지시켜 과잉금지의 원칙에 반한다거나 저작권법 제103조 제3항에 정한 온라인서비스 이용자의 복제·전송 재개요구권을 배제하는 결과를 초래한다고 볼 수 없다.

[11] 저작권법 제103조에서 말하는 '복제·전송의 중단 요구'는 온라인서비스를 이용한 저작물 등의 복사·전송으로 인하여 자신의 권리가 침해된 권리자가 위 제103조에서 정하고 있는, 재판을 거치지 않고 온라인서비스제공자에게 직접 저작물 등의 복제·중단을 요청하는 신속하고 간이한 권리구제절차를 이용하기 위한 요건일 뿐이지, 이와 같은 복제·전송의 중단 요구 즉 '권리보호요청'이 권리자가 온라인서비스제공자에 대하여 온라인서비스를 이용한 저작권 등의 침해에 대한 책임을 묻기 위하여 필요한 권리행사요건이나 온라인서비스제공자가 복제·전송을 중단하여야 할 의무의 발생요건은 아니다.

[12] 저작권법 제104조 역시 제103조와 마찬가지로, '특수한 유형의 온라인서비스제공자'의 책임 제한이나 특수한 유형의 온라인서비스제공자의 책임을 묻기 위한 권리행사요건을 정하고 있는 규정이 아님이 그 내용상 명백할 뿐 아니라, 온라인서비스제공자의 책임 제한을 규정하고 있는 제102조와의 관계나 저작권자 등의 권리침해방지를 강화하려 한 저작권법의 개정 취지에 비추어 보더라도, 특히 저작권 등에 대한 침해행위가 상대적으로 많이 발생할 가능성이 큰 '다른 사람들 상호간에 저작물 등의 전송을 주목적으로 하는 온라인서비스'를 별도로 분류하여, 그와 같은 특수한 유형의 온라인서비스제공자에 대하여 권리자들이 위 제104조 제1항과 이를 구체화한 저작권법 시행령 제45조에서 정한 요건을 갖춘 권리보호요청을 한 경우에는 법원의 재판을 거치지 아니하더라도 바로 같은 시행령 제46조에서 정한 조치를 할 의무를 법정화하고, 나아가 이와 같은 조치를 취하지 아니할 경우에는 3,000만원 이하의 과태료에 처하도록 하여 그 이행을 담보함으로써 다른 온라인서비스제공자에 비하여 가중된 의무를 추가로 부과한 것으로 해석함이 상당하다(저작권법 142조).

[판례 4] 소리바다 형사사건(대법원 2007.12.14.선고 2005도872 판결)

[1] 저작권법 제2조의 유형물에는 특별한 제한이 없으므로 컴퓨터의 하드디스크가 이에 포함됨은 물론이지만, 하드디스크에 전자적으로 저장하는 MPEG-1 Audio Layer-3(MP3) 파일을 일컬어 유형물이라고는 할 수 없으므로, 음악 CD로부터 변환한 MP3 파일을 Peer-To-Peer(P2P) 방식으로 전송받아 자신의 컴퓨터 하드디스크에 전자적으로 저장하는 행위는 '유형물로 다시 제작하는 것'에는 해당하지 않으나, 복제행위인 '유형물에 고정하는 것'에 해당한다.

[2] '배포'란 저작물의 원작품이나 그 복제물을 유형물의 형태로 일반 공중에게 양도·대여하는 것을 말하므로, 컴퓨터 하드디스크에 저장된 MP3 파일을 다른 P2P 프로그램 이용자들이 손쉽게 다운로드 받을 수 있도록 자신의 컴퓨터 내 공유폴더에 담아 둔 행위는 이에 해당하지 않는다.

[3] 저작권법이 보호하는 복제권의 침해를 방조하는 행위란 정범의 복제권 침해를 용이하게 해주는 직접·간접의 모든 행위로서, 정범의 복제권 침해행위 중에 이를 방조하는 경우는 물론, 복제권 침해행위에 착수하기 전에 장래의 복제권 침해행위를 예상하고 이를 용이하게 해주는 경우도 포함하며, 정범에 의하여 실행되는 복제권 침해행위에 대한 미필적 고의가 있는 것으로 충분하고 정범의 복제권 침해행위가 실행되는 일시, 장소, 객체 등을 구체적으로 인식할 필요가 없으며, 나아가 정범이 누구인지 확정적으로 인식할 필요도 없다.

[4] P2P 프로그램을 이용하여 음악파일을 공유하는 행위가 대부분 정당한 허락 없는 음악파일의 복제임을 예견하면서도 MP3 파일 공유를 위한 P2P 프로그램인 소리바다 프로그램을 개발하여 이를 무료로 널리 제공하였으며, 그 서버를

설치 · 운영하면서 프로그램 이용자들의 접속정보를 서버에 보관하여 나른 이용자에게 제공함으로써 이용자들이 용이하게 음악 MP3 파일을 다운로드 받아 자신의 컴퓨터 공유폴더에 담아 둘 수 있게 하고, 소리바다 서비스가 저작권법에 위배된다는 경고와 서비스 중단 요청을 받고도 이를 계속한 경우, MP3 파일을 다운로드 받은 이용자의 행위는 복제에 해당하고, 소리바다 서비스 운영자의 행위는 저작권법상 복제권 침해행위의 방조에 해당한다.

2) 유형 2: 공유 웹사이트 운영자 등

[판례1] 인터넷제국 사건(서울중앙지법 2001.8.24.선고 2000가합83171 판결)

사실관계: 원고들은 음반제작자들로서 국내 여러 가수들의 음반과 뮤직비디오를 기획 · 제작하였다. 피고는 웹서비스 개발과 판매업 등을 목적으로 하는 회사로서 음악파일 무상 공유를 목적으로 하는 웹사이트인 [www. vqpzone.net], [www. vjzone.net]을 개설하여 운영하여 왔다.

피고는 2000.5.경 원고들이 제작한 음반에 수록된 음악들을 vqp파일로 변환하여 vqpzone 웹사이트의 서버에 저장함으로써, 이에 접속하는 인터넷 이용자들에게 이를 내려받도록 제공하였다. 또한 피고가 1999.10.부터 2000.6.까지 운영한 웹사이트 vjzone의 자료게시판에는 이용자들이 가수들의 뮤직비디오를 동영상파일로 변환하여 올리거나 내려받아 왔는데, 피고는 장르별로 구분하여 "Kman, Kwoman, Asian Pops, …" 등의 항목으로 서브디렉토리를 만들어 이용자들로 하여금 그 분류에 따라 손쉽게 파일을 올리거나 내려받을 수 있게 하였다.

법원의 판단: 온라인서비스제공자인 피고가 직접 동영상파일들을 복제 · 전송하여 저작권을 침해하지는 않았다고 하더라도 i) 웹사이트를 운영관리하면서 이용자들의 저작권침해행위를 알았거나 알 수 있었고, ii) 불법 동영상 파일들을 삭제하는 등의 필요한 조치를 취할 수 있었음에도 상당한 기간 동안 그러한 조치를 취하지 아니하였으며, iii) 오히려 음악 분야별로 서브디렉토리를 만들어 줌으로써 침해행위를 용이하게 하였다면, 피고는 온라인서비스제공자로서 이용자들의 저작권침해행위에 대한 손해배상책임을 진다.[755]

[판례 2] '나우필름' 사건(서울중앙지법 2008.8.5.자 2008카합968 결정)

(1) 저작권 침해의 위험성이 높은 서비스를 스스로 제공하여 수익을 얻고 있고 나아가 이에 대한 관리 · 지배권을 갖고 있는 공유형 웹스토리지 서비스 제공자들은, 그 서비스를 통해 이용자들에 의한 저작권 침해행위가 발생하거나 계속되지 않도록 하여야 할 법적인 작위의무가 있다. 이를 구체적으로 보면, 공유형

755) 평석: 문용호, 「정보법판례백선(1)」, 555면.

웹스토리지 서비스 자체가 이른바 불법도구에 해당한다고 할 수는 없으므로 이를 유지하는 것을 전제로, 현재의 기술 수준 및 사회통념 등에 비추어 기대 가능한 수준에서, 저작권 침해행위가 되는 복제·전송을 선별하여 방지하거나 중단할 수 있는 기술적 조치 등 필요한 조치를 하여야 한다.

(2) 인터넷 이용자들이 공유형 웹스토리지 서비스를 통해 저작권자로부터 이용허락을 받지 않은 영화 파일을 업로드 또는 다운로드한 사안에서, 이용자들에 의한 저작권 침해행위가 발생하거나 계속되지 않도록 하여야 할 법적인 작위의무를 지고 있는 위 서비스 제공자들이, 그 침해행위를 방지할 수 있었음에도 불구하고 그 결과의 발생을 의욕 또는 용인하고 이를 방관한 채 그 의무를 제대로 이행하지 아니하여 이용자들의 저작물에 관한 복제권·전송권 침해행위를 용이하게 해 주었으므로, 그 침해행위에 대하여 방조책임을 부담한다.

[판례 3] '프리챌' 사건(서울중앙지법 2009.10.13.선고 2009고단1629 판결)

피고인들은 수익을 극대화하기 위하여 ① A 사이트의 경우 'QTV'에 회원업로드 동영상을 모아 총 9개 채널 카테고리로 분류하고, 각종 검색항목을 두어 회원들이 원하는 방송 프로그램을 쉽게 찾아 전송받을 수 있게 하는 한편, 회원가입과 동시에 개인 업로드 공간에 동영상 등을 업로드하여 다른 회원들로 하여금 업로드한 동영상을 시청할 수 있도록 '마이Q'를 운영하였고, ② 파일구리 사이트의 경우 회원들이 '파일구리 Pro' 등을 통하여 원하는 동영상을 쉽게 검색할 수 있도록 한 다음, 다른 회원들과 공유중인 파일수, 용량 및 네트워크 상태 등의 정보를 일목요연하게 볼 수 있도록 조치하였고, 피고인들은 파일구리 사이트 중 음란 동영상이 집중적으로 게시되는 폴더들이 다수 존재한다는 점 등을 잘 알고 있었던 사실, 피고인 주식회사 A의 운영체계상 회원들의 다운로드 횟수가 증가할수록 그 수익이 증가하는 구조를 가지고 있는 사실 등을 인정할 수 있고, 이러한 사실관계에 의하면 피고인들은 위와 같은 방송프로그램 동영상의 노출에 따른 광고 수입의 증대를 위해 이용자에게 검색기능, 퍼가기 기능 등을 제공하는 등 다양한 방법으로 이용자들의 불법파일 업로드 및 다운로드를 유인하고 조장한 것으로서, 대량의 저작재산권 침해 온라인 콘텐츠 및 음란 동영상 파일을 축적한 후, 다시 이를 회원들이 다운로드받게 함으로써 수익을 올리는 것이어서, 영리를 목적으로 불법파일 등의 공유를 유인하는 결과를 조장하고 있다고 할 수 있다.

위와 같은 A 사이트와 파일구리 사이트의 현실적인 이용실태에 비추어 볼 때, 이를 운영하는 피고인들이 회원들의 파일의 업로드 및 다운로드 등을 통해 그에 관한 저작재산권 침해행위 등이 이루어진다는 사실을 충분히 인식·예견하였다고 할 것이다. 나아가 비록 온라인서비스제공자에게 일반적인 감시·검색의무를 인정할 수는 없으나, 위 각 사이트에서 저작재산권 침해행위나 음란동영상의 전시, 배포행위 등이 빈번하게 이루어지고 있고, 피고인들도 이를 충분히 인식·예견하고 있다는 점, 위 각 사이트가 불법행위 위험성이 높은 서비스를 스스로 제공하여 수익을 얻고 있으며, 나아가 서비스 제공자가 중앙서버를 관리하고 있어 효과적인 기술적 통제수단의 적용이 가능하므로, 피고인들로서는 그 서비스를 통해 저작재산권 침해행위 등이 발생하지 않도록 기술적인 조치를 취함과 동시에 만일 저작재산권 침해행위 등이 발생하는 경우 해당 불법파일들을 적절한 시점에 제거할 수 있는 모니터링 인력을 충분히 유지함으로써 불법행위를 실효적으로 억제해야 하는 법적 의무가 있다고 할 것이다.

그런데 앞에서 거시한 각 증거들에 비추어 이 사건 저작권 침해행위 등이 발생한 2006.2.경부터 2009.2.경까지 이루어진 위 각 사이트의 실제 운영 실태 등을 살펴보면, 피고인들이 위와 같은 수준에 이를 정도로 실효성 있는 조치를 취하였다고 볼 수 없고, 오히려 피고인들의 경우 위 각 사이트의 운영을 통하여 기대하는 정도의 수익이 발생하지 않고 있다는 점 등 현실적인 사정을 이유로 충분한 모니터링 인력을 고용·유지하지 아니함으로써, 실제 모니터링을 통한 위법 온라인콘텐츠의 발견 및 그 제거 과정에서 기술적으로 불가피하게 발생하는 단기간의 위법상태 수준을 초과하는 정도의 다수의 불법파일들이 장기간 동안 그대로 방치되었고, 위와 같은 불법파일에 대한 다운로드 횟수가 수만 번 이상이라는 점 등을 알 수 있다.

그렇다면 위 각 사이트의 회원들의 오랜 기간에 걸친 저작재산권 침해행위 및 음란동영상 전시, 배포행위 등에 관하여 피고인들은 방조자로서의 책임을 부담한다.

[판례 4] 대법원 2013.9.26.선고 2011도1435 판결

저작권법이 보호하는 복제권·전송권의 침해를 방조하는 행위란 정범의 복제권·전송권 침해를 용이하게 해주는 직접·간접의 모든 행위로서, 정범의 복제권·전송권 침해행위 중에 이를 방조하는 경우는 물론, 복제권·전송권 침해행위에 착수하기 전에 장래의 복제권·전송권 침해행위를 예상하고 이를 용이하게 해주는 경우도 포함하며, 정범에 의하여 실행되는 복제권·전송권 침해행위에 대한 미필적 고의가 있는 것으로 충분하고, 정범의 복제권·전송권 침해행위가 실행되는 일시, 장소, 객체 등을 구체적으로 인식할 필요가 없으며, 나아가 정범이 누구인지 확정적으로 인식할 필요도 없다(대법원 2005.4.29.선고 2003도6056 판결, 대법원 2007.12.14.선고 2005도872 판결 등 참조).[756)]

원심은 그 적법하게 채택된 증거들을 종합하여, 제1심 판시 이 사건 각 사이트

756) 同旨, 2013.11.28.선고 2013도7681 판결: 이 사건의 경우는 고소가 제기된 후에도 불법복제물이 업로드되어 있어 계속 다운로드 받을 수 있는 상태에 있었고, 피고인은 피해자의 요청에도 불구하고 기술적 조치를 다하지 아니한 경우임.

에서 불특정 다수의 사이트 이용자들에 의하여 저작재산권자의 동의를 얻지 않은 영화 파일들의 업로드 및 다운로드가 이루어진 사실, 피고인들은 이 사건 각 사이트의 실질적인 운영자로서 위 각 사이트의 운영방식과 이용실태 등을 모두 인식하고 있었음에도 사이트 이용자들에게 영화 파일의 업로드를 유인하거나 다운로드를 용이하게 해주고, 이를 통해 수익을 얻은 사실 등을 인정한 다음, 이러한 사실에 의하면, 피고인들이 이 사건 각 사이트를 운영·관리함으로써 제1심 판시 범죄일람표 1, 2, 6, 8 기재와 같이 위 각 사이트 이용자들의 복제권·전송권 침해행위를 용이하게 하여 이를 방조하였고, 그에 대한 고의가 있음을 인정할 수 있다고 판단하였다. 원심의 위와 같은 판단은 정당하여 수긍할 수 있다.

[판례 5] '당구 동영상' 사건(서울중앙지법 2014.11.28.선고 2013가합564502 판결)

사실관계: 원고는 당구 관련 동영상을 제작하여 자신이 운영하는 사이트에 올리고 수강료로 4만원을 낸 수강생에게 한 달 동안 횟수에 제한 없이 시청할 수 있도록 하였다.

피고 사이트 회원들 중 일부가 2007년경 이 사건 당구 동영상을 피고 사이트에 업로드하였다. 이를 안 원고가 업로드한 자를 형사 고소하는 한편, 피고에게 이 사실을 알리고 동영상 삭제를 요청하였고, 이에 피고는 관련 동영상을 대부분 삭제하였다. 그러나 그 후에도 피고 사이트 회원들이 이 사건 동영상을 업로드하였고 원고는 2008.10.30. 이 사실을 피고에게 통고하여 삭제 및 차단조치를 요구하였다. 그럼에도 피고 회원들에 의해 이 사건 동영상이 다수 업로드되었다. 이에 소를 제기하였다.

법원의 판단: ① 2009.7.경부터 2011.3.경까지 약 1년 9개월 가까운 기간 동안 이 사건 동영상이 피고 회원들에 의해 다수 업로드되었고, 조회수도 274,470건에 이르렀던 점, ② 2012.10.11. 다시 침해금지를 구하는 내용증명을 받기 전까지 오랜 기간 동안 이 사건 동영상을 삭제하거나 검색 금지하는 조치를 취하지 아니하고 오히려 동영상의 앞, 뒤에 붙은 광고로 인한 수익을 향유하였던 점, ③ 피고에게는 기술적, 경제적으로 피고 사이트에 업로드되는 게시물에 대한 관리·통제권이 있었던 것으로 보이는 점 등에 비추어 '온라인서비스제공자인 피고에게는 이 사건 당구 동영상을 삭제하고 향후 피고 사이트에 위 당구 동영상이 게시되지 않도록 차단하는 등의 적절한 조치를 취하여야 할 의무가 있다고 할 것이고, 피고가 이를 위반하여 피고 사이트 회원들의 저작권 침해를 용이하게 한 이상 위 당구 동영상을 직접 게시한 자의 행위에 대하여 부작위에 의한 방조자로서 공동불법행위책임을 진다고 할 것이다.'

한편 법원은 제102조 제3항에 따른 면책주장에 대하여 '이 사건의 경우처럼 이미 권리자인 원고가 명확하게 자신이 제작한 이 사건 동영상을 특정하여 그 침해행위가 일어나고 있으니 그 중지를 구한다고 요구한 경우에도 피고가 그에 관하여 아무런 주의의무를 지지 않는다는 취지의 규정은 아니라고 할 것'이므로 피고 주장은 이유 없다고 보았다.

* 정리: 특정한 온라인서비스제공자의 책임[757]
1. 민법상 방조에 의한 공동불법행위 규정을 책임성립요건으로 삼는다.
2. 민법상 불법행위책임이지만 손해배상에 그치지 아니하고 침해금지청구권의 행사대상이 된다.

2. 온라인서비스제공자의 책임제한

(1) 서 설

오늘날 인터넷 등 정보통신망상에서 많은 저작권 침해가 일어나고 있다. 통신망을 이용한 저작권 침해에 대해서는 타인의 저작물을 무단으로 전송한 직접침해자가 책임을 짐은 당연하나 많은 경우에 직접적 침해자를 찾아내는 것도 쉽지 않고, 설사 알아낸 경우라도 직접침해자는 배상능력이 없는 개인인 경우가 대부분이다. 그러한 이유로 실효성 있는 배상을 위해서 전자게시판 운영자나 통신망 사업자(OLSPs: On-Line Service Providers)에게 일정한 책임－간접책임－을 부과하고 있음은 앞서 본 바와 같다. 그러나 이들에게 지나치게 무거운 책임을 인정하면 사업이 위축되고 이것은 정책적으로도 바람직하지 않다. 하여 그 조화가 문제가 되고 가능한 범위에서 일정한 행위를 한 온라인서비스제공자의 책임을 면제해주어 정보산업을 활성화시키는 것 역시 정책적으로 역점을 두어야 할 부분이다. 미국에서도 다음에 보는 Playboy Enterprises v. Frena 사건에서는 엄격책임을 인정했으나 RTC 사건에서는 그 책임을 부인하였다.

◈ 책임을 인정한 판례: Playboy Enterprises v. Frena[758]

피고 Frena는 170컷에 달하는 플레이보이 사진을 온라인을 통해 감상할 수 있도록 플레이보이 사진이 올려진 전자게시판을 운영하는 자이다. 전자게시판 가입자들은 위 사진을 전자게시판에서 내려받았다. Frena는 위 사진들은 자신이 올려놓

---

757) 자세한 것은, 박준석, "온라인서비스제공자의 저작권 침해책임에 관한 한국에서의 입법 및 판례 분석," 「창작과 권리」(제63호), 세창출판사, 2011.6, 106면 이하 참조.

758) 839 F. Supp. 1552 (M.D Fla. 1993).

은 것이 아니라 가입자들이 올려놓은 것이라고 항변하였다. 그리고 저작권 침해라는 통지를 받자마자 모든 플레이보이 사진들을 제거하였고, 그 후에도 사진이 게재되는지 여부를 계속 감시하고 있었다고 주장했다.

지방법원은 불법복제된 저작물을 포함하고 있는 상품, 즉 전자게시판을 제공한 것은 피고이므로 피고 Frena가 위 불법복제물을 직접 만들었는지 여부는 문제가 되지 않는다고 판시하였다.

유의해야 할 점은 우리 법제의 과실책임과 달리 미국 법원은 피고 Frena에게 엄격책임을 부과하였고, 따라서 피고가 위 사실을 처음에 알고 있었는지 여부는 문제가 되지 않는다고 판시하였다.

◈ 책임을 인정하지 아니한 사례: Religious Technology Center v. Netcom On-Line Communications Service, Inc., 907 F.Supp.1361(N.D. Cal. 1995)

사실관계: 이 사건은 개인인 얼리히(Dennis Erlich)가 사이언톨로지(Scientology)에 대한 비판을 목적으로 창시자의 저작물을 인용하여 비평을 작성하였고, 이를 자신이 가입해 있는 사설 BBS와 이를 인터넷과 연결시켜 주는 네트컴이라는 인터넷 서비스를 통해 관련 유즈넷 뉴스그룹에 게재하여 문제가 된 사건이다. 사이언톨로지 창시자의 저작권을 가진 종교기술센터(Religious Technology Center; 이하 RTC)가 당사자인 얼리히에 대해 비판을 중지할 것을 요구하였으나 거부되어, 인터넷 유즈넷 뉴스서버의 역할만 한 네트컴사에 대해 저작권 침해 여부와 비판자인 얼리히에 대해 인터넷 사용중지를 요청하였으나 역시 거부되고, 대신에 네트컴사는 RTC가 진정한 저작권자임을 입증하는 자료를 보내어 줄 것을 요청하였으나 RTC측은 이를 거절하였다. 실제로 유즈넷 뉴스서버의 특성상 네트컴의 저장장치에는 약 일주일간 실제로 RTC의 저작권을 침해한 글이 저장되어 있었다.

약식판결요지: Whyte 판사는 직접침해책임, 대위책임은 인정하지 않았다. 그러나 기여책임의 인정 여부는 정식 사실심리를 거칠 것을 요구했다.

기여책임: 네트컴이 저작권 있는 내용물의 존재를 통고받은 후 침해행위가 있다는 인식을 가지면서 그 내용물을 제거하거나 봉쇄함이 없이 운영을 계속하였는가 및 네트컴이 직접침해를 유발했는가, 직접침해의 원인을 만들었는가, 또는 직접침해에 실질적으로 기여를 했는가 여부를 판단하였다.

결과: 만일 RTC가 네트컴사의 요청대로 자신이 진정한 저작권자임을 입증하는 자료를 보냈더라면 그 이후에는 기여책임이 인정될 수 있다고 하였으나 RTC는 네트컴사의 요청을 거절하였으므로 기여책임도 인정되지 않았다. 당해 사설 BBS에 대해서도 이와 같다. 또 네트컴사가 유즈넷 뉴스서버 역할만 하기 때문에 뉴스그룹에 게재된 저작물에 대해 삭제권 등의 편집권을 행사할 수는 없지만, 저작권 침해자인 얼리히의 서비스 사용을 막을 수는 있었으므로 침해자의 행위를 규제할 수 있는 권리와 가능성을 가진다고 할 것이지만, 뉴스서버 역할을 하는 네트컴사가

얼리히의 인터넷 유즈넷 뉴스그룹 사용으로 인한 직접적인 이익을 얻는다고는 볼 수 없으므로 대위책임도 인정되지 않았다. 당해 사설 BBS에 대해서도 이와 같다.

이러한 RTC 판결을 기초로 1998년 10월 28일 성립한 미국의 「Digital Millennium Copyright Act」 중 「Online Copyright Infringement Liability Limitation Act」는 서비스 제공자의 책임을 일정한 범위로 제한하고 있다.[759]

우리나라에서 온라인서비스제공자의 책임 제한에 관한 규정을 신설한 것은 2003년 개정법부터였다. 사실 우리 민법은 과실책임주의를 기본으로 하고 있으므로 판결에 따라서는 엄격책임을 인정했던 미국에서와 같은 문제는 발생하지 않을 것이므로 이러한 규정이 필요 없는지도 모른다. 그러나 인터넷에 오르내리는 저작물은 그 수가 방대하므로 서비스제공자의 책임여부를 개별적으로 판단하는 것은 안정성을 해칠 뿐만 아니라 비효율적이다. 이에 이해 당사자 사이의 법률문제를 보다 명확히 하여 다양한 종류의 정보 유통에 핵심적 역할을 담당하는 온라인서비스제공자가 안정적으로 사업을 영위할 수 있게 한다는 의미에서 명문의 규정을 두었다.[760] 그런데 2003년법은 온라인서비스제공자란 다른 사람들이 정보통신망을 통하여 저작물 등을 복제 또는 전송할 수 있도록 하는 서비스를 제공하는 자를 말한다고 규정한 후(법 2조 30호), 그 책임제한도 일률적으로 규정하고 있었다. 반면 2011년 개정법은 우리나라와 EU의 자유무역협정 발효를 계기로 서비스의 종류에 따라 책임제한을 다양화하였다. 즉 온라인서비스제공자의 범위를 "이용자가 선택한 저작물 등을 그 내용의 수정 없이 이용자가 지정한 지점 사이에서 정보통신망을 통하여 전달하기 위하여 송신하거나 경로를 지정하거나 연결을 제공하는 자"까지 확대하고(법 2조 30호 가목), 이들의 서비스를 단순도관, 캐싱, 호스팅, 정보검색의 네 가지 유형으로 나눈 후, 각 유형별 면책요건을 규정하였다. 이로써 미국법과도 극히 유사하게 되었다.

---

759) 동법 제512조 참조. 우리 현행법 규정이 미국법을 모델로 하였으므로 역으로 우리법을 보면 미국법의 내용을 짐작할 수 있다.

760) 인터넷서비스제공자의 책임에 관한 심도 있는 논의에 대해서는 박준석, 「인터넷서비스제공자의 책임」, 박영사(2006) 참조. 또 우리 법의 개정에 직접 영향을 준 미국법의 이해를 위해서는 임원선, "미국 디지털 밀레니엄 저작권법에 대한 해설," 「계간 저작권」(제47호), 저작권심의조정위원회(현 한국저작권위원회), 1999.9, 20면 이하 참조.

(2) 온라인서비스제공자의 책임제한

온라인서비스제공자는 다음 4가지 행위와 관련하여 저작권, 그 밖에 이 법에 따라 보호되는 권리가 침해되더라도 일정한 조건하에서 그 침해에 대하여 책임을 지지 아니한다(법 102조 1항).[761] 또 온라인서비스제공자가 저작권법 제102조 제1항에 따른 조치를 취하는 것이 기술적으로 불가능한 경우에는 다른 사람에 의한 저작물 등의 복제 · 전송으로 인한 저작권, 그 밖에 이 법에 따라 보호되는 권리의 침해에 대하여 책임을 지지 아니한다(법 102조 2항). 아울러 저작권법 제102조 제1항에 따른 책임 제한과 관련하여 온라인서비스제공자는 자신의 서비스 안에서 침해행위가 일어나는지를 모니터링하거나 그 침해행위에 관하여 적극적으로 조사할 의무를 지지 아니한다(법 102조 3항).

[판례 1] 대법원 2013.9.26.선고 2011도1435 판결

구 저작권법(2008.2.29. 법률 제8852호로 개정되기 전의 것, 이하 같다) 제102조 제2항이 규정하고 있는 '기술적으로 불가능한 경우'란 온라인서비스의 제공 자체는 유지함을 전제로 이용자들의 복제 · 전송행위 중 저작권의 침해행위가 되는 복제 · 전송을 선별하여 방지 또는 중단하는 것이 기술적으로 불가능한 경우를 말하므로, 비록 온라인서비스이용자들이 해당 온라인서비스를 이용하여 저작물을 복제 · 전송함으로써 그 저작권을 침해하였다고 하더라도, 온라인서비스제공자가 그와 같은 침해사실을 알고 저작권의 침해가 되는 복제 · 전송을 선별하여 이를 방지 또는 중단하는 기술적 조치를 다하였다고 인정되는 경우에는 해당 침해행위에 대한 형사상 책임이 면제된다. 그리고 온라인서비스제공자가 구 저작권법 제103조 제5항에 의하여 그 책임을 감경 또는 면제받을 수 있기 위해서는 저작권자로부터 중단 요구를 받은 즉시 그 저작물의 복제 · 전송을 중단시켜야 하는 점에 비추어, 온라인서비스제공자가 스스로 저작권 침해사실을 알게 된 경우에도 그 즉시 당해 복제 · 전송을 중단시켜야 구 저작권법 제102조 제1항에 의하여 그 책임을 감경 또는 면제받을 수 있다고 보아야 한다.

그런데 피고인들이 이 사건 각 사이트 이용자들에 의한 저작재산권 침해사실을 알고서 즉시 그 저작물의 복제 · 전송을 방지하거나 중단시킨 바가 없으므로, 구 저작권법 제102조 제1항이나 제103조 제5항에 따라 형사상 책임을 감경 또는 면제받을 수 없다. 그리고 피고인들이 이 사건 각 사이트에 취한 기술적 조치는

---

761) 이른바 Safe Harbor 조항에 해당한다. 본조는 형사책임에도 적용된다("온라인서비스이용자의 저작권 침해행위에 대하여 온라인서비스제공자의 책임 감경 또는 면제를 규정한 구 저작권법 제102조 제1항, 제2항, 제103조 제5항이 형사상 책임에도 적용된다: 대법원 2013.9.26.선고 2011도1435 판결).

원심 판시 '금칙어 설정' 또는 '해쉬값 등록 · 비교'를 통한 필터링 방식 뿐으로서, 이러한 기술적 조치만으로는 그 당시 기술수준 등에 비추어 최선의 조치로 보이지 않을 뿐만 아니라 이들 기술적 조치 자체도 제대로 작동되지 아니한 것으로 보이는 이상, 피고인들은 저작권의 침해가 되는 복제 · 전송을 선별하여 이를 방지하거나 중단하는 기술적 조치를 다하였다고 할 수 없으므로, 구 저작권법 제102조 제2항에 따라 형사상 책임이 면제된다고도 할 수 없다.

[판례 2] 대법원 2013.11.28.선고 2013도7681판결

이 사건의 경우는 고소가 제기된 후에도 불법복제물이 업로드되어 있어 계속 다운로드 받을 수 있는 상태에 있었고, "피고인 A는 기술적 조치 요청을 받은 저작물과 관련하여 2009년 10월경까지도 단지 그 제호와 일치하는 문자열에 대하여만 검색제한조치를 하였을 뿐 제호에 포함된 부분문자에 대하여는 검색제한조치를 전혀 하지 아니하였고, 전송제한조치를 제대로 취하지 아니하여 이용자들이 부분문자에 의한 검색을 통하여 해당제호가 제목으로 되어 있는 게시물을 다운로드 받는 것이 가능한 경우까지 있었다. 이상과 같은 사정들을 종합하면 피고인 A는 미필적 고의를 가지고 이 사건 사이트 이용자들의 복제권 · 전송권 침해행위를 용이하게 하였다고 봄이 상당하고, 또한 피고인들이 구 저작권법(2011.6.30. 법률 제10807호로 개정되기 전의 것) 제102조 제2항에서 정한 저작재산권 침해 방지를 위한 기술적 조치를 다하였다고 할 수 없다."

1) 단순도관 서비스(네트워크 접속서비스)[762]

내용의 수정 없이 저작물 등을 송신하거나 경로를 지정하거나 연결을 제공하는 행위 또는 그 과정에서 저작물 등을 그 송신을 위해 합리적으로 필요한 기간 내에서 자동적 · 중개적 · 일시적으로 저장하는 행위에 대하여 책임을 지지 아니한다. 다만 ㉮ 온라인서비스제공자가 저작물 등의 송신을 시작하지 아니하여야 하며, ㉯ 온라인서비스제공자가 저작물 등이나 그 수신자를 선택하지 아니한 경우이어야 한다. 또 ㉰ 저작권, 그 밖에 이 법에 따라 보호되는 권리를 반복적으로 침해하는 자의 계정(온라인서비스제공자가 이용자를 식별 · 관리하기 위하여 사용하는 이용권한 계좌를 말한다. 이하 이 조, 제103조의2, 제133조의2 및 제133조

---

762) 이것은 EC전자상거래지침 제12조의 mere conduit[단순도관(導管)], 미국 저작권법 제512조(a) Safe Harbers for "Transmission Routing": Limitation for Transitory Communications에 상응하는 조문이다. KT, SK브로드밴드, LG데이콤 등의 서비스가 이에 해당한다.

의3에서 같다)을 해지하는 방침을 채택하고 이를 합리적으로 이행하여야 하며, ㉣ 저작물 등을 식별하고 보호하기 위한 기술조치로서 대통령령으로 정하는 조건[763]을 충족하는 표준적인 기술조치를 권리자가 이용한 때에는 이를 수용하고 방해하지 아니한 경우이어야 한다.

2) 시스템 캐싱(캐싱 서비스)[764]

서비스이용자의 요청에 따라 송신된 저작물 등을 후속 이용자들이 효율적으로 접근하거나 수신할 수 있게 할 목적으로 그 저작물 등을 자동적·중개적·일시적으로 저장하는 행위에 대하여 책임을 지지 아니한다. 다만 다음 조건을 모두 충족하여야 한다.

㉮ 온라인서비스제공자가 저작물 등의 송신을 시작하지 아니한 경우일 것. ㉯ 온라인서비스제공자가 저작물 등이나 그 수신자를 선택하지 아니한 경우일 것. ㉰ 온라인서비스제공자가 그 저작물 등을 수정하지 아니한 경우일 것. ㉱ 제공되는 저작물 등에 접근하기 위한 조건이 있는 경우에는 그 조건을 지킨 이용자에게만 임시저장된 저작물 등의 접근을 허용한 경우일 것. ㉲ 저작물 등을 복제·전송하는 자(이하 "복제·전송자"라 한다)가 명시한, 컴퓨터나 정보통신망에 대하여 그 업계에서 일반적으로 인정되는 데이터통신규약에 따른 저작물 등의 현행화[765]에 관한 규칙을 지킨 경우일 것. 다만, 복제·전송자가 그러한 저장

---

763) 시행령 제39조의3(표준적인 기술조치) 법 제102조 제1항 제1호 라목에서 "대통령령으로 정하는 조건"이란 다음 각 호의 조건을 말한다.
1. 저작재산권자와 온라인서비스제공자의 의견일치에 따라 개방적이고 자발적으로 정하여질 것.
2. 합리적이고 비차별적인 이용이 가능할 것.
3. 온라인서비스제공자에게 상당한 비용을 부과하거나 온라인서비스 제공 관련 온라인서비스제공자의 시스템 또는 정보통신망에 실질적인 부담을 주지 아니할 것.

764) 이것은 EC전자상거래지침 제13조의 system caching, 미국 저작권법 제512조(b) Safe Harbers for "system caching": Limitation for system caching에 상응하는 조문이다. 본호에서의 캐싱(Caching)이란 정보처리의 효율성과 안정성을 높이기 위해 자주 이용되는 디지털 정보를 캐시(Cache)라 불리는 저장 공간에 임시적으로 저장한 후에 이를 다시 이용하고자 하는 경우 그 정보의 원래의 출처로 다시 가지 않고 임시 저장된 정보를 활용하도록 하는 것을 말한다. OSP의 캐싱은 이용자가 자신의 컴퓨터에서 저작물을 이용하면서 행하게 되는 캐싱과 구별된다.

765) 여기서 현행화란 미국 저작권법 제512조(b)의 "refreshing, reloading, or other updating of

을 불합리하게 제한할 목적으로 현행화 규칙을 정한 경우에는 그러하지 아니한다. ㉳ 저작물 등이 있는 본래의 사이트에서 그 저작물 등의 이용에 관한 정보를 얻기 위하여 적용한, 그 업계에서 일반적으로 인정되는 기술의 사용을 방해하지 아니한 경우일 것. ㉴ 저작권법 제103조 제1항에 따른 복제·전송의 중단요구를 받은 경우, 본래의 사이트에서 그 저작물 등이 삭제되었거나 접근할 수 없게 된 경우, 또는 법원·관계 중앙행정기관의 장이 그 저작물 등을 삭제하거나 접근할 수 없게 하도록 명령을 내린 사실을 실제로 알게 된 경우에 그 저작물 등을 즉시 삭제하거나 접근할 수 없게 한 경우일 것.

3) 이용자의 요청에 의한 컴퓨터상의 정보(저장서비스)[766]

복제·전송자의 요청에 따라 저작물 등을 온라인서비스제공자의 컴퓨터에 저장하는 행위에 대하여 책임을 지지 아니한다. 다만 다음 조건을 모두 충족하여야 한다.

㉮ 온라인서비스제공자가 저작물 등의 송신을 시작하지 아니한 경우일 것. ㉯ 온라인서비스제공자가 저작물 등이나 그 수신자를 선택하지 아니한 경우일 것. ㉰ 온라인서비스제공자가 침해행위를 통제할 권한과 능력이 있을 때에는 그 침해행위로부터 직접적인 금전적 이익을 얻지 아니한 경우일 것. ㉱ 온라인서비스제공자가 침해를 실제로 알게 되거나 저작권법 제103조 제1항에 따른 복제·전송의 중단요구 등을 통하여 침해가 명백하다는 사실 또는 정황을 알게 된 때에 즉시 그 저작물 등의 복제·전송을 중단시킨 경우일 것. ㉲ 저작권법 제103조 제4항에 따라 복제·전송의 중단요구 등을 받을 자를 지정하여 공지한 경우일 것.

---

the material"에 상응하는 표현이다(한국저작권위원회, 「미국 저작권법」, 2010, 169면 참조).

766) 이것은 EC전자상거래지침 제14조의 Hosting, 미국 저작권법 제512조(c) Safe Harbers for "System Storage": Limitation for Information residing on system or networks at direction of users에 상응하는 조문이다. 저장서비스는 '카페, 블로그, 웹하드 등 일정한 자료를 하드디스크나 서버에 저장, 사용할 수 있게 하는 서비스를 말한다.

4) 정보검색도구(검색 서비스)[767]

정보검색도구를 통하여 이용자에게 정보통신망상 저작물 등의 위치를 알 수 있게 하거나 연결하는 행위에 대하여 책임을 지지 아니한다. 다만 다음 조건을 모두 충족하여야 한다.

㉮ 온라인서비스제공자가 저작물 등의 송신을 시작하지 아니한 경우일 것. ㉯ 온라인서비스제공자가 침해행위를 통제할 권한과 능력이 있을 때에는 그 침해행위로부터 직접적인 금전적 이익을 얻지 아니한 경우일 것. ㉰ 온라인서비스제공자가 침해를 실제로 알게 되거나 저작권법 제103조 제1항에 따른 복제·전송의 중단요구 등을 통하여 침해가 명백하다는 사실 또는 정황을 알게 된 때에 즉시 그 저작물 등의 복제·전송을 중단시킨 경우일 것. ㉱ 저작권법 제103조 제4항에 따라 복제·전송의 중단요구 등을 받을 자를 지정하여 공지한 경우일 것.

이상을 표로 정리하면 다음과 같다.[768]

서비스 유형 / 면책요건	도관 서비스	캐싱 서비스	저장 서비스	검색 서비스
저작물의 송신을 개시하지 않을 것(1호 가목)	○	○	○	○
저작물과 수신자를 지정하지 않을 것(1호 나목)	○	○	○	
반복적 침해자 계정 해지 방침(1호 다목)	○	○	○	
권리자의 표준적 기술조치 수용(1호 라목)	○	○	○	
저작물 등을 수정하지 않을 것(2호 나목)		○		
접근조건 준수 이용자만 접근허용(2호 다목)		○		
복제·전송자가 제시한 현행화 규칙 준수(2호 라목)		○		
저작물 이용에 관한 정보를 취득하기 위한 기술사용을 방해하지 않을 것(2호 마목)		○		
삭제·접근금지 명령이 있는 경우, 이에 따라 삭제·접근금지 시킬 것(2호 바목)		○		
침해행위 통제 권한이 있는 경우, 침해행위로부터 직접적인 금전적 이득을 얻지 않을 것(3호 나목)			○	○
침해행위 인지시 해당 저작물 복제·전송 중단(3호 다목)			○	○
복제·전송 중단 내상자를 지정·공시(3호 라목)			○	○

767) 이것은 미국 저작권법 제512조(d) Safe Harbers for "Locating Tools": Limitation for Information Location Tools에 상응하는 조문이다. 예컨대 네이버, 다음, 구글 등의 검색 서비스를 말한다.

768) 기본출처: 「한-EU FTA 이행 개정 저작권법 해설」, 문화체육관광부·한국저작권위원회, 2011.7.8.

(3) 고지에 의한 복제·전송의 중단[769)]

1) 온라인서비스제공자(저작권법 제102조 제1항 제1호의 경우는 제외한다)의 서비스를 이용한 저작물 등의 복제·전송에 의하여 저작권, 그 밖에 이 법에 의하여 보호되는 자신의 권리가 침해됨을 주장하는 자(이하 "권리주장자"라 한다)는 그 사실을 소명하여 온라인서비스제공자에게 그 저작물 등의 복제·전송을 중단시킬 것을 요구할 수 있다(법 103조 1항).[770)]

◈ '권리주장자의 주의의무'에 대해 「이른바 '미쳤어' 인용 UCC동영상 사건」 항소심 (서울고등법원 2010.10.13.선고 2010나35260 판결)은 다음과 같이 판시하였다.

저작권법 제103조 제1항에서 저작물 등의 복제·전송의 중단을 요구하는 자는 온라인서비스제공자의 서비스를 이용한 저작물 등의 복제·전송에 따라 저작권 그 밖에 이 법에 따라 보호되는 '자신의 권리가 침해되는 사실을 소명하여야' 한다고 규정하고 있는 점에 비추어, 저작권법 제103조 제6항의 저작물 등의 복제·전송의 중단 요구에 있어서 '정당한 권리가 없다'는 것은 '자신의 권리가 침해되는 사실을 입증하지 못하였다'는 취지로 해석되어야 하므로, 침해될 권리 자체가 없었던 경우는 물론 침해될 권리가 있더라도 저작물 등의 복제·전송이 저작권법에서 규정하고 있는 저작권 제한사유에 해당하여 저작권 그 밖에 저작권법에 따라 보호되는 권리를 침해하는 것이 아닌 경우도 정당한 권리가 없는 경우에 해당한다.

따라서 저작물 등의 복제·전송의 중단을 요구한 자에게 저작권 그 밖에 저작권법에 따라 보호되는 권리가 있더라도 그러한 저작물 등의 복제·전송이 저작권법 제28조 소정의 공표된 저작물의 인용과 같이 저작권법에서 규정하고 있는 저작권 제한사유에 해당하는 경우에는 복제·전송의 중단을 요구한 자는 그러한 요구로 인하여 온라인서비스제공자의 서비스를 이용하여 저작물 등을 복제·전송하는 사람이 입은 손해를 배상할 책임이 있고, 단지 자신이 저작권 등의 권리자이고 복제·전송자에게 자신이 권리를 가지고 있는 저작물의 이용을 허락한 적이 없다는 사정만

769) 이른바 Notice and Take-down 조항에 해당한다.

770) 온라인서비스제공자에 대한 저작권자의 복제·전송 중단 요구에 관하여 규정하고 있는 저작권법 제103조는, 온라인서비스를 이용한 저작물의 복제·전송에 의하여 자신의 권리가 침해된 저작권자 등을 위하여 재판을 거치지 않고 온라인서비스제공자에게 직접 저작물의 복제·전송 중단을 요청하는 신속하고 간이한 권리구제절차 및 그 절차를 이용하기 위한 요건 등을 정하고 있는 것이지, 이와 같은 복제·전송의 중단 요구가 저작권자가 온라인서비스제공자에 대하여 온라인서비스를 이용한 저작권 침해에 대한 책임을 묻기 위하여 필요한 권리행사요건이나 온라인서비스제공자가 복제·전송을 중단하여야 할 의무의 발생요건은 아니다(서울중앙지법 2008.8.5.자 2008카합968 결정).

으로는 면책될 수 없다.(밑줄: 필자)

2) 복제·전송의 중단요구가 있는 경우에는 온라인서비스제공자는 즉시 그 저작물 등의 복제·전송을 중단시키고, 중단시킨 날부터 3일 이내에 권리주장자에게 문화체육관광부령으로 정하는 통보서(전자문서로 된 통보서를 포함한다)에 권리주장자가 제출한 복제·전송 중단 요청서(복제·전송자에 한정하며, 전자문서를 포함한다)를 첨부하여 통보하여야 한다(법 103조 2항, 시행령 41조 1항). 다만 호스팅서비스(법 102조 1항 3호)와 정보검색서비스(법 102조 1항 4호)의 경우에는 복제·전송자에게도 이를 통보하여야 한다. 온라인서비스제공자는 복제·전송자에게 통보할 때에 자신의 복제·전송이 정당한 권리에 의한 것임을 소명하여 복제·전송의 재개를 요구할 수 있음을 알려주어야 한다(시행령 41조 2항).

3) 법 제103조 제2항의 규정에 의한 통보를 받은 복제·전송자가 자신의 복제·전송이 정당한 권리에 의한 것임을 소명하여 그 복제·전송의 재개를 요구하는 경우 온라인서비스제공자는 재개요구사실 및 재개예정일을 권리주장자에게 지체 없이 통보하고 그 예정일에 복제·전송을 재개시켜야 한다. 다만, 권리주장자가 복제·전송자의 침해행위에 대하여 소를 제기한 사실을 재개예정일 전에 온라인서비스제공자에게 통보한 경우에는 그러하지 아니하다(법 103조 3항).

4) 온라인서비스제공자는 저작권법 제103조 제1항 및 제3항의 규정에 의한 복제·전송의 중단 및 그 재개의 요구를 받을 자(이하 “수령인”이라 한다)를 지정하여 자신의 설비 또는 서비스를 이용하는 자들이 쉽게 알 수 있도록 공지하여야 한다(법 103조 4항).

5) 온라인서비스제공자가 저작권법 제103조 제4항에 의한 공지를 하고, 제103조 제2항 및 제3항에 의하여 그 저작물 등의 복제·전송을 중단시키거나 재개시킨 경우에는 다른 사람에 의한 저작권 그 밖에 이 법에 의하여 보호되는 권리의 침해에 대한 온라인서비스제공자의 책임 및 복제·전송자에게 발생하는 손해에 대한 온라인서비스제공자의 책임을 면제한다. 다만, 이 항의 규정은 온라인서비스제공자가 다른 사람에 의한 저작물 등의 복제·전송으로 인하여 그 저작권 그 밖에 이 법에 의하여 보호되는 권리가 침해된다는 사실

을 안 때부터 제1항에 의한 중단을 요구하기 전까지 발생한 책임에는 적용하지 아니한다.

6) 정당한 권리 없이 저작권법 제103조 제1항 및 제3항의 규정에 의한 그 저작물 등의 복제·전송의 중단이나 재개를 요구하는 자는 그로 인하여 발생하는 손해를 배상하여야 한다(법 103조 6항).

7) 저작권법 제103조 제1항부터 제4항까지의 규정에 의한 소명, 중단, 통보, 복제·전송의 재개, 수령인의 지정 및 공지 등에 관하여 필요한 사항은 대통령령으로 정한다. 이 경우 문화체육관광부장관은 관계중앙행정기관의 장과 미리 협의하여야 한다.

(4) 온라인서비스제공자에 대한 법원 명령의 범위(법 제103조의2)

1) 법원은 법 제102조 제1항 제1호에 따른 요건을 충족한 온라인서비스제공자에게 제123조 제3항에 따라 필요한 조치를 명하는 경우에는 다음 각 호의 조치만을 명할 수 있다.

① 특정 계정의 해지

② 특정 해외 인터넷 사이트에 대한 접근을 막기 위한 합리적 조치

2) 법원은 제102조 제1항 제2호부터 제4호까지의 요건을 충족한 온라인서비스제공자에게 제123조 제3항에 따라 필요한 조치를 명하는 경우에는 다음 각 호의 조치만을 명할 수 있다.

① 불법복제물의 삭제

② 불법복제물에 대한 접근을 막기 위한 조치

③ 특정 계정의 해지

④ 그 밖에 온라인서비스제공자에게 최소한의 부담이 되는 범위에서 법원이 필요하다고 판단하는 조치

(5) 복제·전송자에 관한 정보 제공의 청구(법 제103조의3)

1) 권리주장자가 민사상의 소제기 및 형사상의 고소를 위하여 해당 온라인서비스제공자에게 그 온라인서비스제공자가 가지고 있는 해당 복제·전송자의 성명과 주소 등 필요한 최소한의 정보[771] 제공을 요청하였으나 온라인서비스제공자가 이를 거절한 경우 권리주장자는 문화체육관광부장관에게 해당 온라인서

비스제공자에 대하여 그 정보의 제공을 명령하여 줄 것을 청구할 수 있다(법 103조의3 1항). 청구를 위해서는 다음 각 호의 사항을 적은 문화체육관광부령으로 정하는 정보제공청구서에 시행령 제40조 제1항 각 호의 어느 하나에 해당하는 소명자료(전자문서를 포함한다)를 첨부하여 문화체육관광부장관에게 제출하여야 한다(시행령 44조의3).

① 청구인의 성명, 주소 및 전화번호 · 전자우편주소 등 연락처
② 제기하려는 소의 종류 및 취지
③ 해당 복제 · 전송자에 의하여 침해되었다고 주장하는 권리의 유형 및 그 침해 사실
④ 온라인서비스제공자에게 복제 · 전송자의 정보를 요청하였으나 이를 제공할 수 없다는 회신을 받는 등 온라인서비스제공자가 그 정보의 제공을 거절한 사실

2) 문화체육관광부장관은 제1항에 따른 청구가 있으면 제112조에 따른 한국저작권위원회의 심의를 거쳐[772] 온라인서비스제공자에게 해당 복제 · 전송자의 정보를 제출하도록 명할 수 있다(법 제103조의3 2항).

3) 온라인서비스제공자는 제2항의 명령을 받은 날부터 7일 이내에 그 정보를 문화체육관광부장관에게 제출하여야 하며, 문화체육관광부장관은 그 정보를 제1항에 따른 청구를 한 자에게 지체 없이 제공하여야 한다(법 103조의3 3항).

4) 제3항에 따라 해당 복제 · 전송자의 정보를 제공받은 자는 해당 정보를 제1항의 청구 목적 외의 용도로 사용하여서는 아니 된다(법 103조의3 4항).

771) 본 항에서 말하는 최소한의 정보는 복제 · 전송자의 ① 성명, ② 주소, ③ 해당 복제 · 전송자의 전화번호 · 전자우편주소 등 연락처이다(시행령 44조의2).

772) 위원회는 법 제103조의3 제2항에 따라 문화체육관광부장관으로부터 심의의 요청을 받은 경우에는 그 요청을 받은 날부터 1개월 이내에 정보제공 여부를 심의하고 그 결과를 지체 없이 문화체육관광부장관에게 통보하여야 한다. 다만, 부득이한 사유로 그 기간 내에 심의를 할 수 없는 경우에는 1회에 한정하여 그 기간을 연장할 수 있다(시행령 44조의4 1항).

(6) 특수한 유형의 온라인 서비스제공자의 의무 등[773)]

1) 다른 사람들 상호간에 컴퓨터 등을 이용하여 저작물 등을 전송하도록 하는 것을 주된 목적으로 하는 온라인서비스제공자(이하 "특수한 유형의 온라인서비스제공자"라 한다)는 권리자의 요청이 있는 경우 당해 저작물 등의 불법적인 전송을 차단하는 기술적인 조치 등 필요한 조치를 하여야 한다.[774)] 이 경우 권리자의 요청 및 필요한 조치에 관한 사항은 대통령령으로 정한다.

㈎ 권리자의 요청(시행령 제45조)

법 제104조 제1항에 따라 권리자가 해당 저작물 등의 불법적인 전송을 차단하는 기술적인 조치 등 필요한 조치를 요청하려면 문화체육관광부령으로 정하는 요청서(전자문서로 된 요청서를 포함한다)에 다음 각 호의 자료(전자문서를 포함한

---

773) 헌법재판소 2011.2.24, 2009헌바13 · 52 · 110(병합)

가. 저작물 등의 불법적인 전송을 차단할 일정한 책임을 지는 "특수한 유형의 온라인서비스제공자의 범위" 및 특수한 유형의 온라인서비스제공자에 대한 저작권자 등 "권리자의 요청," 특수한 유형의 온라인서비스제공자가 취해야 하는 기술적인 조치 등 "필요한 조치"는 그 규율영역의 특성상 법률에서 이를 구체적 · 서술적으로 열거하는 것이 입법기술상 곤란하고, 탄력적으로 규율되어야 할 필요성 있다고 할 것이므로 문화체육관광부장관 고시 및 하위법령에의 위임의 필요성이 인정되며, 저작권법의 입법목적 및 이 사건 법률조항들의 입법취지, 관련규정 등에 비추어 보면, 문화체육관광부장관 고시 및 하위법령에 규정될 내용을 충분히 예측할 수 있다고 할 것이므로 저작권법 제104조 제1항, 제2항은 포괄위임입법금지의 원칙에 위반되지 않는다.

나. 이 사건 법률조항들은 저작물 등의 불법적인 전송을 차단함으로써 저작권 등을 보호하고, 문화 및 관련 산업을 향상 · 발전시키기 위한 것으로서 정당한 목적 달성에 기여한 적합한 수단에 해당하며, 권리자의 요청이 있는 경우에 해당 저작물에 대한 불법적인 전송을 차단하는 조치를 취할 것을 요구할 뿐인 점, 기술적으로 불가능한 조치를 요구하는 것은 아닌 점, 인터넷을 통한 저작권 등 침해의 현실 등을 고려할 때 입법목적 달성에 동일하게 기여하는 다른 덜 침해적인 수단이 존재한다고 보기 어려우므로 침해의 최소성 원칙에 위배되지 않는다. 나아가 저작권 등 침해행위를 기술적으로 통제하고 감독할 수 있는 지위에 있다고 할 특수한 유형의 온라인서비스제공자에게 한정된 범위에서 기술적 의무 등을 부과한 것이 온라인서비스제공자의 직업의 자유에 대한 중대한 제한이 된다고 보기는 어려운 반면, 달성되는 공익은 매우 중요하다는 점에서 법익균형성의 원칙에도 위반되지 않는다. 따라서 이 사건 법률조항들은 과잉금지원칙에 위배하여 직업의 자유를 침해하지 않는다.

774) 저작권법 제104조는 다른 사람들 상호간에 저작물의 전송을 주된 목적으로 하는 특수한 유형의 온라인서비스제공자에 대하여 다른 온라인서비스제공자에 비하여 가중된 의무를 추가로 부과한 것이다(서울중앙지법 2008.8.5.자 2008카합968 결정).

다)를 첨부하여 특수한 유형의 온라인서비스제공자에게 제출하여야 한다. 다만, 권리자가 저작권신탁관리업자이거나 최근 1년 이내에 반복적인 침해행위에 대하여 권리자임을 소명할 수 있는 자료를 이미 제출한 사실이 있는 경우에는 제1호의 자료를 제출하지 아니할 수 있다.

① 권리자임을 소명할 수 있는 다음 각 목 중 어느 하나에 해당하는 자료

㉮ 자신이 그 저작물 등의 권리자로 표시된 저작권 등의 등록증 사본 또는 그에 상당하는 자료

㉯ 자신의 성명 등이나 이명으로서 널리 알려진 것이 표시되어 있는 저작물 등의 사본 또는 그에 상당하는 자료

② 차단을 요청하는 저작물 등을 인식할 수 있는 저작물의 제호, 그에 상당하는 문자나 부호(이하 "제호 등"이라 한다) 또는 복제물 등의 자료

㈏ 불법적인 전송을 차단하는 기술적인 조치 등 필요한 조치(시행령 제46조)

① 법 제104조 제1항 전단에서 "해당 저작물 등의 불법적인 전송을 차단하는 기술적인 조치 등 필요한 조치"란 다음 각 호의 모든 조치를 말한다.

㉮ 저작물 등의 제호 등과 특징을 비교하여 저작물 등을 인식할 수 있는 기술적인 조치

㉯ 제1호에 따라 인지한 저작물 등의 불법적인 송신을 차단하기 위한 검색제한 조치 및 송신제한 조치

㉰ 해당 저작물 등의 불법적인 전송자를 확인할 수 있는 경우에는 그 저작물 등의 전송자에게 저작권침해금지 등을 요청하는 경고문구의 발송

② ㉮, ㉯의 조치는 권리자가 요청하면 즉시 이행하여야 한다.

2) 문화체육관광부장관은 제1항의 규정에 따른 특수한 유형의 온라인서비스제공자의 범위를 정하여 고시할 수 있다.

♣ <u>특수한 유형의 온라인서비스제공자의 범위(문화체육관광부 고시 제2009-46호)</u>

저작권자의 이용허락 없이 개인, 가족 및 이에 준하는 한정된 범위가 아닌 공중이 저작물 등을 공유할 수 있도록 하는 웹사이트 또는 프로그램을 제공하는 자로서 다음 각 호의 어느 하나에 해당하는 경우에는 저작권법 제104조의 규정에 의한 특수한 유형의 온라인서비스제공자로 본다.

1. 개인 또는 법인(단체 포함)의 컴퓨터 등에 저장된 저작물 등을 공중이 이용할 수 있도록 업로드 한 자에게 상업적 이익 또는 이용편의를 제공하는 온라인서비스제공자

※ 유형 예시: 적립된 포인트를 이용해 쇼핑, 영화 및 음악감상, 현금교환 등을

제공하거나, 사이버머니, 파일 저장공간 제공 등 이용편의를 제공하여 저작물등을 불법적으로 공유하는 자에게 혜택이 돌아가도록 유도하는 서비스 2. 개인 또는 법인(단체 포함)의 컴퓨터 등에 저장된 저작물 등을 공중이 다운로드 할 수 있도록 기능을 제공하고 다운로드 받는 자가 비용을 지불하는 형태로 사업을 하는 온라인서비스제공자 ※ 유형 예시: 저작물 등을 이용시 포인트 차감, 쿠폰사용, 사이버머니 지급, 공간제공 등의 방법으로 비용을 지불해야 하는 서비스 3. P2P 기술을 기반으로 개인 또는 법인(단체 포함)의 컴퓨터 등에 저장된 저작물 등을 업로드 하거나 다운로드 할 수 있는 기능을 제공하여 상업적 이익을 얻는 온라인서비스제공자 ※ 유형예시: 저작물등을 공유하는 웹사이트 또는 프로그램에 광고게재, 타사이트 회원가입 유도 등의 방법으로 수익을 창출하는 서비스 4. 개인 또는 법인(단체 포함)의 컴퓨터 등에 저장된 저작물 등을 검색하여 전송할 수 있는 프로그램의 제공을 주된 목적으로 하는 온라인서비스제공자

Ⅵ. 저작물성이 부정된 경우와 불법행위책임

특허법이나 저작권법 등 지적재산법에서 인정되는 권리침해에는 해당하지 않는 경우에는 일반법인 민법으로 보호될 수 없는 것인가. 일반적으로 지적재산권법에 의한 보호의 대상으로부터 제외되어 있는 사물을 그대로 모방해도 그 행위는 원칙적으로는 위법이라고 볼 수 없다. 만약 그렇지 않다면 일정한 대상을 일정한 요건하에 일정기간 모방금지나 독점권을 주어 보호하고 그 기간이 끝나면 누구나 사용할 수 있게 한다는 지적재산권법의 기본 취지에 배치되기 때문이다. 그러나 경쟁의 세계에서 이러한 법리를 무제한 관철하면 오히려 창작의욕을 감퇴시키고, 공정한 경쟁질서를 해칠 우려가 있다. 적어도 성과물 제작자와 부정한 경쟁을 할 목적만으로 그 타인의 성과물을 그대로 이용하는 행위는 위법이라고 하여야 할 것이다. 그러므로 이미 보아온 바와 같이 판례는 저작권법으로 보호되지 않은 대상이라도 일정한 경우에 불법행위 책임을 인정하여 왔다. 본서에서도 그러한 예로 제시한 판례로는 성형외과의 성과 사진을 경쟁자가 무단 이용한 사건(서울중앙지법 2007.6.21.선고 2007가합16095 판결),[775)]

775) 이러한 경우에도 불법행위 책임을 인정한 것은 잘못된 것이라는 견해는, 이상정, “사진의 저작물성에 관한 일고,” 「계간 저작권」(제105호), 2014.3, 93면 이하 참조.

문제해설을 경쟁자가 무단이용한 사건(서울중앙지법 2008.11.14.선고 2007가단70153 판결), 인터넷 포털사이트 광고방해 사건(대법원 2010.8.25.자 2008마1541 결정) 등이 있다. 우리보다 저작물성을 한정하고 있는 일본의 경우에는 글자체[776]나 (창작성 없는) 데이터베이스[777]를 그대로 이용하는 경우에 불법행위에 의한 손해배상책임을 인정하여 왔다. 이하 지금까지 본서에서 소개하지 않았던 '겨울연가 등 사건' 판례와 불법행위 인정에 신중을 요한다는 '청바지 에비수 갈매기 문양' 사건 판결(서울고등법원 2010.8.26.선고 2009나122304 판결)을 살펴본다.

[판례 1] '겨울연가 등' 사건(서울고등법원 2010.1.14.선고 2009나4116 판결)

사실관계: 이 사건은 '헬로 키티'라는 캐릭터 상품을 판매하는 자가 인기한류 드라마, '겨울연가', '대장금, '주몽', '황진이' 등 각 드라마의 장면이나 등장인물을 연상케 하는 의상과 소품, 배경으로 꾸며 제품을 만든 후, "한류 열풍의 주역인 겨울연가, 대장금, 주몽 등 특별한 캐릭터들을 상품화시켜 이미지 변신을 꾀하고 있는데, 이런 멋진 상품들을 파는 매장들은 면세점이나 관광특구 지역에서 판매가 되고 있는데 남대문의 직영매장을 비롯한 명동, 인사동, 동대문에 가면 만날 수가 있습니다"라고 선전하면서 판매하였다. 이에 드라마 제작사가 상표권 침해, 부정경쟁방지법상의 상품주체 혼동행위 위반 및 상품형태 모방행위 위반, 저작권 침해, 불법행위 등을 이유로 제소하였다. 법원은 불법행위를 제외한 나머지 청구들에 대해서는 인정하지 아니하였다.

원래의 캐릭터	변신된 캐릭터		
	겨울연가	대장금	고주몽과 소서노
	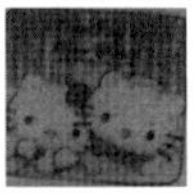		

법원의 판단: 이 사건에서 보건대, ① 원고 방송사들은 이 사건 각 드라마의 제작을 위하여 상당한 비용과 인력, 시간을 투입하였으며, 이러한 노력과 홍보에 힘입어 이 사건 각 드라마가 큰 호응을 얻었고 해외에까지 수출되었던 점, ② 드라마 캐릭터에 대한 상품화사업이 활발하게 진행될 경우, 드라마 자체의 수출이나 DVD 판매수익보다 캐릭터 상품화사업이 더 큰 수익을 가져오고 있고, 이는 새로운 드라마나 문화컨텐츠의 개발에 중요한 동인으로 작용하고 있는 점,

776) 사식기용문자반사건(寫植機用文字盤事件)(大阪地裁 1989.3.8).
777) "자동차정비용시스템데이터베이스" 사건(東京地裁 2001.5.25).

③ 드라마가 방영되어 인기를 얻게 되는 시기와 그에 관한 상표등록이나 상품화사업이 주지성을 획득하는 시기까지는 시차가 있어, 상표법이나 부정경쟁방지법에만 의존할 경우 보호에 공백이 생기고, 그로 인하여 아무런 권한이 없는 제3자가 아무런 대가를 치르지 않고 먼저 상품화사업을 벌여 이익을 얻을 경우 시장질서가 크게 훼손되고 결국 문화산업의 발전을 저해하는 결과를 가져오는 점, ④ 국내 드라마에 관한 상품화권리가 국내에서 정당하게 보호되지 아니할 경우, 해외시장에서 한류 드라마를 이용한 사업에도 악영향을 끼칠 것인 점 등에 비추어 보면, 원고 방송사들이 권한없는 제3자의 편승행위에 의하여 방해받음이 없이, 이 사건 각 드라마의 제호, 캐릭터 등을 이용하여 상품화사업을 영위할 수 있는 거래질서는 법적으로 보호할 가치가 있는 이익이라 할 것이다.

더 나아가 보건대, ① 이 사건 각 드라마의 이용을 위한 권리(저작재산권을 포함한다)를 그 방송사인 위 원고들이 보유하고 있어, 이들로부터의 허락없이 상품화사업을 추진하는 것은 위법하다는 점은 일반인이라도 쉽게 알 수 있는 점, ② 그럼에도 불구하고 피고 주식회사 2는 이 사건 각 드라마가 국내뿐 아니라 해외에서도 인기를 얻고 해외 관광객들 사이에 이 사건 각 드라마 관련 상품에 관한 수요가 커지자, 원고 방송사들부터 아무런 동의를 얻지 아니한 채 키티 캐릭터를 이 사건 각 드라마의 장면이나 등장인물을 연상케 하는 의상과 소품, 배경으로 꾸며 피고 제품을 만들었고, 피고 주식회사 2의 홈페이지에서도 이 사건 각 드라마의 제호나 등장인물의 이름을 붙여 판매하였던 점, ③ 피고 주식회사 2로부터 피고 제품을 납품받은 판매자의 입장에서는 위 피고의 의지와 관계없이 피고 제품을 이 사건 각 드라마와 연관지어 판매할 여지가 크고, 실제로 일부 판매자가 피고 제품 판매시 대장금상표 등을 사용하였으며, 피고 주식회사 2가 앞으로도 피고 제품을 판매할 경우 이와 같은 사례가 재발할 가능성이 있는 점, ④ 피고 주식회사 2는 이 사건 각 드라마가 인기를 끌고 널리 알려지기 전까지는 별지 3 기재와 같은 피고 제품을 제조·판매한 적이 없는 점, ⑤ 원고 방송사들이 상품화권한을 부여한 업체의 제품 상당수와 피고 제품의 주된 수요자는 한류 드라마를 애호하는 일본 등 외국 관광객이어서 양 제품이 경쟁관계에 있고, 피고 제품의 판매 증가는 위 업체들의 매출감소 및 궁극적으로 원고 방송사들의 라이선스료 감소를 초래할 것으로 보이는 점 등에 비추어 보면, 피고 주식회사 2는 이 사건 각 드라마의 인기에 편승하여 부당한 이익을 얻고자 이 사건 각 드라마를 연상하게 하는 형태의 제품을 제조·판매하여 상도덕이나 상관습 등 사회질서에 반하는 행위를 하였다고 볼 것이다. 따라서 피고 주식회사 2가 피고 제품을 제조·판매한 행위는 원고 방송사들의 법적으로 보호할 가치 있는 이익을 침해하는 위법한 행위로서 불법행위를 구성한다고 할 것이다.[778]

---

778) 상고심(대법원 2012.3.29.선고 2010다20044 판결)에서 상고가 모두 기각되어 원심이 확정되었다.

[판례 2] '청바지 에비수 갈매기 문양' 사건(서울고등법원 2010.8.26.선고 2009나 122304 판결)

민법 제750조는 "고의 또는 과실로 인한 위법행위로 타인에게 손해를 가한 자는 그 손해를 배상할 책임이 있다"고 규정하고 있는바, 불법행위는 반드시 저작권 등 실정법에 정하여진 권리가 침해되었을 경우에 한하지 아니하고, 법적으로 보호할 가치가 있는 이익에 대하여 선량한 풍속 기타 사회질서에 위반하는 방법으로 침해행위가 이루어진 경우에도 성립된다. 그러나 저작권법이나 부정경쟁방지 및 영업비밀보호에 관한 법률(이하 '부정경쟁방지법'이라 한다) 등의 실정법이 그 입법목적을 달성하기 위해서 필요한 경우에 그리고 필요한 범위 내에서만 저작권 등의 보호나 부정경쟁행위의 금지를 하고, 그 이외의 영역에서는 저작물의 자유로운 이용이나 자유로운 경쟁을 원칙적으로 허용하고 있는 점에 비추어 보면, 실정법상 저작권 등의 침해에 해당되지 않고 부정경쟁방지법 등의 실정법 위반에도 해당되지 않지만 민법상 불법행위에 해당한다고 보아 법적 구제를 부여하는 데에는 명백한 한계가 있다. 따라서 문제된 행위가 권리침해 또는 그에 상응하는 "보호할 만한 가치 있는 법익의 침해"가 있거나 또는 상도덕이나 관습에 반하여 행위태양 자체의 불공정성이 명백한 경우 등과 같이 제한된 경우에 한하여 민법상 불법행위 규정에 의한 법적 구제를 부여하여야 한다.

제13절 컴퓨터프로그램 보호

□ 관련조항: 특허 2조 16호, 29호, 34호, 4조 9호, 9조, 11조, 13조, 21조, 제37조의2, 42조, 45조, 47조, 55조, 92조, 101조의2-101조의7, 124조, 125조, 133조, 133조의2.

Ⅰ. 서 설

1. 보호의 필요성

컴퓨터는 기계부분인, 소위 하드웨어(hardware) 부분과 이를 효과적으로 활용하기 위하여 요구되는 프로그램과 그 처리절차에 관한 기술 및 문서들을 총칭하는 소위 소프트웨어(software) 부분으로 나누어진다.

당초 소프트웨어는 단순하고 경제적 가치가 적었으므로 별로 중요시하지 않았다. 또 하드웨어 가격이 고가이었으므로 소프트웨어는 하드웨어에 수반되어 제공되는 서비스 정도로 생각되었다. 그러나 소프트웨어에 관한 기술이 발전하고 경제적 가치가 현저해지면서 이것들이 분리되기 시작했다. 1969년 IBM회사가 가격분리정책(unbundling)을 채택, 소프트웨어에 별도의 가격을 매기기 시작하면서 독립된 상품으로서 인식되었다. 그 후로 소프트웨어가 크게 발전하고 그것이 컴퓨터 이용의 효율에 미치는 영향이 하드웨어의 영향을 앞지르게 되었다.

오늘날 컴퓨터 산업의 투자액의 거의 80%가 소프트웨어에 대한 투자라고 한다. 이렇듯 프로그램의 창조에 많은 비용과 노력과 시간이 드는 데 비하여 소프트웨어의 복제는 녹음테이프의 복제보다도 더 용이하며, 복제된 소프트웨어도 성능상 원본과 동일한 기능을 발휘한다. 이러한 컴퓨터 소프트웨어의 고가화와 복제의 용이성은 그 보호의 필요성을 절감케 하였고, 처음에는 그 보호방법이 주로 기술적 · 계약적인 것이었으며, 또 그것으로 어느 정도 보호가 가능했다.

그런데 그 후 컴퓨터 소프트웨어의 유통형태가 크게 달라졌다. 즉 패키지 프로그램의 등장이 그것이다. 예를 들어 설명하면 맞춤복에서 기성복으로의 변화와 같이 소프트웨어도 고객의 주문에 의하여 개별적으로 만들어지던 것이 미리 수요를 예상하여 완성된 프로그램을 문방구 · 백화점 등에 제공하여 그대로 판매하거나 또는 거의 완성된 프로그램을 만들어 놓고 고객의 주문에 따라 약간의 변형을 거쳐서 판매하는 그런 방식으로 변화하였다. 그 결과 소프트웨어의 완성품이나 준완성품이 시장에서 유통된다면 계약과 같은 보호방법은 그 중요성을 상실하게 되며, 그 보호는 특허권이나 저작권과 같이 제3자에 대해서도 효력을 갖는 물권적인 것이 아니면 안 된다.

2. 컴퓨터프로그램보호법의 성립과 저작권법으로의 통합

상술한 소프트웨어 보호의 필요성과 우리의 최대의 교역상대국인 미국의 요청도 있어 국회는 1986년 12월 31일 법률 제3920호로서 컴퓨터프로그램보호법(이하 '프로그램법'이라 한다)을 통과시켰다. 동법은 컴퓨터 프로그램을 보호하기 위한 저작권법의 특별법적 성격을 갖는 법이었다(저작권법 4조 1항 9호, 프로그램법 45조 참조). 그러나 일반저작물과 컴퓨터프로그램을 「저작권법」과 「컴퓨터프로그램보호법」으로 나누어 각각 보호하는 이원적인 체계를 유지하다보니 저작권 보호 및 저작물의 공정한 이용을 도모하기 위한 정책 수립과 집행에 있어 효율성이 떨어지므로 동일하거나 유사한 규정을 일관성 있고 체계적으로 통합할 필요가 있다는 주장이 제기되고, 정보통신부의 폐지와 그 업무의 일부가 문화체육관광부로 이관됨에 따라 2009년 개정에서 「컴퓨터프로그램보호법」을 저작권법에 통합하였다.

Ⅱ. 보호의 대상

보호의 대상은 컴퓨터 프로그램이다. 프로그램보호법은 프로그램 언어・규약 및 해법에는 적용되지 아니하므로 이들은 보호범위 밖에 있다.

1. 컴퓨터 프로그램

'프로그램'이라 함은 특정한 결과를 얻기 위하여 컴퓨터 등 정보처리능력을 가진 장치(이하 '컴퓨터'라 한다) 내에서 직접 또는 간접으로 사용되는 일련의 지시・명령으로 표현된 창작물을 말한다(법 2조 16호). 이를 분설하면,

(1) 정보처리능력을 가진 장치를 기능시키는 것일 것

통상 컴퓨터가 가지고 있는 연산・제어・기억・입력・출력의 5종류의 기능 중 입력・출력의 기능이 없더라도 연산・제어・기억의 기능만 가지고 있으면 여기에서 말하는 정보처리능력을 가진 장치라고 보여진다(예컨대 전화교환기, 마이크로 프로세서 등). 소위 중앙처리장치(CPU)의 기능만 갖추고 있으면 족하다고 본다. 또 '기능시킨다'라 함은 컴퓨터를 그 용법에 따라 실제로 가동시키는 것을 의미한다.

다만, 소위 '버그'가 있더라도 '버그' 부분만을 바로 고치면 제대로 기능하는

것은 역시 프로그램이다. 그러나 '버그'가 치명적이며 기본적인 것이라서 이를 바로 잡으려면 많은 노력과 창작성이 필요한 경우에는 달리 보아야 할 경우가 많을 것이다.

◈ 버 그(bug)

'버그'란 잘못된 부분, 착오 등의 의미이다. 그 유래는 아래와 같다. Hopper라는 미국 여자해군장교가 하버드대학에서 Mark I 이라고 하는 시험용 기계를 가지고 일을 하고 있을 때 회로가 제기능을 발휘하지 못하고 있었다. 한 동료 개발자가 2인치 길이의 나방을 핀셋으로 회로에서 제거했다. Hopper는 이 벌레를 자신의 연구노트에 테이프로 붙여놓고 이렇게 말했다. "이제부터 컴퓨터로 무언가 할 때 잘 안 되면 그 속에 버그가 있다고 하자"(신관호, 「발명특허」 1984.8, 27면 참조).

(2) 프로그램이란 특정한 결과를 얻을 수 있는 것이 아니면 안 된다

'특정한 결과를 얻을 수 있다'란 어떠한 의미를 갖는 하나의 일을 할 수 있다는 의미이다. 그 일의 대소, 가치의 고저는 전혀 문제가 안 된다. 응용프로그램(application program)이 전체로서 하나의 프로그램인 것은 명백하나, 그것이 몇 개의 모듈이나 서브루틴으로 구성되어 있으면 이들도 본래의 프로그램이다.

[판례 1] '온라인게임 프로그램' 사건(서울중앙지법 2006.4.21.선고 2003가합95465 판결)

전체로서 미완성된 프로그램이라 하더라도, 그 일부로서 독립하여 기능할 수 있는 하위 프로그램도 컴퓨터프로그램보호법에 의해 보호되는 컴퓨터프로그램저작물에 해당한다.

(3) 컴퓨터 내에서 직접·간접으로 사용되는 일련의 지시·명령이다

프로그램은 일련의 지시·명령이다. 그러므로 단 하나의 스텝만으로는 프로그램이라고 인정될 수 없을 것이다(몇 스텝이 필요한지는 케이스 바이 케이스로 해결해야 한다). 따라서 지시나 명령의 조합이 프로그램의 본질적인 것이며, 이러한 지시나 명령이 특정한 결과를 얻을 수 있도록 창작적으로 조합되어 있는 것이 필요하다.

또 프로그램이란 컴퓨터 내에서 직접·간접으로 사용되는 것이다. 이것은 프로그램이라고 할 수 있기 위해서는 당해 지시나 명령이 컴퓨터에 대한 것이

아니면 안 된다는 의미이다. 따라서 흐름도(flow chart) 등은 컴퓨터에 대한 지시·명령이 아니므로 프로그램이 아니다.

또 "직접 또는 간접으로 사용되는 일련의 지시·명령으로"에서 직접 또는 간접이란 프로그램이 컴퓨터 내에서 사용되는 방법에 관계없이라는 말로 해석될 수 있고, 따라서 원시프로그램(source program: 컴퓨터에 간접사용)과 목적프로그램(object program: 컴퓨터에 직접사용)이 모두 포함됨을 의미한다.

(4) 프로그램은 표현된 창작물이 아니면 안 된다

이것은 프로그램이 저작물인 한 당연한 규정임과 동시에 저작권적 보호는 아이디어에까지 미치지 아니함을 명백히 한 것이다. 그러나 프로그램의 경우 표현과 아이디어의 구별이 반드시 용이하지는 아니하므로 구체적 침해사건에 있어서는 그 경계를 둘러싸고 크게 논란될 여지가 많다.

한편 프로그램의 경우 표현에는 종이에 쓰여진 원시프로그램과 같이 비교적 종래의 표현의 개념에 가까운 것에서부터 종이에 천공한다든지, 자기디스크나 테이프 등에 수납한다든지, 마이크로칩이나 기계장치에 기억시키는 것 등 수없이 많다.

[판례 1] 대법원 2002.6.28.선고 2001도2900 판결779)

판시사항: 컴퓨터프로그램 시리얼번호의 복제 또는 배포행위 자체가 구(舊) 컴퓨터프로그램보호법 제34조 제1항 제1호 소정의 컴퓨터프로그램 저작권의 침해행위에 해당되는지 여부(소극).

판결요지: 구 컴퓨터프로그램보호법(2001.1.28. 법률 제6233호로 개정되기 전의 것)의 보호대상인 프로그램은 특정한 결과를 얻기 위하여 컴퓨터 등 정보처리능력을 가진 장치 내에서 직접 또는 간접으로 사용되는 일련의 지시, 명령으로 표현된 것을 말하는데(동법 2조 1호), 컴퓨터프로그램 시리얼번호는 컴퓨터프로그램을 설치 또는 사용할 권한이 있는가를 확인하는 수단인 기술적 보호조치로서 컴퓨터프로그램에 특정한 포맷으로 된 시리얼 번호가 입력되면 인스톨을 진행하도록 하는 등의 지시, 명령이 표현된 프로그램에서 받아 처리하는 데이터에 불과하여 시리얼번호의 복제 또는 배포행위 자체는 컴퓨터프로그램의 공표, 복제, 개작, 번역, 배포, 발행 또는 전송에 해당하지 아니할 뿐만 아니라 위와 같은 행위만으로는 컴퓨터프로그램 저작권이 침해되었다고 단정할 수 없고, 다만, 복제

779) 평석: 윤종수, 「정보법판례백선(1)」, 427면.

또는 배포된 시리얼번호를 사용하여 누군가가 프로그램 복제를 하고 그 행위가 컴퓨터프로그램 저작권을 침해하는 행위로 처벌되는 행위라면 시리얼번호의 복제 또는 배포행위는 위와 같은 행위를 용이하게 하는 행위로서 경우에 따라 프로그램저작권 침해행위의 방조범이 될 수 있을 뿐이다.

[판례 2] '마케팅 분석 스크립트' 사건(대구지법 2013.10.1.선고 2012가합9960 판결)
이 사건 스크립트가 컴퓨터 프로그램에 해당하는 사실, 로그 분석 연동 스크립트는 스크립트를 외부 서버 프로그램에 두고 대상 웹 사이트에서 이를 호출하는 방식(링크 방식)과 외부 서버 프로그램이 아니라 직접 대상 웹 사이트에 스크립트를 설치하는 방식(직접 방식)이 있는데 이 사건 스크립트는 두 방식의 장점을 선별적으로 채용한 사실, 이를 통해 이 사건 스크립트는 이미지를 문서의 마지막에 삽입하고 이미지 삽입이 완료되면 문서 전체가 불러온 것으로 보아 로그 분석 프로그램의 업데이트 편의성과 안전성을 함께 보장한 사실, 이러한 방식은 구글 등 다른 로그 분석 사이트에서도 이용되는 예를 찾을 수 없고 이 사건 스크립트와 같거나 실질적으로 유사한 공개 소프트웨어도 없는 사실, 이 사건 스크립트는 logCorpAScript_full을 일종의 객체로 정의한 후 내부적으로 ch( ), dls( ), init( ) 세 개의 함수가 실행하도록 모듈화되어 있는 특징이 있는 사실이 인정된다.
이상의 사실을 종합하여 보면, 컴퓨터 프로그램인 이 사건 스크립트는 기존의 로그 분석 연동 스크립트와는 구별되고 기술 구성에 있어서의 창조적 개성도 드러나 그 창작성이 인정되므로 컴퓨터프로그램저작물에 해당한다.

2. 프로그램과 소프트웨어(software)

소프트웨어는 하드웨어에 대립되는 개념이며, 결국 컴퓨터의 사용방법 내지는 계산방법이라고 말할 수 있다. 그 중심은 프로그램이나 프로그램만이 소프트웨어는 아니며 시스템 설계서, 흐름도(flow chart), 사용자 매뉴얼(user manual) 등도 모두 소프트웨어에 포함된다.

소프트웨어란 이들을 종합한 추상적 개념이다. 환언하면 소프트웨어란 일정한 작업을 컴퓨터가 할 수 있도록 프로그램을 작성하고 실행시키기 위한 시스템이라고 말할 수 있을 것이다.

한편 설계서 및 흐름도(flow chart) 등은 프로그램과는 구별되므로 프로그램법 보호대상에서 제외된다.

◈ 원시프로그램과 목적프로그램

원시프로그램(source program)은 COBOL이나 FORTRAN 등의 고급언어로 쓰여진 프로그램으로서 컴파일러(compiler) 등에 의하여 목적프로그램(object program)으로 변환될 수 있는 것을 말한다. 원시프로그램은 고급언어로 쓰여져 있는 것이기 때문에 당해 고급언어를 아는 사람에게는 쉽게 이해될 수 있고, 이것은 마치 에스페란토어를 아는 사람에게 에스페란토어로 쓰여진 글이 쉽게 감지될 수 있는 것과 마찬가지이므로 통상의 저작물과 마찬가지의 표현형식으로 된 것이라고 볼 수도 있다.

〔컴파일러의 처리단계〕

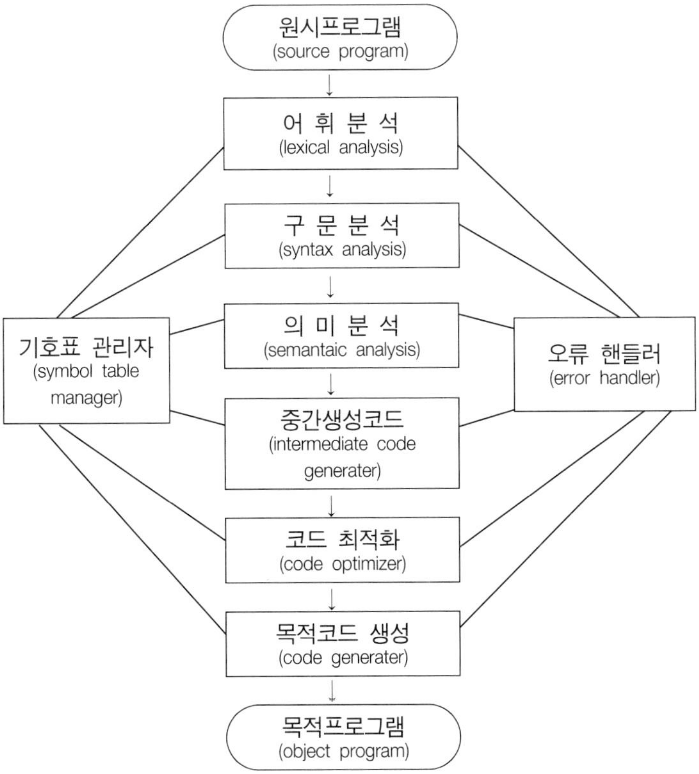

한편 컴퓨터는 원시프로그램을 읽고 이해할 수 없으므로 원시프로그램을 컴파일러라고 부르는 일종의 번역기를 거쳐 0과 1의 나열에 의한 목적프로그램으로 변환

시켜야 한다. 이러한 목적프로그램은 사람에게 사상이나 감정을 전달하기 위한 것이 아니라 순전히 컴퓨터를 작동시키기 위한 실용적인 것이므로 종래 논자에 따라서는 그 저작물성을 부인하였다. 그러나 이러한 목적프로그램이 보호되지 아니하면 프로그램 보호의 목적은 거의 그 의의를 잃게 될 것이다. 1987년에 컴퓨터프로그램보호법이 제정된 것은 목적프로그램도 "컴퓨터 내에서 직접 또는 간접으로 사용되는 일련의 지시로서 이를 창작적으로 표현한 것"으로서 보호대상에 포함된다는 점을 명백히 하기 위한 것이기도 하다.

◈ 프로그램의 저작물성에 관한 미국 판례의 발전

A. 원시프로그램 대 목적프로그램

인간이 읽을 수 있는 원시프로그램형의 컴퓨터 프로그램이 저작권의 대상으로 되는 것에 대해서는 크게 의문이 없다. 그것은 작성방법에 있어서도 쓰여진 외형에 있어서도 전통적인 언어저작물과 비슷한 점이 많다. 그러나 기계만이 읽을 수 있는 목적프로그램으로 되면 문제는 간단하지 않다. 그러나 이 문제도 Williams Electronics, Inc. v. Artic International, Inc.(1982)의 비디오 게임 사건을 고비로 보호하는 것으로 해결을 보았다.

B. 응용프로그램과 운영체제프로그램

그 다음에 법원이 직면한 커다란 쟁점은 응용프로그램과 운영체제프로그램은 저작권법상 차이가 있는가라고 하는 것이었다. Apple Computer, Inc. v. Franklin Computer Corp.(1982, 1983) 사건에서 항소법원은 기능적 관점으로부터 응용프로그램과 운영체제프로그램과의 사이에 실질적 차이를 인정하지 않고 "양종의 프로그램은 모두 컴퓨터에 무엇인가를 하도록 지령하는 것이다"라고 판시하면서 운영체제프로그램의 저작물성을 긍정하였다.

3. 적용제외

우리 저작권법은 프로그램을 작성하기 위하여 사용하고 있는 프로그램 언어·규약 및 해법에는 저작권법을 적용하지 아니한다고 규정한다(법 101조의2).

1) '프로그램 언어'라 함은 프로그램을 표현하는 수단으로서의 문자·기호 및 그 체계를 말한다.

체계란 주로 문법이나 프로그램 체계에는 자연언어와는 달리 약속사항이 많으며, 이들은 모두 이 체계에 포함된다.

프로그램 언어란 구체적으로는 FORTRAN, COBOL, BASIC 등을 가리킨다.

이들 범용성이 있는 프로그램 언어에 저작권적 보호를 줄 수 없는 것은 마치 어느 사람이 에스페란토어를 고안했다 하더라도 이를 저작권으로 보호할 수 없는 것과 같다.

2) '규약'이라 함은 특정한 프로그램에 있어서 프로그램 언어의 용법에 관한 특별한 약속을 말한다. 구체적으로는 프로그램의 인터페이스(interface)나 프로토콜(protocol)이 그 예이다.

이러한 규약 자체는 스포츠나 게임의 규칙과 같은 것이며, 아무리 독창적이라 하더라도 저작물이 아닌 것은 당연하다. 다만, 프로그램의 경우는 스포츠나 게임의 규칙의 경우와는 달리 네트워크화를 위하여 혹은 호환성을 유지키 위하여 규약에 저작권 보호를 인정치 않는 것은 특히 중요한 의미를 갖는다.

◈ 사용자 인터페이스(user interface)의 보호와 경쟁

컴퓨터 프로그램은 당연한 말이지만 사용자를 전제로 하여 작성되어 있다. 그러므로 프로그램이 그 기능을 완수하기 위해서는 프로그램과 사용자와의 상호작용이 필요하다. 이것은 사용자측에서 보면 사용자는 자기의 목적을 달성하기 위하여는 당해 프로그램의 사용방법을 알아야 한다. 사용방법을 알기 위해서는 무엇보다도 당해 프로그램의 스크린에 표시된 메뉴의 의미를 알고 이에 익숙하게 되어야 한다. 왜냐하면 스크린에 표시된 메뉴화면은 컴퓨터와 사용자를 연결하는 인터페이스이기 때문이다. 인간은 습관의 동물이므로 한번 익숙하게 된 메뉴를 바꾸는 데는 어려움이 따른다. 예컨대 아래한글의 메뉴화면에 익숙한 사용자는 다른 프로그램이 설사 아래한글보다 좋은 기능을 가지고 있더라도 쉽게 그 프로그램으로 변경하려고 하지 아니한다. 그러므로 먼저 프로그램을 작성한 자가 설정한 사용자 인터페이스에 저작권의 보호를 인정하면 경쟁자는 다른 메뉴화면을 작성하여야 하나 기존의 메뉴화면과 다른 메뉴화면을 이용하면 기존의 사용자는 특별한 사정이 없는 한 새로운 프로그램을 선택하지 아니한다. 말하자면 기존의 이용자는 자기가 이용하는 프로그램에 빠져 있는 것이다. 따라서 새로운 작성자가 파고들어갈 시장은 극히 좁게 된다. 즉 신참자의 시장진입이 제한되는 것이다. 이것은 프로그램이 우수해서가 아니라 인간의 습관 때문에 독점력을 획득한 것이나. 또 기존의 작성자는 시장을 독점하여 프로그램의 개량의 필요를 느끼지 않게 된다.

반면 사용자 인터페이스인 스크린 표시에 저작권을 인정하지 않으면 새로운 프로그램 작성자는 기존의 메뉴화면을 이용할 수 있고 사용자는 새로운 프로그램의 사용방법을 새로이 익힐 필요가 없다. 그러므로 화면표시는 그대로 두면서 프로그램의 기능향상을 위한 경쟁이 일어나게 되며, 결과적으로 당해 인터페이스가 표준화되고 효율을 증대시키며, 원치 않는 재훈련도 필요 없게 된다. 타이프라이터의 키보드의 배열을 저작권으로 보호하지 않듯 사용자 인터페이스에도 저작권의 보호를 인정해서는 안 된다.

◈ 애플과 마이크로소프트간의 GUI(Graphic User Interfaces)에 관한 분쟁[780]

제9순회 항소법원은 GUI는 부분적으로 기능적이고, 애플의 GUI의 기본적 아이디어는 제한된 몇 가지 방법에 의해서만 표현될 수 있는 것이므로 두 저작물이 동일하지 않는 한 침해는 있을 수 없다고 판시하였다.

◈ Lotus Development Corp.과 Borland International, Inc. 사이의 메뉴명령체계에 관한 분쟁(1995)[781]

제1순회 항소법원은 Lotus의 메뉴명령체계는 저작권으로 보호받을 수 없는 운영방법(method of operation)이라고 판시하였다.

3) '해법'이라 함은 프로그램에 있어서의 지시·명령의 조합방법을 말한다. 그러므로 해법이라 함은 소위 알고리즘(algorithm)이며 문제처리의 논리수순을 가리킨다.

알고리즘이란 어떤 문제를 유한개의 절차로 풀기 위해 주어진 입력으로부터 원하는 출력을 유도해내는 정해진 일련의 과정이나 규칙들의 집합이라고 할 수 있다. 예를 들면 π의 값을 어느 일정한 단위까지 구하는 연산절차의 완전한 기술내역(또는 계산방식)이 π값을 구하는 알고리즘이다.

그리고 이 알고리즘을 컴퓨터 언어(computer language)로 표현한 것을 프로그램(program)이라고 부른다.

따라서 어떤 문제를 해결하도록 컴퓨터에게 지시하는 과정이 명확하여야 하며, 반드시 특정한 해답에 도달하는 알고리즘이 성립되어야 이 알고리즘에 따라 프로그램 작성이 가능해지는 것이다. 그러므로 프로그램을 보호하는 법에서 그 해법을 보호하지 않는다는 것은 이상하게 느껴질지 모르나 입법자는 아이디어/표현의 2분법에 기해 아이디어 부분에 속하는 알고리즘은 저작권법으로 보호되지 아니한다고 규정하였다.

---

780) 이 사건에 대한 보다 자세한 것은, 전석진·정상조, 「컴퓨터와 법률」, 132면 이하 참조.

781) 이에 대한 보다 자세한 것은, 송상현, "컴퓨터 소프트웨어의 법적 보호에 관한 새로운 경향," 후암 곽윤직 선생 고희기념 「민법학 논총」, 제2(1995), 709면 이하 참조.

◈ 프로그램 보호범위(소위 2세대 논의)

프로그램의 어느 부분이 보호되는 것인가라는 문제는 1985년 초 Whelan Associates v. Jaslow Dental Laboratory, Inc. 사건의 1심판결과 1986년의 동 항소심 판결을 시발로 한다. 제1세대 논의가 쓰여진 부분(literal code)의 저작물성에 관한 논의라면 제2세대 논의는 쓰여지지 않은 부분(non-literal elements of the program), 즉 내부적 논리구조에도 저작권의 효력이 미치는가, 또 미친다면 어느 범위에 미치는가 하는 보호범위에 관한 논의로서 소위 프로그램의 구조, 순서, 조직(Structure, Sequence, Organization),[782] 소위 S.S.O.도 프로그램 저작권의 보호의 대상이 되느냐라는 것이 그것이다.

(1) Whelan Associates v. Jaslow Dental Laboratory, Inc.[783]

사실관계: 항소인(1심 피고)인 자슬로사는 의치, 치과기기의 제조업자이다. 1978년 자슬로사는 수주, 재고관리, 고객명단의 갱신, 납품서, 청구서의 작성 등의 컴퓨터 처리를 위하여 소프트웨어 회사인 스트롤사(Strohl)에게 프로그램을 위탁하였다. 스트롤사의 개발담당자인 훼란은 자슬로사의 업무를 분석하고 시스템을 설계한 후 EDL언어를 사용해서 치과기기업의 사무처리용 프로그램 Dentalab을 작성해서 자슬로사에 납품하였다.

1979년 훼란은 스트롤사에서 나와 Whelan Associates, Inc.라는 독자적인 회사를 설립한 후 Dentalab에 관한 스트롤사의 권리(다른 업자에게 Dentalab을 판매할 수 있는 권리 등)를 양수했다.

그 후 자슬로사는 스스로 Dentalab과 동일한 기능을 가진, Basic으로 쓰여진 Dentcom이라는 퍼스컴용 프로그램을 개발, 판매를 개시했다. 이에 훼란사는 자슬로사의 Dentcom은 Dentalab 프로그램을 침해하였다는 이유로 제소, 제1심인 펜실베이니아 연방지방법원에서 승소하였다. 이에 자슬로사가 항소한 것이 본 건이다.

항소심 판결:

1) 항소심 판결의 요지는 다음과 같다.

① 컴퓨터 프로그램에 대한 저작권의 보호는 프로그램의 문자코드를 넘어서(beyond the program's literal code) 그들의 구조, 수순, 조직에도 미친다.[784]

② Dentalab과 Dentcom 사이에 실질적 유사성이 있다고 판단한 제1심 판결은

---

782) 법원은 이 세 단어가 의미하는 바는 컴퓨터 프로그램과 관련해서는 서로 다르지 않으며, 상호 교환이 가능한 용어이고 그러한 의미에서 동의어로서 사용하고 있다. 그러므로 정확히는 structure(or sequence and organization)이다.

783) U.S. Court of Appeals, Third Circuit, 1986.797 F. 2d 1222, cert. denied 479 U.S. 1031, 107 S. Ct. 877, 93 L.Ed. 2d 831(1987).

784) 판결문 자체에는 'may extend'로 되어 있다.

정당하다.

2) 항소심 판결의 이유는 다음과 같다.

저작권 침해의 인정여부는 접근가능성과 실질적 유사성이 인정되는지 유무에 달려 있다. 본건에 있어서 전자에 대해서는 전혀 다툼이 없다. 문제는 후자이다. 우선 본건에서 코드부분에 있어서 서로 동일하지 않다는 점에 대해서는 원・피고 사이에 다툼이 없다. 즉 Dentcom이 단순히 Dentalab의 번역이 아니라는 점은 전혀 다툼이 없다.

원고측 감정인은 덴트콤은 덴타랩의 단순한 번역은 아니지만 파일구조, 출력화면(screen outputs) 및 5개의 서브루틴에서 유사하다고 증언하였다. 이에 의거해서 제1심은 원고 승소판결을 내렸다. 항소인은 제1심이 문자적 요소가 유사하지 않더라도 전체적 구조에 실질적 유사성이 있으면 저작권 침해라고 판단한 것은 잘못이라고 주장하면서(제1쟁점), 가령 저작권의 보호가 프로그램의 구조 등 비문자적 요소에 미친다고 하더라도 본건에서는 양 프로그램의 비문자적 요소의 실질적 유사성을 증명하는 데 충분한 증거가 없다고 다투었다(제2쟁점).

제3항소법원은 다음과 같은 근거에 기해 제1심 판결을 지지하고 있다.

제1쟁점: S.S.O.는 표현인가.

1) 아이디어와 표현의 구별기준 　　컴퓨터 프로그램과 같은 실용적 작품의 목적 내지 기능은 작품의 '아이디어'나 목적 내지 기능을 수행함에 있어 필수적이 아닌 것은 모두 아이디어의 표현이다. 당해 목적달성수단이 수개 존재하는 경우에 선택된 수단은 그 목적달성에 필수불가결한 것은 아니다. 그러므로 그것은 표현이며, 아이디어가 아니다.

2) 본건에서의 덴타랩이 선택한 수단은 그 목적달성에 필수불가결한 것인가

덴타랩이나 덴트콤과 동일한 기능을 수행하지만 구조가 다른 프로그램이 시장에 존재함에 비추어 덴타랩이 선택한 수단은 그 목적달성에 필수불가결한 것은 아니다. 그러므로 덴타랩이 선택한 논리구조는 저작권으로 보호되는 표현이다.

3) 프로그램에 있어서 표현이란 무엇인가 　　프로그램에 있어서 보호받을 수 있는 아이디어의 표현에는 '정보를 받아들이고, 정리・계산・보존하고, 상호 관련지어 스크린 등에 표시하기 위한 컴퓨터의 작동・제어・조정의 방식'을 포함한다.

제2쟁점: 파일구조, 스크린 표시, 5개의 서브루틴을 가지고 실질적 유사성을 판단한 것의 당부

1) 파일구조는 정보의 저장장소이며, 그 자체 저작권의 보호대상으로서의 정보는 아니나 정보의 정리방법 그 자체가 새로운 정보로서의 가치를 가질 만큼 새로운 것일 때에는 저작물로서 보호되어야 하며, 파일구조의 유사성에 기해 두 프로그램의 유사성을 판단할 수 있다.

2) 스크린 표시의 유사성을 가지고 프로그램의 유사성을 판단한 것은 잘못이라고 항소인이 주장하나 스크린 표시의 유사성은 프로그램의 유사성을 판단하는 직접증거는 되지 않는다고 하더라도 간접증거는 될 수 있다.

3) 5개의 서브루틴만을 비교함으로써 두 저작물 전체의 유사성을 판단하는 것은 잘못이라고 항소인은 주장하나 실질적 유사성의 판단은 단순히 양으로 결정할 수는 없다. 오히려 저작물 전체의 특징 및 저작물의 실질적으로 유사한 부분의 중요성에 기해서 질적으로 판단하여야 한다.

(2) Whelan 판결 이후의 판결들과 침해여부의 판단

Whelan 판결 이래 외견상 이에 동조하는 판례 혹은 이에 반대하는 판례가 이어졌으나 1992년의 Altai 판결에 이르기까지 미국 판례와 학설은 적절한 보호의 범위를 찾기 위하여 노력해왔고 Altai 판결을 통해 이 논의도 어느 정도 정리된 듯하다.

[미국 판례] Computer Associates Int'l, Inc. v. Altai, Inc.[785]

사실관계: 알타이사는 컴퓨터 어소시에이트사(이하 'CA'라 한다)의 인기품인 어댑터를 이용하여 오스카 3. 4라는 프로그램을 작성, 판매하였다. 그러나 이러한 도용은 개발자인 어니(Claud F. Arney)에 의한 것이며, 사장을 비롯한 다른 사람들은 이 사실을 전혀 몰랐다. 그 후 이 사실을 알게된 알타이사는 도용부분을 제거하고 동일한 기능을 하는 새로운 프로그램을 개발하기로 결정하였고, 개발팀에서는 어니는 물론 오스카 3.4에 관여한 자들은 제외되었다. 새로운 연구원은 6개월후 오스카 3.5라는 프로그램을 개발하여 판매하였다. CA는 알타이사의 오스카 3.5도 자사의 프로그램을 침해하였다는 이유로 뉴욕주의 제1심 연방법원에 제소하였으나, Pratt판사는 이를 인정하지 아니하였다. 이에 CA사는 항소하였다.

항소심 판결: 제2순회항소법원 전원합의부는 제1심 판결을 지지하였다. 항소심에서 제기된 주요쟁점은 훼란 판결에서와 마찬가지로 비문자적 요소에도 저작권의 효력이 미치는지 여부 및 효력이 미친다면 어느 범위까지 미치는가 하는 것이었다. 제2순회항소법원은 프로그램저작물이 요리책과 같은 실용적 저작물이라는 점을 고려하여 첫째, 컴퓨터의 프로세스 그 자체는 프로그램의 아이디어에 해당하는 것으로 저작권의 보호대상이 아니며, 둘째, 프로그램의 기능에 필수적으로 부수되는 요소들 또한 저작권의 보호대상이 될 수 없다고 판시하였다. 본건에서 법원은 유사성 판단기준으로서 추상화(Abstraction), 여과(Filteration), 비교(Comparation)의 3단계 절차를 거쳐야 한다고 판시하였다.

785) F. 2d Cir. June 26, 1992. 본건에 관한 자세한 내용에 대해서는 전석진, 리버스엔지니어링; 저작권논쟁에 새로운 해석, 마이크로소프트웨어 1992.11. 참조.

1) 추상화

보호되는 구체적 표현과 보호받지 못하는 추상적 아이디어를 구분하기 위하여 프로그램을 제작할 때와는 정반대의 방향으로 추상화할 필요가 있다.

2) 여 과

추상화를 통해 추출된 표현 중 보호받는 요소와 보호받지 못하는 요소를 걸러내기 위하여 여과과정이 필요하다. 여과를 통해 걸러져야 할 요소는 다음과 같다.

가. 효율성에 의하여 규정되는 요소들: 프로그램은 기술제품이며, 효율성의 제고를 둘러싸고 심각한 경쟁을 하고 있으므로 효율적으로 작성된 프로그램일수록 서로 구조가 유사해지는 경향이 있으며, 이것이 극단화되면 특정한 목적을 달성하는 수단은 하나밖에 없는 경우가 있게 된다. 이 후자의 경우는 아이디어와 표현이 융합(merge)되어 저작권의 보호 밖이지만 그렇지 않은 경우라도 기능제품인 프로그램에서는 효율성을 고려해서 제품을 제작하지 않을 수 없으므로 이 경우 양 프로그램이 유사하다는 것은 저작권침해의 증거가 될 수 없다. 따라서 이 부분은 비교에 있어서 제외되어야 한다.

나. 외부적 요건에 의해서 규정되는 요소들: 프로그램의 작성에 있어서는 그 프로그램이 실행되는 컴퓨터, 다른 프로그램과의 호환성, 컴퓨터제조업자의 디자인 표준, 그 프로그램이 사용되는 산업에 있어서의 요구조건, 일반적으로 승인된 프로그램관행 등이 고려되지 않을 수 없으므로 이러한 요소에 의하여 규정된 프로그램 구조는 저작권법상 보호될 수 없으므로 비교에서 제외되어야 한다.

다. 공지의 사실로부터 취해진 요소들: 자유로이 입수가능한 프로그램의 교환이나 기타의 방법으로 공지의 영역에 들어오게 된 프로그램 요소는 만인 공유이며, 특정인에게 독점시킬 수 없으므로 이러한 공지의 요소는 비교에 있어 제외되어야 한다.

3) 비 교

추상화와 여과를 거쳐 남겨진 원고 프로그램의 독창적 요소를 피고의 프로그램과 비교하여 복제여부를 결정한다.

(3) 정 리

컴퓨터프로그램 저작물에 있어서 보호되는 표현과 보호의 범위 밖에 있는 아이디어를 구분하는 것이 과연 가능한지는 프로그램을 저작권으로 보호하는 한 끊임없이 논의될 수밖에 없는 숙명적 과제인 것같이 보인다. 그렇기는 하나 Altai 판결 이후 D. Nimmer 등은 다음과 같은 구체적 분석수순을 제안하고 있다.

1) 추상적인 아이디어로만 구성되어 있는 프로그램 요소를 제외한다.

2) 프로그램의 효율성 제고라고 하는 관점에서 채택된 요소를 제외시킨다.

3) 외부적 요인에 의해서 지배되고 있는 다음과 같은 프로그램 요소를 제외한다.
   ① 하드웨어의 표준으로부터 오는 제약
   ② 소프트웨어의 표준으로부터 오는 제약
   ③ 컴퓨터 메이커가 설정한 설계표준으로부터 오는 제약
   ④ 프로그램이 사용되는 산업의 관행으로부터 오는 제약
   ⑤ 컴퓨터 산업의 표준적인 프로그래밍 기법으로부터 오는 제약
4) 공유(public domain)의 프로그램으로부터 취득한 프로그램 요소를 제외시킨다.
5) 앞의 여과를 통해서 남겨진 부분만을 가지고 유사여부를 판단한다.

(4) 우리나라에서 문제가 된 사건

[판례 1] 「솔로몬 V」 사건(서울지법 1993.4.22.선고 92가합31298 판결)[786)]

사실관계: '케틀정보센터 슈퍼컴퓨터'라는 상호로 컴퓨터 도·소매업, 컴퓨터 프로그램 개발업에 종사하고 있던 A는 1990년 2월 10일 당시 서울대학교 대학원에서 전산학을 전공하고 있던 C1, C2, C3에게 원고 X의 주가분석 프로그램인 K.T.I.-3000보다 훨씬 더 많은 양의 주식정보를 제공할 수 있는 새로운 주가분석 프로그램의 개발을 개발비 2,400만원에 의뢰하였고, 이에 따라 위 C1, C2, C3 등은 이미 외국에서 개발되어 공개되어 있던 통신프로그램 등을 이용하고, 또 원고 X가 개발한 위 K.T.I.-3000을 참작하여 솔로몬-브이(Solomon-V)라는 새로운 주가분석 프로그램을 개발하였다. 위 Solomon-V는 물론 원고가 개발한 위 K.T.I.- 3000도 공개된 외국 프로그램을 응용하여 개발된 것이어서 그 기본적인 기능면에서는 유사한 점이 있었으나, 원고가 개발한 위 K.T.I.-3000은 파스칼(PASCAL)이라는 컴퓨터언어를 사용하였고, 또 그 주식관련자료도 과거 2년분의 자료만 볼 수 있도록 되어 있음에 비하여 Solomon-V는 시-랭귀지(C-LANGUAGE)라는 컴퓨터 언어를 사용하고, 그 주식관련자료도 과거 5년분의 자료를 모두 볼 수 있도록 되어 있는 등 그 기능이 훨씬 개량되고 새로운 기능이 추가되어 있는 등의 차이가 있었다. 위 「Solomon-V」는 위 K.T.I.-3000과는 별도로 원고 X에 의해 1990년 10월 25일 새로운 창작프로그램으로 한국정보산업연합회에 등록되었다.

이렇게 되자 원고는 이 사건 청구원인으로 위 A가 개발한 「Solomon-V」는 원고가 개발한 K.T.I.-3000이라는 컴퓨터용 주가분석 프로그램을 도용 또는 개작하는 방법으로 원고의 위 프로그램에 대한 저작권을 침해하여 만든 주가분석 프

---

786) 종래 우리나라에서도 컴퓨터 프로그램 침해와 관련된 사건이 수없이 일어났지만 대부분이 그대로 복제(소위 데드 카피)한 사건이었다. 그러나 이 사건은 비표현부분(non-literal element)에 대한 보호와 관련하여 제기된 초기의 사건이다(자세한 것은 황희철, "컴퓨터프로그램보호법," 「지적재산권법강의」, 364면 이하 참조).

로그램이고, 피고 Y는 위 A로부터 이를 인수하여 다수의 회원들에게 유료로 제공함으로써 데이터 사용료 금 4,200만원을 이득하였으므로 컴퓨터프로그램보호법 제27조 제1항·제3항에 따라 원고에게 위 이득금 상당의 손해금 4,200만원을 지급할 의무가 있다고 주장하였다.

판결요지: 서울지방법원 제13부는 이 사건 청구의 전제로서 A가 원고 X의 프로그램 저작권을 침해하였는가의 여부를 판단하였는데, 다음과 같은 이유로 저작권 침해를 인정하기 어렵다고 결론짓고 원고의 청구를 배척하였다.

서울지방법원은 원고는 "위 A의 「Solomon-V」프로그램과 원고 K.T.I.-3000 프로그램은 조건과 구조 등이 같고, 이 「Solomon-V」의 호스트에 K.T.I.-3000 프로그램으로 통신이 가능한 점 등으로 보아 위 2개의 주가분석 프로그램은 동일한 것이고, 따라서 A는 원고의 K.T.I.-3000 프로그램 저작권을 침해한 것이라는 취지로 주장하나, 증거에 의하면 과학기술처장관의 민원처리회시에 의하더라도, 일반적으로 데이터를 주고받을 수 있는 송·수신 프로그램 상호간의 통신 프로토콜(protocol), 즉 통신장치 상호간 정보를 교환하기 위하여 필요한 절차 또는 규칙의 집합이 같아야 상호 정보를 교환할 수 있는 것이나, 위 프로토콜이 동일하다 하더라도 동일한 프로그램인지 상이한 프로그램인지의 여부는 상호 소스프로그램(source program)을 비교·분석하여 판단하여야 하며, 증거에 의하면 프로그램의 적용분야나 같은 데이터를 처리시킨 프로그램의 수행결과가 같다고 하여도 프로그램의 구조나 배열방법에 차이가 있을 수 있으며, 이러한 경우에는 동일한 프로그램으로 인정할 수 없다"고 하며, "앞에서 본 바와 같이 원고가 개발한 K.T.I.- 3000과 A가 개발한 「Solomon-V」 사이에 다소 기능상의 유사성이 있고 상호 통신이 가능하다고 하더라도 원고가 제출한 증거 등에 의해서 원고의 주장처럼 위 2개의 주가분석 프로그램이 동일한 것이라고 단정할 수 없고, 전문기관의 감정에 의한 기술적 검토자료의 제시도 없는 이 사건에 있어서는 원고주장과 같은 양 프로그램 사이에 조건과 구조가 같은지 여부도 확인할 길이 없다"고 판시하였다. 위 법원은 "그렇다면 위 2개 프로그램이 동일한 것임을 전제로 하여 A가 원고의 주가분석 프로그램의 저작권을 침해하였음을 이유로 한 원고의 피고에 대한 이 사건 손해배상청구는 다른 점에 대하여 더 나아가 살펴볼 필요 없이 이유 없다고 할 것"이라고 판시하고 있다.

[판례 2] '큐로컴' 사건(대법원 2011.6.9.선고 2009다52304 판결)

한미은행의 신종합온라인시스템은 원심판시 이 사건 제1 이용허락계약에 따라 프로그램저작권자인 '원고 FNS'로부터 사용허락을 받은 원심판결 별지 제1항 기재 컴퓨터프로그램(이하 'Bancs'라 하고, '컴퓨터프로그램'은 '프로그램'이라 한다)의 일련의 지시·명령의 상당부분을 이용하여 창작된 Bancs의 개작물이라 할 것이다. 그런데 피고는 원심판결 별지 제2항 기재 프로그램 및 별지 제3항 기재

프로그램의 작성 당시 한국휴렛팩커드와 함께 한미은행의 기존 신종합온라인시스템의 프로그램언어를 COBOL에서 C로, 시스템 기반을 메인프레임에서 UNIX 계열로, 미들웨어를 CICS에서 TMAX로, 데이터베이스 관리시스템을 CA-DB에서 오라클 DBMS로 전환하는 작업을 진행하는 과정에서 위 신종합온라인시스템의 원프로그램인 Bancs의 소스코드에 접근한 바 있다. 한편 원고 FNS와 피고 사이의 서울중앙지방법원 2004카합4128호 컴퓨터프로그램사용금지가처분 사건에서 피고가 'ProBank'라는 이름으로 제출한 소스코드와 Bancs(2001년 이후 제작된 버전)의 소스코드를 대상으로 이루어진 컴퓨터프로그램보호위원회의 감정 결과에 의하면, C언어로 작성된 위 ProBank와 COBOL 언어로 작성된 위 Bancs의 소스코드를 구성하는 파일에 대한 호출관계그래프(call graph)를 도출한 다음 이들을 파일의 개수, 줄 수, 함수 수에 따라 정량적으로 비교한 결과 소스코드 중 50% 이상에서 유사성을 지니는 파일의 비율이 42.74% 정도이고, 정성적 방법에 따른 감정 결과에서도 위 ProBank 소스코드에 사용된 함수들의 이름과 명령문, 주석 내용으로 보아 이미 존재하는 COBOL 소스코드를 일정하게 정해진 규칙에 따라 사람 혹은 기계를 사용하여 번역한 것으로 판단되었는데, 원심판결 별지 제2항 기재 프로그램은 위와 같이 감정대상이 되었던 ProBank에 모두 포함되어 있던 프로그램이거나 그 동일성을 해하지 않는 범위에서 이를 변형한 프로그램이고, 별지 제3항 기재 프로그램은 그 상당부분이 감정대상이 되었던 ProBank 구동에 필요한 프로그램이므로(이하 그 등록된 명칭에 따라 원심판결 별지 제2항 기재 프로그램은 'ProBank', 별지 제3항 기재 프로그램은 'ProFrame'이라 한다), 이와 같은 제반 정황들에 비추어 Bancs와 ProBank 및 ProFrame 중 상당부분 사이에는 실질적 유사성이 있다고 볼 수 있다. 그렇다면 피고는 원고 FNS의 허락 없이 Bancs의 2차적 프로그램인 신종합온라인시스템을 사용하여 ProBank 및 ProFrame의 상당부분을 제작·판매함으로써 원고 FNS가 Bancs에 대하여 가지는 개작권을 침해하였다고 할 것이다.

[판례 3] 유사도에 비추어 침해가 긍정된 예(대법원 2012.1.27.선고 2010다50250 판결)

갑 주식회사에서 퇴사한 을 등이 병 주식회사의 요청에 따라 갑 회사가 병 회사에 점포별로 개별계약을 체결하여 공급한 전산시스템의 프로그램을 새로운 프로그램으로 변경하였는데, 두 프로그램의 유사도를 감정한 결과 변경 전 프로그램을 기준으로 89.66%, 변경 후 프로그램을 기준으로 87.96%가 동일·유사한 사안에서, 갑 회사와 병 회사의 계약 체결 양태, 계약서의 내용 및 계약 체결 후 정황 등에 비추어 갑 회사가 병 회사에 전산시스템의 유지보수를 위하여 필요한 한도 내의 프로그램 소스코드 등에 대한 사용허락을 넘어 변경 전 프로그램 저작권 전부 또는 일부를 양도하였다고 볼 수 없는데도, 이와 달리 보아 을 등이 갑 회사의 변경 전 프로그램에 대한 복제권 또는 개작권을 침해하지 않았다고 본 원심판결에는 법리오해 등 위법이 있다.

[판례 4] 유사도에 비추어 침해가 긍정된 예(대법원 2012.1.27.선고 2011노626 판결)

컴퓨터프로그램보호위원회가 복원된 A프로그램과 피해자 회사의 B마을 프로그램의 유사도를 정량방식에 따라 비교한 결과 B마을 프로그램을 기준으로 99.78%, 복원된 A프로그램을 기준으로 88.24%가 동일·유사하다고 감정한 사실 등을 인정한 다음, 복원된 A프로그램이 B마을 프로그램과 실질적으로 유사하다고 판단하였는바, 기록에 비추어 살펴보면 원심의 위와 같은 사실인정과 판단은 정당하다.

[판례 5] '리습 파일' 사건(대법원 2013.3.28.선고 2010도8467 판결)

[1] "컴퓨터프로그램저작물"(이하 '프로그램'이라 한다)이라 함은 특정한 결과를 얻기 위하여 컴퓨터 등 정보처리능력을 가진 장치 안에서 직접 또는 간접으로 사용되는 일련의 지시·명령으로 표현된 창작물을 의미하므로, 프로그램저작권 침해 여부를 가리기 위하여 두 프로그램저작물 사이에 실질적 유사성이 있는지를 판단할 때에도 창작적 표현형식에 해당하는 것만을 가지고 대비하여야 한다(대법원 2000.10.24.선고 99다10813 판결 등 참조).

[2] 비록 리습 파일과 DCL 파일이 '엘콘플랜' 프로그램이나 'InerCAD' 프로그램의 구성요소라고 하더라도 각각의 리습 파일(DCL 파일과 연결되어 있는 경우에는 그 DCL 파일을 포함한 것을 말한다)은 그 표현형식에 창작성이 인정되는 한 그 자체로도 프로그램저작물성을 가진다고 할 것이므로, 리습 파일의 복제 여부는 각각의 리습 파일별로 판단하여야 한다. 그런데 원심이 적법하게 채택하여 조사한 증거 등에 의하면 '엘콘플랜' 프로그램의 구성요소를 이루는 리습 파일들 중 일부 파일과 그에 대응하는 'InerCAD' 프로그램의 리습 파일 간의 유사도가 매우 높은 점이 인정되므로, 특별한 사정이 없는 한 피고인들은 그러한 리습 파일을 복제·배포함으로써 '엘콘플랜'의 프로그램저작권을 침해하였다고 할 것이다.

Ⅲ. 프로그램 저작권

1. 발생 및 귀속

(1) 발　　생

프로그램 저작권은 프로그램이 창작된 때로부터 발생하며 어떠한 절차나 형식의 이행을 필요로 하지 아니한다(법 10조 2항).

(2) 귀 속

프로그램을 창작한 자가 저작자이다. 다만 국가 · 법인 · 단체 그 밖의 사용자(이하 이 조에서 "법인 등"이라 한다)의 기획하에 법인 등의 업무에 종사하는 자가 업무상 창작한 프로그램은 계약이나 근무규칙 등에 달리 정함이 없는 한 그 법인 등을 당해 프로그램의 저작자로 한다(법 9조).[787]

[판례 1] 위탁개발된 컴퓨터프로그램 저작권의 귀속관계(대법원 2000.11.10.선고 98다60590 판결)[788]

업무상 창작한 프로그램의 저작자에 관한 구 컴퓨터프로그램보호법(1994.1.5. 법률 제4712호로 개정되기 전의 것) 제7조의 규정은 프로그램 제작에 관한 도급계약에는 적용되지 않는 것이 원칙이나, 주문자가 전적으로 프로그램에 대한 기획을 하고 자금을 투자하면서 개발업자의 인력만을 빌려 그에게 개발을 위탁하고 이를 위탁받은 개발업자는 당해 프로그램을 오로지 주문자만을 위해서 개발 · 납품하여 결국 주문자의 명의로 공표하는 것과 같은 예외적인 경우에는 법인 등의 업무에 종사하는 자가 업무상 창작한 프로그램에 준하는 것으로 보아 같은 법 제7조를 준용하여 주문자를 프로그램저작자로 볼 수 있다.

[판례 2] 대법원 2013.3.28.선고 2010도8467 판결

프로그램저작권이 명의신탁된 경우 대외적인 관계에서는 명의수탁자만이 프로그램저작권자이므로 제3자의 침해행위에 대한 고소 역시 명의수탁자만이 할 수 있다.

[판례 3] 대법원 2013.5.9.선고 2011다69725 판결

비록 원고가 원심 공동피고 2의 요청에 따라 원심 판시 이 사건 프로그램을 개발하였고, 원고가 원심 공동피고 2가 운영하던 참인테리어 사무실에서 원심 판시 이 사건 시스템의 개발 작업을 하면서 참인테리어의 개발부장이라는 직함을 사용하였으며, 원심 공동피고 2가 이 사건 시스템 개발에 드는 비용을 부담하기로 한 사정은 알 수 있으나, 그러한 사정만으로는 이 사건 프로그램의 창작에 관하여 원심 공동피고 2가 전적으로 기획을 하고 자금을 투자하면서 원고의 인력만을 빌려 원고에게 개발을 위탁하였다는 등의 예외적인 사정이 있다고 할

787) 다만 일반저작물과 달리 컴퓨터프로그램저작물의 경우 공표될 것을 요하지 아니한다(법 제9조 단서).

788) 평석: 황찬현, 「심당송상현선생 화갑기념논문집」, 898면; 강민구, 「정보법판례백선(1)」, 385면.

수 없다. 따라서 원고와 원심 공동피고 2 사이의 도급계약에 해당하는 이 사건 프로그램 제작에 관한 계약에 따라 개발된 이 사건 프로그램의 저작자는 주문자인 원심 공동피고 2가 아니라 이를 창작한 원고라고 할 것이다. 나아가 위에서 본 사정만으로는 원고가 원심 공동피고 2에게 이 사건 프로그램에 관한 저작권의 처분권한을 위임하였다고 볼 수 없다.

2. 존속기간

프로그램 저작물도 일반저작물과 마찬가지로 저작자 사망시부터 70년간 존속한다. 그러나 프로그램저작물은 많은 경우에 업무상 저작물인 경우가 많을 것이므로 이 경우라면 제41조가 적용되어 공표시로부터 70년간 존속하게 된다.[789]

3. 프로그램 저작재산권 및 그 제한

(1) 프로그램의 저작재산권

프로그램 저작자는 일반 저작물과 마찬가지로 복제권·공중송신권·배포권·대여권·2차적저작물작성권을 가진다.

(2) 프로그램의 저작재산권의 제한

1) 일반적 제한　　저작권법 제101조의3조는 다음의 경우에는 그 목적상 필요한 범위 안에서 공표된 프로그램을 복제 또는 사용할 수 있다(다만 프로그램의 종류·용도, 프로그램에서 복제된 부분이 차지하는 비중 및 복제의 부수 등에 비추어 프로그램 저작권자의 이익을 부당하게 해하는 경우에는 그러하지 아니하다)고 규정하여 저작권법과 마찬가지로 저작재산권 제한규정을 두고 있다.

① 재판 또는 수사를 위하여 복제하는 경우

② 유아교육법, 초·중등교육법, 고등교육법에 의한 학교 및 다른 법률의 규정에 의하여 설립된 교육기관(상급학교 입학을 위한 학력이 인정되거나 학위를 수여하는 교육기관에 한한다)[790]에 교육을 담당하는 자가 수업과정에 제공할 목적

---

789) 저작권법 제41조 참조..

790) 따라서 「학원의 설립·운영에 관한 법률」에 의하여 설립된 학원은 컴퓨터프로그램보호법에서 말하는 다른 법률에 의한 교육기관에 해당하지 않는다(대법원 1997.5.23.선고 97

으로 복제 또는 배포하는 경우

③ 초·중등교육법에 의한 학교 및 이에 준하는 학교의 교육목적을 위한 교과용 도서에 게재하기 위하여 복제하는 경우: 이 경우에는 프로그램을 교과용 도서에 게재하려는 자는 문화체육관광부장관이 정하여 고시하는 기준에 따른 보상금을 해당 저작재산권자에게 지급하여야 한다. 보상금 지급에 대하여는 저작권법 제25조 제5항부터 제9항까지의 규정을 준용한다.

④ 가정과 같은 한정된 장소에서 개인적인 목적(영리를 목적으로 하는 경우를 제외한다)으로 복제하는 경우

⑤ 초·중등교육법, 고등교육법에 의한 학교 및 이에 준하는 학교의 입학시험 그 밖의 학식 및 기능에 관한 시험 또는 검정을 목적(영리를 목적으로 하는 경우를 제외한다)으로 복제 또는 배포하는 경우

⑥ 프로그램의 기초를 이루는 아이디어 및 원리를 확인하기 위하여 프로그램의 기능을 조사·연구·시험 목적으로 복제하는 경우(정당한 권원에 의하여 프로그램을 사용하는 자가 해당 프로그램을 이용중인 때에 한한다). 소위 리버스 엔지리어링을 정면으로 인정하였다.

2) 일시적 복제와 관련된 제한

컴퓨터의 유지·보수를 위하여 그 컴퓨터를 이용하는 과정에서 프로그램(정당하게 취득한 경우에 한한다)을 일시적으로 복제할 수 있다(법 101조의3 2항).[791] 문제는 저작권법 제101조의3 제2항에서 프로그램의 '일시적 복제'에 관한 면책규정이 있다는 것은 법 제35조의2에서 규정한 면책규정을 배제하고 컴퓨터 프로그램에는 오직 제101조의3 제2항만이 적용되는가이다.

오픈캡처프로그램과 관련된 판결에서 제1심[서울중앙지법 2014.2.21.선고 2013가합25649(본소), 2013가합37857(병합), 2013가합48222(병합), 2013가합70595(반소)]은 "저작권법 제101조의3 제2항은 '컴퓨터의 유지·보수를 위하여 그 컴퓨터를 이용하는 과정에서 프로그램(정당하게 취득한 경우에 한한다)을 일시적으로 복제할 수 있다'라고 규정하고 있는바, 이와 같이 별도로 프로그램의 일시적 복제에 관한 면책 규정을 도입한 취지에 비추어 볼 때 컴퓨터 프로그램을 이용하는 과정

도286 판결).

791) 이에 대해서는 본서, 제2장, 제6절, Ⅱ, 1 일시적 복제와 복제권, [예외 2] 참조.

에서의 일시적 복제는 저작권법 제35조의2가 규성한 컴퓨터에서 저작물을 이용하는 경우에는 원활하고 효율적인 정보처리를 위하여 필요하다고 인정되는 범위에 포함되지 않는 것으로 볼 여지가 있다"고 보았으나 항소심[서울고법 2014.11.20.선고 2014나19891(본소), 2014나19907(병합), 2014나19914(병합), 2014나19921(반소)]은 제35조의2가 프로그램의 일시적 복제에도 적용된다고 보았다.

3) 특수한 제한

① 멸실 등의 방지를 위한 복제 　　 법은 "프로그램의 복제물을 정당한 권원에 의하여 소지·이용하는 자는 그 복제물의 멸실·훼손 또는 변질 등에 대비하기 위하여 필요한 범위 안에서 당해 복제물을 복제할 수 있다"고 규정한다(법 105조 1항). 이러한 소위 back-up용 카피는 "당해 프로그램의 복제물을 소지·이용할 권리를 상실한 때에는 폐기하여야 한다. 다만, 프로그램의 복제물을 소지·사용할 권리가 당해 복제물이 멸실됨으로 인하여 상실된 경우에는 그러하지 아니하다"(법 101조의5 제2항).

② 호환성확보를 위한 역분석 　　 법은 조사·연구·시험 목적 외에도 호환성확보를 위해서도 역분석을 인정한다(법 101조의4). 이렇게 얻은 정보는 다음 각호의 1에 해당하는 경우에는 이를 사용할 수 없다.

ⅰ) 호환목적 외의 다른 목적을 위하여 이용하거나 제3자에게 제공하는 경우

ⅱ) 프로그램코드 역분석의 대상이 되는 프로그램과 표현이 실질적으로 유사한 프로그램을 개발·제작·판매하거나 기타의 프로그램저작권을 침해하는 행위에 이용하는 경우

◈ 리버스 엔지니어링(프로그램코드 逆分析)과 저작권의 제한

리버스 엔지니어링이란 타인의 공업제품을 분석해서 그로부터 기술을 탐지하는 행위이고, 기술발전에 있어서는 필수적인 행위이다. 리버스 엔지니어링을 하는 과정에서는 필연적으로 기존 프로그램을 복제하거나 번역하는 행위 등이 뒤따르지 않을 수 없다. 여기서 이러한 리버스 엔지니어링이 허용될 것인지가 논의된다. 1991년 마련된 EC지침은 이를 명문화시켰다. 종래 이러한 규정이 없는 우리 법하에서도 이러한 리버스 엔지니어링이 허용될 수 있는지에 대해서는 논란이 많았으나 현행법에서 이를 명문화하였다.

4. 프로그램 저작인격권 및 그 제한

프로그램 저작물의 저작자에게도 공표권·성명표시권·동일성 유지권 등 저작인격권이 있다(법 11조-13조).

이러한 저작인격권 중 프로그램 저작물에 있어서 특히 문제가 되는 것은 동일성 유지권과의 관계이다.[792] 법은 일반 저작물의 동일성유지권에 인정되는 제한 외에, i) 특정한 컴퓨터 외에는 이용할 수 없는 프로그램을 다른 컴퓨터에 사용할 수 있도록 하기 위하여 필요한 범위 안에서의 변경, ii) 프로그램을 특정한 컴퓨터에 보다 효과적으로 사용할 수 있도록 하기 위하여 필요한 범위 안에서의 변경을 허용한다.

5. 프로그램 등록

컴퓨터프로그램 역시 일반 저작물과 마찬가지로 등록할 수 있으며, 프로그램등록부에 등록하면 일반저작물에 인정되는 것과 동일한 효과가 발생한다(법 53-54조 참조). 등록 업무를 수행하는 자 및 그 직에 있었던 자는 직무상 알게 된 비밀을 다른 사람에게 누설하여서는 아니 된다(법 55조의2).

6. 프로그램배타적발행권[793]

1) 프로그램의 저작재산권자는 다른 사람에게 그 저작물에 대하여 독점적으로 복제하여 배포 또는 전송할 수 있도록 하는 배타적 권리(이하 "프로그램배타적발행권"이라 한다)를 설정할 수 있으며(법 57조 제1항), 프로그램배타적발행권의 설정을 받은 자("프로그램배타적발행권자")는 그 설정행위로 인한 범위에서 프로그램배타적발행권을 행사할 권리를 가진다(법 57조 3항).

---

792) 그 밖에 공표권의 경우에 법 "제101조의6에 따른 프로그램배타적발행권의 설정을 한 경우에는 그 상대방에게 저작물의 공표를 동의한 것으로 추정한다"고 규정한다(법 11조 참조).

793) 종래 별도로 규정되어 있던 프로그램배타적발행권은 2011년 제2차 개정을 통하여 제7절(배타적발행권: 제57조 이하)로 통합되었다.

2) 프로그램의 저작재산권자는 그 프로그램의 복제권을 목적으로 하는 질권이 설정되어 있는 경우에는 그 질권자의 동의가 있어야 프로그램배타적발행권을 설정할 수 있으며(법 57조 4항), 프로그램배타적발행권자는 프로그램의 저작재산권자의 동의 없이 프로그램배타적발행권을 목적으로 하는 질권을 설정하거나 제3자에게 프로그램배타적발행권을 양도할 수 없다(법 62조).

3) 프로그램배타적발행권은 그 설정행위에 특약이 없는 때에는 설정행위를 한 날부터 3년간 존속한다(법 59조).

[판례] '큐로컴' 사건(대법원 2011.6.9.선고 2009다52304 판결)

원심은, 원고 큐로컴은 에프엔에스닷컴 주식회사(이하 'FNS.com'이라 한다)를 흡수합병하여 FNS.com이 Bancs에 대하여 가지는 권리를 그대로 양수하였는데, 원고 FNS와 FNS.com 사이의 이 사건 제2 이용허락계약에 의하면 원고 큐로컴이 Bancs에 대한 국내 독점적 사용권 등을 부여받은 사실은 인정되나, 위 계약상 제3자의 청구가 있는 경우 FNS.com은 그 상황을 원고 FNS에 즉시 알려야 하며 그에 대응할 것인지 여부는 원고 FNS가 결정하고, 원고 FNS가 청구에 대응하거나 화해할 경우에는 원고 FNS의 이름과 비용으로 이를 행하는 것으로 약정한 점 등에 비추어 볼 때, 원고 큐로컴이 원고 FNS로부터 Bancs에 대한 프로그램배타적발행권을 설정받았다고 할 수 없다고 판단하였다. 기록에 비추어 살펴보면 원심의 위와 같은 판단은 정당하다.

7. 침해와 침해에 대한 구제

(1) 침해행위

일반저작물의 경우와 마찬가지로 타인의 프로그램을 그대로 복제한 경우에 프로그램 저작권 침해를 인정하는 것은 아무런 문제가 없다. 그러나 타인의 프로그램을 교묘히 이용한 경우에 그것이 저작권 침해로 되는지 여부를 판단하는 것은 결코 쉬운 일이 아니다. 왜냐하면 프로그램도 저작권으로 보호하면 표현부분만 보호되고 아이디어 부분은 보호되지 않아 저작권법으로 보호되는 표현과 보호되지 않는 아이디어를 구분하는 것은 결코 쉬운 일이 아니기 때문이다. 지금 두 개의 프로그램을 예로 들어 설명해보자.[794]

794) 이하의 설명은 佐野 稔, 「소프트웨어와 지적재산권」, 88면 이하에 의함.

프로그램 A

① 학생의 점수를 한 사람씩 차례로 읽는다.

② 그때마다 다 읽은 학생의 수를 고친다.

③ 읽어들인 학생의 점수를 더한다.

④ 전원의 점수를 읽어들였는가 아닌가를 확인한다.

⑤ 득점의 합계를 읽어들인 학생총수로 나눈다.

⑥ 결과를 프린트한다.

```
10  data 10, 12, 17, 22, 6, -1
20  read X1
30  if X1=-1 goto 70
40  let S=S+X1
50  n=n+1
60  goto 20
70  average=S/n
80  print average
```

〔그림 1〕 프로그램의 예(A 프로그램) (그림 1, 2는 佐野, 86, 87면에서 재인용)

```
       IF(CSCL(I).LT.10.0) CSCL(I)=1.0
  4  CONTINUE
     OSCL=0.0
     DO 5 J=1,N
       IF(DABS(OBJGRA(J)).GT.OSCL) OSCL=DABS(OBJGRA(J))
  5  CONTINUE
     OSCL=OSCL/FLOAT(M)
     IF(OSCL.LT.10.0) OSCL=1.0
*
     OBJFUN=OBJFUN/OSCL
     DO 6 J=1,N
       OBJGRA(J)=OBJGRA(J)/OSCL
  6  CONTINUE
     DO 7 I=1,M
       CONFUN(I)=CONFUN(I)/CSCL(I)
       DO 7 J=1,N
         CONGRA(J,I)=CONGRA(J,I)/CSCL(I)
  7  CONTINUE
    ELSE
     OSCL=1.0
     DO 8 I=1,M
```

```
            CSCL(I)=1.0
      8   CONTINUE
          ENDIF
*
          CALL PVAL(ME,MI,M,OBJFUN,CONFUN,PENPAR,PENFUN)
*
* ……Iteration.
*
* ……Print out intermediate results.
      9   IF(LEVEL.GT.0) THEN
              CALL PRNT(N,ME,MI,M,X,U,OBJFUN,CONFUN,PENPAR,
     -                    PENFUN,LEVEL,IT)
          ENDIF*
```

〔그림 2〕 큰 프로그램의 일부

[次木俊秀・福島雅夫, 「FORTRAN77 최적화 프로그래밍」, (岩波書店)에서]

프로그램 B

① 답안용지가 탑재 유닛에 놓여졌는지를 확인한다.

② 답안용지를 1매씩 읽어들이는 유닛에 보낸다.

③ 득점을 읽어들여 득점계산 유닛에 통지한다.

④ 읽어들인 답안용지를 격납 유닛에 받아 넣어둔다(수납).

⑤ 바르게 수납된 것을 인수계산 유닛에 통지한다.

⑥ 인수계산 유닛은 그때까지 기억하고 있던 인수 데이터를 고친다.

⑦ 다 고친 것을 득점계산 유닛에 통지한다. …

⑧ 득점계산 유닛은 …

⑨ …

⑩ …

◇ 두 프로그램의 줄거리의 비교

두 프로그램은 일견 상당히 다른 것같이 보이나 프로그램 B의 ①②③④⑤는 프로그램 A의 ①을 세분하여 말하고 있다. 마찬가지로 B의 ⑥과 ⑦은 A의 ②와 같다. 이하 등등이다. 만약 A 프로그램의 줄거리가 저작권으로 보호되는 표현이라면 B 프로그램은 A프로그램의 침해로 된다. 만약 B 프로그램의 ①부터 ⑩까지와 같이 세세한 줄거리가 저작권으로 보호받는 표현이라면 A 프로그램의 ①부터 ⑥까지의 수준은 '아이디어'라고 할 수 있기 때문에 B 프로그램은 A 프로그램의 아이

디어를 빌린 것에 불과하고 저작권 침해로 되지 아니한다. 그래서,

* A 프로그램의 ①부터 ⑥까지의 줄거리는 저작권으로 보호되는 표현이라고 할 수 있는가?

* B 프로그램의 ①부터 ⑩까지의 수준에 이르러야 비로소 표현이라고 말할 수 있는 것인가?

* 이것도 저것도 아니라면 어느 정도의 구체적(혹은 추상적) 줄거리가 표현으로 되는 것인가? 이러한 간단한 예에서조차 그 해답이 분명하지 않은데, 하물며 실제로 운용되고 있는 프로그램끼리의 침해여부를 가리는 것은 매우 어려운 일이다.

[판례] '마케팅 분석 스크립트' 사건(대구지법 2013.10.1.선고 2012가합9960 판결)

☆ 접속자 마케팅 분석 스크립트의 저작물성과 실질적 유사성이 문제된 사건이다. 저작물성은 긍정되었으나(前述), 실질적 유사성은 부정되었다.

1. **원고의 주장**: 원고의 스크립트와 피고의 스크립트는 ① 이미지를 문서에 삽입하여 이미지가 로딩되는지를 확인함으로써 서버의 상태를 확인하고 문서 로딩의 안전성을 보장하는 기능, ② 이러한 기능을 구현하기 위한 흐름(배열), ③ 위 기능을 표현하기 위한 함수 및 소스코드에 있어 실질적 유사성이 있고, 나아가 피고가 원고 스크립트를 이용하여 피고 스크립트를 제작하였으므로, 피고 스크립트는 원고 스크립트에 대한 저작권을 침해한 것이라고 주장한다.

2. **판단 기준**: 양 프로그램 사이에 실질적 유사성이 있는지는 프로그램의 소스 코드 중 창작성이 인정되는 부분을 특정한 다음, 그 부분과 상대방 프로그램의 소스 코드를 대비하여 보아야 한다. 다만 기능적 저작물은 목적 기능을 수행하기 위하여 표준적인 용어와 개념을 사용하므로 그 표현 방식이 상당히 제한되어 아이디어가 표현과 밀접하게 연관되기 마련인데, 프로그램의 경우 프로그램에 내재한 논리성, 효율성의 고려, 하드웨어나 운영체제의 제약, 표준화나 호환성의 요구 등에 따라 특정한 결과를 구체화하는 방안이 한정될 수밖에 없고, 이를 일련의 지시·명령의 조합으로 표현함에 있어서도 표현의 다양성이 축소될 수밖에 없음을 고려하여 판단하여야 한다(서울고등법원 2012.12.12.선고 2012나16348 판결 참조).

3. **원고 스크립트와 피고 스크립트 사이의 실질적 유사성에 관한 판단**: 원고가 주장하는 ①, ②점에 관하여 보건대, 이미지를 문서에 삽입하는 방법으로 서버의 상태를 확인하고 문서 로딩의 안전성을 보장하는 방법은 일종의 아이디어에 해당하고 이러한 기능을 구현하기 위한 흐름(배열)은 프로그램을 작성하기 위한 해법에 해당한다. 따라서 ①, ②점은 실질적 유사성 판단대상이 되지 아니한다.

③ 주장에 대해서 보건대, 원고 스크립트와 피고 스크립트는 Ⓐ 이미지 로딩을 통하여 서버 상태를 확인하는 기능에 있어서 그 이미지 값을 'width:1px;height:

1px;position:absolute'로 설정하여 이미지 크기가 폭 1픽셀, 높이 1픽셀이 되도록 함으로써 로딩된 이미지가 실제로는 보이지 않도록 한 점, Ⓑ 각 스크립트 내에서 정의된 변수명이 완전히 같지는 않으나 피고 스크립트는 원고 스크립트의 각 변수명에 'cpc_', 'cpc_script'를 덧붙인 정도의 차이만 존재하는 점, Ⓒ 자바스크립트 로딩 블록을 생성하는 부분에 있어서 'document. createElement'라는 표현이 동일하게 사용된 점, Ⓓ 각 스크립트 모두 공통된 오류가 보이는 점 등에서 유사성이 인정되는 반면, 원고 스크립트는 총 32라인으로 구성되어 있으며 'logCorpAScript_full'을 일종의 객체로 정의한 후 내부적으로 모듈화하여 ch(), dls(), init() 세 개의 함수로 구성되어 있지만 피고의 스크립트는 총 18라인으로 구성되어 있고 변수명을 정의한 후 'cpcguard_script_ bind( )' 함수만 호출하고 있어 원고 스크립트처럼 모듈화되어 있지는 않은 등 표현형식과 구성이 다른 사실도 인정된다.

살피건대 '이미지 값 설정 명령'의 경우 이미지를 불러와 외부 서버가 정상적인 상태인지 확인하려는 생각이 있는 사람이라면 누구나 쉽게 그러한 값을 설정하여 사용할 만한 것이라 볼 수 있고, '변수명, 자바스크립트 로딩 블록'의 경우도 그 형태가 일반적으로 이용될 수 있거나 같은 생각이 있는 사람이라면 유사한 변수명을 정의할 수 있을 만한 것으로 보이는바, 그와 같은 부분에서 유사성이 존재한다는 사실만으로 원고 스크립트와 피고 스크립트 사이의 실질적 유사성을 인정하기는 어렵고, 각 스크립트가 모두 공통의 오류를 가지고 있다고 하여 이를 실질적 유사성의 인정 근거로 삼기도 어렵다.

(2) 침해로 보는 행위

침해로 보는 행위 역시 일반 저작물의 경우와 같다. 다만 법은 다른 저작물과 달리 프로그램의 저작권을 침해하여 만들어진 프로그램의 복제물(법 124조 1항 1호의 수입프로그램을 포함한다)을 그 사정을 알면서 취득한 자가 이를 컴퓨터에 업무상 이용하는 행위도 침해로 보는 행위에 포함시킨다(법 124조 1항 3호).

[판례] 대법원 2011.3.10.선고 2009도6256 판결

법인의 직원이 프로그램저작권을 침해하여 만들어진 프로그램의 복제물을 그 사정을 알면서 이를 취득하여 업무상 사용하였을 뿐 법인의 대표자가 이를 직접 취득하여 업무상 사용한 것이 아니라면 그 대표자가 위 법조에서 정한 행위를 하였다고 볼 수는 없고, 설령 법인의 대표자가 직원이 그러한 복제물을 취득하여 업무상 사용하는 것을 알고 방치하였다고 하더라도 행위자인 그 직원과의 공동정범 내지 방조범이 성립하는지는 별론으로 하고, 직접 위 법조의 행위자로서 처벌되는 것은 아니라고 하겠다.

(3) 프로그램저작권 침해에 대한 구제

프로그램저작권 침해에 대해서도 일반 저작권 침해의 경우와 마찬가지로 금지청구, 예방청구, 손해배상청구를 할 수 있다.

[판례] 손해배상청구자의 지위와 배상범위(서울민사지법 1993.2.24.선고 92가합9284 판결)

가. 컴퓨터 프로그램에 대한 독점 라이선스계약을 맺고 그 소프트웨어를 제작·판매하고 있는 원고의 소프트웨어를 피고가 무단으로 복제·판매한 것은 원고의 컴퓨터 프로그램 저작권을 침해한 것이다.

나. 손해액의 범위와 관련하여 컴퓨터프로그램보호법 제27조 제3항·제4항의 규정은, 손해액의 입증곤란을 구제하기 위한 규정이라는 점, 손해를 입은 자는 그가 실제로 입은 손해액 이상을 전보받을 수 없다는 손해배상의 일반원칙 및 형평의 원칙 등에 비추어볼 때, 침해자가 얻은 이익 또는 저작권의 행사로 통상 얻을 수 있는 이익을 선택적으로 구할 수 있다는 취지로 해석함이 타당하다.

8. 프로그램 임치제도

우리나라는 2002년 당시 현행법이었던 컴퓨터프로그램보호법의 개정을 통해 프로그램임치제도를 도입하였다. 이것은 미국의 조건부 제3자 예탁제도(escrow)를 본딴 것이다. 조건부 제3자 예탁계약이란 양도인 또는 채무자가 주변권리나 자료(소프트웨어의 경우 프로그램 사양서, 관리를 위한 자료, 사용자 정보, 소스 코드 등)를 중립의 제3자에게 예탁하고 제3자는 동 계약에서 정한 조건이 성취될 때까지 주변권리 등을 보관하고, 조건이 성취되었을 때 이를 양수인 또는 채권자에게 인도하는 것을 내용으로 한다. 이 계약은 채무자(예탁자)와 수탁자, 수탁자와 채권자(수익자) 간의 신탁유사의 제3자를 위한 계약이다. 지적소유권의 주변권리는 지적소유권자의 영업비밀을 포함하는 경우가 많기 때문에 지적소유권에 대한 담보설정자는 담보권이 실행될 때까지 주변권리를 공개하지 않으려 한다. 그러나 지적소유권에 대한 담보권이 실행되어 제3자에게 양도되는 경우에 주변권리가 포함되지 않는다면 지적소유권의 가치는 상당히 감소하거나 심지어는 가치를 상실하는 경우가 있다. 이러한 문제를 해결하기 위한 방법으로 미국에서 소프트웨어를 중심으로 발달된 제도가 에스크로우 制度이다. 법 제101조의7

은 다음과 같이 규정한다.

1) 프로그램저작재산권자와 프로그램의 이용허락을 받은 자는 대통령령이 정하는 자(이하 이 조에서 "수치인"이라 한다)와 서로 합의하여 프로그램의 원시코드 및 기술정보 등을 수치인에게 임치할 수 있다.

2) 프로그램의 이용허락을 받은 자는 제1항의 합의에서 정한 사유가 발생한 때에 수치인에게 프로그램의 원시코드 및 기술정보 등의 제공을 요구할 수 있다.

Ⅳ. 저작권법 이외의 보호방법

1. 특 허 법

컴퓨터프로그램은 특허될 수 있는 것인가. 그 답은 프로그램의 종류에 따라 특허성을 부정할 것과 긍정할 것이 있다는 것이다. 예컨대 박보장기를 푸는 프로그램이라면 여기에서 발견되는 '방법의 인과관계'는 장기의 룰에 기초한 것이므로 자연법칙의 이용이라고는 말할 수 없다. 그러나 압연기의 특성과 피압연재료의 성질에 착안해서 그들을 이용하여 소정의 형상으로 압연하도록 압연기를 수치제어 하는 프로그램이면, 방법의 기초로 되어 있는 인과관계 중에는 자연법칙에 기한 것도 있을 수 있으며, 이 같은 인과관계의 이용은 자연법칙의 이용이라고 말할 수 있을 것이다. 따라서 후자의 프로그램은 특허될 수 있다. 그런데 최근 미국 특허청은 컴퓨터프로그램을 기억한 기억매체도 특허의 대상이 된다는 심사기준을 발표하여 관련자들을 놀라게 하고 있다.

우리나라는 종래 일본의 「컴퓨터프로그램에 관계되는 발명에 관한 심사기준」, 「마이크로 컴퓨터 응용기술에 관한 발명에 대한 심사운용지침」 및 미국의 심사편람을 참고하여 1984년 12월에 「컴퓨터 관련발명에 관한 심사기준」을 발표하였으며, 1995년 2월 이를 개정하였으나 미국 심사기준의 변경에 따라 우리나라도 폭넓게 특허를 인정하는 방향으로 심사기준이 바뀌었다.

그러나 우리 특허법은 미국법[795]과 달리 '자연법칙이용가능성'을 요구하고

795) 미국 특허법 제101조는 "새롭고 유용한 방법, 기계, 제조물 또는 조성물을 발명하거나 발견하거나" 개량한 자에게 특허가 주어진다고 규정한다.

있어 아무리 이 부분을 비껴가려고 하여도 한계가 있다. 흥미로운 것은 우리나라나 일본 실무에서의 프로그램특허의 취급과 '자연법칙이용가능성'에 관한 해석이다. 2005년 특허청 심사기준은 "소프트웨어에 의한 정보 처리가 하드웨어를 이용해 구체적으로 실현되고 있는 경우, 해당 소프트웨어와 협동해 동작하는 정보 처리 장치(기계), 그 동작 방법 및 해당 소프트웨어를 기록한 컴퓨터로 읽을 수 있는 매체는 자연법칙을 이용한 기술적 사상의 창작"이라고 보고 있다. 이러한 우리나라 컴퓨터 관련발명의 심사기준은 2000년 일본 심사기준[796]과 유사하다.[797] 더 나아가서 일본은 2002년 특허법을 개정하여 물건의 발명이라고

---

796) 일본에서의 소프트웨어특허에 대한 태도의 발전과정을 도표로 간략히 살펴보면 다음과 같다[일본 특허청 자료: 竹田和彦,「特許の知識」(제8판), 33면에서 재인용].

	특허취득패턴	전형적 특허	심사기준・운용지침 등
70년대 중반경	電子計算器型 특허	전자계산기, 키보드, 논리회로 등 [하드]	1975.12. [프로그램 심사기준(그 1)]
80년대 초반경	마이크로컴퓨터형 특허 *장치, 기기의 특허(마이크로컴퓨터 제어) *프로그램은 하드제어용	마이크로컴퓨터제어 전기밥솥 [하드 / 소프트] *마이크로컴퓨터가 밥솥의 온도제어를 실현	1982.12. [마이컴 運用指針] *마이크로컴퓨터응용기술을 [장치(物)]로서 보호
80년대 중반경	워드프로세서형 특허 *장치의 특허(프로그램이 가진 기능에 특징) *프로그램은 하드제어용에 한정된 것은 아니다.	워드프로세서 [하드 / 소프트] 일본어/漢字변환프로그램(워드프로세서의 ROM에 격납된 프로그램이 일본어/한자 변환을 실현)	1988.3. [소프트관련 발명의 취급(안)] 성립성 판단방법을 명확화 1993.7. [개정 심사기준] 자연법칙 이용성의 요건을 명확화
96-97년	소프트웨어 매체형 특허 *매체(CD-ROM 등)의 특허 *프로그램은 하드제어용에 한정된 것은 아니다.	일본어/漢字변환프로그램(CD-ROM) [하드(매체) / 소프트] *매체에 기록된 프로그램(FD에 기록된 프로그램이 퍼스컴에서 일본어/한자 변환을 실현)	1997.2. [신운용지침] 매체클레임을 인정
2001년 ~	네트워크형 특허 *네트워크상에서 유통하는 프로그램 특허	[소프트] 서버로부터 네트워크를 통해서 다운로드된 프로그램이 퍼스컴 상에서 동작	2000.12. [개정 심사기준] 프로그램클레임을 인정

할 때의 물건에는 프로그램이 포함되는 것으로 했다(일본 특허법 2조 3항 1호 괄호). 또 물건 발명의 실시행위인 양도, 대여(貸渡し)에는 전기통신회선을 통한 프로그램의 제공이 포함되는 것으로 되었다.

◈ 특허가 문제된 최근의 예[798)]

1) 1994년 마이크로소프트사가 스택이라는 디스크 압축프로그램 개발회사로부터 특허침해소송을 제기당하여 제1심에서 막대한 손해배상금을 지급하라는 판결을 받고 항소심에 가기 전에 상당한 배상금을 지급하고 화해하였다.

2) IBM과 마이크로소프트사 사이에서도 IBM은 소프트웨어와 관련하여 1,000개가 넘는 특허를 가지고 있는 반면에 마이크로소프트사는 단지 24개 정도의 특허만을 가지고 있어서 마이크로소프트사는 IBM과 특허사용계약을 체결하고 2~3천만 달러의 특허료를 지급하지 않을 수 없었다는 이야기도 있다. 이후 마이크로소프트사는 매년 100개 이상의 소프트웨어 특허를 출원하기로 하였다고 한다.

3) 최근 사건에 Bilski 사건[Bliski v. Kappos, 130 S. Ct. 3218, 561 US _, 177 L. Ed. 2d 792(2010)]이 있다. 이것은 에너지 시장에서의 선물 거래시 가격변동으로부터 오는 위험을 회피하는(hedge) 영업방법에 대한 특허여부가 문제된 사건이다. 미국특허청 심판부(BPAI)는 이러한 발병은 미국 특허법 제101조의 특허의 대상이 아니라고 심판하였다. 출원인은 연방항소법원(CAFC)에 항소하였고, CAFC는 이 사건을 전원합의체에서 심사하면서 해당 발명은 제101조의 특허대상 판단기준인 "장치 또는 변형(machine or transformation)" 기준을 충족시키지 못한다고 밝혔다.[799)] "장치 또는 변형 기준"을 충족하기 위해서는 (1) 그 발명이 특정한 장치와 결합되거나, (2) 그 발명을 통해 특정 객체를 다른 상태나 물체로 변형시켜야 한다. CAFC는 이러한 기준을 근거로 이건 발명은 특허될 수 없다고 판시하였다. 연방대법원은 이송영장을 발부하였고, 2010년 6월 28일 Bilski 사건에 대한 판결을 하였다. 본 판결에서 연방 대법관들은 항소법원이 채택한 "장치 또는 변형" 기준은 영업방법이 특허로 허용될 수 있는지를 판단하는 유일한 기준이 될 수는 없다고

---

797) 일본 2000년 기준은 "프로그램에 의한 정보처리가 하드웨어 자원을 사용하여 구체적으로 실현되고 있는 경우, 프로그램이 컴퓨터에 읽혀들어짐으로써 소프트웨어와 하드웨어 자원이 합동한 구체적 수단에 의해 목적에 따른 특유한 정보처리장치 또는 그 동작방법이 구축되기 때문에 당해 소프트웨어는 자연법칙을 '이용한 기술적 사상의 창작'이라고 할 수 있다는 것이다."[김순석, "일본전자상거래 관련 발명의 보호," 「창작과 권리」(제24호), 2001 가을호, 6면].

798) 전석진 · 정상조, 앞의 책, 145면.

799) 545 F. 3d 943, (Fed Cir.). 대법원에서 한쪽 당사자인 David J. Kappos는 미국 특허청장 이름이다.

보았다. 영업방법특허 허용여부 자체에 대한 의견은 나뉘었으나 이 사건 대상 영업방법이 특허대상이 될 수 없다는 점에서는 의견이 일치하였다.

2. 영업비밀 및 계약

오브젝트코드는 시장에서 널리 판매되므로 영업비밀로 되기 힘드나 소스코드는 그러하지 아니하므로 영업비밀로 유지될 가능성이 높고 부정경쟁방지법으로 보호될 수 있다. 또 응용프로그램은 별론 운영체제(OS)프로그램은 권리자가 사용자에게 사용허락하면서 그 계약조항에 '비밀유지조항'을 포함시킴으로써 계약을 통해 유효한 보호를 할 수 있다. 또 프로그램의 개발과정에 참여한 종업원에게 비밀유지의무를 부과함으로써, 또 개발자료를 비밀로 관리함으로써 영업비밀보호법을 통해 보호받을 수 있다.

Ⅴ. 게임용 프로그램의 특수성

프로그램 중에서 현실적으로 중요한 것의 하나는 게임용 프로그램이다. 게임에 있어서 가장 중요한 것은 화면과 음이다. 이들은 영상저작물로서 보호된다.[800)]

컴퓨터 게임 화면의 영상 및 게임의 진행에 따른 영상의 변화는 부정경쟁방지법 제2조 제1호 가목의 '상품의 표시'에 해당되며, 주지성을 취득하면 부정경쟁방지법의 보호를 받는다.

---

800) 이들에 대해서는 종래 다음과 같은 논란이 있었으나[최성우, 「저작권법(2판)」, 530면 참조], 우리 저작권법 제2조 제10호의 정의 규정에 비추어 볼 때 이를 영상저작물로 인정하는 데 문제가 없다고 본다.

* 영상저작물로 보호된다는 견해: 게임의 조작에 따라 영상과 음향이 달라진다고 하여도 본질적인 부분은 게임이 반복될 때마다 동일한 것이므로 그 전체적인 이미지가 다른 게임과 구별될 수 있다는 점에서 창작적 표현이라 할 수 있고, 따라서 게임의 영상과 음향은 시청각 작품으로서 영상저작물이라 할 수 있다.

* 영상저작물로 보호되지 않는다는 견해: 게임을 하는 사람이 어떻게 게임을 조작하는가에 따라 화면의 진행이 다르기 때문에 영상과 음향이 어떤 표현매체에 고정된 것이 아니고, 표현이 객관화된 것도 아니므로 영상저작물에 해당한다고 볼 수 없다.

3 chapter 국제저작권법

제 1 절 종래의 조약들

Ⅰ. 저작권의 국제적 보호의 필요성과 조약의 성립

18세기부터 19세기에 걸친 유럽대륙에서의 민주주의 혁명은 각국 국민간의 교류를 비약적으로 증가시켰다. 이것은 문화면에 있어서도 예외가 아니었으며, 그 결과 국제적인 표절이 성행하게 되었다. 물론 이 시대에는 이미 많은 나라에서 저작권법이 제정되어 있었지만, 그 효력의 범위는 자국민 또는 자국거주자에게만 미치고 외국인 혹은 적어도 타국에 거주하는 외국인에게는 미치지 않는 것이었다.

이와 같이 저작권이 국제적으로 보호되지 않은 결과로 첫째, 저작자 본국 이외의 곳에서는 저작물 사용료(royalty)를 지급하지 아니하고도 자유로이 외국인의 저작물을 이용할 수 있을 것이므로 저작권의 가치는 격감되고, 둘째, 최악의 경우에는 사용료를 내지 않고 제작된 값싼 저작물(소위 해적판)이 저작권 본국으로 역수입되어 국내의 저작권마저 무의미하게 되었다. 즉 악화가 양화를 구축한다는 그레샴의 법칙(Gresham's Law)이 저작물 분야에서도 적용되게 되었다.

이와 같은 사태를 개선하기 위하여 최초로 채용된 수단은 각국이 상호주의에 입각하여 외국인에게도 저작권을 인정하는 입법을 하고, 이것을 기초로 하여 상호 상대국 국민의 저작권을 보호하는 것을 목적으로 하는 조약을 개별적으로 맺는 방법, 즉 2국간의 조약체결이 성행하였다. 그러나 이와 같은 2국간의 조약은 체결당사국 외의 제3국과의 관계에 있어서는 무력하고, 또 각국의 저작권 입법이 저작권을 취득하기 위해서는 등록 기타의 복잡한 요건을 각각 갖추도록 하고 있기 때문에 상대국 국민은 겨우 저작권의 인정을 받는다 할지라도 이것을 현실적으로 행사하는 것은 곤란하여 국제적인 저작권의 보호로서의 실효성은 여전히 빈약하였다.

이러한 사정 아래에서 19세기 말부터 각국의 문학자로서 조직된 국제문예가협회(1878년 창립, 명예회장 Victor Hugo)는 자기들의 저작물을 보호하기 위하여 국내적 및 국제적인 입법을 촉진하는 운동을 적극적으로 전개했다. 그리하여 그 활동의 일환으로서 국제외교회의를 계획하였고(1882년), 스스로 조약의 초안을 기초하였다(1883년). 이 운동의 공적인 중개자는 스위스 정부이며, 스위스 대통령은 각국 정부에 호소하여 국제회의의 준비를 하게 되었다. 이 스위스 대통령의 호소는 일반적으로 환영을 받아 1884년 및 1885년에 회의가 계속된 후 1886년 제3회 회의에서 드디어 베른협약(정식으로 「문학적 및 미술적 저작물의 보호에 관한 베른협약」이라고 함)이 성립하게 되었다.

베른협약은 1886년 성립한 이래 오늘날까지 2번의 추가의정서와 5번의 개정이 있었다. 한편 베른협약은 개정시마다 회원수의 확대보다는 주로 보호의 질을 향상시키려고 노력했으므로 선진국 위주의 저작권제도로서 보편성(universality)을 잃고 있다는 비판과 함께 2차대전 후 초강대국이 된 미·소와 UN의 회원국이 된 많은 나라가 가입하지 않았다는 약점을 안고 있었다. 그러므로 제2차대전 후 UNESCO는 베른협약과 그 외 다른 저작권조약에 저촉되지 아니하는, 따라서 모든 나라의 가맹을 가능하게 할 새로운 조약을 만들려고 시도한 결과 1952년 9월 6일 제네바에서 성립을 본 것이 UCC이다. 1971년 파리개정에서 개발도상국의 저작권 보호시 문제점을 감안하여 일부 개정되었다.

이상이 저작물 보호를 위한 베른협약 성립 후의 발전내용이나 최근 이러한 저작권의 국제적 보호환경을 일변시키는 사태가 두 방면에서 발생하였다. 하나는 미국이 지적소유권 보호를 국가의 최우선 정책으로 전환하여 자국의 지적창작물을 국제적으로 보호받기 위하여 공격적 입장으로 전환하였다는 것이고, 또 하나는 컴퓨터로 대표되는 디지털 기술의 발전이다. 전자에 의하여 성립된 국제규범이 다름 아닌 WTO/TRIPs이고, 후자에 의한 결과가 1996년 12월 스위스 제네바의 외교회의에서 탄생을 본 「세계지적소유권기구 저작권조약 및 실연·음반조약」이다.

Ⅱ. 문학적 및 예술적 저작물의 보호를 위한 베른협약

1. 베른협약의 특색

베른협약은 1886년에 성립되었고, 독·불 중심의 저작자 권리체계("droit d'auteur" system)와 영국중심의 저작권 체계('copyright' system)의 결합이었다. 따라서 양 체계의 균형을 위하여 개정시에는 항상 만장일치를 요하도록 규정하였으며, 창설국들이 식민지 종주국들로서, 이들 종주국의 선언만으로 그들 식민지에 조약이 적용되었다. 이러한 두 가지 점은 그 후 이 조약의 진로를 결정하는 중요한 요소로 되었다.

한편 베른협약에 가입하는 국가들이 형성한 베른동맹은 아래와 같은 네 가지 특성을 가지고 있다.

1) 동맹에의 가입이 개방적이다.

2) 몇 개국의 탈퇴나 가입에 관계없이 독립성을 갖는다.

3) 기술의 진보, 정치경제발전에 따라 주기적으로 개정할 수 있다.

4) 현행협약(파리 개정협약)에 가입하는 나라는 물론 파리 개정협약을 비준하고 있는 국가와 동맹관계를 맺게 되지만 한편 1928년 로마 개정협약만 비준하고 있는 국가와도 동맹관계를 맺게 된다(신구협약 병존).

2. 베른협약의 변천

베른협약이 성립된 후 현재까지는 2번의 추가의정서와 5번의 개정이 있었다. 베른협약의 개정사는 저작권법의 변천사이므로 그 내용을 좀 자세히 살펴본다.

(1) 파리 추가규정(1896년)

ⅰ) 베른 동맹국은 비동맹국의 저작물도 인정하여 보호하며, ⅱ) 번역권은

저작물의 최초 발행일로부터 기산하여 10년 이내에 저작자가 스스로 또는 타인으로 하여금 그 번역물을 내지 않을 때에는 10년으로서 번역권은 소멸한다.

(2) 베를린 개정(1908년)

i) 무방식주의를 채택하였고, ii) 번역권을 원래 저작물의 저작권 보호기간과 동일하게 저작자 사후 50년까지 보호함을 원칙으로 하면서도 파리 추가규정인 번역권 10년 유보를 인정하였다.

(3) 베를린 추가규정(1914년)

소위 우회적 보호(back-door protection)의 방지를 위하여 보복조항을 채택하였다. 이 보복조항을 채택한 유래는 다음과 같다.

베른협약 파리 추가규정과 베를린 개정협약은 동맹국에 속하지 않는 저작자로서 동맹국 중의 일국에서 처음으로 그 저작물을 공개한 것은 그 나라에 있어서는 내국저작자와 동일한 권리를 향유하고 다른 동맹국에서도 협약상의 권리를 향유한다고 규정하였다. 그 결과 비동맹국인 미국의 저작자가 그 저작물을 이웃나라인 캐나다(동맹국)에서 처음 발행할 때 그 저작물은 협약상의 이익(이른바 back-door protection)을 받을 수 있음에 반하여 캐나다의 저작자가 미국에서 보호를 받기 위해서는 미국의 국내법이 정하는 보호요건을 구비하지 않으면 안 되기 때문에 양자간에는 현저한 불균형이 나타나게 되었다. 그러므로 캐나다에서는 베른협약의 비준을 거절하고 수정을 요구한 결과 1914년 영국의 제창으로 비동맹국 국민으로서 동맹국내에 상시 주소를 가지지 않고, 또한 그 본국이 타국의 저작자의 저작물을 충분한 방법으로써 보호하지 않는 경우에는 동맹국은 위와 같은 비동맹국 국민의 저작물의 보호를 거부할 수 있다는 일종의 보복조치, 즉 우회적 보호의 차단조치를 정한 의정서를 작성하고 모든 체약국은 이것을 비준하였다.

(4) 로마 개정(1928년)

i) 저작인격권과 방송권을 인정하고, ii) 공동저작물(works of joint authorship)과 영화에 관한 규정을 개선하여 공동저작물의 경우에는 최종사망자(last surviving author) 사후 50년까지 보호하며 영화 저작물을 원저작물로서 보호

하였다. 로마회의는 new mass media 문제를 취급한 최초의 회의라고 할 수 있다.[1)]

(5) 브뤼셀 개정(1948년)

이 개정은 협약 전반에 걸쳐 개정한 것이지만 특히 중요한 것은 i) 조약상 열거된 저작물은 직접 동맹국의 국내에 있어서도 보호되는 것으로 한 점, ii) 종래 조약상의 저작권의 보호기간인 저작자의 생존중 및 그 사후 50년(life-plus-50 rule)을 강행규정화하여 이것에 의한 최저한의 통일을 도모한 점, iii) 저작인격권에 관한 규정을 수정하여 오늘날의 형태로 정비한 점, iv) 방송권을 보완하여 오늘날의 형태로 정비한 점(베른협약 11조의2), v) 협약의 해석운용에 관한 각국간의 분쟁을 국제사법재판소에서 해결하기로 한 점 등이다. 또 본 개정에서 처음으로 추구권이 소개되었다.

(6) 스톡홀름 개정(1967년)

전후 브뤼셀 조약에 많은 나라가 가입함으로써 세계 대부분의 국가가 그 회원이 되었다. 여기에서 새로운 문제가 대두되었다.

첫째, 누가 저작권자(인접권자)인가.

둘째, 새로운 기술의 발전에 협약은 어떻게 대처할 것인가.

셋째, 베른협약과 미국과 제3세계와의 관계를 어떻게 정립할 것인가가 그 것이다.

1967년 스톡홀름에서 개정회의가 소집되기까지 이러한 세 가지 논점과 관련된 사건들이 발생했다.

첫째, UCC 성립이다. 이로써 미국도 전 세계적 규모에 걸친 저작권 체계에 들어오게 되었으며, 미국과의 문제가 어느 정도 해결을 보았다(미국은 그 후인 1988년에 베른협약에 가입).

---

1) 즉 로마 개정까지는 갑이 「햄릿」이란 영화를 만들었다고 하더라도 저작권을 취득하지 못했다. 왜냐하면 갑이 만든 영화는 셰익스피어의 햄릿의 복제품이거나 번안에 불과하며 창작적 성격이 없다고 보았기 때문이다. 그러나 로마 개정에서는 이를 개선하여 영화저작물은 번안 또는 복제된 저작물의 저작자의 권리를 해함이 없이 원저작물로서 보호되는 것으로 하고, 영화저작물에 대해서 저작권을 가진 자는 원저작물의 저작자와 동일한 권리를 가진다(베른협약 14조의2 제1항 참조)고 규정하였다.

둘째, 브뤼셀 회의에서의 권고가 1961년 로마협약(인접권협약)을 성립시켰다. 이로써 인접권에 관한 문제가 어느 정도 해결을 보았다.

셋째, 제3세계는 저작권 보호수준을 약화시키려고 계속 압력을 가해왔다. 따라서 스톡홀름 회의는 베른협약의 전반적 개정과 개발도상국 희망을 충족시키기 위한 저작권 제한문제를 논의하였고, 이를 성문화시켰으나 개발도상국을 위한 부속서에 불만을 가진 국가들이 비준을 하지 않음으로써 실체규정은 발효되지 못하였다.

(7) 파리 개정(1971년)

UCC 개정회의와 동시에 개최되었으며, 이 파리 개정협약이 현행규정이다. 특히 파리 개정은 개발도상국의 문화적 · 경제적 조건에 맞도록 국제저작권 보호 법제를 완화한 것이 특색이다. 이하는 파리 개정협약을 중심으로 설명한다.[2)]

3. 베른협약의 내용

(1) 저작자와 저작물

1) 저 작 자 　베른협약에는 저작자에 대하여 아무런 정의규정을 두고 있지 않다.[3)] 그것은 저작자의 개념에 관하여 동맹국들 사이에 큰 입장차이가 있음을 고려한 것이다. 따라서 자연인만 저작자가 될 수 있는지, 혹은 법인도 저작자가 될 수 있는지 하는 것은 전적으로 국내법에 맡겨져 있는 사항이다.

2) 저 작 물

① 베른협약은 저작물 자체에 대한 정의 규정은 두고 있지 않지만 다음과 같은 저작물을 예시하면서 "문학 · 예술적 저작물이란 문학 · 학술 및 예술의 범위에 속하는 모든 제작물을 포함한다"고 규정한다.[4)]

---

2) 보다 상세한 것은, WIPO, 허희성 역, 「베른조약축조해설」, 한국저작권학회, 1984 참조.

3) 다만 제15조는 저작물의 저작자 및 영상저작물의 제작자 추정규정을 두고 있다. 저작자의 경우는 다른 반대 증거가 없는 한 통상적인 방법으로 저작물상에 그의 성명(실명, 이명)이 표시된 자를 저작자로 보면 된다고 규정한다.

4) 협약 제2조 1항. 예시 중에는 컴퓨터프로그램저작물이 보이지 않으나 이것은 1996년의 「WIPO 저작권조약」에서 규정한다.

— 서적, 소책자 및 기타 문서,
— 강의・강연・설교 및 기타 같은 성격의 저작물,
— 연극 또는 악극저작물,
— 무용저작물과 무언극,
— 가사가 있거나 또는 없는 작곡,
— 영화와 유사한 과정에 의하여 표현된 저작물을 포함하는 영화저작물,
— 소묘・회화・건축・조각・판화 및 석판화,
— 사진과 유사한 과정에 의해 표현된 저작물을 포함하는 사진저작물,
— 응용미술저작물,
— 도해・지도・설계도・스케치 및 지리학・지형학・건축학 또는 과학에 관한 3차원 저작물

② 그러나 시사보도나 단순히 언론보도의 성격을 갖는 기타 사실에 대하여는 의무적 보호대상에서 배제하고 있다(베른협약 제2조 8항). 아울러 다자인이나 응용미술을 어떻게 보호할지는 각 동맹국의 입법에 맡기고 있다(베른협약 제2조 7항).

3) 조약상 보호해야 할 저작물(베른협약 3조 1항) 동맹국 국민의 저작물과 동맹국에서 최초로 발행된 저작물 및 동맹국 외의 국가와 동맹 내의 국가에서 동시에 최초로 발행된 저작물은 협약에 의하여 보호되어야 한다. 다만 동맹에 속하지 않는 국가가 어느 동맹국 국민인 저작자의 저작물을 충분히 보호하지 않는 경우는 그 동맹국은 최초의 발행시에 있어서 그 비동맹국의 국민이며 어느 동맹국에도 상시 거소(habitually resident)를 가지고 있지 않은 저작자의 저작물 보호를 제한할 수 있다(베른협약 6조 1항).

(2) 기본원칙

1) 내국민대우와 동맹국민대우(베른협약 5조 1항) 자국민에게 현재 주어지고 있는 또는 장래 주어질 권리와 동등한 권리 및 협약에서 특히 정한 권리를 동맹국민에게도 주어야 한다는 원칙이다. 베른조약이 내국민대우에 그치지 아니하고 동맹국민 대우까지 규정한 것은 어느 동맹국이 자국의 국민에게 적용하는 저작권법에서 지나치게 낮은 수준의 저작권보호만 인정하고 있는 경우에는 다른 동맹국을 '본국'으로 하는 저작물의 저작자에 대해서도 그 정도로만 보

호해주어도 되므로 외국 저작자에 대한 적절한 보호(adequate protection)가 되지 못한다. 이에 조약은 이러한 약점을 보완하기 위하여 협약에서 정하는 일정한 수준의 보호에 대해서는 이를 '최소한도 요구되는 보호'로서 모든 동맹국에게 그 적용을 요구하고 있는데 이를 동맹국민대우 또는 '최소보호의 원칙'이라고도 한다.[5] 그러나 이러한 최소보호의 원칙은 자국 저작물에 대해서는 강제되지 아니하며, 외국저작물에 대해서만 적용된다. 왜냐하면 협약은 오로지 국제적인 상황만 다루므로 당해 동맹국을 본국으로 하는 저작물을 어떻게 다룰지는 협약의 관심사항이 아니다(베른협약 5조 3항 참조). 물론 어떤 나라도 자국의 국민이 외국인보다 더 나쁜 대우를 받는 것을 원하지 않을 것이다. 따라서 각국은 적어도 국내법에 의한 저작권보호를 베른협약 수준으로 끌어 올리려고 할 것이다. 이것이 베른협약이 최소한의 권리를 보장하도록 강제하는 숨은 이유이다.

2) 무방식주의(베른협약 5조 2항 전단) 저작자의 권리향유에는 등록, 납입, 저작권 유보의 표시와 같은 어떠한 방식절차도 필요로 하지 아니한다는 원칙이다.

3) 법정지법(베른협약 5조 2항 후단) 저작권의 보호범위 및 구제방법에 대해서는 협약의 규정에 의하는 외에 보호가 요구된 국가의 법령, 즉 법정지법에 의한다는 원칙이다.

■ 섭외 저작권 사건에 관한 국제재판관할 및 준거법

베른조약 동맹국 사이의 섭외 저작권 분쟁에 관하여 준거법 결정의 근거를 베른협약 제5조 제2항에서 찾을 것인지, 아니면 국제사법 제24조에서 찾을 것인지에 관하여 다툼이 있으나 두 경우 모두 보호국법주의(=침해지법주의)를 취하는 점은 같다. 한편 보호국법주의를 모든 법률쟁점에 대하여 관철할 것인지(통일설), 아니면 일정한 문제에 대하여는 준거법 결정의 다른 원칙을 취할 것인지(분할설)에 대하여 견해가 나뉜다. 판결 중에는 금지청구 등은 베른협약상의 보호국법주의에 따라 결정하고, 손해배상청구에 대하여는 불법행위지법에 의한 사례가 있다. 이렇듯 분할설을 취하는 판례가 있기는 하나 우리나라 판례의 경향은 통일설의 입장으로 기울고 있는 것으로 보인다.[6]

---

5) 이러한 최소보호의 원칙과 다음의 무방식주의는 내국민대우의 원칙을 확장(extensions of the principle of national treatment)하는 것이다. 이에 대해 내국민대우의 제한이라고 해야 할 것도 있다. 앞서 본 보복조치(협약 제6조)나 보호기간과 관련된 예외적 상호주의[협약 제7조 8항(본서 제7절 Ⅳ.저작권의 시적 한계 1.서설) 참조]가 그것이다.

[판례 1] "아이비 뮤직비디오" 사건(서울중앙지법 2008.3.13.선고 2007가합53681 판결)

저작권에 기초한 금지청구와 명예회복을 위한 조치로서의 해명광고청구에 관하여는 베른협약 제5조 제2항, 제6조의2 제3항에 의해 우리나라 법률을 준거법으로 하여야 한다. 그리고 저작권침해를 이유로 하는 손해배상청구의 법률관계의 성질은 불법행위이고, 따라서 그 준거법에 관하여는 국제사법 제32조 제1항에 따라야 할 것인바, 국제사법 제32조 제1항에 정해진 '불법행위가 행하여진 곳의 법'은 피고들의 뮤직비디오가 배포된 곳이 우리나라이고, 우리나라에서 저작권의 침해에 의한 손해가 문제되고 있는 점에 비추어 우리나라 법을 준거법으로 보아야 한다.

[판례 2] "살아 있는 동안 꼭 해야 할 49가지" 사건(서울중앙지법 2008.6.20.선고 2007가합43936 판결)

지적재산권의 침해를 원인으로 한 침해정지 및 손해배상청구는 모두 '지적재산권의 보호'에 관한 법률관계로서 원칙적으로 국제사법 제24조에 의해 그 준거법을 '침해지법'으로 정함이 상당하다.

[판례 3] "플라잉 아이볼(Flying Eyeball)" 사건(서울고법 2008.7.8.선고 2007나80093 판결)

국제협약에서 명시적으로 본국법에 의하도록 규정하지 아니한 이상 저작권자의 결정이나 권리의 성립, 소멸, 양도성 등 지적재산권에 관한 일체의 문제를 보호국법에 따라 결정함이 타당하다.

♣ 참고: 위 판결과 동취지('플라잉 아이볼(Flying Eyeball)' 사건 II: 서울북부지법 2008.11.27.선고 2008가합3187 판결)

우리나라는 베른협약에서 채택한 보호국법주의를 국내법으로 명문화하여 국제사법 제24조에 "지적재산권의 보호는 그 침해지법에 의한다"라고 규정하였는데, 여기서 지적재산권의 보호와 관련하여 보호국법이 적용되는 범위가, 위 피고들이 주장하는 것처럼 베른협약 제5조 제2항 규정상의 "권리보호의 범위," "권리구제의 방법"으로 한정되는 것인지, 아니면 저작권자의 결정이나 저작권의 양도성 등에 대하여도 보호국법을 적용할 것인지가 문제된다.

저작권자의 결정 등의 문제를 본국법에 의할 경우에는 우선 본국법을 정하는 것

---

6) 이해완, 「저작권법」(제2판), 박영사, 2012, 995면. 또 이들에 대해 자세한 것은, 앞의 책, 994면 이하; 오승종, 「저작권법」(제2판), 박영사, 2012, 383면 이하; 同, "국제 저작권 분쟁에 있어서 국제재판관할과 준거법," 「계간 저작권」(제97호), 한국저작권위원회, 2012 봄호(2012.3), 253면 이하 참조.

자체가 쉽지 않을 뿐만 아니라, 같은 영토 내에서도 저작물의 본국이 어디냐에 따라 저작권 침해 여부 판단이나 저작권자 결정의 결론이 달라져 저작물 이용자나 법원 등이 이를 판단, 적용하기가 쉽지 아니한 반면, 저작권자의 결정 문제는 저작권의 존부 및 내용과 밀접하게 결부되어 있어 각 보호국이 이를 통일적으로 해석 적용할 필요가 있고, 그렇게 하는 것이 각 동맹국이 자국의 영토 내에서 통상 법정지와 일치하기 마련인 보호국법을 간편하게 적용함으로써 내국민대우에 의한 보호를 부여하기에도 용이한 점에 비추어 보면, 국제협약에서 명시적으로 본국법에 의하도록 규정하지 아니 한 이상 저작권자의 결정이나 권리의 성립, 소멸, 양도성 등 지적재산권에 관한 일체의 문제를 보호국법에 따라 결정함이 타당하며, 우리나라 국제사법 제24조가 지적재산권에 관한 모든 분야에 관하여 보호국법주의를 명시하는 대신 지적재산권 침해의 경우만을 규정하는 방식을 취하고 있다 하더라도, 이를 넓게 해석하여 지적재산권의 성립, 이전 등 전반에 관하여 보호국법주의 원칙을 채택한 것으로 해석함이 상당하다.

따라서 이 사건 쟁점 중 하나인 저작권양도등록이 저작권양도의 성립요건과 대항요건 중 어느 것에 해당하는지, 대항요건에 해당한다면 대항요건의 구비에 필요한 구체적인 판단기준은 무엇인지 등에 관한 준거법은 보호국법인 우리나라 저작권법이 된다[보호국법인 한국법과 본국법인 미국법이 모두 대항요건주의를 취한다는 점에서 양법은 차이가 없다. 다만 대항요건의 구비에 필요한 구체적인 판단기준에 관하여는 차이를 보이는데, 한국 저작권법 및 판례에 의하면, 저작권 이중양도의 계약상대방들 중 먼저 저작권등록을 경료한 사람이 원칙적으로 적법한 권리자로 보호받고, 다만 선등록한 후순위 양수인이 저작권자의 배임행위에 적극적으로 가담한 경우에 한하여 그 권리의 보호가 부정되는 데 비하여(저작권법 제54조 제1호, 개정 전 저작권법 제52조 제1호), 미국 저작권법 및 판례에 의하면, 선등록한 후순위 양수인이 적법한 권리자로 보호받기 위해서는 우리 법상의 위와 같은 요건 외에도, ① 후순위 양수인이 선순위 양도계약의 존재를 몰랐을 것, ② 후순위 양수인이 상당한 대가를 지급하였을 것 등의 추가적인 요건을 필요로 한다(Melville B. Nimmer, "Nimmer on Copyright," vol.3, Chapter 10.07[A][1][a], 10-56.15 참조)].

4) 소급보호(베른협약 18조) 베른협약 제18조 제1항은 소급보호의 원칙을 규정한다. 이는 협약이 발효되기 전에 창작된 저작물이라 하더라도 협약 발효시에 저작물 본국에서 보호기간이 만료되어 공유로 된 것을 제외하고는 모든 저작물에 협약이 적용된다는 원칙이다. 다만, 베른협약 제18조 제3항은 "이 원칙의 적용은 그러한 효과를 갖는 기존의 또는 장래 체결될 동맹국들 사이의 특별협약에 담긴 규정들을 따를 것을 조건으로 한다. 그러한 규정이 없는 경우에 각 국가는 자국에 대하여 이 원칙이 적용될 조건을 규정한다"고 규정하고

있다. 따라서 각국은 자국 사정에 따른 적용조건을 정할 수 있다. 제3항은 소급보호의 완전하고 절대적인 적용을 제한하는 규정이다. 문제는 제3항에 의거하여 소급보호를 규정한 제1항을 배제할 수도 있느냐 혹은 배제는 할 수 없고 오직 소급보호의 원칙이 적용될 조건만을 정할 수 있느냐이다. 전자로 해석하여 소급보호를 배제한 나라도 있다.7) 그러나 이는 타당하지 못하다고 본다. 이러한 해석은 제18조의 소급보호의 원칙을 근저에서부터 뒤흔드는 것이며, 그러한 해석이 타당하다면 제3항을 두는 것보다 제18조를 삭제하는 편이 옳다. 결국 후자의 해석이 옳다고 본다.

(3) 베른협약이 보호하는 10대 권리

베른협약은 인격권, 복제권, 번역권, 공연권, 낭독권, 번안권, 영화화권, 방송권, 녹음권, 추구권 등을 보호한다. 그 간단한 내용 및 보호의 정도는 아래와 같다.

1) 인격권(droit moral)(베른협약 6조의2)　　　저작자는 저작물의 재산적 권

---

7) 예컨대, 미국은 베른협약에 가입함에 있어 1990년 「베른협약시행법」이라는 국내법을 통해 소급보호를 인정하지 아니하였다. 또 러시아는 1993년 저작권법을 제정하면서 미국과 마찬가지로 소급보호를 전면 부정하였는데, 1994년 베른협약에 가입하면서도 소급보호 관련 조항을 새로 손질하지 않은 것으로 알려졌다. 이에 반해 미국은 베른협약시행법에서는 소급보호를 인정하지 않았으나 1994년 WTO 시행법(URAA)을 제정할 때에는 일정한 조건하에 소급보호를 인정하였다. 현재 미국저작권법 제104조의 A[회복저작물에 대한 저작권] 조항은 다음과 같이 되어 있다.

> (a) 자동적 보호와 보호기간
> (1) 보호기간 :
> (A) 본조의 규정에 따라 저작권은 회복저작물에 존재하며, 권리 회복일에 자동적으로 부여된다.
> (B) 본조의 규정에 따라 저작권이 회복되는 저작물은, 그 저작물이 미국 내에서 공유에 놓이지 않았더라면 미국 내에서 인정되었을 보호기간의 잔여 기간 동안 보호된다.

또 이들과 관련해서는 다음 문헌 참조. 최경수, "저작권법상 소급보호의 이론적 접근," 「계간 저작권」 제14호(1991 여름호); 동, "1994년 지적소유권 협정: 베른협약 가입에 따른 국내법의 정비," 「계간 저작권」 제25호(1994 봄호); 동, "지적재산권협정과 우리 저작권법의 개정," 「계간 저작권」 제33호(1996 봄호); 정상기, "WTO/TRIPs협정과 외국인 저작물의 국내법상 지위," 「계간 저작권」 제33호(1996 봄호).

리와는 별개로, 또 재산적 권리가 이전된 후에 있어서도 저작물의 창작자인 것을 주장할 권리 및 저작물의 변경·절제 기타의 개변 또는 저작물에 대한 기타의 침해로서 저작자의 명예 또는 성망을 해칠 우려가 있는 행위에 대해서는 이의를 제기할 권리를 갖는다. 저작자 사후 인격권 보호여부는 동맹국의 자유이고, 침해시 구제방법은 동맹국 법령으로 정한다.

2) 재 산 권

〔Group A〕

동맹국이 저작재산권 중 제한 없이 무조건 인정해야 하는 권리에는 복제권, 번역권, 공연권, 낭독권, 번안권, 영화화권이 있다.

〔Group B〕

권리행사에 제한을 가할 수 있는 권리로서 강제허락이 가능한 권리에는 방송권과 음악저작물의 녹음권[8]이 있다.

〔Group C〕

인정여부 자체가 동맹국 법령에 유보된 권리로는 추구권('Droit de suite' in Works of Art and Manuscripts)이 있다.

4. 문 제 점

이 협약에 가입한 동맹국 사이에서는 어떠한 절차나 방식을 갖추고 있지 않더라도 자국민과 동일하게 보호하여야 할 의무를 진다. 저작권의 발생에는 창작만으로 족하고 어떠한 방식도 필요 없도록 한 국내법의 국제적 투영이지만 어쨌든 이 점에서는 산업재산권 보호에 관한 파리협약과 다르다. 따라서 저작권에 있어서는 산업재산권에 비해 보다 용이하게 국제적 보호를 받을 수 있다. 즉 이 조약 하에서 보호를 받기 위해서는 별도의 출원을 필요로 하지 아니하므로 파리협약 하에서와 같은 불편은 없다. 그러나 이 협약도 각국 저작권법의 통일을 강제하고 있는 것은 아니며, 가입국이라 하더라도 일곱 차례의 개정과정에서 비준한 협약이 서로 달라 보호의 정도가 상이할 수 있다.

8) 녹음은 베른협약상 복제로 본다(베른협약 9조 3항). 따라서 일반저작물이라면 녹음권은 Group A에 속한다. 다만, 음악저작물의 녹음권은 동맹국 국내법령에 의하여 강제허락이 가능하므로 Group B에 속한다.

Ⅲ. 세계저작권협약(Universal Copyright Convention: UCC)

1. UCC의 특색

UCC는 방식주의와 무방식주의를 가교하기 위한 협약이며, 베른협약과 비교할 때 조약상 보호하지 않으면 안 되는 권리내용이 상세하지 않다는 점이 그 특색이다. 즉 UCC는 인격권 보호규정이 없으며, 재산권도 복제권, 상연권, 연주권, 방송권 등 재산적 이익보호를 확보하는 기본적 권리는 보호하나(UCC 4조의2 1항) 이들 권리에 대해서도 이 협약의 정신 및 규정에 반하지 않는 범위에서 국내법으로 예외인정이 가능하다. 또 번역권도 저작물 발행 후 7년이 지나면 일정한 조건 하에서 강제허락이 가능한 점 등 베른협약보다 일반적으로 보호의 정도가 낮다고 할 수 있다.

UCC의 성립으로 인하여 베른협약이 영향을 받는 것을 최소화하기 위하여 본 협약 체약국 중에서 베른협약 동맹국 상호간에 있어서는 베른협약이 우선적으로 적용하도록 UCC는 규정하고 있다(UCC 17조 및 17조에 관한 부속선언).

2. UCC의 기본원칙

(1) 내국민대우(UCC 2조)

체약국이 외국인의 저작물을 보호하는 경우 자국국민에게 하고 있는 보호와 똑같은 보호를 하지 않으면 안 된다는 원칙이다.

(2) 보호해야 할 저작물(UCC 2조)

UCC는 저작물 보호조건으로서 국적주의 및 제1발행지주의를 택한다. 국적주의 및 제1발행지주의란 체약국 국민의 저작물이거나 어떤 체약국에서 처음으로 발행된 저작물을 보호한다는 의미이다. 제1발행에는 동시발행[9]은 포함되지 않는 것이 베른협약과 다르다.

---

9) 베른조약 제3조 제4항 참조.

(3) 영구히 공유로 된 저작물 및 저작물에 관한 권리에의 부적용(UCC 7조)

UCC는 보호가 요구되는 당해 체약국에서 협약의 효력발생일에 영구히 공유로 된(permanently in the public domain) 저작물 또는 저작물에 관한 권리에는 UCC가 적용되지 않는다는 소위 불소급원칙을 규정하고 있다.

(4) ⓒ 표시(UCC 3조)

방식주의와 무방식주의를 가교하기 위하여 UCC는 저작물의 모든 복제물에 i) ⓒ 기호, ii) 저작권자의 성명, iii) 최초의 발행년 등 3개 사항을 표시하면 방식주의 국가에서도 자동적으로 저작권의 보호를 받는다고 규정하고 있다. 그러나 사법상의 구제를 받기 위한 요건은 체약국이 정하는 바에 의한다. 따라서 특정국에서 소를 제기하기 위해서는 당해 국에 개업중인 변호사에 의뢰해야 한다든지, 저작물의 복제물을 일부 납입하도록 되어 있으면 그에 따라야 한다.

(5) 번역에 관한 강제허락제도(UCC 5조)

번역에 관한 강제허락을 얻기 위해서는, i) 발행 후 7년이 경과하였을 것, ii) 번역서가 없을 것(이미 절판된 경우 포함), iii) 번역권 취득을 위한 노력을 하였으나 권리자에 의해 거절되었거나, 권리자와의 연락이 불능일 것, iv) 상당한 대가를 저작권자에게 지급할 것의 4개 요건이 필요하다.

(6) 베른협약보다 단기보호(UCC 4조)

원칙적으로 저작자 생존 중 및 사후 25년 이상 보호하면 족하다.

3. 개발도상국에 대한 특혜(베른협약 부칙 제1조~제4조, UCC 제5조의2~제5조의4)

1971년 파리 개정에서 베른협약과 UCC는 개발도상국을 위하여 저작권의 효력을 제한하는 특별규정을 마련하였다.

Ⅳ. 로마협약(International Convention for the Protection of Performers, Producers of Phonogram and Broadcasting Organization)

1. 연 혁

실연자, 음반 제작자 및 방송사업자의 3자를 국제적으로 보호하고자 하는 움직임은 상당히 오래 전부터 있었다. 우선 1928년 베른협약 개정 로마회의에서 열린 저작권전문가위원회에서 실연자를 근로자로서 보호하려는 I.L.O.와 저작권과 밀접한 관련을 갖는 권리로서 보호하려는 베른동맹 사이에 의견의 상위도 생기고, 또 유네스코도 인접권에 적극적 관심을 보이기 시작함으로써 이들 3국제기관은 1961년 10월 로마에서 인접권협약 외교회의를 열고 여기에서 「실연자, 음반 제작자 및 방송사업자의 보호에 관한 국제협약」(일반적으로 인접권협약)을 성립시키기에 이르렀다.

2. 인접권협약의 특징

(1) 내국민대우의 원칙

실연자 등의 최저한의 보호에 대해서는 조약상 명문으로 정하고 있으나, 기타의 점에 대해서는 내국민대우의 원칙이 적용된다(로마협약 2조 1항). 다만, 이 원칙이 적용되기 위해서는 실연자에 대해서는 동 협약 제4조, 음반제작자에 대해서는 동 협약 제5조, 방송사업자에 대해서는 동 협약 제6조의 조건을 구비하여야 한다.[10)]

---

10) 제4조(실연자의 보호) 각 체약국은 다음 중 어느 하나의 조건이 충족될 경우에는 실연가에 대하여 내국민대우를 부여하는 것으로 한다.

ⓐ 실연이 타 체약국에서 행하여질 때

ⓑ 실연이 제5조에 의하여 보호되는 음반에 취입될 때

ⓒ 음반에 고정된 것이 아닌 실연이 제6조에 의하여 보호되는 방송에 의하여 보내어질 때

제5조(음반제작자의 보호)

(1) 각 체약국은 다음 중 어느 하나의 조건이 충족될 경우에는 음반제작자에 대하여

(2) 최저한의 보호

실연자에게 주어진 최저한의 권리보호로서는, ⅰ) 실연자의 동의를 얻지 않고 실연을 방송 또는 공중에 전달(다만, 방송 또는 공중에의 전달에 사용되는 실연이 그 자체가 이미 방송된 것이거나 또는 고정물에서 이루어지는 것은 제외)하는 행위나, ⅱ) 실연을 실연자의 동의를 얻지 않고 유형물에 고정하는 행위 및, ⅲ) 최초의 고정 그 자체가 실연자의 동의를 얻지 않고 이루어졌을 때나, 실연자가 동의한 목적과 다른 목적을 위해 복제가 이루어졌을 때 혹은 최초의 고정이 국내법에 의해 인접권 제한규정(로마협약 15조)에 근거하여 이루어졌으나 당해 규정이 정하는 목적과 다른 목적을 위하여 행한 복제 등에 대해서 실연자는 그것을 금지시킬 수 있다(로마협약 7조).

음반제작자에 대해서는 그 음반을 직접 또는 간접으로 복제하는 것을 허락 또는 금지하는 권리 등을 부여하고 있다(로마협약 10조).

또 방송사업자에게는 ⅰ) 방송의 재방송, ⅱ) 방송의 유형물에의 고정, ⅲ) 방송사업자의 동의를 얻지 않고 만들어진 방송의 고정물에의 복제 및 인접권 제한규정(로마협약 15조)에 근거하여 만들어진 방송의 고정물이 규정한 목적과

내국민대우를 부여하는 것으로 한다.

ⓐ 음반제작자가 타 체약국의 국민인 때(국적의 기준)

ⓑ 음의 최초의 고정이 타 체약국에서 이루어졌을 때(고정의 기준)

ⓒ 음반이 타 체약국에서 최초로 발행되었을 때(발행의 기준)

(2) 비체약국에서 최초로 발행된 음반이 그 최초의 발행일로부터 30일 이내에 체약국에서도 발행되었을 때에는(동시발행), 그 음반은 당해 체약국에서 최초로 발행된 것으로 간주한다.

(3) 체약국은 국제연합 사무총장에게 기탁한 통고에 의하여 발행의 기준 또는 고정의 기준 어느 것의 1을 적용하지 않는 뜻을 선언할 수가 있다.

제6조(방송사업자의 보호)

(1) 각 체약국은 다음 중 어느 하나의 조건이 충족될 경우에는 방송사업자에 대하여 내국민대우를 부여하는 것으로 한다.

ⓐ 방송사업자의 주사무소가 타 체약국에 있을 때

ⓑ 방송이 타 체약국에 있는 송신기로부터 보내어졌을 때

(2) 체약국은 국제연합 사무총장에게 기탁한 통고에 의하여 방송사업자의 주사무소가 타 체약국에 있으며, 또한 방송이 당해 체약국에 있는 송신기로부터 방송된 경우에만 방송에 보호를 주는 뜻을 선언할 수가 있다. 이 통고는 비준, 수락 혹은 가입시에 또는 그 후 언제든지 기탁할 수 있으나, 최후의 경우에는 통고가 기탁된 후 6개월간은 효력이 생기지 않는다.

다른 목적을 위해 행하여지는 복제, iv) 입장료를 지급하고 공중이 입장하는 장소에서 행하여지는 '텔레비전' 방송을 공중에게 전달하는 행위(다만, 이 권리행사에 관한 조건을 정하는 일은 이 권리의 보호가 요구되는 나라의 국내법령에 유보) 등에 대해서 허가 또는 금지하는 권리가 최저한의 보호로써 보장되어 있다(로마협약 13조).

(3) 음반의 2차 사용

2차 사용이란 상업용 음반을 방송이나 공중전달에 사용하는 것을 말하나 이것을 협약상 여하히 규정할 것인가에 대해서는 외교회의의 최대의 초점이었다.

결국 "상업목적을 위하여 발행된 음반 또는 이와 같은 음반의 복제물이 방송 또는 공중에의 전달에 직접 사용될 경우에는 정당한 단일보수(a single equitable remuneration)가 사용자에 의하여 실연자 혹은 음반제작자 또는 이 양자에게 지급되지 않으면 안 된다. 당사자간에 협약이 없을 경우에 있어서의 이 보수의 지급조건은 국내법령으로서 정할 수가 있다"(로마협약 12조)고 규정하기에 이르렀다.

(4) 보호기간

인접권의 보호기간은 최저 20년으로 한다(로마협약 14조).

Ⅴ. 음반협약(The Phonogram Convention, 1971)[11)]

1. 성립경위

해적판 음반이 세계적으로 횡행하는 것을 방지하고, 음반의 무단복제물의 작성·수입 및 배포로부터 음반 제작자를 보호하기 위하여 1971년 10월, 제네바에서 유네스코와 WIPO가 공동주최한 국제회의에서 채택한 협약이 음반협약

---

11) 정식명은 「Convention for the Protection of Producers of Phonograms Against Unauthorized Duplication of Their Phonograms of 29 Octorber 1971」이다.

이다.

음반 제작자의 보호에 관한 협약으로서는 이미 인접권협약이 성립하고 있었으나, 인접권협약은 음반제작자만이 아니고 실연자 및 방송사업자의 보호도 아울러 꾀하고 있으므로 이 3자의 권리관계가 극히 복잡할 뿐만 아니라, 상업용 음반에 대한 2차 사용료를 지급할 입장에 있는 방송사업자는 동 협약에 가입하는 것을 주저하는 경향이 있어 가입국 수가 그리 많지 않아 현실적으로 해적판 음반의 횡행을 방지하는 데는 별로 도움을 주지 못하고 있다. 본 협약은 이러한 허점을 메우기 위한 응급처방이다.

2. 본 협약의 특징

(1) 보호의 수단

가급적 많은 나라가 가입하도록 선택할 수 있는 보호수단이 다양하다. 즉 체약국은 i) 저작권 기타 특정권리(저작인접권 등)의 부여에 의한 보호, ii) 부정경쟁방지법에 의한 보호, iii) 형사제재에 의한 보호 중 하나 또는 둘 이상의 보호수단을 선택해서 음반제작자를 보호하면 된다(음반협약 3조).

(2) 보호의 조건

방식주의 국가와 무방식주의 국가와의 가교를 위하여 ⓟ 표시의 방식을 채택하고 있다(음반협약 3조). ⓟ 표시란 음반 또는 재킷(jacket)에 ⓟ의 기호(phonogram의 머리글자)와 최초의 발행년[12](그 외에 음반 또는 재킷에 음반 제작에 관한 권리를 가지고 있는 자의 성명이 표시되어 있지 아니한 경우는 그 명칭도 병기한다)을 기재하는 것이며 저작권에 있어서 ⓒ 표시와 동일한 취지이다.

(3) 보호기간

체약국의 국내법에 맡겨져 있으나 그 기간은 음반에 수록되어 있는 음이 최초로 고정된 해 또는 음반의 최초의 발행년의 말부터 기산해서 20년 이상이

12) 보호기간은 음이 최초로 고정된 해 또는 음반이 최초로 발행된 해인 데 비하여 ⓟ 표시는 최초의 발행년만을 기재한다.

어야 한다(음반협약 4조).

Ⅵ. 기타 협약

1. 브뤼셀 위성협약(위성에 의하여 송신되는 프로그램 전달 신호의 배포에 관한 협약: Convention relating to the Distribution of Programme-carrying Signals Transmitted by Satellite, 1974)[13]

통신위성에 의하여 송신되는 프로그램을 내포한 신호의 도용을 방지하고 무단배포를 방지시키기 위한 협약으로서 체약국에게 '충분한 조치'를 취할 의무를 부과하고 있다. 우리는 2011년 12월 19일 가입하였다(2012년 3월 9일 발효). 협약 제1조와 제2조는 다음과 같다.

제1조 이 협약의 목적상,

1) "신호"란 프로그램을 송신할 수 있는 전자적으로 발생된 반송파이다.

2) "프로그램"이란 최종적인 배포를 목적으로 송출된 신호에 구현된 영상, 음 또는 둘 다로 이루어지는 일단의 생방송물 또는 녹화물이다.

3) "위성"이란 신호를 송신할 수 있는 지구 밖의 공간에 있는 모든 장치이다.

4) "송출신호" 또는 "송출된 신호"란 위성으로 가거나 위성을 통과하는 모든 프로그램 전달 신호이다.

5) "파생신호"란 하나 이상의 중간 고정물이 있었는지 여부와 상관없이 송출신호의 기술적 특성을 변경시킴으로써 얻어진 신호이다.

6) "원송신기관"이란 송출신호가 무슨 프로그램을 전달할 것인지를 결정하는 인 또는 법적 실체이다.

7) "배포자"란 일반공중 또는 그 일부에 대하여 파생신호의 송신이 이루어져야 할 것인지를 결정하는 인 또는 법적 실체이다.

8) "배포"란 배포자가 일반공중 또는 그 일부에 대하여 파생신호를 송신하는 작용이다.

제2조 1. 각 체약국은 위성으로 송출된 또는 위성을 통과하는 신호가 의도되지

13) 다자 조약, 제2079호.

아니한 배포자에 의해서 프로그램 전달 신호가 자국 영역에서 또는 자국 영역으로부터 배포되는 것을 방지하기 위하여 충분한 조치를 할 의무를 진다. 이러한 의무는 원송신기관이 다른 체약국의 국가에 속하는 경우와 배포된 신호가 파생신호인 경우에 적용된다.

2. 제1항에 언급된 조치의 적용이 시간상 제한되는 체약국에서 그 제한 기간은 체약국의 국내법으로 정한다. 그러한 기간은 비준, 수락 또는 가입 시에, 또는 만약에 그 국내법이 그 후에 발효하거나 변경되는 경우에는 그 법의 발효 후 또는 그 법의 변경 후 6개월 이내에 국제연합 사무총장에게 서면으로 통보한다.

3. 제1항에 규정된 의무는 송출신호가 의도되었던 배포자에 의하여 이미 배포된 신호로부터 나오는 파생신호의 배포에는 적용되지 아니한다.

2. 저작권 사용료의 이중과세 방지를 위한 다국간협약(Multilateral Convention for the Avoidance of Double Taxation of Copyright Royalties, 1979)

저작권 사용료(royalty)에 대한 이중과세를 방지하여 문예·학술의 교류를 원활히 하기 위한 협약이다.

제 2 절 WTO / TRIPs

Ⅰ. 서언: GATT에서 논의하게 된 배경

위에서 살펴본 바와 같이 지적소유권의 국제화에 대해서는 이미 19세기 말부터 그 중요성이 인정되고는 있었으나 당시의 상황이 소위 내셔널리즘의 대두기였고, 또 경제 자체의 국제화가 그다지 진전되고 있지는 않았기 때문에 지적소유권의 국제화도 어느 정도 이상은 진전되지 아니하였다. 물론 그 후에도 베른협약의 개정과정이 말해주듯이 지적소유권의 상황변화에 따라 어느 정도 국제 룰이 변하여 간 것은 사실이다. 그러나 국제 룰의 변경이라고 하는 것은 이 것을 준수할 당사국들의 합의를 필요로 하며, 특히 WIPO가 관장하는 파리협약이나 베른협약을 변경하는 데는 모든 회원국의 동의를 원칙으로 한다. 그런데 지적소유권도 다른 상품의 경우와 마찬가지로 수출국과 수입국, 즉 기술 등을 수출하여 이득을 취하는 국가가 있는가 하면 반대로 기술 등을 수입할 수밖에 없는 국가도 있어[14] 지적소유권의 국제적 보호와 관련하여 세계적으로 합일점을 도출한다고 하는 것은 지극히 어려운 일이다. 입장의 차이가 있다고 하더라도 지적소유권과 관련된 무역량이 크지 않거나 혹은 기술 수출국과 수입국의 기술격차가 메울 수 없을 정도로 벌어져 모방조차도 할 수 없는 경우라면 크게 문제로 되지 아니할 것이다. 그러나 주지하다시피 오늘날의 무역은 종래와 같은 전통적인 산품과 더불어 고도기술제품의 비중이 점점 높아지고 있다. 이러한 경향은 고도 기술사회의 도래와 더불어 증가하면 증가했지 감소하지는 않을 것이다. 한편 종래의 기술 후진국들도 교육투자나 경제개발을 통해서 새로운 제품의 개발은 곤란하더라도 모방품의 제조는 크게 어렵지 않게 되고, 이러한 모방품이 값싼 임금과 결합하여 선진국 시장을 넘보게 되면 선진국의 무역수지는 악화될 수밖에 없다. 이러한 상황 하에서는 지적소유권의 국제적 보호에 관한 새로운 국제 룰을 형성하려는 선진국의 공세는 집요하게 된다. 미국이 가트의 장을 통해서 새로운 질서를 형성하려고 하는 것은 이 때문이었다.

Ⅱ. 가트(GATT)와 지적소유권

가트(GATT: General Agreement on Tariffs and Trade: 관세 및 무역에 관한 일반협정)란 1948년에 성립한 무역에 대한 규범을 규정한 무역에 관한 기본적인 협정이며, 관세의 경감·무역장벽의 철폐·무역상의 차별대우를 제거함으로써 생활수준의 향상, 완전고용이나 실질수입의 증대, 유효수요의 확보, 자원의 활용,

---

14) 오래된 통계이기는 하지만 1974년 UNCTAD와 WIPO의 보고에 의하면 개발도상국에 부여되고 있는 특허의 수는 전세계 특허의 6%이며, 그 중 6분의 5는 외국인이 특허권자이므로 결국 개발도상국 국민이 가지고 있는 특허는 약 1%에 불과하며, 이것마저도 그 수준이 그리 높지 않은 것으로 평가되고 있다.

상품의 생산 및 유통의 확대 등을 목적으로 하고 있다. 이를 달성하기 위하여 가트는 i) 무차별 최혜국대우의 원칙, ii) 자유무역의 원칙, iii) 상호주의 원칙을 기본이념으로 하고 있다.

지금까지 가트는 관세의 인하와 수출입 수량제한의 감소를 주된 업무로 하고 있었다. 그러나 1973년에서 1979년까지 개최된 제7차의 다자간 무역협정이었던 동경라운드에서는 지금까지의 수입제한 문제 외에도 소위 부정상품(위조상품)의 교역방지를 강화하는 방안에 관한 논의를 하여야 한다는 주장이 있었다. 그것은 위조상품의 교역의 확대에 따른 미국의 주장이었는데 미국은 가트 제9조(원산지 표시)의 상표 및 저작권 보호규정에 의거하여 가트에서 위조상품교역을 방지할 수 있는 규칙 및 절차를 강화하여야 한다는 것이었다. 그러나 이러한 지적소유권 보호와 관련된 문제는 세계지적소유권기구(WIPO)에서 논의되어야 한다는 개발도상국의 반발에 부딪쳐 동경라운드의 多者間貿易協商(MFN)코드에서 제외되었다.

이후 1983년 제39차 가트총회에서 위조상품의 교역문제가 본격적으로 다루어지기 시작하여 가트에서 이 문제를 다룰 권한이 있는지 여부를 확정짓기 위한 검토가 전문가 그룹에서 행하여졌다. 검토결과 상품위조의 대상행위로는 상표위조, 의장의 무단복제, 특허 및 저작권 침해를 들었고, 이러한 위조상품을 해외시장으로 수출·판매하는 문제는 가트의 취급대상이라는 것을 밝혔다.

이러한 과정을 거쳐 1986년 우루과이의 푼타 델 에스테에서 개최된 가트 각료회의에서는 우루과이라운드 교섭 개시선언이 1986년 9월 20일 채택되었고, 그 중에서 지적소유권, 서비스 무역, 무역관련 투자조치라고 하는 신분야에 대해서도 토의할 것을 선언하였다. 각료선언 중 지적소유권과 관련된 부분은 다음과 같다.

◈ 부정상품무역을 포함하는 지적소유권의 무역관련 측면

국제무역에 대한 왜곡 및 장애를 삭감하기 위하여, 그리고 지적소유권의 효과적이고 적절한 보호를 촉진할 필요성을 고려하면서, 또 지적소유권의 보호를 위한 조치 및 절차 자체가 정당한 무역에 대한 장애가 되지 않도록 하기 위하여 교섭은 가트의 규정을 명확히 하고, 또 필요한 경우에는 새로운 규칙 및 규율을 작성하는 것을 목표로 하여야 할 것이다.

교섭은 가트 내에서 이미 수행되어 온 작업을 고려하면서 부정상품의 국제무역을 규제하는 원칙 · 규칙 및 규율에 관한 다자간의 기본원칙을 설정하는 것을 목표로 하여야 한다. 이들 교섭은 이들 사항을 다루는 세계지적소유권기구 및 기타의 기관에서 행하여지는 보완적인 활동을 방해하여서는 안 된다.

이와 같이 지적소유권 문제가 가트에까지 확산된 것은 직접적으로는 위조상품의 교역에서 비롯되었으나 근본적인 원인은 기존의 지적소유권의 국제적 보호체제의 한계에 있다. 즉 기존체제는 시행에 있어서 집행력을 갖지 못했을 뿐 아니라 각 국내법에서 보호의 수준을 정함으로써 각국의 경제사회의 여건 및 경제발전 단계에 따라 각기 서로 다른 제도를 보유하여 지적소유권 보호제도에 대한 국제적인 조화와 통일이 어려웠기 때문이다.

당초의 계획은 협상을 2단계로 추진, 제1단계인 1987년 말까지는 각국의 제안과 현행제도를 검토하여 협상의제 및 계획을 마련하며, 제2단계가 종료하는 1990년 말까지는 제1단계의 결과를 기초로 하여 결론을 도출한다는 것이었다. 그러나 주지하다시피 이 협상은 1993년 12월 15일에야 타결되었고, 1994년 4월 15일 모로코의 마라케시에서 개최된 각료회의에서 최종문서에 서명이 되었다.

Ⅲ. WTO/TRIPs

1. GATT 협상의 타결과 WTO 체제의 출범

모로코 마라케시에서 UR협정을 최종안으로 채택하면서 세계 각국이 각각 자국의 국내비준절차를 밟겠다는 최종의정서에도 합의하였고, 아울러 WTO설립의 협정에도 서명하였다.

1995년 1월 1일자로 출범된 WTO는 이전의 가트와는 몇 가지 기본적인 차이를 가지고 있다.[15] 무엇보다도 WTO는 단순한 협정이 아니라 구체적인 법

15) 우루과이라운드 협상의 성과인 세계무역기구(World Trade Organization: WTO)를 설립함으로써 종래의 GATT의 성격은 일변되었다. 즉 종래의 GATT는 GATT협정을 잠정적으로 적용하는 체약국의 집단에 불과했으나 우루과이라운드 교섭에 있어서는 세계무역기구(WTO)를 설립하는 협정이 성립됨으로써 WTO는 새로운 국제기관으로서 세계무역의 자유화를 촉진하는 모체가 되리라고 본다.

인격을 갖는 국제기구로서 제도적으로 국제거래의 자유화를 추진할 수 있는 틀을 갖추고 있다는 점이다.[16)]

2. WTO/TRIPs[17)]의 내용

WTO협정 부속서 1 C로 발효된 TRIPs협정은 총 7개 장에 73개 조항으로 구성되어 있다.[18)] TRIPs의 내용과 기존의 국제규범을 비교하여 보면 가장 큰 특징은 지적소유권 보호규범의 강화라 할 것이다.

그러나 TRIPs는 기존의 규범과는 달리 집행에 관한 문제나 분쟁처리에 대해서도 규정한다. 오히려 TRIPs가 기존 국제규범과의 구별되는 중요한 특색은 이들 집행절차나 분쟁해결절차를 규정하고 있다는 점에 있을 것이고, 이것이 미국이 기존의 국제규범을 이용하지 아니하고 GATT 체제를 이용한 이유이기도 하다. 이하 기본원칙, 실체규정 중 저작권 관련규정, 집행규정, 분쟁해결규정에 대해서 살펴본다.

(1) 기본원칙

1) 회원국은 본 협정을 준수하며, 다른 회원국 국민에 대하여 이 협정에 규정된 대우를 한다.

2) 본 협정상의 지적소유권의 보호수준은 최저한의 보호수준이다. 따라서 회원국은 이보다 높은 수준의 보호는 할 수 있되 이보다 낮은 보호는 할 수 없다.

3) 실체규정, 집행절차규정, 분쟁해결 절차규정과 관련해서 파리협약 제1조에서 제12조까지 및 제19조를 준수한다.

4) 회원국은 타 회원국 국민에 대하여 '내국민 대우', '최혜국 대우'를 하여

16) WTO는 각료회의, 총괄이사회, 상품교역이사회, 서비스교역이사회, 지적소유권이사회, 무역개발위원회 기타 다양한 위원회, 그리고 사무총장이 대표하는 사무국으로 구성된다. 아울러 국제교역상의 분쟁을 전담할 상설기구까지 설립되어 있다.

17) Agreement on Trade-Related Aspects of Intellectual Property Rights: TRIPs.

18) 제1장은 일반규정 및 기본원칙, 제2장은 보호기준, 즉 실체규정이며, 제3장은 지적소유권 집행절차, 제4장은 지적소유권 획득, 유지 및 관련 내부절차, 제5장 분쟁예방 및 해결절차, 제6장 경과조치, 제7장 제도관련규정(최종규정)이다.

야 한다.

5) 회원국은 자기 나라의 법 및 규정을 제정 또는 개정함에 있어 이 협정의 규정과 일치하는 범위 내에서 공중의 건강을 보호하고, 자기 나라의 사회경제적 및 기술적 발전에 매우 중요한 분야의 공공의 이익을 증진시키기 위하여 필요한 조치를 취할 수 있다.

6) 이 협정의 규정과 일치하는 범위 내에서 권리자에 의한 지적소유권의 남용 또는 불합리한 무역제한이나 국가간 기술이전에 부정적인 영향을 미치는 관행을 방지하기 위해서 적절한 조치를 할 수 있다.

(2) 실체규정

1) 개 설 TRIPs협정의 내용과 기존의 국제규범을 비교하여 보면 가장 큰 특징은 지적소유권 보호규범의 강화라 할 것이다. 협정은 기존 지적소유권조약의 위상이나 내용을 감안해서 세 개의 접근방법을 취하고 있다. 즉 제1은 종래의 지적소유권 보호조약을 그대로 두고 거기에 일정한 내용을 덧붙이는 방법으로 저작권, 특허, 상표, 디자인이 이 방법을 택한다. 제2는 기존의 국제규범을 참고하면서 새로운 국제규범을 만드는 방법으로 저작인접권, 지리적 표시, 반도체 집적회로분야가 이에 속한다. 제3은 기존의 국제규범이 존재하지 아니하므로 백지상태에서 새로운 국제규범을 만드는 방법으로 미공개 정보분야이다. 이상의 방법을 사용하여 TRIPs는 제9조에서 제40조까지 실체규정을 두고 있다. 저작권과 관련된 조항은 제9조에서 제14조까지 6개조로 구성되어 있다.

2) 저작권 및 저작인접권 분야에 관한 규정의 내용

① 베른협약과의 관계 모든 회원국은 베른협약 제1조에서 제21조까지 및 그 부속서를 준수하여야 한다. 그러나 회원국은 동 협약의 제6조의2(저작인격권의 보호)에 의하여 허여된 또는 그 규정으로부터 발생한 권리와 관련하여 어떠한 권리나 의무를 가지지 아니한다(WTO/TRIPs 9조 1항).

② 보호범위 저작권 보호는 표현에는 미치나 아이디어나 절차, 운용방법이나 수학적 개념에는 미치지 아니한다고 규정하고 있다(WTO/TRIPs 9조 2항).

③ 컴퓨터 프로그램 및 자료편집물 컴퓨터 프로그램은 그것이 소스코드이든 오브젝트코드이든 모두 베른협약에 따른 어문저작물로 보호하며

(WTO/TRIPs 10조 1항), 데이터베이스는 그것이 기계적 가독형태이거나 기타의 형태이거나를 불문하고 지적 창작물로 보호한다(WTO/TRIPs 10조 2항).

④ 대여권 컴퓨터 프로그램 또는 영상저작물의 경우 저작자 또는 권리승계인에게 대여권을 인정한다(WTO/TRIPs 11조).

⑤ 보호기간 저작권의 보호는 사진저작물과 응용미술저작물을 제외하고는 50년 이상 보호하여야 하되 사망시 기산주의를 채택하지 아니할 경우는 발행연도의 다음해부터 기산하여, 그리고 완성 후 50년 내에 발행되지 않았을 경우에는 완성연도의 다음해부터 기산한다.[19]

⑥ 저작인접권 실연자, 방송사업자와 음반제작자에게 저작인접권을 인정하고, 그러한 권리가 고정·실연 또는 방송이 행해진 연도 말부터 기산하여 50년간 존속함을 규정한다(WTO/TRIPs 14조).

⑦ 저작권 및 저작인접권의 제한 TRIPs는 저작권의 제한에 대해서 규정한다(WTO/TRIPs 13조).[20] 저작인접권에 대해서도 로마협약에 의하여 허용되는 정도까지 조건, 제한, 예외, 유보조항을 규정할 수 있다(WTO/TRIPs 14조 6항).

(3) 집행규정

집행이라고 하는 것도 알기 어려운 용어이나, 요컨대 지적소유권 보호규범을 담보하기 위한 사법·행정상의 절차에 관한 규율이며, 세관 등 국경조치에 관한 절차도 포함되어 있다. 기존의 지적소유권조약은 오로지 보호규범을 정하는 데에 그치고 있고, 집행은 각국의 국내조치에 맡기고 있다. 그 결과 모처럼 높은 보호수준을 마련하였다고 하더라도 나라에 따라서는 단속이 불충분하다든지 혹은 권리자가 금지청구나 손해배상청구를 하더라도 별로 효과가 없어 속수무책으로 참을 수밖에 없는 사태가 생긴다. 이러한 기존의 국제규범의 결함에 대해서 TRIPs협정에서는 민사·행정·형사의 각 절차, 잠정조치, 국경수제조치에 관한 21개조(WTO/TRIPs 41조~62조)에 달하는 상세한 규정을 두어 집행면에

---

19) 협정안은 베른협약을 존중한다고 규정하므로 사망시 기산주의의 경우에는 사망 후 50년 이상 보호되며, 사진저작물이나 응용미술저작물은 25년 이상 보호된다(베른협약 7조).

20) "체약국은 배타적 권리의 제한 및 예외를 권리자의 정당한 이익을 불합리하게 침해하지 않으며, 저작물의 정상적인 사용과 저촉되지 않는 특별한 경우로 한정하여야 한다."

서의 통일적인 국제규율을 하고 있다.

(4) 분쟁처리규정

기존의 지적소유권조약은 조약의 해석이나 적용에 관해서 체약국간에 다툼이 생긴 경우에는 국제사법재판소에 부탁할 수 있다는 취지를 규정하고 있을 뿐이며, 독자적인 분쟁처리절차를 가지고 있지 않다.[21] 그러나 가트는 독자적인 분쟁처리절차를 두고 있고 또 가트가 지금까지 높은 규범성을 유지하여 온 것은 독자적인 분쟁처리절차를 가지고 있다는 것에 기인한다. TRIPs 교섭에서도 규범성이 강한 분쟁처리규정을 목표로 하였으나 구체적인 내용에 있어서는 남북간의 대립이 있었다. 당사국간의 협의, 제소, 패널조치까지는 대략 합의가 도출되었으나 ⅰ) 가트 분쟁처리절차를 적용하자는 주장, ⅱ) 가트절차와의 결부를 부정하면서 보복조치를 인정하지 못한다는 주장, ⅲ) 계쟁사항의 내용에 따라 WIPO에 부탁하거나 가트절차를 준용하자는 주장 등 3개의 안이 서로 주장되었기 때문이다. 그러나 최종타결에서는 제1안이 채택되었다.

1) TRIPs 제64조 　　TRIPs협정 제5장은 제63조와 제64조로 구성되어 있다. 전자가 분쟁의 예방에 관한 규정이고, 후자는 분쟁해결에 관한 규정이다. 제64조 제1항은 다음과 같이 규정한다.

"GATT 제22조, 제23조의 규정과 체약국이 채택한 GATT 제22조, 제23조의 분쟁해결절차를 규율하는 규칙 및 절차에 관한 양해각서는 본 협정에 특별히 달리 규정한 경우를 제외하고는 본 협정하의 분쟁해결과 협의에 적용한다."

결국 지적소유권 분쟁도 다른 무역분쟁과 마찬가지로 GATT 제22조, 제23조 및 분쟁해결절차를 규율하는 규칙 및 절차에 관한 양해각서가 적용된다.

2) GATT 제22조, 제23조 및 분쟁해결절차를 규율하는 규칙 및 절차에 관한 양해각서 　　GATT 제22조는 분쟁해결을 위한 협의절차에 관한 규정으로서 쌍무협의와 다자간협의의 두 단계가 있다. 이에 대해 GATT 제23조는 본래 의미의 분쟁해결절차이다. 제23조는 두 가지 유형의 분쟁을 예상하고 있다. 하나는 GATT 규범을 위반한 체약국의 조치에 대해서 제기된 청구를 심사하는 절

---

21) 다만, 반도체 집적회로의 회로배치설계를 보호하기 위한 워싱턴 조약은 패널조치를 포함한 분쟁처리절차를 규정하고 있었으나 보복조치조항은 없다. 그러나 이 조약은 아직 발효되지 못하고 있다.

차이고(이를 'violation complaints'라고 한다), 다른 하나는 어떤 체약국의 무역관련 조치가 GATT를 위반하지는 않지만 이로써 다른 체약국의 이익을 침해하였을 경우에 제기되는 청구를 심사하는 절차이다(이를 'non-violation com- plaints'라고 한다). TRIPs 협정 제64조 제2항은 "GATT 제23조 (b)(c)는 WTO협정 발효로부터 5년간 본 협정 하의 분쟁해결에 적용하지 아니한다"고 규정한다. GATT 제23조 (b)(c)는 non-violation 규정이다. 따라서 TRIPs 규범의 위반은 아니나 특정국가에 불이익을 주는 규정에 대해서는 발효일로부터 5년간은 WTO에 제소할 수 없다. 그러한 예가 TRIPs협정 자체가 체약국의 국내법에 위임하고 있는 '권리소진의 원칙'과 같은 것이다.

한편 종래의 GATT 분쟁해결절차에는 많은 문제점이 있는 것으로 지적되어 이에 대해서도 우루과이라운드에서 논의를 거쳐 UR협상의 최종 협정문 제2부속서에는 「분쟁해결을 규율하는 규칙과 절차에 관한 양해각서」라는 명칭으로 이에 관한 규정을 두고 있다. 그 주된 내용은 다음과 같다.22)

첫째, WTO에서는 모든 분쟁해결 관련조항을 묶어 하나의 절차로 통일하고, 이러한 통합된 분쟁해결절차를 전담할 기구로서 상설적인 '분쟁해결기구'(Dispute Settlement Body: DSB)를 설치하여 종래 GATT 위원회나 각종 특별위원회가 담당하였던 업무를 통괄하게 되었다.

둘째, UR 양해각서는 "회원국이 다른 회원국의 WTO규범 위반이나 또는 다른 사유에 의하여 자국의 이익이 침해 또는 무효화된 경우에는 이 분쟁해결기구를 통해서만 청구할 수 있다"고 규정하여 WTO 회원국간의 모든 무역분쟁을 WTO의 분쟁해결기구(DSB)로 집중시켰다. 이는 회원국들이 일방적인 무역보복조치를 취하여 분쟁을 해결하려는 것을 금지하는 규정으로 미국의 통상법 제301조나 EU의 신통상정책수단을 겨냥한 것이다.

셋째, WTO의 분쟁해결절차는 이전에 비하여 사법적 성격이 뚜렷하다는 특징을 가진다. 즉 분쟁당시국이 요청할 경우에는 자동적으로 패널을 구성하고, 패널의 각 단계에 엄격한 시한을 정하여 절차의 지연을 방지하였으며, 구속력 있는 중재절차를 분쟁해결의 대안으로서 도입하고 있다. 그러나 사법적 절차로서의 특징을 뚜렷이 보여주는 것은 '상설상소기구'의 설치이고, 이것은 국내재판

22) 서헌제, 「통상문제와 법」, 율곡출판사, 100~101면.

절차에서와 같은 심급제도의 채택이라 할 것이다.

넷째, WTO의 분쟁해결절차에서는 패널의 구성과 패널보고서의 채택을 결정함에 있어서 종래 취하고 있던 콘센서스방식에서 역콘센서스방식으로 바뀌었다. 즉 종래에는 패널의 구성과 패널보고서를 채택하기 위해서 합의가 필요했으나 WTO에서는 거꾸로 패널의 구성을 반대하거나 패널보고서의 채택을 거부하기 위해서 합의가 필요하다.

다섯째, 패널판정의 준수를 효과적으로 보장하기 위하여 WTO에서는 패널보고서에 포함된 권고나 판정을 이행해야 할 시한을 설정하고 판정을 이행하기 위해서 패소당사국이 취한 조치의 적합성에 대한 상대국의 이의제기 및 새로운 분쟁해결 개시권을 인정하고 있으며, 보복조치 이외의 보상에 관한 규정을 두고 있다.

이러한 특징을 가진 WTO 분쟁해결절차 하에서의 지적소유권 분쟁해결과정을 살펴보면 다음과 같다.[23] 우선 분쟁당사국은 협의에 의하여 분쟁을 해결할 수 있다. 그러나 협의가 실패하면 분쟁당사국은 패널의 설치를 요구할 수 있다. WTO의 일반 이사회와 같은 지위와 구성을 지닌 분쟁해결기구는 패널보고서를 채택하거나 거부할 수 있다. 그러나 역콘센서스방식을 택하므로 DSB가 패널보고서와 상소기관 보고서의 채택을 거부하는 것은 사실상 불가능하다. 이들 보고서를 기초로 DSB는 TRIPs협정에 위반된 조치의 시정을 명령한다. 경우에 따라서는 DSB는 TRIPs협정에 위반한 분쟁당사국에 대해 보복조치를 허가할 수 있다.

23) 박노형, "TRIPs협정의 일고찰(상)," 「계간 저작권」 제30호, 21면.

제 3 절 세계지적소유권기구 저작권조약 및 실연·음반조약[24)]

Ⅰ. 성립의 경위

1996년 12월 2일부터 12월 20일까지 계속된 외교회의를 통해서 세계지적소유권기구 저작권조약과 세계지적소유권기구 실연·음반조약이 성립되었다.

저작권조약과 실연·음반조약은 두 가지 기본적인 목적에서 출발하고 있다.[25)] 첫째는 기존의 조약에서 미흡한 부분을 보완하는 것이다. 베른협약은 100년 이상의 역사를 통해서 개정을 거듭했으나 저작권 보호를 위하여 간과했거나 불완전했던 부분이 존재하는바, 이를 본 조약을 통해 보완하자는 것이다. 둘째는 기술과 조약간의 공백을 메우자는 것이다. 종래의 베른협약이나 로마협약이 디지털 기술을 염두에 두지 아니하고 제정·개정되었음은 물론이다. 그러나 디지털 기술이 저작권 보호에 커다란 영향을 미치고 있는 오늘날 이를 그대로 방치할 수 없음은 당연하다 할 것이다.

Ⅱ. 저작권조약의 내용

1. 베른협약과의 관계

WIPO 저작권조약은 베른협약 제20조 소정의 특별협정이며, 이 조약상의 어떠한 규정도 베른협약에 의하여 당사자가 상호간에 지는 기존의 의무를 훼손하지 아니한다(조약 1조).

원래 베른협약 제20조 소정의 특별협정은 베른협약의 동맹국 사이에서만 체결되는 것이며, 비동맹국은 가입할 수 없다. 그러나 이 조약은 베른협약의 가

24) 두 조약에 대하여 자세한 것은, 최경수, "WIPO 저작권조약 및 실연·음반조약 해설(上)(下)," 「계간 저작권」 제37호·제38호 참조.
25) 문화관광부, 「세계지적소유권기구 저작권조약 및 실연·음반조약 해설」, 1997.1, 4면.

맹국이 아니라 하더라도 WIPO 회원국은 이 조약에 가입할 수 있다고 규정한다(조약 17조). 그런 의미에서 이 조약은 일종의 개방협정이다.26) 우리는 WIPO 회원국이자 베른협약 가입국으로서 이 조약에 2004년 가입하였다.

체약당사자는 이 조약에서 규정한 보호에 관하여 베른협약 제2조 내지 제6조의 규정27)을 준용하여야 한다.

2. 저작권의 보호범위

저작권의 보호는 표현에는 미치지만 아이디어, 절차, 운용방법 또는 수학적 개념에는 미치지 아니한다(조약 2조). 아이디어/표현의 2분법을 명정하였고, 이는 미국 저작권법의 영향을 잘 나타내는 부분이다.

3. 저작물 종류의 확대

동 조약은 저작물로서 컴퓨터 프로그램과 데이터베이스를 명시한다.

(1) 컴퓨터 프로그램

컴퓨터 프로그램은 베른협약 제2조에서 규정한 어문저작물로서 보호된다(조약 4조). 이러한 보호는 그 표현의 방식이나 형태에 관계없이 모든 컴퓨터 프로그램에 적용된다.

(2) 데이터베이스

내용의 선택과 배열로 인하여 지적 창작물이 되는 자료 또는 기타 소재의

---

26) 곽영진, 「저작권 보호에 관한 국제협약」, 저작권심의조정위원회, 1997, 57면.

27) 베른협약

제2조: 보호를 받는 저작물

제2조의2: 일정한 저작물의 보호를 제한하는 권능

제3조: 보호의 요건: 연결점

제4조: 보충적 기준

제5조: 내국민대우의 원칙

제6조: 비동맹국 국민이 만든 저작물에 대한 보호를 제한할 수 있는 가능성

편집물은 그 형태에 관계없이 지적창작물로서 보호된다. 이 보호는 당해 자료 또는 기타 소재 그 자체에는 미치지 아니하며, 그 편집물에 수록된 자료나 소재에 존속하는 저작권에는 영향을 미치지 아니한다(조약 5조).

4. 권리의 확장

동 조약은 저작권으로서 배포권 및 그 권리의 소진, 대여권, 공중전달권에 관하여 언급하고 있다.

(1) 배포권 및 그 권리의 소진

"저작자는 저작물의 원본이나 그 복제물을 판매 또는 기타 소유권의 이전을 통하여 공중의 이용에 제공하는 것을 허락할 배타적인 권리를 가진다"고 규정하여(조약 6조 1항), 배포권을 저작자의 권리로서 명정한다. 이러한 배포권이 최초의 판매 이후에 소진되는지 여부를 결정할 권한은 전적으로 체약국에게 있다. 우리나라는 권리소진을 규정하나(법 20조 단서 참조) 디지털 저작물의 최초판매 후의 자유양도(권리소진)에 대해서는 재검토되어야 할 것이다.

(2) 대 여 권

i) 컴퓨터 프로그램, ii) 영상저작물, iii) 음반에 대해서 대여권을 인정한다. 다만, 다음의 경우에는 대여권이 적용되지 아니한다.

1) 컴퓨터 프로그램의 경우　　프로그램 그 자체가 대여의 본질적 대상이 아닌 경우에 그 프로그램

2) 영상저작물　　상업적 대여가 저작권자의 배타적 복제권을 실질적으로 침해하는, 저작물의 광범위한 복제를 초래하지 아니하는 경우. 따라서 우리가 신조약에 가입하더라도 현재와 같이 영상저작물의 대여권을 인정하지 아니하여도 무방하다고 본다.

한편 대여권을 어떠한 권리형식으로 규율할 것인지에 대해서는 현재 두 가지 방법이 있다. 하나는 '배타적 허락권'으로 규율하는 것이요, 또 하나는 '보상청구권'으로 규율하는 것이다. 조약은 음반대여에 대하여 1994년 4월 15일 당시에 "저작자에게 공정한 보상제도를 가지고 있었고, 그 이후로도 이를 유지하

고 있는 체약당사자는 음반에 수록된 저작물의 상업적 대여가 저작자의 배타적 복제권을 실질적으로 침해하지 아니하는 한 그 제도를 유지할 수 있다"고 규정한다(조약 7조 3항).

(3) 공중전달권(전송권)

베른협약 제11조 제1항 제2호, 제11조의2 제1항 제1호 및 제2호, 제11조의 3 제1항 제2호, 제14조 제1항 제1호, 그리고 제14조의2 제1항의 규정에 영향을 미치지 아니하고, 저작권자는 공중의 구성원이 개별적으로 선택한 장소와 시간에 저작물에 접근할 수 있는 방법으로 공중의 이용에 제공하는 것을 포함하여, 유선 또는 무선의 수단에 의하여 저작물을 공중에 전달하는 것을 허락할 배타적 권리를 가진다(조약 8조).

본조는 기존 베른협약의 공중전달권의 개념을 확대하여 저작물이 통신망을 통해 송신되는 디지털 시대의 이용현황에 대처하기 위한 것이다.

(4) 사진저작물의 보호기간의 확대

사진저작물도 다른 저작물과 마찬가지로 저작자 사후 50년까지 보호된다.

5. 저작권 제한규정의 엄격화

신조약은 권리의 제한과 예외를 엄격히 할 것을 규정한다. 즉 제10조 제2항은 저작권이 제한될 수 있는 경우에도 "저작물의 통상적인 이용과 충돌하거나 저작자의 합법적인 이익을 부당하게 해치지 아니하는 특별한 경우로" 한정하여야 한다고 규정한다.

6. 기술조치에 관한 보호의무

기술조치에 관한 보호의무나 다음의 권리관리정보에 관한 의무는 모두 디지털 의제 관련사항이다. 새로운 기술은 저작자의 권리를 손쉽게 침해하도록 하기도 하지만 반대로 이를 효율적으로 통제하는 데도 이용할 수 있다. 이러한 통제장치를 보호하는 것은 간접적으로 저작권을 보호하는 것이다. 이에 조약

제11조는 체약국은 복제방지장치를 무력화시키는 기술회피행위를 금지하기 위한 효과적인 법적 규제를 하여야 한다고 규정한다.

7. 권리관리정보에 관한 의무

멀티미디어와 온라인을 통한 저작물의 이용의 확산으로 복잡·다양화된 저작물의 이용관계를 신속하고 저렴하게 처리해야 할 사회적 필요성이 증대함에 따라 저작물의 이용허락에 필요한 정보들의 효과적인 보호가 필요하다. 이에 조약은 체약국은 전자적 권리관리정보의 삭제·변경행위 및 전자적 권리관리정보가 삭제·변경된 저작물의 배포·배포목적 수입·공중전달행위가 권리침해를 유인·허용·조장·은닉할 수 있다는 것을 알면서 행한 경우(민사적 구제에 있어서는 이를 알 만한 상당한 이유가 있음에도 행한 경우)에 대한 법적 규제를 행하여야 한다고 규정한다(조약 12조).

Ⅲ. 실연·음반조약의 내용

1. 다른 조약과의 관계

WIPO 실연·음반조약은 로마협약상의 방송사업자의 권리를 제외한 부분을 실질적으로 대체하고 있다. 일반원칙으로서는 베른협약과 마찬가지로 내국민대우(조약 4조), 무방식주의(조약 20조), 소급효(조약 22조)의 원칙, 50년간의 존속기간(조약 17조), 권리제한의 허용(조약 16조) 등을 규정한다.

	베른협약	WTO/TRIPs	WIPO 신조약
저 작 물	어문저작물, 연극 및 악극, 무용 및 무언극, 음악, 영상저작물, 미술 및 건축사진, 응용미술, 도형 등	베른협약+컴퓨터 프로그램, 데이터베이스	TRIPs와 동일
저 작 권	(저작인격권)(추구권) 복제권, 번역권, 공연권,	베른협약+대여권 (영상저작물, 컴퓨터 프로	베른협약+대여권 (TRIPs와 동일)

	낭독권, 번안권, 영화화권, 방송권, 녹음권 * 영상저작물의 배포권	그램, 음반)	* 배포권(모든 저작물) ** 공중전달권
보호범위	규정 없음 (일반원칙에 맡김)	표현에는 미치지만 아이디어, 절차, 운용방법 또는 수학적 개념에는 미치지 않는다.	TRIPs와 동일
저작권의 제 한	저작물의 통상적인 이용과 충돌하지 않는 범위에서 복제권 제한을 비롯 인용, 교육목적 발행·방송·녹음·녹화, 시사보도 등을 위한 이용	저작물의 통상적인 이용과 충돌하지 아니하고, 저작자의 합법적인 이익을 불합리하게 해치지 아니하는 경우에는 제한 가능	TRIPs와 동일
보호기간	저작자 사후 50년. 다만, 응용미술 저작물과 사진저작물은 25년	베른협약과 동일	베른협약+사진도 저작자 사후 50년까지 보호
기 타 특기사항		저작권뿐만 아니라 모든 지적소유권에 관한 규정 집행절차, 분쟁해결절차 있음.	** 권리관리정보나 기술조치에 관한 보호의 무규정을 둠. 권리집행에 관한 규정

* 베른협약상 영화저작물에만 규정된 배포권이 신조약에는 모든 저작물에 인정됨. 이에 따른 최초판매원칙(권리소진의 원칙)의 규정여부는 개별국가에 맡김.

** 디지털 의제 관련사항.

2. 새로운 개념정의

음반, 음반제작자, 방송, 공중전달의 개념을 정의함에 있어 '소리의 표현'(representation of sounds)이라는 개념을 추가하였다. 예컨대 제2조 (b)는 "음반이란 실연의 소리 또는 기타의 소리, 또는 소리의 표현을 고정한 것으로서 영상저작물이나 기타 시청각저작물에 수록된 형태 이외의 고정물을 말한다"라고 음반을 정의하고 있다. 이렇듯 소리의 표현이라는 부분을 추가한 것은 오늘날의 디지털 상황을 포섭하기 위한 것이다.

또 방송의 개념에는 '위성에 의한 송신' 및 (그 해제를 위한 방법이 방송사업자에 의하여 또는 그의 동의를 얻어 공중에게 제공된 경우의) '암호화된 신호의 송신'도 포함한다.

그러나 이러한 방송은 무선의 방법에 의한 경우로 한정되며, 우리법과 같이 유선에 의한 송신은 포함하지 아니한다. 조약은 '방송 이외의 매체'에 의한 경우를 '공중전달'이라는 개념으로 포섭한다.

3. 권리의 확장·신설

(1) 실연자의 인격권

음악의 실연 및 음반에 고정된 실연에 관해서 그 실연자는 성명표시권과 동일성 유지권을 가진다(조약 5조 1항). 그 존속기간은 적어도 재산권의 존속기간보다 짧아서는 안 된다(조약 5조 2항 참조).

(2) 방 송 권

실연자는 방송된 실연을 제외하고는 그 실연의 방송권과 공중에의 전달권 및 그 실연을 고정할 수 있는 배타적인 권리를 가진다(조약 6조).

(3) 복 제 권

실연자는 음반에 고정된 실연에 관해서 그 복제를 허락할 배타적 권리를 가진다(조약 7조). 음반제작자는 그 음반을 복제할 수 있는 배타적 권리를 가진다(조약 11조).

(4) 배포권 및 대여권

실연자 및 음반제작자는 배포권을 가지며(조약 8조, 12조), 대여권을 가진다(조약 9조, 13조). 또 저작권자의 대여권과 마찬가지로 음반의 복제물의 대여에 대하여 1994년 4월 15일 당시에 "저작자에게 공정한 보상세도를 가지고 있었고, 그 이후로도 이를 유지하고 있는 체약당사자는 음반에 수록된 저작물의 상업적 대여가 저작자의 배타적 복제권을 실질적으로 침해하지 아니하는 한 그 제도를 유지할 수 있다"고 규정한다(조약 9조 2항, 13조 2항).

(5) 공중전달권(전송권)

실연자는 음반에 고정된 실연에 대하여 무선 또는 유선의 방법으로, 그리고 공중의 구성원이 개별적으로 선택한 시간과 장소에, 공중의 이용에 제공하는 것을 허락할 배타적 권리를 가진다(조약 10조). 음반제작자는 무선 또는 유선의 방법으로, 그리고 공중의 구성원이 개별적으로 선택한 장소와 시간에 그의 음반에 접근할 수 있는 방법으로, 그 음반의 공중이용에 제공할 수 있는 배타적 권리를 가진다(조약 14조).

(6) 2차 사용료 청구권

실연자 및 음반제작자는 상업용 음반의 방송 또는 공중전달에의 이용에 대해서 보상청구권을 가진다(조약 15조).

(7) 보호기간

실연자에게 부여된 권리의 존속기간은 실연이 음반에 고정된 연도의 말부터 기산하여 적어도 50년의 기간이 종료하는 때까지 존속하며(조약 17조 1항), 음반제작자에게 부여된 권리의 존속기간은 음반이 발행된 연도의 말(음반이 고정으로부터 50년 내에 발행되지 아니한 경우에는 그 고정이 행하여진 연도의 말)부터 기산하여 적어도 50년의 기간이 종료하는 때까지 존속한다(조약 17조 2항).

4. 기술조치에 관한 보호의무 및 권리관리정보에 관한 의무

체약국은 법에서 허용하지 아니하는 행위를 제한하는 기술장치를 무력화시키는 기술회피행위를 금지하기 위한 효과적인 법적 규제를 하여야 한다(조약 18조).

체약국은 전자적 권리관리정보의 삭제·변경행위 및 전자적 권리관리정보가 삭제·변경된 저작물의 배포·배포목적 수입·공중전달행위가 권리침해를 유인·허용·조장·은닉할 수 있다는 것을 알면서 행한 경우(민사적 구제에 있어서는 이를 알 만한 상당한 이유가 있음에도 행한 경우)에 대한 법적 규제를 행하여야 한다(조약 19조).

기술조치에 관한 보호의무 및 권리관리정보에 관한 의무를 규정한 것은

WIPO 저작권조약 제11조, 제12조와 동일한 취지이다.

◈ 우리나라의 국제조약 가입일

1. 세계지적소유권기구(WIPO)설립조약: 1979년 3월 1일
2. 세계저작권조약(UCC): 1987년 10월 1일
3. 음반보호조약: 1987년 10월 10일
4. WTO/TRIPs: 1994년 12월 31일
5. 베른협약: 1996년 8월 21일
6. WCT: 2004년 6월 24일
7. WPPT: 2009년 3월 18일
8. 로마협약: 2009년 3월 18일
9. 브뤼셀 위성 협약: 2012년 3월 9일

부록

저작권법

「교과용도서의 저작물 이용 보상금」 기준

수업목적 저작물 이용 보상금 기준

「도서관의 저작물 복제 · 전송이용 보상금」 기준

문학적 및 예술적 저작물의 보호를 위한 베른협약

세계지적소유권기구 저작권조약

세계지적소유권기구 실연·음반조약

저 작 권 법

전문개정 1986.12.31. 법률 제3916호
전부개정 2006.12.28. 법률 제8101호
최종개정 2013.12.30. 법률 제12137호

제1장 총 칙

제1조(목적) 이 법은 저작자의 권리와 이에 인접하는 권리를 보호하고 저작물의 공정한 이용을 도모함으로써 문화 및 관련 산업의 향상발전에 이바지함을 목적으로 한다.

제2조(정의) 이 법에서 사용하는 용어의 뜻은 다음과 같다.

1. "저작물"은 인간의 사상 또는 감정을 표현한 창작물을 말한다.

2. "저작자"는 저작물을 창작한 자를 말한다.

3. "공연"은 저작물 또는 실연·음반·방송을 상연·연주·가창·구연·낭독·상영·재생 그 밖의 방법으로 공중에게 공개하는 것을 말하며, 동일인의 점유에 속하는 연결된 장소 안에서 이루어지는 송신(전송을 제외한다)을 포함한다.

4. "실연자"는 저작물을 연기·무용·연주·가창·구연·낭독 그 밖의 예능적 방법으로 표현하거나 저작물이 아닌 것을 이와 유사한 방법으로 표현하는 실연을 하는 자를 말하며, 실연을 지휘, 연출 또는 감독하는 자를 포함한다.

5. "음반"은 음(음성·음향을 말한다. 이하 같다)이 유형물에 고정된 것(음이 영상과 함께 고정된 것을 제외한다)을 말한다.

6. "음반제작자"는 음을 음반에 고정하는데 있어 전체적으로 기획하고 책임을 지는 자를 말한다.

7. "공중송신"은 저작물, 실연·음반·방송 또는 데이터베이스(이하 "저작물 등"이라 한다)를 공중이 수신하거나 접근하게 할 목적으로 무선 또는 유선통신의 방법에 의하여 송신하거나 이용에 제공하는 것을 말한다.

8. "방송"은 공중송신 중 공중이 동시에 수신하게 할 목적으로 음·영상 또는 음과 영상 등을 송신하는 것을 말한다.

8의2. "암호화된 방송 신호"란 방송사업자나 방송사업자의 동의를 받은 자가 정당한 권한 없이 방송(유선 및 위성 통신의 방법에 의한 방송에 한한다)을 수신하는 것을 방지하거나 억제하기 위하여 전자적으로 암호화한 방송 신호를 말한다.

9. "방송사업자"는 방송을 업으로 하는 자를 말한다.

10. "전송(傳送)"은 공중송신 중 공중의

구성원이 개별적으로 선택한 시간과 장소에서 접근할 수 있도록 저작물 등을 이용에 제공하는 것을 말하며, 그에 따라 이루어지는 송신을 포함한다.

11. "디지털음성송신"은 공중송신 중 공중으로 하여금 동시에 수신하게 할 목적으로 공중의 구성원의 요청에 의하여 개시되는 디지털 방식의 음의 송신을 말하며, 전송을 제외한다.

12. "디지털음성송신사업자"는 디지털음성송신을 업으로 하는 자를 말한다.

13. "영상저작물"은 연속적인 영상(음의 수반여부는 가리지 아니한다)이 수록된 창작물로서 그 영상을 기계 또는 전자장치에 의하여 재생하여 볼 수 있거나 보고 들을 수 있는 것을 말한다.

14. "영상제작자"는 영상저작물의 제작에 있어 그 전체를 기획하고 책임을 지는 자를 말한다.

15. "응용미술저작물"은 물품에 동일한 형상으로 복제될 수 있는 미술저작물로서 그 이용된 물품과 구분되어 독자성을 인정할 수 있는 것을 말하며, 디자인 등을 포함한다.

16. "컴퓨터프로그램저작물"은 특정한 결과를 얻기 위하여 컴퓨터 등 정보처리능력을 가진 장치(이하 "컴퓨터"라 한다) 내에서 직접 또는 간접으로 사용되는 일련의 지시·명령으로 표현된 창작물을 말한다.

17. "편집물"은 저작물이나 부호·문자·음·영상 그 밖의 형태의 자료(이하 "소재"라 한다)의 집합물을 말하며, 데이터베이스를 포함한다.

18. "편집저작물"은 편집물로서 그 소재의 선택·배열 또는 구성에 창작성이 있는 것을 말한다.

19. "데이터베이스"는 소재를 체계적으로 배열 또는 구성한 편집물로서 개별적으로 그 소재에 접근하거나 그 소재를 검색할 수 있도록 한 것을 말한다.

20. "데이터베이스제작자"는 데이터베이스의 제작 또는 그 소재의 갱신·검증 또는 보충(이하 "갱신 등"이라 한다)에 인적 또는 물적으로 상당한 투자를 한 자를 말한다.

21. "공동저작물"은 2인 이상이 공동으로 창작한 저작물로서 각자의 이바지한 부분을 분리하여 이용할 수 없는 것을 말한다.

22. "복제"는 인쇄·사진촬영·복사·녹음·녹화 그 밖의 방법으로 일시적 또는 영구적으로 유형물에 고정하거나 다시 제작하는 것을 말하며, 건축물의 경우에는 그 건축을 위한 모형 또는 설계도서에 따라 이를 시공하는 것을 포함한다.

23. "배포"는 저작물 등의 원본 또는 그 복제물을 공중에게 대가를 받거나 받지 아니하고 양도 또는 대여하는 것을 말한다.

24. "발행"은 저작물 또는 음반을 공중의 수요를 충족시키기 위하여 복제·배포하는 것을 말한다.

25. "공표"는 저작물을 공연, 공중송신 또는 전시 그 밖의 방법으로 공중에게 공개하는 경우와 저작물을 발행하는 경우를 말한다.

26. "저작권신탁관리업"은 저작재산권자, 배타적 발행권자, 출판권자, 저작인접권자 또는 데이터베이스제작자의 권리를 가진 자를 위하여 그 권리를 신탁받아 이를 지속적으로 관리하는 업을 말하며, 저작물 등의 이용과 관련하여 포괄적으로 대리하는 경우를 포함한다.

27. "저작권대리중개업"은 저작재산권자, 배타적 발행권자, 출판권자, 저작인접권자

또는 데이터베이스제작자의 권리를 가진 자를 위하여 그 권리의 이용에 관한 대리 또는 중개행위를 하는 업을 말한다.

28. "기술적 보호조치"란 다음 각 목의 어느 하나에 해당하는 조치를 말한다.

가. 저작권, 그 밖에 이 법에 따라 보호되는 권리의 행사와 관련하여 이 법에 따라 보호되는 저작물 등에 대한 접근을 효과적으로 방지하거나 억제하기 위하여 그 권리자나 권리자의 동의를 받은 자가 적용하는 기술적 조치

나. 저작권, 그 밖에 이 법에 따라 보호되는 권리에 대한 침해 행위를 효과적으로 방지하거나 억제하기 위하여 그 권리자나 권리자의 동의를 받은 자가 적용하는 기술적 조치

29. "권리관리정보"는 다음 각 목의 어느 하나에 해당하는 정보나 그 정보를 나타내는 숫자 또는 부호로서 각 정보가 저작권, 그 밖에 이 법에 따라 보호되는 권리에 의하여 보호되는 저작물 등의 원본이나 그 복제물에 부착되거나 그 공연·실행 또는 공중송신에 수반되는 것을 말한다.

가. 저작물 등을 식별하기 위한 정보

나. 저작권, 그 밖에 이 법에 따라 보호되는 권리를 가진 자를 식별하기 위한 정보

다. 저작물 등의 이용 방법 및 조건에 관한 정보

30. "온라인서비스제공자"란 다음 각 목의 어느 하나에 해당하는 자를 말한다.

가. 이용자가 선택한 저작물 등을 그 내용의 수정 없이 이용자가 지정한 지점 사이에서 정보통신망(「정보통신망 이용촉진 및 정보보호 등에 관한 법률」 제2조 제1항 제1호의 정보통신망을 말한다. 이하 같다)을 통하여 전달하기 위하여 송신하거나 경로를 지정하거나 연결을 제공하는 자

나. 이용자들이 정보통신망에 접속하거나 정보통신망을 통하여 저작물 등을 복제·전송할 수 있도록 서비스를 제공하거나 그를 위한 설비를 제공 또는 운영하는 자

31. "업무상저작물"은 법인·단체 그 밖의 사용자(이하 "법인 등"이라 한다)의 기획하에 법인 등의 업무에 종사하는 자가 업무상 작성하는 저작물을 말한다.

32. "공중"은 불특정 다수인(특정 다수인을 포함한다)을 말한다.

33. "인증"은 저작물 등의 이용허락 등을 위하여 정당한 권리자임을 증명하는 것을 말한다.

34. "프로그램코드역분석"은 독립적으로 창작된 컴퓨터프로그램저작물과 다른 컴퓨터프로그램과의 호환에 필요한 정보를 얻기 위하여 컴퓨터프로그램저작물코드를 복제 또는 변환하는 것을 말한다.

35. "라벨"이란 그 복제물이 정당한 권한에 따라 제작된 것임을 나타내기 위하여 저작물 등의 유형적 복제물·포장 또는 문서에 부착·동봉 또는 첨부되거나 그러한 목적으로 고안된 표지를 말한다.

36. "영화상영관 등"이란 영화상영관, 시사회장, 그 밖에 공중에게 영상저작물을 상영하는 장소로서 상영자에 의하여 입장이 통제되는 장소를 말한다.

제2조의2(저작권 보호에 관한 시책 수립 등) ① 문화체육관광부장관은 이 법의 목적을 달성하기 위하여 다음 각 호의 시책을 수립·시행할 수 있다.

1. 저작권의 보호 및 저작물의 공정한 이용 환경 조성을 위한 기본 정책에 관한 사항

2. 저작권 인식 확산을 위한 교육 및 홍

보에 관한 사항

3. 저작물 등의 권리관리정보 및 기술적 보호조치의 정책에 관한 사항

② 제1항에 따른 시책의 수립·시행에 필요한 사항은 대통령령으로 정한다.

제3조(외국인의 저작물) ① 외국인의 저작물은 대한민국이 가입 또는 체결한 조약에 따라 보호된다.

② 대한민국 내에 상시 거주하는 외국인(무국적자 및 대한민국 내에 주된 사무소가 있는 외국법인을 포함한다)의 저작물과 맨 처음 대한민국 내에서 공표된 외국인의 저작물(외국에서 공표된 날로부터 30일 이내에 대한민국 내에서 공표된 저작물을 포함한다)은 이 법에 따라 보호된다.

③ 제1항 및 제2항에 따라 보호되는 외국인(대한민국 내에 상시 거주하는 외국인 및 무국적자는 제외한다. 이하 이 조에서 같다)의 저작물이라도 그 외국에서 대한민국 국민의 저작물을 보호하지 아니하는 경우에는 그에 상응하게 조약 및 이 법에 따른 보호를 제한할 수 있다.

④ 제1항 및 제2항에 따라 보호되는 외국인의 저작물이라도 그 외국에서 보호기간이 만료된 경우에는 이 법에 따른 보호기간을 인정하지 아니한다.

제2장 저작권

제1절 저작물

제4조(저작물의 예시 등) ① 이 법에서 말하는 저작물을 예시하면 다음과 같다.

1. 소설·시·논문·강연·연설·각본 그 밖의 어문저작물
2. 음악저작물
3. 연극 및 무용·무언극 그 밖의 연극저작물
4. 회화·서예·조각·판화·공예·응용미술저작물 그 밖의 미술저작물
5. 건축물·건축을 위한 모형 및 설계도서 그 밖의 건축저작물
6. 사진저작물(이와 유사한 방법으로 제작된 것을 포함한다)
7. 영상저작물
8. 지도·도표·설계도·약도·모형 그 밖의 도형저작물
9. 컴퓨터프로그램저작물

② 삭제

제5조(2차적 저작물) ① 원저작물을 번역·편곡·변형·각색·영상제작 그 밖의 방법으로 작성한 창작물(이하 "2차적 저작물"이라 한다)은 독자적인 저작물로서 보호된다.

② 2차적 저작물의 보호는 그 원저작물의 저작자의 권리에 영향을 미치지 아니한다.

제6조(편집저작물) ① 편집저작물은 독자적인 저작물로서 보호된다.

② 편집저작물의 보호는 그 편집저작물의 구성부분이 되는 소재의 저작권 그 밖에 이 법에 따라 보호되는 권리에 영향을 미치지 아니한다.

제7조(보호받지 못하는 저작물) 다음 각 호의 어느 하나에 해당하는 것은 이 법에 의한 보호를 받지 못한다.

1. 헌법·법률·조약·명령·조례 및 규칙
2. 국가 또는 지방자치단체의 고시·공고·훈령 그 밖에 이와 유사한 것
3. 법원의 판결·결정·명령 및 심판이나 행정심판절차 그 밖에 이와 유사한 절차에

의한 의결·결정 등

4. 국가 또는 지방자치단체가 작성한 것으로서 제1호 내지 제3호에 규정된 것의 편집물 또는 번역물

5. 사실의 전달에 불과한 시사보도

제2절 저작자

제8조(저작자 등의 추정) ① 다음 각 호의 어느 하나에 해당하는 자는 저작자로서 그 저작물에 대한 저작권을 가지는 것으로 추정한다.

1. 저작물의 원본이나 그 복제물에 저작자로서의 실명 또는 이명(예명·아호·약칭 등을 말한다. 이하 같다)으로서 널리 알려진 것이 일반적인 방법으로 표시된 자

2. 저작물을 공연 또는 공중송신하는 경우에 저작자로서의 실명 또는 저작자의 널리 알려진 이명으로서 표시된 자

② 제1항 각 호의 어느 하나에 해당하는 저작자의 표시가 없는 저작물의 경우에는 발행자·공연자 또는 공표자로 표시된 자가 저작권을 가지는 것으로 추정한다.

제9조(업무상저작물의 저작자) 법인 등의 명의로 공표되는 업무상저작물의 저작자는 계약 또는 근무규칙 등에 다른 정함이 없는 때에는 그 법인 등이 된다. 다만, 컴퓨터프로그램저작물(이하 "프로그램"이라 한다)의 경우 공표될 것을 요하지 아니한다.

제10조(저작권) ① 저작자는 제11조 내지 제13조의 규정에 따른 권리(이하 "저작인격권"이라 한다)와 제16조 내지 제22조의 규정에 따른 권리(이하 "저작재산권"이라 한다)를 가진다.

② 저작권은 저작물을 창작한 때부터 발생하며 어떠한 절차나 형식의 이행을 필요로 하지 아니한다.

제3절 저작인격권

제11조(공표권) ① 저작자는 그의 저작물을 공표하거나 공표하지 아니할 것을 결정할 권리를 가진다.

② 저작자가 공표되지 아니한 저작물의 저작재산권을 제45조에 따른 양도, 제46조에 따른 이용허락, 제57조에 따른 배타적발행권의 설정 또는 제63조에 따른 출판권의 설정을 한 경우에는 그 상대방에게 저작물의 공표를 동의한 것으로 추정한다.

③ 저작자가 공표되지 아니한 미술저작물·건축저작물 또는 사진저작물(이하 "미술저작물 등"이라 한다)의 원본을 양도한 경우에는 그 상대방에게 저작물의 원본의 전시방식에 의한 공표를 동의한 것으로 추정한다.

④ 원저작자의 동의를 얻어 작성된 2차적저작물 또는 편집저작물이 공표된 경우에는 그 원저작물도 공표된 것으로 본다.

⑤ 공표하지 아니한 저작물을 저작자가 제31조의 도서관 등에 기증한 경우 별도의 의사를 표시하지 않는 한 기증한 때에 공표에 동의한 것으로 추정한다.

제12조(성명표시권) ① 저작자는 저작물의 원본이나 그 복제물에 또는 저작물의 공표 매체에 그의 실명 또는 이명을 표시할 권리를 가진다.

② 저작물을 이용하는 자는 그 저작자의 특별한 의사표시가 없는 때에는 저작자가 그의 실명 또는 이명을 표시한 바에 따라 이를 표시하여야 한다. 다만, 저작물의 성질이나 그 이용의 목적 및 형태 등에 비추어 부득이하다고 인정되는 경우에는 그러하지

아니하다.

제13조(동일성유지권) ① 저작자는 그의 저작물의 내용·형식 및 제호의 동일성을 유지할 권리를 가진다.

② 저작자는 다음 각 호의 어느 하나에 해당하는 변경에 대하여는 이의(異議)할 수 없다. 다만, 본질적인 내용의 변경은 그러하지 아니하다.

1. 제25조의 규정에 따라 저작물을 이용하는 경우에 학교교육 목적상 부득이하다고 인정되는 범위 안에서의 표현의 변경
2. 건축물의 증축·개축 그 밖의 변형
3. 특정한 컴퓨터 외에는 이용할 수 없는 프로그램을 다른 컴퓨터에 이용할 수 있도록 하기 위하여 필요한 범위에서의 변경
4. 프로그램을 특정한 컴퓨터에 보다 효과적으로 이용할 수 있도록 하기 위하여 필요한 범위에서의 변경
5. 그 밖에 저작물의 성질이나 그 이용의 목적 및 형태 등에 비추어 부득이하다고 인정되는 범위 안에서의 변경

제14조(저작인격권의 일신전속성) ① 저작인격권은 저작자 일신에 전속한다.

② 저작자의 사망 후에 그의 저작물을 이용하는 자는 저작자가 생존하였더라면 그 저작인격권의 침해가 될 행위를 하여서는 아니 된다. 다만, 그 행위의 성질 및 정도에 비추어 사회통념상 그 저작자의 명예를 훼손하는 것이 아니라고 인정되는 경우에는 그러하지 아니하다.

제15조(공동저작물의 저작인격권) ① 공동저작물의 저작인격권은 저작자 전원의 합의에 의하지 아니하고는 이를 행사할 수 없다. 이 경우 각 저작자는 신의에 반하여 합의의 성립을 방해할 수 없다.

② 공동저작물의 저작자는 그들 중에서 저작인격권을 대표하여 행사할 수 있는 자를 정할 수 있다.

③ 제2항의 규정에 따라 권리를 대표하여 행사하는 자의 대표권에 가하여진 제한이 있을 때에 그 제한은 선의의 제3자에게 대항할 수 없다.

제4절 저작재산권

제1관 저작재산권의 종류

제16조(복제권) 저작자는 그의 저작물을 복제할 권리를 가진다.

제17조(공연권) 저작자는 그의 저작물을 공연할 권리를 가진다.

제18조(공중송신권) 저작자는 그의 저작물을 공중송신할 권리를 가진다.

제19조(전시권) 저작자는 미술저작물 등의 원본이나 그 복제물을 전시할 권리를 가진다.

제20조(배포권) 저작자는 저작물의 원본이나 그 복제물을 배포할 권리를 가진다. 다만, 저작물의 원본이나 그 복제물이 해당 저작재산권자의 허락을 받아 판매 등의 방법으로 거래에 제공된 경우에는 그러하지 아니하다.

제21조(대여권) 제20조 단서에도 불구하고 저작자는 판매용 음반이나 판매용 프로그램을 영리를 목적으로 대여할 권리를 가진다.

제22조(2차적 저작물작성권) 저작자는 그의 저작물을 원저작물로 하는 2차적 저작물을 작성하여 이용할 권리를 가진다.

제2관 저작재산권의 제한

제23조(재판절차 등에서의 복제) 재판절차를 위하여 필요한 경우이거나 입법·행정

의 목적을 위한 내부자료로서 필요한 경우에는 그 한도 안에서 저작물을 복제할 수 있다. 다만, 그 저작물의 종류와 복제의 부수 및 형태 등에 비추어 당해 저작재산권자의 이익을 부당하게 침해하는 경우에는 그러하지 아니하다.

제24조(정치적 연설 등의 이용) 공개적으로 행한 정치적 연설 및 법정·국회 또는 지방의회에서 공개적으로 행한 진술은 어떠한 방법으로도 이용할 수 있다. 다만, 동일한 저작자의 연설이나 진술을 편집하여 이용하는 경우에는 그러하지 아니하다.

제24조의2(공공저작물의 자유이용) ① 국가 또는 지방자치단체가 업무상 작성하여 공표한 저작물이나 계약에 따라 저작재산권의 전부를 보유한 저작물은 허락 없이 이용할 수 있다. 다만, 저작물이 다음 각 호의 어느 하나에 해당하는 경우에는 그러하지 아니하다.

1. 국가안전보장에 관련되는 정보를 포함하는 경우
2. 개인의 사생활 또는 사업상 비밀에 해당하는 경우
3. 다른 법률에 따라 공개가 제한되는 정보를 포함하는 경우
4. 제112조에 따른 한국저작권위원회에 등록된 저작물로서 「국유재산법」에 따른 국유재산 또는 「공유재산 및 물품 관리법」에 따른 공유재산으로 관리되는 경우

② 국가는 「공공기관의 운영에 관한 법률」 제4조에 따른 공공기관이 업무상 작성하여 공표한 저작물이나 계약에 따라 저작재산권의 전부를 보유한 저작물의 이용을 활성화하기 위하여 대통령령으로 정하는 바에 따라 공공저작물 이용활성화 시책을 수립·시행할 수 있다.

③ 국가 또는 지방자치단체는 제1항 제4호의 공공저작물 중 자유로운 이용을 위하여 필요하다고 인정하는 경우 「국유재산법」 또는 「공유재산 및 물품 관리법」에도 불구하고 대통령령으로 정하는 바에 따라 사용하게 할 수 있다.

제25조(학교교육 목적 등에의 이용) ① 고등학교 및 이에 준하는 학교 이하의 학교의 교육 목적상 필요한 교과용도서에는 공표된 저작물을 게재할 수 있다.

② 특별법에 따라 설립되었거나 「유아교육법」, 「초·중등교육법」 또는 「고등교육법」에 따른 학교, 국가나 지방자치단체가 운영하는 교육기관 및 이들 교육기관의 수업을 지원하기 위하여 국가나 지방자치단체에 소속된 교육지원기관은 그 수업 또는 지원 목적상 필요하다고 인정되는 경우에는 공표된 저작물의 일부분을 복제·배포·공연·전시 또는 공중송신할 수 있다. 다만, 저작물의 성질이나 그 이용의 목적 및 형태 등에 비추어 저작물의 전부를 이용하는 것이 부득이한 경우에는 전부를 이용할 수 있다.

③ 제2항의 규정에 따른 교육기관에서 교육을 받는 자는 수업목적상 필요하다고 인정되는 경우에는 제2항의 범위 내에서 공표된 저작물을 복제하거나 전송할 수 있다.

④ 제1항 및 제2항에 따라 저작물을 이용하려는 자는 문화체육관광부장관이 정하여 고시하는 기준에 따른 보상금을 해당 저작재산권자에게 지급하여야 한다. 다만, 고등학교 및 이에 준하는 학교 이하의 학교에서 제2항에 따른 복제·배포·공연·방송 또는 전송을 하는 경우에는 보상금을 지급하지 아니한다.

⑤ 제4항의 규정에 따른 보상을 받을 권리는 다음 각 호의 요건을 갖춘 단체로서

문화체육관광부장관이 지정하는 단체를 통하여 행사되어야 한다. 문화체육관광부장관이 그 단체를 지정할 때에는 미리 그 단체의 동의를 얻어야 한다.

1. 대한민국 내에서 보상을 받을 권리를 가진 자(이하 "보상권리자"라 한다)로 구성된 단체

2. 영리를 목적으로 하지 아니할 것

3. 보상금의 징수 및 분배 등의 업무를 수행하기에 충분한 능력이 있을 것

⑥ 제5항의 규정에 따른 단체는 그 구성원이 아니라도 보상권리자로부터 신청이 있을 때에는 그 자를 위하여 그 권리행사를 거부할 수 없다. 이 경우 그 단체는 자기의 명의로 그 권리에 관한 재판상 또는 재판 외의 행위를 할 권한을 가진다.

⑦ 문화체육관광부장관은 제5항의 규정에 따른 단체가 다음 각 호의 어느 하나에 해당하는 경우에는 그 지정을 취소할 수 있다.

1. 제5항의 규정에 따른 요건을 갖추지 못한 때

2. 보상관계 업무규정을 위배한 때

3. 보상관계 업무를 상당한 기간 휴지하여 보상권리자의 이익을 해할 우려가 있을 때

⑧ 제5항의 규정에 따른 단체는 보상금 분배 공고를 한 날부터 3년이 경과한 미분배 보상금에 대하여 문화체육관광부장관의 승인을 얻어 공익목적을 위하여 사용할 수 있다.

⑨ 제5항·제7항 및 제8항의 규정에 따른 단체의 지정과 취소 및 업무규정, 보상금 분배 공고, 미분배 보상금의 공익목적 사용 승인 등에 관하여 필요한 사항은 대통령령으로 정한다.

⑩ 제2항의 규정에 따라 교육기관이 전송을 하는 경우에는 저작권 그 밖에 이 법에 의하여 보호되는 권리의 침해를 방지하기 위하여 복제방지조치 등 대통령령이 정하는 필요한 조치를 하여야 한다.

제26조(시사보도를 위한 이용) 방송·신문 그 밖의 방법에 의하여 시사보도를 하는 경우에 그 과정에서 보이거나 들리는 저작물은 보도를 위한 정당한 범위 안에서 복제·배포·공연 또는 공중송신할 수 있다.

제27조(시사적인 기사 및 논설의 복제 등) 정치·경제·사회·문화·종교에 관하여 「신문 등의 진흥에 관한 법률」 제2조의 규정에 따른 신문 및 인터넷신문 또는 「뉴스통신진흥에 관한 법률」 제2조의 규정에 따른 뉴스통신에 게재된 시사적인 기사나 논설은 다른 언론기관이 복제·배포 또는 방송할 수 있다. 다만, 이용을 금지하는 표시가 있는 경우에는 그러하지 아니하다.

제28조(공표된 저작물의 인용) 공표된 저작물은 보도·비평·교육·연구 등을 위하여는 정당한 범위 안에서 공정한 관행에 합치되게 이를 인용할 수 있다.

제29조(영리를 목적으로 하지 아니하는 공연·방송) ① 영리를 목적으로 하지 아니하고 청중이나 관중 또는 제3자로부터 어떤 명목으로든지 반대급부를 받지 아니하는 경우에는 공표된 저작물을 공연 또는 방송할 수 있다. 다만, 실연자에게 통상의 보수를 지급하는 경우에는 그러하지 아니하다.

② 청중이나 관중으로부터 당해 공연에 대한 반대급부를 받지 아니하는 경우에는 판매용 음반 또는 판매용 영상저작물을 재생하여 공중에게 공연할 수 있다. 다만, 대통령령이 정하는 경우에는 그러하지 아니하다.

제30조(사적 이용을 위한 복제) 공표된 저작물을 영리를 목적으로 하지 아니하고 개인적으로 이용하거나 가정 및 이에 준하는 한정된 범위 안에서 이용하는 경우에는 그 이용자는 이를 복제할 수 있다. 다만, 공중의 사용에 제공하기 위하여 설치된 복사기기에 의한 복제는 그러하지 아니하다.

제31조(도서관 등에서의 복제 등) ①「도서관법」에 따른 도서관과 도서·문서·기록 그 밖의 자료(이하 "도서 등"이라 한다)를 공중의 이용에 제공하는 시설 중 대통령령이 정하는 시설(당해 시설의 장을 포함한다. 이하 "도서관 등"이라 한다)은 다음 각 호의 어느 하나에 해당하는 경우에는 그 도서관 등에 보관된 도서 등(제1호의 경우에는 제3항의 규정에 따라 당해 도서관 등이 복제·전송받은 도서 등을 포함한다)을 사용하여 저작물을 복제할 수 있다. 다만, 제1호 및 제3호의 경우에는 디지털 형태로 복제할 수 없다.

1. 조사·연구를 목적으로 하는 이용자의 요구에 따라 공표된 도서 등의 일부분의 복제물을 1인 1부에 한하여 제공하는 경우

2. 도서 등의 자체보존을 위하여 필요한 경우

3. 다른 도서관 등의 요구에 따라 절판 그 밖에 이에 준하는 사유로 구하기 어려운 도서 등의 복제물을 보존용으로 제공하는 경우

② 도서관 등은 컴퓨터를 이용하여 이용자가 그 도서관 등의 안에서 열람할 수 있도록 보관된 도서 등을 복제하거나 전송할 수 있다. 이 경우 동시에 열람할 수 있는 이용자의 수는 그 도서관 등에서 보관하고 있거나 저작권 그 밖에 이 법에 따라 보호되는 권리를 가진 자로부터 이용허락을 받은 그 도서 등의 부수를 초과할 수 없다.

③ 도서관 등은 컴퓨터를 이용하여 이용자가 다른 도서관 등의 안에서 열람할 수 있도록 보관된 도서 등을 복제하거나 전송할 수 있다. 다만, 그 전부 또는 일부가 판매용으로 발행된 도서 등은 그 발행일로부터 5년이 경과하지 아니한 경우에는 그러하지 아니하다.

④ 도서관 등은 제1항 제2호의 규정에 따른 도서 등의 복제 및 제2항과 제3항의 규정에 따른 도서 등의 복제의 경우에 그 도서 등이 디지털 형태로 판매되고 있는 때에는 그 도서 등을 디지털 형태로 복제할 수 없다.

⑤ 도서관 등은 제1항 제1호의 규정에 따라 디지털 형태의 도서 등을 복제하는 경우 및 제3항의 규정에 따라 도서 등을 다른 도서관 등의 안에서 열람할 수 있도록 복제하거나 전송하는 경우에는 문화체육관광부장관이 정하여 고시하는 기준에 의한 보상금을 당해저작재산권자에게 지급하여야 한다. 다만, 국가, 지방자치단체 또는 「고등교육법」 제2조의 규정에 따른 학교를 저작재산권자로 하는 도서 등(그 전부 또는 일부가 판매용으로 발행된 도서 등을 제외한다)의 경우에는 그러하지 아니하다.

⑥ 제25조 제5항 내지 제9항의 규정은 제5항의 보상금의 지급 등에 관하여 준용한다.

⑦ 제1항 내지 제3항의 규정에 따라 도서 등을 디지털 형태로 복제하거나 전송하는 경우에 도서관 등은 저작권 그 밖에 이 법에 따라 보호되는 권리의 침해를 방지하기 위하여 복제방지조치 등 대통령령이 정하는 필요한 조치를 하여야 한다.

⑧ 「도서관법」 제20조의2에 따라 국립중

앙도서관이 온라인 자료의 보존을 위하여 수집하는 경우에는 해당 자료를 복제할 수 있다.

제32조(시험문제로서의 복제) 학교의 입학시험 그 밖에 학식 및 기능에 관한 시험 또는 검정을 위하여 필요한 경우에는 그 목적을 위하여 정당한 범위에서 공표된 저작물을 복제·배포할 수 있다. 다만, 영리를 목적으로 하는 경우에는 그러하지 아니하다.

제33조(시각장애인 등을 위한 복제 등)

① 공표된 저작물은 시각장애인 등을 위하여 점자로 복제·배포할 수 있다.

② 시각장애인 등의 복리증진을 목적으로 하는 시설 중 대통령령이 정하는 시설(당해 시설의 장을 포함한다)은 영리를 목적으로 하지 아니하고 시각장애인 등의 이용에 제공하기 위하여 공표된 어문저작물을 녹음하거나 대통령령으로 정하는 시각장애인 등을 위한 전용 기록방식으로 복제·배포 또는 전송할 수 있다.

③ 제1항 및 제2항의 규정에 따른 시각장애인 등의 범위는 대통령령으로 정한다.

제33조의2(청각장애인 등을 위한 복제 등) ① 누구든지 청각장애인 등을 위하여 공표된 저작물을 수화로 변환할 수 있고, 이러한 수화를 복제·배포·공연 또는 공중송신할 수 있다.

② 청각장애인 등의 복리증진을 목적으로 하는 시설 중 대통령령으로 정하는 시설(해당 시설의 장을 포함한다)은 영리를 목적으로 하지 아니하고 청각장애인 등의 이용에 제공하기 위하여 필요한 범위에서 공표된 저작물 등에 포함된 음성 및 음향 등을 자막 등 청각장애인이 인지할 수 있는 방식으로 변환할 수 있고, 이러한 자막 등을 청각장애인 등이 이용할 수 있도록 복제·배포·공연 또는 공중송신할 수 있다.

③ 제1항 및 제2항에 따른 청각장애인 등의 범위는 대통령령으로 정한다.

제34조(방송사업자의 일시적 녹음·녹화)

① 저작물을 방송할 권한을 가지는 방송사업자는 자신의 방송을 위하여 자체의 수단으로 저작물을 일시적으로 녹음하거나 녹화할 수 있다.

② 제1항의 규정에 따라 만들어진 녹음물 또는 녹화물은 녹음일 또는 녹화일로부터 1년을 초과하여 보존할 수 없다. 다만, 그 녹음물 또는 녹화물이 기록의 자료로서 대통령령이 정하는 장소에 보존되는 경우에는 그러하지 아니하다.

제35조(미술저작물 등의 전시 또는 복제)

① 미술저작물 등의 원본의 소유자나 그의 동의를 얻은 자는 그 저작물을 원본에 의하여 전시할 수 있다. 다만, 가로·공원·건축물의 외벽 그 밖에 공중에게 개방된 장소에 항시 전시하는 경우에는 그러하지 아니하다.

② 제1항 단서의 규정에 따른 개방된 장소에 항시 전시되어 있는 미술저작물 등은 어떠한 방법으로든지 이를 복제하여 이용할 수 있다. 다만, 다음 각 호의 어느 하나에 해당하는 경우에는 그러하지 아니하다.

1. 건축물을 건축물로 복제하는 경우
2. 조각 또는 회화를 조각 또는 회화로 복제하는 경우
3. 제1항 단서의 규정에 따른 개방된 장소 등에 항시 전시하기 위하여 복제하는 경우
4. 판매의 목적으로 복제하는 경우

③ 제1항의 규정에 따라 전시를 하는 자 또는 미술저작물 등의 원본을 판매하고자 하는 자는 그 저작물의 해설이나 소개를 목

적으로 하는 목록 형태의 책자에 이를 복제하여 배포할 수 있다.

④ 위탁에 의한 초상화 또는 이와 유사한 사진저작물의 경우에는 위탁자의 동의가 없는 때에는 이를 이용할 수 없다

제35조의2(저작물 이용과정에서의 일시적 복제) 컴퓨터에서 저작물을 이용하는 경우에는 원활하고 효율적인 정보처리를 위하여 필요하다고 인정되는 범위 안에서 그 저작물을 그 컴퓨터에 일시적으로 복제할 수 있다. 다만, 그 저작물의 이용이 저작권을 침해하는 경우에는 그러하지 아니하다.

제35조의3(저작물의 공정한 이용) ① 제23조부터 제35조의2까지, 제101조의3부터 제101조의5까지의 경우 외에 저작물의 통상적인 이용 방법과 충돌하지 아니하고 저작자의 정당한 이익을 부당하게 해치지 아니하는 경우에는 보도·비평·교육·연구 등을 위하여 저작물을 이용할 수 있다.

② 저작물 이용 행위가 제1항에 해당하는지를 판단할 때에는 다음 각 호의 사항 등을 고려하여야 한다.

1. 영리성 또는 비영리성 등 이용의 목적 및 성격
2. 저작물의 종류 및 용도
3. 이용된 부분이 저작물 전체에서 차지하는 비중과 그 중요성
4. 저작물의 이용이 그 저작물의 현재 시장 또는 가치나 잠재적인 시장 또는 가치에 미치는 영향

제36조(번역 등에 의한 이용) ① 제24조의2, 제25조, 제29조, 제30조 또는 제35조의3에 따라 저작물을 이용하는 경우에는 그 저작물을 번역·편곡 또는 개작하여 이용할 수 있다.

② 제23조·제24조·제26조·제27조·제28조·제32조·제33조 또는 제33조의2에 따라 저작물을 이용하는 경우에는 그 저작물을 번역하여 이용할 수 있다.

제37조(출처의 명시) ① 이 관에 따라 저작물을 이용하는 자는 그 출처를 명시하여야 한다. 다만, 제26조, 제29조부터 제32조까지, 제34조 및 제35조의2의 경우에는 그러하지 아니하다.

② 출처의 명시는 저작물의 이용 상황에 따라 합리적이라고 인정되는 방법으로 하여야 하며, 저작자의 실명 또는 이명이 표시된 저작물인 경우에는 그 실명 또는 이명을 명시하여야 한다.

제37조의2(적용 제외) 프로그램에 대하여는 제23조·제25조·제30조 및 제32조를 적용하지 아니한다.

제38조(저작인격권과의 관계) 이 관 각 조의 규정은 저작인격권에 영향을 미치는 것으로 해석되어서는 아니 된다.

제3관 저작재산권의 보호기간

제39조(보호기간의 원칙) ① 저작재산권은 이 관에 특별한 규정이 있는 경우를 제외하고는 저작자가 생존하는 동안과 사망한 후 70년간 존속한다.

② 공동저작물의 저작재산권은 맨 마지막으로 사망한 저작자가 사망한 후 70년간 존속한다.

제40조(무명 또는 이명 저작물의 보호기간)

① 무명 또는 널리 알려지지 아니한 이명이 표시된 저작물의 저작재산권은 공표된 때부터 70년간 존속한다. 다만, 이 기간 내에 저작자가 사망한 지 70년이 지났다고 인정할 만한 정당한 사유가 발생한 경우에는 그 저작재산권은 저작자가 사망한 후 70년

이 지났다고 인정되는 때에 소멸한 것으로 본다.

② 다음 각 호의 어느 하나에 해당하는 경우에는 제1항의 규정은 이를 적용하지 아니한다.

1. 제1항의 기간 이내에 저작자의 실명 또는 널리 알려진 이명이 밝혀진 경우

2. 제1항의 기간 이내에 제53조 제1항의 규정에 따른 저작자의 실명등록이 있는 경우

제41조(업무상저작물의 보호기간) 업무상저작물의 저작재산권은 공표한 때부터 70년간 존속한다. 다만, 창작한 때부터 50년 이내에 공표되지 아니한 경우에는 창작한 때부터 70년간 존속한다.

제42조(영상저작물의 보호기간) 영상저작물의 저작재산권은 제39조 및 제40조에도 불구하고 공표한 때부터 70년간 존속한다. 다만, 창작한 때부터 50년 이내에 공표되지 아니한 경우에는 창작한 때부터 70년간 존속한다.

제43조(계속적 간행물 등의 공표시기) ① 제40조 제1항 또는 제41조에 따른 공표시기는 책·호 또는 회 등으로 공표하는 저작물의 경우에는 매책·매호 또는 매회 등의 공표시로 하고, 일부분씩 순차적으로 공표하여 완성하는 저작물의 경우에는 최종부분의 공표시로 한다.

② 일부분씩 순차적으로 공표하여 전부를 완성하는 저작물의 계속되어야 할 부분이 최근의 공표시기부터 3년이 경과되어도 공표되지 아니하는 경우에는 이미 공표된 맨 뒤의 부분을 제1항의 규정에 따른 최종부분으로 본다.

제44조(보호기간의 기산) 이 관에 규정된 저작재산권의 보호기간을 계산하는 경우에는 저작자가 사망하거나 저작물을 창작 또는 공표한 다음 해부터 기산한다.

제4관 저작재산권의 양도·행사·소멸

제45조(저작재산권의 양도) ① 저작재산권은 전부 또는 일부를 양도할 수 있다.

② 저작재산권의 전부를 양도하는 경우에 특약이 없는 때에는 제22조에 따른 2차적저작물을 작성하여 이용할 권리는 포함되지 아니한 것으로 추정한다. 다만, 프로그램의 경우 특약이 없는 한 2차적 저작물작성권도 함께 양도된 것으로 추정한다.

제46조(저작물의 이용허락) ① 저작재산권자는 다른 사람에게 그 저작물의 이용을 허락할 수 있다.

② 제1항의 규정에 따라 허락을 받은 자는 허락받은 이용 방법 및 조건의 범위 안에서 그 저작물을 이용할 수 있다.

③ 제1항의 규정에 따른 허락에 의하여 저작물을 이용할 수 있는 권리는 저작재산권자의 동의 없이 제3자에게 이를 양도할 수 없다.

제47조(저작재산권을 목적으로 하는 질권의 행사 등) ① 저작재산권을 목적으로 하는 질권은 그 저작재산권의 양도 또는 그 저작물의 이용에 따라 저작재산권자가 받을 금전 그 밖의 물건(제57조에 따른 배타적발행권 및 제63조에 따른 출판권 설정의 대가를 포함한다)에 대하여도 행사할 수 있다. 다만, 이들의 지급 또는 인도 전에 이를 압류하여야 한다.

② 질권의 목적으로 된 저작재산권은 설정행위에 특약이 없는 한 저작재산권자가 이를 행사한다.

제48조(공동저작물의 저작재산권의 행사) ① 공동저작물의 저작재산권은 그 저작재

산권자 전원의 합의에 의하지 아니하고는 이를 행사할 수 없으며, 다른 저작재산권자의 동의가 없으면 그 지분을 양도하거나 질권의 목적으로 할 수 없다. 이 경우 각 저작재산권자는 신의에 반하여 합의의 성립을 방해하거나 동의를 거부할 수 없다.

② 공동저작물의 이용에 따른 이익은 공동저작자 간에 특약이 없는 때에는 그 저작물의 창작에 이바지한 정도에 따라 각자에게 배분된다. 이 경우 각자의 이바지한 정도가 명확하지 아니한 때에는 균등한 것으로 추정한다.

③ 공동저작물의 저작재산권자는 그 공동저작물에 대한 자신의 지분을 포기할 수 있으며, 포기하거나 상속인 없이 사망한 경우에 그 지분은 다른 저작재산권자에게 그 지분의 비율에 따라 배분된다.

④ 제15조 제2항 및 제3항의 규정은 공동저작물의 저작재산권의 행사에 관하여 준용한다.

제49조(저작재산권의 소멸) 저작재산권이 다음 각 호의 어느 하나에 해당하는 경우에는 소멸한다.

1. 저작재산권자가 상속인 없이 사망한 경우에 그 권리가 「민법」 그 밖의 법률의 규정에 따라 국가에 귀속되는 경우

2. 저작재산권자인 법인 또는 단체가 해산되어 그 권리가 「민법」 그 밖의 법률의 규정에 따라 국가에 귀속되는 경우

제5절 저작물 이용의 법정허락

제50조(저작재산권자 불명인 저작물의 이용) ① 누구든지 대통령령이 정하는 기준에 해당하는 상당한 노력을 기울였어도 공표된 저작물(외국인의 저작물을 제외한다)의 저작재산권자나 그의 거소를 알 수 없어 그 저작물의 이용허락을 받을 수 없는 경우에는 대통령령이 정하는 바에 따라 문화체육관광부장관의 승인을 얻은 후 문화체육관광부장관이 정하는 기준에 의한 보상금을 공탁하고 이를 이용할 수 있다.

② 제1항의 규정에 따라 저작물을 이용하는 자는 그 뜻과 승인연월일을 표시하여야 한다.

③ 제1항의 규정에 따라 법정허락된 저작물이 다시 법정허락의 대상이 되는 때에는 제1항의 규정에 따른 대통령령이 정하는 기준에 해당하는 상당한 노력의 절차를 생략할 수 있다. 다만, 그 저작물에 대한 법정허락의 승인 이전에 저작재산권자가 대통령령이 정하는 절차에 따라 이의를 제기하는 때에는 그러하지 아니하다.

④ 문화체육관광부장관은 대통령령이 정하는 바에 따라 법정허락 내용을 정보통신망에 게시하여야 한다.

제51조(공표된 저작물의 방송) 공표된 저작물을 공익상 필요에 의하여 방송하고자 하는 방송사업자가 그 저작재산권자와 협의하였으나 협의가 성립되지 아니하는 경우에는 대통령령이 정하는 바에 따라 문화체육관광부장관의 승인을 얻은 후 문화체육관광부장관이 정하는 기준에 의한 보상금을 당해 저작재산권자에게 지급하거나 공탁하고 이를 방송할 수 있다.

제52조(판매용 음반의 제작) 판매용 음반이 우리나라에서 처음으로 판매되어 3년이 경과한 경우 그 음반에 녹음된 저작물을 녹음하여 다른 판매용 음반을 제작하고자 하는 자가 그 저작재산권자와 협의하였으나 협의가 성립되지 아니하는 때에는 대통령령이 정하는 바에 따라 문화체육관광부장관의

승인을 얻은 후 문화체육관광부장관이 정하는 기준에 의한 보상금을 당해 저작재산권자에게 지급하거나 공탁하고 다른 판매용 음반을 제작할 수 있다.

제6절 등록 및 인증

제53조(저작권의 등록) ① 저작자는 다음 각 호의 사항을 등록할 수 있다.

1. 저작자의 실명·이명(공표 당시에 이명을 사용한 경우에 한한다)·국적·주소 또는 거소
2. 저작물의 제호·종류·창작연월일
3. 공표의 여부 및 맨 처음 공표된 국가·공표연월일
4. 그 밖에 대통령령으로 정하는 사항

② 저작자가 사망한 경우 저작자의 특별한 의사표시가 없는 때에는 그의 유언으로 지정한 자 또는 상속인이 제1항 각 호의 규정에 따른 등록을 할 수 있다.

③ 제1항 및 제2항에 따라 저작자로 실명이 등록된 자는 그 등록저작물의 저작자로, 창작연월일 또는 맨 처음의 공표연월일이 등록된 저작물은 등록된 연월일에 창작 또는 맨 처음 공표된 것으로 추정한다. 다만, 저작물을 창작한 때부터 1년이 경과한 후에 창작연월일을 등록한 경우에는 등록된 연월일에 창작된 것으로 추정하지 아니한다.

제54조(권리변동 등의 등록·효력) 다음 각 호의 사항은 이를 등록할 수 있으며, 등록하지 아니하면 제3자에게 대항할 수 없다.

1. 저작재산권의 양도(상속 그 밖의 일반승계의 경우를 제외한다) 또는 처분제한
2. 제57조에 따른 배타적 발행권 또는 제63조에 따른 출판권의 설정·이전·변경·소멸 또는 처분제한
3. 저작재산권, 제57조에 따른 배타적 발행권 및 제63조에 따른 출판권을 목적으로 하는 질권의 설정·이전·변경·소멸 또는 처분제한

제55조(등록의 절차 등) ① 제53조 및 제54조에 따른 등록은 문화체육관광부장관이 저작권등록부(프로그램의 경우에는 프로그램등록부를 말한다. 이하 이 조에서 같다)에 기재하여 행한다.

② 문화체육관광부장관은 다음 각 호의 어느 하나에 해당하는 경우에는 신청을 반려할 수 있다. 다만, 신청의 흠결이 보정될 수 있는 경우에 신청인이 당일 이를 보정하였을 때에는 그러하지 아니하다.

1. 등록 신청한 사항이 등록할 것이 아닌 때
2. 등록 신청이 문화체육관광부령으로 정한 서식에 적합하지 아니하거나 그 밖의 필요한 자료 또는 서류를 첨부하지 아니한 때

③ 문화체육관광부장관은 제1항의 규정에 따라 저작권등록부에 기재한 등록에 대하여 등록공보를 발행하거나 정보통신망에 게시하여야 하며, 신청한 자가 있는 경우에는 저작권등록부를 열람하게 하거나 그 사본을 교부하여야 한다.

④ 제1항 내지 제3항의 규정에 따른 등록, 등록신청의 반려, 등록공보의 발행 또는 게시, 저작권등록부의 열람 및 사본의 교부 등에 관하여 필요한 사항은 대통령령으로 정한다.

제55조의2(비밀유지의무) 제53조부터 제55조까지의 규정에 따른 등록 업무를 수행하는 자 및 그 직에 있었던 자는 직무상 알게 된 비밀을 다른 사람에게 누설하여서는 아니 된다.

제56조(권리자 등의 인증) ① 문화체육관광부장관은 저작물 등의 거래의 안전과 신뢰보호를 위하여 인증기관을 지정할 수 있다.

② 제1항에 따른 인증기관의 지정과 지정취소 및 인증절차 등에 관하여 필요한 사항은 대통령령으로 정한다.

③ 제1항의 규정에 따른 인증기관은 인증과 관련한 수수료를 받을 수 있으며 그 금액은 문화체육관광부장관이 정한다.

제7절 배타적 발행권

제57조(배타적 발행권의 설정) ① 저작물을 발행하거나 복제·전송(이하 "발행 등"이라 한다)할 권리를 가진 자는 그 저작물을 발행 등에 이용하고자 하는 자에 대하여 배타적 권리(이하 "배타적 발행권"이라 하며, 제63조에 따른 출판권은 제외한다. 이하 같다)를 설정할 수 있다.

② 저작재산권자는 그 저작물에 대하여 발행 등의 방법 및 조건이 중첩되지 않는 범위 내에서 새로운 배타적 발행권을 설정할 수 있다.

③ 제1항에 따라 배타적 발행권을 설정받은 자(이하 "배타적 발행권자"라 한다)는 그 설정행위에서 정하는 바에 따라 그 배타적 발행권의 목적인 저작물을 발행 등의 방법으로 이용할 권리를 가진다.

④ 저작재산권자는 그 저작물의 복제권·배포권·전송권을 목적으로 하는 질권이 설정되어 있는 경우에는 그 질권자의 허락이 있어야 배타적 발행권을 설정할 수 있다.

제58조(배타적 발행권자의 의무) ① 배타적 발행권자는 그 설정행위에 특약이 없는 때에는 배타적 발행권의 목적인 저작물을 복제하기 위하여 필요한 원고 또는 이에 상당하는 물건을 받은 날부터 9월 이내에 이를 발행 등의 방법으로 이용하여야 한다.

② 배타적 발행권자는 그 설정행위에 특약이 없는 때에는 관행에 따라 그 저작물을 계속하여 발행 등의 방법으로 이용하여야 한다.

③ 배타적 발행권자는 특약이 없는 때에는 각 복제물에 대통령령이 정하는 바에 따라 저작재산권자의 표지를 하여야 한다.

제58조의2(저작물의 수정증감) ① 배타적 발행권자가 배타적 발행권의 목적인 저작물을 발행 등의 방법으로 다시 이용하는 경우에 저작자는 정당한 범위 안에서 그 저작물의 내용을 수정하거나 증감할 수 있다.

② 배타적 발행권자는 배타적 발행권의 목적인 저작물을 발행 등의 방법으로 다시 이용하고자 하는 경우에 특약이 없는 때에는 그때마다 미리 저작자에게 그 사실을 알려야 한다.

제59조(배타적 발행권의 존속기간 등)

① 배타적 발행권은 그 설정행위에 특약이 없는 때에는 맨 처음 발행 등을 한 날로부터 3년간 존속한다. 다만, 저작물의 영상화를 위하여 배타적 발행권을 설정하는 경우에는 5년으로 한다.

② 저작재산권자는 배타적 발행권 존속기간 중 그 배타적 발행권의 목적인 저작물의 저작자가 사망한 때에는 제1항에도 불구하고 저작자를 위하여 저작물을 전집 그 밖의 편집물에 수록하거나 전집 그 밖의 편집물의 일부인 저작물을 분리하여 이를 따로 발행 등의 방법으로 이용할 수 있다.

제60조(배타적 발행권의 소멸통고) ① 저작재산권자는 배타적 발행권자가 제58조 제1항 또는 제2항을 위반한 경우에는 6월 이상의 기간을 정하여 그 이행을 최고하고

그 기간 내에 이행하지 아니하는 때에는 배타적 발행권의 소멸을 통고할 수 있다.

② 저작재산권자는 배타적 발행권자가 그 저작물을 발행 등의 방법으로 이용하는 것이 불가능하거나 이용할 의사가 없음이 명백한 경우에는 제1항에도 불구하고 즉시 배타적 발행권의 소멸을 통고할 수 있다.

③ 제1항 또는 제2항에 따라 배타적 발행권의 소멸을 통고한 경우에는 배타적 발행권자가 통고를 받은 때에 배타적 발행권이 소멸한 것으로 본다.

④ 제3항의 경우에 저작재산권자는 배타적 발행권자에 대하여 언제든지 원상회복을 청구하거나 발행 등을 중지함으로 인한 손해의 배상을 청구할 수 있다.

제61조(배타적 발행권 소멸 후의 복제물의 배포) 배타적 발행권이 그 존속기간의 만료 그 밖의 사유로 소멸된 경우에는 그 배타적 발행권을 가지고 있던 자는 다음 각 호의 어느 하나에 해당하는 경우를 제외하고는 그 배타적 발행권의 존속기간 중 만들어진 복제물을 배포할 수 없다.

1. 출판권 설정행위에 특약이 있는 경우
2. 발행권의 존속기간 중 저작재산권자에게 그 저작물의 발행에 따른 대가를 지급하고 그 대가에 상응하는 부수의 복제물을 배포하는 경우

제62조(배타적 발행권의 양도·제한 등) ① 배타적 발행권자는 저작재산권자의 동의 없이 배타적 발행권을 양도하거나 또는 질권의 목적으로 할 수 없다.

② 배타적 발행권의 목적으로 되어 있는 저작물의 복제 등에 관하여는 제23조, 제24조, 제25조 제1항부터 제3항까지, 제26조부터 제28조까지, 제30조부터 제33조까지, 제35조 제2항 및 제3항, 제35조의2, 제35조의3, 제36조 및 제37조를 준용한다.

제7절의2 출판에 관한 특례

제63조(출판권의 설정) ① 저작물을 복제·배포할 권리를 가진 자(이하 "복제권자"라 한다)는 그 저작물을 인쇄 그 밖에 이와 유사한 방법으로 문서 또는 도화로 발행하고자 하는 자에 대하여 이를 출판할 권리(이하 "출판권"이라 한다)를 설정할 수 있다.

② 제1항에 따라 출판권을 설정받은 자(이하 "출판권자"라 한다)는 그 설정행위에서 정하는 바에 따라 그 출판권의 목적인 저작물을 원작 그대로 출판할 권리를 가진다.

③ 복제권자는 그 저작물의 복제권을 목적으로 하는 질권이 설정되어 있는 경우에는 그 질권자의 허락이 있어야 출판권을 설정할 수 있다.

제63조의2(준용) 제58조부터 제62조까지는 출판권에 관하여 준용한다. 이 경우 "배타적 발행권"은 "출판권"으로, "저작재산권자"는 "복제권자"로 본다.

제3장 저작인접권

제1절 통 칙

제64조(보호받는 실연·음반·방송) ① 다음 각 호 각 목의 어느 하나에 해당하는 실연·음반 및 방송은 이 법에 의한 보호를 받는다.

1. 실연

가. 대한민국 국민(대한민국 법률에 따라 설립된 법인 및 대한민국 내에 주된 사무소가 있는 외국법인을 포함한다. 이하 같

다)이 행하는 실연

나. 대한민국이 가입 또는 체결한 조약에 따라 보호되는 실연

다. 제2호 각 목의 음반에 고정된 실연

라. 제3호 각 목의 방송에 의하여 송신되는 실연(송신 전에 녹음 또는 녹화되어 있는 실연을 제외한다)

2. 음반

가. 대한민국 국민을 음반제작자로 하는 음반

나. 음이 맨 처음 대한민국 내에서 고정된 음반

다. 대한민국이 가입 또는 체결한 조약에 따라 보호되는 음반으로서 체약국 내에서 최초로 고정된 음반

라. 대한민국이 가입 또는 체결한 조약에 따라 보호되는 음반으로서 체약국의 국민(당해 체약국의 법률에 따라 설립된 법인 및 당해 체약국 내에 주된 사무소가 있는 법인을 포함한다)을 음반제작자로 하는 음반

3. 방송

가. 대한민국 국민인 방송사업자의 방송

나. 대한민국 내에 있는 방송설비로부터 행하여지는 방송

다. 대한민국이 가입 또는 체결한 조약에 따라 보호되는 방송으로서 체약국의 국민인 방송사업자가 당해 체약국 내에 있는 방송설비로부터 행하는 방송

② 제1항에 따라 보호되는 외국인의 실연·음반 및 방송이라도 그 외국에서 보호기간이 만료된 경우에는 이 법에 따른 보호기간을 인정하지 아니한다.

제64조의2(실연자 등의 추정) 이 법에 따라 보호되는 실연·음반·방송과 관련하여 실연자, 음반제작자 또는 방송사업자로서의 실명 또는 널리 알려진 이명이 일반적인 방법으로 표시된 자는 실연자, 음반제작자 또는 방송사업자로서 그 실연·음반·방송에 대하여 각각 실연자의 권리, 음반제작자의 권리 또는 방송사업자의 권리를 가지는 것으로 추정한다.

제65조(저작권과의 관계) 이 장 각 조의 규정은 저작권에 영향을 미치는 것으로 해석되어서는 아니 된다.

제2절 실연자의 권리

제66조(성명표시권) ① 실연자는 그의 실연 또는 실연의 복제물에 그의 실명 또는 이명을 표시할 권리를 가진다.

② 실연을 이용하는 자는 그 실연자의 특별한 의사표시가 없는 때에는 실연자가 그의 실명 또는 이명을 표시한 바에 따라 이를 표시하여야 한다. 다만, 실연의 성질이나 그 이용의 목적 및 형태 등에 비추어 부득이하다고 인정되는 경우에는 그러하지 아니하다.

제67조(동일성유지권) 실연자는 그의 실연의 내용과 형식의 동일성을 유지할 권리를 가진다. 다만, 실연의 성질이나 그 이용의 목적 및 형태 등에 비추어 부득이하다고 인정되는 경우에는 그러하지 아니한다.

제68조(실연자의 인격권의 일신전속성) 제66조 및 제67조에 규정된 권리(이하 "실연자의 인격권"이라 한다)는 실연자 일신에 전속한다.

제69조(복제권) 실연자는 그의 실연을 복제할 권리를 가진다.

제70조(배포권) 실연자는 그의 실연의 복제물을 배포할 권리를 가진다. 다만, 실연의 복제물이 실연자의 허락을 받아 판매 등의 방법으로 거래에 제공된 경우에는 그러하지

아니하다.

제71조(대여권) 실연자는 제70조의 단서의 규정에 불구하고 그의 실연이 녹음된 판매용 음반을 영리를 목적으로 대여할 권리를 가진다.

제72조(공연권) 실연자는 그의 고정되지 아니한 실연을 공연할 권리를 가진다. 다만, 그 실연이 방송되는 실연인 경우에는 그러하지 아니하다.

제73조(방송권) 실연자는 그의 실연을 방송할 권리를 가진다. 다만, 실연자의 허락을 받아 녹음된 실연에 대하여는 그러하지 아니하다.

제74조(전송권) 실연자는 그의 실연을 전송할 권리를 가진다.

제75조(방송사업자의 실연자에 대한 보상) ① 방송사업자가 실연이 녹음된 판매용 음반을 사용하여 방송하는 경우에는 상당한 보상금을 그 실연자에게 지급하여야 한다. 다만, 실연자가 외국인인 경우에 그 외국에서 대한민국 국민인 실연자에게 이 항의 규정에 따른 보상금을 인정하지 아니하는 때에는 그러하지 아니하다.

② 제25조 제5항 내지 제9항의 규정은 제1항의 규정에 따른 보상금의 지급 등에 관하여 준용한다.

③ 제2항의 규정에 따른 단체가 보상권리자를 위하여 청구할 수 있는 보상금의 금액은 매년 그 단체와 방송사업자가 협의하여 정한다.

④ 제3항에 따른 협의가 성립되지 아니하는 경우에 그 단체 또는 방송사업자는 대통령령으로 정하는 바에 따라 제112조에 따른 한국저작권위원회에 조정을 신청할 수 있다.

제76조(디지털음성송신사업자의 실연자에 대한 보상) ① 디지털음성송신사업자가 실연이 녹음된 음반을 사용하여 송신하는 경우에는 상당한 보상금을 그 실연자에게 지급하여야 한다.

② 제25조 제5항 내지 제9항의 규정은 제1항의 규정에 따른 보상금의 지급 등에 관하여 준용한다.

③ 제2항의 규정에 따른 단체가 보상권리자를 위하여 청구할 수 있는 보상금의 금액은 매년 그 단체와 디지털음성송신사업자가 대통령령이 정하는 기간 내에 협의하여 정한다.

④ 제3항의 규정에 따른 협의가 성립되지 아니한 경우에는 문화체육관광부장관이 정하여 고시하는 금액을 지급한다.

제76조의2(판매용 음반을 사용하여 공연하는 자의 실연자에 대한 보상) ① 실연이 녹음된 판매용 음반을 사용하여 공연을 하는 자는 상당한 보상금을 해당 실연자에게 지급하여야 한다. 다만, 실연자가 외국인인 경우에 그 외국에서 대한민국 국민인 실연자에게 이 항의 규정에 따른 보상금을 인정하지 아니하는 때에는 그러하지 아니하다.

② 제25조 제5항부터 제9항까지 및 제76조 제3항·제4항은 제1항에 따른 보상금의 지급 및 금액 등에 관하여 준용한다.

제77조(공동실연자) ① 2인 이상이 공동으로 합창·합주 또는 연극 등을 실연하는 경우에 이 절에 규정된 실연자의 권리(실연자의 인격권은 제외한다)는 공동으로 실연하는 자가 선출하는 대표자가 이를 행사한다. 다만, 대표자의 선출이 없는 경우에는 지휘자 또는 연출자 등이 이를 행사한다.

② 제1항의 규정에 따라 실연자의 권리를 행사하는 경우에 독창 또는 독주가 함께 실연된 때에는 독창자 또는 독주자의 동의를 얻어야 한다.

③ 제15조의 규정은 공동실연자의 인격권 행사에 관하여 준용한다.

제3절 음반제작자의 권리

제78조(복제권) 음반제작자는 그의 음반을 복제할 권리를 가진다.

제79조(배포권) 음반제작자는 그의 음반을 배포할 권리를 가진다. 다만, 음반의 복제물이 음반제작자의 허락을 받아 판매 등의 방법으로 거래에 제공된 경우에는 그러하지 아니하다.

제80조(대여권) 음반제작자는 제79조의 단서의 규정에 불구하고 판매용 음반을 영리를 목적으로 대여할 권리를 가진다.

제81조(전송권) 음반제작자는 그의 음반을 전송할 권리를 가진다.

제82조(방송사업자의 음반제작자에 대한 보상) ① 방송사업자가 판매용 음반을 사용하여 방송하는 경우에는 상당한 보상금을 그 음반제작자에게 지급하여야 한다. 다만, 음반제작자가 외국인인 경우에 그 외국에서 대한민국 국민인 음반제작자에게 이 항의 규정에 따른 보상금을 인정하지 아니하는 때에는 그러하지 아니하다.

② 제25조 제5항 내지 제9항 및 제75조 제3항·제4항의 규정은 제1항의 규정에 따른 보상금의 지급 및 금액 등에 관하여 준용한다.

제83조(디지털음성송신사업자의 음반제작자에 대한 보상) ① 디지털음성송신사업자가 음반을 사용하여 송신하는 경우에는 상당한 보상금을 그 음반제작자에게 지급하여야 한다.

② 제25조 제5항 내지 제9항 및 제76조 제3항·제4항의 규정은 제1항의 규정에 따른 보상금의 지급 및 금액 등에 관하여 준용한다.

제83조의2(판매용 음반을 사용하여 공연하는 자의 음반제작자에 대한 보상) ① 판매용 음반을 사용하여 공연을 하는 자는 상당한 보상금을 해당 음반제작자에게 지급하여야 한다. 다만, 음반제작자가 외국인인 경우에 그 외국에서 대한민국 국민인 음반제작자에게 이 항의 규정에 따른 보상금을 인정하지 아니하는 때에는 그러하지 아니하다.

② 제25조 제5항부터 제9항까지 및 제76조 제3항·제4항은 제1항에 따른 보상금의 지급 및 금액 등에 관하여 준용한다.

제4절 방송사업자의 권리

제84조(복제권) 방송사업자는 그의 방송을 복제할 권리를 가진다.

제85조(동시중계방송권) 방송사업자는 그의 방송을 동시중계방송할 권리를 가진다.

제85조의2(공연권) 방송사업자는 공중의 접근이 가능한 장소에서 방송의 시청과 관련하여 입장료를 받는 경우에 그 방송을 공연할 권리를 가진다.

제5절 저작인접권의 보호기간

제86조(보호기간) ① 저작인접권은 다음 각 호의 어느 하나에 해당하는 때부터 발생하며, 어떠한 절차나 형식의 이행을 필요로 하지 아니한다.

1. 실연의 경우에는 그 실연을 한 때
2. 음반의 경우에는 그 음을 맨 처음 음반에 고정한 때
3. 방송의 경우에는 그 방송을 한 때

② 저작인접권(실연자의 인격권은 제외한

다. 이하 같다)은 다음 각 호의 어느 하나에 해당하는 때의 다음 해부터 기산하여 70년(방송의 경우에는 50년)간 존속한다.

1. 실연의 경우에는 그 실연을 한 때. 다만, 실연을 한 때부터 50년 이내에 실연이 고정된 음반이 발행된 경우에는 음반을 발행한 때

2. 음반의 경우에는 그 음반을 발행한 때. 다만, 음을 음반에 맨 처음 고정한 때의 다음 해부터 기산하여 50년이 경과한 때까지 음반을 발행하지 아니한 경우에는 음을 음반에 맨 처음 고정한 때

3. 방송의 경우에는 그 방송을 한 때

제6절 저작인접권의 제한 · 양도 · 행사 등

제87조(저작인접권의 제한) ① 저작인접권의 목적이 된 실연·음반 또는 방송의 이용에 관하여는 제23조, 제24조, 제25조 제1항부터 제3항까지, 제26조부터 제32조까지, 제33조 제2항, 제34조, 제35조의2, 제35조의3, 제36조 및 제37조를 준용한다.

② 디지털음성송신사업자는 제76조 제1항 및 제83조 제1항에 따라 실연이 녹음된 음반을 사용하여 송신하는 경우에는 자체의 수단으로 실연이 녹음된 음반을 일시적으로 복제할 수 있다. 이 경우 복제물의 보존기간에 관하여는 제34조 제2항을 준용한다.

제88조(저작인접권의 양도 · 행사 등) 저작인접권의 양도에 관하여는 제45조 제1항을, 실연·음반 또는 방송의 이용허락에 관하여는 제46조를, 저작인접권을 목적으로 하는 질권의 행사에 관하여는 제47조를, 저작인접권의 소멸에 관하여는 제49조를, 실연·음반 또는 방송의 배타적 발행권의 설정 등에 관하여는 제57조부터 제62조까지의 규정을 각각 준용한다.

제89조(실연 · 음반 및 방송이용의 법정허락) 제50조 내지 제52조의 규정은 실연·음반 및 방송의 이용에 관하여 준용한다.

제90조(저작인접권의 등록) 제53조부터 제55조까지 및 제55조의2의 규정은 저작인접권 또는 저작인접권의 배타적 발행권의 등록에 관하여 준용한다. 이 경우 제55조 중 "저작권등록부"는 "저작인접권등록부"로 본다.

제4장 데이터베이스제작자의 보호

제91조(보호받는 데이터베이스) ① 다음 각 호의 어느 하나에 해당하는 자의 데이터베이스는 이 법에 따른 보호를 받는다.

1. 대한민국 국민

2. 데이터베이스의 보호와 관련하여 대한민국이 가입 또는 체결한 조약에 따라 보호되는 외국인

② 제1항의 규정에 따라 보호되는 외국인의 데이터베이스라도 그 외국에서 대한민국 국민의 데이터베이스를 보호하지 아니하는 경우에는 그에 상응하게 조약 및 이 법에 따른 보호를 제한할 수 있다.

제92조(적용 제외) 다음 각 호의 어느 하나에 해당하는 데이터베이스에 대하여는 이 장의 규정을 적용하지 아니한다.

1. 데이터베이스의 제작·갱신 등 또는 운영에 이용되는 컴퓨터프로그램

2. 무선 또는 유선통신을 기술적으로 가능하게 하기 위하여 제작되거나 갱신 등이 되는 데이터베이스

제93조(데이터베이스제작자의 권리) ① 데이터베이스제작자는 그의 데이터베이스의

전부 또는 상당한 부분을 복제·배포·방송 또는 전송(이하 이 조에서 "복제 등"이라 한다)할 권리를 가진다.

② 데이터베이스의 개별 소재는 제1항의 규정에 따른 당해 데이터베이스의 상당한 부분으로 간주되지 아니한다. 다만, 데이터베이스의 개별 소재 또는 그 상당한 부분에 이르지 못하는 부분의 복제 등이라 하더라도 반복적이거나 특정한 목적을 위하여 체계적으로 함으로써 당해 데이터베이스의 통상적인 이용과 충돌하거나 데이터베이스제작자의 이익을 부당하게 해치는 경우에는 당해 데이터베이스의 상당한 부분의 복제 등으로 본다.

③ 이 장에 따른 보호는 데이터베이스의 구성부분이 되는 소재의 저작권 그 밖에 이 법에 따라 보호되는 권리에 영향을 미치지 아니한다.

④ 이 장에 따른 보호는 데이터베이스의 구성부분이 되는 소재 그 자체에는 미치지 아니한다.

제94조(데이터베이스제작자의 권리제한) ① 데이터베이스제작자의 권리의 목적이 되는 데이터베이스의 이용에 관하여는 제23조, 제28조부터 제34조까지, 제35조의2, 제35조의3, 제36조 및 제37조를 준용한다.

② 다음 각 호의 어느 하나에 해당하는 경우에는 누구든지 데이터베이스의 전부 또는 그 상당한 부분을 복제·배포·방송 또는 전송할 수 있다. 다만, 당해 데이터베이스의 통상적인 이용과 저촉되는 경우에는 그러하지 아니하다.

1. 교육·학술 또는 연구를 위하여 이용하는 경우. 다만, 영리를 목적으로 하는 경우에는 그러하지 아니하다.

2. 시사보도를 위하여 이용하는 경우

제95조(보호기간) ① 데이터베이스제작자의 권리는 데이터베이스의 제작을 완료한 때부터 발생하며, 그 다음 해부터 기산하여 5년간 존속한다.

② 데이터베이스의 갱신 등을 위하여 인적 또는 물적으로 상당한 투자가 이루어진 경우에 당해 부분에 대한 데이터베이스제작자의 권리는 그 갱신 등을 한 때부터 발생하며, 그 다음 해부터 기산하여 5년간 존속한다.

제96조(데이터베이스제작자의 권리의 양도·행사 등) 데이터베이스의 거래제공에 관하여는 제20조 단서를, 데이터베이스제작자의 권리의 양도에 관하여는 제45조 제1항을, 데이터베이스의 이용허락에 관하여는 제46조를, 데이터베이스제작자의 권리를 목적으로 하는 질권의 행사에 관하여는 제47조를, 공동데이터베이스의 데이터베이스제작자의 권리행사에 관하여는 제48조를, 데이터베이스제작자의 권리의 소멸에 관하여는 제49조를, 데이터베이스의 배타적 발행권의 설정 등에 관하여는 제57조부터 제62조까지의 규정을 각각 준용한다.

제97조(데이터베이스 이용의 법정허락) 제50조 및 제51조의 규정은 데이터베이스의 이용에 관하여 준용한다.

제98조(데이터베이스제작자의 권리의 등록) 제53조부터 제55조까지 및 제55조의2의 규정은 데이터베이스제작자의 권리 및 데이터베이스제작자의 권리의 배타적 발행권의 등록에 관하여 준용한다. 이 경우 제55조 중 "저작권등록부"는 "데이터베이스제작자권리등록부"로 본다.

제5장 영상저작물에 관한 특례

제99조(저작물의 영상화) ① 저작재산권자가 저작물의 영상화를 다른 사람에게 허락한 경우에 특약이 없는 때에는 다음 각 호의 권리를 포함하여 허락한 것으로 추정한다.

1. 영상저작물을 제작하기 위하여 저작물을 각색하는 것
2. 공개상영을 목적으로 한 영상저작물을 공개상영하는 것
3. 방송을 목적으로 한 영상저작물을 방송하는 것
4. 전송을 목적으로 한 영상저작물을 전송하는 것
5. 영상저작물을 그 본래의 목적으로 복제·배포하는 것
6. 영상저작물의 번역물을 그 영상저작물과 같은 방법으로 이용하는 것

② 저작재산권자는 그 저작물의 영상화를 허락한 경우에 특약이 없는 때에는 허락한 날부터 5년이 경과한 때에 그 저작물을 다른 영상저작물로 영상화하는 것을 허락할 수 있다.

제100조(영상저작물에 대한 권리) ① 영상제작자와 영상저작물의 제작에 협력할 것을 약정한 자가 그 영상저작물에 대하여 저작권을 취득한 경우 특약이 없는 한 그 영상저작물의 이용을 위하여 필요한 권리는 영상제작자가 이를 양도받은 것으로 추정한다.

② 영상저작물의 제작에 사용되는 소설·각본·미술저작물 또는 음악저작물 등의 저작재산권은 제1항의 규정으로 인하여 영향을 받지 아니한다.

③ 영상제작자와 영상저작물의 제작에 협력할 것을 약정한 실연자의 그 영상저작물의 이용에 관한 제69조의 규정에 따른 복제권, 제70조의 규정에 따른 배포권, 제73조의 규정에 따른 방송권 및 제74조의 규정에 따른 전송권은 특약이 없는 한 영상제작자가 이를 양도받은 것으로 추정한다.

제101조(영상제작자의 권리) ① 영상제작물의 제작에 협력할 것을 약정한 자로부터 영상제작자가 양도받는 영상저작물의 이용을 위하여 필요한 권리는 영상저작물을 복제·배포·공개상영·방송·전송 그 밖의 방법으로 이용할 권리로 하며, 이를 양도하거나 질권의 목적으로 할 수 있다.

② 실연자로부터 영상제작자가 양도받는 권리는 그 영상저작물을 복제·배포·방송 또는 전송할 권리로 하며, 이를 양도하거나 질권의 목적으로 할 수 있다.

제5장의2 프로그램에 관한 특례

제101조의2(보호의 대상) 프로그램을 작성하기 위하여 사용하는 다음 각 호의 사항에는 이 법을 적용하지 아니한다.

1. 프로그램 언어: 프로그램을 표현하는 수단으로서 문자·기호 및 그 체계
2. 규약: 특정한 프로그램에서 프로그램 언어의 용법에 관한 특별한 약속
3. 해법: 프로그램에서 지시·명령의 조합방법

제101조의3(프로그램의 저작재산권의 제한) ① 다음 각 호의 어느 하나에 해당하는 경우에는 그 목적상 필요한 범위에서 공표된 프로그램을 복제 또는 배포할 수 있다. 다만, 프로그램의 종류·용도, 프로그램

에서 복제된 부분이 차지하는 비중 및 복제의 부수 등에 비추어 프로그램의 저작재산권자의 이익을 부당하게 해치는 경우에는 그러하지 아니하다.

1. 재판 또는 수사를 위하여 복제하는 경우

2. 「유아교육법」, 「초·중등교육법」, 「고등교육법」에 따른 학교 및 다른 법률에 따라 설립된 교육기관(상급학교 입학을 위한 학력이 인정되거나 학위를 수여하는 교육기관에 한한다)에서 교육을 담당하는 자가 수업과정에 제공할 목적으로 복제 또는 배포하는 경우

3. 「초·중등교육법」에 따른 학교 및 이에 준하는 학교의 교육목적을 위한 교과용 도서에 게재하기 위하여 복제하는 경우

4. 가정과 같은 한정된 장소에서 개인적인 목적(영리를 목적으로 하는 경우를 제외한다)으로 복제하는 경우

5. 「초·중등교육법」, 「고등교육법」에 따른 학교 및 이에 준하는 학교의 입학시험이나 그 밖의 학식 및 기능에 관한 시험 또는 검정을 목적(영리를 목적으로 하는 경우를 제외한다)으로 복제 또는 배포하는 경우

6. 프로그램의 기초를 이루는 아이디어 및 원리를 확인하기 위하여 프로그램의 기능을 조사·연구·시험할 목적으로 복제하는 경우(정당한 권한에 의하여 프로그램을 이용하는 자가 해당 프로그램을 이용 중인 때에 한한다)

② 컴퓨터의 유지·보수를 위하여 그 컴퓨터를 이용하는 과정에서 프로그램(정당하게 취득한 경우에 한한다)을 일시적으로 복제할 수 있다.

③ 제1항 제3호에 따라 프로그램을 교과용 도서에 게재하려는 자는 문화체육관광부장관이 정하여 고시하는 기준에 따른 보상금을 해당 저작재산권자에게 지급하여야 한다. 보상금 지급에 대하여는 제25조 제5항부터 제9항까지의 규정을 준용한다.

제101조의4(프로그램코드역분석) ① 정당한 권한에 의하여 프로그램을 이용하는 자 또는 그의 허락을 받은 자는 호환에 필요한 정보를 쉽게 얻을 수 없고 그 획득이 불가피한 경우에는 해당 프로그램의 호환에 필요한 부분에 한하여 프로그램의 저작재산권자의 허락을 받지 아니하고 프로그램코드역분석을 할 수 있다.

② 제1항에 따른 프로그램코드역분석을 통하여 얻은 정보는 다음 각 호의 어느 하나에 해당하는 경우에는 이를 이용할 수 없다.

1. 호환 목적 외의 다른 목적을 위하여 이용하거나 제3자에게 제공하는 경우

2. 프로그램코드역분석의 대상이 되는 프로그램과 표현이 실질적으로 유사한 프로그램을 개발·제작·판매하거나 그 밖에 프로그램의 저작권을 침해하는 행위에 이용하는 경우

제101조의5(정당한 이용자에 의한 보존을 위한 복제 등) ① 프로그램의 복제물을 정당한 권한에 의하여 소지·이용하는 자는 그 복제물의 멸실·훼손 또는 변질 등에 대비하기 위하여 필요한 범위에서 해당 복제물을 복제할 수 있다.

② 프로그램의 복제물을 소지·이용하는 자는 해당 프로그램의 복제물을 소지·이용할 권리를 상실한 때에는 그 프로그램의 저작재산권자의 특별한 의사표시가 없는 한 제1항에 따라 복제한 것을 폐기하여야 한다. 다만, 프로그램의 복제물을 소지·이용할 권리가 해당 복제물이 멸실됨으로 인하

여 상실된 경우에는 그러하지 아니하다.

제101조의6 삭제

제101조의7(프로그램의 임치) ① 프로그램의 저작재산권자와 프로그램의 이용허락을 받은 자는 대통령령으로 정하는 자(이하 이 조에서 "수치인"이라 한다)와 서로 합의하여 프로그램의 원시코드 및 기술정보 등을 수치인에게 임치할 수 있다.

② 프로그램의 이용허락을 받은 자는 제1항에 따른 합의에서 정한 사유가 발생한 때에 수치인에게 프로그램의 원시코드 및 기술정보 등의 제공을 요구할 수 있다.

제6장 온라인서비스제공자의 책임 제한

제102조(온라인서비스제공자의 책임 제한) ① 온라인서비스제공자는 다음 각 호의 행위와 관련하여 저작권, 그 밖에 이 법에 따라 보호되는 권리가 침해되더라도 그 호의 분류에 따라 각 목의 요건을 모두 갖춘 경우에는 그 침해에 대하여 책임을 지지 아니한다.

1. 내용의 수정 없이 저작물 등을 송신하거나 경로를 지정하거나 연결을 제공하는 행위 또는 그 과정에서 저작물 등을 그 송신을 위하여 합리적으로 필요한 기간 내에서 자동적·중개적·일시적으로 저장하는 행위

가. 온라인서비스제공자가 저작물 등의 송신을 시작하지 아니한 경우

나. 온라인서비스제공자가 저작물 등이나 그 수신자를 선택하지 아니한 경우

다. 저작권, 그 밖에 이 법에 따라 보호되는 권리를 반복적으로 침해하는 자의 세정(온라인서비스제공자가 이용자를 식별·관리하기 위하여 사용하는 이용권한 계좌를 말한다. 이하 이 조, 제103조의2, 제133조의2 및 제133조의3에서 같다)을 해지하는 방침을 채택하고 이를 합리적으로 이행한 경우

라. 저작물 등을 식별하고 보호하기 위한 기술조치로서 대통령령으로 정하는 조건을 충족하는 표준적인 기술조치를 권리자가 이용한 때에는 이를 수용하고 방해하지 아니한 경우

2. 서비스이용자의 요청에 따라 송신된 저작물 등을 후속 이용자들이 효율적으로 접근하거나 수신할 수 있게 할 목적으로 그 저작물 등을 자동적·중개적·일시적으로 저장하는 행위

가. 제1호 각 목의 요건을 모두 갖춘 경우

나. 온라인서비스제공자가 그 저작물 등을 수정하지 아니한 경우

다. 제공되는 저작물 등에 접근하기 위한 조건이 있는 경우에는 그 조건을 지킨 이용자에게만 임시저장된 저작물 등의 접근을 허용한 경우

라. 저작물 등을 복제·전송하는 자(이하 "복제·전송자"라 한다)가 명시한, 컴퓨터나 정보통신망에 대하여 그 업계에서 일반적으로 인정되는 데이터통신규약에 따른 저작물 등의 현행화에 관한 규칙을 지킨 경우. 다만, 복제·전송자가 그러한 저장을 불합리하게 제한할 목적으로 현행화에 관한 규칙을 정한 경우에는 그러하지 아니한다.

마. 저작물 등이 있는 본래의 사이트에서 그 저작물 등의 이용에 관한 정보를 얻기 위하여 적용한, 그 업계에서 일반적으로 인정되는 기술의 사용을 방해하지 아니한

경우

바. 제103조 제1항에 따른 복제·전송의 중단요구를 받은 경우, 본래의 사이트에서 그 저작물 등이 삭제되었거나 접근할 수 없게 된 경우, 또는 법원, 관계 중앙행정기관의 장이 그 저작물 등을 삭제하거나 접근할 수 없게 하도록 명령을 내린 사실을 실제로 알게 된 경우에 그 저작물 등을 즉시 삭제하거나 접근할 수 없게 한 경우

3. 복제·전송자의 요청에 따라 저작물 등을 온라인서비스제공자의 컴퓨터에 저장하는 행위

가. 제1호 각 목의 요건을 모두 갖춘 경우

나. 온라인서비스제공자가 침해행위를 통제할 권한과 능력이 있을 때에는 그 침해행위로부터 직접적인 금전적 이익을 얻지 아니한 경우

다. 온라인서비스제공자가 침해를 실제로 알게 되거나 제103조 제1항에 따른 복제·전송의 중단요구 등을 통하여 침해가 명백하다는 사실 또는 정황을 알게 된 때에 즉시 그 저작물 등의 복제·전송을 중단시킨 경우

라. 제103조 제4항에 따라 복제·전송의 중단요구 등을 받을 자를 지정하여 공지한 경우

4. 정보검색도구를 통하여 이용자에게 정보통신망상 저작물 등의 위치를 알 수 있게 하거나 연결하는 행위

가. 제1호 가목의 요건을 갖춘 경우

나. 제3호 나목부터 라목까지의 요건을 갖춘 경우

② 제1항에도 불구하고 온라인서비스제공자가 제1항에 따른 조치를 취하는 것이 기술적으로 불가능한 경우에는 다른 사람에 의한 저작물 등의 복제·전송으로 인한 저작권, 그 밖에 이 법에 따라 보호되는 권리의 침해에 대하여 책임을 지지 아니한다.

③ 제1항에 따른 책임 제한과 관련하여 온라인서비스제공자는 자신의 서비스 안에서 침해행위가 일어나는지를 모니터링하거나 그 침해행위에 관하여 적극적으로 조사할 의무를 지지 아니한다.

제103조(복제·전송의 중단) ① 온라인서비스제공자(제102조 제1항 제1호의 경우는 제외한다. 이하 이 조에서 같다)의 서비스를 이용한 저작물 등의 복제·전송에 따라 저작권, 그 밖에 이 법에 따라 보호되는 자신의 권리가 침해됨을 주장하는 자(이하 이 조에서 "권리주장자"라 한다)는 그 사실을 소명하여 온라인서비스제공자에게 그 저작물 등의 복제·전송을 중단시킬 것을 요구할 수 있다.

② 온라인서비스제공자는 제1항에 따른 복제·전송의 중단요구를 받은 경우에는 즉시 그 저작물 등의 복제·전송을 중단시키고 권리주장자에게 그 사실을 통보하여야 한다. 다만, 제102조 제1항 제3호 및 제4호의 온라인서비스제공자는 그 저작물 등의 복제·전송자에게도 이를 통보하여야 한다.

③ 제2항에 따른 통보를 받은 복제·전송자가 자신의 복제·전송이 정당한 권리에 의한 것임을 소명하여 그 복제·전송의 재개를 요구하는 경우 온라인서비스제공자는 재개요구사실 및 재개예정일을 권리주장자에게 지체 없이 통보하고 그 예정일에 복제·전송을 재개시켜야 한다. 다만, 권리주장자가 복제·전송자의 침해행위에 대하여 소를 제기한 사실을 재개예정일 전에 온라인서비스제공자에게 통보한 경우에는 그러하지 아니하다.

④ 온라인서비스제공자는 제1항 및 제3항의 규정에 따른 복제·전송의 중단 및 그 재개의 요구를 받을 자(이하 이 조에서 “수령인”이라 한다)를 지정하여 자신의 설비 또는 서비스를 이용하는 자들이 쉽게 알 수 있도록 공지하여야 한다.

⑤ 온라인서비스제공자가 제4항에 따른 공지를 하고 제2항과 제3항에 따라 그 저작물 등의 복제·전송을 중단시키거나 재개시킨 경우에는 다른 사람에 의한 저작권 그 밖에 이 법에 따라 보호되는 권리의 침해에 대한 온라인서비스제공자의 책임 및 복제·전송자에게 발생하는 손해에 대한 온라인서비스제공자의 책임을 면제한다. 다만, 이 항의 규정은 온라인서비스제공자가 다른 사람에 의한 저작물 등의 복제·전송으로 인하여 그 저작권 그 밖에 이 법에 따라 보호되는 권리가 침해된다는 사실을 안 때부터 제1항에 따른 중단을 요구받기 전까지 발생한 책임에는 적용하지 아니한다.

⑥ 정당한 권리 없이 제1항 및 제3항의 규정에 따른 그 저작물 등의 복제·전송의 중단이나 재개를 요구하는 자는 그로 인하여 발생하는 손해를 배상하여야 한다.

⑦ 제1항부터 제4항까지의 규정에 따른 소명, 중단, 통보, 복제·전송의 재개, 수령인의 지정 및 공지 등에 관하여 필요한 사항은 대통령령으로 정한다. 이 경우 문화체육관광부장관은 관계중앙행정기관의 장과 미리 협의하여야 한다.

제103조의2(온라인서비스제공자에 대한 법원 명령의 범위) ① 법원은 제102조 제1항 제1호에 따른 요건을 충족한 온라인서비스제공자에게 제123조 제3항에 따라 필요한 조치를 명하는 경우에는 다음 각 호의 조치만을 명할 수 있다.

1. 특성 계정의 해지
2. 특정 해외 인터넷 사이트에 대한 접근을 막기 위한 합리적 조치

② 법원은 제102조 제1항 제2호부터 제4호까지의 요건을 충족한 온라인서비스제공자에게 제123조 제3항에 따라 필요한 조치를 명하는 경우에는 다음 각 호의 조치만을 명할 수 있다.

1. 불법복제물의 삭제
2. 불법복제물에 대한 접근을 막기 위한 조치
3. 특정 계정의 해지
4. 그 밖에 온라인서비스제공자에게 최소한의 부담이 되는 범위에서 법원이 필요하다고 판단하는 조치

제103조의3(복제·전송자에 관한 정보 제공의 청구) ① 권리주장자가 민사상의 소제기 및 형사상의 고소를 위하여 해당 온라인서비스제공자에게 그 온라인서비스제공자가 가지고 있는 해당 복제·전송자의 성명과 주소 등 필요한 최소한의 정보 제공을 요청하였으나 온라인서비스제공자가 이를 거절한 경우 권리주장자는 문화체육관광부장관에게 해당 온라인서비스제공자에 대하여 그 정보의 제공을 명령하여 줄 것을 청구할 수 있다.

② 문화체육관광부장관은 제1항에 따른 청구가 있으면 제112조에 따른 한국저작권위원회의 심의를 거쳐 온라인서비스제공자에게 해당 복제·전송자의 정보를 제출하도록 명할 수 있다.

③ 온라인서비스제공자는 제2항의 명령을 받은 날부터 7일 이내에 그 정보를 문화체육관광부장관에게 제출하여야 하며, 문화체육관광부장관은 그 정보를 제1항에 따른 청구를 한 자에게 지체 없이 제공하여야 한

다.

④ 제3항에 따라 해당 복제·전송자의 정보를 제공받은 자는 해당 정보를 제1항의 청구 목적 외의 용도로 사용하여서는 아니 된다.

⑤ 그 밖에 복제·전송자에 관한 정보의 제공에 필요한 사항은 대통령령으로 정한다.

제104조(특수한 유형의 온라인 서비스제공자의 의무 등) ① 다른 사람들 상호 간에 컴퓨터를 이용하여 저작물 등을 전송하도록 하는 것을 주된 목적으로 하는 온라인서비스제공자(이하 "특수한 유형의 온라인서비스제공자"라 한다)는 권리자의 요청이 있는 경우 해당 저작물 등의 불법적인 전송을 차단하는 기술적인 조치 등 필요한 조치를 하여야 한다. 이 경우 권리자의 요청 및 필요한 조치에 관한 사항은 대통령령으로 정한다.

② 문화체육관광부장관은 제1항의 규정에 따른 특수한 유형의 온라인서비스제공자의 범위를 정하여 고시할 수 있다.

제6장의2 기술적 보호조치의 무력화 금지 등

제104조의2(기술적 보호조치의 무력화 금지) ① 누구든지 정당한 권한 없이 고의 또는 과실로 제2조 제28호 가목의 기술적 보호조치를 제거·변경하거나 우회하는 등의 방법으로 무력화하여서는 아니 된다. 다만, 다음 각 호의 어느 하나에 해당하는 경우에는 그러하지 아니하다.

1. 암호 분야의 연구에 종사하는 자가 저작물 등의 복제물을 정당하게 취득하여 저작물 등에 적용된 암호 기술의 결함이나 취약점을 연구하기 위하여 필요한 범위에서 행하는 경우. 다만, 권리자로부터 연구에 필요한 이용을 허락받기 위하여 상당한 노력을 하였으나 허락을 받지 못한 경우에 한한다.

2. 미성년자에게 유해한 온라인상의 저작물 등에 미성년자가 접근하는 것을 방지하기 위하여 기술·제품·서비스 또는 장치에 기술적 보호조치를 무력화하는 구성요소나 부품을 포함하는 경우. 다만, 제2항에 따라 금지되지 아니하는 경우에 한한다.

3. 개인의 온라인상의 행위를 파악할 수 있는 개인 식별 정보를 비공개적으로 수집·유포하는 기능을 확인하고, 이를 무력화하기 위하여 필요한 경우. 다만, 다른 사람들이 저작물 등에 접근하는 것에 영향을 미치는 경우는 제외한다.

4. 국가의 법집행, 합법적인 정보수집 또는 안전보장 등을 위하여 필요한 경우

5. 제25조 제2항에 따른 교육기관·교육지원기관, 제31조 제1항에 따른 도서관(비영리인 경우로 한정한다) 또는 「공공기록물 관리에 관한 법률」에 따른 기록물관리기관이 저작물 등의 구입 여부를 결정하기 위하여 필요한 경우. 다만, 기술적 보호조치를 무력화하지 아니하고는 접근할 수 없는 경우에 한한다.

6. 정당한 권한을 가지고 프로그램을 사용하는 자가 다른 프로그램과의 호환을 위하여 필요한 범위에서 프로그램코드역분석을 하는 경우

7. 정당한 권한을 가진 자가 오로지 컴퓨터 또는 정보통신망의 보안성을 검사·조사 또는 보정하기 위하여 필요한 경우

8. 기술적 보호조치의 무력화 금지에 의하여 특정 종류의 저작물 등을 정당하게 이

용하는 것이 불합리하게 영향을 받거나 받을 가능성이 있다고 인정되어 대통령령으로 정하는 절차에 따라 문화체육관광부장관이 정하여 고시하는 경우. 이 경우 그 예외의 효력은 3년으로 한다.

② 누구든지 정당한 권한 없이 다음과 같은 장치, 제품 또는 부품을 제조, 수입, 배포, 전송, 판매, 대여, 공중에 대한 청약, 판매나 대여를 위한 광고, 또는 유통을 목적으로 보관 또는 소지하거나, 서비스를 제공하여서는 아니 된다.

1. 기술적 보호조치의 무력화를 목적으로 홍보, 광고 또는 판촉되는 것

2. 기술적 보호조치를 무력화하는 것 외에는 제한적으로 상업적인 목적 또는 용도만 있는 것

3. 기술적 보호조치를 무력화하는 것을 가능하게 하거나 용이하게 하는 것을 주된 목적으로 고안, 제작, 개조되거나 기능하는 것

③ 제2항에도 불구하고 다음 각 호의 어느 하나에 해당하는 경우에는 그러하지 아니하다.

1. 제2조 제28호 가목의 기술적 보호조치와 관련하여 제1항 제1호·제2호·제4호·제6호 및 제7호에 해당하는 경우

2. 제2조 제28호 나목의 기술적 보호조치와 관련하여 제1항 제4호 및 제6호에 해당하는 경우

제104조의3(권리관리정보의 제거·변경 등의 금지) ① 누구든지 정당한 권한 없이 저작권, 그 밖에 이 법에 따라 보호되는 권리의 침해를 유발 또는 은닉한다는 사실을 알거나 과실로 알지 못하고 다음 각 호의 어느 하나에 해당하는 행위를 하여서는 아니 된다.

1. 권리관리정보를 고의로 제거·변경하거나 거짓으로 부가하는 행위

2. 권리관리정보가 정당한 권한 없이 제거 또는 변경되었다는 사실을 알면서 그 권리관리정보를 배포하거나 배포할 목적으로 수입하는 행위

3. 권리관리정보가 정당한 권한 없이 제거·변경되거나 거짓으로 부가된 사실을 알면서 해당 저작물 등의 원본이나 그 복제물을 배포·공연 또는 공중송신하거나 배포를 목적으로 수입하는 행위

② 제1항은 국가의 법집행, 합법적인 정보수집 또는 안전보장 등을 위하여 필요한 경우에는 적용하지 아니한다.

제104조의4(암호화된 방송 신호의 무력화 등의 금지) 누구든지 다음 각 호의 어느 하나에 해당하는 행위를 하여서는 아니 된다.

1. 암호화된 방송 신호를 방송사업자의 허락 없이 복호화(復號化)하는 데에 주로 사용될 것을 알거나 과실로 알지 못하고, 그러한 목적을 가진 장치·제품·주요부품 또는 프로그램 등 유·무형의 조치를 제조·조립·변경·수입·수출·판매·임대하거나 그 밖의 방법으로 전달하는 행위. 다만, 제104조의2 제1항 제1호·제2호 또는 제4호에 해당하는 경우에는 그러하지 아니하다.

2. 암호화된 방송 신호가 정당한 권한에 의하여 복호화된 경우 그 사실을 알고 그 신호를 방송사업자의 허락 없이 영리를 목적으로 다른 사람에게 공중송신하는 행위

3. 암호화된 방송 신호가 방송사업자의 허락없이 복호화된 것임을 알면서 그러한 신호를 수신하여 청취 또는 시청하거나 다른 사람에게 공중송신하는 행위

제104조의5(라벨 위조 등의 금지) 누구든지 정당한 권한 없이 다음 각 호의 어느

하나에 해당하는 행위를 하여서는 아니 된다.

1. 저작물 등의 라벨을 불법복제물이나 그 문서 또는 포장에 부착·동봉 또는 첨부하기 위하여 위조하거나 그러한 사실을 알면서 배포 또는 배포할 목적으로 소지하는 행위

2. 저작물 등의 권리자나 권리자의 동의를 받은 자로부터 허락을 받아 제작한 라벨을 그 허락 범위를 넘어 배포하거나 그러한 사실을 알면서 다시 배포 또는 다시 배포할 목적으로 소지하는 행위

3. 저작물 등의 적법한 복제물과 함께 배포되는 문서 또는 포장을 불법복제물에 사용하기 위하여 위조하거나 그러한 사실을 알면서 위조된 문서 또는 포장을 배포하거나 배포할 목적으로 소지하는 행위

제104조의6(영상저작물 녹화 등의 금지) 누구든지 저작권으로 보호되는 영상저작물을 상영 중인 영화상영관 등에서 저작재산권자의 허락 없이 녹화기기를 이용하여 녹화하거나 공중송신하여서는 아니 된다.

제104조의7(방송전 신호의 송신 금지) 누구든지 정당한 권한 없이 방송사업자에게로 송신되는 신호(공중이 직접 수신하도록 할 목적의 경우에는 제외한다)를 제3자에게 송신하여서는 아니된다.

제104조의8(침해의 정지·예방 청구 등) 저작권, 그 밖에 이 법에 따라 보호되는 권리를 가진 자는 제104조의2부터 제104조의4까지의 규정을 위반한 자에 대하여 침해의 정지·예방, 손해배상의 담보 또는 손해배상이나 이를 갈음하는 법정손해배상의 청구를 할 수 있으며, 고의 또는 과실 없이 제104조의2 제1항의 행위를 한 자에 대하여는 침해의 정지·예방을 청구할 수 있다. 이 경우 제123조, 제125조, 제125조의2, 제126조 및 제129조를 준용한다.

제7장 저작권위탁관리업

제105조(저작권위탁관리업의 허가 등) ① 저작권신탁관리업을 하고자 하는 자는 대통령령이 정하는 바에 따라 문화체육관광부장관의 허가를 받아야 하며, 저작권대리중개업을 하고자 하는 자는 대통령령이 정하는 바에 따라 문화체육관광부장관에게 신고하여야 한다.

② 제1항의 규정에 따라 저작권신탁관리업을 하고자 하는 자는 다음 각 호의 요건을 갖추어야 하며, 대통령령으로 정하는 바에 따라 저작권신탁관리업무규정을 작성하여 이를 저작권신탁관리허가신청서와 함께 문화체육관광부장관에게 제출하여야 한다.

1. 저작물 등에 관한 권리자로 구성된 단체일 것

2. 영리를 목적으로 하지 아니할 것

3. 사용료의 징수 및 분배 등의 업무를 수행하기에 충분한 능력이 있을 것

③ 다음 각 호의 어느 하나에 해당하는 자는 제1항의 규정에 따른 저작권신탁관리업 또는 저작권대리중개업(이하 "저작권위탁관리업"이라 한다)의 허가를 받거나 신고를 할 수 없다.

1. 금치산자·한정치산자

2. 파산선고를 받고 복권되지 아니한 자

3. 이 법을 위반하여 벌금 이상의 형의 선고를 받고 그 집행이 종료되거나 집행을 받지 아니하기로 확정된 후 1년이 경과되지 아니한 자 또는 형의 집행유예의 선고를 받고 그 집행유예기간 중에 있는 자

4. 대한민국 내에 주소를 두지 아니한 자

5. 제1호 내지 제4호의 어느 하나에 해당하는 자가 대표자 또는 임원으로 되어 있는 법인 또는 단체

④ 제1항의 규정에 따라 저작권위탁관리업의 허가를 받거나 신고를 한 자(이하 "저작권위탁관리업자"라 한다)는 그 업무에 관하여 저작재산권자 그 밖의 관계자로부터 수수료를 받을 수 있다.

⑤ 제4항의 규정에 따른 수수료의 요율 또는 금액 및 저작권위탁관리업자가 이용자로부터 받는 사용료의 요율 또는 금액은 저작권위탁관리업자가 문화체육관광부장관의 승인을 얻어 이를 정한다. 다만, 저작권대리중개업의 신고를 한 자의 경우에는 그러하지 아니하다.

⑥ 문화체육관광부장관은 제5항에 따른 승인의 경우에 제112조에 따른 한국저작권위원회의 심의를 거쳐야 하며 필요한 경우에는 기간을 정하거나 신청된 내용을 수정하여 승인할 수 있다.

⑦ 문화체육관광부장관은 제5항의 규정에 따른 사용료의 요율 또는 금액에 관한 승인 신청이 있는 경우 및 승인을 한 경우에는 대통령령이 정하는 바에 따라 그 내용을 공고하여야 한다.

⑧ 문화체육관광부장관은 저작재산권자 그 밖의 관계자의 권익보호 또는 저작물 등의 이용 편의를 도모하기 위하여 필요한 경우에는 제5항의 규정에 따른 승인 내용을 변경할 수 있다.

제106조(저작권신탁관리업자의 의무) ① 저작권신탁관리업자는 그가 관리하는 저작물 등의 목록을 대통령령이 정하는 바에 따라 분기별로 도서 또는 전자적 형태로 작성하여 누구든지 적어도 영업시간 내에는 목록을 열람할 수 있도록 하여야 한다.

② 저작권신탁관리업자는 이용자가 서면으로 요청하는 경우에는 정당한 사유가 없는 한 관리하는 저작물 등의 이용계약을 체결하기 위하여 필요한 정보로서 대통령령으로 정하는 정보를 상당한 기간 이내에 서면으로 제공하여야 한다.

제107조(서류열람의 청구) 저작권신탁관리업자는 그가 신탁관리하는 저작물 등을 영리목적으로 이용하는 자에 대하여 당해 저작물 등의 사용료 산정에 필요한 서류의 열람을 청구할 수 있다. 이 경우 이용자는 정당한 사유가 없는 한 이에 응하여야 한다.

제108조(감독) ① 문화체육관광부장관은 저작권위탁관리업자에게 저작권위탁관리업의 업무에 관하여 필요한 보고를 하게 할 수 있다.

② 문화체육관광부장관은 저작자의 권익보호와 저작물의 이용편의를 도모하기 위하여 저작권위탁관리업자의 업무에 대하여 필요한 명령을 할 수 있다.

제109조(허가의 취소 등) ① 문화체육관광부장관은 저작권위탁관리업자가 다음 각 호의 어느 하나에 해당하는 경우에는 6월 이내의 기간을 정하여 업무의 정지를 명할 수 있다.

1. 제105조 제5항의 규정에 따라 승인된 수수료를 초과하여 받은 경우

2. 제105조 제5항의 규정에 따라 승인된 사용료 이외의 사용료를 받은 경우

3. 제108조 제1항의 규정에 따른 보고를 정당한 사유 없이 하지 아니하거나 허위로 한 경우

4. 제108조 제2항의 규정에 따른 명령을 받고 정당한 사유 없이 이를 이행하지 아니

한 경우

② 문화체육관광부장관은 저작권위탁관리업자가 다음 각 호의 어느 하나에 해당하는 경우에는 저작권위탁관리업의 허가를 취소하거나 영업의 폐쇄명령을 할 수 있다.

1. 거짓 그 밖의 부정한 방법으로 허가를 받거나 신고를 한 경우

2. 제1항의 규정에 따른 업무의 정지명령을 받고 그 업무를 계속한 경우

제110조(청문) 문화체육관광부장관은 제109조 제2항의 규정에 따라 저작권위탁관리업의 허가를 취소하거나 영업의 폐쇄를 명하고자 하는 경우에는 청문을 실시하여야 한다.

제111조(과징금 처분) ① 문화체육관광부장관은 저작권위탁관리업자가 제109조 제1항 각 호의 어느 하나에 해당하여 업무의 정지처분을 하여야 할 때에는 그 업무정지처분에 갈음하여 5천만원 이하의 과징금을 부과·징수할 수 있다.

② 문화체육관광부장관은 제1항의 규정에 따라 과징금 부과처분을 받은 자가 과징금을 기한 이내에 납부하지 아니하는 때에는 국세체납처분의 예에 의하여 이를 징수한다.

③ 제1항 및 제2항의 규정에 따라 징수한 과징금은 징수주체가 건전한 저작물 이용질서의 확립을 위하여 사용할 수 있다.

④ 제1항의 규정에 따라 과징금을 부과하는 위반행위의 종별·정도 등에 따른 과징금의 금액 및 제3항의 규징에 따른 과징금의 사용절차 등에 관하여 필요한 사항은 대통령령으로 정한다.

제8장 한국저작권위원회

제112조(한국저작권위원회의 설립) ① 저작권과 그 밖에 이 법에 따라 보호되는 권리(이하 이 장에서 "저작권"이라 한다)에 관한 사항을 심의하고 저작권에 관한 분쟁(이하 "분쟁"이라 한다)을 알선·조정하며, 저작권의 보호 및 공정한 이용에 필요한 사업을 수행하기 위하여 한국저작권위원회(이하 "위원회"라 한다)를 둔다.

② 위원회는 법인으로 한다.

③ 위원회에 관하여 이 법에서 정하지 아니한 사항에 대하여는 「민법」의 재단법인에 관한 규정을 준용한다. 이 경우 위원회의 위원은 이사로 본다.

④ 위원회가 아닌 자는 한국저작권위원회의 명칭을 사용하지 못한다.

제112조의2(위원회의 구성) ① 위원회는 위원장 1명, 부위원장 2명을 포함한 20명 이상 25명 이내의 위원으로 구성한다.

② 위원은 다음 각 호의 사람 중에서 문화체육관광부장관이 위촉하며, 위원장과 부위원장은 위원 중에서 호선한다. 이 경우 문화체육관광부장관은 이 법에 따라 보호되는 권리의 보유자와 그 이용자의 이해를 반영하는 위원의 수가 균형을 이루도록 하여야 하며, 분야별 권리자 단체 또는 이용자 단체 등에 위원의 추천을 요청할 수 있다.

1. 대학이나 공인된 연구기관에서 부교수 이상 또는 이에 상당하는 직위에 있거나 있었던 자로서 저작권 관련 분야를 전공한 자

2. 판사 또는 검사의 직에 있는 자 및 변호사의 자격이 있는 자

3. 4급 이상의 공무원 또는 이에 상당하는 공공기관의 직에 있거나 있었던 자로서

저작권 또는 문화산업 분야에 실무경험이 있는 자

4. 저작권 또는 문화산업 관련 단체의 임원의 직에 있거나 있었던 자

5. 그 밖에 저작권 또는 문화산업 관련 업무에 관한 학식과 경험이 풍부한 자

③ 위원의 임기는 3년으로 하되, 연임할 수 있다. 다만, 직위를 지정하여 위촉하는 위원의 임기는 해당 직위에 재임하는 기간으로 한다.

④ 위원에 결원이 생겼을 때에는 제2항에 따라 보궐위원을 위촉하여야 하며, 그 보궐위원의 임기는 전임자 임기의 나머지 기간으로 한다. 다만, 위원의 수가 20명 이상인 경우에는 보궐위원을 위촉하지 아니할 수 있다.

⑤ 위원회의 업무를 효율적으로 수행하기 위하여 분야별로 분과위원회를 둘 수 있다. 분과위원회가 위원회로부터 위임받은 사항에 관하여 의결한 때에는 위원회가 의결한 것으로 본다.

제113조(업무) 위원회는 다음 각 호의 업무를 행한다.

1. 분쟁의 알선·조정

2. 제105조 제6항의 규정에 따른 저작권위탁관리업자의 수수료 및 사용료의 요율 또는 금액에 관한 사항 및 문화체육관광부장관 또는 위원 3인 이상이 공동으로 부의하는 사항의 심의

3. 저작물 등의 이용질서 확립 및 저작물의 공정한 이용 도모를 위한 사업

4. 저작권 보호를 위한 국제협력

5. 저작권 연구·교육 및 홍보

6. 저작권 정책의 수립 지원

7. 기술적 보호조치 및 권리관리정보에 관한 정책 수립 지원

8. 저작권 정보 제공을 위한 정보관리 시스템 구축 및 운영

9. 저작권의 침해 등에 관한 감정

10. 제133조의3에 따른 온라인서비스제공자에 대한 시정권고 및 문화체육관광부장관에 대한 시정명령 요청

11. 법령에 따라 위원회의 업무로 정하거나 위탁하는 업무

12. 그 밖에 문화체육관광부장관이 위탁하는 업무

제113조의2(알선) ① 분쟁에 관한 알선을 받으려는 자는 알선신청서를 위원회에 제출하여 알선을 신청할 수 있다.

② 위원회가 제1항에 따라 알선의 신청을 받은 때에는 위원장이 위원 중에서 알선위원을 지명하여 알선을 하게 하여야 한다.

③ 알선위원은 알선으로는 분쟁해결의 가능성이 없다고 인정되는 경우에 알선을 중단할 수 있다.

④ 알선 중인 분쟁에 대하여 이 법에 따른 조정의 신청이 있는 때에는 해당 알선은 중단된 것으로 본다.

⑤ 알선이 성립한 때에 알선위원은 알선서를 작성하여 관계 당사자와 함께 기명날인하여야 한다.

⑥ 알선의 신청 및 절차에 관하여 필요한 사항은 대통령령으로 정한다.

제114조(조정부) ① 위원회의 분쟁조정 업무를 효율적으로 수행하기 위하여 위원회에 1인 또는 3인 이상의 위원으로 구성된 조정부를 두되, 그 중 1인은 변호사의 자격이 있는 자이어야 한다.

② 제1항의 규정에 따른 조정부의 구성 및 운영 등에 관하여 필요한 사항은 대통령령으로 정한다.

제114조의2(조정의 신청 등) ① 분쟁의

조정을 받으려는 자는 신청취지와 원인을 기재한 조정신청서를 위원회에 제출하여 그 분쟁의 조정을 신청할 수 있다.

② 제1항에 따른 분쟁의 조정은 제114조에 따른 조정부가 행한다.

제115조(비공개) 조정절차는 비공개를 원칙으로 한다. 다만, 조정부장은 당사자의 동의를 얻어 적당하다고 인정하는 자에게 방청을 허가할 수 있다.

제116조(진술의 원용 제한) 조정절차에서 당사자 또는 이해관계인이 한 진술은 소송 또는 중재절차에서 원용하지 못한다.

제117조(조정의 성립) ① 조정은 당사자 간에 합의된 사항을 조서에 기재함으로써 성립된다.

② 제1항의 규정에 따른 조서는 재판상의 화해와 동일한 효력이 있다. 다만, 당사자가 임의로 처분할 수 없는 사항에 관한 것은 그러하지 아니하다.

제118조(조정비용 등) ① 조정비용은 신청인이 부담한다. 다만, 조정이 성립된 경우로서 특약이 없는 때에는 당사자 각자가 균등하게 부담한다.

② 조정의 신청 및 절차, 조정비용의 납부방법에 관하여 필요한 사항은 대통령령으로 정한다.

③ 제1항의 조정비용의 금액은 위원회가 정한다.

제119조(감정) ① 위원회는 다음 각 호의 어느 하나에 해당하는 경우에는 감정을 실시할 수 있다.

1. 법원 또는 수사기관 등으로부터 재판 또는 수사를 위하여 저작권의 침해 등에 관한 감정을 요청받은 경우

2. 제114조의2에 따른 분쟁조정을 위하여 분쟁조정의 양 당사자로부터 프로그램 및 프로그램과 관련된 전자적 정보 등에 관한 감정을 요청받은 경우

② 제1항의 규정에 따른 감정절차 및 방법 등에 관하여 필요한 사항은 대통령령으로 정한다.

③ 위원회는 제1항의 규정에 따른 감정을 실시한 때에는 감정 수수료를 받을 수 있으며, 그 금액은 위원회가 정한다.

제120조(저작권정보센터) ① 제113조 제7호 및 제8호의 업무를 효율적으로 수행하기 위하여 위원회 내에 저작권정보센터를 둔다.

② 저작권정보센터의 운영에 필요한 사항은 대통령령으로 정한다.

제121조 삭제

제122조(경비보조 등) ① 국가는 예산의 범위에서 위원회의 운영에 필요한 경비를 출연하거나 보조할 수 있다.

② 개인·법인 또는 단체는 제113조 제3호·제5호 및 제8호의 규정에 따른 업무 수행을 지원하기 위하여 위원회에 금전 그 밖의 재산을 기부할 수 있다.

③ 제2항의 규정에 따른 기부금은 별도의 계정으로 관리하여야 하며, 그 사용에 관하여는 문화체육관광부장관의 승인을 얻어야 한다.

제9장 권리의 침해에 대한 구제

제123조(침해의 정지 등 청구) ① 저작권 그 밖에 이 법에 따라 보호되는 권리(제25조·제31조·제75조·제76조·제76조의2·제82조·제83조 및 제83조의2의 규정에 따른 보상을 받을 권리를 제외한다. 이하 이 조에서 같다)를 가진 자는 그 권리를 침

해하는 자에 대하여 침해의 정지를 청구할 수 있으며, 그 권리를 침해할 우려가 있는 자에 대하여 침해의 예방 또는 손해배상의 담보를 청구할 수 있다.

② 저작권 그 밖에 이 법에 따라 보호되는 권리를 가진 자는 제1항의 규정에 따른 청구를 하는 경우에 침해행위에 의하여 만들어진 물건의 폐기나 그 밖의 필요한 조치를 청구할 수 있다.

③ 제1항 및 제2항의 경우 또는 이 법에 따른 형사의 기소가 있는 때에는 법원은 원고 또는 고소인의 신청에 따라 담보를 제공하거나 제공하지 아니하게 하고, 임시로 침해행위의 정지 또는 침해행위로 말미암아 만들어진 물건의 압류 그 밖의 필요한 조치를 명할 수 있다.

④ 제3항의 경우에 저작권 그 밖에 이 법에 따라 보호되는 권리의 침해가 없다는 뜻의 판결이 확정된 때에는 신청자는 그 신청으로 인하여 발생한 손해를 배상하여야 한다.

제124조(침해로 보는 행위) ① 다음 각 호의 어느 하나에 해당하는 행위는 저작권 그 밖에 이 법에 따라 보호되는 권리의 침해로 본다.

1. 수입시에 대한민국 내에서 만들어졌더라면 저작권 그 밖에 이 법에 따라 보호되는 권리의 침해로 될 물건을 대한민국 내에서 배포할 목적으로 수입하는 행위
2. 저작권 그 밖에 이 법에 따라 보호되는 권리를 침해하는 행위에 의하여 만들어진 물건(제1호의 수입물건을 포함한다)을 그 사실을 알고 배포할 목적으로 소지하는 행위
3. 프로그램의 저작권을 침해하여 만들어진 프로그램의 복제물(제1호에 따른 수입물건을 포함한다)을 그 사실을 알면서 취득한 자가 이를 업무상 이용하는 행위

② 저작자의 명예를 훼손하는 방법으로 저작물을 이용하는 행위는 저작인격권의 침해로 본다.

③ 삭제

제125조(손해배상의 청구) ① 저작재산권 그 밖에 이 법에 따라 보호되는 권리(저작인격권 및 실연자의 인격권을 제외한다)를 가진 자(이하 "저작재산권자 등"이라 한다)가 고의 또는 과실로 권리를 침해한 자에 대하여 그 침해행위에 의하여 자기가 받은 손해의 배상을 청구하는 경우에 그 권리를 침해한 자가 그 침해행위에 의하여 이익을 받은 때에는 그 이익의 액을 저작재산권자 등이 받은 손해의 액으로 추정한다.

② 저작재산권자 등이 고의 또는 과실로 그 권리를 침해한 자에 대하여 그 침해행위에 의하여 자기가 받은 손해의 배상을 청구하는 경우에 그 권리의 행사로 통상 받을 수 있는 금액에 상당하는 액을 저작재산권자 등이 받은 손해의 액으로 하여 그 손해배상을 청구할 수 있다.

③ 제2항의 규정에 불구하고 저작재산권자 등이 받은 손해의 액이 제2항의 규정에 따른 금액을 초과하는 경우에는 그 초과액에 대하여도 손해배상을 청구할 수 있다.

④ 등록되어 있는 저작권, 배타적 발행권(제88조 및 제96조에 따라 준용되는 경우를 포함한다), 출판권, 저작인접권 또는 데이터베이스제작자의 권리를 침해한 자는 그 침해행위에 과실이 있는 것으로 추정한다.

제125조의2(법정손해배상의 청구) ① 저작재산권자 등은 고의 또는 과실로 권리를 침해한 자에 대하여 사실심(事實審)의 변론이 종결되기 전에는 실제 손해액이나 제125

조 또는 제126조에 따라 정하여지는 손해액을 갈음하여 침해된 각 저작물 등마다 1천만원(영리를 목적으로 고의로 권리를 침해한 경우에는 5천만원) 이하의 범위에서 상당한 금액의 배상을 청구할 수 있다.

② 둘 이상의 저작물을 소재로 하는 편집저작물과 2차적 저작물은 제1항을 적용하는 경우에는 하나의 저작물로 본다.

③ 저작재산권자 등이 제1항에 따른 청구를 하기 위해서는 침해행위가 일어나기 전에 제53조부터 제55조까지의 규정(제90조 및 제98조에 따라 준용되는 경우를 포함한다)에 따라 그 저작물 등이 등록되어 있어야 한다.

④ 법원은 제1항의 청구가 있는 경우에 변론의 취지와 증거조사의 결과를 고려하여 제1항의 범위에서 상당한 손해액을 인정할 수 있다.

제126조(손해액의 인정) 법원은 손해가 발생한 사실은 인정되나 제125조의 규정에 따른 손해액을 산정하기 어려운 때에는 변론의 취지 및 증거조사의 결과를 참작하여 상당한 손해액을 인정할 수 있다

제127조(명예회복 등의 청구) 저작자 또는 실연자는 고의 또는 과실로 저작인격권 또는 실연자의 인격권을 침해한 자에 대하여 손해배상에 갈음하거나 손해배상과 함께 명예회복을 위하여 필요한 조치를 청구할 수 있다.

제128조(저작자의 사망 후 인격적 이익의 보호) 저작자가 사망한 후에 그 유족(사망한 저작자의 배우자·자·부모·손·조부모 또는 형제자매를 말한다)이나 유언집행자는 당해 저작물에 대하여 제14조 제2항의 규정을 위반하거나 위반할 우려가 있는 자에 대하여는 제123조의 규정에 따른 청구를 할 수 있으며, 고의 또는 과실로 저작인격권을 침해하거나 제14조 제2항의 규정을 위반한 자에 대하여는 제127조의 규정에 따른 명예회복 등의 청구를 할 수 있다.

제129조(공동저작물의 권리침해) 공동저작물의 각 저작자 또는 각 저작재산권자는 다른 저작자 또는 다른 저작재산권자의 동의 없이 제123조의 규정에 따른 청구를 할 수 있으며 그 저작재산권의 침해에 관하여 자신의 지분에 관한 제125조의 규정에 따른 손해배상의 청구를 할 수 있다.

제129조의2(정보의 제공) ① 법원은 저작권, 그 밖에 이 법에 따라 보호되는 권리의 침해에 관한 소송에서 당사자의 신청에 따라 증거를 수집하기 위하여 필요하다고 인정되는 경우에는 다른 당사자에 대하여 그가 보유하고 있거나 알고 있는 다음 각 호의 정보를 제공하도록 명할 수 있다.

1. 침해 행위나 불법복제물의 생산 및 유통에 관련된 자를 특정할 수 있는 정보

2. 불법복제물의 생산 및 유통 경로에 관한 정보

② 제1항에도 불구하고 다른 당사자는 다음 각 호의 어느 하나에 해당하는 경우에는 정보의 제공을 거부할 수 있다.

1. 다음 각 목의 어느 하나에 해당하는 자가 공소 제기되거나 유죄판결을 받을 우려가 있는 경우

가. 다른 당사자

나. 다른 당사자의 친족이거나 친족 관계가 있었던 자

다. 다른 당사자의 후견인

2. 영업비밀(「부정경쟁방지 및 영업비밀보호에 관한 법률」 제2조 제2호의 영업비밀을 말한다. 이하 같다) 또는 사생활을 보호하기 위한 경우이거나 그 밖에 정보의 제공을

거부할 수 있는 정당한 사유가 있는 경우

③ 다른 당사자가 정당한 이유 없이 정보제공 명령에 따르지 아니한 경우에는 법원은 정보에 관한 당사자의 주장을 진실한 것으로 인정할 수 있다.

④ 법원은 제2항 제2호에 규정된 정당한 사유가 있는지를 판단하기 위하여 필요하다고 인정되는 경우에는 다른 당사자에게 정보를 제공하도록 요구할 수 있다. 이 경우 정당한 사유가 있는지를 판단하기 위하여 정보제공을 신청한 당사자 또는 그의 대리인의 의견을 특별히 들을 필요가 있는 경우 외에는 누구에게도 그 제공된 정보를 공개하여서는 아니 된다.

제129조의3(비밀유지명령) ① 법원은 저작권, 그 밖에 이 법에 따라 보호되는 권리(제25조, 제31조, 제75조, 제76조, 제76조의2, 제82조, 제83조, 제83조의2 및 제101조의3에 따른 보상을 받을 권리는 제외한다. 이하 이 조에서 같다)의 침해에 관한 소송에서 그 당사자가 보유한 영업비밀에 대하여 다음 각 호의 사유를 모두 소명한 경우에는 그 당사자의 신청에 따라 결정으로 다른 당사자, 당사자를 위하여 소송을 대리하는 자, 그 밖에 해당 소송으로 인하여 영업비밀을 알게 된 자에게 해당 영업비밀을 해당 소송의 계속적인 수행 외의 목적으로 사용하거나 해당 영업비밀에 관계된 이 항에 따른 명령을 받은 자 외의 자에게 공개하지 아니할 것을 명할 수 있다. 다만, 그 신청 시까지 다른 당사자, 당사자를 위하여 소송을 대리하는 자, 그 밖에 해당 소송으로 인하여 영업비밀을 알게 된 자가 제1호에 따른 준비서면의 열람 및 증거조사 외의 방법으로 해당 영업비밀을 이미 취득한 경우에는 그러하지 아니하다.

1. 이미 제출하였거나 제출하여야 할 준비서면 또는 이미 조사하였거나 조사하여야 할 증거(제129조의2 제4항에 따라 제공된 정보를 포함한다)에 영업비밀이 포함되어 있다는 것

2. 제1호의 영업비밀이 해당 소송수행 외의 목적으로 사용되거나 공개되면 당사자의 영업에 지장을 줄 우려가 있어 이를 방지하기 위하여 영업비밀의 사용 또는 공개를 제한할 필요가 있다는 것

② 제1항에 따른 명령(이하 "비밀유지명령"이라 한다)의 신청은 다음 각 호의 사항을 적은 서면으로 하여야 한다.

1. 비밀유지명령을 받을 자

2. 비밀유지명령의 대상이 될 영업비밀을 특정하기에 충분한 사실

3. 제1항 각 호의 사유에 해당하는 사실

③ 비밀유지명령이 결정된 경우에는 그 결정서를 비밀유지명령을 받은 자에게 송달하여야 한다.

④ 비밀유지명령은 제3항의 결정서가 비밀유지명령을 받은 자에게 송달된 때부터 효력이 발생한다.

⑤ 비밀유지명령의 신청을 기각하거나 각하한 재판에 대하여는 즉시항고를 할 수 있다.

제129조의4(비밀유지명령의 취소) ① 비밀유지명령을 신청한 자나 비밀유지명령을 받은 자는 제129조의3 제1항에서 규정한 요건을 갖추지 못하였거나 갖추지 못하게 된 경우 소송기록을 보관하고 있는 법원(소송기록을 보관하고 있는 법원이 없는 경우에는 비밀유지명령을 내린 법원을 말한다)에 취소를 신청할 수 있다.

② 비밀유지명령의 취소신청에 대한 재판이 있는 경우에는 그 결정서를 그 신청인과

상대방에게 송달하여야 한다.

③ 비밀유지명령의 취소신청에 대한 재판에 대하여는 즉시항고를 할 수 있다.

④ 비밀유지명령을 취소하는 재판은 확정되어야 그 효력이 발생한다.

⑤ 비밀유지명령을 취소하는 재판을 한 법원은 비밀유지명령의 취소신청을 한 자와 상대방 외에 해당 영업비밀에 관한 비밀유지명령을 받은 자가 있는 경우에는 그 자에게 즉시 비밀유지명령의 취소재판을 한 취지를 통지하여야 한다.

제129조의5(소송기록 열람 등 신청의 통지 등) ① 비밀유지명령이 내려진 소송(비밀유지명령이 모두 취소된 소송은 제외한다)에 관한 소송기록에 대하여 「민사소송법」 제163조 제1항의 결정이 있었던 경우, 당사자가 같은 항에 규정하는 비밀 기재 부분의 열람 등을 해당 소송에서 비밀유지명령을 받지 아니한 자를 통하여 신청한 경우에는 법원서기관·법원사무관·법원주사 또는 법원주사보(이하 이 조에서 "법원사무관 등"이라 한다)는 「민사소송법」 제163조 제1항의 신청을 한 당사자(그 열람 등의 신청을 한 자는 제외한다)에게 그 열람 등의 신청 직후에 그 신청이 있었던 취지를 통지하여야 한다.

② 제1항의 경우 법원사무관 등은 제1항의 신청이 있었던 날부터 2주일이 지날 때까지(그 신청 절차를 행한 자에 대한 비밀유지명령 신청이 그 기간 내에 행하여진 경우에 대하여는 그 신청에 대한 재판이 확정되는 시점까지를 말한다) 그 신청 절차를 행한 자에게 제1항의 비밀 기재 부분의 열람 등을 하게 하여서는 아니 된다.

③ 제2항은 제1항의 열람 등의 신청을 한 자에게 제1항의 비밀 기재 부분의 열람 등을 하게 하는 것에 대하여 「민사소송법」 제163조 제1항의 신청을 한 당사자 모두의 동의가 있는 경우에는 적용하지 아니한다.

제10장 보 칙

제130조(권한의 위임 및 위탁) 문화체육관광부장관은 대통령령으로 정하는 바에 따라 이 법에 따른 권한의 일부를 특별시장·광역시장·도지사·특별자치도지사에게 위임하거나 위원회 또는 저작권 관련 단체에 위탁할 수 있다.

제131조(벌칙 적용에서의 공무원 의제) 위원회의 위원 및 직원은 「형법」 제129조 내지 제132조의 규정을 적용하는 경우에는 이를 공무원으로 본다.

제132조(수수료) 이 법에 따라 다음 각 호의 어느 하나에 해당하는 사항의 신청 등을 하는 자는 문화체육관광부령으로 정하는 바에 따라 수수료를 납부하여야 한다.

1. 제50조 내지 제52조의 규정에 따른 법정허락 승인(제89조 및 제97조의 규정에 따라 준용되는 경우를 포함한다)을 신청하는 자

2. 제53조부터 제55조까지의 규정에 따른 등록(제90조 및 제98조에 따라 준용되는 경우를 포함한다)·등록 사항의 변경·등록부 열람 및 사본의 교부를 신청하는 자

3. 제105조의 규정에 따라 저작권위탁관리업의 허가를 신청하거나 신고하는 자

제133조(불법 복제물의 수거·폐기 및 삭제) ① 문화체육관광부장관, 특별시장·광역시장·도지사·특별자치도지사 또는 시장·군수·구청장(자치구의 구청장을 말한다)은 저작권 그 밖에 이 법에 따라 보호되는 권리를 침해하는 복제물(정보통신망을 통

하여 전송되는 복제물은 제외한다) 또는 저작물 등의 기술적 보호조치를 무력하게 하기 위하여 제작된 기기·장치·정보 및 프로그램을 발견한 때에는 대통령령으로 정한 절차 및 방법에 따라 관계공무원으로 하여금 이를 수거·폐기 또는 삭제하게 할 수 있다.

② 문화체육관광부장관은 제1항의 규정에 따른 업무를 대통령령이 정한 단체에 위탁할 수 있다. 이 경우 이에 종사하는 자는 공무원으로 본다.

③ 문화체육관광부장관은 제1항 및 제2항에 따라 관계 공무원 등이 수거·폐기 또는 삭제를 하는 경우 필요한 때에는 관련 단체에 협조를 요청할 수 있다.

④ 삭제

⑤ 문화체육관광부장관은 제1항에 따른 업무를 위하여 필요한 기구를 설치·운영할 수 있다.

⑥ 제1항부터 제3항까지의 규정이 다른 법률의 규정과 경합하는 경우에는 이 법을 우선하여 적용한다.

제133조의2(정보통신망을 통한 불법복제물 등의 삭제명령 등) ① 문화체육관광부장관은 정보통신망을 통하여 저작권이나 그 밖에 이 법에 따라 보호되는 권리를 침해하는 복제물 또는 정보, 기술적 보호조치를 무력하게 하는 프로그램 또는 정보(이하 "불법복제물 등"이라 한다)가 전송되는 경우에 위원회의 심의를 거쳐 대통령령으로 정하는 바에 따라 온라인서비스제공자에게 다음 각 호의 조치를 할 것을 명할 수 있다.

1. 불법복제물 등의 복제·전송자에 대한 경고

2. 불법복제물 등의 삭제 또는 전송 중단

② 문화체육관광부장관은 제1항 제1호에 따른 경고를 3회 이상 받은 복제·전송자가 불법복제물 등을 전송한 경우에는 위원회의 심의를 거쳐 대통령령으로 정하는 바에 따라 온라인서비스제공자에게 6개월 이내의 기간을 정하여 해당 복제·전송자의 계정(이메일 전용 계정은 제외하며, 해당 온라인서비스제공자가 부여한 다른 계정을 포함한다. 이하 같다)을 정지할 것을 명할 수 있다.

③ 제2항에 따른 명령을 받은 온라인서비스제공자는 해당 복제·전송자의 계정을 정지하기 7일 전에 대통령령으로 정하는 바에 따라 해당 계정이 정지된다는 사실을 해당 복제·전송자에게 통지하여야 한다.

④ 문화체육관광부장관은 온라인서비스제공자의 정보통신망에 개설된 게시판(「정보통신망 이용촉진 및 정보보호 등에 관한 법률」 제2조 제1항 제9호의 게시판 중 상업적 이익 또는 이용 편의를 제공하는 게시판을 말한다. 이하 같다) 중 제1항 제2호에 따른 명령이 3회 이상 내려진 게시판으로서 해당 게시판의 형태, 게시되는 복제물의 양이나 성격 등에 비추어 해당 게시판이 저작권 등의 이용질서를 심각하게 훼손한다고 판단되는 경우에는 위원회의 심의를 거쳐 대통령령으로 정하는 바에 따라 온라인서비스제공자에게 6개월 이내의 기간을 정하여 해당 게시판 서비스의 전부 또는 일부의 정지를 명할 수 있다.

⑤ 제4항에 따른 명령을 받은 온라인서비스제공자는 해당 게시판의 서비스를 정지하기 10일 전부터 대통령령으로 정하는 바에 따라 해당 게시판의 서비스가 정지된다는 사실을 해당 온라인서비스제공자의 인터넷 홈페이지 및 해당 게시판에 게시하여야 한다.

⑥ 온라인서비스제공자는 제1항에 따른

명령을 받은 경우에는 명령을 받은 날부터 5일 이내에, 제2항에 따른 명령을 받은 경우에는 명령을 받은 날부터 10일 이내에, 제4항에 따른 명령을 받은 경우에는 명령을 받은 날부터 15일 이내에 그 조치결과를 대통령령으로 정하는 바에 따라 문화체육관광부장관에게 통보하여야 한다.

⑦ 문화체육관광부장관은 제1항, 제2항 및 제4항의 명령의 대상이 되는 온라인서비스제공자와 제2항에 따른 명령과 직접적인 이해관계가 있는 복제·전송자 및 제4항에 따른 게시판의 운영자에게 사전에 의견제출의 기회를 주어야 한다. 이 경우 「행정절차법」 제22조 제4항부터 제6항까지 및 제27조를 의견제출에 관하여 준용한다.

⑧ 문화체육관광부장관은 제1항, 제2항 및 제4항에 따른 업무를 수행하기 위하여 필요한 기구를 설치·운영할 수 있다.

제133조의3(시정권고 등) ① 위원회는 온라인서비스제공자의 정보통신망을 조사하여 불법복제물 등이 전송된 사실을 발견한 경우에는 이를 심의하여 온라인서비스제공자에 대하여 다음 각 호에 해당하는 시정 조치를 권고할 수 있다.

1. 불법복제물 등의 복제·전송자에 대한 경고
2. 불법복제물 등의 삭제 또는 전송 중단
3. 반복적으로 불법복제물 등을 전송한 복제·전송자의 계정 정지

② 온라인서비스제공자는 제1항 제1호 및 제2호에 따른 권고를 받은 경우에는 권고를 받은 날부터 5일 이내에, 제1항 제3호의 권고를 받은 경우에는 권고를 받은 날부터 10일 이내에 그 조치결과를 위원회에 통보하여야 한다.

③ 위원회는 온라인서비스제공자가 제1항에 따른 권고에 따르지 아니하는 경우에는 문화체육관광부장관에게 제133조의2 제1항 및 제2항에 따른 명령을 하여 줄 것을 요청할 수 있다.

④ 제3항에 따라 문화체육관광부장관이 제133조의2 제1항 및 제2항에 따른 명령을 하는 경우에는 위원회의 심의를 요하지 아니한다.

제134조(건전한 저작물 이용 환경 조성 사업) ① 문화체육관광부장관은 저작권이 소멸된 저작물 등에 대한 정보 제공 등 저작물의 공정한 이용을 도모하기 위하여 필요한 사업을 할 수 있다.

② 제1항에 따른 사업에 관하여 필요한 사항은 대통령령으로 정한다.

③ 삭제

제135조(저작재산권 등의 기증) ① 저작재산권자 등은 자신의 권리를 문화체육관광부장관에게 기증할 수 있다.

② 문화체육관광부장관은 저작재산권자 등으로부터 기증된 저작물 등의 권리를 공정하게 관리할 수 있는 단체를 지정할 수 있다.

③ 제2항의 규정에 따라 지정된 단체는 영리를 목적으로 또는 당해 저작재산권자 등의 의사에 반하여 저작물 등을 이용할 수 없다.

④ 제1항과 제2항의 규정에 따른 기증 절차와 단체의 지정 등에 관하여 필요한 사항은 대통령령으로 정한다.

제11장 벌　칙

제136조(벌칙) ① 다음 각 호의 어느 하나에 해당하는 자는 5년 이하의 징역 또는

5천만원 이하의 벌금에 처하거나 이를 병과할 수 있다.

1. 저작재산권, 그 밖에 이 법에 따라 보호되는 재산적 권리(제93조에 따른 권리는 제외한다)를 복제, 공연, 공중송신, 전시, 배포, 대여, 2차적 저작물 작성의 방법으로 침해한 자

2. 제129조의3 제1항에 따른 법원의 명령을 정당한 이유 없이 위반한 자

② 다음 각 호의 어느 하나에 해당하는 자는 3년 이하의 징역 또는 3천만원 이하의 벌금에 처하거나 이를 병과할 수 있다.

1. 저작인격권 또는 실연자의 인격권을 침해하여 저작자 또는 실연자의 명예를 훼손한 자

2. 제53조 및 제54조(제90조 및 제98조에 따라 준용되는 경우를 포함한다)에 따른 등록을 거짓으로 한 자

3. 제93조에 따라 보호되는 데이터베이스 제작자의 권리를 복제·배포·방송 또는 전송의 방법으로 침해한 자

3의2. 제103조의3 제4항을 위반한 자

3의3. 업으로 또는 영리를 목적으로 제104조의2 제1항 또는 제2항을 위반한 자

3의4. 업으로 또는 영리를 목적으로 제104조의3 제1항을 위반한 자. 다만, 과실로 저작권 또는 이 법에 따라 보호되는 권리 침해를 유발 또는 은닉한다는 사실을 알지 못한 자는 제외한다.

3의5. 제104조의4 제1호 또는 제2호에 해당하는 행위를 한 자

3의6. 제104조의5를 위반한 자

3의7. 제104조의7을 위반한 자

4. 제124조 제1항에 따른 침해행위로 보는 행위를 한 자

5. 삭제

6. 삭제

제137조(벌칙) ① 다음 각 호의 어느 하나에 해당하는 자는 1년 이하의 징역 또는 1천만원 이하의 벌금에 처한다.

1. 저작자 아닌 자를 저작자로 하여 실명·이명을 표시하여 저작물을 공표한 자

2. 실연자 아닌 자를 실연자로 하여 실명·이명을 표시하여 실연을 공연 또는 공중송신하거나 복제물을 배포한 자

3. 제14조 제2항을 위반한 자

3의2. 제104조의4 제3호에 해당하는 행위를 한 자

3의3. 제104조의6을 위반한 자

4. 제105조 제1항에 따른 허가를 받지 아니하고 저작권신탁관리업을 한 자

5. 제124조 제2항에 따라 침해행위로 보는 행위를 한 자

6. 자신에게 정당한 권리가 없음을 알면서 고의로 제103조 제1항 또는 제3항에 따른 복제·전송의 중단 또는 재개요구를 하여 온라인서비스제공자의 업무를 방해한 자

7. 제55조의2(제90조 및 제98조에 따라 준용되는 경우를 포함한다)를 위반한 자

② 제1항 제3호의3의 미수범은 처벌한다.

제138조(벌칙) 다음 각 호의 어느 하나에 해당하는 자는 500만원 이하의 벌금에 처한다.

1. 제35조 제4항을 위반한 자

2. 제37조(제87조 및 제94조에 따라 준용되는 경우를 포함한다)를 위반하여 출처를 명시하지 아니한 자

3. 제58조 제3항(제63조의2, 제88조 및 제96조에 따라 준용되는 경우를 포함한다)을 위반하여 저작재산권자의 표지를 하지 아니한 자

4. 제58조의2 제2항(제63조의2, 제88조

및 제96조에 따라 준용되는 경우를 포함한다)을 위반하여 저작자에게 알리지 아니한 자

5. 제105조 제1항에 따른 신고를 하지 아니하고 저작권대리중개업을 하거나, 제109조 제2항에 따른 영업의 폐쇄명령을 받고 계속 그 영업을 한 자

제139조(몰수) 저작권, 그 밖에 이 법에 따라 보호되는 권리를 침해하여 만들어진 복제물과 그 복제물의 제작에 주로 사용된 도구나 재료 중 그 침해자·인쇄자·배포자 또는 공연자의 소유에 속하는 것은 몰수한다.

제140조(고소) 이 장의 죄에 대한 공소는 고소가 있어야 한다. 다만, 다음 각 호의 어느 하나에 해당하는 경우에는 그러하지 아니하다.

1. 영리를 목적으로 또는 상습적으로 제136조 제1항 제1호, 제136조 제2항 제3호 및 제4호(제124조 제1항 제3호의 경우에는 피해자의 명시적 의사에 반하여 처벌하지 못한다)에 해당하는 행위를 한 경우

2. 제136조 제2항 제2호 및 제3호의2부터 제3호의7까지, 제137조 제1항 제1호부터 제4호까지, 제6호 및 제7호와 제138조 제5호의 경우

3. 삭제

제141조(양벌규정) 법인의 대표자나 법인 또는 개인의 대리인·사용인 그 밖의 종업원이 그 법인 또는 개인의 업무에 관하여 이 장의 죄를 범한 때에는 행위자를 벌하는 외에 그 법인 또는 개인에 대하여도 각 해당조의 벌금형을 과한다. 다만, 법인 또는 개인이 그 위반행위를 방지하기 위하여 해당 업무에 관하여 상당한 주의와 감독을 게을리하지 아니한 경우에는 그러하지 아니하다.

제142조(과태료) ① 제104조 제1항에 따른 필요한 조치를 하지 아니한 자에게는 3천만원 이하의 과태료를 부과한다.

② 다음 각 호의 어느 하나에 해당하는 자에게는 1천만원 이하의 과태료를 부과한다.

1. 제103조의3 제2항에 따른 문화체육관광부장관의 명령을 이행하지 아니한 자

2. 제106조에 따른 의무를 이행하지 아니한 자

3. 제112조 제4항을 위반하여 한국저작권위원회의 명칭을 사용한 자

4. 제133조의2 제1항·제2항 및 제4항에 따른 문화체육관광부장관의 명령을 이행하지 아니한 자

5. 제133조의2 제3항에 따른 통지, 같은 조 제5항에 따른 게시, 같은 조 제6항에 따른 통보를 하지 아니한 자

③ 제1항 및 제2항에 따른 과태료는 대통령령으로 정하는 바에 따라 문화체육관광부장관이 부과·징수한다.

④ 삭제

⑤ 삭제

부 칙

〈제12137호, 2013.12.30.〉

이 법은 공포 후 6개월이 경과한 날부터 시행한다.

■ 문회체육관광부 고시 제2014 52호

「교과용도서의 저작물 이용 보상금」 기준

저작권법 제25조 제4항에 의거하여 교과용도서의 저작물 이용에 대한 보상금 기준을 다음과 같이 고시합니다.

2014년 12월 31일
문화체육관광부 장관

1. **적용기간** : 2015년 1월 1일 ~ 차기개정일
2. **보상대상** : 교과용도서에 관한 규정(대통령령 제22143호) 제2조에서 규정한 교과서 및 지도서로서 전자저작물 포함
3. **보상기준**
   1) 교과서와 지도서별로 각각 보상
   2) 서책 및 CD 형태의 교과용도서는 발행부수를 기준으로 하고, 온라인 전송의 형태로 배포되는 전자저작물의 경우 전송대상 학생의 수를 기준으로 보상
   3) 원저작물을 번역 · 변형 · 각색 등의 방법으로 작성한 2차적 저작물을 게재한 경우에는 다음과 같이 보상
      ㅇ 원저작권자와 2차적 저작물 저작권자가 사전에 협의한 경우에는 그 비율로 보상
      ㅇ 협의가 이루어지지 않을 경우에는 원저작권자와 2차적 저작물 저작권자에게 각 50/100씩 지급하고, 음악저작물을 편곡한 경우 원저작권자에게 70/100, 편곡자에게 30/100을 각각 지급
   4) 컴퓨터 화면 캡처의 경우에는 해당 화면을 구성하는 각 저작물에 대하여 보상기준에 따라 각각 지급

4. **저작물별 보상 기준 및 보상금액(1천부 또는 1천명 기준)**

저작물별		보 상 기 준	보상금액(원)		비 고
			기준 1	기준 2	
어문	산문	200자 원고지 1매 분량	102	122	수필, 논설, 소설, 희곡,

					설명문 및 이와 유사한 것
저작물	운문	1/2편 이상 1편 이하	1,022	1,226	시, 시조, 향가 및 이와 유사한 것
		1/4편 이상 1/2편 미만	510	612	
		1/4편 미만	307	368	
음악저작물		1/2편 이상 1편 이하	658	790	작사, 작곡 별도 지급
		1/4편 이상 1/2편 미만	328	394	
		1/4편 미만	195	234	
미술·사진저작물		1/2쪽 이상 1쪽 이하	1,004	1,205	
		1/4쪽 이상 1/2쪽 미만	501	601	
		1/4쪽 미만	298	358	
멀티미디어 저작물	음원 형태의 저작물	1/2편 이상 1편 이하	1,734	-	· 작사, 작곡 별도 지급 · 저작물을 5% 미만으로 사용하는 경우 보상대상에서 제외하되, 그 최대한은 30초로 제한
		1/4편 이상 1/2편 미만	866	-	
		1/4편 미만	513	-	
	영상 저작물	30초 이하	3,384	-	· 영화, 방송, 애니메이션 및 이와 유사한 것 · 30초 이상은 10초 단위로 산정하되 10초 미만은 10초로 산정 · 저작물을 5% 미만으로 사용하는 경우 보상대상에서 제외하되, 그 최대한은 1분으로 제한
		30초 이상 추가분 10초당	339	-	

※ 1천부(또는 1천명) 이하는 1천부로 하고 1천부를 초과하는 경우에는 발행 부수에 비례함

※ 서책으로만 또는 전자저작물로만 교과용도서를 발행할 경우 "기준 1"을, 서책형과 전자저작물을 동시 발행할 경우 "기준 2"를 적용

※ 교과용도서 보상금은 사단법인 한국복제전송저작권협회(저작권법 제25조 제5항에 의거 문화체육관광부장관에 의해 지정된 보상금 수령단체)에서 수령하여 저작권자에게 분배함

5. **재검토기한** : 「훈령·예규 등의 발령 및 관리에 관한 규정」(대통령훈령 제248호)에

따라 2017년 12월 31일까지 이 고시의 폐지, 개정 등의 조치를 취하여 함

■ 문화체육관광부 고시 제2014-8호

수업목적 저작물 이용 보상금 기준

문화체육관광부고시 제2012-18호(2012.4.27.)를 개정하여 수업목적 저작물 이용에 대한 보상금 기준을 다음과 같이 고시합니다.

2014년 2월 26일
문화체육관광부장관

1. **관련근거** : 저작권법 제25조 제2항, 제4항~제10항, 동법 시행령 제2조~제9조

2. **적용기간** : 2013년 1월 1일부터 차기 개정일까지

3. **적용범위** : 저작권법 제25조 제2항에 따라 수업 목적상 필요하다고 인정될 때 공표된 저작물의 일부분을 복제·배포·공연·방송·전송할 경우. 단, 저작물의 성질이나 그 이용의 목적 및 형태 등에 비추어 저작물의 전부를 이용하는 것이 부득이한 경우에는 전부를 이용 가능

4. **적용대상** : 특별법에 따라 설립된 학교 및 「고등교육법」에 따른 학교

5. **보상금 납부** : 저작권자의 사전 이용허락을 받을 필요는 없으나, 사후 아래 보상금 기준에 따라 사단법인 한국복제전송저작권협회(저작권법 제25조 제5항에 의거 문화체육관광부장관에 의해 지정된 보상금 수령단체)에 저작물 이용에 대한 보상금 납부

6. **보상금 기준**

1) 보상금 기준

이용형태	산정방식 및 납부 기준액 (납부자가 아래 방식 중 선택)	
	종량방식	포괄방식
저작권법상 복제·배포·공연·방송·전송 (단, 중복 산정하지 않음)	ㅇ 어문: A4 1쪽 분량당 7.7원 - 파워포인트는 1매당 3.8원 ㅇ 이미지: 1건당 7.7원 ㅇ 음악: 1곡당 42원 ㅇ 영상물: 5분 이내 176원 * 어문 저작물의 1% 이내, 음악 및 영상 저작물의 5% 이내(최대 30초) 이용의 경우는 보상금대상에서 제외	학생 1인당 연간 기준금액은 다음으로 함. ㅇ 일반대 1,300원 ㅇ 전문대 1,200원 ㅇ 원격대 1,100원

2) 기준에 대한 해석

ㅇ “일반대”는 고등교육법 제2조 각 호의 학교 중 수업연한이 4년 이상 6년 이하의 학교와 같은 법 제30조에 의한 대학원대학교를 포함

ㅇ “전문대”는 고등교육법 제2조 각 호의 학교 중 수업연한이 2년 이상 3년 이하의 학교

ㅇ “원격대”는 고등교육법 제2조 제5호에 해당하는 학교

ㅇ “종량방식”은 저작물의 이용량(복제・배포・전송인 경우에는 저작물의 총 이용횟수, 방송・공연인 경우에는 당해 수업에 참여한 대상 시청자 수)에 따른 보상금 지급방식

ㅇ “포괄방식”은 이용학생 수에 따른 보상금 지급방식임

ㅇ 산정방식(종량 또는 포괄) 및 납부 기준액은 납부자가 선택하되, 수령단체가 공지한 기한 내 납부자가 선택하지 않을 경우 문화체육관광부장관의 승인을 받아 수령단체가 결정

ㅇ 방송대 등 설립목적이 특수한 대학의 경우 “포괄방식”의 기준 금액 감면 가능

ㅇ 영상물의 5분 이내의 사용은 5분으로 보며, 초과 이용은 10초당 10원씩 가산

ㅇ 저작권법시행령 제2조에 따라 이용자가 이용내역을 제출하되, 구체적인 이용내역 제출 방식은 보상금 수령단체와 별도 협의

ㅇ 보상금은 보상금수령단체인 한국복제전송저작권협회에서 수령하여 저작권자에게 분배함

ㅇ 보상금 기준 고시 이후 2개월 이내에 저작권자는 별지 1호 서식에 따라 대학수업에서 저작물을 무료로 이용하는 것에 대한 보상금 청구권 포기 동의서를 한국복제전송저작권협회에 제출할 수 있으며, 이 경우 보상금을 감액 징수하거나 보상금 분배시 무료 이용분에 대해 환급 정산함

ㅇ 한국복제전송저작권협회와 대학교는 공동으로 대학에서의 저작물 이용에 대한 실태조사를 정기적으로 실시하여 보상금 기준 고시 개정 및 분배 정산에 활용함

7. 참고사항

ㅇ “수업 목적”이란 해당 교육기관의 재학생을 대상으로 하는 교육과정으로서 기관장의 관리 감독 하의 대면수업 또는 이에 준하는 원격수업에 제공할 목적을 말함

- 교육기관의 저작물 이용 중, 교과과정 이외의 학습 또는 일반인 대상 특별강좌 등에서의 저작물 이용은 “수업 목적”의 범위를 벗어나므로 저작권자로부터 별도로 사전 이용허락을 받아야 함

ㅇ 대학 교수 등의 개별적인 연구 활동은 “수업 목적”에 포함되지 않음

- 그러나, 공표된 저작물을 영리를 목적으로 하지 아니하고 개인적으로 이용하거나 가정 및 이에 준하는 한정된 범위 안에서 이용하는 경우에는 그 이용자는 이를 복제할 수 있음. 다만, 공중의 사용에 제공하기 위하여 설치된 복사기에 의한 복제는 그러하지 아니함 (저작권법 제30조)

ㅇ ‘프로그램 저작물’은 본 기준 고시의 적용 대상이 아님

- ‘프로그램 저작물’에 대해서는 별도로 저작권법 제101조의3 제1항 제2호에 의거, 동 조의 요건에 해당하는 경우에는 저작권자 허락을 받지 아니하고 이용할 수 있으며, 이에 대해서는 보상금 납부 의무가 없음

- 위 요건에 해당하지 않는 경우에 대해서는 교육 목적이라 하더라도 원칙적으로 저작권자의 이용허락을 받아야 함

※ 저작권법 제101조의3(프로그램의 저작재산권의 제한) ① 다음 각 호의 어느 하나에 해당하는 경우에는 그 목적상 필요한 범위에서 공표된 프로그램을 복제 또는 배포할 수 있다. 다만, 프로그램의 종류 · 용도, 프로그램에서 복제된 부분이 차지하는 비중 및 복제의 부수 등에 비추어 프로그램의 저작재산권자의 이익을 부당하게 해치는 경우에는 그러하지 아니하다.

2.「유아교육법」, 「초 · 중등교육법」, 「고등교육법」에 따른 학교 및 다른 법률에 따라 설립된 교육기관(상급학교 입학을 위한 학력이 인정되거나 학위를 수여하는 교육기관에 한한다)에서 교육을 담당하는 자가 수업과정에 제공할 목적으로 복제 또는 배포하는 경우

* 【예시】 학교 수업에서 프로그램 소스코드 등을 사용할 수는 있으나, 상업용 S/W를 복제하여 학생들에게 배포 또는 전송하는 행위 등은 불가

■ 문화체육관광부 고시 제2014-28호

「도서관의 저작물 복제·전송이용 보상금」 기준

저작권법 제31조 제5항에 의거하여 도서관의 저작물 복제 및 전송 이용에 대한 보상금 기준을 다음과 같이 고시합니다.

2014년 1월 1일
문화체육관광부 장관

1. **적용기간**: 2014년 1월 1일 ~ 차후 개정시까지

2. **보상대상**: 저작권법 제31조 제1항 제1호의 규정에 의하여 디지털 형태의 도서 등(다른 도서관 등으로부터 복제·전송받은 도서 등을 포함)을 복제하는 경우 및 같은 법 같은 조 제3항의 규정에 의하여 비매품이거나 발행된 지 5년이 경과한 판매용 도서 등을 다른 도서관 등의 안에서 열람할 수 있도록 전송하는 경우

3. **보상 기준 및 보상 금액**

구 분		이용형태 및 보상금 기준	
		출 력	전 송 (전송을 위한 복제 포함)
단 행 본	판매용	1면당 6원	1파일당 25원
	비매용	1면당 3원	1파일당 0원
정기간행물	판매용	1면당 6원	1파일당 25원
	비매용	1면당 3원	1파일당 0원

4. **본 기준에서 사용하는 용어정의**

1) 출력－저작권법 제31조 제1항 제1호의 규정에 의하여 디지털 형태의 도서 등을 아날로그 형태로 복제(프린트아웃)하는 것을 말함.

2) 전송－다른 도서관 이용자가 컴퓨터 모니터 등을 통하여 열람할 수 있도록 디지털 형태의 도서 등을 일반 공중이 접근할 수 있는 컴퓨터 서비에 저장하는 것과 실제 이용자의 요구에 의하여 디지털 송신을 하는 것을 모두 포함하는 것을 말함.

3) 1면－이용 대상이 된 단행본 또는 정기간행물의 1쪽을 말함.

4) 1파일－단행본의 경우에는 전체에 해당하는 디지털물을, 정기간행물의 경우에는 이에 수록된 각각의 기사 또는 논문에 해당하는 디지털물을 말함.

※ 도서관 보상금은 사단법인 한국복제전송저작권협회(저작권법 제31조 제6항에 의

거 문화체육관광부장관에 의한 지정 단체)에서 수령하여 저작권자에게 분배함

〈부　칙〉

① (시행일) 이 고시는 고시한 날로부터 시행한다.

② (재검토기한) 「훈령 · 예규 등의 발령 및 관리에 관한 규정」(대통령훈령 제248호)에 따라 이 고시 발령 후의 법령이나 현실여건의 변화 등을 검토하여 이 고시의 폐지, 개정, 재검토기한 재설정 등의 조치를 하여야 하는 재검토기한은 2015년 12월 30일까지로 한다.

문학적 및 예술적 저작물의 보호를 위한 베른협약

조약 제1349호(관보 제13389호, 1996년 8월 17일)

동맹국은 문학 · 예술적 저작물상의 저작자의 권리를 가능한 한 효과적이고 통일적으로 보호하도록 모두 희망하고, 1967년 스톡홀름에서 개최된 개정회의 작업의 중요성을 인정하여, 스톡홀름 회의에서 채택한 의정서 제1조에서 제20조 및 제22조에서 제26조를 변경하지 않고, 이 의정서를 개정하기로 결정하였다. 따라서 아래 서명한 전권위원들은 정당한 형식으로서 인정되는 전권위임장을 제시하고 다음과 같이 합의하였다.

제1조 이 협약이 적용되는 국가들은 자국의 문학 · 예술적 저작물상의 저작자의 권리의 보호를 위한 동맹을 구성한다.

제2조 (1) "문학 · 예술적 저작물"이란 표현은 그 표현의 형태나 방식이 어떠하든 간에 서적, 소책자 및 기타 문서, 강의 · 강연 · 설교 및 기타 같은 성격의 저작물, 연극 또는 악극저작물, 무용저작물과 무언극, 가사가 있거나 또는 없는 작곡, 영화와 유사한 과정에 의하여 표현된 저작물을 포함하는 영화저작물, 소묘 · 회화 · 건축 · 조각 · 판화 및 석판화, 사진과 유사한 과정에 의해 표현된 저작물을 포함하는 사진저작물, 응용미술저작물, 도해 · 지도 · 설계도 · 스케치 및 지리학 · 지형학 · 건축학 또는 과학에 관한 3차원 저작물과 같은 문학 · 학술 및 예술의 범위에 속하는 모든 제작물을 포함한다.

(2) 다만, 저작물 일반이나 특정한 범주의 저작물이 유형적인 형태로 고정되어 있지 않는 한 보호되지 않는다고 규정하는 것은 동맹국의 입법에 맡긴다.

(3) 문학 또는 예술적 저작물의 번역물 · 각색물 · 편곡물 기타 개작물은 원저작물의 저작권을 해치지 않고, 원저작물로서 보호된다.

(4) 입법 · 행정 및 사법적 성격의 공문서와 그 공식 번역물에 부여하는 보호는 동맹국의 입법에 맡겨 결정한다.

(5) 내용의 선택과 배열로 인하여 지적 창작물이 되는 백과사전 및 선집과 같은 문학 또는 예술적 저작물의 수집물은 그 수집물을 구성하는 각 저작물의 저작권을 해치지 않고, 지적 창작물로서 보호된다.

(6) 이 조에서 말하는 저작물은 모든 동맹국에서 보호를 받는다. 이 보호는 저작자 및 권리

승계인의 이익이 되도록 한다.

(7) 이 협약 제7조 제4항의 규정에 따를 것을 조건으로, 응용미술저작물 및 산업의장·모형에 관한 법률의 적용범위와 그러한 저작물·의장 및 모형이 보호되는 조건은 동맹국의 입법에 맡겨 결정한다. 본국에서 오로지 의장과 모형으로만 보호되는 저작물은 다른 동맹국에서 의장과 모형에 부여하는 것과 같은, 그러한 특별한 보호만을 받는다. 다만, 그 다른 동맹국에서 그러한 특별한 보호를 부여하지 않는 경우에, 그 저작물은 예술적 저작물로서 보호된다.

(8) 이 협약의 보호는 시사보도나 단순히 언론보도의 성격을 갖는 기타 사실에 대하여 적용되지 아니한다.

제2조의2 (1) 정치적 연술 및 재판절차에서의 연술을 전조에서 규정한 보호로부터 전부 또는 일부 배제하는 것은 동맹국의 입법에 맡긴다.

(2) 또한 강의, 강연 및 기타 공중에 전하는 같은 성격의 저작물이 언론에 의하여 복제·방송되고, 유선에 의하여 공중에 전달되고, 이 협약 제11조의2 제1항에서 마련하고 있는 공중전달의 대상이 될 수 있는 조건은, 그러한 사용이 보도의 목적에 의하여 정당화되는 경우에, 동맹국의 입법에 맡겨 결정한다.

(3) 다만, 저작자는 전항들에서 말한 저작물의 수집물을 만들 배타적 권리를 가진다.

제3조 (1) 이 협약상의 보호는 다음에 적용된다.

㈎ 발행여부를 불문한 저작물에 대하여, 어느 동맹국의 국민인 저작자

㈏) 최초로 어느 동맹국에서 발행된, 또는 어느 비동맹국과 어느 동맹국에서 동시에 발행된 저작물에 대하여, 어느 동맹국의 국민이 아닌 저작자

(2) 비동맹국의 국민으로 어느 동맹국에 상거소를 가지는 저작자는 이 협약의 적용상 그 동맹국의 국민으로 대우한다.

(3) "발행된 저작물"이란 복사물의 제조방법이 어떠하든 간에, 저작자의 동의를 얻어 발행된 저작물로서, 저작물의 성질을 고려하여, 공중의 합리적인 수요를 만족시킬 수 있는 수량의 복사물이 제공된 것을 의미한다. 연극·악극·영화 또는 음반저작물의 실연·문화적 또는 예술적 저작물의 유선에 의한 전달 또는 방송·미술저작물의 전시 및 건축저작물의 건조는 발행이 되지 아니한다.

(4) 저작물의 최초 발행으로부터 30일내에 둘 이상의 국가에서 발행된 경우에 저작물은 여러 국가에서 동시에 발행된 것으로 본다.

제4조 이 협약상의 보호는, 제3조의 조건이 충족되지 않은 경우일지라도 다음에 적용된다.

㈎ 영화저작물의 제작자가 어느 동맹국에서 주사무소나 상거소를 가지는 경우, 그 영화저작물의 저작자

㈏ 어느 동맹국에 세워진 건축저작물 또는 어느 동맹국에 소재한 건물이나 기타 구조물에 포함된 기타 예술저작물의 저작자

제5조 (1) 저작자는 이 협약에 따라 보호되는 저작물에 관하여, 본국 이외의 동맹국에서 각 법률이 현재 또는 장래에 자국민에게 부여하는 권리 및 이 협약이 특별히 부여하는 권리를 향유한다.

(2) 그러한 권리의 향유와 행사는 어떠한 방식에 따를 것을 조건으로 하지 아니한다. 그러한 향유와 행사는 저작물의 본국에서 보호가 존재하는 여부와 관계가 없다. 따라서 이 협약의 규정과는 별도로, 보호의 범위와 저작자의 권리를 보호하기 위하여 주어지는 구제의 방법은 오로지 보호가 주장되는 국가의 법률의 지배를 받는다.

(3) 본국에서의 보호는 국내법에 의하여 지배된다. 다만, 저작자가 이 협약에 따라 보호되는 저작물의 본국의 국민이 아닌 경우에는 본국에서 자국민과 같은 권리를 향유한다.

(4) 본국은 다음과 같이 본다.

㈎ 최초로 어느 동맹국에서 발행된 저작물의 경우, 그 국가. 서로 다른 보호기간을 부여하는 여러 동맹국에서 동시에 발행된 경우에는 입법상 가장 짧은 보호기간을 부여하는 국가

㈏ 어느 비동맹국과 어느 동맹국에서 동시에 발행된 저작물의 경우, 후자의 국가

㈐ 미발행 저작물 또는 최초로 어느 비동맹국에서 발행되었으나 어느 동맹국에서 동시에 발행되지 않은 저작물의 경우, 저작자가 자국국민인 동맹국. 다만, (i) 영화저작물의 제작자가 어느 동맹국에 주사무소나 상거소를 가지는 영화저작물의 경우, 본국은 그 국가이고 (ii) 어느 동맹국에 세워진 건축저작물 또는 어느 동맹국에 소재한 건물이나 기타 구조물에 포함된 기타 예술저작물의 경우, 본국은 그 국가이다.

제6조 (1) 어느 비동맹국이 어느 동맹국의 국민인 저작자의 저작물을 적절한 방법으로 보호하지 않는 경우에 후자의 국가는 최초 발행일에 그 비동맹국의 국민이고 어느 동맹국에 상시 거주하지 않는 저작자의 저작물에 주는 보호를 제한할 수 있다. 최초 발행국이 이 권리를 원용하는 경우에 다른 동맹국은 최초 발행국이 부여한 보호보다 더 넓은 보호를 부여하여 특별히 다루도록 요구되지 아니한다.

(2) 전항에 따라 생긴 제한은, 어느 동맹국에서 발행된 저작물에 관하여 저작자가 그러한 제한의 실시 전에 취득한 권리에 영향을 미치지 아니한다.

(3) 이 조에 따라 저작권의 부여를 제한하는 동맹국은 보호가 제한되는 국가 및 그 국가의 국민인 저작자의 권리에 대한 제한을 명시하는 선언서에 의하여 세계지적소유권기구 사무총장(이하 "사무총장"이라 한다)에게 통고한다. 사무총장은 이 선언을 모든 동맹국에 즉시 전달한다.

제6조의2 (1) 저작자의 재산권과 독립하여, 그리고 이 권리의 양도 후에도, 저작자는 저작물의 저작자라고 주장할 권리 및 이 저작물에 관련하여 그의 명예나 명성을 해치는 왜곡·절단·기타 변경 또는 기타 훼손행위에 대하여 이의를 제기할 권리를 가진다.

(2) 전항에 따라 저작자에게 부여되는 권리는 그의 사망 후에 적어도 재산권의 만기까지 계속되고, 보호가 주장되는 국가의 입법에 의한 권한이 있는 사람이나 단체에 의해 행사될 수 있다. 다만, 이 의정서를 비준하거나 또는 이에 가입할 당시에, 저작자의 사망 후에 전항에 규정된 모든 권리의 보호를 입법으로 규정하지 않은 국가는 이러한 권리 중 일부를 저작자가 사망한 후에는 존속하지 않도록 할 수 있다.

(3) 이 조에 의하여 부여되는 권리를 보전하기 위한 구제의 방법은 보호가 주장되는 국가의 입법의 지배를 받는다.

제7조 (1) 이 협약이 부여하는 보호기간은 저작자의 생존기간과 그의 사망 후 50년이다.

(2) 다만, 영화저작물의 경우에 있어서, 동맹국은 보호기간을 저작자의 동의를 얻어 공중에 제공된 때로부터 50년 후, 또는 저작물이 만들어진 후 50년내에 동의를 얻지 못한 경우에 그 만들어진 때로부터 50년 후에 소멸하도록 규정할 수 있다.

(3) 무명이나 이명저작물의 경우에서, 이 협약이 부여하고 있는 보호기간은 저작물이 적법하게 공중에 제공된 때로부터 50년 후에 소멸한다. 다만, 저작자가 이명을 사용하였으나 그의 신원에 의심이 가지 않는 경우에, 보호기간은 제1항에서 규정한 대로 한다. 무명이나 이명저작물의 저작자가 위 기간 동안에 신원을 밝힌 경우에, 적용될 보호기간은 제1항에서 규정한 대로 한다. 무명이나 이명저작물에 관하여 저작자가 사망한 때로부터 50년이 되었다고 추정하는 것이 합리적인 경우에 동맹국은 이러한 저작물을 보호하도록 요구되지 아니한다.

(4) 예술저작물로서 보호되는 사진저작물과 응용미술저작물의 보호기간은 동맹국의 입법에 맡겨 결정한다. 다만, 이 기간은 그러한 저작물이 만들어진 때로부터 적어도 25년의 기간 만료시까지 계속된다.

(5) 저작자 사망 후의 보호기간과 제2항, 제3항 및 제4항에서 규정한 기간은 사망일 또는 각 항에서 언급한 사건 발생일로부터 기산한다. 다만, 그러한 기간은 언제나 그 사망이나 사건의 익년 1월 1일에 시작하는 것으로 본다.

(6) 동맹국은 전항들에서 정한 기간을 초과하여 보호기간을 부여할 수 있다.

(7) 이 협약의 로마의정서에 구속되는 동맹국이 이 의정서의 서명 당시에 효력 있는 국내입법으로 전항들에서 규정한 기간보다 짧은 보호기간을 부여한 경우에, 그 동맹국은 이 의정서를 비준 또는 이에 가입하는 때에 그러한 기간을 유지할 권리가 있다.

(8) 어떠한 경우에도 그 기간은 보호가 주장되는 국가의 입법의 지배를 받는다. 다만, 그 국가의 입법으로 다르게 규정하지 않는 한, 그 기간은 저작물의 본국에서 정한 기간을 초과할 수 없다.

제7조의2 전조의 규정은 공동저작물의 경우에도 적용된다. 다만, 저작자의 사망으로부터 기산하는 기간은 최후 생존자의 사망으로부터 기산한다.

제8조 이 협약이 보호하는 문학·예술적 저작물의 저작자는 원저작물에 있는 권리의 보호기간 동안 그의 저작물을 번역하고 이의 번역을 허락할 배타적 권리를 향유한다.

제9조 (1) 이 협약이 보호하는 문학·예술적 저작물의 저작자는 어떠한 방법이나 방식으로, 이 저작물의 복제를 허락할 배타적 권리를 갖는다.

(2) 특별한 경우에 있어서 그러한 저작물의 복제를 허락하는 것은 동맹국의 입법에 맡긴다. 다만, 그러한 복제는 저작물의 통상적인 이용과 충돌하지 않아야 하며 저작자의 합법적인 이익을 불합리하게 해치지 않아야 한다.

(3) 녹음이나 녹화는 이 협약의 적용상 복제로 간주한다.

제10조 (1) 이미 적법하게 공중에 제공된 저작물을 인용하는 것은 허용된다. 다만, 그 인용이 공정한 관행과 양립하고, 그 범위가 목적에 의하여 정당화되는 범위를 넘지 않아야 하며 이 경우 언론요약의 형태로, 신문기사와 정기간행물을 인용하는 것을 포함한다.

(2) 정당화되는 범위 내에서, 교육을 위하여 문학 또는 예술적 저작물을 도해로서 발행·방송 또는 녹음이나 사용하도록 허락하는 것은 동맹국의 입법, 그리고 동맹국들 사이에 존재하고 있는, 또는 체결될 특별협정에 맡긴다. 다만, 그러한 사용은 공정한 관행과 양립하여야 한다.

(3) 이 조의 전항들에 따라 저작물이 사용되는 경우에, 출처와 저작물 위에 저작자의 성명이 나타나게 되면 그 성명을 명시한다.

제10조의2 (1) 경제·정치 또는 종교적인 시사문제에 관하여 신문이나 정기간행물에 발행된 기사 및 같은 성격의 방송저작물이 언론에 의하여 복제하거나, 방송되거나, 유선으로 공중에 전달되는 것을 허락하는 것은 그 복제, 방송 또는 전달이 명시적으로 유보되지 않은 경우에, 동맹국의 입법에 맡긴다. 다만, 출처는 항상 분명히 표시되어야 한다. 이 의무의 위반에 따른 법적 효과는 보호가 주장되는 국가의 입법에 따라 결정한다.

(2) 사진·영화·방송 또는 유선에 의한 공중에의 전달을 통하여, 시사사건을 보도하고자 하는 목적으로, 그 사건의 과정에서 보이고 들리는 문학 또는 예술적 저작물을 보도의 목적상 정당화되는 범위 내에서 복제하고 공중에 제공하는 조건은 동맹국의 입법에 맡겨 결정한다.

제11조 (1) 연극·악극 및 음악저작물의 저작자는 다음을 허락할 배타적 권리를 향유한다.

(i) 어떠한 방법이나 절차에 의한 경우를 포함하는, 그의 저작물의 공개 실연

(ii) 그의 저작물의 실연의 공중에의 전달

(2) 연극이나 악극저작물의 저작자는 원저작물상의 그의 권리의 전기간 동안, 번역에 관하여 같은 권리를 향유한다.

제11조의2 (1) 문학·예술적 저작물의 저작자는 다음을 허락할 배타적 권리를 향유한다.

(i) 그의 저작물을 방송하거나 또는 기타 무선송신의 방법으로 기호, 소리 또는 영상을 공중에 전달하는 것

(ii) 원기관 이외의 기관이 유선이나 재방송에 의하여 저작물의 방송물을 공중에 전달하는 것

(iii) 확성기나 기호·소리 또는 저작물의 방송물을 송신하는 기타 유사한 장치에 의하여 공중전달하는 것

(2) 전항에서 말한 권리가 행사될 수 있는 조건은 동맹국의 입법에 맡겨 결정한다. 다만, 이러한 조건은 이를 정한 국가에서만 적용된다. 어떠한 경우에도 저작자의 인격권 및 합의가 없는 경우에 권한 있는 기관이 정할, 정당한 보수를 받을 권리를 해치지 않아야 한다.

(3) 다르게 규정하지 않는 한, 이 조 제1항에 따라 부여되는 승낙은 방송되는 저작물을 소리나 영상을 기록하는 장치에 의하여 기록하도록 승낙하는 것을 의미하지 아니한다. 다만, 방송사업자가 자체의 시설에 의하여 자신의 방송물에 사용되는 일시적 기록물에 관한 규칙은 동맹국의 입법에 따라 결정한다. 이 기록물을 그 예외적인 기록적 성격으로 인하여 공식기록보존소에 보존하는 것은 그러한 입법에 의하여 허용된다.

제11조의3 (1) 문학적 저작물의 저작자는 다음을 허락할 배타적 권리를 향유한다.

(i) 어떠한 방법이나 절차에 의한 공개낭송을 포함하는, 그의 저작물의 공개낭송

(ⅱ) 그의 저작물의 낭송을 공중에 전달하는 것

(2) 문학적 저작물의 저작자는 원저작물상의 그의 권리의 전기간 동안에, 번역물에 관하여 같은 권리를 향유한다.

제12조 문학 또는 예술적 저작물의 저작자는 그의 저작물의 각색·편곡·기타 개작을 허락할 배타적 권리를 향유한다.

제13조 (1) 각 동맹국은 음악저작물의 저작자에게, 그리고 어느 가사의 저작자가 그 가사를 그 음악저작물과 함께 기록하도록 이미 허락한 경우 그 가사의 저작자에게, 그러한 가사와 함께 그 음악저작물의 녹음을 허락하도록 부여한 배타적 권리에 대한 유보와 조건을 스스로 부과할 수 있다. 다만, 그러한 모든 유보와 조건은 이를 부과한 국가에 대하여만 적용되고 어떠한 경우에도 합의가 없는 경우에는 권한있는 기관이 정할, 정당한 보수를 받을 권리를 해치지 않아야 한다.

(2) 1928년 6월 2일 로마에서, 그리고 1948년 6월 26일 브뤼셀에서 서명된 협약 제13조 제3항에 따라, 어느 동맹국에서 만들어진 음악저작물의 기록물은 그 국가가 이 의정서에 구속되는 때로부터 2년 후까지는 음악저작물의 저작자의 승낙 없이 그 국가에서 복제될 수 있다.

(3) 이 조 제1항과 제2항에 따라 만들어진 기록물로서 그것이 침해저작물로 다루어지는 국가에, 관련 당사자의 승낙 없이 수입된 것은 압류될 수 있다.

제14조 (1) 문학 또는 예술적 저작물의 저작자는 다음을 허락할 배타적 권리를 가진다.

(ⅰ) 이 저작물의 영화적 각색과 복제 및 그와 같이 각색되거나 복제된 저작물의 배포

(ⅱ) 그와 같이 각색되거나 복제된 저작물의 공개실연 및 유선에 의한 공중에의 전달

(2) 문학 또는 예술적 저작물로부터 파생된 영화제작물을 기타 다른 예술적 형태로 각색하는 것은 영화제작물의 저작자가 허락하는 것을 해치지 않는 한 원저작물의 저작자의 허락을 거쳐야 한다.

(3) 제13조 제1항의 규정은 적용되지 아니한다.

제14조의2 (1) 각색되거나 복제된 저작물상의 저작권을 해치지 않는 한 영화저작물은 원저작물로서 보호된다. 영화저작물의 저작권자는 전조에서 언급한 권리를 포함하는 원저작물의 저작자와 같은 권리를 향유한다.

(2) ㈎ 영화저작물의 저작권자의 결정은 보호가 주장되는 국가의 입법에 맡긴다.

㈏ 다만, 입법으로 영화저작물의 제작에 기여한 저작자를 그 저작물의 저작권자 중에 포함시키는 국가에 있어서, 그러한 저작자는 그러한 기여를 할 것을 약정한 경우에, 다른 규정이나 특별한 규정이 없는 한, 그 저작물을 복제·배포 또는 공개실연하거나 유선에 의하여 공중에 전달하거나, 방송하거나 또는 기타 다른 방법으로 공중에 전달하거나, 또는 그 본문을 자막에 넣거나 더빙하는 것에 이의를 제기할 수 없다.

㈐ 위에 언급한 약정의 형태가 ㈏의 적용상 서면합의로 하는지 또는 같은 효과를 갖는 문서로 하는지에 관한 문제를 영화저작물의 제작자가 주사무소나 상거소를 가지는 국가의 입법에 맡긴다. 다만, 위의 약정이 서면합의로 하는지 또는 같은 효과를 갖는 문서로 하는지를 정하는 것은 보호가 주장되는 동맹국의 입법에 맡긴다. 입법으로 그와 같이 정한 국가는 사무총

장에게 선언서로 통고하여야 하고 사무총장은 이를 다른 동맹국에 즉각 전달한다.

㈑ "다른 규정이나 특별한 규정"이란 위 약정에 관련되는 제한적인 조건을 의미한다.

(3) 국내법으로 다르게 정하지 않은 한 ㈏의 규정은 영화저작물의 제작을 위하여 창작된 각본, 대사 및 음악저작물의 저작자 또는 영화저작물의 주감독에게 적용되지 아니한다. 다만, 입법으로 그러한 감독에게 전항 ㈏의 적용에 관한 규칙을 두지 않을 동맹국은 사무총장에게 선언서로 통고하고, 사무총장은 이를 다른 동맹국에 즉각 전달한다.

제14조의3 (1) 저작자 또는 그의 사망 후에 국내입법으로 권한을 받은 자연인이나 단체는 원미술저작물 및 작사자와 작곡자의 원고에 관하여, 저작자가 저작물을 최초로 이전한 후에 그 저작물의 매매에 있어서의 이익에 대하여 양도할 수 없는 권리를 향유한다.

(2) 전항에서 규정한 보호는 저작자가 속한 국가의 입법으로 그와 같이 허용한 경우에, 그리고 이 보호가 주장되는 국가가 허용하는 범위내에서만 각 동맹국에서 주장될 수 있다.

(3) 징수의 절차와 금액은 국내입법에 맡겨 결정한다.

제15조 (1) 이 협약이 보호하는 문학 또는 예술적 저작물의 저작자를, 다른 증거가 없는 한, 그 저작물의 저작자로 보고, 따라서 그가 동맹국에서 침해소송을 제기할 수 있도록 하기 위하여는 통상의 방법으로 저작물상에 그의 성명이 나타나는 것으로 충분하다. 이 항은 저작자가 채택한 성명이 이명이라 할지라도 그의 신원을 나타내는데 의심이 없는 한 적용된다.

(2) 자연인이나 법인의 성명이 통상의 방법으로 영화저작물에 나타난 경우 그 자연인이나 법인은, 다른 증거가 없는 한 위 저작물의 제작자로 추정한다.

(3) 제1항에서 언급한 이외의 무명 및 이명저작물에 있어서 저작물에 성명이 나타난 발행자는, 다른 증거가 없는 한 저작자를 대신하는 것으로 보며 그는 그 자격으로써 저작자의 권리를 보호하고 행사할 수 있다. 이 항의 규정은 저작자가 그의 신원을 밝히고 그 저작물의 저작자라는 주장을 입증한 때에는 적용되지 아니한다.

(4) ㈎ 저작자의 신원이 밝혀지지 않았으나 그가 동맹국의 국민임을 추정할 근거가 있는 미발행 저작물에 있어서, 저작자를 대신하고 또한 그 동맹국에서 그의 권리를 보호하고 행사할 수 있는 권한 있는 기관을 지정하는 것은 그 국가의 입법에 맡긴다.

㈏ 이 규정의 조건에 따라 그러한 지정을 한 동맹국은 그와 같이 지정된 기관에 관한 모든 정보를 기재한 선언서에 의하여 사무총장에게 통고한다. 사무총장은 이 선언을 다른 모든 동맹국에 즉시 전달한다.

제16조 (1) 저작권을 침해하는 어느 저작물의 복사물은 그 저작물이 법적 보호를 향유하는 동맹국에서 압류될 수 있다.

(2) 전항의 규정은 또한 그 저작물이 보호되지 않거나 보호가 중지된 국가로부터 나오는 복제물에도 적용된다.

(3) 압류는 각 국가의 입법에 따라 행한다.

제17조 이 협약의 규정은 어떠한 경우에도 권한 있는 기관이 필요하다고 인정한 경우에, 각 동맹국이 법령으로 어떠한 저작물이나 제작물의 유통·실연 또는 전시를 허용·통제하거나 또는 금지할 권리에 영향을 미치지 아니한다.

제18조 (1) 이 협약은 효력발생 당시에 본국에서의 보호기간 만료에 의하여 이미 저작권이 소멸된 상태에 놓인 것이 아닌 모든 저작물에 적용된다.

(2) 다만, 보호가 요구되는 국가에서 어느 저작물이 종래 주어진 보호기간이 만료됨으로써 저작권이 소멸된 상태에 놓인 경우에, 그 저작물은 다시 보호되지 아니한다.

(3) 이 원칙의 적용은 그러한 효과를 갖는 기존의 또는 장래 체결될 동맹국들 사이의 특별협약에 담긴 규정들을 따를 것을 조건으로 한다. 그러한 규정들이 없는 경우에, 각 국가는 자국에 대하여 이 원칙이 적용될 조건을 결정한다.

(4) 위 규정들은 또한 동맹에 새로 가입하는 경우 및 제7조의 적용에 의하여 또는 유보의 포기에 의하여 보호가 확대되는 경우에도 적용된다.

제19조 이 협약의 규정은 동맹국이 입법으로 보다 광범위한 보호를 부여하는 데 따를 혜택을 주장하는 것을 배제하지 아니한다.

제20조 동맹국 정부는 그들 사이의 특별협정이 저작자에게 이 협약보다 광범위한 권리를 부여하거나 이 협약에 저촉되지 않는 다른 규정들을 담고 있는 한, 그 협정을 체결할 권리를 유보한다. 이러한 조건을 충족하는 기존의 협정규정들은 그대로 적용한다.

제21조 (1) 개발도상국에 관한 특별규정은 부속서에 포함된다.

(2) 제28조 제1항 (나)에 따를 것을 조건으로, 부속서는 이 의정서의 불가분의 일부를 구성한다.

제22조 (1) ㈎ 동맹은 제22조에서 제26조에 구속되는 동맹국들로 구성되는 총회를 둔다.

㈏ 각국 정부는 1인의 대표에 의하여 대표되고 그 대표는 교체대표, 고문 및 전문가에 의하여 보좌될 수 있다.

㈐ 각 대표단의 경비는 이를 지명한 정부가 진다.

(2) ㈎ 총회는

(i) 동맹의 유지와 발전 및 이 협약의 시행에 관한 모든 문제를 다룬다.

(ii) 제22조에서 제26조에 구속되지 않는 동맹국의 의견을 충분히 고려하여, 세계지적소유권기구(이하 "기구"라 한다) 설립협약에서 언급하고 있는 지적소유권국제사무국(이하 "국제사무국"이라 한다)에 관한 개정회의를 위한 준비에 관하여 지침을 준다.

(iii) 기구 사무총장의 동맹에 관한 보고와 활동을 검토하고 승인하며 동맹의 권한내에 있는 문제에 관하여 그에게 모든 필요한 지시를 한다.

(iv) 총회의 집행위원회의 회원국을 선출한다.

(v) 집행위원회의 보고와 활동을 검토하고 승인하여 그 위원회에 지시한다.

(vi) 동맹의 사업을 결정하고 3년 예산을 채택하며 결산을 승인한다.

(vii) 동맹의 재정규칙을 채택한다.

(viii) 동맹의 업무를 위하여 필요하다고 보는 전문가위원회와 실무소위원회를 설립한다.

(ix) 어느 비동맹국·정부간 기구 및 비정부간 국제기구를 옵서버로서 회의에 참석시키는 여부를 결정한다.

(x) 제22조에서 제26조의 개정을 채택한다.

(xi) 동맹의 목적을 추진하기 위한 기타 적절한 조치를 취한다.

(xii) 이 협약에 따른 적절한 기타 기능을 행사한다.

(xiii) 총회의 수락에 따를 것을 조건으로, 기구설립협약에서 총회에 주어진 권리를 행사한다.

(나) 총회의 기구가 관리하는 다른 동맹에도 이해관계가 있는 문제에 관하여, 기구의 조정위원회의 건의를 들은 후에 결정을 내린다.

(3) (가) 총회의 각 회원국은 1표를 갖는다

(나) 의사정족수는 총회의 회원국의 2분의 1이다.

(다) (나)의 규정에도 불구하고, 참석한 회원국의 수가 어느 회기에 총회의 회원국의 2분의 1 미만, 3분의 1 이상인 경우에, 총회는 결정을 내릴 수 있다. 다만, 절차에 관한 결정을 제외하고는 모든 결정은 다음의 조건이 충족된 경우에만 효력을 발생한다. 국제사무국은 위 결정을 참석하지 않은 총회의 회원국에 전달하여 전달한 날로부터 3월의 기간내에 투표나 기권을 서면으로 표시하도록 한다. 이 기간만료 당시에, 그와 같이 투표나 기권을 표시한 국가의 수가 그 회기의 의사정족수에 부족한 국가의수에 도달한 경우에 그러한 결정은 효력을 발생한다. 다만, 필요한 다수결이 동시에 확보되어야 한다.

(라) 제26조 제2항의 규정에 따를 것을 조건으로, 총회의 결정은 투표수의 3분의 2를 필요로 한다.

(마) 기권은 투표로 보지 아니한다.

(바) 대표는 한 국가만을 대표하고 그 국가의 이름으로만 투표할 수 있다.

(사) 총회의 회원국이 아닌 동맹국은 총회에 옵서버로 참석할 수 있다.

(4) (가) 총회는 3년에 1회, 사무총장이 소집하는 정기회기에서 회합하고, 예외적인 상황이 없는 경우에는 기구의 총회와 같은 기간에 같은 장소에서 한다.

(나)) 총회는 집행위원회의 요청이나 총회의 회원국의 4분의 1의 요청으로 사무총장이 소집하는 임시회기에서 회합한다.

(5) 총회는 자체의 절차규칙을 채택한다.

제23조 (1) 총회는 집행위원회를 둔다.

(2) (가) 집행위원회는 총회의 회원국 중에서총회가 선출한 국가로 구성된다. 또한 영토내에 기구의 본부가 있는 국가는 제25조 제7항 (나)의 규정에 따를 것을 조건으로, 위원회에 당연직 의석을 갖는다.

(나) 집행위원회의 각 회원국 정부는 1인의 대표에 의하여 대표되고 그 대표는 교체대표·고문 및 전문가에 의하여 보좌될 수 있다.

(다) 각 대표단의 경비는 이를 지명한 정부가 진다.

(3) 집행위원회의 회원국의 수는 총회의 회원국 수의 4분의 1에 상응해야 한다. 채워야 할 의석수를 결정하는 데 있어서, 4로 나눈 나머지는 고려하지 아니한다.

(4) 집행위원회의 회원국을 선출하는 데 있어서 총회는 정당한 지리적 배분을 고려하고 또한 동맹과 관련하여 설립될 수 있는 특별협정의 당사국이 집행위원회를 구성하는 국가가 될

필요성을 고려하여야 한다.

(5) ㈎ 집행위원회의 각 회원국은 이를 선출한 총회의 회기말부터 총회의 다음 정기회기 말까지 임무를 수행한다.

㈏ 집행위원회의 회원국은 3분의 2를 초과하지 않는 한 재선될 수 있다.

㈐ 총회는 집행위원회의 선출과 가능한 재선에 관하여 세부규칙을 정한다.

(6) ㈎ 집행위원회는

(i) 총회의 의사록 초안을 준비한다.

(ii) 사무총장이 준비한 사업 초안 및 동맹의 3년 예산에 관한 제안을 총회에 제출한다.

(iii) 사업과 3년 예산의 범위 내에서, 사무총장이 준비한 특정의 연차예산과 사업을 승인한다.

(iv) 사무총장의 정기보고서 및 회계에 관한 연차 감사보고서를 적절한 의견을 붙여 제출한다.

(v) 총회의 결정에 따라, 그리고 총회의 정기회기 사이에 발생한 상황에 관하여, 사무총장에 의한 동맹의 사업의 집행을 확보하기 위하여 필요한 모든 조치를 취한다.

(vi) 이 협약에 따라 집행위원회에 주어진 기타 기능을 수행한다.

㈏ 집행위원회는 기구가 관리하는 다른 동맹에도 이해관계가 있는 문제에 관하여, 기구의 조정위원회의 건의를 들은 후에 결정을 내린다.

(7) ㈎ 집행위원회는 1년에 1회, 사무총장이 소집하는 정기회기에서 회합하고, 우선적으로 조정위원회와 같은 기간에 같은 장소에서 한다.

㈏ 집행위원회는 스스로 또는 의장이나 회원국의 4분의 1의 요청으로 사무총장이 소집하는 임시회기에서 회합한다.

(8) ㈎ 집행위원회의 각 회원국은 1표를 갖는다.

㈏ 의사정족수는 집행위원회의 회원국의 2분의 1이다.

㈐ 결정은 투표수의 단순 다수결로 한다.

㈑ 기권은 투표로 보지 아니한다.

㈒ 대표는 한 국가만을 대표하고 그 국가의 이름으로만 투표할 수 있다.

(9) 집행위원회의 회원국이 아닌 동맹국은 회의에 옵서버로 참석할 수 있다.

(10) 집행위원회는 자체의 절차규칙을 채택한다.

제24조 (1) ㈎ 동맹에 관한 관리업무는 산업재산권의 보호를 위한 국제협약에 의하여 설립된 동맹사무국과 통합된 동맹사무국의 연장인 국제사무국에 의하여 수행된다.

㈏ 특히 국제사무국은 동맹의 여러 기관의 사무국이다.

㈐ 기구의 사무총장은 동맹의 수석 집행자이며 동맹을 대표한다.

(2) 국제사무국은 저작권 보호에 관한 정보를 수집하고 발행한다. 각 동맹국은 저작권 보호에 관한 모든 새로운 법과 공문서를 국제사무국에 신속하게 전달하여야 한다.

(3) 국제사무국은 월간 정기간행물을 발행한다.

(4) 국제사무국은 동맹국의 요청에 따라, 저작권 보호에 관한 문제에 있어서 정보를 제공한

다.

(5) 국제사무국은 저작권 보호를 촉진하기 위하여 연구하고 서비스를 제공한다.

(6) 사무총장 및 그가 지명한 직원은 총회·집행위원회 및 기타 다른 전문가위원회나 실무소위원회의 모든 회의에 투표권 없이 참가한다. 사무총장 또는 그가 지명한 직원은 이러한 기관의 당연직 서기가 된다.

(7) ㈎ 국제사무국은 총회의 지시에 따라, 집행위원회와 협력하여 협약 第22조에 서 第26조 외의 규정의 개정회의를 위한 준비를 한다.

㈏ 국제사무국은 개정회의를 위한 준비에 관하여 정부간 기구 및 비정부간 국제기구와 협의할 수 있다.

㈐ 사무총장 및 그가 지명한 사람은 이 회의의 토론에 투표권 없이 참가한다.

(8) 국제사무국은 그에 주어진 기타 다른 업무를 수행한다.

第25조 (1) ㈎ 동맹은 예산을 갖는다.

㈏ 동맹의 예산은 동맹에 고유한 수입과 비용, 동맹들에 공통된 예산경비의 분담금 및 경우에 따라 기구의 회의의 예산에 이용될 수 있는 금액을 포함한다.

㈐ 전적으로 동맹에 귀속시킬 수 없고 기구가 관리하는 하나 또는 둘 이상의 다른 동맹들에 귀속시킬 수 있는 비용은 동맹들에 공통되는 비용으로 본다. 그러나 공통비용에 있어서 동맹의 분담은 동맹들에 갖는 이해관계에 비례한다.

(2) 동맹의 예산은 기구가 관리하는 다른 동맹들의 예산과의 조정의 필요성을 고려하여 성립된다.

(3) 동맹의 예산은 다음의 재원으로부터 나온다.

(i) 동맹국의 분담금

(ii) 동맹에 관하여 국제사무국이 수행하는 서비스에 대한 보수와 부담금

(iii) 동맹에 관한 국제사무국의 발행물의 판매 또는 이용료

(iv) 증여·유증 및 보조금

(v) 지대·이자 및 기타 잡수입

(4) ㈎ 각 동맹국은 예산에 대한 자국의 분담금을 결정하기 위하여 어느 등급에 속하며 다음과 같이 정한 단위수에 근거하여 연간 분담금을 지급한다.

1등급…25
2등급…20
3등급…15
4등급…10
5등급…5
6등급…3
7등급…1

㈏ 위와 같이 하지 아니한 경우에, 각국은 비준서나 가입서를 기탁함과 동시에, 속하고자 하는 등급을 지정한다. 어느 국가든지 등급을 변경할 수 있다. 어느 국가가 보다 낮은 등급을

선택하는 경우에는 정기회기에서 총회에 이를 통지하여야 한다. 그러한 변경은 회기 다음 해 초부터 효력이 발생한다.

(다) 각국의 연간 분담금은 그 분담금과 동맹의 연간 예산에 대한 모든 국가의 분담금 총액과의 비율이 그 국가의 단위수와 모든 분담국가의 전체 단위수와의 비율과 같이 되는 액수로 한다.

(라) 분담금은 매년 1월 1일에 만기가 된다.

(마) 분담금 지급을 지체한 국가는 그 지체액이 그 전의 만 2년 동안 지급해야 할 분담금의 액수와 같거나 이를 초과한 경우에 그 국가가 회원국 인 어떠한 동맹의 기관에서도 투표할 수 없다. 다만, 동맹의 어느 기관은 지급의 지연이 예외적이고 피할 수 없는 상황으로 인한 것이라고 인정하는 한 투표를 계속할 수 있도록 허용할 수 있다.

(바) 예산이 새로운 회계연도 시작 전에 채택되지 않은 경우에 그 예산은 재무규정에 따라 전년도의 예산과 같은 수준으로 한다.

(5) 동맹에 관하여 국제사무국이 하는 서비스에 대한 보수와 비용의 액수는 사무총장이 정하여 총회와 집행위원회에 보고한다.

(6) (가) 동맹은 각 동맹국의 1회의 지급금으로 이루어지는 운전자금을 갖는다. 그 자금이 불충분한 경우에는 총회가 그 증액을 결정한다.

(나) 각국의 위 자금에 대한 최초의 지급금 또는 증액에 대한 분담금은 그 자금이 설립되거나 그 증액이 결정된 해에 있어서의 그 국가의 분담비율에 따르다.

(다) 그 비율과 지급조건은 사무총장의 제안에 따라 기구의 조정위원회의 건의를 들은 총회가 결정한다.

(7) (가) 그 영토내에 기구의 본부가 소재한 국가와 체결하는 본부협정에는, 운전자금이 불충분한 경우에 그 국가가 선급금을 제공하도록 규정한다. 이 선급금의 액수와 선급금이 제공되는 조건은 경우에 따라 그 국가와 기구 사이의 별개의 협정의 대상이 된다. 그 국가가 선급금을 제공할 의무가 있는 한, 그 국가는 집행위원회에 당연직 의석을 가진다.

(나) (가)에서 언급한 국가와 기구는 각각 서면통고에 의하여 선급금 제공 의무를 폐기할 권리를 가진다.

(8) 회계의 감사는 하나 또는 둘 이상의 동맹국이나 외부 감사인에 의해 재무규정에 마련된 바에 따라 시행한다. 그 동맹국이나 감사인은 총회가 이들의 동의를 얻어 지명한다.

第26조 (1) 제22조, 제23조, 제24조, 제25조 및 이 조의 개정의 제안은 총회의 어느 회원국・집행위원회 또는 사무총장이 할 수 있다. 그러한 제안은 적어도 총회가 심의하기 6월 전에 사무총장이 총회의 회원국에 전달한다.

(2) 제1항에서 언급한 조항의 개정은 총회가 채택한다. 그 채택에는 투표수의 4분의 3을 필요로 한다. 다만, 제22조와 이의 개정은 투표수의 5분의 4를 필요로 한다.

(3) 제1항에서 언급하고 있는 조항들의 개정은 총회가 개정을 채택할 당시의 총회의 회원국의 4분의 3으로부터 자국의 헌법적 절차에 따라, 수락의 서면통고를 사무총장이 받은 때로부터 1월 후에 효력이 발생한다. 이와 같이 수락된 조항들의 개정은 개정 당시에 총회의 회원

국 또는 그 후에 회원국이 된 모든 국가를 구속한다. 다만, 동맹국의 재정적 의무를 증가시키는 개정을 수락한 국가만을 구속한다.

第27조 (1) 이 협약은 동맹 체제를 개선하기 위하여 개정된다.

(2) 이 목적을 위하여 어느 동맹국에서 순차적으로 동맹국 대표들 사이에 개정회의를 개최한다.

(3) 제22조에서 제26조의 개정에 적용되는 제26조의 규정에 따를 것을 조건으로, 부속서를 포함한 이 의정서의 개정은 투표수의 만장일치를 필요로 한다.

第28조 (1) ㈎ 이 의정서에 서명한 동맹국은 이를 비준할 수 있고, 서명하지 않은 동맹국은 이에 가입할 수 있다. 비준서나 가입서는 사무총장에게 기탁한 다.

㈏ 동맹국은 비준서나 가입서에 비준이나 가입이 제1조에서 제21조 및 부속서에 적용되지 않는다고 선언할 수 있다. 다만, 그 국가가 이미 부속서 제Ⅵ조 제1항에 따라 선언한 경우에 그 국가는 위 문서에 그 비준이나 가입이 제1조에서 제21조에는 적용되지 않는다고 선언할 수 있다.

㈐ ㈏에서 언급한 규정들을 ㈏에 따라, 그 비준이나 가입의 효력으로부터 배제한 동맹국은 그 후 언제든지 그 비준이나 가입의 효력을 그 규정들에 확대한다고 선언할 수 있다. 그러한 선언은 사무총장에게 기탁한다.

(2) ㈎ 제1조에서 제21조 및 부속서는 다음의 두 조건 모두가 충족된 때로부터 3월 후에 효력을 발생한다.

(i) 적어도 5개 동맹국이 제1항 ㈏에 따른 선언을 하지 않고 이 개정조약을 비준하거나 이에 가입한 경우

(ii) 프랑스, 스페인, 영국 및 미국이 1971년 7월 24일 파리에서 개정된 세계저작권협약에 의하여 구속되는 경우

㈏ ㈎에서 언급한 효력발생은 적어도 효력발생 3월 전에 제1항 ㈏에 따른 선언을 담고 있지 않은 비준서나 가입서를 기탁한 동맹국에는 적용되지 아니한다.

㈐ ㈏가 적용되지 않고 제1항 ㈏에 따른 선언을 하지 않고 이 의정서를 비준하거나 이에 가입한 국가에 대하여, 제1조에서 제21조 및 부속서는 사무총장이 관계 비준서나 가입서의 기탁을 통고한 날로부터 3월후에 효력이 발행한다. 다만, 기탁된 문서에 그 후의 날짜를 지정한 경우 에, 제1조에서 제21조 및 부속서는 그 지정된 날짜에 그 국가에 대하여 효력이 발생한다.

㈑ (가)에서 ㈐의 규정은 부속서 제Ⅳ조의 적용에 영향을 미치지 않는다.

(3) 제1항 ㈏에 따른 선언이 있거나 없거나, 이 의정서를 비준하거나 이에 가입한 동맹국에 대하여 제22조에서 제38조는 사무총장이 관계 비준서나 가입서의 기탁을 통고한 날로부터 3월 후에 효력이 발생한다. 다만, 기탁된 문서에 그 후의 날짜를 지정한 경우에, 제22조에서 제38조는 그 지정된 날짜에 그 국가에 대하여 효력이 발생한다.

第29조 (1) 비동맹국은 이 의정서에 가입함으로써 이 협약의 당사국이 되어 동맹 회원국이 될 수 있다. 가입서는 사무총장에게 기탁한다.

(2) ㈎ ㈏에 따를 것을 조건으로, 이 협약은 비동맹국에 대하여, 사무총장이 가입서의 기탁을 통고한 날로부터 3월 후에 효력이 발생한다. 다만, 기탁된 문서에 그 후의 날짜를 지정한 경우에, 이 협약은 그 지정된 날짜에 그 국가에 대하여 효력이 발생한다.

㈏ ㈎에 따른 효력발생이 제28조 제2항 ㈎에 따른 제1조에서 제21조 및 부속서의 효력발생보다 앞서는 경우에, 위 국가는 당분간 제1조에서 제21조 및 부속서 대신에 이 협약의 브뤼셀 의정서 제1조에서 제20조에 구속된다.

第29조의2 이 협약의 스톡홀름의정서 제22조에서 제38조에 구속되지 않는 국가가 이 의정서를 비준하거나 이에 가입하는 것은 기구설립협약 제14조 제2항의 적용상, 위 스톡홀름의정서 제28조 제1항 ㈏ (ⅰ)에 마련된 제한과 함께 스톡홀름의정서를 비준하거나 이에 가입한 것이 된다.

第30조 (1) 이 조 제2항과 제28조 제1항 ㈏, 제33조 제2항 및 부속서에 의하여 허용되는 예외에 따를 것을 조건으로, 비준이나 가입은 자동적으로 모든 규정의 수락을 가져오고 이 협약의 모든 이익을 향유할 수 있도록 한다.

(2) ㈎ 이 협약을 비준하거나 이에 가입하는 동맹국은, 부속서의 제Ⅴ조 제2항에 따를 것을 조건으로, 종전에 표명한 유보의 이익을 유지할 수 있다. 다만, 비준서나 가입서는 기탁할 당시에 그러한 효과를 갖는 선언을 하여야 한다.

㈏ 비동맹국은 이 협약에 가입하는 당시에 부속서 제Ⅴ조 제2항에 따를 것을 조건으로, 적어도 임시적으로 1896년 파리에서 완성된 1886년 동맹 협약 제5조의 규정으로 번역권에 관한 이 의정서 제8조를 대신하겠다고 선언할 수 있다. 다만, 위 규정들이 그 국가에서 일반적으로 사용되는 언어로 번역되는 경우에만 적용된다는 분명한 이해가 있어야 한다. 부속서 제Ⅰ조 제6항 (나)에 따를 것을 조건으로, 그와 같은 유보를 원용하는 국가를 본국으로 하는 저작물의 번역권에 대하여, 어느 국가든지 본국이 부여하는 보호에 상당하는 보호를 적용할 권리를 갖는다.

㈐ 어느 국가든지 언제든지 사무총장에게 통고하여 그러한 유보를 철회할 수 있다.

第31조 (1) 어느 국가든지 비준서나 가입서에 의한 선언 또는 그 후에 사무총장에게 문서에 의한 통고로, 자국이 국제관계의 책임을 지는 영토의 전부나 일부를 지정하여 이 협약이 적용된다고 할 수 있다.

(2) 그와 같은 선언이나 통고를 한 국가는 언제든지 이 협약이 그 영토의 전부나 일부에 적용되지 않는다고 사무총장에게 통고할 수 있다.

(3) ㈎ 제1항에 따른 선언은 그 선언을 포함한 비준 또는 가입과 같은 날짜에 효력이 발생하고 통고는 사무총장이 통고한 때로부터 3월 후에 효력이 발생한다.

㈏ 제2항에 따른 통고는 사무총장이 접수한 때로부터 12월 후에 효력이 발생한다.

(4) 이 조는 어떠한 경우에도 어느 동맹국이 제1항에 따른 선언으로 인하여, 이 협약이 적용되는 어느 영토에 대한 사실상의 상태를 다른 동맹국이 승인하거나 또는 묵시적으로 수락한다는 것을 암시하지 아니한다.

第32조 (1) 이 의정서는 동맹국 사이의 관계에 있어서 그리고 이 의정서가 적용되는 범위 내에서 1886년 9월 9일 베른협약 및 그 후의 개정의정서를 대신한다. 종전에 효력이 있었던 의정서는 이 의정서를 비준하거나 이에 가입하지 않은 동맹국들과의 관계에 있어서 전체적으로 또는 본문으로 인하여 이 의정서가 대신하지 않는 범위 내에서 계속 적용될 수 있다.

(2) 이 의정서의 당사국이 된 비동맹국들은, 제3항에 따를 것을 조건으로, 이 의정서에 구속되는 동맹국이나 또는 이 의정서에 구속되지만 제28조 제1항 (나)에 따른 선언을 한 동맹국에 대하여 이 의정서를 적용한다. 그러한 국가들은 위 동맹국이 그들과의 관계에 있어서

(i) 위 동맹국이 구속되는 가장 최근의 의정서의 규정을 적용할 수 있고, 또한

(ii) 부속서 제Ⅰ조 제6항에 따를 것을 조건으로, 이 의정서에서 규정한 수준의 보호를 채택할 권리를 갖는다는 것을 인정한다.

(3) 부속서에서 규정한 권한을 원용한 동맹국은 이 의정서에 구속되지 않는 다른 동맹국과의 관계에 있어서, 자국이 원용한 권한에 관하여 부속서의 규정을 적용할 수 있다. 다만, 후자의 국가는 위 규정의 적용을 수락하여야 한다.

제33조 (1) 이 협약의 해석이나 적용에 관하여 둘 이상의 동맹국 사이의 분쟁은 협의에 의하여 해결되지 않은 경우에, 관계 당사국이 다른 해결방법에 합의하지 않는 한 어느 관계 당사국에 의하여 국제사법재판소 규정에 따라 국제사법재판소에 회부될 수 있다. 재판소에 그 분쟁을 회부한 국가는 국제사무국에 이를 통고하여 국제사무국은 이를 다른 동맹국에 알린다.

(2) 각 동맹국은 이 의정서를 서명하거나 비준서나 가입서를 기탁할 당시에 제1항의 규정에 구속되지 않는다고 선언할 수 있다. 그러한 국가와 다른 동맹국 사이의 분쟁에 있어서 제1항의 규정은 적용되지 아니한다.

(3) 제2항의 규정에 따른 선언을 한 국가는 언제든지 사무총장 앞으로 보낸 통고에 의하여 그 선언을 철회할 수 있다.

제34조 (1) 제29조의2에 따를 것을 조건으로 어느 국가든지 제1조에서 제21조 및 부속서가 효력을 발생하면 이 조약의 종전의 의정서들을 비준하거나 이에 가입할 수 없다.

(2) 제1조에서 제21조 및 부속서가 효력을 발생하면, 어느 국가든지 스톡홀름 의정서에 부속된 개발도상국에 관한 의정서 제5조에 따른 선언을 할 수 없다.

제35조 (1) 이 협약은 시간에 있어서 제한이 없이 효력을 유지한다.

(2) 어느 국가든지 사무총장 앞으로 보낸 통고에 의하여 이 의정서를 폐기할 수 있다. 그러한 폐기는 종전의 모든 의정서들을 폐기하는 것이 되고 폐기를 한 국가에 대하여만 영향을 미치고 또한 이 협약은 다른 동맹국에 대하여 완전한 효력을 유지한다.

(3) 폐기는 사무총장이 통고를 접수한 날로부터 1년 후에 효력을 발생한다.

(4) 이 조에서 정한 폐기권은 어느 국가가 동맹의 회원국이 된 날로부터 5년이 경과하기 전에 행사될 수 없다.

제36조 (1) 이 협약의 당사국은 자국 헌법에 따라 이 협약의 적용을 확보하기 위하여 필요한 조치를 채택할 것을 약속한다.

(2) 어느 국가가 이 협약에 구속될 당시에 자국이 국내법에 따라 이 협약의 규정이 실시되는 것으로 이해된다.

第37조　(1) ㈎ 이 의정서는 프랑스어와 영어로 된 1부에 서명되고 또한 제2　　항에 따를 것을 조건으로, 사무총장에게 기탁된다.

㈏ 공식문은 관계 정부와의 협의를 거친 후에, 아랍어, 독일어, 이탈리아어, 포르투갈어와 스페인어 및 총회가 지정할 수 있는 다른 언어들로 작성된다.

㈐ 여러 본문의 해석에 있어서 차이가 있는 경우에 프랑스어본이 우선한다.

(2) 이 의정서는 1972년 1월 31일까지 서명을 위하여 개방된다. 그 날짜까지 제1항 ㈎에서 언급한 등본을 프랑스 공화국 정부에 기탁한다.

(3) 사무총장은 모든 동맹국 정부 및 요청이 있는 경우 다른 국가의 정부에 서명된 의정서 인증등본 2부를 송부한다.

(4) 사무총장은 이 의정서를 국제연합 사무국에 등록한다.

(5) 사무총장은 모든 동맹국 정부에 서명, 비준서와 가입서의 기탁, 그러한 문서에 포함된 또는 제28조 제1항 ㈐, 제30조 제2항 ㈎와 ㈏ 및 제33조 제2항에 따른 선언, 이 의정서 규정의 효력발생, 폐기의 통고, 제30조 제2항 ㈐, 제31조 제2항과 제3항, 제33조 제3항, 제38조 제1항 및 부속서에 따른 통고를 통보한다.

第38조　(1) 이 의정서를 비준하지 않거나 이에 가입하지 않은 동맹국 및 이 협약의 스톡홀름의정서 제22조에서 제26조에 구속되지 않는 동맹국은, 원하는 경우에, 1975년 4월 26일까지 위 조항들에 구속되는 것처럼 위 조항들이 정한 권리를 행사할 수 있다. 이러한 권리를 행사하고자 하는 국가는 사무총장에게 이러한 효과를 갖는 통고서를 송부한다. 이 통고는 접수일에 효력이 발생한다. 그러한 국가는 위 날짜까지 총회의 회원국으로 본다.

(2) 동맹국이 모두 기구의 회원국이지 않는 한 기구의 국제사무국은 동맹사무국으로서 운영되고 사무총장은 동맹사무국의 사무총장으로서 직무를 행사한다.

(3) 모든 동맹국이 기구의 회원국이 되면 동맹국의 권리, 의무 및 재산은 기구의 국제사무국에 승계된다.

부 속 서

제Ⅰ조　(1) 국제연합 총회의 확립된 관행에 따라 개발도상국으로 간주되는 국가로서, 이 부속서가 불가분의 일부로 되는 이 의정서를 비준하거나 이에 가입하고, 또한 경제적 상황과 사회적 또는 문화적 필요성을 고려할 때 스스로 이 의정서에 규정된 모든 권리를 보호하도록 규정할 수 없다고 보는 국가는, 비준서나 가입서를 기탁할 당시에 또는 제Ⅴ조 제1항 ㈐에 따를 것을 조건으로, 그 후 언제든지 사무총장에게 기탁하는 통고로, 제Ⅱ조에서 규정한 권능이나 제Ⅲ조에서 규정한 권능 또는 양자의 권능을 원용할 것이라고 선언할 수 있다. 제Ⅱ조에서 규정한 권능을 원용하는 대신에 제Ⅴ조 제1항 ㈎에 따른 선언을 할 수 있다.

(2) ㈎ 제28조 제2항에 따라 제1조에서 제21조 및 부속서가 효력을 발생한 때로부터 10년의 기간이 만료하기 전에 통고한 제1항에 따른 선언은 그 기간이 만료할 때까지 유효하다. 그러한 선언은 진행중인 10년 기간이 만료하기 3월 이상 15월 이하의 기간 전에 사무총장에게

기탁하는 통고로 매 10년의 기간 동안 전체적으로 또는 부분적으로 연장될 수 있다.

㈏ 제28조 제2항에 따라 제1조에서 제21조 및 부속서가 효력을 발생한 때로부터 10년의 기간이 만료한 후에 통고한 제1항에 따른 선언은 진행 중인 10년 기간이 만료할 때까지 유효하다. 그러한 선언은 ㈎의 2번째 문장에서 규정한 바와 같이 연장될 수 있다.

(3) 제1항에서 언급한 바와 같이 개발도상국으로 더 이상 간주되지 않게 된 동맹국은 제2항에서 규정한 바와 같은 선언을 더 이상 연장할 수 없고, 또한 그 국가는 공식적으로 그 선언을 철회하는 여부를 불문하고, 진행중인 10년 기간의 만료시 또는 개발도상국으로 더 이상 간주되지 않게 된 후 3년 기간의 만료시로부터 제1항에서 언급한 권능을 원용할 수 없다. 만료일이 다를 경우 늦은 일자가 적용된다.

(4) 제1항이나 제2항에 따른 선언이 유효하지 않게 된 당시에, 이 부속서에 의하여 부여된 이용허락에 따라 만들어진 복사물의 재고가 있는 경우에, 그 복사물은 재고가 소진될 때까지 계속 배포될 수 있다.

(5) 이 의정서의 규정에 구속되는 국가로서 특정 영토의 상황이 제1항에서 언급한 국가와 유사한 것으로 볼 수 있는 경우에, 이 의정서의 그 영토에 대한 적용에 관하여 제31조 제1항에 따른 선언이나 통고를 기탁한 국가는 그 영토에 대하여 제1항에서 언급한 선언 또는 제2항에서 언급한 연장의 통고를 할 수 있다. 그러나 선언이나 통고가 효력을 유지하는 한 부속서의 규정은 그 영토에 적용된다.

(6) ㈎ 어느 국가가 제1항에서 언급한 어느 권능을 원용한다는 사실로 인하여, 다른 동맹국은 전자의 국가를 본국으로 하는 저작물에 대하여 제1조에서 제20조에 따라 부여하여야 하는 것보다 낮은 보호를 줄 수 없다.

㈏ 제30조 제2항 ㈏의 두번째 문장에서 규정한 상호대우를 적용할 권리는 제Ⅰ조 제3항에 따라 적용되는 기간의 만료일까지 제Ⅴ조 제1항 ㈎에 따른 선언을 한 국가를 본국으로 하는 저작물에 대하여 행사될 수 없다.

제Ⅱ조 (1) 이 조에서 규정한 권능을 원용할 것이라고 선언한 국가는, 인쇄 또는 이와 유사한 복제방식으로 발행된 저작물에 있어서, 제Ⅳ조에 따를 것을 조건으로 다음의 조건에 따라, 권한 있는 기관이 부여하는 비배타적 양도불능의 이용허락제도로서 제8조에서 규정한 배타적 번역권을 대신하도록 할 수 있다.

(2) ㈎ 제3항에 따를 것을 조건으로, 그러한 저작물의 번역물이 저작물의 최초발행일로부터 기산하여 3년의 기간 또는 위 국가의 국내입법에 의하여 결정된 더 장기의 기간의 만료 후에 번역권자에 의하여 또는 그의 허락을 받아, 그 국가에서 일반적으로 사용되는 언어로 발행되지 않은 경우에, 그 국가의 국민은 누구든지 그 언어로 저작물을 번역하고 인쇄 또는 그와 유사한 복제방식으로 번역물을 발행하도록 하는 이용허락을 얻을 수 있다.

㈏ 이 조에서 규정한 조건에 따른 이용허락은 관계 언어로 발행된 모든 번역판이 절판되는 경우에도 부여될 수 있다.

(3) ㈎ 동맹의 회원국인 하나 또는 둘 이상의 선진국에서 일반적으로 사용되지 않는 언어로 번역되는 경우에 1년의 기간은 제2항 ㈎에서 언급한 3년의 기간을 대신한다.

(나) 제1항에서 언급한 국가는, 동맹의 회원국인 선진국들에서 같은 언어가 일반적으로 사용되는 경우 그 선진국들 전체의 합의를 얻어, 그 언어로 번역하는 경우에 제2항 (가)에서 언급한 3년의 기간을 그러한 합의에 의하여 1년 이상의 보다 짧은 기간으로 대신할 수 있다. 다만, 앞의 문장은 문제된 언어가 영어·프랑스어 또는 스페인어인 경우에 적용되지 않는다. 사무총장은 그러한 합의를 체결한 정부로부터 이를 통고받는다.

(4) (가) 3년 후에 얻을 수 있는, 이 조에 따른 이용허락은 다음의 날로부터 6월의 기간이 더 경과할 때까지는 부여될 수 없고, 1년 후에 받을 수 있는, 이 조에 따른 이용허락은 다음의 날로부터 9월의 기간이 더 경과할 때까지 부여될 수 없다.

(ⅰ) 신청인이 제Ⅳ조 제1항에서 말하는 요건에 따르는 날, 또는

(ⅱ) 번역권자의 신원이나 주소가 알려지지 않은 경우에는 제Ⅳ조 제2항에서 규정하는 바와 같이, 신청인이 이용허락을 부여할 권한이 있는 기관에 제출한 신청서 사본을 송부한 날

(나) 위 6월 또는 9월의 기간 동안 번역권자에 의하여 또는 그의 허락을 받아, 신청한 언어로 번역물이 발행되는 경우에는 이 조에 따른 이용허락이 부여될 수 없다.

(5) 이 조에 따른 이용허락은 교육·학문 또는 연구의 목적으로만 부여될 수 있다.

(6) 저작물의 번역물이 번역권자에 의하여 또는 그의 허락을 받아, 그에 비길 만한 저작물에 대하여 그 국가에서 통상 부과하는 가격으로 발행되는 경우에, 그러한 번역이 이용허락에 따라 발행된 번역물과 같은 언어로 되어 있고 본질적으로 같은 내용으로 되었다면 이 조에 따라 부여되는 이용허락은 종료한다. 이용허락이 종료하기 전에 이미 만들어진 복사물은 그 재고가 소진될 때까지 계속 배포될 수 있다.

(7) 주로 도해로 된 저작물에 있어서, 본문의 번역물을 제작·발행하고 또한 도해를 복제·발행하도록 하는 이용허락은 제Ⅳ조의 조건이 충족되는 경우에만 부여될 수 있다.

(8) 저작자가 그의 저작물의 모든 복사물을 유통해서 거두어들인 경우에는 이 조에 따른 이용허락이 부여될 수 없다.

(9) (가) 인쇄 또는 이와 유사한 복제방식으로 발행된 저작물을 번역하도록 하는 이용허락은 제1항에서 언급한 국가에 주사무소를 가지는 방송사업자가 그 국가의 권한있는 기관에 신청하여 부여받을 수도 있다. 다만, 다음의 조건을 충족해야 한다.

(ⅰ) 번역물이 그 국가의 법률에 따라 제작되고 취득된 복사물로부터 제작될 것

(ⅱ) 번역물이 오로지 교육을 목적으로 또는 특정 분야의 전문가들에게 특정의 기술이나 학문연구의 결과를 전달하려는 목적으로만 방송물에 사용될 것

(ⅲ) 번역물이 오로지 (ⅱ)에서 언급한 목적으로, 그 국가의 영토에서 수신자를 향하여 적법하게 만들어진 방송물을 통하여 사용될 것. 방송물에는 녹음이나 녹화장치를 통하여 적법하게 만들어지고 오로지 그 방송물의 목적으로만 만들어진 방송을 포함한다.

(ⅳ) 번역물의 모든 사용은 상업적인 목적이 아닐 것

(나) 이 항에 의하여 부여된 이용허락에 따라 방송사업자가 한 번역의 녹음물이나 녹화물은 (가)에서 언급한 목적과 조건에 따라, 그리고 방송사업자의 동의를 얻어, 권한있는 기관이 그 이용허락을 부여한 국가에 주사무소를 가지는 다른 방송사업자에 의하여 사용될 수도 있다.

(다) (가)에서 정한 모든 기준과 조건이 충족되는 경우에는, 조직적인 교육활동과 관련하여 사용될 목적으로만 준비되고 발행된 시청각 고정물에 수록된 본문을 번역하도록 하는 이용허락도 방송사업자에게 부여할 수 있다.

(라) (가)에서 (다)에 따를 것을 조건으로, 전항들의 규정은 이 항에 따라 부여된 이용허락의 부여나 행사에 적용된다.

제Ⅲ조 (1) 이 조에서 규정한 권능을 원용할 것이라고 선언한 국가는, 제Ⅳ조에 따를 것을 조건으로 다음의 조건에 따라, 권한있는 기관이 부여하는 비배타적 양도불능의 이용허락제도로서 제8조에서 규정한 배타적 복제권을 대신하도록 할 수 있다.

(2) (가) 제7항으로 인하여 이 조가 적용되는 저작물에 있어서,

(ⅰ) 저작물의 특정판의 최초 발행일로부터 기산하여, 제3항에서 명시하는 적절한 기간, 또는

(ⅱ) 같은 날짜로부터 기산하여, 제1항에서 언급한 국가의 국내법에 의하여 결정된, 더 긴 기간의 만료 후에 그러한 판의 복사물이 그 국가에서 공중에 배포되지 않았거나 또는 조직적 교육활동과 관련하여 복제권자에 의하여 또는 그의 허락을 받아, 그에 비길 만한 저작물에 대하여 그 국가에서 통상 부과하는 가격에 상당하는 가격으로 배포되지 않는 경우에, 그러한 국가의 국민은 누구든지 조직적 교육활동과 관련하여 사용하기 위하여 그 가격이나 그보다 낮은 가격에 그 판을 복제하고 발행하도록 이용허락을 얻을 수 있었다.

(나) (가)에서 말한 바와 같이 배포된 어느 판을 복제하고 발행하도록 하는 이용허락은, 적용기간의 만료 후에 그 판의 허락받은 복사물이 6월의 기간 동안 관계 국가에서 판매되지 않았거나 또는 조직적 교육활동과 관련하여 그에 비길 만한 저작물에 대하여 그 국가에서 통상 부과하는 가격에 상당하는 가격으로 판매되지 않은 경우에, 이 조에서 규정한 조건에 따라 부여될 수도 있다.

(3) 제2항 (가) (ⅰ)에서 언급한 기간은 5년으로 한다. 다만,

(ⅰ) 수학을 포함하는 자연과학과 물리과학에 관한 저작물 및 기술에 관한 저작물에 있어서 그 기간은 3년으로 한다.

(ⅱ) 소설, 시, 연극 및 음악에 관한 저작물과 미술서적에 있어서 그 기간은 7년으로 한다.

(4) (가) 3년 후에 얻을 수 있는 이용허락은

(ⅰ) 신청인이 제Ⅳ조 제1항에서 말하는 요건에 따르는 날로부터 또는

(ⅱ) 복제권자의 신원이나 주소가 알려지지 않은 경우에는 제Ⅳ조 제2항에서 규정하는 바와 같이, 신청인이 이용허락을 부여할 권한이 있는 기관에 제출한 신청서 사본을 송부한 날로부터 6월의 기간이 경과할 때까지는 부여될 수 없다.

(나) 다른 기간 후에 이용허락을 받을 수 있고 제Ⅳ조 제2항이 적용될 수 있는 경우에, 신청서 사본의 송부일로부터 3월의 기간이 경과할 때까지는 이용허락을 부여할 수 없다.

(다) (가)와 (나)에서 언급한 6월 또는 3월의 기간 동안 제2항 (가)에서 말한 배포가 이루어진 경우에는 이 조에 따른 이용허락을 부여할 수 없다.

(라) 저작자가 어느 판의 모든 복사물을 유통에서 거두어들인 경우에는 이용허락이 적용된 복

제와 발행에 대하여 이용허락을 부여할 수 없다.

(5) 저작물의 번역물을 복제하거나 발행하도록 하는 이용허락은 다음의 경우에 이 조에 따라 부여될 수 없다.

(ⅰ) 번역물이 번역권자에 의하지 않거나 그의 허락을 받지 않고 발행된 경우, 또는

(ⅱ) 번역물이, 이용허락이 적용되는 국가에서 일반적으로 사용되지 않는 언어로 번역되어 있는 경우

(6) 저작물의 어느 판의 복사물이 제1항에서 언급한 국가에서 배포되거나 또는 조직적 교육활동과 관련하여 복제권자에 의하여 또는 그의 허락을 받아, 그에 비길 만한 저작물에 대하여 그 국가에서 통상 부과하는 가격에 상당하는 가격으로 배포되는 경우에, 그러한 판이 위 이용허락에 따라 발행된 판과 같은 언어로 되어 있고 본질적으로 같은 내용으로 되어 있다면 이 조에 따라 부여된 이용허락을 종료한다. 이용허락이 종료하기 전에 이미 만들어진 복사물은 그 재고가 소진될 때까지 계속 배포될 수 있다.

(7) ㈎ ㈏에 따를 것을 조건으로, 이 조가 적용되는 저작물은 인쇄 또는 이와 유사한 복제방식으로 발행된 저작물에 한정된다.

㈏ 이 조는 시청각고정물에 수록된 보호받는 저작물을 포함하는 적법하게 만들어진 시청각고정물을 시청각 형태로 복제하고 또한 이용허락이 적용되는 국가에서 일반적으로 사용되는 언어로 시청각고정물에 수록된 본문을 번역하는 것에도 적용된다. 다만, 문제의 시청각고정물은 조직적 교육활동과 관련하여 사용될 목적으로만 준비되고 발행되었어야 한다.

제Ⅳ조 (1) 제Ⅱ조 또는 제Ⅲ조에 따른 이용허락은 신청인이 관계 국가의 절차에 따라 권리자에게 번역물을 만들고 발행하도록, 또는 그 판을 복제하고 발행하도록 허락을 요청하였으나 거부되었거나 또는 그가 상당한 주의를 한 후에도 권리자를 찾을 수 없었다는 것을 입증하는 경우에만 부여될 수 있다. 요청을 할 당시에 신청인은 제2항에서 언급하는 국내 또는 국제정보센터에 통고한다.

(2) 권리자를 찾을 수 없는 경우에, 이용허락 신청인은 저작물에 성명이 나타난 발행인에게, 그리고 발행인의 주영업소가 소재한다고 믿어지는 국가의 정부에 의하여 사무총장에게 기탁된 통고에서 지정된 국내 또는 국제정보센터에, 이용허락을 부여할 권한이 있는 기관에 제출한 신청서 사본을 등기항공 우편으로 송부한다.

(3) 저작자의 성명은 제Ⅱ조 또는 제Ⅲ조에 따라 부여된 이용허락에 따라 발행된 번역물이나 복제물의 모든 복사물에 표시된다. 저작물의 제호는 그 모든 복사물에 나타난다. 번역물의 경우에 있어서 저작물의 원제호는 어떠한 경우에도 위 모든 복사물에 나타난다.

(4) ㈎ 제Ⅱ조 또는 제Ⅲ조에 따라 부여된 이용허락은 복사물의 수출에까지 확장되지 않으며 그러한 이용허락은 그 이용허락이 신청된 국가의 영토에서 번역물이나 복제물의 발행에만 유효하다.

㈏ ㈎의 적용상, 수출의 개념은 어느 국가에서 영토에 관하여 제Ⅰ조 제5항에 따른 선언을 한 국가에 복사물을 송부하는 것을 포함한다.

㈐ 제Ⅱ조에 따라 영어, 프랑스어 또는 스페인어 이외의 언어로 번역하도록 이용허락을 부

여한 국가의 정부기관이나 공공기관이 그러한 이용허락에 따라 발행된 번역물의 복사물을 다른 국가에 송부한 경우에, 그러한 복사물의 송부는 ㈎의 적용상 다음의 모든 조건들이 충족된다면 수출이 되지 않는 것으로 본다.

(ⅰ) 수취인이, 그 권한 있는 기관이 이용허락을 부여한 국가의 국민으로서 개인이거나 그러한 개인이 집합한 단체이고,

(ⅱ) 복사물이 교육, 학문 또는 연구의 목적으로만 사용되고,

(ⅲ) 복사물의 송부와 그 후 수취인에의 배포가 어떠한 상업적인 목적이 없으며, 그리고

(ⅳ) 복사물이 송부된 국가가, 그 권한 있는 기관이 수취나 배포를 허용하도록 이용허락을 부여한 국가와 합의하였고 또한 사무총장이 이용허락이 부여된 국가의 정부에 의하여 그 합의의 통고를 받은 경우

(5) 제Ⅱ조 또는 제Ⅲ조에 의하여 부여된 이용허락에 따라 발행된 모든 복사물에는 그 복사물이 위 이용허락이 적용되는 국가나 영토에만 배포된다고 적절한 언어로 표시된다.

(6) ㈎ 다음을 보장하기 위하여 국내적 수준에서 적절한 규정을 둔다.

(ⅰ) 이용허락이 번역권자나 복제권자를 위하여, 두 관계국가에서 사람들 사이에 자유로이 협의된 이용허락에 관하여 통상적으로 운영되는 이용료의 기준에 합의되는 정당한 보상의 마련

(ⅱ) 보상의 지급과 송금

국내 통화규칙이 개입되는 경우에는 권한 있는 기관이 국제적 장치를 이용하여 국제적으로 교환될 수 있는 통화나 그에 상당하는 통화로 송금할 수 있도록 보장하기 위하여 모든 노력을 경주한다.

㈏ 저작물의 올바른 번역 또는 특정판의 정확한 복제를 보장하기 위하여 국내입법으로 적절한 규정을 둔다.

제Ⅴ조 (1) ㈎ 제Ⅱ조에서 규정된 권능을 원용할 것이라고 선언할 권한이 있는 국가는 대신에, 이 의정서를 비준 또는 이에 가입할 당시에,

(ⅰ) 그 국가가 제30조 제2항 ㈎가 적용되는 국가인 경우에는 번역권에 관한 한 그 규정에 따른 신인을 할 수 있고,

(ⅱ) 그 국가가 제30조 제2항 ㈎가 적용되지 않는 국가로서 비동맹국이 아닌 경우에도 제30조 제2항 ㈏의 첫번째 문장에서 규정한 바와 같은 선언을 할 수 있다.

㈏ 제Ⅰ조 제1항에서 언급한 바와 같은 개발도상국으로 더 이상 간주되지 않게 된 국가의 경우에, 이 항에 따른 신인은 제Ⅰ조 제3항에 따라 적용되는 기간이 만료하는 날까지 효력이 있다.

㈐ 이 항에 따라 선언한 국가는 위 선언을 철회할지라도 제Ⅱ조에서 규정한 권능을 그 후에는 원용할 수 없다.

(2) 제3항에 따를 것을 조건으로, 제Ⅱ조에서 규정한 권능을 원용한 국가는 그 후 제1항에 따른 선언을 할 수 없다.

(3) 제Ⅰ조 제1항에서 언급한 바와 같은 개발도상국으로 더 이상 간주되지 않게 된 국가는

제Ⅰ조 제3항에 따라 적용되는 기간이 만료하기 적어도 2년 전까지, 비동맹국이 아니라는 사실에도 불구하고 제30조 제2항 ㈏의 첫번째 문장에서 규정한 효과를 가지는 선언을 할 수 있다. 그러한 선언은 제Ⅰ조 제3항에 따라 적용되는 기간이 만료한 날로부터 효력이 발생한다.

제Ⅵ조 (1) 동맹국은 이 의정서의 날짜로부터 그리고 제1조에서 제21조 및 이 부속서에 구속되기 전에 언제라도 다음을 선언할 수 있다.

(ⅰ) 그 국가가 제1조에서 제21조 및 이 부속서에 구속되는 국가로서 제1조 제1항에서 언급한 권능을 원용할 수 있는 권한이 있는 경우에, 그 국가는 제Ⅱ조 또는 제Ⅲ조의 규정 또는 양자의 규정을, 어느 저작물에 그 조항들을 적용하도록 허용한 국가 또는 제1조에서 제21조 및 이 부속서에 구속되는 국가를 본국으로 하는 그 저작물에 적용할 것이라는 것. 그러한 선언은 제Ⅱ조 대신에 제Ⅴ조를 적용하겠다고 할 수 있다.

(ⅱ) 그 국가는 자국을 본국으로 하는 저작물에 대하여, (ⅰ)에 따른 선언이나 제Ⅰ조에 따른 통고를 한 국가가 이 부속서를 적용하도록 허용한다는 것

(2) 제1항에 따른 선언은 문서로 하고 사무총장에게 기탁한다. 선언은 기탁일로부터 효력이 발생한다.

세계지적소유권기구 저작권조약

전 문

체약당사자는,

문학·예술저작물에 대한 저작자의 권리보호를 가능한 한 효과적이고 일관된 방식으로 신장시키고 유지하기를 희망하고,

새로운 경제·사회·문화 및 기술의 발전으로 인하여 제기된 문제를 충분히 해결하기 위하여 새로운 국제적 규칙을 도입하고 일부 기존 규칙의 해석을 명확히 할 필요성을 인식하며,

정보·통신기술의 발전 및 융합이 문학·예술저작물의 창작과 이용에 미치는 중대한 영향을 인식하고,

문학·예술 창작물에 대한 유인으로서 저작권 보호가 특별히 중요하다는 점을 강조하며,

베른협약에서 반영된 바와 같이, 저작자의 권리와 특히 교육·연구 및 정보에 대한 접근과 같은 공공의 이익 사이에 균형을 유지할 필요성을 인식하여,

다음과 같이 합의하였다.

제1조 (베른협약과의 관계) (1) 이 조약은 문학·예술적 저작물의 보호를 위한 베른협약에 의하여 설립된 동맹의 동맹국인 체약당사자에 대하여 동 협약 제20조 의미상의 특별협정이다.

(2) 이 조약상의 어떠한 규정도 문학·예술저작물의 보호를 위한 베른협약에 의하여 체약당사자가 상호간에 부담하는 기존의 의무를 저해하지 아니한다.

(3) 이하에서 베른협약이란 문학·예술저작물의 보호를 위한 베른협약의 1971년 7월 24일 파리의정서를 말한다.

(4) 체약당사자는 베른협약의 제1조 내지 제21조 및 부속서를 준수하여야 한다.

제2조 (저작권 보호의 범위) 저작권 보호는 표현에는 미치지만 사상·절차, 운용방법 또는 수학적 개념에는 미치지 아니한다.

제3조 (베른협약 제2조 내지 제6조의 적용) 체약당사자는 이 조약에서 정한 보호에 관하여 베른협약 제2조 내지 제6조의 규정을 준용하여야 한다.

제4조 (컴퓨터 프로그램) 컴퓨터 프로그램은 베른협약 제2조에서 규정한 어문저작물로서 보호된다. 그 보호는 어떠한 표현형식이나 형태의 컴퓨터 프로그램에도 적용된다.

제5조 (데이터의 편집물(데이터 베이스))

내용의 선택과 배열로 인하여 지적창작물이 되는 자료 또는 기타 소재의 편집물은 그 형태에 관계없이 지적창 작물로서 보호된다. 이 보호는 당해 자료 또는 기타 소재 그 자체에는

미치지 아니하며, 그 편집물에 수록된 자료나 소재에 존속하는 저작권에도 영향을 미치지 아니한다.

제6조 (배포권)　(1) 문학・예술저작물의 저작자는 판매 또는 기타 소유권의 이전을 통하여 저작물의 원본이나 복제물을 공중이 이용할 수 있도록 제공하는 것을 허락할 배타적인 권리를 향유한다.

(2) 이 조약의 어떠한 규정도 체약당사자가 저작물의 원본이나 복제물이 저작자의 허락하에 최초 판매되거나 또는 기타 소유권이 이전된 후에 제1항상의 권리의 소진이 적용될 조건을 결정할 자유에 영향을 미치지 아니한다.

제7조 (대여권)　(1) (ⅰ) 컴퓨터 프로그램, (ⅱ) 영상저작물, (ⅲ) 체약당사자의 국내법에서 정한 음반에 수록된 저작물의 저작자는 저작물의 원본이나 복제물을 공중에 상업적으로 대여하는 것을 허락할 배타적인 권리를 향유한다.

(2) 제1항은 다음의 경우에 적용되지 아니한다.

(ⅰ) 컴퓨터 프로그램 그 자체가 대여의 본질적 대상이 아닌 경우에 그 프로그램

(ⅱ) 영상저작물의 상업적 대여가 배타적인 복제권을 실질적으로 침해하는, 저작물의 광범위한 복제를 초래하지 아니하는 경우에 그 영상저작물

(3) 제1항의 규정에도 불구하고, 1994년 4월 15일 당시에 음반에 수록된 저작물의 대여에 대하여 저작자에게 공정한 보상제도를 가지고 있었고 그 이후로도 이를 유지하고 있는 체약당사자는 음반에 수록된 저작물의 상업적 대여가 저작자의 배타적인 복제권을 실질적으로 침해하지 아니하는 한 그 제도를 유지할 수 있다.

제8조 (공중전달권)　베른협약 제11조 제1항 (ⅱ), 제11조의 2 제1항 (ⅰ) 및 (ⅱ), 제11조의3 제1항 (ⅱ), 제14조 제1항 (ⅰ) 그리고 제14조의 2 제1항의 규정에 영향을 미치지 아니하고, 문학・예술저작물의 저작자는 공중의 구성원이 개별적으로 선택한 장소와 시간에 저작물에 접근할 수 있는 방법으로 공중이 이용할 수 있도록 유선 또는 무선의 수단에 의하여 저작물을 공중에 전달하는 것을 허락할 배타적인 권리를 향유한다.

제9조 (사진저작물의 보호기간)　체약당사자는 사진저작물에 관하여 베른협약 제7조 제4항의 규정을 적용하지 아니한다.

제10조 (제한과 예외)　(1) 체약당사자는 저작물의 통상적인 이용과 충돌하지 아니하고 저작자의 합법적인 이익을 부당하게 해치지 아니하는 특별한 경우에 이 조약에 문학・예술저작물의 저작자에게 부여한 권리에 대한 제한과 예외를 국내법으로 정할 수 있다.

(2) 체약당사자는 베른협약을 적용할 경우에 동 협약에서 규정한 권리에 대한 제한과 예외를 저작물의 통상적인 이용과 충돌하거나 저작자의 합법적인 이익을 부당하게 해치지 아니하는 특별한 경우로 한정하여야 한다.

제11조 (기술조치에 관한 의무)　체약당사자는 이 조약 또는 베른협약상의 권리의 행사와 관련하여 저작자가 이용하는 효과적인 기술조치로서 자신의 저작물에 관하여 저작자가 허락하지 아니하거나 법에서 허용하지 아니하는 행위를 제한하는 기술조치를 우회하는 것에 대하여 충분한 법적 보호와 효과적인 법적 구제조치에 관하여 규정하여야 한다.

제12조 (권리관리정보에 관한 의무)

(1) 체약당사자는 다음의 행위가 이 조약 또는 베른협약상의 권리의 침해를 유인, 방조, 조장 또는 은닉한다는 사실을 알거나 또는 민사구제에 관하여는 이를 알 만한 상당한 이유가 있는 경우에 이를 고의로 행하는 자에 대하여 충분하고 효과적인 법적 구제조치에 관하여 규정하여야 한다.

(i) 전자적인 권리관리정보를 권한 없이 제거하거나 변경하는 것

(ii) 전자적인 권리관리정보가 권한 없이 제거되거나 변경된 것을 알면서 저작물이나 그의 복제물을 권한 없이 배포, 배포할 목적으로 수입 또는 공중에 전달하는 것

(2) 이 조에서 권리관리정보란 저작물, 저작물의 저작자 및 저작물의 권리자를 식별하는 정보 또는 저작물의 이용조건에 관한 정보 및 그러한 정보를 나타내는 숫자나 부호로서, 이들 정보의 어느 항목이 저작물의 복제물에 부착되거나 저작물의 공중전달과 관련하여 나타나는 것을 말한다.

제13조 (시간적 적용) 체약당사자는 이 조약에서 규정한 모든 보호에 대하여 베른협약 제18조의 규정을 적용하여야 한다.

제14조 (권리의 시행에 관한 규정) (1) 체약당사자는 자신의 법제도에 따라 이 조약의 적용을 보장하기 위하여 필요한 조치를 채택할 것을 약속한다.

(2) 체약당사자는 침해를 예방할 수 있는 신속한 구제조치와 추후의 침해를 억제할 수 있는 구제조치를 포함하여, 이 조약에서 부여한 권리의 침해행위에 대하여 효과적으로 대응할 수 있도록 자신의 법률에 따른 시행절차를 보장하여야 한다.

제15조 (총회) (1) (a) 체약당사자는 총회를 둔다.

(b) 각 체약당사자는 1인의 대표에 의하여 대표되고, 그 대표는 교체대표, 고문 및 전문가에 의하여 보좌될 수 있다.

(c) 각 대표단의 경비는 그를 지명한 체약당사자가 부담한다. 총회는 국제연합 총회의 확립된 관행에 따라 개발도상국으로 간주되는 체약당사자 또는 시장경제로 전환중인 국가인 체약당사자의 대표의 참여를 조장하기 위하여 재정적 후원을 하도록 세계지적소유권기구에 요청할 수 있다.

(2) (a) 총회는 이 조약의 유지와 발전 및 이 조약의 적용과 운영에 관한 모든 문제를 다룬다.

(b) 총회는 일정한 정부간 기구의 이 조약의 당사자 여부에 관하여 제17조 제2항에 따라 자신에게 부여된 기능을 행사한다.

(c) 총회는 이 조약의 개정을 위한 외교회의의 소집을 결정하고 그러한 외교회의의 준비에 관하여 세계지적소유권기구 사무총장에게 필요한 지침을 준다.

(3) (a) 국가인 체약당사자는 각각 1표의 투표권을 가지며 자국의 이름으로 투표한다.

(b) 정부간 기구인 체약당사자는 자신의 회원국을 대신하여, 이 조약의 당사국인 회원국의 수에 해당하는 투표권을 가지고 투표에 참여할 수 있다. 그러한 정부간 기구는 자신의 회원국이 투표권을 행사할 경우에는 투표에 참여할 수 없으며, 반대로 자신의 회원국은 그러한 정부

간 기구가 투표권을 행사할 경우에는 투표에 참여할 수 없다.

(4) 총회는 매 2년에 1회, 세계지적소유권기구 사무총장이 소집하는 정기회의에서 회합한다.

(5) 총회는 임시회의의 소집, 정족수의 요건 및 이 조약규정에 따를 것을 조건으로 한, 각종의 결정에 있어서의 다수결의 요건을 포함하여, 자체의 의사 규칙을 채택한다.

제16조 (국제사무국) 세계지적소유권기구 국제사무국이 이 조약에 관한 행정적인 임무를 수행한다.

제17조 (조약 당사자 적격) (1) 세계지적소유권기구의 회원국은 이 조약의 당사자가 될 수 있다.

(2) 총회는 이 조약이 적용되는 사항에 관하여 권한이 있고, 자신의 회원국을 구속하는 고유의 입법을 가지고 있으며, 이에 관하여 자신의 내부절차에 따라 정당하게 수권을 받았다고 선언하는 정부간 기구를 이 조약 당사자로 인정하는 여부에 관하여 결정할 수 있다.

(3) 이 조약을 채택한 외교회의에서 전항에서 규정한 선언을 한 유럽공동체는 이 조약의 당사자가 될 수 있다.

제18조 (조약상의 권리와 의무) 이 조약에서 달리 특별히 규정하는 경우를 제외하고, 각 체약당사자는 이 조약상의 모든 권리를 향유하고 모든 의무를 진다.

제19조 (조약에의 서명) 이 조약은 세계지적소유권기구 회원국과 유럽공동체에게 1997년 12월 31일까지 서명을 위해 개방된다.

제20조 (조약의 효력발생) 이 조약의 효력은 30개 국가의 비준서나 가입서가 세계지적소유권기구 사무총장에 기탁된 때로부터 3개월 후에 발생한다.

제21조 (조약당사자에 대한 효력발생일)

이 조약은

(i) 제20조에서 규정한 30개국의 경우, 이 조약의 효력발생일 이후;

(ii) 국가 상호간의 경우, 그 국가가 세계지적소유권기구 사무총장에게 비준서나 가입서를 기탁한 때로부터 3개월이 만료한 이후;

(iii) 유럽공동체의 경우, 제20조에 따라 이 조약의 효력이 발생한 후에 비준서나 가입서를 기탁한 경우에는 그 후 3개월이 만료한 이후, 또는 그 문서가 이 조약의 효력발생일 전에 기탁된 경우 이 조약의 효력발생일로부터 3개월이 만료한 이후 ;

(iv) 이 조약의 당사자로 인정된 기타 정부간 기구의 경우, 가입서를 기탁한 때로부터 3개월이 만료한 이후에 적용된다.

제22조 (조약에 대한 유보 불가) 이 조약에 대한 유보는 인정되지 아니한다.

제23조 (조약의 폐기) 어느 체약당사자든지 세계지적소유권기구 사무총장에게 송부한 통고로, 이 조약을 탈퇴할 수 있다. 이 통고는 세계지적소유권기구 사무총장이 통고를 접수한 날로부터 1년 이후에 효력을 발생한다.

제24조 (조약의 언어) (1) 이 조약은 동등하게 정본인 영어, 아랍어, 중국어, 프랑스어, 러시아어 및 스페인어로 된 1부의 원본에 서명된다.

(2) 제1항에 규정되지 아니한 언어로 된 공식문은 이해당사자의 요청에 의하여 모든 이해당

사자와의 협의를 거친 후에 세계지적소유권기구 사무총장에 의해 작성되어야 한다. 이 항의 적용에 있어 "이해당사자"란 그의 공용어 또는 공용어 중의 하나가 관계된 세계지적소유권기구 회원국 또는 공용어 중의 하나가 관계된 유럽공동체나 기타 정부간 기구를 말한다.

제25조 (기탁) 세계지적소유권기구 사무총장은 이 조약의 수탁자이다.

세계지적소유권기구 실연·음반조약

체약당사자는,

실연자 및 음반제작자의 권리보호를 가능한 한 효과적이고 일관된 방식으로 신장시키고 유지하기를 희망하고,

새로운 경제, 사회, 문화 및 기술의 발전으로 인하여 제기된 문제를 충분히 해결하기 위하여 새로운 국제적 규칙을 도입하고 일부 기존 규칙의 해석을 명확히 할 필요성을 인식하며,

정보·통신기술의 발전 및 융합이 실연과 음반의 제작과 이용에 미치는 중대한 영향을 인식하고,

실연자와 음반제작자의 권리와 특히 교육, 연구 및 정보에의 접근과 같은 공익 간에 균형을 유지할 필요성을 인식하여,

다음과 같이 합의하였다.

제1장 총 칙

제1조 (다른 조약과의 관계) (1) 이 조약상의 어떠한 규정도 1961년 10월 26일 로마에서 체결된 실연자, 음반제작자 및 방송사업자의 보호를 위한 국제조약(이하 "로마협약"이라 한다)에 의하여 체약당사자가 상호간에 지는 기존의 의무를 면제하지 아니한다.

(2) 이 조약상의 보호는 문학·예술저작물에 대한 저작권 보호에 변경을 가하지 아니하며 어떠한 경우에도 영향을 미치지 아니한다. 따라서 이 조약상의 규정은 그러한 보호를 해치는 것으로 해석될 수 없다.

(3) 이 조약은 다른 조약과는 아무런 관련이 없으며 다른 조약상의 권리와 의무를 해치지 아니한다.

제2조 (정의) 이 조약의 적용에 있어

(a) "실연자"란 배우, 가수, 연주자, 무용가 및 기타 문학·예술저작물이나 민간전승물의 표현을 연기, 가창, 구연, 낭독, 연주, 연출하거나 기타 실연하는 사람을 말한다.

(b) "음반"이란 실연의 소리 또는 기타의 소리, 또는 소리의 표현을 고정한 것으로서 영화저작물이나 기타 시청각저작물에 수록된 형태 이외의 고정물을 말한다.

(c) "고정"이란 장치를 통하여 그로부터 지각, 복제 또는 전달될 수 있는, 소리 또는 소리의 표현을 수록하는 것을 말한다.

(d) “음반제작자”란 실연의 소리 또는 기타의 소리, 또는 소리의 표현을 최초로 고정하기 위하여 발의하고 이에 책임을 지는 자연인이나 법인을 말한다.

(e) “고정된 실연이나 음반의 발행”이란 권리자의 허락을 받아, 그리고 상당한 양을 공중에 제공하는 경우에 고정된 실연이나 음반을 공중에 제공하는 것올 말한다.

(f) “방송”이란 공중이 수신하도록, 무선의 방법에 의하여 소리, 영상과 소리 또는 그 표현을 송신하는 것을 말한다. 위성에 의한 송신도 또한 ‘방송’이다. 암호화된 신호의 송신은 해제를 위한 방법이 방송사업자에 의하여 또는 그의 동의를 얻어 공중에게 제공된 경우에 ‘방송’이다.

(g) 실연이나 음반의 “공중전달”이란 방송 이외의 매체에 의하여, 실연의 소리, 음반에 고정된 소리 또는 소리의 표현을 공중에게 송신하는 것을 말한다. 제15조에서의 ‘공중전달’은 소리 또는 음반에 고정된 소리의 표현을 공중의 청취에 제공하는 것을 포함한다.

제3조 (조약의 보호대상) (1) 체약당사자는 다른 체약당사자의 국민인 실연자와 음반제작자에게 이 조약에서 규정한 보호를 부여하여야 한다.

(2) 다른 체약당사자의 국민은 이 조약의 체약당사자가 모두 로마협약의 체약당사자인 경우 동 협약에저 규정한 보호적격기준을 충족하는 실연자와 음반제작자로 이해된다. 체약당사자는 이 적격 기준에 관하여 이 조약 제2조의 관련 정의를 적용하여야 한다.

(3) 로마협약 제5조 제3항에 규정된 가능성 또는 로마협약 제6조의 적용에 있어 동 제17조의 가능성을 원용하는 체약당사자는 이들 규정에 예시된 바와 같이 세계지적소유권기구 사무총장에게 통고하여야 한다.

제4조 (내국민대우) (1) 각 체약당사자는 제3조 제2항에서 규정한 바와 같이, 다른 체약당사자의 국민에 대하여 이 조약에서 특별히 부여한 배타적인 권리 및 이 조약 제15조에서 규정한 정당한 보상청구권에 관하여 자국민에게 부여하는 대우를 부여하여야 한다.

(2) 제1항에서 규정한 의무는 다른 체약당사자가 이 조약 제15조 제3항에서 허용한 유보를 이용하는 경우에는 적용되지 아니한다.

제2장 실연자의 권리

제5조 (실연자의 인격권) (1) 실연자는 그의 재산권과 독립하여 그리고 그 재산권의 이전 후에도, 실연의 이용방법상 생략이 요구되는 경우를 제외하고는 자신의 청각적 생실연 또는 음반에 고정된 실연에 관하여 그 실연의 실연자라고 주장하고, 자신의 명성을 해칠 수 있는 실연의 왜곡·훼손 기타 변경에 대하여 반대할 권리를 가진다.

(2) 제1항에 따라 실연자에게 부여되는 권리는 그의 사망 후, 적어도 재산권이 종료할 때까지 존속하고 보호가 주장되는 체약당사자의 입법에 의하여 권한 있는 사람이나 단체에 의하여 행사될 수 있어야 한다. 다만, 체약당사자가 이 조약을 비준하거나 이 조약에 가입할 당시에 전항에서 규정한 모든 권리를 실연자의 사망 후에는 보호하지 아니하는 경우, 그 체약당사자는 이러한 권리 중 일부가 그의 사망 후에는 존속하지 아니한다고 규정할 수 있다.

(3) 이 조에서 부여한 권리를 보장하기 위한 구제방법은 보호가 주장되는 체약당사자의 입

법의 지배를 받는다.

제6조 (고정되지 않은 실연에 대한 실연자의 재산권) 실연자는 자신의 실연에 관하여 다음을 허락할 배타적인 권리를 향유한다.

(i) 실연이 이미 방송실연인 경우를 제외하고, 고정되지 않은 실연을 방송하고 공중에 전달하는 것

(ii) 자신의 고정되지 않은 실연을 고정하는 것

제7조 (복제권) 실연자는 어떠한 방법이나 형태로든 음반에 고정된 실연의 직접적이거나 간접적인 복제를 허락할 배타적인 권리를 향유한다.

제8조 (배포권) (1) 실연자는 음반에 고정된 실연의 원본이나 그의 복제물을 판매 또는 기타 소유권의 이전을 통하여 공중의 이용에 제공하는 것을 허락할 배타적인 권리를 향유한다.

(2) 이 조약상의 어떠한 규정도 체약당사자가 고정된 실연의 원본이나 그 복제물이 실연자의 허락하에 최초 판매되거나 또는 기타 소유권이 이전된 후에 제1항상의 권리의 소진이 적용될 조건을 결정할 자유에 영향을 미치지 아니한다.

제9조 (대여권) (1) 실연자는 음반에 고정된 실연의 원본이나 그 복제물이 그의 허락하에 또는 이에 준하여 배포된 후에도, 체약당사자의 국내법에서 정한 바대로 이를 공중에 상업적으로 대여하는 것을 허락할 배타적인 권리를 향유한다.

(2) 제1항의 규정에도 불구하고 1994년 4월 15일 당시에 음반에 고정된 자신의 실연의 복제물의 대여에 대하여 실연자에게 공정한 보상제도를 가지고 있었고, 그 이후로도 계속 이를 유지하고 있는 체약당사자는 음반에 고정된 실연의 상업적 대여가 실연자의 배타적인 복제권을 실질적으로 침해하지 아니하는 한 그 제도를 유지할 수 있다.

제10조 (고정된 실연을 이용에 제공할 권리) 실연자는 공중의 구성원이 개별적으로 선택한 장소와 시간에 음반에 고정된 그의 실연에 접근할 수 있는 방법으로, 유선 또는 무선의 수단에 의하여 이를 공중의 이용에 제공하는 것을 허락할 배타적인 권리를 향유한다.

제3장 음반제작자의 권리

제11조 (복제권) 음반제작자는 어떠한 방법이나 형태로든 음반의 직접적이거나 간접적인 복제를 허락할 배타적인 권리를 향유한다.

제12조 (배포권) (1) 음반제작자는 음반의 원본이나 그의 복제물을 판매 또는 기타 소유권의 이전을 통하여 공중의 이용에 제공하는 것을 허락할 배타적인 권리를 향유한다.

(2) 이 조약상의 어떠한 규정도 체약당사자가 음반의 원본이나 그 복제물이 음반제작자의 허락하에 최초 판매되거나 또는 기타 소유권이 이전된 후에 제1항상의 권리의 소진이 적용될 조건을 결정할 자유에 영향을 미치지 아니한다.

제13조 (대여권) (1) 음반제작자는 음반의 원본이나 그 복제물이 그의 허락하에 또는 이에 준하여 배포된 후에도 체약당사자의 국내법에서 정한 바대로 이를 공중에 상업적으로 대여하는 것을 허락할 배타적인 권리를 향유한다.

(2) 제1항의 규정에도 불구하고 1994년 4월 15일 당시에 음반의 복제물의 대여에 대하여 음반제작자에게 공정한 보상제도를 가지고 있었고, 그 이후로도 계속 이를 유지하고 있는 체약당사자는 음반의 상업적 대여가 음반제작자의 배타적인 복제권을 실질적으로 침해하지 아니하는 한 그 제도를 유지할 수 있다.

제14조 (음반을 이용에 제공할 권리) 음반제작자는 공중의 구성원이 개별적으로 선택한 장소와 시간에 그의 음반에 접근할 수 있는 방법으로, 유선 또는 무선의 수단에 의하여 이를 공중의 이용에 제공하는 것을 허락할 배타적인 권리를 향유한다.

제4장 공통규정

제15조 (방송과 공중전달에 대한 보상청구권) (1) 실연자와 음반제작자는 상업적인 목적으로 발행된 음반이 방송이나 공중전달에 직접적으로나 간접적으로 이용되는 경우에 공정한 단일보상에 대한 권리를 향유한다.

(2) 체약당사자는 공정한 단일보상이 실연자나 음반제작자에 의해 또는 둘 모두에 의해 이용자에게 청구될 것인지를 국내법으로 정할 수 있다. 체약당사자는 실연자와 음반제작자 사이에 합의가 없는 한, 실연자와 음반제작자가 공정한 단일보상금을 분배하는 조건을 정하는 국내법을 제정할 수 있다.

(3) 체약당사자는 세계지적소유권기구 사무총장에게 기탁하는 통고로, 제1항의 규정을 일정한 이용에만 적용하거나, 다른 방법으로 그 적용을 제한하거나 또는 이 규정을 전혀 적용하지 않는다고 선언할 수 있다.

(4) 이 조의 적용에 있어, 공중의 구성원이 개별적으로 선택한 장소와 시간에 그 음반에 접근할 수 있는 방법으로, 유선이나 무선의 수단에 의하여 공중의 이용에 제공된 음반은 상업적인 목적으로 발행된 것으로 간주한다.

제16조 (제한과 예외) (1) 체약당사자는 실연자와 음반제작자의 보호에 관하여, 문학・예술저작물에 대한 저작권 보호와 관련하여 규정한 바와 같은 종류의 제한이나 예외를 국내법으로 규정할 수 있다.

(2) 체약당사자는 이 조약에서 규정한 권리에 대한 제한이나 예외를 실연이나 음반의 통상적인 이용과 충돌하거나 실연자나 음반제작자의 합법적인 이익을 부당하게 해치지 아니하는 특별한 경우로 한정하여야 한다.

제17조 (보호기간) (1) 이 조약에 따라 실연자에게 부여되는 보호기간은 실연이 음반에 고정된 연도의 말로부터 기산하여 적어도 50년의 기간이 종료하는 때까지 존속한다.

(2) 이 조약에 따라 음반제작자에게 부여되는 보호기간은 음반이 발행된 연도의 말 또는 음반의 고정으로부터 50년 내에 발행되지 아니한 경우에는 고정이 행해진 연도의 말로부터 기산하여 적어도 50년의 기간이 종료하는 때까지 존속한다.

제18조 (기술조치에 관한 의무) 체약당사자는 이 조약 또는 베른협약상의 권리의 행사와 관련하여 실연자나 음반제작자가 이용하는 실효적인 기술조치로서 자신의 실연이나 음반에 관

하여 실연자나 음반제작자가 허락하지 아니하거나 법에서 허용하지 아니하는 행위를 제한하는 기술조치를 우회하는 것에 대하여 충분한 법적 보호와 효과적인 법적 구제에 관하여 규정하여야 한다.

제19조 (권리관리정보에 관한 의무) (1) 체약당사자는 다음의 행위가 이 조약 또는 베른협약상의 권리의 침해를 유인, 허용, 조장 또는 은닉한 사실을 알거나, 또는 민사구제에 관하여는 이를 알 만한 상당한 이유가 있는 경우에 이를 고의로 행하는 자에 대하여 충분하고 효과적인 법적 구제를 규정하여야 한다.

(ⅰ) 전자적인 권리관리정보를 권한 없이 제거하거나 변경하는 것

(ⅱ) 전자적인 권리관리정보가 권한 없이 제거되거나 변경된 것을 알면서 실연, 고정된 실연의 복제물 또는 음반을 권한 없이 배포, 배포할 목적으로 수입 또는 공중에 전달하는 것

(2) 이 조에서 "권리관리정보"란 실연자, 실연자의 실연, 음반제작자, 음반, 실연이나 음반의 관리자를 식별하는 정보 또는 실연이나 음반의 이용조건에 관한 정보 및 그러한 정보를 나타내는 숫자나 부호로서, 이들 정보의 어느 항목이 고정된 실연의 복제물이나 음반에 부착되거나 또는 고정된 실연이나 음반을 공중에 전달하거나 공중의 이용에 제공하는 것과 관련하여 나타나는 것을 말한다.

제20조 (방식) 이 조약에서 규정한 권리의 향유와 행사는 어떠한 방식에도 따를 것을 조건으로 하지 아니한다.

제21조 (유보) 제15조 제3항의 규정에 따를 것을 조건으로, 이 조약에 대한 유보는 허용되지 아니한다.

제22조 (시간적 적용) (1) 체약당사자는 이 조약에서 규정한 실연자와 음반제작자의 권리에 대하여 베른협약 제18조의 규정을 준용하여야 한다.

(2) 제1항에도 불구하고, 체약당사자는 이 조약 제5조를 자신에 대하여 이 조약의 효력이 발생한 후에 행해지는 실연에 한정하여 적용할 수 있다.

제23조 (권리의 시행에 관한 규정) (1) 체약당사자는 자신의 법제도에 따라 이 조약의 적용을 보장하기 위하여 필요한 조치를 채택할 것을 약속한다.

(2) 체약당사자는 침해를 예방할 수 있는 신속한 구제조치와 추후의 침해를 억제할 수 있는 구제조치를 포함하여, 이 조약에서 부여한 권리의 침해행위에 효과적으로 대응할 수 있도록 자신의 법률에 따른 시행절차를 보장하여야 한다.

제5장 관리 및 종결조항

제24조 (총회) (1) (a) 체약당사자는 총회를 둔다.

(b) 각 체약당사자는 1인의 대표에 의하여 대표되고, 그 대표는 교체대표, 고문 및 전문가에 의하여 보좌될 수 있다.

(c) 각 대표단의 경비는 그를 지명한 체

약당사자가 부담한다. 총회는 국제연합 총회의 확립된 관행에 따라 개발도상국으로 간주되는 체약당사자 또는 시장경제로 전환중인 국가인 체약당사자의 대표의 참여를 조장하기 위하여 재정적 후원을 하도록 세계지적소유권기구에 요청할 수 있다.

(2) (a) 총회는 이 조약의 유지와 발전 및 이 조약의 적용과 운영에 관한 모든 문제를 다룬다.

(b) 총회는 일정한 정부간 기구의 이 조약의 당사자 여부에 관하여 제17조 제2항에 따라 자신에게 부여된 기능을 행사한다.

(c) 총회는 이 조약의 개정을 위한 외교회의의 소집을 결정하고 그러한 외교회의의 준비에 관하여 세계지적소유권기구 사무총장에게 필요한 지침을 준다.

(3) (a) 국가인 체약당사자는 각각 1표의 투표권을 가지며 자국의 이름으로 투표한다.

(b) 정부간 기구인 체약당사자는 자신의 회원국을 대신하여, 이 조약의 당사국인 회원국의 수에 해당하는 투표권을 가지고 투표에 참여할 수 있다. 그러한 정부간 기구는 자신의 회원국이 투표권을 행사할 경우에는 투표에 참여할 수 없으며, 반대로 자신의 회원국은 그러한 정부간 기구가 투표권을 행사할 경우에는 투표에 참여할 수 없다.

(4) 총회는 매 2년에 1회, 세계지적소유권기구 사무총장이 소집하는 정기회의에서 회합한다.

(5) 총회는 임시회의의 소집, 정족수의 요건 및 이 조약규정에 따를 것을 조건으로 한, 각종의 결정에 있어서의 다수결의 요건을 포함하여, 자체의 의사 규칙을 채택한다.

제25조 (국제사무국) 세계지적소유권기구 국제사무국이 이 조약에 관한 행정적인 임무를 수행한다.

제26조 (조약 당사자 적격) (1) 세계지적소유권기구의 회원국은 이 조약의 당사자가 될 수 있다.

(2) 총회는 이 조약이 적용되는 사항에 관하여 권한이 있고, 자신의 회원국을 구속하는 고유의 입법을 가지고 있으며, 이에 관하여 자신의 내부절차에 따라 정당하게 수권을 받았다고 선언하는 정부간 기구를 이 조약 당사자로 인정하는 여부에 관하여 결정할 수 있다.

(3) 이 조약을 채택한 외교회의에서 전항에서 규정한 선언을 한 유럽공동체는 이 조약의 당사자가 될 수 있다.

제27조 (조약상의 권리와 의무) 이 조약에서 달리 특별히 규정하는 경우를 제외하고, 각 체약당사자는 이 조약상의 모든 권리를 향유하고 모든 의무를 진다.

제28조 (조약에의 서명) 이 조약은 세계지적소유권기구 회원국과 유럽공동체에게 1997년 12월 31일까지 서명을 위해 개방된나.

제29조 (조약의 효력발생) 이 조약의 효력은 30개 국가의 비준서나 가입서가 세계지적소유권기구 사무총장에 기탁된 때로부터 3개월 후에 발생한다.

제30조 (조약당사자에 대한 효력발생일)

이 조약은

(i) 제29조에서 규정한 30개국의 경우, 이 조약의 효력발생일 이후 ;

(ii) 국가 상호간의 경우, 그 국가가 세계지적소유권기구 사무총장에게 비준서나 가입서를 기탁한 때로부터 3개월이 만료한 이후 ;

(iii) 유럽공동체의 경우, 제20조에 따라 이 조약의 효력이 발생한 후에 비준서나 가입서를 기탁한 경우에는 그 후 3개월이 만료한 이후, 또는 그 문서가 이 조약의 효력발생일 전에 기탁된 경우에는 이 조약의 효력발생 일로부터 3개월이 만료한 이후 ;

(iv) 이 조약의 당사자로 인정된 기타 정부간 기구의 경우, 가입서를 기탁한 때로부터 3개월이 만료한 이후에 적용된다.

제31조 (조약의 폐기) 어느 체약당사자든지 세계지적소유권기구 사무총장에게 송부한 통고로, 이 조약을 폐기할 수 있다. 이 통고는 세계지적소유권기구 사무총장이 통고를 접수한 날로부터 1년 이후에 효력을 발생한다.

제32조 (조약의 언어) (1) 이 조약은 동등하게 정본인 영어, 아랍어, 중국어, 프랑스어, 러시아어 및 스페인어로 된 1부의 원본에 서명된다.

(2) 제1항에 규정되지 아니한 언어로 된 공식문은 이해당사자의 요청에 의하여 모든 이해당사자와의 협의를 거친 후에 세계지적소유권기구 사무총장에 의해 작성되어야 한다. 이 항의 적용에 있어 "이해당사자"란 그의 공용어 또는 공용어 중의 하나가 관계된 세계지적소유권기구 회원국 또는 공용어 중의 하나가 관계된 유럽공동체나 기타 정부간 기구를 말한다.

제33조 (기탁) 세계지적소유권기구 사무총장은 이 조약의 수탁자이다.

| 사항색인 |

가격분리정책(unbundling) 680
가상교섭방식 602
가정녹음법(The Audio Home Recoding Act) 333
가트(GATT) 732
감수, 교열 169
강제허락제도 378
건축저작물 101
게임용 프로그램 711
결합저작물 58
공공저작물 303
공대(public lending) 252
공동불법행위 640
공동저작물 58, 164
공연권 244
공정한 이용 359
공중전달권 743, 744
공표권 196
공표시 기산주의 383
과실의 추정 594, 598
교과용 도서 306
권리관리정보 564, 565, 745
권리의 실효 586
권리의 침해죄 624
권리침해 469
규약 687
금지청구권 578
기능저작물 60
기술적 보호조치 557
기술조치 744

내국민대우 718

단체명의 저작물 158
대작 169
WTO/TRIPs 734
데이터 베이스(Data Base) 144
데이터 베이스 보호를 위한 EU지침 414
도형저작물 112
동일성 유지권 206
등록 185
등록관청의 심사권한 193
디자인권 181
디지털음성송신사업자 406
디지털화권 426

라벨 568
라벨위조 568, 626
런던원칙 402
로마인접권협약 401
로마협약 726
리버스엔지니어링 700

매절 435
모방금지권 178
목적프로그램 685
놀수 629
무단이용 470
무방식주의 176
문자적 유사성 488, 489
미술저작물 77, 352
민속저작물 386

방송 393
방송사업자 390, 406
방송전 신호의 송신 금지 568
방송 프로그램의 포맷 471
배타적 발행권 429
배포권 250
back-up 700
버그(bug) 682
번역 366
번역저작권 136
법정손해 611
법정지법 719
법정허락 304, 377
베른협약 714
보복조치 740
보호기간 384
보호받지 못하는 저작물 148
복사권센터 331, 344
복제권 238
복제보상금제도 331, 342
부정발행의 죄 628
부정이용 551
북한의 저작권제도 27
분리가능성 90
분쟁조정기구 462
분쟁처리절차 738
분쟁해결기구(Dispute Settlement Body:DSB) 739
브뤼셀 위성협약 2, 730
비밀유지명령 620, 626

사망시 기산주의 383
사실상의 표준 39
사실저작물 60
사용자 인터페이스 687
사적 복제 331
사적 사용 330
사죄광고 613
사진저작물 106
산업재산권 177
상표권 182
상품화권 95, 258
생산적 사용의 법리 361
서류열람 청구 456
성명표시권 199
세계저작권협약 724
세계지적소유권기구(WIPO) 4
세계지적소유권기구 실연·음반조약 741
세지 콩트르파숑 619
소급보호 172
소리의 표현 746
소멸통고권 441
소프트웨어 680, 684
소프트웨어 특허 710
속지성 178
손해배상청구권 589
손해액 추정 594
수정증감권 442
순차저작물 60
시사보도 149
CCC 344
ⓒ표시 725
실연 391
실연방송권 396
실연·음반조약 745
실연자 390
실연자의 인격권 394
실질적 유사성 477

아이디어/표현 이분법 50, 470, 688
Anton Pille order 619
알고리즘(algorithm) 688
암호화된 방송 신호 567, 568
앤 여왕법 13
양벌규정 634
어문저작물 61
entire market value rule 602
역콘센서스방식 740
연극저작물 74
연속복제(serial copying) 334
영상저작물 112
영상저작물 녹화 등의 금지 569
영상제작자 423
영상화 418
외국인의 저작물 171
우연의 일치 179
우회적 보호(back-door protection) 715
운영체계(os)프로그램 711
원고반환의무 431
원시프로그램 685
월북(재북)작가 170
유상공유제도 386
URL 571
유형분석기준 480
음반 392
음반의 2차적 사용자에 대한
보상청구권 406
음반제작자 390
음반협약 728
음악저작물 73
응용미술 78
응용프로그램 686
이마의 땀(sweat of brow) 37
이명(異名)저작물 57
이용허락 288
2차사용료 청구권 397
2차적 저작물 121
인쇄지형(포지필름) 444
인쇄특권제도 10
인접권협약 726
인터페이스(interface) 687
일방적 가처분 583
일시적 복제 240
임시처분 582

자유사용 300
저작권 175, 412
저작권대리중개업 448
저작권분쟁 알선 · 조정제도 460
저작권신탁관리업 448
저작권자 157
저작권자 추정 158
저작권제도의 목적 29
저작권처리센터 344
저작권협회 458
저작물 33
저작물의 파괴 232
저작자 151
저작자 관련 등록 187
저작자 추정 156
전송권 252
전시권 248
전자미디어 435
전자책 435
전자출판 434
전자편집 434
접근 471
정보의 제공 618
제호 62, 211

조정 460
지식재산권 6
GUI(Graphic User Interfaces) 688
직물디자인 80
직접분배의 원칙 400
진정상품의 병행수입 556
집중관리단체 458

차단효 178
창작성 35
청각장애인 24, 351
초상권 263
초상사진 111
최초판매의 법리(first sale doctrine) 251
추구권 256
추상화 기준 478
축차간행물 60
출판권 430, 433, 438
출판자의 책임 444
출판허락 434
친고죄 629
침해금지제도 578
침해로 보는 행위 706
침해의 의제 556

캐릭터(character) 94, 97
컴퓨터 프로그램 681
컴퓨터프로그램저작물 121
comprehensive nonliteral similarity 489

타이프 페이스 83

판권 176, 258
판매용 음반 381
판매용 음반을 사용하여 공연하는 자 406
판면권 442
패널 739
퍼블리시티권 260
편집저작물 137
폐기청구권 581
포괄적 비문자적 유사성 489
표준계약서 204, 407, 425, 446
프라이버시권 260
fragmented literal similarity 488
프로그램 등록 701
프로그램 언어 686
프로토콜(protocol) 687
플라게 선풍 448
ⓟ 표시 729

한국저작권위원회 462
해법 688
회복저작물 173
흐름도(flow chart) 684

| 판례색인 |

[대법원판례]

대법원 1961.9.28.선고 4292행상48 판결 170
대법원 1962.10.29.고지 62마12 결정 211
대법원 1968.9.17.선고 68다1142, 1143 판결 171
대법원 1969.10.28.선고 65다1340 판결 212
대법원 1977.7.12.선고 77다90 판결 63, 96
대법원 1977.12.13.선고 77누76 판결 34, 39
대법원 1979.5.15.선고 78다1263 판결 438
대법원 1979.11.30.고지 79마364 결정 71
대법원 1979.12.28.선고 79도1482 판결 34, 138, 306, 494
대법원 1982.2.23.선고 81도822 판결 623
대법원 1985.5.28.고지 84다카2514 결정 420, 551
대법원 1986.10.14.선고 86도1340 판결 405
대법원 1989.1.17.선고 87도2604 판결 202, 443
대법원 1989.10.24.선고 88다카29269 판결 201
대법원 1989.10.24.선고 89다카12824 판결 212, 530
대법원 1990.2.27.선고 89누6822 판결 193
대법원 1990.2.27.선고 89다카4342 판결 253
대법원 1990.9.28.선고 89누6396 판결 445
대법원 1990.10.23.선고 90다카8845 판결 48, 211, 321, 494
대법원 1991.8.13.선고 91다1642 판결 42, 493, 526
대법원 1991.8.27.선고 89도702 판결 203, 331, 625
대법원 1991.9.10.선고 91도1597 판결 42
대법원 1992.6.23.선고 91도2101 판결 42
대법원 1992.9.22.선고 91다39092 판결 126, 173, 255, 286
대법원 1992.9.25.선고 92도569 판결 628
대법원 1992.11.27.선고 92후384 판결 70
대법원 1992.11.27.선고 92후681 판결 70
대법원 1992.12.8.선고 92도2296 판결 628
대법원 1992.12.24.선고 92다31309 판결 160, 218, 219

대법원 1993.1.21.고지 92마1081 결정 139, 491, 544
대법원 1993.6.8.선고 92도2963 판결 139
대법원 1993.6.8.선고 93다3073, 3080 판결 492, 494
대법원 1994.5.10.선고 94도690 판결 246
대법원 1994.8.12.선고 93다9460 판결 127
대법원 1994.9.30.선고 94다7980 판결 235
대법원 1994.12.9.선고 93다50321 판결 298
대법원 1995.7.14.선고 94도399 판결 68
대법원 1995.9.26.선고 95다3381 판결 64, 72, 191, 436
대법원 1995.10.2.고지 94마2217 결정 236
대법원 1995.11.7.선고 94도3287 판결 68
대법원 1995.11.14.선고 94도2238 판결 36
대법원 1996.2.23.선고 94도3266 판결 80, 86
대법원 1996.3.12.선고 94도2423 판결 634
대법원 1996.3.22.선고 95도1288 판결 245
대법원 1996.5.13.고지 96마217 결정 67
대법원 1996.6.11.선고 95다49639 판결 495
대법원 1996.6.14.선고 95누14428 판결 449
대법원 1996.6.14.선고 95누14435 판결 449
대법원 1996.6.14.선고 96다6264 판결 494
대법원 1996.7.30.선고 94도2708 판결 169
대법원 1996.7.30.선고 95다29130 판결 289, 555
대법원 1996.8.23.선고 94누5632 판결 85, 94, 193
대법원 1996.8.23.선고 96다273 판결 62
대법원 1996.9.6.선고 96도139 판결 97
대법원 1996.11.26.선고 96다31574 판결 593
대법원 1996.12.6.선고 96도2440 판결 141
대법원 1997.4.22.선고 96도1727 판결 97
대법원 1997.5.28.선고 96다2460 판결 128
대법원 1997.6.10.선고 96도2856 판결 422
대법원 1997.7.11.선고 96후2173 판결 278
대법원 1997.9.29.자 97마330 결정 497
대법원 1997.11.25.선고 97도2227 판결 41, 323

대법원 1999.3.26.선고 97도1769 판결 633
대법원 1999.5.14.선고 99도115 판결 98
대법원 1999.5.25.선고 98다41216 판결 621
대법원 1999.10.22.선고 98도112 판결 497
대법원 1999.11.26.선고 98다46259 판결 41, 470, 498, 530
대법원 2000.3.28.선고 2000도79 판결 82
대법원 2000.4.21.선고 97후860, 877, 884 판결 200
대법원 2000.5.30.선고 98후843 판결 386
대법원 2000.6.13.고지 99마7466 결정 199, 291
대법원 2000.10.24.선고 99다10813 판결 475, 498
대법원 2000.10.27.선고 2000도3570 판결 635
대법원 2000.11.10.선고 98다60590 판결 697
대법원 2001.5.8.선고 98다43366 판결 107, 108
대법원 2001.5.15.선고 98도732 판결 86
대법원 2001.6.26.선고 99다50552 판결 86
대법원 2001.6.29.선고 99다23246 판결 87
대법원 2001.9.28.선고 2001도4100 판결 246
대법원 2001.11.30.선고 99다69631 판결 590, 601
대법원 2002.1.25.선고 99도863 판결 130, 132, 530
대법원 2002.2.8.선고 2000다67839 판결 532
대법원 2002.3.15.선고 2001다72272 판결 209
대법원 2002.6.28.선고 2001도2900 판결 683
대법원 2002.9.24.선고 2001다60682 판결 291, 553
대법원 2002.11.26.선고 2002도4849 판결 191
대법원 2003.1.10.선고 2002다35850 판결 641
대법원 2003.2.28.선고 2001도3115 판결 439
대법원 2003.7.8.선고 2001도1335 판결 573
대법원 2003.10.9.선고 2001다50586 판결 113
대법원 2003.10.23.선고 2002도446 판결 43, 95, 633
대법원 2003.11.28.선고 2001다9359 판결 142
대법원 2004.5.13.선고 2004도1075 판결 317
대법원 2004.6.11.선고 2002다18244 판결 597
대법원 2004.7.8.선고 2004다18736 판결 132, 501, 510, 530

대법원 2004.7.9.선고 2002나56024 판결 64
대법원 2004.7.22.선고 2003도7572 판결 90
대법원 2004.8.16.선고 2002다47792 판결 450
대법원 2005.1.14.선고 2002다1462 판결 90
대법원 2005.1.27.선고 2002도965 판결 118, 119
헌법재판소 2005.2.3.선고 2004헌마478 결정 44
대법원 2005.4.29.선고 2005도70 판결 96, 98
대법원 2005.8.25.선고 2005다22770 판결 66, 72
대법원 2005.9.9.선고 2003다47782 판결 439, 503
대법원 2005.10.4.고지 2004마639 결정 59, 418
대법원 2006.2.9.선고 2005도7793 판결 108, 316
대법원 2006.2.10.선고 2003다41555 판결 130
대법원 2006.2.24.선고 2004도2743 판결 562
대법원 2006.2.24.선고 2005도7673 판결 625, 635
대법원 2006.7.13.선고 2004다10756 판결 191, 291
대법원 2006.9.14.선고 2004도5350 판결 149
대법원 2006.11.23.선고 2006다29983 판결 66
대법원 2006.12.8.선고 2005도3130 판결 107, 109
대법원 2006.12.22.선고 2006다21002 판결 291, 450, 556
대법원 2007.1.25.선고 2005다11626 판결 289, 579, 651, 653
대법원 2007.1.25.선고 2005다67223 판결 68
대법원 2007.2.22.선고 2005다74894 판결 293
대법원 2007.3.29.선고 2005다44138 판결 472, 506, 579
대법원 2007.8.24.선고 2007도4848 판결 119
대법원 2007.12.13.선고 2005다35707 판결 472
대법원 2007.12.14.선고 2005도872 판결 651, 657
헌법재판소 2007.12.27.선고 2006헌마1388 결정 217
대법원 2008.4.24.선고 2006다55593 판결 293, 602
대법원 2008.9.11.선고 2006다50338 판결 616
대법원 2008.9.11.선고 2006도4806 판결 626
대법원 2008.10.9.선고 2006도4334 판결 625
대법원 2009.1.30.선고 2008도29 판결 105, 120
대법원 2009.1.30.선고 2008도5897 판결 268

대법원 2009.4.16.선고 2008다53812 전원합의체 판결 557
대법원 2009.5.28.선고 2007다354 판결 149, 507
대법원 2009.6.25.선고 2008도11985 판결 143
대법원 2009.10.29.선고 2007도10735 판결 393, 563
대법원 2009.11.26.선고 2008다77405 판결 204, 574
대법원 2009.12.10.선고 2007도7181 판결 151
대법원 2010.1.14.선고 2007다61168 판결 160
대법원 2010.2.11.선고 2007다63409 판결 96, 530
대법원 2010.2.25.선고 2009도5824 판결 635
대법원 2010.3.11.선고 2007다76733 판결 602, 610, 616
대법원 2010.3.11.선고 2009다4343 판결 248, 575
대법원 2010.4.15.선고 2009도14298 판결 114
대법원 2010.4.29.선고 2007도2202 판결 367
대법원 2010.7.8.선고 2009도6968 판결 635
대법원 2010.7.15.선고 2007다3483 판결 586
대법원 2010.8.25.자 2008마1541 결정 225, 677
대법원 2010.9.9.선고 2010도4468 판결 204, 248
대법원 2010.11.11.선고 2009다16742 판결 532
대법원 2010.12.23.선고 2008다44542 판결 46, 110
대법원 2011.2.10.선고 2009도291 판결 41, 114
헌법재판소 2011.2.24.선고 2009헌바13 · 52 · 110(병합) 674
대법원 2011.3.10.선고 2009도6256 판결 706
대법원 2011.4.28.선고 2010도9498 판결 132
대법원 2011.5.13.선고 2009도6073 판결 47
대법원 2011.5.13.선고 2010도7234 판결 72, 132
대법원 2011.6.9. 선고 2009다52304 판결 694, 702
대법원 2011.7.14.선고 2010도1441 판결 558
대법원 2011.8.25.선고 2011다43075 판결 47
대법원 2011.9.8.선고 2010도14475 판결 633
대법원 2011.10.13.선고 2008두1832 판결 566
대법원 2012.1.12.선고 2010다57497 판결 205, 240
대법원 2012.1.27.선고 2010다50250 판결 287, 290, 695
대법원 2012.1.27.선고 2011도626 판결 696

대법원 2012.2.23.선고 2010다66637 판결 174, 606
대법원 2012.2.23.선고 2010도9524 판결 630
대법원 2012.5.10.선고 2010다87474 판결 329
대법원 2012.5.10.선고 2011도12131 판결 630
대법원 2012.7.12.선고 2010다1272 판결 451
대법원 2012.8.30.선고 2010다70520 판결 46
대법원 2013.2.15.선고 2011도5835 판결 317, 325, 360
대법원 2013.2.15.선고 2011두21485 판결 228
대법원 2013.3.28.선고 2010다58261 판결 532
대법원 2013.3.28.선고 2010도8467 판결 696, 697
대법원 2013.4.25.선고 2012다41410 판결 72, 91
대법원 2013.4.26.선고 2010다79923 판결 227
대법원 2013.5.9.선고 2011다69725 판결 697
대법원 2013.5.23.선고 2013다17650 판결 451
대법원 2013.6.27.선고 2012다104137 판결 602
대법원 2013.7.11.선고 2011다101483 판결 457
대법원 2013.7.11.선고 2012다28400 판결 457
대법원 2013.7.12.선고 2013다22775 판결 181, 606
대법원 2013.8.22.선고 2011도3599 판결 254, 624
대법원 2013.8.23.선고 2011도1957 판결 631
대법원 2013.9.26.선고 2011도1435 판결 630, 660, 665
대법원 2013.11.28.선고 2013도7681판결 660, 666
대법원 2014.1.29.선고 2012다73493 판결 472, 474
대법원 2014.5.16.선고 2012다55068 판결 474
대법원 2014.6.12.선고 2014다14375 판결 505
대법원 2014.7.24.선고 2013다8984 판결 475, 507
대법원 2014.8.20.선고 2013다41578 판결 425
대법원 2014.8.26.선고 2012도10786 판결 325, 356
대법원 2014.12.11.선고 2012도16066 판결 165, 168, 296, 624

[하급심판례]

서울고법 1962.5.18.선고 61나1243 판결 39, 492
서울고법 1975.6.13.선고 74나1938 판결 122

광주고법 1977.10.20.선고 77나15 판결 40
서울고법 1984.11.28.선고 83나4449 판결 551
부산지법 1986.11.12.선고 86가단440 판결 469
서울고법 1987.8.21.선고 86나1846 판결 123, 598
서울민사지법 1988.3.18.선고 87카53920 판결 137, 189, 285, 472
서울민사지법 1988.5.11.선고 87가합6175 판결 263
서울형사지법 1988.10.14.선고 85노3363 판결 203
전주지법 1988.12.7.선고 88가소16995 판결 245
서울고법 1989.1.23.선고 88나38770 판결 263
서울고법 1989.4.11.자 89라28 결정 62
서울민사지법 1989.5.2.고지 89카2956 결정 219
서울민사지법 1989.5.23.선고 88가51561 판결 189
서울민사지법 1989.7.25.선고 88가합31161 판결 264
서울민사지법 1989.7.26.선고 89카13962 결정 170
서울고법 1989.8.28.선고 88구6698(13177) 판결 193
서울지법 남부지원 1989.12.8.선고 88가합2442 판결 123, 492, 593, 599
서울형사지법 1989.12.12.선고 89고단4609 판결 171
서울민사지법 1990.1.6.고지 89카54960 결정 442
서울민사지법 1990.4.19.선고 89가합32239 판결 42, 526
서울고법 1990.6.25.고지 89라55 결정 219
서울민사지법 1990.9.20.선고 89가합62247 판결 122, 124, 217
서울고법 1990.11.27.선고 90나22532 판결 526
서울민사지법 1991.2.22.선고 89가12384 판결 434
서울민사지법 1991.4.26.선고 90카98799 판결 214
서울고법 1991.9.5.고지 91라79 결정 62, 126, 588
서울지법 남부지원 1992.5.14.선고 90가합1404 판결 215, 613
서울민사지법 1992.6.5.선고 91가합39509 판결 138, 160, 306, 321
서울고법 1992.6.26.선고 91카98 판결 219
서울형사지법 1992.12.2.선고 91고단7880 판결 628
서울민사지법 1993.2.24.선고 92가합9284 판결 707
서울지법 1993.4.22.선고 92가합31298 판결 693
서울민사지법 1993.10.25.선고 92가합35610 판결 58, 589, 599
서울민사지법 1993.12.29.선고 93카합9920 판결 289, 434

서울지법 동부지원 1994.1.13.선고 93가합2498 판결 554
서울지법 남부지원 1994.2.14.선고 93카합2009 판결 137, 148, 171, 190, 437
서울고법 1994.4.6.선고 93구25075 판결 85
서울민사지법 1994.4.8.고지 93카합12206 결정 64, 436
서울민사지법 1994.4.18.고지 94카합2872 결정 322
서울지법 동부지원 1994.5.13.선고 93가합8632 판결 290, 554
서울형사지법 1994.5.26.선고 93고단11575 판결 80
서울민사지법 1994.6.1.선고 94가합3724 판결 152, 182, 436
서울민사지법 1994.6.17.선고 93나42781 판결 246
서울민사지법 1994.7.29.고지 94카합6025 결정 444, 641
서울민사지법 1994.8.23.자 94카합6795 결정 322
서울민사지법 1994.9.2.선고 94가합28760 판결 224
서울형사지법 1994.11.10.선고 94노2571 판결 80
서울고법 1994.12.6.선고 94나14539 판결 621
서울민사지법 1995.1.18.고지 94카합9052 결정 127, 394, 512
서울민사지법 1995.1.27.선고 93가합48477 판결 81
서울형사지법 1995.2.14.선고 94노5710 판결 246
서울고법 1995.3.21.선고 94나6668 판결 555
서울민사지법 1995.4.7.선고 94가합63879 판결 139, 472, 600
서울지법 1995.4.14.선고 93가합52070 판결 495
서울민사지법 1995.4.28.선고 94가합50354 판결 234
서울고법 1995.6.1.선고 94나19909 판결 290, 555
서울지법 남부지원 1995.6.1.고지 95카합148 결정 307
서울민사지법 1995.6.23.선고 93가합47184 판결 392
서울민사지법 1995.6.23.선고 94가합67215 판결 140, 472, 594
서울민사지법 1995.6.23.선고 94카합9230 판결 42, 158, 198, 236, 265
서울민사지법 1995.8.18.선고 95가합52463 판결 104, 127
서울민사지법 1995.9.22.선고 94가합98851 판결 215, 323, 448
서울민사지법 1995.9.27.고지 95카합3438 결정 314
서울민사지법 1995.10.13.선고 95가합2659 판결 494
광주지법 1995.10.16., 95고약11811 245
서울고법 1995.10.19.선고 95나18736 판결 495, 595
서울민사지법 1995.10.20.선고 95가합55424 판결 493

서울지법 남부지원 1995.10.24.고지 95카합3860 결정 152, 215, 298, 584
서울고법 1995.12.5.선고 94나9186 판결 73, 128, 582, 600, 510, 613
서울지법 서부지원 1996.4.19.선고 95카합3836 판결 315, 494
서울고법 1996.5.16.선고 95나10473 판결 81
서울고법 1996.7.12.선고 95나41279 판결 215, 324, 449, 600
서울고법 1996.8.21.자 96라95 결정 140
서울지법 1996.9.6.선고 95가합72771 판결 266, 496, 596
서울형사지법 1996.9.12.선고 96노3819 판결 171
서울지법 동부지원 1996.12.10.선고 96고단485 판결 323
서울지법 1997.2.20.선고 96가단188973 판결 395
서울지법 1997.5.9.선고 96가합48324 판결 157
서울고법 1997.7.22.선고 96나41016 판결 266, 496
서울지법 1997.8.12.선고 97노50 판결 177, 323
서울지법 1997.8.25.고지 96카합3038 결정 469
서울지법 1997.9.5.선고 96가합36949, 97가합13608 판결 98
서울고법 1997.9.24.선고, 97나15236 판결 614
서울지법 동부지원 1997.10.15.선고 95가단16616 판결 402
서울지법 1997.11.5.고지 97카합2072 결정 239
서울지법 1997.11.21.선고 97가합5560 판결 277
서울지법 동부지원 1997.11.28.선고 95가합1339 판결 86
서울고법 1997.12.9.선고 96나52092 판결 141
서울고법 1998.4.7.고지 98라14 결정 420
서울고법 1998.4.21.고지 97라179 결정 420
서울지법 1998.5.29.선고, 96가합48355 판결 215, 597
서울고법 1998.9.29.자 98라35 결정 266
서울고법 1998.10.13.선고 97나43323 판결 266
서울지법 1998.11.6.선고 97가합94348 판결 41, 142
서울고법 1999.4.7.선고 98나23616 판결 87
서울지법 1999.7.23.선고 98가합83680 판결 450
서울고법 1999.7.27.선고 98나1654 판결 86
서울지법 1999.7.30.선고 97가합44527 판결 399
서울지법 1999.7.30.선고 98가합112564 판결 298
서울지법 1999.8.13.선고 98가합3521 판결 87

서울지법 1999.11.5.선고 99가합13695 판결 191
서울지법 1999.12.3.선고 98가합111554 판결 642
서울지법 2000.1.12.고지 99카합3686 결정 142
수원지법 2000.5.4.선고 99노4546 판결 82
서울지법 2000.5.15.고지 2000카합774 결정 174
서울지법 2000.6.2.선고 99가합12579 판결 117, 324
서울지법 2000.6.13.선고 98가합86092 판결 209
서울지법 2000.7.14.선고 99가합84901 판결 278
서울고법 2001.5.29.선고 2000나16673 판결 114
서울중앙지법 2001.8.24.선고 2000가합83171 판결 331, 593, 658
서울고법 2001.10.11.선고 2000나36738 판결 209
서울지법 2001.11.1.고지 2001카합1837 결정 370
서울방법 2001.12.7.선고 2000가합54067 판결 574
서울지법 2002.1.30.선고 2001노1890 판결 118
서울지법 서부지원 2002.3.27.선고 2001가합3917 판결 43, 239, 440
서울남부지원 2002.3.28.고지 2002카합370 결정 499
서울고법 2002.4.16.선고 2000나42061 판결 278
서울고법 2002.5.8.선고 2001나58919 판결 225, 579
서울고법 2002.9.4.선고 2002나3596 판결 65
서울지법 2002.9.27.선고 2001가합26815 판결 510
서울지법 2003.3.27.선고 2002가합84 판결 43
서울지법 2003.5.15.선고 2001고단8336 판결 623
서울지법 2003.5.28.선고 2002가단123427 판결 450
서울지법 2003.8.14.선고 2003고단3524 판결 90
서울지법 2003.8.19.고지 2003카합1713 결정 143
서울고법 2003.8.19.선고 2002나22610 판결 503
서울지법 2003.9.30.고지 2003카합2114 결정 239, 248, 251, 412, 588
서울중앙지법 2003.11.14.고지 2003카합2639 결정 428
서울지법 2003.11.19.선고 2003노7459 판결 90
서울고법 2003.12.16.선고 2003나6530 판결 501
서울중앙지법 2004.1.16.선고 2001가합173 판결 161, 591
서울고법 2004.1.27.선고 2003나1832 판결 291
서울고법 2004.3.16.선고 2002나61547 판결 510

서울남부지법 2004.3.18.선고, 2002가합4017 판결 481, 501
서울중앙지법 2004.3.18.자 2004카합344 결정 316
서울중앙지법 2004.3.19.선고 2003카합3852 판결 428
부산지법 2004.5.21.선고 2003고단5921 판결 98
서울남부지법 2004.5.21.선고 2003가합8504 판결 152
서울남부지법 2004.6.3.선고 2003가합2452 판결 441
서울고법 2004.7.7.선고 2003나7219 판결 153
서울고법 2004.9.22.자 2004라312 결정 105
서울중앙지법 2004.9.23.선고 2003가합78361 판결 318
서울동부지법 2004.9.30.선고 2004가합4292 판결 223
서울중앙지법 2004.11.11.선고 2003나51230 판결 359
서울고법 2004.12.15.자 2004라552 결정 527
부산지법 2004.12.22.선고 2004노1963 판결 98
서울고법 2005.1.17.고지 2004라439 결정 586
서울중앙지법 2005.1.31.고지 2005카합106 결정 584
서울중앙지법 2005.2.5.선고 2004노2581 판결 90
서울고법 2005.2.15.자 2004라362 결정 502
서울중앙지법 2005.3.31.선고 2004가합63304 판결 644
부산지법 2005.4.12.자 2005카합77 결정 94, 295
서울고법 2005.5.25.선고 2004라293 판결 156, 472, 585
서울고법 2005.7.13.선고 2004나86199 판결 506
서울중앙지법 2005.7.19.선고 2004가합102346 판결 586
서울중앙지법 2005.7.22.선고 2005나3518 판결 109, 604
서울고법 2005.7.26.선고 2004나76598 판결 223, 318, 366
서울고법 2005.7.27.자 2005라194 결정 503
서울중앙지법 2005.8.11.선고 2005가단12610 판결 642
서울중앙지법 2005.9.6.자 2005카합2476 결정 41, 162
서울중앙지법 2005.9.27.선고 2004가단235324 판결 269
서울중앙지법 2005.12.13.선고 2005노3375 판결 41
서울중앙지법 2006.1.27. 선고 2003가합57616 판결 110
서울중앙지법 2006.2.9.선고 2005노3421 판결 44, 79
서울중앙지법 2006.2.15.선고 2005노480 판결 405
서울중앙지법 2006.3.13.고지 2005카합4187 결정 652

서울서부지법 2006.3.17.선고 2004가합4676 판결 216, 512, 605
서울서부지법 2006.3.22.자 2005카합1848 결정 108
서울고법 2006.3.29.선고 2004나14033 판결 161, 591
서울중앙지법 2006.4.21.선고 2005가합95465 판결 682
서울중앙지법 2006.4.26.선고 2005가합485 판결 59
서울중앙지법 2006.5.10.선고 2004가합67627 판결 203
특허법원 2006.5.24.선고 2005허8197 판결 67
울산지법 2006.6.16.선고 2006노330 판결 625
서울중앙지법 2006.6.21.선고 2006노59 판결 626
서울중앙지법 2006.6.30.선고 2005가단197078 판결 484, 505
서울중앙지법 2006.7.12.선고 2006가합14405 판결 118
서울중앙지법 2006.7.21.선고 2004가합76058 판결 63, 318, 644
서울중앙지법 2006.8.10.선고 2005가합16572 판결 585, 614
서울중앙지법 2006.8.22.자 2006카합1535 결정 654
서울중앙지법 2006.10.10.선고 2003가합66177 판결 404, 411
서울중앙지법 2006.10.18.선고 2005가합73377 판결 41, 161
수원지법 2006.10.20.선고 2006가합8583 판결 514
서울고법 2006.11.14.고지 2005라503 결정 504
서울고법 2006.12.6.선고 2005나68532 판결 586
서울동부지법 2006.12.21.선고 2006가합6780 판결 281
서울서부지법 2007.1.4.자 2006카합2151 결정 71
서울중앙지법 2007.1.17.선고, 2005가합65093 판결 545
서울중앙지법 2007.1.19.선고 2006가단250396 판결 269
서울중앙지법 2007.4.11.선고 2005가합102770 판결 99
서울남부지법 2007.4.12.선고 2004가합14681 판결 553
서울중앙지법 2007.5.17.선고 2006가합104292 판결 353
서울고법 2007.5.22.선고 2006나47785 판결 59
수원지법 2007.5.31.선고 2006노612 판결 119
서울중앙지법 2007.6.21.선고 2007가합16095 판결 41, 110, 676
서울중앙지법 2007.6.22.선고 2005가합53144 판결 224
서울중앙지법 2007.7.13.선고 2006나16757 판결 44, 94, 505
서울고법 2007.7.18.선고 2006나58921 판결 160
서울중앙지법 2007.7.23.선고 민사90단독 판결 216

부산지법 2007.8.10.선고 2006노1 판결 151
서울고법 2007.10.10.자 2006라1245 결정 647, 649, 654
서울중앙지법 2007.11.28. 선고 2007가합2393 판결 270
서울중앙지법 2007.11.29.선고 2007가합77724 판결 102, 131, 204, 210
서울중앙지법 2007.12.12.선고 2007노3160 판결 105
서울중앙지법 2008.3.13.선고 2007가합53681 판결 720
서울고법 2008.7.8.선고 2007나80093 판결 287, 580, 720
서울남부지법 2008.6.5.선고 2007가합18479 판결 324
서울고법 2008.6.19.선고 2008노108 판결 267
서울중앙지법 2008.6.20.선고 2007가합43936 판결 174, 606, 720
서울고법 2008.7.22.선고 2007나67809 판결 418, 424
대구지법 2008.7.31.자 2008카합286 결정 529
서울중앙지법 2008.8.5.자 2008카합968 결정 250, 332, 580, 658, 670
서울중앙지법 2008.8.28.선고 2007가합97919 판결 77
서울고법 2008.9.23.선고 2007나70720 판결 204, 217, 574
서울중앙지법 2008.10.9.선고 2006가합83852 판결 311
서울중앙지법 2008.10.17.선고 2008가합21261 판결 358
서울고법 2008.10.29.선고 2008나4461 판결 102, 131, 204, 210
서울중앙지법 2008.10.31.선고 2007가단53427 판결 45
서울중앙지법 2008.11.14.선고 2007가단70153 판결 42, 677
서울북부지법 2008.11.27.선고 2008가합3187 판결 280, 286, 720
서울북부지법 2008.12.30.선고 2007가합5940 판결 57, 165, 211, 287, 296, 437
창원지법 통영지원 2009.2.12.선고 2007고단613 판결 45
서울중앙지법 2009.4.29.선고, 2008가합44196 판결 329
서울고법 2009.4.30.선고 2008나86722 판결 338
서울중앙지법 2009.5.15.선고 2008가합36201 판결 114
서울남부지법 2009.6.8.선고 2008고단2104 판결 626
서울중앙지법 2009.7.17.선고 2009가합9022 판결 645
서울중앙지법 2009.9.2.선고 2009가합7071 판결 227
서울중앙지법 2009.10.13.선고 2009고단1629 판결 659
서울중앙지법 2009.10.22.선고 2009가합17689 판결 47
서울중앙지법 2009.11.5.선고 2007가합83132 판결 531
서울고법 2009.12.10.선고 2008나66254 판결 451

서울중앙지법 2010.1.13.고지 2009카합3104 결정 91
서울고법 2010.1.14.선고 2009나4116 판결 677
서울남부지법 2010.2.18.선고 2009가합18800 판결 319
서울중앙지법 2010.4.9.선고 2009가합66124 판결 396
서울서부지법 2010.4.21.고지 2010카합245 결정 278
서울고법 2010.6.23.선고 2009나117425 판결 531
서울중앙지법 2010.6.24.선고 2009가합124549 판결 45, 517
서울고법 2010.7.1.선고 2008나68090 판결 174, 606
서울중앙지법 2010.7.23.선고 2008나40136 판결 41, 45, 246
서울중앙지법 2010.8.12.선고 2009고단5885 판결 254
서울고법 2010.8.25.선고 2009나92144 판결 227
서울고법 2010.8.26.선고 2009나122304 판결 100, 679
서울행법 2010.9.2.선고 2009구합6940 판결 228
서울중앙지법 2010.9.3.선고 2009가합137637, 11359 판결 270
서울고법 2010.9.9.선고 2009나53224 판결 329
서울중앙지법 2010.9.28.자 2009카합4625 결정 339
서울고법 2010.10.13.선고 2010나35260 판결 320, 670
서울중앙지법 2011.2.23.선고 2010노3247 판결 254
서울고법 2011.4.13.선고 2009나111823 판결 46
서울중앙지법 2011.4.13.선고 2010가단86875 판결 519
서울남부지법 2011.5.19.선고 2010가합20113 판결 91
서울고법 2011.7.20.선고 2010나97688 판결 407
서울중앙지법 2011.8.10.선고 2011가합12120 판결 101
서울고법 2011.8.16.선고 2010누31319 판결 228
서울중앙지법 2011.11.23.선고 2011노2664 판결 48
서울동부지법 2012.1.19.선고 2011고단1583 판결 240
서울중앙지법 2012.2.10.선고 2011가합70768 판결 491
서울중앙지법 2012.2.12.선고 2009가합33025 판결 120
서울중앙지법 2012.3.20.선고 2011가합49085 판결 233
서울고법 2012.4.18.선고 2011나45837 판결 91
서울고법 2012.5.17.선고 2011나56509 판결 475
서울남부지법 2012.7.6.선고 2012고정565 판결 296
서울서부지법 2012.7.13.선고 2012카합710 결정 167, 584

서울고법 2012.7.25.선고 2011나70802 판결 101, 174
서울중앙지법 2012.8.16.선고 2012가단5019744 판결 616
서울서부지법 2012.8.17.선고 2010가합8341 판결 288
서울중앙지법 2012.9.21.선고 2012가합10930 판결 614
서울중앙지법 2012.10.9.선고 2012가단64664 판결 275
서울고법 2012.10.18.선고 2011나103375 판결 73, 473, 520
청주지법 2012.10.18.선고 2012고정448 판결 325
서울고법 2012.10.24.선고 2011나96415 판결 293
서울고법 2012.10.24.선고 2011나104668 판결 75
서울동부지법 2012.10.24.선고 2011가합14556, 14563 판결 558
서울고법 2012.10.25.선고 2011나89103 판결 342
서울고법 2012.11.29.선고 2012나31842 판결 233
서울중앙지법 2012.11.30.선고 2011노4697 판결 48
서울남부지법 2012.12.6.선고 2012노979 판결 296
서울고법 2013.1.16.선고 2012나57455 판결 451, 453
서울남부지법 2013.1.17.선고 2012노1577 판결 49
서울동부지법 2013.1.18.선고 2012고정494, 2012고단1923 판결 88
서울고법 2013.1.23.선고 2012나24622 판결 174, 606
서울중앙지법 2013.2.5.선고 2012가합508727 판결 586
서울고법 2013.2.8.자 2012라1419 결정 532
서울남부지법 2013.2.19.선고 2011가합10007 판결 296
서울남부지법 2013.2.21.선고 2012고정1314 판결 77
서울중앙지법 2013.4.18.선고 2012가합521324 판결 182
서울중앙지법 2013.5.23.선고 2012가합512054 판결 419, 421
서울중앙지법 2013.6.20.선고 2012가단335540 판결 272
서울중앙지법 2013.7.9.자 2012카합2507 결정 583
서울고법 2013.8.29.선고 2012나95785, 95792 판결 558
서울중앙지법 2013.9.6.선고 2013가합23179 판결 106, 533, 609
서울중앙지방법원 2013.9.13.선고 2013가합7344 판결 272
서울중앙지법 2013.9.27.선고 2011가합89861 판결 47
서울중앙지법 2013.9.27.선고 2013가합27850 판결 92
서울중앙지법 2013.10.1.선고 2013가합509239 판결 273
대구지법 2013.10.1.선고 2012가합9960 판결 684, 705

서울중앙지법 2013.11.25.자 2012카합2882 결정 93, 295, 583
서울고법 2013.11.28.선고 2013나2007545 판결 398
서울중앙지법 2013.12.6.선고 2013나36605 판결 110, 149
수원지법 성남지원 2013.12.10.선고 2012가합8921 판결 587
서울남부지법 2013.12.12.선고 2013가단212558 판결 150, 609
서울중앙지법 2013.12.20.선고 2013가합7337 판결 273
서울중앙지법 2014.2.20.선고 2012가합106749 판결 474, 533
서울중아지법 2014.2.21.선고 2013가합25649 판결 699
서울중앙지법 2014.3.27.선고 2013가합527718 판결 534
서울서부지법 2014.7.24.선고 2013가합32048 판결 261, 278
서울고법 2014.11.20.선고 2014나19891 판결 700
서울중앙지법 2014.11.28.선고 2013가합564502 판결 661
서울고법 2014.12.4.선고 2014나2011480 판결 535

[외국판례]

〈미 국〉

Alfred Bell & Co. v. Catalda Fine Arts, Inc. 133
AMERICAN BROADCASTING COS. v. AEREO, INC. 335
Amsterdam v. Triangle Publications, Inc. 116
Apple Computer, Inc. v. Franklin Computer Corp. 686
Arnstein v. Porter 525
ATARI, INC. v. AMUSEMENT WORLD, INC. 548
Atari, Inc. v. North American Philips Consumer Electronics Corp. 549
Atari Games Corp. v. Oman 548
Baker v. Selden 50, 51
Bibbero Systems, Inc. v. Colwell Systems, Inc. 52
Bright Tunes Music v. Harrisongs Music 180
BUC Int'l Corp v. Int'l Yacht Council Ltd. 55
Burrow-Giles Lithographic Co. v. Sarony 108
Campbell v. Acuff-Rose Music, Inc. 371
CCC Information Services, Inc. v. Maclean Hunter Market Reports, Inc. 146
Computer Associates Int'l, Inc. v. Altai, Inc 691
Continental Casuality Co. v. Beardsley 53
Dr. Seuss Enterprises v. Penguin Books USA 369, 375
Eldred v. Ashcroft 384
Eltra corp. v. Ringer 84
Ets-Hokin v. Skyy Spirits, Inc. 109
Feist Publications, Inc. v. Rural Telephone Service Co., Inc. 37
Folsom v. Marsh 313, 362
Franklin Mint Corp. v. National Wildlife Art Exchange 489
Galerie Furstenberg v. Coffaro 470
Gaylord v. U.S. 357
Gracen v. Bradford Exchange 135
Harper & Row, Publishers, Inc. v. Nation Enterprises 363
Herbert Rosenthal Jewelry Corp. v. Kalpakian 55
Hoehling v. Universal City Studios 56
In Mattel, Inc. v. Goldberger Doll Manufacturing Co. 539

JASRAC v. AMEI 242
Johannsen v. Brown 168
John Muller & Inc. v. New York Arrows Soccer Team, Inc. 78
Kern River Gas Transmission Co. v. Coastal Corp. 116
Kerr v. New Yorker Magazine 537
Kisch v. Ammirati & Puris, Inc. 540
Kregos v. Associated Press 146
Krofft v. McDonald 484
L. Baltin & Son, Inc. v. Snyder 134
L.P. v. Penguin Books USA, Inc. 369
Lahr v. Adel 279
Leibovitz v. Paramount Pictures Corp. 376
Lotus Development Corp. v. Borland International, Inc. 688
MAI Systems Corp. v. Peak Computer, Inc. 243
Mason v. Montgomery Data, Inc. 116
Matthews v. Freedman 486
MGM Studios, Inc. et al. v. Grokster 649
MITCHELL BROTHERS FILM GROUP v. CINEMA ADULT THEATER 49
Morrissey v. Procter & Gamble Co. 54
Motschenbacher v. Reynolds Tobacco Co. 280
Nicols v. Universal Pictures Corporation 479
O'Neill v. Dell Publishing Co. 477
Peter Pan Fabrics, Inc. v. Martin Weiner Corp. 540
Playboy Enterprises v. Frena 662
Recording Indus. Ass'n of Am. Inc. v. Diamond Multimedia Sys., Inc. 333
Religious Technology Center v. Netcom On-Line Communications Service, Inc. 663
Rogers v. Koons 369
Roth Greetings Cards v. United Cards Co. 483
Schrock, Daniel v. Learning Curve International, Inc. 134, 136
Sheldon v. Metro-Goldwin Pictures Corp. 508
Sid & Marthy Krofft Televisions, Inc. v. McDonald's Corp. 484, 613
Sony Corp. of America v. Universal City Studios 333, 362
Steinberg v. Columbia Pictures, Inc. 538

Sturdza v. United Arab Emirates 103
Suntrust Bank v. Houghton Miffin Co. 369
Three Boys Music Corp. v. Bolton 179
Time Inc. v. Bernard Geis Associates 107, 313
Twenties Century Fox Film Corp. v. Cablevision Sys. Corp. 334
United States v. Hamilton 116
Universal Pictures Co., Inc. v. Harold Lloyd Corp. 486
Vanna White v. Samsung Electronics America, Inc. 268
Waits v. Frito-Lay, Inc. 279
Whelan Associates v. Jaslow Dental Laboratory, Inc. 689
Williams Electronics, Inc. v. Artic International, Inc. 686
Zambito v. Paramount Pictures 56

〈영국〉

Anton Piller KG v. Manufacturing Processes Ltd. 619
Greyhound Services Ltd. v. Wilf Gibbert(Staffs) Ltd. 35
Hyperion Records Ltd v. Sawkins 131
Ladbroke (Football) Ltd. v. William Hill (Football) Ltd. 36
Merchandising Corporation of America v. Harpbond 78
Temple Island Collection Ltd. v. New English Teas Ltd. 536

〈오스트레일리아〉

Australian Tape Manufacturers Association Ltd. v. Commonwealth of Australia 344
Desktop Marketing Systems Pty Ltd. v. Telstra Corporation Limited 37
Telstra Corporation Limited v. Phone Directories Company Pty Ltd. 38

〈캐나다〉

CCH Canadian Limited v. Law Society of Upper Canada 38
Snow v. The Eaton Centre Ltd. 207

〈프랑스〉

Buffet v. Fersing 207
Carco v. Camoin 197

Eden v. Whistler. 221
Guille v. Colmant. 200
Raymond Sudre v. Commune de Diaxis 233

〈일 본〉

최고재판소 1980(소화 55년).3.28. 376
최고재판소 1984(소화 59년).1.20. 185
최고재판소 1988(소화 63년).3.15. 581
최고재판소 1989(평성 1년).7.20. 183
최고재판소 1997(평성 9년).7.17. 260
최고재판소 2001(평성 13년).2.13. 229, 231
최고재판소 2001(평성 13년).6.28. 125
최고재판소 2001(평성 13년).10.25. 166, 255
최고재판소 2003(평성 15년).3.11. 523
최고재판소 2004(평성 16년).2.13. 278
최고재판소 2011(평성 23년).1.18. 340
최고재판소 2011(평성 23년).1.20. 341
최고재판소 2012(평성 24년).2.2. 282
동경지재 1961(소화 36년).10.25. 154
동경지재 1964(소화 39년).12.26. 154
동경지재 1968(소화 43년).5.13. 179
동경지재 1969(소화 44년).3.30. 153
동경지재 1971(소화 46년).5.26. 259
동경고재 1974(소화 49년).12.24. 179
동경지재 1976(소화 51년).6.29. 262
동경지재 1978(소화 53년).6.21. 445, 641
동경지재 1980(소화 55년).7.18. 444
동경지재 1980(소화 55년).9.17. 144
동경고재 1982(소화 57년).4.28. 89
대판지재 1984(소화 59년).2.28. 183
대판고재 1985(소화 60년).9.26. 183
대판지재 1989(평성 1년).3.8. 89
오사카지재 1992(평성 4년).4.30. 121

동경고재 1995(평성 7년).1.31 492, 544
동경지재 1995(평성 7년).2.24. 437
동경지재 1995(평성 7년).12.18. 359
동경지재 1997(평성 9년).4.25. 121
대판지재 1997(평성 9년).11.27. 230
동경지재 1998(평성 10년).10.30. 312
대판고재 1999(평성 11년).4.27. 230
동경지재 1999(평성 11년).7.23. 541
동경지재 1999(평성 11년).10.27 355
동경지재 2001(평성 13년).1.23. 115
동경지재 2001(평성 13년).5.25. 145
동경고재 2001(평성 13년).6.21 543
동경지재 2001(평성 13년).7.25. 354
동경고재 2002(평성 14년).2.28. 355
동경고재 2003(평성 15년).8.7. 284
동경지재 2003(평성 15년).12.19. 591
동경고재 2004(평성 16년).3.31. 232
대판고재 2004(평성 16년).9.29. 103
동경지재 2007(평성 19년).4.27. 284
지적재산고등재판소 2010(평성 22년).10.13. 327
동경지재 2012(평성24년).2.28. 76

【저자소개】

宋 永 植

서울대학교 법과대학 졸업
제10회 사법시험 합격
서울대학교 사법대학원 수료
서울민사지방법원 판사 등 역임
변호사, 지적재산법 판례연구회 회장
[저서] 「송영식 지적소유권법」(공저) 외 다수
[논문] "특허법 제155조를 둘러싼 문제점" 외 다수

李 相 珵

서울대학교 법과대학 졸업
서울대학교 대학원 수료(석사 · 박사)
경희대학교 법학전문대학원 교수
한국디지털재산법학회 고문
한국저작권법학회 고문
[저서] 「송영식 지적소유권법」(공저), 「산업디자인과 지적소유권법」 외 다수
[논문] "상표권침해에 대한 민사적 구제" 외 다수

제9판 저작권법개설

1997년 8월 25일 초 판 발행
2015년 3월 2일 제9판 발행

저 자 송영식 · 이상정
발행인 이 방 원
발행처 세창출판사
서울 서대문구 경기대로 88 냉천빌딩 4층
전화 723 - 8660 팩스 720 - 4579
E-mail: sc1992@empal.com
Homepage: www.sechangpub.co.kr
신고번호 제300-1990-63호

정가 43,000 원

ISBN 978-89-8411-510-1 93360